여성범죄론 – 젠더, 범죄와 형사사법

CENGAGE Learning

The Invisible Woman: Gender, Crime, and Justice 3rd Edition

Joanne Belknap

Original edition © 2007 Wadsworth, a part of Cengage Learning.
The Invisible Woman: Gender, Crime, and Justice, 3rd Edition by Joanne Belknap. ISBN: 978-0-495-09055-7.

This edition is translated by license from Wadsworth, a part of Cengage Learning, for sale in Korea only.

ISBN-13: 978-89-6218-048-0
ISBN-10: 89-6218-048-0

Cengage Learning Korea Ltd.
Suite 1801 Seokyo Tower Building
353-1, 22 Seokyo-Dong, Mapo-Ku
Seoul 121-837, Korea
Tel: (82) 2 322 4926
Fax: (82) 2 322 4927

Cengage Learning is a leading provider of customized learning solutions with office locations around the globe, including Singapore, the United Kingdom, Australia, Mexico, Brazil, and Japan. Locate your local office at: **www.cengage.com/global**

Cengage Learning products are represented in Canada by Nelson Education, Ltd.

For product information, visit **www.cengageasia.com**

Printed in Korea
1 2 3 4 12 11 10 09

여성범죄론 – 젠더, 범죄와 형사사법

The Invisible Woman: Gender, Crime, and Justice 3rd Edition

조앤 벨크냅 Joanne Belknap 지음

윤옥경 · 강은영 · 김지선 · 신연희 · 전영실 옮김

CENGAGE Learning™

Australia · Brazil · Japan · Korea · Mexico · Singapore · Spain · United Kingdom · United States

옮긴이 약력

윤옥경

경기대학교 교정보호학과 교수

미국 조지아대학교(University of Georgia) 사회학 박사(Ph.D.)

주요 경력 한국청소년정책연구원 선임연구원 역임

강은영

한국형사정책연구원 부연구위원

이화여자대학교 사회학 박사(Ph.D.)

주요 경력 한국범죄방지재단 연구원

김지선

한국형사정책연구원 연구위원

이화여자대학교 사회학 박사(Ph.D.)

주요 경력 이화여자대학교 강사

신연희

성결대학교 사회복지학부 전임강사

이화여자대학교 사회학 박사(Ph.D.)

주요 경력 한국가정법률상담소 연구위원 역임

전영실

한국형사정책연구원 연구위원

이화여자대학교 사회학 박사(Ph.D.)

주요 경력 경기대학교 강사

여성범죄론 – 젠더 범죄와 형사사법(제3판)

The Invisible Woman: Gender, Crime, and Justice 3rd Edition

제3판 1쇄 인쇄 | 2009년 1월 10일

제3판 1쇄 발행 | 2009년 1월 20일

지은이 | 조앤 벨크냅(Joanne Belknap)

옮긴이 | 윤옥경, 강은영, 김지선, 신연희, 전영실

발행인 | 송성헌

발행처 | 센게이지러닝코리아㈜

등록번호 | 제313-2007-000074호(2007. 3. 19.)

주소 | 서울시 마포구 양화로 133 서교타워빌딩1801호

전화 | 02) 322-4926

이메일 | asia.infokorea@cengage.com

홈페이지 | www.cengageasia.com

ISBN 10: 89-6218-048-0

ISBN 13: 978-89-6218-048-0

공급처 | 교우사

주소 | 서울시 동대문구 제기2동 148-19

도서안내 및 주문 | TEL 02) 925-2861 FAX 02) 925-2860

홈페이지 | www.kyowoo.co.kr

값 26,000원

대학 캠퍼스에서 일어나는 성폭력과 성희롱 사건에 대한 기존의 대응 관행을 바꾸기 위해 숨어 있기를 거부하고 당당하게 자신의 경험을 만천하에 알린 14명의 젊은 여성에게 이 책을 바친다.

파샤 코완 Pasha Cowan
모니크 길라스피 Monique Gillaspie
앤 길모어 Anne Gilmore
사라 헤링 Sara Hering
케이티 니다 Katie Hnida
그레첸 흄 Gretchen Hume
미건 어비 Megan Irby
스테이시 레이 켈로그 Stacy Raye Kellogg
캔디스 로페즈 Candice Lopez
대나 루엘만 Dana Ruehlman
조지나 살로몬 Georgina Salomon
샬린 슈모커 Charlene Schmoker
리사 심슨 Lisa Simpson
샬리니 스와루프 Shalini Swaroop

옮긴이 머리말

서구 범죄학계에서 본격적으로 '젠더와 범죄'라는 연구 주제가 관심을 끌기 시작한 것은 20세기 중반을 지나면서부터라고 할 수 있다. 기존의 범죄에 대한 다양한 관점들은 범죄행위의 '일반적' 원인과 범죄자의 '일반적' 특성에 대해 논의한다는 입장을 견지했지만 실제로는 특정한 성에 치우친, 즉 남성범죄의 특성을 논의했다고 할 수 있다. 물론 이들이 남성범죄자만을 연구대상으로 삼았던 것은 아니며, 간혹 여성범죄자를 포함하기도 했다. 그러나 대부분의 연구는 범죄행동의 성차를 밝히거나 여성범죄의 특성을 부각시키기 위한 것이 아니었다. 단지 여성을 연구대상에 '넣고 휘젓는add and stir' 것만으로는 범죄의 성차에 대한 규명이 이루어지기 어려웠다. 이렇게 사회학과 범죄학에서의 여성과 범죄에 대한 관심 부족은 여성 범죄자가 남성에 비해 그 수가 훨씬 적고, 더 본질적으로는 여성 범죄자에 대한 편견에 따른 것이다. 즉 여성은 남성과는 달리 대부분이 정신적으로 문제가 있거나 생리적인 원인에 의해 범죄를 저지르는 것으로 간주하여 별도로 그들의 범죄에 대한 사회구조적 분석이 필요하다고 생각하지 않았기 때문이기도 했다. 하지만 페미니스트 이론이 범죄학의 영역에 적용되기 시작하면서 범죄를 이해함에 있어 젠더의 중요성이 인식되고 그 역할에 대한 본격적인 탐구가 시작되었다고 할 수 있다.

페미니즘의 관심이 근본적으로 가부장제적 억압의 피해자로서 여성의 삶을 조명하고 있다는 점에서 여성과 범죄의 관련성을 설명하는 페미니스트 범죄학은 범죄피해자로서의 여성, 특히 성폭력의 만연이나 사회와 국가가 여성을 성폭력으로부터 보호하지 못하는 본질적 이유 등을 규명하는 작업으로 부터 시작되었다. 하지만 점차 피해자로서의 여성뿐만 아니라 범죄자로서의 여성을 이해하기 위해서도 한 사회의 성별분업gender division of labor과 성sexuality에 대한 통제 등 성별 권력관계와 불평등이 고려되어야 한다는 인식의 공감대가 형성되기에 이르렀다. 이에 따라 여성주의 범죄학Feminist criminology이 그 고유한 분석영역을 구축하고 있으며 여성의 낮은 사회경제적 지위, 여성다움womanhood, femininity에 대한 강조, 여성의 성sexuality에 대한 통제가 범죄자로서의 여성, 범죄피해자(특히 성폭력의 피해자)로서의 여성에게 모두 영향을 주고 있음을 규명하는 작업이 활발히 이루어지고 있다.

이 책은 이 같은 페미니즘의 렌즈를 통해 젠더와 범죄를 둘러싼 논제들을 하나씩 짚어나간다. 이 책의 원제는 『The Invisible Woman: Gender, Crime, and Justice』로서 번역에 사용된 서적은 2007년에 출간된 제3판이다. 저자는 기존의 범죄학 이론뿐 아니라 현실세계 속에서도 범죄자로서나 피해자로서의 여성은 주목받지 못했음을 지적하면서 여성의 '비가시성invisibility'을 극복하고 여성의 삶에 대한 이해를 통해 범죄를 저지르는 여성으로서, 남성폭력의 피해자로서 여성의 경험을 이론적으로 또는 실천적으로 규명해야 한다는 강한 의지를 책의 서두에서부터 마지막 장까지 이어가고 있다. 또한 가해자와 피해자로서의 여성에 대한 분석과 함께 형사사법 분야에서 일하는 여성이 겪는 다양한 성차별에 대한 논의도 함께 다룬다. 이 책은 1980년대 이후 축적된 페미니스트 범죄학의 연구 성과를 적극 활용하여 전 지구적으로 나타나는 범죄의 성차와 형사사법 영역에서의 성차별적 관행을 지적하고 그 극복을 위한 방안들을 제시한다는 특징을 가진다.

이 책은 크게 5부로 구성되었다. 제1부에서는 기존의 범죄연구 경향을 젠더 관점에서 재조명해 보고 페미니즘 관점으로 범죄를 이해하는 방식에 대해 소개한다. 제2부에서는 기존의 주요 범죄학적 이론인 긴장이론 비행하위문화이론, 차별교제이론, 사회통제이론, 낙인이론 등이 여성의 범죄를 이해하고 범죄행위의 성별 차이를 어느 정도나 설명하는지 비판적으로 살펴본다. 이와 함께 여성범죄의 실태와 특징, 법률과 양형에서 성차별, 성 고정관념적 사법운용과 형사절차 등에 대해 논의한다. 또 구금된 여성범죄자의 고유한 욕구, 정신건강, 성폭력 피해 등에 대한 논의도 함께 전개한다. 제3부에서는 성폭력과 부부강간, 데이트폭력과 강간, 스토킹 등 다양한 형태로 나타나는 남성 폭력의 피해자로서의 여성을 다룬다. 그리고 어떻게 불평등한 권력관계가 여성에 대한 폭력을 정당화하고 여성을 종속시키며 여성에게 그들이 있어야 할 위치에 대해 지속적으로 확인시키는지에 대해 명쾌한 분석을 제공한다. 마지막으로 제4부에서는 경찰, 교정, 법조계 등 형사사법 관련 기관에 여성이 진입하여 오늘에 이르게 된 과정을 역사적으로 살펴보고, 전통적 성별 분업 관념이 직업 선택과 수행에 어떤 영향을 주는지를 그들이 직면한 진입장벽과 유리천장 효과에 초점을 두고 분석한다. 제5부 결론에서는 지금까지 이룩한 성과 범죄 분야에서의 진보, 특히 성 인지적 프로그램의 설계, 남성폭력에 대한 대응방식과 여성피해자에 대한 형사사법 기관의 변화를 언급하고 형사사법기관에서 일하는 여성이 직업적 명목주의tokenism의 굴레에서 벗어나기 위해 필요한 노력에 대해 강조한다.

이 책을 번역한 번역자들은 범죄사회학을 전공한 여성학자로서의 공통점을 가진다. 그래서 여성으로서, 그리고 범죄를 연구하는 학자로서 우리 사회에서 젠더와 범죄 분야에 대한 관심을 제고하여 더 많은 사람이 범죄자와 피해자로서 여성의 경험을 이해하고 또 이 분야의 연구에 참여할 수 있도록 무엇인가 시작해야 한다는 의무감을 항상 느껴왔다. 그리고 그 첫 번째 작업으로 입문서 수준의 적당한 책을 물색하여 번역을 해보자는 데 의기투합하여 적당한 서적을 찾고 있던 도중에 조앤 벨크냅Joanne Belknap의 이 책을 소개받았다. 벨크냅 교수는 오랫동안 젠더와 범죄 분야에서 연구물을 축적해 왔을 뿐 아니라 대학캠퍼스에서의 성폭력에 반대하는 운동을 주도적으로 하는 등 실천운동에도 활발히 참여하는 학자로 인정을 받는 분이다. 다소 난해하고 우리 사회의 경험과는 맞지 않는 면이 없지 않지만(예를 들어 처벌과정에서의 인종과 성의 교차현상) 그녀의 날카로운 통찰력과 문제의식은 우리의 상황에서도 대부분 적용 가능할 것으로 생각된다.

번역 과정을 언급하면, 먼저 12개의 장을 다섯 명의 역자가 나누어 1차 번역을 했다. 번역의 할당은 각 장의 분량과 역자들의 개인적인 세부관심을 최대한 반영했다. 1장, 6장, 12장은 윤옥경 교수, 2장과 4장은 강은영 박사, 3장과 5장은 전영실 박사가 했으며 김지선 박사가 7장과 8장을, 신연희 교수가 9장, 10장, 11장을 담당했다. 1차 번역이 끝난 후 역자들이 자신의 번역에 대해 1차 교정을 보았으며, 그 후 윤옥경 교수가 번역상 어색한 표현이나 오역, 그리고 용어의 통일성을 기하려고 노력했으나 여러 명이 공동으로 참여한 작업이어서 완벽하게 일관성과 통일성을 이루어내지 못했다는 점을 고백한다. 잘못된 번역이나 어색한 표현 등에 대해서는 역자들의 능력 부족을 통감하며 지속적으로 교정하고 보다 유려한 문장으로 재탄생시키는 작업을 해 나갈 것을 약속한다.

끝으로 좋은 책을 소개하여 번역할 수 있도록 기회를 줌과 동시에 출판 작업을 맡아주신 센게이지러닝코리아(주)에 감사의 말씀을 전한다. 특히 여러 번에 걸친 교정과정에서 알아보기 힘들 정도로 많은 문장을 수정하여 출판 일정을 지연시키는 일이 많았음에도 불구하고 인내와 너그러움을 보여주신 편집 담당자에게 감사의 마음과 미안한 마음을 함께 전한다. 이 책이 우리사회에서 여성범죄자, 여성피해자에 대한 관심을 증대시키는 데 조금이라도 도움이 된다면 역자들로서는 더 이상의 기쁨은 없을 것이다.

2009년 1월
윤옥경 · 강은영 · 김지선 · 신연희 · 전영실

대부분의 사람은 형사사법 체계가 지난 30여 년 동안 점차 팽창해 왔으며, 또한 여성은 중범죄자 중 소수를 차지하고 있다는 것을 알고 있다. 중범죄자의 약 20퍼센트, 재소자의 약 9퍼센트가 여성이다. 그러나 지난 10여 년 동안 여성 범죄자의 증가율이 남성 범죄자보다 월등히 높았다는 것을 아는 사람은 그리 많지 않다. 또한 여성 피해자는 여성 범죄자보다 그 수가 훨씬 많아서 폭력범죄 피해자 중 여성이 약 40퍼센트를 차지하고 있다.

이런 통계에도 불구하고 형사사법 활동이나 이를 연구하는 저서는 여성을 포함하지 않고 남성에 집중되어 있다. 주 의회나 연방의회가 형법 조문을 만들 때나 법원이 양형 가이드라인을 만들 때도 남성 범죄자를 염두에 두고 만든다. 교도소 내 교정 프로그램이나 지역사회의 감시제도도 마찬가지다. 이렇듯 형사사법 체계의 어디에서도 여성을 주목하고 있지 않다. 법이 공표되거나 정책이 입안되더라도 점점 증가하는 여성 범죄자가 이런 법이나 정책에 따라 어떤 영향을 받게 될 것인가에 대해서는 아무도 의문을 제기하지 않는다.

이런 이유로 범죄와 형사사법에 관한 워즈워스 시리즈를 진행하는 편집자로서 조앤 벨크냅Joanne Belknap의 『여성범죄론-젠더, 범죄와 형사사법』의 3판 출간을 환영한다. 워즈워스 시리즈는 최근의 범죄와 형사사법에 관한 다양한 쟁점을 발굴하여 연구하는 데 목적을 두고, 지금까지 범죄학 교과서 등에서 간과하거나 충분히 논의하지 못한 주제를 심도 깊게 다루고 있다.

이 책은 기존의 범죄학에서 충분히 다루지 못한 논의를 제공한다. 전통적인 범죄원인론은 남성, 특히 남성 범죄자를 대상으로 발전해 왔으며 주로 남성 집단을 통해 검증되어 왔다. 그러나 15세 소년이 법을 어기는 이유를 설명하는 요인을 15세 소녀가 법을 어기는 행동을 설명하는 데 적용할 수 없으며, 성인 남성 범죄자가 범죄를 저지르고 형사사법기관을 드나드는 데 영향을 주는 요인을 성인 여성 범죄자에게 그대로 적용할 수 없다.

여성 범죄 피해자의 경우도 비가시적이긴 마찬가지다. 최근 몇 년간 피해자들을 공식적인 형사사법 과정에 참여시키려고 노력해 오고 있지만 여성이 피해자인 경우, 특히 남성에게 여성이 범죄피해를 당했을 때 형사사법기관의 반응은 그리 신속하지 않다. 여성은 주로 아는 사람에게 피해를 당하며, 이 경험은 후일 그 여성이 범죄를 저지르는 원인이 된다.

형사사법기관이 성장하면서 여성에게도 점점 문호를 개방하고 있다. 이것은 과거에 남성이 독점했던 전문 직종, 예를 들어 경찰, 검찰, 법원, 교정직에 여성이 점점 많이 취업하게

됨으로써 가능해졌다. 또한 여성이 형사사법 관련 직종에서 적극적으로 직무를 수행하면서 여성 범죄자나 여성 피해자가 직면하는 여러 문제에 대한 관심도 함께 커졌다.

사실 형사사법 관련 직종에 처음 들어선 여성은 아무도 가지 않은 길을 가는 선구자로서 명시적 · 묵시적인 차별과 싸우고, 남성에게만 특정 직위가 주어져야 한다는 편협함과 맞서야 했다. 전문직에 여성을 받아들이는 것이 아주 천천히 이루어져서 이 분야의 성비 불균형은 좀처럼 나아지지 않고 있다. 전체 경찰인력 중 여성의 비율은 25퍼센트 정도이지만 정복경찰로 근무하는 여성의 비율은 고작 10퍼센트에 불과하다. 마찬가지로 교정인력의 30퍼센트가 여성이지만, 사동근무를 하는 여성 일선 교도관은 20퍼센트에 그치고 있다.

여성과 형사사법 정책의 관계는 매우 복잡하다. 형사사법기관은 여성 범죄자의 특수한 상황, 여성 피해자의 독특한 욕구, 여성에게 직업의 문호를 개방하기 위한 방안 등을 인식하고 이를 반영할 필요가 있다. 그러나 이런 과정에서 어려움에 봉착하게 되는데, 그것은 형법의 기본 전통인 '법 앞의 평등'이라는 문제와 상치될 수 있기 때문이다. 오랫동안 여성에게는 남성과 다른 특유의 욕구와 여성만이 갖는 특수한 상황이 있다는 논의가 있어 왔는데, 이는 여성을 불공평하게 대하는 근거로 사용되었다. 이로 인해 여성 편견적인 프로그램을 적용하고 온정주의적인 형사사법 관행을 정당화시켜 보호하려는 대상인 여성에게 오히려 불이익을 안겨주는 결과를 낳았다. 따라서 현 상황에서 풀어야 할 숙제는 여성 특유의 욕구와 상황을 인정하느냐 마느냐의 문제가 아니라 어떻게 이런 차이를 고려하면서 공정하고 효과적으로 정책을 만들어가느냐에 있다고 하겠다.

이 책을 범죄와 형사사법 시리즈 중 하나로 출간하게 된 것은 비판적 찬사와 함께 수많은 대학의 교재로 사용되고 있기 때문이다. 이번 3판에서는 인종차별과 성차별의 교묘한 엉김이 어떻게 여성에게 불리하게 작용하는지와 함께 형사사법과 여성에 대한 국제적인 관점도 다루고 있다. 또한 다양한 형사사법 직종에 있는 여성에 대해 자세한 설명도 덧붙였다.

범죄, 형사사법과 관련해 이 책만큼 시장에 큰 영향을 미친 책도 없다. 이 책은 평생 여성문제를 해결하는 데 지원을 아끼지 않은 운동가이자 형사사법 체계에 관한 우수한 분석가인 벨크냅 교수가 쓴 책이다. 여성과 형사사법에 관해 개혁적인 관점을 가지고 있는 독자라면 이 책에서 많은 도움을 받을 수 있고, 어떤 방향으로 형사사법을 개선해 나가야 할지 충분히 분석할 수 있다. 지금까지 한 번도 여성과 형사사법에 관해 생각해 보지 못했던 독자라면 이 책을 통해 범죄와 형사사법에 대한 이해를 근본적으로 바꾸게 될 것이다.

토드 클리어(시리즈 편집자)

지구 저 건너편에서 몇 명의 한국 학자가 내가 쓴 책 3판의 번역을 하고 있다는 사실을 전해듣고 얼마나 영광스러웠는지 모른다. 나는 이들 학자가 이 어려운 작업을 해준 것에 대해 큰 빚을 지었다고 생각한다.

책임 번역자:
윤옥경 교수, 경기대학교 교정보호학과
공동 번역자:
강은영 박사, 연구위원, 한국형사정책연구원
김지선 박사, 선임연구위원, 한국형사정책연구원
신연희 교수, 성결대학교 사회복지학부
전영실 박사, 선임연구위원, 한국형사정책연구원

여성과 범죄에 대한 연구가 전례 없이 쏟아져 나오면서 이 책의 첫 판을 쓰는 데 십 년이나 걸렸다. 나는 여성 범죄자, 피해 여성, 형사사법 체계에 종사하는 여성에 대한 성차별적이고 인종차별적이고 계급차별적인 설명을 분석하기 위해 힘겨운 투쟁을 벌여 왔다. 현재 이 투쟁은 가히 성공적이었다고 말할 수 있다. 이 책을 펴내기 전까지 전혀 알려지지 않았던 방식으로 여성과 소녀의 피해와 범죄, 형사사법 직종을 연구한 새로운 여성주의적 연구들을 기술해 나가는 것은 정말 신나는 일이었다.

판을 거듭할수록 보다 지구적인 관점에서 책을 쓰기 위해서 미국 외 다른 나라의 연구들을 반영하려고 노력했지만, 미처 알지 못해 놓친 연구가 많이 있을 것으로 안다. 이 책을 읽으면서 이와 관련된 연구를 수행한 것을 알려준다면 진심으로 감사하겠다. 또한 향후 새로운 판을 준비할 때 그것을 반영하겠다.

여성과 소녀가 어떻게 범죄피해를 경험하고 낙인찍히고 형사사법 체계에서 처리되는가에 대한 문화적 차이가 존재하고 법조계, 교도소와 구치소, 그리고 경찰 분야에서 일하는 여성들에 대한 비교문화적 차이가 존재하지만 대체적으로 여성들이 처한 어려움에는 많은 유사점이 발견된다.

나는 여성과 소녀가 극복해야 하는 장애물을 인식할 때마다 나 자신을 낮추어 왔으며, 이 책을 번역한 다섯 명의 학자뿐 아니라 피해자, 범죄자, 형사사법 체계에서 공정하고 동등하게 대우받기 위해 노력해 온 세계의 모든 여성과 소녀와 '하나'라는 느낌을 갖고 있다. 또한 폭력과 학대에서 벗어나려는 모든 여성과도 강하게 연결되어 있다고 생각한다. 나는 그것이 신체적인 것이든 성적인 것이든 언어적이고 정서적인 것이든 간에 여성 학대를 종식시키고자 하는, 그리고 단지 성gender 때문에 경험하는 차별과 학대를 종식시키고자 하는 많은 여성과 남성을 만나게 될 때마다 큰 힘을 얻고 있다.

이 책을 읽어준 독자에게 감사하며, 보다 나은 세상을 만들기 위한 투쟁에 동참하고 있는 모든 사람에게도 감사드린다. 여성과 소녀에게 평등과 정의와 자유가 주어질 때 남성과 소년을 포함한 모든 사람이 혜택을 보게 되리라고 생각한다.

전 세계의 사회적 · 법적 정의를 달성하기 위한 투쟁의 가운데서…….

2009년 1월
조앤 벨크냅, Ph.D.
사회학과 교수
콜로라도대학교(볼더 캠퍼스)

범죄율이나 범죄행동에 관한 기록을 살펴보면 법을 어기는 일이 '성별화gendered' 되어 있음을 분명히 알 수 있다. 먼저 남성은 여성보다 법을 훨씬 더 많이 위반한다. 물론 경미한 범죄에 대해서는 그렇지 않을 수도 있지만 일반적으로 심각한 범죄일수록 남성이 여성보다 범죄율이 높다. 이런 범죄행위의 성별 차이 때문에 그동안 여성범죄에 대한 관심이 낮았으며 여성 범죄자는 최근까지 프로그램이나 처우 대상에서 소외되어 왔다. 1970년대 이전만 해도 대부분의 범죄자 연구에서 여성은 조사대상에 포함되지 않았으며 표본에 포함되더라도 상당히 성차별적인 시각에서 분석되었다. 이런 시각은 현재까지도 계속되고 있다. 예를 들어 지난 10년간 상당수의 미디어와 학자들은 여성이 점점 '더 사나워지고' 폭력적으로 변하고 있다고 주장한다.

학대와 폭력의 피해에서도 성별 차이는 뚜렷하다. 애인에 의한 학대와 폭력은 대부분 여성이 피해자이고 남성이 가해자다. 그러나 이런 범죄에 대한 부정적 낙인이 너무 커서, 즉 오히려 피해자를 비난하는 시각 때문에 친한 사람에 의한 폭력과 학대는 1970년대 이전에는 거의 드러나지 않았다.

이렇듯 범죄와 범죄피해는 성별에 따라 차이가 있는데도 형사사법의 영역에 진입하는 여성은 1970년대 이전에는 거의 찾아볼 수가 없었다. 1972년 민권법the Civil Rights Act이 개정되어 경찰, 구치소, 교도소, 법원에서 일하는 여성의 고용, 해고, 승진을 대상자의 성에 따라 결정할 수 없게 되면서 비로소 여성의 진입이 이루어졌다.

여성범죄, 여성의 범죄피해, 여성의 형사사법기관 진입과 관련한 여성의 비가시성이 드러나기 시작한 계기는 1970년대의 제2기 여성운동이었다. 역사상 처음으로 여성은 낯선 사람, 친지 또는 애인에 의해 자행되는 폭력과 학대피해를 입 밖으로 소리낼 수 있는 자신감을 갖게 되었다. 또한 경찰이나 교도관, 변호사 등 형사사법 체계에 진입하는 여성의 수도 늘어났으며 관련 교육을 이수하는 여성도 늘어났다. 그리고 과거에 비해 덜 성차별적인 시각으로 여성범죄를 연구할 수 있는 역량을 키우게 되었다.

이전 판과 마찬가지로 이 3판에서도 여성범죄, 여성의 범죄피해, 여성의 형사사법 체계 진입에 대한 과거와 현재의 논쟁점을 설명하려고 한다. 최근의 연구 결과 중 가장 의미 있는 점은 여성범죄에서 가해와 피해의 중복이 두드러지게 나타난다는 것이다. 이 책은 이 같은 다양한 논점을 다룰 것이며, 또한 여성이 점점 폭력적으로 변한다는 최근의 주장에 대해서도 그 진위를 자세히 살펴보려고 한다.

이 책의 구조

이 책은 12개의 장과 5개의 부로 구성되어 있다. 제1부는 한 개의 장으로 되어 있으며 여성과 범죄에 대한 개관적인 논의를 제공한다. 2장부터 5장까지의 제2부는 여성과 소녀의 범죄행위에 대해 다룬다. 범죄이론, 여성과 소녀범죄의 실태, 형사사법의 성별화된 절차, 그리고 교정에 대해 논의할 것이다. 제3부는 여성 피해자에 대한 상세한 설명을 제공할 것이다. 특히 성적 피해, 배우자와 애인에 의한 폭력피해, 그리고 스토킹 피해에 대해 집중적인 논의가 이루어진다. 제4부에서는 경찰, 교도관, 변호사, 판사 등 전문직업인으로서 형사사법 체계 내에서 일하는 여성과 관련된 이슈에 대해 다룰 것이다. 결론인 제5부에서는 여성의 범죄, 여성의 범죄피해, 그리고 형사사법 전문직업인으로서 여성에게 일어나고 있는 변화에 대해 언급하고자 한다.

제3판의 새로운 점

이 3판은 여러 가지 점에서 지난번 2판과는 다르다. 첫째, 지난번에는 경찰, 교도관, 법률가로서 책무를 가진 여성을 형사사법 종사자로 한데 묶어 두 개의 장을 할애했으나 이번 판에서는 각각 독립적인 장을 마련했다. 둘째, 지구적인 관점을 채택하려고 노력했다. 이를 위해 각 장마다 미국이 아닌 다른 나라의 연구나 비교사회적 연구를 소개하고자 했다. 셋째, 인종과 민족에 대한 학문 영역이 성장하면서 이 책에서는 인종주의와 성차별주의가 어떻게 서로 연결되어 작동하는지에 대한 분석을 포함했으며, 처음으로 비판적 인종 여성주의critical race feminism 이론을 소개했다. 넷째, 피해 여성을 논의하는 제3부에서 연령, 인종, 장애, 성적 취향 때문에 주변화되고 있는 여성과 소녀에 대해 부가적인 논의를 추가했다. 성적 피해를 다루는 장에서는 이제 '데이트강간' 약물에 대한 논의가 들어가 있다. 마지막으로, 최근 들어 점점 더 많은 사람에게 지지받고 또 범죄의 성별화된 특성을 설명하는 데 어느 정도의 적합성을 가진 생물사회이론과 진화론에 대해서는 더 많은 논의를 포함시켰다.

감사의 글

이번에 새로운 판이 나오는 데 상당히 오랜 시간이 걸린 것은 그만큼 여성과 범죄에 대한 연구물이 많이 나오고 있다는 의미로 해석할 수 있어 분명 좋은 뉴스다. 내가 처음 이 책을 쓴 뒤로 여성과 범죄에 대한 연구가 폭발적으로 증가했다. 내게 이 책은 마치 자식과도 같아서 판을 거듭할 때마다 재탄생으로 느껴진다. 나는 내가 모든 것을 잘 포함하고 있는지, 과연 옳게 가고 있는지, 무언가 중요한 것을 빠뜨린 건 아닌지 걱정스럽다. 그래서 미리 사과를 해두고 싶다. 내가 이메일로, 혹은 전화로 이 책의 부분들을 읽어달라고 부탁했던 많은 학자(주로 내 책에 언급된 그들의 연구에 대해)에게 감사드린다. 그들과의 대화는 책을 써나가는 과정을 쌍방향적이고 즐거운 작업으로 만들어주었다.

내 책을 교재로 쓰고 여러 가지 의견을 전해 주었던 동료에게 진심으로 감사드린다. 이 의견들은 그들과 그들이 가르치고 있는 학생들한테서 나온 것으로, 내가 이 3판을 위해 여러 가지를 수정하도록 해주었다. 그 밖에 많은 동료와 스승이 이 책을 처음 쓰던 시절부터 수정판이 나오는 동안 나를 이끌어주고 용기를 주었기에 고마움을 표하고 싶다.

내얼 엠마 Nawal Ammar(켄트 주립대학교)
대나 브리튼 Dana Britton(캔자스 주립대학교)
캐서린 카메론 Cathleen A. Cameron(캔자스 주 피츠버그 주립대학교)
캐서린 콘트리노 Kathleen Contrino(버펄로 주립대학교)
나넷 데이비스 Nanette Davis(서워싱턴 주립대학교)
찰스 딘 Charles Dean(노스캐롤라이나 대학교, 샬롯)
조지 아이헨버그 M. George Eichenberg(테네시 대학교, 채터누가)
에드나 에레즈 Edna Erez(켄트 주립대학교)
베네사 가르시아 Venessa Garcia(킨 대학교)
에인절 조하겐 Angel Geoghagan(테네시 대학교, 채터누가)
메리 그리핀 Marie Griffin(애리조나 주립대학교)
도나 헤일 Donna Hale(십펜스버그 대학교)
바이올렛 홀 Violet Hall(신시내티 대학교)
미셸 홀렛 Michael Hallett(노스플로리다 대학교)
피넬러피 헹크 Penelope Hanke(오번 대학교)
바바라 하트 Babara Hart(텍사스 대학교, 타일러)
비키 젠슨 Vickie Jensen(캘리포니아 주립대학교, 노스리지)
크리스티나 존스 Christina Johns(플로리다 A&M 대학교)
테레사 매든 Teresa Madden(캘리포니아 주립대학교, 노스리지)

재클린 매클루어Jacquelyn McClure(산호세 주립대학교)
미셸 멜로이 Michelle Meloy(러트거스 대학교, 캠든)
몰리 메리맨Molly Merriman(켄트 주립대학교)
수전 밀러Susan Miller(델라웨어 대학교)
로슬린 무라스킨Roslyn Muraskin(신시내티 대학교)
조슬린 폴록Joycelyn Pollock(사우스웨스트 텍사스 주립대학교)
케일렌 리처드에케Kaylene Richards-Ekeh(캘리포니아 주립대학교, 새크라멘토)
질 로젠바움Jill Rosenbaum(캘리포니아 주립대학교, 풀러턴)
크리스틴 토머스Kristine Thomas(메소디스트 대학교)
퍼트리샤 밴 부리스Patricia Van Voorhis(신시내티 대학교)

또한 워즈워스의 두 사람에게도 감사의 말을 전한다. 편집장인 캐롤린 헨더슨 마이어Carolyn Henderson Meier는 내 자료가 너무 많아 한 권의 책에 모두 담아내는 것이 불가능하다고 생각하면서 수정판을 내는 일에 부담을 느낄 때 나를 격려해 주었다. 그리고 레베카 존슨Rebecca Johnson은 책을 발간하는 과정에서 매우 세심하고 따뜻한 지원을 아끼지 않았다.

내가 이 책을 쓰는 동안 늘 옆에 있어준 친구와 가족에게 큰 빚을 진 것처럼 느껴진다. 이름을 거명해야 할 사람이 너무나 많다. 그들은 모두 자기 일이 아닌데도 나를 열심히 도와주었기 때문이다. 린디 슐츠Lindy Shultz는 내가 알고 있는 가장 훌륭한 사서다. 그녀는 인용처를 확인하기 위해 헤매었다. 그리고 나의 동료 클라우디아 베일리프Claudia Bayliff, 레지나 카울스Regina Cowles, 제닌 아니벨리Janine D'Anniballe에게도 감사의 말을 전한다. 그들은 내가 이 책을 헌정한 범죄피해 여성을 위해 활동할 때 나와 같이 플래카드를 들고 거리에 나섰던 '여성주의 입담가들' 이다. 나의 친구들인 바니 베리Bonnie Berry, 헬렌 아이겐버그Helen Eigenberg, 로리 피어Lori Fear, 도라리 라슨Dora-Lee Larson, 게일 맥게리E. Gail McGarry, 조앤 메이어로비츠 Joanne Meyerowitz, 제인 팸펠Jane Pampel, 크리스 설리번Chris Sullivan, 팻 스워프Pat Swope, 패티 위트Patti Witte는 주기적으로 내가 잘하고 있는지 확인해 주었다. 내가 가르치는 대학 내 지지자들인 자넷 제이콥스Janet Jacobs, 폴리 맥린Polly McLean, 제인 멘켄Jane Menken, 힐러리 포터Hillary Potter, 릭 로저스Rick Rogers, 루이스 실번Louise Silvern에게도 고마움을 표한다. 내 농담에 웃어주었던 학생들도 매우 고마운 사람들이다. 끝으로 여동생인 샌드라 댕글러Sandra Dangler, 남편인 서머스R. S. Summers, 그리고 아들 케이시 벨크냅 서머스Casey Belknap Summers에게 감사한다. 케이시는 영감과 지지를 함께 보내주었다(마지막 몇 달 동안 끊임없이 내게 "엄마,

책 아직 안 끝냈어?" 라고 물어보는 끈기를 보여주었다).

지난번 개정판 이후로 여성과 범죄 분야에서 괄목할 만한 변화가 일어났을 뿐 아니라 나 또한 유방암이라는 진단을 받았다. 미국 범죄학회 여성과 범죄 분과 동료에게 크나큰 용기와 지원을 받았다(특히 킴 쿡Kim Cook, 헬렌 아이겐버그Helen Eigenberg, 수전 샤프Susan Sharp). 그 밖에 옛 제자들을 비롯해 많은 사람으로부터 큰 용기를 얻었다. 나는 깊은 절망에 빠졌을 때, 성인 법정에 기소되어 성인 교도소에 수감 중 나와 인터뷰했던 에밀리 가더Emily Gaarder와 같은 소녀들을 떠올리곤 했다. 그들은 결코 알아차리지 못하겠지만 그들과 가진 만남은 내게 엄청난 힘과 용기를 주었다. 나는 그들의 고통스러운 삶에도 불구하고 그들이 가지고 있었던 용기, 낙관 그리고 열정을 가장 어려운 순간에 반추할 수 있었다.

조앤 벨크냅

지은이 약력

조앤 벨크냅Joanne Belknap은 1986년에 미시간 주립대학교에서 범죄학과 형사사법학으로 박사학위를 취득했으며 현재 콜로라도 대학교에서 사회학과와 여성학과 교수로 재직하고 있다. 그녀는 여러 권의 책을 저술하였는데, 대부분이 여성에 대한 폭력, 여성 범죄자 그리고 비행소녀에 관한 내용이며, 여성과 소녀의 범죄를 연구하기 위해 연구책임자 또는 공동연구자로 참여하여 수백만 달러의 연구비를 받았다. 최근 그녀의 연구는 대학 캠퍼스 내의 성폭력, 아내폭력에 대한 법원의 판결과정, 성인 법정으로 이송된 비행소녀, 비행소년과 비행소녀의 외상 경험의 차이 등에 관한 것이다.

벨크냅은 주정부에 설치되어 있는 여성 범죄자와 여성 수용자를 위한 자문위원회 위원을 지냈고, 연방 검찰청에 속해 있는 여성폭력 근절을 위한 위원회Violence Against Women committee에도 참여했다. 또한 그녀는 로스앤젤레스에서 일어났던 흑인 로드니 킹Rodney King에 대한 경찰의 잔인한 폭력사건을 조사하고 있던 워런 크리스토퍼 위원회the Warren Christopher Commission에서 증언하기도 했다.

1997년에는 미국 범죄학회에서 수여하는 여성과 범죄 연구 분야의 우수학자National Distinguished Scholar로 선정되었고, 2001년에는 자신이 재직하는 콜로라도 대학교에서 '여성과 소녀에 대한 폭력'이라는 과목으로 학생들이 수여하는 강의상을 받기도 했다. 또한 미국 범죄학회 여성과 범죄 분과division of women and crime 장을 지내기도 했다. 2004년에는 콜로라도 대학교의 가장 권위 있는 상으로 볼더 교수위원회가 수여하는 우수강의상the Boulder Faculty Assembly Teaching Award도 받았으며, 같은 해에 미식축구 선수들에게 성폭행을 당하고 이를 신고한 여대생들을 지원하기 위한 노력을 인정받아 미국 범죄학회가 수여하는 '어려운 상황에 있는 여성을 위한 상Inconvenient Woman Award' 도 받았다.

차례

_**옮긴이** 머리말 VI
_**추천**의 글 IX
_**한글판** 지은이 머리말 XI
_**지은이** 머리말 XIII

PART 1 개관 Introduction

01 젠더 관점에서 본 범죄학 3
범죄 연구에서 여성과 소녀의 배제 4
가해자로서의 여성과 소녀 6 | 피해자로서의 여성과 소녀 7 | 형사 절차에서 일하는 전문가 여성 9 | 여성의 범죄 경험에서 보이는 모호한 경계 10
섹스와 젠더 11
여성주의란 무엇인가 15
여성주의 방법론 21
여성과 범죄에 대한 사회적 이미지의 효과 23
여성 내부의 다양성 27

PART 2 여성범죄 Female Offending

02 범죄학 이론 비판 39
전통적인 실증주의 연구 40
격세유전적 여성 범죄자 41 | 부적응 소녀 43 | 해부학, 숙명 44 | 가면의 이면 45
실증주의 이론의 유산 46
긴장이론과 하위문화이론 47
긴장이론 47 | 비행과 기회 48 | 일반긴장이론(GST) 50 | (전통)긴장이론과 일반긴장이론에 대한 검증 51
차별교제이론 53
낙인이론 55
사회통제이론(SCT) 58
사회유대이론 58 | 사회통제이론에 관한 경험적 연구 61 | 권력통제이론(PCT) 63
마르크스주의 이론, 급진주의 이론, 비판이론 66
여성의 자유/해방가설 70
사회생물학 이론과 진화심리이론 72
여성해방론과 친여성주의 이론 79
비판적 인종여성주의 79 | 메서슈미트의 남성성과 범죄에 관한 이론 81 | 폭력주기이론 82 | 생애주기이론(LCT) 84 | 여성주의적 경로이론 88

03 여성범죄의 빈도와 특성 112

범죄 측정과 성별 비교 115

범죄율 측정방법의 중요성과 성, 연령, 인종, 계급, 섹슈얼리티의 역할 122

연령과 청소년 비행 122 | 인종과 민족성 123 | 계급과 사회경제적 지위 125 | 섹슈얼리티 126

여성과 소녀의 범죄 유형별 빈도와 상황 129

소녀와 여성 갱 129 | 절도 133 | 강도와 주거침입 134 | 화이트칼라 범죄 136 | 약물사용과 판매 137 | 일반적 공격성 147 | 치명적이지 않은 아동학대와 치명적인 이동학대 149 | 살인 155

04 범죄처리 절차와 여성 163

형법과 성차별 164

양형법과 성차별 168

범죄처리 절차상의 성차별에 대한 세 가지 가설 171

기사도주의와 온정주의 172

범죄처리 절차상의 성차에 대한 경험적 증거 173

기사도주의의 적용 가능성: 여성 집단 내 차별 175 | 소년사법 체계의 개혁 177 | 범죄처리 단계별 성편견의 발현 182 | 범죄 유형별 범죄처리 절차상의 성차 190 | 성 고정관념과 범죄처리 절차 191

05 여성과 소녀 범죄자의 구금, 처벌과 '처우' 202

여성 범죄자 수용의 역사 205

처벌 205 | 개혁 208 | 성별로 분리된 교도소 212 | 소녀와 성인 여성시설의 인종차별적 분리와 처우 213 | 1960년대와 1970년대, 1980년대의 여자 교도소 214

여자 교도소 제도 215

구금률과 구금된 소녀와 여성의 모습 218

소녀들을 위한 '교정' 시설 224

여성 구금의 심리학적 측면 225

부모자녀의 관계: 재소자 간의 성차 229

교육과 직업, 레크리에이션 프로그램 234

의료 서비스 238

HIV와 AIDS 239 | 태아기, 임신 기간과 산후의료 240

정신건강 문제와 보호 241

장애가 있는 구금된 성인 여성과 소녀 243

교도소 하위문화 244

여성 재소자에 대한 성학대 252

남녀 공용 교정시설 254

여성과 사형 257

PART 3 남성폭력에 의한 여성의 피해
Female Victims of Male Violence

06 여성 피해자의 이미지 271

실제 피해 경험과 피해에 대한 두려움의 관계 274

성역할에 대한 문화의 효과 278

권력의 성차 280

폭력에 대한 위협 282

피해자 비난 284
유색인종 여성의 피해 287
이주 여성의 피해 291
장애 여성의 피해 293

07 성적 피해 301

성적 피해의 정의 301
성적 피해의 정의와 관련된 역사적 쟁점 303
성적 피해에 관한 통계 305
누가 피해자인가 309
누가 가해자인가 310
피해자-가해자 관계 312
성학대를 일으키는 원인 314
강간 신화 314 | 강간 신화의 역할과 성적 피해의 다른 원인 318
아동 성학대 피해(CSA) 319
데이트강간 325
부부강간 332
성희롱 336
성적 피해와 형사사법제도 341
경찰 342 | 공판 절차, 도대체 누가 재판을 받는 것인가 346

08 친밀한 파트너 학대와 스토킹 362

친밀한 파트너 학대와 스토킹의 정의 362
친밀한 파트너 학대(IPA) 362 | 스토킹 365
사회문제로서 IPA와 스토킹의 역사적 규명 366
IPA와 스토킹 빈도 369
워커의 폭력순환이론 373
학대와 스토킹의 원인 375
학대자와 스토커는 누구인가 377
학대적 관계를 떠나는 것에 대한 제약 요인 381
경제적 제약 383 | 사회적 제약 384 | 심리적 제약 387
지속적 위협 389
IPA와 스토킹, 형사사법 체계 390
경찰 392 | 법원 399
여성이 자기방어를 위해 학대적 파트너를 죽일 때 404
IPA와 의료보건전문가 408

PART 4 형사사법 분야에 종사하는 여성
Women Working in Criminal Legal System

09 교정계에 근무하는 여성 425

가정 밖 여성의 일에 대한 성차별적 역사의 간략한 소개 426
교정계에서 일하는 여성의 비율 428

직장 내에서 인종차별과 성차별의 비교 429
돌봄의 역할: 형사사법 분야에서 성 고정관념적 업무로의 여성 진입 431
형사사법 분야 내 여성의 직무에 관한 법률과 법원 판결의 강력한 역할 435
Title VII 이후: 여성의 교정계 진출 역사와 명목상의 여성 439
재소자의 사생활과 안전: 남자 교도소 내 여성 직원에 대한 장애물 443
교도소 직원의 직무 수행에 나타나는 성별 유사점과 차이점 446
여자 교도소 직원의 분류 448
여성 직원에 대한 저항 450

10 경찰 활동과 법 집행 분야에서 일하는 여성 460
경찰 활동에 종사한 여성의 역사 461
경찰 활동에 종사하는 여성 비율 468
여성은 왜 경찰관이 되려고 하는가 473
업무 수행에서 나타나는 성 차이 473
여성 경찰관의 분류 477
여성 경찰관에 대한 저항 480
순찰 업무를 맡은 최초 여성의 투쟁 480 | 상관과 하급자, 시민의 여성 경찰에 대한 평가 482
젠더와 스트레스 483
여성 경찰이 겪는 인종차별과 성차별의 교차 486
여성을 위한 전진적 단계와 퇴보적 단계 488

11 법조계에서 일하는 여성 494
여성 배심원단의 역사 495
법학 교육과 훈련에 대한 여성 진입의 역사 499
여성 변호사 504
여성 변호사의 수 504 | 여성 변호사의 분류 506 | 여성 변호사의 경험 507 | 변호사의 결혼과 가족 지위에 대한 성별화된 의미 508 | 성차별적 이미지의 관리 509 | 변호사의 성별화된 지위 510 | 남성 동료와 상관에 의한 대우 512 | 소득, '파트너 되기'와 그 외 변호사에 대한 보상의 성별화된 특징 514 | 변호사에 대한 처벌조치의 성별화된 특징 517
여성 판사 517
여성의 재판관직 진출 517 | 여성 판사의 특성과 판사로서의 경험 520
판사의 결정과정에서 나타나는 성차 521
여성 법학교수 524

PART 5 결론 Conclusions

12 의미 있는 변화를 위하여 533
새로운 이론 533
여성 범죄자 처우의 변화 534
남성 폭력에 대한 대응의 변화 541
성폭력 피해 541 | 친밀한 파트너의 폭력 546
형사사법 체계 내 여성 근무환경의 변화 552

_찾아보기 563

P . a . r . t . I

개관

Introduction

01 젠더 관점에서 본 범죄학

The Emergence of Gender in Criminology

여성주의의 필요성은 여성이 억압받지 않는 세상을 만들고 싶다는 열망에서 비롯되었다. 만약 성차별주의에 대항하는 여성주의가 없었다면, 여성은 점점 더 소외되는 위험을 감수해야 했을 것이다(존슨 오딤, 1991, 319).

이 책은 범죄학(범죄를 연구하는 학문)과 형사사법(피해자와 가해자 간의 소송 절차) 내에서 여성과 소녀의 현재 상황을 소개한다. 범죄학은 범죄를 일으키는 원인에 대한 이론을 개발하는 데 관심을 두는 반면, 형사사법은 사법 체계에 관련된 사람들과 가해자와 피해자에 대한 결정이 내려지는 방식에 초점을 맞춘다. 여성과 소녀의 현재 상황과 성이 어떻게 범죄와 사법 체계와 관련되는가를 이해하기 위해서는 가정, 사회, 직장에서 여성과 소녀의 위치가 역사적으로 어떻게 전개되었는지를 먼저 이해해야 한다. 그러므로 이 책은 오늘날 범죄에서 여성과 소녀가 차지하고 있는 지위에 영향을 미친 역사적인 요인을 포함한다. 마지막으로 이 책은 피해자이자 범죄자, 또 형사사법 체계 안에서 전문가로서의 여성과 소녀를 변화시킬 수 있는 방법을 고찰해 볼 것이다.

형사사법이라는 용어는 범죄 피해자와 가해자에 대한 처우와 공식적인 절차를 다루는 등 사법 체계 내의 실무자들(경찰, 판사, 교도관)의 업무를 설명하는 데 가장 많이 사용된다. 이 책에서는 **형사사법**criminal justice이라는 용어를 **범죄 절차**, **형사 절차**, **형사법 체계**로 바꾸어 사용할 것이다. 그 이유는 이 책에서는 피해자와 가해자, 특히 이들이 사회의 주변계층일 경우 형사 절차가 '공정하게just' 이루어지고 있지 않다는 연구 결과를 많이 다루고 있기 때문이다. 실로 여성과 소녀에 대한 사법 정의가 불평등하게 제공되고 있다는 점이 이 책의 주요 논점이 될 것이다.

이 장의 목적은 여성과 범죄를 이해하기 위한 중요한 개념, 특히 소외된 여성에 대한 중요한 개념을 개괄적으로 설명하는 것이다. 이 중요한 개념에는 범죄학과 범죄 절차에 대한 연구, 관련 개념과 정의에 나타난 여성의 비가시성에 대한 설명이 포함된다. 아울러 한 사회의 여성상이 피해자, 범죄자, 전문가로서 여성의 경험에 어떤 영향을 미쳤는지에 대한 이해를 포함한다.

:: 범죄 연구에서 여성과 소녀의 배제

이 책의 제목은 이 책을 구성하는 주요 세 부분에서 나타나는 여성의 비가시성에 대한 강력한 주제를 반영하고자 한 것이다. (1) 범죄자로서 여성과 소녀, (2) 피해자로서 여성과 소녀, (3) 형사 절차 내의 여성 전문가. 이 장에서는 어떻게 여성이 경험적으로 무시되고, 부인되어 왔는가에 대해 간략하게 설명하겠다. 또한 많은 여성과 소녀가 주요 세 범주, 즉 범죄자, 피해자, 형사 절차 체계의 전문가에 딱 들어맞게 분류되지 않는다는 사실에 대해서도 간략하게 설명하겠다. 한 예로 필자가 면담했던 많은 여성 경찰관이 그들의 남편이나 전남편에게 학대당한 경험을 이야기해 주었다. 그중 어떤 교도관은 그녀가 근친상간의 살아 있는 증거라고 말했다. 또한 비행소녀와 수감된 여성 중 놀라울 만큼 많은 수가 근친상간, 데이트강간, 낯선 사람으로부터의 성폭행, 친밀한 파트너의 학대 등을 고백했다. 예전에 한 여성 수용자와 면담하던 중 그녀가 어릴 때 경험한 사건이 범행을 유발했다고 생각하느냐고 질문한 적이 있다. 그러자 그녀는 삼촌이 총으로 아버지를 쏘았고 아버지가 자신의 무릎에 머리를 기댄 채 숨을 거두었는데, 자신은 그 사건을 결코 잊지 못한다고 대답했다. 그런 이유로 필자와 다른 많은 연구자의 연구에서는 여성과 소녀의 삶에서 피해자와 가해자의 경계가 모호하다는 점과 형사사법 체계에서 일하는 많은 여성이 피해의 전력을 가지고 있음을 보여주고 있다.

범죄 연구에서 여성과 소녀가 배제된 것은 학문적 연구에서 이 주제에 많은 저항이 있었기 때문이다. 역사적으로 피해자와 범죄자로서 여성과 소녀는 연구에서 제외될 뿐 아니라 만약 포함되더라도 그 방식은 전형적으로 성차별적이거나 판에 박힌 편견에 이용될 뿐이었다. 이 책을 위해 선행연구 자료를 수집할 때 여성이나 소녀가 연구 주제나 표본에 포함된 주요 학술논문(혹은 저서)을 찾는 과정에서 많은 좌절감을 맛보았다. 예를 들면 오직 남성만 표본인 연구들은 제목에 이 사실이 나타나지 않지만, 여성 표본 혹은 여성과 남성 표본일 경우에는 제목에 항상 이런 점이 포함되었다. 만약 연구에서 여성이 제외되면, 대부분 저자들은 주제에 '남성'을 포함시킬 필요를 느끼지 않는다. 마찬가지로 나핀 Naffine(1996, 20)은 미국과 영국의 주류 범죄학 교재를 들여다보면 "여전히 남성 범죄자를 연구하면서 그들의 성별을 언급하지 않은 연구가 많이 있다"라고 경고성 언급을 했다. 1895~1997년 미국과 영국에서 출간된 범죄학 관련 저서에 대한 최근 연구는 범죄학 연구에서 여성과 소녀에 대한 표현의 '명백하고 지속적인 결함'을 발견하고, 이는 부분적으로 여성 범죄학자들의 낮은 위상과도 관계가 있다고 밝혔다(Hughes, 2005, 21). (다시 말해 여성이 남성보다 그들의 연구에 여성과 소녀를 더 포함한다는 뜻이다.)

좀 더 긍정적으로 볼 때 친여성주의를 향한 변화가 일어나고 있다고 하는 것은 명백한 사실이다. '여성과 범죄'라는 강의가 더 많이 생기고 요구될 뿐 아니라 학계에서도 여성주의 학자(여성과 남성)를 더 많이 배출하고 있다. 지난 10년 동안 형사사법학과와 사회학과에서도 '여성주의 범죄학자'를 계속 충원하고 있다. 여성 범죄자에 대한 연구의 진전은 전례를 찾아보기 힘들 정도다. 아직 우리가 배워야 할 것은 많지만, 이 책은 범죄의 위험 요인과 범죄자를 처리하고 다루고 처벌하는 데 성별 차이와 유사점을 이해하기 위해 지대한 공헌을 한 최근의 연구뿐 아니라 오래된 연구까지 기술하고 있다. 여성과 소녀에게 가해지는 폭력에 대한 연구는 최근 급속도로 증가했다. 이런 현상은 부분적으로 학계 내 여성학자와 여성주의자가 증가했기 때문이기도 하지만, 1994년 연방정부의 여성폭력방지법(VAWA, Violence Against Women Act)의 성취가 상당 부분 도움이 되었다. 클린턴 대통령의 서명으로 1994년 의회가 이 법을 통과시켰고, 1995년 VAWA를 이행하기 위해 '여성폭력사무국'이 설립되었다. VAWA 덕분에 여성폭력(가정폭력, 성폭력, 스토킹 등)에 대한 연구는 자금을 지원받고, 여성폭력과 관련한 기관(경찰, 법원, 원주민 지역사회 등)은 전례 없는 성과를 거두었다. 2005년 10월 4일 VAWA는 백악관과 양당의 강력한 지원으로 재발효되었다.

여성과 소녀 폭력에 관한 연구 '활성화'의 또 다른 예는 1995년 1년에 4번 발행되는 학술지 『여성에 대한 폭력Violence Against Women』의 발간이다. 편집장 렌제티Claire Renzetti는 학술지에 제출되는 엄청난 수의 질 높은 원고에 감명받아 1999년 사회과학 학술지로는 유일하게 1년에 12번(월간)으로 출판 횟수를 늘렸다. 안타깝게도 형사 절차 분야에서 일하는 여성에 관한 연구는 이렇다 할 주목을 받거나 연구가 이루어지지 않고 있는 실정이다. 그러나 일하는 여성에 대한 새로운 연구가 중요한 깨달음을 제공할 것이고, 이 책에서도 다루게 될 것이다.

가해자로서의 여성과 소녀

대부분 범죄학 이론은 특히 남자 청소년 범죄의 원인에 대해 관심을 갖고, 범죄와 연관된 요소에 초점을 맞춘다. 1970년대 말까지 이들 연구의 표집에 소녀(혹은 여성)를 포함하는 것은 매우 드문 일이었다. 성이 개인의 위법 성향을 나타내는 강력한 요인임에도 불구하고 연구자(대부분 남성)들은 표본에 여성과 소녀를 포함해야 한다는 필요성을 거의 느끼지 못했다. "가장 강력하게 범죄와 관련되는 변인인 성을 사실상 무시한 것이다"(Leonard, 1982, xi). 범죄학 이론은 "남성에 의해서, 남성에 대해" 구성되어 있고, 인간 행동보다는 남성의 행동에 대해 설명한다(같은 책). 바꾸어 말해 여성과 소녀가 남성과 소년보다 범죄를 덜 저지르는 이유를 연구하게 되면 "남성의 범죄성에 대한 실마리를 설득력 있게 제공할 수 있다"(Morris, 1987, 2).

연구자가 소녀를 표본에 포함했을 경우 이들은 전형적으로 소녀가 소년범죄의 방정식에 얼마나 잘 들어맞는지에 관심이 있을 뿐이다. 이런 접근은 소녀의 삶이 소년과 얼마나 다른지에 대한 평가를 포함하기보다 청소년의 범행과정을 이해하는 데 소녀의 비행이 그다지 중요하지 않고 불필요하다는 전형적인 시각을 반영한다. 그러므로 이런 연구는 범죄행동에서 나타나는 성 차이를 설명하지 못한다(Leonard, 1982; Morris, 1987). 사회계층이나 범죄를 배울 수 있는 기회에 대한 접근, 도시의 거주 지역이 소년의 범죄 경향을 설명하는 데 사용된 것에 반해, 소녀의 범죄 촉발 요인은 최근까지도 거의 연구된 것이 없다. 더구나 범죄학적 이론은 역사적으로 여성은 생물학적 영향 때문에 어쩔 수 없이 범행을 저지르기 쉽다고 보는 경향이 있다. 예를 들어 쇼Shaw와 매캐이McKay의 『소년비행과 도시지역 Juvenile Delinquency and Urban Areas』(1969, 365)을 보면 단지 몇 장에서만 소녀의 비행을 다루고 있는데, 비행소녀들의 주된 무대는 무도회장, 마사지 업소, 영화관 등이라고 소개하며 소녀의 비행 대부분이 성행위와 관련되어 있다고 암시했다. 이 책의 제2장에서 초기 범죄학자들(Cesare Lombroso, Otto Pollack, W. I. Thomas, Sigmund Freud 등)이 여성의 범죄성을 설명하는 데 생물학적 요인을 얼마나 강조했는지에 대해 논의하겠다.

소녀의 비행은 과거 몇십 년 전만 해도 흥미롭거나 중요하게 여겨지지 않았다. 마찬가지로 이론의 초점은 소년에게 맞춰졌다. 여성주의 이론은 여성과 소녀에게 초점을 맞추려고 시도할 뿐 아니라 어떻게 성 불평등이 여성과 남성의 경험과 행동에 다르게 영향을 미쳤는지도 포함한다. 더욱이 여성주의 이론은 인종주의, 계층주의, 이성애주의 등의 요소가 어떻게 성차별주의와 결합하여 성역할의 차이와 성차별을 만들어내는지를 이해하는 데 유용하다. 다행히 최근 15년간 여성과 소녀의 범죄성 요인을 알아보는 연구가 급속도로 성장했다. 다음 장에서 다룰 이들 연구는 여성과 소녀의 범행을 이해하는 새롭고 흥미로운 (가끔은 침울하기도 하지만) 방법을 제공한다. 또한 어떤 소녀가 왜 범죄를 저지르는가에 대한 이해를 돕는 여성주의 연구는 어떤 **소년**이 왜 범죄를 저지르는지에 대한 이해에도 매우 중요한 영향을 준다. 예를 들어 전통적인 긴장이론은 소녀와 소년의 비행을 유발할 수도 있는 긴장의 원인으로서 근친상간을 다루지 않는다. 1970년대와 1980년대 후반, 성폭력의 피해자였던 소녀와 여성이 높은 비율로 범죄를 저지른다는 세 개의 연구가 출간되었다(Chesney-Lind and Rodriguez, 1983; James and Meyerding, 1977; Silbert and Pines, 1981). 그 이후로 많은 다른 연구에서 근친상간과 그 밖의 어린 시절 범죄에 의한 피해는 소녀뿐 아니라(Arnold, 1990; Browne, Miller, and Maguin, 1999; Chesney-Lind and Shelden, 1992; Coker et al., 1998; Gilfus, 1992; Klein and Chao, 1995; Lake, 1993; Owen, 1998; Singer et al., 1995), 소년의 이후 범죄 경향성도 증가시킨다는 것을 밝혀냈다(Belknap and Holsinger, 2006; Dembo et al., 1992; Dodge, Bates, and Pettit, 1990; Widom, 1989a, 1989b).

여성 범죄자의 불가시성에 관한 또 다른 측면은 여성이나 소녀 범죄자들을 수용하는 '교정' 기관에서 찾을 수 있다. 여성과 소녀를 위한 감옥과 보호기관은 역사적으로, 또 현재에도 남성과 소년을 위한 시설과 매우 큰 차이를 보인다. 역사적으로 치료와 처벌에 관한 주제와 기회도 여성의 경우 인종에 따라 달랐다(Freedman, 1981; Rafter, 1985). 여성 재소자를 대상으로 하는 재활 훈련, 언어, 교육, 상담치료 프로그램의 부족과 마찬가지로 여성 범죄자가 주거하는 시설이 부족한 것은 여성 범죄자의 비율이 상대적으로 낮기 때문이다. 이런 관심 부족과 여성을 위한 기회 부족은 1970년대 이후 남성보다 빠르게 상승하고 있는 여성 입소율을 고려할 때 매우 심각한 문제다(Immarigeon and Chesney-Lind, 1992; Kline, 1993; Mumola and Beck, 1997; Sokoloff, 2005).

피해자로서의 여성과 소녀

"여성주의 범죄학은 주류 범죄학 중 여성의 피해에 대한 분야에서 매우 큰 영향을 끼친 듯하다" (Britton, 2000, 64). 여성과 소녀가 가장 많이 경험하는 범죄인 성폭행과 여성폭력(가정폭력)은 거의 보고되지 않을뿐더러 학대적이고 두려움을 일으키며 모욕적이고 대부분 폭력을 수반해 매우 위험하다. 더욱이 대부분 젊은 여성과 소녀는 수풀과 뒷골목에 숨어 있는 남성에 대한 위험성을 함축하는 이야기를 들으면서 성장한다. 여성은 범죄에 대한 두려움을 훈련받는 것이다(Madriz, 1997).

아직까지 잘 인식되고 있지 않은 피해의 또 다른 '성별화된' 형태는 '조직화된' 또는

'기업화된' 범죄의 피해다. 이 주제에 관한 거버Gerber와 위크스Weeks(1992)의 연구는 수많은 예를 보여준다. 첫째, 그들은 봉제공장이나 그 밖의 다른 공장 형태의 작업장에서 열악한 작업환경으로 인한 '사고'가 매우 많으며, 여성 피해자가 압도적으로 많음을 지적했다. 둘째, 그들은 "병, 불임, 유산, 기형과 태아 사망"(같은 책, 333)과 관련 있음이 증명된 '달콘 실드Dalkon Shield' 라고 알려진 자궁 내 피임기구에 대해 논의한다. 명백하게 이런 사건은 '화이트칼라' 또는 '기업' 범죄로서 상당히 연구되고 다루어져 왔지만, 그 첫 번째 피해자가 여성이라는 사실은 거의 알려지지 않았다. 게다가 거버와 위크스(같은 책)는 여성을 위한 경구피임약(예를 들어 Depo-Provera, Ovulen)이 유방암과 자궁암에 관련되었음을 지적하고, 이들 제조업체는 소비자에게 이런 사실을 알리지 않았으며, 미국 식약청(FDA)이 이 약의 국내 판매를 금지했지만 제3국에서의 판매까지는 관여하지 않았다는 사실을 지적했다. 셋째, 거버와 위크스(같은 책)는 팔목터널증후군이나 영상출력장치에 대한 과도한 노출과 같은 산업 관련 재해가 여성 노동자가 대부분인 사무직이나 공장의 작업장에서 훨씬 많이 발생한다는 사실을 지적했다. 마지막으로 그들은 '면폐증'brown lung' disease'에 관한 성별 분석은 아직 이루어지지 않았으나, 이 재해도 여성에게 훨씬 많이 발생하는 것으로 보인다고 말했다.

여성에 대한 기업폭력의 또 다른 예는 실리콘의 가슴 주입이다. 린브란트Rynbrandt와 크레이머Kramer(1995)는 1964년 이래로 미국에서 200만 명이 넘는 여성이 받은 이 위험한 시술을 허락한 주역으로 다우코닝(Dow Corning, 실리콘의 가장 큰 공급업체)과 성형외과 의사, '명백하게 방관한 정부'를 꼽았다. 연구자들은 미국 식약청이 이 시술의 안정성에 대한 연구 결과가 불충분했는데도 주입을 허락했다고 보고했다. 1991년 미국 식약청은 안정성에 대한 충분한 연구 결과가 수집될 때까지 그 시술을 금지하는 대신 더 많은 실험연구를 요구했다. "위원회는 암 수술 후에 가슴을 확대해야 하는 국민 건강 차원의 필요성 때문이라는 이유를 내세워 의심되는 위험 요소에도 아랑곳하지 않고 시술을 제한하거나 금지하지 않았다고 주장했다"(같은 책, 209). (실제로 75~85%가 유방암 이후 가슴을 살리기 위한 목적보다는 성형의 목적으로 가슴 주입 시술을 받았다.) 미국 식약청이 가슴 주입 시술을 허락하기 전에 그 안전성에 대해 진지한 관심을 보이지 않았던 것과는 대조적으로 일부 여성들은 다우코닝과 관련 회사들을 상대로 법적 소송을 제기했으며, 여기에 미디어가 중요한 역할을 했다. 정부가 제대로 대처하지 못하고 있을 때, 몇몇 기자는 여성에게 실제로 어떤 일이 일어나고 있는가를 보도함으로써 언론의 역할을 다했다. 한 가지 예로, 시술에 관한 불안전성을 염려하는 다우코닝사의 내부 메모가 언론에 유출되었다. 이 일은 1992년 다우코닝의

문서가 공개되는 사건으로 이어졌으며, 이들 문건은 다우코닝이 "주입된 실리콘이 샐 수 있으며, 젤은 건강문제를 유발할 수 있음"을 20년 이상 알고 있었다는 사실을 말해 준다(같은 책, 212). 1994년 3월, 실리콘 제조업체들은 40억 달러를 지불하라는 집단분쟁 해결안에 동의했다(같은 책). 언론과 여성은 함께 뭉쳐 법원에 이들 회사를 민사상으로 고소하여 이 무책임한 기업들로부터 배상을 받아낸 것이다. 크롤Croall(1995, 233)은 영국의 기업 환경에서 발생하는 여성 피해 사례에 대한 연구에서 위에 언급한 대부분의 사례를 언급하며 다음 두 가지 경우를 더 추가하고 있다. (1) '슬리밍 산업'(의문스럽고 제대로 검증되지 않은 체중감량 상품), (2) 직장동료에게 받는 성적 학대나 성희롱.

마지막으로 조직화된 범죄로서 분류될 수 있는 사례로 불임부부를 위해 난자를 채취하려는 목적으로 여성에게 약물치료를 하고 돈을 지급하는 시술이 있다. 난자 채취를 위해 선호되는 여성은 대부분 어린 백인 여대생이다(인종주의자와 계층주의자의 '최상의' 유전자에 대한 억측을 반영한다). 지금까지는 이렇게 난자를 '채취'하는 도발적인 의학시술의 장기적인 효과에 대해 알려진 바가 거의 없다. 많은 난자를 생산하기 위한 강도 높은 약물 투여는 이들 여성을 일시적으로 과배란 상태로 '던져버리는' 것이며, '기증자'가 자궁암에 걸릴 가능성을 증가시킬 뿐 아니라 후에 불임문제를 일으킬 수도 있다(Mead, 1999).

형사 절차에서 일하는 전문가 여성

이 책에서 다루는 여성과 범죄의 마지막 주요 분야는 형사사법 체계에서 이루어지는 여성의 고용이다. 형사 절차의 세 가지 주요한 고용 기회 형태는 감옥과 교도소, 경찰, 법조계를 포함한다. 이 책의 제4부는 교도관, 경찰, 법조인으로서 여성의 현재와 과거에 대해서 고찰한다. 이 분야에서의 여성 고용은 상당한 저항에 직면해 있다. 이런 저항은 남성 범죄자와 함께 일하기 위해서는 '남성다운' 남자가 필요하므로 여성은 적합하지 않다는 태도에 근거한다. 1972년 헌법 제7장의 수정 조항과 1964년 시민권법은 형사사법기관의 여성 고용을 보장했다. 하지만 불행하게도 고용 숫자와 지위 둘 다에서 여성의 전진은 매우 느리다. 더 많은 여성을 고용하려는 로스쿨과 경찰 당국의 노력에도 불구하고 남성 형벌 기관(대부분 투옥시설)에서 일하는 여성의 수만큼이나 이 직업의 여성 수는 여전히 매우 적다. 이 책의 뒷장에서 보고하듯이, 오늘날에도 이 분야(경찰, 교도소/감옥, 법원)에서 일하는 여성은 남성 상사와 동료로부터 여전히 어느 정도의 저항감과 적대감을 느끼고 있다. 마지막으로 형사사법 절차 내에서 일하는 여성만 소외당하는 것이 아니라 여성 범죄학자도 소외당하는 것이 사실이며, 범죄학의 역사적 맥락에서 여성학자의 공헌은 자주 무시당해 왔다(Laub and Smith, 1995).

여성의 범죄 경험에서 보이는 모호한 경계

여성 범죄자, 여성 피해자, 형사사법 체계에서 여성이 소외되고 있다는 사실 외에 범죄의 가해와 피해가 많은 여성의 경험을 통해 중복되어 나타나고 있음을 인지할 필요가 있다. 앞에서 언급했듯이, 경찰이나 구치소에서 일하는 여성에 대한 필자의 연구는 수많은 여성 경찰관이 근친상간, 아동 성학대, 낯선 사람의 강간, 친밀한 관계에서 이루어지는 여성 구타의 생존자임을 밝혀냈다(많은 수의 여성 경찰관이 경찰관인 그들의 남편에게 상습적으로 구타당했음을 토로했다). 또한 남성폭력을 경험한 일반 여성의 비율이 매우 높은 것을 감안한다면(6~8장의 몇몇 통계는 미국 여성의 절반이 이런 폭력을 경험한다고 보고하고 있음), 한 번도 피해자가 되어보지 않았던 여성은 형사사법 체계에서 일하기 어려울지도 모른다. 경험적으로 연구되지는 않았지만, 이런 여성의 피해 경험은 형사 절차 내에서 일하기를 원하는 열망과 관련성을 가질 수도 있다.

많은 연구들이 대부분의 비행소녀와 여성 수감자가 그들의 범행 이전에 근친상간, 강간, 구타 등에 희생되었던 경험이 있다는 것을 보여주고 있다(Acoca, 1998; American Correctional Association, 1990; Arnold, 1990; Belknap and Holsinger, 1998, 2006; Browne, Miller, and Maguin, 1999; Carlen, 1983; Chesney-Lind and Rodriguez, 1983; Coker et al., 1998; Daly, 1992; Fletcher and Moon, 1993; Fox and Sugar, 1990; Gaarder and Belknap, 2002; Gilfus, 1992; Gray, Mays, and Stohr, 1995; Greenfeld and Snell, 1999; Immarigeon, 1987a, 1987b; Lake, 1993; Mullings, Marquart, and Brewer, 2000; Sable et al., 1999; Sargent, Marcus-Mendoza, and Yu, 1993; Singer et al., 1995). 이들 중 많은 연구가 이전 피해 경험과 범죄(특히 성매매, 가출, 약물 범죄), 뒤이은 교도소 수감이 상호 연관되어 있음을 보여준다(Arnold, 1990; Browne, Miller, and Maguin, 1999; Carlen, 1983; Chesney-Lind and Rodriguez, 1983; Daly, 1992; Gilfus, 1992; Lake, 1993; Owen, 1998; Singer et al., 1995). 최근 연구는 여성과 소녀가 가정학대에서 살아남고 그에 대처하는 방안으로 가출하거나 약물을 사용한다는 사실을 명백하게 보여준다. 성적·신체적으로 학대당한 여성이나 소녀에게 열려 있는 '탈출'이라는 선택은 종종 불법적 행동으로 여겨진다.

정확한 수를 세진 않았지만, 미국 교도소에는 자신을 학대하던 사람을 최후의 방법으로 살해한 여성이 상당수 수감되어 있다(Browne, 1987; Richie, 1996). 역사적으로 형사사법 체계는 구타당한 여성을 '피해자'로 바라보지 않고 '가해자'로 거칠게 다룬다. 그러나 이들 여성은 살해 외에는 아무런 범죄기록이 없고, 보통 그 사건에 대해 경찰에 알린 신고자이며, 대부분의 살해는 구타를 당하던 피해자가 자기방어를 하던 도중에 일어난다(Maguigan, 1991). 과거에 이런 여성은 자기 아내를 죽인 남성보다 더 긴 형량을 받았다(Schneider and Jordan, 1981). 1980년대 말에서 1990년대 초 오하이오, 일리노이, 메릴랜드, 텍사스 주지사는 자기방어로 학대하던 남편을 죽인 후 수감되어 있는 여성의 형량을 줄이기 위해 상당히 고심했다. 더욱이 1990년대에 이르러 전문가가 배우자학대의 역동적 요인에 대한 증언을 하도록 널리 허용되었고, 이는 자기방어를 위해 학대하는 남편을 죽인 여성에 대해 형사 절차가 더욱 공정할 수 있도록 도움을 주었다. 여성이 어떻게 심문받고 형이 확정되는지에 대한 최근의 한 연구는 사법기관이 이들 여성의 범죄를 가장 심각한 것으로 다루면서도 그들이 받은 지독한 학대와 피해는 재판과정과 형량확정 절차에서 모두 무시되었음을 보여준다(Gaarder and Belknap, 2002).

앞서 언급했듯이 여성 피해자와 범죄자, 형사사법 체계에서 전문가로서의 여성은 소외되어 왔다. 성학대와 구타와 같은 범죄는 수치심 때문에 사법기관, 면접조사원, 혹은 가족 구성원이나 복지기관에조차 제대로 신고되지 않았다. 또한 최근까지도 전체 수감인구의 5퍼센트 이하인 여성 범죄자는 관심 밖이었다. 마지막으로 전문가로서 여성의 역할은 1970년대까지 거의 존재하지 않았다. 이 책의 목표는 여성과 범죄를 둘러싼 주제를 더욱 활성화하고, 사회와 형사 절차의 변화 흔적을 찾아내고, 계속해서 변화의 필요성을 제안하는 것이다. 이 주제를 이해하기 위해서는 우선 여성주의, 섹스sex와 젠더gender의 차이를 이해해야만 한다.

:: 섹스와 젠더

남성과 여성의 차이는 섹스와 젠더의 두 가지 범주로 나눌 수 있다. 섹스 차이는 생식기관, 신체 크기, 근육 발달, 호르몬 등을 포함하는 생물학적 차이다. 반면에 젠더 차이는 사회로부터 부여받으며 사회적 역할 기대와 연관된다. 예를 들면 의복, 임금, 아동보호 의무, 직업 등이다. 대부분 여성과 남성의 차이는 젠더 차이이며, 이는 생물학적으로 결정되는 것이 아니라 사회에 의해 결정된다. 또한 사회에 근거한 차이는 광범위하게 불평등에 뿌리를 두고 있다(MacKinnon, 1990). 이 불평등을 창조한 것은 사회이므로 평등을 이루기 위해서는 여성과 남성(그리고 소녀와 소년)에 대한 이미지와 기회를 재건할 수 있도록 사회 전체가 해결책이 되어야 한다.

여성과 남성의 역할 차이는 역사적으로 '생물학적이고 바꿀 수 없다' 라고 인식되어 왔다. 그러나 최근 여성주의자들은 "여성의 역할은 학습되고, 사회적으로 결정된다" (Klein, 1984, 3)라고 주장한다. 그렇다면 섹스 차이(성차별주의)가 어떻게 젠더 차이에 영향을 주게 되는지 알아볼 필요가 있다. 예컨대 소년만 스포츠를 즐길 수 있도록 허용된다면, 소녀는 신체를 단련하고 더 강해지는 기회를 박탈당하게 된다. 전통적 관념에서 몇몇 여성은 남성들보다 더 강하다는 것을 알아둘 필요가 있다. 또한 남성과 여성의 마라톤, 단거리 경주, 수영 등에서 보이는 상대적인 기록 차이는 1930년대 이후로 눈에 띄게 줄어들고 있다. 이는 여성과 소녀가 신체 활동을 하고 훈련받을 수 있는 기회가 확대되었기 때문일 것이다(Fausto-Sterling, 1985). 실제로 1964~84년에 여성 마라톤은 한 시간 반 이상이나 단축되었지만 남성의 경우 단지 몇 분 단축되었을 뿐이다(같은 책). 여성은 장거리 수영에서 기록을 보유하고 있으며, 1926년 영국해협에서 수영하도록 최초로 '허용된' 여성은 "완주함으로써 세계를 놀라게 했을 뿐 아니라 남자 기록을 깼다" (같은 책, 218).

웨스트West와 짐머만Zimmerman(1987)은 『섹스와 젠더Sex and Gender』에서 **섹스, 섹스 범주, 젠더**의 세 가지 현상을 이해해야 한다고 주장했다. 그들은 **섹스**를 "사람을 여성과 남성으로서 분류하기 위한 생물학적 준거에 바탕을 둔 사회적으로 동의된 기준을 적용" 한 것이라고 정의했다(같은 책, 127). 그들은 섹스가 불변의 것이 아니며, 사회적으로 동의된 생물학적 준거라고 지적했다. 간성(남녀 양성자로도 알려져 있으며, XX나 XY 염색체 조합보다는 모호한 성기를 갖고 태어남)을 논의하기에 이 개념은 매우 유용하다. 다시 말해 생물학적으로도 항상 성별이 명확한 것은 아니다. 2,000명 중 1명은 간성으로 태어나고, 이렇게 '답이 확실치 않은' 경우일지라도 의사는 출생 성별을 결정해야만 한다(Kessler, 2004). **섹스 범주**는 한 개인이 사회에서 어떻게 성별을 유지하는지 말해 준다. 성별을 결정하기 위해 염색체 검사를 받아볼 필요는 없다. 오히려 우리는 '특별히 의심할 이유가 없는 한' 외견상으로 다른 사람의 성별을 판단해 버린다(같은 책, 133). 섹스 범주화와 비슷하게 **젠더**는 개인이 그들의 섹스 범주가 규정하는 대로 태도를 취하거나 활동을 하는 방식을 의미한다. "젠더 활동은 같은 섹스 범주에 속하는 구성원으로부터 가치를 얻고 지지받기 위해 나타난다" (같은 책, 127). 이런 의미로 웨스트와 짐머만(같은 책, 129)은 젠더의 형성을 개인적인 일이면서 매우 '사회적으로 조직화된' 일임을 지적한다. 젠더는 단지 한 개인의 특성이라기보다 다른 사람들과의 상호작용을 통해 만들어진다. 웨스트와 짐머만(1995)의 최근 연구는 인종과 사회계층이 얼마나 '젠더에 맞게 행동하기' 와 맞물려 있는지를 알아보기 위해 '다르게

[제시 1-1] 여성주의적 사고와 그 밖의 사회적 · 정치적 사고를 구분하는 다섯 가지 요소

1. 젠더는 타고나는 것이 아니라 사회, 역사, 문화가 결합된 산물이다. 성은 생물학적 성 차이와 생식능력으로 결정되는 것이 아니라 관련이 있을 뿐이다.
2. 젠더와 젠더 관계는 근본적으로 사회적 삶과 사회제도에 영향을 준다.
3. 젠더 관계와 남성성, 여성성의 형성은 평등하지 않으며, 남성 우월주의와 남성의 사회적 · 정치적 · 경제적 여성 지배의 원리에 바탕을 둔다.
4. 지식 체계는 자연과 사회에 대한 남성의 관점을 반영하고, 지식의 생산은 젠더화되어 있다.
5. 여성은 주변화되거나, 소외되거나, 남성의 부속물이 아닌 지적 연구의 중심에 있어야 한다.

SOURCE Kathleen Daly and Meda Chesney-Lind. 1988. "Feminism and Criminology." *Justice Quarterly* 5:504.

행동하기'를 연구하고자 했다. 그들은 이 시도의 복잡성, 특히 사람들이 그들의 인종 · 성별 · 계층에 '맞게' 어떻게 상황을 인지하고 경험하는지를 알아내는 것이 매우 복잡하다는 사실을 지적하고 있다. 그러나 그들의 접근은 "젠더를 가장 근본적이고 이론적인 범주에 두고 그 다음에 인종과 계층을 '추가' 했고, 그들의 이론적 논점을 오직 젠더 틀에만 맞춘 다음 인종과 계층으로 논리를 일반화시켰다"(Collins et al., 1995, 493)는 점에서 비판을 받았다.

애커Acker(1990)의 초점은 어떻게 조직구조가 젠더화하게 되는가 하는 점이다. 구체적으로 **젠더화한 조직체**는 통제, 정체성, 의미, 활동, 감정, 유리함에서 남성과 여성(남성성과 여성성) 사이에 구별되는 양상을 보인다. 애커(같은 책)는 젠더가 발전하면서 보여주는 재미있는 몇 가지 과정을 설명했다. (1) 젠더에 맞추어 분리되는 구조(예를 들어 받아들이는 행동, 권력, 사무공간), (2) 이런 젠더 분할을 강화하는 표상과 상징(예를 들어 의상, 미디어, 기술), (3) 순종 혹은 지배를 표현하는 직원들의 상호작용(예를 들어 남자가 질문을 하거나 의견을 말하거나 끼어들 '기회'가 더 많음). 이런 접근은 이 책의 뒷부분에서 다룰 예정인데 경찰이나 법원, 교도소 같은 직업 현장을 설명하는 데 유용하다.

성차별에 대한 판례는 역사적으로 섹스와 젠더 차이의 혼란을 가져왔고, 종종 문화적 · 사회적(혹은 젠더) 차이가 '불변' 임을 내세워 여성에게 불이익을 주는 판결을 내렸다(Rhode, 1989, 3). 이것은 법적 담론이 젠더와 섹스 차이를 구별하지 못하고, 두 가지 모두가 타고나는 것이라고 간주하며, 젠더 불평등을 유지시키는 데 사회적 역할이 무엇인지를 인식하지 못한다는 사실을 보여준다. 사실 일부 학자들은 미국을 포함한 대부분의 사회가 젠더 구분을 지속시키려 애쓴다고 믿는다(Epstein, 1988, 120). 데일리Daly와 체스니린드Chesney-

Lind(1988, 504)는 젠더와 여성주의 접근의 중요성을 명백히 기술하고 있다(〔제시 1-1〕 참조).

섹스와 젠더 사이의 이런 구분은 성차별주의와 가부장제 개념의 기본이 되는 것이다. **성차별주의**는 다른 성별에 대한 강압적인 태도와 행동을 말한다. 다시 말해 성차별주의는 젠더에 대한 차별과 편견이다. 실제로 젠더와 섹스에 근거하는 차별과 편견, 부정적 태도와 행동은 우선적으로 여성을 향한다(예를 들어 여성은 남성만큼 '괜찮지' 못하며, 여성은 남성의 성적 즐거움을 위해 존재하고, 여성은 그들의 아름다움으로 정의된다 등).

다른 한편으로 **가부장제**는 남성우월과 위계사회에 가치를 매기는 사회적 · 법적 · 정치적 환경을 일컫는다. 가부장적 이데올로기의 중심은 여성의 천성이 문화적으로가 아닌 생물학적으로 결정되고(Edwards, 1987), 법은 남성의 관점에서 만들어지고, 남성의 경험과 일치한다는 신념이다(MacKinnon, 1989). 그러므로 여성주의자가 젠더 차이(예를 들어 양육능력)라고 규정하는 것은 가부장제에서는 섹스 차이라고 정의되어 버린다. 그렇기 때문에 가부장제와 그 특권은 문화의 질을 정의하는 요소로 남아 있으며, 범죄학과 형사 절차에서도 마찬가지다. 1970년대를 시작으로 몇 명의 여성주의자는 "특히 법과 사회에서 여성의 지위 개선을 목표로 여성의 법적 지위를 알리고 설명하고 이해하기" (Dahl, 1986, 240) 위해 '여성주의와 여성의 법' 을 주창했다. "남성 지배의 산물인" 법을 이해하기 위한 목적으로, 급진적이고 비판적인 인종에 대한 접근과 같은 맥락에서 **법여성학**feminist jurisprudence을 발전시키기 위해 법철학 혹은 법과학이 도입되었다(Haney, 2000, 644). 그러나 여성주의 법학자 스마트Carol Smart(1989)는 가부장제가 그 안에 너무 깊이 뿌리박혀 있다면 법여성학은 법체계를 '분산' 시키기 어려울 수도 있음을 경고한다.

성 평등을 이루려는 시도는 남성에게 불공평한 결과를 가져올 것이라는 억측이 종종 나온다. 이런 관점은 평등에 대한 반대 입장을 정당화할 뿐 아니라 성 평등이 남성에게 이익이 될 수 있음을 무시하는 것이다. 그 예로 신시내티 벨 텔레폰Cincinnati Bell Telephone은 여성을 고용하지 않는다는 이유로 기소되었다. 법원은 이런 행동이 차별이라고 판결했고, 신시내티 벨에 여성이 근무할 수 있도록 새로운 장비를 들이고, 시설을 개선하도록 명령했다. 이런 혁신은 가벼운 사다리를 도입하는 등 기구를 개선하여 근력이 덜 필요하도록 하는 것도 포함되었다. 남성 노동자는 "미리 좀 이렇게 했으면 얼마나 좋았느냐?" 라고 반응했다. 이런 변화는 여성 노동자에게만큼이나 남성 노동자에게도 고용 기회가 확대된 것이다. 이 점은 이미 지적한 것처럼, 여성 범죄성의 원인에 대한 연구가 남성 범죄성을 더 잘 이해하는 데 도움이 될 것이라는 맥락과 비슷하다(예를 들어 비행에 선행되는 아동기 범죄피해의 위험성).

앞에서 언급했듯이 어떤 여성은 남성보다 육체적으로 강하다. 그런데도 육체적으로 아주 강한 여성은 역사적으로 육체적 힘을 필요로 하는 '남성의' 직업에 대한 접근이 금지되어 왔다. 불행하게도 여성이 남성적인 직업을 가질 기회가 제한된 것은 육체적 힘이 많이 필요한 직업에만 국한되는 것이 아니다. 전통적으로 여성은 과학, 엔지니어링, 법, 의학 등 강한 정신적 능력과 연관되는 분야에 들어가기 위해 노력할 때도 장애에 부딪힌다. 아이러니하게도 여성의 소위 다정다감함은 권위 있는 직업에 종사할 때는 방해 요소가 되지만 "공장이나 노동 분야 같은 척박하고 고된 직업에서는 그렇지 않다"(Rhode, 1990, 200). 전통적인 남성 직업에 종사하는 여성이 많아진 것은 불과 이삼십 년밖에 되지 않는다.

섹스와 젠더 사이의 구분을 이해하는 것은 남성과 여성, 소년과 소녀의 가장 큰 차이가 생물학적(섹스)으로 결정되는 것이 아니라 사회(젠더)에 바탕을 두고 있음을 알게 해준다. 생물적 요소를 바꾸는 것보다는 사회를 바꿀 수 있는 가능성이 훨씬 더 고무적인데도, 이 책은 젠더 차이가 얼마나 강력하게 전통에 뿌리박혀 있으며 형사사법 체계를 비롯한 여성과 소녀의 삶에 부정적 영향을 끼치는지를 논할 것이다. 더 나아가 임신할 수 있는 능력과 같은 섹스 차이 역시 많은 판례에서 여성에게 불이익을 가져다주었다.

:: 여성주의란 무엇인가

여성주의와 여성주의자는 사회에 존재하는 성 불평등을 인지하고, 성 평등을 증진하려고 노력한다. 여성주의의 관점은 매우 다양하지만, 이런 접근들은 "부분적이고 잠정적인 해답이 교차되는 상황에서 여성이 억눌리고 짓눌리고 탄압받을 때 같이 슬퍼하고 많은 여성이 자신의 운명을 스스로 개척하고 서로 격려하며 '체제를 때려부술' 때 함께 기쁨을 나누고 격려하면서" 여성에 대한 질문에 대답하고자 시도해 왔다(Tong, 1989, 1-2). 여성주의 철학자 재거Alison Jaggar는 이렇게 말한다.

> 확실한 여성주의의 목소리는 17세기 영국에서 처음 나왔지만 어떤 의미에서 여성주의는 항상 존재했다. 여성이 종속적인 위치에 있는 한 그들은 그 종속에 저항해 왔다. 때로는 그 저항이 집합적이고 의식적이었으나 대개 외롭고 완전히 의식적이지 못했다. 여성이 병과 약물, 알코올 중독, 심지어 광기를 통해 사회적으로 규정된 역할에서 도망가려고 했던 것처럼 말이다(1983, 1).

흑인 여성주의자 벨 훅스bell hooks는 여성주의를 "성차별주의적 억압을 종식하기 위한 투쟁"이라고 정의한다(1984, 26). 그녀는 가부장제와 인종주의, 또 다른 형태의 억압을 비교하고, 성차별주의가 사라지려면 인종주의와 다른 종류의 억압도 그대로 남아 있어서는 안 된다고 지적한다. 그러므로 여성주의는 모든 형태의 지배를 종식하기 위한 더 넓은 해방운동의 일부분이다(hooks, 1990). "여성주의의 목적은 특정 여성 집단이 아니라 모든 인종과 계층의 여성에게 이익을 안겨주는 것이다. 여성주의는 남성을 능가하는 특권이 아니다. 그것은 우리 모두의 삶을 의미 있게 바꾸는 힘이다"(hooks, 1984, 26).

불행하게도 수많은 꾸며진 이야기가 정당한 주제와 접근으로서의 여성주의 개념에 해를 입히고 있다. 저널리스트 팔루디Susan Faludi(1991)는 『반발Backlash』에서 언론과 정치인이 여성을 비하하고, 여성을 특정화된 성역할에 계속 얽매이도록 하기 위해 어떻게 통계와 사건을 확대하고 이용하는지 폭로했다. 데일리와 체스니린드(1988)는 여성주의에 대한 세 가지 잘못된 신화에 대해 정의한다. (1) 여성주의는 객관성이 부족하다. (2) 여성주의자의 분석은 여성에만 초점이 맞춰져 있다. (3) 하나의 여성주의 관점만 존재한다. 여성주의가 객관성이 부족하다는 점에 대해 데일리와 체스니린드(같은 책)는 남성과 비여성주의자는 성 관련 주제에 대해 여성과 여성주의자보다 더 객관적이지 못하다고 지적한다. 문제는 '남성의 경험이 규범으로 채택되고 전 인구에게 일반화되는 일'이 너무 잦다는 것이다(같은 책, 500). 여성주의의 초점이 여성에게만 폭좁게 맞춰져 있다는 비판에 대해 말하자면, 사실 여성주의 해석은 남성과 남성성을 외면하지 않는다. 오히려 남성은(중심은 아니지만) 여성주의 해석에 포함된다. 여성의 삶을 완전히 이해하려면 남성성과 남성의 삶, 관점을 알아야 할 필요가 있다(같은 책). "아이러니하게 여성주의 학문이 사실 남성과 여성의 삶 모두를 기술하고 변화시키려 하는데도, 그것은 오직 여성만 다루거나 여성에게 심하게 치우쳐 있는 것으로 여겨진다"(같은 책, 501).

전체적으로 볼 때, 여성주의 이론은 여성 중심의 인간의 경험과 사회에 대한 기술과 설명이다. 여성주의 이론은 젠더가 인간과 사회적 삶의 모든 측면을 지배한다고 단언한다(Danner, 1989, 51). 마르크스주의의 실천주의처럼 여성주의 이론과 연구는 여성의 억압을 종식하는 데 일조할 수 있는 **행동주의**activism를 필요로 한다(Britton 2000; Danner, 1989). 많은 사람이 단 하나의 '여성주의'가 존재한다고 생각하지만, 여성주의 해석에는 많은 여성주의적 관점이 존재한다. 다섯 가지의 주요한 여성주의 이론은 자유주의, 마르크스주의, 사회주의, 급진주의 그리고 포스트모더니즘 여성주의다.

자유주의적 여성주의의 유래는 18세기 울스턴크래프트Mary Wollstonecraft의 『여성의 권리 옹호A Vindication of the Rights of Women』와 밀John Stuart Mill의 논문「여성의 종속」으로 거슬러 올라간다. 기본적으로 자유주의적 여성주의는 교육과 고용 혹은 일반적인 '공적사회'에 대한 접근의 평등이 관습적 · 법적인 제한으로 금지되어 왔다고 주장한다(Tong, 1989). 그러므로 성 평등은 '게임'이 공평하도록, 게임을 하는 데 그 누구의 시민권과 경제적 기회도 불이익을 받지 않도록 하는 법을 필요로 한다(같은 책). 자유주의적 여성주의의 목표는 "성차별주의와 남성 중심의 관념을 없애 편견 없는 신념과 관습을 얻어내는 것이다"(Harding, 2004a, 180). 자유주의적 여성주의 범죄학은 '남성이 범죄의 기준'이라는 태도와 정의justice를 체제 내의 불공정성을 고려하지 않은 평등equality과 동일시한 점, 그리고 성, 인종, 계층의 의미를 인식하지 못하고 단지 '주어지는' 것으로 본다는 점에서 비판을 받아왔다(Britton, 2000). 예를 들어 여자 교도소의 개선은 그 목표가 단지 건강관리, 언어, 교육, 법, 치료 프로그램에 대해 남성 수감자와 공평한 접근성을 확보하는 것이라면 남자 교도소만큼 효과적이지 않을 것이다. 물론 이에 대한 엄청난 개선은 있었지만, 여성 수감자의 경험과 욕구, "특히 폭력과 관련해 자기 자신의 삶을 통제하기 어렵다는 점과 사법 정의를 향한 여성중심적 접근의 필요성"(Shaw, 1993, 52)에서 남자 교도소와는 다른 역사를 고려한 개선이 필요하다. 체스니린드(1993, 10)는 형사사법 체계의 반응을 '보복적인 평등'이라고 불렀다. 그것은 수감된 여성은 남성 수감자에 비하면 여전히 그 수가 적은 반면에 병영 캠프boot camp나 노역 작업 등에서는 남성과 여성이 그 수적인 면에서 더욱 '평등'해 지고 있기 때문이다. 또한 자유주의적 여성주의 범죄학은 소녀와 여성의 **행위**(자기결정권)를 고려하지 않고, 여성을 단지 희생양으로만 바라본다는 점에서 비판을 받는다(Britton, 2000; Maher, 1997).

한편 **마르크스주의 여성주의자**는 자본주의 사회의 불평등에 가장 큰 관심을 갖는다. 마르크스주의 여성주의는 "19세기 후반과 20세기 초 유럽과 미국의 산업화가 절정에 이를 때 일하는 여성의 환경을 다루기 위해 생겨났다"(Harding, 2004a, 183). 마르크스주의 여성주의자는 생산물의 분배에서 부가 소수에 몰리지 않도록 함으로써 계급사회가 타파되면, 여성은 더 이상 남성에게 경제적으로 의존하지 않게 되어 자유로울 수 있다고 믿었다. 그들은 여성의 억압을 개인의 의도적 행동의 결과로 보기보다는 자본주의의 정치적 · 경제적 · 사회적 구조 때문이라고 보았다(같은 책). 특히 고용과 관련한 불평등에 가장 큰 관심을 두며, 가정 내 여성의 일에 대한 경시(특히 양육)와 박봉의 단순 직업에 여성이 압도적으로 많이 종사하는 것에 대한 이해를 증진시켰다(같은 책).

사회주의적 · 급진적 여성주의 이론은 주로 마르크스주의 여성주의에 대한 대응이다. 특히 사회주의적 여성주의는 계급 하나로만 여성의 종속을 설명할 수는 없으며, 계급과 가부장제 둘을 양대 지배 체계로 진단해야 한다고 주장한다(같은 책). "사회주의자나 공산주의자가 그런 것처럼 자본주의 경제 체제를 뿌리 뽑지 않고서는 여성과 억압당하고 있는 모든 사람을 해방시킬 수 없다" (Wong, 1991, 290). 성과 계급은 여성의 억압을 설명하는 데 똑같은 역할을 한다(Tong, 1989). 사회주의 여성주의자는 마르크스주의 여성주의자가 남성에게 고통받는 학대 여성을 부르주아(생산물 지배인, 주인)와 프롤레타리아(노동자)로 비논리적으로 비유하는 것을 비판한다(같은 책).

급진적 여성주의자 역시 마르크스주의 여성주의를 수정하기 위해 1960～70년대에 처음으로 조직되었다. 급진적 여성주의는 '신좌파적' 전쟁반대운동과 인권운동에 적극적으로 참여했지만 운동권 내에서 '2등 시민second class'으로 취급되었던 여성이 만들어낸 것이다(Donovan, 1985). 마르크스주의 여성주의와 달리 급진적 여성주의자는 가부장제가 여성 억압의 중심이라고 믿었다. 급진적 여성주의자들은 마르크스주의 여성주의의 노동에 대한 관심이 다른 여성주의 주제, 특히 생식의 자유와 여성을 향한 폭력과 같은 주제까지 대부분 차지해 버렸다고 지적했다(Tong, 1989). 급진주의적 여성주의는 다른 여성주의 이론에 비해 사회보다 남성 개인에게 여성을 억압하는 책임 소재를 묻는 경향이 있다(같은 책).

포스트모더니즘 여성주의는 다양한 여성주의의 갈래를 하나로 종합하고, 여성 억압을 하나의 이론으로 설명하려는 사회주의적 여성주의의 '현실성 없는' 목표에 반대한다(같은 책). 오히려 포스트모더니즘은 여성의 경험이 계층, 인종, 성적, 문화에 따라 다르기 때문에 여성주의 이론도 이를 반영해야 한다고 제언한다(Gagnier, 1990). 그 예로 법학자 해리스Angela P. Harris(1990, 588)는 성 본질주의의 이행에 대해 이렇게 경고했다. "인종, 계층, 성적 취향 등과는 독립적으로 설명될 수 있는 하나의 '여성적 경험'이 존재한다"는 인식에 대해 비판한다. 더 나아가 해리스(같은 책, 589)는 "여성주의적 본질주의는 무의식적 인종주의를 위해 길을 포장해 주는 것"이라고 언급하면서 본질주의의 해악에 관해 경고했다.

> 그러나 내가 보기에 지배문화에 속해 있는 이론가들이 그런 것처럼 여성주의자들이 계속 성과 인종적 근본을 찾게 된다면, 흑인 여성은 성과 계급의 지배를 이중으로 받거나, 혹은 억압의 위계에서 밑바닥에 자리할 뿐이다. 우리는 항상 전체를 보여주기 위해 우리 자신의 한 부분을 선택하도록 요구받을 것이다(같은 책).

크렌쇼Crenshaw(1989)는 이 관점을 세분화해 인종과 성이 서로 배타적인 경험의 범주로 취급되는 경향에 대해 언급하며, 법정소송에서 차별이란 "백인 여성과 흑인 남성의 경험"으로 정의되어 있음을 논했다(p.143).

> 흑인 여성은 때로 백인 여성과 비슷한 방식으로 차별을 경험한다. 때로는 그들은 흑인 남성과 매우 비슷한 경험을 공유한다. 반면에 그들은 이중의 차별, 즉 인종과 성에 바탕을 둔 차별을 경험한다. 그리고 가끔 성과 인종차별의 합이 아닌 흑인 여성을 향한, 흑인 여성으로서의 차별을 경험한다(같은 책, 149).

존슨 오딤Johnson-Odim(1991)은 여성주의와 여성의 욕구를 규정할 때 제3세계 여성의 욕구를 이야기해야 할 필요성에 대해 논의한다. 그녀는 '서구사회에 살고 있는 제3세계 여성'과 '제3세계에서 살고 있는 여성'을 나누어 살펴보았다. 전자를 " '선진화' 된 제1세계에 거주하는 억압된 국민"으로, 후자를 " '저개발' /과도하게 착취당하고 있는 지역 거주자"로 정의했다(같은 책, 314). 제3세계 여성이 제3세계 혹은 제1세계 어디에 살고 있든 간에 존슨 오딤은 그들의 변화에 대한 욕구는 단순한 성 평등에 대한 기대보다 훨씬 크다고 주장한다.

> 요점은 제3세계 여성에 대한 억압에는 성 이외에 다른 요소가 존재한다는 것이다. 많은 제3세계 여성이 서구사회의 가부장제와 인종주의, 착취로 인해 더욱 악화된 불평등한 성역할 상황하에 일하고 있다. 서구사회에서 살아가는 제3세계 여성의 억압에서 성과 더불어 인종과 계층은 서로 떨어질 수 없는 관계다(같은 책).

캐나다의 '레즈비언과 법'을 분석한 이튼Eaton(1990)은 이성애 자매와 비교해 볼 때 레즈비언이 경험하는 법적 차별을(사회적으로도 마찬가지) 효과적으로 강조했다. 이튼의 논의는 대부분 서구사회의 '레즈비언과 법'에도 잘 들어맞으며, 레즈비언을 향한 법적 · 사회적 동성애 혐오 반응은 게이 남성 역시 경험한다. 레즈비언이 경험하는 추가적인 억압의 몇 가지 예는 다음과 같다. (1) 그들은 법적으로 결혼할 수도 없고 사회적 · 법적 권리를 누릴 수도 없다(예를 들어 건강연금, 법적 권리 등). (2) 레즈비언은 '성적 침략자'로 낙인찍힐 가능성이 높다(특히 '정상' 여성과의 성적인 관계에서). (3) 남편과 이혼하고 레즈비언임을 밝힌 여성은 양육권을 잃을 확률이 높다(아이가 있는 여성을 계속 '벽장에 가두는' 주요 원인). (4) 레즈비언은 기본적인 인권에 대해 법적 보호를 적게 받는다(예를 들어 주택, 일자리, 사회 서비스를 얻거나 유지하는 데 있어).

통Rosemarie Tong은 여성주의의 다양한 접근이 때로는 혼란스럽고 분열되기도 하지만 "여성주의적 생각은 각각의 여성이 스스로 생각할 수 있도록 해준다. 명백히 하나의 진실이 아닌 여러 가지 진실이 여성을 자유롭게 한다"고 책에서 결론지었다(1989, 238). 여성주의 생각에 대한 다양한 줄기에도 불구하고 이 책에 소개된 모든 여성주의 관점은 많은 여성의 경험을 포함해야 하는 필요성을 느끼고 인종과 민족, 계층, 성적 취향, 국가적 정체성, 종교, 다른 모든 종류의 억압과 성을 함께 고려해야 한다는 사실을 인식하고 있다. 이런 점은 사회주의적 여성주의에서도 다르지 않다(Danner, 1989, 51). 어쩌면 나핀Naffine(1996, 29)이 여성주의와 범죄학에 관한 그녀의 저서에서 언급했듯이 "여러 여성주의 사이에는 확실한 구분이 없다." 포스트모더니즘은 어떻게 법률용어가 권력투쟁의 장이 되는지를 살펴보기 위한 담론의 틀로써 법을 사용해 법여성학의 변화를 가져왔다(Frug, 1992; Haney, 2000; Smart, 2003). 간략하게 그 목적은 개인적인 경험보다 성, 인종, 계층의 힘이 얼마나 큰지, 즉 법여성학이 더 '사회학적으로 영감을 받은' 것이라는 사실을 보여주기 위해서다(Haney, 2000, 648).

"모든 여성주의자가 똑같이 생각하는 것은 아니라는 점"을 명시하기 위해 필자는 이들 다양한 여성주의를 기술했다. 한편 여성주의자에게는 한 가지 공통되는 생각이 있다. 남성(그리고 소년)과 여성(그리고 소녀)은 평등해야 하지만 많은 경우 그렇지 못하다는 것이다. 많은 사람이 여성주의자라는 용어를 너무 '정치적'이라고 하지만, 이때 정치적이라는 의미는 '남성 증오'를 의미하는 것으로 잘못 축소되고 있다. 이 범주에 속했던 독자라면 여성주의가 무엇이고, 어떻게 성장했으며(특히 인종, 계층, 섹슈얼리티를 포함한), '여성주의' 의 문제점이 무엇인지를 기술한 이 책을 통해 생각을 깨치기를 바란다. 나핀은 '여성주의적 관점들'의 차이점에도 불구하고 그들 모두는 한 가지 공통점을 가졌다고 지적한다.

> 그들의 학문적 활력은 정치적이고 지적이다. 새로운 방식으로 여성의 삶에 대해 고찰하고, 여성의 삶을 개선하고자 한다. 이처럼 모든 여성주의 범죄학은 우리가 범죄를 다르게 볼 수 있도록 도와준다. 엄청난 지적 열망과 범죄학의 목적과 방법의 정치적 중요성에 대한 날카로운 감각으로 말이다(1996, 29).

또한 독자들이 여성주의적 변화가 잠재적으로 남성과 소년을 도울 수 있다는 사실을 깨닫게 되길 바란다.

비교연구적 관점 지구적 여성주의(Global Feminism)

- 여성문제와 여성주의 주제에 관한 초국적 동원, 조직화, 지원
- 여성, 젠더, 국가에 대한 시각의 탈식민지화
- 다음의 맥락에서 여성 · 젠더에 대한 진단
  - 권력
  - 소외
  - 상업화
  - 저항
- 서구적 관점을 넘어서는 여성주의 시각
- 여성주의적 안건을 통제하고 주도하는 서구적 여성주의 경향에 대한 저항

SOURCE Valerie Sperling, Myra Marx Ferree, and Barbara Risman. 2001. Constructing Global Feminism. *Signs: Journal of Women in Culture and Society* 24:1155-1186; Kasic, Biljana. 2004. Feminist Cross-Mainstreaming within 'East-West' Mapping: A Postsocialist Perspective. *European Journal of Women's Studies* 11:473-485.

:: 여성주의 방법론

여성주의 이론은 사회 변화에 미치는 영향에 있어 다른 많은 이론(마르크스주의와 급진적 이론과는 다른)과 면밀히 구별되고, 특히 여성의 목소리를 듣기 위해 매우 다양한 방식의 자료수집을 추구한다. 그 예로 마허Maher(1997)는 여성 크랙(마약의 일종) 사용자에 대한 책을 집필했는데, 그들이 미디어에서 '괴물'로 묘사된 것이 연구를 수행하게 된 부분적인 동기가 되었다고 한다. "나는 그 여성에게 들었던 많은 것을 보여주고 싶다"(같은 책, x). 또한 여성주의 이론과 방법은 여성만을 이해하기 위해 구성된 것이 아니다. 남성범죄에 대한 완전한 이해를 위해 남성성에 대한 여성주의 이론과 그 적용은 남성의 범죄 가능성을 설명하는 데도 유용하다. 그러나 지금까지는 범죄에 대한 연구가 소년과 남성의 범죄성을 설명하는 이론을 구성하려고 시도되어 왔으며, 소녀와 여성에게 그 이론을 '끼워 맞추려고' 노력해 왔다(이것은 '여성을 추가해서 섞는 이론'과 '일반화의 문제'로 알려져 있다)(Daly and Chesney-Lind, 1988; Naffine, 1996).

범죄의 남성화는 미국, 영국, 호주 그리고 모든 서구사회에서 일어나는 현상이다. 폭력적 · 비폭력적 범죄의 대다수가 남성이다. …… 이처럼 범죄에 드러난 현저한 성별 차이에도 불

> 구하고 젠더가 범죄학자의 중심 개념이 되지 못했다는 사실은 놀라운 일이다. 확실히 '남성에 대한 의문'을 물어보는 것이 더 자연스러운 것이었다. 무엇이 남성에게 범행을 저지르게 하는가, 그리고 무엇이 여성에게 법을 지키게 하는가(Maher, 1997, 6).

범죄학의 방법론은 '실증주의적 범죄학', 다시 말해 "어떤 사람이 무슨 이유로 범죄를 저지르는가?" "재범을 막기 위한 효과적인 정책은 무엇인가?" "경찰, 검사, 판사, 가석방위원회의 결정은 어떻게 이루어지는가?" "각종 범죄가 얼마나 자주 일어나는가?" "무엇이 범죄 피해자가 될 확률을 높이는가?" "범죄 피해자가 상처를 회복할 수 있는 가장 좋은 방법은 무엇인가?" 등 중요한 범죄학적 · 범죄적 과정에 대해 우리가 과학적으로 이해할 수 있는 방법에 초점이 맞춰져 있었다. 우리는 이런 연구 질문에 수많은 방법을 통해 경험적(과학적)으로 접근할 수 있다. 여성주의 방법론은 범죄율을 측정하거나 여성이나 소녀를 면담할 때 더욱 민감해질 것을 요구한다. 예를 들어서 1980년대 이전에는 강간사건을 경찰에 신고된 건수로 측정하는 것이 흔한 일이었다. 이후 여성주의 연구자들은 많은 강간 피해자가 피해 사실을 경찰에 신고하지 않는다는 점을 고려하여 여성에게 직접 물어보기 시작했다. 그러나 여성에게 강간을 당한 적이 있느냐고 물어보는 것은 많은 수의 강간사건을 '놓치게 된다'는 사실이 밝혀졌다. 이는 많은 여성이 자신의 경험이 법적으로 규정한 강간에 '꼭 들어맞지' 않는다고 생각하기 때문이다. 강간발생률을 알아보는 가장 좋은 방법은 여성에게 "강간을 당한 적이 있는가?"라고 묻는 것보다 "성관계를 하도록 강요당한 적이 있는가?"라고 묻는 것이라는 점이 밝혀졌다. 이렇게 물어보는 것이 훨씬 더 정확하게 강간율을 잡아낸다.

상대적으로 새로운 영역이라고 할 수 있는 여성주의적 관점에서의 범죄와 젠더에 관한 지난 25년간의 연구 특성은 연구의 대다수가 탐색적이었다는 점이다. 이는 연구자들이 가설을 검증하기보다는 어떤 질문이 필요한지 결정하기 위해 노력한다는 말이다. 탐색적 연구는 양적 연구보다 질적 연구와 더 잘 들어맞는다. 그러나 많은 학자가 질적 발견을 '비과학적'이고 '일반화하기 어려운' 것으로 평가절하하고 깎아내린다. 특정 현상의 비율을 알아보거나 다양한 현상이 서로 연관되는지를 알아보기 위해서는 양적 자료수집과 분석이 더 선호되지만, 광대한 질적 자료의 수집이 없다면 어떤 변인이 설문지와 측정 모델에 포함되는지 알기가 어렵다.

마지막으로 여성주의 연구방법론은 다른 어떤 방법보다 연구자와 연구대상 사이의 관계에 초점을 둔다.

> 여성의 시각과 경험이 과학적 탐구와 지배문화에 종속되어 있다고 보기 때문에 여성주의 연구자들은 지식 체계의 위계를 없애려고 노력한다. 우리는 이런 위계구조에서 우리가 차지하고 있는 위치에 민감하므로 다중적이고 역사적으로 특정지어진 연구 질문과 참여자와 관련해서 우리의 위치가 어디인지를 밝혀내게 된다(Presser, 2005, 2067).

프레서Presser(2005)의 폭력범죄(강간 포함)로 기소된 남성에 관한 연구는 **반응성**reflexivity에 관한 좋은 사례로, 피면담인과 그녀의 권력관계가 분석자료의 일부분이 된다는 점을 일관되게 설명하고 있다. 예를 들어 면담이 진행되는 동안 그녀에게 은근히 강요하거나 위협하는 행동을 보이는 연구대상 남성은 연구방법뿐 아니라 연구 결과에도 상당한 영향을 미친다. **관점이론**standpoint theory은 많은 여성주의 연구의 시작점이다. 관점이론은 연구자의 사회적 위치가 그가 아는 지식의 범위를 제한할 수 있다는 것을 인정하는 것에서 출발해야 하며, 따라서 연구를 설계할 때 꼭 고려되어야만 한다(Harding. 2004b). "관점인식론은 지식과 정치의 관계를 설정하여 다양한 정치적 요소가 지식의 생산에 영향을 미친다"(같은 책, 44)는 것을 보여준다. 여성주의 범죄학의 연구방법론은 연구 주제, 자료수집 방법, 자료해석, 연구자와 참여자의 관계, **반응성**(그 자체로도 연구과정에서 치명적인 변인), 정책과 행동에 대한 공약(자료를 수집하고 출판하는 것으로는 부족하고 우리의 발견을 여성과 소녀, 남성과 소년의 삶과 경험에 대한 깨달음을 개선하는 데 사용할 의무가 있음)을 포함한다(Flavin, 2001).

:: 여성과 범죄에 대한 사회적 이미지의 효과

한 사회 안에서 여성의 이미지에 대한 이해 없이 여성 피해자와 범죄자, 형사사법 종사자가 형사사법 체계에서 어떻게 보이고 다루어지는지 제대로 이해하기는 어렵다. 래프터Rafter와 스탠코Stanko(1982)는 여성이 피해자가 되거나, 범죄를 저지르거나, 전문가로 일할 때 형사사법 체계와 사회인식에 영향을 주는 여성의 여섯 가지 이미지에 대해 논의하고 있다. 래프터와 스탠코(같은 책)가 제시한 첫 번째 이미지는 "통제할 수 없는 생물학적 힘에 따라 지배되는"(같은 책, 3) **생물학의 볼모**로서의 여성이다. 예를 들어 1984년 대통령 선거 기간 먼데일Walter Mondale이 페라로Geraldine Ferraro를 대선 파트너로 선택했을 때, 수많은 기자와 사람들은 "만약 먼데일이 죽고 페라로가 대통령이 되면 어떻게 하는가? 그녀는 갱년기를 겪을 것이며, 우리를 핵전쟁에 빠뜨릴 수 있다"라는 반응을 보였다. 마찬가지로 여성의 생리와 생리전증후군이 여성의 행동이나 여성이 우주비행사가 될 수 없는 이유를 설명하는 데 자주 부적절하게 이용된다. 역사적으로나 현재도 '예측할 수 없는 기분 변화' 라는 이유로 여성의 기회를 제한하려는 이런 시각에 대해 칼린 페이스Karlene Faith(1993, 46)는 "남성의 분노와 기분 변화가 그 누구보다 훨씬 더 위험하다는 사실을 보여주는 넘치는 증거"를 무시한 아이러니라고 지적한다.

래프터와 스탠코(1982)가 제시하는 여성의 두 번째 이미지는 여성은 **충동적이고 분석적이지 못하기 때문에** 비논리적이고 직관적인 행동을 한다는 것이다. 이런 특성을 가진 인물은 전문직, 특히 범죄나 중요한 법정 사건을 다루는 분야에서 일해선 안 된다고 생각한다. 세 번째 이미지는 **수동적이고 약한** 여성이다. 이는 범죄자의 손쉬운 먹이가 되고, 범죄자를 따라서 맹목적으로 범죄의 길을 가고, 전문가로서 권위를 나타내기에 부족하다는 것을 함축적으로 보여준다. 네 번째 이미지는 **감성적이고 보호가 필요한** 여성의 이미지로, 여성이 속기 쉽고 타락하기 쉽다는 것을 함축적으로 나타낸다. 다시 말해 이런 고정관념은 여성이 형사사법 계통의 일에 부적합하게 보이도록 만든다. 래프터와 스탠코의 다섯 번째 이미지는 고정관념적인 수동적 역할에서 벗어나 범죄자에 가까워 보이는 **남성처럼 활동적인 여성**이다. 이런 여성은 레즈비언(그들이 레즈비언이든 아니든)으로 그려져 사회에서 동성애 혐오와 연관된 공격과 차별의 대상이 된다. **남성처럼 활동적인 여성**은 칼린 페이스(1993)가 영화에서 규정한 '감당할 수 없는 여성' 과 일치한다. 즉 페이스는 어떻게 강한 여성이 영화에서 '남성' 처럼 그려지는지, 어떻게 레즈비언 캐릭터가 '악역' 처럼 표현되는지 보여준다. 래프터와 스탠코의 마지막 이미지인 **완벽한 악으로서의 범죄자 여성**은 여성 범죄자가 남성 범죄자보다 더 나쁘다는 것을 함축적으로 보여준다. 왜냐하면 여성 범죄자는 그저 법의 경계만을 깨부수는 것이 아니라 더 중요한, 성역할의 고정관념을 넘나들기 때문이다. 페이스의 유명한 영화 속 여성 묘사 범주 중 하나인 '악마 여성' 은 래프터와 스탠코의 **완벽한 악으로서의 범죄자 여성**과 유사하다. 페이스(1993)가 '악마 여성' 이 등장한다고 열거한 영화 속에서 범죄를 저지른 소녀와 여성은 악마와 가까운 연결고리를 가지거나(Rosemary's Baby〔1968〕, The Exorcist〔1973〕) 악마 그 자체로 그려진다(The Bad Seed〔1956〕).

범죄학 연구는 여성과 소녀에 대한 고정관념을 강화하는 데 일조하기도 하는데, 이것은 사회와 형사 절차 속에서 여성과 소녀의 평가에 영향을 미친다. 예를 들면 헨티히Hans Von Hentig(1948), 아미르Menachem Amir(1971), 울프강Marvin E. Wolfgang(1958)이 사용한 '피해자 촉발victim precipitation' 개념은 어떻게 여성(과 남성)이 피해를 불러일으키는지를 보여주는 데 광범위하게 사용된다. 피해자 촉발은 여성이 '강간을 부추기는' 특정한 옷차림을 한다거나 '마조히즘적인' 학대관계에 머문다는 신화를 강화하기도 하지만, 피해자 촉발은 여성이 가지는 실제적 피해의 위험성을 부정하는 데 종종 사용된다. 동시에 여성이 이런 피해자 촉발을 불러왔다고 비난하면서 말이다.

여성의 이미지에 대한 또 다른 여성주의적 연구에서는 여성이 '성녀' 아니면 '창녀'로 이분되는 것을 보여준다(Feinman, 1986). 이 모델은 여성을 성녀 아니면 창녀로 분류하려고 한다. 성녀 범주에서 여성은 상냥하고 수동적이며 아이를 낳고 키우는 경우이며, 창녀 범주는 성녀 범주에 따라 정의된 사회적 역할 수행 방식을 따르지 못하는 경우다(같은 책). 이런 성녀와 창녀라는 이분법의 시작은 성경 속 아담의 두 아내에 대한 비교로 거슬러 올라간다. "릴리스는 잠자리에서 아담 밑에 있기를 거부하는 독립적인 요부다. 나중에는 남자 텐트를 기웃거리며 그들과 잠자리를 같이한다. 성sexuality은 이브와 릴리스 양쪽 모두가 가지고 있는 악이며, 이브가 출산의 고통을 느끼고 종속적이 되도록 운명짓게 만들었으며 릴리스에게 자기 아이의 죽음이라는 고통을 안겨주는 요인이 되었다"(McDermott and Blackstone, 2001, 89). 릴리스의 모습을 "허리 위로는 검고 아름다우며, 허리 아래로는 털이 많고 못생겼다. 그래서 그녀는 남자를 유혹할 수 있는 힘을 가졌고, 남자들은 뒤늦게 그녀의 본질을 깨닫게 된다"(같은 책)라고 표현한다. 이브와 릴리스 모두 그들의 성욕이라는 흠을 드러내지만, 릴리스의 성적 독립성과 좋은 어머니가 되지 못한 면으로 그녀가 '나쁘게' 평가받는 동안, 이브의 처녀적인 모습과 모성애 이미지는 그녀를 '좋게' 만든다. 맥더모트McDermott와 블랙스톤Blackstone(2001)은 20세기를 통해 범죄자로서 여성이 공식 사법 절차에서 다루어질 때나 사회에서 평가될 때 특히 그들의 성을 강조하는 이미지가 강조되었다고 주장한다.

영Young(1986)은 성녀/창녀 유형론이 단지 백인 여성에만 적용될 거라고 주장한다. 그녀는 착한 여자/나쁜 여자로 나누는 이분법은 성녀/창녀 이분법으로 인한 것이므로, 유색 여성은 '착한 여자' 범주에 포함되지 않는다고 주장한다. 대신 유색 여성은 모두 부정적인 네 가지 범주에 속한다고 본다. 먼저 **아마존** 여성은 본질적으로 폭력적이고 스스로 보호할 능력이 있다고 본다. **사악한 사파이어**는 앙심을 품고 도발적이고 신용할 수 없으며, **마미**mammy(흑인 유모)는 멍청하고 수동적이고 성가신 존재로 비춰진다. 그리고 **요부**는 성적인 것을 추구하며, 피해자 또는 전문가로서 신뢰하기 어려운 존재로 간주된다(같은 책). 디포DeFour(1990)는 유색 여성과 소녀에 대한 성적 괴롭힘에 관해 추가적으로 논의했다. 그녀는 유색인종 여성은 성희롱의 위험이 높지만 백인 여성보다 "훨씬 성적이다" "성적 관심을 원한다"라고 사회적으로 묘사되기 때문에 그들의 피해에 대한 심각한 대응은 거의 보이지 않는다고 주장한다. 그녀는 라틴 여성이 '화끈' 하고, 아시아 여성은 '이국적인 성적 매력이 넘치고', 백인 여성은 '남편에게 헌신한다' 는 문화적 미신을 지적했다(같은 책, 49) 그러므로 여성은 남성과 동일한 성적 행동을 할 때 다르게 취급받을 뿐 아니라 여성 사이에서도 잘못된 미신으로 인한 차별이 종종 존재한다.

유명 대중매체를 통해 여성과 범죄의 이미지를 알아보는 것은 유용한 방법 중 하나다. 하나의 예는 여성 범죄자에 관한 두 편의 영화(비슷한 시기에 개봉)인데, 관객과 미디어의 반응이 상반되었다. 「귀여운 여인Pretty Woman」은 '재미있는' 로맨스 영화라는 호평을 받았는데, 이 영화는 손님 중 한 명과 결혼하는 창녀에 관한 이야기다. 누군가는 이 '느낌 좋은' 영화가 소녀들에게 "와! 매춘을 하면 잘생기고 멋진 남편을 찾을 수 있군!"이라는 메시지를 준다고 주장할 수도 있다(미국 주류 문화에서는 지지를 받기 어려운 메시지이지만). 두 번째 영화 「델마와 루이스Thelma and Louise」에는 두 여자가 자동차 여행을 하던 도중 주차장에서 친구를 강간하려는 남자를 총으로 쏴 죽이는 장면이 나온다. 총을 쏜 여자는 강간범이었을 남자를 죽인 것인데, 그로 인해 오랫동안 교도소 생활을 하게 될까 봐 두려워한다(나중에 이 책에서 제공할 정보로 판단하면 이 생각은 합당하게 보인다). 그래서 두 여자는 경찰을 피해 도망가려고 한다. 대중은 갈채를 보냈음에도 저널리스트를 포함해 많은 사람이 이 영화가 여성에게 '나쁜' 메시지를 준다고 묘사했다. 특이하게도 「귀여운 여인」의 영화평에는 아무도 그런 결론을 내리지 않았다. 결론적으로 누군가는 매춘 여성은 유쾌하고 보답을 받지만, 친구를 강간하려는 남자를 총으로 쏘아서는 안 된다고 할지도 모른다.

마지막으로 범죄자를 성별화하고 인종차별적으로 묘사한 사례는 최근 미디어에서 묘사되는 '학교 총기난사' 사건이다. 총기난사는 주로 백인 소년이 저지르는데, 그 대상은 소녀가 많다. 미디어는 이런 강력한 성과 인종에 따른 패턴을 무시한다(Steinem, 1999). 1999년 콜로라도의 콜롬바인 고등학교 총기난사 이후 저널리스트들은 "우리 아이들이 뭐가 잘못된 걸까?"라고 질문했다(같은 책). 그러나 다음과 같이 묻는다면 더 나은 질문이 될 것이다. "우리가 남자아이를 키운 방식에서 뭐가 잘못된 걸까?" "이런 학교 총기난사가 왜 자주 일어나는 걸까?" "왜 여자애들이 주요 목표일까?" "왜 백인 소년이 대부분 이런 일을 저지르는 걸까?" 대너Danner와 카모디Carmody(2001)는 미디어에 덧붙여 학교폭력의 학문적인 연구가 남성의 역할, 집단 괴롭힘, 소녀와 여성을 향한 남성폭력을 어떻게 무시하는지, 그리고 이런 문제를 해결하기 위한 정책적 제안이 별로 없다는 점을 지적한다(2001, 87). 캠퍼스 내 총기난사에 대한 연구보고서들은 목격자의 진술보다는 총기류와 개인적인 심리학에 중점을 두고 있다.

(총기난사) 사건에서 용의자와 희생자의 가장 가까운 목격자(급우)들은 사건이 대부분 집단 괴롭힘이나 여자친구를 향한 보복 때문에 일어난 것이라고 보고한다. 이것이 이들 사건에 대한 가장 설득력 있는 진술일 것이다. 그들은 사건의 배후에 관련 학생 상호간의 개인적인 관계와 역동적 젠더 관계가 있었다는 것을 인정하고 있다. 이와는 대조적으로 학자, 직업전문가, 법 집행관 같은 '전문가'는 이런 방식으로 폭력사건을 규정하는 경우가 극히 드물다(같은 책, 107).

또 다른 연구는 집단 괴롭힘의 젠더화된 본성을 확인해 주었다. 영국의 중학생 연구에서는 집단 괴롭힘을 목격했을 때 많은 소년이 방관자로 행동하는 반면, 많은 소녀가 집단 괴롭힘 행위를 학교 교무실에 보고했다(Cowie, 2000).

마지막으로 여성과 소녀의 대중화된 이미지에 관한 우리의 논의 중에서 고정화된 성규범에 맞지 않는 여성이나 소녀는 그들의 외모나 행동이 사실 범죄적인지 아닌지와 상관없이 단시 성규범을 침해했다는 이유로 범죄자로 치부된다는 것을 기억할 필요가 있다. 칼린 페이스(1993, 1)는 그런 여성을 '제멋대로' 하는 여성이라고 말하며 다음과 같이 표현했다.

제멋대로인 여성은 제대로 훈육되지 못했다. 그녀는 젠더화된 존재로 만들려고 하는 훈육적인 관습의 반역자다. 그녀는 자신을 유순하게 길들이고 복종시키려는 권위에 거부하는 반항적인 모습을 보여준다. 자신의 생각에 따라 행동하는 공격성을 가졌다. 자신의 육체를 소유하고, 몸을 팔고, 음탕하고, 통제를 벗어난 거친 성격을 가져 다루기가 매우 어렵다. 그녀는 침묵할 줄 모른다. 그녀는 반항적이며 사회적으로 골칫덩이다.

:: 여성 내부의 다양성

성역할과 피해, 범죄, 형사사법 체계에서 일할 때 드러나는 성차별적 테마를 살피기 위해 여성 내부의 다양성을 기억할 필요가 있다(Daly and Chesney-Lind, 1988). 성역할 고정관념은 계층과 인종 · 민족성에 따라 다르다(Brennan, 2002). 역사적으로 여성주의 연구는 백인 중산층 여성의 삶과 경험에 집중되어 왔다. 인종과 인종차별주의, 사회계층과 계층차별주의를 아우르는 토론은 실패했다.

여성주의 법학자들은 우리가 한 개 이상의 정체성을 가지고 태어난다는 **다중의식**의 개념을 주장했다(Harris, 1990; Matsuda, 1989). 다중의식은 "명제가 세워지고 도전받고 타파되어 가는 과정이다"(Harris, 1990). 해리스에 따르면 이런 도전과 타파는 여성의 경험이 고립되고 인종, 계층, 성적 지향성, 다른 실질적 경험과는 독립적으로 묘사되는 '성 본질주의' 때문이다(같은 책, 585). 아시아계 미국인 법학자 마리 마쓰다Mari J. Matsuda(1989, 7)는 대부분의 법과 대학원Law School이 어떤 법률 훈련을 하는지를 간결하게 묘사한다. "모든 것이 연관되고 혼란스러운 세계에서 벗어나 몇 개의 중대한 사실만이 설득력을 갖는 변호사의 세계에 뛰어들도록 훈련된다." 이런 훈련은 학생이 믿는 사실과, 학교에서 배운 사실이 분리되는 결과를 낳는다. 이것은 엘리트 교육에서 살아남기 위해 제3세계 국민이라는 의식과 미국 백인이라는 의식 사이를 왔다갔다 해야 하는 것과 마찬가지 경우다. 게다가 교수가 백인 남성일 때보다 백인 여성일 때 유색인종 여성은 법률 수업이나 형사사법 수업에서 남성폭력에 관한 주제를 꺼내기 쉽지만, 인종차별주의에 관한 주제는 남성폭력만큼 편안하게 생각할 수가 없다. 또는 여성 유색인종 변호사가 남성 유색인종 판사 앞에서 의뢰인의 인종차별 경험을 꺼내는 것은 쉽지만, 사건과 연관된 성차별 경험을 꺼내기는 어렵다. 이는 다중의식으로 귀결된다. 그러나 방법으로서의 다중의식은 "기술적인 자기옹호로서의 의식전환보다는 더 많은 것을 포괄한다. 이것은 더욱 공정한 세상으로 향하는 통로를 찾는 것을 포함한다"(같은 책, 9). 마쓰다는 다음과 같은 말로 끝맺음을 한다.

> 일본계 미국인인 나는, 말하자면 내 미국 인디언 자매의 고통을 진실로 알고 있는 체할 수 없다. 그러나 나는 나 자신을 교육시킴으로써 그녀의 고통을 무시하지 않을 것을 맹세할 수 있다. 그리고 나는 나의 뿌리로 가난한 노동자, 미국 인디언, 여성, 유색인종 등이 발버둥친 200년의 투쟁을 선택하는 중이라고 미국인으로서 말할 수 있다. 나는 변호사 자격을 취득할 때 받들고 수호하기로 맹세한 헌법, 내 아버지가 안치오Anzio에서 헌법 수호를 위해 싸웠던 바로 그 헌법을 나의 것이라고 주장한다. 이것은 나를 위해 쓰인 것이 아니었지만, 여성과 유색인종이라는 의식을 이용해서는 획득하기 어려운 '평등'과 '자유'에 그 생명을 불어넣음으로써 그것을 나 자신만의 것으로 만들 수 있다(같은 책, 10).

마지막으로 칭와다베일리Ruth Chigwada-Bailey(1997, 25)는 이렇게 말한다. "인종, 성, 사회계층 사이의 다양한 교차점은 모든 여성이 언제 어떻게 성차별주의를 경험하는지에 영향을 끼친다."

같은 맥락에서 여성의 경험이 그들의 인종, 계층, 성적 취향, 국적, 다른 개인적인 특성에 따라 달라질 수 있다는 것을 인식하면서, 이 책이 피해자로서 범죄자로서 형사사법 체계에 종사하는 전문가로서 여성이 주목받도록 만들 수 있기를 희망한다. 최근 사회문제로 인식되고 있는 증오범죄와 그에 대한 연구는 이런 의미에서 중요하다. 여성주의 학자와 활동가들 사이에서는 '섹스/젠더' 가 증오범죄 피해자의 한 유형으로 고려되어야 하는지에 대한 토론이 이루어지고 있다. 여성이기 때문에 그들이 매 맞고 강간당하고 있으므로 증오범죄의 유형에 집어넣을 수 있다고 보는 것이다. 어떤 그룹이 증오범죄를 규제하는 법률에서 법적으로 보호되어야만 하는지에 대한 개인적인 감정과 상관없이(예를 들어 소수 인종, 레즈비언/게이/양성애자/성전환자, 장애인, 소수 종교 등등) 여성이 증오범죄(강간과 살인을 포함)의 피해자가 될 위험성이 더 높은 것은 명백하다(Brenner, 1995; Ferber, 1998; Jenness and Broad, 1997; Levin and McDevitt, 1997). 캠핑을 갔다가 멀리서 그들을 보고 그들이 레즈비언이라는 사실 때문에 분노한 한 남성의 총에 맞아 파트너가 살해당하는 것을 목격한 클로디어 브레너Claudia Brenner의 자서전은 전율을 느끼게 한다. 신체적인 피해뿐 아니라 대부분의 증오범죄 법률에서 특징적인 증오범죄의 유형은 재물 파괴다(예를 들어 유대교 집회장소의 나치 문양 그림인 뒤집힌 卍, 집이나 회사의 인종과 동성애 혐오 낙서나 그림). 1994년에 뉴멕시코 대학교의 어떤 학생은 도서관의 성과 게이 연구 섹션에서 100권이 넘는 책을 훔치고 숨겼으며, 겉표지를 공격적인 문구와 문양으로 파손시켰다(Hood and Rollins, 1995).

마지막으로 경제적 · 정치적으로 글로벌화된 세계에서 나타나는 여성의 다양성은 국가간 비교로 분석해 볼 수 있다. 필자가 다른 국가에서 연구하고 보고했던, 지구적 관점에서 범죄 속의 성, 여성, 소녀에 대해 연구한 많은 자료는 불행하게도 이 책의 범위와 분량 제한을 넘어서는 것이다. 이 책은 미국과 캐나다 · 멕시코 · 영국 등 몇몇 다른 국가에 국한되어 있다. 그러나 독자에게 다른 국가들에 관해서도 최대한 경험할 수 있도록 대부분의 장에 미국 외에도 다른 국가의 연구 자료나 비교연구를 표 형식으로 끼워넣었다.

Summary 비행과 범죄에서 젠더의 중요성에 관한 여성주의 연구의 지대한 공헌에도 불구하고(다음 장에서 자세하게 설명하겠음) 아직까지도 많은 연구는 여전히 여성을 배제시키거나 그들에 대해 대충 언급하고 있을 뿐이다. 학대와 트라우마 역시 여성주의 연구에서는 중요한 범죄 위험 요소로 강조되지만, 여성이 빠지거나 대충 언급되는 부분에서는 똑같다고 할 수 있다(Arnold, 1990; Chesney-Lind and Rodriguez, 1983; Daly, 1992; Gaarder and Belknap, 2002; Gilfus, 1992; Owen, 1998; Richie, 1996; Silbert and Pines, 1981). 최근 이론서에도 이런 증거는 얼마든지 있다. 비행친구의 영향에 관한 워Warr(2002)의 140쪽짜리 책에서 10쪽만 소녀/성별에 관해 언급했고, 학대와 트라우마 역시 차례에서 찾아볼 수 없다. 애그뉴Agnew(2005)는 『범죄의 원인: 범죄에 대한 일반이론Why do Criminals Offend?: A General Theory of Crime and Delinquency』에서 범죄에 관한 이전의 이론과 연구를 통합하기로 했지만, 214쪽 중 단지 12쪽에서만 여성과 성별에 대해 토론하고 있고, 학대와 트라우마는 거의 언급하지도 않았다. 특히 여성에 관한 학대가 한 장에서 언급될 때는 논의 부분이 삽화로 대체되었다. "(하지만 소녀가 소년보다 성적으로 더 많이 학대받는다는 것, 이런 성적 학대가 여성범죄에서 중요한 역할을 할 수 있다는 것을 알리는 것이 중요하다……)" (같은 책, 163-164). 생애과정에 따른 범죄를 다룬 최근 책에서 성은 300쪽 중 2쪽에서만(왜 여성이 샘플에 포함되지 않았는지 설명) 나타나고, 학대는 단지 3쪽에서만 나온다(Ezell and Cohen, 2005). 여성이 지금까지의 연구와 프로그램에도 여전히 등장하지 않는 것뿐 아니라 학대와 트라우마는 남성의 범죄성 설명을 돕는 데 쓰이고 있을 뿐 자주 무시되거나 깎아내려진다(Belknap and Holsinger, 2006; Dembo et al., 1992; Dodge, Bates, and Pettit, 1990; Harlow, 1999; Widom 1989a, 1989b).

모든 사회과학 분야 중에서 가장 완전하게 남성화된 범죄학의 역사로 보면, 여성주의 범죄학이란 문구는 모순어법이란 것을 보여준다(Britton, 2000, 58). 여성주의 범죄학은 1970년대부터 성장해 왔고, 남성 위주인 이 분야에서 영향력을 급속히 키워가고 있다. "여성주의 범죄학자들은 결과적으로 범죄와 사법 분야와 일반 사회에서 여성과 소수 그룹이 무시당하고 평가절하되거나 허구화됨으로써 고통받을 때 선두주자에 서서 이를 지적해 왔다" (Flavin, 2001, 271). 이번 장에서는 여성이 피해자, 범죄자, 형사사법 전문가로서 소외당한 경험을 여러 방식으로 다루었다. 또한 성, 젠더, 여성주의, 가부장제의 개념을 다루었다. 마지막으로 이 장에서는 여성의 경험을 획일적이라고 가정하지 않는 것이 얼마나 중요한지를 언급하고 여성의 경험과 행동을 논의하거나 연구할 때 인종, 계층, 성적 취향, 다른 여러 변인을 고려해야 하는 이유에 대해 논의했다.

참고문헌

Acker, Joan. 1990. Hierarchies, Jobs, Bodies: A Theory of Gendered Organizations. *Gender and Society* 4:139-158.

Acoca, Leslie. 1998. Outside/Inside: The Violation of American Girls at Home, on the Streets, and in the Juvenile Justice System. *Crime and Delinquency* 44:561-589.

Agnew, Robert S. 2005. *Why do Criminals Offend? A General Theory of Crime and Delinquency.* Los Angeles: Roxbury Publishing.

American Correctional Association. 1990. *The Female Offender: What Does the Future Hold?* Arlington, VA: Kirby Lithographic Company.

Amir, Menachem. 1971. *Patterns in Forcible Rape.* Chicago: University of Chicago Press.

Arnold, Regina. 1990. Processes of Victimization and Criminalization of Black Women. *Social Justice* 17:153-166.

Belknap, Joanne, and Kristi Holsinger. 1998. An Overview of Delinquent Girls: How Theory and Practice Have Failed and the Need for Innovative Changes. Pp. 31-64 in *Female Crime and Delinquency: Critical Perspectives and Effective Interventions,* edited by R. T. Zaplin. Gaithersburg, MD: Aspen Publishing, Inc.

———. 2006. The Gendered Nature of Risk Factors for Delinquency. *Feminist Criminology* 1:48-71.

Brennan, Pauline K. 2002. *Women Sentenced to Jail in New York City.* New York: LFB Scholarly Publishing.

Brenner, Claudia. 1995. *Eight Bullets.* Ithaca, NY: Firebrand Press.

Britton, Dana M. 2000. Feminism in Criminology: Engendering the Law. *Annals of the American Academy of Political and Social Science* 571:5-76.

Browne, Angela. 1987. *When Battered Women Kill.* New York: Free Press.

Browne, Angela, Brenda Miller, and Eugene Maguin. 1999. Prevalence and severity of lifetime physical and sexual victimization among incarcerated women. *International Journal of Law and Psychiatry* 22:301-322.

Carlen, Pat. 1983. *Women's Imprisonment: A Study in Social Control.* London: Routledge and Kegan Paul.

Chesney-Lind, M., and R. G. Shelden. 1992. *Girls, Delinquency and Juvenile Justice.* Pacific Grove, CA: Brooks/Cole.

Chesney-Lind, Meda. 1993. Reinventing Women's Corrections. Pp. 3-13 in *The Incarcerated Woman,* edited by S. F. Sharp. Upper Saddle River, NJ: Prentice Hall.

Chesney-Lind, Meda, and Noelie Rodriguez. 1983. Women under Lock and Key. *Prison Journal* 53:47-65.

Chigwada-Bailey, Ruth. 1997. *Black Women's Experiences of Criminal Justice.* Winchester, England: Waterside Press.

Coker, Ann L., Nilam J. Patel, Shanthi Krishnaswami, Wendy Schmidt, and Donna I. Richter. 1998. Childhood Forced Sex and Cervical Dysplasia among Women Prison Inmates. *Violence against Women* 4:595-608.

Collins, Patricia Hill, Lionel A. Maldonado, Dana Y. Takagi, Barrie Thorne, Lynn Wever, and Howard Winant. 1995. On Fenstermaker's "Doing Difference." *Gender and Society* 9:491-505.

Cowie, Helen. 2000. Bystanding or Standing By: Gender Issues in Coping with Bullying in English Schools. *Aggressive Behavior* 26:85-97.

Crenshaw, Kimberle. 1989. Demarginalizing the Intersection of Race and Sex: A Black Feminist Critique of Antidiscrimination Doctrine, Feminist Theory, and Antiracist Politics. *University of Chicago Legal Forum* 14:139-167.

Croall, Hazel. 1995. Women's Victimization and White-Collar Crime. Pp. 227-245 in *Gender and Crime,* edited by R. E. Dobash, R. P. Dobash, and L. Noaks.Cardiff: University of Wales Press.

Dahl, Tove Stang. 1986. Taking Women as a Starting Point: Building Women's Law. *International Journal of the Sociology of Law* 14:239-247.

Daly, Kathleen. 1992. Women's Pathways to Felony Court. *Review of Law and Women's Studies* 2:11-52.

Daly, Kathleen, and Meda Chesney-Lind. 1988. Feminism and Criminology. *Justice Quarterly* 5:497-538.

Danner, Mona J. E. 1989. Socialist Feminism: A Brief

Introduction. Pp. 51-54 in *New Directions in Critical Criminology*, edited by B. D. MacLean and D. Milovanovic. Vancouver: The Collective Press.

Danner, Mona J. E., and Dianne C. Carmody. 2001. Missing Gender in Cases of Infamous School Violence. *Justice Quarterly* 18:87-114.

DeFour, Darlene C. 1990. The Interface of Racism and Sexism on College Campuses. Pp.45-52 in *Ivory Power: Sexual Harassment on Campus*, edited by M. A. Pauludi. Albany: State University of New York Press.

Dembo, R., L. Williams, W. Wothke, J. Schmeidler, and C. H. Brown. 1992. The Role of Family Factors, Physical Abuse, and Sexual Victimization Experiences in High-Risk Youths' Alcohol and Other Drug Use and Delinquency: A Longitudinal Model. *Violence and Victims* 7:245-266.

Dodge, Kenneth A., John E. Bates, and Gregory S. Pettit. 1990. Mechanisms in the Cycle of Violence. *Science* 250:1678-1683.

Donovan, Josephine. 1985. *Feminist Theory.* New York: Frederick Ungar.

Eaton, Mary. 1990. Lesbians and the Law. Pp.109-131 in *Lesbians in Canada*, edited by S. D. Stone. Toronto: Between the Lines.

Edwards, Anne. 1987. Male Violence in Feminist Theory: An Analysis of the Changing Conception of Sex/Gender Violence and Male Dominance. Pp. 13-29 in *Women, Violence, and Social Control*, edited by J. Hanmer and M. Maynard. Atlantic Highlands, NJ: Humanities Press International.

Epstein, Cynthia F. 1988. *Deceptive Distinctions: Sex, Gender, and Social Order.* New Haven, CT: Yale University Press.

Ezell, Michael E., and Lawrence E. Cohen. 2005. *Desisting from Crime.* Oxford, England: Oxford University Press.

Faith, Karlene. 1993. *Unruly Women: The Politics of Confinement and Resistance.* Vancouver: Press Gang Publishers.

Faludi, Susan. 1991. *Backlash: The Undeclared War against Women.* New York: Doubleday.

Fausto-Sterling, Anne. 1985. *Myths of Gender: Biological Theories about Women and Men*, 2nd ed. New York: Basic Books.

Feinman, Clarice. 1986. *Women in the Criminal Justice System*, 2nd ed. New York: Praeger.

Ferber, Abby L. 1998. *White Man Falling: Race, Gender, and White Supremacy.* Lanham, MD: Rowman & Littlefield.

Flavin, Jeanne. 2001. Feminism for the Mainstream Criminologist. *Journal of Criminal Justice* 29: 271-285.

Fletcher, Beverly R., and Dreama G. Moon. 1993. Introduction. Pp.5-14 in *Women Prisoners: A Forgotten Population*, edited by B. R. Fletcher, L. D. Shaver, and D. G. Moon. Westport, CT: Praeger.

Fox, Lana, and Fran Sugar. 1990. Survey of Federally Sentenced Aboriginal Women in the Community. Canada: Correctional Service of Canada, 16pp. (or available at http://www.csc-scc.gc.ca/text/prgrm/fsw/nativesurvey/toce_e.shtml).

Freedman, Estelle. 1981. *Their Sisters' Keepers: Women's Prison Reform in America*, 1830-1930. Ann Arbor: University of Michigan Press.

Frug, Mary Joe. 1992. *Postmodern Legal Feminism.* New York: Routledge.

Gaarder, Emily, and Joanne Belknap. (2002). Tenuous Borders: Girls Transferred to Adult Court. *Criminology* 40:481-517.

Gagnier, Regenia. 1990. Feminist Postmodernism: The End of Feminism or the Ends of Theory? Pp. 21-32 in *Theoretical Perspectives on Sexual Difference*, edited by D. L. Rhode. New Haven, CT: Yale University Press.

Gerber, Jurg, and Susan L. Weeks. 1992. Women as Victims of Corporate Crime. *Deviant Behavior* 13:325-347.

Gilfus, Mary E. 1992. From Victims to Survivors to Offenders: Women's Routes of Entry and Immersion into Street Crime. *Women & Criminal Justice* 4:63-90.

Gray, Tara, G. Larry Mays, and Mary K. Stohr. 1995. Inmate Needs and Programming in Exclusively Women's Jails. *The Prison Journal* 75:186-202.

Greenfeld, Lawrence A., and Tracy L. Snell. 1999.

Women Offenders. Bureau of Justice Statistics: Special Report. U.S. Department of Justice, December, 14pp.

Haney, Lynne A. 2000. Feminist State Theory. *Annual Review of Sociology* 26:641-666.

Harding, Sandra. 2004a. Can Men Be Subjects of Feminist Thought? Pp. 177-197 in *Feminist Perspectives on Social Research*, edited by Sharlene Nagy Hesse-Biber and Michelle L. Yaiser. New York: Oxford University Press.

———. 2004b. Rethinking Standpoint Epistemology. Pp. 39-64 in *Feminist Perspectives on Social Research*, edited by Sharlene Nagy Hesse-Biber and Michelle L. Yaiser. New York: Oxford University Press.

Harlow, Caroline Wolf. 1999. Prior Abuse Reported by Inmates and Probationers. Selected Findings, Bureau of Justice Statistics., 4pp.

Harris, Angela. 1990. Race and Essentialism in Feminist Legal Theory. *Stanford Law Review* 42:581-615.

Hood, Jane C., and Stephen Rollins. 1995. Some Didn't Call It Hate. *Violence Against Women* 1:228-240.

hooks, bell. 1984. *Feminist Theory: From Margin to Center.* Boston: South End Press.

———. 1990. Feminism: A Transformational Politic. Pp. 185-196 in *Theoretical Perspectives on Sexual Difference*, edited by D. L. Rhode. New Haven, CT: Yale University Press.

Hughes, Lorine A. 2005. The Representation of Females in Criminological Research. *Women & Criminal Justice* 16:1-27.

Immarigeon, Russ. 1987a. Women in Prison. *Journal of the National Prison Project* 11:1-5.

———. 1987b. Few Diversion Programs Are Offered Female Offenders. *Journal of the National Prison Project* 12:9-11.

Immarigeon, Russ, and Meda Chesney-Lind. 1992. *Women's Prisons: Overcrowded and Overused.* San Francisco. National Council on Crime and Delinquency.

Jaggar, Alison M. 1983. *Feminist Politics and Human Nature.* Totowa, NJ: Rowman & Allanheld.

James, Jennifer, and Jane Meyerding. 1977. Early Sexual Experiences and Prostitution. *American Journal of Psychiatry* 134:1381-1385.

Jenness, Valerie, and Kendal Broad. 1997. Hate Crimes: *New Social Movements and the Politics of Violence.* Hawthorne, NY: Walter de Gruyter.

Johnson-Odim, Cheryl. 1991. Common Themes, Different Contexts: Third World Women and Feminism. Pp. 314-327 in *Third World Women and the Politics of Feminism*, edited by C. T. Mohanty, A. Russo, and L. Torres. Bloomington, IN: Indiana University Press.

Kessler, Suzanne. 2004. The Medical Construction of Gender. Pp. 51-66 in *Feminist Frontiers*, 6th edition edited by L. Richardson, V. Taylor, and N. Whittier. Boston: McGraw Hill.

Klein, Ethel. 1984. *Gender Politics.* Cambridge, MA: Harvard University Press.

Klein, Hugh, and Betty S. Chao. 1995. Sexual Abuse during Childhood and Adolescence as Predictors of HIVRelated Sexual Risk during Adulthood among Female Sexual Partners of Drug Users. *Violence Against Women* 1:55-76.

Kline, S. 1993. A Profile of Female Offenders in State and Federal Prisons. *Female Offenders: Meeting the Needs of a Neglected Population* (pp. 1-6). Laurel, MD: American Correctional Association.

Lake, E. S. 1993. An exploration of the violent victim experiences of female offenders. *Violence and Victims* 8:41-51.

Laub, John H., and Jinney S. Smith. 1995. Eleanor Touroff Glueck: An Unsung Pioneer in Criminology. *Women & Criminal Justice* 6:1-22.

Leonard, Eileen B. 1982. *Women, Crime, and Society.* New York: Longman.

Levin, Jack, and Jack McDevitt. 1997. Hate Crimes: *Rising Tide of Bigotry and Bloodshed.* New York: Plenum Press.

MacKinnon, Catherine. 1989. *Toward a Feminist Theory of State.* Cambridge: Harvard University Press.

———. 1990. Legal Perspectives on Sexual Difference. Pp. 213-225 in *Theoretical Perspectives on Sexual Difference*, edited by D. L. Rhode.

New Haven, CT: Yale University Press.
Madriz, Esther. 1997. *Nothing Bad Happens to Good Girls.* Berkeley, CA: University of California Press.
Maguigan, Holly. 1991. Battered Women and Self-Defense: Myths and Misconceptions in Current Reform Proposals. *University of Pennsylvania Law Review* 140:379-486.
Maher, Lisa. 1997. *Sexed Work: Gender, Race and Resistance in a Brooklyn Drug Market.* Oxford, England: Clarendon Press.
Matsuda, Mari J. 1989. When the First Quail Calls: Multiple Consciousness as Jurisprudential Method. *Women's Rights Law Reporter* 2:7-10.
McDermott, M. Joan, and Sarah J. Blackstone. 2001. Lilith in Myth, Melodrama, and Criminology. *Women & Criminal Justice* 9:85-98.
Mead, Rebecca. 1999. Eggs for Sale: Annals of Reproduction. *The New Yorker Magazine* (August 9):56-65.
Morris, Allison. 1987. *Women, Crime, and Criminal Justice.* Oxford, England: Basil Blackwell.
Mullings, Janet L., James W. Marquart, and Victoria E. Brewer. 2000. Assessing the Relationship between Child Sexual Abuse and Marginal Living Conditions on HIV/AIDS Related Risk Behavior among Women Prisoners. *Child Abuse and Neglect* 24:677-688.
Mumola, Christopher J., and Allen J. Beck. 1997. Prisoners in 1996. Bureau of Justice Statistics, 15pp.
Naffine, Ngaire. 1996. *Feminism and Criminology.* Philadelphia: Temple University Press.
Owen, Barbara. 1998. *In the Mix: Struggle and Survival in a Women's Prison.* Albany: State University of New York Press.
Presser, Lois. 2005. Negotiating Power and Narrative in Research: Implications for Feminist Methodology. *Signs: Journal of Women in Culture and Society* 30:2067-2090.
Rafter, Nicole H. 1985. *Partial Justice: Women in State Prisons 1800-1935.* Boston: Northeaster Press.
Rafter, Nicole H., and Elizabeth A. Stanko. 1982. Introduction. Pp. 1-28 in *Judge, Lawyer, Victim, Thief: Women, Gender Roles and Criminal Justice,* edited by N. H. Rafter and E. A. Stanko. Stoughton, MA: Northeastern University Press.
Rhode, Deborah L. 1989. *Justice and Gender: Sex Discrimination and the Law.* Cambridge, MA: Harvard University Press.
———. 1990. Definitions of Difference. Pp. 197-212 in *Theoretical Perspectives on Sexual Difference,* edited by D. L. Rhode. New Haven, CT: Yale University Press.
Richie, Beth E. 1996. *Compelled to Crime: The Gender Entrapment of Black Battered Women.* New York: Routledge.
Rynbrandt, Linda J., and Ronald C. Kramer. 1995. Hybrid Nonwomen and Corporate Violence. *Violence Against Women* 1:206-227.
Sable, Marjorie R., John R. Fieberg, Sandra L. Martin, and Lawrence L. Kupper. 1999. Violence Victimization Experiences of Pregnant Prisoners. *American Journal of Orthopsychiatry* 69:392-397.
Sargent, Elizabeth, Susan Marcus-Mendoza, and Chong Ho Yu. 1993. Abuse and the Woman Prisoner. Pp. 55-64 in *Woman Prisoners: A Forgotten Population,* edited by B. R. Fletcher, L. D. Shaver, and D. B. Moon. Westport, CT: Praeger.
Schneider, E. M., and S. B. Jordon. 1981. Representation of Women Who Defend Themselves in Response to Physical or Sexual Assault. Pp. 1-39 in *Women's Self-Defense Cases: Theory and Practice,* edited by E. Bochnak. Charlottesville, VA: Michie Company Law Publishers.
Shaw, C., and H. McKay. 1969. *Juvenile Delinquency and Urban Areas.* Chicago: University of Chicago Press.
Shaw, Margaret. 1993. Reforming Federal Women's Imprisonment, Pp. 50-75 in *Conflict with the Law: Women and the Canadian Justice System,* edited by E. Edelberg and C. Currie. Vancouver, Canada: Press Gang Publishers.
Silbert, Mimi H., and Ayala M. Pines. 1981. Sexual Child Abuse as an Antecedent to Prostitution. *Child Abuse and Neglect* 5:407-411.
Singer, Mark I., Janet Bussey, Li-Yu Song, and Lisa

Lunghofer. 1995. The Psychosocial Issues of Women Serving Time in Jail. *Social Work* 40:103-113.

Smart, Carol. 1989. *Feminism and the Power of Law.* London: Routledge & Kegan Paul.

——. 1993. Proscription, Prescription and the Desire for Certainty? *Feminist Theory in the Field of Law Studies in Law, Politics, and Society* 13:37-54.

Sokoloff, Natalie J. 2005. Women Prisoners at the Dawn of the 21st Century. *Women & Criminal Justice* 16:127-137.

Steinem, Gloria. 1999. Supremacy Crimes. *MS. Magazine* (August/September): 45-47.

Stuart, Diane M. 2005. Statement before the United States Senate Concerning the Reauthorization of the Violence Against Women Act. Presented on July 19, 2005. http://www.ojp.usdoj.gov/vawo/docs/testimony07192005.pdf.

Tong, Rosemarie. 1989. *Feminist Thought.* Boulder, CO: Westview Press.

Von Hentig, Hans. 1948. *The Criminal and His Victim.* New Haven, CT: Yale University Press.

Warr, Mark. 2002. *Companions in Crime.* Cambridge, England: The Cambridge University Press.

West, Candace, and Sarah Fenstermaker. 1995. Doing Difference. *Gender and Society* 9:8-37.

West, Candace, and Don H. Zimmerman. 1987. Doing Gender. *Gender and Society* 1:125-151.

Widom, Cathy S. 1989a. Child Abuse, Neglect, and Adult Behavior: Research Design and Findings on Criminality, Violence, and Child Abuse. *American Journal of Orthopsychiatry* 59:355-367.

———. 1989b. The Cycle of Violence. *Science* 244:160-166.

Wolfgang, Marvin E. 1958. *Patterns in Criminal Homicide.* Philadelphia: University of Pennsylvania Press.

Wong, Nellie. 1991. Socialist Feminism: Our Bridge to Freedom. Pp. 288-296 in *Third World Women and the Politics of Feminism*, edited by C. T. Mohanty, A. Russo, and L. Torres. Bloomington: Indiana University Press.

Young, Vernetta D. 1986. Gender Expectations and Their Impact on Black Female Offenders and Victims. *Justice Quarterly* 3:305-327.

P.a.r.t. Ⅱ

여성범죄

Female Offending

02 범죄학 이론 비판

Critiquing Criminological Theories

> 조금 덜 가치판단적인 관점으로 돌아가게 되면, 여성 일탈자를 좀 더 총체적이고 동정적인 시각으로 바라볼 수 있게 될 것이다. 또한 성을 복합적이고, 중요하고, 권력에 기반을 둔 사회과정과 통합하여 이해할 수 있다. …… 성과 비행의 상호작용을 이해하는 것이야말로 범죄와 비행 일반에 대한 연구에 이론적 시각을 제공해 줄 것이다. …… 범죄는 근본적으로 권력관계와 생존에 관한 것이다(보처, 2001, 925).

범죄학도 다른 학문과 마찬가지로 역사적으로 대부분의 연구 주제에서 여성을 배제해 왔다(Fausto-Sterling, 1985; Morris, 1987; Smart, 1976; Spender, 1981). 대부분의 범죄학 이론은 왜 일부 남성이 법을 위반하는가에 대해서는 설명하지만, 여성의 법 위반에 대해서는 설명하지 않는다. 범죄자 성비 면에서 남성의 범죄참여율이 월등히 높은 수준으로 오랜 기간 안정적으로 유지되어 왔는데도 이런 편파적인 경향은 지속되어 왔다(Britton, 2000, 60). 여성은 아동을 포함한 모든 연령층에서 남성보다 훨씬 더 법을 준수하는 것으로 나타났다(Loeber and Farrington, 2000). 그러나 이론범죄학이 대부분 남성에 의해, 남성에 관해 구성되어 왔다는 사실을 감안할 때(Leonard, 1982; Messerschmidt, 1993; Naffine, 1996) 여성범죄와 성gender이 범죄에 미치는 영향의 중요성이 최근까지 거의 드러나지 않았다는 사실은 그리 놀랄 일이 아니다. 남성의 경험에 한정해 초점을 맞추는 이론적 관행은 두 가지 측면에서 중요한 함의를 가진다. (1) 이러한 이론과 연구 결과는 사실상 남성범죄에 관한 이론과 연구 결과이며, (2) 여성에게도 적용되는 이론이 아니라면 '일반' 이론으로서 타당성에 대해 의문이 제기될 수밖에 없다(Morris, 1987, 2).

라셰Rasche(1975)는 역사적으로 여성범죄를 소홀히 취급해 온 이유에 대해 다음 세 가지로 설명했다. (1) 전체 수감자 중 여성이 차지하는 비율이 낮다(현재 약 7%). (2) 교정 당국은 (남성 수감자에 비해) 여성 수감자에 대한 연구를 반대하기가 쉽다. (3) 여성은 '전형적인' 범죄자라고 할 수 있는 남성과 비교할 때 중요하지 않은 범죄자로 여겨졌다. 스마트 Smart(1976)는 범죄학 연구에서 인식된 여성 범죄자의 모습을 여성의 전형적인 삶에서 이탈하기, 예를 들어 모성 박탈이라고 설명했다. 게다가 여성 범죄자는 역사적으로 (그리고 일정 부분은 지금에 이르기까지) 남성 범죄자보다 '비정상적'이고 '더 나쁜' 존재로 간주되어 왔다. 그 이유는 이들이 법을 위반했을 뿐 아니라 여성성과 수동성이라는 성역할에서 벗어났기 때문이다.

1975년 이후 여성 수용자와 비행소녀에 관한 연구, 특히 여성 범죄자를 전통적 성역할을 벗어난 것으로 보는 관점을 넘어선 여성주의적 관점의 연구가 늘어났음에도 불구하고 라셰(1975)와 스마트(1976)의 분석은 아직까지 일정 부분 유효하다. 여성범죄에 대한 연구가 늘어난 이유 중 하나는 교도소에 수감된 여성 수가 큰 폭으로 증가했으며, 이는 남성 수용자의 증가폭보다 훨씬 크다는 점이다(1980년 이래 미국 여성 수용자 비율의 폭발적 증가에 관한 자료는 제5장에서 상세히 다루고 있다). 또한 여성주의자들과 여권운동은 최소한 일부 학자에게는 남성뿐 아니라 여성과도 관련된 범죄학적 연구를 재정의하도록 도움을 주었다. 아직까지도 남성만을 대상으로 범죄자 연구를 하는 경향이 존재하고 있지만(Hughes, 2005), 연구기금 제공기관과 학술지 편집인은 표본이 남성만으로 구성된 경우 그 이유에 대한 타당한 설명을 요구할 가능성이 높다. 요약하면 여성의 범죄성을 이해하고, 대응하고, 설명하기 위한 노력이 상당 부분 이루어져 왔는데도 주요한 진전은 최근에 이르러서야 이루어졌다.

이 장에서는 1800년대 후반 이후 개발된 여러 범죄학 이론 학파를 다루고 있으며, 전통적 이론, 긴장/하위문화이론, 차별교제이론, 낙인이론, 사회통제이론, 마르크스주의/급진/비판이론, 여성자유/해방이론, 사회생물학/진화이론, 생애주기적 접근이 포함된다. 이들 이론이 등장한 시대의 범죄학 연구들은 일반적으로 여성을 무시하거나 여성을 고정관념적 시각을 통해서만 바라보았다. 그러나 최근의 경로이론은 남성뿐 아니라 여성의 아동기 경험이나 정신적 외상을 확인하고, 이를 범죄와 연관시킴으로써 성차별적인 시각을 극복하고 있다.

:: 전통적인 실증주의 연구

여성의 범죄성에 관한 전통적인 연구나 초기 연구는 19세기 말부터 20세기 중반 사이에 이루어졌다. 가장 저명한 연구자로 롬브로소Cesare Lombroso와 페레로William Ferrero(1895), 토머스W.I. Thomas(1923, 1967), 프로이트Sigmund Freud(1933), 폴락Otto Pollak(1950, 1961) 등이 있다. 이들의 연구는 생물학적 결정론이 여성의 범죄성을 설명할 수 있다는 믿음에 근거하고 있다. 이에 따르면 남성은 이성적인 존재인 반면 여성은 자신의 생물학적 구조에 따라 행동한다. 고전주의나 실증주의 연구에서 언급된 것처럼 이런 전통주의적 접근은 네 가지 주요 가정에 기반을 둔다. (1) 사회가 아니라 개인의 특성이 범죄행위에 대한 책임이 있다. (2) 모든 여성에게는 확인할 수 있는 고유의 생물학적 본성이 존재한다. (3) 여성 범죄자는 '남성적'이며 이런 특징이 이들을 여성으로서 경쟁력을 떨어뜨리고 그 결과 법을 위반하기 쉽도록 만든다. (4) 남성과 여성의 범죄성 차이는 사회문화적 성차gender가 아니라 생물학적 성차sex에 기인한다. 그리 놀라운 일은 아니지만 고전이론은 여성 범죄자가 "자신의 고유한 여성 역할의 왜곡이나, 이에 대한 반항으로 범죄를 저지르는 것"이라고 보았다는 점에서 비난받아 왔다(Klein, 1980, 72). 고전학파는 성차별주의적 본질을 가졌을 뿐 아니라 계급주의적이고 인종차별적이고 이성애주의적이었는데, 그 결과 주로 부유한 백인 기혼 여성을 '여성성'의 표준으로 강조했다. 지금부터 이들 이론가의 연구 내용을 살펴보도록 하겠다.

격세유전적 여성 범죄자

체사레 롬브로소는 내과의사이자 정신의학자이며 범죄인류학자로 19세기 이탈리아에서 남녀 수형자 모두를 연구했으며, '범죄학의 아버지'라고 부른다. 그의 실증주의적 방법은 범죄에 대한 과학적 연구 전통을 정립하는 과정에서 불행하게도 범죄원인론 연구 분야의 성차별적이고 인종차별적이며 계급주의적인 접근의 장을 열었다. 예를 들어 『범죄자Criminal Man』(1876년 이탈리아에서 처음 출판되어 1911년 영어로 2개의 부분번역판이 출간되었음)에서 그는 유색인종을 생리학적·심리적 변형이 이루어진 '미개인'으로 인식함으로써 아프리카 흑인이 제일 아래이고, 유럽의 백인이 제일 위에 있는 인종적 서열 체계를 제시했다(Rafter and Gibson, 2004). 롬브로소는 범죄행위의 결정 요인에 대해서도 개인의 생리적·심리적 특징에만 전적으로 집중함으로써 그 결과 범죄행위에 결정적으로 작용하는 사회화의 영향이나 사회구조적 요인의 영향을 간과했다.

롬브로소와 그의 사위인 페레로는 『여성 범죄자The Female Offender』(1893년 이탈리아어로 처음 출간되었고 1895년 영어로 번역되었음)에서 여성 범죄성을 격세유전 개념을 통해 설명했다. **격세유전**atavism이란 일탈행위를 인간의 발달 단계 중 초기 진화 단계로의 '퇴행'이라고 보는 개념이다. 따라서 그의 이론에서 롬브로소는 “일탈자는 법을 준수하는 ‘정상적인’ 시민보다 훨씬 덜 진화한 존재”라는 점을 강력하게 주장했다(Smart, 1976, 31). 롬브로소와 페레로는 남성 범죄자에 비해 여성 범죄자에게서 퇴행이 적게 나타나는 것은 단순히 여성이 남성만큼 진화하지 못했기 때문이라고 결론짓는다. 그러나 여성은 진화가 더딤에도 불구하고 남성에 비해 범죄자가 될 가능성이 적다고 평가되었다. 롬브로소는 종종 매춘부를 다른 여성 범죄자와 구분했는데, 이를 통해 이들 성노동자가 진정한 격세유전자인 이유와 여타 여성 범죄자가 그의 이론에 정확하게 부합되지 않는 이유를 설명할 수 있었다. 래프터Rafter와 깁슨Gibson(2004)은 롬브로소와 페레로의 저서가 그 당시 이탈리아 여성운동에 얼마나 부정적인 영향을 미쳤는지 설명했고(여성은 생물학적으로 남성에 비해 열등하고 따라서 교육 · 노동 · 가정에서의 평등에 대한 요구가 무가치하다는 ‘증거’를 제공했음), 또한 『범죄자』가 남성의 범죄 연구에 미친 부정적인 영향보다 『여성 범죄자』가 여성의 범죄 연구에 미친 영향이 훨씬 더 장기적이고 지속적이라는(그리고 더 부정적인) 점을 지적했다.

앞 장에서 언급한 것처럼 롬브로소와 페레로는 여성의 두 가지 단순한 범주를 제시했는데, 두 범주의 여성 모두 남성에 비해 열등한 존재로 보았다. (1) 사악하고 원시적이고 남성적인 여성, (2) 법을 준수하고 교양 있고 여성적인 여성(Rafter and Gibson, 2004, 10). 페인먼Feinman(1986, 4)은 이에 대하여 생물학적 특성에 근거한 성녀/창녀라는 이분법이라고 평가했는데, 여성은 선한 존재이거나 사악한 존재 단 두 가지 부류로만 나뉜다는 것이다.

> 성녀/창녀의 이분법의 함의는 남성에 대한 여성의 굴종이다. 여기서 남성은 성녀에 대한 보호자와 창녀에 대한 처벌자 역할을 하는 것으로 가정된다. …… 훌륭한 여성은 자신의 남편을 위해 봉사하는 충성스럽고 복종적인 아내이며, 그로 인해 존경받고 보호받게 된다. 반면에 나쁜 여성은 남성을 파멸시키고 고통과 파괴를 가져온다.

퇴행과 격세유전에 대한 연구를 통해 롬브로소와 페레로는 여성 수감자의 두개골, 신장, 체중, 모발의 색(그리고 탈모), 점, 문신, 생식기를 측정하고 기록했다. 그들은 범죄행위는 사회문화적 성차gender가 아니라 생물학적 성차sex로 인한 특징이라고 주장했다. 또한 유색인종 여성이 ‘체력, 지능, 성적 문란 면에서 남성과 유사한 점’을 묘사하면서 인종차별주의를 분명하게 드러내고 있다(Rafter and Gibson, 2004, 18). 롬브로소와 페레로의 다른 저작(1895, 2004년 번역, 185)이 미친 부정적인 영향은 여성과 소녀의 섹슈얼리티와 범죄행위 간의 관계에 대한 것이다.

> 우리는 생래적 여성 범죄자에게 섹슈얼리티가 얼마나 과장되어 있는지를 살펴보았다. 이것은 이들을 남성과 비슷하게 만드는 특징 중 하나다. 그로 인해 모든 생래적 여성 범죄자는 매춘부인 것이다. 매춘이 이들의 가장 사소한 범죄일지라도 이는 결코 사라지지 않는다. 에로티시즘은 이들이 가진 다른 특징을 상호 연관시키는 핵심이다. 과도한 에로티시즘은 대부분 여성에게는 비정상적인 것으로, 모든 악과 범죄의 출발점이 된다. 이것이 생래적 여성 범죄자를 비사교적 존재로 변화시키고, 문명과 숙명에 의해 길들여지지 않는 성을 가진 음탕한 미개인처럼 자신들의 욕망 충족에만 전적으로 집착하게 만든다.

이런 맥락에서 보면 이들이 19세기 후반 중산층 백인 여성의 상점절도 행위를 생물학적으로 설명하기 위해 도벽을 '자궁 질병uterine ailment' 으로 인식한 것 역시 그리 놀랄 일이 아니다(Abelson, 1989). 1970년대와 1980년대에는 월경전증후군(PMS, premenstrual syndrome)을 모든 여성의 생물학적 문제로 특징짓기도 했다. 이것이 문화적인 성별 스테레오타입을 강화하고, 여성의 '자리' 가 어디인가에 대한 함축적 의미를 강화했으며, 심지어 살인범죄로 기소된 여성에 대한 공판에서 변론으로 이용되기도 했다(Rittenhouse, 1991). 이번 장과 이어지는 두 개의 장에서는 생물학적 결정론과 여성의 섹슈얼리티 그리고 범죄의 관계를 계속해서 살펴볼 것이다.

부적응 소녀

『성과 사회Sex and Society』(1907)와 『부적응 소녀The Unadjusted Girl』(1923, 1967)로 출판된 토머스의 연구 작업은 진보적이긴 하지만 롬브로소의 영향을 크게 받았다. 토머스는 범죄성을 "생물학적인 비정상성이라기보다는 사회적으로 유도된 병리학" (Smart, 1976, 37)으로 정의함으로써 롬브로소를 뛰어넘었다. 그러나 롬브로소와 페레로처럼 그는 남성과 여성이 "정치인, 위대한 예술가, 지적인 대가" 가 될 가능성의 차이를 사회문화적 성차가 아니라 생물학적 성차에 따른 결과로 보았고, 따라서 그 당시 여성에게 부과되었던 강력한 사회적 제약을 간과했다(같은 책). 토머스가 여성의 속성이라고 본 '생물학적 성차' 의 한 예를 들면 그는 여성의 신경 체계에는 남성보다 더 다양한 사랑의 감정이 포함된다고 보았다.

> (토머스는) 여성을 범죄로 이끄는, 특히 매춘 등 성범죄로 이끄는 원인은 사랑을 주고 사랑을 느끼고자 하는 부가적이고 강렬한 욕구 때문이라고 주장했다. 또한 그는 매춘이란 단지 모든 여성이 필요로 하는 사랑과 부드러움을 찾는 과정에서 발생하며, 다만 그 여성이 만

족을 추구하기 위한 수단이 사회적으로 승인되지 못할 뿐이라고 보았다(같은 책, 39).

다시 말해 이런 가정은 여성의 사회화를 부정하는 것이며, 여성의 삶의 기회에 대한 현실적인 제약을 완전히 부정하는 것이다. 현실은 토머스가 주장한 것과는 매우 달라서, 대부분의 성노동자는 실제로 충분한 임금을 받는 합법적인 일자리가 부족해서 성노동으로 내몰리게 된 것이다. 이는 (제1장에서 논의했던) 영화 「귀여운 여인」과도 연결되는데, 즉 성노동자는 단순히 '사랑을 추구한다'는 것이다. 또한 영화에서처럼 여성은 성노동에서도 '사랑과 부드러움'을 찾고자 한다고 주장하지만 현실에서 이것은 불가능한 일이다.

나아가 토머스는 "여성의 일탈행위와 성적 일탈을 등치시킴으로써" '음란'과 범죄를 혼동하고 있다. 우리가 주목해야 할 부분은 이런 논리가 남성범죄에 대한 연구에서는 찾아볼 수 없다는 점이다(Heidensohn, 1985, 117). 토머스에게는 남녀 성차를 고려할 때 여성의 불리한 사회적 위치가 전혀 중요하지 않았다. 그러나 그의 후기 연구에서는 여성이 남성의 재산임을 인정했고, 사회진화론social Darwinism과 결별하여 사회와 개인 간의 상호작용의 복합적 특성을 검토했다(Klein, 1980).

토머스의 계급과 섹슈얼리티에 대한 분석은 젠더, 섹슈얼리티, 계급과 범죄 간의 연관성에 대한 지나친 단순화라고 할 수 있다. 토머스는 중산층 여성은 자신의 정조를 보호하는 데 시간을 투자하느라 범죄를 적게 저지르는 데 반해, 가난한 여성은 새로운 경험을 찾기 위해 범죄를 갈구한다고 주장했다. 실제로 그는 비행소녀들이 자신의 목표를 이루기 위한 수단으로 남성과 성행위를 한다고 믿었다. 따라서 토머스는 여성 범죄성을 설명하는 데 경제적인 동기보다는 심리적인 동기를 선호했다. 그가 질병과 기아의 시대에 저술을 남겼다는 점을 감안할 때 여성범죄의 잠재적 원인으로 경제적 결핍을 무시했다는 점은 특기할 만하다(같은 책).

해부학, 숙명

정신의학자 지그문트 프로이트의 여성 행동에 대한 이론은 그 중심축을 여성은 남성보다 해부학적으로 열등하다는 믿음에 두고 있다. 즉 프로이트는 여성의 행동을 설명하기 위해 악명 높은 '남근 선망penis envy'을 이용했다. 프로이트에게 건강한 여성은 이성 간의 성교에서 고통을 수반하는 성적 쾌락을 경험하는 반면, 성적으로 건강한 남성은 이성애적이고 공격적이고 고통을 가함으로써 쾌락을 얻는다(Klein, 1980).

따라서 일탈 여성은 남성이 되기를 원하는 여성이고, 이들은 페니스를 얻고자 하는 무모

한 노력의 결과 신경증에 사로잡히게 된다. 클라인Klein은 이 같은 심리적 설명에 대하여 "여성은 마치 자신의 주어진 여성 역할에 대한 왜곡이나 반항으로 범죄를 저지르는 것처럼 보인다"고 했다(같은 책, 72). 이 설명에는 아내나 어머니와 같은 여성의 의무에 대한 찬미가 포함되어 있는데, 바꾸어 말하면 일탈 여성에 대한 치료란 자신에게 '적절한' 전통적 성역할에 적응하도록 돕는 것을 말한다(같은 책). 프로이트의 이론은 이처럼 성차별주의적 특성을 가질 뿐 아니라 인종차별주의, 계급주의, 이성애주의로 가득 차 있다. 즉 "단지 상류층과 중산층 여성만이 보호받는 연인으로서 삶을 즐길 수 있을 뿐이다. 프로이트는 빈곤 여성과 제3세계 여성에 대해서는 헤게모니적인 여성 기준을 설정해 두었다" (같은 책, 89).

가면의 이면

폴락(1950, 1961)의 여성의 범죄성에 대한 연구인 『여성의 범죄성The Criminality of Women』은 롬브로소와 페레로의 저작이 발표되고 나서 반세기 이상이 흐른 뒤에 출판되었음에도 이 두 사람의 이론과 밀접하게 연관되어 있다. 토머스와 마찬가지로 폴락은 생물학적 요인뿐 아니라 사회학적 요인이 범죄와 부분적으로 연관성을 갖는다고 믿었다. 그러나 폴락은 여성의 범죄성에 미치는 근본적인 영향력이 생물학과 생리학에 있다고 생각했고, 따라서 롬브로소와 페레로, 토머스의 저작에서 찾아볼 수 있는 많은 가정과 편견을 반복하게 되었다(Smart, 1976).

폴락의 분석에서 가장 중요한 강조점은 여성 범죄성의 '가장된masked' 본질이었다. 그는 남성과 여성의 범죄율이 비슷할 것이라고 추정했다. 폴락에 따르면 여성범죄는 부분적으로는 형사사법 체계에서 여성에 대한 기사도적이고 관대한 처분에 '감추어져' 있다고 주장한다. 그러나 폴락의 주된 요점은 여성이 자신의 범죄를 감추는 능력이 매우 뛰어나다는 것이다. 그는 여성의 '기만적' 본질을 강조하면서 이런 주장을 뒷받침하기 위해 생리를 한다거나 성교 중에 느끼는 오르가슴, 성교 시 수동적인 역할을 가장할 수 있는 여성의 능력을 증거로 제시했다. 여기서 우리는 생리 중이라는 사실을 '숨기지' 않는 여성에 대해서는 어떻게 설명할 것인가 하는 의문을 제기할 수밖에 없다. 둘째, 폴락은 이성과의 성교 중에 나타나는 여성의 소극적인 역할(실제로 역할이 있었는지 여부와 관계없이)이 생물학적으로 결정되기보다는 문화적인 요인일 수 있다는 사실을 고려하지 못했다. 더구나 여성이 오르가슴을 감추는 것이 아니라 느끼지 못한다는 사실은 여성이 받아온, 특히 성교 중 남성에게 묵종하라는 훈련으로 설명될 수 있다. 스마트는 폴락의 분석을 여성이 사악하고 교활한 존재로 간주되는, (성경 속의) 아담에 대한 이브의 기만으로 비유하고 있다. "폴락의 논점은 여성이 범죄 구성의 배후에 자리하고, 범죄의 실행자라기보다는 범죄 교사자이며, 또한 여성은 남성이 범행에 가담하도록 조정할 수 있고, 실제로 그렇게 하면서도 자신은 체포되지 않는다는 것이다" (Smart, 1976, 47).

다른 실증이론가들과 마찬가지로 폴락의 분석은 남성과 여성 간의 권력 불균형에 대해 고려하지 않았다. 그의 논의는 전적으로 경험적인 증거가 없는 억측에 기반을 둔 것이다. 오히려 그는 자신의 가정을 더욱 몰아가서 여성 범죄성의 상당 부분이 감지되지 못한 채 기록조차 되지 않는다고 결론지었다.

실증주의 이론의 유산

실증주의의 지속적인 영향은 1960년대와 1970년대에 출판된 여성의 범죄성에 대한 연구에서도 찾아볼 수 있다. 폴락과 마찬가지로 코놉카Gisela Konopka(1966)는 『갈등에 빠진 여자청소년The Adolescent Girl in Conflict』에서 여성을 범죄를 교사하는 존재로 묘사했다. 그녀의 주된 논점은 여성은 정서적인 문제, 특히 외로움과 섹슈얼리티에 의해 범죄를 저지르게 된다는 것이다(Klein, 1980). 여성 범죄성을 생리학과 심리학을 통해 설명함으로써 경제적이고 사회적인 설명은 간과하고 말았다.

베더Vedder와 서머빌Somerville(1970)도 『비행소녀The Delinquent Girl』에서 범죄 교사자로서 여성 역할의 중요성을 강조했다. 이들은 여성 비행을 단순히 '정상적인' 여성 역할에 대한 부적응의 결과로 주장했을 뿐 아니라 사회경제적 요인의 인과적 중요성을 무시했다. 가장 걱정스러운 점은 흑인 소녀의 높은 비행률을 "건강한 여성적 자기애가 부족한 탓"으로 결론을 내리고 지나치게 인종차별적인 설명을 제시했다는 점이다(Klein, 1980, 99). 이런 논리에 따라 저자들은 심리치료를 여성 비행의 해결책으로 보았고, 많은 비행소녀가 처한 범죄유발적인 사회경제적 제약에 대한 논의 필요성을 간과해 버렸다. 마지막으로 코위Cowie와 코위Cowie, 슬레이터Slater는 『소녀의 비행Delinquency in Girls』(1968)에서 여성의 범죄성을 설명하기 위하여 남성성, 여성성, 염색체의 개념을 이용했다. "이런 관점에서 여성 범죄자는 생리적·심리적 측면에서 '정상적인' 소녀와 다르며" 이들은 지나치게 남성적이고, 자신의 여성성에 대해 대항한다"고 설명했다(같은 책, 101).

실증주의학파에서는 여성의 행위가 대부분 생물학적으로 결정된다고 믿기 때문에 여성이 저지르는 범죄행위의 복합성은 전통적인 성역할에 대한 도전인 것으로 축소해석된다.

그러나 성역할은 자연에 근거한 것이 아니라 사회적으로 규정되는 것이다. 실증주의자들은 주어진 성역할에 도전하는 소녀나 성인 여성은 문제가 있다고 보고, 따라서 자원이든 상황이든 간에 여성이 따라야 하는 주어진 역할 자체에 문제가 있을 수 있다는 가능성은 내다보지 못했다. 최근에는 모든 여성에게 부여되는 사회적으로 규정된 역할은 실제로 하나만이 아니며, '적절한' 성역할은 여성의 인종과 계급에 따라 다르고, 지배적 가부장제는 모든 여성에게 같은 방식으로 영향을 미치지 못한다는 사실이 널리 인식되고 있다(Rice, 1990). 다음에 이어지는 세 개의 장에서 볼 수 있는 것처럼 성인 여성과 소녀의 범죄는 흔히 실증주의 렌즈를 통해 해석되었으므로 여성범죄에 대한 대응은 전통적 · 실증적 접근방식의 범위 안에서 처리되었다.

:: 긴장이론과 하위문화이론

머튼Robert Merton(1938, 1949)은 뒤르켕Durkheim의 아노미(무규범 상태) 이론을 도입함으로써 **긴장이론**strain theory을 발전시킬 수 있었다. 생물학적 결정론에서 벗어나서 머튼은 동일한 문화적 목표를 교육받았으나, 이 목표를 합법적으로 성취할 동등한 접근을 거부당하게 될 때 긴장과 좌절이 발생한다는 참신한 이론적 전제를 제시했다. 예를 들어 미국 문화 내에서는 교육적 성공과 계급 상향 이동에 대한 가치가 깊이 뿌리내리고 있지만, 모든 사람이 이런 공동적 가치를 성취할 수 있는 수단을 가지지는 못한다. 긴장이론에 대한 많은 비판이 있지만 가장 중요한 부분, 특히 소녀에게 해당되는 비판은 이 이론이 주로 노동계급과 중간계급의 긴장을 비교하며 계급 불평등에 따른 긴장을 측정하면서 대부분 소년만을 연구대상으로 했다는 점이다. 이처럼 빈곤에 초점을 맞추어 범죄행위를 설명하는 접근방식은 생물학적 설명보다 훨씬 앞선 수준이지만 "여성은 모든 서구사회에서 가장 빈곤화된 집단이지만, 지금까지 범죄를 가장 적게 저질렀다"는 사실을 여전히 간과하고 있다(Faith, 1993, 107).

긴장이론

코헨Albert Cohen은 『비행소년Delinquent Boys』(1955)에서 미국의 노동계급 소년들 사이에서 발전한 폭력서클을 설명하기 위하여 머튼의 긴장이론을 도입했다. 코헨의 분석에서 소년은 폭넓고 다양한 목표와 야망을 갖고 있는 반면에 소녀의 편협한 야망은 주로 그 중심에 남성이 있는 것으로, 그 내용은 데이트, 댄스, 매력, 즉 일반적으로 남자친구나 남편감을 확보하는 것이다. 그러므로 미국 문화에서 남성은 "합리적인 행위자이자 성취자"인 반면에 여성은 단지 남성의 도우미나 동반자로서 존재한다(Naffine, 1987).

코헨 이론(1955)의 강점은 그의 작업이 비행소년의 남성성을 생생하게 묘사하는 과정에서 섹슈얼리티의 구조에 대해 언급했다는 것이다. 즉 그는 남성성의 구조에 주목했던 최초의 이론가라고 할 수 있다(그는 프로이트가 언급했다고 말한 적이 있다). 그러나 그는 자신의 책에서 비행소녀에 대해서는 단 4쪽만을 할애했다. 그는 소녀란 지루한 존재이며, 이들의 비행은 성적 음란을 통해서만 표현될 수 있다고 기술했다(Mann, 1984; Naffine, 1987). 코헨의 주요 개념인 음란promiscuity이 소년과 성인 남성에게 적용된 사례는 오늘날에도 찾아보기 어렵다. 코헨은 소년의 성적 행동에 대해서는 무시하거나 암묵적으로 칭찬하는 반면, 소녀의 섹슈얼리티와 범죄성을 혼란스럽게 연결시키는 불온한 범죄이론 경향에 합류했다.

요약하면 코헨은 소년은 자신의 삶에서 취업과 수입에 대한 '실제적인' 긴장을 갖고 있지만, 소녀의 긴장은 단지 결혼을 잘하는 것뿐이라고 보았다. 코헨은 소녀에 대한 자신의 이러한 관점이 옳다고 확신했으므로 자료수집을 토대로 자신의 가설을 검증할 필요성을 느끼지 못했다. 그러나 소녀와 성인 여성을 대상으로 이루어진 긴장이론 초기 검증작업에서 코헨의 성적 범죄발생론은 뒤집히게 된다. 푸에르토리코의 여성 범죄집단에 대한 캠벨Campbell의 연구(1987)에 따르면 여성 갱 조직에 가입하는 것은 남성과 마찬가지로 계급주의, 인종주의, 성차별주의로 가득 찬 환경에서 자신의 정체성을 충족하는 수단이다. 또 다른 예외로는 하와이의 다양한 인종적 구성의 갱 집단에 관한 조와 체스니린드의 연구다(Joe and Chesney-Lind, 1995). 이들은 소녀와 소년 모두 지루함을 해결하고 자신에게 적대적인 환경 속에서 사회적 유대감을 얻기 위하여 범죄집단에 가입한다는 사실을 알아냈다. 캠벨(1987)과 마찬가지로 이들은 비행청소년이 "빈곤, 인종차별주의, 빠른 인구 증가가 나타나는" 지역에서 살고 있다는 점에 주목했다(Joe and Chesney-Lind, 1995, 427). 사실상 조와 체스니린드의 연구는 가정에서 학대받거나 유기된 소년이나 소녀 모두에게 갱 조직 가입이 '대안적인 가족'으로 기능하고 있음을 밝혀냈다. 주목할 만한 부분은 그동안의 전통이론은 가정 내에서 이루어지는 유기와 학대, 빈곤과 인종차별주의, 성차별주의에 대한 일상적인 경험에서 초래되는 긴장을 무시해 왔다는 점이다.

비행과 기회

코헨의 비행소녀에 대한 묘사는 클로워드와 올린의 『비행과 기회Delinquency and Opportunity』

(1960)에서 다시 등장한다(Cloward and Ohlin, 1960). 그러나 클로워드와 올린은 기회이론으로 알려진 새로운 버전의 긴장이론을 제시했다. 이 두 사람의 기회이론에서 소년은 '아메리칸 드림American dream'을 성취하기 위해 합법적인 투쟁을 하는 존재인 반면, 소녀는 남자친구를 구하는 것과 같은 하찮은 일에만 관심을 기울인다. 이 이론의 초점은 비행의 하위문화적 가치를 설명하는 것인데, 갱 조직은 도시 하류층 남성이 학교에서 얻은 경험, 냉혹한 취업 현실로 인한 좌절에 대한 해결책으로 기능한다. 여성은 이 이론에서 또 한 번 제외되었다.

흔히 갱으로 대표되는 하위문화는 청소년에게 소속감을 안겨줄 뿐 아니라 성공을 이루기 위한 불법적 수단을 학습할 기회를 제공한다(하위문화이론은 범죄가 빈곤층에서만 발생하는 것으로 가정해 비판받아 왔다[Leonard, 1982]). 남성과 여성의 비행에 대한 클로워드와 올린의 접근은 코헨의 연구와 거의 동일하다.

> 그러므로 비행 하위문화는 남성의 문제에만 배타적으로 적용되는 남성적 해결 방안이다. 여성은 사회적 성공목표를 성취하도록 압력을 받지도 않고, 여성의 좌절에 대한 일탈의 출구를 제공받지도 않는다. 여성은 가정에만 국한되었다. 여성의 제한적인 범죄 참여와 두드러진 성적 특성이 여성의 대인관계를 중심으로 한 협소한 관심을 반영한다(Naffine, 1987, 15).

다른 긴장이론가와 마찬가지로, 클로워드와 올린은 여성도 불평등한 기회를 경험한다는 점을 인식하지 못했다. "사실 여성은 더 제한적인 기회만을 갖기 때문에 논리적으로 볼 때 남성보다 높은 범죄율을 나타낼 것으로 가정될 수 있다"(Morris, 1987, 76). 그러나 동시에 여성은 일반적으로 남성보다 불법적인 수단에 접근할 가능성이 낮다는 사실이(예를 들어 남성보다 비행 하위문화에 덜 접촉함) 여성의 낮은 범죄율을 설명해 줄 수 있다(Harris, 1977). 수감되어 있는 남자 청소년의 형제자매에 관한 보처Bottcher의 연구(1995, 2001) 데이터는 기회이론을 일부분 지지하고 있는데, 이는 주로 소년이 범죄를 실행할 기회가 더 많다는 점에 관한 것이다. 예측한 대로 연구대상이 된 소년소녀의 대부분이 속해 있는 계층은 사회경제적인 성공에 이르기 위한 합법적인 수단이 제한되어 있다는 사실을 알고 있다. 그러나 비슷한 계급적 제약에도 불구하고 다른 사회적 구조는 성에 따른 영향을 더 많이 받았다. 예를 들어 소녀는 어린 동생을 돌봐야 할 책임 때문에 소년에 비해 일상활동에서 자유를 제한받았다. 소년은 동생에 대한 보호의 책임을 갖지 않아 더 많은 활동에 참여하고, 더 많은 사람을 만나고, 지리적으로도 더 넓은 지역에서 활동할 수 있었다. 그러나 이 같은 자유 때

[제시 2-1] 보처의 연구(1995)에 나타난 청소년의 활동과 정의, 사회적 통제의 성별화된 특성

활동

- **범위** 소년은 보통 더 넓은 공간에서 활동하고 집 밖에서 더 많은 시간을 보내는데, 이는 대부분의 소년이 여자 형제보다 가족에 대한 책임을 덜 갖기 때문이다.
- **시간** 소년은 소녀보다 밤늦은 시간에 집 밖에서 더 많은 시간을 보낼 수 있다.
- **속도** 소년은 소녀보다 더 빨리, 더 멀리, 더 자유롭게 이동하며 더 많은 활동에 참여한다.
- **집중** 소녀의 활동, 특히 사회활동은 소년에 비해 소수 활동에만 집중되어 있다. 소녀는 남성보다 적은 수의 친구를 갖는 경향이 있다. 소년은 소녀보다 부모의 책임을 더 많이 회피한다. 자신의 아이와 (최소한 한 번에) 하나의 남자친구에 집중하는 소녀의 특성이 비행으로부터 방패막이 역할을 해주는 것으로 보인다.

정의

- **자아 규정** 소년은 소녀에 비해 더 자기중심적이고, 경쟁적이고, 과감하고, 마초적이다.
- **동료 압력** 대부분의 젊은이는 성별 분리적인 여가시간으로 많은 시간을 보내고, 소년은 범죄를 저지를 때 동료 압력에 더 많은 반응을 보인다.
- **사회적 반응** 소년은 소녀보다 경찰에게 더 많이 낙인찍히고, 일부 범죄는 특정 성별이 저지르는 경우 용인되곤 한다(예를 들어 소년이 자동차를 훔치는 행위).
- **신체적 차이** 소년의 높은 수준의 체력과 빠른 달리기 속도는 범죄를 더 잘 저지르도록 해준다. 부모는 딸의 임신에 대한 두려움 때문에 아들보다 딸에게 더 엄격하다.
- **범죄의 의미** 소녀는 소년보다 더 현명해서 범죄를 적게 저지른다. 소년은 범죄 실행에서 더 과감하고 '과시적' 이다.

SOURCE Jean Bottcher. 1995. "Gender as Social Control." Justice Quarterly 12(1):33-58.

문에 소년은 소녀보다 사고 발생 위험이 더 높고, 성숙한 판단이 부족한 어린 나이에 갈등 상황에 직면할 가능성이 높으며, 또래의 압력을 더 많이 받고, 비행을 더 많이 저지르게 된다(Bottcher, 1995, 53-54). 보처의 연구(1995)는 많은 이론과 관련된 정보를 제공하고 있기 때문에 〔제시 2-1〕에는 이 연구의 요약을 제시했다.

일반긴장이론(GST)

애그뉴Robert Agnew(1985, 1992)는 전통긴장이론을 수정하여 스스로 **일반긴장이론**(GST, general strain theory)이라고 명명한 이론을 제시했다. 이 이론은 부정적인 사건(긴장이나 좌절)이 일탈행위나 범죄행위에 대한 압력을 발생시킨다고 주장했다. GST는 긴장에 대한 적응의 원인과 유형을 확대하고 개인의 인종, 계급과 성에 따라 목표가 달라질 수 있다는 사실을 인정함으로써 초기 긴장이론을 발전시키고 확대시켰다. GST는 (전통긴장이론이 했던 것처럼) 단순히 경제적인 성공을 제한하는 구조적 원인에만 초점을 맞추기보다는 (1) 부정적인 자극의 존재, (2) 긍정적인 자극의 상실, (3) 긍정적인 목표 성취의 실패라는 세 가지

사회심리적 긴장 원인을 제시했다. GST에 따르면 긴장과 좌절에 대한 반응이 법준수적인지 일탈적인지의 여부는 개인의 인성, 자아존중감, 공공부조 체계 등에 따라 상이하게 나타난다(예를 들어 반응이 분노로 나타난다면 대응전략은 일탈적이기 쉽다)(Agnew, 1992). 이에 덧붙여 GST는 개인의 성, 인종, 계급의 차이에 따라 다양한 목표가 있다는 점을 강조했다(Broidy, 2001). 달리 표현한다면 GST는 긴장과 이런 긴장에 대한 반응 모두가 성별화된다(혹은 '인종적' '계급적')고 주장했다.

이 책의 이전 판(Belknap, 2001)에서 긴장이론은 학대 경험과 어린 시절의 정신적 외상으로 인한 매우 실질적인 긴장을 파악하지 못했고, 일상적으로 경험하는 불공정성과 인종차별주의, 성차별주의, 계급주의로 인한 긴장을 측정하지 않은 채 경제적 기회의 봉쇄에만 집중했다는 점에서 비판받았다. 같은 해에 보처(2001, 894)는 성을 "개인 행위와 개인 간 행위의 산물"로 보지 못했다는 점에서 GST를 비판했고, 애그뉴(2001)는 스스로 GST에 대한 검증연구를 출판했는데, 특히 GST가 언급한 여러 가지 긴장 유형이 검증에 포함되지 않았고, 대부분의 GST 검증은 단일하고 누적적인 긴장을 측정하는 데만 초점을 맞추었다고 보았다. 예를 들어 그는 (결국) 성적 학대를 포함한 아동학대와 범죄피해를 일탈행위의 유발 요인으로 설명하는 것이 중요하다는 점을 인정했다(같은 책). 또한 애그뉴(같은 책)는 긴장의 심각성, 불공정성, 지속성, 최근最近성, 중요성을 검토하는 것이 필요하다고 보았다. 개인의 삶에서 긴장이 더 심각하고, 정의롭지 못하고, 지속적이고, 중요할수록 더 큰 분노가 발생하고 결국 범죄행위를 저지른다는 것이다. 나아가 그는 학대와 범죄피해가 흔히 부당하고 심각한 것으로 인식되고, 그런 이유로 다른 긴장보다 더 큰 분노와 부당한 감정을 느낄 수 있다는 사실을 인정했다. 따라서 학대 피해자들은 자신이 경험한 심각한 부당함을 보상받기 위한 노력으로 일탈/범죄행위에 가담한다는 것이다(Agnew, 2001, 2002).

(전통)긴장이론과 일반긴장이론에 대한 검증

1964년 모리스Ruth Morris는 소년뿐 아니라 소녀에 대한 긴장이론에 초점을 맞춘 첫 학자였다. 모리스는 소녀를 이전 학자들보다 다소 다차원적인 존재로 보았다. 소녀는 단순히 남편감 사냥에만 관심이 있는 것이 아니라 가족 구성원 등 다른 정서적인 관계에도 관심을 갖고 있다. 모리스는 소녀가 일탈적이든 아니든 간에 소년보다 하위문화적인 압력이 적고 일탈에 대하여 더 부정적인 태도를 가진다는 점을 발견했다. 이런 특징이 이들의 비행률이 낮은 이유를 설명해 줄 수 있다고 믿었다. 또한 비행소녀는 비행소년보다 자신의 가족을 더 불행한 것으로 묘사하는 경향이 있었다.

1960년대 후반과 1970년대 연구는 짝을 찾으려는 소녀의 노력이 비행률과 관련되지 않는다는 점(Sandhu and Allen, 1969)과 소년소녀의 일탈행위의 패턴은 소년 비행률이 더 높다는 점을 제외하면 매우 유사하다는 점(Naffine, 1987, 18)을 밝혀냈다. 청년 하위문화(보통 갱 조직으로 측정)의 역할 면에서 성차에 관한 연구는 소년의 하위문화가 소녀의 하위문화보다 더 일탈유발적임을 확인해 준다(Esbensen and Huizinga, 1993; Joe and Chesney-Lind, 1995; Lerman, 1966; Morash, 1983, 1986; Morris, 1964, 1965; Rahav, 1984; Thompson, Mitchell, and Dodder, 1984). 그러나 전통긴장이론의 좌절 개념, 즉 '봉쇄된 기회'와 소년소녀의 비행률과의 연관성이 어느 쪽이 더 큰지, 혹은 남녀 모두 동일하게 연관되는지에 관한 연구는 일관된 연구 결과를 보여주지 못했다. 일부 연구는 긴장이 소년보다는 소녀의 비행을 예측하는 데 더 적절하다고 밝히고 있는 반면(Datesman, Scarpitti, and Stephenson, 1975; Segrave and Hastad, 1983), 다른 연구에서는 긴장이 소녀보다 소년의 비행 예측에 더 영향력이 크다고 말하고(Simons, Miller, and Aigner, 1980), 또 다른 연구에서는 긴장이 소녀와 소년의 비행률에 유사하게 영향을 끼친다고 주장한다(Cernkovich and Giordano, 1979; Figueira-McDonough and Selo, 1980; Smith, 1979). 그러나 한 연구 결과에 따르면 전통적인 긴장 변인이 백인 여성에게는 일반적인 예측과 반대 방향으로 영향을 미치는 반면, 흑인 여성에게는 예측된 방향으로 영향을 미친다고 한다(Hill and Crawford, 1990). 전반적으로 볼 때 전통적으로 정의된 것처럼 긴장이 소년과 소녀의 비행에 유사한 영향을 미치는가, 상이한 영향을 미치는가 하는 문제에 대해서는 매우 복합적인 연구 결과가 제시되었다고 하겠다.

최근의 연구는 아동학대(예를 들어 신체적 학대, 성적 학대, 유기)로 인해 발생한 긴장이 피해 소년소녀의 이후 범죄행위에 영향을 미친다고 보고 이를 측정하고 있지만(이에 대해서는 이미 앞의 장에서 다루었고 이 장의 후반부에서 더 상세히 다룰 것임), 전통적인 긴장 변인의 측정방법은 긴장의 수단으로서 아동학대와 유기를 포함하고 있지 않으므로 부족한 점이 많다. 그리고 전통적인 긴장이론은 봉쇄된 합법적 경제 기회를 설명하는 데 많은 노력을 기울이는 반면에 일상적으로 이루어지는 빈곤, 인종차별주의, 성차별주의를 경험함으로써 발생한 긴장에 대해서는 간과해 왔다. 일반긴장이론은 개인적인 긴장 경험과 이런 긴장에 대한 인종별 · 성별 · 계급별 반응 양상의 차이를 설명하기 위해 긴장 개념을 확대했다(Agnew, 2001, 2002). GST를 검증한 두 가지 연구는 스트레스를 주는 생애사건 면에서는 성차가 나타나지 않았다고 보고한 바 있는데, 이 연구는 놀랍게도 학대피해의 경험을 측정하지 않았다(Hoffman and Su, 1997; Mazerolle, 1998). GST를 검증한 브로이디Broidy(2001)의 연구에서는 긴장이 양성 모두에게 분노를 일으켰으나 여성은 다른 부정적인 감정(예를 들어 죄책감, 무가치, 실망감, 우울, 근심, 두려움, 불안정)을 더 많이 느끼는 것으로 밝혀졌다. 브로이디와 애그뉴는 긴장과 긴장에 대한 반응 모두 범죄행위의 성차를 설명할 수 있다고 주장했다(Broidy and Agnew, 1997). 예를 들어 소년과 비교할 때 소녀는 자신의 삶과 행동 모두에 더 많은 제약을 받으며, 가족을 돌보는 역할에 많은 책임감을 부여받고, 모든 형태의 학대(정서적 · 육체적 · 성적)를 더 많이 경험한다. 소녀는 친구와 가족과의 친밀한 관계로 인한 스트레스를 더 많이 느끼는 반면에, 소년은 물질적 성공 등 외적 성취에 더 많은 긴장을 느꼈다. 또 다른 연구는 GST의 가설과 같이 분노는 폭력범죄, 재산범죄, 약물범죄의 중요한 예측 요인이며, 범죄행위는 성적 학대, 부랑생활, 상대적 박탈, 비행친구와의 교제가 긴밀히 연관된다는 사실을 발견했다(Baron, 2004). 이 연구에서 성이 '범죄의 중요한 예측 요인' 이라고 밝혀졌으나(같은 책, 474), 그 이유가 무엇인지는 설명하지 않았다. GST의 또 다른 연구에서는 스트레스를 유발하는 생애사건이 비행 가능성을 높이기는 하지만, 이 관계는 성별이나 사회경제적 지위, 자아존중감, 자신의 환경에 대한 통제력과 무관하게 나타난다는 점이 발견되었다(Hoffman and Cerbone, 1999). 마지막으로 GST의 검증은 아니지만 이와 관련된 사실을 밝혀낸 연구도 있는데, 이에 따르면 소년이 소녀보다 더 많은 비행행위를 하지만 동시에 소녀는 소년보다 더 많은 부정적인 자아감정(예를 들어 우울, 분노)을 가진다(Kaplan and Lin, 2000; Luthar and D' Avanzo, 1999).

:: 차별교제이론

서덜랜드Edwin Sutherland는 처음에는 단독으로, 나중에는 크레시Donald Cressey와 공동 작업을 통해 완성한 고전 저작 『범죄학의 원칙Principles of Criminology』(1939, 1966)에서 **차별교제이론**(DAT, theory of differential asssociation)을 발전시켰다. 서덜랜드는 빈곤을 중요한 범죄 설명 인자에서 배제해 버렸다. DAT의 기본 명제는 **범죄행위**란 다른 모든 행위와 마찬가지로 학습된다는 것이다. 따라서 또래집단과의 접촉이 일탈자가 될 것인지, 되지 않을 것인지 여부를 결정하는 데 중요하다.

서덜랜드와 크레시는 코헨이 제기했던 미국 사회에는 성공에 이르는 수단이 불공평하게 분배되어 있다는 주장에는 동의했지만, 모든 계급이 성공에 대한 정의(즉 중산층 남성의 목표)를 동일하게 내면화하고 있다는 주장에는 동의하지 않았다. 또한 서덜랜드와 크레시는 범죄 하위문화는 좌절을 경험한 젊은 노동계급 남성에게만 독특한 것이 아니며 화이트칼라 노동자를 포함한 모든 계급의 사람이 범죄행위에 가담할 수 있다고 주장했다. 이와 유사하게 코헨이 여성을 배제하고 미국 문화를 규정했던 반면, 서덜랜드와 크레시의 관점은 이론상 남성에만 국한되지 않고 특정한 성에 제한되지 않은 일반이론이었다(Naffine, 1987).

서덜랜드와 크레시의 성 중립적인 이론적 전제에도 불구하고 이들은 소녀에 대해서는 거의 언급하지 않았다. 또한 간략하게 언급한 경우에도 소녀는 단일하고 동질적인 존재로 다루어졌다. 즉 소녀는 주류문화에서 주변적이고 중요하지 않은 존재로 취급되었다. 따라서 서덜랜드와 크레시의 성 중립적인 접근은 말뿐으로, 구체적인 내용으로 표현되지 않았다. 또 한 가지 혼란스러운 부분은 그들이 남성은 '다양한 행위에 자유롭게 참여하는' 존재이고 소녀는 단지 가정에 소속된 존재라고 보는 관점을 쉽게 받아들였다는 점이다(Naffine, 1987). 또한 법 준수에 대한 소녀의 인지 경향을 긍정적이고 도덕적이라고 보기보다는 다소 아둔한 특성으로 그리고 있다(같은 책).

DAT에 대한 여성주의적 비판은 주로 서덜랜드와 크레시가 여성에 대해 의미 있는 방식으로 논의하는 것을 회피했다는 데 집중되고 있다(Leonard, 1982; Naffine, 1987). 그러나 일부 여성학자는 DAT가 남성과 여성의 비행률을 검증하고 성차를 설명하는 데 유용한 방식이라고 주장했다. DAT는 두 가지 측면에서 중요성을 갖는다. 첫째 소녀가 소년에 비해 상대적으로 범죄율이 낮은 것은 이들이 겪고 있는 일상적인 제약의 결과라는 점이다. 예를 들어 적어도 전통적으로 소녀는 집 가까이에 머물도록 통제되어 왔고, 통행금지 시간이 있었고, 더 많은 훈육을 경험하고(특히 사소한 위반과 성적 시도에 대하여), 일반적으로 남자형제, 혹은 소년 전체와 비교할 때 행동이 자유롭지 못했다. 따라서 소년소녀에 대한 차별적인 사회화 과정이 상이한 성별화된 행위를 낳았다는 것이다(Hoffman-Bustamante, 1973; Leonard, 1982; Lorber, 1994; Messner, 2000; Morris, 1987; Ridgeway and Correll, 2004; Risman, 2004). 두 번째 측면은 지난 몇 세기 동안 나타난 소녀의 비행률 증가는 전체 여성의 자유 확대로 설명될 수 있다는 것이다. 크레시(1964)조차도 양성 간에 평등이 더 많이 보장될수록 남성과 여성의 범죄율 차이가 감소할 것이라고 보았다.

서덜랜드와 크레시는 DAT를 통해 소녀의 범죄성을 설명하는 데 실패했지만, 다른 연구자는 성공을 거두었다. 초기에 이루어진 검증연구에서 소녀는 비행행위의 빈도와 비행친구와의 교제 변인 모두 소년과 유사한 성향을 갖는 것으로 나타났다(Clark, 1964). 이와 달리 힌델랑Hindelang(1971)은 소년소녀 모두 비행친구와 일탈행위 간에 긴밀한 연관성이 나타나 DAT가 지지되었지만, 소녀가 소년보다 비행을 저지르는 친구 수가 적고, 일탈행위도 적게 저지른다고 밝혔다. 비행소녀에 대한 또 다른 연구 결과를 보면 소녀는 또래에게 많은 영향을 받는데, 소년의 또래 영향과 비교할 때 소녀는 특히 다른 소녀의 영향을 더 많이 받았다(Giordano, 1978).

좀 더 최근에 이루어진 연구도 DAT를 지지하는 결과를 발표했다. 루서Luthar와 다반조D' Avanzo(1999)는 약물사용이 교외에 거주하는 소년에게는 또래 수용peer acceptance으로 연결되지만, 비행소녀에게는 또래 거부peer rejection로 연결된다고 보고했다. 즉 소녀는 차별교제를 통해 약물남용을 '비여성적' 행위로 인식하게 된다. 미어스Mears와 플뢰거Ploeger, 워Warr(1998)는 소녀들이 모든 유형의 범죄에 대해 도덕적인 거부를 더 많이 보이기는 하지만 이것만으로는 소년의 범죄율이 높은 현상을 설명할 수 없다고 보았다. 오히려 그보다는 소녀들이 범죄율이 낮은 것은 이런 도덕적 거부가 또래 일탈자의 영향을 더 잘 차단할 수 있는 능력이나 욕구와 복합적으로 작용하는 데 있다는 것이다. 하이머Heimer와 드 코스터De Coster(1999)는 소녀에게는 가족과의 감정적 유대와 남성과 여성에 대한 전통적인 가치관이 폭력행위를 감소시키지만(소년은 그렇지 않음), 소년은 폭력적인 친구와 부모의 강압적인 훈육에서 폭력을 학습한다는 점을 발견했다(소녀는 그렇지 않다). 앨러리드Alarid와 그 동료들은 중범죄로 수감된 성인을 대상으로 연구한 결과 DAT를 지지하는 주요한 결과를 발견했다(또한 사회통제이론도 지지되었으나 영향력이 강하지는 않았다). 사회통제 변인과 차별교제 변인을 분석모형에 포함하게 되면, 수감자의 약물사용과 범죄율에서 성별 차이는 나타나지 않았는데, 남성은 이들 변수를 통제했을 때조차도 여성보다 재산범죄율이 훨씬 높았다(Alarid, Burton, and Cullen, 2000). 학교에 재학 중인 청소년과 거리의 (노숙) 청소년에 대한 연구 결과를 보면 최근 언론에서 '나쁜 소녀'에 관심을 보이고 있지만 여자친구의 존재는 재산범죄를 감소시킨다. 다시 말해 여성지배적인 관계망은 여학생과 노숙소녀의 경우와 더 적은 비율이기는 하지만 남학생에게도 재산범죄를 감소시키는 것으로 나타났다. 단지 노숙소년에게만 여성지배적 관계망과 재산범죄 간의 상관관계가 나타나지 않았다(McCarthy, Felmlee, and Hagan, 2004). 결론적으로 볼 때 서덜랜드와 크레시의 이론은 표면적으로는 여성을 간과하고 있지만 잠재적으로 일탈행위 가담에서의 성별 차이점과 유사점에 대한 통찰을 제공해 주고 있다고 하겠다.

:: 낙인이론

낙인이론은 일탈자라는 낙인이 부여되고 수용되는 과정에 관한 이론이다. 특히 낙인이론은 어떻게 사람이 일탈자나 비행자, 범죄자로 '이름붙여지는지'(혹은 낙인되는지), 그리고 그 낙인이 미래의 행위에 어떻게 영향을 미치는지를 탐구하는 것이다. 낙인이론은 일탈자로서 취급당하는 것이 그 사람의 특정한 행위 특성 때문이라기보다는 어떤 유형의 사람으로 여겨지는지와 더 긴밀하게 연관된다고 주장한다(Schur, 1984). 낙인이론은 두 가지 이론적 명제를 가지고 있다. 첫째, 일부 사람은 인종, 성, 계급 등의 이유로 범죄자로 낙인받기 쉽다. 둘째, 일단 일탈자나 범죄자로 낙인찍힌 사람은 스스로가 낙인을 받아들이거나 체념하게 되고 그 낙인의 결과 범죄를 계속 저지르게 된다. 또한 이 이론을 '부활된 낙인이론 revitalized labeling theory'으로 부르기도 하는데, 그 이유는 사회구조적 불이익을 낙인의 주요 요인으로 보기 때문이다. 달리 말하면 공적 제재(예를 들어 경찰의 제재)는 구조적 불이익을 당하는 청소년에게 편중되기 때문에 이것이 이들의 교육, 취업, 범죄행위에 부정적인 영향을 미치게 된다는 것이다(Bernburg and Krohn, 2003).

많은 학자가 낙인이론을 뒷받침하는 개념을 발전시켰으나(Erikson, 1962; Kitsuse, 1962; Lemert, 1951), 가장 유명한 학자는 『아웃사이더Outsiders』(1963)에서 재즈 연주가에 대해 연구한 베커Howard Becker(1963)다. 베커의 연구는 여러 측면에서 높이 평가되고 있는데, 특히 "일탈자로 낙인된 사람의 관점에서 낙인이 어떻게 작동되고 있는지를 알아내기 위하여 일탈자의 세계로 뛰어든" 그의 노력은 많은 찬사를 받고 있다(Naffine, 1996, 40). 그는 참여관찰을 통해 자료를 수집했고, 자신의 연구 대상자들과 함께 피아노를 직업적으로 연주했다. 그러나 지금까지 이야기한 다른 이론가들과 마찬가지로 베커 역시 자신의 연구분석을 남성 연주자만을 대상으로 실시했다. 베커의 연구에서 여성은 대부분 한 남성의 아내로서만 다루어졌고, 이 경우에도 여성은 지루하고 우스꽝스럽고 '고리타분한' 인물로 묘사되었다. 따라서 베커는 남성 음악가를 진정으로 알고 이해하기 위해서는 창조적이고 심층적인 방법을 활용했던 반면, 여성을 연구하는 접근법 면에서는 "매우 보수적인 수준에 머물러 있었다"(Naffine, 1996, 41). 여성은 단지 남성 음악가의 눈을 통해서만 묘사되었고, 자신의 남편에게 '직업다운' 직업을 찾도록 설득하여 밴드의 활력을 위협하는 잔소리꾼으로만 그려졌다. 베커의 분석에서 여성 연주자는 훌륭한 연주자가 아닌 단지 성적 대상으로서만 관심을 끌었는데, 이는 일탈적인 여성과 범죄 여성을 연구하는 방식과 너무 유사했다(Naffine, 1987). 베커와 다른 학자들의 연구에서 순응적인 여성은 지루하고 결단력이 없는 사람으로 그려지는 반면에 남성 범죄자는 창조적이면서 흥미진진한 사람으로 그려진다.

따라서 낙인이론을 여성에게 적용할 때 핵심적인 쟁점은 범죄자라는 낙인 부여에 성차가 존재하는가 하는 문제다. 예를 들어 소녀가 소년보다 일탈자로 낙인찍히거나 비춰질 가능성이 낮다는 점이 여성 체포율이 낮은 현상을 설명할 수 있을 것이다. 제2차 여성운동 이전의 여성은 기사도 정신에 따라 좀 더 많은 보호를 받았겠지만(제4장에서 상세히 다룰 것임), 근래 들어 미국에서 여성 구금 비율이 증가한 것은 여성에 대한 낙인이 더 가혹해졌다는 사실을 반영하는 것이다(Leonard, 1982). 또 다른 가능성은 성별에 따라 낙인찍히고 차별받는 범죄 유형이 다를 수 있다는 것이다.

이 주제와 관련된 연구를 살펴보면 경찰과 법원의 반응에 대해서는 일관되지 않은 연구 결과를 보여주고 있다. 일부 연구에서는 성별 차이가 없는 것으로 나타났으나, 일부에서는 남성에 대하여 우호적인 처우를 하는 것으로 밝혀졌고, 일부 연구에서는 여성에 대한 우호적인 처우를 확인할 수 있었다. 그리고 또 다른 연구에서 여성은 일부 특정 범죄에서 더 가혹하게 취급당하는 것으로 나타났고, 이는 남성 역시 마찬가지였다. 비행의 총량을 통제했던 한 연구에서는 어린이, 특히 한부모 가정의 소녀는 양부모 가정의 소녀보다 공식적으로 일탈자로 낙인될 가능성이 더 높은 것으로 나타났다(Johnson, 1986). 한 독창적인 연구에서는 15～23세의 낙인찍힌 사람들의 낙인 이후 취업과 직업 안정성, 이들이 29～37세 때의 소득에 성별이 미치는 영향력을 검증했다(Davies and Tanner, 2003). 연구 결과 여성과 남성 모두에게 가장 영향력 있는 고용 예측 요인은 구금기록인 것으로 나타났는데, 다만 어린 시절 학교에서 퇴학당하거나 정학을 받은 경험이 나중에 고용지위에 영향을 미치는 일은 여성한테서만 발견되었다. 또한 성인 보호관찰 대상자에 대한 한 연구에 따르면 대상자의 교육 수준에는 성차가 발견되지 않았는데도 여성은 가난하고 실업 상태에 놓일 가능성이 더 높았는데, 이 역시 주목할 만한 부분이다(Olson, Lurigio, and Seng, 2000). 또 다른 연구에서는 부모가 자식을 '규칙 위반자' 로 낙인찍었을 때 소년은 자신을 일탈자로 보고 이후 법 위반을 할 가능성이 높아지는 반면, 소녀는 부모를 즐겁게 하려고 일탈행동을 그만둘 가능성이 높은 것으로 나타났다(Bartusch and Matsueda, 1996).

낙인에서 성차를 검증할 때 또 다른 흥미로운 쟁점은 모리스(1987)의 주장으로, 그는 여성은 남성보다 '정신이상' 으로 낙인찍힐 가능성이 높은 반면에 남성은 여성보다 '범죄자' 로 낙인될 가능성이 높다고 보았다. 따라서 "정신이상은 범죄의 대체물이자 범죄에 대한 설명을 의미한다"(같은 책, 55). 이와 유사하게 남성은 '범죄자' 로 낙인찍히기 쉬운 반면에 여성은 '일탈자' 로 낙인찍히거나 더 총체적으로 낙인찍히기가 쉽다(예를 들어 그들을 '잔소리꾼' '심술녀' 로 부르거나 '매춘 여성' '히스테릭한 사람' 으로 묘사한다). 실제로 슈어 Schur(1984, 190)는 역사적으로 (그리고 아마도 지금까지도 여전히) 여성은 "일탈자로 정의되기 위해 특정한 행위를 실제로 할 필요가 없었다. 신체적 외모나 단지 여성이라는 조건만으로도 낙인찍힐 수 있다"라고 밝혔다.

프리곤Frigon(1995, 29)은 어떻게 여성의 '광기'가 범죄에 연관되었는지를 역사적으로 개괄하면서 다음과 같이 요약했다. "물론 여성 범죄자는 이상적인 여성상과 대립된다." 자신에게 부여된 '적절한' 성역할에 순응하지 않은 여성에 대한 처벌은 오랜 역사를 가지고 있다(그리고 일정 정도에서는 남성도 마찬가지다). 프리곤(같은 책)은 이와 관련하여 역사적 기록을 추적했는데, 그 예로 로마가톨릭의 종교재판 기간인 15~16세기 프랑스에서만 수천 명의 레즈비언과 수천 명의 게이를 처형한 경우를 들 수 있다. 다른 사례로는 오랜 시간 여성을 '마녀'로 몰아 처형해 온 일이 있다. 따라서 여성 범죄자에 대한 구분은 단 두 가지, 즉 '미쳤거나' (문화적으로 지정된 성역할의 거부를 포함하여 정신적으로 미친 상태) '사악한' (순수한 악 그 자체) 존재로 양분된다(Frigon, 1995).

낙인의 성별화된 본질에 대해 마지막으로 살펴볼 측면은 낙인을 수용하는 일탈자의 태도다. 비록 이 주제에 대해서는 연구가 제한적이지만, 지금까지의 연구를 보면 여성은 타인이 자신을 정신이상(Horwitz, 1977)이나 통제력을 잃고 돈을 쓰는(소비중독) 사람(Hayes, 2000)으로 낙인찍는 것을 쉽게 받아들였다. 이와 관련해 발견된 점은 여성은 자신이나 타인이 일탈행위를 알아차릴 경우 쉽게 수치심을 느낀다는 것이다(Hayes, 2000). 이는 회복적 사법 모델에 매우 중요한 함의점을 제공한다.

:: 사회통제이론(SCT)

지금까지 다룬 이론은 무엇이 사람들에게 법을 어기도록 만드는가에 주목했다. 사회통제이론은 이와 다른 접근방식을 취하고 있는데, 무엇이 법을 준수하도록 강제하는가를 설명하는 데 더 관심을 갖고 있다. 다음에서는 이런 이론들에 대해 논의하겠다.

사회유대이론

허시Travis Hirschi(1969)는 『비행의 원인Causes of Delinquency』에서 사람들이 법을 준수하는 동기가 무엇인지에 초점을 맞추었다. 그의 이론인 **사회유대** 혹은 **통제이론**(SCT, social bond or control theory)은 사람들에게 범죄욕구를 실행하지 못하도록 방지하는 '사회유대'의 네 가지 범주인 애착attachment, 수용commitment, 관여involvement, 신념belief을 분석했다. 개인의 범죄 가능성은 다음 세 가지 요인에 대한 개인의 유대와 관련이 있다. (1) 관습적인 사람, 특히 부모, (2) 고용과 여가 활동에서 관습적인 제도와 행위, (3) 사회규칙. 비록 이 이론은 성 중립적으로 기술되었으나, 이론의 적용에서는 그렇지 않았다. 즉 허시는 자신의 가설을 검증하기 위하여 백인 남학생의 응답만을 분석했다. 그 결과 그는 전통적인 유대가 강한 소년이 비행을 덜 저지른다는 사실을 발견했다.

허시가 범죄 연구 접근법을 "왜 사람들은 범죄를 저지르는가?"에서 "왜 사람들은 범죄를 저지르지 **않는가?**"로 바꾸었음을 감안한다면, 수많은 연구가 여성이 일반적으로 남성보다 훨씬 더 법을 준수한다는 결과를 보고하고 있는 상황에서 여성에 대한 연구, 혹은 적어도 표본에 여성을 포함한 연구를 하는 것이 더 논리적이라고 할 수 있다(Naffine, 1987). 허시는 흥미롭게도 남녀 모두를 대상으로 연구를 시작했다. 서덜랜드와 크레시와 비슷하게 허시는 (1) 한 성에 편향적이지 않은 이론적 전제를 가지고, (2) 소년과 소녀 모두를 대상으로 연구를 시작했고, (3) 그러나 분명한 이유 없이 소녀를 연구대상에서 제외시켰다(Naffine, 1987). 만Mann(1984, 263)은 다음과 같이 지적했다.

> 트래비스 허시는 자신의 표본을 인종, 성, 학교, 학년에 따라 층화했다. 그는 1,076명의 흑인 소녀와 846명의 비흑인 소녀를 연구에 포함했으나, 자료를 분석하면서 "소녀들이 사라졌다"는 것을 스스로 인정했고, 이에 덧붙여 "소녀는 오랫동안 일탈연구에서 간과되어 왔기 때문에 이들을 배제한 것을 정당화시키기는 어렵다. 나는 조만간 이들을 포함하려고 한다"고 말했다. 그러나 그는 결국 그렇게 하지 않았다.

게다가 이전의 이론에서는 왜 일부 소년만이 범죄를 저지르는가 하는 문제에 초점을 두어 비행소년이 종종 칭찬을 받거나 존경을 받았으나 허시의 접근에서는 순응적인(법 준수적인) 소년이 주목받게 되었다. 이는 다른 이론들을 검증하는 연구에서 순응적인 소녀를 활력 없고 지루하고 의존적인 존재로 묘사했다는 점을 감안할 때 특히 주목할 만하다. "왜 사람들은 범죄를 저지르는가?"라는 질문으로 시작한 이전의 연구들에서는 범죄소년은 재미있고 수단 좋고 남성적인 존재로 묘사되었다. 반면 허시의 접근에서는 비범죄적인 소년이 책임감 있는 것으로 칭송받게 되었다. 실제로 법에 순응하는 남성은 '성공한' 사람으로 분류되었던 반면에 순응적인 여성에 대해서는 보상을 제공하는 일이 드물거나 아예 없었다(Schur, 1984). "이 모든 지적이 의미하는 것은 남성과 여성이 완벽하게 동일한 행동을 했을지라도 여성을 평가절하하고 남성을 과대평가하는 범죄학의 뿌리 깊은 경향이 존재한다는 것이다"(Naffine, 1987, 67).

SCT는 갓프레드슨Michael Gottfredson과 허시가 『범죄에 대한 일반이론A General Theory of Crime』(1990)을 저술하면서 한층 발전했다. **범죄에 대한 일반이론**(GTC)은 고전주의적 전통과 실증주의적 전통 사이에 '교각'을 놓고자 시도했는데, 이에 따르면 "적당한 기회와 매력적인 목표가 존재한다면 낮은 자아통제력은 모든 연령대 사람의 범죄행위 가담을 예측해 주는 개인 차원의 특징이다"(Taylor, 2001, 373). 사회통제에서 자아통제로 강조점을 이동하여 GTC는 범죄와 일탈행동을 설명하기 위해 자아통제력이 범죄 기회와 상호작용을 한다고 주장했다. 즉 자아통제력이 낮고 범죄에 대한 접근 기회가 많은 사람이 범죄를 저지르기 쉽다는 것이다. GTC는 비행에서 성, 인종, 연령, 계급의 차이는 이런 특성이 자아통제력과 연관되는 방식뿐 아니라 사회통제와 연결되는 방식에 달려 있다고 보았다. 그러나 GTC는 다음과 같은 이유로 비판받는다. (1) 성별을 무시했고(Bottcher, 2001; Miller and Burack, 1993), (2) 여성에 대한 남성의 폭력을 다루지 않거나 잘못 해석했고(Flavin, 2001; Miller and Burack, 1993), (3) 가정 내의 성별 분업에 대한 여성학적 연구를 무시했고(Flavin, 2001; Miller and Burack, 1993), (4) 범죄에서 권력의 역할을 무시했고(즉 자원이 제한된 상황이고 가용하고 가치 있는 자원이 존재하는 상황에서 범죄의 실행은 논리적인 결과임)(Bottcher, 2001), (5) 사회통제와 자아통제 모두를 구성하는 요소와 그것이 관련되고 상호작용하는 방식을 분명하게 규정하지 못했다(Taylor, 2001, 383). GTC에 대한 최근 검증에서는 예측한 대로 소녀가 소년보다 자아통제력이 훨씬 더 높았고(LaGrange and Silverman, 1999; Li, 2004; Nakhaie, Silverman, and LaGrange, 2000), 소년보다 일탈 기회에 대한 접근이 제한되었는데, 이는 대부분 소녀가 부모한테 더 많은 감시를 받고 있기 때문이다(LaGrange and Silverman, 1999). 그러나 이 연구는 자아통제력과 일탈 기회에 대한 접근 가능성을 통제한 후에도 여전히 소년은 소녀보다 더 많은 비행과 범죄를 저지른다는 사실을 발견했다(LaGrange and Silverman, 1999; Li, 2004; Nakhaie, Silverman, and LaGrange, 2000). **자아통제**는 **사회통제**보다 더 훌륭한 비행 예측 요인이고, 사회통제와 자아통제의 상호작용이 가장 훌륭한 예측 요인이다(Li, 2004; Nakhaie, Silverman, and LaGrange, 2000). 한 연구는 친밀한 관계의 사람에 대한 학대행위가 GTC로 설명될 수 있는지를 검증하기 위해 데이트 폭력을 대상으로 분석을 실시했는데, 낮은 자아통제력, 더 많은 학대 실행 기회(상대방에 대한 빈번한 사적 접근), 학대 실행에서 얻게 될 보상에 대한 인지(예를 들어 상대방에 대한 통제 증가와 학대 실행에서 얻는 만족감) 모두가 학대를 저지를 가능성을 증가시키는 것으로 나타났다(Sellers, 1999).

사회통제이론에 관한 경험적 연구

이제까지 사회통제이론을 검증하기 위해 많은 연구가 이루어졌다. 캘리포니아의 흑인과 백인 소년소녀에 관한 연구에서는 비록 사회통제 변인(관습적인 사람에 대한 애착)을 분석에 포함할 경우 비행률 성차가 상당 부분 감소하기는 했지만, 이런 사회유대가 소년 범죄율이 훨씬 높다는 사실을 완벽하게 설명할 수 없다는 점을 밝혀냈다(Jensen and Eve, 1976). SCT에 대한 또 다른 검증에서는 비록 관습적인 유대가 소년과 소녀의 범죄행위를 예측할지라도 이 관계는 소년에게 더 강력한 것으로 나타났다(Hindelang, 1973). 학교와 교육에 대한 애착이라는 사회유대를 통해 소녀의 비행을 분석한 한 연구에서는 비록 이들 변인이 비행률을 결정하는 데 중요한 역할을 하기는 했지만, 그 효과는 매우 적다는 사실을 밝혀냈다(Torstensson, 1990). 고등학교 학생에 대한 또 다른 연구 역시 유사한 '사회유대 변인'이 소년과 소녀 모두에게 영향을 미친다는 사실을 발견했다(Figueira-McDonough, Barton, and Sarri, 1981). 반면 성인 남성과 여성을 대상으로 한 연구에서는 여성은 관습적 유대가 약한데도 남성보다 법 준수적인 경향을 보인다는 점이 밝혀졌는데, 따라서 관습적 유대만으로는 여성의 순응성을 설명하지 못한다고 보았다(Smith, 1979). 한 연구에서는 헤로인 중독이 어떻게 여성의 관습적 사람들에 대한 유대와 직업에 대한 유대를 약화시키고, 이들을 범죄자와 범죄행위로 점철된 생활로 몰아가는지를 분석했다(Rosenbaum, 1981).

더 최근에 이루어진 많은 SCT 연구는 예를 들어 부모와 형제자매의 상호작용이 미치는 영향 등 가족 내의 사회통제를 확인해 보고자 했다. 여러 시기에 걸쳐 비행소녀를 추적 연구한 결과 이들 출생 가족의 역기능적인 특성이 어린 시절 지위비행자[1]에서 성인기 형사범죄자로 발전할 위험을 증가시킨다는 점을 입증하는 강력한 증거가 발견되었다(Rosenbaum, 1989). 부모와 그 자녀의 약물사용을 비교한 연구에서는 딸과 아들 모두에게 SCT보다는 사회학습이론(즉 중요한 타자의 행위를 모방하고 평가하는 것)을 지지하는 결과가 나타났다(Dembo et al., 1986). 또 다른 가족 연구에 따르면 SCT가 소년 비행보다는 소녀 비행을 더 잘 설명해 주었다. 또한 이 연구는 일부 부모의 행위가 딸의 비행에 영향을 미쳤지만, 이 경우 아들의 비행 역시 영향을 받는다고 밝혔다(Cernkovich and Giordano, 1987). 다른 연구에서 밝혀진 바에 따르면 여자형제의 수는 소년소녀 모두의 비행에 아무런 영향도 미치지 않지만, 남자형제의 수가 많을수록 소년은 비행소년이 될 가능성이 높았고, 소녀는 비행소녀가 될 가능성이 감소하는 것으로 나타났다(Lauritsen, 1993). 청년을 대상으로 한 종단적 연구에서는 스트레스를 유발하는 사건은 소녀와 소년 모두에게 범죄뿐 아니라 우울증을 증가시키는데, 특히 소녀는 소년보다 스트레스를 준 사건에 대해 흥분하거나 고뇌하는 반응을 많이 보이는 반면, 소년은 소녀보다 법을 위반하는 반응을 많이 보이는 것으로 나타났다(De Coster and Heimer, 2001). 최근에 실시한 연구는 비행행위의 성차를 설명하기 위해 사회통제 변인으로서 성별이 미치는 영향을 연구했는데, 분석 결과 성별과 연관된 삶의 조건이 비행행위에 대한 성차의 원인인 것으로 나타났다. 특히 보처Bottcher(1995)가 수행한 구금 소년의 형제에 대한 의미 있는 연구([제시 2-1] 참조) 결과를 보면 성별의 사회적 구조가 사회통제의 주요 형태이며, 이는 특히 젊은이의 활동과 이들에 대한 개념 규정을 통해 나타난다. 이와 유사하게 도시에 거주하는 흑인 청년에 대한 연구에서는 부모가 아들의 행동보다는 딸의 행동을 더 많이 감시하고, 부모의 감시가 많을수록 문제행동이 더 적어진다고 보고했다(Rankin and Quane, 2000). 그러나 다른 연구에서는 소녀의 범죄 수준이 낮은 것(소년에 비해 상대적으로 낮음)은 약화된 부모의 통제와 감독 때문이 아니라고 밝혔다(Heimer and De Coster, 1999).

아시안계 미국인 청년의 약물과 음주에 대한 연구에서는 사회통제 변인을 지지하는 연구 결과가 발견되었지만, 또래의 영향이 더 강력한 예측 요인이라는 사실이 밝혀졌다(Nagasawa, Qian, and Wong, 2000). 연령, 사회통제, 또래의 영향 변수를 통제하면 일본인, 중국인, 한국인, 아시안계, 인디언, 태평양 군도 출신의 청년 사이에 약물과 음주에 관한 성차는 나타나지 않았다. 그러나 이들 변인을 통제한 후에도 필리핀계 가운데에는 소녀가 소년보다 약물과 음주행위가 많았고, 동남아시아계 가운데에는 소년이 소녀보다 약물과 음주행위가 많았다(Nagasawa, Qian, and Wong, 2000). 마지막으로 시애틀의 10~18세 젊은이 800명에 대한 종단적 연구에서는 18세에는 성별이 폭력행위에 미치는 유의미하고도 직접적인 영향이 발견되었는데, 사회통제 변인을 통제한 후에도 남성은 여전히 더 폭력적인 것으로 나타났다(Huang et al., 2001).

정치인과 미디어, 일부 연구자는 여성의 사회적 노동을 일탈의 원인으로 보고 비난했다. 그러나 이 분야에 관한 체계적인 연구에서는 어머니의 취업과 자녀의 비행 간에는 아무런 연관성도 발견되지 않았다(Broidy, 1995; Vander Ven, 2003). 청년 집단에 대한 대규모의 종단적 자료를 분석했던 한 연구에서는 여성의 노동이 자녀의 비행과 연관될 수 있는 유일한 경우는 바로 취업이 강제적인 것이고, 복지수당에 의존하여 생활하고, 가족수입이 너무 낮은 경우인 것으로 나타났는데, 연구자들은 "여성에게 교육 성취, 직업 훈련, 고소득의 안정적인 취업 기회가 더 많이 제공될수록 아이들은 더욱 올바르게 행동할 것"이라고 주장했다(Vander Ven, 2003, 133).

권력통제이론(PCT)

헤이건Hagan과 그 동료들(1985, 1987)은 사회통제이론을 기반으로 권력통제이론(PCT, power control theory)을 발전시켰다. 이 이론은 성별을 그 내용에 포함한 극소수 이론 중 하나로 계급이론과 성별, 가족관계에 관한 연구를 결합했다.

> 권력통제이론의 정립을 위해 중요한 것은 계급과 가족에 대한 개념화이며, 특히 직장과 가정의 권력관계에 초점을 두는 것이다. 우리 이론의 핵심 전제는 직장의 권력적 위치가 가정 내의 권력관계로 변화되고, 나중에는 청소년에 대한 성별 통세, 위험추구에 대한 선호, 성별과 비행의 관계에 영향을 미치게 된다는 것이다(Hagan, Simpson, and Gillis, 1987, 813).

헤이건과 그 동료들(같은 책)은 양쪽 부모가 동등한 지위를 갖거나 어머니만 생존해 있는 평등가정에 비해 어머니가 아버지보다 지위가 낮은 가부장적 가정의 자녀가 성별에 따른 비행률 차이가 더 크다는 사실을 발견했다. 따라서 이 관점은 부모의 성-권력 관계가 딸의 비행에 영향을 미친다고 주장했다. 그렇다면 부모의 역할 면에서 성차별이 적은 가정에서는 논리적으로 아들과 딸의 행위 간에 성차가 적을 것이다. 이 이론의 가정은 평등한 가정 출신의 딸은 그들의 남자형제와 마찬가지로 위험추구 행동에 참여하도록 사회화되며, 위험추구 행동은 비행과 연결되어 결국 평등한 가정 출신의 딸은 전통적이고 가부장적인 가정 출신의 '딸'보다 일탈행위를 하기 쉽다는 것이다. 이 이론의 명백한 한계는 실제로는 한부모 가정이나 어머니의 고용지위가 아버지보다 높은 가정, 아버지가 실업 상태에 있는 가정이 상당히 많다는 점이다(Uggen, 2000).

헤이건과 그 동료들의 연구는 그들의 주장을 지지해 주었고, 이와 유사한 연구에서도 이런 주장이 입증되었다(Singer and Levine, 1988). 그러나 다른 연구에서는 어머니와 아버지의 지지가 소년소녀 모두의 비행을 감소시키는 데 영향을 미치기는 하지만, 소녀는 어머니의 지지에 더 큰 영향을 받았고, 소년은 아버지의 지지에 더 큰 영향을 받았다(Hill and Atkinson, 1988). 이와 연관된 한 연구에 따르면 비록 소녀의 비행률이 가정불화, 혼인 불안정, 훈육 등 가족위기 요인에 따라 소년보다 더 많은 영향을 받기는 하지만, 성별 스테레오타입이 항상 일관되게 적용되는 것은 아니었다(Dornfeld and Kruttschnitt, 1992). 부모의 권력구조에 대하여 자세하게 관찰했던 또 다른 연구에서는 부모의 상대적인 평등성이 아들이나 딸의 비행률에 영향을 미치지 않는 것으로 나타났고, 오히려 가족이 속한 사회계급과 아버지의 부정적인 제재가 비행률과 관련되는 것으로 밝혀졌다(Morash and Chesney-Lind, 1991). 마지막으로 다른 후속 연구에서는 계급-성의 관계는 발견되지 않았지만, 인종별 성차에서는 이론과 부합되는 결과가 도출되었다. 즉 성별 차이는 흑인보다는 백인에게 뚜렷하게 나타났다(Jensen and Thompson, 1990). 연구자들은 이런 차이에 대해 "백인 가정이 흑인 가정보다 좀 더 '가부장적' 이기 때문일 것이다" 라고 설명하고 있다(같은 책, 1016).

최근의 검증연구도 전반적으로 PCT를 지지하고 있는데, (이론에서 가정된 것처럼) 평등한 가정 출신의 백인 소녀가 가부장적 가정 출신의 소녀보다 비행을 더 많이 저지르는 것으로 나타난 반면, 소년의 경우 평등한 가정 출신이 오히려 가부장적 가정 출신보다 비행을 적게 저지르는 것으로 밝혀졌다(McCarthy, Hagan, and Woodward, 1999). 블랙웰Blackwell(2000)은 PCT 모델에 수치심과 당혹감이라는 비공식적 제재로 인한 위협 인지라는 변인을 포함했는데, 예상한 대로 법적 제재에 대한 위협 인지 면에서의 성차는 가부장적 가정 출신한테서 더 뚜렷하게 나타나고, 여성이 남성보다 법적 제재의 위협을 더 크게 인지한다는 결과를 얻을 수 있었다. 또 다른 연구에서는 PCT 변수(예를 들어 어머니의 자녀에 대한 감독)가 젊은이의 자기보고식 범죄피해에서 나타난 성차를 설명해 주지는 못했지만, 이런 변인이 가부장적 가정에서 자란 젊은이의 자기보고식 비행행위상의 성차를 설명할 수 있는 것으로 나타났고, 이때 권력-통제 변인이 상대적으로 덜 가부장적인 가정 출신 젊은이의 성과 비행의 관계를 매개하는 것으로 나타났다(Blackwell, Sellers, and Schlapitz, 2002). PCT의 검증연구를 재검토한 결과는 그리 성공적이지 못해 "일관적이지 않거나" (Kruttschnitt, 1996), "그 영향이 크지 않다" (Bottcher, 2001)는 결과가 나타났다. 보처(같은 책, 896)는 더 나아가 PCT에 대하여 "부모의 권력구조와 통제방식이 자녀 비행에 영향을 미치는 것처럼 성의 재생산에서도 핵심적 요인이라는 비현실적인 가정" 을 한다면서 비판했다.

일부 연구는 여전히 젠더, 사회유대(관습적 유대), 남성성 · 여성성을 통합하려고 시도하고 있다. 일반적으로 '남성적인' 소녀는 관습적인 유대의 약화를 경험하지 않았다(Norland, Wessel, and Shover, 1981; Thornton and James, 1979). 한 연구에서는 남성이 여성보다 네 가지의 범죄 유형(폭력범죄, 재산범죄, 약물범죄, 지위범죄)에서 더 많은 비행을 저지르는 것으로 나타났는데, '남성성' 을 통제하면 비행률의 성별 영향력이 감소되었다. 게다가 양성 모두 남성성 점수가 높으면 비행률이 높았는데, 이 같은 현상은 특히 남성의 경우 더욱 뚜렷하게 나타났다(Cullen, Golden, and Cullen, 1979). 또 다른 연구는 '남성적' 이지도 않고 '여성적' 이지도 않은 소녀가 관습적 유대가 가장 약하고 비행률은 가장 높은 것으로 나타났다(Loy and Norland, 1981). 블랙웰(2003)은 사회유대이론과 PCT 모두를 검증한 후 다음과 같은 결과를 도출했다. (1) 가부장적인 가정의 경우 소녀는 소년보다 어머니에게 더 높은 수준의 통제를 받으며, 이런 가정 중에서 백인 소년이 흑인 소년보다 모성 통제를 적게 받는 것으로 나타났다. (2) 덜 가부장적인 가정에서는 어머니와 아버지의 통제에서 성별 차이를 찾아볼 수 없었다. (3) 소년이 가지고 있는 부모에 대한 감정적 애착 면에서는 성별 차이가 나타나지 않았다. (4) (가부장성을 기준으로 한) 가정 유형과 관계없이 소녀가 소년보다 전통적인 규범을 더 많이 준수하는 것은 아니다. (5) 가부장적 가정에서는 소녀가 소년보다 관습적인 활동에 더 많이 관여한다(덜 가부장적인 가정에서는 성별 차이가 나타나지 않았다). 한 연구는 처음부터 헤이건의 PCT(Hagan, 1988)를 검증하려고 계획하지는 않았지만 분석 결과 일반적인 차원에서 이 이론을 지지하는 결과를 얻었다. 보처(1995)는 구금 소년의 여자형제와 남자형제에 대한 면접연구를 통해 소녀가 소년보다 가정 내에서 더 강력한 비공식적 사회통제를 받으며, 공공서비스기관이나 법 집행관으로부터도 더 공격적인 통제를 받는다고 밝혔다. 보처는 헤이건의 이론과 비교하면서 소녀에 대한 가족 통제가 상대적으로 많은 것은 이들의 성적 행위를 감독하기 위한 노력(소년에게는 하지 않음) 때문이라고 지적했다. 그녀는 자신의 연구에서 범죄 위험이 높은 소년에게는 헤이건이 인용한 부모통제 변인은 단지 "젠더를 포괄하는 사회통제의 매우 제한적인 한 측면에 불과하다"고 결론을 맺었다(같은 책, 53). 이와 유사하게 1,000명의 미네소타 소년을 대상으로 한 종단연구에서는 집 밖에서 일하면서 더 많은 자유를 누리는 소년은 범죄에도 접근 가능성이 높을 것이라는 가정 아래 부모의 직업뿐 아니라 소년들 자신의 고용에 대한 자료도 함께 수집했다(Uggen, 2000). 이 연구는 직장에서 아버지의 안정된 직위가 아들의 체포 가능성을 높이고 딸의 체포 가능성은 낮추는 반면, 직장 내 어머니의 지위는 딸의 체포 가능성은 높이지만 아들의 경우에는 체포 가능성을 낮춘다는 점을 밝혔다. 또한 청소년 자신의 고용과 관련해서는 직장 내에서 권력과 통제가 늘수록 남자의 경우에는 체포 가능성이 높아졌으나 여자의 경우에는 감소했다(Uggen, 2000).

장Jang과 크론Krohn(1995)은 비록 명시적으로 SCT나 PCT의 어느 한쪽을 검증하겠다고 밝히지는 않았지만 청소년의 발달 단계에 따라 비행에 미치는 성별의 영향이 달라지는지를 확인하고자 했다. 이들은 대조적인 두 가지 모델을 검증하는 데 관심을 가졌다. 첫째, 갓프레드슨과 허시(1990)의 '성 불변 모델sex-invariant model'은 성별 차이는 어린 나이에 결정되고 그후 아동기의 성장에 따라 변화하지 않으며, 따라서 비행에서 드러나는 성별 차이는 청년기까지 안정적이라고 가정한다. 둘째, '성 가변 모델sex-variant model'에서는 "범죄행위의 원인은 연령에 따라 변화하고, 소년소녀가 사회화되는 발전 속도에 따라 다를 수 있다". 따

비교연구적 관점 바즈소니(Vazsonyi) 등(2001)의 『범죄에 대한 일반이론』에 대한 경험 연구: 자아통제력과 비행 예측에 대한 4개국 비교

연구 설계

- **대상국가** 헝가리, 네덜란드, 스위스, 미국
- **표본** 15~19세의 젊은이 8,000명 이상

연구 결과

- 자아통제력 측정치는 남녀 모두 이론적으로 지지되었다(연령과 국가도 마찬가지다).
- 자아통제력 변인은 대부분의 비행을 설명해 준다(20~25%). 그 다음은 성별(9%), 연령(8%), 국가(1% 미만)의 순이었다.
- 자아통제력은 남성 비행의 21퍼센트와 여성 비행의 26퍼센트를 설명해 준다.

결론 데이터는 "자아통제력이 다양한 문화나 국가 집단 구성원의 남녀 모두의 일탈을 예측해 준다"는 갓프레드슨과 허시(2001, 120)의 범죄에 대한 일반이론의 주장을 지지했다.

SOURCE Alexander T. Vazsonyi, Lloyd E. Pickering, Marianne Junger, and Dick Hessing. 2001. An Empirical Test of a General Theory of Crime: A Four-Nation Comparative Study of Self-Control and the Prediction of Deviance. *Journal of Research in Crime & Delinquency* 38:91-131.

라서 "남성과 여성의 비행 차이는 청소년기에 본질적으로 변화할 수 있다"라고 가정한다(같은 책, 196~197). 장과 크론(같은 책, 195)은 이들 모델을 도시 흑인 청년에 대한 자료를 이용하여 검증했다. 이들은 "비행행위에서 성차는 이론이 가정하는 것처럼 불변으로 고정되는 것이 아니라 개인이 나이가 들어가면서 변화하는 경향이 있다고 보았다. 특히 성차는 15세에 정점에 이르고 그후 나이가 들어가면서 감소한다. 또한 부모의 감독이 성별에 따른 청소년 초기 비행의 차이를 상당 부분 설명해 줄 수는 있지만, 청소년 후기는 설명하지 못한다는 점을 확인했다"고 밝혔다.

요약해 보면 SCT는 PCT와 마찬가지로 여성에게 적용했을 때 일관된 연구 결과를 보여주지 못했다. 비록 여성이 남성에 비해 전통적인 유대가 강하고 범죄율이 낮은 경향이 있으나, 사회유대는 일반적으로 범죄행위의 성별 차이를 설명하기에 불충분하다. 게다가 전통적 유대에 대한 여성의 강한 애착과 낮은 비행률은 단순히 '여성성'과 '남성성' 만으로는 설명될 수 없다.

:: 마르크스주의 이론, 급진주의 이론, 비판이론

1960년대 후반 미국과 1970년대 초 영국에서는 범죄학 이론 분야에 더 급진적인 관점이

등장했다(Naffine, 1996). '갈등이론' 은 마르크스주의에 뿌리를 두고 있다. 마르크스 자신은 범죄에 대하여 거의 저술하지 않았지만, 자본주의의 계급투쟁과 사회관계에 관한 그의 견해는 갈등범죄학 혹은 마르크스주의 범죄학의 토대가 되었다.

갈등이론은 범죄자를 연구대상으로 하기보다는 사회, 특히 법률가와 권력적 이해관계에 초점을 맞추었다. 이 시각에서는 법이 상층계급의 욕구를 반영하는 형태로 편향되어 있고, 따라서 이런 법률의 집행은 불가피하게 불공정할 수밖에 없다고 가정한다. 범죄란 그 자체가 정치적인 것이고, 권력을 가진 사람에 의해 정의된 것이다. 그러므로 범죄를 해결하기 위한 방안은 경제 체계를 변화시켜야 하고(Bonger, 1969), 이는 본질적으로 매우 정치적인 것이다.

범죄학에 대한 마르크주의나 급진적 관점은 테일러Ian Taylor, 월턴Paul Walton, 영Jock Young에 의해 '신범죄학' '비판범죄학' 이라는 새로운 이름을 얻었는데, 이 이론은 이들이 저술한 같은 이름의 저서(『신범죄학The New Criminology』[1973]과 『비판범죄학Critical Criminology』[1975])의 출간과 함께 구체화되었다. 다른 범죄학자들도 이 학파의 발전에 기여했다(Gordon, 1973; Platt, 1975; Quinney, 1972, 1975; Schwendinger and Schwendinger, 1970). '신범죄학자' 들은 사회를 두 개의 층을 가진 구조로 보았는데, 하나는 법의 제한을 받지 않는 유해하고 부유한 자본가 남성이고, 다른 하나는 '진짜 범죄자' (자본가)에 대한 '저항자' 로 간주될 수 있는 노동계급의 남성 범죄자로, 이들에 대해서는 이해와 동정심을 갖고 바라봐야 한다고 보았다(Naffine, 1996, 44). '신범죄학' 에 대한 가장 공통되는 비판은 지나친 단순화와 일반화다(Leonard, 1982, 161). 또한 '신범죄학자' 에 대한 여성학적 비판은 이들이 일반적으로는 성별, 특히 여성 범죄자를 무시했을 뿐 아니라 노골적으로 강간과 가정폭력을 간과하거나 무비판적으로 분석했다는 점이다(Naffine, 1996, 45).

마르크스와 그의 초기 추종자들은 범죄와 여성이라는 주제에 관하여 논의한 적이 거의 없고, '신범죄학자들' 은 여성을 무시했다는 점에서 가차없이 비판받았다(Heidensohn, 1985; Howe, 1994; Klein and Kress, 1976; Leonard, 1982; Morris, 1987; Naffine, 1996). 마르크스주의 법학자들에 대해서도 동일한 비난이 제기되었다(Rhode, 1990). 실제로 나핀은 범죄학에서 여성의 문제를 다룬 1987년 저서에서 마르크스주의 범죄학을 포함하기에는 이들이 여성 범죄에 대해 언급한 부분이 거의 없다고 주장하면서 마르크스주의 관점을 각주에서만 다루었다. 이와 유사하게 모리스는 테일러, 월턴, 영의 이론을 검토하고 나서 이들이 "여성에 대한 관련성이나 적용 가능성을 인식하지 못했다" 라고 비판했다(Morris, 1987, 11).

또한 '신범죄학자들' 은 종종 경제적 요인만으로 범죄행위의 성차를 설명할 수 없다는 사실 역시 인식하지 못했다(Leonard, 1982). 클라인Dorie Klein과 크레스June Kress는 '여성문제'를 언급하지 않은 여러 비판범죄학과 결별하고 여성의 지위와 성적 억압이 어떻게 급진범죄학과 관련되는지에 대해 논한 통찰력 있는 논문을 발표했다(Klein and Kress, 1976). 다른 마르크스주의 여성학은 성차별주의가 자본주의와 직접 연관되어 있으며 우리 삶의 경제적·사회적·법적 측면을 지배하고 있다고 선언했다(Messerschmidt, 1988; Rafter and Natalizia, 1981).

그러나 1980년대 후반 출판된 급진범죄학에 관한 한 책에서는 여성과 성차에 관하여 단지 5쪽만을 할애하고 있다(Lynch and Groves, 1989). 1980년대 후반 일부 급진범죄학자들은 '현실주의적인' 경험적 범죄학으로 돌아가 대부분의 범죄가 해롭다고 보는 여성학자와 일부 노동계급의 주장을 받아들이려고 시도했다(Naffine, 1996, 63). 이들 '좌파 이상주의자'는 변화했고 그들 자신을 '좌파 현실주의자'로 바꾸어 불렀다(같은 책). 그러나 좌파 현실주의자들이 범죄에 대한 여성학적 관점을 받아들였다고 주장해도 나핀은 그들의 접근이 "순진하기 그지없다"고 평가했다(같은 책, 64). 나핀(같은 책)은 영과 러시Rush의 연구(1994)를 인용하면서 좌파 현실주의자들은 공적 영역의 범죄(남성에 의해 남성에게 행해지는 거리범죄)에 대해서는 관심을 가지고 있지만, 사적 영역에서 여성에게 가해지는 숨은 범죄(예를 들어 강간, 가정폭력)에 대해서는 관심을 기울이지 않는다고 지적했다. 호위Adrian Howe는 정치경제학과 처벌에 대한 책에서 "이것은 여성학 이론이 고집 세고, 바뀌려 하지 않는 사이비 남성우월주의적인 마르크스주의와 조우하게 되면서 발생한 문제"라고 주장했다(Howe, 1994, 41). 좀 더 최근의 평가에서는 현재의 이론적 성장을 격려하는 논조로 급진 범죄학자들이 그동안 성과 여성학의 역사를 무시해 왔으나, 결국 "나아질" 것이라고 평한 바 있다(Britton, 2000; DeKeseredy, 1996).

1970년대에는 주로 백인 남성 법학자들로 이루어진 급진 그룹에 의한 **비판법률연구**(CLS, critical legal studies)가 출현했다(Crenshaw, 2002; Wing, 1997). CLS 학자들은 법률이 수세기 동안 빈곤층과 유색인종, 여성을 대놓고 또는 은밀한 방식으로 억압해 왔다고 주장하면서 법의 객관성에 의문을 제기했다(Crenshaw, 2002; Seiler, 2003). 그러나 급진 좌파에 속하는 일부 유색인종 학자와 여성학자들은 급진적인 CLS의 주장이 좋은 뜻을 가졌고 급진적인 특성을 가졌지만 백인 남성 엘리트의 시각을 넘어서는 논의를 진전할 수 없을 거라고 우려했다(Wing, 1997, 2). 벨Derrick Bell과 같은 학자들은 1970년 중반에 **비판인종이론**(CRT, critical race theory)을 펴기 시작해서 1980년대 후반에 이론을 완성했다(Wing, 1997). 벨의 『인종과 인종주의 그리고 미국의 법률Race, Racism, and American Law』(1973)은 미국법이 지닌 특

[제시 2-2] 토니 브라운의 비판인종이론의 다섯 가지 핵심 주장

1. 인종적 계층화는 일상적 · 비일상적인 관습과 경험 속에서 서열화하고 편재하고 재생산된다. 따라서 인종 집단의 생활방식과 삶의 변화에 결정적인 영향을 끼치고 있다.
2. 인종문제는 이해하기 쉽지 않고 해결 역시 거의 불가능하다. 그 이유는 객관성과 능력주의라는 주장이 백인 자신의 이익, 권력, 특권을 감추고 있기 때문이다.
3. 인종이란 사회가 만들고 조작하고 재생산하는 카테고리다.
4. 흑인과 다른 피지배 집단은 자신이 억압당하고 있기 때문에 인종에 따른 계층의 의미와 결과에 대하여 효과적으로 전파하고 설명할 수 있다. 따라서 경험에 따른 지식은 정당하고 적절한 것이다.
5. 비판인종이론가들은 학문적 · 순수과학적 관심 이상으로 사회정의의 실현을 위해 노력해야 한다.

SOURCE Tony N. Brown. 2003. "Critical Race Theory Speaks to the Sociology of Mental Health." *Journal of Health and Social behavior* 44:292-301. This is taken verbatim from page 294 of Brown. Reprinted by permission of the American Sociological Association.

정 인종을 차별하는 여러 유형을 제시한 놀랍고도 체계적인 저술이다. CRT의 창안자들은 시민권운동이 정체 상태이고, 행진시위, 법정 조언, 소송 등 낡은 접근방식으로는 실제의 차별에 대항하기에 점점 역부족이라고 보았다(Wing, 1997, 2). 대신 이들은 백인의 특권과 권력을 인식하고 설명하는 작업이 인종차별과 유색인종에 대한 시민권 침해를 이해하는 데 핵심이라는 점을 강조했다(Bell, 1973; Crenshaw, 2002; Seiler, 2003). CRT는 미국 주류 사회에서 신화로 받아들여지는 다음의 세 가지 믿음을 지적했다. (1) 인종을 무시하는 것이 인종차별주의를 근절할 수 있다. (2) 인종차별주의는 구조가 아닌 개인에 의해 발생한 것이다. (3) 성차별주의, 계급주의, 동성애 혐오 등을 고려하지 않고도 인종차별주의를 극복할 수 있다(Valdes, Culp, and Harris, 2002). CRT의 핵심은 인종이 미국의 법과 정책에 완벽하게 구현되었다는 가정/문제라고 할 수 있다. [제시 2-2]에서는 토니 브라운Tony Brown(2003)이 정리한 CRT의 다섯 가지 핵심 주장이 제시되어 있다. 1960~90년대에 고등교육의 다양성 증가를 둘러싼 학생운동은 바로 CRT의 발전에 힘입은 바가 크다는 점(Cho and Westley, 2002)과 CRT가 이후 계속하여 발전하고 있다는 점(Valdes, Culp, and Harris, 2002)은 지적할 만하다. 데릭 벨(1992, ix)이 주장한 것처럼 "인종차별주의는 이 사회의 핵심적이고, 지속적이며, 파괴되지 않을 구성요소"라는 사실에도 불구하고 인종문제의 정의 구현을 위한 투쟁은 계속되어야 한다.

비록 CRT를 범죄 연구에 적용하는 것은 매우 제한적이지만, 최근 한 연구에서는 1990년대까지 젊은이에게 상대적으로 안전한 장소로 여겨졌던 학교에 이 이론을 적용하고 있다. 와츠Watts와 에러벨러스Erevelles(2004)는 총격사건이 교외지역과 농촌지역의 백인 학교를 강타하기 전까지는(예를 들어 콜럼바인 고등학교), 사회적 착취와 높은 실업률을 나타내는 도시 지역의 학교폭력 문제는 간과되어 왔음을 지적했다. 저자들에 따르면 오늘날 많은 공립학교는 단순히 사회통제의 기관으로만 기능할 뿐이며, 학교폭력은 일부 '폭력적인' 학생들 때문이 아니라 백인에 대한 규범이 기본이 되는 제도 때문이다. 저자들은 폭력학생이 흑인이나 라틴계, 혹은 중산층이든 상류층 백인 소년이든 간에 "남성성을 포함한 엄격한 사회규범에 적응하는 데 실패했기 때문에 고립되고 끔찍한 행동을 저지르도록 내몰리게 되는 것이다"라고 결론지었다(같은 책, 293). 그러므로 학교폭력에 대한 해답은 '부패한 아이'를 제거하는 것이 아니라 학생을 억압하지 않는 제도를 제공하는 것이다.

요약해 보면 1970년대 초반의 마르크스주의 혹은 '신범죄학자들'은 비록 젠더에 의한 계층화 개념 등 범죄행위와 범죄처리 과정을 설명할 수 있는 강력한 잠재력을 가졌는데도, 전통이론가들이 이론과 분석에서 여성을 제외했던 것과 똑같은 잘못을 저질렀다. CLS는 어떻게 법률이 본질적으로 가난한 자, 인종적 소수자, 여성에 대하여 억압적인지를 설명하려는 시도로 등장했다. 그러나 CLS는 백인 남성 엘리트에 의해 주도되었으며, 좋은 의도로 시작했으나 그 제한적인 관점에 실망한 좌파학계의 여성과 소수인종으로부터 비판받았다. 그 결과 CRT가 등장했다. 이 장의 말미에서는 이후에 등장한 비판인종여성이론에 대해 다루도록 하겠다.

:: 여성의 자유/해방가설

지금까지 살펴본 것처럼, 전통적으로 범죄학 이론은 여성의 범죄와 범죄처리 절차를 설명하는 데 그저 스쳐 지나가는 정도의 관심만 보일 뿐이었다. 그러나 이 같은 상황은 1975년 애들러Freda Adler의 『범죄 여성들Sisters in Crime』과 사이먼Rita Simon의 『여성과 범죄Women and Crime』의 출간과 함께 바뀌게 되었다. 이들 책, 특히 애들러의 저서는 여성 '해방' 운동이 여성 범죄율과 연관이 있다는 가설로 많은 주목을 끌었다.

'해방가설'이라고도 부르는 이 접근은 여성운동이 비록 여성 평등을 목적으로 하지만 여성 범죄율을 증가시키고 있다고 주장한다. 비록 전반적으로는 유사하지만 애들러나 사이먼은 여성운동이 영향을 미칠 것으로 예측한 범죄 유형에 대해 서로 입장이 달랐다. 애들러는 여성의 '해방' 때문에 폭력범죄율이 증가할 것으로 가정했던 반면에 사이먼은 이와는 대조적으로 여성의 '해방'과 함께 단지 재산범죄율이 증가할 것이라고 주장했다. 사이먼은 더 나아가 여성이 새로운 일자리와 교육 기회에 접근할 수 있게 되면서 자신의 삶에 대한 좌절이 감소하여 여성 폭력범죄는 감소할 것이라고 주장했다.

나핀(1987)은 여성의 자유/해방가설(WLEH, women's liberation/emancipation hypothesis) 중 문제가 있는 가정을 다음과 같이 요약했다. (1) 여성해방론은 여성의 경쟁력을 증가시켰다. (2) 여성운동은 여성이 범죄를 저지를 수 있는 영역을 증가시킴으로써 사회구조적인 수준에서 범죄 기회의 문을 개방했다. (3) 여성은 평등을 쟁취하기 위한 전쟁에서 싸웠고 이겼다. (4) 여성해방론은 여성이 남성처럼 행동하기를 원하도록 만든다. (5) 범죄 자체는 본질적으로 남성적이다. 이런 가정에는 분명한 문제점이 내재해 있다. 여성해방론이 여성의 범죄 기회를 사회구조적 수준에서 확대시켰다는 가장 그럴듯한 가정조차도 여성이 고소득 직종과 전문관리직에서는 평등을 성취하지 못했다는 점을 입증하는 통계를 보면 신뢰성을 잃게 된다(이 책의 9장에서 11장 부분을 보라). 이들 가정과 WLEH 일반은 문제가 있다는 비판을 지속적으로 받아왔고, 성 평등이 여성의 범죄를 증가시킨다는 것을 증명하기 위해 통계치와 그 해석을 잘못 사용하거나 조작했다는 비판을 받았다(Crites, 1976; Feinman, 1986; Leonard, 1982; Morris, 1987; Naffine, 1987; Smart, 1976, 1982). 1983년 출간된 수감된 여성 폭력범죄자에 관한 한 연구에 따르면 이들 여성이 성역할 면에서 대부분 "전통적이고" "(여성해방론적이 아니라) 여성적이고" "순응적"임이 밝혀졌는데, 애들러의 이론(1975)이 예상했던 강성의 여성해방론자는 거의 없었다(Bunch, Foley, and Urbina, 1983).

WLEH와 관련된 또 다른 문제는 이전의 긴장이론이나 계급이론과는 반대되는 결과, 즉 사회적 기회가 높아지면서 범죄도 증가할 것이라고 예측했다는 데 있다. 이것은 남성과 여성의 범죄성 간에 근본적인 차이가 있다고 가정한 것이다. 지금까지 논의된 이론들은 계급에 관한 논의에서 경제적 기회가 봉쇄되거나 악화되면 범죄가 증가할 것이라고 가정했다(Steffensmeier and Streifel, 1992).

그러나 더 중요한 것은 여성의 폭력범죄 비율이 남성의 비율을 따라잡을 것이라는 가정이 의문스럽다는 것이다(성별 범죄행위 비교라는 이 주제는 다음 장에서 상세히 검토할 것이다). 1970년대와 1980년대 여성의 범죄행위 변화에 대한 분석 결과 여성의 폭력범죄 비율은 상대적으로 안정적으로 유지되는 반면(Feinman, 1986; Steffensmeier, 1980), 재산범죄, 특히 상점절도 등 사소한 재산범죄에서는 같은 기간에 여성의 범죄 비율이 증가한 것으로 나타났다(예를 들어 Box and Hale, 1983, 1984; Chilton and Datesman, 1987; Smith and Visher, 1980; Steffensmeier and Streifel, 1992). 그러나 여성의 재산범죄율 증가는 평등성 증가보다는 여성의 경제적 상황이 악화된 데서 기인한다. 따라서 여성운동의 강화나 약화보다는 '여성의 빈곤화', 즉 (부양가족의 유무와 관계없이) 빈곤에 허덕이며 생활하는 여성의 양적 증가가 여성 범죄성(재산범죄)에 대한 더 적합한 예측 요인이다. 사실상 1970년대의 여성운동 이후에 증가하고 있는 체포여성의 범죄 유형인 매춘과 가족에 대한 범죄(예를 들어 유기, 방임, 미부양)는 '해방된 여성이 저지르는' 범죄는 아니라고 할 수 있다(Steffensmeier and Allan, 1988).

빈곤의 여성화와 함께 '범죄에 강경하게 대응' 하기 위한 1970년대와 1980년대의 양형 정책의 변화가 경찰에 보고된 여성의 공식 범죄율의 증가(또한 남성 범죄율의 증가)에 더 큰 영향을 미쳤고, 이 영향력은 여성운동이 미친 영향력보다 크다(Box and Hale, 1984). 또한 여성운동이 여성의 범죄성에 부정적인 영향을 미쳤다면, 여성이 판사와 경찰관에 의해 범죄자나 일탈자로 정의된 행동을 더 많이 하게 된 것으로 나타났을 것이다(Curran, 1984; Morris, 1987). 그러나 1980년대 여성해방론의 이념(예를 들어 여성과 노동, 가정 안의 성역할에 관한)을 따르려 했던 젊은 여성의 영향을 검증하는 연구자들은 친여성주의적 성향을 가진 여성이 전통적인 관념의 여성보다 더 많은 공격성과 범죄 혹은 일탈행동을 나타내지 않았다고 보고했다(Figueira-McDonough, 1984; Tremblay, McCord, and Otten, 1983). 크룻슈니트Kruttschnitt는 애들러와 사이먼의 가설을 면밀하게 검토한 결과 경제적 주변화, 약물사용, 공식적 사회통제의 변화가 WLEH나 기회이론보다 여성범죄에 대하여 더 적합한 예측 요인이지만 "이들 변수는 아직까지 여성범죄나 범죄행위의 성별 차이에 대한 이론적 모델에 통합적 형태로 제시되지 못했다"라고 결론지었다(1996, 137).

:: 사회생물학 이론과 진화심리이론

최근 일부 연구는 여성에 대한 폭력, 특히 강간이 전적으로 혹은 부분적으로 생물학적인 이유로 발생한다고 설명하는데, 이들의 접근법은 어느 면에서 초기 실증학파에 대한 추억으로 보이기도 한다. 특히 1990년대 이후로 사회생물학 이론과 진화심리이론의 범죄 실행에서 생물적 요소를 무시할 수 없다는 주장은 점점 큰 지지를 얻어왔다. 그중에서도 특히 진화이론의 재등장은 대부분 강간, 친밀한 관계의 사람에 의한 학대, 아동학대(아동 성학대 포함), 간통(자신의 감정적 · 성적 파트너를 '속이는' 행위)을 설명하는 데 이용되었다. 심지어 여성학자 브라운밀러Susan Brownmiller(1975)는 기념비적 저서인 『우리의 의지에 반하여: 남성, 여성과 강간Against Our Will: Men, Women and Rape』에서 강간을 남성은 삽입할 수 있는 성기를 가졌고 여성은 삽입당할 수 있는 성기를 갖고 있어서 가능한 것으로 보았다. 여성에 대한 남성의 폭력에 대한 진화심리학과 사회생물학적 설명은 "성적으로 공격적인 행동은 주로 남성이 관여하는 사회생물심리학적인 현상임"을 강조하고 있다(Hall et al., 1993, 1). 그러나 남성과 여성 모두 '추행당할 수 있는' 생식기를 가졌다. 카힐Cahill(2001)은 남성도 (남성 혹은 여성에 의해) 성적 학대를 받을 수 있는 삽입당할 수 있는 항문을 갖고 있다며 설득력 있는 공격을 가한 바 있다. 만약 강간이 힘으로 제압하거나 강제로 성적 접촉을 할 수 있는 능력이라고 간주한다면, 성적 학대자나 피해자 모두 남성일 수도 여성일 수도 있다는 점은 분명하다. 대부분의 아기 돌보기, 아동 보호, 아동 교육, 양육행위는 여성(혹은 소녀)에 의해 수행되고, 여성은 자신이 돌보는 아동을 물리적인 힘으로 제압할 수 있는 능력을 가지고 있다는 점을 감안할 때, 만약 성적 학대의 주요 결정 인자를 육체적인 지배능력이라고 본다면 아동 성학대는 주로 여성이 저지를 것이라고 예측할 수 있다. 그러나 현실은 이와 다르다.

이 같은 새로운 이론의 주창자들은 사회생물학적 접근과 기존의 사회이론, 심지어는 여성주의 이론의 통합을 주장한다. 그러나 사회생물학이나 진화이론을 강조하는 최근의 저작들이 제시하는 대부분의 최종 결론은 사회학적 변인을 세련화시켜 응용한 생물학적 접근이 왜 여성은 피해자이고 남성은 가해자인지의 이유를 설명해 줄 수 있다는 것이다. 이런 맥락에서 강간과 가정폭력은 전형적으로 성적 충동이나 호르몬 작용 등 생물학적 요인에 의해 설명될 수 있다(혹은 내가 염려하는 것은 그들이 변명하는 것일 수 있다는 사실이다). 진화이론의 핵심은 적응의 개념으로 "특정한 행위에 대한 적응가치를 탐구하고 있다. 즉 이 행동이 어떻게 재생산 혹은 후손의 생존, 결국 개인의 유전학적 물질을 증가시키는가를 연구한다" (Burch and Gallop, 2004, 244).

엘리스Ellis(1993, 23)는 성역할이 생물학적 성향의 결과라는 사실을 설명하기 위해 자연선택 개념을 사용하고 있는데, 이에 따르면 남성은 성행위 면에서 '밀어붙이는' 특성을 가졌고 반면에 여성은 '수줍음' '망설임' 등 여성적 특징을 가졌다. 궁극적으로 남성은 성행위 파트너에게 접근하기 위해 서로 경쟁하는 반면, 여성은 그들의 후손을 제공할 수 있는 가장 훌륭한 남성 파트너를 찾기 위해 경쟁한다. 엘리스(같은 책, 24)는 남성이 강간하는 것은 여성을 지배하고자 하기 때문이 아니라 이 같은 지배적이고 공격적인 강간행위를 단순히 '성교하기' 위한 시도로 이용하기 때문이라고 믿는다. 사회생물학자들은 남성은 (자신의 씨를 더 잘 뿌리기 위하여) '자연적으로' 더 많은 성교 상대를 추구하는 반면에 여성은 (미래 아이들의 아버지를 선택하는 데 까다롭기 때문에) '자연적으로' 더욱 일부일처를 원하게 된다고 했다. 『정자전쟁Sperm Wars』은(다른 연구를 통한 인용도, 후속 검증도 전혀 없었음) 정자가 '난자수집자' (난자를 수정시키기 위하여)이면서 '난자살인자' (여성 몸 속에 있는 다른 남성의 정자를 죽이기 위하여)라는 사실과 여성이 남성과 관련하여 얼마나 혼돈스럽고, 예측할 수 없고, 감정적인지를 묘사하고 있다(Baker, 1996). 엘리스와 월시Walsh(1997)는 여성은 남성이 자손을 제공해 주리라는 확신을 갖기 전까지는 성행위와 강간을 거부한다고 주장했다. 물론 이 같은 단순한 추론은 왜 성인 남성과 소년, 월경 전의 소녀, 폐경기 여성, 효과적인 피임을 하는 성인 여성과 소녀가 강간을 거부하는지를 설명하지 못한다. 엘리스와 월시(1997)의 관점이 성차별적일 뿐 아니라 인종차별적이고 계급주의적이기도 하다는 점은 놀라운 사실이 아니다. 예를 들어 그들은 흑인이 백인과 황인종보다 범죄자가 더 많은 것은 "인종 차이에 따른 진화적 토대에 기인하는 것"이라고 주장했다(같은 책, 252).

2000년 손힐Randy Thornhill과 팔머Craig T. Palmer는 『강간의 자연사: 성적 강제의 생물학적 토대A Natural History of Rape: Biological Bases of Sexual Coercion』라는 논쟁적인 책을 출간했는데, 이들은 이 책에서 진화론적 접근법이 사회과학이나 사회학습이론보다 강간의 원인을 이해하는 데 더 잘 부합된다고 주장했다. 엘리스(1993)와 마찬가지로 그들은 강간에 대하여 여성과 합의적 성관계를 갖는 데 실패한 남성이 이용하는 일종의 적응 양식이라고 보았다. 이 책은 아주 많은 사람에게 호된 비판을 받았는데, 그중에는 그가 과학적 증거를 무시했고, 사실을 왜곡했으며, 지나치게 단순하고 그릇된 해석을 했다는 점이 포함된다(예를 들어 Coyne and Berry, 2000; Ward and Siegert, 2000). 코인Coyne과 베리Berry(2000, 122)는 진화심리학과 적응에 대한 강조, 특히 자연선택 개념이 모든 인간 행동의 근본이라는 주장은 문제가 있다고 지적하면서 다음과 같은 재미있는 예를 들었다. "가장 창조적이며 헌신적인 사회생물학자들은 자위, 가학피학증, 수간, 포르노그래피의 하이힐에 대한 집착 등 이 모두가 직접적인 적응행위임을 밝히는 일에 매달리게 될 것이다."

사회생물학과 진화심리학의 관점은 여성을 남성의 관심을 얻고자 구걸하는 궁핍한 존재로 모욕하고 있을 뿐 아니라 남성 역시 자신의 생물학적 본능을 통제할 수 없거나 끊임없이 난자를 확보하려는 존재로 봄으로써 모욕하고 있다(Belknap, 1997). 비록 일부 학자가 여성에 대한 범죄와 폭력의 '원인'으로 생물학을 활용하는 이 같은 새로운 경향을 지지하고 있지만(예를 들어 Booth and Osgood, 1993; Crawford and Johnston, 1999; Wrangham and Peterson, 1996), 다른 학자들은 여성에 대한 남성의 공격성을 설명하기 위해 생물학을 이용하는 데 의문을 제기하면서 진취적이고 통찰력 있는 노력을 기울였다(예를 들어

Cahill, 2001; Fausto-Sterling, 2000; Small, 1996; Taylor, 1996). 트래비스Cheryl Brown Travis가 엮은 『진화, 성, 강간Evolution, Gender, and Rape』(2003)은 손힐과 팔머의 연구에 대한 여러 학문 분야의 반응을 묶어서 편집한 저작물인데, 여기서 저자들은 『강간의 자연사A Natural History of Rape』에 활용된 '나쁜 과학'에 대하여 만장일치로 비판하고 있다. 그리고 카힐Ann J. Cahill은 『강간에 대한 재고Rethinking Rape』에서 "최소한 이론적으로는 페니스를 삽입 가능한 폭력적인 도구 그 이상의 것으로 이해하고, 이러한 의미를 완전히 근절하는 것이 가능하다. 그러나 이것은 희망의 여지를 주는 이론적 가능성일 뿐이다"(2001, 24)라고 신랄하게 비판했다.

비요크비스트Kaj Bjorkqvist와 니멜라Pirkko Niemela(1992b)가 『쥐와 여성에 대하여: 여성 공격성의 특성Of Mice and Women: Aspects of Female Aggression』이라는 제목으로 편집한 책은 공격적 행위에서 나타나는 남녀 간의 차이점과 유사점에 관한 유명 학자들의 연구를 담고 있다. 그중 한 연구는 "대부분의 증거가 일반 모집단에서 공격성 차이는 극히 제한된 범위에서만 테스토스테론의 수준을 반영했다는 사실을 보여주고 있다. 이들은 테스토스테론이 남성과 여성의 행동을 확연하게 구분짓는다고 주장할 아무런 이유가 없다"라고 결론을 지었다 (Benton, 1992, 46). 이 책의 다른 연구들도 과학적 연구에 대한 개관을 통해 문화적 차이를 '배제한 채 설명하려는' 연구가 남성과 여성 간의 생물학적 차이에 따른 결과를 '과도하게' 강조한다고 주장했다. 실제로 '생물학과 남성 공격성'에 관한 논문은 다음과 같이 결론지었다. "결국 우리는 남성 동물이 여성보다 더욱 공격적이라는 신화가 전쟁이 문화보다는 생물학의 산물이라고 주장하는 사람들에 의해 더 이상 이용되지 않을 날이 올 것이라고 기대해 볼 수 있다"(Adams, 1992, 24). 편집인들은 실제로 서론에서 "여성이 전체적으로 남성보다 공격적이 되는 자극을 덜 받는다고 믿을 이유가 없다"라고 밝혔다(Bjorkqvist and Niemela, 1992b, 14). 그보다는 이들은 공격행위에서 남성와 여성의 스타일의 차이는 문화, 연령, 상황에 의존한다고 주장했다. 8~30세의 남성과 여성의 공격적 성격을 분석했던 (같은 편집본에 실리지 않았던) 다른 한 연구에서는 남성 60명에 대한 혈액 검사를 실시하고 나서 이들의 공격과 테스토스테론 수치와는 아무 관련이 없다고 결론지었다(Huesmann et al., 1984).

과학자 퍼스토스털링Anne Fausto-Sterling(2000)은 오늘날의 진화심리학자들이 여성이 남성보다 성적으로 보수적인 성향을 갖도록 '진화한(적응한?)' 이유를 여성이 대량의 정자를 생산하는 남성과 달리 자신이 가진 소수의 난자를 보호해야 하기 때문에, 그리고 여성은 남성보다 '선천적으로' 야망이 적다는 '사실' 때문으로 보았으며, 결과적으로 소수자우대정책이 열등한 사람들을 고용하게 될 것이라는 것을 은연중에 암시하고 있음을 지적했다. "그리고 이것으로 충분치 않은 듯 일부 진화심리학자는 여성이 자신의 오르가슴을 진화시키지 않았다고 믿고 있는데, 반면 남성에게는 성적 만족을 느끼는 것이 항상적으로 아주 중요하기 때문에 우리가 행운을 잡은 것처럼 보일 수 있다는 것이다"(같은 책, 211). 또한 퍼스토스털링은 진화심리학자들이 남성 간, 그리고 남성의 여성에 대한 '선천적인' 공격성을 설명하기 위해 동물의 세계, 특히 영장류에 대한 연구 결과에 의존하고 있는 반면 여성 과학자가 수행한 최근의 연구는 암컷 영장류가 단지 후손을 갖기 위해서만 성행위에서 수동적 역할(섹스를 시작하는 주체와 반대 개념)을 한다는 점에 대해 이의를 제기했다. 이와 유사하게 테일러(1996)는 강간범이 권력과 성적 쾌락 모두를 경험한다는 연구 결과를 사회생물학자들이 무시했다고 비판했으며, 또한 다른 비판들과 마찬가지로 많은 남성이 자신의 유전자를 전하기 위해 강간한다는 사회생물학자들의 설명이 전혀 근거가 없다고 믿었다.

성적 좌절이 강간의 원인으로 작용하는 영향을 분석한 획기적인 연구에서는 백인 대학생이자 미혼의 이성애적 성향을 가진 남학생인 데이트 강간범 71명과 일반인 227명을 비교했다(Kanin, 1985). 모든 강간범은 강간 이전에 여자친구와 합의하에 성관계를 경험한 것으로 나타났다. 사회생물학 이론과 그 밖의 이론이 주장하는 것과 달리 이들 남성은 합의적 성관계에 대한 접근이 차단되어서(즉 성적으로 좌절하여) 강간한 것이 아니라 강간이 자신의 사회화의 일부이기 때문에 강간을 저지른 것으로 드러났다([제시 2-3] 참조). 이 연구에서 강간범은 관계를 갖기 위해 여러 전술을 활용하는 성적 약탈자다. 즉 "여성에 대한 성적 착취는 이들의 남녀관계 전체에 깊이 뿌리내리고 있다(같은 책, 224)"고 주장한다. 더구나 합의적인 이성애적 분출구를 얻는 데 성공한 젊은 남성이 데이트강간 또한 가장 많이 저지른다. 데이트강간을 보고한 강간자들은 고등학교 시절 또래집단과 함께 성강박적인 행위를 시작한 경우가 많았다. 이런 연구 결과는 데이트강간을 하는 젊은 남성에게 과잉성애적 또래문화가 중요한 역할을 한다는 사실을 확인시켜 주고 있다. 실제로 강간범들은 여성을 성적으로 착취할 수 있는 것은 강한 존재만이 가질 수 있는 특권이라고 보았다(같은 책, 228). 일반인과 비교했을 때 이들이 합의적인 성적 접근을 박탈당한 경험을 하지 않았다는 사실은 분명하며, 실제로는 그 반대의 경우가 더 일반적이었다. 그러나 강간범은 빈번하게 성적 접촉을 할 수 있는 권리를 부여받았다고 느끼는 것으로 나타났고, 이 같은 높은 기대치를 충족시키지 못했을 때 박탈감을 느끼는 것으로 보인다. 카닌Kanin은 데이트 강간범이 (일반인과는) 다른 성적 사회화를 경험했고 이것이 "성적 성취에 대한 비정상적으로 높은 가치 부여" "과대한 성적 충동"을 낳는다고 결론지었다(같은 책, 229). 그에 따르면 이전에 합의적 성관계를

[제시 2-3] 유진 카닌(Eugene Kanin, 1985)의 데이트 강간범과 통제집단 비교연구

목적

강간이 합법적인 성적 분출구의 결여에서 기인되는지 여부를 검증한다.

방법

이성애자, 백인, 미혼, 대학생 남성의 표본 중 71명의 자기보고 데이트 강간자와 227명의 자기보고 비(非) 데이트 강간자를 비교한다.

연구 결과

1. 모든 강간은 강간 발생 이전에 강간범과 강도 높은 합의적 성접촉을 가졌던 여성한테서 발생한다(대부분 구강성교).
2. 71명의 강간범 중 단 6명만 경찰에 신고되었는데, 6명 모두 기소되지 않았다.
3. 강간범 중 아무도 무기를 사용하거나 신체적 폭력을 휘두르지 않았다.

강간범과 비강간범 간의 차이

	강간범	비강간범
강간사건을 제외하고 합의에 의한 성교 경험이 있다	100(%)	59(%)
대부분의 시간을 새로운 데이트 상대를 유혹하는 데 보낸다	62	19
데이트 상대를 유혹하려고 술이나 마리화나를 사용한다	76	23
데이트 상대를 유혹하려고 거짓으로 사랑을 공언한다	86	25
데이트 상대를 유혹하려고 거짓으로 약혼이나 결혼을 약속한다	46	6
성관계를 갖지 않으면 관계를 끝내겠다고 위협한다	31	7
성관계를 갖지 않으면 데이트 상대를 어딘가에 놔둔 채 떠나겠다고 위협한다	9	0
고등학교 시절 이성애적 표현에 대한 또래 압력을 많이 경험했다	85	26
집단강간에 가담하거나 동료와 순서대로 한 여성을 성적으로 공유한다	41	7
첫 여성에 대한 성기 접촉이 친구 때문에 '이루어진' 것이라고 생각한다	21	6
강간은 특정 조건에서는 정당화될 수 있다고 본다	86	19

SOURCE Kanin, Eugene J. 1985. Date Rapists: Differential Sexual Socialization and Relative Deprivation. *Archives of Sexual behavior* 14(3):219-231.

맺었지만 그 이후 남자친구의 성적 시도를 거부한 여성은 데이트강간의 위험에 빠지는데, 이는 이런 남성은 성관계 이외에서 친밀한 관계를 형성하려는 여성의 욕구를 인식하지 못하기 때문이다. 만약 이들 여성이 성관계에 대해 "예"라고 대답한다면, 이들은 강간범에게 성적 소유물로 비칠 수 있다.

해리스Harris(1996)는 일반적인 신체적 공격행위의(성적 공격행위가 아님) 성별 차이에 관하여 좀 더 확장된 관점을 제시하고 있는데, 그에 따르면 공격적 행위는 생물학적 요인보다는 문화규범이나 특별한 경험 등 사회학습 요인과 연관된다. 해리스는 연구분석을 통해 생물학적 요인이 공격적 행위에 영향을 미칠 수 있지만, "문화규범과 성역할에 대한 고정관념, 공격에 대한 이전의 경험, 타인의 공격에 대한 태도, 보복의 정당화에 대한 판단이 공격적 행위에 훨씬 중요한 영향을 미쳤다"는 점을 확인했다(같은 책, 141). 그러나 공격의 다양한 형태와 연관된 유전자적 특징이 무엇인지를 분석한 최근의 행태유전학 연구 결과를 보면(Lesch and Merschdorf, 2000) 남녀의 차이를 비교하려는 시도는 실패로 돌아갔고, 몇몇 연구가 소위 '분노 유전자'라고 부르는 것을 연구하고 있다는 자체도 다소 의문스럽다.

사회생물학과 진화론적 관점 역시 가정폭력에 대한 설명 중 하나로 널리 알려져 있다는 사실은 전혀 놀라운 일이 아니다(예를 들어 Janssen et al., 2005). 이중 일부 연구는 CDMs('경쟁력이 떨어지는 남성competitively disadvantaged males'의 약자)에 초점을 맞추고 있는데, 이들의 기본적인 가정은 사회경제적 지위가 낮고 육체적 매력이 없어 이성 상대로서 뭔가 부족한 남성이 섹스를 하기 위해 강압과 폭력을 사용하기 쉽고(그것만이 유일한 접근법이므로), 자신을 떠나지 못하도록 하기 위해 겁을 주고, 아내와 아이들에게 폭력적인 성행위를 한다는 것이다(자식을 학대하는 것으로 아내를 지배함)(예를 들어 Figueredo and McCloskey, 1993; Figueredo et al., 2001). 다시 한 번 이런 접근방식은 본질적으로 여러 가지 측면에서 불쾌감을 유발한다(예를 들어 계급과 매력에 대한 사회적 의미). 아이러니하게도 피게레도Figueredo와 그 동료들(2001, 315)이 이런 주장에 대한 검증연구를 실시한 결과, 가설과 반대의 결과가 나타났다. 즉 CDMs는 학대할 욕구를 느낄 가능성이 높을 것으로 보이는 '여성 배우자로서 자질이 많은 여성'보다 실제로는 CDFs(경쟁력이 떨어지는 여성)를 더 많이 학대했다.

아내를 언어적 · 신체적으로 학대한 남성에 관한 한 연구에서는 이들의 테스토스테론 수치가 높은 것으로 나타났으나, 표본수(N=54)가 적고 표본 구성의 문제(사회복지 분야에서만 전적으로 선택)를 지녔다는 연구의 한계점이 존재한다(Soler, Vinayak, and Quadagno, 2000). 다른 연구는 질투에 관한 규격이론modular theory 가설을 검증하기 위해 8개국 30여 개 이상의 데이터에 대해 메타분석을 시도했는데, "자연선택이 아내의 간통을 막기 위한 기제로서 성적 질투를 만들어냈고, 자원 손실을 막기 위한 기제로서 감정적 질투를 만들었다"라고 밝혔다. 따라서 남성은 주로 상대 여성의 성적 부정행위(간통)에 대하여 질투하고, 여성은 배우자의 정서적 부정행위에 대하여 질투한다는 것이다(Harris, 2003, 102). 진화이론과 달리 이 연구는 남성과 여성의 성적 부정행위에 대한 성적(생물학적) 차이를 확인하지는 못했다. 가정폭력을 설명하기 위한 개인적 · 사회환경적 · 사회관계적 모델을 검증하고자 바베이도스와 앤티가 지역에서 대규모 연구를 실시했는데, 그 결과 가정폭력이 스트레스와 긴장으로 설명될 수 있다는 생각은 문화적인 허상이라는 결론을 내렸다(Handwerker,

1998). 오히려 가정폭력은 성권력의 차이에 의해 가장 잘 설명될 수 있으며, 성평등이 증가하면 '구제불능의' 남성조차도 자신의 아내를 학대할 가능성이 감소되는 반면, 성별 불평등이 증가하고 성권력이 잘못된 길로 빠지면 이런 남성은 더 폭력적으로 변하게 된다. 핸드워커Handwerker는 우리의 관심을 폭력적인 사람으로부터 폭력적인 사람을 만들어내는 폭력문화로 전환해야 한다고 주장했다(같은 책, 206).

:: 여성해방론과 친여성주의 이론

비판적 인종여성주의

많은 사람은 '여성해방론'을 백인 여성과 관련짓는다. 실제로 초기 저술 중 많은 부분을 백인 여성주의자가 기술했으며(앞 장에서 논의했음), 이들은 '여성다움'의 획일적인 경험을 가정하고 있고 인종·민족, 계급, 성적 지향, 국적, 종교, 이민지위 등에 따른 여성의 다양한 경험을 인식하지 못했다(hooks, 2000). (다른 형태의 억압뿐 아니라) 성차별주의에 대항하는 백인 여성의 투쟁과 활동에 대한 수세기에 걸친 기록과 마찬가지로, (다른 형태의 억압뿐 아니라) 유색인종 여성이 성차별주의에 대항하여 싸운 기록 역시 수없이 존재한다. 흑인 여성의 노예제에 대한 저항기록은 흑인 여성이 노예제와 다른 형태의 인종주의, 성차별주의, 여러 형태의 학대와 압제에 대해 다양한 방법으로 저항했음을 입증해 주고 있다(Crafts, 2002; Davis, 1981; Guy-Sheftall, 1995; King, 1988; Shaw, 1997).

앞의 장에서는 성과 젠더 간의 차이를 다루었는데, 전자는 남성과 여성 간의 생물학적 특성을 말하고, 후자는 사회적으로 구성된 양성 간의 차이를 말한다. 그러므로 젠더는 여성과 남성에 관련된 사회적·경제적·정치적·문화적 기회 등과 관련된다(The Development Assistance Committee, 1999). 이와 유사하게 많은 법학자, 사회학자, 인류학자 등은 근래 들어 인종을 사회적으로 구성된 것으로 바라볼 필요가 있다고 주장했다(Lopez, 1996; Wing, 2003; Zuberi, 2001). 로페즈Lopez(1996, 2003)는 인종이 사회적 구성물이며, 이 사회적 구성물이 법제도를 통하여 재강화되는 방식을 신중하게 기록했다(특히 그는 멕시코계chicano 정치인에 대한 두 건의 재판과정에서 지배적 인종 정체성이 '법률적 폭력'을 통해 멕시코계 미국인과 일부 백인을 어떻게 치카노로 변화시키는지를 추적했다[2003]).

전통적으로 인종은 피부나 모발의 색, 모발의 결, 신체적 특징이나 비율 등의 특성을 통해 식별될 수 있다고 생각되어 왔다. 주베리Tokofu Zuberi는 자신의 영향력 있는 책 『피보다

진한 것: 인종적 통계의 거짓말Thicker than Blood: How Racial Statistics Lie』에서 역사적으로 어떻게 인종이 하나의 개념으로 인식되었는지에 대해 설명하면서 그 의미가 지속적으로 손상되는 과정을 다음과 같이 기술했다(2001, 5).

> 인종이라는 개념은 15세기 유럽 국가의 영토 확장에서 그 뿌리를 찾을 수 있다. 인종에 따른 노예제도와 식민주의의 발전은 신체적 차이가 어떤 방식으로 반영될 수 있는가 하는 문제의 전환점이 되었다. …… 인간 역사의 여명기에는 존재하지 않았던 백인의 우월성이 미국에서 노예제의 인종차별화racialization를 통해 만들어져 오늘날까지도 그 영향이 지속되고 있다. 식민주의에 대해서도 이와 동일하게 설명할 수 있다. 식민주의와 노예제의 인종차별화는 역사적으로 독특한 것이었고, 그 결과는 지금까지도 지속되고 있다.

'한 방울의 피one drop of blood' 이론은 조상 중에 어느 한 사람이라도 아프리카인이 있으면 흑인이라고 본다는 것이다. 그렇다면 '한 방울의 피'를 어떻게 측정할 수 있는가? 양인종적인 혹은 다인종적인 사람은 무엇이라고 부를 것인가? 개인의 인종을 과학적으로 어떻게 결정할 수 있는가? 구분할 수 있는 생물학적 인종 범주를 설정하는 것이 불가능하다는 점을 감안할 때, 젠더와 마찬가지로 인종 역시 사회적 구성물로 바라보는 것이 중요하다. 이것이 생김새와 피부색 등(예를 들어 아시안, 아시아계 미국인, 아프리카계 미국인, 토착 미국인, 라틴계 등) 개인이 경험하게 되는 아주 실질적인 인종의 의미를 무시하는 것은 아니다. 오히려 엄밀하게 인종 범주를 식별하려는 과학적인 검증이 전혀 없었다는 점을 이해해야만 한다. 실제로 주베리는 "인종은 하위집단과 상위집단을 만들어내는 사회적 구성 과정"이라고 주장한다(2001, xviii). 이런 방식으로 인종을 바라보게 되면 인종과 인종차별주의의 분명한 의미가 무엇이며 어떻게 인종주의가 지배와 억압을 만들어내는지를 이해할 수 있다.

법여성학Feminist Jurisprudence은 1970년대 백인 여성주의 법학자들에 의해 발전되었는데, 그 목표는 법의 제정과 집행이 여성의 희생을 통해 작동하는 방식을 밝히는 것이었다. 앞에서 마르크스주의와 급진이론 부분에서 밝힌 것처럼 급진인종이론은 비판법학자가 대부분 엘리트이며, 백인 남성 좌파 학계인사로 구성됨으로써 한계를 지니고 있다는 일부 좌파 학계 여성과 유색인종 학자들의 견해에 대한 반응으로 출현했다. 따라서 **비판적 인종여성주의**(CRF, Critical Race Feminism)는 1990년대 초반 유색인종 여성 법학교수들에 의해 시작되었다. 이들은 법여성학은 백인 여성 법학과 교수들에 의해 주도되어 왔고, CRT는 흑인 남성에 의해 주도되었다고 인식한다. CRT의 주창자가 CLS 이론가들에게 그들만의 렌즈를 통해 세상을 바라보는 한계를 갖고 있다고 비판한 것처럼, CRF 학자들 역시 CRT와 법여성학이 인종차별주의와 성차별주의, 그 외 추가적인 형태의 억압(예를 들어 계급주의, 동성애 혐오 등)이 서로 결합함으로써 나타나는 유색인종 여성의 이중, 삼중의 주변성을 충분히 균형감 있게 인식하지 못하고 있다고 비판한다. 포터Hillary Potter(2004)는 비판적 인종여성주의를 적용하여 흑인 여성이 겪는 친밀한 관계의 파트너에 의한 학대피해를 설명하고자 했는데, 연구 결과 CRF가 피해자를 이해하고 인종차별주의와 성차별주의가 서로 상호작용할 뿐 아니라 계급주의와 섹슈얼리티가 상호작용하는 방식을 이해하는 데 유용한 이론이라는 점이 밝혀졌다.

메서슈미트의 남성성과 범죄에 관한 이론

플래빈Jeanne Flavin(2001)은 범죄학 이론에서 젠더의 역할을 무시하면 젠더가 여성의 경험과 행동을 형성하는 방식뿐 아니라 남성의 경험과 행위에 대하여 영향을 미치는 방식까지 간과하게 된다고 지적했다. 메서슈미트James Messerschmidt(1993)의 여성주의 이론에 대한 재고찰은 구조화된 행위와 성별화된 범죄에 초점을 둔다. 메서슈미트는 젠더의 영향은 여성의 범죄성뿐 아니라 남성의 범죄성에도 영향을 미친다고 주장했다. 그는 **사회구조**를 "특정한 방식으로 행위를 구속하고 조정하는 장기간에 걸친 상호작용의 규칙적이고 패턴화된 형태"로 정의했다(1993, 63). 그는 우리의 성별화된 사회를 이해하는 데 중요한 세 가지 사회적 구조, 즉 성별 노동분업, 성별 권력관계, 섹슈얼리티를 제시했다. 더구나 계급, 인종, 젠더 관계는 수많은 사회구조와 상호 연계되어서 사회적 행위와 관련된다.

메서슈미트에게 남성성은 범죄성을 설명하는 핵심이다. 이는 여성해방론, 특히 왜 남성이 여성보다 더욱 범죄적인지를 판단하기 위해 남성성을 이용하는 것은 여성 범죄뿐 아니라 남성을 연구하는 데도 매우 유용하다는 나핀(1996)의 주장과 일치한다. 메서슈미트는 다양한 사회구조 내에서 인종, 계급, 젠더의 상호작용을 통해 대부분 젊은 남성의 범죄성이 발현되는 방식을 신중하게 검토했다. 메서슈미트는 남성 간의 차이에 관하여 설명하면서 중산층의 백인 남성이 남성성을 확립하고 자신과 가족을 부양하기 위해 훌륭한 교육 수준과 존경받을 만한 경력 등 권력구조를 어떻게 활용하는지를 설명했다. 그러나 하층의 남성과 유색인종 남성은 상대적으로 합법적인 수단을 적게 가졌으며, 따라서 남성성을 증명하기 위해 범죄와 비행을 이용하는 경우가 많다. 성별 차이 면에서는 권력을 보여주거나 남성성을 증명하는 일이 여성보다 남성에게 훨씬 더 중요하다. 섹슈얼리티 면에서는 레즈비언과 게이 남성보다 이성애자에 대한 존중이 더 많이 존재하고, 이 책의 제4장에서 논의되는 것처럼 우리 사회와 형사절차에서는 합의적인 이성 간의 성관계가 더 용인되는데, 이는 여성보다 남성에게 더욱 그렇다. 메서슈미트는 강간의 원인, 성적으로 활동적인 남성과 여성에 대한 차별적인 취급, 성희롱에서 강도와 살인에 이르기까지 다양한 범죄 참여를 설명하기 위해 계급, 인종, 성 등의 변수를 효과적으로 이용했다.

이러한 접근방법은 범죄 원인을 이해하기 위한 비교적 새로운 시도이며, 젠더, 인종, 계급의 영향뿐 아니라 남성와 여성 모두를 고려한다는 점에서 설득력을 가진다. 더 나아가 이 이론은 범죄 발생과 범죄사법처리 과정을 사회와 사회 내의 개인을 형성하는 중요한 사회구조 내에서 설명한다. 그러나 보처(2001, 896)는 메서슈미트가 젠더가 '범죄에 표현되고 실행되는 방식'에 대해 초점을 맞춤으로써 젠더가 범죄에 관하여 우리에게 말해 주는 것을 이해하는 데 실패했다고 비판했다. 다시 말해서 '범죄가 남성성을 실행하기 위한 자원이 되는 과정을 완전하게 이해'하지 못했다는 것이다. 마찬가지로 레들러Laidler와 헌트Hunt(2001)는 만약 범죄가 남성성을 '행하기 위한' 방식이라면 여성의 범죄행위 가담은 어떻게 이해해야 하는가에 대해 의문을 제기한다. 그들의 폭넓은 연구 결과에 따르면 "여성이 극도로 주변화된 공동체 내에서 극히 여성적이면서 존경을 받는다는 것은 비현실적이고 위험하다"(같은 책, 665). 도시의 거리생활에서 발생하는 폭력적인 보복행위에서 젠더와 남성성의 역할문제를 다루었던 또 다른 최근의 연구에 따르면 남성 대 남성의 보복이 가장 일반적인 폭력적 보복이고, 통상 '남성성을 실행한' 것으로 존경받게 된다. 두 번째로 일반적인 폭력적 보복은 여성 대 여성의 보복으로 일반적으로 한 남성을 둘러싼 분쟁이다(Mullins, Wright, and Jacobs, 2004). (여성 대 남성은 거리의 보복적 폭력행위에서 그 수가 가장 적다.) 흥미롭게도 연구자들은 폭력적인 여성 범죄자에 대한 연구 결과와 '남성화된' 비즈니스 세계에서의 여성에 대한 연구 결과를 비교했다(같은 책, 934).

폭력주기이론

와이덤Cathy Spatz Widom은 범죄와 비행의 원인을 이해하는 데 중요한 기여를 한 학자로 1989년 폭력주기론을 발표했는데, 어린 시절의 정신적 외상과 이후 범죄 간의 연관성을 연구했다. 와이덤(1989)은 어린 시절 학대를 받았던 사람과 받지 않은 통제집단 1,500명 이상의 사람을 대상으로 청소년기와 성인 시절의 전과를 비교했는데, 그 결과 성인기의 공식 범죄기록과 청소년기의 공식 범죄기록 모두에서 학대받고 유기된 경험이 있는 소녀가 학대와 유기 경험이 없는 비교집단보다 유의미한 수준에서 범죄행위를 더 많이 저지른 것으로 나타났다. 그러나 폭력범죄 기록 면에서는 학대받고 유기된 소녀와 학대 · 유기 등의 경험이 없는 소녀가 큰 차이를 보이지 않았다. 다른 연구에서 리베라Rivera와 와이덤(1990)은 학대받거나 유기되었던 소녀가 청소년기에 폭력범죄로 인한 체포 가능성이 증가했던 반면에, 학대와 유기 경험이 있는 소년은 학대받지 않거나 유기되지 않았던 소년보다 폭력범죄로 체포될 가능성이 높지 않았다.

또 다른 연구에서 와이덤(1995)은 성적 학대가 비非성적인 아동학대나 유기보다 비행과 성인범죄 위험을 높이는지 확인하려고 했다. 그녀는 11세 이하의 나이에 신체적 · 성적 학대를 당한 법원기록이 있거나 1967~71년에 유기된 기록이 있는 908명과 인종, 연령 등에서 비슷한 특성을 가졌으나 학대받지 않았고 유기되지 않았던 통제집단을 비교했다. 예측한 것처럼 와이덤은 아동기에 학대(신체적 · 성적)나 유기를 경험한 사람은 학대받지 않고 유기되지 않았던 사람에 비해 그후 삶을 살아가는 동안 체포될 가능성이 높다는 것을 밝혀냈다(같은 책). 실제로 학대나 유기를 경험한 젊은이 중 4분의 1을 약간 상회하는 비율(26%)이 청소년기에 체포되었고, 비슷한 비율(29%)은 성인기에 체포되었다. 아동기의 성적 학대 피해가 개인에게 미래의 체포 위험을 높이기는 하지만, 아동기의 성학대 피해자가 어린 시절 (공식 기록상의) 성적 학대는 없었으나 (공식 기록상의) 신체적 학대나 유기를 경험했던 사람에 비해 체포율이 그다지 높은 것은 아니었다. 그러나 공식적으로 '성적 학대 이상의' 피해자, 즉 성적 학대와 신체적 학대, 유기를 함께 경험한 사람은 가출로 체포될 위험이 가장 높았다. 이 연구의 중요한 발견은 아동기에 성적 학대를 경험한 피해자가 비성적 학대 경험자보다 매춘으로 체포될 확률이 매우 높았다는 점이다. (그러나 가출로 인한 체포가 매춘으로 인한 체포로 유의미하게 연계되는 것은 아니다.) 또한 성적 학대, 신체적 학대, 유기 등 세 가지 학대 유형이 개인에게 미치는 영향을 검증하기 위한 분석이 신중하게 진행되었다. 분명 '성적 학대' 는 매춘으로 인한 체포 가능성을 가장 많이 증가시켰고, '비성적인 신체 학대' 는 강간이나 성추행에 의한 체포 가능성에 가장 큰 영향을 미쳤다. 다시 말해 아동기의 학대피해(성적 학대, 신체적 학대, 유기)와 이후 '성범죄' 참여의 관련성을 보면 아동기 성학대는 이후의 매춘범죄, 아동기의(비성적인) 신체학대는 강간이나 성추행의 실행 가능성에 가장 큰 영향을 미쳤다. 안타깝게도 이들 통계치는 여성과 남성을 구분하지 않아 성별에 따른 역할이 어떻게 변화하는지 알 수 없다. 와이덤의 공헌은 엄청난 것이지만 그녀의 연구는 아동기의 학대피해와 유기에 대한 법원의 기록에 전적으로 의존하고 있다. 그러므로 그녀의 연구는 재판과정까지 가지 않은 많은 사건을 배제한 채 극단적인 아동학대 사건만을 과도하게 반영했다(Widom, 1995). 그리고 파간Fagan(2001)은 폭력의 주기에서 성별의 역할을 더 면밀히 분석해야 할 필요성이 있다는 문제를 제기했다.

생애주기이론(LCT)

최근 이론 중에서 여러 측면에서 친여성주의적 접근법과 일치하는 것은 바로 '생애주기 발달모델' 이다. 샘슨Sampson과 라웁Laub(1993)의 **생애주기이론**(LCT, life course theory)은 허시(1969)의 사회통제이론과 갓프레드슨과 허시(1990)의 자아통제이론 양쪽에서 크게 영향을 받았다(Taylor, 2001). LCT는 다양한 생애사건, 특히 아동기와 청소년기의 생애사건이 개인의 범죄행위 가능성에 영향을 미친다는 점을 이론화했다. 그러므로 '연령-특정적' 인 여러 발전 단계가 존재하며 범죄행위는 연령과 연관된다(Loeber, 1996). 사실상 청소년기는 사춘기의 고뇌, 학교생활로 인한 스트레스, 또래집단의 압력으로 인해 특별히 '위험에 처한' 시기라고 할 수 있다. 이런 의미에서 범죄는 다양한 원인 변수의 결합에 따른 결과로 비춰진다. LCT의 특징 중 하나는 독립변수가 시간이 경과하면서 종속변수가 된다는 것이다. 예를 들어 학교에서 좋은 평가를 받을 기회가 증가하면 비행이 감소하는데, 비행 감소는 다시 범죄행위 변화에 대한 예측 요인이 된다. 대부분의 생애주기이론에서 핵심 변인으로 꼽히는 것에는 일반적인 범죄자, 일탈자, 일탈행동뿐 아니라 반사회적 행동, 지능, 소득수준이 포함된다. 따라서 생애주기 연구의 초점은 반사회적 행동이 개인의 삶을 통해 지속되는지('생애주기 지속적')의 여부나, 보통 청소년기에 국한하여 반사회적 행동이 나타나는지('청소년기 한정적')의 여부를 확인하는 것이다(Moffitt, 1993). 그러므로 생애주기적 접근은 '생애주기를 관통하는 연령분화적 경로' 를 검증하고 개인의 삶에 나타나는 다양한 생애 단계와 전환점turning point과 전이transition의 존재를 확인하는 것이다(Elder, 1985). 따라서 이 연구는 본질적으로 종단적인 연구방법(개인의 삶에 관하여 오랫동안 자료를 수집하는 방법)으로 수행되는 경향이 있다.

따라서 생애주기적 접근방법은 발달론적 관점에서 출발하며 출생부터 사망에 이르기까지 개인 행동의 변화와 '전 생애주기에 걸친 사회적 발달, 특히 아동기와 청소년기에서 성인기로 이어지는 발전 단계' 에 초점을 둔다(Laub and Lauritsen, 1993, 236). 대부분 사람의 생애 과정 전반에 걸쳐 공식적 · 비공식적 사회통제, 그중에서도 특히 가족, 학교, 직장 등 비공식적 사회통제가 변화하고, 이런 비공식적 사회통제의 변화는 대부분 연령—특정 연령—에 따라 상이한 양상을 나타낸다(Laub and Lauritsen, 1993). 즉 대부분 아동은 직업을 갖고 있지 않아 이들에게는 그 변인을 통제하여 검증할 수 없다. 그러나 학교와 부모 변인은 전형적으로 아동이 나이를 먹어가면서 통제력이 약화되고 이와 동시에 또래의 영향은 증가하게 된다. 샘슨과 라웁(1990)은 생애주기 모델에서 다음 두 가지 가설을 제시했다. 첫째, 아동기의 반사회적 행동은 성인기 범죄 발전의 예측 요인이다. 둘째, 성인기의 직업과 가족에 대한 사회유대는 생애주기 전반에 걸쳐 범죄와 발달상의 변화를 설명해 준다. 또한 저자들은 생애주기적 입장에서 궤적trajectories과 전이transitions라는 두 가지의 주요 개념을 제시했다. 궤적이란 생애주기 전반에 걸친 '경로'나 발달과정과 관련되는데, 여기에는 한 개인의 직업, 혼인, 부모 역할, 자아존중감, 범죄행위 등이 포함된다. 반면에 전이는 "궤적에 구체화되고, 상대적으로 짧은 생애주기에 걸쳐 관련되는 특정한 생애사건(예를 들어 첫 직장, 첫 결혼)"이다(같은 책, 610). 샘슨과 라웁(같은 책)은 성인기의 사회유대가 범죄행위의 궤적을 변화시킬 수 있는 잠재력을 가진 사건으로 보았다. 즉 성인기의 안정적이고 지지적인 사회유대(배우자 애착, 직업 안정성, 직업적 목표에 대한 전념)는 한 개인을 범죄의 길로 들어서게 했던 어린 시절의 경험을 개선할 수 있다.

앞서 언급한 것처럼 생애주기 접근법은 여러 가지 측면에서 본질적으로 친여성주의적이다. 이 이론은 아동기와 성인기의 유의미한 경험을 본격적으로 다루고 있으며, 어떻게 사회유대가 비행자, 범죄자, 일탈행위와 연관되는지를 보여준다. 실제로 남성을 대상으로 생애주기적 관점에서 수행된 연구들의 분석 결과는 대체로 이 주장과 일치한다. 그러나 오늘날까지 이 연구를 실제 적용한 사례들 중 여성에 대한 정보는 극히 제한적이다. 그 이유는 첫째, 지금까지 생애주기이론은 거의 배타적으로 남성에 대해서만 초점을 맞추었다(Laub, Nagin, and Sampson, 1998; Laub and Sampson, 1993; Li, 1999; Loeber, 1996; Moffitt, 1990, 1993; Nagin, Farrington, and Moffitt, 1995; Piquero, MacDonald, and Parker, 2002; Piquero et al., 2003; Sampson and Laub, 1990; Shover and Thompson, 1992; Stattin and Magnusson, 1991; Tremblay et al., 1992). 어떤 의미에서 이것은 '이해 가능한데' 그 이유는 연구자들이 과거 여성과 성별에 대하여 사실상 거의 관심이 없던 시절에 수집되기 시작한 기존의 종단적 데이터를 이용해 연구를 진행하고 있기 때문이다. 다른 한편, 기존의 연구들이 동일한 연구문제를 여성에게도 적용할 수 있다는 사실을 논의하지도 않았고, 연구의 한계로도 거의 언급되지 않았다는 점은 주목할 만하다.

하나의 예외로 영국의 대규모 종단적 데이터 세 가지를 분석한 패링턴Farrington(1992)의 논의를 들 수 있다. 그는 세 가지 자료 중 적어도 하나에서 남성과 여성 모두를 논의에 포함시켰다. 불행하게도 패링턴은 여성과 젠더 차이에 관한 발견점에 대해서는 거의 언급하지 않았다. 생애주기에 관한 또 다른 논문은 경험적인 데이터는 제공하지 못했으나 생애주기이론에 대해서는 중요한 '다음 발전 단계'로 국가 간의 비교연구나 한 국가(미국을 포함) 내에서도 여러 사회구조 변인에 따른 차이를 연구해야 할 필요성에 대해 언급했다(Laub and Lauritsen, 1993). 불행하게도 저자들은 '구조적인 위치' 변인으로서는 단지 인종과 계급에만 관심을 보였고, 젠더에 대해서는 언급하지 않았다. 또 다른 연구는 젠더 차이에 관한 정보를 제공할 것이라 약속한 다소 긴 논문이었는데, 그 제목은 「아동기에서 초기 성인기까지의 공격성과 폭력의 발달에 대한 핵심 쟁점」이었다(Loeber and Hay, 1997). 이 긴 제목의 논문은 사회학습이나 소년의 공격성은 용인되거나 심지어 격려되기도 하는 반면에 소녀의 공격성은 처벌을 받는 여러 가지 예에 대해서는 다루지 않았다. 또한 이 논문은 아동기의 정신적 외상이 성별화되는 방식과 이것이 발달에 영향을 미치는 과정에 대한 논의는 시작도 하지 않았다. 대신에 우리는 이 연구에서 "일정한 수준의 공격성은 최소한 소년에게는 정상이다"(같은 책, 373)라는 것과 "학령기 전에 소녀는 소년보다 훨씬 빠른 속도로 공격성을 키우는 것처럼 보인다"(같은 책, 388)는 사실을 발견할 수 있다. 어떻게 이것이 가능한지에 대한 증거는 제시되지 않았는데, 다른 연구는 소녀의 공격성은 처벌받아야 할 만큼 '과도하게 발현되지' 않는다고 주장했다. 마지막으로 로버Loeber와 헤이Hay(1997)는 소년에 관한 자료만으로 이루어진 표와 수치로 구성된 논문을 검토했는데, 이 논문에서 '젠더 차이'와 '예측'은 키워드로만 사용되고 있었다. 그러므로 LCT가 소녀와 성인 여성에게 의미 있는 방식으로 이론을 적용하고자 했음에도 LCT 역시 이번 장에서 지금까지 다룬 대부분의 이론과 마찬가지로, 실제로는 이런 작업을 하지 않았다. 혹은 이에 관해 크룻슈니트(1996, 141)는 "청소년기에 남녀 모두에게 일어나는 비행 변화에 가족과 또래가 미치는 영향을 이해하는 데 실패함으로써 젠더와 범죄의 관계를 예측하고 설명하는 능력이 제한적이 될 수밖에 없었다"고 하였다.

이에 대한 예외가 소머즈Sommers와 배스킨Baskin의 연구(1994)다. 저자들은 LCT에 대해서는 간단히 언급했으나 그들의 연구는 "특정한 여성 중범죄자가 폭력범죄로 발전되는 경로를 이해하기 위하여 통합이론의 선행연구로부터 확인된 변인을 고려했다"(같은 책, 469). 저자들은 뉴욕 시에서 폭력범죄로 체포되거나 구금된 85명의 여성에 대한 면접조사를 통하여 '생애사건의 목록'을 수집했는데, 범죄를 처음 시작한 시기를 '조기'와 '보통/후기'로 구분했고, 자기보고식 데이터를 이용했다. 주목할 만한 사실은 60퍼센트는 폭력행위를 조기에 시작한 것으로 보고했다는 점인데, 이들이 길거리 싸움에 연루된 평균 연령은 10세였다. 가족 배경 면에서는 조기 진입자와 보통/후기 진입자 간에 의미 있는 차이가 나타나지 않았는데, 이는 두 집단 모두 가정 내에서 폭력을 경험하고 목격하는 등 '복합적인 문제를 지닌 가정에서 성장'했기 때문이다. 그러나 여성이 성장한 지역사회는 의미 있는 변인이었다. 빈곤의 집중도가 높은 지역사회에서 성장한 소녀는 조기에 폭력행위를 시작하고, 낯선 사람에게 성적 학대와 신체적 학대를 당하기 쉽다. 학교 역시 중요한 변인으로 조기 진입자는 보통/후기 진입자보다 어린 나이에 학교를 그만두었다. 여성 폭력범죄자 중에서 조기 진입자와 보통/후기 진입자를 구분해 주는 의미 있는 또 다른 특징은 약물남용의 시작과 중독이었다. 조기 진입 여성은 보통/후기 진입 여성보다 술과 마리화나를 어린 나이(보통 9세 이전)에 시작하는 경향을 보였고, 더 강한 약물에 중독되는 나이 역시 훨씬 어렸다(같은 책, 478).

한 종단연구는 가족과 낯선 사람에 의해 자행된 신체적(비성적) 폭력(자기보고 조사 결과)이 청소년의 향후 범죄행위에 미치는 장기와 단기 효과를 검토했다(Fagan, 2003). 가족과 낯선 사람에 의해 이루어지는 비성적 폭력범죄 피해는 이들 청소년의 즉각적이고 지속적인 범죄행위의 가능성을 증가시켰고, 가족으로부터 그리고 낯선 사람으로부터 폭력(성적, 비성적 폭력 모두 포함)을 당한 경험이 있는 청소년이 가장 많은 범법 행위를 저질렀다. 유일한 성별 차이는 소년이 가족과 비가족에 의한 (비성적) 폭력피해를 더 많이 보고했다는 점이다(같은 책).

LCT의 발전 이전에 출간되었으나 LCT와 일치하는 분석 결과를 보인 한 연구에서는 600명 이상의 젊은이에 대해 8세부터 22년간에 걸친 자료를 수집했는데, 자료의 절반은 소녀에 관한 것이다(Huesmann et al., 1984). 소년과 소녀 모두 8세 때 학교친구들로부터 매우 공격적이었다고 평가되었던 사람은 30세에도 여전히 공격성이 가장 강했고, 가장 심각한 범죄를 저질렀다. 게다가 이 같은 공격적 · 반사회적 행위는 세대를 거쳐 전달된다. (이것은 공격적인 사람은 보통 공격적인 부모에 의해 양육되고, 또 공격적인 자녀를 기른다는 뜻이다.) 그러므로 소년과 소녀 모두에게 학교생활에서 드러난 초기 공격적 행위는 아동학대를 포함해 성인기의 심각한 반사회적인 범죄행위의 강력한 예측 요인이 된다. 배우자 학대와 교통법 위반행위는 아동기에 공격적인 특성을 보였던 사람들 중에서는 여성보다 남성에게 흔하게 나타났다(Huesmann et al., 1984). 소녀(그리고 소년)를 연구대상에 포함하는 드문 LCT 연구 중 하나는 젠더에 관하여 거의 언급하지 않거나 다루지 않았으며, 성행위에 관한 상세한 정보를 수집하는 경우 그것이 합의적이었는지 여부를 고려하지 않았다(Olds et al., 1998). 최근 『생애주기 범죄학: 현대와 고전 저작Life-Course Criminology: Contemporary and Classic Readings』이라는 제목으로 편집 · 출판된 책(Piquero and Mazerolle, 2000)에는 이 절에서 검토했던 많은 연구가 포함되어 있다. 안타깝게도 책의 어느 부분에도 생애 초기 발전, 생애 경험, 후속 범죄 등을 유의미하게 구분해 주는 특성이라고 보이는 젠더, 학대, 정신적 외상에 대해서는 언급하지 않고 있다.

지금까지 검토한 LCT의 적용 연구들과 관련하여 언급할 가치가 있는 또 다른 쟁점은 이들 연구가 성차별주의적일 뿐 아니라 종종 이성애주의적이기도 하다는 것이다. 성인의 사회유대는 거의 대부분 결혼과 이혼으로만 측정되었다. 또한 비록 많은 생애주기 연구가 '가족의 다양성' '가족의 기능 부족' 이라는 모호하게 이름 붙여진 변수를 다루는 반면, 부모의 자녀학대나 다른 형태의 아동학대에 대하여 언급하지 않았고, 이것이 이들의 사회유대와 앞으로 비행과 범죄행위에 어떻게 영향을 미치는지 역시 다루지 않는다. 이 같은 목적에서 LCT를 검증하기 위해 스폰Spohn(2000)은 여성주의적 연구로 알려진 와이덤의 폭력주기 자료(1995)를 분석했는데, 그 이유는 생애주기에서 중요한 사건에는 학대와 유기가 포함되어야만 하기 때문이다. 스폰은 남성은 여성보다 성인기 체포기록이 5배나 많았으며(심지어는 독립변수를 통제한 이후에도 그러했음), (남성과 비교할 때) 여성에게 아동기의 학대가 "범죄 관여에 더 큰 영향을 미치고"(2000, 221), "아주 많은 수의 중요한 범죄 경로로 작용"(같은 책, 223)한다는 것을 발견했다. 스폰은 LCT와 '심인성(心因性, psychogenic)' 관점을 구분했는데, 후자를 아동기 학대가 "범죄 경력을 발전시키는 누적적 연속성과 낙인화 과정까지 확대되어 영향을 미치는 것"(같은 책, 219)으로 정의했다. 이 연구는 남성과 여성 모두에 대하여 LCT를 지지하는 증거를 찾아냈지만, LCT는 여성보다는 남성에게 더 잘 적용되는 데 반해 '심인성' 관점은 여성에게만 적용되었다. 다시 말해서 여성에게 아동기 학대는 성인기의 범죄성에 영향을 미치지만 단순히 곧바로 청년 범죄자로서 오명을 주거나 낙인되지 않았다. 반면에 남성에게는 소년비행의 '낙인'이 아동기 학대가 성인범죄에 미치는 영향을 매개한다. 결국 스폰은 남성에 대한 연구 결과가 LCT에 더 부합되고, 여성에 대한 연구 결과는 '심인성 관점'에 더 잘 부합된다고 결론지었다.

여성주의적 경로이론

1977년 이후에는 소녀(그리고 성인 여성)의 범죄 위험성을 증가시키는 '생애주기' 사건이 무엇인지를 확인하기 위해 여성의 목소리에 귀를 기울이는 연구가 늘어났다. 생애주기 이론가들이 개인의 생애주기에 대해 장기간에 걸쳐 수집된 종단적 자료를 분석하거나, 이미 수집되어 있는 예기적prospective 데이터를 사용하는 것과 달리, 여성주의적 경로 연구는 전형적으로 한 시점에 데이터를 수집하는데, 보통 구금 여성(때로는 소녀)을 대상으로 자신의 삶을 회고적으로 면담하는 방법을 사용한다, 이때 "당신은 어떻게 범죄자 혹은 일탈자가 되었는가?"와 같은 질문을 하곤 했다. 그러나 이런 연구 모두가 수용자를 모집단으로 조사하는 것이 아니어서 일부 연구는 매춘 여성 수용자뿐 아니라 '거리에서' 자기보고식 조사로 확인된 매춘 여성을 대상으로 조사하기도 했다. 그러므로 여성주의적 경로 연구에서는 소녀와 성인 여성에게 자신의 생애를 이야기하도록 하고 주요 사건(예를 들어 부모에 의한 학대, 학교 경험, 비행과 범죄행위 등등)의 순서를 나열하도록 질문함으로써 유사종단적인 자료를 얻고자 한다.

경로pathways 개념이 이 책과 이 현상을 논하고 있는 최근의 일부 연구에서 사용되고 있지만, 이 용어는 이 책에서 논의하고 있는 초기 연구와 일부 후기 연구의 경우에도 존재하지 않는 개념이었다. 또한 이처럼 '여성주의적 경로'라는 절에 여러 연구를 묶어놓는 근거가 다소 빈약하기도 하다. 예를 들어 경로이론은 생애주기이론과 폭력주기이론과 일치하는 것이고, 그 주장은 여성주의와는 맞지 않는다고 할 수도 있다. 게다가 필자는 이 절에서 소개한 모든 연구자가 개인적으로 자신을 여성학자로 보거나 자신의 연구를 여성주의적이라고 생각한다고 확신하지 못한다. 어쨌든 독자가 이 책에서 '여성주의적 경로 연구'에 포함된 연구의 공통 주제를 찾아낼 수 있기를 바랄 따름이다. 이들의 공통 주제는 여성의 역사(그리고 아주 드물지만 남성의 역사)를 검증하기 위해 시도했고, 아동기와 성인기의 사건과 정신적 외상, 후속 범죄의 가능성 간의 연결고리를 이해하기 위해 가능하다면 소녀와 여성의 '목소리'를 듣고자 했다는 것이다.

필자가 찾은 첫 번째 여성주의적 경로 연구는 매춘 여성에 관한 두 가지 연구에서 수집한 자료를 결합한 것인데, 설문조사를 통한 자기보고식 자료, 면담자료, 거리와 구치소에서 수집한 매춘 여성에 관한 민속학적 참여관찰 자료가 포함되었다(James and Meyerding, 1977). 첫 번째 데이터인 연구 1은 1970~72년에 수집되었고, 72명의 성인 매춘 여성과 20명의 매춘 소녀가 연구대상이다. 두 번째 데이터인 연구 2는 1974~75년에 수집되었고, 136명의 매춘 여성을 연구대상으로 했다. 저자인 제임스James와 마이어딩Meyerding은 매춘 여성에 관한 자료를 기존 연구에서 나타난 '일반 여성' 모집단의 비율과 비교하여, 매춘 여성의 생애 초기와 아동기의 성경험이 '일반 여성' 모집단과 어떻게 다른지를 살펴보고자 했다. 저자들이 예측한 대로 매춘 여성은 '일반 여성'보다 문제 있는 성경험을 더 많이 보고했는데, 매춘 여성은 공통적으로 다른 젊은 여성에게 찾아보기 힘든 여러 부정적인 경험을 했고, 여기에는 근친상간적 성행위, 강요된 성행위, 부모의 지도 부족, 어린 나이의 성교, 남성과의 의미 있는 관계 부족 등이 포함된다(같은 책, 1977, 1381). 저자들은 이들의 아동기 경험이 매춘으로 연결될 수 있는지를 조사했고, 그 결과 생활방식으로서 매춘을 받아들이는 데 영향을 미칠 수 있었던 세 가지 요인을 밝혀냈다(같은 책, 1384). 첫째, 부모의 감시와 지도 부족이 초기 성행위와 일상적인 성행위의 가능성을 높이게 되었다. 둘째, 젊은 여성이나 소녀는 성행위가 자신들의 사회적 지위를 높이기도 하고 낮추기도 한다는 것을 배운다. 다시 말해 여성은 남성과의 관계에서 새롭게 발견한 '권력'을 경험하게 되지만, 처녀가 아니라는 이유 때문에 "그 문화권의 대다수에게 용인되지 못한다"(같은 책). 셋째, 강간과 근친상간 경험은 감정적으로 상당히 파괴적인 영향을 미쳤다. 제임스와 마이어딩은 최종 분석에서 비록 이들 매춘 여성이 다른 선택적 대안 없이 매춘을 할 수밖에 없었다는 많은 학자의 의견은 생략했으나, 남녀의 용인될 수 있는 성적 대상에 관한 이중 잣대에 대해 통찰력 있고 깊이 있는 견해를 피력했다.

> 특히 남성에 비해 여성에게는 용인될 수 있는 성행위의 범위가 지나치게 제한적이기 때문에, 그리고 남성보다 여성이 (그들 자신과 타인에 의해) 성적인 바람직함의 정도와 성적 행위에 근거를 두고 판단되기 때문에 성경험은 여성의 자아인식 발달에서 더욱 중요한 요인으로 작용한다. 자기 자신을 성적으로 더럽혀졌다고 보거나 자신의 섹슈얼리티가 일반적인 수준 이상으로 대상화되어 있는 여성은 매춘 여성을 하나의 '자연스러운', 유일한 대안으로 보게 되는 것이다(같은 책).

두 번째 여성주의적 경로 연구는 실버트Mimi H. Silbert와 파인스Ayala M. Pines에 의한 연구(1981)로, 이들은 연구표본을 구하기 위하여 대중광고를 하기도 했다. 연구자들은 샌프란시스코 베이 지역에서 거주하는 전·현직 매춘 여성 200여 명을 인터뷰했다. 표본은 10~46세였고, 평균 연령은 22세였다. 이 인상적인 표본은 인종적으로도 다양하여 69퍼센트가 백인이었고, 18퍼센트가 흑인이며, 11퍼센트가 히스패닉, 2퍼센트가 인디언, 1퍼센트가 아시아계였다. 표본 중 3분의 2 정도가 중상위 소득수준의 가정 출신이었으나, 면접 시점에서는 거의 90퍼센트가 자신의 재정 상황이 "겨우 살아가거나" "매우 가난하다"고 대답했다(같은 책, 408). 실버트와 파인스의 의미 있는 연구를 통해서 다음과 같은 사실이 밝혀졌다.

- 5명 중 3명(60%)은 16세 이전에 성적 학대를 경험했고(대부분 훨씬 어린 나이에 처음 강간당함), 각각 평균 2명 이상의 가해자가 있다.
- 성학대 피해자 중 3분의 2는 아버지나 아버지 역할을 하는 사람(계부, 위탁부, 엄마의 동거남)에게 강간당했다.
- 피해자의 '단지' 10퍼센트만 모르는 사람에게 성학대를 당했다.
- 성학대는 대부분 가출로 이어져 다시 매춘이나 그 밖의 거리생활로 이어진다.

• 왜 매춘을 시작했는지 그 이유를 물었을 때, 10분의 9는 배가 고프고 돈이 필요했고 다른 어떤 선택도 없었기 때문이라고 답했다(같은 책, 410).

(좀 더 최근에 실시된 거리 성노동자에 대한 면접연구에서는 57%가 아동기의 성학대 피해를 보고했고, 49%가 부모나 양육자에게 상처를 받았거나 다른 신체 상해를 입을 때까지 맞았다고 답했다. 성노동자가 되기까지 경험한 학대에 대하여 다음과 같이 보고했다. 82%가 신체 상해, 83%가 무기에 의한 신체상의 위협을 받았고, 8%가 포주나 고객에 의한 중상해에 이를 정도의 신체적 공격을 받았고, 68%가 강간을 당했으며, 49%가 성노동을 하는 동안 음란물 촬영을 당해야 했고, 32%가 고객에게 포르노에 나온 성행위를 요구받아 화가 난 적이 있다고 응답했다[Farley and Barkan, 1998]).

세 번째 여성주의적 경로 연구는 여성의 범죄 경로를 검토한 1983년에 실시된 메다 체스니린드Meda Chesney-Lind와 노엘리 로드리게스Noelie Rodriguez의 연구인데, 16명의 구금 여성에 대한 심층면접 데이터를 사용했다. 이들의 연구 결과 중에는 10명의 여성이 심각한 비성적 아동학대를 경험했고, 이들이 성장한 가정은 애정과 안전이 결여되어 있었으며, 극단적인 잔혹행위를 포함한 폭력행위가 이루어지곤 했다. 실버트와 파인스의 연구(1981)와 비슷하게 여성 10명 중 9명이 매춘을 했고, 그 대부분은 10대부터 시작된 가출의 결과였다. 또한 실버트와 파인스(1981, 55)의 연구와 유사하게 매춘을 시작하게 된 것은 "대부분 금전적인 이유"였다. 절반의 여성은 아동기에 강간을 당했고, 5분의 3은 아동기에 성학대 피해를 보고했다. 또한 체스니린드와 로드리게스(1983)는 학대 이후에 약물중독이 어떻게 법(범죄)과 얽히게 되었는지 보고했다.

아널드Regina A. Arnold(1990)는 60명의 흑인 여성 수용자를 대상으로 심층면접, 참여관찰, 설문조사를 수행했다. 지금까지 살펴본 '경로' 연구들과 마찬가지로 아널드(같은 책, 154)는 이들 여성이 '그들 자신의 피해를 받아들이거나 참여할 것을 거부함으로써' 어린 시절에 일탈소녀나 비행소녀로 낙인받고 취급되는 과정을 설명한다. 이런 거부가 가정, 교육제도, 직업 체계 등 세 가지의 주요한 사회화 제도로부터 이들을 구조적으로 격리시키게 된다. 이어서 이런 격리가 '범죄생활'의 진입으로 이어진다. 아널드는 가부장적 가정과 가정폭력, 경제적 빈곤, 인종차별적 교사, 열악한 교육 체계가 단독으로 혹은 집합적으로 소녀를 범죄화시키는 환경을 만들고, 그 결과 이들을 자신의 가정, 학교, 지역사회에서 소외시키는 과정을 논의했다. 나아가 아널드는 이 성인 여성과 소녀가 자신의 폭력에 대한 경험과 과거의 고통을 무디게 하기 위해 약물로 '자기치료'를 한다고 보고했다(같은 책).

1990년 폭스Lana Fox와 슈거Fran Sugar는 캐나다 연방여자교도소에 수감 중인 39명의 인디언 여성에 대한 면접을 실시한 결과를 발표했다. 폭스와 슈거는 그들 역시 원주민 출신으로 이전에 수감된 경험이 있는데, 연구 결과 대부분 여성은 폭력범죄를 저질렀을 뿐 아니라 폭넓은 폭력피해 경험을 갖고 있었으며(많은 범죄피해에 대해 이들은 아주 어리고 심지어 무기력했음), 구체적 피해 양상은 성, 인종 · 민족, 연령에 따라 다양했다. 절반 이상이 강간을 당한 것으로 보고했고, 많은 경우 가해자는 아버지나 남자 친척이었다. 또한 많은 여성이 거리에서 성노동을 하고 있는 중에도 어린아이처럼 '속임수'에 넘어가 성적 · 신체적 학대를 받았는데, 실제 나이가 어린아이인 경우도 흔했다(1990). 많은 경우 양육가정과 소년원과 성인 교도소에서 경험한 피해를 보고했다. 저자들은 인디언 여성의 범죄피해 역사와 그 후 폭력 범죄행위 간의 관계가 우연적인 것이 아니라고 밝혔다.

캐나다 교도소에서 폭력범죄 또는 비폭력범죄로 구금된 여성을 조사했던 쇼Margaret Shaw(1991)의 연구는 조사 대상자 중 68퍼센트가 살아오는 동안 신체학대를 당한 경험이 있고, 53퍼센트는 성학대 피해를 당했다고 보고했다. 이 비율은 인디언 여성에게는 더욱 높게 나타나는데, 90퍼센트가 신체적 피해를 보고했고, 61퍼센트가 성적 피해를 보고했다. "일부는 피해사건을 '극복했다고' 말하기도 하고, 일부는 도움을 절실히 필요로 했다고 느끼기도 한다"(1995, 125). 쇼는 이들 여성의 신체적 · 성적 피해 경험이 삶의 경험뿐 아니라 그들의 범죄행위와 어떻게 관련될 수 있는지를 논했다.

> 75퍼센트가 약물을 남용하고 있었고, 66퍼센트는 아무런 노동기술이나 합법적인 정규직 고용 경험이 없었고, (그리고) 거의 절반 가량은 어린 시절의 삶이 심각하게 붕괴된 상태였다. 특히 인디언 여성은 인종차별주의와 가정과 거리에서 폭력의 피해자이며, 아주 어린 나이부터 약물과 알코올에 의존해 왔다. 또한 시설이나 백인 양육가정에 보내졌는데, 15~16세 이전에 47번이나 다른 곳에 배정된 경우도 있었다. 전체는 아니지만 일부 여성은 살아오는 동안 사회와의 접촉이 폭력과 처벌로만 점철되기도 했다(같은 책, 126).

질퍼스Mary E. Gilfus(1992)는 거리범죄로 진입하는 과정을 이해하기 위해 20명의 구금 여성에 대한 심층면접을 실시했다. 이들 여성은 또한 전형적으로 범죄 피해자이기도 한 것으로 나타났다. 이들 중 상당수는 범죄피해를 방지하기 위한 생존기술이 바로 집에서 가출하여 약물을 사용하고 매춘을 함으로써 범죄자가 되는 것이었다. 이들 여성, 특히 흑인 여성은 빈곤 가정 출신이 대부분이었다. 학대와 빈곤에 더하여 방기된 학교 교육, 학교생활의 심각한 문제 등이 이들의 아동기 특징이었다. 흑인 여성은 아동기에 심각한 인종적 폭력을 경험했다고 보고하는데, 이중 삼촌이 2명의 백인 남자에게 살해당하는 광경을 목격한 사례도 있었다. 따라서 범죄피해는 범죄행위로 이어지고, 이는 다시 거리생활 중에 발생하는 강간, 상해, 살인미수 등 2차 범죄피해로 연결된다. 길퍼스 연구(같은 책)의 표본여성 중 상당수는 성인기에도 남자 배우자로부터 구타를 경험한 것으로 보고되었다. 이와 유사하게 코맥Elizabeth Comack(1996)은 24명의 구금 여성을 면담했는데 연구자는 이들 여성의 범죄행위를 변호하려 하지 않았지만, 이들에 대한 정치적 · 사회적 · 경제적인 분석 속에 이들 여성이 성인기와 아동기에 경험한 극단적인 신체학대나 성적 학대, 그리고 그로 인해 그후 범죄행위로 발전되는 과정을 포함해야 한다는 점을 강조했다.

범죄 '경로'를 밝힌 가장 깊이 있는 연구 중 하나로 리치Beth E. Richie(1996)의 『범죄로 내몰리기Compelled to Crime』가 있는데, 저자는 교도소에 수감되어 있는 흑인 구타피해 여성에 초점을 맞추고 있다(저자는 구타피해 경험이 없는 백인과 흑인 여성 수용자에 대한 자료 역시 함께 수집했다). 이 책에서 리치는 여성의 목소리를 이끌어내기 위해 '생애사 면접'을 활용했다. 결국 그녀는 매 맞는 흑인 여성 범죄자의 삶에 내재된 모순과 함의를 이해하기 위해 **젠더의 올가미**gender entrapment라고 명명한 자신의 이론을 개발했다(같은 책, 4). 더 구체적으로 설명하면 젠더의 올가미는 (1) 친밀한 관계의 여성에 대한 폭력, (2) 문화적으로 구성된 성 정체성의 발달, (3) 여성의 범죄 불법행위 참여라는 세 유형 간의 관계에 대한 이해를 주요 내용으로 한다. 리치의 연구(같은 책)에서 가장 중요한 두 가지 기여점은 "왜 피해 여성이 계속 머무르는가" 하는 매 맞는 여성에 관한 신화를 깨뜨렸다는 점과 인종과 인종차별주의의 영향에 대한 탐구에 기여한 점이다. 예를 들어 주요한 발견점 중 하나는 매 맞는 흑인 여성이 매 맞는 백인 여성이나 구타피해를 경험하지 않은 흑인 여성보다 아동기의 가정환경이 더 좋았던 것으로 나타났다는 사실이다(예를 들어 자신이 사랑받고 있고 중요한 존재라고 느끼는 것이다). 리치는 이처럼 '더 나은 상태'의 가정 출신이라는 조건이 이들이 가해자와 대면하게 되었을 때 올가미에 빠지게 만드는 요인으로 작용했다고 보았다. 매 맞는 흑인 여성은 가족 외 공적 영역에서 인종차별을 경험하게 되었을 때 크게 실망하여 완벽한 핵가족을 얻는 것을 삶의 목표로 설정하고 열중하게 된다. 구타가 시작되면 이들 여성은 상황이 '다시 개선될' 수 있다고 낙관하게 된다. 저자는 매 맞는 여성이 어떻게 자신을 학대하는 친밀한 사람과의 관계에서 '폭력의 올가미에 빠지는지'를 밝혔을 뿐 아니라 '범죄에 이르는 여섯 가지 경로'를 〔제시 2-4〕와 같이 제시했다.

무어Joan W. Moore(1999)는 로스앤젤레스 동부지역의 라틴계 남녀 갱 단원과 그들의 가족

[제시 2-4] 리치(1996)의 매 맞는 여성의 범죄 경로

매 맞는 흑인 여성의 경로

1. **인질로 잡힌 여성** 이 경로에서는 가해자인 친밀한 관계의 사람은 피해 여성을 인질로 삼아 고립시키기 위해 극단적인 폭력을 사용하는 경향이 있으며, 피해 여성이 구타 가해자 때문에 발생한 살인사건으로 기소되는 경우도 많다.
2. **투사와 연관성** 이 경로에서는 매 맞는 여성은 구타자가 아닌 다른 남자를 대상으로 폭력범죄를 저지르는데, 이 새로운 남자는 과거 학대 경험에 대한 투사나 상징적인 보복의 '대리자' 다.
3. **빈곤** 이 경로는 빈곤과 다른 경제적 동기로 인한 범죄(예를 들어 절도, 사기, 강도, 장물 등)로 체포된 여성이 해당된다.

매 맞는 흑인 여성이나 백인 여성과 관련된 경로

4. **성적 착취** 비록 많은 여성이 매춘이나 약물 구입을 위한 성경험을 보고하고 있지만, 이 경로는 불법적인 성노동으로 인해 교도소에 수용된 여성이 해당된다. 특히 구타자는 흔히 이들에게 매춘을 강요하여 교도소에 수감되게 만드는데, 이 범주의 여성은 아동기와 성인기의 성적 학대 경험 비율이 매우 높다.
5. **맞서 싸우기** 이 경로에는 구타자에 의한 상해에 대항하여 범죄를 저지른 매 맞는 여성이 포함되며, 방화나 기타 재산범죄, 구타자에 대한 상해 등의 범죄가 일반적이다. 이들 여성은 자신의 행위를 부인하지 않지만 자신의 행동은 범죄라기보다 '자기방어' 라고 생각하는 경우가 많다.

매 맞는 흑인 여성과 백인 여성, 매 맞지 않는 흑인 여성의 경로

6. **중독** 이 경로는 교도소에 수감된 주된 범죄가 약물범죄인 여성이 해당된다. 매 맞는 흑인 여성의 경우 약물사용은 통상 구타사건 이후 수반되는데, 약물은 구타자와 '다시 관계를 형성하는' 방편(예를 들어 감정적 친밀성을 만드는 방식)으로 활용된다. 실제로 일부 흑인 여성은 구타자의 강요로 약물을 사용하거나 중독을 시작하게 되었다고 보고한다. 매 맞지 않는 흑인 여성은 자발적으로 약물을 사용한 것으로 나타났다. 반면에 매 맞는 백인 여성은 약물 판매로 체포된 것으로 나타나는데, 이때 약물 판매는 구타자를 떠나기 위한 시도의 일환으로 시작된다.

SOURCE Beth E. Richie. 1996. *Compelled to Crime: The Gender Entrapment of Battered Black Women*. New York: Routledge.

에 대해 연구했는데, 연구 목적은 이민과 인종, 부모의 경제적 지위, 성장한 가정의 분위기 등 가족과 관련한 주요 주제를 통해 갱 단원을 이해하는 것이었다. 상당수의 젊은이는 인종적 정체성이 혼란스러운 상태인 것으로 나타났는데 이들은 실제로 모두 미국에서 태어났지만 부모는 멕시코인처럼 길렀고, 백인 인종차별주의자들도 멕시코인으로 취급했다(부모에게 멕시코인이라는 정체성은 긍정적인 것이지만, 백인 인종차별주의자에게는 부정적인 것이다). 소년소녀 모두 백인에 의한 인종차별 경험이 곧잘 싸움으로 이어지곤 했다. 소년소녀 모두 출신 가정은 전통적인 멕시코의 확대가족의 특성보다 '빈곤가정' 의 특성이 더 강했고, 부모는 대부분 공교육을 전혀 받지 못한 상태였다. 아버지는 어머니보다 집 밖에서 취업한 경우가 더 많았고, 대부분 부모는 "좋은 직업을 갖고 있지 못했다" (같은 책, 163). 특징적으로 소녀(44%)는 소년(19%)보다 어머니가 취업 상태인 경우가 훨씬 더 많았다. 무어는 이 같은 빈곤적 특성에도 불구하고 아동기 가족의 정서적 환경이 이 지역 청소년이 갱에 가입할지 여부를 예측할 수 있는 가장 훌륭한 지표라고 보고했다.

무어(같은 책, 165)는 갱 단원의 가족들은 대다수가 특별히 행복한 상태가 아니었고, 일부 가정은 "매우 불행했다"고 보고했다. 또한 남성 단원 중 3분의 1과 여성 단원 중 5분의 2는 아버지가 어머니를 구타하는 것을 보았다고 답했다. 아버지의 어머니에 대한 학대에 대해 물었을 때, 여성의 절반 가량과 남성 3분의 2는 "두려움에 움츠러들었다"고 답했다(같은 책, 167). 특징적인 것은 소녀가 소년보다 아버지의 어머니 학대에 개입하고 저지하려 하거나, 아버지와 싸우는 경향을 더 많이 보였다. 남성 2분의 1과 여성 3분의 2는 '여러 가지 이유'로 아버지를 두려워했다(같은 책, 168). 또한 소녀는 소년보다 어머니를 더 두려워했고, 남자형제보다 행동의 제재를 더 많이 받았다고 보고하고 있다. 이는 다른 연구 결과와도 유사하다. 소녀는 소년보다 자신의 부모를 엄격하게 묘사했고, 부모가 엄격한 규칙을 강요했다고 답했다. 일부 소년들이 아동기에 부적절한 성행위 피해를 당한 것으로 보고했는데, 반면 소녀의 경우에는 무려 29퍼센트가 근친상간의 피해를 당한 것으로 나타났다. 보통은 아버지가 가해자였고, 그 외에도 삼촌, 오빠, 할아버지가 가해자인 경우도 있었다. 무어의 연구(같은 책, 174)에서는 남녀 갱 단원 모두 '문제가정' 출신이라는 공통점을 가진 것으로 나타났는데, 특히 "남자보다 여자가 문제가정 출신인 경우가 훨씬 더 많았다. 여성은 가족이 사망했거나, 만성적으로 아픈 경우가 많았고, 헤로인 중독자이거나 체포 경험이 있는 가족과 함께 살았다. 사실상 대부분의 여성 갱 단원은 아동기 때 가족의 사망이나 가족의 체포를 경험하였다"(같은 책).

젠더와 범죄에 관한 크룻슈니트Candace Kruttschnitt(1996)의 문헌 검토에는 사회학습이론적 맥락에서 '일탈 부모에 대한 노출 변인'이 포함되었다. 그러나 여러 가지 의미에서 볼 때 그녀가 논하고자 했던 것은 생애주기이론 혹은 경로이론에 관한 것이었다. 특히 그녀는 부모의 일탈을 두 가지 측면에서 검토했는데, 하나는 가혹한 훈육을 포함하는 부모의 폭력에 대한 노출이고, 다른 하나는 부모의 일탈이 자녀에게 미치는 영향이었다.

> 두 가지 측면 모두 젠더가 (부모의 일탈이 미치는) 결과를 변화시킨다는 증거라고 할 수 있다. 부모가 폭력을 행사한 경우 가정에서 학대받거나 유기된 소녀와 가정폭력을 목격한 소녀는 폭력이나 공격적인 행위에 덜 가담하거나 …… 소년에 비하여 약물사용으로 인한 체포기록이 적은 경향이 있었다. …… 그러나 흥미롭게 학대받은 소녀가 소년보다 더 높은 우울증 경향을 보였다(같은 책, 140).

세계에서 가장 큰 여자 교도소인 중부 캘리포니아 여자 교도소(CCWF)에서 약 300명의 수감자와 면접했던 오웬Barbara Owen(1998)의 연구는 이들의 생애를 이해하는 것이 여성 수감자를 이해하는 데 필수적이라는 점을 강력하게 주장했다. 그녀는 아동기의 학대와 가정폭력 경험이 어떻게 범죄와 연계되는지를 밝혔을 뿐 아니라 이들 생존자가 교도소 경험에 어떤 영향을 미치는지를 밝혔다. 특히 오웬은 '구금 경로'의 다섯 가지 주요 현상으로 (1) 복합적인 학대 경험, (2) 생애 초기 가족생활의 특성, (3) 자녀, (4) 거리의 삶, (5) 악순환적 주변성을 들었다(같은 책). 복합적인 학대 경험은 이 절에서 소개한 다른 연구 내용과 일관되는데, 오웬의 연구에 나오는 여성은 다양한 형태의 신체적 · 성적 · 정서적 학대를 보고했다. 예를 들어 70퍼센트 가량의 여성이 18세 이전의 시기에 (보통 아버지, 양아버지, 어머니에 의해) 지속적인 신체학대를 경험했고, 62퍼센트는 18세 이후에도 (대부분 배우자나 남자친구에 의해 자행되는) 지속적인 신체학대를 경험했다. 40퍼센트 가량은 18세 이전의 시기에 (대부분 아버지, 양아버지, 다른 남자 친척에 의해) 지속적인 성학대를 경험했고, 40퍼센트는 17세 이후에도 (대부분 배우자, 남자친구에 의한) 지속적인 성학대를 보고했다. 오웬은 비록 대부분 여성이 갱 활동이나 젊은 시절에 구금을 경험하지 못했지만, 일부 여성의 경우에는 자신의 '엉망이 되어버린' 삶의 일부로 아동기에 범죄행위를 저지르고 갱 가입 경력을 갖기도 했다는 점을 강조한다. 오웬은 일단 소녀와 성인 여성이 거리생활에 연관되면 전통적인 유대에 대한 애착에서 멀어진다는 점을 발견했다(같은 책). 오웬의 여성범죄 경로의 마지막 범주인 악순환되는 주변성은 약물남용과 거리생활에 공통적으로 관련되어 있다(같은 책, 61). 이들 여성이 "일하지 않는 이유로 가장 많이 꼽은 것은 약물남용이었고 …… 두 번째가 '범죄와 매춘으로 더 많은 돈을 벌 수 있다'는 것이었고, 세 번째가 자녀를 돌봐야 할 책임이었다"(같은 책, 61).

소녀의 비행 경로에 관한 최근 연구 중 하나는 가정문제가 비행 경로의 핵심 요소이고, 여기에는 대부분 공통적으로 부모와의 갈등, 부모 부재, 약물문제 등이 포함된다고 밝혔다(Bloom et al., 2003). 두 번째 요소인 정서적 · 신체적 · 성적 학대는 비행의 위험 요인으로서 가출과 불건전한 성행위 같은 문제를 일으킨다. 학교문제와 어려움, 성인을 통해 도움을 구하는 데 거부감을 갖는 태도도 소녀의 비행을 지속시키는 '위험한' 경로로 밝혀졌다. 이 연구에서 다른 일탈행위에 대한 '위험 요인'으로 나타난 일부 비행행동에는 약물남용과 갱과의 연루가 포함된다.

이제까지 우리는 범죄 경로에 대한 여성주의적 연구를 논의하면서 주로 범죄피해가 범죄행위로 이어지는 궤적에 초점을 두었는데, 리사 마허Lisa Maher(1997)가 전통적 이론(비여성주의적 이론과 반여성주의적 이론 모두 포함)과 여성주의적 이론 양자를 대상으로 제기한 여성주의적 비판에 대해 언급할 필요가 있다. 마허는 여성의 범죄 참여에 대한 이론이 여성의 주체 또는 자기결정권을 이분화한다고 주장했다. 전통적 이론은 대부분 여성 범죄자가 살아가고 있는 성별화되고 계급화되고 인종차별화된 세상을 무시하는 경향이 있는데, 이들은 여성을 과잉 부여된 주체로서 범죄 기회를 찾는 '활동적인 범죄 주체' 라고 보았다(같은 책, 1). 두 번째 접근법은 여성주의 경로 모델과 일치하는 이론으로, 여러 가지 면에서 여성 범죄자를 정반대의 모습으로 그리고 있다. 마허는 이 접근법이 주체로서의 여성을 부정한다는 면에서 비판했다.

> …… 이들은 여성을 억압적인 사회구조, 사회관계, 약물사용, 혹은 이런 요인의 복합적인 작용으로 인한 수동적인 피해자로 묘사하고 있다. 여성은 복종적인 객체로서 제시되며, 구조의 결정에 따라 재생산되는 단순한 기계장치로만 본다. 여성의 지위를 피해자로서만 구성함으로써 여성에게는 선택과 책임, 책무가 결여되어 있으며, 결국 사회적으로 분절된 조각으로 피해자학이라는 이론적인 파도 속에서 버둥거리는 모습이 되어버린다(같은 책).

스터크Sterk(1999, 173)는 크랙에 중독된 여성에 대한 연구에서 또 다른 이분법을 제시했다. "여성은 한편으로 스스로를 피해자로 보지만, 다른 한편으로는 스스로를 중요하고 독립적인 행위자라고 생각한다."

이제 다양한 연구가 경로이론과 여성 수용자의 엄청나게 높은 비율의 정신적 외상, 특히 일반 인구의 경우보다 훨씬 높은 비율의 성적 · 신체적 학대피해에 대해 저술하고 있다(예를 들어 Browne, Miller, and Maguin, 1999; Coker et al., 1998; Cook et al., 2005; Daly, 1992; Gaarder and Belknap, 2002; Girshick, 1999; Johnson, 2003; Klein and Chao, 1995; Lake, 1993; Sharp and Marcus-Mendoza, 2001; Singer et al., 1995). 구금된 어머니에 대한 한 연구에서는 흑인 여성과 라틴계 여성에 비해 백인 여성의 경우 교도소 구금 경로로 '열악한 가정' '불충분한 부모의 양육' 이 보고되는 경우가 많다는 점을 밝혀냈다. 흑인 여성은 어머니와 다른 보호자가 자신을 위해 "그들이 할 수 있는 최선을 다했으나" "거리의 유혹이 너무도 커서 거부할 수 없었다"고 응답했고, 라틴계 여성은 자신의 구금 경로에 대하여 "약물 판매를 통해 빨리 돈을 벌려는 유혹" 때문이라고 응답하는 경향이 있었다(Enos, 2001, 57). 최근 비도심지역 표본을 대상으로 남녀의 크랙 사용 경로를 연구한 결과를 보면(Evans, Forwyth, and Gautheir, 2002) 남녀 모두 유기(보통 부모에 의해 심각한 알코올 남용과 약물남용에 빠짐)가 중요한 경로인데, 특히 여성에게는 성적 학대(대부분 아버지가 가해자인 근친상간)가 크랙 사용의 경로로 부각되었다. 말할 필요도 없이 정신적 외상은 범죄에 이르는 핵심 경로다.

낙인이론에 대한 최근의 한 적용연구에서는 낙인이론이 주요한 정신적 외상의 피해자를 포함하도록 확대되어야 한다고 주장했다(Kenney, 2002). 이런 논의는 경로 연구에 적합한데, 그 이유는 주요한 외상의 피해자에 대한 가정, 사회, 형사사법 체계의 반응이 이들 피해자를 침묵하게 만들고 심지어는 이들을 일탈자로 낙인 지우기 때문이다(Kenney, 2002; Wortman and Lehman, 1983; Young, 1991).

와이덤의 연구(1989)를 제외하고 지금까지 살펴본 다른 경로 연구는 본질적으로 회고적 retrospective 특성을 갖고 있고, 개인에게 자신의 과거 경험에 대하여 질문하는 방식으로 데이터를 수집한다. 최근 이루어진 한 연구는 예기적prospective 특성을 갖는다. 이 연구는 1970년대 미국 북동부 대도시의 응급실에 왔던 아동 성학대 피해 소녀를 대상으로 조사했으며, 성학대 피해 경험이 없는 소녀를 통제집단으로 함께 표집·매칭하여 범죄력의 차이를 검증하고자 했다(Siegel and Williams, 2003). 분석 결과 경로 모델을 지지하는 결론이 도출되었는데, 이에 따르면 소녀 시절 성적 학대를 경험한 여성은 가출(이상하게도 가출은 가족에 의한 성적 학대보다 낯선 사람에게 성적 학대를 당한 소녀의 경우에 더 많이 나타났음), 약물범죄, 재산범죄, 매춘으로 인한 체포 비율이 더 높았다(같은 책).

Summary

범죄행위의 원인(그리고 형사사법 체계의 반응)을 설명하기 위해 시도된 이론은 생물학적·심리학적·사회적·정치적·경제적 원인을 제안했다. 가장 초기의 이론은 생물학과 개인에 초점을 두었던 반면, 더 최근에 이루어진 이론은 범죄의 사회적·경제적·정치적 원인에 초점을 두었다. 이들 이론의 대부분은 남성의 범죄성을 설명하기 위해 개발되었다. 1970년대 중반까지 대부분의 이론가는 여성 범죄성을 설명하기 위한 아무런 시도도 하지 않았다. 여성범죄에 대해 설명할 때조차 이들의 이론적 가설은 성차별적인 편견으로 가득 차 있었고, 여성범죄를 섹슈얼리티를 기준으로 정의하기도 했다. 이런 연구는 일관성 있는 연구 결과를 제시해 주지 못했다. 다시 말해 여성과 남성의 사회화의 차이점이 무엇인지, 형사사법 체계의 반응이 성별에 따라 어떻게 다른지, 이것이 다시 여성범죄와 비행률에 어떤 영향을 미치는지 아직까지 명확하지 않다. 1975년 처음으로 여성의 범죄행위를 설명하기 위한 이론이 개발되었는데, 이는 여성 '해방' 이론이다(Adler, 1975; Simon, 1975). 불행하게도 이 이론은 여성주의 운동에 관한 잘못된 가정에 기반을 두고 있으며, 이론이 제시한 통계치와 이에 대한 그릇된 이론적 해석으로 오해를 부르곤 한다.

미래의 이론 구성과 이론 검증은 범죄, 섹슈얼리티, 가족 요인, 사회경제적 지위, 동성 간의 우정, 이성 간 우정으로의 '경로'를 검토하는 것이어야 하고, 이때 남성과 여성에 대한 연구에서 동일하게 연관되는 것으로 분석되어야 한다(혹은 섹슈얼리티의 경우에는 관련 없는 것으로 분석될 수 있다)(Campbell, 1990). 더구나 미래의 이론 구축에서는 성인 여성과 소녀가 서로 유사하게 행동할 것이라고 가정해서는 안 된다. 리치Richie(1996)의 연구가 이에 대한 좋은 본보기다.

근래 들어 생물학적 접근을 통해 범죄에서 성별 차이와 여성에 대한 남성의 폭력을 설명하고자 했던 이론에 대해 새로운 관심이 모아지고 있으며, 이와 동시에 일부 신여성주의자와 일부 친여성주의자도 소년과 소녀의 삶의 경험(예를 들어 학대, 학교, 동료 등의 경험)이 이후 범죄에 어떻게 관련되는지를 설명하는 흥미로운 방식을 제시하고 있다. 불행하게도 생애주기 연구는 지금까지 대부분의 경험적 연구에서 여성을 분석에 포함하지 않고 있으며, 남성에 대한 연구에서도 비록 약속은 하고 있지만 아동기 학대 변수의 영향을 충분히 설명하지 못했다. 그러나 생애주기론은 소녀와 성인 여성을 표본에 포함하고 아동기 범죄피해와 경험을 실질적으로 측정한다면 여성의 범죄 궤적에 대한 이해를 높일 가능성이 있다. 돌이켜보면 소녀와 성인 여성, 소년과 성인 남성이 비행과 범죄로 이르는 길을 이해하기 위해 가장 유용한 방법은 경로 모델이다. 비록 경로이론이 다소 '새로운' 것으로 생각될 수도 있지만, 실제로 경로 모델을 확인해 주는 연구 결과는 1970년대까지 거슬러 올라가 이미 존재하고 있었다. 이들 연구는 범죄의 예측 요인으로 아동기와 성인기의 정신적 외상의 역할을 이해할 필요성에 대하여 계속 주장해 왔다.

한 연구는 (비행) 위험이 높은 청소년에 대한 질적 데이터(면접)를 활용하여 여러 전통이론과 현대 이론을 가장 잘 검증해 주고 있다. 진 보처Jean Bottcher(2001)는 자신의 연구에서 소년 수용자의 형제자매에 대한 상세한 면접을 통하여 젠더와 비행 간의 상호작용적 복합체를 예증했다([제시 2-5] 참조). 그녀는 동시적 · 일상적으로 소녀의 비행은 제약하고, 소년의 비행은 조장하는 사회적 관행의 역할을 강조했다. 구체적으로 그녀는 일상 활동, 성적 관심, 고난 속에서의 생존, 목표 발견, 또래와의 놀이와 시간 보내기 등 모든 것이 남성 지배의 표현이라는 점을 밝혔다. 예를 들어 부모가 되는 것은 소녀에게는 비행의 억제 요인이 되었으나 소년에게는 그렇지 않은 것으로 밝혀졌다. "이 연구는 위험 수준이 높은 가정이 소년을 집 밖으로 내몰고 범죄로 이끈다고 주장한다. 또 가장 문제가 심각한 가족이 소녀를 거의 강제로 집 밖으로 내몬다"(같은 책, 922).

이 장에서는 다양한 이론을 다루었는데, 그중 많은 이론이 범죄를 설명하고 젠더와 범죄의 관계를 검증하고자 하는 기대를 담고 있다. 범죄학 이론을 신랄하게 검토하고 있는 최근의 연구는 가족과 아동기뿐 아니라 미국 사회에 존재하는 여러 제도 간의 상호작용에 대해서도 검토할 필요가 있다는 점을 강조하고 있다. 특히 폭스Fox와 벤슨Benson(2000, 18)은 과거보다 더 많은 수의 여성이 범죄자가 되어 시설에 구금된 채 시간을 보내고 있고, 이들 시설이 한때 '범죄로부터 이탈하는 가장 확실한 경로였던' 가정의 역할을 대체하거나 가정을 파괴하고 있다고 주장한다. 앞으로의 연구는 더 폭넓은 생애 경험을 포괄하여 사회적 과정을 성별화하고, 이에 따라 범법행위 역시 성별화되는 과정을 이해할 필요가 있다.

[제시 2-5] 보처(2001)의 소녀의 비행을 제약하고 소년의 비행을 가능하게 하거나, 보상해 주는 젠더의 사회적 관행

친구를 사귀고 재미나게 놀기

- **친구 집단** 소년소녀 모두 성 분리적인데, 소녀 집단은 수적으로 더 적다.
- **경계 관리** 소년과 소녀의 분리는 소년에 의해 강화된다. 비행소년은 비행을 저지르지 않은 소년보다 소녀를 더욱 배제하는 경향이 있다.
- **오락 유형** 소년이 비행소년이 되는 데 또래 압력이 더 많이 작용한다. 소녀는 어머니와 더 많은 시간을 보내고 소년은 아버지와 더 많은 시간을 보낸다.
- **젠더 관념** 소년소녀는 소년이 천성적으로 더 용감하고 고집 세고 마초적이며, 소녀는 천성적으로 더 약하고 소심하다고 생각한다.
- **일상 경로** 소년은 가고 싶은 곳, 하고 싶은 것, 함께 있고 싶은 사람, 귀가시간에서 더 많은 자유를 누린다.

성적 관계와 부모 되기

- **이성애 관계** 소년은 성적으로 더 적극적이고, 더 많은 파트너를 원하고, 친밀한 관계에 시간을 덜 쏟는다.
- **남성 지배** 소년은 본질적으로 더 많은 권력을 갖고, 친밀한 관계의 주도권을 가진다.
- **의미** 소녀는 소년보다 친밀한 관계와 자녀에 더 많이 관여한다. 소녀는 성경험을 축소하려는 반면에 소년은 과장한다.
- **여성의 제약** 소녀는 이성과 시간을 보낼 때 부모에게 제약을 많이 받고, 임신의 두려움으로 늦은 데이트가 제한된다.
- **생애 경로** 소녀는 아동을 보살필 책임을 더 많이 갖는다고 가정되며, 소년보다 일찍 부모로부터 독립한다.

고난에서 살아남기와 목적 이루기

- **책임감** 소녀는 집 주변에서 더 많이 일한다.
- **훈육** 소년은 집 밖에서 더 많은 자유를 갖고 부모에 대한 책임을 적게 갖는다.
- **강조점** 소녀는 친밀한 관계에 더 집중하고 소년은 다른 소년과의 우정에 더 집중한다.
- **학대** 소녀는 성적 학대, 가족의 학대, 친밀한 관계에 있는 파트너의 학대를 더 많이 보고한다.
- **시간** 남성은 나이가 들수록 친밀한 관계의 파트너와 가족에 더 집중하고, 여성은 나이가 들수록 일과 학교에 더 집중한다.

SOURCE Jean Bottcher. 2001. "Social Practices of Gender: How Gender Relates to Delinquency in the Everyday Lives of High Risk Youths." *Criminology* 39:893-931.

Notes

1 다음 장에서 상세히 논의할 지위비행Status offenses은 음주, 가출, 무단결석 등 성인이 아니라 청소년에게만 적용되는 범죄를 의미한다.

Abelson, Elaine S. 1989. The Invention of Kleptomania. *Signs* 15:123-143.

Adams, David. 1992. Biology Does Not Make Men More Aggressive than Women. Pp. 17-26 in *Of Mice and Women: Aspects of Female Aggression*, edited by K. Bjorkqvistand and P. Niemela. San Diego: Academic Press.

Adler, Freda. 1975. *Sisters in Crime: The Rise of the New Female Criminal.* New York: McGraw Hill.

Agnew, Robert. 1985. A Revised Theory of Delinquency. *Social Forces* 64:151-167.

———. 1992. Foundation for a General Theory of Crime. *Criminology* 30:47-87.

———. 2001. Building on the Foundation of General Strain Theory. *Journal of Research in Crime & Delinquency* 38:319-361.

———. 2002. Experienced, Vicarious, and Anticipated Strain. *Justice Quarterly* 19:603-632.

Alarid, Leanne Fiftal, Velmer S. Burton, and Francis T. Cullen. 2000. Gender and Crime among Felony Offenders. *Journal of Research in Crime and Delinquency* 37:171-199.

Arnold, Regina A. 1990. Women of Color: Processes of Victimization and Criminalization of Black Women. *Social Justice* 17:153-166.

Baker, Robin. 1996. *Sperm Wars: The Science of Sex.* New York: Basic Books.

Baron, Stephen W. 2004. General Strain, Street Youth and Crime: A Test of Agnew's Revised Theory. *Criminology* 42:457-483.

Bartusch, Dawn J., and Ross L. Matsueda. 1996. Gender, Reflected Appraisals and Labeling. *Social Forces* 75:145-177.

Becker, Howard S. 1963. *Outsiders: Studies in the Sociology of Deviance.* New York: Free Press.

Belknap, Joanne. 1997. Variations in Perspectives and Quality in Three Books on Rape. *Criminal Justice Review* 22:77-84.

———. 2001. *The Invisible Woman: Gender, Crime, and Justice*, 2nd ed. Belmont, CA: Wadsworth/ Thomson Learning.

Bell, Derrick A. 1973. *Race, Racism and American Law.* Boston: Little, Brown, and Company.

——. 1992. *Faces at the Bottom of the Well: The Permanence of Racism.* New York: Basic Books.

Benton, David. 1992. Hormones and Human Aggression. Pp. 37-48 in *Of Mice and Women: Aspects of Female Aggression*, edited by K. Bjorkqvistand and P. Niemela. San Diego: Academic Press.

Bernburg, Jon Gunnar, and Marvin D. Krohn. 2003. Labeling, Life Chances and Adult Crime. *Criminology* 41:1287-1318.

Bjorkqvist, Kaj, and Pirkko Niemela. 1992a. New Trends in the Study of Female Aggression. Pp. 3-16 in *Of Mice and Women: Aspects of Female Aggression*, edited by K. Bjorkqvist and P. Niemela. San Diego: Academic Press.

Bjorkqvist, Kaj, and Pirkko Niemela (Eds.). 1992b. *Of Mice and Women: Aspects of Female Aggression.* San Diego: Academic Press.

Blackwell, Brenda Sims. 2000. Perceived Sanction Threats, Gender, and Crime: A Test and Elaboration of Power-Control Theory. *Criminology* 38:439-489.

———. 2003. Power-Control and Social Bonds: Exploring the Effect of Patriarchy. *Criminal Justice Studies* 16: 131-152.

Blackwell, Brenda Sims, Christine S. Sellers, and Sheila M. Schlaupitz. 2002. Victimization, Offending, and Deviant Role Exits: A Replication and Extension of Power-Control Theory. *Canadian Review of Sociology and Anthropology* 3:1-19.

Bloom, Barbara, Barbara Owen, Jill Rosenbaum, and Elizabeth Piper Deschenes. 2003. Focusing on Girls and Young Women: A Gendered Perspective on Female Delinquency. *Women & Criminal* Justice 14:117-136.

Bonger, Willem. 1969. *Criminality and Economic Conditions.* Bloomington: Indiana University Press.

Booth, Alan, and D. Wayne Osgood. 1993. The Influence of Testosterone on Deviance in Adulthood. *Criminology* 31:93-118.

Bottcher, Jean. 1995. Gender as Social Control. *Justice Quarterly* 12:33-58.

———. 2001. Social Practices of Gender: How

Gender Relates to Delinquency in the Everyday Lives of High-Risk Youth. *Criminology* 39: 893-931.

Box, Steven, and Chris Hale. 1983. Liberation and Female Criminality in England and Wales. *British Journal of Criminology* 23:35.

——. 1984. Liberation/Emancipation, Economic Marginalization, or Less Chivalry: The Relevance of Three Arguments to Female Crime Patterns in England and Wales, 1951-1980. *Criminology* 22:473-498.

Britton, Dana M. 2000. Feminism in Criminology: Engendering the Law. *Annals of the American Academy of Political and Social Science* 571:57-76.

Broidy, Lisa M. 1995. Direct Supervision and Delinquency. *Journal of Criminal Justice* 23:541-554.

———. 2001. A Test of General Strain Theory. *Criminology* 39:9-36.

Broidy, Lisa, and Robert Agnew. 1997. Gender and Crime: A General Strain Theory Perspective. *Journal of Research in Crime and Delinquency* 34:275-306.

Brown, Tony. 2003. Critical Race Theory Speaks to the Sociology of Mental Health. *Journal of Health and Social Behavior* 44:292-301.

Browne, Angela, Brenda Miller, and Eugene Maguin. 1999. Prevalence and Severity of Lifetime Physical and Sexual Victimization among Incarcerated Women. *International Journal of Law and Psychiatry* 22:301-322.

Brownmiller, Susan. 1975. *Against Our Will: Men, Women and Rape.* New York: Simon and Schuster.

Bunch, Barbara J., Linda A. Foley, and Susana P. Urbina. 1983. The Psychology of Violent Female Offenders: A Sex-Role Perspective. *The Prison Journal* 63:66-79.

Burch, Rebecca L., and Gordon G. Gallup, Jr. 2004. Pregnancy as a Stimulus for Domestic Violence. *Journal of Family Violence* 19, 243-247.

Cahill, Ann J. 2001. *Rethinking Rape.* Ithaca, NY: Cornell University Press.

Campbell, Anne. 1987. Self Definition by Rejection: The Case of Gang Girls. *Social Problems* 34:451-466.

————. 1990. On the Invisibility of the Female Delinquent Peer Group. *Women & Criminal Justice* 2:41-62.

Cernkovich, Stephen, and Peggy Giordano. 1979. A Comparative Analysis of Male and Female Delinquency. *The Sociological Quarterly* 20:131-145.

Chesney-Lind, Meda, and Noelie Rodriguez. 1983. Women under Lock and Key. *Prison Journal* 63:47-65.

Chilton, Ronald, and Susan K. Datesman. 1987. Gender, Race, and Crime: An Analysis of Urban Trends, 1960-1980. *Gender and Society* 1:152-171.

Clark, S. M. 1964. Similarities in Components of Female and Male Delinquency: Implications for Sex-Role Theory. P. 217 in *Interdisciplinary Problems in Criminology*, edited by W. C. Reckless and C. L. Newman. Columbus: Ohio State University.

Cloward, R. A., and L. E. Ohlin. 1960. *Delinquency and Opportunity: A Theory of Delinquent Gangs.* New York: Free Press.

Cohen, Albert K. 1955. *Delinquent Boys: The Culture of the Gang.* New York: Free Press.

Coker, Ann L., Nilam J. Patel, Shanthi Krishnaswami, Wendy Schmidt, and Donna I. Richter. 1998. Childhood Forced Sex and Cervical Dysplasia among Women Prison Inmates. *Violence Against Women* 4:595-608.

Comack, Elizabeth. 1996. *Women in Trouble: Connecting Women's Law Violations to their Histories of Abuse.* Halifax, NS Fernwood Publishing.

Cook, Sarah L., Sharon G. Smith, Chatal P. Tusher, and Jerris Raiford. 2005. Self-Reports of Traumatic Events in a Random Sample of Incarcerated Women. *Women & Criminal Justice* 16:107-126.

Cowie, John, Valerie Cowie, and Eliot Slater. 1968. *Delinquency in Girls.* London: Heinemann.

Coyne, Jerry A., and Andrew Berry. 2000. Rape as an Adaptation: Is this Contentious Hypothesis Advocacy, Not Science? *Nature* 404:121-122.

Crafts, Hannah. 2002. *The Bondwoman's Narrative.* New York: Warner Books.
Crawford, Charles C., and Marc A. Johnston. 1999. An Evolutionary Model of Courtship and Mating as Social Exchange. *Jurimetrics* 39:181-200.
Crenshaw, Kimberle W. 2002. The First Decade: Critical Reflections, or "A Foot in the Closing Door." Pp. 9-31 in *Crossroads, Directions, and a New Critical Race Theory,* edited by F. Valdes, J. M. Culp, and A. P. Harris. Philadelphia: Temple University Press.
Cressey, Donald. 1964. *Delinquency, Crime, and Differential Association.* The Hague: Martinus Nijhoff.
Crites, Laura. 1976. *The Female Offender.* Lexington, MA: D.C. Heath.
Cullen, Francis T., Kathryn M. Golden, and John B. Cullen. 1979. Sex and Delinquency. *Criminology* 17:301-310.
Curran, Daniel J. 1984. The Myth of the "New" Female Delinquent. *Crime and Delinquency* 30:386-399.
Daly, Kathleen. 1992. Women's Pathways to Felony Court: Feminist Theories of Lawbreaking and Problems of Representation. *Review of Law and Women's Studies* 2:11-52.
Datesman, Susan, Frank Scarpitti, and Richard Stephenson. 1975. Female Delinquency: An Application of Self and Opportunity Theories. *Journal of Research in Crime and Delinquency* 12:107-123.
Davies, Scott, and Julian Tanner. 2003. The Long Arm of the Law: Effects of Labeling on Employment. *Social Forces* 44:385-404.
Davis, Angela Y. 1981. *Women, Race, and Class.* New York: Vintage Press.
De Coster, Stacy, and Karen Heimer. 2001. The Relationship between Law Violation and Depression. *Criminology* 39:799-836.
DeKeseredy, Walter S. 1996. The Left-Realist Perspective on Race, Class, and Gender. Pp. 46-72 in *Race, Gender, and Class in Criminology,* edited by M. D. Schwartz and D. Milovanovic. New York: Garland.
Dembo, Richard, Gary Grandon, Lawrence La Voie, and William Burgos. 1986. Parents and Drugs Revisited: Some Further Evidence in Support of Social Learning Theory. *Criminology* 24:85-103.
Development Assistance Committee. 1999. DAC Guidelines for Gender Equality and Women's Empowerment in Development Co-Operation. OECD Publications, 2, rue Andre-Pascal, 7577 Paris Cedex 16- No. 80478 1999, 46pp. http://www.oecd.org/dataoecd/56/46/28313843.pdf.
Dornfeld, Maude, and Candace Kruttschnitt. 1992. Do the Stereotypes Fit? Mapping Gender-Specific Outcomes and Risk Factors. *Criminology* 30:397-420.
Elder, Glen H. 1985. Perspectives in the Life Course. Pp. 23-49 in *Life Course Dynamics,* edited by G. H. Elder. Ithaca, NY: Cornell University Press.
Ellis, Lee. 1993. Rape as a Biosocial Phenomenon. Pp. 17-41 in *Sexual Aggression: Issues in Etiology, Assessment, and Treatment,* edited by G. N. Hall, R. Hisrchman, J. Graham, and M. Zragoza. Washington, DC: Taylor and Francis.
Ellis, Lee, and Anthony Walsh. 1997. Gene-Based Evolutionary Theories in Criminology. *Criminology* 35:229-276.
Enos, Sandra. 2001. *Mothering from the Inside.* Albany: State University of New York Press.
Erikson, Kai T. 1962. Notes on the Sociology of Deviance. *Social Problems* 9:309-314.
Esbensen, Finn-Aage, and David Huizinga. 1993. Gangs, Drugs, and Delinquency in a Survey of Urban Youth. *Criminology* 31:565-590.
Evans, Rhonda D., Craig J. Forwyth, and DeAnn K. Gautheir. 2002. Gendered Pathways into and Experiences within Crack Cultures Outside of the Inner City. *Deviant Behavior* 23:483-510.
Fagan, Abigail A. 2001. The Gender Cycle of Violence. *Violence and Victims* 168:457-474.
———. 2003. The Short- and Long-Term Effects of Adolescent Violent Victimization Experienced within the Family and Community. *Violence and Victims* 18:445-459.
Faith, Karlene. 1993. *Unruly Women: The Politics of Confinement and Resistance.* Vancouver: Press Gang Publishers.

Farley, Melissa, and Howard Barkan. 1998. Prostitution, Violence, and Posttraumatic Stress Disorder. *Women & Health* 27:37-49.

Farrington, David P. 1992. Criminal Career Research in the United Kingdom. *British Journal of Criminology* 32:521-536.

Fausto-Sterling, Anne. 1985. *Myths of Gender: Biological Theory about Women and Men.* New York: Basic Books.

——————. 2000. Beyond Difference: Feminism and Evolutionary Psychology. Pp. 209-227 in *Alas, Poor Darwin*, edited by H. Rose and S. Rose. New York: Harmony Books.

Feinman, Clarice. 1986. *Women in the Criminal Justice System*, 2nd ed. New York: Praeger.

Figueira-McDonough, Josephine. 1984. Feminism and Delinquency: In Search of an Elusive Link. *British Journal of Criminology* 24:325-342.

Figueira-McDonough, Josephine, William H. Barton, and Rosemary C. Sarri. 1981. Normal Deviance: Gender Similarities in Adolescent Subcultures. Pp. 17-45 in *Comparing Female and Male Offenders*, edited by M.Q. Warren. Beverly Hills, CA: Sage.

Figueira-McDonough, Josephine, and E. Selo. 1980. A Reformulation of the 'Equal Opportunity' Explanation of Female Delinquency. *Crime and Delinquency* (July): 333-343.

Figueredo, Aurelio Jose, and Laura Ann McCloskey. 1993. Sex, Money, and Paternity: The Evolutionary Psychology of Domestic Violence. *Etiology & Sociobiology* 14:353-379.

Figueredo, Aurelio Jose, Victor Corral-Verdugo, Martha Frias-Armenta, Karen J. Bachar, Janine White, Prentiss L. McNeill, Beth R. Kirsner, and Irasema del Pilar Castell-Ruiz. 2001. Blood, Solidarity, Status, and Honor: 2001. The Sexual Balance of Power and Spousal Abuse in Sonora, Mexico. *Evolutiona and Human Behavior* 22:295-328.

Flavin, Jeanne. 2001. Feminism for the Mainstream Criminologist. *Journal of Criminal Justice* 29:271-285.

Fox, Greer Litton, and Michael L. Benson. 2000. Families, Crime and Criminal Justice: Charting the Linkages. *Families, Crime, and Criminal Justice* 2:1-21.

Fox, Lana, and Fran Sugar. 1990. *Survey of Federally Sentenced Aboriginal Women in the Community.* Canada: Correctional Service of Canada, 16pp. (or available at http://www.csc-scc.gc.ca/text/prgrm/fsw/nativesurvey/toce_e.shtml).

Freud, Sigmund. 1933. *New Introductory Lectures on Psychoanalysis.* New York: W. W. Norton.

Frigon, Sylvie. 1995. A Genealogy of Women's Madness. Pp. 20-48 in *Gender and Crime*, edited by R. E. Dobash, R. P. Dobash, and L. Noaks. Cardiff: University of Wales Press.

Gaarder, Emily, and Joanne Belknap. (2002). Tenuous Borders: Girls Transferred to Adult Court. *Criminology* 40:481-517.

Gilfus, Mary E. 1992. From Victims to Survivors to Offenders: Women's Routes of Entry and Immersion into Street Crime. *Women & Criminal Justice* 4:63-90.

Giordano, Peggy C. 1978. Girls, Guys, and Gangs: The Changing Social Context of Female Delinquency. *Journal of Criminal Law and Criminology* 69:126-132.

Girshick, Lori B. 1999. *No Safe Haven: Stories of Women in Prison.* Boston: Northeastern University Press.

Gordon, David. 1973. Capitalism, Class, and Crime in America. *Crime and Delinquency* 19:163-186.

Gottfredson, Michael R., and Travis Hirschi. 1990. *A General Theory of Crime.* Stanford, CA: Stanford University Press.

Guy-Sheftall, B. (Ed.). 1995. *Words of Fire: An Anthology of African-American Feminist Thought.* New York: The New Press.

Hagan, John. 1988. *Structural Criminology.* Cambridge, UK: Polity.

Hagan, John, A. R. Gillis, and John H. Simpson. 1985. The Class Structure of Gender and Delinquency. *American Journal of Sociology* 90:1151-1178.

Hagan, John, John H. Simpson, and A. R. Gillis. 1979. The Sexual Stratification of Social Control: A Gender-Based Perspective on Crime and

Delinquency. *British Journal of Sociology* 30:25.
———. 1987. Class in the Household: A Power-Control Theory of Gender and Delinquency. *American Journal of Sociology* 92:788-816.

Hall, Gordon N., Richard Hirschman, John Graham, and Maira Zragoza (Eds.). 1993. *Sexual Aggression*. Washington, DC: Taylor and Francis.

Handwerker, W. Penn. 1998. Why Violence? A Test of Hypotheses Representing Three Discourses on the Roots of Domestic Violence. *Human Organization* 57:200-208.

Harris, Anthony. 1977. Sex and Theories of Deviance: Toward a Functional Theory of Deviant Type-Scripts. *American Sociological Review* 42:3-16.

Harris, Christine. R. 2003. A Review of Sex Differences in Sexual Jealousy, Including Self-Report Data, Psychophysiological Responses, Interpersonal Violence, and Morbid Jealousy. *Personality and Social Psychology Review* 7:102-128.

Harris, Mary B. 1996. Aggression, Gender, and Ethnicity. *Aggression and Violent Behavior* 1:123-146.

Hayes, Terrell. A. 2000. Stigmatizing Indebtedness: Implications for Labeling Theory. *Symbolic Interaction* 23:29-46.

Heidensohn, Frances M. 1985. *Women and Crime: The Life of the Female Offender*. New York: New York University Press.

Heimer, Karen, and Stacy De Coster. 1999. The Gendering of Violent Delinquency. *Criminology* 37:277-318.

Hill, Gary D., and Maxine P. Atkinson. 1988. Gender, Familial Control, and Delinquency. *Criminology* 26:127-149.

Hill, Gary D., and Elizabeth M. Crawford. 1990. Women, Race, and Crime. *Criminology* 28:601-626.

Hindelang, M. 1971. Age, Sex and Versatility of Delinquent Involvement. *Social Problems* 21:471.
————. 1973. Cases of Delinquency: A Partial Replication and Extension. *Social Problems* 21:471.

Hirschi, Travis. 1969. *Cases of Delinquency*. Berkeley: University of California Press.

Hoffman, John P., and Felicia Gray Cerbone. 1999. Stressful Life Events and Delinquency Escalation in Early Adolescence. *Criminology* 37:343-373.

Hoffman, John P, and S. Susan Su. 1997. The Conditional Effects of Stress on Delinquency and Drug Use: A Strain Theory Assessment of Sex Differences. *Journal of Research in Crime & Delinquency* 34:46-78.

Hoffman-Bustamante, Dale. 1973. The Nature of Female Criminality. *Issues in Criminology* 8:117-136.

hooks, bell. (2000). *Feminist Theory: From Margin to Center*, 2nd ed. Cambridge, MA: South End.

Horwitz, Allan V. 1977. The Pathways into Psychiatric Treatment: Some Differences between Men and Women. *Journal of Health and Social Behavior* 18:169-178.

Howe, Adrian. 1994. *Punish and Critique: Towards a Feminist Analysis of Penality*. London: Routledge.

Huang, Bu, Rick Kosterman, Richard F. Catalano, J. David Hawkins, and Robert D. Abbott. 2001. Modeling Mediation in the Etiology of Violent Behavior in Adolescence. *Criminology* 39:75-107.

Huesmann, L. Rowell, Leonard D. Eron, Monroe M. Lefkowitz, and Leopold O. Walder. 1984. Stability of Aggression over Time and Generations. *Developmental Psychology* 20: 1120-1134.

Hughes, Lorine A. 2005. The Representation of Females in Criminological Research. *Women & Criminal Justice* 16:1-27.

James, Jennifer, and Jane Meyerding. 1977. Early Sexual Experiences and Prostitution. *American Journal of Psychiatry* 134(12):1381-1385.

Jang, Sung Joon, and Marvin D. Krohn. 1995. Developmental Patterns of Sex Differences in Delinquency among African American Adolescents: A Test of the Sex-Invariance Hypothesis. *Journal of Quantitative Criminology* 11:195-222.

Janssen, Patricia A., Tonia L. Nicholls, Ravinesh A. Kuma, Harry Stefankakis, Alicia L. Spidel, and Elizabeth M. Simpson. 2005. Of Mice and Men: Will the Intersection of Social Science and

Genetics Create New Approaches for Intimate Partner Violence? *Journal of Interpersonal Violence* 20:61-71.

Jensen, Gary F., and K. Thompson. 1990. What's Class Got to Do with It? A Further Examination of Power-Control Theory. *American Journal of Sociology* 95:1009-1023.

Jensen, Gary J., and Raymond Eve. 1976. Sex Differences in Delinquency. *Criminology* 13:427-448.

Joe, Karen A., and Meda Chesney-Lind. 1995. "Just Every Mother's Angel': An Analysis of Gender and Ethnic Variations in Youth Gang Membership. *Gender and Society* 9:408-431.

Johnson, Paula C. 2003. *Inner Lives: Voices of African American Women in Prison.* New York: New York University.

Johnson, Richard E. 1986. Family Structure and Delinquency: General Patterns and Gender Differences. *Criminology* 24:65-84.

Kanin, Eugene J. 1985. Date Rapists: Differential Sexual Socialization and Relative Deprivation. *Archives of Sexual Behavior* 14:219-231.

Kaplin, Hoard B., and Cheng-Hsien Lin. 2000. Deviant Identity as a Moderator of the Relation between Negative Self-Feelings and Deviant Behavior. *Journal of Early Adolescence* 20:150-177.

Kenney, J. Scott. 2002. Victims of Crime and Labeling Theory. *Deviant Behavior* 23:235-265.

King, D. K. (1988). Multiple Jeopardy, Multiple Consciousness: The Context of Black Feminist Ideology. *Signs: Journal of Women in Culture and Society* 14:42-72.

Kitsuse, John I. 1962. Societal Reaction to Deviant Behavior: Problems of Theory and Method. *Social Problems* 9:247-256.

Klein, Dorie. 1980. The Etiology of Female Crime: A Review of the Literature. Pp. 70-105 in *Women, Crime, and Justice,* edited by S. K. Datesman and F. R. Scarpitti. New York: Oxford University Press.

Klein, Dorie, and June Kress. 1976. Any Woman's Blues: A Critical Overview of Women, Crime, and the Criminal Justice System. *Crime and Social Justice* 5:34-49.

Klein, Hugh, and Betty S. Chao. 1995. Sexual Abuse during Childhood and Adolescence as Predictors of HIV-Related Sexual Risk during Adulthood among Female Sexual Partners of Drug Users. *Violence Against Women* 1:55-76.

Konopka, Gisela. 1966. *The Adolescent Girl in Conflict.* Englewood Cliffs, NJ: Prentice Hall.

Kruttschnitt, Candace. 1996. Contributions of Quantitative Methods to the Study of Gender and Crime, or Bootstrapping Our Way into the Theoretical Thicket. *Journal of Quantitative Criminology* 12:135-161.

LaGrange, Teresa C., and Rovert A. Silverman. 1999. Low Social-Control and Opportunity: Testing the General Theory of Crime as an Explanation for Gender Differences in Delinquency. *Criminology* 37:41-72.

Laidler, Karen Joe, and Geoffrey Hunt. 2001. Accomplishing Femininity among the Girls in the Gang. *British Journal of Criminology* 41:656-678.

Lake, E. S. 1993. An Exploration of the Violent Victim Experiences of Female Offenders. *Violence and Victims* 8:41-51.

Laub, John H., Daniel S. Nagin, and Robert J. Sampson. 1998. Trajectories of Change in Criminal Offending. *American Sociological Review* 63:225-238.

Laub, John H., and Janet L. Lauritsen. 1993. Violent Criminal Behavior over the Life Course: A Review of the Longitudinal and Comparative Research. *Violence and Victims* 8:235-252.

Laub, John H., and Robert J. Sampson. 1993. Turning Points in the Life Course: Why Change Matters to the Study of Crime. *Criminology* 31:301-325.

Lauritsen, Janet L. 1993. Sibling Resemblance in Juvenile Delinquency. *Criminology* 31:387-410.

Lemert, Edwin M. 1951. *Social Pathology: A Systematic Approach to the Theory of Sociopathic Behavior.* New York: McGraw Hill.

Leonard, Eileen B. 1982. *Women, Crime, and Society: A Critique of Criminology Theory.* New York: Longman.

Lerman, Paul. 1966. Individual Values, Peer Values

and Subcultural Delinquency. *American Sociological Review* 33:219-235.

Lesch, Klaus P., and Ursula Merschdorf. 2000. Impulsivity, Aggression, and Seotonin: A Molecular Psychobiolgical Perspective. *Behavioral Sciences and the Law* 18:581-604.

Li, Spencer De. 1999. Social Control, Delinquency, and Youth Status Achievement: A Developmental Approach. *Sociological Perspectives* 42:305-324.

—. 2004. The Impacts of Self-control and Social Bonds on Juvenile Delinquency in a National Sample of Midadolescents. *Deviant Behavior* 25:351-373.

Loeber, Rolf. 1996. Developmental Continuity, Change, and Pathways in Male Juvenile Problem Behavior. Pp. 1-28 in *Delinquency and Crime*, edited by J. David Hawkins. New York: Cambridge University Press.

Loeber, Rolf, and David P. Farrington. 2000. Young Children Who Commit Crime. *Development and Psychopathology* 12:737-762.

Loeber, Rolf, and Dale Hay. 1997. Key Issues in the Development of Aggression and Violence from Childhood to Early Adulthood. *Annual Review of Psychology* 48:371-410.

Lombroso, Cesare, and William Ferrero. 1895. *The Female Offender*. London: Fisher Unwin.

————. 2004. *Criminal Woman, the Prostitute, and the Normal Woman* (trans. Nicole Hahn Rafter and Mary Gibson). Durham, NC: Duke University Press.

Lopez, Ian F. Haney. 1996. *White by Law: The Legal Construction of Race*. New York: New York University Press.

———. 2003. *Racism on Trial: The Chicano Fight for Justice*. Cambridge, MA: The Belknap Press of Harvard University Press.

Lorber, Judith. 1994. *Paradoxes in Gender*. New Haven, CT: Yale University Press.

Luthar, Suniya S., and Karen D'Avanzo. 1999. Contextual Actors in Substance Use. *Development and Psychopathology* 11:845-867.

Lynch, Michael J., and W. Byron Groves. 1989. *A Primer in Radical Criminology*, 2nd ed. New York: Harrow and Heston.

Maher, Lisa. 1997. *Sexed Work: Gender, Race and Resistance in a Brooklyn Drug Market*. Oxford, England: Clarendon Press.

Mann, Coramae Richey. 1984. *Female Crime and Delinquency*. Montgomery: University of Alabama Press.

Mazerolle, Paul. 1998. Gender, General Strain, and Delinquency: An Empirical Examination. *Justice Quarterly* 15:65-91.

McCarthy, Bill, John Hagan, and Todd S. Woodward. 1999. In the Company of Women: Structure and Agency in a Revised Power-Control Theory of Gender and Delinquency. *Criminology* 37:761-788.

McCarthy, Bill, Diane Felmlee, and John Hagan. 2004. Girlfriends are Better. *Criminology* 42:805-835.

Mears, Daniel P., Matthew Ploeger, and Mark Warr. 1998. Explaining the Gender Gap in Delinquency. *Journal of Research in Crime and Delinquency* 35:351-466.

Merton, Robert K. 1938. Social Structure and Anomie. *American Sociological Review* 3:672-682.

———. 1949. *Social Theory and Social Structure*. Glencoe, IL: Free Press.

Messerschmidt, James W. 1988. From Marx to Bonger: Socialist Writings on Women, Gender, and Crime. *Sociological Inquiry* 58:378-392.

—————. 1993. Masculinities and Crime. Lanham, MD: Rowman & Littlefield.

Messner, Michael. A. 2000. Barbie Girls versus Sea Monsters: Children Constructing Gender. *Gender & Society* 14:765-784.

Miller, Susan L., and Cynthia Burack. 1993. A Critique of Gottfredson and Hirsch's General Theory of Crime: Selective (In)Attention to Gender and Power Positions. *Women & Criminal Justice* 4:115-134.

Moffitt, Terrie E. 1990. Juvenile Delinquency and Attention Deficit Disorder: Boys' Development Trajectories from Age 3 to Age 15. *Child Development* 61:893-910.

———. 1993. Adolescence-Limited and Life-Course-Persistent Antisocial Behavior: A Developmental Taxonomy. *Psychological Review* 100:674-701.

Moore, Joan W. 1999. Gang Members' Families. Pp. 159-176 in *Female Gangs in America: Essays on Girls, Gangs and Gender,* edited by M. Chesney-Lind and J.M. Hagedorn. Chicago: Lakeview Press.

Morash, Merry. 1983. Gangs, Groups, and Delinquency. *British Journal of Criminology* 23:309-335.

———. 1986. Gender, Peer Group Experiences, and Seriousness of Delinquency. *Journal of Research in Crime and Delinquency* 23:43-67.

Morash, Merry, and Meda Chesney-Lind. 1991. A Re-Formulation and Patriarchal Test of the Power Control Theory of Delinquency. *Justice Quarterly* 8:347-378.

Morris, Allison. 1987. *Women, Crime and Criminal Justice.* Oxford, England: Basil Blackwell.

Morris, Ruth R. 1964. Female Delinquency and Relational Problems. *Social Forces* 43:82-88.

———. 1965. Attitudes toward Delinquency by Delinquents, Non-Delinquents and Their Friends. *British Journal of Criminology* 5:249-265.

Naffine, Ngaire. 1987. *Female Crime: The Construction of Women in Criminology.* Sydney, Australia: Allen and Unwin.

———. 1996. *Feminism and Criminology.* Philadelphia: Temple University Press.

Nagasawa, Richard, Zhenchao Qian, and Paul Wong. 2000. Social Control Theory as a Theory of Conformity: The Case of Asian/Pacific Drug and Alcohol Nonuse. *Sociological Perspectives* 43:581-603.

Nagin, Daniel S., David P. Farrington, and Terrie E. Moffitt. 1995. Life-Course Trajectories of Different Types of Offenders. *Criminology* 33: 111-138.

Nakhaie, M. Reza, Robert A. Silverman, and Teresa C. LaGrange. 2000. Self-Control and Social Control: An Examination of Gender, Ethnicity, Class, and Delinquency. *Canadian Journal of Sociology* 25:35-59.

Norland, Stephen, Randall C. Wessel, and Neal Shover. 1981. Masculinity and Delinquency. *Criminology* 19:421-433.

Olds, David, Charles R. Henderson, Jr., R. Cole, J. Eckenrode, H. Kitzman, D. Luckey, L. Pettitt, K. Sidora, P. Morris, and J. Powers. 1998. Long-Term Effects of Nurse Home Visitation on Children's Criminal and Antisocial Behavior: 15-Year Follow-Up of a Randomized Trial. The *Journal of the American Medical Association* 280:1238-1244.

Olson, David E., Arthur J. Lurigio, and Magnus Seng. 2000. A Comparison of Female and Male Probationers. *Women & Criminal Justice* 11:65-79.

Owen, Barbara. 1998. *In the Mix: Struggle and Survival in a Women's Prison.* Albany: State University of New York Press.

Piquero, Alex R., John M. MacDonald, and Karen F. Parker. 2002. Race, Local Life Circumstances, and Criminal Activity. *Social Science Quarterly* 83:654-670.

Piquero, Alex R., Robert Brame, Paul Mazerolle, and Rudy Haapanen. 2003. Crime in Emerging Adulthood. *Criminology* 40:137-169.

Piquero, Alex and Paul Mazerolle, (Eds.). 2000. *Life-Course Criminology: Contemporary and Classic Readings.* Belmont, CA: Wadsworth.

Platt, Anthony. 1975. Prospects for a Radical Criminology in the U.S. Pp. 95-112 in *Critical Criminology,* edited by I. Taylor, P. Walton, and J. Young. London: Routledge and Kegan Paul.

Pollak, Otto. 1950. *The Criminality of Women.* Philadelphia: University of Pennsylvania Press.

———. 1961. *The Criminality of Women.* New York: A. S. Barnes.

Potter, Hillary. 2004. Intimate Partner Violence against African American Women: The Effects of Social Structure and Black Culture on Patterns of Abuse. A dissertation.

Quinney, Richard. 1972. The Ideology of Law: Notes for a Radical Alternative to Repression. *Issues in Criminology* 7:1-35.

———. 1975. *Criminology: Analysis and Critique of Crime in America.* Boston: Little, Brown.

Rafter, Nicole H., and E. M. Natalizia. 1981. Marxist Feminism: Implications for Criminal Justice. *Crime and Delinquency* 27:81-98.

Rafter, Nicole Hahn and Mary Gibson. 2004. Editors' Introduction Pp. 3-33 in *Criminal Woman, the Prostitute, and the Normal Woman* (translated by Nicole Hahn Rafter and Mary Gibson). Durham, NC: Duke University Press.

Rahav, Michael. 1984. Norm Set and Deviant Behavior: The Case of Age-Sex Norms. *Deviant Behavior* 5:151-179.

Rankin, Bruce, H., and James M. Quane. 2000. Social Contexts and Urban Adolescent Outcomes. *Social Problems* 49:79-100.

Rasche, Christine. 1975. The Female Offender as an Object of Criminological Research. Pp. 9-28 in *The Female Offender*, edited by A. M. Brodsky. Beverly Hills: Sage.

Rhode, Deborah L. 1990. Feminist Critical Theories. *Stanford Law Review* 42:617-638.

Rice, Marcia. 1990. Challenging Orthodoxies in Feminist Theory: A Black Feminist Critique. Pp. 57-69 in *Feminist Perspectives in Criminology*, edited by L. Gelsthorpe and A. Morris. Buckingham, England: Open University Press.

Richie, Beth E. 1996. *Compelled to Crime: The Gender Entrapment of Battered Black Women.* New York: Routledge.

Ridgeway, Cecilia L., and Shelley J. Correll. 2004. Unpacking the Gender System: A Theoretical Perspective on Gender Beliefs and Social Relations. *Gender & Society* 18:510-31.

Risman, Barbara J. 2004. Gender as a Social Structure: Theory Wrestling with Activism. *Gender & Society* 18:429-450.

Rittenhouse, C. Amanda. 1991. The Emergence of Premenstrual Syndrome as a Social Problem. *Social Problems* 38:412-425.

Rivera, B., and Cathy S. Widom. 1990. Childhood Victimization and Violent Offending. *Violence and Victims* 5:19-35.

Rosenbaum, Jill L. 1989. Family Dysfunction and Female Delinquency. *Crime and Delinquency* 35:31-44.

Rosenbaum, Marsha. 1981. *Women on Heroin.* New Brunswick, NJ: Rutgers University Press.

Sampson, Robert J., and John H. Laub. 1990. Crime and Deviance over the Life Course: The Salience of Adult Social Bonds. *American Sociological Review* 55:609-627.

———. 1993. *Crime in the Making: Pathways and Turning Points through Life.* Cambridge, MA: Harvard University Press.

Sandhu, Harjit S., and Donald E. Allen. 1969. Female Delinquency: Goal Obstruction and Anomie. *Canadian Review of Sociology and Anthropology* 5:107-110.

Schur, Edwin M. 1984. *Labeling Women Deviant: Gender, Stigma, and Social Control.* New York: McGraw Hill.

Schwendinger, Herman, and Julia Schwendinger. 1970. Defenders of Order or Guardians of Human Rights? *Issues in Criminology* 5:123-157.

Segrave, Jeffrey O., and Douglas N. Hastad. 1983. Evaluating Structural and Control Models of Delinquency Causation. *Youth and Society* 14:437-456.

Seiler, Naomi. 2003. Identifying Racial Privilege: Lessons from Critical Race Theory and the Law. *American Journal of Bioethics* 3:24-25.

Sellers, Christine S. 1999. Self-Control and Intimate Violence. *Criminology* 37:375-405.

Sharp, Susan F. and Susan T. Marcus-Mendoza. 2001. It's a Family Affair: Incarcerated Women and Their Families. *Women & Criminal Justice* 12:21-49.

Shaw, Margaret. 1991. Survey of Federally Sentenced Women: Report to the Task Force on Federally Sentenced Women on the Prison Survey (User Report 1991-4: Ottawa, Ministry of the Solicitor General).

——. 1995 Conceptualizing Violence by Women. Pp. 115-131 in *Gender and Crime*, edited by R. E. Dobash, R. P. Dobash, and L. Noaks. Cardiff: University of Wales Press.

Shaw, Stephani J. 1997. Black Club Women and the Creation of the National Association of Colored Women. Pp. 499-503 in *Feminist Frontiers* IV, edited by L. Richardson, V. Taylor, and N. Whittier. New York: McGraw Hill.

Shover, Neal, and Carol Y. Thompson. 1992. Age,

Differential Expectations, and Crime Desistance. *Criminology* 30:89-104.

Siegel, Jane A., and Linda M. Williams. 2003. The Relationship between Child Sexual Abuse and Female Delinquency and Crime. *Journal of Research in Crime and Delinquency* 40:71-94.

Silbert, Mimi H., and Ayala M. Pines. 1981. Sexual Abuse as an Antecedent to Prostitution. *Child Abuse and Neglect* 5:407-411.

Simon, Rita. 1975. *Women and Crime. Lexington,* MA: D. C. Heath.

Singer, Mark I., Janet Bussey, Li-Yu Song, and Lisa Lunghofer. 1995. The Psychosocial Issues of Women Serving Time in Jail. *Social Work* 40:103-113.

Singer, Susan J., and Murray Levine. 1988. A Power-Control Theory, Gender, and Delinquency. *Criminology* 26:527-547.

Small, M. 1996. *Female Choices: Sexual Behavior of Female Primates.* Ithaca, NY: Cornell University Press.

Smart, Carol. 1976. *Women, Crime and Criminology: A Feminist Critique.* London: Routledge and Kegan Paul.

———. 1982. The New Female Offender: Reality or Myth? Pp. 105-116 in *The Criminal Justice System and Women*, edited by B. R. Price and N. J. Sokoloff. New York: Clark Boardman.

Smith, Douglas A. 1979. Sex and Deviance: An Assessment of Major Sociological Variables. *Sociological Quarterly* 20:183.

Smith, Douglas A., and Christy A. Visher. 1980. Sex and Involvement in Deviance/Crime: A Quantitative Review of the Empirical Literature. *American Sociological Review* 45:691-701.

Soler, Hosanna, Preeti Vinayak, and David Quadagno. 2000. Biosocial Aspects of Domestic Violence. *Psychoneuroendocrinology* 25:721-739.

Sommers, Ira, and Deborah R. Baskin. 1994. Factors Related to Female Adolescent Initiation into Violent Street Crime. *Youth and Society* 25:468-489.

Spender, Dale. 1981. *Men's Studies Modified.* Oxford, England: Pergamon Press.

Spohn, Ryan E. (2000). Gender Differences in the Effect of Child Maltreatment on Criminal Activity over the Life Course. *Families, Crime and Criminal Justice* 2:207-231.

Stattin, Hakan, and David Magnusson. 1991. Stability and Change in Criminal Behaviour Up to Age 30. *The British Journal of Criminology* 31: 327-346.

Steffensmeier, Darrell J. 1980. Sex Differences in Patterns of Adult Crime, 1965-1977: A Review and Assessment. *Social Forces* 58:1080-1108.

Steffensmeier, Darrell J., and Emilie A. Allan. 1988. Sex Disparities in Arrests by Residence, Race, and Age: An Assessment of the Gender Convergence/ Crime Hypothesis. *Justice Quarterly* 5:53-80.

Steffensmeier, Darrell J., and Cathy Streifel. 1992. Time-Series Analysis of the Female Percentage of Arrests for Property Crimes, 1960-1985: A Test of Alternative Explanations. *Justice Quarterly* 9:77-104.

Sterk, Claire E. 1999. *Fast Lives.* Philadelphia: Temple University Press.

Sutherland, Edwin. 1939. *Principles of Criminology*, 3rd ed. Philadelphia: J. B. Lippincott.

Sutherland, Edwin, and Donald Cressey. 1966. *Principles of Criminology.* Philadelphia: J. B. Lippincott.

Taylor, Claire. 2001. The Relationshp between Social and Self-Control. *Theoretical Criminology* 5:369-388.

Taylor, Ian, Paul Walton, and Jock Young (Eds.). 1973. The *New Criminology: For a Social Theory of Deviance.* New York: Harper and Row.

———. (Eds.) 1975. *Critical Criminology.* London: Routledge and Kegan Paul.

Taylor, Timothy. 1996. *The Prehistory of Sex.* New York: Bantam Books.

Thomas, W. I. 1907. *Sex and Society.* Boston: Little, Brown.

———. 1923. *The Unadjusted Girl.* Boston: Little, Brown.

———. 1967. *The Unadjusted Girl.* New York: Harper and Row.

Thornhill, Randy, and Craig T. Palmer. 2000.

A Natural History of Rape: Biological Bases of Sexual Coercion. MIT Press.

Thornton, W. E., and J. James. 1979. Masculinity and Delinquency Revisited. *British Journal of Criminology* 19:225.

Torstensson, Marie. 1990. Female Delinquents in a Birth Cohort: Some Aspects of Control Theory. *Journal of Quantitative Criminology* 6:101-115:

Travis, Cheryl Brown (Ed.). 2003. *Evolution, Gender, and Rape*. Cambridge, MA: The MIT Press.

Tremblay, Richard, Joan McCord, and L. Otten. 1983. A Consideration of Sex Roles and Motivations for Crime. *Criminal Justice and Behavior* 10:3-12.

Tremblay, Richard E., Frank Vitaro, Lucie Bertrand, Marc Leblanc, Helene Beauchesne, Helene Boileau, and Lucille David. 1992. Parent and Child Training to Prevent Early Onset of Delinquency. The Montreal Longitudinal Experimental Study. Pp. 117-138 in *Preventing Antisocial Behavior. Interventions from Birth through Adolescence*, edited by J. McCord and R. Tremblay. New York: Guilford Press.

Uggen, Christopher. 2000. Class, Gender, and Arrest. *Criminology* 38: 835-860.

Valdes, Francisco, Jerome McCristal Culp, and Angla P. Harris, Eds. 2002. *Crossroads, Directions, and a New Critical Race Theory*. Philadelphia: Temple University Press.

Vander Ven, Thomas. 2003. *Working Mothers and Juvenile Delinquency*. New York: LFB Scholarly Publishing.

Vedder, Clyde, and Dora Somerville. 1970. *The Delinquent Girl*. Springfield, IL: Charles C. Thomas.

Ward, Tony, and Richard Siegert. 2002. Rape and Evolutionary Psychology: A Critique of Thornhill and Palmer's Theory. *Aggression and Violent Behavior* 7:145-168.

Watts, Ivan Eugene, and Mirmala Erevelles. 2004. These Deadly Times: Reconceptualizing School Violence by Using Critical Race Theory and Disability Studies. *American Educational Journal* 41:271-299.

Widom, Cathy S. 1989. The Cycle of Violence. *Science* 244:160-166.

———. 1995. *Victims of Childhood Sexual Abuse-Later Criminal Consequences. Research in Brief*, National Institute of Justice, U.S. Department of Justice.

Wing, Adrienne K. (Ed.) 1997. *Critical Race Feminism: A Reader*. New York: New York University Press.

——. 2003. *Critical Race Feminism: A Reader*, 2nd ed. New York: New York University Press.

Wortman, Camille B., and Darrin R. Lehman. 1983. Reactions to Victims of Life Crises. Pp. 463-489 in *Social Support*, edited by I. G. Sarason and B. R. Sarason. Boston: Martinus Nijhoff.

Wrangham, R., and D. Peterson. 1996. *Demonic Males: Apes and the Origins of Human Violence*. New York: Houghton Mifflin.

Young, Alison, and Peter Rush. 1994. The Law of Victimization in Urban Realism, Pp. 49-72 in *The Futures of Criminology*, edited by David Nelken. Thousand Oaks, CA: Sage.

Young, Marlene A. 1991. Survivors of Crime. Pp. 27-42 in *To Be a Victim: Encounters with Crime and Injustice*, edited by D. Sank and D. I. Caplan. New York: Plenum.

Zuberi, Tokofu. 2001. *Thicker than Blood: How Racial Statistics Lie*. Minneapolis: University of Minnesota Press.

03 여성범죄의 빈도와 특성

The Frequency and Nature of Female Offending

통계를 보면 남성과 여성은 가장 많이 검거되는 범죄 유형이 아주 흡사한데, 대부분 절도 등 사소한 범죄다. …… 가장 두드러진 차이는 남녀 범죄(offending)의 절대적 수준이다(브리튼, 2000, 60).

많은 연구가 여성이 일반적으로 남성보다 범죄를 적게 저지를 뿐 아니라 여성범죄는 특성상 덜 심각하고 덜 폭력적이라는 것을 일관되게 보여준다. 미국의 2003년 검거 건수 중에서 여성은 폭력 지표범죄 검거 5건 중 1건 미만이며, 재산 지표범죄 검거 3건 중 1건 미만이며, 모든 검거 건수 4건 중 1건 미만을 차지했다. 여성이 남성만큼 폭력적이지 않다는 점은 가장 장기 범죄자 집단인 상습범이나 경력 범죄자 사이에서조차도 남성이 폭력범죄로 여성보다 4배 더 검거되었다는 것(재산범죄에서도 더 많이 검거됨)을 보여준 한 최근 연구에서 강조되었다(DeLisi, 2002).

이 장에서는 여자 청소년과 성인 여성의 범죄를 평가하기 위해 과거와 현재의 연구 결과를 이용할 것이다. 그러나 여성범죄에 대한 연구와 자료의 완전한 이해를 위해서는 여러 가지 맥락 속에서 살펴보아야 한다.

1. 여성범죄의 정도: 여성과 소녀가 범하는 범죄의 빈도
2. 여성범죄의 특성: 여성과 소녀가 범하는 범죄의 유형
3. 여성범죄에 대한 편견과 가정: 이것이 법규와 법의 집행에 미치는 영향
4. 범죄의 성별 비교: 여성범죄와 남성범죄의 특성과 빈도 비교

5. 범죄의 역사적 측면: 범죄의 정도, 특성, 성차의 시간적 변화

범죄의 **정도**란 다양한 범죄가 행해지는 빈도를 의미한다. 다른 한편, 범죄의 **특성**은 범죄의 유형과 심각성을 말한다. 많은 연구가 청소년과 성인의 행위 중 범죄로 간주되지 않는 행위(예를 들면 무단결석, 음주, 가출)인 **지위범죄**에 대한 것이므로 **범죄**crime보다는 **위법**offending이라는 용어가 사용된다. 여성범죄의 정도를 보면 범죄율이 체포, 피해, 자기보고율에 따라 측정되는지 여부에 관계없이 남성은 여성보다 5~10배 높게 범죄를 저지른다(Steffensmeier and Haynie, 2000). 여성범죄의 특성과 관련해서 여성이 가장 많이 저지르는 범죄는 성행위(매춘), 가출, 절도, 사기, 위조, 횡령이다([표 3-1] 참조). 이것은 역사적으로 꽤 일관되게 나타난다.

범죄의 성별 비교는 보통 성과 관련된 범죄와 성에 중립적인 범죄를 구분해서 평가한다(Smart, 1976). **성과 관련된**gender-related 범죄는 특정 성에 의해 더 행해지는 경향이 있는 반면, **성 중립적**gender-neutral 범죄는 여성과 남성 모두 비슷하게 행해지는 경향이 있다. 남성이 범죄를 저지르려는 경향이 더 강하다는 점에 비추어볼 때, 대부분의 범죄는 남성과 관련된다. 강간과 기타 폭력범죄는 특히 더 그렇다. 여성과 관련되는 가장 일반적인 범죄의 예는 매춘이다.

역사적으로 일부 범죄에 대한 법규에는 한 성(sex/gender)만이 피해자나 범죄자일 수 있다고 되어 있다. 예를 들면 1970년대까지 많은 강간법이 남성만이 범죄자일 수 있고, 여성만이 피해자일 수 있다고 명기했다. 유사하게 많은 매춘법에는 여성이 범죄자로 명기되었다('피해자'는 없고, 남성 고객도 범죄자다). 그러나 법규가 범죄자나 피해자를 파악하는 데 성 중립적일 때조차(즉 '페니스' '여성' 등을 명기하지 않는) 성에 따라 특별하게 적용될 수 있다(Morris, 1987). 예를 들면 매춘법이 남성 매춘부를 포함하거나 매춘부뿐 아니라 고객도 포함하는 것으로 바뀔 때조차 경찰과 판사는 이런 남성 범죄자가 범죄자에 대한 자신들의 고정관념에 맞지 않아서 이들을 계속해서 간과할 수 있다(Farley and Kelly, 2000). 매춘에 대한 최근의 한 연구는 4분의 3이 여성이며, 13퍼센트는 남성, 12퍼센트는 트랜스젠더였다고 보고했다(Farley and Barkan, 1998). 경찰은 남성 성행위자의 이런 역할을 상상하지 않기 때문에 이들을 덜 인지할 수 있다.

시간에 따른 범죄율 추세(특히 여성의)에 대한 관심은 애들러Adler(1975)와 사이먼Simon(1975)의 '해방' 가설이 출현하면서 증가했다. 이 가설은 남녀 범죄율의 격차가 안정적으로 유지되거나(A옵션) 남녀의 범죄율 차이가 더 벌어지기(격차 증가)(B옵션)보다 오히

비교연구적 관점 범죄와 사법에 대한 세계적 보고: 제5회 유엔범죄조사(UNSC, United Nations Survey of Crime)의 경향

- UNSC 조사는 91개 국가가 응답했다.
- 각 국가는 UNSC에 다른 어떤 범죄율보다 강간범죄율에 대해 더 많이 보고하는 경향이 있다.
- 성인 남성 용의자와 다른 연령-성 집단 간의 비율은 국가에 따라서 다양하지만, 모든 국가에서 남성이 가장 큰 용의자 집단이다(용의자의 가장 큰 집단을 구성한다). 예를 들면 성인 용의자 중 남성 대 여성의 비율은 서사모아에서 91:1이며, 볼리비아에서는 2:1이다. 청소년 검거에서 남성 대 여성의 비율은 그루지야에서 79:1인 반면에 자메이카에서는 2:1이다.
- 세계적으로 절도 피해자 3명 중 2명은 경찰에 피해 사실을 보고한다. 폭력범죄의 여성 피해자 3명 중 1명보다 적은 수가 그렇게 한다.
- 저소득 국가에서는 고소득 국가보다 적은 수의 여성과 소녀가 범죄를 저지른 혐의를 받았다.

SOURCE Graeme Newman(Ed.). 1999. *The Global Report on Crime and Justice.* Published for the United Nations office for Drug Control and Crime Prevention, Centre for International Crime Prevention. New York: Oxford University Press. http://www.uncjin.org/Special/GlobalReport.html.

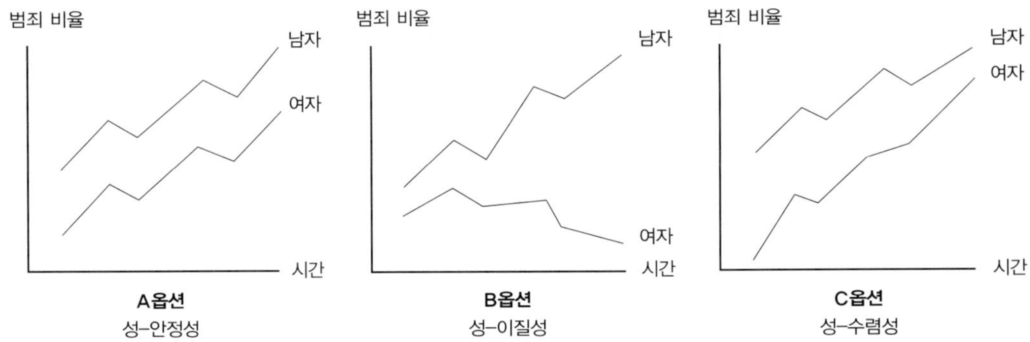

[그림 3-1] 시간 변화에 따른 성범죄 유형 비교의 예

려 시간이 지나면서 범죄율의 성차가 수렴하는(C옵션) 경향을 보일 가능성이 더 많다는 것을 제시한다([그림 3-1] 참조). **성-안정성**gender-stability은 시간이 지나면서 남녀 범죄율의 차이가 상대적으로 안정적인 유형을 보이는 것을 말한다. 그것은 같이 움직인다. 즉 여성과 남성 범죄율은 함께 증가하고 감소한다. 예를 들면 '범죄에 대한 강경 정책'의 시기나 경제적 침체기에 남녀의 범죄율이 동등하게 영향을 받을 수 있다(경제적 곤경이 특정 성에 영향을 주지 않는 한).

한 심층연구는 **구조적 불이익**을 측정하는 많은 변수(예를 들어 빈곤, 소득 불평등, 무직 등)

의 높은 수준이 남녀 모두의 범죄를 증가시켰다는 것을 발견했다(이런 변수가 남성에게 더 의미 있게 영향을 준 것으로 나타났음에도 불구하고)(Steffensmeier and Haynie, 2000). **성-이질성**gender-divergence에 따르면 남녀 간의 범죄율 격차는 성차가 증가하면서 함께 증가한다. **성-수렴성**gender-convergence은 '해방' 가설의 주장과 맥락을 같이하는데, 남녀 범죄율의 차이가 감소하고 그들의 범죄율이 비슷해지는 것이다.

:: 범죄 측정과 성별 비교

범죄율은 수많은 방법으로 측정된다. 전형적으로 범죄율은 인구 10만 명당 범죄 건수다. 범죄율을 측정하는 또 다른 방법으로는 고등학생이나 대학생과 같은 집단을 대상으로 이들이 다양한 범죄에 얼마나 참여하는지를 묻는 자기보고식 설문조사나 표본으로 선정된 대상자에 대한 면접이 있다. 대안적인 방법으로 설문조사나 면접을 통해 피해율에 관해 질문함으로써 범죄율을 측정할 수 있다. 범죄율을 수집하는 체계가 무엇이든 간에 이런 범죄율은 특정 시점이나 일정 기간을 넘어서(반복적으로 수행된다면) 범죄의 정도와 특성을 파악하는 데 사용된다.

미국에서 범죄율을 평가하는 데 사용되는 가장 일반적인 자료는 FBI 표준범죄통계보고(UCR)다. 이 보고서는 매년 전국의 경찰 검거를 요약한다. 그래서 UCR 자료는 검거측정이며, 경찰에 알려지지 않고 신고되지 않은 범죄, 경찰이 검거하지 않는 것으로 결정하거나 검거할 수 없는 신고된 범죄(예를 들면 증거가 불충분하다거나 용의자를 발견하거나 파악할 수 없는 범죄)를 포함하지 않는다. [표 3-1]과 [표 3-2]는 이 책(2003 UCR 자료)을 준비하는 동안 이용 가능한 성인 여성과 소녀에 대한 가장 최근의 미국 자료의 일부를 요약한 것이다(가장 최근 통계는 미국 사법통계국Bureau of Justice Statistics 웹사이트http://www.ojp.usdoj.gov/bjs/를 통해 접근할 수 있다).

이전에 제시했듯이 범죄율이 검거, 피해, 자기보고에 따라 측정되는지 여부에 관계없이 남성은 여성보다 5~10배 더 범죄를 저지른다(Steffensmeier and Haynie, 2000). 미국에서 2003년 전체 검거의 약 4분의 1(23.2%)은 여성이었다([표 3-1] 참조). 이 책의 표에서는 제시되지 않았지만, 2003년 UCR 자료를 통해 모든 성인 검거의 22.1퍼센트가 성인 여성이며, 모든 청소년 검거의 29퍼센트가 여자 청소년이라는 것을 알 수 있다(Crime in the United States, 2003, 2004, 표 39와 40). 이렇게 여성의 경우 성인 검거보다는 청소년 검거에

[표 3-1] 미국의 검거율: 2003년과 10년간 추세(1994~2003년의 변화 비율)

				1994~2003년의 변화 비율(여성)		1994~2003년의 변화 비율(남성)	
범죄	2003년 전체 수	2003년 여성 비율	2003년 남성 비율	전체 여성	18세 미만 여성	전체 남성	18세 미만 남성
전체	**9,581,423**	**23.2**	**76.8**	**+12.3**	**−3.0**	**−6.7**	**−22.4**
살인/고살 (과실치사)	9,119	10.3	89.7	−30.1	−48.7	−36.9	−68.9
강간	18,446	1.3	98.7	−1.4	−30.0	−22.5	−24.6
강도	75,667	10.4	89.6	−12.4	−37.8	−26.2	−43.6
중폭행	315,732	20.7	79.3	+14.0	−1.9	−17.3	−31.0
주거침입	204,761	13.7	86.3	−2.9	−26.9	−26.1	−41.2
절도	817,048	37.1	62.9	−13.6	−18.6	−27.5	−42.8
자동차절도	106,221	16.6	83.4	−5.2	−44.1	−29.6	−53.6
방화	14,330	15.6	84.4	−23.7	−38.0	−29.3	−36.0
지표 폭력 검거율[1]	418,964	17.8	82.2	+9.6	−9.9	−20.0	−36.1
지표 재산 검거율[2]	1,139,360	30.8	69.2	−12.5	−21.1	− 27.4	−43.7
기타 폭행[3]	877,105	24.2	75.8	+32.1	+35.9	−3.8	+1.2
문서위조	79,188	40.3	59.7	+10.5	−47.1	−3.8	−46.4
사기	208,469	44.6	55.4	−11.6	−27.5	−20.6	−29.2
횡령	11,986	49.8	50.2	+42.0	+28.1	+2.1	+8.0
장물	89,560	18.2	81.8	+6.3	−29.3	−25.2	−48.3
기물파손	193,083	16.4	83.6	+5.2	−10.9	−21.2	−35.7
흉기	117,844	8.2	91.8	−34.1	−21.6	−36.3	−42.4
매춘/상업적 매춘	51,686	64.2	35.8	−15.0	+86.5	−21.7	−23.9
성범죄 (offense)[4]	63,759	8.5	91.5	−3.4	+26.1	−10.3	−0.3
약물 위반	1,172,222	18.3	81.7	+34.8	+56.3	+19.9	+13.0
도박	7,414	10.9	89.1	−36.9	−70.2	−51.4	−58.1
가족/아동에 대한 범죄	94,488	23.0	77.0	+41.2	+31.2	+4.0	+12.2
음주운전	1,005,777	18.2	81.8	+21.1	+83.5	−10.4	+24.9
주류법 위반	431,912	25.8	74.2	+45.5	+25.6	+8.3	−5.2
명정(술 취함)	389,626	14.5	85.5	−8.9	+24.4	−28.1	−18.3
풍기문란 행위	453,645	25.1	74.9	+4.2	+46.2	−15.6	+2.0
부랑죄	20,052	21.5	78.5	+10.5	−36.6	+17.5	−52.9
야간외출(통행) 금지/어슬렁거림 (빈둥거림)	95,052	30.3	69.7	+5.3	+5.3	−3.1	−3.1
가출[5]	87,396	58.7	41.3	−40.2	−40.2	−44.3	−44.3

1) 지표 폭력범죄는 살인, 강간, 강도, 중폭행을 말한다.
2) 지표 재산범죄는 주거침입, 절도, 자동차절도, 방화를 말한다.
3) '기타 폭행' 은 '폭력범죄 지표로 분류되는 중폭행' 이 아닌 폭행을 말한다.
4) 강간과 매춘은 제외한다.
5) 이것은 지위범죄이므로 미성년자에게만 해당되는 범죄다.

SOURCE U.S. Department of Justice. 2004. *Crime in the United States 2003: Uniform Crime Reports.* Federal Bureau of Investigation, U.S. Government Printing Office. Data for this table came from Tables 33 and 42.

서 더 높은 비율을 차지하고 있다. [표 3-1]을 살펴보면 모든 지표 폭력범죄 검거의 약 18퍼센트는 여성(성인 여성과 청소년)이며, 그 비율은 중폭행aggravated assault의 경우 가장 높다(21%). 살인/과실치사와 강도 검거의 경우 여성이 10분의 1을 조금 넘으며, 강간 검거의 경우 약 1퍼센트를 차지한다. 지표 재산범죄 검거의 약 3분의 1(30.8%)은 여성이며, 절도의 경우 여성 비율이 37.1퍼센트로 가장 높다. 주거침입, 자동차절도, 방화 검거의 경우 여성이 13～17퍼센트를 차지한다([표 3-1] 참조).

[표 3-1]은 성 중립적인 범죄와 특정 성의 범죄를 파악하는 데도 이용할 수 있다. 28개의 개별 범죄 중에서(전체 지표 재산범죄와 폭력범죄율뿐 아니라) **대다수 범죄는 남성과 관련된다.** 여성과 관련되는 범죄는 매춘(여성의 검거 비율 64%)과 지위범죄인 가출(여자 청소년의 비율 59%) 등 두 가지뿐이다. 부가적으로 28개 범죄 중에서 2개만이 성 중립적이다. 횡령(여성과 남성의 비율이 각각 50%)과 사기(여성이 45%이며, 남성은 55%)가 그것이다. 따라서 12개 범죄 중 하나는 여성과 관련되고, 12개 범죄 중 하나는 성 중립적이고, 7개 범죄 중 6개는 남성과 관련된다.

[표 3-2]는 여성과 남성 범죄 검거의 상위 10개를 보여준다. 이 표를 살펴보면 약간의 흥미로운 유형이 나타난다. 첫째, 상위 10개 범죄 중 9개는 결정적으로 남성과 관련된다. 달리 말하면, 여성이 가장 빈번하게 검거되는 상위 10개 범죄에서조차 10분의 9는 남성이 더욱 빈번하게 검거되는 범죄다. [표 3-2]에서 남성과 관련되지 않은 유일한 하나는 성 중립적이다(사기). [표 3-2]에서 나타나는 두 번째 중요한 유형은 여성이 가장 빈번하게 검거되는 10개 중 8개는 남성 역시 가장 빈번하게 검거되는 범죄라는 점이다. 예외는 남성의 상위 10개에 드는 침입절도와 기물파손, 여성의 상위 10개에 드는 사기와 '가족에 대한 범죄' 다. '가족에 대한 범죄' 와 관련해 의무적mandatory 가정폭력 검거법이 여기에서 의미 있는 역할을 할 것이라고 추측해 볼 수 있다. 경험적 연구는 의무적 검거 정책이 남성 학대자를 검거하기 위해 1980년대 이후로 시행되어 온 반면, 중요한 '부작용' 으로 가정폭력 사건에서 여성 검거가 크게 증가했음을 증명하고 있다(Dasgupta, 2001; Malloy et al., 2003;

[표 3-2] 2003년 미국의 남녀 검거 상위 10개 범죄

	여성		남성	
	범죄 유형	여성 검거 비율	범죄 유형	남성 검거 비율
1	절도	37.1	약물남용 위반	81.7
2	약물남용 위반	18.3	음주운전	81.8
3	기타 폭행*	24.2	기타 폭행	75.8
4	가족에 대한 범죄	18.2	절도	62.9
5	음주운전	18.2	풍기문란 행위	74.9
6	풍기문란 행위	25.1	명정(술 취함)	85.5
7	주류법 위반	25.8	주류법 위반	74.2
8	사기	44.6	중폭행	79.3
9	중폭행	20.7	주거침입	86.3
10	명정(술 취함)	14.5	기물파손	83.6

*중폭행이 아닌 폭행

SOURCE U.S. Department of Justice. 2004. *Crime in the United States 2003: Uniform Crime Reports*. Federal Bureau of Investigation, U.S. Government Printing Office. Data for this table came from Table 42.

Martin, 1997; McMahon and Pence, 2003; Melton and Belknap, 2003; Miller, 2001). 이들 연구는 대부분 학대자에게 어떤 방식으로든 저항하는 여성 피해자가 종종 범죄자로서 검거된다는 점에 대해 우려하고 있다. [표 3-2]에서 보이는 세 번째 중요한 유형은 알코올과 약물범죄가 여성과 남성 검거에서 모두 상당한 부분을 차지하고 있다는 점이다(그럼에도 남성이 대부분을 차지한다).

UCR 자료, 즉 검거 자료에 대한 분석은 1960년대와 1970년대 초반 절도범죄가 일시적으로 증가하고, 검거된 여자 청소년의 수가 극적으로 증가했지만(250%까지), 이것은 주로 '베이비붐 세대'가 고위험 연령 집단에 도달한 데 기인하는 것이었음을 보여준다(Chesney-Lind and Shelden, 1992). 특히 미국 여자 교도소에 대한 전국 통계를 보면 1980~2000년 사이의 약물과 관련된 범죄 구금은 1980년에 가장 낮았지만 1999년까지 증가한 반면, 폭력범죄 구금은 1980년 가장 높았고 그 이후로 의미 있게 감소했다(Johnson, 2003).

'해방' 가설에도 불구하고 젠더와 범죄 유형의 변화를 설명하는 지난 25년간 출판된 대부분의 경험적 연구는 성-안정성의 강한 경향을 보여주고 있다. 이들 연구는 여성의 범죄율이 덜 심각한 재산범죄와 약물 영역을 제외하고는 기본적으로 별로 변화가 없다는 것에 동의한다(Bilchik, 1999; Boritch and Hagan, 1990; Canter, 1982; Chilton and Datesman, 1987; Giordano, Kerbel, and Dudley, 1981; Leonard, 1982; Naffine, 1987; Steffensmeier, 1981, 1993; Steffensmeier and Cobb, 1981; Steffensmeier and Steffensmeier, 1980;

Steffensmeier and Streifel, 1992). 따라서 학자들은 범죄율(일반적으로 검거율로 측정되는)의 변화가 여성과 남성에게 비슷하게 일어났음을 지적하고 있다. 즉 여성과 남성의 범죄율은 동등하게 변화한다(함께 변화한다. 한쪽 성 비율이 오를 때 다른 성도 그렇다. 한쪽의 성이 내려갈 때 다른 성도 그렇다).

더 나아가 이런 변화는 종종 두 가지 주기적 변화인 경제적 상황과 범죄 정책과 연결되어 있다. 우리가 알고 있는 것처럼 '강경한 범죄통제' 정책과 경제적 상황의 악화는 검거와 구금률의 증가를 가져온다. 행위를 범죄화하는 데 엄격할수록(예를 들어 더욱 강경한 약물법), 실제 범죄행위의 증가가 없더라도 검거율은 증가할 것이다. 아래에서는 그물망을 넓히는net-widening 정책이 소년보다는 소녀에게 더 영향을 미칠 수 있다는 것을 보여준다. 그러나 전체적으로 범죄율에서 성-수렴성에 대한 강한 증거는 거의 없다.

1965～2000년 미국의 검거 추세에 대한 연구는 그물망을 넓히는 것(더 많은 행위를 범죄화하는 정책)이 아마도 남녀에게 동등한 영향을 주었기 때문인지 성-안정성을 보고했다(Steffensmeier and Schwartz, 2004). 양쪽 성에서 가장 큰 증가는 절도, 사기, 위조, 음주운전, 약물 위반, 폭행이었다. 명정(술 취함), 부랑죄, 의심스러운 행동suspicion, 도박에서의 검거는 양쪽 성에서 모두 감소했다(같은 책).

1965～2000년 청소년 검거율에 초점을 맞출 때, 이 연구는 이 주제에 대한 이전 연구들과 마찬가지로(Ageton, 1983) 다시 성-안정성을 보고했다(같은 책). 따라서 성-수렴성이 존재하는 경우 그것은 주로 (1) 법 집행에서의 변화, (2) 여성의 경제적 지위 악화(여성의 빈곤), (3) 자료수집 방법의 변화, (4) 여성범죄의 절대 건수가 적기 때문에 약간의 증가도 큰 비율의 증가로 보일 수 있다는 것으로 설명될 수 있다(Boritch and Hagan, 1990; Canter, 1982; Chilton and Datesman, 1987; Giordano, Kerbel, and Dudley, 1981; Steffensmeier, 1993; Steffensmeier and Cobb, 1981; Steffensmeier and Schwartz, 2004; Steffensmeier and Steffensmeier, 1980). 최근의 한 종단적 연구가 결론지었듯이 "범죄, 특히 심각하고 돈이 많이 벌리는lucrative 형태는 주로 남성 영역으로 남는다"(Steffensmeier and Schwartz, 2004, 106). 범죄에서 성차가 근소해진다면 대부분 덜 심각한 재산범죄나 약물사용에서 나타난다.

〔표 3-1〕은 1994～2003년 미국의 성별 검거 추세 변화를 포함하고 있다. 이 기간의 남녀 청소년 검거뿐 아니라 전체 여성과 남성의 비율 변화도 보여주고 있다. '언뜻 볼 때' 이 자료는 성-수렴성이 가장 공통적인 유형임을 시사하지만, 이 표에서 2003년 남성의 검거 비율을 관찰할 때, 남성이 목록에 제시된 28개 범죄 중 4개를 제외한 모든 범죄에서 검거의 대다수를 구성한다는 점에 유의할 필요가 있다.

성인 여성과 소녀는 과거 경찰에 검거된 사람의 15퍼센트 정도를 구성했지만(Mann, 1984), 앞에서도 지적했듯이 2003년 UCR 자료는 오늘날 그 비율이 검거의 거의 4분의 1이라는 것을 보여주고 있다. 그러나 UCR 자료는 소녀와 여성에 대한 사법 정책과 대응이 변화했다는 것을 보여주는 것이지 범죄의 변화를 측정한 것은 아닐 수도 있다. 최근에 미디어와 정부 그리고 소녀들의 범죄율 증가, 특히 폭력범죄율이 증가하고 있다는 것을 보여주는 여러 연구에 의해 '나쁜 소녀'에 대한 관심이 높아지고 있다. 이런 연구들은 남녀 청소년 간의 폭력범죄 차이가 좁혀지고 있다고 주장한다. 많은 미디어가 일화적인 사건, 대개 한 소녀나 소녀들에 의한 특별히 가증스러운 범죄에 초점을 맞추는 반면, 정부와 경험적 보고는 전형적으로 UCR, 즉 경찰에 공식적으로 보고된 범죄에서 자료를 발췌한다. 가장 문제가 있는 것은 1989~98년에 여자 청소년 검거가 56퍼센트 증가하고 남자 청소년 검거가 20퍼센트 증가했다는 미국 정부의 보고서다. 이것은 주로 여자 청소년의 대인범죄가 138퍼센트 증가한 결과에서 발생한 것이다(남자 청소년의 대인범죄가 49% 증가한 것과 비교해)(Harms, 2002).

그러나 성별 추세에 대한 가장 최근의 연구는 자료수집 방법에 대해 고찰할 필요가 있음을 보여준다. 공식적인 검거 자료는 성-수렴성을 보여주지만, 청소년의 자기보고식 자료는 성-안정성과 성-이질성을 지지한다. 예를 들어 UCR 자료는 1991~2000년 남자 청소년 검거와 비교해서 여자 청소년의 검거가 크게 증가했다고 지적하는 반면, 자기보고 자료는 남녀 청소년 모두 폭력이 이 기간에 감소했으며, 소년보다 소녀의 감소가 더 컸다고 제시한다(Brener et al., 1999; Chesney-Lind and Belknap, 2004). 따라서 체스니린드Chesney-Lind와 벨크냅Belknap(2004)은 청소년 폭력의 성차가 좁혀지고 있다는 주장이 틀렸다고 말한다. "오히려 시간에 따른 검거자료의 변화는 부모의 행위, 학교 당국, 법 집행 변화의 산물일 수 있다"(같은 책, 216). 이와 비슷하게 1980~2003년 청소년 폭력 유형의 성별 특성을 고찰하기 위해 종단적 자기보고식 피해와 가해 자료를 이용한 최근의 또 다른 연구는 성-안정성과 성-이질성 유형까지도 보고했다(Steffensmeier et al., 2005).

그렇다면 자기보고 자료가 성-안정성 혹은 성-이질성 유형을 지적하는데, 왜 공식적 자료는 성-수렴성을 지적하는 것일까? 경험적 연구자들은 이렇게 잘못 짝지어진 이유를 여자 청소년에 대한 그물망 확대를 포함하는 정책과 실행에서의 변화 탓으로 생각한다. 그리고 이들은 대부분 자기보고 자료가 실제 범죄율을 더 정확하게 반영한다는 데 동의한다. 그물망 확대와 관련해서 폭행으로 집계되는 행위가 늘어나는 것 또는 '범죄 만들기'가 확대된 것이다(Acoca, 1999; Chesney-Lind and Belknap, 2004; Steffensmeier et al., 2005). 예를 들면 여러 연구들이 어머니에게 바비인형이나 초코칩쿠키를 던지는 것과 같은 사소한 행위를 한 딸을 경찰에 알리는 부모에 관해서 언급하고 있다. 딸은 그때 폭행 혐의를 받게 된다.

'범죄 만들기' 도 이전에는 부모와 교사가 다루었던 청소년 대 청소년 싸움이 이제는 폭행 검거로 이어지는 '관용 없는' 학교 정책 때문이다. 부모는 때때로 자신들을 위한 '중간 휴식time out' 으로 구류detention를 이용하기 위해 딸을 경찰에 신고하기도 한다. 그리고 이런 일은 딸이 어머니 남자친구의 부적절하거나 불법적인 행위 때문에 가출하는 사례에서 종종 발생한다(Lederman and Brown, 2000). 이전에 말했듯이, 강제적인 가정폭력 검거 정책은 여성의 검거를 증가시킨다(그들 대부분은 피해자다). 그러나 이런 정책은 여자 청소년의 검거 가능성도 증가시킨다(Steffensmeier et al., 2005). 자료가 수집되는 방법이나 이용되는 자료의 유형, 즉 공식적 보고, 피해조사 혹은 자기보고식 범죄는 범죄율에 영향을 줄 수 있다. 이는 부분적으로는 대부분의 범죄가 형사사법 당국에 의해 발견되지 않기 때문일 뿐 아니라 공식적 보고가 특히 인종차별주의, 계급차별주의, 성차별주의의 형태로 편견을 반영하기 쉽기 때문이다.

어떻게 여자 청소년의 피해 위험 증가가 경찰에게 그들을 더 검거하도록 할 수 있는지에 대한 예는 한 연구 결과를 통해 찾아볼 수 있다(다음 장에서 더 자세히 설명할 것이다). 이 연구에서는 성적 학대 범죄가 증가할 때 남자 청소년의 지위범죄 검거율이 동일하게 유지되는 반면, 여자 청소년의 지위범죄 검거율은 증가하는 것을 보여주었다. "성범죄가 증가하는 동안 경찰은 자신의 성적 피해 위험을 높이는 행동을 한 여성들을 더 엄격하게 처리하는지도 모른다" (McCluskey, McCluskey, and Huebner 2003, 49). 아이러니하게 여자 청소년의 지위범죄가 증가하는 것처럼 보이는 이유는 경찰이 성적 피해의 인지된 위험이 증가하는 여자 청소년에 대한 '보호' 와 처벌을 모두 증가시키기 때문일 수도 있다(같은 책).

요약하자면 공식 경찰통계는 성차가 좁혀지고 있음을 지적하고, 자기보고 자료는 성차가 안정적이거나 더 벌어진다는 것을 보여주면서 독자에게 혼란을 주고 있다. 명백하게 경제적 · 정치적 범죄 정책 사이클이 모두 범죄에 영향을 준다. 전자는 잘살기 위한 혹은 생존하기 위한 어려움이 더 커지기 때문에, 후자는 범죄로 '집계되는' 행위에 대한 그물망이 넓어지기 때문에 그렇다. 이 절에서 논의된 것을 대략 요약하면 검거와 관련해서 성차가 좁혀지고 있지만, 여성의 빈곤화 그리고 비행소녀와 성인 여성의 약물사용에 대한 통제망의 확대와 이로 인해 범죄자로 낙인찍힌 여성의 증가가 실제로는 그렇지 않음에도 불구하고 성차가 수렴하는 것처럼 보이게 만들고 있는 것이다.

:: 범죄율 측정방법의 중요성과 성, 연령, 인종, 계급, 섹슈얼리티의 역할

제2장에서는 범죄학 이론이 여성을 완전히 무시하거나 여성과 소녀의 실제 생활 경험을 상당히 왜곡하는 고정관념적인 렌즈를 통하여 여성을 봄으로써 젠더에 대한 의식이 없다는 사실을 지적했다. 젠더에 대한 어떤 분석도 연령, 인종, 사회계급에 따른 여성의 차이를 설명해서 위와 같은 제한된 관점을 지양해야 한다(Simpson, 1991). 이미 지적한 바와 같이 미국 범죄율인 UCR은 경찰에 신고되고, 검거가 이루어진 범죄에 대해서만 보고하는 등 다양한 이유로 제한적이다. 더구나 이런 자료는 계급이나 사회경제적 지위에 대한 정보를 제시하지 않으며, 성별, 인종, 연령에 대한 정보는 대부분 이런 변수의 교차측정, 인종×성별, 인종×성별×연령 등을 불가능하게 한다. 범죄의 대다수가 경찰에 보고되지 않으며 보고된 것에 대해 경찰이 항상 '해결' 하지 못한다는 점을 생각한다면, 어떤 비율이더라도 공식적으로 수집된 범죄자료(예를 들어 UCR)는 실제 범죄보다는 경찰이 검거하고 체계에 의해 공식적으로 처리된 사람들에 대한 지표일 수 있음을 염두에 두는 것이 중요하다. 여기서는 실제 범죄와 범죄가 인지되는 방식에 자주 관련되는 중요한 변수/특성의 일부를 분석한다.

연령과 청소년 비행

'경력 범죄자' 가 상대적으로 별로 없다는 잘 알려진 사실에서 볼 때 범죄를 설명할 때 연령은 중요한 변수이다. 법을 위반하는 대부분의 사람은 대략 15~24세에 범죄를 저지른다. 크룻슈니트Kruttschnitt(1996, 139)의 기존 연구들에 대한 주의 깊은 검토는 연령에 따라 성차가 다르게 존재한다는 것, 즉 "연령-범죄 관계가 성별간 다를 수 있음" 을 보고한다. 예를 들면 남성 대 여성 범죄의 비율은 관찰된 연령집단에 따라 의미 있게 다양하며, 범죄의 시작연령, 보다 심각한 범죄로 확대된 연령, 범죄를 그만둔 연령 등의 요인은 모두 성별에 따라서 다양하다(같은 책). 2003년 전체 여성 검거의 20퍼센트, 전체 남성 검거의 15퍼센트가 18세 미만이었다(Crime in the United States, 2003, 2004, 표39와 40). 따라서 청소년 범죄자를 다루는 것은 성을 고찰하는 경우에 특히 적절하다. 전체적으로 남녀 청소년 범죄의 균일성은 (1) 덜 심각한 범죄, (2) 자기보고 연구, (3) 보다 최근의 연구에서 가장 분명하다.

덴버에서 1916~21년 청소년에 대해 제기된 법정 고소에 관한 연구는 여자 청소년이 남자 청소년보다 다음과 같은 범죄로 더 고소당했음을 보여주었다. 밤늦게까지 밖을 배회하는 것, 부도덕한 행위나 무분별한 자유로운 행동indecent liberties, 부모나 보호자의 통제 밖에 있는 것, 순종하지 않는 것, 부도덕한 장소에 가거나 그런 사람을 자주 만나는 것 등이다. 남자 청소년은 여자 청소년보다 물건탈취, 무단결석, 물건부수기, 고의적인 기물파손, 자동차탈취, 폭행으로 더 고소당하는 경향이 있었다(Colomy and Kretzmann, 1997). 이는 이 장의 뒷부분 섹슈얼리티에서 상세히 설명하게 될 여자 청소년의 섹슈얼리티 규제라는 지속적인 유형과 일치한다.

1981년에는 과거 남성 지배적이던 경미한 비행을 주로 저지르는 청소년 하위문화가 여자 청소년을 포함한다는 사실이 알려졌다(Figueira-McDonough, Barton, and, Sarri, 1981). 그러나 더 심각한 범죄의 경우에는 성차가 지속되는 것으로 나타났다. 청소년 1,500명의 자기보고된 범죄에 대한 최근의 포괄적인 연구(전국청소년조사National Youth Survey)에서는 '지위범죄' '기물파손' '절도' '폭행' 범주 안에 열거된 22개 범죄에 대해 남녀 청소년이 유사한 비율을 보고한 가출과 부모 때리기(가출은 각각 약 5%, 부모 때리기는 각각 약 4%)를 제외하고는 모든 범죄에서 남자 청소년은 더 많은 건수를 보고했다(Triplett and Myers, 1995). 다른 경험적 연구와 유사하게, 이 연구는 심각한 범죄일수록 성차가 크다는 것도 발견했다. 이 연구에서 각 범죄를 적어도 한 번 범한 청소년들에 대해 22개 범죄의 횟수를 알아본 결과 성차가 거의 없었다. 주목할 만하게, 이런 성차가 거의 없는 것 중에서 소녀는 세 가지 범죄에서 소년보다 더 높은 빈도를 보고했다. 가출, 학교 자산(소유물)에 대한 피해, 비밀총기(휴대)가 그것이다.

마지막으로 이 연구는 청소년 범죄의 성차를 파악하고자 했다(같은 책). 전체적으로 지위, 재산, 절도범죄의 경우에는 범죄를 범하는 상황에서 성차가 거의 없었다. 여기서 예외는 청소년의 가출 목적, 폭행의 형태, 폭행에서 상해의 정도, 폭행 당시 약물 복용 여부, 폭행에서 폭력의 목적, 폭행에서 피해자가 상처를 입었는지 여부였다(같은 책). 곧 소녀는 소년보다 (1) 가출 시 친구 집으로 도망하고, (2) 폭행 피해자가 학생이며, (3) 돈을 얻기 위한 것이 아닌 다른 이유로 폭력을 사용하는 경향이 있었다. 폭행을 저지르는 상황과 관련해서 소년은 소녀보다 (1) 폭행 시 약물을 복용하고, (2) 폭행 피해자가 학생이 아니며, (3) 흉기를 사용하여 피해자를 때리거나 공격하고, (4) 피해자가 상처를 입거나 입원을 하는 경향이 있었다. 따라서 지위, 기물파손(재산), 절도범죄의 경우 범죄 상황에서 성차가 거의 없었고, 폭력범죄의 경우 범죄 상황에서 더 빈번하게 성차가 존재했다.

인종과 민족성

많은 유색인종이 '범죄자' '비행자'로 낙인찍히게 되는 위험이 높을 뿐 아니라 이들에게 유용한 합법적 기회가 제한되어 있기 때문에 인종과 민족성은 범죄를 이해하는 데 매우 중요한 요소다. 크루치니트(1996, 141)는 범죄의 성별 비교에서 인종적 변이를 무시하는 것은 흑인과 백인이 사회생활에서 유사한 상황에 있고 동일한 위험 요인에 의해 영향받는다고 가정하는 것이며, 따라서 '근시안적' 이라고 주장한다.

1981년 루이스Diane K. Lewis는 UCR과 교도소 자료가 전형적으로 보고되는 방식으로 여성의 (그리고 남성들의) 인종적 · 민족적 변이에 관해 중요한 구별을 하는 것은 거의 불가능하다고 지적했다. 불행하게도 문제는 여전히 존재한다. 예를 들면 특정 연도나 시간을 넘어선 범죄율을 고찰하기 위해 미국 사법통계국 웹사이트에 접근하면 표는 전형적으로 특정 시점에서 한두 가지나 세 가지 변수를 고찰하도록 보고하지만, 젠더와 성, 인종과 민족성, 연령을 동시에 통제했을 때 범죄율이 왜 감소하는지에 대한 이해를 불가능하게 만든다. 다행히 정부는 일반인을 위해 때때로 이것을 실시한다고 보고하지만, 이런 분석이 항상 접근 가능한 것은 아니다. 더구나 최근까지 인종적 · 민족적 분석이 일반적으로 흑인과 백인으로 한정되어서 라틴아메리카 사람, 아시아계 미국인, 아메리칸 인디언, 그 밖의 인종이나 민족 사이의 변이를 설명하지 못했다.

UCR, 법원 판결기록, 구금률 등 공식 통계는 범죄가 발생했는지 여부에 대한 형사 절차 체계 관계자의 인식에 유의미하게 의존한다. 이론적으로 경찰은 한 사람이 범죄를 저질렀다는 강한 가능성이 있다고 믿을 때만 검거하고, 판사와 배심원은 유죄를 선고한다. 따라서 범죄율에 대한 공식 통계의 타당성에 대한 중요한 위협은 차별이 통계를 왜곡할 수 있다는 점이다.

예를 들면 라틴아메리카 여성이 백인 여성보다 동일한 범죄에 대해 더 검거되는 경향이 있다면, 공식 통계는 백인 여성과 비교해서 라틴아메리카 여성의 범죄를 과장할 것이다. 만약 흑인 여성이 라틴아메리카 여성보다 동일한 범죄로 더 검거되는 경향이 있다면, 공식 통계는 흑인 여성의 범죄율을 부풀리게 된다. 따라서 성별 · 인종 · 민족성 · 계급 · 연령 등에 기반을 둔 차이가 발견될 때 범죄율과 관련해 이들 변수의 범주 속에서 실제 구별된 차이가 있는 것인지, 아니면 범주의 차이가 범죄자에 대한 차별적 절차(예를 들어 성차별주의, 인종차별주의, 계급차별주의 실행)를 나타내는 것인지 여부는 분명하지 않다.

루이스(같은 책, 93)의 경험적 연구에 대한 검토는 '교정' 통계가 흑인 여성이 "백인 여성보다 폭력이나 다른 대인범죄에 더 크게 관련됨을 나타낸다"는 것을 발견했다. 그러나 루이스(같은 책, 93)는 다양한 인종의 범죄 유형을 비교하기 위해 검거기록이나 다른 자료를 연구할 때 연령을 통제하는 것이 중요하다는 사실도 경고했다. 이는 백인 여성과 비교해서 흑인 여성의 폭력범죄율이 더 높은 것은 전체적으로 흑인 인구가 백인 인구보다 젊다(따라서 고위험 연령집단에 속함)는 사실에 의해 부분적으로 설명될 수 있기 때문이다. 다른 한편 루이스에 따르면, 흑인과 백인 사이의 연령 차이만으로는 백인과 흑인 여성 사이의 범죄 차이를 설명할 수 없다. 이런 분석은 경제적 박탈, 성 지위 불평등, 사회화, 성역할에 대한 기대와 인종차별주의도 고려해야만 한다.

> 흑인 여성은 지배사회에서 수용되는 여성적 행위와 모순되는 성역할, 사회적 지위와 범죄 유형을 나타낸다. 그들은 독단적인 경향이 있고, 가구의 미혼 가장 역할을 하며, 폭력범죄로 유죄 판결을 받는 경향이 있다. 간단히 말해 그들은 형사사법 체계가 처벌하는 일탈적 여성의 전형이다(같은 책, 102).

루이스(1981)의 연구는 1980년대 초반에 이루어진 것이지만, 불행하게도 오늘날에도 여전히 타당성을 인정받고 있다.

범죄 유형뿐 아니라 인종, 연령 등의 요인을 통제해야 하는 이유는 다양한 연구에서 찾아볼 수 있다. 전국에서 18～23세 여성의 자기보고 자료를 이용한 한 연구는 흑인 여성과 백인 여성 간에 전체 범죄율에서는 유의미한 차이가 없지만, 범죄 유형이 분석될 때 백인 여성은 흑인 여성보다 약물사용을 유의미하게 더 보고했으며, 흑인 여성은 백인 여성보다 주요 재산범죄와 폭력범죄를 더 보고했다. 더 나아가서 흑인 여성은 불법적 활동을 통하여 소득을 얻는 경향이 더 많다는 사실은 백인 여성과 비교해 이들이 경제적으로 취약한 상태에 머물러 있는 경우가 더 많다는 것을 시사했다(Hill and Crawford, 1990). 여성 검거에 대한 또 다른 연구는 백인 여성이 흑인 여성보다 심각한 재산범죄로 더 검거되는 경향이 있으며, 흑인 여성은 백인 여성보다 도박, 폭행, 가족범죄, 폭력범죄로 더 검거되는 경향이 있다는 것을 제외하고는 인종 간에 별다른 차이가 없다는 것을 발견했다(Steffensmeier and Allan, 1988).

계급과 사회경제적 지위

한 개인의 사회계급은 그 사람의 기회에 영향을 주며, 일반적으로 사회에서 만나는 사람들(예를 들어 교사, 이웃, 상점주인 등), 경찰서나 법원에 갔을 때의 대우에 영향을 줄 수 있다는 것을 인식하는 것도 중요하다. 또한 계급은 생존을 위해 범죄로 갈 가능성에 영향을 끼치며, 유사하게 보석금을 지불하고 훌륭한 변호사를 선임하기 위한 능력을 제한한다.

불행하게도 공식 통계와 많은 자기보고 자료를 수집한 연구자들은 계급 차이를 설명하려고 하지 않거나 설명할 수가 없었다. 따라서 매우 강력한 변수인 계급에 대해 알려진 것이 거의 없다.

한 가지 예외는 도심과 교외 청소년(이론의 여지는 있지만 계급을 측정하는 척도로 이용됨)에 대한 자기보고 연구다. 여기서는 도심 소년이 술을 가장 적게 마시고, 도심 소녀가 마리화나를 가장 적게 하는 반면, 교외 소녀가 술과 마리화나를 가장 많이 하는 것으로 나타났다(Luthar and D'Avanzo, 1999). 일반적인 계급과 인종에 대한 고정관념과는 반대로 교외 소년은 각성 약물을 가장 많이 했으며, 다음으로는 도심 소년, 도심 소녀, 교외 소녀의 순이었다.

인종, 성별, 계급, 연령을 동시에 통제한 연구는 이것이 형사 절차 체계에서 처우뿐 아니라 범죄행위의 중요한 예측 요인임을 종종 발견한다. 경험적 연구는 여러 인종 간의 여성 경험을 비교하고, 동일한 인종의 남녀를 비교하기 위해서는 단순한 인종별 · 성별 비교가 인종, 성별을 모두 통제하는 것에 비해 덜 유용하다는 것을 보여주었다. 공식적인 형사 절차 통계(예를 들어 경찰, 법원기록)는 범죄행위 자체를 반영한다기보다는 인종적 · 계급적 편견을 반영하고 있다는 점에서 이런 통계에 의존하는 것의 위험성을 강조할 필요가 있다. 경험적 연구자들은 범죄에 대한 타당한 측정을 위해 자기보고 조사나 면접도 이용해야 한다.

섹슈얼리티

다음 장에서는 섹슈얼리티가 소녀와 성인 여성 범죄의 소송 절차에 이용되는 방식에 대해 다루고자 한다. 그러나 그 전에 합의적 섹스가 과거뿐 아니라 현재까지 여성과 남성에게 다르게 평가되는 성차별주의 방식에 대해 자각하는 것이 필요하다. 사회적으로나 법적으로 여성의 섹슈얼리티를 통제하기 위한 집중적인 노력이 있어 왔으며, 이는 이중 잣대를 초래하게 되었다. 예를 들면 **난잡한**promiscuous, **단정치 못한**loose, **색정증 환자**nymphomaniac와 같은 용어가 남성에게는 좀처럼 적용되지 않는다. 사실 남성은 종종 혼인 여부에 관계없이 성적으로 능동적이라고 인식되어 왔다. 다른 한편 여성은 순결한 것으로, 최소한 한 명의 남성 파트너에게만 제한되는 것으로 기대된다(우리 문화에서 동성애 공포를 생각한다면 '건강한' 소년이 성관계를 갖는 것으로 추정되는 대상은 불명확하다).

1970년대 이래로 여성 섹슈얼리티의 허용 범위가 증가된 것으로 인식되어 왔지만, 성인 여성과 소녀는 여전히 성인 남성과 소년에 비해 더 심한 사회적 제한을 경험하고 있다. 현재의 경험적 연구는 비행자이든 아니든 많은 소녀가 아직도 '욕구충족doing desire' 에서 어려움이 있음을 증명한다. 특히 남성과 비교할 때 그렇다(Adler, 1998; Tolman, 1994). 샤프너Schaffner(1998)는 소녀의 의사결정을 이해하기 위한 방법으로 이들의 비행 경험을 맥락화해서 고찰할 필요가 있음을 강조한다. 그녀는 특별히 어떻게 여자 청소년에 대한 사회적 · 정치적 · 경제적인 성애화가 그들의 섹슈얼리티에 대한 유해한 구성과 역할 기대를 초래할 수 있는지를 제시하고 있다. 그리고 그녀는 어떻게 일부 소녀가 성을 통하여 학교, 동료, 가족문제를 '해결' 하는지에 주목한다. 샤프너(같은 책)는 소녀의 생활에 대한 성애화가 비행이나 비행인식에서 나타날 수 있는 네 가지 방법을 파악한다. (1) 고정관념으로 규정된 성역할에 대해 반대하거나 저항하거나 분노하는 소녀, (2) 빈 둥지 가족empty family 생활(부모가 유기하거나 방임하는)로 인해 (매우) 나이 든 남자친구를 만나게 되는 소녀, (3) 레즈비언 욕망을 찾아보기 위해 동성애 공포 체계에 걸려 있는 소녀, (4) 분노, 가출, 약물사용 등을 초래하는 학대의 형태 속에서 성적 상처를 가진 소녀 등이다.

비교적 최근까지 법규범은 '상대를 가리지 않는 성행위(난교)' 와 '간통' 을 종종 범죄로 열거했다. 그리고 이것은 거의 배타적으로 소녀와 성인 여성에게 적용되었다. 그래서 실제로는 소년과 성인 남성이 소녀와 성인 여성에 비해 훨씬 더 난교를 하고, 간통을 하지만 '난교' 와 '간통' 은 여성과 관련된 범죄로 여겨졌다. 이것은 공식 통계가 어떻게 사회에서의 실제 행위 표현을 나타내는 데 실패했는지에 대한 좋은 예다. 많은 지위비행은 자발적 · 학대적 섹슈얼리티 모두에 직접적 · 간접적으로 얽매여 있다. 예를 들면 성적으로 능동적이 되거나(직접적으로 얽매여 있는), 가출하는 것(간접적으로 얽매여 있는)이다. 미국에서의 '가출' 과 영국에서의 '도덕적 위험 상태being in moral danger' 와 같은 지위범죄는 성적 '난잡함' 과 밀접하게 관련되어 있다(Smart, 1976).

가정에서 가출하는 많은 소녀(그리고 소년)는 성적 피해나 근친상간으로부터 도망치는 것이다. 실제로 가출자(가출 소년소녀)와 노숙자센터에서 도움의 손길을 필요로 하는 소녀의 20퍼센트와 소년의 7퍼센트가 그들이 겪는 어려움 가운데 하나로 성학대를 보고했다. 가출하는 소녀의 9퍼센트와 소년의 2퍼센트는 부모에 의한 성학대를 보고했다(U.S. Department of Health and Human Services, 1991). 그리고 많은 가출 소년소녀는 집을 떠난 후에 성적 피해나 강요된 성행위를 경험한다. 가출 소년소녀에 대한 또 다른 연구는 가출 전후의 성학대 경험을 구별하지 않았지만, 소년의 38퍼센트와 소녀의 73퍼센트가 성학대를 경험했다(McCormack, Janus, and Burgess, 1986). 주목할 점은 성적으로 학대받은 소녀는 비非성적으로 학대받은 가출소녀보다 비행과 범죄행위를 더 많이 보고했으며, 더 많이 검거되고, 구치소에 수용되고, 폭력행위에 참여하는 경향이 있다(같은 책). 그러나 성적으로 학대받은 가출소년은 비성적으로 학대받은 가출소년보다 비행과 범죄를 더 적게 저질렀다. 따라서 여성과 남성은 합의적 성행위에 대해 다르게 낙인찍힐 뿐 아니라 성학대가 가출한 남성보다는 가출한 여성의 뒤이은 비행에 더 유해한 영향을 미치는 것으로 나타난다.

역사적으로 근친상간 피해와 가정 내 다른 아동학대 피해에 대응하는 데 실패한 형사소송 체계는 가출하거나 다른 범죄를 저지른 소녀에 대해 촉각을 곤두세웠다(Gaarder and Belknap, 2002). 소녀들은 그들이 가출한 동기에 관계없이 이미 낙인찍히고 심각한 처벌을 받았다. 이에 대한 형사사법 체계의 과정에 대해서는 제4장에서 자세히 다룰 생각이다.

섹슈얼리티의 역할에 대한 토의는 성행위에 대한 언급을 반드시 포함해야만 한다. 성행위에 대한 지구적이고 정치적이고 성별화되고 계급화된 관념에 대한 개요는 성매매에 대한 국제연구에서 찾아볼 수 있다. 성매매에 관한 정치·경제학은 제3세계의 빈곤한 성인 여성이나 소녀, 이국적인 아시아 여성인 '공급 측'과 산업화된 국가와 개발도상국 남성인 '수요 측'을 포함한다(Bertone, 2000, 5). 서Suh(2000, 147)는 "아시아 여성을 매춘부로 여기게 만드는 사회적 과정이 아시아의 노동력을 불러들이는 미국 경제의 세계화 과정과 아시아계 미국인에 대한 성별화된 배제"와 어떻게 연관되어 있는지를 설득력 있게 제시하고 있다. 그녀는 어떻게 1800년대 후반에 매춘이 공식 인구조사(센서스)에서 하나의 직업으로 열거됐는지, 매춘의 범죄화가 미국에서 중국인을 제외시키기 위한 하나의 방법이었는지에 대해 기술한다. 1800년대 후반 미국의 광산, 철도회사는 아내와 자녀를 데려오는 것을 허락하지 않고 중국인 남성을 고용했다. 고용자들은 중국 여성을 꼬여내고 납치하여 미국으로 불러들였고 그들을 매춘부로 만들었다. 따라서 매춘부로서 아시아 여성의 사회적 구성은 아시아의 착취된 노동력을 가져온 미국의 경제세계화 과정과 아시아계 영구 거주자의 성별에 따른 차별 모두에서 원인을 찾을 수 있다(같은 책, 147). 서(같은 책, 156)는 아시아 여성이 이후에 이들을 학대한 미국 남성과 결혼하는 것과 관련해서 오늘날 역사의 파장을 지적한다. 만약 이들 여성이 시민권을 얻기 전에 학대 남편을 떠난다면 이들은 이주로 인한 이득이 감소하는 시점에서 생존을 위해 성(혹은 약물)과 관련된 일을 하게 되는데, 이는 시민권을 신청하기 위한 조건, 시민권이나 결혼을 통하여 받게 되는 이득을 명백하게 제한한다.

:: 여성과 소녀의 범죄 유형별 빈도와 상황

소녀와 여성 갱

갱에 속하는 것이 범죄는 아니지만, 갱 구성원은 전형적으로 비행과 범죄행위에 관련된다. 최근까지 갱에 있는 소녀와 여성에 대한 연구는 거의 없었고, 방법론적 면에서 약점이 많았다. 소녀와 여성을 포함한 좀 더 오래된 연구를 보면 그것은 소년과 남성에 대한 연구에서 추가된 부분이었다. 또한 이들 연구는 성차별주의, 인종차별주의, 남녀 구별을 하는 렌즈를 통해 그들을 보았다(Chesney-Lind and Hagedorn, 1999). 갱에 있는 여성은 뒤치다꺼리를 하거나 남성 갱 구성원을 위한 성적 대상으로 간주되면서 전형적으로 남성 갱 구성의 확장으로 간주되었다(Campbell, 1990; Chesney-Lind and Hagedorn, 1999).

체스니린드와 헤지돈Hagedorn(1999)은 갱 조직에서 소녀의 역할이 비가시적이며 성적 특징을 가진, 단순화되고 잘못 표현되는 혼란스러운disturbing 유형임을 보여준다. 예를 들면 갱에 속한 소녀에 대한 역사적 기록은 소녀들의 성적피해는 간과하면서 합의적 성경험과 임신을 하고 아이를 낳는 것을 그녀들의 비행 · 일탈의 지표로 제시하였다(같은 책). 하지만 좀 더 최근의 경험적 연구는 '갱 조직에 속한 소녀'가 1950~60년대 범죄학자들과 그전에 우리가 믿었던 것보다 역동적이고 독립적이며 흥미로운 활동을 했음을 보여주고 있다(Campbell, 1990; Chesney-Lind and Hagedorn, 1999; Laidler and Hunt, 2001; Wing and Willis, 1997).

여러 연구들은 갱 조직에 속한 소녀의 비율을 보고하는 데 매우 다양한 수치를 제시한다(Bjerregaard, 2002). 한 연구는 소녀가 갱 구성원의 9퍼센트를 차지한다는 것을 발견했으며(Felkenes and Becker, 1995), 다른 연구는 소녀가 갱 구성원의 38퍼센트를 차지한다고 밝혔다(Esbensen and Winfree, 1998). 또 다른 연구는 여성과 남성이 갱 조직에서 비슷한 비율을 차지한다고 보고했다(Bjerregaard and Smith, 1993). 갱범죄의 성별 특성과 관련해서, 경험적 연구들은 비행과 범죄행위가 여성 갱보다는 남성 갱에서 더 우세하다고 보고하는 점에서 꽤 일관된다(Bjerregaard and Smith, 1993; Joe and Chesney-Lind, 1999; Esbensen and Winfree, 1998; Morash, 1983). 한 연구는 소년의 90퍼센트, 소녀의 75퍼센트가 검거되었다고 보고했다(Joe and Chesney-Lind, 1999). 다만 갱 범죄에서 성차가 없는 것은 약물사용(Esbensen and Winfree, 1998)이고, 여성과 관련된 갱 범죄는 지위범죄, 특히 가출이다(Joe and Chesney-Lind, 1999).

소녀와 소년 모두 동료의 영향이나 압력은 범죄를 저지르는 동기가 된다(같은 책). 예상대로 비행소녀, 특히 소녀 갱 구성원과 시간을 보내는 소녀일수록 더 많은 비행을 저지르는 경향이 있다(Giordano, 1999). 동료 소년의 영향이 소녀의 비행에서 큰 역할을 하는 반면, 다른 소녀의 승인은 그들의 가장 '중요한 준거집단이 되거나 적어도 그들이 스스로를 견주어보는 집단' 이 되게 한다(같은 책, 98-99).

갱에 관한 토의에서 중요한 것은 성별에 따른 폭력의 사용이다. 경험적 연구는 소년이 갱의 평판에 도전받았을 때(결코 성적인 것이 아닌) 더 싸우는 경향이 있는 반면, 소녀는 그들의 개인적 혹은 성적 평판이 도전받았을 때 더 싸우는 경향이 있다(Campbell, 1984)고 지적한다. 피시맨Fishman(1999)의 1960년대 시카고 바이스 퀸Vice Queens(악의 여왕)이라는 소녀갱에 대한 분석은 갱 구성원이 싸움을 할 때 바이스 킹Vice Kings이라는 남성 갱 단원을 동반하고, 상대방 왕을 수행하는 보조 여성 갱 구성원과 싸우게 되지만, 바이스 퀸은 바이스 킹과 더불어 싸우는 것과는 별개로 다른 여성 갱과의 싸움에 더 많이 참여했다는 것을 보고했다. 바이스 퀸이 참여한 싸움의 대부분은 '그들의 대중적 평판에 대한 위협이나 공격' 이었으며, 이와 함께 정직(성실)과 충성 문제 등이 관련되었다(같은 책, 75). "남성과의 싸움, 특히 승리는 소녀들 사이에서 특별한 지위를 수반했다" (같은 책). 캠벨(1999b, 115)의 1979~81년 뉴욕 시에 있는 푸에르토리코 소녀 갱 구성원에 대한 연구는 갱 소녀가 "싸움하는 능력에 자부심을 가졌고" "자신들의 공격성을 강조했으며, 싸움꾼으로서의 평판을 위해 열심히 활동했다"는 것을 발견했다. 캠벨(같은 책, 116)은 "싸움에서 이기는 것보다 싸움을 시작할 준비가 되어 있는 것이 더 중요했다"고 결론을 내렸다. 로스앤젤레스 갱에 대한 한 연구는 여성(13%)보다 2배 많은 남성(24%)이 갱이 요청한다면 누군가를 죽일 수 있다고 응답한 것으로 보고했다(Felkenes and Becker, 1995, 8).

헤지돈과 데비트Devitt(1999)는 1995년 밀워키에 있는 라틴계 여성 갱에 관해 수행한 대규모 연구에 8개의 갱을 포함시켰다. 이 연구 표본의 4분의 1은 흑인 여성 갱 구성원이다. 그들은 자신의 표본이 '싸움을 좋아하는' 여성 갱 구성원과 갱 구성원과의 결속을 유지하려고 같이 싸우는 사람들로 매우 뚜렷하게 구분되었다고 보고했다. 자신들은 "싸움꾼이 아니다"라고 보고한 몇몇 여성은 싸움을 하지 않는 것이 갱 규범을 위반하는 것으로 간주되어 갱 동료의 눈살을 찌푸리게 했다고 말했다. 주목할 만한 점은 갱 결속을 위해 싸우는 여성은 남성과 현재 친밀한 관계에 있는 경향이 강한 반면에 '싸우기를 좋아하는' 여성은 생활에서 남성중심적인 견해를 덜 가졌다(예를 들어 모든 여성이 생활을 위해 남성을 '필요로 한다' 는 것에 덜 동의했다). 라틴계 여성 갱은 영역싸움이나 라이벌 갱의 '출현representing' 때문에 가장 많이 싸웠지만 다른 갱단과 싸우는 정도는 흑인 여성 갱단의 절반에 미치지 못했다. 흑인 여성 갱 구성원의 싸움은 라틴계 여성 갱의 싸움보다 '존경'과 '질투' 문제에 대한 것이 더 많았다.

메서슈미트Messerschmidt(1999, 127)는 집단폭력에 참여하는 상황에서 어떻게 여성과 남성 갱 구성원이 '젠더 역할을 수행하는지do gender' 이해하고자 했는데, 집단 폭력에 참여하는 것은 "개인의 '불량스러움'을 나타내기 위한 가장 적극적인 현장"이었다. 메서슈미트는 소녀 갱 구성원의 폭력 사용이 '여성다움을 수행하거나doing femininity' '적절한' 성역할과 남성 지배를 수용하는 방식에서 행해진다고 확신했다. "갱 조직에 속한 소녀에게 여성다움을 수행하는 것은 때때로 적절한 상황에서 폭력을 행하는 것이다"(같은 책, 129). 소녀 갱 구성원이 '폭력을 행사하는 것doing violence'은 '남성처럼 행동하는' 것을 시도한다기보다는 오히려 '여성다움, 인종, 계급의 특별한 유형'을 구성하기 위한 시도였다. 여기서 "여성다움은 '폭력배hood'를 방어하기 위한 의지에 의해, 그리고 얼마나 다르게 행동하느냐에 의해 평가된다"(같은 책, 130).

소녀 갱 구성원은 남성 갱 구성원이 자신들에게 성적 특징을 부여하고 여성에 대한 관습적 인식을 가지고 있다는 사실을 자각하고 있다. 그리고 소녀 갱 구성원은 성적 특징이 부여될 수 있는 외양과 행위 면에서 다른 소녀를 갱 안팎에서 모니터한다(Laidler and Hunt, 2001). 캠벨(1999b)의 뉴욕 시에 있는 푸에르토리코 여성 갱 구성원에 대한 분석은 '음탕한 여자' '매춘부'와 같은 대중의 인식으로 인한 이들의 좌절에 대해 기술한다. 따라서 갱 조직에 속한 소녀는 '일부일처제가 규범이고 성적 난잡성이 눈살을 찌푸리게 하는' 곳에서 "서로의 성적 행위에 대해 상당한 사회적 통제를 행사했다"(같은 책, 113). 동시에 친밀한 관계에서 남성의 부정이 수용되고 기대되기조차 하는 이중 기준에 대해 확실히 알고 있었으며, 이로 인해 좌절감을 겪기도 했다(같은 책). 한 연구는 갱 소녀가 자기 어머니의 약물사용과 폭력, 어머니 역할을 할 수 없다는 사실에 분노해 자신들의 체면을 지키기 위해서 관습적 성역할의 일부만 채택하거나 또 거부한다고 보고했다. 그래서 소녀들은 자신의 여성성뿐 아니라 타인, 특히 남성들로부터 자율성을 유지하려고 노력했다. 갱 조직에 속한 소녀에 대한 초기 이론가들과는 반대로 "소녀는 남성과 남성성에 대한 자신들의 관념을 발전시킨다. …… 그들의 눈으로 볼 때, 남성은 여성과 개인으로서 여성들을 존중해야만 한다"(Laidler and Hunt, 2001, 674).

윙Wing과 윌리스Willis(1997)의 갱, 인종, 젠더에 대한 경험적 연구는 흑인 남성의 범죄성 등을 의미하는 것으로 인지되는 '갱'의 인종차별주의와 성차별주의에 주목했다. 덧붙여서 그들은 갱 생활에서 흑인 여성 역할의 비가시성에 주목했다. 윙과 윌리스(같은 책, 244)는

[제시 3-1] 소녀가 갱에 참여하는 이유

- 갱은 우정과 용인, 소속감의 장, '가족'을 제공한다.[1)]
- 갱은 고립감과 가혹한 환경으로부터의 탈출을 제공한다.[2)]
- 갱은 특히 바람직하지 못한 남성으로부터 보호와 안전을 제공한다.[3)]
- 갱은 지위를 제공한다.[4)]

1) Campbell, 1999a; Deschenes and Esbensen, 1999; Fishman, 1999; Joe and Chesney-Lind, 1999; Lauderback, Hansen, and Waldorf, 1992; Messerschmidt, 1999; Moore, 1999.
2) Fishman, 1999; Joe and Chesney-Lind, 1999; Moore, 1999.
3) Campbell, 1999a; Fishman, 1999; Messerschmidt, 1999.
4) Fishman, 1999; Lauderback, Hansen, and Waldorf, 1992.

갱에 참여하는 흑인 여성의 '빈번하게 중복되는' 여섯 가지 역할에 대해 기술하고 있다. (1) 독자적인, 여성만으로 이루어진 갱의 자격을 갖춘 구성원, (2) 남성 갱에 대한 보조, (3) 양성 갱 속에 있는 갱 단원, (4) 남성 갱 구성원의 여자친구나 아내, (5) 남성 갱 단원 자녀의 어머니, (6) 남성 갱 단원의 어머니, 여자형제, 딸이다. 따라서 그들은 흑인 여성이 '매우 친밀한 수준에서 갱 구성원에게 영향을 끼칠 수 있는 능력을 가졌고' 따라서 갱 문제를 해결하는 데 중추적 역할을 해야 한다고 결론지었다(같은 책, 243). 로스앤젤레스에 사는 라틴계 청소년 갱에 대한 한 연구는 청소년의 90퍼센트 이상이 그들의 라틴계 문화에 자부심을 느낀다고 보고한 반면, 소녀와 소년 모두 약 5분의 2가 그들이 라틴계 갱 구성원이라서 차별을 받는다고 믿는 것을 발견했다. 저자들은 이런 인종차별이 갱 구성원의 고등학교 중퇴율과 관련이 있다고 지적했다(소년과 소녀 모두 약 5분의 2는 고등학교를 중퇴했다)(Felkenes and Becker, 1995).

갱에 소속되어 있는 소녀와 관련하여 빈번하게 제기되는 질문은 "소녀가 갱 참여를 원하는 이유는 무엇인가"라는 것이다. 다소간 중복되는 네 가지 이유가 경험적 연구에서 파악되는데, [제시 3-1]을 살펴보자. 중요한 이유는 갱이 **소속감**을 제공한다는 것이다. 이것은 많은 갱 구성원에게 이웃, 가족이나 학교 등 **가혹한 환경으로부터 일시적 중지**를 제공한다는 두 번째 이유와 중복된다. 세 번째로 갱은 **안전감과 보호**를 제공한다. 마지막으로 갱은 **지위**를 제공할 수 있다. 예를 들면 조Joe와 체스니린드(1999, 229)의 하와이 갱 구성원에 대한 연구는 소녀와 소년 모두에게 갱은 '빈곤, 인종차별주의와 급속한 인구 성장으로 고통받는' 지역사회에서, 그리고 제한적인 생활로 인한 지루함을 떨쳐버릴 수 있는 '사회적 출구와 강장제'를 제공한다는 것을 발견했다. 게다가 소년과 소녀에게 갱 멤버십은 부모가 많은 시간을 일할 수밖에 없거나(경제사정 때문에), 학대적인 가정생활을 하는 청소년에게 가족의 의미를 제공한다(같은 책). 이와 유사하게 로스앤젤레스 동부에 있는 남녀 갱 구성원과 그 가족에 대한 무어Moore(1999)의 연구는 여성 갱 구성원이 남성보다 근친상간 경험, 문제가 있는 가족, 만성적으로 아픈 친척과의 생활, 헤로인 중독자였던 친척과의 생활, 범죄로 검거된 경험이 있는 친척과 생활했다는 보고가 있는데, 갱 멤버십이 이들 모두에게 '가족' 역할을 한다고 보고했다. 반면 갱 멤버십은 다른 동료집단으로부터의 탈출을 나타낼 수 있고, 남성보다는 여성 갱 구성원의 경우 더 가족으로부터의 피난처일 수 있다. 또 다른 로스앤젤레스 라틴계 소년소녀 갱 연구는 소녀의 가족에 대한 만족도나 행복감이 더 낮다는 사실에 주목했다(Felkenes and Becker, 1995).

요약해서 갱 연구가들이 여성을 포함시키는 것에 대해 고민하기 시작한 초기의 경험적 연구는 매우 성차별주의적인 방법으로 그들을 나타냈다. 그들은 빈번하게 중요한 갱 구성원의 부속물, 공모자, 성적 배출구로서 간주되었다. 최근의 분석은 더 역동적이고 독립적인 갱에 있는 소녀를 보고할 뿐 아니라 인종차별적이고 성차별적인 것에 덧붙여서, 이런 초기의 묘사가 부정확했나는 것을 증명해 주고 있다. 따라서 갱에 속한 소녀는 성차별주의, 인종차별주의, 빈곤 등 어려운 아동기에도 불구하고 소년처럼 소속감과 '가족'의 중요한 의미를 제공하는 의미 있는 정도의 힘과 갱 멤버십을 보여준다. 동시에 갱에 속한 여성에 대한 최근의 경험적 연구는 여성 갱 회원의 이질성에 주목한다. 즉 폭력 사용의 총량과 여성 갱 멤버십의 시기와 단계, 도시에서의 위치, 갱의 인종과 민족성에 대한 의존 등에서 상당한 차이가 있다. 간단히 말해 여성 갱 멤버십은 초기 연구들이 함축한 것보다 훨씬 복잡하고 역동적이다.

절도

1980년대에 발표된 연구들에서는 여성의 검거와 유죄판결에서 상당한 부분을 차지하는 것으로 문서위조, 사기, 횡령 등 절도죄나 도둑질을 열거하였지만, 여전히 이런 범죄를 남성적인 것으로 파악했다(Eaton, 1986; Leonard, 1982). 사소한 정도의 재산범죄는 종종 여성과 관련된 것으로 생각되었다. 여성을 쇼핑과 연결하고 옷, 보석, 화장품에 유혹당하는 존재로 묘사하는 고정관념이 있다. 따라서 상점절도shoplifting는 여성과 관련되어 있다고 간주되곤 한다. 하지만 더 자세한 연구는 상점절도가 성 중립적이거나 남성과 관련될 수 있음을 보여준다. 상점절도 비율에 관한 대부분의 연구는 1960년대, 1970년대, 1980년대에 발표되었다. 그중 두 개의 연구에서는 남성과 여성의 상점절도 비율에서 유의미한 차이를 발견하지 못했다(Hudson, 1989; Smart, 1976). 반면 다른 연구에서는 남성이 여성보다 상점절도를 더 저지른다는 연구가 있고(Buckle and Farrington, 1984; Mawby, 1980), 남성들은 여성이 전형적으로 훔치는 음식과 옷보다 더 큰 가치를 가진 품목을 더 많이 훔치는 경향이 있다는 것을 발견한 연구들도 있다(Buckle and Farrington, 1984; Gibbens and Prince, 1962; Hoffman-Bustamante, 1973). 약물남용으로 인한 상점절도에 대한 최근의 연구는 상점절도 비율에서 성차가 없음을 보고했다(Byqvist, 1999).

1979~86년의 유죄판결(Kline, 1993)과 1960~80년의 검거율을 고찰한 연구(Chilton and Datesman, 1987)는 여성의 비율이 증가하는 범죄가 절도나 도둑질이라고 보고했다(비록 이런 범죄가 여전히 남성과 관련되어 있지만). 검거에 대한 연구는 여성의 검거 비율 증가가 흑인 여성에서 특히 분명하게 나타난다는 것을 발견했다(같은 책). 더 최근의 연구는 상습범이나 경력 범죄자 사이에서 여성이 남성보다 문서위조와 사기로 유의미하게 더 검거되었다는 사실을 발견했다(DeLisi, 2002). 유사하게 〔표 3-1〕에서 보고된 2003년 검거율은 사기(여성 검거가 45%)와 문서위조(여성이 40%)가 성 중립성의 방향으로 가고 있으며, 횡령은 현재 성 중립적인 범죄(남녀 모두 전체 검거의 50%)임을 시사한다. 따라서 남성이 여전히 대부분의 재산범죄에서 지배적인 반면, 여성 비율은 증가하고 있고 이전에 진술했듯이 '빈곤의 여성화feminization of poverty' 와 관련이 있을 것으로 보인다(여성의 빈곤율 증가).

강도와 주거침입

〔표 3-1〕에서 보았듯이, 강도와 주거침입 검거 중 약 10분의 9는 남성과 소년이다. 덧붙여서 경력 혹은 상습 범죄자에 대한 최근의 연구는 남성이 강도와 주거침입 모두에서 여성보다 유의미하게 더 검거되었다는 사실을 발견했다(DeLisi, 2002). 그러나 성별과 이런 범죄들에 대해 다룬 연구는 거의 없다.

주거침입에서 성차를 연구하려는 노력은 거의 없었지만, 예외적으로 한 연구에서 많은 성차가 발견되었다. (1) 남성이 여성보다 주거침입에 부가해서 범죄를 저지르는 경향이 있다. (2) 여성은 주거침입을 할 때 남성에 비해 다른 사람과 같이하는 경향이 있다. (3) 여성은 남성보다 자신을 약물중독자라고 보고하는 경향이 있다. (4) 남성은 여성보다 주거침입 '경력' 이 더 일찍부터 시작되었다. (5) 남성은 여성보다 주거침입을 더 많이 하는 것으로 보고했다. (6) 여성은 남성보다 형사소송 체계와 덜 접촉했다고 보고했다. (7) 여성과 남성은 비슷하게 약물을 사용하는 경향이 있다(Decker et al., 1993).

소머즈Sommers와 배스킨Baskin(1993)은 강도와 중폭행 혐의가 있는 65명의 폭력 여성을 대상으로 한 연구에서 비록 4분의 1은 10회 이상의 강도를 범했지만, 여성이 범하는 강도 횟

수가 유의미하게 다양하다고 주장했다(1번부터 16번까지에 걸쳐 있다). 여성의 3분의 2는 강도가 성매매, 약물 거래, 비폭력적인 절도와 사기 등 다른 범죄과정이나 다른 범죄에 뒤이어서 발생했다고 보고했다. 대부분의 강도는 계획된 것이 아니라 충동적이거나 '즉흥적'이었다. 강도의 동기와 관련해서 보면, 89퍼센트는 돈을 얻으려고 강도를 했다고 보고했다. 돈을 얻으려고 강도질을 한 사람 중 5분의 4는 약물을 구하기 위한 것이었으며, 5분의 1은 옷이나 보석, 전자제품을 마련하기 위해서였다. 약 10퍼센트는 친구에 대한 충성, 복수나 흥분이 범행 동기였다고 보고했다. 그러나 주목할 만한 것은 이런 여성 중 많은 경우 그들이 처음 강도질을 한 것은 재정적 이유 때문에 동기화되지 않았지만, 뒤이은 강도는 일반적으로 약물을 사기 위한 재정적인 것이었다. 이런 여성의 강도 피해자로 돌아가서 보면, 거의 4분의 3은 낯선 사람이며 남녀 비율이 비슷했다. 그러나 여성이 흉기 없이 강도를 할 때, 피해자는 다른 여성이 되는 경향이 있었다. 그들은 몸이 약하고, 취약해 보이는 낯선 피해자를 선택한다고 보고했다. 강도 중 약 3분의 2는 공범이 있으며, 이중 60퍼센트는 여성과 함께 범행을 저질렀다.

> 강도 범죄를 저지른 여성 표본들은 범죄 경력 초기부터 남자친구와 협력하거나, 남자친구에 의해서가 아니라 자기결정을 통하여 행동했다고 보고했다. 여성이 때때로 남성이 포함된 범죄 활동이나 남성에 의해 통제되는 활동에 참여하긴 하지만, 그들은 주로 동등한 파트너로서 참여한다(Sommers and Baskin, 1993, 149).

밀러Miller(1998)의 여성 강도범 14명과 남성 강도범 23명에 대한 민족지적 연구는 강도 동기에서 전체적으로 성별 유사성을 발견했다. 남녀 강도범은 첫째로 지위나 물자(예를 들어 보석)를 마련하기 위해 강도를 하며, 그 다음으로 약물남용을 지원하기 위해 강도질을 한다. 또한 덜 빈번하게 나타나지만, 남녀는 강도질에 따르는 '심리적 스릴'이나 복수를 위하여 강도를 저지른다. 강도 동기에서 유일한 성차는 젊은 남성이 돈이나 지위를 가지려는 압력을 더 보고했다는 것이다. 밀러의 강도범 연구(같은 책)에서 성차는 강도 동기보다 강도 수행방법과 더 관련되었다. 남성은 강도에 주로 한 가지 방법을 사용했다. "대면방식에서 신체적 폭력이나 피해자와의 밀접한 근접성 속에서 총을 이용한다"(같은 책, 47). 반면에 여성은 강도 실행에서 세 가지 전략을 보고하는데, 남성에 비해 절충적이다. 가장 빈번하게 보고되는 전략은 여성 피해자를 대상으로 하는 것인데, 이는 여성 강도범의 71퍼센트가 이렇게 보고했다. 여성 강도범의 절반은 두 가지 다른 전략을 보고했다. (1) 돈을 주면 성관계를 하겠다고 약속하지만, 결국 성관계를 제공하지 않는다. (2) 남성을 대상으로 강도질하기 위해 남성(친구, 친지나 애인)과 같이 행동한다. 마허Maher(1997)의 성노동자(매춘부)에 대한 연구는 이 집단에 특수한 것으로서 성노동자가 고객을 대상으로 '강도질하는 viccing' 강도 유형을 파악했다. 마허와 커티스Curtis(1992)는 '강도질'은 성노동자가 자신의 일(노동)과 신체에 대한 평가절하에 따른 좌절과 피해에 대한 극단적인 취약성에 의해 동기화되었다고 본다.

화이트칼라 범죄

'해방' 가설은 여성이 남성과 동등해지면서 범죄율도 남성과 비슷해질 것이라고 함축하고 있다. 성 평등성을 향한 느린 운동이 중산층 여성에게 가장 이득이 된다고 보면, 화이트칼라 영역에서 남녀의 범죄는 가장 분명하게 유사성을 보일 것이라고 기대된다. 화이트칼라 범죄의 성별 특성에 대해서는 제한된 경험적 연구가 있다.

미 연방법원의 화이트칼라 유죄판결에 대한 연구는 유죄판결을 받은 남녀 사이에 중요한 차이를 발견했다. (1) 여성은 일반적으로 사무직 노동자로 고용되었으며, 남성은 일반적으로 지배인이나 관리자로 고용되었다. (2) 유죄판결을 받은 남성의 14퍼센트만 금전출납원인 데 반해, 여성 횡령범의 60퍼센트가 금전출납원이었다. (3) 남성의 재정적 이득은 여성보다 훨씬 크다. (4) 남성은 다른 사람과 같이하는 경향이 있는 데 반해, 여성은 혼자 범죄를 저지르는 경향이 있다. (5) 여성은 남성보다 범죄 동기로 '재정적 필요'를 보고하는 경향이 높다. (6) 여성 범죄는 남성보다 사소하다. (7) 기업범죄에서 여성의 비중은 낮다. (8) 남성은 여성보다 범죄를 범하는 데 다른 화이트칼라 노동자의 영향을 더 많이 받았다(Daly, 1989). 사실 이런 화이트칼라 범죄자에게 성차는 매우 극단적이었으며, 차이의 특성은 여성이 저지른 이런 범죄가 실제로 화이트칼라 범죄로 분류될 수 있는지 의심스럽게 만든다.

좀 더 최근의 연구에서 화이트칼라 범죄의 성별 특성은 화이트칼라 범죄의 유형에 의존한다는 것을 발견했다. (1) **자산남용**(조직자산에 대한 절도와 남용) 중 여성이 48퍼센트를 차지했다. (2) **배임**(고용인이 고용주에 대한 의무에 반해서 자신의 이익을 얻기 위해 사업 거래에서 자신의 영향력을 부당하게 사용하는 것) 중 여성이 45퍼센트였다. (3) **사문서 위조**(조직의 기록이나 서류 위조) 중 여성이 31퍼센트로 보고되었다(Holtfreter, 2005). 이것은 남성이 집단으로 화이트칼라 범죄(예를 들어 부패)를 더 많이 저질렀다는 달리Daly(1989)의 연구 결과와 사뭇 다른 것이다. 그러나 달리(같은 책)의 연구 결과와 유사한 발견도 있다. **자산남용**과 **배임** 등 덜 심각한 화이트칼라 범죄일수록(달러 손실), 남녀가 동등한 비율을 보이는 경향이 있다. 그러나 사문서 위조(더 심각한 범죄일수록)는 뚜렷하게 남성, 교육받은 사람, 조직에서 높은 위치에 있는 사람과 연결되었다. 이것은 화이트칼라 범죄에서 성차가 조직적 위계에서 차지하는 위치와 연결된다는 달리의 연구 결과를 지지한다.

약물사용과 판매

약물 사용자와 판매자로서의 성인 여성과 소녀에 대한 경험적 연구를 검토하기 전에 여성과 약물의 정치적 특성을 고찰하는 것이 유용하다. 대부분 경험적 연구는 남성에 대한 것이었으며, 남녀에 대한 경험적 연구는 경제적 · 사회적으로 특권이 박탈되는 것에 초점을 맞추었다. 아이러니컬하게 전례가 없이 가석방된 여성을 교도소로 돌려보내는 데 이용되는 소변 검사와 기타 기술이 사용되면서 "어떤 팡파르 없이 '약물에 대한 전쟁' 은 여성에 대한 전쟁이 되었으며, 여자 교도소 인구의 폭발에 기여했다" (Chesney-Lind, 1997, 147). 또한 약물을 사용하는 여성과 소녀는 남성과 소년보다 가혹한 사회적 배척에 직면해 있다(Luthar and D'Avanzo, 1999; Sterk, 1999).

성과 알코올에 대한 분석은 통찰력이 있다. 일반 인구에서 청소년(Hussong, 2000)과 성인(Green, Freeborn, and Polen, 2001) 모두 남성이 여성보다 심각하게 음주하는 경향이 있다(Luthar and D'Avanzo, 1999). 주목할 만한 것은 청소년에 대한 경험적 연구는 소녀가 소년보다 처음 성행위를 한 시점과 알코올과 약물 시작 경험이 같은 시기임을 보고하는 경향이 더 있다는 점이다. 반면 소년은 성행위를 하기 전에 알코올이나 약물을 시작한다고 보고하고 있다(Li et al., 2000). 고정관념과는 반대로 청소년에 대한 연구는 도심지역의 소년이 가장 적게 음주를 하는 반면, 교외지역의 소녀가 가장 많이 음주를 선호하는 경향이 있다(Luthar and D'Avanzo, 1999). 그리고 흑인 여성(과 흑인 남성)은 라틴계 미국인과 백인보다 흡연과 음주를 유의미하게 적게 하는 경향이 있다(Bilchick, 1999).

또 다른 청소년 연구는 남녀 구분없이 백인이 약물사용을 가장 많이 하며, 다음은 흑인과 라틴계(비슷한 비율)이며, 아시아계 미국인은 가장 낮은 비율이라는 것을 발견했다. 인종과 민족성 내에서 성차는 거의 없지만, 성차가 있는 경우 남성이 여성보다 더 많이 사용했으며, 성차는 아시아계 미국인 사이에서 크게 나타났다(Epstein et al., 1999). 마지막으로 성인 보호관찰 대상자에 대한 연구는 불법적인 약물사용에서 성차가 없음을 보고했지만, 남성이 여성보다 알코올 남용 경력을 유의미하게 더 가지고 있다는 결론을 내렸다(Olson, Lurigio, and Seng, 2000).

약물사용 이유와 관련해서 경험적 연구는 일부 흥미로운 성차를 보고한다. 첫째, 경험적 연구에서 많은 여성과 소녀가 여자친구와 부모에 의해 약물을 받아들이게 된다고 제시하고 있지만(Sterk, 1999), 남성과 소년이 남성 친구에 의해 약물을 받아들이게 되는 경향이 더 강한 반면에 여성과 소녀는 남편과 남자친구에 의해 약물을 받아들이게 되는 경향이 더 강했다(Evans, Forsyth, and Gauthier, 2002; Inciardi, Lockwood, and Pottieger, 1993; Lichtenstein, 1997). 그러나 크랙crack 사용과 관련해서 마허Maher(1995)는 남자친구나 남편에 의해 시작하게 된 여성은 거의 없다고 주장하면서 보다 다양한 이유로 시작된다고 제시한다. "오히려 여성의 시작 경험은 동성 동료의 영향, 이전의 약물사용 경험, 약물의 유용성과 비용, 소비 유형과 대중적인 문화적 이미지와의 상호관계를 포함하는 많은 요인에 의해 매개되었다"(같은 책, 133). 실제로 일부 여성은 크랙 사용에 대해 다른 여성으로부터의 압력을 느꼈다.

둘째, 의미 있는 성차는 여성이 판매자나 다른 사용자로부터 약물을 얻기 위해 애인관계나 성행위를 제공해야 하는 위치에 놓여진 경향이 더 높다는 점에서 찾을 수 있다(Inciardi, Lockwood, and Pottieger, 1993; Inciardi et al., 1991; Lichtenstein, 1997; Maher et al., 1996; Ratner, 1993; Sterk, 1999). 셋째, 남녀 모두 종종 호기심과 실험 욕구로 약물사용을 시작했지만, 약물사용을 지속하는 동기에서는 성차가 있다. 여성과 소녀는 남성과 소년보다 기쁨이나 스릴 추구(Li et al., 2000), 동료의 압력으로 불법적 약물을 사용하는 경향이 덜했다. 넷째, 크랙에 적용되는 것으로, 약물사용에서 파악되는 성차는 남성에게 크랙은 '남성성 수행doing masculinity'의 수단이라는 점이다(Evans, Forsyth, and Gautheir, 2002). 그러나 약물을 사용하는 여성과 소녀에 대한 일부 경험적 연구는 그들이 일반적으로 사회나 부모, 교사에게 성역할에 반대하는 행동을 하기 위한 방법으로 동기화되었다는 것을 보고하고 있다(Sterk, 1999; Friedman and Alicea, 1995).

마지막으로 다섯째, 약물사용에서 가장 중요한 성차는 우울증을 치료하기 위한 여성과 소녀의 '자가 약물치료'다(Evans, Forsyth, and Gautheir, 2002; Inciardi, Lockwood, and Pottieger, 1993). 여성 크랙 사용자에 대한 한 연구는 절반이 한 번의 외상(정신적 쇼크) 경험이나 연속적인 외상 경험(예를 들어 가족의 죽음, 아이를 잃음, 강간)에 대한 반응으로 크랙을 사용하기 시작했다는 것을 알아냈다. 다른 절반은 이미 심각한 약물사용 중에 있었다(Erickson et al., 2000). 여성은 남성보다 위기나 심리적 스트레스에 대한 반응으로 약물사용을 계속하는 경향이 강했으며(그리고 위기나 심리적 스트레스가 더 많음), 약물문제가 진전되기 전에 우울증을 경험했던 경향이 남성보다 더 강하다(Evans, Forsyth, and Gautheir, 2002; Inciardi, Lockwood, and Pottieger, 1993). 약물남용 치료를 받는 청소년에 대한 한 연구는 소녀(와 그 부모)가 소년(과 그 부모)보다 가족 역기능을 보고하는 경향이 더 강하다는 것을 발견했다(Dakof, 2000). 주목할 만한 한 연구는 백인 여성의 약물 시작이 외상적 생활 사건의 결과로 나타나는 경향이 더 강한 반면, 흑인 여성의 시작은 통과의례인 경향이 더 강하다는 것을 발견했다(Lichtenstein, 1997).

약물 판매에서의 성차에 대한 제한된 경험적 연구는 여성이 약물시장에 들어가기가 남성보다 어렵다는 점을 지적했다. 보다 낮은 수준의 약물, 특히 마리화나의 경우 여성은 약물 판매에 더 접근하기가 쉬웠다. 여성의 약물 판매는 여성의 약물사용 증가보다는 여성의 빈곤화의 더 나은 지표일 수 있다(Diaz-Cotto, 1996). 또한 모든 여성 약물 판매자가 약물 사용자는 아니며, 오히려 약물 판매는 많은 빈곤한 여성의 돈을 얻기 위한 몇 가지 선택 중 하나다(같은 책). 일부 경험적 연구는 약물 판매에 성공적으로 접근한 여성은 남편이나 남자친구를 통해 그렇게 된다고 주장했다(Koester and Schwartz, 1993; Maher and Curtis, 1992). 6명의 여성과 34명의 남성에 대한 한 연구는 크랙 거래자가 자신의 보호를 위해 집단적으로 '함께 움직인다'는 것(경찰이 개인보다는 집단과 맞설 가능성이 더 적음)과 이것은 여성이 약물 거래가 아니라 남성 거래자와 단지 교제하는 것으로 보일 수 있기 때문에 여성 크랙 거래자의 이점으로 작용한다는 것을 발견했다(Jacobs, 1996). 크랙 사용자의 습관 유지 방법에 대한 한 성별 분석은 (1) 약물 판매가 흑인 남성에 제한되며, 모든 여성과 백인 남성은 배제된다. (2) 남성 크랙 사용자가 여성과 소녀의 성적 노동을 착취함으로써(그들에게 성매매를 시킴으로써) 소득을 얻는 반면, 대부분 여성은 부유한 남편이 없는 한 약물을 위해 성을 교환해야만 하는 처지에 있다. (3) 남성과 여성 모두 물품을 훔치지만 남성만 강도를 했다. (4) 남성이 약물을 위한 돈을 마련하기 위해 강도를 하는 위험한 상황에 직면하는 반면, 여성은 크랙을 취급하는 곳crack houses에서 일상적으로 폭력적이고 성적으로 타락한 만남에 직면한다(Evans, Forsyth, and Gautheir, 2002). 이 연구에서 남성은 크랙을 취급하는 곳에서 여성과 소녀에게 극단적인 성적 학대를 했다고 보고했다. 이것은 성폭력이 도심문화의 부분이 아니라 단지 크랙 문화의 일부라는 것을 보여주는 것으로 백인이 대다수인(과 일부 흑인) 어느 작은 마을의 크랙 사용자에 대한 연구를 통해 밝혀졌다.

켄터키Kenturky 지역의 농촌에서 수행된 마리화나 제조업에 대한 민속학적 연구는 사회계급에 따른 성별 역할에 대해 보고했다(Hafley and Tewksbury, 1996). 농촌 마리화나 제조업 공동체에서 여성에게 제시된 세 가지 역할은 '매춘부'와 '품위 있는 여성' 그리고 '중간 여성'이다. '매춘부'는 전형적으로 젊고 교육 수준이 낮으며 미혼이고, 때때로 사생아 한두 명이 있는 사람이다. 그녀의 역할은 정서적 · 성적 · 가정적으로 남성 마리화나 재배자를 지원하는 것이다. 그들은 이런 남성에게 소모적인 역할을 한다는 사실을 알고 있다. 따라서 마리화나 제조업 남성에 대한 강한 충성심에도 불구하고 남성이 교도소에 가게 되거나 장소를 이동하거나 그녀를 버릴 경우 그의 자리를 대신할 다음 남자를 찾는다. 두말할 필요 없이 그녀는 공동체 내에서 경멸의 대상이 된다. '품위 있는 여성'은 마리화나 제조업에서 훨씬 더 존중받으며, 전형적으로는 이 안에서 적극적인 활동을 하는 남성의 여자 친척이다(예를 들어 어머니, 여자형제, 아내, 할머니, 딸 등). 비록 마리화나 제조업에서 '그녀의 남자'가 하는 불법적 활동을 알고 있지만, 그녀는 그 일에 거의 참여하지 않는다. "그러나 품위 있는 여성의 표면적 거부는 남성이 활동을 그만두도록 이끌지는 않으며, 결국 그들은 '단지 여성'으로 남아 있을 뿐"이다(같은 책, 88). 마지막으로 '중간 여성'은 매춘부와 품위 있는 여성 사이에 있으며, 마리화나 재배와 유통에서 적극적인 역할을 한다는 점에서 특별하다. 그녀는 '품위 있는 여성'보다는 덜 존중받지만, '매춘부'보다는 존중받으며 더 많은 힘을 소유하고 있다. "중간 여성이 최근 10년 내에 더 적극적인 역할을 시작하긴 했지만, 전면적으로 여성의 역할은 현저하게 수동적이다. 남성 마리화나 재배자에게 여성은 필수적이지만 보조적인 역할을 수행할 뿐이다"(같은 책, 91).

약물사용과 남용에 대한 경험적 연구의 중요한 초점은 그것이 다른 유형의 범죄행위와 어떻게 관련되는지를 파악하고자 하는 것이다. 한 연구는 여성의 경우 약물남용이 범죄화되는 측면이 있음을 강조하면서 약물을 사용한 여성 재소자가 약물을 사용하지 않는 여성 재소자보다 재산, 폭력범죄 등에 참여하는 경향이 더 있음을 발견했다(Mullings, Pollock, and Crouch, 2002). 스웨덴의 남용자(중독자)에 대한 연구는 여성이 남성에 비해 실직 상태, 집이 없는 경우가 더 많다는 것을 발견했다. 또한 여성이 남성보다 심각한 약물사용과 더 빠르게 진행되는 습관을 보고했으며, 더 복잡한 심리적 문제를 나타냈고, 더 심각한 성장 과정을 경험했다. 그러나 이런 모든 것에도 불구하고 이들은 유의미하게 더 낮은 범죄성(약물사용 이외)을 보인다는 것을 발견했다(Byqvist, 1999).

경험적 연구자 사이에서 약물과 젠더 관계의 역동성에 의견이 일치하진 않지만, 관계가 존재한다는 것에는 동의한다. 마허(1997)에 의해 브루클린(뉴욕 시) 지역 세 곳에서 수행된 1990년대 초반 여성 크랙 사용자에 대한 민족학적 연구는 골목길 수준의 수익 창출 요인은 중복되고 상호 의존적인 마약거래 활동drug-business hustles, 비약물 활동nondrug hustles과 성노동sex work 등 세 가지 옵션으로 구분된다고 한다. 마허(같은 책, 130)는 "성노동이 여성 약물사용자들에게는 하나뿐인 유용한 소득 창출 활동이다"라고 보고한다. 그리고 성노동이 수반하는 '죽음, 강간과 상처'의 위험을 가정하면 "전체적으로 이런 여성은 (수익 창출) 선택

범위가 실제로 거의 없다는 것을 보여준다"(같은 책, 189).

여성과 크랙에 대한 한 연구는 크랙을 취급하는 곳에서 명백한 성노동(매춘)의 형태인 성행위가 이루어지는 동안 마약을 주는 대가로 남성에게 여성이 구강성교를 제공하는 매우 높은 규칙성을 발견했다. 그리고 크랙을 취급하는 곳에서는 모든 참여자에게 규칙이 강제되어 여성에게 유용한 협상은 거의 없었다(Inciardi, Lockwood, and Pottieger, 1993). 또 다른 연구에서 크랙에 중독된 한 여성은 크랙을 취급하는 곳에서 15세 미만의 소녀가 떠나려고 애쓰고, 그녀가 지금까지 본 어떤 것보다도 심하게 맞는 것을 목격했다고 보고했다. 이 목격자는 동일한 처벌이 자신에게 발생할 수 있다고 믿었기 때문에 중재에 나설 수가 없었다. 그녀는 소녀의 죽음을 두려워했다. 이곳에 있는 많은 남성은 이 소녀를 학대한(혹은 죽일 것 같은) 남성에게 '마음대로 할 수 있도록' 또 '그녀에게 모든 종류의 변태적인 조악한 짓을 할 수 있도록' 크랙을 주었다(Evans, Forsyth, and Gautheir, 2002, 503). 크랙을 받은 남자는 아직도 피를 흘리며 누워 있는 소녀에게 무엇인가 던진 후 그녀를 집 밖으로 날랐다.

마허(1995)는 종종 약물사용과 성노동에 농락당하는 '순수한' '불운한 피해자' 로서의 여성 약물 사용자에 대한 경험적 연구 설명에 도전했다. "그런 설명은 약물사용과 관련해서 힘을 행사할 수 없고 어떤 종류의 선택도 할 수 없는 것처럼, 약하고 순종적인 것으로 여성의 고정적 이미지를 영속시킨다"(같은 책, 132). 그녀는 약물사용에 대한 이전의 성별 분석보다 훨씬 더 복잡한 것으로써 크랙의 성별 사용에 대해 보고한다. 첫째, 그녀는 여성의 주체성을 부인하는 기존 패러다임에 저항한다. "여성들은, 나도 마찬가지지만 약물사용을 선택한다. 이 연구에 포함된 어떤 여성도 억지로 팔에 바늘을 꽂도록 강요받거나 크랙 줄기를 벗기도록 강요받지 않았다(같은 책, 160)(그러나 마허는 남자친구가 "그녀의 입에 마리화나 연기를 품어내는 것"을 포함해 "상당한 압력을 발휘한" 어느 여성을 기술하고 있다〔같은 책, 141〕). 그리고 마허는 "뉴욕 시에서 가장 빈곤한 지역의 한 골목에 있는 약물 사용자"에 대해 묘사하고 있다.

> 대다수가 매일 크랙과 헤로인 섞은 것을 사용했다. 대부분 인종적·민족적 소수 집단의 구성원이었다. 대부분은 집이 없었다. 많은 사람이 어머니였고, HIV 양성자의 비율도 꽤 되었다. 이런 여성은 폭력의 가해자인 동시에 피해자였으며, 모든 사람은 그들의 약물 소비를 위한 수단으로 법률 위반행위, 주로 거리 수준의 매춘에 종사했다(1997, 29).

그러나 마허(같은 책)가 밝힌 바와 같이 크랙 사용의 시작은 여성의 약물사용에 대한 경험적 연구에서 일반적으로 보이는 것보다 성차를 덜 보이는 반면, 일단 크랙 소비에 빠져들게 되면 그들의 경험과 선택은 성차를 보인다. 예를 들면 여성은 불균형적으로 크랙 사용과 관련된 사회적 낙인과 경제적 어려움으로 훨씬 더 많은 고통을 받았다(Maher and Curtis, 1992). 그리고 약물 경제의 구조는 '동등한 고용 기회'를 제공하지 않아 여성에게 불리하게 작용한다(Maher, 1995). 사실 이득은 남성 판매자에게 돌아갔다(Maher and Daly, 1996). 마약 사용자들의 노숙생활에서도 성차가 발견되는데, 여성에 비해 남성은 차이를 보였다(Maher, 1997). 빈곤해진 약물사용 여성은 많은 나이 든 남성에게 성과 가정도우미 서비스를 제공할 뿐 아니라 다른 남성에 의해서도 성적 착취를 당하고 타락해 가는 데 반해(Maher et al., 1996) "많은 노인 남성은 그들의 경제적 입지로 집 없는 여성 약물 사용자에게 잠자리를 제공함으로써 성적 행위와 약물사용에 대한 자신의 욕구를 해결할 수 있었다"(같은 책, 54). 더욱이 크랙의 출현은 거리를 새로운 성적 노동자(매춘부)로 넘치게 했으며, 따라서 성노동자에게 지불해야 할 비용은 극적으로 감소했다(Maher and Curtis, 1992; Maher and Daly, 1996). 크랙 사용과 판매의 성별 특성에 주목하는 것과 동시에 마허(1997, x)의 연구는 기존의 경험적 연구보다 이런 약물 사용자를 더 강하게 부각시키고 주체성을 강조하는 데 있어서도 가장 효과적이다. "내가 연구한 여성들은 여러 가지 점, 무엇보다도 신속한 회복력, 가장 힘든 노동에 대한 능력, 생존하기 위한 투쟁의 강인함에서 주목할 만하다."

흑인 소녀 갱에 대한 한 연구는 흥미롭게도 1980년대 중반 남자친구에 의한 크랙 판매의 시작이 여성 갱을 형성하게 되었다고 보고했다(Lauderback, Hansen, and Waldorf, 1992). 보다 분명히 말하면, 남자친구와의 크랙 판매사업으로 인한 이득과 분업에 계속 불만족스러워하다가 자신들이 직접 크랙 판매사업에 뛰어들게 되었다는 것이다.

또 다른 연구는 여성 크랙 중독이 "빈곤 상태, 검거 경력, 가족 상실, 폭력에 대한 노출, 성학대의 경험에서 발생하는 극도의 취약성에서 비롯된다"고 결론지었다(Erickson et al., 2000, p.769). 그러나 저자들은 대부분 여성이 약물사용 중지를 하나의 선택으로 보지 않았으며, 중독을 문제로 파악하지 않았다는 사실도 보고했다. 오히려 크랙은 그들의 생활을 견딜 만하고, 흥미 있게 하는 것이었으며, 섹스는 크랙을 하기 위한 수단이었다(같은 책).

프리드먼Freidman과 앨리셔Alicea(1995)의 경험적 연구는 기존 대다수의 연구와 달리 30명의 중산층 백인 여성 마약사용자(헤로인과 메타돈)을 표본으로 삼았다. 이 연구에서 계급적 · 인종적 특권이 있는 이런 여성의 많은 수가 자신들이 인식하고 경험한 제한적 성역할과 가부장제를 거부하기 위한 수단으로서 처음 헤로인을 시작하게 되었다고 말했다. 헤로인 사용은 '전통적인 좋은 소녀의 이미지와 맞지 않고' '어느 정도의 자율성과 적극성을 요구하므로 권한이 부여되었다고 느끼게 해주며, 통제의 의미를 주기' 때문이었다(같은 책, 437). 그리고 그들은 헤로인 사용자가 됨으로써 사회적 거부의 도전적인 측면이 강해져 기쁨과 행복감, '강함, 자신감과 무적無敵의 느낌'을 얻었다(같은 책, 438). 그러나 시간이 지나면서 약물은 '해방 메커니즘'으로서의 작동을 중지했고, 그들은 '영웅' 대신에 '악당'으로서 헤로인을 재정의하는 위기의 국면에 도달했다(같은 책, 439). 그래서 이런 부유한 백인 여성의 약물사용 동기가 전형적으로 연구된 사람들(가장 주변화된 인구)과 다른 경향이 있는 반면, 그들의 중독은 약물남용이 모든 사람에 대해 갖는 긍정적 · 부정적 측면을 보여주었다. 또한 그들이 가부장제에 대한 반항으로 헤로인을 시작했고, 처음에는 자아존중감에 도움이 되었지만, 남용은 결국 아주 반대의 결과를 낳게 된 것이다.

> 행동들을 자각하게 되면 자신의 삶을 '잘 통제하고' 있다는 생각을 유지할 수 없었다. 그들은 여성을 낮은 지위로 격하시키고 개인으로서 평가절하하는 지배문화의 반영으로서 헤로인 세계를 보기 시작했다. 헤로인은 더 이상 가부장제를 거부하기 위한 수단이 아니었다(같은 책, 442).

이 연구의 표본이 된 여성은 자신과 남성 파트너나 애인을 위한 더 많은 약물을 얻기 위해 스스로 매춘하고, 의사(치료자)에게 '음경에 대한 구강애무'를 제공했다고 고백했다. 이것은 그들이 가부장제를 무시하는 독립적인 여성으로서 자신에 대해 가졌던 그림이 아니었다. 따라서 남성에 대한 불신은 헤로인이 '악역'이었다는 것을 깨닫는 '직관'에서 또 다른 요소가 되었다. 불행하게도, 그들은 헤로인을 끊기 위해 찾아간 메타돈 클리닉(병원)이 종종 성차별적이고 도움받기 어렵다는 것을 발견했다. 저자들은 다음과 같이 얘기했다. "여성들은 메타돈을 사용하기로 선택한 시점에서 그들이 생존을 위한 다른 자원(사회적 · 경제적)과 대안을 가지고 있지 않다고 믿었다"(같은 책, 443). 그러나 그들은 치료 또한 견딜 수 없게 성차별적이라고 말했다.

스터크Claire E. Sterk(1999)는 현재 크랙을 사용 중인 149명의 여성에 대한 민속학적 연구를 통해 크랙을 사용한 여성에 대한 가장 세부적이고 포괄적인 연구 결과를 제공한다. 특히 그녀의 『방탕한 생활Fast Lives』은 다른 연구에서 보고된 것보다 이런 여성들 사이의 다양성을 더 많이 기술한다. 스터크는 크랙 사용 여성의 네 가지 범주를 파악했다. 첫 번째 범주인 **현장의 여왕**queens of scene은 크랙을 만들기 위한 분말 코카인을 조리할 수 있는 능력을 가지고 있어 가장 높은 지위와 삶에 대한 통제력을 가졌다(다른 크랙 코카인 사용 여성에 비해). 그런 조리기술은(조리사라는 직업은 매우 성별화되어 있는데, 이 경우에 조리기술은 여성에게 불리한 것이 아님) 이런 여성에게 그들을 보호해 주는 중상층의 상인 거래자에게 접근할 수 있도록 해주었다. 스터크(같은 책)는 '여왕' 이외에 여성 크랙 코카인 사용자의 세 가지 다른 범주를 제시했다. **활동가**hustlers는 약물습관을 유지하기 위해 성행위는 아니지만 범죄자로 '활동'하는 사람이다(예를 들어 차량절도, 소매치기 등). **매춘부**hookers는 약물습관을 유지하기 위해 성노동(매춘)을 이용한다. **나이 들어 분투하는 신참**the older struggling rookies은 30대까지 약물사용이나 다른 불법 활동의 경험이 없으며, 전형적으로 실업 상태이고, 사회적 승인에 관심이 있으며, 자녀에 의해 크랙 코카인을 소개받게 된다. 또한 스터크(같은 책)는 시간이 흐르면서 남녀 모두에게 크랙 중독과 중독을 유지하기 위한 활동이 성행위 감소를 가져온다는 의미에서 크랙 코카인을 최음제로 묘사하는 미디어 표현과 기존 경험적 연구는 오도된 것이라고 주장한다.

미디어에서는 크랙과 섹스를 교환하는 여성을 '크랙 매춘부' '닭대가리chicken head' 등으로 격하하고 평가절하하는 이미지와 이름으로 가득하다(Comerford et al., 1996; Erickson et al., 2000; Evans, Forsyth, and Gautheir, 2002; Metsch et al., 1996; Sterk, 1999). 약물사용과 중독에 관련된 성노동의 성별화된 특성에 덧붙여 불법적 약물사용의 성별 특성 중 하나는 약물을 사용하는 임신한 여성과 어머니, 특히 '크랙 어머니'에 대해 주로 미디어를 통해 가해지는 위협이다(Humphries, 1999). 이 분야의 학자인 험프리Drew Humphries(같은 책, 15)는 이렇게 질문한다. "어떻게, 어떤 결과로 가장 무기력한 여성들이 위협적인 무질서의 상징, 약물에 대한 국내전쟁에서 골치 아픈 적으로 나타나는가?" 험프리(같은 책)의 초점은 시간에 따른 크랙과 코카인 사용 비율의 변화에 대한 기존의 과학적 자료, 크랙 사용 어머니의 아기 건강에 대한 경험적 연구를 1983~94년 텔레비전에서 묘사된 약물사용과 약물중독 어머니한테서 태어난 아기의 건강에 대한 자신의 세심한 연구 결과와 융합하는 것이었다. 미디어에서 보여주고, 아마도 일반 대중이 채택한 이미지는 크랙을 사용하고 자신의 임신과 크랙 사용이 태아에 미치는 영향에 조심하지 않는 도심 내부의 빈곤한 유색인종 여성이다. 험프리(같은 책)는 약물사용 여성을 다룬 경험적 연구와 이런 여성을 다룬 텔레비전 뉴스 묘사에 대한 내용 분석을 주의 깊게 고찰한 결과, 미디어의 크랙 어머니에 대한 사회적 구성의 4단계를 제시한다([제시 3-2] 참조). 그녀는 이에 대해 다음과 같이 설명한다.

[제시 3-2] 험프리의 텔레비전 뉴스에 나타난 크랙 어머니의 사회적 구성 단계

1단계 오락적인 코카인 사용(1983~85): 부유하고, 백인이며, 코카인에 중독된 것을 후회하는 여성이 자신의 가정과 치료시설에서 자신의 중독에 관해 인터뷰했다. 그들은 '오락적인 약물 신화'에 '취약한' 것으로 뉴스 미디어에 의해 동정적인 취급을 받았다. 임신 사실은 사용을 중단하겠다는 의지를 갖기에 충분하지 않았다. 의사가 이런 아기들의 장기간 건강에 관심을 가졌지만, 그들은 건강한 아기를 갖는 경향이 있었다. 이런 여성들은 처벌받지 않았다.

2단계 크랙의 발견(1985~87): 도심 길모퉁이 흑인과 히스패닉으로 특징지어지며 코카인 중독, 저렴한 가격이 1985년 약물시장을 강타했다. 임신 중인 코카인 사용 백인 여성과 그들의 아기에 대해 정서적으로 비난하는 이야기를 제외하고는, 크랙 뉴스 이야기는 코카인 사용자(cocaine ones)들을 보호했다.

3단계 크랙 어머니에 대한 십자가(1988~90): 도심, 주로 임신한 흑인 여성이나 최근 '크랙 아기'를 출산한 여성으로 특징지어지며 출산 후에 거리나 병원에서 촬영했다. 방송에 나온 아기는 심각한 결함이 있었다. 뉴스 방송은 고살 혐의가 있고, 미성년자에게 약물을 주입하고, 자녀를 위태롭게 하는 이런 여성을 흥미 위주의 사례로 보여주었다.

4단계 어머니와 원래 상태로 돌아와 자녀를 되찾음(1991~94): 뉴스 이야기들과 연구자들은 '크랙 아기들'이 경험하는 외상의 실제와 심각성에 대해 의문을 갖기 시작했고, 크랙-코카인의 태아기 전이가 처음에 묘사된 것만큼 해롭지 않다는 것을 증명했다. '크랙 어머니들'은 '생존자'로 묘사되었고, 치료과정(방송 구성 중)에서 인터뷰했다. 그러나 크랙 어머니들은 크랙에 중독된 임신한 여성, 특히 유색인종과 흑인들의 경우 교도소에 구금될지도 모른다는 두려움 때문에 치료받기를 꺼리도록 만드는 정책과 함께 법 체계에 의해 여전히 비난을 받았다.

SOURCE Drew Humphries. 1999. *Crack Mothers: Pregnancy, Drugs, and the Media.* Columbus, OH: Ohio State University Press, based on content analysis of television media representation from 1983-1994, using mostly ABC, CBS and NBC news presentations(N=84).

> 네트워크는 가능한 가장 나쁜 결과를 제시하면서 크랙 아기에 대한 기록을 왜곡했다. …… 그래서 대중은 임신 전 코카인에 대한 노출이 신생아의 생명이나 건강을 위태롭게 하고, 임신 중 약물을 사용한 크랙에 중독된 여성이 태아와 신생아에 피할 수 없는 해를 입히는 것을 막아야만 하며, 누군가가 조치를 취해야만 한다는 것을 상식으로 받아들였다(같은 책, 66).

험프리(같은 책)와 유사하게, 보이드Boyd(1999, 14)는 육아에 대한 불법 약물사용의 효과에 대해 광범위하게 연구했는데 비록 "좋은 어머니 되기와 일치하지 않는 것으로 보이지만, 많은 연구자가 불법적 약물을 사용한 여성이라도 적절한 부모가 될 수 있다는 것을 증명했다"고 보고한다. 보이드는 약물남용 어머니가 약물남용을 하지 않는 어머니보다 아동학대자가 될 가능성은 그리 높지 않으며, 실제로 신체적 폭력 사용은 적게 한다는 것을 발견한 연구(Colten, 1982)와 일반적으로 약물남용을 하지 않는 어머니와 유사한 부모 역할의 가치를 지니고 있다는 연구(Rosenbaum et al., 1990)를 인용하고 있다. 스터크(1999)는 크랙 사용자에 대한 연구에서 대부분의 여성이 임신한 것을 알았을 때 크랙을 중단하려고 노력했지만, 대체적으로 크랙을 알코올이나 다른 약물로 대체했으며, 모두 임신 기간이 지난 후 다시 시작한다는 것을 발견했다. 부가적으로 이런 여성들은 자신의 약물사용이 알려져서 출생 시 아기를 데려갈지도 모른다는 두려움 때문에 태교받는 것이나 중독자 치료 프로그램에 가는 것을 피했다.

보이드(1999)는 임신한 여성이 약물을 사용할 경우 유일한 후유증은 아기가 신생아 금단증세(NAS, neonatal abstinence syndrome)라고도 알려진 증세를 경험할 가능성이라는 점에 주목한다. 더 나아가 보이드(같은 책, 36)는 험프리(1999)의 '크랙 어머니' 라는 신화적 이미지를 '창출' 한 사회적 구성과 마찬가지로 NAS를 '문화적 구성' 에 의해 나타나는 것으로 파악했다. 임신한 여성에 대한 약물 연구가 약물 흡입에 더해 또 하나의 변수로 알코올 흡입을 포함하는 경우는 거의 없지만, 알코올(태아기 알코올증후군을 매개로)이 약물보다 큰 영향을 가지는 것으로 나타나기도 한다(Boyd, 1999). 그래서 보이드(같은 책, 25)는 "불법적 약물사용은 자녀를 위험에 처하게 하는 등 부적절한 부모 역할을 하게 만든다" 는 법적 · 의학적 · 사회적 주장을 문제시할 필요가 있다는 것으로 연구에 대한 결론을 내린다. 또한 험프리(1999)의 의견과 일관되게, 보이드(1999)는 자신의 연구에서 28명의 불법 약물을 사용한 여성이 임신 사실을 알았을 때 태교 등을 받고자 시도하는 과정에서 낙인과 구금에 대한 두려움 때문에 의료전문가와 접촉하기를 두려워했다는 사실을 발견했다. 보이드(같은 책)는 약물사용 어머니로부터 아기가 태어났을 때 의사들이 어떻게 치료를 했느냐에 대한 공포스러운 이야기뿐 아니라 NAS라고 낙인찍힌 아기가 출생 시 겪는 불안정한 조건에 대해서도 계속해서 보고하고 있다(예를 들어 한번에 수일 동안 인간적 접촉이 거의 없거나 전혀 없는 것, 부모를 포함해 어떤 사람과도 유대를 맺을 수 없는 것, 조명이 전혀 없는 곳에 두는 것 등).

약물사용 여성에 대한 규제 현상을 평가할 때 그 대응의 인종차별적 성격을 인정하는 것이 중요하다. 로버트Robert(1997, 127)는 약물에 양성 반응을 보이는 어머니가 아이를 낳는 것을 고발하는 현상을 검토했는데, 이들 여성 대부분은 빈곤하고 흑인이며 크랙에 중독되어 있었다.

> 약물남용 어머니에 대한 형사적 소추는 태아를 보호하기 위해서라는 합리화 아래 임신한 여성의 생활에 국가가 더 크게 개입하려는 경향을 보여준다. 이러한 정부의 개입은 유색인종의 빈민 여성에게 특히 가혹하다. 그들은 적절한 태교를 가장 적게 받고, 정부 모니터링에 가장 취약하고, 백인 중산층 기준의 어머니가 되는 데 가장 적게 순응한다. 그러므로 그

들은 정부 통제의 중요한 타깃이 된다.

마지막으로 1990년대 이후 중요하게 다뤄진 불법 약물은 메스암페타민이다(약물과 여성의 약물사용과 판매에 대한 개요는 Strauss and Falkin, 2001을 보라). 여성의 메스암페타민 사용에 대한 다른 연구들과 유사하게, 교도소나 지역사회의 약물치료 프로그램에 참여한 여성 사용자에 대한 최근에 이루어진 연구는 그들이 주로 백인에 미혼이며, 10대 후반에 사용을 시작했고, 메스암페타민 시작 약 6년 전에 알코올과 마리화나를 사용하기 시작했다는 것을 알려준다(Strauss and Falkin, 2001). 이 약물사용에 대한 가장 공통적인 세 가지 이유는 (1) 친한 친구나 부모가 했기 때문에(28%), (2) '파티'에 가서(27%), (3) '취하기' 위해서다. 주목할 만한 것은 13퍼센트는 체중 감소를 위해, 9퍼센트는 무언가를 이루기 위해, 6퍼센트는 '기분을 좋게 하기 위해' 약물사용을 시작했다는 것이다(같은 책). 연구대상 여성의 70퍼센트는 메스암페타민의 판매나 제조, 유통에 참여했다.

일반적 공격성

이 장의 다른 부분에서 청소년비행, 갱, 아동학대, 살인에서 발견되는 공격성의 성차를 다루었거나 다룰 것이지만, 단순히 공격성을 한 부분으로 다루는 것도 유용하다. 제1장에서는 남성이 여성보다 공격적인 것은 생물학적 성이 아니라 기본적으로 사회적 성gender 차이라고 결론을 내리면서, 이런 일관된 연구 결과에 대한 설명으로 생물학의 역할과 사회적 학습의 역할에 대한 논의를 다루었다. 보다 구체적으로 남성은 관습적으로 성별화된 사회적 역할로 인해 일반적으로 여성보다 공격적이다. 해리스Mary B. Harris는 공격성의 성차를 다루는 데 인종과 민족성과 상황을 고려하면서 1970년대 이래로 상당한 양의 연구를 수행했다(Harris 1973, 1974a, 1974b, 1976, 1992, 1996). 그녀는 많은 대학생을 대상으로 실험적 연구와 조사 연구를 모두 이용했다. 그녀의 결론은 [제시 3-3]에 있다.

해리스의 연구는 공격성 사용에서의 성차뿐 아니라 공격성이 피해자의 성에 따라 사용되는 방법의 차이, 공격성을 사용하도록 자극하는 것에서의 성차, 공격의 주체가 여성인지 남성인지 여부에 따라 공격성을 이용하는 것의 적절성에 대한 사람들의 인식 차, 공격성의 인식과 사용에서 인종적 · 민족적 차이를 포함하면서 공격적 행위에서의 성차를 다루기 위한 시도에서 많은 요인을 고찰하는 것이 중요하다고 지적했다. 이런 연구는 자기 자신의 공격성이나 다른 사람들의 공격성에 대한 평가가 모두 성별에 따라 매우 다르다는 것을 보여준다. 자신의 공격성 사용이나 다른 사람의 공격성 사용에 대한 평가는 인종/민족에 따

[제시 3-3] 대학생의 공격성 사용에서 나타나는 성과 인종 · 민족성의 차이

- 남성은 일반적으로 여성보다 더 공격적 행위를 보고하며, 특히 심각한 수준의 공격일수록 그렇다.
- 여성이 공격자일 때, 남성은 빰을 맞거나 비윤리적이고 잔인하다고 칭해지는 경향이 있다.
- 남성은 강간을 예외로 하고, 일반적으로 여성보다 공격적 행위의 대상/피해자가 되는 것으로 보고한다.
- 대상/피해자가 여성일 때, 남성은 여성보다 더 짓궂게 괴롭히거나 음란한 몸짓을 하는 것으로 보고한다.
- 남성과 여성은 빰을 맞는 것을 제외하고, 여성보다 남성의 공격적 행위를 받는 경향이 있다고 보고한다.
- 남성과 여성은 여성보다는 남성에게 공격적 행위가 행해진다고 보고한다.
- 남성은 여성보다 타인을 자극해서 공격적이 되도록 부추긴다고 보고한다.
- 남성은 여성보다 공격적인 상황에서 대상/피해자에게 고함을 지르거나 재산피해를 입히거나 해를 끼친다고 보고한다.
- 여성은 남성보다 자신의 공격적 행위에 죄책감을 느끼거나 타인에게 이에 대해 말하거나 운다고 보고한다.
- 여성과 남성 모두 이성에 대해 공격했을 때 공격에 대해 우는 경향이 있다.
- 남성과 여성 모두 여성보다는 남성을 위협한다고 보고한다.
- 남성은 여성보다 자신이 시작한 공격에서 발생하는 신체적 상해와 법적 문제를 더 많이 보고한다. 반면 여성은 공격으로 나타나는 대인 간의 문제를 남성보다 더 보고하는 경향이 있다.
- 대부분 남성과 여성은 자신의 공격 사용에 대한 최소한의 일부 긍정적 효과를 파악했다.
- 남성은 여성보다 다른 사람을 다치게 하는 남성이나 신체적 공격을 사용하는 여성 때문에 화를 낸다고 보고한다.
- 여성은 남성보다 (1) 양성으로부터의 경멸적이거나 배려 없는 행위, (2) 여성의 언어적 공격, (3) 남성의 신체적 공격을 자극하는 분노(화)를 보고하는 경향이 있다.
- '난잡한' 행동은 남성보다 여성에게 더 모욕적인 것으로 보고되었다.
- 양성에게 '겁쟁이' '무기력한 사람'으로 불리는 것이나 여성으로부터 음란한 말을 듣는 것은 (누군가가 성적으로 부적절하다는 함축을 포함해서) 여성보다 남성에게 더 모욕적인 것으로 보고된다.
- 흑인, 특히 흑인 여성은 백인보다 분노를 자극하는 것으로서 남성의 신체적 공격을 보고한다.
- 흑인 여성은 백인 여성보다 분노를 가장 자극하는 것은 여성의 신체적 공격이라고 보고한다.

SOURCE Mary B. Harris. 1996. Aggression, Gender, and Ethnicity. *Aggression and Violent Behavior* 1:123-146.

라 별로 다르지는 않지만 "언어적 · 신체적 공격의 사용은 민족집단 구성원에 따라 다를 수 있음"을 지적하고 있다(Harris, 1996, 128).

65명의 여성 폭력 범죄자가 행한 폭력의 맥락을 고찰한 한 연구는 폭력의 동기가 종종 자신이 피해자로 몰리게 되는 상황에 공격적으로 대응하는 것임을 보여준다(Sommers and Baskin, 1993). "이런 여성은 '까닭 없이' 폭력에 참여하면서 막무가내로 거리를 배회하는 것이 아니다. 그들은 피해자가 능동적 참여자가 되고, 행위자 역할을 공유하며, 폭력을 휘두르기 쉬운 상황에 빈번하게 내몰리게 된다"(같은 책, 154). 그러나 능동적 참여자의 공격성은 피해자보다 일반적으로 더 공격적이다. 저자들은 이런 여성을 범죄에 연루된 사람들과 어울리고, 그 결과 점차 관습적 생활에서 사회적 · 심리적으로 소외되어 가는 사람으로 묘사한다(같은 책, 156). 이런 여성들의 폭행은 그들이 술에 취했을 때 발생하며, 무기 소지를 포함하는 "종종 충동적이고 무분별한" 것으로 묘사된다(같은 책, 152). 폭행 중 5분의 1은 계획적이었고, 이것은 일반적으로 '돈이나 누명과 관련되는' 복수를 포함하고 있었다(같은 책). 폭행의 14퍼센트는 약물 거래와 관련되었다.

또 다른 연구는 어떻게 공식적 소년사법 체계가 "극단적 학대의 피해자인 소녀를 일상적으로 범죄화하는지"를 증명하고 있다(Simkins and Katz, 2002, 1474). 외상이 있고 학대받고 방임된 소녀에 대한 개입이 이루어지지 않고, 반면 공격적으로 행동할 때 가혹한 처벌을 받게 된다(같은 책; Gaarder and Belknap, 2002).

치명적이지 않은 아동학대와 치명적인 아동학대

방임, 폭력, 유기 등 아동이나 유아에 대한 비성적 학대는 오랫동안 여성과 관련된 범죄라고 여겨졌다(Smart, 1976). 이런 범죄가 실제로 남성보다 여성에 의해 많이 행해지는가에 대한 여부는, 특히 부모가 자녀와 접촉하는 시간을 고려한다면 논쟁의 여지가 있다. 만약 여성이 자녀에 대해 남성보다 더 잔혹한 행동을 가한다면 그것은 그들이 자녀 양육에 대한 책임의 대부분을 지고 있다는 사실에서 기인할 가능성이 높다(같은 책). 자녀를 학대하는 어머니에 대한 기존의 분석은 일반적으로 가부장제의 영향과 어떻게 여성의 과거와 현재 피해 경험, 특히 남성폭력의 피해 경험이 학대와 관련되는지에 대해 무시하는 경향이 있다(Dougherty, 1993).

자녀를 살해한 어머니는 문화적으로 규정된 성역할을 위반한 사례 중 가장 선정적이고 상징적으로 묘사된다. 전국적인 연구들은 남녀가 동등하게 자녀나 의붓자식을 살해하는 경향이 있다고 지적하지만(Fox and Zawitz, 2004; Greenfeld and Snell, 1999), 어머니는 매우 어린 자녀를 살해하는 경향이 있고(영아 사망을 불러오는 유기를 포함해) 아버지는 8세 이상의 자녀를 살해하는 경향이 있다는 일부 지적이 있다(Greenfeld and Snell, 1999; Rodriguez and Smithey, 1999). 그러나 한 연구는 어머니의 남자친구(16.4%)와 아기 아버지가 범하는 영아살해(24.7%)를 합하면 아버지의 영아살해가 아기 어머니가 범하는 영아살해(32.4%)보다 높다는 것을 발견했다(Smithey, 1998). 여기서는 여성과 소녀의 신생아에 대한 기본적 책임이 고려되어야만 한다. 남성과 소년은 아기를 책임지는 것에 대해 여성보다 덜 좌절하는 입장에 놓이게 된다. 영아살해를 하는 여성을 보면, 그들은 전형적으로 젊고 "임신 사실이 알려진다면 부모, 남편이나 남자친구 등 중요한 타인의 거부와 배척을 불러올 수 있으므로" 임신 사실을 숨기려고 노력한다(Smithey, 1998, 287).

주목할 만한 점으로 미국에서 영아살해에 대한 대응은 종종 사형인 반면에 "영국의 영아살해 법은 영아살해를 한 정신병이 있는 어머니에 대해 보호관찰을 제공하고, 정신과 치료를 명령한다". "영국에서는 영아를 살해하는 산후 정신이상을 가진 여성에게는 처벌보다 치료가 필요하며, 적절한 치료가 다시 영아살해하는 것을 억제한다"라는 생각을 가지고 있다(Spinelli, 2004). 영아살해에 대한 정신과적 연구는 전형적으로 산후 정신이상 등 생물학적 면을 강조하면서 설명한다(Smithey, 1997). 그러나 스미시Smithey(같은 책)는 영아살해에 대한 이해를 위해 가족과 유형화된 상호작용에 대한 사회구조의 영향을 고려할 필요가 있다고 주장한다. 그녀는 영아살해를 한 15명 어머니에 대한 질적 연구를 통해 어머니가 전형적으로 (1) 젊고, (2) 어머니로서의 자신과 영아에 대한 기대가 높고(충족되지 않을 때 스트레스와 낮은 자존감을 가져오는), (3) 자신 스스로가 학대적이고 인정받지 못한 부모를 가졌고, (4) 알코올 중독이나 약물의존적인 아버지를 두었고, (4) 학대적 · 적대적이거나 지지적이지 않은 남편이나 남자친구가 있고, (5) 스트레스가 많은 일상생활과 더불어 경제적으로 어렵고, (5) 영아 아버지의 부재에 대응해야 하는 어머니임을 발견했다(같은 책). 그리고 아기의 아버지는 전형적으로 정서적 · 재정적 지원을 거의 하지 않았으며, 아기와 어머니에 대해 종종 비판적이었다. 영아살해로 이끄는 촉진 요인으로 종종 어머니의 과도한 정서적 스트레스와 약물남용을 들 수 있다.

앨더Alder와 베이커Baker(1997)의 어머니의 자식살해(자신의 자녀를 살해한 어머니)에 대한 연구는 모든 자식살해 사례의 55퍼센트가 여성에 의해 행해졌으며(N=32), 그 모든 사례가 친어머니였다는 사실을 발견했다. 이 연구는 세 가지 범주를 파악했다. **자식살해/자살**이 사례 중 3분의 1 이상을 차지하며, 살인 후 자살(때때로 살인 후 자살 기도)을 포함하고, 전형적으로 어머니가 생활환경을 고려할 때 자녀를 살해하는 것이 이타적이라고 믿는 경우였다. 예를 들면 아버지나 남편이 학대적이거나 어머니와 자녀를 버린 경우다. 다른 한 사례에서 자녀는 차사고로 심각한 뇌손상을 입었고, 아버지는 그들을 유기했으며, 다른 여자와 바람이 났다. 또한 사례 중 3분의 1 이상은 **신생아 살해**였다. 이것은 출생 후 24시간 안에 영아가 살해당한 경우였으며, 전형적으로 어머니가 임신을 부인하는 10대 미혼 여성이었다. 이런 출산은 범죄를 숨기려는 젊은 어머니의 노력으로 집 화장실에서 종종 발생한다. 일반적으로 그들은 영아를 즉시 질식사시키고, 쓰레기자루 등 근처에 있는 자루에 두거나, 같은 장소에 살아 있는 아기를 버린다. 어머니의 자식살해 중 4분의 1은 **치명적 폭행**fatal assaults으로 분류되었다. 이것은 전형적으로 어머니가 자녀를 신체적으로 학대하여 당국에 알려지는 사례들을 포함한다. 앨더와 베이커(1997)는 이런 사례 대부분이 자녀를 죽이려는 것이 아니라 처벌하려는 의도였고, 치사폭력은 시간이 지나면서 심해진 폭력의 끝이라고 보았다. 이런 어머니들은 전형적으로 살인 시점에서 25세 정도이고, 기혼이고, 자녀는 생후 9개월이었다. 대개 어머니는 경제적 문제, 고립, 좌절, 피로감에 휩싸인 상태였고 자녀를 싫어하거나 또는 지지하지 않았고, 살인사건은 자녀의 특별한 행위, 보통 우는 행위에 어머니가 맹렬한 공격을 가하면서 발생했다. 이런 여성들은 아버지가 자녀를 돌보지 않는다고 보고했으며, 자녀가 우는 것을 그만두게 하기 위해 자녀를 반복적으로 때렸다고 보고했다.

영아에게 치명적으로 상해를 입힌 어머니에 대한 스미시(2001)의 연구 결과는 앨더와 베이커(1997)의 **치명적 폭행**과 일관되지만, 더 상세한 것을 제공하고 있다. 스미시(2001, 65)는 어머니가 영아를 편하게 하거나 통제할 수 없어 좌절하고 치명적 상해를 시작하게 되는 세 가지 유형의 사건(영아의 행위에 의해 특징지어진)을 파악했다. (1) 끊임없는 울음, (2) 장기적이거나 빈번한 병, (3) 훈련의 어려움(즉 자녀의 화장실 사용, 잠자거나 먹도록 하는 것)이었다. 스미시(같은 책)는 영아를 편안하게 하거나 통제하는 일은 실제로 시간의 100퍼센트를 투자해도 불가능한 일인데, 이 일을 어머니에게 요구하는 사회에 책임의 일부가 있다고 주장한다.

역사적으로, 또 현재에도 낙태나 출산통제가 불법이거나 어렵고 불가능할 때 가능한 결과는 어머니의 영아살해다. 이것이 과거에 자녀 양육이 불가능한, 자녀에 대한 '사생아' 낙인에 저항하는 가정부나 남성 고용주에게 강간당한 공장 노동자에 의해 행해졌던지, 최근에 댄스파티 도중 욕실에서 아기를 분만하고 거기서 죽게 놔둔 소녀들과 같은 그런 분명한 사례에 의해 행해졌던지 간에 성인 여성과 소녀의 영아살해 행위는 단순히 역사적 현상이 아니라는 것은 분명하다. 분명한 것은 역사적으로 또 현재에도 소녀와 성인 여성은 혼외의 여성 섹슈얼리티나 '결혼하지 않은 모성' 으로 낙인찍힐 수 있는 상황에서 부적절한 피임이나 피임을 할 수 없는 상황 또는 낙태에 대한 접근이 제한되거나 막힌 상황에 직면하고 있다.

우리는 성적인 면을 부각하는 문화(예를 들어 뮤직비디오, 텔레비전 광고방송, 영화, 빌보드)와 특히 젊은 여성과 소녀의 성적 피해가 유행처럼 번지는 문화에서 살고 있는 상황에서도(제6장과 제7장 참조), 소녀와 젊은 여성에게는 성행위를 해서는 안 된다고 이야기한다. 또한 대부분의 학교는 성적으로 적극적이 되는 것을 선택하는 경우 피임방법을 제공하거나 그것에 대한 필요성을 가르치는 것에 저항하고 있다. 여성이 영아살해를 저지를 때, 그들을 임신시키고(임신이 강간의 결과인 경우를 포함해) 실제로 영아살해를 도운 남성에게는 거의 초점을 맞추지 않으면서 여성에 대해서는 일반적으로 '미치거나(제정신이 아닌)' '나쁜

[제시 3-4] 월친스키의 부모의 자녀살해에 대한 성별 분석

아버지의 자녀 살해

- **보복 살해** 다른 사람, 일반적으로 배우자에 대한 분노가 자녀에게로 옮겨간다.
- **피해자에 대한 질투나 거부** 예를 들어 자식을 자신의 친자식이 아니라고 믿고, 배우자가 자녀에게 관심을 갖는다고 분개하고, 자녀가 자신을 거부한다고 느끼는 사례들(종종 그가 과거에 자녀를 학대했기 때문에)이 있다.
- **훈육 살해** 훈육받거나 처벌받는 동안 자녀가 살해된다.

어머니의 자녀 살해

- **원하지 않은 자녀 살해** 원하지 않았거나 계획되지 않은 자녀를 살해하거나, 일반적으로 출생 후 24시간 미만의 자녀 살해를 포함한다.
- **이타적 살해** 자녀가 질병으로 고통받고 있거나, 어머니가 우울증이거나 스스로 자신의 처지가 자녀를 받아들일 수 없는 상황이어서 자녀를 죽이는 것이 최선이라고 믿는다.
- **정신병적 살해** 어떤 망상 속에서 자녀를 죽이거나, 살해 시점에 정신이상으로 진단받았다.
- **대리에 의한 문차우젠 증후군** 어머니가 반복적으로 자녀를 의사에게 보이면서 자녀의 질병을 유발하거나 질병을 가장한다.

SOURCE Ania Wilczynski, 1995. "Child-Killing by Parents." Pp. 167-180 in *Gender and Crime*, edited by R.E. Dobash, R.P. Dobash, and L. Noaks. Cardiff: University of Wales Press. Reprinted by permission.

(악하고 범죄적인)' 사람으로 간주한다.

잉글랜드와 웨일스에서 자식을 죽인 20명의 남성과 28명의 여성에 대해 수행된 연구는 성별 차이와 유사성을 고찰했다(Wilczynski, 1995). 자식을 살해한 부모에 대한 다른 연구들과 유사하게 이런 살해의 대부분은 "도구적이거나 계획된 것이 아니라 일반적으로 갑작스럽고 충동적이었다"는 점을 주목할 필요가 있다(같은 책, 168). 월친스키Wilczynski(같은 책)는 자녀살해의 동기를 보복에서 이타적 살해에 이르기까지 10개 범주로 구분했다('알려지지 않은 동기'라고 부르는 11번째 범주도 있다). 월친스키(같은 책)의 분류는 표본의 수가 적다는 것을 고려할 때 젠더와 자녀살해 문제에 대한 '결정적 답'과는 거리가 멀지만, 부모의 성별과 자녀살해 동기의 관계를 고찰하는 데 중요한 첫 단계가 된다.

〔제시 3-4〕는 월친스키(같은 책)가 성과 관련되는 것으로 평가한 일곱 가지 동기를 요약한 것이다. 요약하면 어머니는 이타적, 정신병적, 대리살해에 의한 문차우젠증후군 Munchausen Syndrome(입원치료를 받으려는 환자의 병적 허언증을 말한다—역자 주)을 가졌고, 자녀를 계획하지 않았거나 원하지 않았기 때문에 살해하는 경향이 아버지보다 더 강한 반면에 아버지는 보복, 질투나 거부와 훈육으로 자녀를 살해하는 경향이 어머니보다 더 강했다. 월친스키(같은 책)의 표본이 소수였다는 것과 이 주제에 대해 앞으로 연구가 필요하다는 생각을 갖는 것이 중요하다. 월친스키(같은 책)는 자신의 표본에서 밝혀내지 못한 자녀살해의

세 가지 다른 유형이 있다는 것을 발견했다. 첫째는 자녀가 성학대나 악마숭배 의식에서 행해지는 의식적 학대ritual abuse 도중에 죽게 되거나(일반적으로 비의도적으로), 자녀가 학대를 다른 사람에게 알릴 것을 두려워해 부모가 고의로 자녀를 죽이게 되는 것으로 성학대나 악마숭배 의식에서 행해지는 아동학대에서 파생된다. 부모의 자녀살해 표본에서 주목되지 않은 또 다른 동기는 부모가 자기방어로 자녀를 죽이게 되는(자녀가 부모를 폭행하기 때문에) 자기방어 살해다. 자녀살해의 부모 동기로 마지막 범주는(월친스키의 표본에서는 발견되지 않은) "자녀를 죽이거나 상해하려는 의도가 없는 것"이다. 이 범주는 자녀를 학대하지만 자녀의 사망을 고려해 신체적 학대를 하지 않은 부모, 자녀를 방임한 결과로 자녀가 사망한 부모를 포함하고 있다. 월친스키(같은 책)가 자신의 표본에서 이 마지막 세 범주를 발견하지 못했다는 것을 고려할 때, 성이 자녀살해와 어떻게 관련되는지의 여부를 평가하는 것은 불가능하다.

여성이 자녀를 죽이는 경우, 특히 어머니가 백인이면 남성의 경우보다 전형적으로 미디어의 관심을 더 많이 받는다. 1994년 세계는 사우스캐롤라이나 주의 수전 스미스가 어린아이들을 자동차 좌석에 가죽 끈으로 매고, 호수로 차를 움직여서 그들을 익사시켰다고 인정했을 때 큰 충격을 받았다. 처음에 스미스는 흑인 남성이 그녀의 자동차를 안에 있던 자녀들과 함께 강탈했다고 경찰과 텔레비전 인터뷰에서 말했다. 사건의 전말이 밝혀지면서 이 사건의 인종적 특성뿐 아니라 성별 특성이 드러났다. 첫째, 이 범죄가 어머니가 아니라 아버지가 저지른 범죄였다면 어떻게 보였을까? 둘째, '기독교 우익'의 높은 지위에 있던 스미스 부인의 계부는 어린 시절에 그녀를 강간했다. 이것이 관련성을 가졌다고 판단해야 하는가? 수전 스미스는 자녀살해로 유죄판결을 받았지만, 사형을 받지 않아 많은 사람을 놀라게 했다. 배심원단은 종신형을 선택했는데, 이는 아마도 미디어의 소비자들과 달리 배심원이 스미스 생활의 맥락과 결과를 실제로 들을 수 있었기 때문일 것이다. 이것은 수전 스미스를 용서하는 것이 아니라 영아살해나 자녀살해의 위험에 처하는 되는 상황을 이해한 것이다.

또 다른 명확한 어머니 살인자 사례는 몇 년간 심각한 정신적 불안을 겪고 최근에 심각한 산후우울증을 겪은 어머니가 다섯 자녀를 욕조에서 익사시킨 2001년 텍사스 안드리아 예이츠의 사례였다. 자녀살해라는 심각한 문제행위에 덧붙여서, 이 어머니는 독실한 종교인이었으며 유능한 간호사였고, 이전에 고등학교 운동선수, 전국 우수학생회 멤버, 수석 졸업생이었기에 더욱 믿기 어려웠다. 그녀의 남편과 의료계는 산후우울증과 밀접하게 관련되는 정신병, 그녀가 자식에게 가하는 위협에 관련된 수많은 징후와 진단을 놓쳤다. 수전 스미스의 경우와 비슷하게 배심원은 예이츠의 사례에 종신형을 지지하면서 사형을 거부했다.

[표 3-3] 미국의 살인 성별 비교, 1976~2002[1]

변수	비율
모든 살인	
피해자 성별	
여성	23.6 %
남성	76.4
범죄자 성별	
여성	11.4
남성	88.6
범죄자 성별/피해자 성별	
남성/남성	65.1
남성/여성	22.6
여성/남성	9.9
여성/여성	2.4

변수	남성 범죄자 비율	여성 범죄자 비율
피해자-범죄자 관계		
친밀한 파트너	64.8%	35.2%
가족	70.3	29.7
영아살해	61.6	38.4
노인살해	85.4	14.6
상황		
중죄 모살	93.3	6.7
성 관련	93.6	6.4
약물 관련	95.7	4.3
갱 관련	98.4	1.6
논쟁	85.3	14.7
일터	91.4	8.6
흉기		
총기살인	91.0	9.0
방화	79.5	20.5
독물	62.9	37.1
다수 피해자나 범죄자		
다수 피해자	93.5	6.5
다수 범죄자	91.8	8.2

1) 이 자료는 이 기간에 미국에서 살인범 54만 4,909명을 평가한 것으로 누가 살인 범죄자인지를 파악하기 위한 정보는 다양했다.

SOURCE James Alan Fox and Marianne W. Zawitz. 2004. *Homicide Trends in the United States.* http://www.ojp.usdoj.gov/bjs/homicide/homtrnd.htm.

[제시 3-5] 고티에와 뱅스턴의 1990년 미국 살인에 대한 성별 분석

전체 살인

여성이 모든 살인의 10퍼센트 정도 체포됐다.

친밀하지 않은 사이의 살인

남성에 의해 살해되는 친밀하지 않은 사람 100명당 여성은 친밀하지 않은 사람 6명을 살해했다.

친밀한 파트너 살인

- 친밀한 파트너 살인에 따른 체포는 모든 살인 체포의 6퍼센트를 차지한다(그리고 모든 살인 체포의 10%는 범죄자와 피해자가 서로 아는 사이다).
- 평균적으로 친밀한 여성 파트너를 살해하는 남성 100명당 62명의 여성이 친밀한 남성 파트너를 살해했다.
- 친밀한 파트너 살인에서 남성의 비율은 여성의 경제적 이점이 상대적으로 높은 도시에서 더 높게 나타나며, 이는 미국 남부에 있는 도시에서 특히 그렇다(이론의 여지는 있지만, 성역할이 더 제한적이다).

SOURCE DeAnn K. Gauthier, and William B. Bankston. 1997. "Gender Equality and the Sex Ratio of intimate Killing" *Criminology* 35(4):577-600.

살인

연구자들은 미국에서 모든 살인의 10~20퍼센트는 여성이 저지른다고 말하지만, 살인에서 여성의 '몫'은 최근 감소하고 있는 것으로 나타나고 있다. 여성의 살인 검거 비율은 1960년 17퍼센트에서(Steffensmeier, 1993) 1990년 10퍼센트로(Gauthier and Bankston, 1997; Steffensmeier, 1993) 감소했다. 또한 [표 3-3]에 있는 2003년의 자료를 통해 그 비율이 상대적으로 안정적이라는 것을 알 수 있다. 더욱이 미국에서 1976~2002년의 살인에 대한 최근의 정부 보고는 남성의 살인범죄율이 1990년대 초반에 정점을 이루었고 그 이후로 현저하게 떨어진 반면, 여성의 살인은 1980년대 초 이래로 감소했다는 것을 보여준다(Fox and Zawitz, 2004). 1976년 남성 17,056명과 여성 3,296명이 살인을 저질렀다. 2002년에는 여성의 경우 거의 절반으로 떨어진 반면(1,711명), 남성의 살인은 약 500명이 줄었다(16,536명)(같은 책).

따라서 대부분의 살인은 남성에 의해 행해지고 있다. 비록 미국에서 남성이 여성보다 전체적으로 훨씬 더 많은 살인을 저지르지만, 여성이 살인을 저지른 경우 피해자는 전형적으로 남성 파트너다(남자친구, 남편, 전 남편 등)(Browne and Williams, 1989; Gauthier and Bankston, 1997; Greenfeld and Snell, 1999). 더욱이 1976~2002년의 살인에 대한 한 연구는 여성이 현재 남편이나 전남편, 남자친구를 죽이는 것보다 남성이 현재 부인이나 전 부인, 여자친구를 더 많이 죽이고 있는데도, 여성 살인에서는 남성 살인에 비해 친밀한 파트너의 비율이 훨씬 높다고 보고했다([표 3-3] 참조).

고티에Gauthier와 뱅스턴Bankston(1997)의 1990년 인구 10만 명 이상의 미국 도시에서의 살인 연구는 살인의 유형(친밀한 파트너인지 여부)과 성별에 따른 경제적 평등성의 역할을 고찰하는 것이 중요하다고 보고했다([제시 3-5] 참조). 비슷한 여러 연구에서 나온 결과와 일관되게, 고티에와 뱅스턴(같은 책)은 여성이 친밀하지 않은 사람의 살인에서는 소수를 차지했지만, 친밀한 파트너 살인에서는 성차가 좁혀진다는 것을 발견했다. 더욱이 이런 성차는 살인 체포가 발생하는 도시 경제적인 측면에서의 양성 평등 정도에 의해 매개된다. '자유주의'나 '해방' 가설이 보여주는 것(Adler, 1975)과는 반대로, 여성이 경제적으로 더 나은 일을 하는 도시에서는 여성이 친밀한 파트너 살인으로 검거되는 비율이 더 낮은데, 이는 특히 미국의 남부 주에서 분명하게 나타난다(Gauthier and Bankston, 1997). 이들 저자는 다음과 같이 결론 내린다. "다시 우리는 남성이 자신들의 지위 우월성이 가장 위협받는 상황에서 여성에 대한 통제를 유지하기 위해 점차적으로 폭력을 행사하고 있다는 것을 보여주는 일관된 설명을 발견하게 된다"(같은 책, 594). 이와 유사하게 미국의 여성 살인에 대한 젠슨Jensen(2001)의 연구는 여성 살인을 감소시키는 데 성 평등성이 중요함을 시사하면서 여성의 경제적·사회적 지위의 향상이 이들의 범죄 가능성을 감소시킨다는 것을 발견했다(해방이론이 가정하는 것과는 반대다). 미국에서 1976~2002년의 친밀한 파트너 살인에 대한 분석은 친밀한 파트너에게 살해당한 여성의 수가 20년 동안 별 변화가 없었으며, 1993년 이후로 감소했고 2001년에 가장 낮은 수준을 기록한 반면에 친밀한 파트너에 의해 살해당한 남성 수는 이 기간에 71퍼센트까지 감소했다는 것을 보고했다(Fox and Zawitz, 2004).

Summary 여성범죄에 대한 연구, 특히 시간에 다른 성별 차이와 유형을 고찰하는 연구에서 그 결과는 다양하다. 그러나 일부나마 유형이 나타났다. 첫째, 범죄에서 성-수렴성에 대한 지지가 있다면, 그것은 덜 심각한 재산범죄와 약물사용에서 나타났다. 재산범죄가 여성에게서 증가하는 것과 관련해서 그것은 적어도 여성의 빈곤화(경제적 복지 감소)에서 부분적으로 기인한다는 사실을 시사한다. 둘째, 더 심각한 범죄들, 특히 폭력범죄의 성-수렴성은 공식 자료의 일부에서 나타나지만, 자기보고 자료에서는 그렇게 많지 않거나 전혀 나타나지 않는다. 이는 공식 자료가 범죄의 실제 수준보다 정책과 법 집행에서 나타나는 변화를 측정하는 것일 수 있음을 지적한다. 대부분의 범죄, 특히 심각하고 폭력적인 범죄들과 관련해서는 그것이 여전히 '남성의 세계'인 것으로 나타났다.

Acoca, Leslie. 1999. Investing in Girls. *Juvenile Justice* 6:3-13.

Adler, Freda. 1975. *Sisters in Crime: The Rise of the New Female Criminal.* New York: McGraw Hill.

Ageton, Suzanne S. 1983. The Dynamics of Female Delinquency, 1976-1980. *Criminology* 21:555-584.

Alder, Christine M. 1998. "Passionate and Willful" Girls: Confronting Practices. *Women & Criminal Justice* 9:81-101.

Alder, Christine M., and June Baker. 1997. Maternal Filicide. *Women & Criminal Justice* 9:15-41.

Bertone, Andrea Marie. 2000. Sexual Trafficking in Women. *Gender Issues* 18:4-22.

Bilchik, Shay. 1999. Minorities in the Juvenile Justice System. U.S. Department of Justice. Office of Juvenile Justice and Delinquency Prevention, http://www.ncjrs.org/pdffiles1/ojjdp/179007.pdf.

Bjerregaard, Beth. 2002. Operationalizing Gang Membership: The Impact of Measurement on Gender Differences in Gang Self-Identification and Delinquent Involvement. *Women & Criminal Justice* 13:79-100.

Bjerregaard, Beth, and Carolyn Smith. 1993. Gender Differences in Gang Participation, Delinquency, and Substance Use. *Journal of Quantitative Criminology* 9:329-355.

Boritch, Helen, and John Hagan. 1990. A Century of Crime in Toronto: Gender, Class, and Patterns of Social Control, 1859 to 1955. *Criminology* 28:567-599.

Boyd, Susan C. 1999. *Mothers and Illicit Drugs: Transcending the Myths.* Toronto: University of Toronto Press.

Brener, Nancy D., Thomas R. Simon, Etienne G. Krug, and Richard Lowry. 1999. Recent Trends in Violence-Related Behaviors among High School Students in the U.S. *Journal of the American Medical Association* 282:330-446.

Browne, Angela, and Kirk R. Williams. 1989. Exploring the Effect of Resource Availability and the Likelihood of Female-Perpetrated Homicides. *Law and Society Review* 23:75-94.

Buckle, Abigail, and David P. Farrington. 1984. An Observational Study of Shoplifting. *British Journal of Criminology* 24:63-73.

Byqvist, Siv. 1999. Criminality among Female Drug Abusers. *Journal of Psychoactive Drugs* 31:353-362.

Campbell, Anne. 1984. GIRLS' TALK: The Social Representation of Aggression by Female Gang Members. *Criminal Justice and Behavior* 11:139-156.

————. 1990. Female Participation in Gangs. Pp. 163-182 in *Gangs in America*, edited by G. R. Huff. Newbury Park, CA: Sage.

————. 1999a. Female Gang Members' Social Construction of Female Gangs. Pp. 248-255 in *Female Gangs in America: Essays on Girls, Gangs and Gender*, edited by M. Chesney-Lind and J. M. Hagedorn. Chicago: Lakeview Press.

————. 1999b. Self-Definition by Rejection: The Case of Gang Girls. Pp. 100-117 in *Female Gangs in America: Essays on Girls, Gangs and Gender*, edited by M. Chesney-Lind and J. M. Hagedorn. Chicago: Lakeview Press.

Campbell, Gayle. 1990. Women and Crime. *Juristat* 10:1-8.

Canter, Rachelle J. 1982. Sex Differences in Self-Report Delinquency. *Criminology* 20:373-393.

Chesney-Lind, Meda. 1997. *The Female Offender: Girls, Women, and Crime.* Thousand Oaks, CA: Sage.

Chesney-Lind, Meda and Joanne Belknap. 2004. Trends in Delinquent Girls' Aggression. Pp. 203-220 in *Aggression, Antisocial Behavior, and Violence among Girls*, edited by M. Putallaz and K. L. Bierman. New York: The Guilford Press.

Chesney-Lind, Meda, and John M. Hagedorn, eds. 1999. *Female Gangs in America: Essays on Girls, Gangs and Gender.* Chicago: Lakeview Press.

Chesney-Lind, Meda, and Randall G. Shelden. 1992. *Girls, Delinquency, and Juvenile Justice.* Pacific Grove, CA: Brooks/Cole.

Chilton, Ronald, and Susan K. Datesman. 1987. Gender, Race, and Crime: An Analysis of Urban Trends, 1960-1980. *Gender and Society* 1:152-171.

Colomy, Paul, and Martin Kretzmann. 1997. The Gendering of Social Control: Sex

Delinquency and Progressive Juvenile Justice in Denver, 1901-1927. Pp. 48-81 in *Governing Childhood*, edited by Anne McGillivray. Aldershot, England: Dartmouth Publishing.

Colten, M. 1982. Attitudes Experiences, and Self-Perceptions of Heroin-Addicted Mothers. *Journal of Social Issues* 38:77-92.

Comerford, Mary, Dale D. Chitwood, James Inciardi, and David K. Griffin. 1996. inner-City Crack Houses. Pp. 15-23 in *The American Pipe Dream: Crack Cocaine and the Inner City*, edited by D. D. Chitwood, J. E. Rivers, J.A. Inciardi, and The South Florida AIDS Research Consortuim. Orlandlo, FL: Harcourt Brace College Publishers.

Dakof, Gayle A. 2000. Understanding Gender Differences in Adolescent Drug Abuse. *Journal of Psychoative Drugs* 32:25-32.

Daly, Kathleen. 1989. Gender and Varieties of White-Collar Crime. *Criminology* 27:769-794.

Dasgupta, S. 2001. Towards an Understanding of Women's Use of Non-Lethal Violence In Intimate Heterosexual Relationships. http://www.vawnet.org/DomesticViolence/Research/VAWnetDocs/AR_womviol.php.

Decker, Scott, Richard Wright, Allison Redfern, and Dietrich Smith. 1993. A Woman's Place Is in the Home: Females and Residential Burglary. *Justice Quarterly* 10:143-162.

DeLisi, Matt. 2002. Not Just a Boy's Club: An Empirical Assessment of Female Career Criminals. *Women & Criminal Justice* 13:27-45.

Diaz-Cotto, Juanita. 1996. *Gender, Ethnicity, and the State: Latina and Latino Prison Politics.* Albany: State University of New York.

Dougherty, Joyce. 1993. Women's Violence against Their Children: A Feminist Perspective. *Women & Criminal Justice* 4:91-114.

Eaton, Mary. 1986. *Justice for Women? Family, Court and Social Control.* Philadelphia: Open University Press.

Epstein, Jennifer A., Gilbert J. Botvin, Kenneth W. Griffin, and Tracy Diaz. 1999. Role of Ethnicity and Gender in Polydrug Use among a Longitudinal Sample of Inner-City Adolescents. *Journal of Alcohol and Drug Education* 45:1-12.

Erickson, Patricia G., Jennifer Butters, Patti McGillicuddy, and Ase Hallgren. 2000. Crack and Prostitution. *Journal of Drug Issues* 30:767-788.

Esbensen, Finn-Aage, and L. Thomas Winfree. 1998. Race and Gender Differences between Gang and Nongang Youths: Results from a Multisite Survey. *Justice Quarterly* 15:505-526.

Evans, Rhonda D., Craig J. Forsyth, and DeAnn K. Gautheir. 2002. Gendered Pathways into and Experiences within Crack Cultures Outside of the Inner City. *Deviant Behavior* 23:483-510.

Farley, Melissa, and Howard Barkan. 1998. Prostitution, Violence and Posttraumatic Stress Disorder. *Women & Health* 27:37-49.

Farley, Melissa, and Vanessa Kelly. 2000. Prostitution: A Critical Review of the Medical and Social Sciences Literature. *Women & Criminal Justice* 11:29-64.

Felkenes, George T., and Harold K. Becker. 1995. Female Gang Members: A Growing Issue for Policy Makers. *Journal of Gang Research* 2:1-10.

Figueira-McDonough, Josephine, William H. Barton, and Rosemary C. Sarri. 1981. Normal Deviance: Gender Similarities in Adolescent Subcultures. Pp. 17-45 in *Comparing Female and Male Offenders*, edited by M. Q. Warren. Beverly Hills, CA: Sage.

Fishman, Laura T. 1999. Black Female Gang Behavior: A Historical and Ethnographic Perspective. Pp. 64-84 in *Female Gangs in America: Essays on Girls, Gangs and Gender*, edited by M. Chesney-Lind and J.M. Hagedorn. Chicago: Lakeview Press.

Fox, James Alan, and Marianne W. Zawitz. 2004. Homicide Trends in the United States. http://www.ojp.usdoj.gov/bjs/homicide/homtrnd.htm.

Friedman, Jennifer, and Marisa Alicea. 1995. Women and Heroin: The Path of Resistance and Its Consequences. *Gender and Society* 9:432-449.

Frigon, Sylvie. 1995. A Genealogy of Women's Madness. Pp. 20-48 in *Gender and Crime*, edited by R. E. Dobash, R. P. Dobash, and L. Noaks. Cardiff: University of Wales Press.

Gaarder, Emily, and Joanne Belknap. 2002. Tenuous Borders: Girls Transferred to Adult Court. *Criminology* 40:481-517.

Gauthier, DeAnn K., and William B. Bankston. 1997. Gender Equality and the Sex Ratio of Intimate Killing. *Criminology* 35:577-600.

Gibbens, T. C. N., and J. Prince. 1962. *Shoplifting*. London: ISTD.

Giordano, Peggy C. 1999. The Changing Social Context of Female Delinquency. Pp. 90-99 in *Female Gangs in America: Essays on Girls, Gangs and Gender*, edited by M. Chesney-Lind and J. M. Hagedorn. Chicago: Lakeview Press.

Giordano, Peggy C., Sandra Kerbel, and Sandra Dudley. 1981. The Economics of Female Criminality: An Analysis of Police Blotters, 1890-1976. Pp. 65-82 in *Women and Crime in America*, edited by L. H. Bowker. New York: Macmillan.

Green, Carla A., Donald K. Freeborn, and Michael R. Polen. 2001. Gender and Alcohol Use. *Journal of Behavioral Medicine* 24:383-399.

Greenfeld, Lawrence A., and Tracy L. Snell. 1999. Women Offenders. Bureau of Justice Statistics: Special Report. U.S. Department of Justice, December, 14pp.

Hafley, Sandra R., and Richard Tewksbury. 1996. Reefer Madness in Bluegrass County: Community Structure and Roles in the Rural Kentucky Marijuana Industry. *Journal of Criminal Justice* 29:75-94.

Hagedorn, John M., and Mary L. Devitt. 1999. Fighting Female: The Social Construction of Female Gangs. Pp. 256-276 in *Female Gangs inAmerica: Essays on Girls, Gangs andGender*, edited by M.Chesney-Lind and J. M. Hagedorn. Chicago: Lakeview Press.

Harms, Paul. 2002. *Detention in Delinquency Cases, 1989-1998. OJJDP Fact Sheet, No.1.* Washington, DC: U.S. Department of Justice.

Harris, Mary B. 1973. Field Studies of Modeled Aggression in a Field Experiment. *Psychological Reports* 69:1-2.

———. 1974a. Aggressive Reactions to a Frustrating Phone Call. *Journal of Social Psychology* 92:193-198.

———. 1974b. Mediators between Frustration and Aggression in a Field Experiment. *Journal of Experimental Social Psychology* 10:561-571.

———. 1976. Instigators and Inhibitors of Aggression in a Field Experiment. *Journal of Social Psychology* 98:27-38.

———. 1992. Sex, Race, and Experiences of Aggression. *Aggressive Behavior* 18:201-217.

———. 1996. Aggression, Gender, and Ethnicity. *Aggression and Violent Behavior* 1:123-146.

Hill, Gary D., and Elizabeth M. Crawford. 1990. Women, Race, and Crime. *Criminology* 28:601-626.

Hoffman-Bustamante, Dale. 1973. The Nature of Female Criminality. *Issues in Criminology* 8:117-136.

Holtfreter, Kristy. 2005. Is Occupational Fraud "Typical" White-Collar Crime? A Comparison of Individual and Organizational Characteristics. *Journal of Criminal Justice* 33:353-365.

Hudson, Barbara. 1989. Justice or Welfare? English and French Systems. Pp. 96-113 in *Growing Up Good*, edited by M. Cain. London: Sage.

Humphries, Drew. 1999. *Crack Mothers: Pregnancy, Drugs, and the Media.* Columbus, OH: Ohio State University Press.

Hussong, Andrea M. 2000. The Settings of Adolescent Alcohol and Drug Use. *Journal of Youth and Adolescence* 29:107-119.

Inciardi, James, Anne E. Pottieger, Mary Ann Forney, Dale Chitwood, and Duane C. McBride. 1991. Prostitution, IV Drug Use, and Sex-for-Crack Exchanges among Serious Delinquents: Risks for HIV Infection. *Criminology* 29:221-235.

Inciardi, James, Dorothy Lockwood, and Anne E. Pottieger. 1993. *Women and Crack-Cocaine.* New York: Macmillan.

Jacobs, Bruce A. 1996. Crack Dealers' Apprehension Avoidance Techniques. *Justice Quarterly* 13:359-382.

Jensen, Vickie. 2001. *Why Women Kill.* Boulder, CO: Lynne Rienner Publishers, Inc.

Joe, Karen, and Meda Chesney-Lind. 1999. Just Every Mother's Angel: An Analysis of Gender and Ethnic Variations in Youth Gang Membership. Pp. 210-222 in *Female Gangs in America: Essays on Girls, Gangs and Gender*, edited by M. Chesney-Lind and J. M. Hagedorn. Chicago: Lakeview Press.

Johnson, Paula C. 2003. *Inner Lives: Voices of African American Women in Prison*. New York: New York University.

Kline, Sue. 1993. A Profile of Female Offenders in State and Federal Prisons. Pp. 1-6 in *Female Offenders: Meeting the Needs of a Neglected Population*. Laurel, MD: American Correctional Association.

Koester, Stephen, and Judith Schwartz. 1993. Crack, Gangs, Sex and Powerlessness. Pp. 187-203 in *Crack Pipe as Pimp*, edited by M. S. Ratner. New York: Lexington.

Kruttschnitt, Candace. 1996. Contributions of Quantitative Methods to the Study of Gender and Crime, or Bootstrapping Our Way into the Theoretical Thicket. *Journal of Quantitative Criminology* 12:135-161.

Laidler, Karen Joe, and Geoffrey Hunt. 2001. Accomplishing Femininity among the Girls in the Gang. *British Journal of Criminology* 41:656-678.

Lauderback, David, Joy Hansen, and Dan Waldorf. 1992. Sisters Are Doin' It for Themselves: A Black Female Gang in San Francisco. *Gang Journal* 1:57-72.

Lederman, Cindy S., and Eileen N. Brown. 2000. Entangled in the Shadows: Girls in the Juvenile Justice System. *Buffalo Law Review* 48:909-925.

Leonard, Eileen B. 1982. *Women, Crime, and Society: A Critique of Criminology Theory*. New York: Longman.

Lewis, Diane K. 1981. Black Women Offenders and Criminal Justice: Some Theoretical Considerations. Pp. 89-105 in *Comparing Female and Male Offenders*, edited by M. Q. Warren. Beverly Hills, CA: Sage.

Li, Xiaming, Bonita Stanton, Lesley Cottress, James Burms, Robert Pack, and Linda Kaljee. 2000. Patterns of Initation of Sex and Drug-Related Activities among Urban Low-Income African American Adolescents. *Journal of Adolescent Health* 28:46-54.

Lichtenstein, Bronwen. 1997. Women and Crack-Cocaine Use. *Addition Research* 5:279-96.

Luthar, Suniya S. and Karen D'Avanzo. 1999. Contextual Actors in Substance Use. *Development and Psychopathology* 11:845-867.

Maher, Lisa. 1995. Women and the Initiation to Illicit Drugs. Pp. 132-166 in *Gender and Crime*, edited by R. E. Dobash, R. P. Dobash, and L. Noaks. Cardiff: University of Wales Press.

———. 1997. *Sexed Work: Gender, Race and Resistance in a Brooklyn Drug Market*. Oxford: Clarendon Press, p. x.

Maher, Lisa, and R. Curtis. 1992. Women on the Edge of Crime: Crack Cocaine and the Changing Contexts of Street-Level Sex Work in New York City. *Crime, Law and Social Change* 18:221-258.

Maher, Lisa, and Kathleen Daly. 1996. Women in the Street-Level Drug Economy. *Criminology* 34:465-491.

Maher, Lisa, Eloise Dunlap, Bruce D. Johnson, and Ansley Hamid. 1996. Gender, Power, and Alternative Living Arrangements in the Inner-City Crack Culture. *Journal of Research in Crime and Delinquency* 33:181-205.

Malloy, K. A., K. A. McCloskey, N. Grigsby, and D. Gardner. 2003. Women's Use of Violence within Intimate Relationships. *Journal of Aggression, Maltreatment, and Trauma* 6:37-59.

Mann, Coramae Richey. 1984. *Female Crime and Delinquency*. Montgomery: University of Alabama Press.

———. 1987. Black Women Who Kill. Pp. 157-186 in *Violence in the Black Family*, edited by R. L. Hampton. Lexington, MA: Lexington Books.

Martin, Margaret E. 1997. Double Your Trouble: Dual Arrest in Family Violence. *Journal of Family Violence* 12:139-157.

Mawby, Rob. 1980. Sex and Crime: The Results of a Self-Report Study. *British Journal of Sociology* 31:525-541.

McCluskey, John D., Cynthia Perez McCluskey, and Beth Huebner. 2003. Juvenile Female Arrests. *Women & Criminal Justice* 14:35-51.

McCormack, Arlene, Mark-David Janus, and Ann W. Burgess. 1986. Runaway Youths and Sexual Victimization: Gender Differences in an Adolescent Runaway Population. *Child Abuse and Neglect* 10:387-395.

McMahon, M., and Ellen Pence. 2003. Making Social Change: Reflections on Individual and Institutional Advocacy with Women Arrested for Domestic Violence. *Violence Against Women* 9:47-74.

Melton, Heather C., and Joanne Belknap. 2003. He Hits, She Hits: Assessing Gender Differences and Similarities in Officially Reported Intimate Partner Violence. *Criminal Justice and Behavior* 30:328-348.

Messerschmidt, James. 1999. Feminist Theory, Criminology, and the Challenge of Diversity. Pp. 118-132 in *Female Gangs in America: Essays on Girls, Gangs and Gender*, edited by M. Chesney-Lind and J. M. Hagedorn. Chicago: Lakeview Press.

Metsch, Lisa R., H. Virginia McCoy, and Norman L. Weatherby. 1996. Women and Crack. Pp. 49-66 in *The American Pipe Dream: Crack Cocaine and the Inner City*, edited by D. D. Chitwood, J. E. Rivers, J. A. Inciardi, and The South Florida AIDS Research Consortium. Orlando, FL: Harcourt Brace College Publishers.

Miller, Jody. 1998. Up It Up: Gender and the Accomplishment of Street Robbery. *Criminology* 36:37-66.

Miller, S. L. (2001). The Paradox of Women Arrested for Domestic Violence: Criminal Justice Professionals and Service Providers Respond. *Violence Against Women* 7(12):1139-1376.

Moore, Joan W. 1999. Gang Members' Families. Pp. 159-176 in *Female Gangs in America: Essays on Girls, Gangs and Gender*, edited by M. Chesney-Lind and J.M. Hagedorn. Chicago: Lakeview Press.

Morash, Merry. 1983. Gangs, Groups, and Delinquency. *British Journal of Criminology* 23:309-335.

Morris, Allison. 1987. *Women, Crime and Criminal Justice*. Oxford: Basil Blackwell.

Mullings, Janet L., Joycelyn Pollock, and Ben M. Crouch. 2002. Drugs and Criminality: Results from the Texas Women Inmates Study. *Women & Criminal Justice* 13:69-96.

Naffine, Ngaire. 1987. *Female Crime: The Construction of Women in Criminology*. Sydney, Australia: Allen and Unwin.

Olson, David E., Arthur J. Lurigio, and Magnus Seng. 2000. A Comparison of Female and Male Probationers. *Women & Criminal Justice* 11:65-79.

Ratner, Mitchell S. 1993. Sex, Drugs, and Public Policy. Pp. 1-36 in *Crack Pipe as Pimp*, edited by M. S. Ratner. New York: Lexington Books.

Roberts, Dorothy E. 1997. Punishing Drug Addicts Who Have Babies: Women of Color, Equality, and the Rights of Privacy. Pp. 127-135 in *Critical Race Feminism*, edited by Adrien K. Wing. New York: New York University Press.

Rodriguez, S. Fernando, and Martha Smithey. 1999. Infant and Adult Homicide. *Homicide Studies* 3:170-184.

Rosenbaum, M., S. Murphy, J. Irwin, and L. Watson. 1990. Women and Crack: What's the Real Story? *The Drug Policy Letter* 11:2-6.

Schaffner, Laurie. 1998. Female Juvenile Delinquency: Sexual Solutions, Gender Bias, and Juvenile Justice. *Hastings Women's Law Journal* 9:1-25.

Simkins, Sandra, and Sarah Katz. 2002. Criminalizing Abused Girls. *Violence Against Women* 8:1474-1499.

Simon, Rita. 1975. *Women and Crime*. Lexington, MA: D. C. Heath.

Simpson, Sally S. 1991. Caste, Class, and Violent Crime: Explaining Difference in Female Offending. *Criminology* 29:115-135.

Smart, Carol. 1976. *Women, Crime and Criminology: A Feminist Critique*. London: Routledge and Kegan Paul.

———. 1982. The New Female Offender: Reality or Myth? Pp. 105-116 in *The Criminal Justice System and Women*, edited by B. R. Price and N. J.

Sokoloff. New York: Clark Boardman.
Smithey, Martha. 1997. Infant Homicide at the Hands of Mothers. *Deviant Behavior* 18:255-272.
———. 1998. Infant Homicide. *Journal of Family Violence* 13:285-297.
———. 2001. Maternal Infanticide and Modern Motherhood. *Women & Criminal Justice* 13:65-83.
Sommers, Ira, and Deborah R. Baskin. 1993. The Situational Context of Violent Female Offending. *Journal of Research in Crime and Delinquency* 30:136-162.
Spinelli, M. G. 2004. Maternal Infanticide Associated with Mental Illness: Prevention and the Promise of Saved Lives. *American Journal of Psychiatry* 161:1548-1557.
Steffensmeier, Darrell J. 1981. Crime and the Contemporary Woman: An Analysis of Changing Levels of Female Property Crime, 1960-1975. Pp. 39-59 in *Women and Crime in America*, edited by L. H. Bowker. New York: Macmillan.
———. 1993. National Trends in Female Arrests, 1960-1990: Assessment and Recommendations for Research. *Journal of Quantitative Criminology* 9:411-441.
Steffensmeier, Darrell J., and Emilie A. Allan. 1988. Sex Disparities in Arrests by Residence, Race, and Age: An Assessment of the Gender Convergence/Crime Hypothesis. *Justice Quarterly* 5:53-80.
Steffensmeier, Darrell J., and Michael J. Cobb. 1981. Sex Differences in Urban Arrest Patterns, 1934-1979. *Social Problems* 29:37-50.
Steffensmeier, Darrell, and Dana Haynie. 2000. Gender, Structural Disadvantage, and Urban Crime. *Criminology* 38:403-438.
Steffensmeier, Darrell, and Jennifer Schwartz. 2004. Trends in Female Criminality. Pp. 95-112 in *The Criminal Justice System and Women*, 3rd edition, edited by Barbara Raffel Price and Natalie J. Sokoloff. Boston: McGraw Hill.
Steffensmeier, Darrell J., Jennifer Schwartz, Hua Zhong, and Jeff Ackerman. 2005. An Assessment of Recent Trends in Girls' Violence Using Diverse Longitudinal Sources. *Criminology* 43:355-404.
Steffensmeier, Darrell J., and R. H. Steffensmeier. 1980. Trends in Female Delinquency. *Criminology* 18:62-85.
Steffensmeier, Darrell J., and Cathy Streifel. 1992. Time-Series Analysis of the Female Percentage of Arrests for Property Crimes, 1960-1985: A Test of Alternative Explanation. *Justice Quarterly* 9:77-104.
Sterk, Claire E. 1999. *Fast Lives: Women Who Use Crack Cocaine.* Philadelphia: Temple University Press.
Strauss, Shiela M., and Gregory P. Falkin. 2001. Women Offenders Who Use and Deal Methamphetamine. *Women & Criminal Justice* 12:77-97.
Suh, Alexandra. 2000. Military Prostitution in Asia and the United States. Pp. 144-158 in *States of Confinement: Policing, Detention, And Prisons*, edited by Joy James. New York: St. Martin's Press.
Tolman, Deborah L. 1994. Doing Desire: Adolescent Girls' Struggles for/with Sexuality. *Gender and Society* 8:324-342.
Triplett, Ruth, and Laura B. Myers. 1995. Evaluating Contextual Patterns of Delinquency: Gender-Based Differences. *Justice Quarterly* 12:59-84.
U.S. Department of Health and Human Services. 1991. Annual Report to the Congress on the Runaway and Homeless Youth Program, Fiscal Year 1990. Washington, DC: Office of Human Development Services.
U.S. Department of Justice. 2005. *Crime in the United States 2004.* Uniform Crime Reports. Federal Bureau of Investigation. U.S. Government Printing Office. http://www.fbi.gov/ucr/cius_04/documents/CIUS2004.pdf.
Wilczynski, Ania. 1995. Child-Killing by Parents. Pp. 167-180 in *Gender and Crime*, edited by R. E. Dobash, R. P. Dobash, and L. Noaks. Cardiff: University of Wales Press.
Wing, Adrien K., and Christine A. Willis. 1997. Sisters in the Hood: Beyond Bloods and Crips. Pp. 243-254 in *Critical Race Feminism*, edited by Adrien K. Wing. New York: New York University Press.

04 범죄처리 절차와 여성

Processing Women and Girls in the System

그러나 결국 남성이 법 체계를 만들었고, 그것은 여성에 대한 모순된 관념을 반영하고 있다. 여성이 때로는 악마와 사기꾼으로 간주되고, 때로는 어린아이나 무기력한 존재로 취급되는 모순을 낳은 것이다(레너드, 1982, 44).

1970년대까지만 해도 남성과 여성이 경찰이나 검사, 판사, 배심원, 보호관찰관, 교도관, 가석방위원 등에게 상이하게 취급되고 처우되는 문제에 의문을 제기하는 일은 극히 드물었다. 주류 범죄학자들은 형사사법 체계에서 피의자의 인종이 분류 기준으로 부적절하게 이용되어 왔다는 점에는 어느 정도 동의했지만, 성별 역시 부적절한 고려 기준인가 하는 문제는 아직 풀리지 않은 상태였다. 이 같은 현상이 가능했던 것은 "법 적용과 처벌에서의 인종차별에 대한 주장과는 달리 역사적으로 볼 때 여성이 범죄처리 과정에서 일관된 차별을 받아왔다"는 데 대한 일반적인 가정이 존재하지 않았기 때문이다(Nagel and Hagan, 1983, 92).

역사적으로 공식적인 판결과정에서 피의자에 대한 성차별이 존재해 왔다는 기록을 찾기는 쉽지 않지만, 형사사법 체계의 모든 수준에서 법 집행 공무원이 '압도적으로 남성이 많은' 것은 아주 오래전부터 지속되어 온 현상이다(Schur, 1984, 224). 1970년대 이후 여성범죄자에 대한 관심이 증가했으나, 불행하게도 이것은 여성 범죄자에 대한 학문적 관심 부족이나 여성 범죄자에 대한 처우 프로그램의 변화에 대한 각성이라기보다는 여권운동이 여성범죄를 증가시켰는가 하는 문제에 초점을 둔 것이었다(Chesney-Lind, 1987).

범죄처리 절차란 경찰관에서 가석방위원에 이르기까지 청소년비행 및 범죄처리 의사결정권자들의 피의자 처우를 말한다(지위범죄는 기술적으로는 범죄가 아님에도 '범죄처리 절차'라는 용어는 지위범죄에 대한 처리까지를 포함한다). 범죄처리 절차에 대한 연구는 (체포, 공판 전 단계, 유죄판결, 석방, 양형 등과 같은) 여러 상이한 의사결정 단계별로, 그리고 각 사법관할권별로 이루어질 수 있다. 1970년대 이래 범죄처리의 과정에서 성차별이 존재하는지에 대한 관심이 증대되었다. 불행하게도 이런 노력은 여러 주와 사법관할권에서 이루어지는 일상적인 법원의 의사결정에 대한 통계치(예를 들어 형기, 유죄판결률)가 수집되어 있지 않다는 점, 특히 경찰 단계의 의사결정 과정에 대한 정보를 제공해 주는 표준범죄통계보고Uniform Crime Report의 통계치(예를 들어 체포율)와 비교 가능한 형태의 법원 통계치가 없어 어려움을 겪곤 한다(Schur, 1984).

이 장에서는 성차별이 형법과 양형법에서 어떻게 표면화되는지를 논의하고, 다양한 사법관할권별로, 그리고 형사사법 체계의 각 단계별로 현재 범죄처리 과정에서 성차가 어떻게 나타나는지를 기술할 것이다. 더불어 소년범죄 처리과정에 대해서도 논의하고 연령, 인종, 계급이 범죄처리 체계의 여성 처우에 어떤 영향을 미치는지도 논의하겠다. 마지막으로 여성에 대한 성별 고정관념이 여성 범죄자에게 관대함을 베풀 가능성을 높이는지, 아니면 더 가혹하게 취급하도록 만드는지를 검토하고자 한다.

:: 형법과 성차별

이제까지 형법 입안자들은 여성의 종속성을 영구화하려고 했다는 비난을 받아왔고(Scutt, 1981), 형법 자체는 한 사회의 성적 불평등의 척도라고 평가되어 왔다(Leonard, 1982). 이제부터 형법 자체와 그 법의 적용이 얼마나 자주 성별화gendered되어 왔는지를 논의할 것이다. **성 중립적 법률**gender-neutral laws은 법 적용에서 여성과 남성 간의 어떤 차이도 설정하지 않고 적용되는 법을 말한다. 반면에 **성 특화적 법률**gender-specific laws은 한 성에만 법 적용이 이루어지거나, 성에 따라 상이하게 법 적용이 이루어지는 법률을 말한다(성 중립적 법률과 성 특화적 법률은 형법 이외의 다른 법을 기술할 때도 이용될 수 있는데, 이에 대해서는 제9장에서 상세히 논의하겠다). 형법에는 일반적으로 세 가지 유형의 성차별이 있다. (1) 성차별적 법률의 집행과 적용, (2) 남녀 피의자에 대한 성 중립적 법률의 차별적 적용, (3) 성 중립적 법률을 적용할 때 여성 피해자 사건보다 남성 피해자 사건을 더 엄중하게 취급하는 것이다.

역사적으로 볼 때 대부분의 법률은 성 중립적이었으며, 소수자우대법률affirmative action laws

을 제외하고 성 특화적 법률은 시간이 지나면서 차츰 성 중립적 법률로 변화되었다. 예를 들어 최근까지도 대부분의 강간 관련법은 범죄자를 남성으로 규정했고, 대부분의 윤락행위 관련법은 범죄자를 여성으로 규정했다. 또한 아주 최근이라고 할 수 있는 1970년대 영국과 호주, 1980년대 캐나다에서조차 영아살해 관련법을 여성에게만 적용해 왔다(Scutt, 1981; Shaver, 1993; Smart, 1976).

미국 역사상 성차별적 법률과 관련된 중요한 사건 중 하나는 1800년대 후반과 1900년대 초반 연방법상 강간 기준 연령을 상향조정하려는 시도를 둘러싸고 발생했다(Odem, 1995). 오뎀Odem(같은 책)은 이 시기 중·상류층 백인 여성이 1885년 7세였던(혹은 10세) 여자 청소년의 성행위에 대한 법적 동의 연령을 높이기 위해 어떤 공식적인 노력을 기울였는지에 대해 기록했다. 결국 이 운동은 연령을 상향조정하는 데 성공했고, 그 결과 1920년경 대부분 주에서 법적 동의 연령이 16세 혹은 18세로 수정되었다. 이 같은 법률은 명백하게 성 특화적 법률이라고 할 수 있는데, 그 이유는 이 법이 남성의 성행위 법적 동의 연령에 대해서는 언급하지 않았기 때문이다. 그러나 법률 개정을 이끈 사람들은 유색인종, 특히 흑인 소녀보다는 백인 소녀의 복지에 훨씬 더 많은 관심을 가지고 있었다. 다시 말해 백인 여성 개혁자들은 호색적인 성인 남성으로부터 가난한 백인 소녀를 구하려는 동기에서 출발한 것이다. 이 운동의 역사는 여권운동의 맥락 안에서 인종차별주의 문제를 고려했다는 점에서도 유용할 뿐 아니라 개정 법률이 (백인) 소녀를 옹호하는 여성에게 오히려 불리한 결과를 초래했다는 점에서도 의미가 있다. 특히 강간 관련 연방법의 성적 동의 연령을 상향조정하는 데는 성공했지만, 개정된 법률은 실제로 전체 여자 청소년과 흑인 남자 청소년에게 가장 직접적인 영향을 미쳤다. 백인 남성이 강간법 위반죄로 법정에서 처벌받는 일은 드물었고, 반면에 흑인 남성은 합의 여부와 상관없이 기준 연령 이하 여자아이와 성적 관계를 맺은 행위로 처벌받는 일이 훨씬 많았다. 더구나 남성과 성행위를 한 여자 청소년은 동의한 경우이든 위력에 의한 것이든(강간) 가차없이 소년 법정에 회부되었고, 성적 방종에 대해 처벌을 받았다. 따라서 연방 강간법의 역사는 인종차별주의와 성차별주의의 중요한 교차점을 상징할 뿐 아니라 여자 청소년을 보호하기 위해 제정된 법률이 역작용하여 결과적으로 이들에게 오히려 나쁜 상황을 초래할 수 있다는 예를 보여주었다.

오랜 시간에 걸쳐 특히 1970년대와 1980년대에 많은 성 특화적 법률은 성 중립적이면서 대다수 법률과 일관성을 갖도록 개정되었다. 그러나 성 중립적 법률을 제정하는 것이 법 적용에서도 성 중립성을 보장하는 것은 아니다. 다시 말해 성 중립적인 의도를 가지고 제정된 일부 법률도 그 법 적용에서는 남성과 여성을 상이하게 취급하였다. 한 예로 1860년대 잉글랜드에서 통과된 전염병법the Contagious Diseases Acts을 들 수 있는데, 이 법은 성병에 걸린 매춘 여성을 투옥하는 것을 내용으로 하는 것으로 선원과 군인에게 '깨끗한' 매춘 여성을 공급하고자 하는 의도에서 제정되었다. 이로써 경찰은 매춘이 '의심되는' 여성을 모두 체포할 수 있는 권한을 가지게 되었다(Windschuttle, 1981). 많은 학자는 여성 성노동자만을 주된 범죄자로 초점을 맞추고 '고객', 즉 범죄자로서의 남성을 간과한다는 점에서 이러한 매춘노동법을 형법과 범죄처리 과정에서 나타난 제도화된 성차별의 예로 인용하고 있다(Bernat, 1984; Edwards, 1984; Farley and Kelly, 2000; Leonard, 1982; Schur, 1984; Smart, 1976). 1978년 성을 파는 것과 사는 것 모두를 동일한 죄질의 범죄행위로 규정하는 성 중립적인 성격의 뉴욕주법이 제정되었으나 이 법 적용 역시 성 중립적이지 못했다. 경찰은 여전히 성구매자에 대해서는 위력을 행사하지 않았고, 여성에 대해 차별적인 행위를 계속했다. 더구나 성노동자들은 종종 경찰의 심각한 희롱을 당해야 했고, 이들이 강간이나 살인 등 범죄 피해자가 되었을 경우 경찰이나 법원에서 피해 사실이 철저하게 수사되지도 않았다(Frohmann, 1991; Morris, 1987).

여성 성노동자와 남성 고객 처벌의 현격한 성별 괴리는 여기에 인종과 계급문제가 더해졌을 때 더욱 극심해진다. 고객은 전형적으로 백인이며 직업을 가진, 교외에 거주하는, 중산층, 중년 남성인 반면 윤락행위로 처벌받는 사람은 전형적으로 가난한 유색인종 여성이다(Bernat, 1984; Leonard, 1982). 상업적 성산업은 전형적으로 대부분 도시 유색인종 거주지역에 형성되어 있고, 이 지역은 성인 여성과 여자 청소년이 포주나 이 지역으로 차를 몰고 지나가던 남성 성구매자에게 성희롱을 당하거나 매춘 여성으로 포섭되기 쉬운 적대적 환경을 형성하고 있다(Farley and Kelly, 2000).

형법이 결과적으로 성차별을 초래하는 세 번째 방식은 남성과 여성 피의자가 상이하게 취급되는 문제와 관련된 것이 아니라 법 규정 자체가 판사에게 피해자가 남성인지 여성인지에 따라 처벌 수위를 판단하도록 하는 것이다. 6~8장까지는 여성 강간과 구타 피해자 문제와 관련하여 이에 대해 좀 더 상세히 논의했다. 또 다른 예는 성 중립적인 사형법 규정에서 찾을 수 있는데, 이 법은 일반적으로 남성에 비해 여성과 아동의 생명이 가치가 떨어지는 것으로 보았다. 한 심층연구 분석 결과 경제적 이득을 위해 낯선 사람을 죽이는 행위가 분노로 배우자(통상 여성)나 아동을 죽이는 행위보다 사형선고를 받을 가능성이 훨씬 높다는 사실이 밝혀졌다(Rapaport, 1991). 연구에 따르면 사형선고를 받을 가능성이 가장 높은 범죄는 남성이 남성에게 저지른 범죄이거나 남성이 다른 남성의 가족인 여성과 아동을 살해한 범죄다(같은 책, 1991). 더구나 사형선고 자체는 남성지배와 가부장적 지배를 지지하는 방식으로 이루어지며, 그 근거로 가정 내에서 이루어지는 범죄(대부분은 여성과 아동이 피해자임)가 '운수 나쁜 편의점 밤근무 직원'과 같은 모르는 사람(대부분 남성임)에 대한 폭력행위보다 사형선고를 받을 가능성이 낮다는 점을 들 수 있다. 그러나 최근의 연구 결과는 백인 여성이 피해자인 살인범죄가 사형선고를 받을 가능성이 가장 높은 범죄임을 보고하고 있다(Holcomb, Williams, and Demuth, 2004).

래파포트Rapaport가 사형선고의 도덕적 근거를 강조하거나, 편의점 직원의 살인범죄를 가볍게 취급하는 데 목표를 둔 것은 아니었다. 그보다는 사형선고를 받은 범죄자를 검토한 결과 남성에 의한 여성과 아동 살인이 모르는 사람(통상 경제적 이득을 위해 이루어짐)에 의한 살인보다 더 가볍게 취급된다는 점을 보여주고자 했다. 또 다른 연구는 범죄사건의 심리가 (유죄답변 거래보다는) 증거능력과 피해자의 신뢰성이나 유책성을 토대로 이루어진다는 점을 밝히고 있다. 이 연구 역시 피해자가 남성인 사건이 유죄답변 거래보다는 재판까지 진행될 가능성이 훨씬 높으며, 피해자의 신뢰성과 유책성 문제에서 성별에 따라 상이한 양상이 나타난다는 점을 보여주었다(Myers and Hagan, 1979).

그러나 피해자의 성별이 여성 범죄자의 양형에 관한 의사결정에만 영향을 미치는 것은 아니다. 도지Dodge(2002)는 20세기 초반 일리노이 주에서 흑인 여성이 살인범죄를 저지른 경우보다 백인 여성이 살인죄를 저지르는 경우 형기가 다소 길어진다는 점을 설명하기 위해 피해자 평가절하이론(VDT, victim devaluation theory)을 주장한 바 있다. VDT에 따르면 "법원은 흑인보다 백인 피해자의 생명 가치를 높게 평가하며, 따라서 흑인 살인범을 더 가혹하게 처벌한다"(같은 책, 105). 그러나 흑인 여성 살인범죄의 피해자가 백인일 가능성보다는 백인 여성의 살인범죄 피해자가 백인일 가능성이 훨씬 더 높기 때문에 결과적으로 백인 여성이 좀 더 중한 형을 받게 된 것이다(다른 각도에서 보면 이런 체계에서 흑인 여성은 백인 여성보다 훨씬 더 열악한 취급을 받게 된다).

결론적으로 강간법과 윤락행위법을 제외하고는 대부분의 법률은 성 중립적인 성격을 가지며, 남녀 모두에게 동일하게 법 적용이 이루어지도록 제정되었다. 1970년대와 1980년대에 성 특화적 법률의 대부분이 성 중립적 법률로 개정되었다. 그러나 불행하게도 실제 법집행이 항상 법조문에 기록된 성 중립성을 따르는 것은 아니다. 이 장의 다음 부분에서는 양형에 관한 성차별적 법률 제정이 어떤 방식으로 여성 범죄자에게 불이익을 주도록 작용하는지 논의하겠다. 이 장의 마지막 부분에서는 이제까지 경험적 연구를 통해 발견된 범죄처리 단계별 성차별에 대해 살펴볼 것이다.

:: 양형법과 성차별

범죄처리 과정에서 나타나는 여러 가지 여성문제를 개선하려는 노력의 많은 부분은 부작용을 일으켰고, 결과적으로 여성의 처우를 악화시키거나 여성에게 더 엄격한 처우 가이드라인을 설정하도록 만들었다. 그에 대한 예로 최초의 성별 분리sex-segregated 행형제도와 성 특화적 양형법을 들 수 있다. 이하에서는 성별 분리적 교도소의 역사가 성 특화적 양형법과 어떻게 연관되는지를 검토할 것이다. 제5장에서는 성별 분리적 교도소가 여성 수용자가 겪는 어려움을 더 증가시키는 과정에 대해 더 깊이 있게 논의하고자 한다.

영국과 미국에 설립된 최초의 여자 교도소는 여성에게 도움을 주고자 고안된 것이었다. 이 교도소는 남성 범죄자를 대상으로 한 엄격한 수용시설인 '구금시설penitentiary' 과 구분하기 위해 '감화원reformatory' '근로의 집industrial home' 이라고 불렀다. 여자 교도소는 재활을 목적으로 하는 반면에 남성 구금시설은 처벌을 주된 목적으로 한다(Temin, 1980). 이것은 여성이 남성보다 유순하고 순응적이라는 가정에 근거한다.

여성 범죄자에 대한 재활 처우에 대한 가정은 결과적으로 판사들에게 여성 범죄자에게 부정기형이나 장기형을 선고하도록 만들었고, 동일한 범죄행위에서도 남성 범죄자는 정기형을 선고받았다. 명분은 여성은 재활할 때까지 교도소에 남아 있어야만 한다는 것이었다. 대부분 주에서는 각 범죄에 최고 형량 기준을 규정하고 있으나, 여성은 실제로 동일한 범죄에서도 남성에 비해 더 오랜 기간 복역해야 했다.

이렇게 여성 범죄자를 돕는 것처럼 생색을 내는 예는 1800년대 후반 소년과 가정법원의 아동사건 처리에서도 찾을 수 있다. (법원이 아동에 대한 부모의 보호 역할을 법 규정화한 지역의 경우) **국친사상**parens patriae을 통해 소수자에 대한 보호를 증가시켜야 한다는 가정은 아동에게 자유보다는 제한을 증가시켰다(Chesney-Lind, 1982; Naffine, 1989). 이 같은 논리는 "역사적으로 볼 때 여성 집단에 대한 권리박탈 행위는 여성을 열등한 존재로 규정함으로써 정당화되어 왔다"는 사실, 여성을 아동으로 취급했다는 사실과 일맥상통한다(Figueira-McDonough and Sarri, 1987, 13-14). 여성과 아동 모두 '원조' 라는 이름으로 권리를 박탈당해 왔다는 사실을 간과해서는 안 된다(여성 범죄자의 '유아 취급infantalization' 은 제5장에서 상세히 고찰하겠다).

1930년대와 40년대 일리노이 주의 여성에 대한 부정기형법은 결과적으로 여성 범죄자가 징역을 선고받은 첫 해에만 한 번 가석방 심사를 받을 수 있고, 그때 석방되지 못하면 가석방 심사를 다시 받을 수 없도록 함으로써 만기 출소할 수밖에 없게 만들었다(Dodge,

2002). 1913년 펜실베이니아 주의 먼시법Muncy Act은 양형 성차별의 가장 유명한 예다. 이 법은 판사에게 범죄행위로 1년 이상의 실형을 선고받은 17세 이상 여성에게는 먼시 주립 여성근로의 집Muncy State Industrial Home for Women에 수감하는 부정기형을 선고하도록 요구했다. 이 법은 판사에게 남성 범죄자보다 여성 범죄자에 대해 선고 재량권을 훨씬 적게 부여하고 있으며, 특히 여성에게 단기형을 선고하는 것에 제한을 두었다. 그 결과 여성 범죄자는 동일한 범죄를 저지른 남성 범죄자에 비해 늦게 가석방될 수밖에 없었다. 1970년대까지 아칸소 주, 코네티컷 주, 아이오와 주, 캔자스 주, 메인 주, 메릴랜드 주, 매사추세츠 주, 뉴저지 주, 오하이오 주에서는 먼시법과 유사한 법률이 존재했고, 이에 따라 여성 범죄자는 동일한 범죄로 유죄판결을 받은 남성에 비해 더 장기형을 선고받았다(Temin, 1980).

먼시법에 대한 최초의 공격은 1966년에 이루어졌다. 강도죄로 유죄판결을 받은 대니얼Jane Daniel은 처음에 단기 1년, 장기 4년을 선고받았다. 그러나 한 달 후 먼시법 규정에 따라 단기 3년 반, 장기 10년으로 늘어났다. 대니얼이 남자인 줄 알았기 때문에 판사는 단기 1년, 장기 4년을 허용했던 것이다. 펜실베이니아 상급법원은 남성과 여성의 타고난 육체적 · 심리적 차이로 인해 성별에 따라 상이한 처우가 필요하다고 언급하면서 1심 판결이 그녀의 권리를 침해하는 것이라고 보았다. 따라서 여성은 더 장기형을 받는 것이 합당하다고 간주되었고, 그 이유는 특히 여성이 구금 기간에 더 효과적인 재활을 받을 수 있기 때문이라는 것이다.

이런 의견에 반대 의견을 표명한 판사가 한 명 있었는데, 그는 이 사건이 펜실베이니아 주 대법원에 상고할 만하다고 확신했다. 대니얼의 사건은 더글러스Daisy Douglas 사건과 함께 대법원에 상고되었다. 더글러스는 남성 공범과 함께 집단강도죄로 유죄판결을 받은 여성 범죄자였다. 더글러스의 전과기록은 윤락행위로 단 한 번 체포된 경험이 전부였던 반면, 그녀의 정부인 공범은 주거침입절도로 여섯 번의 유죄판결 전과를 가지고 있었다. 먼시법에 따라 더글러스는 최고 형량인 20년을 선고받은 반면에 공범은 단기 3년, 장기 10년을 선고받았다. 상고심은 미국의 14번째 수정헌법의 동등보호조항the 14th Amendment' s equal protection clause을 반박하는 데 초점이 맞춰졌다. 더글러스 사건은 먼시법을 뒤엎는 데 결정적인 역할을 했는데, 그 이유는 이 사건이 여성과 남성이 동일한 범죄사건에서도 상이하게 취급되는 상황을 실제로 보여주었기 때문이다. 법원은 여성이 더 긴 형기를 선고받아야 할 이유를 찾을 수 없었고, 결국 더글러스와 대니얼의 편을 들어주었다. 얼마 지나지 않아 코네티컷 주도 먼시법과 유사한 법률을 폐지했다.

불행하게도 대니얼 사건 판결 2주 후에 펜실베이니아 주 의회에서는 먼시법 수정안이 통과되었는데, 이 수정법은 여성 범죄자의 경우 최소 형기를 규정하지 않는 대신 최고 형량은 법 규정에 명시된 최고 형량 기준을 초과할 수 없도록 했다. 따라서 여성은 여전히 동등한 처우를 받을 수 없었고 그 결과 대니얼 판결은 실제적으로는 미해결 상태로 남게 되었다. 남성 범죄자는 공개청문회를 통해 최저 형량을 선고받는 반면, 여성 범죄자는 비공개 가석방 심의위원회에서 형량이 결정되었기 때문에 성차별은 더욱 제도화될 수밖에 없었다. 이것은 "의무적 최고 형량 규정mandatory maximum sentences과 마찬가지로 동등 보호를 부정하는 것이다" (Temin, 1980, 267). 페인먼Feinman(1992)은 뉴저지 주의 유사한 판례(*State v. Costello*, 1971)를 추적 연구했다. 1973년 주 대법원은 남성이 최저 · 최고 형량을 선고받았을 때 여성에게 부정기형을 선고하지 못하도록 했는데, 미국 14번째 수정헌법의 동등보호 조항에 위배되는 결정이라는 것이 그 근거였다(*State v. Chambers*, 1973). 그러나 이 차별적 법 적용은 1979년 주법이 실행되고 나서야 중단되었다(Feinman, 1992).

최근의 법률 역시 중요한 성차별적 영향을 미쳤다. 예를 들어 세 번의 범죄 이후 구금형이 필수적으로 요구되는 '삼진아웃제three-strikes' 는 가난한 편모들에게 많은 영향을 미쳤다. 그 이유는 이들이 전형적으로 경제가 악화될 때 가장 어려움을 겪으며, 정부 예산이 제한되거나 사회복지 서비스가 제한될 때(혹은 폐지될 때) 생계부양 문제에 가장 직접적이고도 비참한 영향을 받는 집단이기 때문이다(Danner, 1998). 소콜로프Sokoloff(2005, 128) 역시 보수적인 처벌론에서 추진된 '의무적 최저 형량 규정' 과 '양형 현실화 정책' (truth-in-sentencing, 선고형 기간과 실제 형집행 기간의 일치를 지향하는 양형정책—역자 주), 삼진아웃제가 여성 처벌을 강화시키는 방식을 이와 유사하게 설명했다. 남성 폭력범죄자를 위해 마련된 교도소와 처벌방식은 결과적으로 가석방 기회나 재활 기회가 훨씬 제한적인 장기구금을 증가시켰다(같은 책).

요약하면 1960년대와 1970년대 남성과 여성에게 상이한 양형 기준을 요구하는 여러 성 특화적 법률에 도전하기 위한 공동 노력이 이루어졌다. 이들 법률의 실제 실행과정을 관찰한 연구자들은 이 법률이 결과적으로 여성에 대한 법적 차별을 낳았고, 동일한 범죄에 대해 남성보다 여성에게 훨씬 긴 형기가 선고되었음을 알게 되었다. 이들 법률에 대한 도전은 저항을 받았지만 결국 대부분의 성 특화적 법률은 성 중립적 양형법으로 바뀌었다. 최근의 법률, 예를 들어 '삼진아웃제' 역시 여성의 형량을 과도하게 증가시켰다.

:: 범죄처리 절차상의 성차별에 대한 세 가지 가설

범죄처리 과정에 성차별이 존재하는지, 만약 존재한다면 여성에 대한 차별인지 남성에 대한 차별인지를 확인하기 위해 세 가지 가설을 검토할 수 있다. (1) 동등 처우 가설equal treatment hypothesis, (2) 기사도주의(온정주의) 가설chivalry [paternalism] hypothesis, (3) '악마' 적 여성 가설evil woman hypothesis이 그것이다. **동등 처우 가설**(혹은 영가설)은 사법처리 과정에 성차별은 존재하지 않는다고 주장한다. 즉 남성과 여성은 동일하게 처우된다고 본다. 예컨대 소년과 소녀가 맥주 음주로 경찰관에게 체포될 경우 유사한 처벌을 받는다는 것이다. **기사도주의나 온정주의 가설**은 오히려 남성 범죄자에 대한 성차별이 존재한다고 본다. 즉 여성은 남성과 비교할 때 더 관대하게 다루어지고 처우된다고 주장한다. 이 신념은 토머스Thomas(1907)와 폴락Pollak(1950)에 의해 최초로 제기되었는데, 이들에 대해서는 제2장에서 논의했다. 예를 들어 한 소녀가 맥주를 마시다가 체포된다면 맥주를 쏟아버리고 집에 돌아가도록 조치가 취해지겠지만, 남자아이가 맥주를 마신 행위로 체포된다면 소년법원에 회부된다는 것이다. 세 번째 유형인 **악마적 여성 가설**의 요지는 사법처리 과정에 여성에 대한 차별이 존재한다는 것이다. 즉 여성은 유사한 범죄를 저지른 남성보다 더 가혹하게 취급받는다는 것이다. 이런 신념의 근거는 여성 범죄자들은 법률뿐 아니라 성역할을 위반했다는 점이고, 따라서 "여성 피의자는 범죄행위뿐 아니라 부적절한 성역할 행위에 대해 처벌을 받는다"는 것이다(Nagel and Hagan, 1983, 116). 악마적 여성 가설은 종종 기사도주의 혹은 온정주의 가설과 반대되는 명제로 보이기도 한다. 이 경우 맥주를 마신 소년은 전과기록 없이 집으로 보내지지만 맥주를 마신 소녀는 소년법원에 회부되어 처벌을 받을 것이다.

판워스Farnworth와 테스케Teske(1995)는 기사도주의 가설에 대한 세 가지 추론을 제시했다. (1) 전형성 가설typicality hypothesis, (2) 선택성 가설selectivity hypothesis, (3) 차별적 재량권 가설differential discretion hypothesis이다. **전형성 가설**은 "여성은 형사사법 절차에서 기사도주의에 따라 처우되지만, 이것은 그들의 행위가 여성 범죄자의 고정관념과 일치할 때로 제한된다"라고 주장한다(1995, 23). 반면 **선택성 가설**은 의사결정권자는 백인 여성에게는 기사도주의적인 처우를 형평에 어긋날 정도로 확대 적용한다는 것이다. 마지막으로 **차별적 재량권 가설**은 사법 체계 단계에 따라 다를 수 있으며 특히 기사도주의적인 의사결정은 감형 등 비공식적 의사결정에서 이루어질 가능성이 높다고 주장한다(Farnworth and Teske, 1995).

:: 기사도주의와 온정주의

범죄학자나 일반 시민 모두 세 가지 가설 중에서 기사도주의가 가장 일반적인 법 집행 방식이라고 가정한다는 사실이 확인되었다(Curran, 1983; Leonard, 1982; Morris, 1987; Visher, 1983). 따라서 사법처리 과정에서의 성차별에 관한 연구 중 많은 수가 기사도주의적 처우를 '역차별'의 예로 보는 아이디어에 초점을 맞춰왔다. 그러나 기사도주의적 처우가 존재한다 해도, 그것은 단순히 여성에게 우호적인 처우를 제공하는 것 이상의 훨씬 더 복합적인 의미를 가진다. 기사도주의적 처우는 통상 여성을 동등하지 못한 존재로 보는 바터제도와 일맥상통한다. 이런 교환적 체계bartering system는 단지 인종, 계급, 연령, 성적 지향, 품행, '적절한' 성역할의 충실도를 기준으로 특정 유형의 여성에게만 적용되는 것이다. 기사도주의적 처우는 교환이나 거래될 수 있는 것으로 보일 수 있는데, 이런 거래는 통상 남성 법집행관과 여성 범죄자 간의 상호작용이 '남성과 여성 간의 교환으로 변형될 때' 발생한다(Visher, 1983, 6). 따라서 기사도주의적 처우는 전통적인 성별 역할에 동조하는 여성에게만 적용될 가능성이 높다.

기사도주의적 처우의 의미와 복잡성을 이해하려면 기사도주의와 온정주의의 역사적 토대를 인식할 필요가 있다.

> 기사도주의라는 용어는 중세 유럽에서 출현한 것이다. 봉건 영주, 신성한 주권, 여성에 대한 십자군적 복종에 의해 표현된 서비스 제도를 묘사하는 것이다. '귀부인'은 기사도의 봉사를 받는 특혜층으로 기사는 마왕과 악마로부터 연약한 자신의 여성을 보호하겠다고 맹세한다. 그러나 기사도주의가 사라진 뒤에도 세상의 사회적 관습 안에는 여성에 대한 수많은 기사도주의적인 봉사가 여전히 존재하고 있다(Moulds, 1980, 279).

일부 사람은 기사도주의와 온정주의를 구분하는 것이 중요하다고 주장한다(Moulds, 1980; Nagel and Hagan, 1983). 기사도주의가 개인을 받들어 모시고 그 사람에 대해 정중하게 행동하는 것이라면, 온정주의는 힘없고 의존적인 사람을 돌봐주는 행위와 관련된다. 기사도주의와 온정주의 모두 그 대상으로 약자를 포함하고, 다른 사람이나 집단에 대한 보호 필요성을 함축하고 있지만, 이 '보호protect'가 '통제control'가 될 때 위험한 반동이 이루어질 수 있다. 여성 범죄자에 대한 우호적 처우가 기사도주의 때문인지 혹은 온정주의 때문인지, 그 두 가지의 혼합인지, 혹은 한 가지 요인 때문인지를 밝히는 것은 어려운 일이다.

얼핏 보면 여성과 소녀에 대한 기사도주의적인 처우는 분명 여성에게 혜택이 되고, 남성에게는 때로 희생을 수반하는 것처럼 보인다. 그러나 이런 유형의 인간 상호작용은 대가를 수반하는 일종의 '정치적 온정주의political paternalism'와 유사하다고 할 수 있다. "만약 여성이 향유하는 온정적 처우가 여성의 정치적 열등성에 기반을 두는 것이라면 우리는 소위 기사도주의 혜택이 요구하는 많은 대가를 깨달아야만 한다"(Moulds, 1980, 278). 반면 일부 사람은 동등한 처우가 반드시 올바른 목표인지에 의문을 제기하는데, 그 이유는 남성과 여성이 사회권력 접근 가능성이 상이하고, 상이한 역할과 책임(예를 들어 양육)을 경험한다는 사실을 무시하기 때문이라는 것이다(Daly, 1989a; Morris, 1987). 이런 쟁점은 이 장의 후반부와 제9장에서 여성을 '남성적 고용'에서 '보호'하기 위해 이용되었지만 결과적으로 여성을 실업 상태에 빠지게 하거나 가정에서 저평가된 노동에 종사하도록 제한하는 법률을 검토할 때 다시 언급할 것이다. 간단히 말해 높은 수준의 기사도주의적이고 온정주의적인 처우는 대가를 수반한다. 즉 여성은 부가적인 주의와 통제를 '필요로 하는' 아동과 같은 존재로 취급된다.

:: 범죄처리 절차상의 성차에 대한 경험적 증거

범죄 유형, 형사사법 단계, 피의자의 인구학적 특성, 피의자의 전통적인 성역할의 적합성 등을 고려하지 않고는 동등 처우 가설, 기사도주의 가설, 악마적 여성 가설 중 어느 것이 타당한지 가려내기 어렵다. 나겔Nagel과 헤이건Hagan(1983, 135-136)은 기사도주의 가설과 악마적 여성 가설을 검증하는 연구를 통해 악마적 여성 가설이 기사도주의 가설과 대립적인 것이 아니라 오히려 논리적으로 연관되어 있다고 주장한 바 있다. 여성은 덜 심각한 범죄를 저지를수록, 적절한 수동적인 태도를 보일수록 이에 저항하는 표시를 보이지 않는 한도 내에서 기사도적 대접을 받을 수 있었다.

> 따라서 여성이 남성과 비교하여 우호적으로 처우될 수는 있지만, 이것은 어디까지나 우호적인 처우(그것이 기사도주의이건 온정주의이건)가 부적절하다고 여겨지기 전까지였다. 범죄가 중할수록 순결성에 대한 가정은 약화되고, 전통적인 여성 행위 유형과 거리가 멀다는 증거가 발견되면 여성은 악마적 여성 유형으로 분류되면서 우호적 처우는 사라진다(Nagel and Hagan, 1983, 135-136).

범죄처리 절차상의 성차에 대한 초기 연구는 동등 처우 가설이나 악마적 여성 가설보다는 기사도주의 가설을 강력하게 지지하는 연구 결과를 제시했다. 그러나 대부분의 경우 여성에 대한 우호적 처우를 지지하는 발견은 두 가지 중요한 법률적 변수인 피의자의 이전 범죄 경력과 본범의 범죄 유형을 설명하거나 통제하지 못한 결과일 수 있다. 만약 범죄처리 체계가 정말로 공정하다면 우리는 의사결정이 피의자의 성별, 인종, 계급 등 법률외적 변인이 아닌 당해 사건에 관한 법률적 변인과 연관된다고 예측할 수 있을 것이다.

1980년대 이후 이루어진 범죄처리 과정에서의 성편견에 대한 연구에서는 범죄 유형과 이전 범죄 경력을 분석에 포함하는 경향이 증가했다. 그 결과 기사도주의 가설을 지지하는 발견은 적어졌고, 동등 처우 가설을 지지하는 연구 결과가 증가했다. 이런 현상이 어떻게 발생했는지를 이해하기 위해 단순히 남성과 여성의 체포 비율, 유죄판결 비율, 형기를 비교하는 연구를 가정해 보면, 당연히 남성이 여성보다 체포되거나 유죄판결을 받거나 장기형을 선고받을 확률이 훨씬 더 높다는 결과가 나타날 것이다. 이런 비율은 기사도주의나 여성에 대한 관대한 처우를 의미한다고 볼 수도 있다. 그러나 범죄의 심각성(죄질)과 피의자의 전과를 통제하여 분석할 때 남녀가 죄질과 전과가 유사하다면 체포율, 유죄판결률, 형기가 동일하게 나타나게 될 것이다. 이런 발견은(이 같은 결과는 일상적으로 발견됨) 피의자의 사법처리 과정보다는 더 근본적인 성차(이미 앞 장에서 논의한 바 있음)를 지적하는 것이다. 즉 일반적으로 남성은 여성보다 범죄처리 절차에서 더 중한 처벌을 받는데, 그 이유는 남성이 일반적으로 더 중한 범죄를 저지르고 더 심각하고 더 많은 범죄기록을 갖기 때문이다.

일반적으로 생각되는 것보다 기사도주의적인 처우가 많지 않다는 증거가 늘어났지만, 범죄처리 과정에서의 성차는 단순히 동등 처우 가설만으로 설명될 수 있는 것 이상으로 훨씬 복잡한 특성을 갖는다. 첫째, 일부 상황에서 기사도주의적인 처우가 여전히 존재하며, 이는 법률적 변인을 통제한 후에도 마찬가지다. 둘째, 일부 연구는 법률적 변인을 통제했을 때 악마적 여성 가설을 지지하는 연구 결과를 발견한 바 있다. 가장 중요한 점은 범죄처리의 의사결정 과정에서 기사도주의적인 처우나 동등 처우를 지지하는 증거를 발견했을 때조차도 남성과 여성의 유죄 여부와 처벌을 결정하는 데는 다른 요인이 작용한다는 부가적인 증거가 여전히 존재하는 경우를 자주 접하게 된다는 점이다. 예를 들어 한 연구는 표면적으로는 기사도주의적인 처우로 보이는 것이 실제로는 다른 사람(모든 여성과 백인 남성)에 비해 흑인 남성에게 상대적으로 엄격한 처벌을 한 결과일 뿐이라는 사실을 발견했으며, 이 같은 발견은 인종과 성별의 상호작용이 엄청난 영향을 미칠 수 있다는 점을 시사하는 것이다(Spohn, Welch, and Gruhl, 1985). 결과적으로 많은 연구에서 세 가지 가설 중 어느 것이 일반적으로 더 지지를 얻고 있는가와는 관계없이 남성과 여성의 유죄판결 의사결정에 상이한 요인이 작용한다는 점을 밝혀내고 있다.

이 장의 나머지 부분에서는 범죄처리 절차상 성차별에 관한 세 가지 가설, 즉 동등 처우 가설, 기사도주의 가설, 악마적 여성 가설을 검증하는 경험적 연구 결과를 기술할 것이다. 성별 편견이 범죄처리 과정에 작용하는지 여부를 판단하기 위해 고려할 필요가 있는 요인은 다음과 같다. (1) 피의자의 인종 · 계급 · 연령, (2) 소년사법 체계 개혁의 중요성, (3) 형사사법 체계의 단계, (4) 범죄 유형, (5) 성역할 고정관념이 범죄처리 과정의 성별 편견에 미치는 영향 등이다.

기사도주의의 적용 가능성: 여성 집단 내 차별

범죄처리 절차를 분석할 때 반드시 인식해야 할 점은 여성 집단 내에도 인종, 민족, 계급, 연령, 출신국, 섹슈얼리티에 따라 상이한 인생 경험을 가진 개인이 존재한다는 사실이다. 기사도주의의 근저를 이루는 관념은 여성은 받들어지고, 보호받을 필요가 있는 존재이지만, 실제로 범죄처리 의사결정은 백인 여성이 유색인종 여성보다 여성적이고 연약하고 보호받아야 한다는 고정관념에 근거하고 있다(Young, 1986). 이와 유사하게 사회계급과 관련해 볼 때도 가난한 여성은 부유한 여성보다 '숙녀'로 대접받을 가능성이 낮으며 따라서 범죄처리 과정에서도 기사도주의적인 처우를 경험할 가능성이 낮다. 또한 연령 변수와 관련해 보면, 악마적 여성 접근이 성인 여성보다 소녀에게 더 뚜렷하게 나타난다는 증거가 발견되었다(Nagel and Hagan, 1983, 115).

상당히 많은 연구에서 기사도주의적인 처우가 여성의 개인적 특성을 기준으로 '특정' 여성에게만 해당된다는 사실을 확증해 주고 있으며, 이런 관행을 **선택적 기사도주의**selective chivalry라고 부른다(Dodge, 2002). 인종과 성별문제를 논의하기 위해 미국 역사 연구들을 살펴보면 백인 여성 범죄자는 재활에 적합한 존재로 평가되는 반면, 흑인 여성은 '공격적이고' '남성적인' 존재로 전형화됨으로써 이들에 대한 가혹한 처벌이 정당화되어 왔다(Seitz, 2005). 이민 여성(특히 유색 이민 여성) 역시 더 가혹한 처벌을 받았다(Butler, 1997; Dodge, 2002). 더 최근에 이루어진 범죄처리 과정에 대한 연구들 중 많은 수는 백인 여성과 비교할 때 흑인 여성과 그 외 유색인종 여성은 형사사법 체계에서 더 가혹하게 처벌되는 경향이 있으며(Agozino, 1997; Bortner and Reed, 1985; Butler, 1997; Chigwada-Bailey, 1997; Dodge, 2002; Krohn, Curry, and Nelson-Kilger, 1983; Kruttschnitt, 1981; Lieber and Mack,

2003; Seitz, 2005; Spohn, Gruhl, and Welch, 1987; Steffensmeier, Ulmer, and Kramer, 1998; Visher, 1983), 빈곤층 여성이 부유층 여성보다 무거운 처벌을 받고(Butler, 1997; Dodge, 2002; Kruttschnitt, 1981; Worrall, 1990), 나이가 어린 여성이 나이가 많은 여성보다 더 차별받는다는 사실을 보고한 바 있다(Chesney-Lind and Shelden, 1992; Farrington and Morris, 1983; Hiller and Hancock, 1981; Krohn, Curry, and Nelson-Kilger, 1983; Steffensmeier, Ulmer, and Kramer, 1998; Visher, 1983).

"청소년 교정시설에 있는 레즈비언, 양성애자, 동성애자 그리고 그렇게 의심되는 젊은 여성의 수와 경험에 대해서는 알려진 바가 별로 없다"(Schaffner, 2004, 120). 최근에 이루어진 세 가지 연구는 청소년이나 성인 범죄자 중 레즈비언의 비율이 일반 사회에서 나타나는 비율보다 높은 것으로 보고되었으며, 이는 이들에게 형평에 어긋난 정도의 가혹한 처벌을 하는 경향('악마'적 여성) 때문이라고 주장한다(Belknap and Holsinger, 2006; Farr, 2004; Schaffner, 2004). 샤프너Schaffner(2004)는 레즈비언 소녀 일탈자가 학교와 가정, '형사사법체계'에서 경험하는 희롱과 학대의 다양한 양상을 기록했다. "여자 청소년의 폭력행위를 이해하기 위해서는 동성애 혐오homophobia가 폭력 피해자인 소녀나 폭력 가해자인 소녀 모두에게 미치는 영향이 고려되어야만 한다"(같은 책, 120).

일부 연구는 피의자 특성이 미치는 다양한 영향에 관한 주목할 만한 자료를 제공해 주었다. 예를 들어 한 연구는 여성 피의자의 나이가 35세 이상인지 이하인지가 양형에 아무런 영향도 미치지 않는다는 점을 발견했다(Brennan, 2002). 다른 연구는 인종이나 소득보다 복지적 지위가 형량에 더 부정적인 영향을 미친다고 보고했다(Kruttschnitt, 1981). 1920~40년대 일리노이 주에서 수행된 여성 범죄자 양형에 대한 한 연구는 유색인종 남성과 사귄 백인 여성에 대한 차별을 발견했다(Dodge, 2002). 뉴욕 시의 대규모 여성 양형 연구는 법률적 변인(예를 들어 죄질, 전과)이 가장 중요한(그리고 가장 직접적인) 양형 예측 요인이었으나 법률외적 변인(예를 들어 인종·민족, 계급, 연령, 혼인관계, 교육 수준) 역시 양형에 더 복합적인(간접적인) 영향을 미친다는 점을 발견했다. 따라서 저자는 여성 집단별로 양형 기준이 상이하다는 점을 설명하는 데 실패한 것은 주요한 간접 변인의 누락, 다시 말해 범죄처리 결과를 예측하는 데 사회경제적 변인이 서로 영향을 미치고, 혹은 이것이 법률적 변인과 상호작용하는 방식을 분석하지 못했기 때문이라고 결론짓는다(Brennan, 2002). 알보네티Albonetti(1997)의 약물범죄 양형 기준에 관한 연구는 백인 여성이라는 조건이 흑인 여성이라는 조건보다 구금형 여부에 더 기사도주의적인 영향을 미친다는 점을 발견했다. 이와 반대로 흑인 여성 약물사용자는 백인 여성 약물사용자보다 짧은 징역형을 판결받는다. 따라서 구금 여부 결정에서는 흑인 여성보다 백인 여성이 더 기사도주의적인 처우를 받지만, 형량 결정에서는 백인 여성보다 흑인 여성에게 기사도주의가 더 많이 적용된다.

교육 수준이 여성의 양형에 미치는 영향에 대한 연구는 많지 않은데, 그중 한 연구는 예상되는 것처럼 (공식) 교육 수준이 낮은 여성일수록 교육 수준이 높은 여성에 비해 장기형을 받는다는 점을 발견했다(Brennan, 2002).

섹슈얼리티에 관해서, 여자 청소년 혹은 성인 여성 레즈비언이나 동성애자 지위가 양형에 미치는 영향에 관한 연구는 거의 이루어지지 않았지만, 어떤 형태로든 간통이 의심되는 여성이나 소녀의 경우 더 가혹한 처우를 행하는 관행은 형사사법 체계의 각 단계마다 역사적으로 오랫동안 존재해 왔다(Dodge, 2002). 1920～40년대의 일리노이 주 여성의 범죄 연구에 따르면 여성 수형자는 남성과 달리 교도소에서 일상적으로 성병 검사를 받았고, 성병 감염이 확인되면 최소한 STI(성병) 검사가 깨끗하게 나올 때까지 교도소에 계속 머물러야 했다(Dodge, 2002).

이런 연구 결과는 형사사법 체계에서 모든 여성이 동일하게 처우되지 않았다는 점을 확인시켜 준다. 일반적으로 유색인종 여성, 빈곤 여성, 어린 여성, 이민 여성, 레즈비언은 다른 여성에 비해 관대한 처우를 받지 못했고, 더 편파적인 사법처리 과정을 경험해야 했다.

소년사법 체계의 개혁

소년법원은 여자 청소년의 비범죄적 위반행위(지위범죄)를 남자 청소년(혹은 여자 청소년)의 범죄행위와 동일하거나 더 가혹하게 처벌한다는 이유로 비난받아 왔다(Chesney-Lind, 1973, 1981, 1987; Conway and Bogdan, 1977; Datesman and Scarpitti, 1977; Schlossman and Wallach, 1982). 또한 문란한 성행위로 체포된 소녀는 다른 비성적 범죄행위로 체포된 소녀보다 더욱 가혹하게 다루어졌다(Terry, 1967). 여자 청소년은 합의로 이루어진 성행위(남자 청소년이 훨씬 더 많이 하는 행위임)에 대해 공식적으로나 비공식적으로 처벌되었을 뿐 아니라 더불어 성폭력 '범죄'의 피해자이기도 했다.

> 소년사법 체계의 가장 문제시되는 측면은 범죄자와 피해자를 구분하는 데 실패했다는 점이다. 성적 학대와 성행위처럼 이 같은 사실이 잘 나타나는 사례는 없다. 여성은 흔히 성적 학대나 문란한 성행위, 매춘사건 모두에서 동일하게 취급되곤 한다(Sarri, 1983, 382).

여성범죄에 대한 사법처리 과정에서 가장 불온한 측면은 아마도 여자 청소년에게 부인과 검사를 강요하는 일이 광범위하게 자행되었다는 점일 것이다. 이런 검사의 근거는 STI(성병) 감염 과 처녀성 여부를 판단하기 위한 것이었다(법원은 분명히 남자 청소년의 STI와 처녀성에 대해서는 관심을 갖지 않았다). 이런 관행에 관한 첫 번째 연구는 1929~64년 호놀룰루 소년법원의 사례를 대상으로 이루어졌다(Chesney-Lind, 1973). 남자 청소년 중 4분의 1, 여자 청소년 중 4분의 3이 지위비행status crime으로 체포되었는데, 70~80퍼센트의 여자 청소년은 강제로 '신체 검사'를 받았고, 이 같은 검사는 상점절도 등 비성적 범죄행위로 체포된 경우에도 마찬가지로 이루어졌다. 여자 청소년은 남자 청소년보다 공판 전에 수용되는 비율이 높았고, 남자 청소년과 비교할 때 3배나 긴 기간을 구금되어야 했다.

> 과거 여자 청소년은 청소년수용시설에 머무는 동안 구치소와 유사한 환경을 경험해야 했을 뿐 아니라 추가적으로 중요한 시민권 침해, 예를 들어 골반 검사, 좀 더 최근에는 질 검사 등과 같은 일을 경험해야 했다. …… 골반 검사의 총괄적인 집행은 1970년대까지 미국 전역에서 이루어졌다(Chesney-Lind and Shelden, 1992, 149-150).

1900~17년 멤피스 테네시 법원 기록에 대한 셸던Shelden(1981)의 연구 결과에 따르면 여자 청소년은 합의적 성행위뿐 아니라 비합의적 성행위(강간피해)에 대해서도 가혹한 처벌을 받았다. 이런 처벌은 남자 청소년에 대해서는 이루어지지 않았다. 여자 청소년이 처녀인지 여부를 검사하기 위한(즉 범죄성을 측정하기 위한) 부인과 검사가 일반적으로 실시되곤 했다. 인종, 계급, 범죄행위를 통제했을 때조차 여자 청소년은 남자 청소년에 비해 더 혹독하게 처벌된 것으로 밝혀졌다.

여자 청소년의 섹슈얼리티에 대한 경찰 활동에 초점을 맞춘 연구를 살펴보면, 1901~27년 콜로라도 주 덴버 소년법원 기록에 대한 연구가 주목할 만하다. 진보적인 개혁주의자였던 린지Ben B. Lindsey 판사는 소년법원 체계가 여자 청소년의 섹슈얼리티를 '정상'적인 것으로 간주할 수 있도록 했으며, 또한 모든 집단(인종, 계급, 이주 여부에 관계없이)의 젊은이들이 성적이라는 사실을 시민들에게 교육시키려고 했다(Colomy and Kretzmann, 1997). 린지와 법원 직원은 법원에 온 여자 청소년의 신뢰를 얻게 되었고, 소녀는 부모님한테조차 말하기 싫은 문제에 대해 질문하고 말을 꺼냈다.

> 제한적이기는 하지만, 린지는 여자 청소년들이 자신의 지능, 정직성, 성실과 부모의 우둔함과 위선을 나란히 놓고 자신의 의견을 말할 수 있도록 해주었다. 그렇게 함으로써 린지는

> 법원의 권위와 판결의 타당성이 부분적으로는 실제 삶의 조건(생활 상황)에 대한 이해와 체험적 지식, 발전된 '근대' 성 코드, 젊은 여성의 삶을 규제하는 성역할의 변화에 기반을 둘 수 있도록 만들고자 노력했다. …… 소녀의 지위를 격하시키는 의식이었던 다른 법원 재판들과는 달리 덴버 법원은 여성의 존엄성과 자아존중감, 사생활을 보호할 수 있도록 조직되었다(같은 책, 1997, 58).

좀 더 최근에 이루어진 영국의 연구는 남자 청소년에 비해 여자 청소년의 성적 활동이 더 철저히 모니터되고, 더 가혹하게 처벌되고, 이들의 가출에 대해 가혹하게 처리하는 것이 소녀의 성적 '난잡함' 과 연관된다는 사실을 발견했다(Gelsthorpe, 1989). 미국의 가정법원 기록에 대한 연구에 따르면 (중범죄이든 경범죄이든) 범죄행위의 경우 남자 청소년이 여자 청소년보다 가혹한 처분을 받지만, 지위비행에서는 여자 청소년이 남자 청소년보다 가혹하게 처벌된다고 한다. 여자 청소년의 절반, 남자 청소년의 5분의 1 정도만 지위비행으로 가정법원으로 송치된다(Datesman and Scarpitti, 1980). 미국의 연구에서도 가정법원은 대상자가 백인 소녀일 때 이들의 지위비행에 대한 공식적인 조정을 인가하는 반면, 흑인 소녀일 때 조정이 가장 적게 이루어지고 있다는 사실을 보고했다. 이 같은 경향은 인종-성별 고정관념과 일치한다(Datesman and Aickin, 1984; Datesman and Scarpitti, 1980). 호주 법원 연구를 보면 여자 청소년은 보호관찰, 감독명령, 구금 등 '재활' 형을 처분받을 가능성이 높은 반면에 소년은 보증, 벌금, 선고유예 등 법적 처분으로 '처리' 되는 경향이 있다고 한다(Hiller and Hancock, 1981).

프랑스, 영국, 웨일스의 연구에 따르면 여자 청소년은 형사처분을 받은 청소년 중 6분의 1에 불과하지만, 가족으로부터 분리되어 시설에 수용된 청소년의 절반을 차지하고 있다(Hudson, 1989). 더구나 여자 청소년들은 특별조사와 차별을 받아야 했다. 이들은 그들의 '여성성femininity' 에 의해 판단되었고, 판단 미숙과 어리석은 행동 등 전형적인 청소년적 행위에 대해서도 처벌되었다. 동일한 행동을 한 남자 청소년이 여자 청소년과 동일한 처벌을 받을 확률은 낮다. 영국과 웨일스에서 감독명령(2, 3년간 감독관의 감시를 요구하는 법원의 처분 유형)을 추천받은 청소년에 대한 연구는 여자 청소년에 대한 차별이 존재한다고 보고했는데, 이에 따르면 여자 청소년은 남자 청소년에 비해 판결 전 조사관으로부터 감독처분을 추천받을 가능성이 훨씬 높다는 것이다(Webb, 1984). 이와 유사하게 10개 유럽 형사법원에 대한 비교분석을 한 결과 지위비행을 한 여자 청소년은 특히 성적 행위의 경우 동일한 행위를 한 남자 청소년보다 중하게 처벌되고, 더 장기간 수감되는 경향이 있음이 밝혀졌다

(Cain, 1989, 232).

소년 형사사법 체계에서 부모의 역할은 매우 중요한데, 성차를 살펴보는 것이 목적인 경우 특히 그렇다. 청소년이 처음으로 형사사법 체계를 경험할 때 부모가 결정적인 역할을 한다는 점과 남자 청소년보다 여자 청소년이 부모로부터 경찰이나 소년법원에 보내질 위험이 훨씬 높다는 것을 입증할 수 있는 방대한 증거가 존재한다(Chesney-Lind and Shelden, 1992; Colomy and Kretzmann, 1997; Hiller and Hancock, 1981; Sarri, 1983; Teilmann and Landry, 1981). 부모는 흔히 아들보다 딸의 행동에 대해 관대함을 가지지 못하는 경향이 있는데, 이는 지위비행이든(예를 들어 가출, 통금 위반, 음주, 성적 행위), 더 전통적인 범죄행위이든(예를 들어 상점절도, 폭행) 간에 마찬가지다. 더구나 부모는 아들보다는 딸의 문제행동을 신고할 가능성이 높고, 아들보다 딸을 신체적 · 성적으로 학대할 가능성도 높다(Chesney-Lind and Shelden, 1992). (이런 피해가 청소년을 가출하게 하고, 음주와 제3장에서 논의한 '표출적 행위acting out behaviors'를 하게 하는 원인으로 작용한다.) 마지막으로 한 연구에 따르면 대상 가족 중 거의 3분의 1이 '요감독 소년(PINS, persons in need of supervision)' 판정을 받아 법원의 보호를 마친 후 석방된 아이들이 가정으로 돌아오는 것을 거절하고 있음이 보고되었다(Conway and Bogdan, 1977).

1899년 소년법원의 설립은 아동과 청소년의 삶을 통제하고자 하는 '아동구제child-savers' 노력의 정점이라고 할 수 있다. 이는 특히 결과적으로 '개혁운동의 희생자'가 되어버린 여자 청소년에게 명백하게 관찰되는데, 여자 청소년은 '부도덕성' '방종'에 대해서도 소년법원 이송 비율이 증가했고, 그 결과 시설 수용 비율이 높아지게 되었다(Chesney-Lind and Shelden, 1992, 120). 역사적으로 볼 때 경찰과 소년법원은 여성과 남성의 섹슈얼리티에 대한 이중적 기준을 재확립함으로써 남성의 지위비행보다 여성의 사춘기적 반항에 대해 더 처벌적 태도를 취해 왔다. 비록 이것이 소년법원 초기에 일반적으로 나타나는 현상이었다고 하지만 "현재까지도 여전히 이런 패턴이 지속되고 있다는 증거가 존재한다" (Chesney-Lind and Shelden, 1992, 115).

1974년 소년사법과 비행예방법(JJDPA, Juvenile Justice and Delinquency Prevention Act)은 비행청소년을 구금시설로부터 탈시설화하고 사법 우회시키고자 입법화되었다. 비행예방 프로그램의 연방정부 지원금을 받은 주들은 비행청소년을 계속 소년원, 구금시설, 성인 구치소에 수용해서는 안 되며, 소년 구금시설이나 교정시설을 대치할 수 있는 비행청소년 처우계획을 수립해야만 했다. 이 같은 법안은 여자 청소년의 형사사법 과정에 큰 영향을 미칠 것으로 예상되었는데, 그 이유는 비행행위를 한 여자 청소년이 과도하게 처벌되어 왔기 때문이다. 예상했던 대로 1974년 JJDPA 이후 구금시설과 소년원에 입소하는 여자 청소년의 수가 감소했다(Alder, 1998; Chesney-Lind, 1986, 1988; Sarri, 1983). 1975~79년에 남성 구금률은 20퍼센트까지 감소한 반면 여성 구금률은 44퍼센트까지 감소했다. 이런 성차는 지위범죄에서 여자 청소년의 과잉 대표화와 지위비행자를 구금시설에서 사회 안으로 사법 우회시키고자 하는 정책목표에 그 원인이 있었다(Krisberg and Schwartz, 1983). JJDPA가 비행청소년의 탈시설화에 미치는 영향에 대한 또 다른 연구를 보면 여자 청소년의 경우에는 정신치료 시설에 수용하는 변형된 시설 수용transinstitutionalization이 이루어졌고, 흑인 청소년은 공공소년시설이라는 인간창고에 수용됨으로써, 결국 백인 남자 청소년이 탈시설화의 가장 큰 수혜자가 되었음을 알 수 있다(Federle and Chesney-Lind, 1992).

비행청소년의 탈시설화가 가져온 주요한 긍정적 측면은 다음 두 가지 쟁점을 분석할 때 그 의의가 경감되는데, 그것은 (1) 탈시설화율에 대한 장기적인 모니터링, (2) 전통적인 보안시설을 대체한 사설 소년 민간 교정시설에 대한 검토 결과다. 첫 번째 쟁점에 관해 보면, 1979~82년에 비행청소년의 탈시설화가 주춤해지고 있으며, "법원의 성차별주의에 반대해 이루어진 그간의 성과가 매우 위태로운 상태에 직면했다는 주장이 제기되었다" (Chesney-Lind, 1986, 90). 실제로 1982~86년에 남녀 가출 청소년의 체포가 증가했다 (Chesney-Lind, 1988). 더구나 JJDP 법안 이후 5년간 여자 청소년의 '소년원' 입소가 37퍼센트 감소한 반면에 남자의 입소율은 9퍼센트 증가했다(Krisberg and Schwartz, 1983).

두 번째 쟁점에 관해 살펴보면, 다이버전 프로그램이 결과적으로 JJDPA 이전의 구금시설보다 청소년 범죄자의 낙인을 감소시켰는지는 분명하지 않다(Datesman and Aickin, 1984). 그러나 더 중요한 점은 미네소타 주 연구에서 발견되었는데, 이전 같았으면 (소년원과 같은) 전통적 보안시설에 수감되었을 많은 비행청소년이 1974년 JJDPA 이후 '위장시설'이나 민간 소년 '교정' 시설에 수용되었다는 것이다. 이 시설에는 정신치료 프로그램과 약물의존 프로그램이 운영되었다(Schwartz, Beeck, and Anderson, 1984). 이 연구가 성차문제를 분석하지는 않았지만, 사례연구를 통해 이런 청소년 중 많은 여자 청소년이 부모가 이들의 행동, 특히 성적 행동을 허락하지 않았다는 사실이 드러났다. "이 청소년들은 부모에 의해 위탁되는 일이 흔했고 …… 많은 경우 이들의 입소는 누가 봐도 '자발적'으로 보이지 않았다"(같은 책 382). 연구자들은 16세 소녀의 사례를 묘사하고 있는데, 이 소녀는 심각한 비행을 저지른 기록도 없고 상습적인 지위비행도 하지 않았지만 소녀의 부모는 그녀를 반복적으로 사설 정신병원에 9개월간 수용시켰다. 그 이유는 단순히 유명 대학 관리자였던 그녀의 아버지가 딸이 '펑크 스타일' 복장을 하고 '펑크족' 친구와 어울리기 때문에 당황스러워서였다는 것이었다. 연구자들은 자녀를 본인의 의지에 반하여 정신치료나 약물의존 프로그램에 수용하는 것이 올바른 부모의 역할인지에 대해 의문을 제기한다. 또한 이런 일이 어떻게 은폐되는가를 살펴보는 것도 중요하다. 이와 유사하게 영국에서 비행 청소년 위탁가정에서 생활하는 여자 청소년에 대한 연구 역시 많은 소녀가 비행행위 때문이 아니라 부모와의 다툼 같은 감정적 문제와 가족문제 때문에 수용되었다는 사실을 밝혀냈다(Gelsthorpe, 1989). 이와 대조적으로 남부 호주에서는 1979년 지위범죄 처벌을 폐지하는 정책을 실행했다. 이 법안은 미국의 JJDPA나 다른 나라에서 이루어진 청소년 범죄화 경감 노력보다 훨씬 더 효과적이었다. 남부 호주의 지위범죄 폐지는 남자 청소년과 여자 청소년 모두에게 동등한 처우를 할 수 있게 했고, 여자 청소년의 섹슈얼리티와 연관된 문제를 감소시켰다(Naffine, 1989). 그러나 최근 이루어진 호주의 연구는 여자 청소년이 여전히 공적 · 사적 소년사법시설과 의료시설에서 소수자이자 지위비행자로 남아 있다는 점을 보고하고 있다(Alder, 1998). 특히 여자 청소년은 독립과 복종이라는 두 가지 여성에 대한 기대 사이의 조화를 이루는 데 어려움을 겪으며, 또 남자 청소년의 성적 행위는 '자연스러운 성 본능' 인 반면 성적으로 활동적인 여자 청소년은 '매춘부' 로 낙인찍히는 이중적인 성 기준까지 복합적으로 작용하고 있다(Alder, 1998).

범죄처리 단계별 성편견의 발현

많은 연구는 다양한 형사사법 체계에서 이루어지는 범죄처리 과정상의 의사결정 지점, 즉 체포, 구속 혹은 공판 전 석방, 기소, 불기소, 유죄협상, 유죄판결 혹은 석방, 구금, 형량, 가석방, 재범에 작용하는 성적 편견을 검토했다. 이 같은 연구를 직접 비교하는 것은 매우 어려운 일인데, 그 이유는 이들 연구가 상이한 사법관할권에서 실시되었고, 형사사법 체계의 상이한 단계나 의사결정 시점을 대상으로 했으며, 연구가 이루어진 시기 역시 상이하기 때문이다. 그러나 이런 연구의 전반적인 발견점이 무엇인지를 알아보는 시도는 필요하다고 보인다.

제3장에서 언급했던 것과 같이, 여성은 일반적으로 남성보다 중범죄자일 가능성이 적고, 전과가 많지 않다. 따라서 여성 범죄사건은 형사사법 체계의 마지막 단계까지 다다를 가능성이 적다. 따라서 후반부 단계에 초점을 맞추게 되면 대표성 있는 여성 범죄자의 사법처리 과정을 분석할 수 없게 된다.

범죄처리 절차상 성편견에 대한 연구의 첫 번째 발견점은 기사도주의는 범죄처리 과정 중 초기 단계에서 작용할 가능성이 가장 크며 후기 단계에서 가장 적다는 것이었다(Nagel and Hagen, 1983). 그러나 좀 더 최근의 연구는 이와 반대 결과를 보여주고 있는데, 기사도 주의는 범죄처리 과정 시작 부분에 가장 약하고 후기로 갈수록 더 우세해진다는 것이다(Chesney-Lind, 1987). 이런 정반대 결과는 최근 연구가 최초의 형사사법 체계와의 접촉(경찰)에 대한 연구를 더 많이 포함하고 있다는 데 기인할 수 있고, 법률적 변수를 더 많이 통제했기 때문일 수 있다. 이 장의 이하에서 검토할 연구들에 관한 전반적인 발견점은 최근 연구 결과와 일치한다(같은 책).

악마적 여성 가설이 가장 지지받는 것은 의사결정 초기 단계(경찰)이며, 동등 처우 가설은 의사결정의 중간 단계(기소, 각하, 유죄판결 결정)에 가장 뚜렷하고, 기사도주의 가설에 대한 지지는 마지막 의사결정 단계(구금 결정, 형량, 재범 가능성)에 가장 많다. 대부분의 연구는 성별이 다른 법률적 변인처럼 강력한 예측 인자는 아니라는 점을 발견했다. 많은 연구자는 원 자료raw data를 분석했을 때 기사도주의 가설을 지지하는 증거는 다른 변인, 일반적으로 법률적 변인을 통제했을 때 사라진다는 점을 발견했다(혹은 성차는 무시해도 좋은 수준으로 나타났다)(Farrington and Morris, 1983; Fisher and Mawby, 1982; Landau, 1981; Landau and Nathan, 1983; Spohn, Welch, and Gruhl, 1985).

경찰 단계의 의사결정 경찰의 의사결정은 악마적 여성 가설이 가장 잘 지지되는 단계다. 그러나 이 단계에서조차도 이 가설을 지지하는 연구 결과가 일관되게 나타나는 것은 아니며, 악마적 여성 가설은 경찰의 여성 지위비행자에 대한 과도하게 가혹한 처우에 대해서만 설명할 수 있다. 두 가지 연구 결과가 경찰의 의사결정 과정에서 여성차별을 발견했고(Ghali and Chesney-Lind, 1986; Wilbanks, 1986), 세 가지 연구 결과는 경찰의 기사도주의적 처우를 발견했으며(DeFleur, 1975; Krohn, Curry, and Nelson-Kilger, 1983; Mastrofski, Worden, and Snipes, 1995), 한 연구는 동등 처우 가설을 지지하는 결과를 발견했다(Visher, 1983). 주목할 만한 부분은 지위범죄자에 대한 경찰의 대응에 관한 연구 결과를 보면 경찰의 의사결정에서는 악마적 여성 가설이 가장 강하고 가장 일관되게 지지된다는 것이다(Chesney-Lind and Shelden, 1992; Hiller and Hancock, 1981; Sarri, 1983; Teilmann and Landry, 1981).

과거 경찰에서는 비성적 범죄를 저지른 청소년을 조사할 때 여자 청소년에게는 성경험을 묻고(남자 청소년에게는 묻지 않음), 본범에 성범죄를 추가하는 관행이 일반적으로 자행되곤 했다(Chesney-Lind, 1974). 대부분의 젊은 여성은 가출, 반항, 방종, 통금위반 등의 지위비행자로 범죄처리 과정에 진입하게 된다. 형사사법 체계에서 여성이 차지하는 비율이 적음에도 불구하고 그들 중 많은 수는 지위비행자다(Chesney-Lind, 1981). 따라서 대부분의 경험적 연구는 여성이 범죄처리 과정 초기에 기사도주의적으로 처우된다는 가설을 반박해 주고 있다. 결국 실제로는 대부분의 경우 '악마적 여성 가설'에 해당되는 관행이 발생하고 있다는 것이다. 여성 범죄자에 대한 형사사법 절차는 아직까지 많은 관심을 받고 있지 못하지만 여전히 많은 여성에게 영향을 미치는 영역으로, 인종차별과 반이민자 정서가 성차별주의와 만나는 교차점이라고 할 수 있다. 예를 들어 시민권이 없는 흑인 여성은 흑인 이민자는 마약 밀반입자라는 입증되지 않은 신화적 가정 때문에 공항 당국에 구류되는 경우가 허다하다(Agozino, 1997, 142).

이제까지 관심을 받지 못한 영역이기는 하지만 여성에 대한 경찰의 범죄처리 과정 역시 이 책의 피해화 논의에 포함하였다. 더 구체적으로 크라스카Kraska와 카펠러Kappeler(1995)는 경찰에 의해 자행되는 여성에 대한 성적 착취와 성적 학대를 연구했다. 이들은 이런 현상을 경찰 성폭력(PSV, police sexual violence)이라고 명명하고 이런 성폭력이 사생활 침해에서 위력에 의한 강간에 이르는 연속선상에서 어떻게 발생하고 있는지를 보고한 바 있다([제시 4-1] 참조). 다양한 유형의 비도덕적이고, 비전문적이고, 침해적이고, 착취적인 행위가 많은 여성, 즉 여성 피해자와 여성 피의자 모두에게 자행되었다. 여성 범죄 피해자에 대한 경찰 성폭력(PSV)의 한 예는 사업 동업자가 피해 여성의 동의 없이, 인지하지 못한 상태에서 성행위를 하는 장면을 녹화한 후 이렇게 불법적으로 녹화된 테이프를 그녀의 가족에게 보여주겠다고 협박하여 보험금을 강탈한 사건이다. 경찰은 사건 진행을 위해 그 테이프가 필요하다고 피해 여성을 설득했고, 이 과정에서 그 테이프를 신중하고 은밀하게 취급할 것이라고 그녀를 안심시켰다(Kraska and Kappeler, 1995). 그러나 이 테이프는 경찰 간부를 포함해 경찰서에 근무하는 경찰들 사이에 널리 유포되었다. 크라스카와 카펠러는 일부 경찰관이 일반적으로 자행하는 여성 피의자와 여성 범죄자에 대한 성적 착취의 한 예를 보고한 바 있는데, 술집 밖에서 여성이 혼자 나오기를 기다리다가 뒤따라가 음주 테스트를 하겠다는 명목으로 차를 세우게 하고는 딱지를 떼지 않겠다는 조건으로 억지로 성행위를 하거나 위력으로 강간을 한 사건이다(이 경우 대상 여성이 모두 술을 마신 상태는 아니었다는 점에 주목해야 한다). 마지막으로 크라스카와 카펠러는 이 사회에서 주변화된 대부분의 여성이 PSV의 위험성이 가장 높으며, 특히 빈곤 여성, 젊은 여성, 유색인종 여성이 그렇다고 밝혔다. 또한 이들은 PSV가 어떻게 경찰의 전통처럼 행해지고 있는지를 보여주는 상당한 증거를 제공했는데, 그 증거는 경찰만이 아니라 대중매체와 영화, 양자에 관한 것이다. 이는 대중매체와 영화가 여성을 처음 본 경찰과 시시덕거리거나, 기꺼이 성적 파트너로 응하는 존재로 그리고 있기 때문이다. 경찰에 의해 저질러지는 과도한 침해 사례에 대해서는 더 많은 연구가

[제시 4-1] 크라스카와 카펠러의 경찰 성폭력(PSV) 연속체

온건한 행위	과도한 행위	범죄행위
• 피해자 사진, 성적으로 표현된 비디오를 공개함 • 사생활 침해, 2차피해	• 구금 시 알몸 수색, 내강(內腔) 수색, 불법구류, 영장 수색, 성적 호감을 얻기 위한 속임수 • 성적 호감을 얻기 위한 서비스 제공, 성희롱	• 성희롱, 성적 접촉, 성적 폭력, 강간

SOURCE From Kraska and Kappeler(1995, 94). Adapted by permission.

이루어져야 하지만, 사건의 본질을 숨기고 동료 경찰을 보호하는 관행이 이런 연구를 어렵게 만든다.

공판 전 의사결정 성차별주의에 대한 대부분의 연구는 판사, 배심원, 공판판결에 초점을 맞추고 있다. 실제로 공판까지 마치는 사건은 10개 중 한 사건에도 미치지 못하지만 말이다(Figueira-McDonough, 1985). 공판 전 결정이 더 일반적일 뿐 아니라 공판 전 의사결정 중 대부분이 형식적인 공판에서 요구하는 적법한 절차를 따르지 않기 때문에 차별의 여지가 더욱 많다.

범죄처리 과정의 중요한 단계 중 하나는 구속, 불구속의 결정으로 이것은 "피의자가 체포와 판결 사이의 중간 기간에 자유가 허용될 수 있는가" 여부를 결정하는 것을 의미한다(Kruttschnitt and McCarthy, 1985). 이 결정은 피의자의 일시적 자유에 중요한 문제일 뿐 아니라 이어지는 사건처리 과정에도 중요한 함의점을 갖는다. 다시 말해서 구속된 피의자는 유죄판결을 받은 범죄자나 '수형자'로 보일 가능성이 더 높다(Frazier and Cochran, 1986). 한 연구에 따르면 여성이 불구속 결정 면에서 관대한 처분을 받는 것으로 나타났는데, 이는 법원에 출두하지 않는 비율이 남녀 모두 비슷함에도 불구하고 그렇다(Steury and Frank, 1990). 청소년에 대한 한 연구는 추후 재판과정을 위한 권고를 받을 가능성 면에서 기사도주의가 나타난다고 보고하고 있다. 그러나 이런 법원의 권고는 양쪽 부모가 모두 있는 소녀에게만 국한된다(Leiber and Mack, 2003). 구속과 불구속 결정에서 성편견에 대한 또 다른 연구에 따르면 기사도주의적 처우는 매춘 여성이 아닌 성인 여성에게 주어질 가능성이 높다. 달리 표현하면 구속 여부 결정 단계에서 여자 청소년과 매춘 여성에 대한 처우는 악마적 여성 가설에 더욱 일치한다(Bernat, 1985; Frazier and Cochran, 1986; Kruttschnitt, 1984; Kruttschnitt and Green, 1984; Teilmann and Landry, 1981).

기소, 불기소 결정 단계에서 성차이를 검토한 연구에 따르면 대체적으로 동등 처우 가설

이 지지되고 있는데(Curran, 1983; Ghali and Chesney-Lind, 1986; McCarthy, 1987; Nagel, Cardascia, and Ross, 1982; Steffensmeier, Kramer, and Streifel, 1993; Teilmann and Landry, 1981), 일부 기사도주의를 지지하는 연구도 존재한다(Albonetti, 1986; Gruhl, Welch, and Spohn, 1984; Spohn, Gruhl, and Welch, 1987; Wilbanks, 1986). 중절도와 폭행사건에 대한 캘리포니아 연구는 구형량 결정에서 피의자의 인종과 성별 간의 중요한 상호작용이 나타난다는 사실을 발견했다. 특히 전과와 범죄행위 유형과 죄질을 통제했을 때 모든 인종 여성 피의자와 백인 남성 피의자의 72~76퍼센트는 구형량이 감형된 반면, 흑인 남성은 그 가능성이 가장 낮았다(66%)(Farnworth and Teske, 1995). 더구나 이 연구는 구형량 결정이 최종 양형에서 성차별적인 방식으로 영향을 미친다는 점을 발견했는데, 구형량이 감형되지 않은 여성(22%)은 같은 조건의 남성(37%)보다 교도소에 수용될 가능성이 낮았다.

청소년 피의자들의 소년법원 송치 가능성을 검토한 한 연구에 따르면 범죄행위로 기소된 청소년의 경우 법원의 기사도주의적 처우가 발견되지만 지위비행으로 기소된 청소년의 경우에는 악마적 여성 가설이 적용되는 것으로 나타났다(Datesman and Aickin, 1984). 그러나 다른 청소년 대상 연구를 보면 불기소 여부 결정에서 범죄자의 성별과 인종이 유의미한 상호작용을 하는 것으로 나타났는데, 백인 남자 청소년이 불기소 가능성이 가장 높고, 백인 여자 청소년은 다이버전, 흑인 여자 청소년은 보호관찰, 흑인 남자 청소년은 정식 재판 절차를 밟을 가능성이 가장 높다(Sarri, 1983). 또 다른 연구는 1980~89년 아이오와 법원이 처리한 청소년 사건을 분석했는데, 연구 결과 다양한 공판과정(개시에서 판결까지)에서 청소년 범죄자 처리 절차상 성별 차이가 나타나지 않았다고 보고했다. 그러나 흑인과 인디언은 모든 의사결정 시점에서 백인에 비해 불리한 상황인 것으로 나타났다(Leiber, 1994).

유죄인정 혹은 유죄협상 가능성에 관해 분석한 두 가지 연구를 보면 모두 양성 동등 처우가 이루어진다는 사실을 발견했으나(Curran, 1983; Gruhl, Welch, and Spohn, 1984), 다른 두 연구는 악마적 여성 가설이 지지된다고 밝혔다(Ghali and Chesney-Lind, 1986; Figueira-McDonough, 1985). 이 네 가지 연구 중에서도 맥도너Figueira-McDonough(1985)의 연구는 가장 중요한 연구라고 말할 수 있는데, 그 이유는 이 연구가 가장 신중하게 수행되었기 때문이다. 저자는 비록 여성과 남성이 동등하게 무죄를 항변할 가능성이 존재했음에도 불구하고 남성이 유죄를 인정하여 감형될 가능성은 여성의 거의 2배에 이른다는 사실을 발견했다. 더구나 총기 사용이나 소지가 여성에게는 형을 가중시키지만 남성의 경우에는 그렇지 않으며, 여성은 남성에 비해 증인의 존재 여부가 유죄인정에 더 큰 영향을 미치는 것으로 밝혀졌다. 여성은 상대적으로 유죄협상이나 유죄인정을 적극적으로 할 능력이 떨어지는데 이것은 변호사, 교육, 경험(일반적으로는 권력)의 접근 제한성 때문이다. 남성은 또한 구형량 감형과 양형 감형 모두를 얻어낼 가능성이 높다. 결국 남성만이 유죄인정의 보상을 받게 되는 것이다.

공판과 공판 후 의사결정 유죄판결 단계의 의사결정에 대한 연구는 대부분 동등 처우 가설이 가장 적합한 것으로 주장하고 있으나(Curran, 1983; Ghali and Chesney-Lind, 1986; Gruhl, Welch, and Spohn, 1984; Koons-Witt, 2002; Steffensmeier, Kramer, and Streifel, 1993), 한 연구는 기사도주의 가설을 지지한다(Wilbanks, 1986). 교도소 수감 여부 결정에 대한 성차 연구는 일반적으로 기사도주의 가설을 지지하고 있고(Albonetti, 1997; Farnworth and Teske, 1995; Gruhl, Welch, and Spohn, 1984; Nagel, Cardascia, and Ross, 1982; Nobiling, Spohn, and DeLone, 1998; Spohn, 1990; Steffensmeier, Kramer, and Streifel, 1993; Steffensmeier, Ulmer, and Kramer, 1998), 동등 처우 가설을 지지하는 연구(Ghali and Chesney-Lind, 1986; Kruttschnitt and Green, 1984)보다 훨씬 많다. 기사도주의 가설을 지지하고 있는 한 연구에 따르면 성별과 인종 · 민족 양자가 상호작용하는 방식을 이해하는 것이 중요하다. 특히 앞서 언급한 바 있는 판워스Farnworth와 테스케Teske(1995)의 캘리포니아 중범죄자에 대한 분석을 보면 흑인 남성은 구형량이 감형될 가능성이 가장 적으며, 이것이 이후의 의사결정에 중요한 영향을 미친다. 예를 들어 구형량 감형을 받지 못한 사람들 중에서 남성은 여성보다 교도소 수감을 선고받을 가능성이 훨씬 높다(여성은 남성보다 구치소에 수감되거나 보호관찰 선고를 받을 가능성이 높다). 구형량 감형을 받은 사람들 중에서 남성은 구치소로 보내질 가능성이 더 높고, 여성은 보호관찰을 선고받을 가능성이 높다. 백인 여성은 폭력성 범죄를 비폭력성 범죄로 감형받을 가능성이 흑인 남성의 약 2배에 이르는 반면, 백인 남성은 그런 가능성이 흑인 남성에 비해 약 1.5배다. 결국 "전과 없는 여성은 같은 조건의 남성에 비해 구형량 감형 혜택을 받을 가능성이 더 높고, 보호관찰을 선고받을 기회를 증가시킨다" (Farnworth and Teske, 1995, 23).

또한 온타리오의 도시개혁시대 연구Urban Reform Era study의 경우에는 악마적 여성 가설을 지지하고 있는데(Boritch, 1992), 더 최근 연구 결과는 양형 수준을 결정하는 단계에서 기사도주의 가설도 상당 부분 일관되게 지지된다는 점을 밝히고 있다(Albonetti, 1997; Curran, 1983; Farrington and Morris, 1983; Kruttschnitt, 1984; Nagel, Cardascia, and Ross, 1982; Spohn, 1990; Steffensmeier, Kramer, and Streifel, 1993; Steffensmeier, Ulmer, and Kramer, 1998; Wilbanks, 1986). 예외적으로 두 가지 연구는 양형 단계에서의 양성에 대한 '동등 처

우' 를 지지하고 있다(Nobiling, Spohn, and DeLone, 1998; Zatz, 1984). 1970~90년대의 법원 판결과 관련된 50개의 성별 데이터를 이용하여 수행된 한 연구에 따르면 양형 의사결정은 그 범죄가 도시에서 발생했는지, 판결이나 구금 단계인지 여부와 상관없이 범죄행위의 심각성에 달려 있다. (1) 분석에 포함된 사건들의 절반은 기사도주의 가설과 일치하고 있고, 4분의 1은 여러 가설이 혼합되었거나 그 어느 가설의 경향도 나타나지 않았다. (2) 법원의 기사도주의적 판결은 중범죄, 특히 도시지역 법원에 기소된 사례에서 가장 두드러지게 나타났다. (3) 기사도주의는 교도소 수감 결정에서 가장 많이 관찰되었고(여성이 교도소에 수감될 가능성이 가장 낮음), 형기에 미치는 영향은 더 적었다(이 같은 사실이 형기 결정이 수감 여부 결정에 비해 '동등 처우' 적 과정임을 입증해 준다)(Daly and Bordt, 1995). 다른 연구는 인종과 성, 계급이 상호작용하는 방식에 주목할 필요가 있다는 점을 강조한다. 캐나다의 한 연구는 원주민과 토착민족 구성원이 백인에 비해 실형선고를 받는 비율이 압도적으로 높을 뿐 아니라, 특히 이런 현상은 여성의 경우 더욱 두드러진다는 사실을 발견했다(LaPrairie, 1989). 펜실베이니아 법원의 의사결정 과정에 대한 한 연구는 교도소 수감 결정이나 형량 결정 모두 전반적으로 기사도주의가 지배적일 뿐 아니라 젊은 흑인 남성(18~29세)이 가장 가혹하게 처우된다는 점을 밝혀냈다(Steffensmeier, Ulmer, and Kramer, 1998). 이들은 인종, 성별, 계급의 상호작용 효과를 분석하지 않은 채 각 변인을 독립적으로 검토하는 것은 의미가 없다고 결론지었다. "몇 가지 예를 들면 18~29세, 30~49세 사이의 흑인 여성은 50세 이상의 흑인 혹은 백인 남성보다 실형선고를 받을 가능성이 높고, 18~29세의 백인 여성은 50세 이상의 백인 남성보다 교도소에 수감될 가능성이 훨씬 높다"(같은 책, 783).

이와 유사하게 재구금reconviction 결정에 관한 연구(Farrington and Morris, 1983)와 보호관찰 결정과정에 대한 연구(Ghali and Chesney-Lind, 1986; Nagel, Cardascia, and Ross, 1982) 역시 기사도주의 가설을 일관되게 지지하고 있으며, 단지 한 연구만이 보호관찰 결정에서 양성 간의 동등 처우가 이루어지고 있다고 주장한다(Kruttschnitt, 1984). 그러나 좀 더 최근에 이루어진 한 연구는 일리노이 주의 성인 보호관찰 대상자들을 비교했는데(연방교도소 수형자 데이터와 유사함), 여성은 본범 사건 이전에 폭력범죄로 유죄판결을 받은 경험이 적고, 또한 "여성은 폭력범죄나 음주운전으로 보호관찰을 선고받을 가능성이 좀 더 높다"(Olson, Lurigio, and Seng, 2000). 이 같은 사실에도 불구하고 여성의 범죄행위는 남성에 비해 중범죄로 분류될 가능성이 높은데, 연구자에 따르면 이는 남성은 경범죄로 분류되는 음주운전을 하는 비율이 높은 반면, 여성은 약물 관련법 위반 범죄를 저지르는 비율이 높기 때문이라고 한다(같은 책)(이 같은 현상은 특히 음주운전이 불법 약물사용에 비해 일반 국민의 안전을 위협할 가능성이 훨씬 더 높다는 점에서 흥미를 끈다). 전체적으로 볼 때 보호관찰 기간 결정에서는 범죄심각성 변인을 통제하는 경우 성별 차이가 발견되지 않으며, 예외적으로 재산범죄에서는 여성에게 다소 기사도주의적 처우가 이루어지는 것으로 관찰되었다. 이어서 보호관찰 조건에 관해 살펴보면, 약물 검사나 사회봉사 수행 등의 병과처분에서는 남녀 차이가 나타나지 않으나, 여성은 남성에 비해 약물치료 명령을, 남성은 여성에 비해 재판비용 부담, 보호관찰비용 부담, 벌금형 등을 받는 비율이 높다(아마도 이것은 남성이 고용 가능성이 높고, 상대적으로 임금이 많기 때문으로 보인다)(같은 책). 여성은 소변 검사 명령(UAs, required urinalysis drug tests)을 받는 비율이 높으나, '긴급' 소변 검사 명령의 경우에는 성차가 발견되지 않는다. 마지막으로 보호관찰 취소에서도 성차가 나타나지 않았다. 다만 남성은 보호관찰 기간에 재범으로 체포될 가능성과 준수사항을 위반할 가능성이 더 높다(후자는 이전 전과와 범죄 유형 등 많은 변인을 통제했을 때만 그렇다).

성별 차이와 관련하여 공판 절차에서 살펴볼 나지막 영역은 이제까지 그다지 주목을 받지 못한 영역으로 바로 사형선고다. 1900년 이래 미국에서 49명의 여성에 대한 사형이 집행되었는데, 범죄 피해자와 가해자 모두의 인종과 사회적 지위 면에서 주요한 패턴이 발견되었고, 지리적 위치에 따라서도 그렇다(Seitz, 2005). 더 구체적으로 살펴보면 백인 가정부를 살해한 혐의로 사형이 집행된 흑인 여성은 모두 남부지역에서만 발견되었다(같은 책). 1976~87년에 살인 혹은 과실치사로 기소된 범죄자의 14퍼센트가 여성이었다. 그러나 사형선고를 받은 범죄자 중 여성의 비율은 2퍼센트에 불과하다(Rapaport, 1991). 이런 사실은 여성 범죄자에 대한 기사도주의적 처우를 보여주는 것 같지만 래파포트Rapaport는 더 철저한 검토를 통해 정반대 논리를 제시한 바 있다(같은 책). 첫째, 여성은 중범죄 살인을 거의 저지르지 않으며(4~6%), 여성은 약탈적 목적(예를 들어 경제적 목적이나 성적 목적)으로 모르는 사람을 죽이기보다는 가까운 사람을 분노나 자기방어를 위해 죽이는 경우가 많다(같은 책). 둘째, 남성 살인범죄자는 이전에 폭력성 중범죄 전과가 있는 비율이 여성 살인범죄자보다 4배 많다. 셋째, 여성은 여러 명을 살해한 죄로 기소되는 비율이 남성보다 훨씬 적다. 이 같은 살인과 살인자에 대한 성별 차이점을 고려할 때 여성이 사형선고를 받은 수형자의 2퍼센트만을 차지하는 것은 지극히 논리적인 일이다. 마지막으로 최근의 한 연구는 미국에서 사형선고를 받은 여성 중에서 레즈비언이 차지하는 비율이 놀랄 만큼 높다는 점을 지적하고, 이들이 범죄처리 과정에서 가혹하게 처우되는 방식을 기록하고 있다.

범죄 유형별 범죄처리 절차상의 성차

범죄자의 개인적 특성과 형사사법 체계의 각 단계별로 동등 처우 가설, 기사도주의 가설, 악마적 여성 가설의 타당성을 확인하는 일과 더불어 고려해야 할 중요한 쟁점은 바로 범죄 유형을 통제하는 것이다. 성차별의 방향(남성에 대한 차별, 여성에 대한 차별 여부)은 범죄행위 자체의 속성과 긴밀하게 연관된다. 실제로 나핀Naffine(1987, 2)은 다음과 같이 말했다. "법 집행자는 일관성을 유지하지 못하는데, 심지어는 온정주의적 태도에서도 그렇다." 나핀은 성별과 범죄처리 과정에 관한 연구를 재검토한 후 여성이 가벼운 범죄를 저질렀을 때는 기사도주의적 처우가 이루어지는 경향이 있으나, 여성이 더 중한 범죄를 저질렀을 경우 남성보다 가혹하게 처우된다고 결론지었다. 그러나 범죄의 경중은 성역할 고정관념과 긴밀하게 연관된다. 전통적인 성별 고정관념에 더 근접한 여성은 그 반대인 강도, 폭행 등을 저지른 전통적이지 않은 유형의 여성보다 유리하게 처리될 것이다(Nagel and Hagan, 1983, 116). 따라서 전통적인 '남성적 범죄'를 저지른 여성은 남성보다 가혹하게 처리될 것으로 예측된다(Chesney-Lind, 1987). 그러나 일부 연구는 중범죄나 폭력범죄를 저지른 여성이 경범죄나 재산범죄를 저지른 여성에 비해 더 기사도주의적으로 처리된다는 점을 발견했다(Hepburn, 1978; Steffensmeier, Kramer, and Streifel, 1993; Visher, 1983). 한 청소년 연구를 보면 재산범죄를 저지른 여자 청소년은 기사도주의적으로 처리되는 반면에 지위비행을 저지른 여자 청소년은 '악마적 여성'으로 다루어지고 있음을 발견했다(Hiller and Hancock, 1981).

세리Sarri(1987)는 범죄처리 과정에서의 성별 불균형을 이해하기 위해서는 범죄 유형과 범죄유형별 남녀의 범죄감행 가능성 간의 상호작용을 검토하는 것이 필요하다고 말했다. 일부 범죄의 경우 여성과 남성이 동등하게 관여하고 있지만, 아직까지도 여성이 더 가혹하게 처벌되고 있다(예를 들어 가출과 매춘). 어떤 범죄는 여성과 남성이 모두 참여하고 공평하게 처우되며(예를 들어 상점절도), 아직까지 일부 범죄는 여성의 범죄참여율이 훨씬 더 낮음에도 불구하고 일단 범죄를 저지르게 되면 훨씬 더 심각하게 처벌된다(예를 들어 아동 성학대)(Sarri, 1983). 이와 유사하게 유괴와 아동 성추행에 관한 한 연구에 따르면 여성은 전체 형사사법 절차 내내 남성보다 가혹하게 처우되며, 반면에 사기죄의 경우 남성이 여성보다 가혹하게 처우된다(Wilbanks, 1986). 또 다른 연구는 네 가지 중범죄의 양형과정에서 여성에 대한 기사도주의적 처우를 발견했고(2급살인, 과실치사, 상점절도, 위조), 반면 경범죄 전체에서는 동등 처우 현상이 나타났으며, 아동유괴와 여성성에 부적합한 범죄에 대해서는 여성에게 남성보다 더 장기형을 선고하는 것으로 나타났다(Zingraff and Thomson, 1984).

비교연구적 관점 범죄처리 절차의 성별 차이: 국제적 비교

놀랍게도 범죄처리 절차의 성별 차이를 비교한 국가별 비교연구나 성인 여성과 여자 청소년에 대한 국가별 비교연구는 거의 존재하지 않는다. 하나의 예외가 있다면 린다 하비(Linda Harvey) 교수와 그 동료들(1992)의 연구를 들 수 있다. 이들은 제2차, 제3차 유엔 범죄조사(United Nations Crime Survey)를 분석하여 전 세계 국가의 수사, 체포, 기소, 유죄판결, 구금 측면에서 성차를 검토했다. 여기서 이들은 다음과 같은 전 지구적 유형을 발견했다.

- 여성과 남성이 저지르는 범죄 유형은 시기를 불문하고 상당 부분 일정하게 유지되고 있다.
- 1980년과 1985년(그리고 어느 정도는 1975년까지) 여성은 (수사에서 체포, 기소 등까지) 범죄처리 절차의 각 단계를 거치면서 남성에 비해 더 많은 수가 범죄처리 체계에서 빠져나갔다.
- 여성은 1980년보다 1985년에 범죄혐의를 받거나 기소되거나 유죄판결을 받을 가능성이 높아졌다(다시 말해 1980년보다 1985년에 더 많은 여성이 수사를 받고, 기소되고, 유죄판결을 받았다).

SOURCE Linda Harvey, R. W. Burnham, Kathy Kendall, and Ken Pease. 1992. Gender Differnces in Criminal Justice: An International Comparison. *British Journal of Criminology* 32:208-217.

여성과 남성의 중절도와 중폭행범죄 사례를 분석한 캘리포니아 연구는 법원 수준에서는 범죄 유형에 근거한 성차별이 이루어진다는 증거를 발견하지 못했으며(Farnworth and Teske, 1995), 밀워키 연구는 공판 전 결정에서는 전형적으로 여성에 의해 많이 저질러지는 범죄의 경우 동등 처우가 이루어진다는 점을 발견했다(Steury and Hochstedler, 1990). 그러나 뉴욕 시 거주 여성에 대한 광범위한 연구는 여성의 양형에 대한 중요한 차이점을 보여주었다. (1) 매춘사건의 경우 백인 여성은 흑인 여성이나 라틴계 여성에 비해 관대한 형을 받는다. (2) 약물범죄의 경우 라틴계 여성은 구금형을 받을 가능성이 가장 높고, 그 다음이 백인 여성, 흑인 여성 순이다(Brennan, 2002). 요약하면 범죄 유형과 기사도주의 간의 관계에서 일관된 결과가 발견되지 않았다. 이 쟁점은 더 많은 연구가 필요하다.

성 고정관념과 범죄처리 절차

범죄처리 절차상에서의 성차에 관한 초기 연구는 '적절한' 여성적 행동을 한 여성에 대해서는 종종 기사도주의적 처우가 이루어졌다는 사실을 발견했다. 1980년대에 범죄처리 과정에서 나타나는 성차를 이해하기 위해 부가적으로 중요한 문제는 바로 성인 범죄자에 대한 기사도주의적 처우가 의사결정권자의 성차별주의적 행동이 미치는 직접적인 결과일 뿐 아니라 성차별주의와 남녀 삶의 책임 영역에 대한 현실적인 차이점이 미치는 간접적인 결과일 수 있다는 점이었다. 다시 말해서 한 사회의 구체적인 성역할이 여성 피의자와 남성

피의자의 범죄처리 절차의 차이에 영향을 미칠 수 있다는 것이다. 더구나 "여성은 남성과 비교할 때 자신이 저지른 범죄보다 개인의 총체적 환경조건에 의해 처리될 가능성이 높다" (Worrall, 1981, 90).

예를 들어 옳든 그르든 어린 자녀가 있고, 합법적인 수단에 대한 접근 가능성이 떨어지는 사람에 대해서는 범죄처리 의사결정권자는 특별하게 고려해 줄 가능성이 높다. 대부분의 나라에서 이런 사람은 통상 여성이었다. 따라서 범죄처리 절차에서 나타난 기사도주의적 처우에 대한 증거는 사실 한 사회의 제도화된 성역할이 표명된 것이다. 만약 여성이 어머니로서, 또한 어느 정도는 아내로서 '자연적' 역할을 이행한다면 더 관대한 처벌을 받을 수 있다. 따라서 여성을 향한 일부 '기사도주의'는 기사도주의 자체라기보다 적어도 부분적으로는 피의자 부양자녀의 최선의 이익을 위한 판결이라고 할 수 있으며, 특히 편부모 가정의 경우 여성이 아이를 기를 가능성이 더 많기 때문에 여성에게 더 관대한 처분을 내린다는 것이다.

캐나다 온타리오에서 이루어진 도시개혁시대 연구(1871~1920)에 따르면 "판사들은 어머니로서의 부적절성을 나타내는 증거를 가장 중요한 여성의 범죄성으로 보는 듯하며, 이 경우 주저하지 않고 자녀 양육 역할을 박탈했다" (Boritch, 1992, 319). 한 연구만을 제외하고 아동 양육에 관해 최근 이루어진 연구들에 따르면 기사도주의적 처벌은 여성이 (남성보다) 부양자녀가 있을 가능성이 높다는 데 그 원인이 있다(Daly, 1989a, 1989b; Eaton, 1986; Steffensmeier, Kramer, and Streifel, 1993; Worrall, 1990). 뉴욕 시 여성 피의자에 대한 연구를 보면 부양자녀가 있는 것으로 보고된 여성은 부양자녀가 없는 여성보다 구금형을 선고받을 가능성이 적다(Brennan, 2002). 또 다른 연구는 부양자녀가 있는 여성뿐 아니라 임신한 여성 역시 관대한 처벌을 받았고, 이것은 부분적으로 여자 교도소의 열악한 상황이 여성에 대한 추가적인 처벌이라고 생각하는 일부 판사들의 신념 때문이었다고 주장한다 (Steffensmeier, Kramer, and Streifel, 1993). 그러나 한 연구에 따르면 약물범죄로 수감된 여성 중에는 (수감 전에) 부양자녀가 있는 경우가 없는 경우보다 장기형을 받을 가능성이 더 높다고 한다(Sharp and Marcus-Mendoza, 2001).

이튼Eaton(1986)은 런던 교외 법원의 범죄사건을 분석했는데, 이에 따르면 남성과 여성이 비슷한 조건의 환경일 때는 유사하게 처우되지만, 이처럼 여성과 남성이 유사한 조건인 경우는 극히 드물다. 이 연구의 설계 특성상 여성에 대한 관대한 처벌이 기사도주의 때문인지, 여성이 일반적으로 범죄를 덜 저지르기 때문인지 밝히기는 어렵다. 즉 법원은 성별에 근거하여 남성과 여성을 노골적으로 차별하지 않는다. 단지 법원은 남성과 여성에 대한 분리적이고, 불공평한 성역할을 가정하고 있으며, 이 역할은 특히 전통적인 가족 개념과 관련된다는 것이다. 남성은 경제적으로 가족을 부양할 것으로 기대되며, 반면 여성의 역할에는 정서적 지지와 자녀 양육이 포함된다. 따라서 보호관찰관이 가정 방문을 하는 경우 남성 피의자보다 여성 피의자의 가정을 방문하고 그 특성을 묘사하는 것이 더 일반적이다(같은 책, 67). 따라서 기사도주의적 범죄처리는 범죄처리 절차에 내재된 편견이 아니라 근본적인 사회 불평등에 기인한 것이다.

따라서 여성에 대한 기사도주의적 처우는 실제로는 '가족화' 가능성 증가를 위한 조치의 결과일 수 있다. 영국 치안판사에 대한 한 연구를 보면 판사는 여성에게 보호관찰 처분을 부과하는 것을 좋아하는데, 그 이유는 보호관찰 처분이 여성의 가정적 의무를 최소한으로만 파괴하기 때문이다(Worrall, 1990). 이와 반대로 또 다른 연구에 따르면 자녀에게 정서적 지지 역할을 하는 사람이 여성이 아니라 남성일 경우 교도소 구금형을 처분받을 가능성이 낮고, 남성이 자녀에게 중요한 경제적 지원을 하는 경우 양형 참작 사유가 되지 못한다(Bickle and Peterson, 1991). 이런 사실에 기반을 두고 연구자는 부양가족을 돌보는 일은 "전통적인 성역할 기대의 일부분이 아닐 때만" 보상된다고 결론지었다(같은 책, 385). 더 최근에 이루어진 한 연구는 부양자녀가 있는 여성이 없는 여성보다 대안적인 사회 내 처우를 받을 가능성이 높은 반면, 부양자녀가 없는 여성은 교도소에 수감될 가능성이 높다는 점을 발견했다(Koons-Witt, 2002).

가장 최근에 이루어진 종합적인 한 연구도 이전 연구가 남겨놓은 일부 의문점에 해답을 제시해 주고 있다. 플래빈Flavin(2001)은 흑인 약물 범죄자의 자녀나 다른 가족 구성원과의 유대가 실형선고에 어떤 영향을 미치는지 분석했다. 전과와 약물사용이 주요한 양형 지표임에도 불구하고 범죄자가 자녀 혹은 가족 구성원과 함께 살았는지 여부, 특히 범죄자가 자녀가 있는 여성이었을 때 자녀 양육 의무를 누군가가 대체하거나 맡아줄 수 있는지 여부가 중요한 양형 기준으로 작용한다. 주목할 만한 것은 범죄행위의 심각성과 같은 법률적 특성이 여성 피의자보다 남성에게 더 많은 영향을 미친다는 것이다. 이 연구는 다음과 같은 사항을 발견했다. (1) 여성은 남성에 비해 자녀와 함께 살 가능성이 2.5배 높고, 자녀의 유일한 양육자일 가능성은 8배 높다. (2) 여성은 전과가 훨씬 적다. (3) 여성은 비고용 상태일 가능성이 훨씬 높다. (4) 전체적으로 볼 때 남성과 여성 모두 자녀와 함께 거주하는 경우 실형선고를 받을 가능성이 낮고, 이런 연관성은 특히 여성의 경우 높다. (5) 가족지위 변수는 남성의 양형에는 영향을 미치지 않는다. 그러나 여성은 자녀의 유일한 양육자인 경우 아이를 돌볼 수 있는 사람이 없다면 실형선고를 받을 확률이 가장 낮으며, 반면 자녀 양육자이지만 다른 가족과 함께 사는 여성의 경우에는 실형선고를 받을 확률이 더 높다. (6) 범죄사건의 법률적 특성은 여성에 대한 양형보다 남성의 양형에 더 큰 영향을 미친다(같은 책). 이런 발견에 따르면 자녀 양육의 책임이 있는 흑인 여성 피의자는 이런 의무를 고려해서 혜택을 받는 반면, 흑인 남성은 그렇지 못하다. 플래빈(2001, 630)은 이런 연구를 통해서 범죄사건에 대한 형법적 의사결정이 가부장제를 재생산하는 데 도움을 준다고 결론지었다. 또한 흑인의 높은 구금률과 노예제도를 비교하고 있는데, 이는 멀링Mulling(1997)의 주장과 일치하는 것이다. 이런 발견은 "여성(남성은 아님)이 속한 장소가 바로 가정이라는 가부장제적 논리를 재강화하고 있다. 여성 중에서 구금 가능성이 가장 큰 여성은 자녀나 가족과의 연계가 부족하여 전통적인 성역할 기대를 위협하는 여성이며, 그 이유는 그들이 가족을 부양하지 않는다거나 누군가 다른 사람에게 부양되지 않는다는 것이다". 반면 남성에 대한 양형에는 자녀 양육 의무가 고려되지 않는다(같은 책).

피의자의 혼인 상태 역시 전체 사회와 유사하게 범죄처리 과정에서 남성보다 여성과 더 긴밀히 연관되는 변인으로 나타났다. 일부 연구는 기혼 상태가 남성에게는 범죄처리 과정에 도움을 주지 않지만 여성에게는 유리하게 작용한다는 점을 발견했다(바꾸어 말하면 미혼 상태는 남성에게는 아니지만 여성에게는 범죄처리 과정에서 부정적인 영향을 미친다)(Erez, 1992; Nagel, Cardascia, and Ross, 1982). 이와 유사하게 이혼 상태나 별거 상태는 남성보다 여성의 양형 과정에 더 부정적인 영향을 미친다(Dodge, 2002; Farrington and Morris, 1983). 기혼 상태가 남녀 모두 구금 가능성을 감소시킨다는 또 다른 연구 결과가 있기는 하지만, 이 경우에도 남성은 기혼이면서 부양가족이 있는 경우에만 적용된다(Daly, 1989b). 또 다른 연구 결과에 따르면 일반적인 예상과는 달리 혼인 상태가 여성의 양형과 관련성이 없는 것으로 나타났는데, 반면 남성은 결혼한 경우 하지 않은 경우보다 더 가혹하게 처우되었다(Bickle and Peterson, 1991). 뉴욕 시를 대상으로 한 한 연구는 전체적으로 기혼 여성이 미혼 여성보다 실형선고를 받을 가능성이 낮지만, 흑인 여성만을 대상으로 분석했을 때는 기혼 여성은 미혼 여성보다 구금될 가능성이 훨씬 높다는 사실을 밝혀냈다(Brennan, 2002). 혼인 상태가 범죄처리 과정에 미치는 영향의 성차별적 본질에 대한 전반적인 발견은 최근 발표된 중범죄자 연구 결과를 고려할 때 특히 흥미롭다. 이 연구에 따르면 결혼했거나 혹은 애정관계의 여성이 있는 것이 남성의 경우에는 범죄행위에 아무런 영향을 미치지 못하는 반면, 여성은 결혼을 했거나 애정관계의 남성이 있는 경우 범죄 가능성이 증가한다고 한다(Alarid, Burton, and Cullen, 2000). 바꾸어 말하면 여성의 경우 남성과 친밀한 관계를 형성하는 것이 범죄 유발 요인으로 작용한다는 것이다. 한 단계 논의를 진전해 보면 만약 혼인 상태를 법률적 변인으로 규정한다면(법률외적 변인이 아니라), 그 법 규정은 미혼 여성에게 유리하게 적용되어야만 한다.

일부 연구는 고용 상태와 경제적 의존성이 여성(그리고 남성)의 범죄처리 과정에 미치는 영향이 무엇인지에 대해 초점을 맞추어왔다. 일반적으로 여성은 가정주부인 경우보다 집 밖에서 일하는 경우 좀 더 가혹한 처벌을 받아왔다(Boritch, 1992; Kruttschnitt, 1981, 1982). 한 연구 결과에 따르면 고용 상태는 남성의 형벌을 감소시키는 변수로 작용하지만, 여성의 경우에는 비고용 상태가 형벌을 감소시킨다(Crew, 1991). 또 다른 연구는 일반적으로 비고용 상태의 여성이 고용 상태의 여성보다 가혹한 처벌을 받지만, 미취업 학생이나 전업주부의 경우에는 취업 여성보다 훨씬 너그러운 처벌을 받는다는 점을 밝혀냈다(Kruttschnitt, 1981). 그러나 또 다른 연구 결과에 따르면 고용 상태는 남성과 여성의 양형에 동일한 영향을 미친다고 하며(Kruttschnitt, 1984), 일부 연구에 따르면 여성 피의자의 경우 고용 상태가 구금 가능성에 영향을 미치지 않는다고 한다(Brennan, 2002). 다른 한 연구는 보호관찰과 가석방관들은 여성의 고용문제보다 남성의 고용문제에 더 많은 관심을 기울이며, 여성이 동일한 수준이나 더 심각한 수준의 고용문제를 가지고 있는 경우에도 그렇다고 밝혔다(Erez, 1989, 1992). 이와 유사하게 고용 상태는 불구속 결정의 경우에도 여성보다 남성에게 더 많은 영향을 미친다(Kruttschnitt and McCarthy, 1985).

전형적으로 성차와 연관된 변인(예를 들어 혼인과 고용 상태, 자녀 양육, 품행 등) 이외에도 남성과 여성의 처벌에 상이한 영향을 미치는 다른 변인이 발견되었다. 일부 연구는 법률적 변인(예를 들어 전과와 범죄 심각성)은 여성보다 남성의 처벌에 영향을 미친다는 사실을 밝혀냈다(Boritch, 1992; Kruttschnitt and McCarthy, 1985; Nagel, Cardascia, and Ross, 1982; Steffensmeier, Kramer, and Streifel, 1993). 1871～1920년 캐나다 온타리오 주 법원자료에 대한 연구 중 하나는 "판사는 어떤 범죄를 저질렀던 여성의 범죄성 형태는 이전에 그 여성이 어떠했는지에 비하면 이차적인 문제라는 태도를 가지고 있는 것으로 보인다"라고 결론지었다(Boritch, 1992, 317). 한편 또 다른 연구 결과에 따르면 '해체 가정' 출신이라는 사실과 공범 여부라는 두 변인이 남성보다 여성의 처벌에 더 많은 영향을 미친다고 한다(Farrington and Morris, 1983). 피해자의 특성이 남녀 범죄자의 처벌에 상이한 영향을 미친다는 증거도 일부 발견되었는데, 물론 이에 대해서는 아직 더 많은 연구가 필요하다(Jamieson and Blowers, 1993; Kruttschnitt, 1992; Visher, 1983). 예를 들어 한 연구 결과를 보면 피해자-가해자 관계가 경찰의 여성 피의자 체포 여부 결정에 영향을 미치지는 않지만 남성 피의자의 경우 피해자가 모르는 사람인 경우보다 (친구나 친척 등) 아는 사람일 때 경찰의 체포 가능성은 더 낮아진다(Visher, 1983). 최근의 한 연구는 제품 하자 관련 소송사건의 공판과정에서 확실한 성적 편견의 예를 발견했다. 신체적 · 정서적 그리고/혹은 경제적 손상을 이유로 기업을 상대로 제품의 하자에 대한 소송을 제기한 사건의 재판과정을 분석해 보면 남성은 그렇지 않지만 여성에 대해서는 부도덕하고 따라서 민사적 손해배상을 받을 자격이 없는 존재인 것처럼 개인생활사가 열거되었다(Szockyj, 1999).

결론적으로 세 가지 처벌 가설(동등 처우, 기사도주의, 악마적 여성)에 대한 심도 있는 분석을 제공한 연구에 따르면 이 중 어느 가설이 옳든 간에 성별과 그 외 다른 변인이 끊임없이 상호작용함으로써 여성과 남성의 범죄처리 과정을 상이한 패턴으로 만든다. 대부분의 연구는 기혼 상태, 부양자녀 양육, 가정주부 역할이 여성에게 기사도주의적 처벌 가능성을 증가시켜 준다는 점을 확인했다. 남성의 경우 안정적인 고용, 가족부양이 처벌을 관대하게 하는 요인으로 나타났다. 전체적으로 볼 때 형사사법 절차, 그중 적어도 양형 단계에 작용하는 기사도주의의 대부분은 개인의 성별 역할(의무) 차이로 설명될 수 있는데, 그 이유는 단지 여성은 남성에 비해 가족유지의 의무가 높고 일반적으로 '가족화' 된 여성이 '가족화' 된 남성보다 그 의무를 더 잘해낸다는 이유 때문이다. 성별 고정관념과 유사하게 고용과 법률적 변수 등 요인은 여성보다 남성의 양형에 영향을 미치는 것으로 나타났다. 앞서 논의한 여러 변인과 함께 반드시 지적해야 할 점은 레즈비언과 게이, 미혼, 자녀가 없는 사람에 대한 차별이 내재해 있다는 것이다.

Summary

이 장은 남성과 여성 범죄자의 범죄처리 과정에 영향을 미칠 수 있는 여러 변인에 대한 논의를 담고 있다. 역사적으로 형법과 양형법은 남성과 여성에 대한 상이한 처우를 구체화하는 법률적 코드를 포함해 왔다. 그러나 이런 법률이 성 중립적으로 개정된 시기에조차 남성과 여성에 대한 동등 처우가 보장되지 못했다. 성차에 대한 세 가지 처벌 가설(동등 처우, 기사도주의, 악마적 여성)의 진위를 확인하기 위해서는 여성에 대한 처우가 인종, 계급, 연령 등의 특성에 따라 상이할 수 있으며, 여성 범죄자에 대한 처우는 이들이 저지른 범죄 유형에 따라 상이할 수 있다는 점을 인식할 필요가 있다. 더 나아가 범죄처리 체계의 각 단계가 성별 범죄처리 패턴에 영향을 미치는 것으로 나타났다. 즉 악마적 여성 가설은 형사사법 절차 초기에 가장 많은 지지를 받고, 동등 처우 가설은 중간 단계, 기사도주의 가설은 후기 단계에 영향을 미친다. 마지막으로 이 장에서는 여성 지위비행자에 대한 지나치게 가혹한 처우에 대해 논의했고, 그 외에도 여성의 혼인 상태, 부양자녀, 여성의 고용지위와 관련해 성별 고정관념이 범죄처리 과정에 미치는 영향에 대해 논의했다.

Agozino, Biko. 1997. *Black Women and the Criminal Justice System.* Aldershot, England: Ashgate Publishing Company.

Alarid, Leanne Fiftal, Velmer Burton, and Francis Cullen. 2000. Gender and Crime among Felony Offenders. *Journal of Research in Crime and Delinquency* 37:171-199.

Albonetti, Celesta A. 1997. Sentencing under the Federal Sentencing Guidelines: Effects of Defendant Characteristics, Guilty Please, and Departures on Sentence Outcomes for Drug Offenses, 1991-1991. *Law and Society Review* 31:789-822.

Alder, Christine M. 1998. 'Passionate and Willful' Girls: Confronting Practices. *Women & Criminal Justice* 9(4):81-101.

Belknap, Joanne, and Kristi Holsinger. 2006. The Gendered Nature of Risk Factors for Delinquency. *Feminist Criminology* 1:48-71.

Bernat, Frances P. 1984. Gender Disparity in the Setting of Bail: Prostitution Offenses in Buffalo, NY, 1977-1979. Pp. 21-48 in *Gender Issues, Sex Offenses, and Criminal Justice: Current Trends,* edited by S. Chaneles. New York: Haworth Press.

———. 1985. New York State's Prostitution Statute: Case Study of the Discriminatory Application of a Gender Neutral Law. Pp. 103-120 in *Criminal Justice Politics and Women,* edited by C. Schweber and C. Feinman. New York: Haworth Press.

Bickle, Gayle S., and Ruth D. Peterson. 1991. The Impact of Gender-Based Family Roles in Criminal Sentencing. *Social Problems* 38:372-394.

Boritch, Helen. 1992. Gender and Criminal Court Outcomes: A Historical Analysis. *Criminology* 30:293-326.

Bortner, M., and W. Reed. 1985. Race and the Impact of Juvenile Deinstutionalization. *Crime & Delinquency* 31:35-46.

Brennan, Pauline K. 2002. *Women Sentenced to Jail in New York City.* New York: LFB Scholarly Publishing.

Butler, Anne M. 1997. *Gendered Justice in the American West.* Urbana: University of Illinois Press.

Cain, Maureen (Ed.). 1989. *Growing Up Good: Policing the Behavior of Girls in Europe.* London: Sage.

Chesney-Lind, Meda. 1973. Judicial Enforcement of the Female Sex Role. *Issues in Criminology* 8:51-70.

———. 1974. Juvenile Delinquency: The Sexualization of Female Crime. *Psychology Today* (July):43-46.

———. 1981. Judicial Paternalism and the Female Status Offender: Training Women to Know Their Place. Pp. 354-366 in *Women and Crime in America,* edited by L. H. Bowker. New York: Macmillan.

———. 1982. Guilty by Reason of Sex: Young Women and the Juvenile Justice System. Pp. 77-104 in *The Criminal Justice System and Women,* edited by B. R. Price and N. J. Sokoloff. New York: Clark Boardman.

———. 1986. Women and Crime: The Female Offender. *Signs* 12:78-96.

———. 1987. Female Offenders: Paternalism Reexamined. Pp. 114-140 in *Women, the Courts, and Equality,* edited by L. L. Crites and W. L. Hepperle. Newbury Park, CA: Sage.

———. 1988. Girls and Status Offenses: Is Juvenile Justice Still Sexist? *Criminal Justice Abstracts* 20:145-165.

Chesney-Lind, Meda, and Randall G. Shelden. 1992. *Girls, Delinquency, and Juvenile Justice.* Pacific Grove, CA: Brooks/Cole.

Chigwada-Bailey, Ruth, 1997. *Black Women's Experiences of Criminal Justice.* Winchester, England: Waterside Press.

Colomy, Paul, andMartinKretzmann. 1997. The Gendering of Social Control: Sex Delinquency and Progressive Juvenile Justice in Denver, 1901-1927. Pp. 48-81 in *Governing Childhood,* edited by Anne McGillivray. Aldershot, England: Dartmouth Publishing.

Conway, Allan, and Carol Bogdan. 1977. Sexual Delinquency: The Persistence of a Double Standard. *Crime and Delinquency* 23:131-135.

Crew, Keith B. 1991. Sex Differences in Criminal Sentencing: Chivalry or Patriarchy? *Justice Quarterly* 8:59-84.

Curran, Deborah. 1983. Judicial Discretion and Defendant's Sex. *Criminology* 21:41-58.

Daly, Kathleen. 1987. Structure and Practice of Familial-Based Justice in a Criminal Court. *Law and Society Review* 21:267-290.

——. 1989a. Rethinking Judicial Paternalism: Gender, Work-Family Relations, and Sentencing. *Gender & Society* 3:9-36.

——. 1989b. Neither Conflict Nor Labeling Nor Paternalism Will Suffice: Intersections of Race, Ethnicity, Gender, and Family in Criminal Court Decisions. *Crime and Delinquency* 35:136-168.

Daly, Kathleen, and Rebecca L. Bordt. 1995. Sex Effects and Sentencing: An Analysis of the Statistical Literature. *Justice Quarterly* 12:141-176.

Danner, Mona J. E. 1998. Three Strikes and It's Women Who Are Out. Pp. 1-11 in *Crime Control and Women*, edited by Susan Miller. Thousand Oaks, CA: Sage.

Datesman, Susan K., and Mikel Aickin. 1984. Offense Specialization and Escalation among Status Offenders. *Journal of Criminal Law and Criminology* 75:1246-1275.

Datesman, Susan K., and Frank R. Scarpitti. 1977. Unequal Protection for Males and Females in the Juvenile Court. In *Juvenile Delinquency*, edited by T. N. Ferdinand. Newbury Park, CA: Sage.

DeFleur, Lois B. 1975. Biasing Influences on Drug Arrest Records: Implications for Deviance Research. *American Sociological Review* 40:88-103.

Dodge, L. Mara. 2002. *Whores and Thieves of the Worst Kind: A Study of Women, Crime, and Prisons, 1835-2000.* DeKalb: Northern Illinois University Press.

Eaton, Mary. 1986. *Justice for Women? Family, Court and Social Control.* Philadelphia: Open University Press.

Edwards, Susan. 1984. *Women on Trial: A Study of the Female Suspect, Defendant and Offender in the Criminal Law and Criminal Justice System.* Manchester, England: Manchester University Press.

Erez, Edna. 1989. Gender, Rehabilitation, and Probation Decisions. *Criminology* 27:307-327.

——. 1992. Dangerous Men, Evil Women: Gender and Parole Decision-Making. *Justice Quarterly* 9:105-126.

Farley, Melissa, and Vanessa Kelly. 2000. Prostitution: A Critical Review of the Medical and Social Sciences Literature. *Women & Criminal Justice* 11:29-64.

Farnworth, Margaret, and Raymond H. C. Teske. 1995. Gender Differences in Felony Court Processing. *Women & Criminal Justice* 6:23-44.

Farr, Kathryn Ann. 2004. Defeminizing and Dehumanizing Female Murderers: Depictions of Lesbians on Death Row. Pp. 249-260 in *The Criminal Justice System and Women*, 3rd edition, edited by Barbara Raffel Price and Natalie J. Sokoloff. Boston: McGraw Hill.

Farrington, David P., and Allison M. Morris. 1983. Sex, Sentencing and Reconviction. *British Journal of Criminology* 23:229-248.

Federle, K. H., and Meda Chesney-Lind. 1992. Special Issues in Juvenile Justice: Gender, Race, and Ethnicity. Pp. 165-195 in *Juvenile Justice and Public Policy: Toward a National Agenda*, edited by I. M. Schwartz. New York: Macmillan.

Feinman, Clarice. 1992. Criminal Codes, Criminal Justice and Female Offenders: New Jersey as a Case Study. Pp. 57-68 in *The Changing Roles of Women in the Criminal Justice System*, 2nd edition, edited by I. L. Moyer. Prospect Heights, IL: Waveland Press.

Figueira-McDonough, Josefina. 1985. Gender Differences in Informal Processing: A Look at Charge Bargaining and Sentence Reduction in Washington, D.C. *Journal of Research in Crime and Delinquency* 22:101-133.

Figueira-McDonough, Josefina, and Rosemary C. Sarri. 1987. Catch-22 Strategies of Control and the Deprivation of Women's Rights. Pp. 11-33 in *The Trapped Woman: Catch-22 in Deviance and*

Control, edited by J. Figueira-McDonough and R. Sarri. Newbury Park, CA: Sage.

Fisher, C. J., and R. I. Mawby. 1982. Juvenile Delinquency and Police Discretion in an Inner City Area. *British Journal of Criminology* 22:63-75.

Flavin, Jeanne. 2001. Of Punishment and Parenthood. *Gender & Society* 15:611-633.

Frazier, Charles E., and John C. Cochran. 1986. Detention of Juveniles: Its Effects on Subsequent Juvenile Court Processing Decisions. *Youth and Society* 17:286-305.

Frohmann, Lisa. 1991. Discrediting Victims' Allegations of Sexual Assault: Prosecutorial Accounts of Case Rejection. *Social Problems* 38:213-226.

Gelsthorpe, Loraine. 1989. *Sexism and the Female Offender*. Aldershot, England: Gower.

Ghali, Moheb, and Meda Chesney-Lind. 1986. Gender Bias and the Criminal Justice System: An Empirical Investigation. *Sociology and Social Research* 70:164-171.

Gruhl, John, Susan Welch, and Cassia Spohn. 1984. Women as Criminal Defendants: A Test for Paternalism. *Western Political Quarterly* 37:456-467.

Hepburn, John R. 1978. Race and the Decision to Arrest: An Analysis of Warrants Issued. *Journal of Research in Crime and Delinquency* 15:54-73.

Hiller, Anne Edwards, and Linda Hancock. 1981. The Processing of Juveniles in Victoria. Pp. 92-126 in *Women and Crime*, edited by S. K. Mukherjee and J. A. Scutt. North Sydney, Australia: Allen and Unwin.

Holcomb, J. E., M. R. Williams, and S. Demuth. 2004. White Female Victims and Death Penalty Disparity Research. *Justice Quarterly* 21:877-902.

Hudson, Barbara. 1989. Justice or Welfare? A Comparison of Recent Developments in the English and French Juvenile Justice System. Pp. 96-113 in *Growing UpGood: Policing the Behavior of Girls in Europe*, edited by M. Cain. London: Sage.

Jamieson, Katherine M., and Anita Blowers. 1993. A Structural Examination of Court Disposition Patterns. *Criminology* 31:243-262.

Koons-Witt, Barbara. 2002. Gender and Justice: The Effect of Gender and Gender-Related Factors on the Decision to Incarcerate before and after Sentencing Guidelines. *Criminology* 40:297-328.

Kraska, Peter B., and Victor E. Kappeler. 1995. To Serve and Pursue: Exploring Police Sexual Violence against Women. *Justice Quarterly* 12:85-112.

Krisberg, Barry, and Ira Schwartz. 1983. Rethinking Juvenile Justice. *Crime and Delinquency* 29:333-365.

Krohn,Marvin, James P. Curry, and Shirley Nelson-Kilger. 1983. Is Chivalry Dead? An Analysis of Changes in Police Dispositions of Males and Females. *Criminology* 21:417-437.

Kruttschnitt, Candace. 1981. Social Status and Sentences of Female Offenders. *Law and Society Review* 15:247-265.

————. 1982. Women, Crime, and Dependency. *Criminology* 19:495-513.

————. 1984. Sex and Criminal Court Dispositions: The Unresolved Controversy. *Journal of Research in Crime & Delinquency* 21:213-232.

————. 1992. 'Female Crimes' or Legal Labels? Are Statistics about Women Offenders Representative of Their Crimes? Pp. 81-98 in The Changing *Roles of Women in the Criminal Justice System*, edited by I. L. Moyer. Prospect Heights, IL: Waveland Press.

Kruttschnitt, Candace, and Donald E. Green. 1984. The Sex-Sanctioning Issue: Is It History? *American Sociological Review* 49:541-551.

Kruttschnitt, Candace, and Daniel McCarthy. 1985. Familial Social Control and Pretrial Sanctions: Does Sex Really Matter? *Journal of Criminal Law and Criminology* 76:151-175.

Landau, Simha. 1981. Juveniles and the Police. *British Journal of Criminology* 21:27-46.

Landau, Simha, and Gad Nathan. 1983. Selecting Delinquents for Cautioning in the London Metropolitan Area. *British Journal of Criminology* 23:128-149.

LaPrairie, Carol P. 1989. Some Issues in Aboriginal

Justice Research: The Case of Aboriginal Women in Canada. *Women & Criminal Justice* 1:81-92.

Leiber, Michael J. 1994. A Comparison of Juvenile Court Outcomes for Native Americans, African Americans, and Whites. *Justice Quarterly* 11:257-279.

Leiber, Michael J., and Kristin Y. Mack. 2003. The Individual and Joint Effects of Race, Gender, and Family Status on Juvenile Justice Decision-Making. *Journal of Research in Crime & Delinquency* 40:34-70.

Leonard, Eileen B. 1982. *Women, Crime and Society.* New York: Longman.

Mann, Coramae R. 1990. Female Homicide and Substance Use: Is There a Connection? *Women & Criminal Justice* 1:87-110.

Mastrofski, Stephen D., Robert E. Worden, and Jeffrey B. Snipes. 1995. Law Enforcement in a Time of Community Policing. *Criminology* 33(4):539-563.

Morris, Allison. 1987. *Women, Crime and Criminal Justice.* Oxford: Basil Blackwell.

Moulds, Elizabeth F. 1980. Chivalry and Paternalism: Disparities of Treatment in the Criminal Justice System. Pp. 277-299 in *Women, Crime, and Justice*, edited by S. K. Datesman and F. R. Scarpitti. New York: Oxford University Press.

Myers, Martha A., and John Hagan. 1979. Private and Public Trouble: Prosecutors and the Allocation of Court Resources. *Social Problems* 26:439-451.

Naffine, Ngaire. 1987. *Female Crime.* Sydney, Australia: Allen and Unwin.

———. 1989. Towards Justice for Girls: Rhetoric and Practice in the Treatment of Status Offenders. *Women & Criminal Justice* 1:3-20.

Nagel, Ilene H., John Cardascia, and Catherine E. Ross. 1982. Sex Differences in the Processing of Criminal Defendants. Pp. 259-282 in *Women and the Law*, Vol. I, edited by D. K. Weisberg. Cambridge, MA: Schenkman.

Nagel, Ilene H., and John Hagan. 1983. Gender and Crime: Offense Patterns and Criminal Court Sanctions. Pp.91-144 in *Crime and Justice*, Vol. 4, edited by M. Tonry and N. Morris. Chicago: University of Chicago Press.

Nobiling, Tracy, Cassia Spohn, and Miriam DeLone. 1998. A Tale of Two Counties: Unemployment and Sentencing Severity. *Justice Quarterly* 15:459-486.

Odem, Mary E. 1995. *Delinquent Daughters: Protecting and Policing Adolescent Female Sexuality in the United States*, 1885-1920. Chapel Hill: The University of North Carolina Press.

Olson, Davd E., Arthur J. Lurigio, and Magnus Seng. 2000. A Comparison of Female and Male Probationers. *Women & Criminal Justice* 11:65-80.

Pollak, Otto. 1950. *The Criminality of Women. Westport*, CT: Greenwood Press.

Rapaport, Elizabeth. 1991. The Death Penalty and Gender Discrimination. *Law and Society Review* 25:368-383.

Sarri, Rosemary C. 1983. Gender Issues in Juvenile Justice. *Crime and Delinquency* 29:381-398.

——. 1987. Unequal Protection under the Law: Women and the Criminal Justice System. Pp. 394-427 in *The Trapped Woman: Catch-22 in Deviance and Control*, edited by J. Figueira-McDonough and R. Sarri. Newbury Park, CA: Sage.

Schaffner, Laurie. 2004. Capturing Girls' Experiences of Community Violence in the United States. Pp. 105-130 in *Girls' Violence: Myths and Realities*, edited by Christine Alder and Anne Worrall. Albany: State University of New York Press.

Schlossman, Steven, and Stephanie Wallach. 1982. The Crime of Precocious Sexuality: Female Juvenile Delinquency in the Progressive Era. Pp. 45-84 in *Women and the Law*, Vol. I, edited by D. K. Weisberg. Cambridge, MA: Schenkman.

Schur, Edwin M. 1984. *Labeling Women Deviant.* New York: McGraw Hill.

Schwartz, Ira, Marilyn Jackson-Beeck, and Roger Anderson. 1984. The Hidden System of Juvenile Control. *Crime and Delinquency* 30:371-385.

Scutt, Jocelynne A. 1981. Sexism in Criminal Law. Pp. 1-21 in *Women and Crime*, S. K. Mukherjee and J. A. Scutt. Sydney, Australia: Allen and Unwin.

Seitz, Trina N. 2005. The Wounds of Savagery: Negro

Primitivism, Gender Parity, and the Execution of Rosanna Lightner Phillips. *Women & Criminal Justice* 16:29-64.

Sharp, Susan F., and Susan T. Marcus-Mendoza. 2001. It's a Family Affair: Incarcerated Women and Their Families. *Women & Criminal Justice* 12:21-49.

Shaver, Frances M. 1993. Prostitution: A Female Crime? Pp. 153-173 in *In Conflict with the Law: Women and the Canadian Justice System*, edited by E. Adelberg and C. Currie. Vancouver: Press Gang Publishers.

Shelden, Randall G. 1981. Sex Discrimination in the Juvenile Justice System: Memphis, Tennessee, 1900-1917. Pp. 55-72 in *Comparing Female and Male Offenders*, M. Q. Warren. BeverlyHills, CA: Sage.

Smart, Carol. 1976. Women, Crime and Criminology. London: Routledge and Kegan Paul.

Sokoloff, Natalie J. 2005. Women Prisoners at the Dawn of the 21st Century. *Women & Criminal Justice* 16:127-137.

Spohn, Cassia. 1990. The Sentencing Decisions of Black and White Judges. *Law & Society Review* 24:1197-1215.

Spohn, Cassia, John Gruhl, and Susan Welch. 1987. The Impact of the Ethnicity and Gender of Defendants on the Decision to Reject or Dismiss Felony Charges. *Criminology* 25:175-191.

Spohn, Cassia, Susan Welch, and John Gruhl. 1985. Women Defendants in Court: The Interaction between Sex and Race in Convicting and Sentencing. *Social Science Quarterly* 66:178-185.

Steffensmeier, Darrell, John Kramer, and Cathy Streifel. 1993. Gender and Imprisonment Decisions. *Criminology* 31:411-446.

Steffensmeier, Darrell, Jeffery Ulmer, and John Kramer. 1998. The Interaction of Race, Gender, and Age in Criminal Sentencing. *Criminology* 36:763-797.

Steury, Ellen Hochstedler, and Nancy Frank. 1990. Gender Bias and Pretrial Release. *Journal of Criminal Justice* 18:417-432.

Szockyj, Elizabeth. 1999. Playing the Sex Card in Female Product Liability Litigation. *Women & Criminal Justice* 10:91-111.

Teilmann, Katherine S., and Pierre H. Landry. 1981. Gender Bias in Juvenile Justice. *Journal of Research in Crime and Delinquency* 18:47-80.

Temin, Carolyn E. 1980. Discriminatory Sentencing of Women Offenders: The Argument for ERA in a Nutshell. Pp. 255-276 in *Women, Crime, and Justice*, edited by S. K. Datesman and F. R. Scarpitti. New York: Oxford University Press.

Terry, Robert M. 1967. Discrimination in the Handling of Juvenile Offenders by Social Control Agencies. *Journal of Research in Crime and Delinquency* 4:218-230.

Thomas, W. I. 1907. *Sex and Society*. Boston: Little, Brown.

Visher, Christy A. 1983. Gender, Police Arrest Decisions, and Notions of Chivalry. *Criminology* 21:5-28.

Webb, David. 1984. More on Gender and Justice: Girl Offenders on Supervision. *Sociology* 18:367-381.

Wilbanks, William. 1986. Are Females Treated More Leniently by the Criminal Justice System? *Justice Quarterly* 3:517-529.

Windschuttle, Elizabeth. 1981. Women, Crime, and Punishment. Pp. 31-50 in *Women and Crime*, edited by S. K.Mukherjee and J. A. Scutt. North Sydney: Allen and Unwin.

Worrall, Anne. 1981. Out of Place: Female Offenders in Court. *Probation Journal* 28:90-93.

———. 1990. *Offending Women: Female Lawbreakers and the Criminal Justice System*. London: Routledge and Kegan Paul.

Young, Vernetta D. 1986. Gender Expectations and Their Impact on Black Female Offenders and Victims. *Justice Quarterly* 3:305-328.

Zatz, Marjorie. 1984. Race, Ethnicity, and Determinate Sentencing. *Criminology* 22:147-171.

Zingraff, Matthew, and Randall Thomson. 1984. Differential Sentencing of Women and Men in the U.S.A. *International Journal of Sociology and the Law* 12:401-410.

05 여성과 소녀 범죄자의 구금, 처벌과 '처우'

Incarcerating, Punishing, and "Treating" Offending Women and Girls

리커스 아일랜드(Rikers Island) 교정시설에 갔을 때 구치소에서 벌어지는 신체적 폭력이나 정서적 타락, 사회적으로 무시되고 보잘것없는 지위와 공공연한 인종차별주의가 피학대 흑인 여성 주변에서 빠져나갈 수 없는 망을 형성하고 있을 거라는 사실을 전혀 예상하지 못했다. 그리고 저항과 용서, 존경심 등을 발견할 거라고도 기대하지 않았다. 겉보기에 압제적인 상황이었음에도 내가 리커스 아일랜드 교정시설에서 만난 피학대 흑인 여성의 생활은 복합적인 이중성을 나타내 보여주었다. 그들은 피해자인 동시에 생존자이고, 고무적이면서 저항하지 않고, 용감하면서도 공포에 떨고 있었으며, 때로는 자신들 주변의 가혹한 혼돈에 사회적 행위자로, 때로는 수동적 목격자로 참여하고 있었다(리치, 1996, 3-4).

약물, 실업, 교육 부족, 정신병 등의 위기에 대한 국가적 대응은 그것을 사회적 병으로 다루는 것이 아니라 자신들이 생활하고 잠자고 먹는 장소에서 제 목소리를 내지 못하는 여성 재소자를 통제하고 붙잡는 방법을 찾는 데 있다(콜린스, 1997. 12).

이 장에서는 구금된 여성을 둘러싼 많은 문제를 제기하고 있다. 남성과 마찬가지로 여성도 '소년원' 과 같은 소년시설, 단기시설로 알려진 구치소나 일반적으로 1년 이상의 형을 받은 성인이 가게 되는 교도소에 수용된다. 쿠퍼Cooper(1993)가 쓴 캐나다 여성 재소자의 역사에 대한 논문은 **무시**와 **온정주의**적 반응을 주제로 다루고 있다. 이 주제는 미국과 영국의 논문에서도 일반적으로 다루어지는 것이다. 성인 여성과 소녀 범죄자는 전형적으로 무시되거나 여성으로서 특별하게 대응할 때는 온정주의적 방식으로 취급된다.

여성 재소자에 대한 첫 번째 중요한 연구는 1960년대까지 수행되지 않았으며(Heidensohn, 1985), 여성 범죄자는 법 집행과 사법운용에 대한 대통령직속위원회President's Commission on Law Enforcement and the Administration of Justice의 전국적 범죄 연구인 1967년의 방대한 보고서에서도 언급조차 되지 않았다. 1940년대 이래로 남자 교도소에 대한 상당한 수의 경험적 연구와

비교연구적 관점 서드베리(Sudbury, 2005)의 독방살이 흑인: 전지구적 교도소 산업 복합체에 있는 흑인 여성

- 교도소 산업 복합체는 '국가 형벌제도와 정치가, 이윤을 좇는 교도소 기업 간의 복잡한 망'의 산물이다.
- 약물에 대한 전쟁은 "범죄화된 약물의 다국적 거래와 공생관계를 이루고 있으며, 다국적 거래와 호혜적으로 구성되었다."
- 지난 20년간 여성 구금은 유럽과 북미, 오스트레일리아에서 폭발적으로 증가했다.
- 여성 구금의 이런 폭발적 증가는 교도소 건축 붐과 함께 발생했다.
- 교도소 산업 복합체 내에 있는 흑인 여성에게서 극도의 착취를 확보하려고 인종차별적, 가부장적 착취의 오래된 체계 위에서 수용과 규율의 새로운 제도 세 가지가 세워졌다.
  - 신자유주의적 세계화에 기인한 국가 역할의 근본적 변화
  - '교도소 산업 복합체'의 출현과 세계적 확장
  - 미국이 이끄는 약물에 대한 세계적인 전쟁 출현

결론 약물사용, 교도소 산업, 국제적인 금융기관, 미디어와 정치가 간의 이익이 되는 협력작용은 …… 점점 많은 수의 여성을 교도소로 보내고 있다.

SOURCE Julia Sudbury. 2005. Celling Black Bodies: Black Women in the Global Prison Industrial Complex. *Feminist Review* 80:162-179.

는 대조적으로, 1970년대까지 고립되고 접근이 불가능했던 여자 교도소에 관해 알려진 사실은 거의 없었다(Pollock, 2002b; Sarri, 1987). 더 나아가 여자 교도소에 대한 초기의 책들은 여성 구금의 비참한 상태를 고찰하기보다는 여자 교도소의 하위문화, 특히 동성애에 초점을 맞추고 있다(Giallombardo, 1966; Ward and Kassebaum, 1965). 노숙 여성이나 정신병력을 가진 여성과 마찬가지로 여성 재소자는 사회에서 가장 무시당하고, 억압받으며, 잘못된 편견에 휩싸인 집단 중 하나다. 구금된 여성에 대한 미디어 묘사(특히 영화와 텔레비전)를 조사한 연구는 미디어들이 여성 범죄자를 괴물로 묘사한 롬브로소Lombroso처럼 거짓을 조장하고 매도하면서 얼마나 성과 인종, 민족성, 계층, 섹슈얼리티(특히 레즈비언)에 기반을 두고 이들 여성을 착취하는지 보고하고 있다(Faith, 1993a).

구금된 여성의 비가시성(구금된 남성과 비교했을 때)에는 세 가지 원인이 있다. (1) 여성은 전체 교도소와 구치소 인구에서 낮은 비율을 차지한다(전형적으로 5~7%). (2) 일반적으로 여성은 남성보다 덜 위험하고 심각한 범죄로 구금된다. (3) 구금된 여성은 구금된 남성보다 '폭동을 일으키고, 물품을 훼손하고, 처우 개선에 대한 요구를 하는 경우가 드물다'(Mann, 1984, 190). 역사적으로 '여성'과 '재소자'라는 이중의 낙인으로 고통받는 여성 재소자는 여성 인권과 재소자 인권운동에서도 무시되었다(Haft, 1980).

사실 미 연방법원의 재소자 인권문제에 관한 1960년대 10년 동안의 판결은 여성 재소자

들에게는 혜택이 돌아가지 않았다(Leonard, 1983). 더욱이 1970년대 북미에서 남성 재소자가 비인간적인 시설 조건에 대해 소송을 제기했을 때, 여성 재소자가 제기한 몇몇 소송은 남자 교도소의 비인간적이고 부당한 조건이나 기회의 경우와 같은 것으로 취급되었다(Faith, 1993b). 오늘날 더 열악해진 교도소 조건과 기회에도 불구하고 여성이 남성보다 교도소와 구치소에 소송을 제기하는 경향이 드물다는 것은 의미심장한 일이 아닐 수 없다(Aylward and Thomas, 1984; Barry, 1991; Rafter, 1989; Pollock, 2002b; Schupak, 1986; Van Ochten, 1993; Wheeler et al., 1989).

1980년대 이후, 그리고 여성 '해방' 가설이 알려지면서 여성 구금률은 급격하게 증가하였는데, 특히 유색인종 여성에 대한 차별과 그로 인한 이들 여성의 수적인 증가가 주목할 만하다(Sokoloff, 2005). 소콜로프Sokoloff(2005)는 미국 교도소에 1970년 5,600명의 여성이 있었고, 1980년 약 12,500명, 2001년 94,336명(같은 책), 2004년 97,491명으로 증가했다고 보고했다(Harrison and Beck, 2005).

1980년대 미국 교도소에 있는 남성의 구금 비율은 '겨우' 2배 증가한 반면(Kline, 1993), 여성의 수는 3배로 늘어났다(Church, 1990; Fletcher and Moon, 1993a; Immarigeon and Chesney-Lind, 1992; Kline, 1993). 그리고 1980~94년에 미국 남성의 구금률이 '겨우' 2배가 된 반면(214% 증가) 미국 여성의 구금률은 거의 4배에 이르렀다(386% 증가)(Acoca and Austin, 1996). 더욱이 1996년만 놓고 볼 때, 미국에서 남성 구금의 증가는 4.7퍼센트인 반면 여성의 구금은 9.1퍼센트 증가했다(Mumola and Beck, 1997, 5). 1995~2004년에 구금된 남성의 연평균 증가는 3.3퍼센트인 데 반해서 여성의 연평균 증가는 5.0퍼센트였고, 여성은 1995년 미국 교도소 인구의 6.1퍼센트에서 2004년 6.9퍼센트로 증가했다(Harrison and Beck, 2005). 주목할 만한 것은 여성은 재소자보다 구치소 구류자의 비율이 더 높다는 점이다. 2004년에 구치소 구류자의 11.4퍼센트는 여성이었고, 1995~2004년 남성의 구치소 구금 비율은 매년 4.2퍼센트 증가한 데 반해 여성의 구치소 구금은 매년 7.0퍼센트 증가했다(같은 책).

여성 구금의 이런 큰 증가폭은 폭력범죄에서 여성 구금 비율이 감소한 상황에서 나타난 것이다. 여성은 1980년대까지 비폭력적인 절도, 문서위조, 사기, 성매매 범죄로 구금되는 경우가 가장 많았는데, 이후 약물 판매와 소유로 여성 구금은 폭발적으로 증가했다(Sokoloff, 2001). 일부 사람들은 1970년대 이래로 이런 의미 있는 증가를 보인 것은 평등을 향한 여성들의 염원과 함께 제2기 여성운동의 결과라고 보았다. 체스니린드는 이를 '보복과 있는 평등equality with a vengeance' 이라고 불렀다(여권 신장의 반대급부로 여성 구금도 많아졌다는 의미—역자 주)(Chesney-Lind and Pollock-Byrne, 1995).

> 그래서 교도소와 법적 처벌이 폭력적인 남성 범죄자를 위해 고안되었음에도 여성은 '의무적 최소 형량mandatory minimum' '삼진아웃' 법과 '양형 현실화truth-in-sentencing' 등 강화된 보수적인 처벌 시기에 폭력적인 남성 범죄자에게 적용했던 것과 같은 가혹한 형을 받았다. 이들 법은 교도소의 다이버전이나 가석방, 사회복귀 기회의 선택권을 줄이면서 더 많은 사람을 더 오랜 기간 구금하는 효과를 가져왔다(Sokoloff, 2005, 128).

실제로 약물범죄로 구금되는 여성의 비율은 증가했다(Chesney-Lind, 2003; Immarigeon and Chesney-Lind, 1992; Kelley, 2003; Moon, Thompson, and Bennett, 1993; Morris, 1987; Pollock, 1998, 2002b; Sokoloff, 2005). "약물과 관련된 범죄로 구금되는 것이 남성의 2배 정도인데, 여성 재소자는 알코올이나 다른 약물에 의존하는 경향이 더 강하다"(Acoca, 1998a, 51-52). 또 비약물범죄로 구금된 많은 여성도 약물과 알코올 남용문제를 가지고 있다(Belknap, 2000; Chesney-Lind and Rodriguez, 1983).

주목할 만한 점은 정부 보고에서 교도소에 있는 여성은 구금되기 전 한 달 동안과 범행 당시 약물사용 여부에 대한 모든 척도에서, 같은 상황의 남성보다 높은 사용 비율을 보였다는 것이다(Greenfeld and Snell, 1999).

:: 여성 범죄자 수용의 역사

처벌

산업사회 이전에 여성과 남성은 동일한 형벌을 받았다. 형벌의 대부분은 비구금으로 화형, 태형, 교수형, 대중의 비난을 포함하고 있었다(Cooper, 1993; Dobash, Dobash, and Gutteridge, 1986; Heidensohn, 1985; Morris, 1987). 중세에 죄를 저지르면 성이나 수도원, 수녀원에 감금하기도 했지만, 16세기까지 장기간 남녀를 감금하는 것은 특별한 일이었다. 또한 이런 일은 19세기까지 범죄자와 일탈자에 대한 가장 적절한 대응으로 받아들여지지 않았다(Dobash, Dobash, and Gutteridge, 1986).

역사가들은 남녀에 대한 전체적인 처벌이 유사하긴 했지만 예외적인 것은 남편에 대한 범죄나 섹슈얼리티 기준 위반 또는 이 둘 모두를 행한 경우 여성에게 주로 불리하고 여성을 처벌했다고 기록했다. 예를 들면 중세 때 남성 간통자나 아내 살해자는 대부분 범죄자로 보지 않은 반면, 여성이 간통을 하거나 배우자를 살해한 경우 태워 죽이는 것을 당연하게 여겼다(같은 책). 비슷한 예로 미국의 식민지시대(1620~1760년대)에 여성은 간통에 대해 남성보다 훨씬 더 가혹한 처벌을 받았으며, 국가뿐 아니라 교회에서도 처벌을 받았다(Feinman, 1983). 여성 죄수가 교수형에 처해지기 전에 자백을 강요당하는 등 일반 대중이 창피를 주는 것도 남성보다 여성의 처벌에서 더 일반적이었다(Cooper, 1993; Dobash, Dobash, and Gutteridge, 1986; Feinman, 1983). 이런 반여성, 성을 억압하는(여성에 대한) 것은 20세기까지 이어졌다. 1923년 미국 교도소 여성의 절반은 성범죄(성매매 · 간음 · 부정)로 유죄판결을 받았고(Lekkerkerker, 1931), 매사추세츠에서는 1950년까지 혼외 성관계로 유죄판결을 받은 여성에게 간음이라는 죄목으로 징역형을 선고했다(Janusz, 1991).

1700년대 초반 영국에서는 사형에 대한 새로운 대안으로 죄수를 다양한 노동형벌에 처하거나 미국 식민지나 오스트레일리아로 추방했다. 오스트레일리아로 보낸 8명 중 1명은 여성이었다. 그들은 일반적으로 젊고(10대나 20대), 사소한 절도 등으로 추방당했다(Dobash, Dobash, and Gutteridge, 1986). 추방당한 여성의 조건은 추방당한 남성보다 훨씬 가혹했는데, 여성의 '처벌'은 일반적으로 오스트레일리아에서 성매매를 강요당하는 것을 포함했다(같은 책).

사적인 이유나 종종 종교적인 실험을 제외하고, 남녀 재소자는 영국에서 1850년대까지, 미국에서는 1870년대까지(미 서부에서는 1915년), 캐나다에서는 1913년까지 같은 시설에 수용되었다. 일반적으로 이런 교도소는 여성과 남성에게 분리된 방을 제공했지만, 남녀 모두 남성 간수와 교도관의 감시 아래 있었다. 교도소 체계가 대다수의 재소자(남성 재소자)에 맞춰졌기 때문에 남녀 재소자에게 유사한 제도가 적용되었다(Butler, 1997; Cooper, 1993; Dodge, 2002; Heidensohn, 1985; Morris, 1987). 구금된 남녀에 대한 대부분의 역사적 설명은 모두 남녀의 유사한 처우를 말하고 있지만, 의미 있는 차이도 존재했다. 첫째, 여성 재소자는 교도소의 운영 면에서 성에 따른 정형화된 역할을 수행했다. 둘째, 더 중요하게 여성 재소자는 강간의 높은 위험에 직면했다. 1835년 캐나다에서 여성은 남성을 주로 감금하는 킹스턴 교도소Kingston Penitentiary에 처음 구금되었다. 여성 수가 적어서 이들의 구금은 교도소 관리자와 남성 재소자에게 봉사하는 것에 맞춰졌다. 따라서 그들의 중요한 임무는 남성 재소자의 침구와 옷을 만들거나 수선하는 것이었다(Cooper, 1993). 그런 노동에 종사할 때조차 이들 여성은 남성 간수에 의해 남성보다 다루기 어렵다고 간주되었으며, 따라서 극단적인 태형을 받기도 했다(같은 책, 37).

더욱이 구금된 여성은 종종 '성적 소란' - 강간에 대해 비난받았다(Rafter, 1985, 12). 남성 위주의 교도소에서 여성은 계산된 무시 정책의 희생양이 되었다. 성학대가 종종 임신을 초래했으며 매질(태형)은 그들을 죽음에 이르게 하기도 했다(Feinman, 1981, 1983). 유사하게 1874년 텍사스 주 헌츠빌Huntsville 교도소에 대한 버틀러(Butler, 1997, 136)의 설명은 '교도소에서 임신하고 출생한' 아이들을 데리고 교도소 뜰을 배회하는 14명의 여성 죄수(이들 중 12명은 흑인)를 묘사한다. 나이 든 한 흑인 재소자는 재소자와 어떻게 강압적인 섹스를 했는지 자랑하고 다니는 백인 교도소 의사에 의해 임신되어 혼혈아를 낳았다. 교도관은 아기를 빼앗고, 재소자의 머리를 밀었으며, 지하교도소에 가두는 것으로 그 여성을 처벌했다(Butler, 1997). 1890년 애리조나 테리토리얼Territorial 교도소에서 21세의 (8세짜리 아이가 있는) 재소자는 교도소 남성 감독관에 의해 교도관과 남성 재소자가 그녀에게 성적으로 접근할 수 있는 교도소 뜰의 오두막으로 옮겨졌다(같은 책). 남성 재소자와 교도관에 대한 성적 보상으로서 봉사하는 흑인 여성 재소자에 대한 버틀러의 묘사는 제2차 세계대전에서 병사를 위한 매춘을 강요받았던 일본의 한국 '위안부'를 연상하게 만든다(Yoshimi, 2000). 그래서 교도소 내에서 발행하고 처벌되는 강간사건은 남성 재소자를 구금하기 위해 만들어졌으면서도 여성 재소자도 함께 수용하고 있는 교도소에서는 흔한 일이었다. 여성의 높은 강간 위험에 비해 구금된 여성을 위한 서비스는 구금된 남성을 위한 것과 비교할 때 실질적으로 매우 제한적이었으며, 당국은 여성 재소자가 적다는 이유로 이들을 감시할 여성 교도관을 고용하려고 하지 않았다.

> 여성 재소자는 종종 다른 사람과 남성 교도관의 공격에 완전히 취약한 상태로 놓여 있었다. 대다수 수용자 집단으로부터 유리되어 여성은 남성보다 의사나 교회 목사에게 접근하기가 힘들었다. 남성과 달리 그들은 작업장이나 식당, 운동장으로 나갈 수가 없었다. 음식과 바느질 거리가 그들이 있는 장소로 보내졌으며, 여성은 형기를 마칠 때까지 그곳에서 지내야 했다(Rafter, 1985, xx).

버틀러(1997, 192)의 1865~1915년 미 서부 교도소에 있는 여성의 묘사는 비슷하다. "여성은 강요된 비활동inactivity 속에서 감방에 머물렀으며, 교도관을 위해 청소와 요리를 하고, 경작을 하는 등 교도소에서 쉬지 않고 계속 일을 해야 했다."

캐나다에서 여성 재소자의 처우를 고찰하기 위한 첫 번째 공식적인 요청은 1921년에 있었다(남성 판사에 의해). 특히 이 보고서는 교도소 내와 석방 후에 여성이 직면하는 열악한 상황에 대해 언급함으로써 교훈적이며 설득력이 있었다. 그러나 여성 재소자를 성적 열망이 통제를 넘어섰고, 남성 직원을 위험에 놓이게 하는 성적 일탈자로 규정했다(Cooper, 1993). 결론적으로 같은 시설에 구금된 여성과 남성이 전체적으로 비슷한 처우를 받은 반면, 차이가 있는 경우에는 여성에게 상당히 불리한 것이었다.

개혁

여자 교도소의 개혁운동은 일관된 발전 없이 간헐적으로 일어났다. 여성 구금에서 가장 적극적인 개혁은 19세기에 시작되었는데, 이는 사회에서 여성의 역할에 대해 종종 갈등적 관점을 견지한 부유층 백인 여성이 주도했다. 한편 그들은 여성 범죄자가 종종 그 자체로 일탈자가 아니라 남성 경제와 형사법적 체계에서 오히려 피해자라고 인식했다. 또 한편 이런 여성 개혁가들은 일반적으로 사회에 위협이 되는 것으로 간주되는 '타락한 여성' 을 정화하고 통제하고자 했다(Feinman, 1983). 미국과 영국 모두에서 여자 교도소 개혁가들은 남녀를 함께 수용하는 시설에서 남성 직원이 구금된 여성을 성적으로 학대하는 것에 특히 관심을 가졌다.

개혁가들이 내놓은 해결책은 그들을 처벌하기보다는 오히려 이런 여성을 돕는 것이었다. 배타적으로 여성에 초점을 맞춘 첫 번째 형벌 개혁가는 영국에서 여성 재소자 개혁을 촉진하기 위한 여성협회Ladies Society for Promoting the Reformation of Female Prisoners를 설립한 엘리자베스 프라이Elizabeth Fry였다. 퀘이커교도인 프라이는 1816년 이 일을 시작했을 때 프렌드협회Society of Friends에 기반을 두고 개혁을 수행해 나갔다. 그녀는 이 문제에 접근하면서 남녀는 다른 욕구를 가졌으며 여성의 경우 뜨개질과 청결에 특히 '유용한' 노동력이며 종교교육에 대한 특별한 욕구를 가지고 있으며 따라서 '신앙심이 깊은 여성 교도관' 을 고용할 것을 당국에 확인시키려고 노력했다(Dobash, Dobash, and Gutteridge, 1986, 52). 프라이는 여성 범죄자가 위험한 범죄자가 아니라 오히려 도움의 손길을 필요로 하는 '뒤떨어진 여성' 이라는 점을 강조했다. 프라이와 그녀의 여성협회 위원들은 1818년 런던의 뉴게이트 교도소Newgate Gaol에서 여성을 대상으로 재소자를 재사회화하는 프로그램 실험을 했다(Windschuttle, 1981).

프라이의 성공적인 실험에도 불구하고 1818년 그들의 요구 중 단지 세 가지만 의회를 통과했다. 그러나 그것은 중요한 의미가 있다. (1) 성별에 따른 교도소 분리, (2) 여성 재소자를 감시하기 위한 여성 감독관 고용, (3) 여성 재소자에게 할당된 힘든 노동의 축소가 그것이다(Morris, 1987). 그러나 감독관의 성별과 힘든 노동 축소에 대한 요구를 제외하고 남녀의 시설은 가혹한 지배 하에 존속되었다. 프라이 사망 후 일부 개혁가는 여자가 일반적으로 술에 취하거나 매춘, 사소한 절도로 구금되는 반면 남자는 일반적으로 심각한 범죄로 구금된다는 점을 고려해서 남녀 교도소에 더 많은 차이를 두어야 한다고 믿었다. 영국에서 1905～14년에 구금되었던 참정권 확장론자(여성 참정권론자)들은 이런 사소한 범죄에 따른 비참한 상황을 생생하게 묘사해 일반 대중에게 널리 알렸다(같은 책).

미국에서 구금된 여성을 위한 개혁운동은 영국보다 다소 늦게 시작되었으며, 여기서도 중·상류층의 백인 여성이 주도했다. 프라이의 실험과 유사하게 이들 여성은 1830년 종교교육과 동기부여 교육을 통하여 매춘부를 개선시키려는 목적으로 매춘부갱생원을 세웠다. 그들의 목표는 여성을 처벌하기보다 오히려 '적절한' 성역할을 고무함으로써 개조하는 것이었다(Feinman, 1981; Rafter, 1985). 남북전쟁에서 '생계 담당자' 였던 무수한 병사의 죽음은 1860년대 매춘부와 부랑자, 절도범으로 구치소에 있게 된 새로운 계급의 빈곤 여성을 만드는 결과를 낳았다(Freedman, 1974). 남북전쟁 후 미국 사회는 사회적 무질서를 통제해야 한다고 굳게 믿었고, 그렇게 하기 위한 한 가지 방법으로 '여성의 본질적 순수성' 을 회복해야 한다고 생각했다. 그러므로 여성 범죄자는 남성 범죄자보다 가혹한 처벌을 받는 것이 당연하다고 간주되었으며, 이로 인해 교도소의 열악한 상태를 경험해야 했다(같은 책).

1860년대 미국의 여성 활동가들은 여성 구금률에서의 유의미한 증가, 구금된 여성의 끔찍한 상황, 남성 교도관의 여성 재소자 성학대에 대한 대중의 자각을 이끌어냈다. 이 시기의 개혁가들은 '타락한 여성' 이란 낙인을 의문시하기 시작했는데, '타락한 남성' 이 성인 여성과 소녀가 매춘하는 것을 돕고 부추긴다는 점을 지적했다. 더욱이 교도소에 감금되면 구금된 여성의 경우 남성 교도관과 성행위를 할 수 있을 때까지 매여 있어야 한다는 것은 이상한 일이 아니었다. 이것은 판결의 일부로 매춘을 강요받았던, 영국에서 오스트레일리아로 추방된 여성 범죄자의 상황과 유사했다.

영국처럼 미국의 개혁운동은 여성 재소자가 같은 여성에게 관리되는 여성 전용 교도소를 요청했다(Freedman, 1982). 그리고 남북전쟁 후에는 '풀려난' 노예 남녀 모두를 다시 노예가 되게 만드는 새로운 수단으로서의 교도소 체계에 직면해야 했다. 법이 통과되고 비윤리적인 법 집행이 흑인을 구금하기 위해 사용되었으며, 그들은 강제로 새로운 노예 상태에 들어가게 되었다(Collins, 1997). 흑인 여성 재소자는 '넓고 쇠퇴한 목화밭에서 일하거나, 큰 건물에서 바느질하는 물방아 제조 작업에 배치되었다' (같은 책, 7).

미국에서 1870년대와 1880년대 개혁가들은 북쪽 주의 출신이었고 퀘이커교도와 자선가이자 페미니스트였다. 그들은 여성 재소자를 남성 판사와 교도소장, 교도관에 의한 피해자로 보았다(Freedman, 1982, 142). 래프터Rafter(1985, 1989)는 구금시설과 감화원reformatories을 구별했다. 구금시설은 일반적으로 남성을 위해 고안되었지만 여성을 수용하기도 했는데, 그 목표는 사회복귀가 아니라 오히려 '형기를 마칠 때까지 최저비용으로 수용자를 구금하는' 전통적 교도소였다(Rafter, 1989, 91). 당초 대부분의 여성 구금시설은 남자 교도소에 붙어 있는 소규모 구조였다(같은 책). 여성 중범자는 18세기 후반과 19세기 초반에 대부분 이런 남자 교도소에 수용되었다. 그들은 고립되고 무시당하는 동시에, 남성 간수와 남성 재소자들로 인해 사생활을 침해당했다(같은 책). 또한 구금된 여성이 출산한 영아의 사망률은 매우 높았다(같은 책, 92).

> 구금 모델은 감화원 타입의 여성시설로 인해 실제로 개선되었지만 결코 사라지지는 않았다. 여성을 위해 분리된 감화원을 만든 대부분의 주는 가장 심각한 범죄를 저지른 여성 범죄자나 잘못된 행위로 감화원에서 이송되어 온 사람을 위한 구금구역을 교도소 안이나 그 근처에서 계속적으로 운영했다. 게다가 다른 주들(특히 남부와 서부의 주들)은 여성 감화원을 만들지도 않았다(같은 책).

제4장에서 주목한 것처럼 감화원은 특별히 여성 범죄자, 대부분 백인 여성 범죄자를 수용하기 위해 고안되었다. 반면 흑인과 다른 유색인종 여성은 좀 더 가혹한 교도소에 구금되었다(Collins, 1997). 감화원 구조는 종종 작은 집 스타일로 건축되었는데, 이는 성 고정관념을 반영한 것이었다. 오늘날까지 많은 여자 교도소(그리고 일부 범법자시설)를 감화원이라고 부른다. 래프터(1989)는 감화원 모델이 여성 집단에 의해 조직되고, 여성에 의해 운영되고, 여성은 본질적으로 남성과 다르다는 관점과 사회복귀 접근에 기반을 두면서 미국에서 남북전쟁 후 북동부와 중서부 지역에서 발전하기 시작했다고 설명한다(같은 책).

영국에서 최초의 여성 감화원은 1853년 런던에서 세워졌고, 미국에서 최초의 여성 감화원은 1874년 인디애나에서 시작되었다. 그리고 그후 여성 감화원은 매사추세츠와 뉴욕에 세워졌다(Freedman, 1974). 대부분의 여성 감화원은 1910년까지 미국에 세워지지 않았으며, 절반은 주로 제1차 세계대전 때 매춘이나 성병, 성적 난잡함과 싸우는 여성 활동가의 노력으로 1920년대에 세워졌다(Dodge, 2002). 1927년 일리노이에서 여성 감화원의 채택은 여성 범죄자에 대해 유의미한 형사사법망 확대를 보여준다. 감화원 전에는 간통과 매춘을 한 여성이 일반적으로 벌금형을 받았지만, 감화원이 등장하면서 이들은 구금판결을 받게 되었다. 덧붙여 부정기형이 감화원과 함께 출현했으며, 이로 인해 더 넓은 범주의 범죄로 구금될 뿐 아니라 최초 1년 후 심리하는 가석방 제한에 따라서 형량이 더 길어졌다(같은 책).

남성 행정관료들의 반감과 저항에도 불구하고 성별을 분리하여 관리하는 감화원 제도는 성공을 거두었다고 여겨졌다. 그래서 적은 수의 젊고 백인인 비이주 여성 범죄자를 수용하는 것에서 다양하고 많은 여성 범죄자를 수용하는 것으로 이행하게 되었다. 미국 최초 감화원에서 여성 직원은 엘리자베스 프라이의 교정이론을 실천했다(Freedman, 1974).

성에 기반을 둔 다른 법의 일부와 유사하게 이런 시설은 이론적으로는 여성을 보호하기 위해 고안되었고, 여성은 남성보다 어린이와 더 닮았다는 관점에 바탕을 두었다. "그들은 수용자에게 독립적인 성인으로서 행동하는 것, 직업시장에서 남성과 경쟁하는 것, 일반 노동자계급 여성의 활동(댄스홀에서 남자와의 만남, 흡연, 혼자 하는 여행)에 그들이 참여하는 것을 모두 단념시켰다" (Rafter, 1989, 93).

드물긴 하지만 남성 감화원이 19세기 후반과 20세기 초반에 세워졌는데, 이는 중범죄자들을 위한 것이었다. 반면 경범죄자는 구치소와 주 시설에 수용되었다(같은 책). 감화원으로 보내진 많은 여성은 매춘, 음란, 혼외임신 등 사소한 범죄(남자는 기소되지 않았고, 훨씬 적은 수가 유죄판결을 받았을 범죄)로 유죄판결을 받은 사람이었다(같은 책). 감화원을 가벼운 판결로 인식하는 판사들의 느슨한 선고는 결과적으로 남성 재소자보다는 여성에게 가혹한 처벌로 이어지는 방식으로 판결과 처벌에서 이중 기준을 조장했다(같은 책).

미국 감화원의 개척자들은 그들의 목표를 개혁과 보호에 두었다. 그들의 목표는 재소자가 가사라는 '중요한' 여성 역할을 하도록 훈련하는 것이었다(Feinman, 1981, 1983; Freedman, 1982). 그래서 여자 교도소에서 개혁운동의 중요한 부분은 요리와 바느질, 청소 등 직업 훈련과 같은 '적절한' 성역할을 습득하고 익숙하게 만드는 데 있었다. 이런 목표를 수용하기 위해 감화원의 작은 집들은 일반적으로 부엌과 거실, 영아가 있는 재소자를 위한 육아실로 설계됐다. 다른 교도소에 비해 상대적으로 온화한 외양에도 불구하고 이들 시설은 '확고함과 권위, 엄격한 규율'로 운영되었다(Freedman, 1982, 145). 더욱이 가석방 조건으로 가사봉사자로서 '훌륭한' 기독교 가정에 보내지는 것을 빈번하게 포함시켰다(Feinman, 1983; Rafter, 1985). 이 무임금 하인 체제는 미국에서 새로운 것이었지만 유럽에서는 그렇지 않았다. 이 체제는 비용이 많이 들지 않으면서 고된 일을 하는 이들 노동자를 수용하고 착취할 수 있는 중산층의 지지를 받았다(Janusz, 1991).

1900년대가 시작되고 20년간의 진보정당시대는 새로운 개혁가 세대를 만들었다. 이 시기의 감화원을 구별하는 두 가지 특징은 여자 교도소 관리자의 전문성 증가와 의료 모델의 결합이었다(Rafter, 1985). 감화원은 처음으로 교육을 받고 경험을 가진 여성 전문가에 의해 관리되었다. 이들은 전임자에 비해 자신과 재소자 간에 더 큰 거리를 두었다. 진보정당시대는 범죄자를 분류하는 데 내과의사와 정신과의사, 심리학자의 역할 수립과 구금된 여성의 성병을 파악하고 대응하려는 집념에 의해서도 구별된다.

그들의 접근은 첫 번째 물결에 해당하는 개혁가들보다 더욱 페미니스트적이다. 그들은 성별에 따라 분리된 교도소 체계를 계속 지지하긴 했지만, 자신의 생활에서 전통적 역할을 거부하면서 다른 여성들을 전통적 역할에 머무르도록 고무하는 일에 의문을 제기했다(Freedman, 1982). 두 번째 물결의 개혁가들은 자신의 선배들보다 종교적 · 생물학적 기초에 신념적 기반을 두는 경향이 약했다. 그들은 첫 번째 물결의 개혁가들이 가치 있다고 평가한 '도덕적 향상'에는 관심을 덜 가졌고, 자신들이 여성 범죄의 원인이라고 간주한 것을 목표로 삼았다. 여성의 낮은 임금과 직장, 제한된 교육 기회 등이 그것이다(같은 책).

20세기 개혁가들은 구금된 여성의 상태가 여성이 투표권을 가지게 되면 향상될 수 있다고 믿었기 때문에 선거권운동에도 뛰어들었다. 그러나 여자 교도소의 성공은 곧 과밀화를 가져왔으며, 입법가들은 직업 교육과 레크리에이션, 교육 프로그램의 확대를 위해 필요한 기금에 난색을 표했다(같은 책). 더욱이 과밀화는 규율문제를 가져왔다(Rafter, 1985). 아이러니하게 1915년 개혁가들이 성별 분리가 구금된 여성에게 기회 감소(구금된 남성과 비교해서)를 의미한다는 사실을 깨닫기 시작했을 때, 주 정부 관리들은 마침내 성별 분리된 시설의 합법성을 지지하게 되었다(Freedman, 1982).

1915년 이후 구금된 여성 인구는 매춘부와 약물 사용자의 대거 유입과 남부 흑인의 북부 이주에 기인한 흑인 재소자의 증가로 변화하기 시작했다(같은 책). 흑인 여성과 약물 사용자는 위험하고 통제가 필요하다고 인식되었으며, 인종적으로 분리된 숙소를 사용했다(같은 책). 1920년대 여성 재소자의 '가사' 훈련은 다시 대중화되었다. 여성 재소자들의 '권리'는 덜 엄격한 의복규칙과 벽을 장식할 수 있는 더 많은 자유를 포함하게 되었다. 그러나 직업 훈련에서는 성별 고정관념을 계속해서 지지했다(같은 책).

성별로 분리된 교도소

1930년 여성 구금에 대한 구금 모델과 감화원 모델은 "오늘날 우리가 알고 있는 것과 같은 여자 교도소 체계를 만들기 위해 각각의 손해를 감수하면서" 융합되었다(Rafter, 1989, 93). 비록 대공황 이후로 남녀 교도소의 성별 분리와 성별 계층화가 미국 전역에서 일반적인 것이 되었지만(Freedman, 1982), 많은 보안 위주의 시설이 폐쇄되고, 대부분의 여성은 감화원에 구금되었다. 그러나 감화원은 이미 감화를 통한 교정 이념을 많이 상실하고 구금 위주로 운영되었다(Chesney-Lind, 2003; Rafter, 1985). 1930~66년에 세워진 교도소의 대다수는 젊은 백인 여성을 대상으로 하는 감화원 모델로 세워졌다. 반면 흑인은 고된 농장 캠프에 구금되었다(Collins, 1997). 1940년대와 1950년대는 감화원의 목표가 여성 재소자에게 좋은 가정부가 되는 것에서 좋은 아내가 되는 것으로 변경된 시기였다(Carlen, 1983; Morris, 1987; Windschuttle, 1981). 그렇지만 여성을 자신이나 다른 사람의 가정에서 가사일을 하는 사람으로 평가하는 것은 여성 형벌 개혁운동에서 공통적인 생각이었고, 더 나아가 유색인종 여성에 대한 인종차별적 관점은 복역생활의 어려움에 영향을 미쳤다. 이 시기 이후로 구금된 여성을 위한 개혁운동은 일시적으로 소멸되었으며, 20세기 중반까지 여성 구금에 대한 변화는 찾아보기 힘들었다(Collins, 1997; Heidensohn, 1985).

소녀와 성인 여성시설의 인종차별적 분리와 처우

성인 여자 교도소와 유사하게, 청소년시설의 설립에서 인종차별주의의 중요한 역할을 고찰하는 것도 유용한 일이다. 영Vernetta D. Young(1994)은 이를 위해 미국 남부에서 청소년을 성인시설 밖으로 내보내는 보호운동에 대한 설명을 시작으로 포괄적인 역사적 설명을 했다. 이것은 남북전쟁 이전에 시작되었지만, 진지한 요구였음에도 1890년 말까지 30년 동안 받아들여지지 않았다.

영(같은 책)은 청소년 구금의 발전이 이들의 성별과 인종에 따라 얼마나 다양한지 검토하면서, 청소년을 위한 시설은 남부에서 청소년 인구의 다른 하부집단을 통제하기 위한 필요에서 비롯되었다고 주장했다. 보다 구체적으로 남북전쟁 이전에 흑인 남자 청소년은 노예제도와 성인형벌 체계에 의해 통제된 반면, 백인 남자 청소년은 성인 교도소에 있는 백인 남자 성인과 분리되었다(같은 책). 노예제도 폐지 이후에 흑인 남자 청소년은 성인 교도소 체계에 남아 있었고, 흑인 남자 청소년을 위한 청소년시설은 죄수노동(죄수들의 노동력을 대여하여 싼 값으로 노동시키는 게 가능하게 되었는데, 남부 주에서 많이 활용됨—역자 주) 시스템이 실패한 후 단지 사회통제를 위한 수단으로 도입되었다. 그리고 사회통제를 유지하기 위한 '새로운' 방법은 이런 청소년을 필요한 노동자로 이용하는 것이었다. 백인 여성 범죄자를 위해 만들어진 시설은 '여성의' 일에 대한 교육을 제공함으로써 시설에 수용된 소녀를 성적 부도덕함에서 구해 내고자 하는 열망으로 동기화되었다. 흑인 여자 청소년을 위한 특별한 시설은 그들을 성인시설로 보내거나 외국으로 '보내는' 것이 실제적으로나 재정적으로 불가능해지고서야 만들어졌다(같은 책).

그러나 노예제도가 실시되고 남부 여러 주가 재통합하는 시기(남북전쟁 시기 후)에 인종차별주의의 영향은 청소년에게만 나타나는 것은 아니었다. 예를 들면 존슨Johnson(2003, p.23)은 남부 여러 주가 재통합하는 시기에 '노예법규'를 대신한 '흑인단속법'에 대해 토의를 했다. "남부 여러 주가 재통합되는 시기에 실시된 개혁들은 해방된 노예를 위한 독립성과 자기결정을 약속했지만, 남부 주들은 아프리카 출신 자손들의 인지된 인종적 열등성과 타고난 범죄자 상태를 개선시켜야 한다는 법을 시행했다." 흑인은 흑인단속법 하에서 매우 범죄화되어 그들은 또한 죄수노동 시스템의 가장 많은 영향을 받게 되었다(같은 책). 흑인 여성 범죄자는 '통제되지 않은 욕망'을 가진 본질적으로 부도덕한 사람이라고 간주된 채 구치소나 교도소, 고된 노동형벌을 받는 경향이 강했다. 반면 백인 여성의 범죄는 '상황의 피해자'가 된 결과로 인식하는 경향이 있어서 '교도소 구금 이외의 방법으로 처리되는' 등 인종에 따른 차별이 존재했다(같은 책, 32).

버틀러Anne M. Butler(1997)의 1865~1915년 미 서부 남자 교도소에 있는 여성에 대한 연구와 도지L. Mara Dodge(2002)의 1835~2000년 일리노이 교도소에 있던 여성에 대한 역사적 연구는 구금된 여성 사이에 존재하는 인종과 이민자 신분의 의미 있는 영향을 기술하고 있다. 예를 들면 여성 시설에서 사동이 인종차별적으로 분리되면서 흑인 여성은 더 고된 노동을 하도록 강요당했다(Butler, 1997).

1960년대와 1970년대, 1980년대의 여자 교도소

1960년대와 1970년대의 세 가지 사건은 여성 형벌 개혁에 대한 새로운 관심을 불러일으켰다. (1) 현대 페미니즘의 등장과 사회에서 일탈자와 피해자로서의 여성 역할에 대한 재평가, (2) 여성의 범죄율이 남성보다 빠르게 증가한 것에 대한 관심, (3) 여성 범죄자의 신체적 · 정신적 문제를 고려해서 특별한 처우를 받아야만 한다고 주장한 영국의 1968년 정책이 그것이다(Heidensohn, 1985).

1970년대 페미니즘이 재출현하면서 미국의 개혁가들은 성별로 분리된 교도소에 대해 의문을 갖기 시작했다. 이런 분리된 시설이 여성 재소자의 학대(특히 성적)를 감소시켰음에도 그것은 또한 성에 따른 고정관념을 촉진시키고, 구금된 여성의 기회를 제한하는 데 기여했다(Freedman, 1982). 미국에서 여성 감화원으로 사용되기 위해 특별하게 건축된 건물구조는 일반적으로 작은 집(별장) 스타일의 디자인으로 종종 대학 캠퍼스에 비교되기도 했다. '부드러운' 건축 외양에 더해서, 이런 여자 교도소는 망루와 무장한 교도관, 높은 담장 등 다른 위협적인 교도소의 특징을 덜 가졌다. 그러나 1990년대 이래로 미국에서는 이런 '캠퍼스' 둘레에 높은 울타리로 철조망을 설치하는 경우가 점점 많아졌고, 최근의 교도소 건물은 작은 집 스타일의 여자 교도소보다는 구금 위주에 더 신경을 쓰고 있다.

여성 재소자는 자신이 사는 주에 그들을 수용할 시설이 없을 경우 종종 다른 주로 보내졌으므로 적절한 여자 교도소의 부족은 1970년대 페미니스트의 관심을 불러일으켰다(Chesney-Lind, 1991, 2003; Rafter, 1989). 1980년대 미국과 영국에서는 구금판결을 받은 여성의 급증에 미처 대비하지 못해 여성 죄수는 이전의 남성이나 청소년 시설과 병원, 모텔까지 포함된 '수용 탱크holding tanks'에 수용되었다(Chesney-Lind, 1991, 2003).

사실 1990년 여자 교도소로 사용된 시설 세 곳 중 두 곳은 여성을 수용하려고 고안된 것이 아니었다(American Correctional Association, 1990). 여성 재소자를 수용하기 위해 만들어졌든 아니든 간에 여자 교도소는 기하급수적으로 늘어났다. 1930~50년에 10년당 하나씩 겨우 두세 개의 여자 교도소가 만들어졌다. 그러나 1960년대에는 예외적으로 7개가 만들어지더니, 1970년대에는 17개, 1980년대에는 34개가 만들어졌다(Chesney-Lind, 1991).

여자 교도소 프로그램은 남자 교도소와 유사하게 계획되었으며, 많은 사람이 강간과 학대에서 생존한 사람들인 여성 재소자의 특별한 상황과 필요를 고려하지 않았다(Hannah-Moffat, 1994). 그래서 페미니스트들은 여자 교도소가 여성을 돕기보다는 열악한 상황으로 몰아넣어 이들을 심각하게 처벌하는데도 왜 여자 교도소를 확대해야 하는지에 문제를 제기하게 되었다(Chesney-Lind, 1991, 2003; Hannah-Moffat, 1994; Rafter, 1989).

:: 여자 교도소 제도

미국 여자 교도소는 20세기 초반부터 1980년대까지 상대적으로 거의 변화하지 않았다(Feinman, 1981; Sarri, 1987). 여자 교도소는 항상(그리고 여전히) 남자 교도소에 비해 규모나 수적인 면에서 차이가 있었다. 그러나 1990년대 초반 이후 여자 교도소는 규모가 커졌으며, 전례가 없던 비율로 세워졌고, 일부 방식에서 남녀 교도소를 관리하는 데 통일성이 증가한 것으로 나타났다(Pollock, 2002). 미국과 영국 모두에서 여성 재소자의 낮은 비율(약 5~9%)은 제도화된 성차별주의라는 결과를 낳았다.

1. 여자 교도소는 그 수가 적고 고립된 위치 때문에 일반적으로 재소자의 친구와 가족에게서 더 멀리 떨어져 지내야 했는데, 이는 특히 빈곤한 여성의 경우 자녀와 다른 가족,

친구의 방문을 더 어렵게 만들었다.

2. 교도소와 구치소에 있는 여성은 상대적으로 그 수가 적어 구금된 여성에게 필요한 다양한 교육과 직업 훈련, 기타 프로그램의 부족에 대한 이유를 '정당화' 시켰다.
3. 구치소와 교도소에 있는 여성 수가 상대적으로 적다는 이유로 더 심각하고 정신병을 가진 범죄자를 덜 심각한 범죄자와 분리하지 않았으며, 처우의 수준이 낮은 것을(남자 교도소와 구치소와 비교해) '정당화' 했다.

재소자 처우의 양성평등을 위해 노력하는 페미니스트는 교도소 관리자와 정책 입안자의 대응에 점차적으로 관심을 갖게 되었다(Chesney-Lind, 1991; Hannah-Moffat, 1994; Wheeler et al., 1989). 여성 구금의 급격한 증가와 더불어 정부 당국자는 그들을 더 이상 '교정에 추가된 대상' 으로 생각할 수 없게 되었다(Chesney-Lind, 2003, 5).

'양성평등' 은 다음과 같은 결과를 가져왔다. (1) 더 많은 여성을 구금하기 위한 시설을 건설하고(Chesney-Lind, 1991, 2003), (2) 여성 재소자가 남성 재소자의 건물구조와 프로그램에 단순히 '끼워 맞출 수 있다' 는 가정이다(Chesney-Lind, 1991, 2003; Hannah-Moffat, 1994).

여자 교도소 제도는 구금된 여성들을 '훈련하고, 어린아이처럼 만들고, 여성화하고, 치료하고, 가정적으로 만드는' 것을 의도한 것처럼 묘사되어 왔다(Carlen and Tchaikovsky, 1985). 구금된 여성을 위한 훈련은 명백하게 가혹했는데, 특히 구금된 남성과 비교해서 그랬다. 노스캐롤라이나 주 교도소에 수감 중인 여성에 대한 연구는 재소자의 통제가 얼마나 엄격하고 독단적이었는가를 보여준다(Girshick, 1999). 텍사스 주 재소자에 대한 연구는 여성이 남성보다 규칙 위반, 특히 사소한 위반으로 훨씬 많이 적발되고, 그런 이유로 훨씬 심각하게 처벌받았다는 사실을 발견했다(McClellan, 1994).

여성은 속옷을 말리는 것, 줄을 서서 기다리면서 얘기를 나누는 것, 너무 많은 가족사진을 진열하는 것, 자신의 접시에 있는 음식을 모두 먹지 못했다는 이유만으로도 적발되었다. 여분의 브래지어나 베갯잇, 빌린 빗이나 모자와 사탕을 가졌다는 것은 '밀수품' 을 가진 것과 같은 취급을 받았다. 샤워장에서 샴푸를 공유하는 것과 다른 재소자의 담배를 우연히 얻는 것은 '밀매' 로 분류되었다. 이런 사소한 일은 남자 교도소에서는 결코 적발이나 처벌대상이 아니었다(같은 책). 그래서 가정성이나 여성성과 같은 성 고정관념을 강화하는 것에 덧붙여 여자 교도소 정책과 감시는 여성을 어린이처럼 취급하고 있다(Carlen, 1983; Fox, 1975; Leonard, 1983; Moyer, 1984).

이 같은 사실은 구금된 여성의 치료에서도 분명하게 나타났다(Carlen and Tchaikovsky, 1985; Dobash, Dobash, and Gutteridge, 1986). 예를 들면 여성은 출정出廷, 휴가, 병원에서 출산하고 돌아올 때조차 종종 밀수품 때문에 질 검사를 받아야 했다(이런 검사는 전형적으로 의료 담당자가 아닌 보안 담당자에 의해 이루어졌다). 이런 검사는 모욕적일 뿐 아니라 종종 출혈과 감염으로 고통을 당할 수도 있는 위험스러운 것이었다(Holt, 1982; Mann, 1984; McHugh, 1980). "이 절차에 대한 아이러니는 이런 질 검사가 빈번했지만, 자궁경부암에 대한 예방적 팹 테스트(pap test, 자궁경부세포진검사로서 자궁경부의 세포를 채취하여 검사하는 부인과 검사-역자 주)는 자주 이루어지지 않았다는 것이다"(Mann, 1984, 213). 더 나아가 여성 재소자는 본래 정신적으로 불안정하고 쉽게 병이 난다고 가정한 1960년대와 1970년대 영국과 스코틀랜드의 정책 변화에도 불구하고 치료받기가 어렵고, 받는 경우에도 거의 도움이 되지 않았다(Dobash, Dobash, and Gutteridge, 1986).

제4장에서 주목한 바와 같이 여성 피고인은 교도소에 수감되기 전 법 체계에서 수많은 제약에 직면해야 한다. 한 연구는 구금된 여성의 50퍼센트가 15분 이하로 국선변호인과 만났고, 대부분 국선변호인의 이름조차 몰랐다는 사실을 발견했다. 또한 15분 이상 국선변호인을 만난 여성은 사형에 처할 만한 중죄를 지은 사람으로, 그때조차 변호인을 단지 한 시간 정도만 만났다는 사실을 발견했다(Pendergrass, 1975). 구금된 여성의 법적 투쟁은 구금 전에 시작되어 구금 기간 중으로 확대된다. 1980년대 소송사건은 여성 재소자가 남성 재소자보다 일찍 불을 꺼야 하는 이유, 남성 재소자가 동일한 주에서 다양한 직업기술 훈련을 받는 반면(전기 · 목공 등) 여성은 교도소 의복 바느질 직업 훈련만 받아야 하는 이유에 대해 물었다(Leonard, 1983).

구금된 여성에 대한 한계는 법 도서관, 변호사, 그리고 결과적으로 법정에 대한 접근에서의 불이익(구금 남성과 비교해서)도 포함하고 있다(Alpert, 1982; Carlen, 1983; Haft, 1980; Wheeler et al., 1989). 실제로 미국 여자 교도소의 약 절반만 재소자가 이용할 수 있는 법 도서관을 가지고 있다(American Correctional Association, 1990). 한 연구는 구금된 여성이 학대를 보고하거나 어떤 문제에 대한 효과적인 도움을 받을 수 있는 합법적 통로가 결여되어 있다는 사실을 발견했는데, 이는 이런 여성이 합당한 대우를 받고 있지 않다는 연구자들의 신념을 확인시켜 주는 것이었다(Carlen and Tchaikovsky, 1985).

남녀 재소자 모두 복종적으로 행동해야 했는데, 이것은 여자 교도소에서 더 엄격하게 적용되는 경향이 있다. 그리고 매우 높은 성적 학대 경험이 있는 이들 여성은 교도소 입구에서 직면하는 '강등 의식'을 시작으로 해서, 교도소에서 자신의 몸에 대한 권리가 거의 주어지지 않았다(Maeve, 1999a). 구금된 여성과 소녀가 역사적으로 직면한 가장 최악의 법적 문제 중 하나는 출산의 자유다. 많은 교도소나 시설에 수용된 여성과 소녀는 자신의 의지에 반해 낙태시술을 받았을 뿐 아니라(Holt, 1982; Leonard, 1983; McHugh, 1980) 낙태를 원하는 사람, 특히 빈곤한 여성에게는 그것에 대한 접근이 필연적으로 보장되지 않았다(Haft, 1980; Holt, 1982; Knight, 1992; McHugh, 1980; Resnick and Shaw, 1980; Vitale, 1980; Vukson, 1988). 또한 소년시설에 있는 소녀와 여성 재소자가 수용 기간에 임신했다면(Mann, 1984) 그들은 입양을 위해 아기를 포기하도록 권유를 당하거나 강요되었다(Baunach, 1992; Haft, 1980; Haley, 1980; Mann, 1984; Ross and Fabiano, 1986).

투옥된 여성의 출산 위생에 대한 최근에 이루어진 평가는 다음과 같다. "구금된 여성의 임신, 낙태, 일반적인 출산 교육과 카운슬링에 관해 일관성을 갖고 적용되는 정책은 찾아보기 힘들다. 이런 서비스가 가능한 경우, 그것은 포괄적이거나 일관된 방식으로 제공되는 경우가 거의 없다"(Acoca, 1998a, 56). 더욱이 가장 기본적 물품인 화장지와 생리대에 대한 요구가 여자 교도소에서는 종종 제한적이다. 그들은 출혈의 주기나 정도에 관계없이 일정 기간당 일정한 양의 화장지와 생리대만 배급받는다(Maeve, 1999a). 그래서 구금된 여성은 일상적 필요에 대해서도 직원의 재량적 처분에 지배받게 된다(Compton-Wallace, 2003; Kruttschnitt, Gartner, and Miller, 2000; Pollock, 2002).

:: 구금률과 구금된 소녀와 여성의 모습

미디어와 학자, 교도소 개혁가는 최근 구금률의 급속한 증가에 주목하고 있다. 최근 여성의 구금률이 남성보다 빠른 속도로 증가하고 있는데도 이에 대한 토의는 여성을 고려하지 않거나 단순히 남성과 합치는 데 그치고 있다. 일부 관할구역은 21세기에 들어서면서 구금률 속도가 떨어졌지만(Pollock, 2002), 여성 구금률의 증가는 1981년 이후로 매년 남성의 증가를 추월하고 있다(Kline, 1993; Pollock, 2002). 미국 교도소에 수용된 남성 수는 1980년대에 2배 증가한 반면(Kline, 1993), 여성 수는 3배 증가했다(Church, 1990; Fletcher and Moon, 1993a; Immarigeon and Chesney-Lind, 1992; Kline, 1993). 영국에서도 여성 구금률이 비슷하게 증가했다(Morris, 1987). 1980~94년에 미국의 남성 구금률은 2배로 증가했지만(214% 증가), 여성 비율은 남성 증가율의 2배인 거의 4배(386%)가 되었다(Acoca and Austin, 1996).

[제시 5-1] 미국의 여성 구금에 대한 최근 실태

- 2004년 주나 연방 교도소에 있는 남성 구금은 1.8퍼센트 증가한 반면에 여성 구금은 4.0퍼센트 증가했다.
- 2004년 교도소에는 여성 104,848명과 남성 1,391,781명이 있었다. 따라서 2004년 여성은 전체 재소자의 7.0퍼센트를 차지한다(그리고 1990년에는 5.7%, 1995년에는 6.1%였다).
- 1995년 이후 여성 재소자 수는 53퍼센트 증가한 반면에 남성 재소자 수는 32퍼센트 증가했다.
- 오클라호마, 미시시피, 루이지애나는 각각 가장 높은 여성 구금률을 보인다.
- 연령과 관계없이 2004년 구금된 여성을 보면 흑인 여성은 라틴계보다 2배 이상 많고, 백인 여성보다 4배 많다.
- 2004년에 미국 주와 연방 재소자들의 인종 · 성별 분포는 다음과 같다.

	여성 재소자	남성 재소자
· 백인 비율	44.2	33.6
· 흑인 비율	41.2	33.4
· 라틴계 비율	19.5	15.6

- 2002년 미국의 주 관할에 있는 여성 재소자의 범죄별 비율

변수	여성 범죄자 비율	남성 범죄자 비율
전체	100.0%	100.0%
전체 폭력범죄	33.0	51.7
살인	10.2	12.1
과실치사	2.0	1.3
강간	0.6	5.2
기타 성폭력	1.3	6.9
강도	8.0	14.2
폭행	8.3	9.5
기타 폭력범죄	2.6	2.4
전체 재산범죄	28.7	19.9
주거침입	6.0	10.9
절도	9.0	3.5
자동차절도	1.0	1.5
사기	10.5	1.9
기타 재산범죄	2.3	2.0
약물범죄	31.5	20.7
공중질서 위반범죄	6.1	7.1
기타/특정화되지 않은 범죄	0.8	0.6

SOURCE Paige M. Harrison and Allen J. Beck. 2005. *Prisoners in* 2004. Bureau of Justice statistics Bulletin. U.S. Department of Justice, October, NCJ 210677. http://www.ojp.usdoj.gov/bjs/pub/pdf/p04.pdf.

여성 구금률의 높은 증가율과 관련해 많은 흥미로운 점이 발견된다. 첫째, 전체적으로 여성범죄에 상응하는 증가는 나타나지 않았다(Immarigeon, 1987a; Morris, 1987; Pollock,

2002). 둘째, 폭력범죄로 구금된 여성의 전체 비율은 실제로 감소했다(Immarigeon and Chesney-Lind, 1992; Sokoloff, 2001). 여성 구금에서 대부분 사소한 재산범죄(주로 절도)와 약물, 공공질서 위반범죄가 증가한 것으로 나타났다(Chesney-Lind, 1991; Immarigeon, 1987a; Immarigeon and Chesney-Lind, 1992; Kline, 1993; Mann, 1984; Sarri, 1987; Sokoloff, 2005). 〔제시 5-1〕은 미국의 구금에 관한 가장 최근의 통계를 보여준다(Harrison and Beck, 2005). 이 결과는 그 이전 유형과 유사하다. (1) 2004년 여성 구금의 증가(4%)는 남성 비율(1.8%)의 2배였으며, (2) 남성 구금의 절반(52%)은 폭력범죄로 인한 데 반해 여성 구금 3분의 1이 폭력범죄였으며(33%), (3) 남성(20%)보다 높은 비율의 여성(29%)이 재산범죄로 구금되었으며, (4) 남성(21%)보다 높은 비율의 여성(32%)이 약물범죄로 구금되었다(같은 책).

셋째, 구금된 대부분의 여성이 그리 위험하지 않은 재산범죄자, 약물 남용자이거나 가정폭력의 피해자임에도 불구하고(Immarigeon, 1987a; Sokoloff, 2005), 여자 교도소 건물의 증가와 기존 교도소에 있는 여성 시설의 증축은 전례를 찾아보기 힘들 정도다(Immarigeon, 1987a; Immarigeon and Chesney-Lind, 1992; Pollock, 2002; Sarri, 1987). 어떤 보고서는 여성의 형량이 이들의 구금 가능성 증가에 따라서 늘었다고 주장하는 반면(Sarri, 1987), 일부 보고서는 형량이 늘지 않았다고 말한다(Immarigeon, 1987a). 전체적으로는 여성을 구금하려는 의지가 증가한 것으로 나타난다(Harrison and Beck, 2005; Immarigeon and Chesney-Lind, 1992; Sokoloff, 2005).

넷째, 여성 구금의 증가는 정책 변화를 함축하는 것이라고 말할 수 있다. 체스니린드 Chesney-Lind(1991, 2003)는 약물범죄로 인한 여성 구금의 극단적 증가를 고려해 볼 때 '약물에 대한 전쟁' 이 '여성에 대한 전쟁' 으로 옮겨갔다고 믿는다. 그녀는 여성 구금의 증가를 약물과 여성에 대한 전쟁, 형사절차 체계에서의 결정 변화(새로운 양형 가이드라인의 실행과 같은) 탓으로 돌렸다. 주목할 점은 여성 구금의 급격한 증가에도 불구하고 미국에서 1990년 구금된 사람의 약 6퍼센트만이 여성이라는 것이다(U.S. Department of Justice, 1992).

마지막으로, 여성과 소녀 범죄자의 도움을 구하는 행위 자체가 범죄가 될 수 있다. 예를 들면 스터크Sterk(1999)의 크랙 사용 여성에 대한 연구는 여성이 임신한 경우 구치소로 보내질 수 있다는 두려움이나 아기를 빼앗길 수 있다는 두려움 때문에 병원에서 치료받기를 단념했다고 보고한다. 또한 많은 여성이 약물사용을 즉각 중단하기 위해 치료를 받고자 할 때에도 치료를 위한 공적자금을 받기 위해 긴 대기자 명단에 이름을 올리며 6개월을 기다려야 한다고 보고했다(같은 책).

구금된 여성과 소녀가 그렇지 않은 사람과 구별되는 가장 분명한 특징은 인종이다(Binkley-Jackson, Carter, and Rolison, 1993; Brewster, 2003; Rafter, 1985; Ross, 1998; Sarri, 1987; Sharp, 2003). 남성과 마찬가지로 여자 교도소는 형사법 체계의 인종차별주의를 반영하는 오랜 역사를 가지고 있다. 1865년 이전에 흑인 여성은 사소한 일에도 구금되었고, 남북전쟁 후 이들의 구금 비율은 더욱 증가했다(Butler, 1997; Collins, 1997; Rafter, 1985). 비록 일부 연구자가 남자 교도소보다는 여자 교도소에서 흑인의 비율이 더 높았다는 것(Binkley-Jackson, Carter, and Rolison, 1993; Goetting and Howsen, 1983; Rafter, 1985)과 캐나다 교도소에서 원주민 여성이 원주민 남성보다 사소한 일로 더 구금되었다는 것을 보고한 반면(Johnson and Rodgers, 1993), 과도한 흑인의 구금에 대한 최근 미디어와 학문적 인식은 거의 배타적으로 남성에게만 초점을 맞추고 있다는 것이 지적되었다.

그러나 미국의 가장 최근 통계는 유색인종이 과도하게 나타나는 것이 여자 교도소보다 남자 교도소에서 더 심각하다고 제시한다. 특히 2004년 흑인 여성이 백인 여성보다 4.4배 구금된 반면, 흑인 남성은 백인 남성보다 6.9배 구금되었다. 라틴계 여성은 백인 여성보다 1.7배 구금된 반면, 라틴계 남성은 백인 남성보다 2.4배 구금되었다(Harrison and Beck, 2005). 20대와 30대의 흑인 남성은 모든 성 · 인종 · 연령 집단 중에서 가장 높은 구금률을 보였다. 2004년 20대 후반인 흑인 남성의 13퍼센트는 교도소나 구치소에 있었다(같은 책).

교도소에 대한 인종차별적 관점에서 별로 다루어지지 않은 문제는 아메리칸 인디언에 대한 설명이다. 로스Luana Ross(1998)는 1995년 아메리칸 인디언이 몬태나 인구의 6퍼센트를 차지하지만, 몬태나에서 남자 교도소 인구의 17퍼센트와 여자 교도소 인구의 25퍼센트가 아메리칸 인디언으로 분류됐다는 것을 지적한다. 모든 인종 중에서도 빈곤한 여성이 여자 교도소에서 과도하게 나타난다는 것(Brewster, 2003; Morris, 1987)과 빈곤한 남성과 유색인종 남성이 남자 교도소에서 과도하게 나타난다는 것은 안타깝지만 사실이다. 영국의 한 연구는 1994년 여자 교도소 인구의 25퍼센트가 소수민족 구성원이었으며, 흑인이 다수(21%)를 차지했음을 보고했다(Chigwada-Bailey, 1997, 13). 영국 남성 재소자의 16퍼센트가 소수민족 구성원이라는 것도 주목할 만하다(같은 책). 아마도 여자 교도소의 인종적 정체성에 대한 문제를 가장 제대로 말하고 있는 것은 여성의 인종적 정체성이 공식적인 교도소 인종자료와 크게 다르며, 특히 아메리칸 인디언으로 파악된 여성에게서 그 차이가 크는 사실을 보고한 최근의 연구에서이다(Abril, 2003).

오하이오 여성감화원(ORW, Ohio Reformatory for Women)은 1,700명의 재소자 중에서 56퍼센트가 흑인이며, 44퍼센트가 백인이라고 보고했다. 그들은 아시아계 미국인은 단지

1명이며 원주민은 2명이라고 보고했다(1,700명 중에서). 그러나 저자들이 1,700명의 여성 중 601명을 조사했을 때 조사에 응답한 사람의 42퍼센트, 전체 재소자 인구의 최소 14퍼센트(조사 대상자가 아니었거나 대상자가 될 수 없던 사람들 중에서 아무도 아메리칸 인디언 혈통을 보고하지 않았을 것이라고 가정할 때)에 해당하는 255명이 아메리칸 인디언 혈통이라고 보고했다(같은 책). 이들 중 많은 여성이 스스로 자신들을 다인종적이라고 인식했으나 일반인은 그들을 하나의 인종에 속한다고 인식했다고 적었다. 이 연구는 범죄자의 인종과 민족성 분류의 중요한 결함, 어떻게 공식 서류가 특히 아메리칸 인디언과 관련하여 재소자의 인종과 민족성을 잘못 나타내는지를 보여준다.

비록 계층에 대한 자료수집이 인종에 대한 자료수집보다 어렵지만, 최근의 정부 보고는 구금된 여성이 구금된 남성(주로 빈곤한 집단)보다 경제적으로 열악한 상황이었다는 의미 있는 지적을 했다(Greenfeld and Snell, 1999). 예를 들면 구금된 남성과 여성의 체포 이전 경제적 상황을 비교한 연구는 미국 주 교도소에서 (1) 여성의 40퍼센트, 남성의 60퍼센트가 풀타임으로 고용되었고, (2) 여성의 37퍼센트, 남성의 28퍼센트는 매달 600달러 미만의 소득을 가졌고, (3) 여성의 거의 30퍼센트, 남성의 8퍼센트 미만은 생활보호대상자였다는 것을 보여주었다.

인종과 계급에 덧붙여 구금된 여성의 구별되는 특징은 특히 친척 남성이나 친밀한 파트너에 의해 성적 · 신체적 폭력의 피해를 경험한 가능성이 높다는 것이다(American Correctional Association, 1990; Acoca, 1998b; Arnold, 1990; Bunch, Foley, and Urbina, 1983; Carlen, 1983; Chesney-Lind and Rodriguez, 1983; Coker et al., 1998; Fletcher, Rolison, and Moon, 1993; Fox and Sugar, 1990; Gilfus, 1992; Gray, Mays, and Stohr, 1995; Greenfeld and Snell, 1999; Immarigeon, 1987a, 1987b; Lake, 1993; Mullings, Marquart, and Brewer, 2000; Sable et al., 1999; Sargent, Marcus-Mendoza, and Yu, 1993; Simkins and Katz, 2002; Singer et al., 1995). 또한 경험적 연구는 교도소에 있는 여성이 부모의 지나친 학대적 '훈육'을 경험한 비율, 그리고 약물이나 성매매를 경험한 비율(Bunch, Foley, and Urbina, 1983; Chesney-Lind and Rodriguez, 1983)과 가정폭력을 목격한 비율(Fox and Sugar, 1990)이 이상할 정도로 높다는 것을 보여주었다. 구금된 여성과 소녀 중 많은 사람이 자신의 범죄와 구금, 성적 피해, 약물남용, 성매매가 모두 관련되어 있음을 믿는다고 응답했다(Chesney-Lind and Rodriguez, 1983; Fox and Sugar, 1990; Gilfus, 1992; Sargent, Marcus-Mendoza, and Yu, 1993; Sterk, 1999).

교도소에 있는 상습적인 여성 범죄자가 구금된 비상습적인 여성과 어떻게 다른지를 파악

[제시 5-2] 미국에서 구금된 소녀의 특성

- (몇 년 더 일찍 시작할 수도 있지만) 평균적으로 14~15세
- 빈곤하고 범죄율이 높은 지역에서 성장
- 민족적 소수 인종(구금시설에 있는 여자 청소년의 50%는 흑인, 34%는 백인, 13%는 라틴계)
- 학업수행 성적이 떨어지고, 높은 학교중퇴율
- 신체적 · 성적 · 경제적 학대나 착취의 피해자
- 약물이나 알코올 남용
- 의료적 · 정신적 건강에 대한 무관심
- 억압적인 생활, 미래에 대한 절망감

SOURCE Greene, Peters, and Associates. 1998. *Guiding Principles for Promising Female Programming*. Office of Juvenile Justice and Delinquency Prevention, October, p.2. http://ojjdp.ncjrs.org/pubs/principles/contents.html.

하는 한 연구가 수행되었다(Danner et al., 1995). 상습적인 여성과 비상습적인 여성 간의 가장 큰 차이는 대부분 사람이 예측한 것처럼 첫 체포 때의 연령, 약물남용, 범죄 심각성과 인종이나 민족의 순이었다. 구체적으로 상습적인 집단은 비상습적인 집단보다 첫 체포 때의 연령이 4세 정도 더 어렸다. 상습적인 집단은 비상습적인 집단보다 약물사용 문제를 더 많이 가졌다고 보고됐다. 상습적인 집단은 덜 심각한 범죄로 복역하게 되는 경향을 보인다. 그리고 상습적인 범죄자 중 흑인이 높은 비율을 차지한다. 연구자들은 비상습적인 집단이 더 심각한 범죄로 교도소에 있다는 놀라운 결과를 다음과 같은 가능성으로 설명한다. 즉 결과적으로 학대자를 살해했지만, 범죄 경력이 없는 피학대 여성에 의해 이것이 왜곡되었을 가능성이 있다는 것이다(같은 책).

또한 흑인 여성이 높은 비율을 차지한다는 연구 결과는 여성(그리고 남성)에 대한 인종차별적 법 집행과 관련이 있고, 흑인 소녀나 여성이 백인 소녀나 여성보다 체제에 의해 더 심하게 처리되고 낙인찍혔을 가능성이 높다.

오클라호마에서 구금된 여성에 대한 연구는 대략 30퍼센트가 기혼이며, 30퍼센트는 미혼이고, 20퍼센트가 이혼이며, 나머지는 별거 등이라고 보고했다(Holley and Brewster, 1996). 교도소 인구의 40퍼센트 이상은 흑인이며, 7퍼센트는 아메리칸 인디언, 43퍼센트는 백인이었다. 5퍼센트는 백인 라틴계, 8퍼센트는 흑인 라틴계였다(두 인종으로 이루어진). 4분의 3은 적어도 한 자녀가 있으며, 60퍼센트는 18세 이하에 첫 자녀를 낳았다. 70퍼센트 이상은 19세가 되기 전 약물을 사용했고, 25퍼센트 이상은 14세 이하에 약물을 사용했다. 3분의 1 이상은 아동이나 성인 시기에 성학대를 경험했고, 거의 절반 정도가 현재/이전 남자친구나 남편에 의한 신체적 학대를 경험했다(같은 책). 절반 이상은 다른 가족 구성

원, 일반적으로 남자형제가 구금된 적이 있었다. 3분의 1 이상은 가출한 적이 있고, 3분의 1 이상은 구금 이전에 약물치료를 경험했다. 60퍼센트는 더 많은 교육이 필요하다고 보고되었다. 대부분 경제 관련 범죄나 약물범죄로 복역했고, 교도소 복역이 처음이었다(같은 책)(구금된 소녀의 특성에 대한 요약은 〔제시 5-2〕 참조).

:: 소녀들을 위한 '교정' 시설

여성을 위한 분리된 시설은 1800년대 중반에 세워지기 시작했지만, 소녀를 위한 분리된 시설의 기원은 1900년대 초반이다(Sarri, 1987). 구치소에 있는 여성과 소녀는 일반적으로 본래 남성시설인 곳에 수감되었다. 수감된 소녀는 독방에 수용되었는데 이것은 특히 이전에 성적 · 신체적 피해율이 높은 것을 고려한다면, 그들을 높은 자살 위험에 처하게 하는 결과를 가져오기 쉽다(Chesney-Lind and Shelden, 1992). 소녀는 소년보다 사소한 범죄로 구치소에 구금되는 경향이 있지만, 구치소에 있는 소녀의 조건은 소년보다 나빴다. 그들은 독방구금의 높은 비율을 경험할 뿐 아니라 남성 직원과 다른 구치소 수용자에 의한 성폭행 위험에 처해 있는 것으로 나타났다(Chesney-Lind and Rodriguez, 1983).

청소년 범죄자에 대한 한 연구에서 자살을 생각한 적이 있다고 보고한 소녀(65%)가 소년(26%)보다 2배 이상 많았고, 소년(26%)보다 2배 이상 자살을 시도했다(56%)는 것을 발견했다(Miller, 1994). 소년소녀 모두 자살을 생각하게 된 가장 많은 이유(80%)가 '희망이 없다' 는 것이지만, 자살을 시도한 소녀(92%)는 소년(60%)보다 그 이유로 '희망이 없다' 는 것을 더 응답하는 경향을 보였다(같은 책). 소년(20%)은 소녀(0%)보다 자살을 기도한 근본적 이유가 가족 구성원의 죽음이라는 것은 주목할 만하다.

청소년 비행자의 정서장애에 대한 연구는 소년과 소녀의 반응을 분리하지 않았지만, 오하이오의 대규모 비행청소년을 대상으로 실시한 비행청소년의 심리측정 프로파일을 통해 이들이 임상적 · 정신적으로 병이 있는 인구와 상이하기보다는 더 유사하다는 것을 발견했다(Davis et al., 1991). 청소년 중 약 5분의 1은 자살 위험이 있고, 13퍼센트는 자살을 기도했다.

저자들은 표본의 성차에 대해 간단하게 토의했지만, 청소년국의 비행소녀와 정신병원에 있는 소녀의 특성을 비교하면서 '놀라운' 결과를 발견했다. 구체적으로 비행소녀는 정신병이 있는 표본보다 정서적 불안과 사회적 미숙함을 뚜렷하게 보여주고 있으며 '많은 행동적, 정서적 어려움'을 가지고 있었다(같은 책, 8). 저자들은 이 연구의 결론에서 교정진단과 치료가 정신건강을 위해 필요하며, 정신적 문제를 보이는 청소년에게 도움을 주어 그들이 비행청소년이 되지 않도록 하거나 비행청소년으로 기소당하거나 낙인찍히지 않도록 노력해야 할 필요성을 강조한다(같은 책).

성인 여자 교도소처럼 여자 청소년시설은 종종 성 고정관념과 역할을 강화한다(Gelsthorpe, 1989; Kersten, 1989; Smart, 1976). 소녀는 소년보다 엄격한 규칙과 통제 아래 있으며, 직업 훈련이나 다른 프로그램을 적게 제공받는다(Kersten, 1989; Mann, 1984). 구금된 소년과 소녀를 비교한 영국의 연구는 정책에서 성차가 없는데도 치료나 활동에서는 성차가 꽤 심각하다는 것을 발견했다(Gelsthorpe, 1989). 소녀는 어머니다운 행위, 넘치는 애정, 예민함, 우는 것 등 여성스러운 행위에 따라 보상받았다. 더욱이 활동이 성별로 규정되기조차 했다. 소년은 수영, 달리기, 탁구, 다트, 축구, 배구를 하는 반면 소녀는 옆에서 이를 지켜보아야 한다. 만약 소녀가 소년의 활동에 참여하려고 할 경우 그들은 '말괄량이' '정숙하지 못한 사람'이라는 부정적인 낙인이 찍혔다. 반면에 직원들은 소녀를 '결혼과 가족생활을 위한 존재'로 보았기 때문에 소녀의 활동에 호리호리함을 유지하기 위한 운동과 바느질, 요리를 포함시켰다(같은 책, 114).

최악의 경우 비행소녀시설은 구치소처럼 여자 청소년 범죄자에게 위험한 곳으로 판명되었다. "국내의 구금센터detention center와 소년원 상태에 대한 연구는 많은 경우 소녀를 보호하기보다는 오히려 그들의 욕구를 무시하고, 어떤 경우 소녀에게 피해를 입힌다고 지적한다"(Chesney-Lind and Shelden, 1992, 164). 이것은 1989년 공공 청소년시설에 있던 소녀의 22퍼센트와 소년의 3퍼센트가 비행이 아닌 이유(예를 들면 지위비행, 학대와 방임, 자발적 수용)로 거기 있었다는 사실을 고려한다면 특히 불안하다(U.S. Department of Justice, 1991a). 형벌 개혁의 중요한 영역은 여자 청소년 범죄자의 시설화를 피하고 처우를 변화시키는 것이다. 여성 재소자 수가 크게 증가한 것을 고려한다면, 이는 중요한 예방적 노력이 될 수 있다.

:: 여성 구금의 심리학적 측면

여성 재소자를 더 조정 가능하고, (구금된 남성과 비교해서) 의학적 요구가 큰 것으로 다루려는 형벌 체계는 여성을 남성 재소자보다 더 병리화하는 경향을 간과하고 있다(Maeve,

1999a). 달리 말하면 교도소 체계는 이런 여성을 '아픈' 것으로 취급하면서도 여성들이 신체적 병뿐 아니라 우울증에 대해 끊임없이 도움을 요청하는 것을 불평했다.

여성과 소녀 구금에서 어려운 측면은 상대적으로 높은 비율의 자기파괴적인 행동이다. 일부 연구자들은 구금된 남성이 다른 재소자나 교도소 직원을 폭행하는 등 분노를 외면화하는 경향이 있는 반면, 구금된 여성의 불균형적으로 높은 자살 시도(Maeve, 1999a; Miller, 1994), 감방 파괴, 자해 등은 분노를 내면화하는 여성 성향 때문이라고 추측한다(Dobash, Dobash, and Gutteridge, 1986; Fox, 1975). 자해하는 이유 중 하나는 구금된 여성이, 특히 외상적 과거로 부터 살아남기 위한 노력으로 모든 감정을 끊도록 자신을 훈련하기 위해 여성들이 무엇인가를 느끼는 방식이라는 것이다(Morris, 1987). 페이스Faith(1993b, 230)는 구금된 여성과 소녀의 자해가 다음의 두 가지 현상과 관련이 있다고 보았다. 첫째, 여성과 소녀는 종종 '자신의 분노를 더 적절한 대상에게(자신보다는) 돌리는 것에 어려움을 느낀다.' 둘째, 스스로 상처를 입히는 여성과 소녀 대부분은 아동기 성학대의 생존자다(같은 책). 높은 비율의 문신(일부는 자해로 보는)에 대해 페이스(같은 책, 239)는 이렇게 설명한다. "전통적으로 문신은 일반적으로 서구 '일탈자', 특별하게는 재소자가 부랑자 문화와 함께 자신들의 정체성을 나타내는 것일 뿐 아니라 자신의 신체에 대한 소유권을 주장하는 핵심 수단이었다."

여성 재소자의 대다수가 보고하는 외상 경험에 대한 충분한 증거에도 불구하고 적절한 정신의료인에 대한 접근은 여자 교도소에서 지속적으로 문제가 되어왔다. 1970년대부터 최근까지 일리노이에 있는 드와이트 교도소Dwight Prison에서는 교도관의 부인이나 교도소 전화교환원 등 자격을 갖추지 않은 사람이 치료가로 고용되었으며, 매달 한 번 교도소에서 일하는 방문 정신과 의사만 있었을 뿐 심리학자는 없었다(Dodge, 2002). 최근 미국 정부 보고는 정서장애로 치료를 받는 남성 재소자 비율에 관한 보고는 하지 않고 구치소에 있는 여성의 17퍼센트, 주 교도소에 있는 여성의 23퍼센트가 향정신성 약물처방을 받는다고 설명한다(Greenfeld and Snell, 1999). 그러나 그런 약물이 남자 교도소보다 여자 교도소에서 더 일반적이라는 다양한 증거가 있다(Auerhahn and Leonard, 2000; Heidensohn, 1985; Mann, 1984; Morris, 1987; Ross and Fabiano, 1986). 구금된 여성과 소녀의 향정신적이고 평정을 찾게 하는 약물처방은 (1) 여성은 남성보다 구금을 심각하게 경험하고(Morris, 1987), (2) 여성은 자녀와의 분리로 인해 더 큰 고통을 경험하고(같은 책), (3) 교도소 직원이 사회적으로 여성을 통제하기 위한 (남성과 비교해서) 비의료적 약물사용을 가치 있게 여기거나 정당화하는 것에 기인한 것일 수도 있다(Auerhahn and Leonard, 2000; Compton-Wallace, 2003; Fletcher and Moon, 1993b; Sarri, 1987).

불행히도 이런 약물은 태아에게 매우 해로울 수 있는데, 의료계 직원이 여성이 임신했는지 여부를 검사하지 않고 이런 약물을 빈번하게 처방한다는 일부 지적도 있다(McHugh, 1980). 비슷하게 문제가 되는 것은 이런 약물을 처방받은 여성 구금자가 지나치게 약물을 복용해 재판에서 잠들거나 자신을 방어할 수 없게 되어 '지나치게 가혹한 결과'를 경험한다는 최근 연구 결과다(Auerhahn and Leonard, 2000). 또 다른 중요한 문제는 원주민 여성을 위한 교도소 향정신제 약물의 처방과 관련해 루아나 로스가 언급한 내용이다.

> WCC(Montana's Women's Correctional Center)에 있는 많은 원주민 여성은 거리를 두고 자신과 관련된 일들이 어떻게 처리되었는지를 관찰함으로써 가혹한 교도소 환경에 반응하게 된다. 교도소 카운슬링 직원은 분노의 억압 등 그들의 행위적 반응을 잘못 해석함으로써 정신에 영향을 주는 다양한 약물의 과도한 처방을 이끌어냈다. 이들 여성은 카운슬링 직원이 원주민과 그것이 어떻게 관련되는지 알지 못했기 때문에 자신들을 약물로 통제하고자 했으며, 약물을 강제로 취하게 했다고 믿는다(2000, 134).

약물과의 전쟁이 여성 구금률의 높은 증가를 불러왔지만, 여성이 체포와 구금 이전(Alemagno, 2001; Sterk, 1999), 구금 기간에(Alemagno, 2001; Belknap, 2000; Gray, Mays, and Stohr, 1995; Moon, Thompson, and Bennett, 1993; Pollock, 2002; Prendergast, Wellisch, and Falkin, 1995; Wellisch, Prendergast, and Anglin, 1996) 약물치료 프로그램에 접근하는 데 종종 어려움이 있다는 것은 약간의 아이러니 그 이상이다. 또한 구금된 많은 여성이 구금 기간에 비의학적 이유로 향정신제 약물의 상당한 양을 빈번하게 제공받은 반면에 '깨끗하고 맑은 정신'이 되기 위한 프로그램의 접근은 어려움이 따랐다(Auerhahn and Leonard, 2000). 구금된 많은 여성이 형량을 마친 후 어떻게 약물을 끊을 것인지 걱정한다. 구금 이전과 구금 기간, 구금 이후 적절한 약물치료 프로그램의 부족은 여러 가지 문제가 있지만, 약물남용 죄수의 재범과 교도소 재입소율이 높기 때문에 가장 큰 문제가 되고 있다(Moon, Thompson, and Bennett, 1993; Singer et al., 1995).

여성을 위한 약물과 알코올 프로그램이 실행될 때는 두 가지 문제를 고려해야 한다. 첫째, 신체적이고 성적인 학대에서 생존한 많은 여성 재소자는 약물의존 치료에서 특별한 고려를 요할 수 있다(Moon, Thompson, and Bennett, 1993; Singer et al., 1995). 둘째, 종종 약물치료 프로그램은 매우 낮은 자존감을 가진 이들 여성에게 역효과를 가져오는 수치심 Shaming 전술을 사용한다(Sterk, 1999).

구금된 여성의 치료와 수용에서 또 다른 문제가 되는 아이러니는 교도소가 이미 많은 수치를 당하고 낙인찍히고 학대받고 무시된 집단의 욕구를 무시하고, 더 나아가 수치심을 안겨주고 낙인찍고 피해를 입도록 경험하게 만드는 방식이다(Dodge and Pogrebin, 2001; Pogrebin and Dodge, 2001). 이런 여성들 대부분은 범죄와 구금 이전에 경험한 빈곤, 성차별주의, 인종차별주의, 계급차별주의를 뚫고 나가기 위해 새로운 기술을 습득해 교도소를 떠난다. 그러나 이들의 교도소 경험은 종종 좋지 못한 자아상을 악화시키며, 이들은 구금 기록과 뒤떨어진 자존감을 가지고 기술 없이 자신과 부양가족을 위해 적법한 길을 찾아야만 한다.

다음 부분에서 더 자세히 다루어지는 또 다른 심리학적 스트레스 원인은 가족, 특히 자녀와의 분리에 관련된 죄책감과 걱정이다(Dodge and Pogrebin, 2001). 이전에 설명했듯이 구금에서 제도화된 성차별주의의 한 형태는 여자 교도소 수가 적어서 일반적으로 여성 재소자가 남성보다 가족과 지원 체계, 자녀와 멀리 떨어진 곳에 구금된다는 것이다(Farrell, 1998). 여성 재소자는 자녀와의 접촉이 부족해 구금에서 남성보다 죄책감을 더 느끼는 경향이 있다. 여성 재소자는 조부모와 양부모, 자녀를 책임지는 다른 일시적인 보호자가 자녀를 적절하게 보살필 수 없을지 모른다고 걱정하는 경향이 있다(Baunach, 1992). 또한 유죄판결이 불공정하다고 믿는 여성은 자녀와의 분리로 더 큰 상처를 받았다고 느끼는 경향이 있다. 이런 이유로 구금된 여성이 자녀와의 분리로 경험하는 고통뿐 아니라 자녀, 특히 아직 어리고 의존적인 자녀가 어머니와의 분리로 인해 경험하는 고통을 인식하면서 이에 대한 정책이 개발될 필요가 있다(Bloom and Steinhart, 1993; Farrell, 1998; Sharp and Marcus-Mendoza, 2001).

마지막으로, 여성 재소자의 면회가 적은 이유는 여자 교도소의 지리적 고립 때문만은 아니다. 가족이 여자 구성원(아내, 어머니, 딸, 여자형제)에 대립해서 남자 구성원(남편, 아버지, 아들, 남자형제)에 다른 가치를 둔다는 것은 구금된 여성이 남성보다 가족 방문을 적게 받는다는 점에서 분명하다. "여성이 그 지역의 구치소에 있을 때조차(먼 교도소로 보내지기 전) 그들은 남성만큼 가족과 파트너, 친구의 방문을 받거나 인간적인 충실을 경험하지 못했다" (Swain, 1994).

최근의 한 연구는 구금된 여성의 거의 절반이 가족과 접촉이 없다고 보고했다. 대부분의 경우 여성은 가족과 접촉하고자 반복적으로 노력했지만, 가족의 거절로 상처를 받아 가족 접촉을 포기하게 된다(Dodge and Pogrebin, 2001).

:: 부모자녀의 관계: 재소자 간의 성차

구금된 여성 1명당 평균 부양자녀 수는 2~3명이며(Abril, 2003; American Correctional Association, 1990; Baunach, 1985; Fletcher, Rolison, and Moon, 1993; Greenfeld and Snell, 1999; Johnston, 1995a; McGowan and Blumenthal, 1976, 1978; Sharp and Marcus-Mendoza, 2001), 1999년 정부 문서는 미국에서 23만 3,600명의 어린이가 구치소나 주 혹은 연방 교도소에 어머니가 있다고 보고했다. 또한 어머니가 보호관찰을 받고 있는 어린이도 100만 명 이상이었다(Greenfeld and Snell, 1999). 그리고 교도소로 들어가는 5명의 여성 중 약 4명, 5명의 남성 중 약 3명이 부모다. 이들 중 대부분의 구금된 여성이 구금 이전에 자녀를 보호하고 있었고, 남성은 절반 미만이 자녀를 양육하고 있었다고 보고한다(Church, 1990; Johnston, 1995b; Koban, 1983). 그러나 최근의 한 연구에 따르면 미성년 자녀가 있는 구금된 여성의 65퍼센트, 미성년 자녀를 둔 구금된 남성의 47퍼센트가 구금 이전에 자녀와 함께 살았다고 보고했다(Schafer and Dellinger, 1999).

복역 기간에 남녀가 겪는 스트레스에서 가장 큰 차이 중 하나는 자녀와의 분리가 일반적으로 남성보다는 여성에게 더 큰 고충이라는 점이다. 구금된 아버지는 구금된 어머니보다 양형 기간에 자녀를 돌보는 다른 부모가 있는 경우가 훨씬 더 많다(Bloom, 1993; Rafter, 1985; Sharp et al., 1999). 실제로 구금된 여성의 20~30퍼센트만 교도소로 들어갈 때 자녀의 아버지가 주로 이들을 보호하는 반면(Enos, 2001; Johnston, 1995b; Schafer and Dellinger, 1999; Sharp and Marcus-Mendoza, 2001), 구금된 아버지의 약 90퍼센트는 구금 기간에 배우자가 자녀를 주로 보호한다(Johnston, 1995b; Schafer and Dellinger, 1999).

사실 구금된 여성의 자녀는 구금된 남성의 자녀보다 위탁보호를 받는 경우가 약 5배 많다(Johnston, 1995b; Sharp et al., 1999). 구금된 남성과 비교해서 구금된 여성이 자녀와 재결합하기 위해 강하게 헌신한다는 증거는, 여성 재소자가 주된 보호자인 경우 교도소에 대한 대안적 판결에 좀 더 순종적이라는 (그리고 보다 긴 기간을 기꺼이 견딤) 것을 밝혀낸 최근 연구에서 분명하게 드러난다(Wood and Grasmick, 1999). 오웬Owen(1998, 101)은 300여 명의 여성 재소자를 대상으로 한 연구에서 대부분의 여성과 자녀와의 관계를 '신성한' 것으로 묘사하면서 "외부 세상에 대한 애착이 남성 재소자 사이에서는 거의 발견되지 않는다"라고 규정한다.

구금된 여성이 자녀와 분리되는 것으로 고통을 받는다는 사실을 인식하면서 어머니가 구금될 때 대부분의 자녀가 당하는 고통을 함께 인정하는 것이 매우 중요하다(Bloom and

Steinhart, 1993; Henriques, 1996; Kampfner, 1995; Owen, 1998; Pollock, 2002; Sharp et al., 1999). 어머니의 구금으로 인한 분리를 경험한 청소년은 그렇지 않은 청소년보다 교도소에 갈 가능성이 높다(American Correctional Association, 1990; Bloom and Steinhart, 1993; Luke, 2002; Myers et al., 1999; Sharp et al., 1999). 대부분의 구금된 여성은 석방 후 자녀와 재결합하기를 원하며, 구금된 여성의 자녀 대부분이 어머니와 재결합하기를 원한다는 것을 고려하면서 이런 일의 발생과 역동성을 관찰하는 것이 중요하고 필요하다.

"재결합에 긍정적인 것은 구금 기간에 어머니가 자녀와 지속적인 접촉 기회를 가진 결과다"(Henriques, 1996, 85). 그러므로 교도소에서는 그런 방문 프로그램을 계획할 필요가 있다. 그리고 구금된 여성, 특히 빈곤층 여성(교도소에 있는 대부분의 여성)에게는 자녀와 멀리 떨어져 있는 것이 구금 경험을 악화시킬 뿐 아니라 그들의 자녀에게도 파괴적이면서 지속적인 영향을 줄 수 있다는 것을 인식할 필요가 있다(같은 책).

구금된 여성은 구금된 남성보다 정서적 · 경제적으로 훨씬 더 자녀에게 꼭 필요한 부양자다. 실제로 구금된 남성은 구금된 여성보다 부양자녀가 어디서 사는지에 대해 잘 알지 못한다(Sharp et al., 1999). 여성 재소자가 남성보다 자녀에 관심을 더 보일 뿐 아니라 자녀도 구금된 아버지보다 구금된 어머니에게 훨씬 많은 영향을 받는 경향이 있다. 부모가 교도소에 가게 된 자녀는 아버지보다 어머니의 구금에 훨씬 많은 영향을 받는다는 것에 대한 일반적 용인은 이 주제에 대한 초기의 책 제목들에서도 분명하게 나타난다. 이런 책으로 『부적당한 어머니Unfit Mothers』(Mahan, 1982), 『어머니가 구치소에 갈 때When Mothers Go to Jail』(Stanton, 1980), 『왜 자녀를 처벌하는가Why Punish the Children』(McGowan and Blumenthal, 1978) 등이 있다.

사실 구금된 아버지와 그들 자녀 간의 관계 문제를 다룬 연구를 찾기란 쉽지 않다. 한 연구는 부양자녀를 두고 구금된 어머니의 경우 입소 전 그녀의 직업을 통해 벌어들이는 돈은 가족소득의 대부분을 차지했으며, 구금 후에는 '다른 사람의 도움'이 3배가 되었고, 중요한 비율을 차지하게 되었다는 것을 발견했다(Sharp and Marcus-Mendoza, 2001). 더욱이 여성의 구금으로 가족소득은 연간소득 약 29,400달러에서 10,700달러로 감소되었다. 그러나 어머니의 구금 이전에는 그 가족 중 10퍼센트가 정부로부터 자녀 양육비를 받고 있었는데, 구금 이후에는 그들 중 단지 2퍼센트만 받고 있었다. 이는 구금된 어머니가 구금된 동안 자녀를 돌보는 친척이 경제적으로 곤란을 겪을 가능성이 있음에도(Sharp and Marcus-Mendoza, 2001), 이들을 위해 경제적 도움을 청하는 것이 자녀를 친척과 살도록 두기보다 자녀를 시설에 보내는 결과를 가져올지도 모른다는 생각 때문에 정부에 도움을 청하는 것을 두려워했기 때문일 수 있다(Carlen, 1983).

어머니가 구금된 경우 자녀를 가장 많이 돌보는 사람은 조부모인데, 보통 외할머니가 돌본다(Belknap, 2000; Bloom and Steinhart, 1993; Enos, 2001; Farrell, 1998; Owen, 1998; Schafer and Dellinger, 1999; Sharp and Marcus-Mendoza, 2001; Sharp et al., 1999). 대부분의 여성 재소자는 구금된 동안 자녀가 머물 곳을 결정하는 데 적극적으로 개입하고 싶어 한다. 그리고 선택권이 주어질 때 그들은 대부분 자신의 어머니에게 자녀를 부탁한다. 이는 주로 외할머니가 자녀의 생활에서 중요한 역할을 하고 있으며, 구금된 어머니가 석방 후 다시 보호하는 데도 여러모로 이롭기 때문이다(Baunach, 1992). 일부 연구에서 아버지가 구금된 여성의 부양자녀에 대해 그 다음으로 많이 돌보는 사람이었다는 것을 보고하지만(Enos, 2001; Sharp and Marcus-Mendoza, 2001; Sharp et al., 1999), 다른 연구들은 그 다음으로 많이 돌보는 사람이 어머니의 또 다른 친척(예를 들어 이모)이라고 지적한다(Owen, 1998). 구금된 여성의 자녀는 어머니의 구금 이후 전학을 하고, 경제적으로 과거보다 어려움에 처할 가능성이 높다(Sharp and Marcus-Mendoza, 2001; Stanton, 1980). 또한 자녀를 처음 맡았던 사람이 가족 구성원 중 누구라고 치더라도 어머니의 구금 기간에 지속적으로 부양하리라는 보장도 없다(Johnston, 1995b; McCarthy, 1980).

장기복역을 할 경우 부양자녀의 보호환경에 마음 아파하는 어머니는 구금 기간에 높은 수준의 스트레스를 보인다(Berry and Eigenberg, 2003). 돌보는 사람들이 특히 조부모인 경우 육아가 경제적 · 정서적 · 신체적으로 많은 에너지를 소진시킨다는 것은 그리 놀랄 일이 아니다(Enos, 2001).

구금된 어머니는 자녀를 돌보는 사람의 적합성과 위험성을 종종 걱정한다(Enos, 2001; Sharp and Marcus-Mendoza, 2001). 비록 약물범죄로 구금된 남녀에 대한 한 연구에서 여성이 남성보다 자녀가 집에 있는 동안 약물을 더 사용했다고 밝히고 있지만(Sharp et al., 1999), 다른 연구는 여성이 교도소에 있는 동안 보호 역할을 맡은 일부 아버지가 자녀 앞에서 약물을 사용하고 학대한다는 사실을 발견했다(Enos, 2001)(물론 여성이 자녀를 더 보호한다고 가정하면, 이것은 몹시 놀라운 일이 아니다). 최근에 고찰한 주요 사실은 매우 역기능적 가족 출신의 구금된 여성의 자녀가 다시 어머니의 부모(자녀의 외조부모)에게 간다는 가능성에 대해 시사하고 있다.

샤프Sharp와 마커스멘도사Marcus-Mendoza(2001)는 이 문제를 분석했고, 구금된 여성의 자녀가 어머니가 어릴 때 약물, 알코올 문제를 보였던 조부모에게 가는 비율이 상당히 높다는 사실을 발견했다. 더 놀라운 것은 아동일 때 부모가 자신을 신체적 · 성적으로 학대했다고 보고한 구금 여성이 그런 부모의 학대가 없었다고 보고한 구금 여성만큼 자녀를 이런 학대적인 '보호자' 에게 보낸다는 사실이다(같은 책).

여성의 구금을 둘러싼 가장 많은 논쟁 중 하나는 그들이 영아와 어린 자녀를 교도소에서 데리고 있도록 허용해야 하는지 여부다. 일부에서는 죄 없는 어린이가 교도소에서 양육되어서는 안 된다고 주장한다. 다른 한편에서는 죄 없는 어린이가 어머니와 분리되는 것이 불공평하다고 주장한다. 재소자의 자녀에 대한 포괄적 문제를 다룬 책은 이렇게 설명한다. "그들은 종종 그 가정과 학교, 지역사회에서 갑작스럽게 이동하게 되며, 돌보는 사람에게서 다른 사람에게로 왔다갔다하며, 부모나 형제자매를 만날 기회를 박탈당하고, 친구들에게 괴롭힘을 당하거나 따돌림을 당하며, 자신에게 일어난 일을 스스로 이해하고 받아들여야 한다" (McGowan and Blumenthal, 1978).

이런 자녀의 학업과 행동에서 문제가 어머니의 구금 이후에 시작되거나, 그 이후에 더 나빠진다는 것은 놀랍지 않다(Sharp and Marcus-Mendoza, 2001; Stanton, 1980). 비록 일부 여성은 아동 방임과 학대, 자녀살해로 구금되지만, 훨씬 더 많은 수가 자신이나 자녀를 부양하려고 물건을 훔치거나 성매매를 한 이유로 교도소에 구금되어 있다. 자녀에게 해를 끼치거나 자녀살해로 교도소에 있는 소수의 여성은 다른 어떤 사람보다 다른 재소자들의 배척에 직면한다는 것은 주목할 만한 일이다(Kaplan, 1988; Mahan, 1984).

오클라호마의 구금된 여성에 대한 연구가 그들의 자녀가 높은 비율의 우울증, 가출, 불량한 학교생활, 중퇴, 보호자와의 불화, 약물이나 알코올 문제를 보고했다는 것을 발견했다는 사실은 별로 놀랍지 않다(Sharp and Marcus-Mendoza, 2001). 구금 여성의 15퍼센트는 자녀가 자신의 구금 중에 체포되었다고 보고했다(같은 책). 교도소와 구치소는 자녀의 방문, 구금된 여성이 출산한 아기의 양육과 관련해 다양한 정책을 가지고 있다. 초기의 많은 여성 감화원이 아기와 어린 자녀를 2세가 될 때까지 어머니와 함께 교도소에 있게 하는 것을 허용했다(Lekkerkerker, 1931).

매사추세츠에 있는 감화원은 1880년 육아실을 만들었고, 모든 여성이 아기를 방문하고 돌보도록 도와주었다. "이런 '공동' communal 육아는 여러 가지 면에서 가장 효과적 치료라고 증명되었다" (Janusz, 1991, 11). 최근에 사회복지사들은 임신한 재소자가 출산한 아기를 친척에게 돌보도록 할 것인지, 입양을 보낼 것인지의 여부를 결정하도록 했다(Baunach and Murton, 1973). 아이러니하게 여자 교도소는 '어머니와 영아 간의 유대나 여성 죄수의 사회복귀를 위한 방법으로 어머니 역할 기술의 양성' 을 간과하면서도 고정관념적인 성역할은 옹호한다(Dodge, 2002, 245).

덴마크, 영국, 러시아, 대만, 자메이카, 페루, 인도, 캐나다의 일부 지역에서는 여성이 자녀를 5∼6세까지 데리고 있는 것을 허용한다(Henriques, 1994; Vachon, 1994; Weintraub, 1987). 여자 교도소에 대한 비교연구는 구금된 어머니와 함께 사는 것이 금지된 자녀가 더 빈번하게 문제를 일으킨다고 사실을 보고했다(Weintraub, 1987). 전체적으로 어머니와 자녀의 접촉이나 관계 유지를 허용하는 유연성이 미국에서는 제한적인 것으로 나타난다. 다섯 교도소 중 두 곳이 어머니와 자녀 간의 확대 방문을 허용한다(American Correctional Association, 1990). 그리고 미국의 몇몇 여자 교도소는 여전히 영아가 2세가 될 때까지 어머니와 교도소에 살도록 허용한다(Baunach, 1982, 1992; Haft, 1980; Haley, 1980; Heidensohn, 1985; Holt, 1982; McCarthy, 1980; Schupak, 1986).

육아실을 가진 대부분의 미국 여자 교도소는 양부모나 다른 돌보는 사람이 결정될 때까지 일시적으로만 아기를 수용한다(Boudouris, 1985; Pollock, 2002b). 최근의 한 연구는 1900년대 초반 몇몇 주 교도소에 아기를 위한 숙박시설이 있었지만 '현재는 4개 주인 뉴욕, 캘리포니아, 네브래스카, 사우스다코타만 여성에게 신생아와 일정 기간 함께 보내는 것을 허용한다' (Pollock, 2002a, 144). 구치소의 절반 미만이 여성에게 자녀와의 접촉 방문(그들이 서로를 만지고, 잡고, 자유롭게 이야기를 나눌 수 있는)을 허용한다. 그러나 미국의 모든 여자 교도소에서는 어머니와 자녀의 접촉 방문을 허용한다(American Correctional Association, 1990).

한 연구에서 구금된 여성의 절반 이상이 자녀가 방문한 적이 없다고 보고했는데, 가장 많은 이유가 자녀가 사는 집과 교도소가 너무 멀리 떨어져 있다는 것이었다(Bloom, 1993). 어머니와의 의사소통이 제한되는 것은 자녀, 특히 어린 자녀에게 힘들고 당황스러운 일이 될 수 있다. 특히 이들이 버려졌다고 느낀다면 더욱 그렇다. 게다가 미국 재소자에게 매달 15분의 (수신자부담)전화만 허용하는 것은 드문 일이 아니다.

구금된 여성의 자녀는 친척이나 주의 위탁가정, 아니면 다른 시설에서 돌본다. "교도소에 있는 어머니가 직면하는 가장 고통스러운 문제 중 하나는 자녀를 잃게 될 수 있다는 가능성이다. …… 또한 자녀에 대한 걱정에서 발생하는 무력감이 있다" (Fox, 1975, 192). 많은 여성이 자신들이 석방될 때 위탁부모나 친척한테서 자녀보호 역할을 다시 얻는 것이 어렵거나 불가능할 수 있다고 걱정한다. 어머니의 구금 기간에 자녀와 함께 '사라지는' 아버지의 예도 있다.

아동복지법은 많은 구금된 어머니, 특히 편모가 직면해야 하는 상황이라고 할 수 있는 '부모가 양육하는 자녀와 적절한 관계를 유지하는 데 실패한다면 부모권리의 종결하는 것' 을 허용하고 있다(Bloom, 1993, 66). 실제로 예전에 징역형이 여성에게 부모권리를 빼앗아가는 이유로 사용된 예가 일부 있으며(Haley, 1980; Knight, 1992), 오늘날도 직접적이지 않더라도 간접적인 것 이상으로 허용되고 있다(Pollock, 2002). 관련 연구들은 일부 구금된 여성이 아동일 때 자신을 학대했던 부모나 보호자에게 자녀를 보낸다는 사실을 밝혀냈다(Maeve, 1998; Sharp and Marcus-Mendoza, 2001). 더 나아가 1997년 안전가정입양법 Adoption of Safe Families Act은 위탁보호를 15개월 이상 받은 자녀를 가진 구금된 어머니의 보호권 종결을 허용한다(Raeder, 2003). 다른 아동복지정책도 부양자녀의 보호권을 유지하고자 할 경우 구금된 어머니에게 불이익으로 작용한다(Luke, 2002). 이런 많은 정책과 법, 실무에서 본질적인 것은 보호자로서 다른 대안이 별로 없는 편모에 대한 제도화된 차별이다(Raeder, 2003). 아이러니하게 구금된 여성은 구금된 남성보다 부모권리가 더 많이 취소된다(Fletcher and Moon, 1993b).

교도소에서 석방되는 많은 여성의 첫째 목표 중 하나가 자녀보호권을 회복하는 것이라는 점은 놀랍지 않다. 그들은 교도소를 떠나면서 현실적으로 어려운, 안정된 주거와 직장이 있다는 것을 증명하도록 요청받을 수 있다. 생활보호로 돌아가는 것조차 거대한 '관료적 형식주의' 때문에 오랜 시간을 허비할 수 있다. 그렇다 보니 여성은 종종 고리대금업자나 친구, 가족한테서 돈을 빌리는 처지에 놓이게 된다(Stanton, 1980). 더욱이 구치소에 있는 수많은 어머니가 구금 기간 남성 파트너나 남편에게 유기나 이혼을 당한다고 한다(같은 책). 결론적으로 교도소가 여성 범죄자에게 아내와 어머니로서 '적절한' 성역할을 하도록 프로그램을 갖고 있지만, 동시에 그들에게 가장 어린 자녀까지도 접촉을 유지하도록 준비하지 않거나 거의 하지 않는다는 것은 아이러니한 일이다(Haft, 1980; Knight, 1992; Sarri, 1987).

:: 교육과 직업, 레크리에이션 프로그램

전형적으로 여성 재소자는 훈련이나 교육을 받기에 충분할 정도로 영리하지 않거나 이런 교육을 받을 가치가 없으며, 이런 이유로 교도소 안팎에서 의존적 상태를 확인하는 것처럼 보였다. "일반적으로 여성 범죄자를 위한 처우와 훈련 프로그램은 남성 범죄자의 것과 양이나 질, 다양성 면에서 확연하게 빈약하며 일반적으로 상당한 차이가 난다" (Ross and Fabiano, 1986). 더욱이 여성은 교육, 직업 기회, 외부통근 프로그램, 중간 처우 시설, 귀휴, 그 밖에도 미국에서 구금된 남성에게 유용한 다른 프로그램을 접할 기회를 제한하거나 이들 프로그램에서 단순히 배제되었다(Janusz, 1991; Pollock, 2002; Rafter, 1989)(이는 남자 교도소에 있는 교육과 훈련 프로그램이 적절하거나 모델이 되어야 한다는 사실을 함축하는 것은 아니다).

참으로 과거 수십 년 동안 구금된 여성이 제기한 소송의 대부분은 공평한 처우에 대한 접근에서의 성차별과 관련된 것이다. 예를 들면 레크리에이션 시설에 대한 불균형이나 방의 크기 등과 관련된 것이다(Rafter, 1989). "모든 것(구금된 여성에 의한 성차별소송)은 남녀 재소자가 처한 상태를 비교한다. 여성의 상태가 더 나빴다고 결론이 나면, 그 차이는 수정헌법 제14조 공평한 보호조항에 위배되는 성차별이 된다고 주장한다"(같은 책, 90).

역사적으로 여성차별에 대한 정당화는 그들이 중요한 '생계책임자'가 아니라거나 높은 보수를 받는 직업을 가질 필요가 없다는 사실에 기반하고 있다(Smart, 1976). 이런 상황은 조금씩 개선되고 있지만, 여전히 여자 교도소 프로그램의 주제는 여성의 가장 수용 가능한 역할은 어머니와 아내 역할이라는 사회의 편견을 반영하고 있다(Carlen, 1983; Diaz-Cotto, 1996; Feinman, 1983; Natalizia, 1991). 가정부나 아내, 어머니로서의 여성에 대한 초점은 가구주인 여성 수가 많고 증가하고 있다는 사실을 명백하게 부정하고 있다. 더 나아가 직업 훈련과 각종 프로그램을 누가 '받을 만한가'에 대한 가정은 종종 성차별적이다.

여자 교도소 프로그램이 부족한 이유에 대한 또 다른 변명은 여성이 전체 재소자 중 낮은 비율을 차지하며, 남성과 비교할 때 상대적으로 단기간 복역한다는 주장이다. 미국에서는 구금된 여성에게 주어지는 직업이 거의 없다. 있다고 하더라도 시장성 있는 '직업기술이라고 여겨지지 않는 일들'이다(American Correctional Association, 1990, 38). 구치소 프로그램은 교도소보다 구금된 여성에게 더 제한적이고(Glick and Neto, 1982; Gray, Mays, and Stohr, 1995), 외부통근 프로그램이 구금된 여성보다는 구금된 남성에게 훨씬 더 많이 주어진다는 사실에 주목해야 한다(Diaz-Cotto, 1996; Ross and Fabiano, 1986). 실제로 1980년대에도 1900년대 초 이래로 여성 재소자에게 제공되어 온 프로그램과 교육 기회에서 거의 변화가 없었다(Sarri, 1987).

역사적으로 여자 교도소는 화장술, 일반사무 기술, 타자, 바느질, 미용기술, 가사 등의 프로그램을 가지고 있었지만, 석방 후 경제적 독립에 도움이 되는 기술 훈련은 거의 없었다. 이것은 교도소의 교육, 직업 프로그램에서 성차를 고찰할 때 특히 문제가 된다. "남성이 용접기술, 전기, 건설, 재단, 컴퓨터, 납공업 프로그램과 대학 프로그램에 접근할 수 있는 반면에 여성은 미용기술, 탁아, 키펀치, 간호사보조 프로그램 등을 배울 수 있으며 종종 고등학교 수업이 여성에게 이용 가능한 단 하나의 교육이다"(Pollock, 2002, 56).

디아즈코토Diaz-Cotto(1996, 284)의 매사추세츠 뉴베드퍼드New Bedford 교도소에 대한 연구는 1970년대 제공된 직업 교육이 정보화 과정과 미용기술뿐이었지만, 1980년대에는 전기, 일반사무 교육, 건물관리, 컴퓨터 프로그래밍, 상업미술, 음식 서비스, 인쇄 등으로 확대되었다고 보고했다. 그녀는 1980년대 때때로 비전통적('남성적인') 직업 훈련이 수행되었지만(예를 들어 자동차기술), 여성은 석방 후 이런 직업을 갖기 힘들고 직원의 저항이나 남자 교도소 프로그램 지원과의 경쟁 등으로 오래 지속되지 못했다고 보고했다. 구금된 많은 여성이 아동기에 외상적 스트레스에 노출되었고 이것이 "자녀에 대한 효과적인 부모 역할을 위협할 수 있다"는 점을 고려하면 부모 역할 프로그램은 여자 교도소에 필요한 것이다(Myers et al., 1999)(그리고 그 문제에 대해서 남성의 경우도 마찬가지다).

그런데 정책에 문제를 제기하고, 제한된 교육과 직업 기회를 변화시키고자 한 여성 재소자는 종종 장기간의 독방수용 처벌을 받는다(Sarri, 1987). 일부 소송이 교도소 직업 프로그램과 교육 기회의 성차별에 적극적으로 의견을 제시했지만 연방법원의 결정은 "교도소 과밀화, 남성 관리자의 지배와 저항, 입법가와 법관의 징벌적 태도와 많은 사회 개혁을 목표로 하는 조직이 이런 범죄자의 곤경에는 관심을 기울이지 않았기 때문에 거의 영향력을 발휘하지 못했다"(같은 책, 417).

재소자와 직원 모두 구금 기간에 여성을 위해 가장 가치 있는 프로그램으로 교육을 꼽았다(Glick and Neto, 1982; Mawby, 1982). 여성 재소자는 일반적으로 남성보다 구금 이전에 교육을 적게 받았다(Sharp et al., 1999). 모든 구금 여성 중 3분의 1 미만이 들어올 때 고졸 상태였다(American Correctional Association, 1990). 그리고 구금 이전에 더 많은 교육을 받은 여성이 교도소 교육 프로그램에 더 적극적으로 참여한다(Mawby, 1982). 남녀 공용 교도소에 대한 한 연구는 여성과 남성이 비슷하게 직업 프로그램을 요구한 반면, 학문적 프로그램에 대해서는 여성이 남성보다 더 요구했다는 것을 발견했다(Wilson, 1980).

최근의 연구는 고졸자격검정고시과정(GED)을 마친 구금 여성의 재범률은 낮은 반면(가정된 것과 같이 취득하지 않은 여성보다), 직업기술 프로그램의 수료는 실제로 재범 시기를 앞당긴 것으로 (가정된 것과 반대로) 나타났다. 저자는 이것이 직업기술 프로그램의 수요가 적거나 그들이 이것을 수료한 여성에게 비현실적인 희망을 품도록 만들었기 때문일 수 있다고 보았다(Brewster, 2003).

또한 경험적 연구는 구금된 남녀에게 이용 가능한 활동에서도 성차별을 발견했다. 스코틀랜드의 한 연구는 남성 재소자에게는 다트, 카드, 탁구, 도미노 등을 하는 것이 허용되었던 반면, 구금된 여성에게는 이런 활동이 허용되지 않는다는 것을 밝혀냈다(Carlen, 1983).

또 다른 연구는 남녀 공용 교도소에서 소위 '헨하우스Hen House' 라고 부르는 장소에서 여성에게 직원 부인들과 함께 크리스마스 쿠키를 만들거나, 바느질과 뜨개질을 하거나, 대화를 하면서 저녁시간을 보내는 활동이 가능했다고 적고 있다(Campbell, 1980). 남자 교도소는 남성이 여성보다 신체적 활동이 더 필요하다는 생각에 기반을 두고, 더 많은 양질의 레크리에이션 시설과 프로그램을 가지고 있다(Goetting, 1987). 일부 주에서는 남성 재소자에게 부부 방문을 허용하는 반면에 여성 재소자에게는 그런 기회를 제공하지 않는데, 이는 남성이 여성보다 이성접촉 욕구가 더 강하다는 가정과 관련이 있다(Boudouris, 1985).

재소자의 종교적 기회에 대한 접근에서 성차를 다룬 경험적 연구는 거의 찾아보기 힘들다. 이것에 대한 예외는 로스L. Ross(2000)의 연구인데, 여기서는 1978년 아메리칸 인디언의 종교자유법이 어떻게 구금된 원주민 여성보다 남성에게 더 영향을 미쳤는지에 대해 기술하고 있다. 이 법은 "구금된 원주민은 원주민 전통을 충분히 수행할 권리를 가지고 있다" 라고 설명한다(같은 책, 141). 로스는 몬태나 연구에서 백인 여성과 남성이 유대-기독교에 기반을 둔 종교에 '충분히 접근' 가능했으며, 원주민 남성은 증기목욕을 이용할 수 있었지만 원주민 여성은 그렇지 못했다는 것을 밝혔으며, 이것은 1978년에 제정된 종교자유법을 위반한 것이라고 주장했다.

구치소에 구금된 여성에 대한 경험적 연구는 극히 드물지만, 두 연구에서 구치소의 성차별이 교도소보다 더 나쁠 가능성이 있긴 해도 교도소와 거의 유사하다고 지적한다(Gray, Mays, and Stohr, 1995; Prendergast, Wellisch, and Falkin, 1995). 이런 연구들 중 하나는 알코올중독방지회Alcoholics Anonymous, 마약중독방지회Narcotics Anonymous 등 지역사회 집단에서 제공되는 처우 프로그램을 제외하고 "여자 구치소 프로그램이 대단히 부적절하다"는 중요한 결과를 보고했다(Gray, Mays, and Stohr, 1995). 구금된 여성들이 교육과 직업 프로그램을 그들의 우선 희망 프로그램으로 보고했음에도, 여성의 12퍼센트만 이런 프로그램을 제공받았다. 구치소 관리자는 구치소 여성에게 더 나은 프로그램을 제공하기 위한 예산이 제한적이라고 주장했다. 구금된 여성의 성 피해가 높은 비율을 보임에도 불구하고 여성의 약 4퍼센트만 이 주제의 프로그램에 접근할 수 있었다(같은 책).

학자들은 교도소와 구치소에서 더 나은 프로그램과 처우를 제공하기 위한 부분적인 한 가지 해결책은 지역사회 자원과 민간자원의 이용을 확대하는 것이라고 제안했다(Gray, Mays, and Stohr, 1995; Rafter, 1989). 이것은 여성에 대한 폭력을 근절하기 위한 단체, 약물 프로그램 등을 포함한다.

:: 의료 서비스

"만약 건강문제의 심각성을 갖고 인구 하위집단의 순위를 매긴다면, 여성 재소자는 아마 정상 가까이에 위치할 것이다"(Anderson, 2003, 50). 전반적으로 구금된 여성은 빈곤한 생활을 하게 될 가능성 증가, 예방적 건강관리에 대한 제한된 접근, 불충분한 영양, 약물의존, 건강문제에 대한 제한된 교육으로 교도소 밖의 여성보다 심각한 건강문제를 가진다(Anderson, 2003; Girshick, 1999; Maeve, 1999a; Ross and Fabiano, 1986; Pollock, 1998, 2002). 여성 재소자에 대한 오랜 역사적 홀대와 최근의 여성 구금 증가는 여성 재소자에게 건강 위기를 가져왔다(Anderson, 2003).

여자 교도소의 의료는 양(이용성)과 질 모두에서 부족하다(Compton-Wallace, 2003; Pollock, 1998, 2002; Zaitzow and West, 2003). 여자 교도소의 중요한 문제 중 하나는 숙련되고 능력 있는 의료진이 부족하다는 점이다(Compton-Wallace, 2003; Fletcher and Moon, 1993a; Pollock, 2002; Resnick and Shaw, 1980). 사실 구금된 여성, 혹은 이들을 대신해 제기되는 대부분 소송은 의료 서비스 문제에 대한 것이다(American Correctional Association, 1990; Aylward and Thomas, 1984; Maeve, 1999a). 여성 재소자에게는 의료에 대한 접근이 특히 어려우며, 관리자들은 종종 재소자의 의료 요청에 선심을 쓴다는 식으로 봐주거나 이들의 상태를 종종 과소평가한다(Compton-Wallace, 2003; Dobash, Dobash, and Gutteridge, 1986).

마에브Maeve(1999a)의 구금된 여성에 대한 심층연구는 학대와 외상, 방임과 빈곤으로 고통받은 아동기 경험이 구금된 여성의 건강인식과 건강 상태를 악화시키는 등 의료에 대한 그들의 인식을 구성하는 방식을 추적한다. 더 구체적으로 그녀는 어린 시절 성적으로 학대받은 구금된 여성이 종종 '악녀(학대에 대해 자신을 비난)' 로서의 복잡한 자아상을 가지고 있으며 학대 경험에 대한 분노, 학대자에 대한 분노를 내면화하고 있다는 것을 발견했다. 그들을 돕고 보호해야 하는 사람이 종종 그들을 학대한 주범이었다. 이는 아동기 성학대 경험을 가진 많은 구금된 여성과 별반 다르지 않다. 그러나 마에브는 '무자비한 학대' 와 빈곤이 이런 여성들을 종종 '허무주의, 절망, 궁극적으로 자신과 지역사회에 해를 끼치는 행위' 로 이끈다고 보고한다(같은 책, 61). 그녀는 의료를 개인 책임과 권리로 보는 일반인과 의료에 대한 접근을 **처벌**(그들이 구치소나 교도소에 있을 때만 의료에 접근했기 때문에)과 **보호**(미국에서 의료는 '훌륭하고' 특권을 가진 사람을 위해 있는 것이기 때문에)로만 보는 구금된 여성을 대비시켜 보여준다. 비슷하게 모Moe와 페라로Ferraro(2003, 62)의 연구는 구금된 여성이 자신의 의료 상태를 '비참하고 불충분한' 것으로 보면서 동시에 '바깥'에서 받는 것보다는 종종 더 나을 수 있다는 모순된 평가를 내린다고 보고한다. 그러나 여성은 여러 가지 규칙과 관료적 형식주의를 통하여 교도소 의료에 접근해야 하기 때문에 그들은 대부분 '교도소에서 건강문제에 대한 어떤 해결도 발견'하지 못한 채 건강에 해로운 생활을 하게 된다(Maeve, 1999a, 66). 그래서 지금까지 의료와 교육에 대한 기회를 갖지 못했던 여성에게 능력을 부여하고 교육시킬 수 있는 좋은 기회를 거의 무의미하거나 그들에게 종종 해가 되도록 만든다.

동시에 거시크Girshick(1999)의 연구에서 일부 여성은 교도소에서 많은 한계에 부딪히고 열악한 환경에 처해 있었음에도 불구하고 약물과 남편이나 남자친구의 학대 등 생활의 다른 스트레스를 피하고, GED를 얻거나 직업 훈련을 받을 수 있는 길이었다고도 진술한다. 일부 여성은 자살을 언급했으며, 교도소가 그들의 생활 방향을 바꿔놓았다고 진술한다.

HIV와 AIDS

미디어와 일반인은 종종 성노동자가 남성 고객을 유혹하고 감염시키는 것에만 관심을 보이는데, 의학적 증거는 HIV가 남성에게서 여성으로 퍼져 나가는 경향이 더 많다는 것을 보여준다(Farley and Kelly, 2000). HIV와 AIDS를 가진 여성의 전염은 이런 여성 중 많은 사람이 성노동과 약물사용 배경을 가지고 있기 때문에 여자 교도소에서 큰 위기를 맞게 된다(Anderson, 2003; Maeve, 1999a; Mullings, Marquart, and Brewer, 2000; Sterk, 1999; Zaitzow and West, 2003). 더 나아가 여성 재소자 중 상당히 많은 아동 성학대 생존자는 유난히 높은 비율의 HIV와 AIDS를 보인다(Farley and Kelly, 2000; Mullings, Marquart, and Brewer, 2000; Sterk, 1999). 그래서 여성 재소자가 남성 재소자보다 HIV 양성반응이 더 많다는 것은 별로 놀라운 사실이 아니다(Greenfeld and Snell, 1999; Hankins et al., 1994; Lawson and Fawkes, 1993; Maeve, 1999a).

1997년 미국 교도소에 있는 남성의 2.2퍼센트가 HIV 양성이었던 반면, 주 교도소에 있는 여성 약 2,200명(3.5%)이 HIV에서 양성이었다(Greenfeld and Snell, 1999). "HIV 양성인 여성 수용자 인구의 비율은 1993년에 4.2퍼센트로 최고였다"(같은 책). 캐나다의 한 연구는 구금된 여성의 6.9퍼센트가 HIV 양성이었고, 약물주입 경력을 가진 사람의 13퍼센트와 구금 이전에 주요 소득이 성매매였다고 진술한 여성의 13퍼센트가 HIV 양성이었다고 보고했다(Hankins et al., 1994). 주목할 만한 것은 미국 북동부의 한 교도소에 있는 교도소 직원이 교도소의 일상적인 바이러스 검사에서 25~30퍼센트(다른 연구에서 지적하는 것보다 훨씬 높은 비율인)가 HIV 양성이라고 보고한 점이다(Acoca, 1998a). 크랙에 중독된 여성에 대한 경험적 연구에서 성노동자인 경우 이들의 고객과 애인(종종 약물 사용자) 모두에게 콘돔을 요구하는 데 어려움이 있다고 보고한다(Sterk, 1999). 요약해서 HIV 약물치료나 관리는 구금된 여성의 의료시설에 대한 대응으로 볼 때 열악하기 그지없는 또 다른 영역이다(Acoca, 1998a; Clark and Boudin, 1990; Compton-Wallace, 2003; Hankins et al., 1994; Lawson and Fawkes, 1993).

태아기, 임신 기간과 산후의료

구금된 여성의 의료적 관심에 대한 욕구 중에서 대부분이(구금된 남성의 욕구와 비교해서) 부인과 문제와 관련이 있다면, 미국 여자 교도소 다섯 중 하나는 적어도 매주 한 번 필요한 부인과 서비스를 하고 있지 않다는 것은 문제가 될 수 있다(American Correctional Association, 1990). 일반적인 의료 문제와 함께 '성적으로 전해지는 감염의 발견과 치료, 암 검사(유방과 자궁), 일반 부인과 검사, 태아기 · 출산 · 산후 보호, 낙태, 월경문제, 불충분한 영양, 약물남용과 관련된 문제' 도 있다(Ross and Fabiano, 1986, 52).

특히 마음 아픈 것은 구금된 여성 중 임신한 성인 여성과 소녀에 대한 의학적 관심의 부족이다. 비록 여성 재소자의 입소 시 임신테스트는 꼭 필요한 절차는 아니지만, 경험적 연구에 따르면 미국 여성 범죄자의 5~6퍼센트가 구치소나 교도소에 들어올 때 임신 중이었다(American Correctional Association, 1990; Greenfeld and Snell, 1999). 또 다른 연구는 전체 구금된 여성의 9퍼센트가 임신 중이라는 것을 발견했다(Bloom and Steinhart, 1993). 다른 연구는 여성 재소자 중 4분의 1이 입소 시 임신 중이었거나 전년도에 출산했다고 지적한다(Church, 1990). 구금된 여성 수가 증가하고 있다는 사실을 고려한다면, 이것은 상당히 의미 있는 수치이다.

여자 교도소는 종종 태아기 보호나 우유 등 적절한 영양을 제공하지 못하고 있다(Barry, 1991; Daane, 2003; Mann, 1984; McHugh, 1980; Resnick and Shaw, 1980). 또한 약물의존적인 임산부와 그들의 태아나 아기에 대한 보호도 제공하지 못한다(Acoca, 1998b; Daane, 2003). 미국 여자 교도소에 대한 한 조사는 (1) 출산 전 보호를 제공받은 경우가 절반에도 미치지 못하며, (2) 15퍼센트만 임산부를 위한 특별한 식이요법과 영양 프로그램을 제공받았으며, (3) 15퍼센트만 출산 후 영아에게 적절한 장소를 찾기 위한 카운슬링을 받았으며, (4) 11퍼센트만 출산 후 카운슬링을 받았다는 사실을 발견했다(Wooldredge and Masters, 1993). 또한 이들을 감독하는 사람들은 조사에서 다루어지지 않은 문제로 다음과 같은 것을 열거했다. (1) 가성 진통과 조산, 유산에 대한 불충분한 대처 수단, (2) 임신복의 부족, (3) 산고가 있는 재소자에게 병원으로 가는 길에 복부 체인을 하도록 하는 요구, (4) 중구금 교도소에 경구금 임산부 수용(같은 책). 최근의 정부 보고는 구치소에 있는 임신한 여성의 약 절반, 주 교도소에 있는 임신한 여성 중 5분의 4가 산전 검사를 받았다고 지적했다. 그러나 이 보우호 질적인 면에 대한 어떤 지표도 찾아볼 수가 없다(Greenfeld and Snell, 1999).

불충분한 의료와 함께 임신, 출산 재소자는 '특별한' 의료적 · 물질적 요구에 대한 상당한 적대감과 분노에 직면하게 되며, 직원의 차별에도 직면해야 한다(Compton-Wallace, 2003; Holt, 1982; McHugh, 1980). 보다 최근의 경험적 연구는 경찰과 청소년 부서 직원에 의한 임신한 소녀에 대한 명백한 신체적 학대를 상술하고 있다(Acoca, 1998b). 그리고 산부인과에 불만이 있는 여성이 불필요한 자궁적출술을 받았다는 일부 지적도 있다(McHugh, 1980). 아이러니하게 교도소 체계는 여성 범죄자가 아이 낳는 것을 용납하지 않으며, 낙태와 불임시술, 입양을 강요하는 오랜 역사를 가지고 있는 반면, 구금된 성인 여성과 소녀에게 산아제한이나 부인과에 관련된 건강 교육을 시행하려는 노력은 거의 하지 않고 있는 것으로 나타났다.

교도소, 구치소의 임신한 많은 여성은 진통을 하면서 아이를 낳으려는 기미가 보일 때도 여전히 끔찍한 조건에 직면해 있다(Vaughn and Smith, 1999). 더 나아가 아기를 낳은 후에 입양을 위해 아기를 포기하도록 강요받거나, 많은 산모가 모유를 말리기 위한 치료가 이루어지지 않아 고통받고 있는데, 이는 종종 가슴과 관련된 감염을 가져올 뿐만 아니라 상실감과 우울증을 증가시킨다(Acoca and Austin, 1996). 경험적 연구는 구치소에 수용된 임산부의 조건이 교도소보다 비참하거나 더 나쁘다고 지적한다(Barry, 1991).

:: 정신건강 문제와 보호

이제 정신건강으로 돌아가 보면 정신병은 종종 주 형법에서 범죄로 규정한 행위의 원인이며, 구금의 결과를 낳고, 이는 병을 더욱 악화시킨다(Suh, 2000). 또한 구금 여성이 가진 대부분의 학대나 외상 경험이 전형적으로 심각한 우울증과 외상후 스트레스 장애(PTSD)를 가져온다는 것은 놀라운 일이 아니다(Farley and Kelly, 2000; Marcus-Mendoza and Wright, 2003; Pollock, 2002). 성학대와 약물의존, 정신건강 문제 간의 중첩은 구금된 여성에게 큰 의미가 있다(Mullings, Pollock, and Crouch, 2002; Singer et al., 1995). 여자 교도소에 있는 대부분의 약물치료 프로그램은 약물 교육 수업이며, 전형적으로 남성 남용자를 위해 짜여진 12단계 프로그램이다(Mullings, Pollock, and Crouch, 2002). 동시에 약물을 사용한 구금된 여성은 그렇지 않은 여성보다 아동, 혹은 성인이었을 때 폭력피해와 과거에 정신의료적 도움을 구했던 적이 있는 것으로 보고됐다. 그리고 정신건강 문제가 있는 것으로 진단받았고, 자살을 생각하거나 시도한 적이 훨씬 많았다(같은 책). 한 연구는 구금된 여성이 자조적인 약물남용 프로그램을 긍정적으로 평가한 동시에 이런 프로그램이 '학대나 정신병 등 자신의 약물이용의 원인이 되는 장기적이며, 심각한 문제나 석방 후 접하게 될 약물이용 환경' 을 다루는 데 실패하는 것으로 인식하고 있음을 보여준다(Moe and Ferraro, 2003, 69).

임신한 재소자의 경우 심리적으로 긴장 상태에 있게 된다. 오웬Owen(1998)은 임신한 여성의 존재 자체가 교도소 밖에서 생활하는 부양자녀와 분리된 여성에게 가혹한 것이라는 사실을 발견했다. 또한 그녀는 재소자가 느끼는 '임신의 고통' 을 보고했다. "첫째, 많은 여성이 교도소에서 임신한 상태로 있는 것이 '추한 느낌' 이 든다고 보고한다. 둘째, 자녀를 보낼 적당한 장소가 없는 것을 매우 고통스러워한다. 셋째, 많은 여성이 출산 후 교도소로 돌아가는 것이 매우 고통스러웠다고 말했다" (같은 책, 101-102).

구금된 여성에 대한 한 연구는 5명 중 1명 이상이 이전에 자살을 시도했다고 보고한다(Holley and Brewster, 1996). 또 다른 연구는 미국에서 구금된 여성의 45퍼센트는 정신건강에 관련한 치료가 필요하다고 주장한다(Acoca and Austin, 1996). 여자 교도소에 대한 한 연구에서 사회복지사가 의료인보다 접근이 더 용이하다는 사실을 발견한 것은 놀라운 일이 아니다(물론 그들은 의사보다 매우 적은 비용이 들었다). 불행히도 사회복지사는 구금 여성의 실제적 관심(자녀와의 접촉, 법적 문제, 석방 후 안정된 고용과 주거 등)에 반응하는 데 시간을 소비하느라 카운슬링을 제공하는 자신들의 능력이 제한된다(Dobash, Dobash, and Gutteridge, 1986).

재소자에게 필요한 정신과 의사는 구금의 스트레스보다 여성의 범죄와 정신건강 경력에 더 큰 관심을 가졌으며, 정신과 도움을 요청한 여성은 종종 정신적으로 불안정하다고 낙인찍혔다. 여성 감화원의 다른 프로그램과 마찬가지로 치료는 의존성, 순응성 등 성 고정관념이 재정립될 때만 상당히 '성공적' 인 것으로 간주되었다(Dobash, Dobash, and Gutteridge, 1986). 구금된 여성의 정신건강 반응에 대한 유사한 연구 결과는 더 최근에 이루어진 연구에서 보고되었다(Compton-Wallace, 2003). 더욱 고무적인 것으로 최근의 연구는 구금된 여성이 비디오 시청과 토의를 통하여 가정폭력과 분노관리를 다루는 프로그램이었던 '일반적 카운슬링' 에 매우 긍정적이라는 사실을 발견했다. 그들은 이 같은 접근이 지지를 받고 있으며, 재소자가 교도소 밖에서 할 수 없던 것이었음을 발견했다(Moe and Ferraro, 2003).

그러나 프로그램의 결핍보다 더 나쁜 것은 일부 연구가 여자 교도소에서 행해진 의료적 '보호'가 매우 학대적이며 정신과 의사는 '죄질이 가장 나쁜 범죄자'로 여겨진다는 것이다(Faith, 1993b, 257). 페이스(같은 책)는 구금된 여성이 처방약의 효과를 알아보기 위해 실험대상이 되도록 강요받고, 모든 구금된 여성의 문제를 '페니스 선망'으로 취급하는 정신과 의사나 공인되지 않은 의료시설, 혹은 부인과 경험이 없는 은퇴한 일반의가 많은 수의 여성에게 무차별적으로 행하는 자궁적출술에 대해 상세히 열거한다.

내 경험적 연구에서 구금된 여성은 환자들이 바뀌어도 의료장갑을 바꾸지 않는 것, 이를 뽑으면서 전화하는 것, 이를 뽑는 것을 제외하고는 모든 치과적 처치(이를 닦고 때우는 것을 포함해서)를 무시하는 것을 포함해 치과의사의 야만적이고 불성실한 행동을 보고했다(Belknap, 2000). 비록 내과의사는 덜 학대적으로 보임에도 불구하고 여성은 의사를 만나기 위해 오랜 시간 기다려야 했는데, 때로는 몇 주 후에야 보게 되어 더 이상 건강 상태가 동일한 상태가 아니었다고 보고했다(같은 책). 다른 연구는 구금된 여성은 생명이 위독해질 때까지 심각한 건강상의 위기를 무시하는 직원과 관리에 대해 언급하고 있다(Wallace-Compton, 2003).

:: 장애가 있는 구금된 성인 여성과 소녀

오하이오 비행청소년에 대한 연구는 일반 인구를 훨씬 초과하는 비율은 표본 중 거의 5분의 1에 해당하는 여성에게 말하기와 언어장애를 포함한 심각한 학습문제가 있다고 보고했다(Davis et al., 1991). 재소자의 의학적 욕구가 성별로 다를 수 있다는 것을 인식해야 할 뿐 아니라 성인 여성과 소녀 범죄자의 다양한 욕구를 인식하는 것도 매우 중요하다. 신체나 정신장애가 있는 구금된 성인 여성과 소녀는 거의 언급되지 않는다. 버틀러Butler(1997)는 미 서부에 구금된 여성에 대한 역사적 설명에서 청각장애 범죄자가 교도소로 오게 된 소송 절차에서 의사소통을 할 기회가 있었는지 의아해하면서, 청각장애 여성이 높은 비율을 차지한다는 것에 주목한다. 그녀는 교도관들이 시각이나 청각장애 여성에 대해 거의 관심을 갖지 않았다고 보고했다. "장애가 있는 재소자는 바뀐 환경으로 인해 당황하고, 편협한 사회적 인식으로 어려움을 겪으며, 도움의 손길마저 없어져 두려움과 분노, 우울증을 일으킨다. 이는 그들을 더 소외시키게 된다"(같은 책, 156-157).

오웬(1998)은 캘리포니아 여자 교도소 연구에서 휠체어를 탄 구금 여성의 문제에 대해 간단하게 토의한 적이 있다. 그녀는 주로 이들이 직원에게 더 의존할 수밖에 없다는 것을 고려하면서, 어떻게 이런 여성이 교도소에서 더 많은 제약을 받는지에 대해 논의했다. 그녀는 이렇게 설명한다. "휠체어에 앉아 있는 여성은 이동, 특별한 치료를 받는 일, 프로그램 참여, 다른 재소자와의 관계 정립 등 교도소 내에서 특별한 문제를 가지고 있다"(같은 책, 102). 아코카Acoca(1998a)는 구금된 여성의 건강에 대한 논문에서 휠체어에 앉은 재소자가 운동장에 남겨진 후 심하게 햇볕에 탄 사건에 대한 얘기부터 시작한다.

마에브Maeve(1999a)는 아동기에 항생물질로 청력에 문제가 발생했고, 구금 이전에 남자 친구의 권총에 맞아 청력을 잃게 된 한 구금 여성에 대한 일화적인 자료를 제공한다. 그녀는 31세이며, HIV 양성이고, 처음 교도소에 들어왔으며, 의료진이 거의 접근하지 않는 고립된 곳에 있으며, 들을 수 없는 문에 대고 소리를 지를 수밖에 없었다고 한다(같은 책). 구금된 여성의 장애에 대한 가장 포괄적인 연구는 오클라호마 구금 여성에 대한 대규모 조사다. 그 연구에 따르면 여성 중 5분의 2가 손상된 시력, 5퍼센트 이상이 청력장애를 보고했으며, 5분의 1은 신체장애를 갖고 있었다(Holley and Brewster, 1996).

결론적으로 신체적 장애가 있는 여성 재소자를 다루는 몇몇 연구는 중요한 함의를 제시한다. 이 분야에 대한 많은 경험적 연구가 필요하다. 부가적으로 구금된 여성의 건강 욕구에 관한 문제는, 특히 전통적인 교도소 건강보호 체계가 '젊고, 건강한 남성을 위해 고안'되었다는 사실을 고려해볼 때 여성 노인에 대해 점차 관심을 갖게 한다(Reviere and Young, 2004).

:: 교도소 하위문화

지금까지 보고된 정보들은 남자 교도소보다 여자 교도소에서 모든 상황이 더 심각하다 점을 제시한다(예를 들어 구금률 증가, HIV 비율, 친구와 가족에 대한 접근성, 교육, 직업, 의료, 레크리에이션 프로그램과 기술전문가, 유색인종 재소자 수의 불균형). 그러나 여성에게 유리하면서 중요한 한 가지 성차는 교도소 하위문화, 특히 재소자가 서로를 대하는 방식이다. 교도소 하위문화는 교도소의 규범과 가치에 관련이 있으며, 재소자들은 구금의 부정적 측면을 상쇄하고 적응하고 극복하고자 한다(Hart, 1995, 71).

오웬(1998, 63)은 이렇게 설명한다. "가장 단순한 의미에서 교도소 연구는 형기를 치르는 과정에 관한 것이다." 그녀는 실제적인 의미에서 "여성의 대다수는 일이나 직업 훈련, 학과 수업을 중심으로 일상이 이루어진다"라고 보고한다(같은 책, 103). 그러나 구금된 여성은 연령, 민족성, 계급, 가족관계, 학대 경험과 성적 지향에 따라 상이하게 '형기를 치르는' 사람이며(Bosworth, 1999), 교도소 밖의 경험이 다양하듯 교도소 경험도 그렇다는 점을 기억할 필요가 있다(Kruttschnitt, Gartner, and Miller, 2000). 거시크Girshick(1999, 82)는 구금된 여성의 교도소 적응이 "수용(지금 자신은 교도소에 있고, 이를 가장 최상으로 만들 수 있다는 사실을 깨닫는 것), 고립, 가족들의 형편, 종교적 헌신과 체념"에 근거한다는 것을 발견했다. 유사하게 버들러(1997)는 순응(복종), 저항(반항), 혼자만의 행동(고립), 다른 재소자와 협력 등을 포함해 개별 여성에게 채택되는 다양한 전략을 파악했다. 일부 여성은 "죽음을 통한 탈출을 선택했다. 많은 사람이 석방되는 날까지 하루하루를 인내심으로 견디고 있다"(같은 책, 17).

남성이 스스로의 고립으로 구금에 적응하는 경향이 있는 반면, 여성은 반대로 다른 재소자와의 친밀한 관계 형성에 따라 적응하는 경향이 있다는 조사가 있다(Fox, 1975; Maeve, 1999b). 여성 재소자가 형성하는 우정과 네트워크는 다양한 특성에 기반을 둔다. 디아즈코토(1996, 295)는 이것을 가장 적절하게 다음과 같이 묘사한다. "여성 재소자는 일반적으로 주거, 인종, 민족성, 동향同鄕 네트워크, 사회적 활동, 레크리에이션 활동, 교도소 가족/친족 네트워크, 개혁지향적 활동…… 등을 통해 비공식적 집단을 형성한다. 라틴계는 민족성과 쓰는 언어에 따라 더 세분화된다."

거시크(1999)는 여성 대부분이 다른 사람을 신뢰하는 데 어려움을 겪고 있다는 사실을 발견했고, 같은 '고향' 출신의 재소자를 가장 신뢰한다고 설명한다. 또한 크룻슈니트Kruttschnitt와 그 동료들(2000)은 신뢰가 상당히 결여되어 있지만, 연구한 교도소에 따라서 그것이 다양하다는 점을 발견했다. 그리고 대부분 여성이 한두 명의 재소자와 친목 네트워크를 가졌다는 사실을 보고했다. 또한 그녀는 여성이 인종과 민족성을 넘어 규칙적으로 상호작용하지만 종종 인종적 편견도 있다는 것을 발견했다. 그러나 또 다른 연구는 여성 사이에서 인종차이가 갈등의 근원은 아니며, 재소자의 관계에 영향을 주지 않는다는 것을 발견했다(Kruttschnitt, 2000).

구금된 여성의 교도소 삶이 얼마나 다양한지를 연구한 결과에 따르면 구금 여성이 교도소의 생활에 적응하고 관계를 맺는 데에는 인종에 따른 차이가 없다고 한다. 그들의 정치적 활동성, 사회적 고립 여부, 저항 정도와 종교성의 정도에 대한 인종의 효과는 거의 없다는 것이다(Kruttschnitt, Gartner, and Miller, 2000; Owen, 1998). 그러나 사회계층은 여성의 교도소 생활에 영향을 미쳤다. 중산층 출신의 얼마 안 되는 재소자는 자신의 계층을 더 드러내는 경향이 있었으며, 초기의 교도소 적응이 훨씬 더 어렵다는 것을 발견했다. 빈곤한 재소자의 일부는 교도소 밖에서 많은 빈곤한 여성이 경험하는 것보다 교도소의 조건이 더 낫기 때문에 그것을 받아들이는 것 같다(Kruttschnitt, Gartner, and Miller, 2000).

연령도 여성이 어떻게 '형기를 치르는지'에 대한 예측 요인이었다. 30세 미만의 여성은 좋은 것부터 끔찍한 것에 이르기까지 광범위한 교도소 경험을 보고한 반면, 30대 여성은 교도소 생활과 규칙을 편안하게 받아들였다. 나이가 든 '무기수 lifer(종신형으로 교도소에서 오랜 기간 있었던 여성)'는 교도소에 들어올 때 우울증을 앓거나 반항적이었다고 보고했지만, 점차 복종하는 태도를 배웠다(같은 책). 종신형 재소자가 아닌 40대 이상의 여성은 30세 미만의 여성과 마찬가지로, 수용생활에 대한 반응이 다양했다. 일부는 다른 사람들로부터 고립되었고, 많은 사람이 과거 복역한 적이 있고, 다시 돌아온 일상이 보다 쉽다는 것을 발견했다. 교도소에서 지낸 기간에 관계없이 나이 든 재소자는 젊은 재소자를 이해하거나 같이 어울리기 어렵다고 보았으며, 젊은 재소자들이 교도소를 일종의 놀이로 생각하는 것 때문에 그들에게 약간의 경멸적 태도를 보였다(같은 책).

주목할 만한 점은 교도소 밖에서 학대(특히 친밀한 파트너 학대)를 당했던 일부 여성은 교도소 경험과 교도소 외부의 학대 경험에서 유사성을 보고했다(같은 책). 재소자들은 형기를 치르는 동안 교도소 직원문화에도 영향을 받게 된다. 직원이 재소자에게 덜 적대적이고, 더 존중하는 시설에서는 재소자가 자신들의 경험을 더 긍정적으로 평가했다는 점은 놀라운 일이 아니다.

교도소와 구치소 하위문화에서 남성이 여성보다 훨씬 더 높은 만족도를 보고하는데, 이는 구금된 남녀가 저마다 다른 경험을 하는 최근 '신형' 구치소의 실태를 보고한 연구로 증명된다(Jackson and Stearns, 1995). 이런 성차는 재소자 간의 권력위계의 제거를 통해 '부정적 동료관계를 없애도록' 고안된 직접적인 감시구조로서의 '관리' 스타일을 갖고 주로 설명되었다(같은 책, 216). 전체적인 남성 평가는 강한 지지였으며, 전체적인 여성 반응은 약간의 불만족이었다. 저자들은 새로운 스타일이 "여성 수용자 사이에 존재하는 보다 의존적, 협동적, 가족 같은 관계를 다루는 데 잘 맞지 않을 수도 있다"라고 분석한다(같은 책). 이 연구는 남녀의 동료관계가 다른데도 불구하고, 남성을 위해 고안된 것이 여성에게도 적용되리라고 잘못 판단한 것이며 이로써 '신형' 설계가 남성 재소자를 염두에 둔 채 남자 구치소의 문제를 극복하는 데에만 초점을 맞추었다고 결론지었다(Jackson and Stearns, 1995).

남성 재소자보다 여성 재소자가 서로에 대해 더 친밀한 관계를 형성한다는 주장과는 대조적으로, 일부 경험적 연구는 남성 재소자가 여성 재소자보다 '재소자 규범'을 충실하게 이행함으로써 '더 친밀해진다'는 것을 제시한다(Kruttschnitt, 1981; Owen, 1998). 이에 대해 오웬(1998, 73)의 연구에서는 여성이 남성 재소자보다 교도소 밖 가족에 대한 스트레스가 더 많고 형기가 길어지는 것(규칙위반으로 인한)을 더 두려워하기 때문이라고 설명한다. "많은 여성은 자녀와의 재결합이 중요한 목표인데, 이는 교도소에 있는 동안 비공식적 사회통제의 형태로 작용한다"(같은 책, 120).

유사하게 디아즈코토(1996, 271)의 1960년과 1970년대 여성 재소자에 대한 분석은 여성이 작업 파업, 폭동이나 일반적인 소송 등 '다른 관심보다 가족문제'에 우선순위를 두는 경향이 있다고 지적했다. 이로 인해 구금된 남성이 활동적인 것과 비교해 그들이 '정치에 무관심한' 것처럼 보여졌고, 여성의 '정치에 대한 무관심'은 미디어나 교정국 관리자에 의해 남성 재소자보다 못한 대접을 받게 만들었고, 다른 개혁과 지지는 당시 더 정치적이고 활동적인 남성 재소자의 일부에게 제공되었다. 결론적으로 남성 재소자는 교도소의 억압에 대항하는 것에 더 초점을 맞추는 반면, 여성 재소자는 어떻게 하면 가족과 빨리 재결합할 수 있는지에 더 초점을 맞추는 경향이 있다.

더 나아가 오웬(1998, 120)은 구금된 여성의 자녀관계에 대한 중요성은 "자녀와 대화를 나눌 기회를 마련하고, 이런 관계에 부착된 강도와 고통 인정, 자녀를 다치게 한 경험을 가진 사람에 대한 제재, 다른 자녀에 관련된 문화적 신념이나 행동 등 몇 가지 방식으로 교도소 문화를 형성하는 가치에 영향을 준다"라고 주장한다.

그러나 디아즈코토(1996, 298)는 유사 가족(그녀가 '교도소 가족/친족 네트워크'라고 부른)이 "광범위한 재소자의 관심을 다루기 위해 만들어졌다고 보고한다. 그런 집단의 정치화 능력이 일반적으로 사회과학자들에 의해 부인되거나 무시된 반면, 그 구조는 재소자 정치화나 개혁지향적 조직에 기여할 수 있는 잠재력을 가지고 있다"고 말한다.

구금된 성인 여성과 소녀가 구금된 남성보다 서로에게 훨씬 더 배려를 한다는 것에 대해 일관된 연구결과가 이미 있음에도 불구하고 교도소 하위문화의 성차에 대한 초점은 거의 배타적으로 구금된 성인 여성(그리고 소녀)이 구금된 성인 남성(그리고 소년)보다 어떻게 서로에게 밀접한 정서적 · 성적 유대를 형성하는지에 맞춰져 왔다. 일부 오래된 경험적(그리고 종종 동성애 공포증적) 연구는 돌보는 것과 가족관계에 가치를 두는 여성의 사회화가 성인 여성과 청소년시설에서 유사 가족을 만드는 결과를 낳았다고 제시한다(Carter, 1981; Ford, 1929; Giallombardo, 1966, 1974).

이런 초기 연구는 유사 가족과 레즈비언 관계를 나타내는 동성애 공포의 맥락에서 이루어졌지만, 보다 최근의 연구도 동성애 공포증 렌즈를 벗어나 유사 가족의 존재를 파악하고 있다(Bowker, 1981; Girshick, 1999; Owen, 1998). 오히려 이런 연구는 유사 가족이 "가족관계에 에너지를 집중하도록 사회화된…… 여성이 남성보다 이런 관계를 상실할지도 모른다는 것에 절망하고, 이로 인해 가족관계를 잃은 것을 대신해 유사 가족을 만드는 것"은 구금된 여성에게는 가족의 논리적 확장이라고 주장한다(Bowker, 1981, 415).

만Mann(1984)은 모든 구금된 여성이 하나의 '가족' 구성원은 아니지만 이성애적 · 동성애적 소녀와 성인 여성 모두 이런 '가족' 체계 속에 있다고 보고한다. 성인처럼 조사받고 유죄판결을 받고, 성인 여자 교도소에서 복역하는 소녀에 대한 최근 연구는 소녀 대부분이 성인 교도소에서 약간의 부정적 경험을 보고한 반면에 '원치 않는 성행위를 보고한 사람'은 아무도 없었다는 사실을 발견했다(Gaarder and Belknap, 2004, 64-65). 성인 여성 재소자와의 성적 관계를 보고한 모든 소녀(거의 5분의 1)는 관계가 합의를 통해 이루어졌다고 보고했으며, 일부 소녀는 자신을 어린아이처럼 다루고 어머니로서 대하는 성인 재소자를 '엄마'라고 부른다고 했다(같은 책, 66).

1980년대부터 일부 경험적 연구는 유사 가족이 초기 연구에서 과장되었으며, 여자 교도소에서 이것이 그렇게 일반적인 것은 아니라고 주장한다(Bowker, 1981; Mahan, 1984; Mawby, 1982). 분명한 것은 구금된 여성의 서로에 대한 낭만적 혹은 성적 관심은 감화원을 시작으로 대부분의 시설에서 주의 깊게 모니터되었다는 것이다(Dodge, 2002). 아이러니하게 감화원의 분위기는 강력한 수용자 하위문화를 제공하면서 여성 재소자를 도전적이기보다는 비굴하게 만들었다(Dodge, 2002). 그러나 여성이 남성과는 다른 것을 가치 있게 여기도록 학습되고, 우정이 형성되면 구금된 여성이 구금된 남성보다 더 친밀한 유대를 형성한다는 것은 놀라운 일이 아니다. 이것에 대한 한 가지 예는 재소자가 사회적 지지를 보고한 수준에서 성차를 평가한 최근의 연구다(Hart, 1995). "사회적 지지는 개인에게 보상을 해주고 보호막이 되는 대인 간의 유대를 말한다"(같은 책, 68). 하트(같은 책)는 비구금자에 대한 연구들과 유사하게 여성 재소자가 남성 재소자보다 높은 수준의 사회적 지지를 보고하며, 여자 교도소에서는 사회적 지지와 심리적 행복이 관련이 있는 반면, 남자 교도소에서는 그런 관계가 존재하지 않았다는 것을 발견했다.

이런 교도소 가족에서의 파트너십이 필연적으로 성적인 것은 아니다. 사실 교도소에서 보고된 레즈비언 관계의 많은 것은 실제적인 성행위보다 성적 내포를 가진 애정에 더 기반을 두고 있다(Pollock, 2002). 더 나아가 일부 성인 여성과 소녀는 이미 자신을 레즈비언으로 파악하고 나서 교도소나 청소년시설에 오는 반면, 다른 사람은 구금된 동안에만 레즈비언 상태를 유지하고, 또 다른 사람은 시설에 있는 동안 레즈비언으로 '드러나고' 석방 후에도 이 상태를 유지한다(Diaz-Cotto, 1996; Girshick, 1999). 교도소 밖의 세계와 마찬가지로, 이것은 레즈비언과 양성애의 높은 정도를 확인하는 것이다. 오웬(1998, 138)이 캘리포니아 교도소에서 약 300명의 여성을 대상으로 한 연구는 일부 여성이 '동성애가 아닌 상태로' 교도소에 와서 그 상태를 유지하는 반면, 다른 사람은 레즈비언으로 오고 그 방식을 유지한다. 그리고 또 다른 사람은 교도소에 오기 전 레즈비언으로 파악되었지만 "교도소에 있는 동안 어떤 성적이나 정서적 얽힘을 피한다"라고 보고했다.

이 주제에 대한 페이스Faith(1993b)의 연구는 깊은 통찰력을 제공한다. 첫째, 다른 여성 재소자를 사랑하는 구금된 여성이 모두 '레즈비언'은 아니라고 설명한다(같은 책, 214). 둘째, 교도소에서 다른 여성을 '사랑하는 것을 배우는' 일부 구금된 여성이 그 과정에서 자신을 사랑하는 것도 배운다는 사실에 주목한다. 그녀는 구체적으로 구금된 여성의 말을 통해, 다른 여성을 사랑하는 최초의 경험이 처음으로 누군가를 많이 알게 되고 사랑하게 되었다는 것과 이런 나른 여성에 대한 사랑을 통해 자신에 대해 더 나은 감성을 갖게 되는 것을 설명한다(같은 책). 거시크(1999)는 이런 성적 관계의 대부분이 정서적 친밀성에 대한 열망으로 이루어진다고 믿는다. 페이스(1993b)는 이런 여성들은 여성을 사랑하는 관계를 사랑할 수 있는 남자가 없어서 나타나는 단순한 대체라고 생각하지 않는다. 오히려 교도소에서 최초의 레즈비언 경험을 하는 여성들 중 많은 수가 "자기의 의지에 따라 여성에게 매력을 느낀다는 것을 발견한다"라고 진술한다. 또한 페이스는 다음과 같이 설명한다.

> 교도소는 모든 감정을 강렬하게 만드는 경향이 있고, 여성이 사랑에 빠질 때는 성적 접촉이 가로막힌 상황일지라도 열정적이 될 수 있다. '자유로운' 세계에 있는 많은 레즈비언과 마찬가지로, 교도소에 있는 여성에게 성적 열정은 균형 잡힌 관계에서 이루어질 수 있는 공유된 정서적 편안함, 사회적 우정, 정신적 의사소통, 정치적 연대보다 하위에 있게 된다(같은 책, 215).

오웬(1998, 146)은 동성관계가 가끔 교도소에서 다툼의 원인이 된다고 보고한다. 동성애에 집중할 경우 발생하는 "질투는 많은 (교도소) 갈등의 기반인 것처럼 보인다." 마에브Maeve(1999b)는 여성 재소자가 자신의 아동 성학대 경험과 범죄 경험으로부터 죄의식과 '나쁜 소녀' 정체성을 취하는 방식에 대해 토의한다. 그리고 이들이 교도소에서 레즈비언으로 확인되면, 이것은 교도소의 동성애 공포증 정책에 의해 강화되어 그들이 자신에 대해 나쁘게 인식하도록 만들고, '악녀' 자아상을 강화하는데 더 확신을 주게 된다.

1970년대와 1980년대의 경험적 연구는 구금된 여성 중 약 4분의 1이 레즈비언 관계를 시인했다고 지적한다(Mawby, 1982; Moyer, 1978). 더 최근의 경험적 연구는 친밀한 성적 관계에 있는 교도소 여성의 수를 파악하는 데 유용한 수단이 없다고 설명하지만, 추산해 보면 교도소에 구금된 여성의 30~60퍼센트가 레즈비언 관계라고 하며(Owen, 1998, 138), 80퍼센트 이상일 수도 있다고 본다(Maeve, 1999b). 한 연구에 따르면 재소자의 레즈비언 관계는 일반적으로 파트너가 석방되거나 직원이 그들 여성을 분리하면 끝나게 된다(Moyer, 1978). 한 연구가 여자 교도소에서 동성애에 대한 엄격한 정책이 동성애를 줄이기보다는 양성하는 경향이 있다는 사실을 발견했다는 점은 주목할 만하다(Mahan, 1984). 더욱이 동성애를 막는 직원의 억압은 종종 다른 재소자와의 단순한 우호적 유대를 형성하는 것에 형벌을 부과하는 결과를 가져온다. 그 결과 많은 여성은 다른 재소자와의 정서적 유대를 발전시키는 것에 두려움을 보고하는데, 이는 소외감과 고독감, 구금 상황에 대처하는 데 무능력을 악화시킨다(Maeve, 1999b; Moyer, 1980).

강한 동성애 공포증으로 인해 교도소 전문가와 연구자, 교도소 관리자와 직원은 합의적 동성애와 동성에 의한 강간을 잘못 동일시하는 경향이 있다. 이런 잘못된 생각은 교도소에 대한 토의에서 가장 우세하다. 이성 간의 합의적 섹스와 이성에 의한 강간을 구별하는 것이 중요하듯, 동성 간의 합의적 섹스와 동성에 의한 강간을 구별하는 것도 중요하다. 외부세계에서의 성역할과 여성에 대한 혐오misogyny를 고려하면, 남자 교도소에서 하위문화가 동성애 강간을 수용 가능한 것으로 보는 반면에 합의적 게이 관계가 금기시되는 것은 거의 놀라운 일이 아니다(Bowker, 1980; Wooden and Parker, 1982). 여자 교도소에서는 그 반대가 사실이다. 합의적 레즈비언 관계가 더 일반적이고 덜 금기시된다. 다른 재소자에 의한 여성의 강간은 드물다.

일부 경험적 연구가 재소자 대 재소자 폭력과 관련해서 구금된 남녀가 서로 동등하게 폭력적임을 보고하지만, 페이스(1993b, 232)는 어떻게 이것이 왜곡된 현실을 만드는지 설명한다. "교도소에서 남성들이 서로를 때리고 강간했다면 그것은 매우 흔한 일이기 때문에 거의 관심을 받지 못한다. 두 여성이 심각한 신체적 싸움을 하는 경우 주목할 만한 사건이기 때문에 여성폭력에 대한 과장된 인식이 형성된다." 동시에 마에브(1999b)는 교도소에서 여성 간의 성적 · 낭만적 관계에 대한 소규모 연구에서 대부분은 주로 질투로 인해 폭력적이 된다는 것을 발견했다. 이것은 '남성' 역할과 '여성' 역할이 정해진 커플에서 가장 일반적이다. 마에브(1999b)는 심각한 아동 성학대 경험과 교도소 안팎에서 성적 렌즈를 통해 여성을 바라보는 성차별적인 사회의 영향, 이것이 여성 재소자 간의 친밀한 짝짓기에서 (비성적) 폭력을 일으키는 데 관련이 있는지 주의 깊게 묘사한다.

마지막으로, 앞으로의 경험적 연구는 여성과 남성 재소자가 형성하고, 교도소에서 생존하는 데 도움을 주는 지지적 유대를 비교 · 대비할 필요가 있다. 젠더와 감정, 우정에 대한 고정관념적인 시각을 가진 경험적 연구자들은 남성 재소자의 유대를 간과할 수 있다. 한때 연방교도소에 구금되었고 현재 여성, 남성 재소자와 함께 일하는 어느 여성은 다음과 같이 설명한다.

> 나는 여성이 교도소에서 서로 유대를 맺는 방식과 남성이 교도소에서 서로 유대를 맺는 방식에 약간의 차이가 있다고 생각한다. 그러나 나는 유대가 양 집단에서 발생한다는 것을 알고 있다. 그리고 이것이 남녀 모두에게 손상되지 않은 정서적 본질을 가지고 교도소에서 생존하는 것을 가능하게 한다고 믿는다(Swain, 1994).

일부 경험적 연구에서 보고된 구금된 남녀 간의 중요한 구별은 인종이 강조되는 정도다 (Owen, 1998). 즉 인종은 남자 교도소보다는 여자 교도소에서 사회조직 요인으로 매우 약하게 작용한다. 이것은 인종차별주의가 여자 교도소에서 결코 문제가 아니라거나, 문제시되지 않는다는 것을 의미하지 않는다. 인종은 일부 유형의 자원, 특히 재소자의 작업에 대한 불공평한 접근 속에서 하나의 요인이 될 가능성이 크다고 본다(같은 책, 154).

로스Ross(2000)의 구금된 아메리칸 인디언 여성에 대한 경험적 연구는 교도소에서 그들과 백인 여성 간의 긴장관계를 보고했다. "인종차별주의는 상호작용을 통해 퍼져 나가고", 이는 종교를 비웃는 것과 같은 원주민 여성문화에 관련된 인종차별주의에 주로 기인한다. 디아즈코토(1996, 296)는 여성의 인격적 · 성적 관계가 종종 인종 간, 민족 간에 이루어진다는 사실에도 불구하고 "인종과 민족성에 기반을 둔 구분이 많은 수의 재소자 사이에서 연합을 형성하는 게 어려울 정도로 굳어졌다"라고 보고한다. 그녀는 스페인어밖에 말하지 못하는 여성 재소자에게 스페인어로 말하지 못하게 하는 것과 같은 독특한 문제를 묘사한다. 그들은 스페인어를 말할 때 형벌을 받을 뿐 아니라 영어로만 제공되는 교도소 규칙을 이해하지 못해 규칙 위반을 더 많이 하는 것으로 나타났다(Diaz-Cotto, 1996, 2000).

:: 여성 재소자에 대한 성학대

성인 여성과 소녀의 구금에 대한 현재의 경험적 연구는 남성 관리자에 의한 성학대를 거의 언급하지 않는다. 성학대가 점차 감소되고 있긴 하지만, 실태를 파악하기 위한 체계적인 경험적 연구가 이루어지지 못했다. 그러나 1970년대에 출판된 경험적 연구는 미국 남부 구치소에서 여성이 남성 보안관과 구치소 관리인에게 성폭행당할 위험이 높다는 사실을 증명해 주고 있다(Sims, 1976). 명백한 강간과 함께 남성 직원이 성인 여성과 소녀의 기본 욕구를 충족시켜 주면서(예를 들면 음식과 가족 접촉) 이들에게 성적 '우호'를 강요하는 것은 특별한 일이 아니었다. 미국 남부 구치소에서 여성에 대한 성폭행은 절도죄에 대해 항소하며 구치소에 있던 흑인 조앤 리틀Joan Little이 구강성교를 강요하던 백인 남성 교도관과 싸웠던 사건이 일어난 1974년까지 무시되었다. 둘이 밀고 당기는 와중에 그 교도관은 그녀를 폭행하는 데 이용한 얼음 깨는 송곳에 찔려 죽었다. 리틀은 노스캐롤라이나 주의 보퍼트 카운티Beaufort County에서 공정한 재판을 받을 수 없다고 주장했고, 그 소송은 국가적 인정을 받았다. 그리고 그녀는 재판관할(소송 원인 발생지)에 대한 변경 이후 무죄를 선고받았다(Human Rights Watch Women Rights Project, 1996).

여자 교도소의 강간에 대해 연구한 일부 학문적 연구나 신문잡지의 기사에서 분명한 것은 교도소 관리자나 교도관에 의한 성학대(이중 많은 경우가 매우 폭력적이며, 모든 것이 본질적으로 강압적)가 매우 일상적으로 발생한다는 것이다. 그래서 남성 재소자가 동료재소자에게 강간당하는 반면, 여성 재소자는 남성보다 교도소 관리자나 교도관에게 강간당하는 경향이 강하다. 이것에 대한 명백한 증거는 인권감시 여성인권 프로젝트Human Rights Watch Women's Rights Project의 『너무 일상적인 일: 미국 주 교도소에 수용된 여성의 성학대All Too Familiar: Sexual Abuse of Women in U.S. State Prisons』라는 제목의 1996년 책이다. 이 책은 남성 교도관의 구금된 여성에 대한 폭력적인 강간뿐 아니라 많은 여성이 처음에 합의적인 것으로 나타나는 교도관(그리고 다른 교도소 직원)과의 성적 '관계'에 취약한 상태에 놓여 있음을 묘사한다. 예를 들면 이 책은 어떻게 교도소 생활의 외로움이 여성에게, 낭만적이고 성적 관계를 추구하는 비전문적이고 비윤리적인 교도관과 '사랑에 빠지게 되는' 위험에 놓이게 하는지를 기술한다.

성적으로 착취적인 교도관에 대한 설명은 여학생에게 '작업을 걸어' 이들과 낭만적 · 성적 관계를 형성한다는 평판을 가진 호색적인 대학교수에 대한 경험적 연구와 유사하다(Glaser and Thorpe, 1986). 두 가지 예에서 여대생뿐 아니라 구금된 여성은 권력 차이의 심각성과 본인과 비슷하게 이용(학대)당한 (종종 동시에) 일련의 여성들이 있다는 것을 너무 늦게 깨닫는다. 이런 착취적이고 학대적인 경험의 외상에 더하여 미국 교도소에 있던 여성의 성학대 연구는 가해자 자신, 다른 교도관이나 전체 조직이 학대를 보고하는 여성에 대해 빈번하게 복수했다는 사실을 발견했다(Human Rights Watch Women Rights Project, 1996). 더욱이 교도관과의 성적 접촉으로 임신하게 된 여성은 때때로 원하지 않는 낙태를 강요받았다(같은 책). 교도소 내에서 성적 학대자와 착취자에 대한 '처벌'은 성희롱 가해자에 대한 것과 유사하다. 그들은 단지 다른(일반적으로 남성) 교도소로 자리를 이동할 뿐이다(같은 책).

남성 직원에 의해 성폭행이나 성희롱을 당한 여성 재소자에 대한 다른 주장도 있다(Aylward and Thomas, 1984; Van Ochten, 1993). 2005년 5월 22일부터 5월 25일까지 《디트로이트 뉴스》는 미시간에서 구금된 여성의 성학대에 대한 저널리스트의 광범위한 조사에 대해 보고했다. 리포터 클랙스턴Melvin Claxton, 싱클레어Norman Sinclair와 로널드 한센Ronald J. Hansen(Claxton, Hanson, and Sinclair, 2005a-d; Hanson, Sinclair, and Claxton, 2005a-c; Sinclair, Claxton, and Hanson, 2005a, b)은 여성 재소자의 성학대 주제에 대해 교정기획과(Department of Corrections Internal Affairs)로부터 받은 재소자의 진술 수천 페이지를 읽었고 현재와 이전의 재소자, 교도관, 전문가 등과 인터뷰했다. 《디트로이트 뉴스》의 기사는 (1) 교도관에게 심각한 성폭행을 경험한 여성, 그중 일부는 임신(그리고 자녀)으로 이어짐, (2) 교도소 당국에 의해 무시된 성적 학대를 행한 직원에 대해 소송을 제기하기 위한 투쟁, (3) 조사되지 않고 성학대가 지속된 후 자살한 여성 등에 대해 상세하게 보도했다. 교도관이 특혜의 대가로 성을 요구하는 곳에서도 강업적 세스가 만연했다. 남성 재소자가 여성 교도관에게 학대당하는 것보다 여성 재소자가 남성 교도관에 의해 훨씬 더 성적으로 학대당한다는 사실에도 불구하고, 남자 교도소보다는 여자 교도소에서 교도관들의 성별 통합이 더 많았다(Goetting, 1987). 이는 여성 교도관이 남자 교도소에 근무하게 되면 안전 위험을 불러일으킨다는 근거 없는 믿음에 기인한 것이다.

교도소에서의 성학대에 관련된 또 다른 쟁점은 구금된 남녀가 반대 성에 의한 몸 수색cross-gender searches을 다른 방식으로 인식할 수 있다는 것이다(Farkas and Rand, 1999). 1993년 조던 대 가드너Jordan v. Gardner(986 F2d. 1521 Ninth Circuit) 판례에서 법원은 "여성 재소자의 학대 경험 때문에 이들은 교도소에서 남성에 의한 (신체) 검사에 심리적으로 더 큰 상처를 입을 수 있다는 것을 적절하게 인식했다"(같은 책, 33). 즉 구금된 여성의 이전 삶에서 일어난 학대사건을 고려하면 특히 남성 교도관이 발가벗기고 조사하거나, 남성 교도관에 의해 가해지는 성적 학대는 정신적으로 큰 충격일 수 있다. 파카스Farkas와 랜드Rand(1999)는 이런 반대 성의 교도관에 의한 신체 검사는 학대 생존자들에게 학대를 치유하기 위한 교도소의 어떤 치료도 거부하게 할 위험이 있다고 지적한다.

:: 남녀 공용 교정시설

비록 소수의 여성 재소자가 기본적으로 남자를 위해 만들어진 교도소의 '특별한' 공간에 수용되었지만 최초의 교도소는 '남녀 공용 교정시설'(같은 시설에 남녀를 수용)이었다는 점을 기억할 필요가 있다(Faith, 1993b, 135). 여자 교도소 개혁가들의 근본적이고 중요한 목표는 성별로 분리된 시설이었으며, 1970년대 초반에 교도소의 성 불평등성에 대한 중요한 이유로 성별로 분리된 교도소가 제공되었다. 거의 100년 전에 있던 남녀 공용의 교도소를 재건하기 위한 최초의 시도가 1971년 텍사스 주의 포트워스Fort Worth에서 있었다. 비록 남녀가 여전히 분리된 건물이나 단층집cottage에 수용되었지만, 그들은 남녀 공용 교정시설에서 일부 혹은 모든 교도소 프로그램과 서비스를 공유했다(Dodge, 2002; Schweber, 1985). 5개의 연방 남녀 공용 교정시설이 1970년대에 문을 열었고, 1977년에 15개의 주 남녀 공용 교정시설이 운영되었다.

남녀 공용 교정시설에 대한 초기 연구 고찰은 교도소 관리자와 페미니스트가 남녀 공용 교정시설의 잠재적 이득에 대해 매우 다르게 인식했다는 것을 보여준다. 1970년대에 남녀 공용 교정시설의 교도소 관리자는 성별 통합이 교도소 경험을 표준화하고, 전 재소자의 사회로의 재통합을 보다 용이하게 만들 것으로 기대했다. 이런 관리자가 볼 때 남녀 공용 교정시설에 대한 부가적 이득은 동성애의 감소였다. 페미니스트가 볼 때 남녀 공용 교정시설의 두 가지 잠재적 이득은 (1) 교도소 경험에서 성차별 감소와 교육, 직업, 작업, 사회적·의료적 프로그램과 활동에 대한 여성의 접근성 증가, (2) 여성이 자녀, 다른 가족과 친구로부터 멀리 떨어져서 구금될 가능성의 감소였다.

남녀 공용 교정시설이 구금된 여성에게 친구, 가족과 가까이 있게 하는 가능성을 증가시켰다는 것을 지지하거나 거부하기 위한 정보가 거의 없어 효과를 단언하기 어렵지만,나머지 잠재적 이득은 현실화되지 않았다. 어쨌거나 남녀 공용 교정시설에 대한 경험적 연구 자체가 성차별주의적, 공포적 동성애 가정에 종종 기반을 두고 있기 때문에 대부분의 경험적 연구를 평가하기가 어렵다. 어쨌거나 남녀 공용 교정시설이 구금된 여성에게 더 나은 삶을 제공한 게 거의 없었다는 점은 분명하다(그리고 사실 더 나빠졌을지도 모른다).

전통적 성역할이 남녀 공용 교정시설에서 계속적으로 고무되고 있다(Campbell, 1980; Heffernan and Krippel, 1980). 예를 들면 여성에게는 교도소 사회에서 높은 위치를 차지하는 남성에 대한 보조적인 위치가 주어졌다(Schweber, 1985). 남녀 공용 교정시설의 남성은 같은 시설의 여성보다 휴가와 작업 · 교육 프로그램을 긍정적이고 공평하게 분배되는 것으로 평가된다(Almy et al., 1980). 남녀 공용 교정시설의 남성은 같은 시설의 여성보다 시설 주변을 이동하는 자유가 더 많이 주어졌다(Chesney-Lind and Rodriguez, 1983). 남녀 공용 교정시설의 여성은 같은 시설의 남성보다 더 무거운 징계를 받았다(Chesney-Lind and Rodriguez, 1983; Wilson, 1980). 남녀 공용 교정시설은 전통적인 여성 프로그램을 감소시키거나 없애지 못하고 있다. 그리고 여자 교도소를 남녀 공용 교정시설로 만들기 위해 여자 교도소에 남성 재소자가 '추가' 될 때, 남성은 가장 좋은 작업을 할당받게 된다(Ross and Heffernan, 1980). 남녀 공용 교정시설에 대한 한 연구는 여성에게 '사실상 시설에 있는 모든 프로그램에 대한' 접근이 일상적으로 거부되었다는 사실을 발견했다(Chesney-Lind and Rodriguez, 1983). 따라서 남녀 공용 교정시설이 세워지면서 여성은 '패자' 로 전락하였다(Rafter, 1989).

> 비판가들은 남녀 공용 교정시설이 또 다른 방식에서 '표준화' 되었다고 지적한다—그것은 남성지배적인 환경에서 여성의 욕구는 부차적인 것이 되도록 여성을 소수 상황에 처하도록 만들었다. 다수인 남성의 필요에만 초점을 맞추는 프로그램과 서비스 할당 결정을 금지하는 남녀 공용 교정시설은 찾아보기 힘들다(Ross and Fabiano, 1986, 66-67).

남녀 공용 교정시설에서 성차별이 가장 분명하게 드러나는 곳은 성적 통제 부분이다. 동성애와 이성애적 행위 모두 시설 규율에 반하는 것이다. 그러나 동성애와 이성애적 행위는 여전히 발생한다. 실제로 남녀 공용 교정시설에 구금된 동안 임신이 일어났을 뿐만 아니라 여성이 성관계를 강요당하거나 담배와 밀수품에 대한 보상으로 성적 행위(매춘)에 동의한다는 증거가 있다(Chesney-Lind and Rodriguez, 1983; Heffernan and Krippel, 1980; Ruback, 1980). 낭만적 교제에 대한 허용은 현재에도 존재하지 않지만 초기의 보고들은 동성애적인 낭만적 행위는 허용되지 않았지만 이성애적인 일부 낭만적 행위는 허용되었다고 지적했다. 예를 들면 일부 시설은 이성애자 간의 어떤 신체적 접촉도 허용하지 않는 데 반해 다른 시설은 손잡는 것을 허용했고, 또 다른 시설은 손잡는 것과 커플이 누워 있지 않는

한 가까이서 서로 팔을 올려놓는 것을 허용했다(Anderson, 1978). 주목할 만한 점은 남녀 공용 교정시설이 여성과 남성 모두에게서 교도소의 동성애 비율을 감소시키지 못한 것이다(Campbell, 1980; Ross and Fabiano, 1986).

이성애적 섹스를 하다가 '잡히는' 남녀 공용 교정시설의 여성은 남성보다 더 엄한 처벌을 받는다. 남녀 공용 교정시설에서 '성적 접촉 금지' 정책을 유지하기 위해 남성보다 여성에 대해 더 철저한 관찰이 이루어지면서(그리고 여성만 있는 교도소보다 남녀 공용 교정시설에서 여성에 대해 더 철저하게 관찰하는 것으로 나타남), 여성에게 더 무거운 짐을 안겨주었다(Schweber, 1985). 한 연구는 남녀 각각 29명이 '의심을 받을 만한 성적 상황'에 있는 것으로 기록되었지만, 29명의 여성과 단지 7명의 남성이 성교한 것으로 기록되었다고 보고했다. 이런 불일치는 임신한 여성은 자동적으로 '잡히며', '현장에서' 잡힐 때조차 남성은 어떻게 해서든지 신원 확인을 더 잘 피할 수 있다는 사실 때문이다(Anderson, 1978). 이와 비슷한 연구에서는 이렇게 보고했다. "여성이 이곳에서 다른 수용자에 의해 임신될 때, 그것은 모두 그녀의 책임이다. 징계상 사건 전말을 청취한 후에 아버지에게 자녀를 책임지도록 하는 어떤 시도도 없다"(Mahan, 1984, 235). 일리노이의 드와이트 교정센터Dwight Correctional Center가 1970년대 중반 남녀 공용 교정시설로 바뀌면서 "매년 몇 명의 여성 재소자가 임신하게 되었다"(Dodge, 2002, 254).

마지막으로, 남녀 공용 교정시설에도 남녀 재소자를 분리시키려고 노력했지만 그것이 남성 직원이 여성 재소자를 성희롱하거나 성관계를 강요하는 것을 막지는 못했다(Chesney-Lind and Rodriguez, 1983). 한 연구는 남녀 공용 교정시설에서 직원과 재소자 간의 성관계를 보고했지만, 그것의 착취적인 특성에 대해서는 토의하지 못했다(Mahan, 1989). 그래서 남녀 공용 교정시설이 "이론적으로 좋은 것이지만, 현실에서는 그렇게 성공적이지 못한 것"으로 나타났다. 아마도 남녀 공용 교정시설은 비용(교도소가 재소자 가족으로부터 떨어진 거리)과 기회(예를 들어 교육, 직업, 의료와 레크리에이션 접근)에 관련해 구금 중 최상의 성 평등을 이룰 가능성을 제공할 수 있었다. 그러나 불행하게도 지금까지 그런 효과를 보지 못하고 있다. 주목할 만하게 페이스(1993b)는 유죄판결을 받은 여성 법 위반자에 대한 캐나다 조사를 검토했는데, 이 조사는 남성과 분리된 교도소에 있었던 경험이 없는 여성은 남성과 함께 수용되는 것을 선호하는 경향이 있음을 보고한다. 그러나 남녀 공용 교정시설을 경험한 여성은 성적 대상과 양육자로 취급당하고 인식되는 것에 의해 이중의 착취를 당한다고 보고한다(Shaw et al., 1990).

1984년에는 6개 주만 남녀 공용 교정시설을 가지고 있었다(Ryan, 1984). 주 교도소와 연방 교도소를 남녀 공용 교도소로 만들려는 장기적 정책은 1989년에 이르러 대부분 사라졌으며 단지 2개의 공용교도소만이 1994년까지 남아 있었다(Smykla and Williams, 1996). 미국 교정협회(American Correctional Association)의 1990년 조사는 '교정' 시설의 45퍼센트가 남녀를 모두 수용하고 있다고 보고했다. 페이스(1993b, 136)는 미국과 캐나다에서 남녀 공용 교정시설에 대한 불충분한 평가에도 불구하고 '여성이 너무 적어 분리된 교도소 건축의 비용을 감당할 수 없는' 곳에서 여성은 계속적으로 남성과 함께 수용된다는 사실로 남녀 공용 교정시설에 대한 자신의 토의를 결론지었다.

남녀 공용 교정시설에서 여성을 위한 프로그램의 이용 가능성과 남녀 재소자 간에 허용된 상호작용의 정도는 시설에 따라 달랐다(Schweber, 1985). 시설 중 3분의 1만 레크리에이션과 여가 활동, 교도소 프로그램, 식사, 작업 시간에 남녀 간의 상호작용을 허용하였다. 그리고 13퍼센트는 교도 작업에서 남녀가 같이 일하는 것을 허용하였다(American Correctional Association, 1990, 95). 이 비율은 프로그램과 기회가 분리되고 불평등하게 남아 있다는 것을 시사한다. 남녀 공용 교정시설의 영향에 대한 좀 더 최근의 포괄적인 검토에서는 "남녀 공용 교정시설이 여성 재소자에게 최소의 경제적 · 교육적 · 직업적 · 사회적 이득을 제공한다는 것과 남녀 공용 교정시설은 남성 재소자와 조직 유지에 이득이 된다"는 것을 보고하였다(Smykla and Williams, 1996, 61).

스미클라Smykla와 윌리엄스Williams(같은 책, 74)는 미국의 남녀 공용 교도소에 대한 최근의 개관에서 다음과 같은 결론을 내렸다. "남녀 공용 교정시설이 여전히 다양한 정책, 광범위한 정책 실행 수준, 일관되지 않은 활동양식과 현실적이고 이상적인 정책, 프로그램, 목적에 관한 격론으로 둘러싸여 있다는 사실은 당황스러운 일이다." 이들 저자는 남녀 공용 교정시설이 '조직의 필요를 충족시키기 위한' 방식으로 실행되어 왔으며, 교도소가 남녀를 같이 수용하기 시작하는 과정에서 표준적인 교도소 운영을 변경하는 데 실패함으로써 불가피하게 부정적 결과를 낳았다고 설명한다. 그들은 남녀 공용 교정시설이 성공적으로 실행되도록 만드는 핵심 요소는 감독 역할뿐 아니라 지도를 해야만 하는 시설 교도관에 대한 역할 할당과 훈련이라고 주장한다(Smykla and Williams, 1996).

:: 여성과 사형

캐나다에서 최초로 사형을 당한 사람은 1640년에 절도로 유죄판결을 받았던 16세 소녀였다(Cooper, 1993). 범죄로 사형집행을 받는 여성에 대해서는 경험적 연구가 거의 수행되지 않았다. 주목할 만한 예외는 1632~1997년 미국의 여성 사형집행에 대한 베이커 Baker(1999)의 연구다. 베이커(같은 책)는 여성 357명에 대한 사형집행이 어떻게 이들의 인종과 정치적 분위기와 깊이 관련되어 있는지에 대해 입증해 주었다. 예를 들면 사형을 받은 대부분의 여성은 살인범죄를 저질렀다. 흑인 여성은 '강도, 방화, 중독과 기록되지 않은 중죄로 사형당한' 여성의 대부분을 차지하였다. 그리고 백인 여성은 '마녀사냥, 스파이 활동; 간통, 영아의 출산이나 사망을 숨기는 것'으로 사형당한 여성이 대부분을 차지하였다(같은 책, 82-83). 사형을 받은 미국 여성 중 5분의 3(59%)은 흑인이며, 5분의 2(39%)는 백인, 1.5퍼센트는 아메리칸 인디언, 0.9퍼센트는 라틴계였다(같은 책). 베이커(같은 책, 83)에 따르면 "노예제도가 철폐되기 전까지 흑인 여성의 사형이 우세했던 것"은 결과적으로 그들이 "백인 남성의 성적 착취를 거부"했기 때문이다. 그러므로 여성 범죄자의 범죄처리 절차를 연구할 때는 인종에 대해 고려해야 한다.

Summary 이 장은 역사적으로 여성에 대한 처벌과 구금된 여성 처우의 시작부터 현재의 반응까지 더듬어보았다. 19세기와 20세기 초반 여성 감화원의 발전은 여성 범죄자의 시설화에 장기간의 효과를 가져왔다. 감화원이 성학대로부터 안전을 제공한 반면, 이것은 성인 여성과 소녀를 주부와 가정부 역할로 정형화시킨 기초 위에서 건설되었다. 오늘날까지 여자 교도소는 여성으로서 '적절한' 역할을 재확인하는 프로그램과 활동이 대부분을 차지한다. 여성과 남성의 교도소 경험과 서비스, 활동에 대한 접근의 성차는 일반적으로 구금된 여성에 대한 차별을 보여준다. 남녀 공용 교정시설의 실행이 교도소 기회에서 성차별을 감소시키기 위한 정책으로 인식되었지만, 그 효과는 실제로 나타나지 않았다. 미국의 구금에서 성차 비교를 통해 얻은 명백한 한 가지 결론은 여성 재소자의 조건이 남자 재소자의 비참한 조건보다 더 나쁘다는 것이다. 가족, 사랑하는 사람에 대한 근접성이나 의료, 레크리에이션, 교육에 대한 접근 혹은 유색인종과 HIV 양성인 사람의 불균형적 비율, 향정신제 치료 약물의 배분 혹은 교도관에게 강간당할 가능성에서 모두 교도소에 있는 여성은 교도소에 있는 대부분 남성보다 조건이 더 나쁜 것으로 나타났다. 여성에게 더 좋은 것으로 나타나는 유일한 조건(그리고 중요한 조건)은 구금된 여성이 동료 재소자에게 강간당할 가능성이 남성에 비해 훨씬 낮다는 것이다. 마지막으로, 구금된 여성의 임신과 부모 역할은 오늘날 교도소 조직에서 가장 어렵고 비통한 문제 중 하나다.

Abril, Julie C. 2003. Native American Identities among Women Prisoners. *Prison Journal* 83:38-50.

Acoca, Leslie. 1998a. Defusing the Time Bomb: Understanding and Meeting the Growing Health Care Needs of Incarcerated Women in America. *Crime and Delinquency* 44:32-48.

———. 1998b. Outside/Inside: The Violation of American Girls at Home, on the Streets and in the Juvenile Justice System. *Crime and Delinquency* 44:561-589.

Acoca, Leslie and James Austin. 1996. *The Crisis Women in Prison*. San Francisco, CA: The National Council on Crime and Delinquency.

Alemagno, Sonia A. 2001. Women in Jail: Is Substance Abuse Treatment Enough? *American Journal of Public Health* 91:798-800.

Almy, Linda, Vikki Bravo, Leslie Burd, Patricia Chin, Linda Cohan, Frank Gallo, Anthony Giorgianni, Jeffrey Gold, Mark Jose and John Noyes. 1980 A Study of a Co-Educational Correctional Facility. Pp. 120-149 in *Co-Ed Prison*, edited by J. O. Smykla. New York: Human Services Press.

Alpert, Geoffrey P. 1982. Women Prisoners and the Law: Which Way Will the Pendulum Swing? Pp. 171-182 in *The Criminal Justice System and Women*, edited by B. R. Price and N. J. Sokoloff. New York: Clark and Boardman.

American Correctional Association. 1990. *The Female Offender: What Does the Future Hold?* Arlington, VA: Kirby Lithographic Company.

Anderson, David C. 1978. Co-corrections. *Corrections Magazine* (Sept. 4):33-41.

Anderson, Tammy L. 2003. Issues in the Availability of Health Care for Women Prisoners.: Pp. 49-60 in *The Incarcerated Woman*, edited by S. F. Sharp. Upper Saddle River, NJ: Prentice Hall.

Arnold, Regina. 1990. Processes of Victimization and Criminalization of Black Women. *Social Justice* 17:153-166.

Auerhahn, Kathleen and Elizabeth Dermody Leonard. 2000. Docile Bodies? Chemical Restraints and the Female Inmate. *Journal of Criminal Law and Criminology* 90:599-634.

Aylward, Anna and Jim Thomas. 1984. Quiescence in Women's Prison Litigation. *Justice Quarterly* 1:253-276.

Baker, David V. 1999. A Descriptive Profile and Socio-Historical Analysis of Female Executions in the United States: 1632-1997. *Women & Criminal Justice* 10:57-94.

Barry, Ellen M. 1991. Jail Litigation Concerning Women Prisoners. *The Prison Journal* 71:44-50.

Baunach, Phyllis Jo. 1982. You Can't Be a Mother and Be in Prison ⋯ Can You? Impacts of the Mother-Child Separation. Pp. 155-170 in *The Criminal Justice System and Women*, edited by B. R. Price and N. J. Sokoloff. New York: Clark and Boardman.

———. 1985. *Mothers in Prison*. New Brunswick, NJ: Transaction Books.

———. 1992. Critical Problems of Women in Prison. Pp. 99-112 in *The Changing Roles of Women in the Criminal Justice System*, edited by I. L. Moyer. Prospect Heights, IL: Waveland Press.

Belknap, Joanne. 2000. Programming and Health Care Responsibility for Incarcerated Women. Pp. 109-123 in *States of Confinement: Policing, Detention and Prisons*, edited by Joy James. New York: St. Martin's Press.

Berry, Phyllis E. and Helen M. Eigenberg. 2003. Role Strain and Incarcerated Mothers. *Women & Criminal Justice* 15:101-119.

Binkley-Jackson, Deborah, Vivian L. Carter, and Garry L. Rolison. 1993. African-American Women in Prison. Pp. 65-74 in *Women Prisoners: A Forgotten Population*, edited by Beverly R. Fletcher, Lynda D. Shaver, and Dreama G. Moon. Westport, CT: Praeger.

Bloom, Barbara, and D. Steinhart. 1993. *Why Punish the Children?* San Francisco: National Council on Crime and Delinquency.

Boudouris, James. 1985. *Prisons and Kids*. College Park, MD: American Correctional Association.

Bosworth, Mary. 1999. *Engendering Resistance: Agency and Power in Women's Prisons*. Dartmouth, MA: Ashgate.

Bowker, Lee. 1980. *Victimization in Prisons*. New York: Elsevier.

———. 1981. Gender Differences in Prisoner

Subcultures. Pp. 409-419 in *Women and Crime in America*, edited by L. H. Bowker. New York: Macmillan.

Brewster, Dennis R. 2003. Does Rehabilitative Justice Decrease Recidivism for Women Prisoners in Oklahoma? Pp. 29-45 in *The Incarcerated Woman*, edited by S. F. Sharp. Upper Saddle River, NJ: Prentice Hall.

Bunch, Barbara J., Linda A. Foley, and Susana P. Urbina. 1983. The Psychology of Violent Female Offenders: A Sex-Role Perspective. *The Prison Journal* 63:66-79.

Butler, Anne M. 1997. *Gendered Justice in the American West*. Urbana: University of Illinois Press.

Campbell, Charles F. 1980. Co-Corrections-FCI Fort Worth after Three Years. Pp. 83-109 in *Co-ed Prison*, edited by J. O. Smykla. New York: Human Services Press.

Carlen, Pat. 1983. *Women's Imprisonment: A Study in Social Control*. London: Routledge and Kegan Paul.

Carlen, Pat, and Chris Tchaikovsky. 1985. Women in Prison. Pp. 182-186 in *Criminal Women*, edited by P. Carlen, J. Hicks, J. O'Dwyer, and D. Christina. Cambridge, MA: Polity Press.

Carter, Barbara. 1981. Reform School Families. Pp. 419-431 in *Women and Crime in America*, edited by L. H. Bowker. New York: Macmillan.

Chesney-Lind, Meda. 1991. Patriarchy, Prisons, and Jails: A Critical Look at Trends in Women's Incarceration. *The Prison Journal* 71:51-67.

———. 2003. Reinventing Women's Corrections. Pp. 3-13 in *The Incarcerated Woman*, edited by S. F. Sharp. Upper Saddle River, NJ: Prentice Hall.

Chesney-Lind, Meda, and Joycelyn Pollock-Byrne. 1995. Women's Prisons: Equality with a Vengence. Pp. 155-175 in *Women, Law and Social Control*, edited by Joycelyn Pollock-Byrne and Alida Merlo. Boston: Allyn & Bacon, 1995.

Chesney-Lind, Meda, and Noelie Rodriguez. 1983. Women under Lock and Key. *Prison Journal* 63:47-65.

Chesney-Lind, Meda, and Randall G. Shelden. 1992. *Girls, Delinquency, and Juvenile Justice*. Pacific Grove, CA: Brooks/Cole.

Chigwada-Bailey, Ruth. 1997 *Black Women's Experiences of Criminal Justice*, Winchester, England: Waterside Press.

Church, George. 1990. The View from behind Bars. *Time Magazine* (Fall) 135:20-22.

Clark, Judy, and Kathy Boudin. 1990. Community of Women Organize Themselves to Cope with the AIDS Crisis: A Case Study from Bedford Hills Correctional Facility. *Social Justice* 17:90-109.

Claxton, Melvin, Ronald J. Hanson, and Norman Sinclair. 2005a. Guards Assault Female Inmates. *The Detroit News*, May 22, 2005. http://detnews.com/2005/specialreport/0505/24/A01-189215.htm

———. 2005b. State Fumbles Sexual Misconduct Probe. *The Detroit News*, May 22, 2005. http://detnews.com/2005/specialreport/0505/24/A13-188917.htm

———. 2005c. Suicides Follow Unheeded Complaints. *The Detroit News*, May 22, 2005. http://detnews.com/2005/specialreport/0505/24/A13-188918.htm

———. 2005d. Inmates Struggle to File Charges against Officers. *The Detroit News*, May 22, 2005. http://detnews.com/2005/specialreport/0505/24/A13-188916.htm

Coker, Ann L., Nilam J. Patel, Shanthi Krishnaswami, Wendy Schmidt, and Donna L. Richter. 1998. Childhood Forced Sex and Cervical Dysplasia among Women Prison Inmates. *Violence Against Women* 4:595-608.

Collins, Catherine Fisher. 1997. *The Imprisonment of African American Women*. Jefferson, NC: MacFarland & Co.

Compton-Wallace, Veronica. 2003. *Eating the Ashes: Seeking Rehabilitation within the U.S. Penal System*. New York: Algora Publishing.

Cooper, Sheelagh. 1993. The Evolution of the Federal Women's Prison. Pp. 22-49 in *In Conflict with the Law: Women and the Canadian Justice System*, edited by E. Adelberg and C. Currie. Vancouver: Press Gang Publishers.

Daane, Diane M. 2003. Pregnant Prisoners. Pp. 61-72 in *The Incarcerated Woman*, edited by S. F. Sharp. Upper Saddle River, NJ: Prentice Hall.

Danner, Terry A., William R. Blount, Ira J. Silverman, and Manual Vega. 1995. The Female Chronic Offender: Exploring Life Contingency and Offense History Dimensions for Incarcerated Female Offenders. *Women & Criminal Justice* 6:45-66.

Davis, Daniel L., Gerald J. Bean, Joseph E. Schumacher, and Terry Lee Stringer. 1991. Prevalence of Emotional Disorders in a Juvenile Justice Institutional Population. *American Journal of Forensic Psychology* 9:5-17.

Diaz-Cotto, Juanita. 1996. *Gender, Ethnicity, and the State: Latina and Latino Prison Politics*. Albany: State University of New York.

———. 2000. Race, Ethnicity, and Gender in Studies of Incarceration. Pp. 123-131 in *States of Confinement: Policing, Detention, and Prisons*, edited by Joy James. New York: St. Martin's Press.

Dobash, Russell P., R. Emerson Dobash, and Sue Gutteridge. 1986. *The Imprisonment of Women*. Oxford, England: Basil Blackwell.

Dodge, L. Mara. 2002. *Whores and Thieves of the Worst Kind: A Study of Women, Crime, and Prisons*, 1835-2000. DeKalb: Northern Illinois University Press.

Dodge, Mary, and Mark Pogrebin. 2001. Collateral Costs of Imprisonment for Women. *Prison Journal* 81:42-54.

Enos, Sandra. 2001. *Mothering from the Inside: Parenting in a Women's Prison*. Albany: State University of New York Press.

Faith, Karlene, 1993a. Media, Myths and Masculinization: Images of Women in Prison. Pp. 174-211 in *In Conflict with the Law: Women and the Canadian Justice System*, edited by E. Adelberg and C. Currie. Vancouver: Press Gang Publishers.

——. 1993b. *Unruly Women: The Politics of Confinement and Resistance*. Vancouver: Press Gang Publishers.

Farkas, Mary Ann, and Kathryn R. L. Rand. 1999. Sex Matters: A Gender-Specific Standard for Cross-Gender Searches of Inmates. *Women & Criminal Justice* 10:31-56.

Farley, Melissa, and Vanessa Kelly. 2000. Prostitution: A Critical Review of the Medical and Social Sciences Literature. *Women & Criminal Justice* 11:29-64.

Farrell, Ann. 1998. Mothers Offending against Their Role: An Australian Experience. *Women & Criminal Justice* 9:47-69.

Feinman, Clarice. 1981. Sex-Role Stereotypes and Justice for Women. Pp. 383-391 in *Women and Crime in America*, edited by L. H. Bowker. New York: Macmillan.

———. 1983. A Historical Overview of the Treatment of Incarcerated Women: Myths and Realities of Rehabilitation. *Prison Journal* 63: 12-26

———. 1986. *Women in the Criminal Justice System*, 2nd ed. New York: Praeger.

Fletcher, Beverly R., and Dreama G. Moon. 1993a. Introduction. Pp. 5-14 in *Women Prisoners: A Forgotten Population*, edited by Beverly R. Fletcher, Lynda D. Shaver, and Dreama G. Moon. Westport, CT: Praeger.

———. 1993b. Conclusions. Pp. 5-14 in *Women Prisoners: A Forgotten Population*, edited by Beverly R. Fletcher, Lynda D. Shaver, and Dreama G. Moon. Westport, CT: Praeger.

Fletcher, Beverly R., Garry L. Rolison, and Dreama G. Moon. 1993. The Woman Prisoner. Pp. 15-26 in *Women Prisoners: A Forgotten Population*, edited by Beverly R. Fletcher, Lynda D. Shaver, and Dreama G. Moon. Westport, CT: Praeger.

Ford, C. 1929. Homosexual Practices of Institutionalized Females. *Journal of Abnormal and Social Psychology* 23:442-448.

Fox, James G. 1975. Women in Crisis. Pp. 181-205 in *Man in Crisis*, edited by H. Toch. Chicago: Aldine-Atherton.

Fox, Lana, and Fran Sugar. 1990. Survey of Federally Sentenced Aboriginal Women in the Community. Canada: Correctional Service of Canada, 16pp. (or available at http://www.cscscc.gc.ca/text/prgrm/fsw/nativesurvey/toce_e.shtml).

Freedman, Estelle. 1974. Their Sisters' Keepers: A Historical Perspective on Female Correctional Institutions in the United States, 1870-1900. *Feminist Studies* 2:77-95.

————. 1982. Nineteenth-Century Women's Prison Reform and Its Legacy. Pp. 141-157 in *Women and the Law: A Social Historical Perspective*, Vol. I, edited by D. Kelly Weisberg. Cambridge, MA: Schenkman Publishing.

Gaarder, Emily, and Joanne Belknap. 2004. Little Women: Girls in Adult Prison. *Women & Criminal Justice* 15:51-80.

Gelsthorpe, Loraine. 1989. *Sexism and the Female Offender.* Aldershot, England: Gower.

Giallombardo, Rose. 1966. *Society of Women: A Study of a Women's Prison.* New York: John Wiley.

————. 1974. *The Social World of Imprisoned Girls.* New York: Wiley.

Gilfus, Mary E. 1992. From Victims to Survivors to Offenders: Women's Routes of Entry and Immersion into Street Crime. *Women & Criminal Justice* 4:63-90.

Girshick, Lori B. 1999. *No Safe Haven: Stories of Women in Prison.* Boston: Northeastern University Press.

Glaser, R. D., and J. S. Thorpe. 1986. Unethical Intimacy: A Survey of Sexual Contact and Advances between Psychology Educators and Female Graduate Students. *American Psychologist* 41:43-51.

Glick, Ruth M., and Virginia V. Neto. 1982. National Study of Women's Correctional Programs. Pp. 141-154 in *The Criminal Justice System and Women*, edited by B. R. Price and N. J. Sokoloff. New York: Clark and Boardman.

Goetting, Ann. 1987. Racism, Sexism, and Ageism in the Prison Community. *Federal Probation* 49:10-22.

Goetting, Ann, and Roy M. Howsen. 1983. Women in Prison: A Profile. *The Prison Journal* 63:27-46.

Gray, Tara, G. Larry Mays, and Mary K. Stohr. 1995. Inmate Needs and Programming in Exclusively Women's Jails. *The Prison Journal* 75:186-202.

Greene, Peters, and Associates. 1998. Guiding Principles for Promising Female Programming. The Office of Juvenile Justice and Delinquency Prevention, October, 94pp.

Greenfeld, Lawrence A., and Tracy L. Snell. 1999. Women Offenders. Bureau of Justice Statistics: Special Report. U.S. Department of Justice, December, 14pp.

Haft, Marilyn G. 1980. Women in Prison: Discriminatory Practices and Some Legal Solutions. Pp. 320-338 in *Women, Crime, and Justice*, edited by S. K. Datesman and F. R. Scarpitti. New York: Oxford Press.

Haley, Kathleen. 1980. Mothers behind Bars. Pp. 339-354 in *Women, Crime, and Justice*, edited by S. K. Datesman and F. R. Scarpitti. New York: Oxford Press.

Hankins, Catherine A., Sylvie Gendron, Margaret A. Handley, Christiane Richard, Marie Therese Lai Tung, and Michael O'Shaughnessy. 1994. HIV Infection among Women in Prison. *American Journal of Public Health* 84:1637-1640.

Hannah-Moffat, Kelly. 1994. Unintended Consequences of Feminism and Prison Reform. *Forum on Corrections Research* 6:7-10.

Hanson, Ronald J., Norman Sinclair, and Melvin Claxton. 2005a. Pregnant Inmates Name Guards as Dads. *The Detroit News*, May 23, 2005. http://detnews.com/2005/specialreport/0505/24/A08-189818.htm

————. 2005b. Prison Affairs Hard to Control. *The Detroit News*, May 23, 2005. http://detnews.com/2005/specialreport/0505/24/A09-189816.htm

————. 2005c. State keeps guards with past crimes. *The Detroit News*, May 23, 2005. http://detnews.com/2005/specialreport/0505/24/A01-190120.htm

Harrison, Paige M., and Allen J. Beck. 2005. Prison and Jail Inmates at Midyear 2004. U.S. Department of Justice Statistics Bulletin, NCJ 208801.

Hart, Cynthia B. 1995. Gender Differences in Social Support among Inmates. *Women & Criminal Justice* 6:67-88.

Heffernan, Esther, and Elizabeth Krippel. 1980. A Co-ed Prison. Pp. 110-119 in *Co-ed Prison*, edited by J. O. Smykla. New York: Human Services Press.

Heidensohn, Frances M. 1985. *Women and Crime: The Life of the Female Offender.* New York: New York University Press.

Henriques, Zelma W. 1994. Imprisoned Mothers and Their Children: A Cross-Cultural Perspective. Paper presented at Prisons 2000, an International Conference on the Present and Future State of Prisons. Leicester, England, April.

———. 1996. Imprisoned Mothers and Their Children: Separation-Reunion Syndrome Dual Impact. *Women & Criminal Justice* 8:77-96.

Holley, Philip D., and Dennis Brewster. 1996. The Women at Eddie Warrior Correctional Center: Descriptions from a Data Set. *Journal of the Oklahoma Criminal Justice Research Consortium* 3:107-114.

Holt, Karen E. 1982. Nine Months to Life: The Law and the Pregnant Inmate. *Journal of Family Law* 20:523-543.

Human Rights Watch Women Rights Project. 1996. *All Too Familiar: Sexual Abuse of Women in U.S. State Prisons.* New York: Human Rights Watch.

Immarigeon, Russ. 1987a. Women in Prison. *Journal of the National Prison Project* 11:1-5.

———. 1987b. Few Diversion Programs Are Offered Female Offenders. *Journal of the National Prison Project* 12:9-11.

Immarigeon, Russ, and Meda Chesney-Lind. 1992. *Women's Prisons: Overcrowded and Overused.* San Francisco: National Council on Crime and Delinquency.

Jackson, Patrick G., and Cindy A Stearns. 1995. Gender Issues in the New Generation Jail. *The Prison Journal* 75:203-221.

Janusz, Luke. 1991. Separate but Unequal: Women behind Bars in Massachusetts. *Odyssey* (Fall):6-17.

Johnson, Holly, and Karen Rodgers. 1993. A Statistical Overview of Women and Crime in Canada. Pp. 95-116 in *In Conflict with the Law: Women and the Canadian Justice System*, edited by E. Adelberg and C. Currie. Vancouver: Press Gang Publishers.

Johnson, Paula C. 2003. *Inner Lives: Voices of African American Women in Prison.* New York: New York University.

Johnston, Denise. 1995a. Jailed Mothers. Pp. 41-55 in *Children of Incarcerated Parents*, edited by K. Gabel and D. Johnston. New York: Lexington Books.

———. 1995b. The Care and Placement of Prisoners' Children. Pp. 103-123 in *Children of Incarcerated Parents*, edited by K. Gabel and D. Johnston. New York: Lexington Books.

Kampfner, Christina Jose. 1995. Post-Traumatic Stress Reactions in Children of Imprisoned Mothers. Pp. 89-102 in *Children of Incarcerated Parents*, edited by K. Gabel and D. Johnston. New York: Lexington Books.

Kaplan, Mildred F. 1988. A Peer Support Group for Women in Prison for the Death of a Child. *Journal of Offender Counseling, Services, and Rehabilitation* 13:5-13.

Kelley, Margaret S. 2003. The State-of-the-Art in Substance Abuse Programs for Women in Prison. Pp. 119-148 in *The Incarcerated Woman*, edited by S. F. Sharp. Upper Saddle River, NJ: Prentice Hall.

Kersten, Joachim. 1989. The Institutional Control of Girls and Boys. Pp. 129-144 in *Growing Up Good: Policing the Behavior of Girls in Europe*, edited by M. Cain. London: Sage.

Kline, Sue. 1993. A Profile of Female Offenders in State and Federal Prisons. Pp. 1-6 in *Female Offenders: Meeting the Needs of a Neglected Population*, edited by American Correctional Association. Laurel, MD: American Correctional Association.

Knight, Barbara. 1992. Women in Prison as Litigants: Prospects for Post Prison Futures. *Women & Criminal Justice* 4:91-116.

Koban, Linda A. 1983. Parent in Prison: A Comparative Analysis of the Effects of Incarceration on the Families of Men and Women. *Research in Law, Deviance and Social Control* 5:171-183.

Kruttschnitt, Candace. 1981. Prison codes, Inmate

Solidarity and Women. Pp. 123-141 in *Comparing Male and Female Offenders,* edited by Marguerite Q. Warren. Beverly Hills, CA: Sage.

Kruttschnitt, Candace, Rosemary Gartner, and Amy Miller. 2000. Doing Her Own Time? Women's Responses to Prison in the Context of the Old and the New Penology. *Criminology* 38:681-717.

Lake, E. S. 1993. An Exploration of the Violent Victim Experiences of Female Offenders. *Violence and Victims* 8(1):41-51.

Lawson, W. Travis, and Lena Sue Fawkes. 1993. HIV, AIDS, and the Female Offender. Pp. 43-48 in *Female Offenders: Meeting the Needs of a Neglected Population.* Laurel, MD: American Correctional Association.

Lekkerkerker, Eugenia C. 1931. *Reformatories for Women in the United States.* J. B. Wolters' Groningen-The Hague: Batavia.

Leonard, Eileen B. 1983. Judicial Decisions and Prison Reform: The Impact of Litigation on Women Prisoners. *Social Problems* 31:45-58.

Luke, Katherine P. 2002. Mitigating the Ill Effects of Maternal Incarceration on Women in Prison and Their Children. *Child Welfare* 81:929-948.

Maeve, M. Katherine. 1998. Methodologic Issues in Qualitative Research with Incarcerated Women. *Family & Community Health* 21:1-15.

———. 1999a. Adjudicated Health: Incarcerated Women and the Social Construction of Health. *Crime, Law and Social Change* 31:49-71.

———. 1999b. The Social Construction of Love and Sexuality in a Women's Prison. *Advances in Nursing Science* 21:46-65.

Mahan, Sue. 1982. *Unfit Mothers.* Palo Alto, CA: R and E Associates.

———. 1984. Imposition of Despair: An Ethnography of Women in Prison. *Justice Quarterly* 1:357-384.

———. 1989. The Needs and Experiences of Women in Sexually Integrated Prisons. *American Journal of Criminal Justice* 13:228-239.

Mann, Coramae Richey. 1984. *Female Crime and Delinquency.* University, AL: University of Alabama Press.

Marcus-Mendoza, Susan T., and Erin Wright. 2003. Treating the Woman Prisoner. Pp. 107-117 in *The Incarcerated Woman,* edited by S. F. Sharp. Upper Saddle River, NJ: Prentice Hall.

Mawby, R. I. 1982. Women in Prison: A British Study. *Crime and Delinquency* 28:24-39.

McCarthy, Belinda R. 1980. Inmate Mothers: The Problems of Separation and Reintegration. *Journal of Offender Counseling, Services and Rehabilitation* 4:199-212.

McClellan, Dorothy S. 1994. Disparity in the Discipline of Male and Female Inmates in Texas Prisons. *Women & Criminal Justice* 5:71-97.

McGowan, Brenda, and Karen L. Blumenthal. 1976. Children of Women Prisoners: A Forgotten Minority. Pp. 121-136 in *The Female Offender,* edited by L. Crites. Lexington, MA: D. C. Heath.

———. 1978. *Why Punish the Children? A Study of Children of Women Prisoners.* Hackensack, NJ: National Council on Crime and Delinquency.

McHugh, Gerald A. 1980. Protection of the Rights of Pregnant Women in Prisons and Detention Facilities. *New England Journal on Prison Law* 6:231-263.

Miller, Darcy. 1994. Exploring Gender Differences in Suicidal Behavior among Adolescent Offenders. *Journal of Correctional Education* 45:134-138.

Moe, Angela, and Kathleen J. Ferraro. 2003. Malign Neglect of Benign Respect: Women's Health Care in a Carceral Setting. *Women & Criminal Justice* 14:53-80.

Moon, Dreama G., Ruby J. Thompson, and Regina Bennett. 1993. Patterns of Substance Use among Women in Prison. Pp. 45-54 in *Women Prisoners: A Forgotten Population,* edited by Beverly R. Fletcher, Lynda D. Shaver, and Dreama G. Moon. Westport, CT: Praeger.

Morris, Allison. 1987. *Women, Crime and Criminal Justice.* Oxford: Basil Blackwell.

Moyer, Imogene L. 1978. Differential Social Structures and Homosexuality among Women in Prison. *Virginia Social Science Journal* 13:13-19.

———. 1980. Leadership in a Women's Prison. *Journal of Criminal Justice* 8:233-241.

———. 1984. Deceptions and Realities of Life in

Women's Prisons. *Prison Journal* 64:45-56.

Mullings, Janet L., James W. Marquart, and Victoria E. Brewer. 2000. Assessing the Relationship between Child Sexual Abuse and Marginal Living Conditions on HIV/AIDS Related Risk Behavior among Women Prisoners. *Child Abuse and Neglect* 24:677-688.

Mullings, Janet L., Joycelyn Pollock, and Ben M. Crouch. 2002. Drugs and Criminality: Results from the Texas Women Inmates Study. *Women & Criminal Justice* 13:69-96.

Mumola, Christopher J., and Allen J. Beck. 1997. Prisoners in 1996. Bureau of Justice Statistics. U.S. Department of Justice, June, 15pp.

Myers, Barbara J., Tina M. Smarsh, Kristine Amlund-Hagen, and Suzanne Kennon. 1999. Children of Incarcerated Mothers. *Journal of Child and Family Studies* 8:11-25.

Natalizia, Elana. 1991. Feminism and Criminal Justice Reform. *Odyssey* (Fall):19-20.

Owen, Barbara. 1998. *In the Mix: Struggle and Survival in a Women's Prison*. Albany: State University of New York Press.

Pendergrass, Virginia E. 1975. Innovative Programs for Women in Jail and Prisons. Pp. 67-81 in *The Female Offender*, edited by A. M. Brodsky. Beverly Hills, CA: Sage.

Pogrebin, Mark, and Mary Dodge. 2001. Women's Accounts of their Prison Experiences. *Journal of Criminal Justice* 29:531-541.

Pollock, Joycelyn M. 1998. *Counseling Women in Prison*. Thousand Oaks, CA: Sage.

———. 2002a. Parenting Programs in Women's Prisons. *Women & Criminal Justice* 14:131-154.

———. 2002b. *Women, Prison, and Crime*, 2nd Ed. Belmont, CA: Wadsworth/Thomson Learning.

Prendergast, Michael L., Jean Wellisch, and Gregory P. Falkin, 1995. Assessment of and Services for Substance-Abusing Women in Community and Correctional Settings. *Prison Journal* 75:240, 256.

Raeder, Myrna S. 2003. Gendered Implications of Sentencing and Correctional Practices. Pp. 173-208 in *Gendered Justice*, edited by Barbara E. Bloom. Durham, NC: Carolina Academic Press.

Rafter, Nicole Hahn. 1985. *Partial Justice: Women in State Prisons, 1800-1935*. Boston: Northeastern University Press.

———. 1989. Gender and Justice: The Equal Protection Issues. Pp. 89-109 in *The American Prison*, edited by Lynne Goodstein and Doris MacKenzie. New York: Plenum Press.

Resnick, Judith, and Nancy Shaw. 1980. Prisoners of Their Sex: Health Problems of Incarcerated Women. Pp. 319-413 in *Prisoners' Rights Sourcebook*, Vol. 2, edited by Ira P. Robbins. New York: Clark Boardman.

Reviere, Rebecca, and Vernetta D. Young. 2004. Aging behind Bars: Health Care for Older Female Inmates. *Journal of Women & Aging* 16:55-69.

Ross, James, and Esther Heffernan. 1980. Women in a Co-ed Joint. Pp. 248-261 in *Co-ed Prison*, edited by J. O. Smykla. New York: Human Services Press.

Ross, Luana. 1998. *Inventing the Savage: The Social Construction of Native American Criminality*. Austin: University of Texas Press.

——. 2000. Imprisoned Native Women and the Importance of Native Traditions. Pp. 132-144 in *States of Confinement: Policing, Detention, and Prisons*, edited by Joy James. New York: St. Martin's Press.

Ross, Robert R., and Elizabeth A. Fabiano. 1986. *Female Offenders: Correctional Afterthoughts*. Jefferson, NC: McFarland.

Ruback, Barry. 1980. The Sexuality Integrated Prison. Pp. 33-60 in *Co-ed Prison*, edited by J. O. Smykla. New York: Human Services Press.

Ryan, T. A. 1984. *Adult Female Offenders and Institutional Programs: A State of the Art Analysis*. Washington, DC: U.S. Department of Justice.

Sable, Marjorie R., John R. Fieberg, Sandra L. Martin, and Lawrence L. Kupper. 1999. Violence Victimization Experiences of Pregnant Prisoners. *American Journal of Orthopsychiatry* 69:392-397.

Sargent, Elizabeth, Susan Marcus-Mendoza, and Chong Ho Yu. 1993. Abuse and the Woman Prisoner. Pp. 55-64 in *Women Prisoners: A Forgotten Population*, edited by Beverly

R. Fletcher, Lynda D. Shaver, and Dreama G. Moon. Westport, CT: Praeger.

Sarri, Rosemary. 1987. Unequal Protection under the Law: Women and the Criminal Justice System. Pp. 394-426 in *The Trapped Woman: Catch-22 in Deviance and Control*, edited by J. Figueira-McDonough and R. Sarri. Newbury Park, CA: Sage.

Schafer, N. E., and A. B. Dellinger. 1999. Jailed Parents: An Assessment. *Women & Criminal Justice* 10:73-91.

Schupak, Terri L. 1986. Comments: Women and Children First: An Examination of the Unique Needs of Women in Prison. *Golden Gate University Law Review* 16:455-474.

Schweber, Claudine. 1985. Beauty Marks and Blemishes: The Co-ed Prison. *Prison Journal* 64:3-15.

Sharp, Susan F. 2003. Mothers in Prison. Pp. 151-166 in *The Incarcerated Woman*, edited by S. F. Sharp. Upper Saddle River, NJ: Prentice Hall.

Sharp, Susan F., and Susan T. Marcus-Mendoza. 2001. It's a Family Affair: Incarcerated Women and Their Families. *Women & Criminal Justice* 12:21-49.

Sharp, Susan F., Susan T. Marcus-Mendoza, Robert G. Bentley, Debra B. Simpson, and Sharon R. Love. 1999. Gender Differences in the Impact of Incarceration on the Children and Families of Drug Offenders. Pp. 217-246 in *Interrogating Social Justice*, edited by Marilyn Corsianos and Kelly A. Train. Toronto: Canadian Scholar's Press.

Shaw, Margaret, with Karen Rodgers, Johanne Blanchette, Lee Seto Thomas, Tina Hattem, and Lada Tamarack. 1990. *Survey of Federally Sentenced Women*. Ottawa: Ministry of the Solicitor General, Corrections Branch.

Simkins, Sandra, and Sarah Katz. 2002. Criminalizing Abused Girls. *Violence Against Women* 8:1474-1499.

Sims, Patsy. 1976. Women in Southern Jails. Pp. 137-148 in *The Female Offender*, edited by L. Crites. Lexington, MA: D. C. Heath.

Sinclair, Norman, Melvin Claxton, and Ronald J. Hanson. 2005a. Michigan Faces Conflict of Interest. *The Detroit News*, May 24, 2005. http://detnews.com/2005/specialreport/0505/24/A08-190953.htm

———. 2005b. Prisoner Complaints Unheeded. *The Detroit News*, May 24, 2005. http://detnews.com/2005/specialreport/0505/24/A01-191652.htm

Singer, Mark I., Janet Bussey, Li-Yu Song, and Lisa Lunghofer. 1995. The Psychosocial Issues of Women Serving Time in Jail. *Social Work* 40:103-113.

Smart, Carol. 1976. *Women, Crime and Criminology: A Feminist Critique*. London: Routledge and Kegan Paul.

Smykla, John O., and Jimmy J. Williams. 1996. Co-Corrections in the United States of America, 1970-1990: Two Decades of Disadvantages for Women Prisoners. *Women & Criminal Justice* 8:61-76.

Sokoloff, Natalie J. 2001. Violent Female Offenders in New York City. Pp. 132-146 in *Crime and Justice in New York City*, Vol. 1, edited by Andrew Karmen. Cincinnati: Thomson Learning.

———. 2005. Women Prisoners at the Dawn of the 21st Century. *Women & Criminal Justice* 16: 127-137.

Stanton, Ann M. 1980. *When Mothers Go to Jail*. Lexington, MA: Lexington Books.

Sterk, Claire E. 1999. *Fast Lives: Women Who Use Crack Cocaine*. Philadephia: Temple University Press.

Suh, Alexandra. 2000. Military Prostitution in Asia and the United States. Pp. 144-158 in *States of Confinement: Policing, Detention, and Prisons*, edited by Joy James. New York: St. Martin's Press.

Swain, Lorry. Personal correspondence, May 19, 1994.

U.S. Department of Justice. 1991a. Children in Custody, 1989. Office of Juvenile Justice and Delinquency Prevention. NCJ-127189. Washington, DC, January.

———. 1991b. Drugs and Jail Inmates, 1989. Special Report NCJ-130836. Bureau of Justice Statistics. Washington, DC, August.

———. 1992. Census of State and Federal Correctional

Facilities, 1990. NCJ-137003. Bureau of Justice Statistics. Washington, DC: Government Printing Office.

Vachon, Marla M. 1994. It's about Time: The Legal Context of Policy Changes for Female Offenders. *Forum on Corrections Research* 6:3-6.

Van Ochten, Marjorie. 1993. Legal Issues and the Female Offender. Pp. 31-36 in *Female Offenders: Meeting the Needs of a Neglected Population*. Laurel, MD: American Correctional Association.

Vaughn, Michael S., and Linda G. Smith. 1999. Practical Penal Harm Medicine in the United States. *Justice Quarterly* 16:175-232.

Vitale, Anne T. 1980. Inmate Abortions: The Right to Government Funding behind the Prison Gates. *Fordham Law Review* 48:550-567.

Vukson, Todd M. 1988. Inmate Abortion Funding in California. *California Western Law Review* 24:107-126.

Ward, David A., and Gene G. Kassebaum. 1965. *Women's Prison: Sex and Social Structure*. Chicago: Aldine.

Weintraub, Judith F. 1987. Mothers and Children in Prison. *Corrections Compendium* 11:1, 5.

Wellisch, Jean, Michael L. Prendergast, and M. Douglas Anglin. 1996. Needs Assessment and Services for Drug-Abusing Women Offenders: Results from a National Survey of Community-Based Treatment Programs. *Women & Criminal Justice* 8:27-60.

Wheeler, Patricia A., Rebecca Trammell, Jim Thomas, and Jennifer Findlay. 1989. Persephone Chained: Parity of Equality in Women's Prisons. *The Prison Journal* 69:88-102.

Wilson, Nancy K. 1980. Styles of Doing Time in a Co-ed Prison: Masculine and Feminine Alternatives. Pp. 150-171 in *Co-ed Prison*, edited by J. O. Smykla. New York: Human Services Press.

Windschuttle, Elizabeth. 1981. Women, Crime, and Punishment. Pp. 31-50 in *Women and Crime*, edited by S. K. Mukherjee and J. A. Scutt. North Sydney, Australia: Allen and Unwin.

Wood, Peter B., and Harold G. Grasmick. 1999. Toward the Development of Punishment Equivalencies: Male and Female Inmates Rate the Severity of Alternative Sanctions Compared to Prison. *Justice Quarterly* 16:19-50.

Wooden, Wayne S., and Jay Parker. 1982. *Men behind Bars: Sexual Exploitation in Prison*. New York: Plenum.

Wooldredge, John D., and Kimberly Masters. 1993. Confronting Problems Faced by Pregnant Inmates in State Prisons. *Crime and Delinquency* 39:195-203.

Yoshimi, Yoshiaki. 2000. *Comfort Women*. New York: Columbia University Press.

Young, Vernetta D. 1994. Race and Gender in the Establishment of Juvenile Institutions: The Case of the South. *Prison Journal* 73:244-265.

Zaitzow, Barbara H., and Angela D. West. 2003. Doing Time in the Shadow of Death: Women Prisoners and HIV/AIDS. Pp. 73-90 in *The Incarcerated Woman*, edited by S. F. Sharp. Upper Saddle River, NJ: Prentice Hall.

P.a.r.t.Ⅲ

남성폭력에 의한 여성의 피해

Female Victims of Male Violence

06 여성 피해자의 이미지

The Image of the Female Victim

현행 헌법은 시민의 권력이나 지위의 차이를 인정하고 있지 않지만, 성폭력과 가정폭력의 피해자 대부분은 그 차이를 분명히 인식하고 있다. 피해자는 자신에게 폭력을 행사한 가해자가 가족과 친구, 더 나아가 공동체의 암묵적인 허용 아래 그랬다는 것을 잘 알고 있다. 또한 피해 여성이 자신의 지위를 이용해 즐긴 것이라는 생각은 범죄 그 자체의 속성으로 볼 때 명백히 잘못된 것이다. 성폭력이나 가정폭력 범죄는 본질적으로 권력관계에 기반을 두고 있으며 여성 피해자를 종속시키고 피해자에게 그녀의 위치를 확인시키고 가르치려는 의도를 가지고 있다. 재산범죄와는 다르게 가해자가 이 행위로 인해 얻는 명백한 경제적 이득은 없다. 오히려 그 목적은 피해자에 대한 지배력을 얻고 유지하려는 것이다. 가해자는 피해자를 공포에 몰아넣고, 피해자에게 수치심을 느끼게 함으로써 그들의 우월성을 확인하려고 한다(허먼, 2005, 572).

여성 피해자에 대한 이미지는 최근 몇 년 동안 엄청나게 변화했다. 1970년대까지만 해도 여성 피해자는 거의 드러나지 않았다. 그러나 그 이후 여성과 소녀를 향한 남성폭력에 대한 인식이 높아졌으며 이 새로운 범죄피해에 대한 연구가 활발해졌다. 이 장에서 다루어지는 모든 피해 유형은 항상 존재해 왔지만, 이것이 심각한 사회문제이자 법률적인 문제로 인식된 것은 1970년대 이후다. 예를 들어 **매 맞는 여성**battered woman이라는 용어는 1974년 등장했고(Schechter, 1982, 16), **성희롱**sexual harassment은 1975년에야 등장했고(Evans, 1978), **데이트강간**date rape은 1980년대에 처음으로 등장했다(Warshaw, 1988). **스토킹**stalking은 1990년대에 와서 범죄로 인식되기 시작했다(Wallace, 1995). 채프먼Chapman(1990)은 전 세계적으로 나타나는 여성에 대한 폭력의 유형을 제시했는데, 수티suttee(인도에서 아내가 남편의 시체와 함께 생매장되던 풍습—역자 주), 전족foot binding, 음부봉쇄infibulation, 할례clitoridectomy, 혼인지참금을 충분히 가져오지 못한 여성을 죽이는 지참금 살인dowry death, 여아에 대한 영양공급 제한 selective malnourishment, 신부화형bride burning, 여아살해female infanticide, 딸에 대한 방임daughter neglect,

성매매 강요, 국제적 성매매와 성노예, 살인, 인간제물human sacrifice, 포르노그래피 등이 포함된다. 이 장에서는 남성폭력의 희생자인 여성이 역사적으로 어떻게 인식되어 왔으며, 그들의 피해에 대한 인식이 시간이 지나면서 어떻게 변화해 왔는지를 살펴보겠다.

오늘날 우리는 위에 열거한 용어(여성구타, 데이트강간, 성희롱, 스토킹)가 무엇을 의미하는지를 알고 있다. 그러나 개별 행위의 구성요소에 대해서는 모두 합의에 이른 것은 아니다. 예를 들어 아직도 많은 사람은 여성이 술에 취하거나 약물을 복용한 경우, 남성과의 데이트를 먼저 제안한 경우, 도발적으로 옷을 입은 경우, 평판이 나쁜 경우에는 강간이 성립하지 않는다고 믿는다. 또한 아내나 여자친구가 말대답을 하거나, 직장을 잡거나, 다른 사람에게 교태를 부리거나, 자신과 헤어지려 할 때는 맞아도 괜찮다고 생각한다. 이처럼 여전히 많은 사람이 피해 여성에 대해 고정관념을 가지고 있지만, 여성의 성적 · 신체적 · 정서적 · 심리적 피해의 양과 특성에 대한 사실이 전 세계적으로 보고되고 있다. 비교연구적인 관점에서 볼 때 여성에 대한 폭력은 수렵채취 사회부터 산업화된 사회에 이르기까지 모든 지역, 모든 사회에서 발견된다(Michalski, 2004, 652). 다음 몇 개의 장에서는 가장 빈번하게 나타나는 여성에 대한 폭력에 관해 논의하겠다. 1979년 성적인 피해와 구타sexual victimization and battering는 형사사법 체계에서 가장 낮게 기록되는 대인범죄로 규정되었다(Gelles, 1979, 121). 아쉽게도 이 책에서 모든 여성 피해의 유형을 다루지는 못한다. 특히 임신, 출산의 자유와 관련한 논의는 이 책의 범위를 넘어서는 것이다. 합법적이거나 불법적인 낙태가 일어나고 있다는 증거는 많이 있으며, 특히 가난한 여성과 유색인종 여성의 경우 강요된 불임시술이 벌어지고 있다는 것에 대해서도 상당한 증거가 있다(Davis, 1981; Gordon, 1977).

여성에 대한 신체적 · 성적 폭력은 이런 사건이 흔한 일이 아니며 피해자가 뭔가 잘못했고 피해자에게 수치스러운 일이라는 믿음으로 인해 오랫동안 숨겨져 왔다. 성폭력에 대한 이해는 강간이 입에 담지 못할 범죄라는 신교도적 견해 때문에 상당한 어려움이 있었다(Sanders, 1980). 역사적으로 볼 때 매 맞는 아내는 바가지를 긁거나 아내로서 부적절한 행동을 해서 피해를 자초한 것이라고 여겼다. 고정관념적인 강간사건에서 그 피해자는 백인 여성이거나 중상층 여성인 경우이며(Estrich, 1987), 가정폭력에서 그 피해자는 가정적으로 '문제가 많은' 노동자계층이나 가난한 지역에서 발생한다. 많은 연구는 이런 고정관념이 단지 생각일 뿐이라는 것을 잘 보여준다. 모든 여성은 그들의 인종, 계층, 연령, 민족에 상관없이 남성폭력의 대상이 된다.

남성의 여성에 대한 폭력은 역사적으로 어느 정도 고정적으로 존재해 왔지만, 이 범죄가 광범위하게 높은 비율로 발생한다는 것을 인식하기 시작한 것은 최근의 일이다. 러셀

비교연구적 관점 임신 중의 학대: 지구적 문제

캠벨(Campbell)과 가르시아 모레노(Garcia-Moreno), 샵스(Phyllis Sharps)는 임신 중 여성의 학대에 대한 선행 연구를 검토했다(2004).

- 임신 중인 여성이 경험하는 폭력에 대해 전 세계적으로 보고가 증가하고 있다.
- 임신 중 폭력은 모자의 건강에 심각한 영향을 준다.
- 임신 중 여성의 폭력 경험 비율은 선진국(3.4~11%)보다 개발도상국(3.8~41.6%)에서 더 높다.
- 미국 사회에서 임신 중 여성에 대한 파트너 폭력의 비율은 0.9~20.1퍼센트에 이른다(Gazmararian et al., 1996).

결론 임신 중 여성의 폭력을 측정하는 방법은 연구마다, 지역마다 차이가 있다. 그러나 이 문제는 여성과 태아에 치명적 손상을 주는 심각한 사회적 · 의료적 문제임에 틀림없다.

SOURCE Jacquelyn Campbell, Claudia Garcia-Moreno, and Phyllis Sharps. 2004. "Abuse during pregnancy in industrialized and developing countries." *Violence against Women* 10: 770-789; Julie Gazmararian, Suzanne Lazorick, A. M. Spitz, T.J. Ballard, Linda E. Saltzman, and J.S. Marks. 1996. Prevalence of violence against pregnant women. *Journal of the American Medical Association* 4: 79-84.

Russell(1984)은 어떤 문제가 사회문제로 부각되는 과정을 분석했다. 어떤 문제라도 그것이 수세기 동안 발생해 왔다는 사실만으로 사회문제가 되는 건 아니다. 대중이 그것을 심각한 문제로 받아들여야 하는 것이다. 러셀은 1960년대부터 1980년대 초까지 차례로 대중의 관심을 받기 시작한 사회문제를 열거했다. (1) 성적 학대를 제외한 아동학대, (2) 낯선 사람에 의한 강간, (3) 성적 폭력을 제외한 아내폭력, (4) 아동 성학대(특히 근친상간)가 그것이다. 각각의 사회문제는 그 다음 단계의 문제를 사회문제로 이끌어내도록 했다. 러셀의 책이 출간된 이후로 애인 사이에서 발생하는 물리적 폭행과 성폭력, 부부강간, 성희롱, 스토킹의 위협이 제기되었다. 모든 형태의 가족폭력에서 소녀와 여성은 피해자다.

예를 들어 가족 구성원에 의한 **노인학대**는 여성이 주된 피해자라는 것을 보여주는 또 다른 영역이다(Anetzberger, 1997; Jonson and Akerstrom, 2004). 중년 여성에 대한 파트너 폭력은 미국 내에서 인종과 민족에 상관없이 발생할 뿐 아니라(Grossman and Lundy, 2003), 아일랜드와 영국, 이탈리아(Ockleford et al., 2003), 호주(Mears, 2003)에서도 많이 일어나고 있다. 최근의 연구는 여성 노인이 그들을 돌봐주는 사람에게 성적인 학대를 당할 위험이 상당히 높으며, 특히 돌봐주는 사람이 가족인 경우 상당히 만연해 있음을 보여준다(Roberto and Teaster, 2005). 또한 양로원 같은 시설에 거주하는 여성 노인이 동료 거주자로부터 성적 학대를 당할 위험도 상당히 높다(같은 책). 나이든 여성의 파트너 학대에 대한 한 연구에서 조사 대상자의 10퍼센트가 과거 또는 현재의 파트너에게 성학대를 당한 것으로 나타났고, 4분의 3은 신체적 폭행, 95퍼센트는 정서적 학대를 보고하고 있다(Grossman and Lundy, 2003). 모든 연령의 여성에게 성적 학대는 매우 개인적personal이면서 침해적인 intrusive 문제로, 개입 노력이 반드시 있어야 한다(Roberto and Teaster, 2005, 474).

마지막으로 성학대와 파트너 폭력, 스토킹은 항상 분리될 수 있는 피해가 아니다. 아내에 대한 폭력이 일어나는 가정에서는 종종 자녀에 대한 신체적 폭력과 성적 학대가 동시에 발생한다(Edleson, 1999). 또한 애인이나 결혼할 사람 사이에서 일어나는 신체적 · 성적 폭력은 동시에 발생한다. 아내와 여자친구를 신체적으로 폭행하는 남자는 동시에 성적으로도 이들 여성을 학대한다(Bergen, 2004; Finkelhor and Yllo, 1985; Meyer, Vivian, and O'Leary, 1998; Russell, 1984, 1990; Schechter, 1982; Tjaden and Thoennes, 2000). 더 최근의 연구는 여성에 대한 폭력에서 현재 또는 과거의 애인이 계속 따라다니고 위협하는 등 스토킹이 차지하는 역할에 대해서도 논의하고 있다(Lowney and Best, 1995).

:: 실제 피해 경험과 피해에 대한 두려움의 관계

많은 남성 연구자가 대부분의 범죄에서 여성보다는 남성이 범죄 피해자가 될 가능성이 더 높다고 주장한다(Cohen and Felson, 1979; Gottfredson, 1986; Miethe, Stafford, and Long, 1987). 또 다른 연구는 여성이 남성보다 범죄에 대해 두려움을 더 많이 느낀다는 것을 일관되게 보여준다(Braungart, Braungart, and Hoyer, 1980; Clemente and Kleiman, 1976; LaGrange and Ferraro, 1989; Ortega and Myles, 1987). 또한 여성이 남성보다 대인범죄의 희생자가 될 가능성이 높다고 생각한다(LaGrange and Ferraro, 1989)는 연구 결과도 있다. 우리가 여성과 주로 연관짓는 범죄, 즉 강간과 폭력은 성별화gendered되어 있어서 남성이 가해자이고 여성이 피해자가 된다. 2003년 조사한 전국범죄피해조사(NCVS, National Crime Victimization Survey)의 결과를 보면 여성의 2퍼센트, 남성의 2.6퍼센트가 살인을 제외한 강력범죄의 피해를 본 것으로 보고되고 있다(Catalano, 2004). 예상대로 남성은 주로 강도, 중폭행, 경미한 폭행의 피해자가 되는 반면에 여성은 주로 성폭행과 강간피해를 경험한다. 또한 남성(54%)이 여성(32%)보다 낯선 사람에 의한 강력범죄의 피해자로 나타났다. 1995~2002년에 대학생을 대상으로 한 NCVS 결과를 보면 여학생의 4.3퍼센트, 남학생의 8퍼센트가 강력범죄 피해를 경험한 것으로 나타났다(Baum and Klaus, 2005). 피해의 성별 차이는 대학생을 제외한 18~24세의 청년층에서는 더 좁혀진다. 여성의 7.1퍼센트, 남성의

7.9퍼센트가 강력범죄의 피해를 보았다고 응답했다(같은 책). 미국의 전체 인구를 대상으로 하는 NCVS의 결과와 유사하게 남성이 여성보다 강도와 폭행, 중폭행의 피해를 경험할 가능성이 더 높지만 여성은 성폭행과 강간의 피해자가 될 가능성이 훨씬 높다(같은 책). NCVS 자료를 가지고 1992~96년 직장에서 발생한 폭력에 대해 연구한 결과 직장폭력의 가해자는 83퍼센트가 남성이며 피해자 중 3분의 1은 여성이었다(Warchol, 1998).

대부분의 통계에서 여성 피해 비율이 낮게 나타나고 있다는 이유를 들어 일부 범죄학자는 여성의 높은 범죄피해에 대한 두려움은 비합리적인 것이며, 여성과 노인의 범죄피해율이 낮으면서 그들의 범죄에 대한 두려움은 높다는 것을 모순적 두려움으로 부르기도 한다(Warr, 1984, Madriz, 1997에서 재인용). 여성이 지나치게 범죄에 대해 두려워하고 있다는 이런 생각이 가진 문제는 (1) 여성이 경험하는 범죄피해의 범위와 빈도를 인식하기 시작한 것은 상대적으로 최근의 일로 지금까지 무시되어 왔고, (2) 여성이 피해자가 되는 범죄(강간과 구타)는 그 피해 양상이 매우 다르며, (3) 미국 문화가 여성의 두려움을 부추기고 있다는 점이다. 첫 번째 문제와 관련해서는 여성이 피해자가 되는 범죄는 범죄 중 가장 적게 보고되는 범죄이므로 그 실제 범위와 빈도에 대해서는 아직 확실히 알려져 있지 않다(Young, 1992). 경찰에 신고된 강간 통계를 이용하지 않은 최초의 종합적이고 타당성 있는 강간피해에 대한 한 연구는 조사대상 여성의 44퍼센트가 적어도 한 번 이상 강간을 경험했고, 강간피해 여성의 단지 8퍼센트만 경찰에 신고했다는 사실을 알아냈다(Russell, 1984). 미국 여성의 40~50퍼센트가 파트너에게 폭력을 당했다는 것을 밝힌 연구도 있다(Smith, 1994; Walker, 1979).

성폭력이나 구타가 남성이 경험하는 다른 범죄피해만큼 일관되게 경찰(또는 NCVS)에 신고된다면 공식 통계는 여성의 폭력피해 가능성이 남성보다 더 높은 것으로 기술될 것이다. 여성의 피해에 대한 두려움이 높으면서 신고율이 낮은 것은 연구자가 두려움의 수준을 실제 위험성을 평가하는 것으로 받아들이길 꺼리기 때문이다(Young, 1992). 여성은 자신의 신체적 · 성적 피해를 다른 사람에게 거의 얘기하지 않는다. 그 이유는 두려움과 모멸감과 자기비난 때문이다. 다른 사람에게 얘기하게 되면 대부분의 경우 그 사건을 은폐하는 방향으로 매듭지어진다(Stanko, 1992). 여성이 그들의 피해를 경찰이나 연구자에게 신고하거나 보고하지 않는 이유가 무엇인지를 탐구한 연구는 많이 있다. 이야기하기엔 너무 개인적인 일인데다 당황하거나 부끄러워서, 가해자의 보복이 두려워서, 또는 외상으로 인한 억압 때문이다(Smith, 1994).

단지 여성만이 피해자가 되는 범죄의 특성을 논의하는 것은 매우 중요하다(Riger, 1981).

살인을 제외하고는 강간이 사람들 사이에서 가장 두려움을 갖게 하는 범죄다(Brodyaga et al., 1975). 강간의 심각성과 두려움은 아무리 강조해도 지나치지 않다. 뉴올리언스에서 조사된 한 연구는 범죄가 성별화되어 있지 않으며 범죄에 대한 두려움에 미치는 성의 영향은 범죄 유형에 상관없이 동일하게 작동한다는 가정을 반박하고 있다(Reid and Konrad, 2004). 범죄 유형과 인식된 피해 가능성을 통제한 후에 성폭력에 대해서만 두려움에 대한 성의 효과가 명백하게 나타났으며(예상한 대로 여성이 두려움을 더 많이 보고하고 있음), 침입절도에 대한 두려움에는 성차가 없고, 강도피해에 대해서는 남성이 여성보다 훨씬 높은 두려움을 보였다.

여성이 비합리적인 범죄피해 두려움을 가지고 있다는 가정의 세 번째 문제는 대부분 여성이 남성의 폭력, 특히 강간에 두려움을 갖도록 길러지고 조건화되고 있다는 점이다. 마드리즈Madriz(1997)는 『빨간 모자를 쓴 어린 기수Little Red Riding Hood』 같은 어린이를 위한 동화를 분석하여 이런 조건화가 어떻게 이루어지는지를 확실하게 보여준다. 동화는 우리에게 끊임없이 악마적 남성에 대한 두려움을 주입하면서 이런 나쁜 남성으로부터 우리 자신을 보호하기 위해서는 좋은 남성에게 의지해야 한다는 것을 말해 준다. 남성폭력에 대해 여성의 두려움을 생산하는 것은 우리 주위에서 전방위적으로 행해진다. 우리의 부모와 형제자매, 미디어의 묘사가 두려움을 만들어낸다. 미디어의 묘사는 강간범과 스토커, 폭력남편을 극화시키는 뉴스나 잡지부터 남성폭력을 성애화eroticize하거나 오락적 가치로 이용하는 MTV 비디오와 포르노 영화에 이르기까지 다양하다. 여성에게 두려움을 갖고 자라도록 하는 것과 더불어서(더 자세한 것은 성역할과 피해자 비난 현상에 대한 미디어의 효과를 논의할 때 다룰 것임) 그들이 사회적으로 규정된 규범을 따르지 않을 때, 즉 혼자 밖에 나가거나 술을 마시거나 야한 옷을 입었을 때 그들의 성적인 범죄피해는 가족 구성원이나 경찰, 판사에 의해 비난받는다.

> 범죄에 대한 두려움, 특히 남성폭력에 대한 두려움은 여성이 남성보다 무력하고 약하며 쉬운 공격대상이 된다는 이미지를 영속화할 뿐 아니라 남성과 여성은 동일한 권리를 부여받지 않았다는 관념을 심화시킬 수 있다. 여성은 남성이 갈 수 있는 곳에 가서는 안 되거나 갈 수 없다. 여성은 남성처럼 개방되어 있는 활동에 참여할 수 없다. 여성은 남성으로부터 추행을 당하지 않으려면 옷을 아무렇게나 입어서는 안 된다. 여성은 자신과 아이들을 범죄피해에서 보호해야 하므로 가정 내에 머물러 있으면서 정숙한 여성이 되어야 한다. 더 나아가 범죄에 대한 두려움은 여성의 종속적인 역할(과 이성애)을 강화한다. 여성이 안전하게

보호받으려면 남성과 같이 다니는 것이 좋다(Madriz, 1997, 15-16).

마드리즈(1997)는 남성폭력에 대한 두려움이 일상에서 어떻게 나타나는가에 대해 논의함으로써 그 이해의 폭을 넓히고 있다. 첫째, 두려움과 걱정만이 여성이 남성폭력의 위협에 대응하는 양상은 아니다. 많은 여성이 분노의 감정도 함께 갖는다. 둘째, 여성의 범죄에 대한 두려움과 실제 범죄피해 경험은 인종과 계층에 따라 차이가 있다. 좀 더 구체적으로 백인 여성이 가장 높은 두려움을 보이고 있는데, 마드리즈는 이것이 미디어에서 강간 피해자를 대부분 백인 여성으로 묘사하기 때문으로 보았다. 또한 그녀는 유색인종 여성에게는 그들의 범죄피해 가능성이나 범죄피해에 대한 경찰과 법원의 반응이 인종주의와 성차별주의가 연합된 효과를 보인다고 주장한다. 또한 마드리즈는 가난한 여성이 자신의 주거지역에서 강탈당하고 살해당하는 등의 피해 경험과 높은 비율의 학교폭력 피해를 갖고 있다는 점도 지적하고 있다. 다른 학자들은 남성이 여성보다 강도피해에 두려움을 더 많이 갖는 것은 남성이 위험을 추구하는 행동에 더 많이 참여함으로써 더 손쉬운 목표가 되기 때문이라고 분석한다(Reid and Konrad, 2004). 1973~94년 미국 사회의 범죄에 대한 두려움을 분석한 연구에서는 여성의 두려움은 안정적인 반면, 남성의 두려움은 증가하면서 두려움의 성차가 좁혀지고 있는 것으로 나타나기도 했다(Haynie, 1998).

웹스데일Websdale(1996)은 남성폭력에 대한 여성의 두려움이 사회적으로 구성되는 것을 보면 그것이 가부장적 이데올로기와 맥을 같이한다는 것을 알 수 있다고 주장한다. 이것을 입증하기 위해 그는 1990년 워싱턴 주에서 '약탈적 성폭력 범죄자sexual predators'에 대한 법률 제정과 이를 이끌어낸 미디어의 관심을 분석했다. 법과 미디어는 성범죄자를 정상이 아닌 낯선 사람sick strangers이라는 점을 강조함으로써 실상은 가정 내에 존재하는 많은 성폭력범의 위협을 간과하는 결과를 초래했다. 물론 그가 입법자들이 일부러 부부강간이나 근친강간 범죄자 등 가장 위협적인 남성을 배제하려는 음모를 가지고 있었다고 믿는 것은 아니다. 오히려 성폭력범에 대한 법률이 남편이나 가족 구성원을 법 테두리 안에 포함시키면 여성이 경제적인 이유로 이런 가해자를 신고하는 것이 어려울 수 있다고 생각했을 수도 있다. "그럼에도 약탈자법은 흔하지 않은 일대일의 낯선 사람에 의한 폭력을 극적으로 묘사한 것 때문에 매일 발생하는 여성과 자녀에 대한 성적 폭력을 주변화시키고 말았다" (Websdale, 1996, 49).

성차와 범죄의 두려움에 대한 다른 나라에서의 연구도 미국의 연구 결과와 별반 다르지 않다. 가나에서 행해진 범죄의 두려움에 대한 연구에서는 여성이 더 두려움을 느낀다는 것을 알아냈을 뿐 아니라 여성의 두려움이 증가하는 것에 대한 맥락적 설명을 제공한다. 예를 들어 여성의 범죄에 대한 두려움이 가장 높은 지역은 여성이 피해자인 살인율이 가장 높은 지역이었다(Adu-Mireku, 2002). 영국 런던의 범죄에 대한 질적 연구에서는 여성이 그들이 사는 주변 지역에서 더 많은 두려움을 느낀다는 것을 밝혀냈다. 두려움은 자녀를 가진 하류층 여성 사이에서 가장 명백하게 나타났다(Whitley and Prince, 2005). 그리스의 두 대학에서 이루어진 연구에서는 여대생이 남대생보다 성폭력에 대한 두려움을 더 많이 가지고 있으며, 여성이 성범죄를 더 심각한 것으로 여기고, 자신이 강간을 당할 가능성이 더 높다고 생각하는 경향이 나타났다(Softas-Nall, Bardos, and Fakinos, 1995). 이런 결과는 너무 당연한 것이기도 하지만, 실제 강간의 피해뿐 아니라 강간피해에 대한 두려움도 우리 삶에 있어 성별화된 영역임을 보여준다.

:: 성역할에 대한 문화의 효과

성역할 고정관념은 우리가 태어나기 전부터 시작된다. 부모가 자녀를 위해 이름을 지을 때도 자녀의 성별이 고려되며 자녀에 대한 부모의 기대도 자녀의 성에 따라 달라진다. 여성을 약하고, 덜 지적이고, 가치가 낮다고 보는 사회적 이미지는 피해 가능성에도 영향을 미친다.

어떤 점에서 보면 많은 여성이 남성폭력의 피해자가 되도록 사회화된다. 소녀는 수동성과 여성적인 행동에 보상받는 반면, 소년은 적극성과 남성적인 행동으로 보상받는다. 이런 고정관념은 미디어에서 재확인되는데, 강하고 독립적인 여성 캐릭터는 흔하지 않지만 폭력적이고 지배적인 남성 캐릭터는 넘쳐난다. 더구나 이런 이미지는 남성지배와 그에 대한 여성의 저항 불가능성에 대한 남성과 여성의 인식에 영향을 준다. 자신을 공격하는 대상에 저항하는 여성은 조건화된 저항기술을 써야 한다(Estrich, 1987).

우리는 문화적으로 여성은 자신을 보호하고 경제적 안정을 위해 남성이 필요하다고 강조한다. 예를 들어 데이트하는 여성은 데이트 상대가 자신을 돌봐줄 것으로 생각하는 것이 사회적 기대다. 이런 기대로 여성은 남성이 계획적으로 성폭행을 하려고 할 때 무방비 상태에서 당하기가 쉽다(Ehrhart and Sandler, 1985; Kanin, 1985; Martin and Hummer, 1989; Medea and Thompson, 1974; Sanday, 1990; Schwartz and DeKeseredy, 1997). 더 나아가 알고 지내거나 사귀고 있는 여성을 신체적으로나 성적으로 폭행한 남성은 자신의 남자 동료로부터 폭력에 대한 지지를 받거나 부추김을 받는다(DeKeseredy, 1988; Gwartney-Gibbs and Stockard, 1989; Martin and Hummer, 1989; Schwartz et al., 2001). 한 연구는 다음과 같은 결론을 내리고 있다. "연구를 위해 수집된 자료는 성폭행을 저지른 대학생은 그들의 동성친구로부터 여자친구나 애인을 폭행하도록 부추겨진다는 것을 확실하게 보여준다"(Schwartz et al., 2001, 641).

여성이 수동적이어야 한다고 인식되듯이(제2장의 사회생물학적 이론과 진화론적 이론에서 논의한 바와 같이), 여성에 대한 남성의 공격성(폭력)도 얼마간 '당연한natural' 것으로 보는 경향이 존재한다. 남성폭력을 경험한 여성에 대한 연구는 간혹 남성의 폭력이 여성의 행동에 대한 '자연스러운' 반응인지에 초점을 맞춘다(Stanko, 1985, 10). 이것은 남성과 여성의 생물학적으로 고유한 행동 유형과 역할이 남성에 의한 여성의 피해를 부추기고 정당화한다는 사실을 내포하고 있다. 더 나아가 이것은 여성이 남성폭력을 촉발한 것이며, 따라서 남성은 자신의 폭력적 행동을 정당화하고 있음을 의미한다. 1993년 오하이오 주에서는 범죄 전력을 가진 한 남성을 석방하고 충격보호관찰shock probation을 명령했는데, 이 남자는 전 부인과 다른 여인에게서 태어난 딸을 쇠지레로 심각하게 구타한 사람이었다. 판사는 이 사건의 책임을 아내에게 돌렸다. 왜냐하면 전남편이 그녀의 집에 들어왔을 때 다른 남자와 침대에 있었기 때문이다. 이런 여성과 남성 역할에 대한 이미지가 피해자에게 잘못된 비난을 부과하고 남성폭력을 근절하기 어렵게 만든다.

성역할 고정관념은 성폭행 가해자와 피해자에 대한 신화적 인식을 강화한다. 성폭행을 당하고 매 맞는 여성은 특수한 유형의 여성이며, 강간하거나 폭력을 쓰는 남성도 특수한 부류에 한정된다고 생각하는 경향이 있다. 성폭행을 당한 여성은 도발적이고 성적으로 문란한 여성으로 낙인찍힌다(Stanko, 1985). 이것은 아는 사람에 의한 성폭행의 경우 특히 그렇다. 성 고정관념은 특히 인종주의적 · 계층적 사고와 연합하여 가난한 흑인 여성이 매 맞는 아내일 가능성이 높고, 젊은 중산층 출신의 백인 여성은 성폭행의 피해자가 될 가능성이 높다고 생각한다. 이런 생각은 전혀 실제 사실에 바탕을 둔 것이 아니며 성적인 피해를 이해하고, 방지하는 것을 방해한다. 미국의 경우 대부분의 강간범은 백인이고, 강간사건의 90퍼센트가 같은 인종 내에서 일어난다. 그러나 흑인 남성이 지나치게 높은 비율로 강간으로 기소된다(Fonow, Richardson, and Wemmerus, 1992).

∷ 권력의 성차

브라운밀러Susan Brownmiller의 『우리의 의지에 반하여: 남성, 여성과 강간Against Our Will: Men, Women and Rape』(1975)은 상당한 관심을 받았다. 이 책은 많은 독자에게 강간의 역사와 공포에 대해 알려주었으며, 강간이 무시되고 조롱거리가 되는 문화에서 살고 있다고 느끼는 많은 여성의 분노를 폭발시켰다. 이 책은 강간의 이해에 새로운 지평을 열었으며, 강간에 대한 여성주의적 분석으로는 최초의 연구가 되었다. 그러나 강간에 대한 인식을 높이는 데 이 책의 영향력이 지대함에도 불구하고 흑인 강간범에 대한 신화를 강화했다는 비판을 받아왔다(Davis, 1981; Tong, 1984; Williams, 1981). 그러나 브라운밀러는 미국에서 백인 여성을 강간하는 흑인 남성을 만들어냄으로써 흑인에 대한 린치가 인종차별적으로 동기화된 과정을 잘 보여주고 있다. 전체적으로 볼 때 이 책은 강간에 대한 담론에 의미 있는 영향을 미쳤다.

오히려 이 책에서 논쟁이 필요한 내용은 강간을 모든 남성이 모든 여성을 두려움의 상태에 남아 있도록 하기 위한 의식적인 위협의 과정이라고 본다는 점이다(Brownmiller, 1975, 5). 브라운밀러는 강간을 남성이 여성을 통제하기 위한 의식적인 수단으로 본다. 반면 러셀(1984, 153)은 강간을 포함한 남성폭력이 남녀의 권력 차이에 따른 결과이며 기록역사가 시작된 이후 지속적으로 존재해 온 것이라고 주장한다. 비사노Visano(2002, 52)도 강간을 불평등으로 점철된 사회정치적 결과로 보았다. 브라운밀러는 강간을 남녀 사이의 차이를 가져오는 원인으로 본 반면, 러셀과 비사노는 남성과 여성 사이의 권력 차이가 강간의 원인이라고 보았다. 러셀의 주장처럼, 한 비교연구에서는 한 사회가 가부장적 역할에 집착하는 수준과 강간 발생 수준이 관련되어 있다는 것을 발견했다. 강간범죄가 많이 발생하는 사회는 여성의 저조한 공적 영역 참여에서 볼 수 있듯이 권력과 권위가 약한 사회다(Sanday, 1981). 이와 유사하게 세르비아(Mrsevic and Hughes, 1997)와 이전의 유고슬라비아(Nikolic-Ristanovic, 1999)에 대한 연구는 전쟁이 군사주의와 민족주의, 가난을 증가시킬 뿐 아니라 전통과 가부장제를 지나치게 강조하여 집 안팎에서 여성을 대상으로 한 남성의 폭력을 증가시킨다는 것을 잘 보여준다. 30년 동안(1970, 1980, 1990) 미국의 100개 도시에서 패널 자료를 이용하여 성 불평등과 강간 사이의 관계를 평가한 연구 결과는 성 평등의 단기적 효과로 강간이 늘어나지만(일종의 반작용으로), 장기적으로는 강간 비율이 낮아지고 여성에게 우호적인 환경이 조성된다는 것을 밝혀냈다(Whaley, 2001). 역으로 성 불평등의 단기적 효과는 낮은 강간율로 나타나는 반면에 성 불평등의 장기적 효과는 높은 강간 비율로 나타났다.

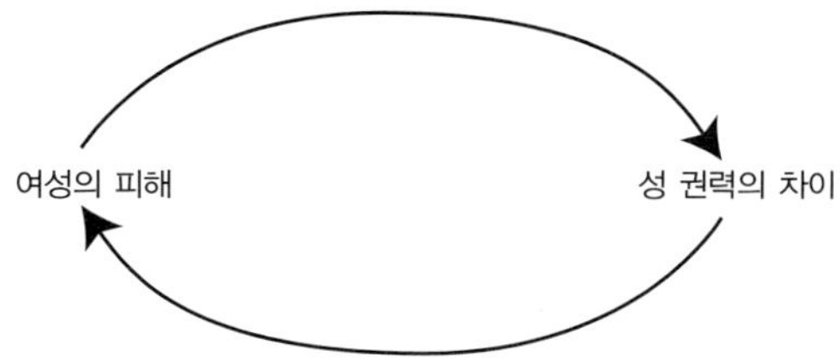

[그림 6-1] 여성의 피해와 성차의 순환

따라서 성 평등/불평등과 강간 비율은 서로 관계가 있으며 성 평등이 높아질수록 강간 비율은 낮아진다.

위의 논쟁에 대한 더 상세한 설명을 하자면 여성의 피해와 성 권력의 차이는 서로를 강화시킨다는 것이다([그림 6-1] 참조). 더 자세하게 보자면 여성의 피해와 그에 대한 두려움은 여성의 권력을 삼소시키며 동시에 여성과 남성 사이의 권력 불평등은 여성이 피해자가 되고 남성이 가해자가 될 가능성을 높인다. 사회와 문화, 형사사법 체계는 성과 폭력을 연결시키는 광고, 여성의 수동적 이미지, 피해자를 비난하는 경찰이나 법원 등 다양한 방식으로 이런 순환에 영향을 준다. 따라서 우리는 모든 여성과 남성의 마음속에 여성의 역량을 남성의 역량과 동등하게 구성해야 할 필요가 있다는 점을 주지시켜야 한다.

권력 차이는 물리적 권력에 한정되지 않으며 우리 생활의 모든 부분에 퍼져 있다. 남성은 여성보다 경제적 · 정치적 · 사회적 지위가 높다. (예를 들어 앞에서 언급했던 웨일리Whaley [2001]의 연구에서는 성 평등을 소득, 교육, 직업, 법적 지위에서의 성 불평등으로 측정했다). 50개 미국 도시를 대상으로 한 연구에서는 여성의 경제적 · 정치적 · 법적 지위가 낮아지면 강간 비율이 높아진다는 것을 발견했다(Baron and Straus, 1987). 이 같은 명백한 권력의 차이는 더 미묘한 사회적 · 심리적 권력 차이를 만들어낸다. 집합적인 수준에서 성별 권력의 차이는 개인적인 수준에서도 똑같이 발견된다. 매 맞는 여성에 대한 언어적 · 심리적 학대는 이것을 잘 보여준다.

> 매 맞는 여성은 자신에 대한 언어적 학대를 끊임없이 호소한다. "너는 아무것도 제대로 못하는구나. 내가 어쩌다가 너 같은 거랑 결혼했을까!" 언어적 학대는 신체적 폭력과 마찬가지로 몇 시간 계속되면서 그 여성의 존엄성과 가치를 공격하고 항상 협박을 동반한다. "네 목을 따버리겠다. 네가 날 떠나면 넌 죽은 목숨이야"(Schechter, 1982, 17).

따라서 권력은 신체적 · 성적 · 경제적 · 언어적으로 나타나는 등 여러 가지 형태로 표현된다. 인식되거나 실제로 존재하는 남성의 권력은 여성의 자유와 권리를 제한한다.

여성구타 등 성적 피해는 권력의 작용이다. 성범죄자는 단순히 성적 욕구를 충족하기 위해서가 아니라 지배에 대한 욕구 때문에 범죄를 저지른다. 강요된 성적 복종은 피해자를 통제하고 무시하는 명백한 방법이다. 피해여성은 자신의 신체에 대한 통제력을 상실하고 대신 남성 강간범이 여성의 신체를 지배하게 된다.

:: 폭력에 대한 위협

여자아이나 남자아이 모두 취약하고 보호가 필요하기 때문에 생활에 제한을 받게 되지만 여아는 생애 전 과정을 통해 이런 제한이 가해진다. 여성은 지속적으로 친구나 가족, 미디어로부터 그들의 취약성에 대해 세뇌를 당한다. "이런 상태는 여성에게 계속 스트레스를 안겨주며 여성 스스로 자신의 자유를 제한하는 행위를 하게 된다. 즉 밤에 혼자 나가지 않거나 도시의 일부 지역에 가지 않는 등 자신의 안전을 위해 사전에 주의를 기울이게 된다" (Riger and Gordon, 1981, 73). 또한 강간당할지도 모른다는 위협은 여성에게 취업을 회피하게 만들고, 늦은 밤에 거리에 나가지 않도록 한다. 또한 이런 위협은 여성에게 "적극적이거나 도발적이라고 여겨지지 않도록 겸손하게 행동하도록 만든다" (Griffen, 1971, 35). 이런 신화는 최근의 연구 결과 실업 상태의 여성이 취업 상태의 여성보다 강간피해 가능성이 높다는 사실이 밝혀지면서 반박되었다(Avakame, 1999). 그러나 여성의 취약성에 대한 메시지는 우리 문화 깊숙이 배태되어 있다. 여성은 자신의 행위와 옷차림에 조심해야 한다. 그렇지 않으면 어떤 무서운 일이 벌어질지 모른다. 여성은 다른 여성이 강간당했다는 뉴스를 들을 때마다 자신의 취약성과 남성의 폭력을 떠올린다. 더구나 여성은 위협적인 남성의 행동이 언제 심각한 폭행으로 변할지 예측하기가 어렵다. 그 결과 여성은 남성의 폭력 가능성에 늘 대비해야 한다. 특히 그녀가 피해의 경험을 가지고 있다면 더욱 그렇다(Stanko, 1985, 1990).

남편이나 남자친구에 의한 여성학대는 성폭력과 마찬가지로 여성을 남성의 통제에 머무르게 한다. 남성은 '자신의 성 안에서는 왕king of his castle' 이라는 믿음이 아직도 많은 사람에게 받아들여지고 있다. 육체적인 것이든, 단지 위협에 그치든 간에 학대는 여성 스스로 자신의 삶에 대한 통제력을 상실하게 하는 반면에 가해자의 통제력은 높인다. 성폭력이 남녀 간의 권력 차이가 큰 문화에서 더 많이 발생하는 것처럼 아내구타도 마찬가지다. 남성이 여성에게 권위를 행사한다고 인식될수록 구타가 발생할 가능성은 높아진다. 여성구타의 함의는 중요하다.

> 폭력은 이전의 사랑하는 관계에서 받아들여지지 않던 모독과 굴종이 권력과 강제를 나타내는 수단으로 변하게 된다는 것을 말해 준다. 구타는 여성이 단지 한 번만 맞은 경우에도 한 번의 사건으로 끝나는 것이 아니다. 이것은 누가 둘 사이의 관계를 통제하며 통제가 어떤 모습으로 행사되는지에 심각한 교훈을 남긴다. …… 자기 스스로 인식하는 상태에서 행사된 폭력은 그 남성에게 그가 원하는 것을 가져다준다. 아내가 입을 다물고, 그를 달래주기도 하고 요구를 그만두기도 한다. 두려운 위협의 한 형태로 폭력은 남성이 원하면 여성이 원하지 않더라도 남성의 뜻대로 된다는 것을 의미한다. 폭력은 여성을 언제나 조심스럽게 만들어 언제 어디서 다음 공격이 올까 걱정하도록 유도한다(Schechter, 1982, 17).

여성에 대한 폭력의 위협과 실제 폭력의 사용은(그것이 성적 · 신체적 · 심리적 · 언어적인 폭력이든 상관없이) 문화 속에 여성이 '있어야 할 곳place'을 규정하도록 도와준다. 이것은 여성의 자유와 권리를 제한한다. 이런 점에서 모든 남성이 강간에서 이익을 얻는다고 하는 브라운밀러의 주장은 이해할 만하다. 모든 여성을 남성폭력의 두려움에 떨게 하려고 모든 남성이 폭력을 행사할 필요가 없다는 것을 생각해 보면 그렇다. 일부 남성이 일부 여성에게 폭력을 휘두른다는 사실이 두려움의 생산을 통해 대부분 여성의 삶을 통제하도록 도와주고 있는 것이다.

이런 두려움은 여성의 삶 전반에 걸쳐 영향을 미쳐서 주간에만 강의를 듣는다거나 거리에서 낯선 남성이 걷는 도로 반대편으로 걷는다거나 남성을 유혹해서 합의 하에 즐겼다는 의심을 받지 않으려고 옷을 가려 입도록 만든다. "같은 상황에서 남성보다 여성이 더 걱정을 한다. 코인세탁실에 가는 일, 대중교통을 이용하는 일, 날이 어두워진 후에 도심에 나가는 일 등에서 그렇다"(Gordon and Riger, 1989, 14). 많은 여성이 주기적으로 강간에 대한 두려움을 느낀다고 보고한다(Gordon and Riger, 1989). 여성은 낯선 사람에 의한 피해를 두려워하는 것뿐 아니라 자신이 아는 남성에게 피해를 당할 가능성이 더 높다는 것도 인식하고 있다.

:: 피해자 비난

사회에서 통용되는 규범을 따르지 않은 여성은 강간당했을 때 비난을 면하기 어렵다. 여성은 매우 제한된 삶을 살아야 한다고 믿는 사람은 이런 규범을 따르지 않은 여성이 강간피해를 당한 경우에는 여성이 적어도 어느 정도의 책임을 져야 한다고 생각하는 경향을 보인다. 그래서 술을 마시거나 특히 술에 취한 경우에는 피해를 자초했다고 생각한다(Bromley and Territo, 1990). 술이나 약물 복용이 성적 피해의 가능성을 높인다는 것을 지지하는 연구 결과가 있지만(Schwartz and Pitts, 1995; Ward et al., 1991; Warshaw, 1988) 강간은 대부분 남편이나 애인에 의해 저질러진다(Russell, 1984). 여성은 술을 마셔서는 안 된다는 규범과 함께 여성은 남성과 데이트하고 결혼을 해야 한다는 문화적 규범이 동시에 지배적인 규범으로 작동하는 것은 우연이 아니다. 여대생을 대상으로 한 연구를 보면 술 소비가 많아질수록 성폭력 피해 가능성이 높아진다는 것과 더불어 남자친구가 그녀와 성관계를 가지려고 술을 먹인 경우 강간당할 위험이 더 높다는 것을 발견했다(Schwartz and Pitts, 1995). 대학생을 대상으로 여러 개의 강간 시나리오를 평가하도록 한 결과, 전반적으로는 피해자를 비난하는 현상이 별로 없었으나 술 취한 여성 피해자에 대해서는 여대생이 더 피해자들이 부주의하고 성폭력 피해를 자초한 것이라고 평가했다(Scronce and Corcoran, 1995).

강간이나 구타 피해자가 다른 범죄의 피해자보다 훨씬 더 비난을 받는 경향이 있다. 이들은 그런 행동을 부추기고 촉발했다고 비난받는다. 사실 "매 맞는 아내나 강간피해 여성은 그들의 피해를 종종 '원하거나asking for' '당해도 싸거나deserving' '즐긴enjoying' 것 아니냐는 의심을 받는다" (Gelles, 1979, 121). 아내를 구타한 남성이 경찰에서 자기가 집에 왔을 때 아내가 집에 없었기 때문에 때렸다고 진술하는 경우 경찰은 구타당한 아내에게 "남편이 퇴근하고 집에 왔을 때 왜 집에 없었느냐?" 라고 묻는다. 이와 유사하게 성폭력 피해자에게 왜 문을 잠그지 않았느냐고 묻기도 한다.

강간 피해자는 자신이 입은 옷이나, 문을 잠그지 않은 것, 술을 마신 것, 밤늦게 버스를 기다린 것, 남의 차를 얻어 탄 것 때문에 비난을 받는다. 물론 잠재적 피해자가 자신의 피해 위험을 증가시키는 상황을 인식하는 것은 중요하다. 그러나 그 여성이 자가용을 가지고 있지 않을 수도 있는 것이며, 피해자가 아닌 가해자가 폭력에 책임을 져야 한다는 사실을 인식하는 것이 매우 중요하다. 다시 한 번 강조하지만, 믿을 만한 통계를 보면 여성은 그들의 남편이나 애인에게 강간당할 가능성이 더 큰데도(Russell, 1984) 아무도 여성에게 데이트를 하지 말거나 결혼하지 말라고 얘기하지 않는다.

어떤 '종류'의 사람을 대상으로 성폭력을 저지를까 생각하는 것은 '거리의 사람'만이 아니다. 피해자를 치료하고 가해자를 처벌해야 하는 사람도 잘못된 정보를 가지고 있다. 재판 과정에서 나타나는 성폭력 피해자에 대한 인식을 연구한 결과 재판부는 이혼 여성과 흑인 여성, 밤에 혼자 다닌 여성이 성관계에 더 많이 동의한다는 고정관념을 가지고 있음을 알아냈다(Burt and Albin, 1981). 강간피해 여성의 귀인attribution에 대한 연구를 검토하고 메타 분석한 결과 피해자의 옷차림에 노출이 많을수록, 성향(예를 들어 얼마나 성을 밝히는지)을 노출할수록 피해자 비난으로 이어질 가능성이 높아지며, 피해자와 가해자의 관계나 그 여성 피해자의 육체적 매력은 덜 중요하게 생각한다(Whatley, 1996). 이것이 가지는 함의는 일부 여성은 피해를 당할 만하며, 따라서 그들은 엄밀한 의미에서 강간 피해자라고 볼 수 없다는 것이다. 이런 여성은 자신이 누구와 성관계를 맺어야 하는지 결정할 수 있는 권리를 상실한다. 여성은 "섹시하지만 조신하고, 매력적이어야 하지만 도발적이어서는 안 된다"(Gordon and Riger, 1989, 53). 이것은 말도 안 되는 생각이다.

성폭력 피해자와 마찬가지로 구타당한 여성도 자주 비난의 대상이 된다. "여성운동가들이 구타당하는 여성에 대해 목소리를 높일 때면 심정적으로 동정적인 청중일지라도 피해자의 행동에 도덕적 '문제'나 '적절하지 못한' 대응이 있지 않았나를 생각하면서 "이 여성은 왜 그를 떠나지 않은 거야?"(Schechter, 1982, 16)라는 질문을 하게 된다. 일부 사람에게 폭력이 삶의 일부분이라고 하는 것은 잘못된 믿음이다. 폭력적인 삶 속에 사는 여성은 강간이나 구타 때문에 크게 상처받지 않을 것이라고 생각하는 것은 매우 인종차별적이고 계급적인 편견을 나타낸다. 피해는 누구에게나 상처가 되며 폭력은 자기방어를 위해 사용할 때만 허용되는 것이다. 다음 발췌문은 1984년 학술 논문지 《피해자학Victimology》에 실린 것으로 피학대 여성의 책임을 묘사하고 있다.

> 폭력으로 가득 찼던 어린 시절을 보낸 남편이 아내를 때렸다. 그녀가 그를 향해 모욕적인 말을 내뱉었다. 아마 그의 마초 기질을 공격했든지 아니면 과거에 있었던 어떤 일을 들춰냈을지도 모른다. 그만하라고 다그치거나, 욱하는 성질을 건드리거나 조롱하거나, 아니면 한 대 때렸을지도 모른다. 이렇게 되면 점점 더 폭력이 심해지고 주고받는 펀치도 증가한다. 몇 주일 또는 몇 달 동안 이들 부부는 출구가 보이지 않는 암흑에 갇혀 있게 된다. 마치 두 슈퍼파워가 경주를 벌이는 것처럼(Erchak, 1984, 251).

이것은 가해자의 책임을 감하고(어린 시절의 폭력 경험) 피해자를 비난하는 것을(그를 모욕하고 조롱하고) 잘 보여주고 있을 뿐 아니라 성 권력의 차이를 간과하고 있는 좋은 사례다. 남편과 아내를 두 슈퍼파워로 보는 것은 비현실적이다. 이 상황은 동등한 두 사람이 서로 싸우는 것이 아니다. 남성이 폭력적인 이유를 탐구하는 분석에서 나타나는 문제점은 폭력적인 상황이 그들에게 일어났기 때문에 폭력적으로 변한다는 것이다. 그렇다면 왜 자주 폭력으로 피해를 보는 여성은 폭력적이 되지 않는 것인가? 여성주의 법학자 머피Wendy Murphy(1997, 14)는 성에 기반을 둔 폭력gender-based violence의 피해자를 위해 상황을 시정해야 할 법정이 여성 피해자에게 폭력을 영속시키는 것에 대해 설명한다. 그녀는 법정에서 피해 여성이 판사나 변호사에 의해 어떻게 2차 피해를 경험하게 되는지를 보여준다.

왜 피해자가 자신의 피해에 비난을 받아야 하는가? 하나의 가능한 설명은 러너Lerner(1965)의 공정한 세상 가설just-world hypothesis에서 찾을 수 있다. 이 가설은 대부분 사람이 자신이 한 만큼 받는다고 믿고 싶어 한다는 것을 의미한다(Karmen, 1984). 따라서 우리는 어떤 사람에게 불행이 찾아왔다고 들을 때 그들이 그런 피해를 자초하는 행동을 하지 않았나 하는 점을 묻곤 한다. 이렇게 함으로써 우리는 편안함을 유지하게 된다. 즉 "나에게 이런 일은 일어나지 않을 것이다. 왜냐하면 나는 그런 행동을 안 했으니까……". 예를 들어 어떤 사람이 암에 걸렸다고 하면 우리는 먼저 "그(녀)가 담배를 피우나요?"라고 묻는다. 흡연이 암을 유발한다는 것을 알고 있기 때문에 이런 질문은 그럴듯하게 들린다(하지만 이 질문이 그리 정확하고 세심한 질문은 아니다). 강간의 경우 사람들은 "어떤 옷을 입고 있었는데?"라고 묻는다. 이 질문은 폭력이 무작위적이며 예측하기 어렵다는 사실을 부정한다.

공정한 세상 가설은 특정 부류의 사람만 피해의 대상이 된다는 가정을 이끌어낼 뿐 아니라 사람들에게 자신이 행동하는 여부에 따라 피해를 당하지 않을 수 있다는 잘못된 믿음을 가지도록 만든다. 불행하게도 이것은 사실이 아니다. 누구든지 피해자가 될 수 있다. 피해 여성에 대한 연구는 누가 피해의 위험을 가장 많이 가지고 있느냐를 결정하는 데 어려움을 겪는다. 왜냐하면 많은 연구가 가해자의 특성과 가해자가 강간이나 구타를 하게 되는 요인이 무엇인가를 탐구하기보다 피해자가 누구이며, 어떤 특성을 가지고 있느냐에 초점을 맞추고 있기 때문이다. 최근의 연구를 보면 공정한 세상 가설을 믿는 사람이 피해자 비난을 더 많이 한다(Murray, Spadafore, and McIntosh, 2005). 이와 함께 아내구타에 대한 많은 연구도 '정도를 벗어난 행동'을 한 사람은 가해자가 아니라 피해자라고 보는 점에서 성차별적이다(Wardell, Gillespie, and Leffler, 1983).

폭력은 무작위적이라는 사실을 받아들이는 것과 함께 대부분의 강간과 구타를 하는 남성은 피해 여성이 잘 아는 사람이라는 점을 인정할 필요가 있다. 강간사건 5건 중 4건은 가해자가 아는 사람이다(National Victim Center, 1992; Russell, 1984). 에스트리치Estrich(1987, 10)는 한 여성이 자신이 아는 남성과 동의하지 않은 강제적인 성관계를 가졌으며, 그 과정에서 여성을 때리거나 총으로 공격하지 않은 경우라고 할 수 있는 단순 강간사건이 폭력의 과다, 여러 명의 가해자, 낯선 가해자로 특징지어지는 특수강간보다 더 많이 발생하는 것을 보여주고 있다. 볼프강Wolfgang(1958)이 만들어낸 **피해자 촉발**victim precipitation 개념은 피해자 비난 현상을 잘 표현하고 있다. 피해자 촉발은 범죄 상황에서 피해자의 역할을 강조하는 개념이다. 즉 피해자가 자신의 피해에 적어도 부분적인 책임이 있다는 것을 의미한다. 1975년《영국 범죄학회지British Journal of Criminology》에 한 정신과 의사가 게재한 다음 문장을 읽어보자. "소아기호증 사건의 경우는 거의 기소되지 않고 따라서 법원에 기록을 남기지 않는다. 범죄가 경미하고 피해자 촉발이 매우 강할 때는 특히 그렇다" (Virkkunen, 1975, 178).

구타당한 여성에 대한 피해자 비난은 다음과 같은 질문으로 표현된다. "왜 그녀는 그를 떠나지 않는 걸까?" 그 함축적 의미는 만약 그녀가 구타당하기 싫다면 그를 떠나야 한다는 것이다. 이런 관념은 실제 많은 여성이 그 남자를 떠난다는 사실을 간과하고 있다. 단지 우리가 그것을 많이 듣지 못했을 뿐이다. 가해 남성을 떠나지 못한다고 구타 여성을 비난하는 것은 여성과 그 자녀가 경제적으로 구타하는 남성에게 의존하고 있으며, 그를 떠난 후 경제적으로 궁핍해질까 봐 두렵기도 하고, 계속해서 피해를 당할까 봐 두려워한다는 사실을 간과한 것이다. 또한 그 남성에게 살해되기도 한다. 가족이나 친구, 형사사법 체계가 사건의 심각성을 간과하고 피해자가 스스로 문제를 해결하도록 내버려두는 데도 문제가 있다. 피해자 비난은 피해자에게 폭력을 유발하는 행동을 했는지에 대해 물어보는 것도 포함된다. 종종 그녀가 먼저 폭력을 썼다는 것, 그 관계를 청산하지 못했다는 점에 대해서도 비난을 받는다. 이것은 문제의 핵심인 가해자로부터 관심을 다른 데로 돌리는 것이다.

:: 유색인종 여성의 피해

인종주의와 계층주의의 효과와 문화적 차이는 미국 인구에게 다양한 삶의 경험을 제공한다. 윌리엄스Williams(1981, 18-19)는 흑인 여성을 포함한 제3세계 여성이 강간과 구타 그리고 임신중절을 높은 비율로 경험하고 있음을 보여주고 있다. 노숙 여성에 대한 한 연구에서는 전반적으로 보았을 때 유색인종 여성이 백인 여성보다 더 강간당하고 피해를 본다는 것이 밝혀졌다(Costin, 1992). NCVS 자료를 이용한 연구에서 1993~98년에 흑인 여성이 남성 파트너에게 폭력을 당한 비율이 가장 높게 나타났다. 백인 여성보다 35퍼센트 높았으며 모든 여성의 비율보다 2.5배 정도 높았다(Rennison and Welchans, 2000). 같은 연구에서 라틴계 여성과 비라틴계 여성 사이에는 애인구타 경험에 별로 차이가 없었다. 한 조사연구에서는 미국 인디언과 알래스카 원주민 여성이 일생 경험하는 강간의 비율이 가장 높았으며(34%), 그 다음이 혼혈 여성(24%), 흑인 여성(19%), 백인 여성(18%), 아시아와 태평양 섬 출신 여성(7%) 순이었다(Tjaden and Thoennes, 1998). 호주에서 수행된 연구에서는 흑인과 원주민 여성이 남성폭력을 경험할 가능성이 가장 높게 증가하고 있는 것으로 나타났지만, 그들은 자신의 경험을 거의 얘기하지 않는다. 따라서 피해가 잘 드러나지 않는다(Lucashenko, 1996).

햄프턴Hampton과 그 동료들(2003)에 따르면 애인폭력의 위험은 백인 여성보다 흑인 여성에게 높았으며, 그들은 그 이유를 구조적 · 문화적 · 상황적 맥락에서 찾고 있는데 제도적 인종차별주의가 흑인의 애정관계에까지 영향을 미치고 있는 것으로 분석한다. 그들은 흑인 남성이 제도적인 인종차별주의로 인한 자신의 분노와 증오, 좌절을 아내와 애인에게 전가한다는 연구들을 인용했다(Hampton, Oliver, and Magarian, 2003, 533). 더 나아가 제도적 인종차별주의는 폭력의 악순환을 끊으려고 하는 흑인 여성을 이중으로 피해화한다.

흑인 여성은 노예제도 역사에서 볼 때 과거뿐 아니라 현재에도 성폭력에 매우 취약하다. 흑인 여성은 뜨거운 열정을 가지고 있지만 도덕적으로 해이하다는 부정적인 이미지가 그 이유다(Davis, 1997; Giddings, 1984, 31). 디포DeFour(1990)와 조Cho(1997)는 대학 캠퍼스에서 유색인종 여성이 성차별주의와 인종차별주의로 인해 성희롱 위험이 크다는 것을 효과적으로 보여주고 있다. 흑인, 라틴계, 아시아 출신, 원주민 여성에 대한 인종차별적 고정관념을 논의하면서 디포(같은 책, 48)는 "이들 여성이 약하다는 이미지는 성희롱을 하는 경우에도 반항하거나 문제를 제기하지 않을 거라고 생각하거나, 그들이 매우 성적이어서 성적인 관심을 받기 원하는 것으로 인식하는" 과정을 보여준다. 온티베로스Ontiveros(1997, 188)는 직장에서 성희롱에 대한 성과 인종의 역동적 효과를 조심스럽게 기술하고 있다.

> 직장에서 성희롱은 권력관계가 내포되어 있어서 유색인종 여성은 가장 손쉬운 목표가 된다. 왜냐하면 그들이 직장에서 가장 힘 없는 사람이기 때문이다. 백인 여성과는 달리 유색인종 여성은 인종적 특권을 전혀 누리지 못한다. 유색인종 남성과는 달리 그들은 전혀 성적인 특권을 갖지도 못한다. 백인 남성은 백인 여성을 성희롱할 수 있지만 유색인종 남성은 백인 여성을 성희롱할 만큼의 권력을 가지고 있지 않다고 느낀다. 그는 그의 인종적 지위가 낮아서 백인 여성을 성희롱할 수 없다고 느낀다. 또한 흑인 남성이 백인 여성을 공격

하는 것에 대한 이 사회에 깊이 자리 잡고 있는 역사적 경험 때문에 만약 백인 여성을 성희롱할 경우 감당하기 힘든 대가를 치를 것이라고 생각해서 백인 여성을 타깃으로 삼지는 않을 것이다. 가해자는 흑인 여성과 라틴계 여성, 아시아계 여성을 선호할 수 있다. 왜냐하면 그들은 수동적이고 문제를 제기하지 않을 것이라고 생각하기 때문이다.

23~56세의 고학력을 가진 흑인 여성 37명을 대상으로 한 연구에서는 **인종차별적인 성희롱**racialized sexual harassment이 인종적 희롱racial harassment과 성희롱sexual harassment을 포함하는 것임을 밝혀냈다(Buchanan and Ormerod, 2002, 114). 한 예를 들자면 백인 동료는 그녀에게 성적인 질문을 하는데, 그 밑에는 흑인 여성이 성관계에 더 적극적이고, 성을 얘깃거리로 삼는 데 덜 불편해할 것이라는 가정이 담겨 있다. 다른 예를 보면 백인 동료는 흑인 여성의 옷 입는 스타일에 대해서도 코멘트를 하는데, 여기에는 흑인 여성의 옷이 마치 성산업에 종사하는 사람 같다거나, 성적이고 불쾌하다는 의미가 내포되어 있다.

이 문제를 더 심각하게 만드는 것은 일반 사회나 형사사법 체계에서 유색인종 여성을 진정한 피해자로 다루지 않고 있다는 점이다. 결과적으로 유색인종 여성은 상당히 높은 피해 경험을 가지고 있으면서도 그 피해를 인정받을 가능성이 훨씬 낮다. 이런 제한적이고 인종차별적인 법적 대응은 이민 온 유색인종 여성, 특히 불법이민 여성인 경우 훨씬 더 심각하다(Ontiveros, 1977). 제1장에서 우리는 성녀 이미지의 여성과 창녀 이미지의 여성에 대한 이분법을 논의했다(Feinman, 1986). 성녀 이미지(처녀와 백인 여성)에 맞는 여성은 창녀 이미지에 맞는 여성보다 정당한 피해자로 간주되기가 수월하다. 영Young(1986)이 분류한 흑인 여성 유형에는 정당한 피해자로 간주될 수 있는 여성이 없다. 남성적 이미지를 가진 아마존 여성Amazon 유형은 자기 자신을 보호할 수 있는 능력을 가진 여성이고, 사악한 사파이어sinister sapphires 유형은 자신에 대한 폭력을 촉발하는 여성이며, 요부seductress는 믿을 만한 피해자로서의 자격이 없는 여성이다. 이와 비슷하게 통Tong(1984, 155)은 흑인 여성을 백인 여성보다 성적으로 순수하지 않다고 보는 것이 얼마나 인종차별적인지에 대해 논의하고 있으며, 또한 이런 견해가 흑인 여성을 남성폭력으로부터 보호할 필요가 없음을 내포하고 있다고 본다. 이런 신화적이고 인종차별적인 관념은 이들이 형사사법 체계에서 어떻게 처리되는지에 영향을 미친다.

인종주의와 강간법은 분리할 수 없다(Schwendinger and Schwendinger, 1983, 110). 20세기에 만들어진 법에서도 집 밖에서 일하는 여성이나 역사적으로 성적 착취를 당했던 여성은 '여성다움womanhood'의 영역 밖에 있어서 여성으로서의 특권을 행사할 수 없다고 진술하고 있다(Giddings, 1984, 49). 따라서 법에 따르면 유색인종 여성은 법적으로 강간을 당할 수가 없다. 사실 강간법은 아내나 딸을 보호할 필요가 있는 상류층 백인 남성을 위해 만든 것이다(Davis, 1981). 강간법은 여성을 남성의 재산으로 보는 연장선에서 만들어진 것이며, 인종주의적 · 계급주의적 편견을 내포하고 있다.

사회나 형사사법 체계는 남성폭력 피해자로서의 여성문제를 축소하려고 하는데, 여성이 흑인이거나 가난한 경우에는 특히 그렇다. 유색인종 여성의 높은 피해경험률에도 불구하고 피해가 인정되는 비율이 낮은 이런 불일치는 이 집단을 더더욱 짓누르고 피해화한다. 형사사법 체계의 대응이 충분하지 못하게 되면 피해자가 직접 자신을 보호하도록 만든다. 그러나 성폭력이나 구타의 피해자가 자신을 방어하려고 한 행동 그 자체가 범죄가 되어버린다. 특히 유색인종 여성의 경우에는 더욱 그렇다. 윌리엄스(1981)는 폭력 남성으로부터 자신을 보호하려던 행동으로 구금되어 있는 흑인 여성을 연구했다. 이들은 피해자로는 정당하게 대우받지 못했지만, 그들 자신과 자녀를 보호하기 위한 행동으로 인해 기소되며 범죄자로서는 심각하게 다루어진다.

인종주의와 여성에 대한 폭력을 근절하기 위해서는 진보주의자의 참여가 필요하다(Matthews, 1993; Tong, 1984; Williams, 1981). 역사적으로 볼 때 백인 여성과 흑인 여성이 남성폭력에 대응하는 데는 차이가 있었다. 흑인 여성은 흑인 남성 가해자에 대한 고정관념 문제도 해결해야 했기 때문이다. 1800년대 후반 흑인민권운동가였던 이다 웰스Ida B. Wells는 흑인 남성의 백인 여성에 대한 강간에는 비난의 소리가 높지만, 백인 남성이 흑인 여성과 소녀에게 행하는 성폭력은 간과되고 있음에 의문을 제기했다(Giddings, 1984). 백인 남성 노예주나 다른 백인 남성은 흑인 여성을 자유롭게 강간했지만, 백인 여성을 강간한 흑인 남성은 사형을 선고받았다(Schwendinger and Schwendinger, 1983, 108). 대부분의 노예법은 흑인 여성에 대한 강간을 인정하지 않아서 백인 남성은 별다른 처벌을 받지 않았다(Johnson, 2003).

흑인 남성은 죄가 있든 없든 간에 강간으로 법정에 서야 했다(Davis, 1981). 더 최근의 연구도 강간을 저지른 흑인 남성이 백인 남성보다 더 중한 처벌을 받았음을 확인시켜 준다(Walsh, 1987). 데이비스Davis(1981)는 흑인 여성이 강간반대운동에 적극적으로 참여할 수 없었던 것은 강간으로 기소된 흑인 남성(특히 무죄의 흑인 남성)에 대한 처벌 때문이었다고 본다. 미국에서 강간반대운동이 시작된 것은 흑인 여성이 백인 여권주의자에 대한 신뢰를 잃어버리면서 흑인 여성의 여권운동이 시작된 때와 같은 시기다(Matthews, 1983). 그러나 더 최근에 와서 강간위기센터나 구타 여성을 위한 보호시설은 성차별주의나 남성폭력과 마찬가지로 인종차별주의를 근절하기 위해 통합적이고 헌신적으로 운영되고 있다.

최근의 연구들은 흑인 여성이 자신에 대한 강력한 이미지를 바꾸는 데 상당한 부담을 가지고 있음을 말해 준다(Donovan and Williams, 2002; Potter, 2004). 이것이 왜 백인 여성이 흑인 여성보다 더 도움을 요청하는 행동을 하는지, 즉 경찰에 신고하거나 가족이나 친구에게 도움을 청하거나 사회단체의 서비스를 받는 일 등을 더 하는지에 학자들이 관심을 가지는 이유다(Kaukinen, 2004). 그러나 다른 연구는 형사사법기관에 대한 불신은 여성 피해자 사이에 큰 인종적 차이가 없다고 주장하고 있다(Bui, 2001).

:: 이주 여성의 피해

최근까지도 이주 여성의 피해 경험과 위험은 거의 무시되었다. 단지 한 연구가 이주 여성 사이에서 파트너 폭력이 매우 광범위하다는 것을 제시했을 뿐이다(Raj and Silverman, 2002, 367). 지금까지 이주 여성의 피해에 관한 연구는 대부분 파트너 폭력에 집중되어 있고, 파트너 이외의 사람에게 당하는 성적 피해에 대한 연구는 별로 없다. 연구대상은 이주 남성의 파트너가 되는 이주 여성과 미국인과 결혼한 이주 여성이다. 두 경우 모두 남성이 이주 남성이든 아니든 간에 여성 이주민이라는 지위는 그녀의 파트너에게 당하는 학대를 특징짓는 요소다.

이 주제에 관한 최초의 연구 중 하나는 에이브러햄Margaret Abraham(2000)의 『말할 수 없는 것을 말한다: 미국에서 남아시아 이주 여성이 겪는 부부폭력Speaking the Unspeakable: Marital Violence among South Asian Immigrants in the United States』이다. 이 책과 뒤이어 나온 파트너 폭력을 경험하는 이주 여성에 대한 연구는 언어나 불법적 지위 등으로 인해 이방인으로서 고립된 상태에 놓이게 되는 이들 여성이 경험하는 취약성에 대해 통찰력을 제공해 주고 있다. 에이브러햄은 책에서 (1) 이주민이라는 지위가 어떻게 이들 여성에게 남성폭력의 위험에 더 많이 노출되도록 하는지, (2) 가정폭력에 대한 비공식적 · 공식적 대응이 이들의 이주민이라는 지위와 어떻게 연관되어 있는지, (3) 이주민이라는 지위가 어떻게 구타당하는 여성이 구타에서 벗어날 수 있는 요인에 영향을 주는지, (4) 어떻게 이주민이라는 지위와 성 · 인종 · 계층이 서로 교차되는지, (5) 미국 내 남아시아 출신 여성을 위한 구타 여성 지원단체의 발전과 그들이 겪는 어려움에 대해 논의하고 있다(Abraham, 2000). 부이Hoan Bui(2004)는 미국으로 이민 온 베트남 여성을 연구했는데 어떻게 성 · 인종 · 계층 · 민족성과 가정폭력 경험이 관련되어 있는지, 형사사법기관이 가해자와 피해자를 어떻게 취급하는지를 잘 보여주고 있다. 이주 여성의 파트너 폭력에 대한 연구들을 검토한 연구에서는 이주 여성의 문화, 상황, 법적인 지위가 (1) 학대대상으로서 취약성을 높이고, (2) 가해자가 이주 여성을 통제하는 수단으로 학대가 이용되며, (3) 이주 여성이 도움을 청하고 지원받는 데 어떻게 방해가 되는지를 잘 보여준다(Raj and Silverman, 2002).

미국으로 이주한 라틴계 여성에 대한 연구에서는 연구 대상자들이 파트너 폭력이 매우 광범위하게 그들 사이에 퍼져 있다는 사실에 모두 동의하지만 그것을 자신의 운명이라고 생각하기 때문에 잘 드러내지 않는다고 응답했다(Adames and Campbell, 2005). 더 나아가 이주 라틴계 커뮤니티에서 발생하는 파트너 폭력의 원인을 문화적 규범과 이주로 인한 스트레스 등 외부적 요인 때문이라고 응답했다(같은 책, 1359). 다른 연구는 미군의 아내나 약혼자가 된 이주 여성의 파트너 폭력에 대해 연구했다(Erez and Bach, 2003). 이 연구는 다음과 같은 결론을 내렸다. "이주 상황과 그들의 지위는 군사적 맥락과 상호작용하여 학대를 더욱 심각하게 만들며, 피해자와 생존자를 더 주변화하고 사회적 지원을 무력화하며 사법 체계의 대응을 약화시킨다" (같은 책, 1093).

앞에서 지적한 것처럼 이주 여성의 피해에 대한 대부분의 연구는 파트너 폭력(이와 관련된 부부강간)에 초점을 맞춘다. 파트너 폭력을 넘어서 주제를 확장한 2개의 연구가 있다. 이스라엘로 이주한 에티오피아 여성으로서 정신병원에 입소한 36명의 여성은 많은 여성이 조국을 떠나기 전부터 주둔 군인에게 강간당하고 강탈당하고 심지어 살해당하기도 했다고 응답했다(Grisaru, Irwin, and Kaplan, 2003, 242). 에티오피아를 탈출하여 수단을 경유하게 되는 많은 탈출자는 도적 떼와 에티오피아 당국으로부터 심각한 침해를 당했다. 이들은 탈출자를 옷 벗기고, 구금하고, 정서적 · 신체적으로 고문할 뿐 아니라 가족이 보는 앞에서 여성을 강간하기도 했다(같은 책, 242). 서부 캐나다에 자리 잡은 이주민 공동체의 젊은 여성을 대상으로 한 연구에서는 이들 여성을 진정으로 이해하기 위해서는 인종주의가 다른 지배 체계와 연합하여 여성의 삶과 현실에 영향을 주는 과정을 분석해야 한다고 주장했다(Jiwani, 2005, 853). 이들은 인종차별주의가 그들의 일상에서 직면하는 가장 강력하고 가장 광범위한 형태의 폭력이라고 확인했다(같은 책, 858). 인종주의는 그들의 삶에 스며들어 열등화 inferiorization, 경미화 trivialization, 성애화 exoticization, 말살 erasure을 통해 그들의 '타자화 othering' 를 초래한다(같은 책, 867). 이들 여성은 주류사회에 진입하기 위해 가는 밧줄 위를 걷는 것과 같으며, 종종 그녀의 가족이 가지고 있는 이상과 갈등을 일으키고 있다.

:: 장애 여성의 피해

사람들은 신체적 · 정신적 장애를 가진 여성은 피해 가능성이 낮을 것이라고 생각한다. 이 잘못된 가정은 2개의 틀린 전제를 가지고 있다. 첫 번째는 우리는 이미 상처받고 취약한 사람을 해치기를 원하지 않는다는 믿음이다. 두 번째는 장애 여성에게 성적으로 끌리는 사람은 없을 거라는 믿음이다. 그러나 현실에서 보면 이들의 피해 가능성이 가장 높다. 그러나 이 경우 폭력이 드러나지 않아서 그들의 피해가 알려지지 않는 것뿐이다(Chenoweth, 1996, 391; Roberto and Teaster, 2005). 미국의 장애 아동을 조사한 연구에서는 장애 아동이 비장애 아동과 비교할 때 성적 피해를 당할 가능성이 2배가 높았다(Cross, Kaye, and Ratnofsky, 1995; Chenoweth, 1996에서 재인용). 시설에 수용되어 있는 신체장애 아동이나 정신장애 아동은 특히 성적 피해의 가능성이 높다(Chenoweth, 1996). 또한 장애 여성은 무성적이면서 또 성적으로 문란하게 인식되는 모순 속에 있다. 일단 여성이 무성적이라고 규정되면 많은 학대와 폭력이 뒤따른다(같은 책).

장애 여성은 자기 자신을 돌보거나 보호하기 어려운 상황에 있으므로 비장애 여성보다 피해의 위험이 더 높다(Curry, Hassouneh-Phillips, and Johnston-Silverberg, 2001; Gilson, Cramer, and DePoy, 2001a, 2001b). 집에서 다른 사람의 보호를 받든 아니면 시설에서 다른 사람의 원조를 받든 이런 의존이 그들을 신체적 · 정서적 · 성적 학대의 위험에 놓이게 만든다(2001b). 파트너 폭력을 경험한 여성이 그 후유증으로 장애를 갖게 되거나 병을 얻기도 한다. 장애 여성에 대한 학대는 약을 주지 않거나, 성관계에 응하지 않거나 성폭력을 신고하면 시설에 수용해 버리겠다고 위협하거나, 전화나 휠체어를 이용하지 못하도록 하는 행동을 포함한다(Gilson, Cramer, and DePoy, 2001b). 장애 여성으로서 파트너 폭력에서 벗어난 여성에 대한 질적 연구에서는 장애 여성에게 가해지는 파트너 폭력의 독특한 형태와 여기에 대응하는 이들 여성의 특징을 보여주는 세 가지 영역을 제시했다(같은 책). [제시 6-1]에 그 내용이 있다. 학대 유형은 장애 여성의 취약성에 바탕을 둔 독특한 방법으로 신체적 · 정서적으로 폭행하고 방임하고, 통제와 제한을 가하는 것이다. 이들 여성의 대응은 자기비난을 하거나 체념하거나 학대자를 떠나거나 다른 학대 여성과 연합하는 것을 포함한다(같은 책).

장애 여성을 등장시키는 포르노그래피에 대해 연구한 엘먼Elman(1997, 257)은 이런 매체는 여성의 장애와 이동 불가능성으로 인해 성적인 학대에 취약할 수밖에 없는 장애 여성을 성애화하고 조롱하고 있다고 폭로한다. 《플레이보이》 등은 이런 묘사가 장애 여성을 성적

[제시 6-1] 장애 여성에 대한 파트너 폭력의 형태와 그에 대한 대응

장애 여성에 대한 파트너 폭력의 유형

신체적 · 정서적 폭력
여성의 장애에 대해 조롱하는 태도를 보이는 것
장애 때문에 자녀에 대한 양육권을 가질 수 없다고 위협하는 것
시설에 수용해 버리겠다고 위협하는 것

방임
신체적 방임
개인적인 일을 도와주지 않는 것
집에서 방해되는 물건이나 장치를 하거나 그런 것을 없애지 않는 것
휠체어에 탄 여성을 길이 아닌 곳으로 가도록 하는 것
의사가 필요할 때 부르지 않는 것

통제/제한
약 복용을 중단하는 것
필요한 물건에 대한 접근을 통제하는 것
지원 서비스를 통제하는 것
장애를 천하게 보거나 불신하는 것
사회적 지원을 거절하는 것
지원 서비스 기관과의 소통을 거절하는 것

파트너 폭력에 대한 장애 여성의 대응

망가진 자아
좋게 보이려고 애쓰는 것
학대의 책임을 내면화하는 것
자기 자신에 대해 의심하는 것

체념
현재의 관계를 끊을 수 없다고 느끼는 것
학대하는 사람에게 의지하는 것
어디로 가야 할지 무엇을 해야 할지 모르는 것

저항
가해자에게 맞서기
학대를 계속하면 관계를 청산하겠다고 위협하기
가해자와 이혼하거나 그의 곁을 떠나기
역할 모델 찾기
긍정적인 사람과 시간 보내기
다른 학대 여성들과 경험 나누기
지원 체계 만들기
지원기관과 연계하기
다른 학대 여성을 자발적으로 지원하기

SOURCE Stephen French Gilson, Elizabeth P. Cramer, and Elizabeth DePoy. 2001. Redefining Abuse of Women with Disabilities. *Affilia* 16:228.

으로 매력적이지 않다고 보는 낙인에서 벗어나게 해준다고 주장한다(같은 책, 258). 엘먼은 이런 매체는 한 번도 여성을 성적으로 해방시키려고 한 적이 없으며, 장애를 이용해 이들 여성의 피동성과 이동 불가능성을 성적인 것으로 만들고 장애를 물신화한다고 주장한다. 청소년을 위한 유머 잡지 《슬램Slam》은 정신지체 여성을 강간하는 방법을 보여주고 "실제 현실로 옮기더라도 잡히지 않을 것"이라고 말한다(같은 책, 259). 엘먼은 장애 여성을 등장시키는 포르노물을 흑인 여성을 등장시키는 포르노물과 비교했는데, 모두 이들 여성을 종속적인 자신의 모습에 기뻐하는 성적 대상으로 묘사하고 있었다(같은 책, 262). 마지막으로 엘먼(같은 책, 265)은 가학피학적 포르노물에서 장애 여성을 휠체어에 묶고 척추유지대로 가죽과 로프를 대체하는 새도매저키스트sadomasochist적인 묘사가 포함되어 있다는 것을 보여주고 있다.

Summary 여성 피해자의 가장 큰 이미지는 비가시성이다. 구타와 성폭력은 사법 체계에 가장 적게 신고되는 대인범죄다. 여성의 피해에 대한 정보는 점점 광범위해지고 있어서 우리가 예전에 생각하던 것보다 훨씬 더 많은 사건이 일어나고 있으며, 피해의 특성은 우리가 생각했던 것보다 훨씬 더 위협적이고 폭력적이라는 것을 알게 되었다. 그러나 사회와 문화는 남성의 여성에 대한 폭력을 부추기는 성역할을 지지하고 있다. 남성과 소년은 적극적이고 공격적으로 키워지는 데 반해 여성과 소녀는 수동적이고 숙녀답게 성장하도록 부추기고 있다.

여성 피해의 원인은 권력의 성차에 기반을 두고 있다. 이 장에서 여성의 피해는 성 권력 차이의 결과이면서 동시에 그것을 강화하는 것이라는 점을 논의했다. 다시 말하자면 여성에 대한 위협과 실제 폭력은 여성의 권력을 약화시킨다. 동시에 이 권력의 차이는 피해를 촉진시킨다. 또한 여성에 대한 위협은 여성의 자유와 권리를 제한한다. 성적 피해에 대한 두려움은 여성에게 일하고 공부하고 남들과 어울리며 살아가는 데 영향을 미친다. 여성은 밤에 혼자 도시의 어떤 지역을 걷거나 특정 부류의 사람들과 어울린다면 안전하지 않다는 것을 배운다. 이런 제약을 더욱 심각하게 만드는 것은 성적 피해가 주로 아는 사람, 특히 잘 아는 사람에 의해 일어날 가능성이 높다는 점이다. 여성에 대한 구타의 편재성과 그 통제적 특성에 대한 인식도 높아지고 있다.

사회가 갖고 있는 고정관념적 이미지는 일부 여성은 그들의 의상과 행동 또는 인종과 계급을 통해 강간을 원하고 있다는 의미를 포함하고 있다. 이로 인해 진정한 의미의 강간 피해자는 성폭력에 저항한 부유한 백인 처녀라는 신화가 여전히 힘을 발휘하고 있다. 이와 비슷하게 고정관념적 이미지는 바가지를 긁거나, 외도를 한 여성은 그들의 피해를 유발한 책임이 있다는 의미를 갖는다. 피해자 비난은 그들이 당한 폭력과 착취에 대해 스스로에게 책임을 묻도록 할 뿐 아니라 사람들에게 폭력은 무작위적이 아니라는 잘못된 확신을 심어준다.

Abraham, Margaret. 2000. *Speaking the Unspeakable: Marital Violence among South Asian Immigrants in the United States.* New Brunswick, NJ: Rutgers University Press.

Adames, Sandra Bibiana, and Rebecca Campbell. 2005. Immigrant Latinas' Conceptualizations of Intimate Partner Violence. *Violence Against Women* 11:1341-1364.

Adu-Mireku, Samuel. 2002. Fear of Crime among Residents of Three Communities in Accra, Ghana. *International Journal of Comparative Sociology* 43:153-168.

Anetzberger, Georgia J. 1997. Elderly Adult Survivors of Family Violence. *Violence Against Women* 3:499-514.

Avakame, Edem F. 1999. Females' Labor Force Participation. *Violence Against Women* 5:926-949.

Baron, Larry, and Murray A. Straus. 1987. Four Theories of Rape: A Macrosociological Analysis. *Social Problems* 34:467-489.

Baum, Katrina, and Patsy Klaus. 2005. Violent Victimization of College Students, 1995-2002. Bureau of Justice Statistics. U.S. Department of Justice. September, 12pp.

Bergen, Raquel Kennedy. 2004. Studying Wife Rape. *Violence Against Women* 10:1407-1416.

Braungart, Margaret M., Richard G. Braungart, and William J. Hoyer. 1980. Age, Sex, and Social Factors in Fear of Crime. *Sociological Forces* 13:55-66.

Brodyaga, A. L., M. Gates, S. Singer, M. Tucker, and R. White. 1975. *Rape and Its Victims: A Report for Citizens, Health Facilities and Criminal Justice Agencies.* Washington, DC: Government Printing Office.

Bromley, M. L., and L. Territo. 1990. *College Crime Prevention and Personal Safety Awareness.* Springfield, IL: Charles C. Thomas.

Brownmiller, Susan. 1975. *Against Our Will: Men, Women and Rape.* New York: Simon and Schuster.

Buchanan, NiCole T. and Alayne J. Ormerod. 2002. Racialized Sexual Harassment in the Lives of African American Women. Pp. 107-124 in *Violence in the Lives of Black Women,* edited by C. M. West. New York: Haworth Press.

Bui, Hoan H. 2001. Domestic Violence Victims' Behavior in Favor of Prosecution. *Women & Criminal Justice* 12:51-76.

——. 2004. *In the Adopted Land: Abused Immigrant Women and the Criminal Justice System.* Westport, CT: Greenwood.

Burt, Martha R., and Rochelle S. Albin. 1981. Rape Myths, Rape Definitions, and Probability of Conviction. *Journal of Applied Social Psychology* 11:212-230.

Catalano, Shannan. 2004. Criminal Victimization, 2003. Bureau of Justice Statistics. U.S. Department of Justice. September, 12pp.

Chapman, Jane Roberts. 1990. Violence against Women as a Violation of Human Rights. *Social Justice* 17: 54-70.

Chenoweth, Lesley. 1996. Violence and Women with Disabilities. *Violence Against Women* 2:391-411.

Cho, Sumi K. 1997. Converging Stereotypes in Racialized Sexual Harassment: Where the Model Minority Meets Suzie Wong. Pp. 203-220 in *Critical Race Feminism,* edited by A. K. Wing, New York: New York University Press.

Clemente, Frank, and Michael B. Kleiman. 1976. Fear of Crime among the Aged. *Gerontologist* 16:211-219.

Cohen, L. E., and M. Felson. 1979. Social Change and Crime Rate Trends: A Routine Activity Approach. *American Sociological Review* 44: 588-608.

Costin, Charisse T. M. 1992. The Influence of Race in Urban Homeless Females' Fear of Crime. *Justice Quarterly* 9:721-730.

Cross, S. B., E. Kaye, and A. C. A. Ratnofsky. 1995. *A Report on the Maltreatment of Children with Disabilities.* Washington, DC: National Center on Child Abuse and Neglect.

Curry, Mary Ann, Dena Hassouneh-Phillips, and Anne Johnston-Silverberg. 2001. Abuse of Women with Disabilities. *Violence Against Women* 7:60-79.

Davis, Angela Y. 1981. *Women, Race, and Class.* New York: Vintage Press.

Davis, Deidre E. 1997. The Harm That Has No Name: Street Harassment, Embodiment, and African American Women. Pp. 192-202 in *Critical Race Feminism*, edited by A. K.Wing, New York: New York University Press.

DeFour, Darlene C. 1990. The Interface of Racism and Sexism on College Campuses. Pp. 45-52 in *Ivory Power: Sexual Harassment on Campus*, edited by M. A. Paludi. Albany: State University of New York Press.

DeKeseredy, Walter S. 1988. *Woman Abuse in Dating Relationships: The Role of Male Peer Support.* Toronto: Canadian Scholars Press.

Donovan, Roxanne, and Michelle Williams. 2002. Living at the Intersection: The Effects of Racism and Sexism on Black Rape Survivors. Pp. 95-105 in *Violence in the Lives of Black Women*, edited by C. M. West. New York: Haworth Press.

Edleson, Jeffrey L. 1999. The Overlap between Child Maltreatment and Woman Battering. *Violence Against Women* 5:134-154.

Ehrhart, Julie K., and Bernice R. Sandler. 1985. *Campus Gang Rape: Party Games?* Washington DC: Project on the Status and Eduction of Women, Association of American Colleges.

Elman, R. Amy. 1997. Disability Pornography: The Fetishization of Women's Vulnerabilities. *Violence Against Women* 3:257-270.

Erchak, G. M. 1984. The Escalation and Maintenance of Spouse Abuse: A Cybernetic Model. *Victimology* 9:247-253.

Erez, Edna, and Shayna Bach. 2003. Immigration, Domestic Violence, and the Military. *Violence Against Women* 9:1093-1117.

Estrich, Susan. 1987. *Real Rape.* Cambridge, MA: Harvard University Press.

Evans, Laura J. 1978. Sexual Harassment: Women's Hidden Occupational Hazard. Pp. 202-223 in *The Victimization of Women*, edited by J. Roberts-Chapman and M. Gates. Beverly Hills, CA: Sage.

Feinman, Clarice. 1986. *Women in the Criminal Justice System.* New York: Praeger.

Finkelhor, David, and Kersti Yllo. 1985. *License to Rape: Sexual Abuse of Wives.* New York: Free Press.

Fonow, Mary Margaret, Laurel Richardson, and Virginia Wemmerus. 1992. Feminist Rape Education: Does It Work? *Gender and Society* 6:108-121.

Frese, Bettina, Miguel Moya, and Jesus L. Megias. 2004. Social Perception of Rape: How Rape Myth Acceptance Modulates the Influence of Situational Factors. *Journal of Interpersonal Violence* 19:143-161.

Gelles, Richard J. 1979. *Family Violence.* Beverly Hills, CA: Sage.

———. 1983. An Exchange/Social Control Theory. Pp. 151-165 in *The Dark Side of Families*, edited by D. Finkelhor, R. J. Gelles, G. T. Hotaling, and M. A. Straus. Beverly Hills, CA: Sage.

Giddings, Paula S. 1984. *When and Where I Enter: The Impact of Black Women on Race and Sex in America.* Toronto: Bantam Books.

Gilson, Stephen French, Elizabeth P. Cramer, and Elizabeth DePoy. 2001a. Linking the Assessment of Self-Reported Functional Capacity with Abuse Experiences of Women with Disabilities. *Affilia* 16:220-235.

———. 2001b. Redefining Abuse of Women with Disabilities. *Affilia* 16:220-235.

Gordon, Linda. 1977. *Women's Body, Women's Right: A Social History of Birth Control in America.* New York: Penguin Books.

Gordon, Margaret T. and Stephanic Riger. 1989. *The Female Fear.* New York: Free Press.

Gottfredson, Michael R. 1986. Substantive Contributions of Victimization Surveys. In *Crime and Justice: An Annual Review of Research.* Chicago: University of Chicago.

Griffen, Susan. 1971. Rape: The All-American Crime. *Ramparts* (September): 26-35.

———. 1981. *Pornography and Silence.* New York: Harper Colophon Books.

Grisaru, Nimrod, Martin Irwin, and Zeev Kaplan. 2003. Acute Psychotic Episodes as a Reaction to Severe Trauma in a Population of Ethiopian Immigrants to Israel. *Stress and Health* 19:241-247.

Grossman, Susan F., and Marta Lundy. 2003. Use of

Domestic Violence Services across Race and Ethnicity by Women Aged 55 and Older. *Violence Against Women* 9:1442-1452.

Gwartney-Gibbs, Patricia, and Jean Stockard. 1989. Courtship Aggression and Mixed-Sex Peer Groups. Pp. 185-204 in *Violence in Dating Relationships*, edited by M. Pirog-Good and J. E. Stets. New York: Praeger.

Hampton, Robert, William Oliver, and Lucia Magarian. 2003. Domestic Violence in the African American Community. *Violence Against Women* 9:533-557.

Haynie, Dana L. 1998. The Gender Gap in Fear of Crime, 1973-1994. *Criminal Justice Review* 23:29-50.

Herman, Judith Lewis. 2005. Justice from the Victim's Perspective. *Violence Against Women* 11:571-602.

Jiwani, Yasmin. 2005. Walking a Tightrope: The Many Faces of Violence in the Lives of Racialized Immigrant Girls and Young Women. *Violence Against Women* 11:846-875.

Johnson, Paula C. 2003. *Inner Lives: Voices of African American Women in Prison.* New York: New York University Press.

Jonson, Hakan, and Malin Akerstrom. 2004. Neglect of Elderly Women in Feminist Studies of Violence: A Case of Ageism. *Journal of Elder Abuse & Neglect* 16:47-63.

Kanin, Eugene J. 1985. Date Rapists. Archives of *Sexual Behavior* 6:67-76.

Karmen, A. 1984. *Crime Victims: An Introduction to Victimology.* Monterey, CA: Brooks/Cole.

Kaukinen, Catherine. 2004. The Help-Seeking Strategies of Female Violent-Crime Victims: The Direct and Conditional Effects of Race and the Victim-Offender Relationship. *Journal of Interpersonal Violence* 19: 967-990.

LaGrange, Randy L., and Kenneth F. Ferraro. 1989. Assessing Age and Gender Differences in Perceived Risk and Fear of Crime. *Criminology* 27:697-718.

Lerner, M. 1965. Evaluation of Performance as a Function of Performer's Reward and Attractiveness. *Journal of Personality and Social Psychology* 1:355-360.

Lowney, Kathleen S., and Joel Best. 1995. Stalking Strangers and Lovers: Changing Media Typifications of New Crime Problem. Pp. 33-57 in *Images of Issues: Typifying Contemporary Social Problems*, 2nd edition, edited by Joel Best. New York: Aldine De Gruyter.

Lucashenko, Melissa. 1996. Violence against Indigenous Women. *Violence Against Women* 2:378-390.

Madriz, Esther. 1997. *Nothing Bad Happens to Good Girls: Fear of Crime in Women's Lives.* Berkeley: University of California Press.

Martin, Patricia Y., and Robert A Hummer. 1989. Fraternities and Rape on Campus. *Gender and Society* 3:457-473.

Matthews, Nancy A. 1993. Surmounting a Legacy: The Expansion of Racial Diversity in a Local Anti-Rape Movement. Pp. 177-192 in *Violence against Women: The Bloody Footprints*, edited by P. B. Bart and E. G. Moran. Newbury Park, CA: Sage.

Mears, Jane. 2003. Survival Is Not Enough: Violence against Older Women in Australia. *Violence Against Women* 9:1478-1489.

Medea, Andra, and Kathleen Thompson. 1974. *Against Rape.* New York: Farrar, Straus and Giroux.

Meyer, Shannon-Lee, Dina Vivian, and K. Daneil O'Leary. 1998. Men's Sexual Aggression in Marriage. *Violence Against Women* 4:415-435.

Michalski, Joseph H. 2004. Making Sense out of Trends in Intimate Partner Violence. *Violence Against Women* 10:652-675.

Miethe, T. D., M. C. Stafford, and J. S. Long. 1987. Social Differentiation in Criminal Victimization: A Test of Routine Activities/Lifestyle Theories. *American Sociological Review* 52:184-194.

Mrsevic, Zorica, and Donna M. Hughes. 1997. Violence against Women in Belgrade, Serbia. *Violence Against Women* 3:101-128.

Murphy, Wendy. 1997. Gender Bias in the Criminal Justice System. *Harvard Women's Law Review* 20:14-26.

Murray, John D., Jo Ann Spadafore, and William

D. McIntosh. 2005. Belief in a Just World and Social Perception. *Journal of Social Psychology* 145:35-47.

National Victim Center. 1992. *Rape in America.* Arlington, VA, 18pp.

Nikolic-Ristanovic, Vesna. 1999. Living without Democracy and Peace: Violence against Women in the Former Yugoslavia. *Violence Against Women* 5:63-80.

Ockleford, Elizabeth, Yvonne Barnes-Holmes, Roberta Morichelli, Orjaria Asesha, Francesca Scocchera, Freerick Furniss, Claudio Sdogati, and Dermot Barnes-Holms. 2003. Mistreatment of Older Women in Three European Countries. *Violence Against Women* 9:1453-1464.

Ontiveros, Maria L. 1997. Three Perspectives on Workplace Harassment of Women of Color. Pp. 188-192 in *Critical Race Feminism*, edited by A. K. Wing. New York: New York University Press.

Ortega, Suzanne T., and Jessie L. Myles. 1987. Race and Gender Effects on Fear of Crime: An Interactive Model with Age. *Criminology* 25:133-152.

Potter, Hillary. 2004. Intimate Partner Violence against African American Women: The Effects of Social Structure and Black Culture on Patterns of Abuse. Unpublished dissertation. Boulder: University of Colorado.

Raj, Anita, and Jay Silverman. 2002. Violence against Immigrant Women. *Violence Against Women* 8:367-398.

Reid, Lesley Williams, and Miriam Konrad. 2004. The Gender Gap in Fear. *Sociological Spectrum* 24:399-425.

Rennison, Callie Marie, and Sarah Welchans. 2000. Intimate Partner Violence. Bureau of Justice Statistics. Department of Justice. Special Report, May, 11pp.

Riger, Stephanie. 1981. On Women. Pp. 47-66 in *Reactions to Crime*, edited by D. A. Lewis. Beverly Hills, CA: Sage.

Riger, Stephanie, and Margaret T. Gordon. 1981. The Fear of Rape: A Study in Social Control. *Journal of Social Issues* 37:71-92.

Roberto, Karen A., and Pamela B. Teaster. 2005. Sexual Abuse of Vulnerable Young and Old Women. *Violence Against Women* 11:473-504.

Russell, Diana E. H. 1984. *Sexual Exploitation: Rape, Child Sexual Abuse, and Workplace Harassment.* Beverly Hills, CA: Sage.

———. 1990. *Rape in Marriage.* Bloomington: Indiana University Press.

Sanday, Peggy R. 1981. The Socio-Cultural Context of Rape: A Cross-Cultural Study. *Journal of Social Issues* 37:5-27.

———. 1990. *Fraternity Gang Rape.* New York: New York University Press.

Sanders, William B. 1980. *Rape and Woman's Identity.* Beverly Hills, CA: Sage.

Schechter, Susan. 1982. *Women and Male Violence.* Boston: South End Press.

Schwartz, Martin D., and Walter S. DeKeseredy. 1997. *Sexual Assault on the College Campus.* Thousand Oaks, CA: Sage.

Schwartz, Martin D., Walter S. DeKeseredy, David Tait, and Shahid Alvi. 2001. Male Peer Support and a Feminist Routing Activities Theory: Understanding Sexual Assault on the College Campus. *Justice Quarterly* 18:623-649.

Schwartz, Martin D., and Victoria L. Pitts. 1995. Exploring a Feminist Routine Activities Approach to Explaining Sexual Assault. *Justice Quarterly* 12:9-31.

Schwendinger, Julia R., and Herman Schwendinger. 1983. *Rape and Inequality.* Beverly Hills, CA: Sage.

Scronce, Christine A., and Kevin J. Corcoran. 1995. The Influence of the Victim's Consumption of Alcohol on Perceptions of Stranger and Acquaintance Rape. *Violence Against Women* 1:241-253.

Smith, Michael D. 1994. Enhancing the Quality of Survey Data on Violence against Women: A Feminist Approach. *Gender and Society* 8:109-127.

Softas-Nall, Basilia, Achilles Bardos, and Michael Fakinos. 1995. Fear of Rape. *Violence Against*

Women 1:174-186.

Spencer, Cassie C. 1987. Sexual Assault: The Second Victimization. Pp. 54-73 in *Women, Courts, and Equality*, edited by L. L. Crites and W. L. Hepperle. Newbury Park, CA: Sage.

Stanko, Elizabeth A. 1985. *Intimate Intrusions: Women's Experience of Male Violence.* London: Routledge and Kegan Paul.

———. 1990. *Everyday Violence: How Women and Men Experience Sexual and Physical Danger.* London: Pandora.

———. 1992. The Case of Fearful Women: Gender, Personal Safety and Fear. *Women & Criminal Justice* 4:117-135.

Tjaden, Patricia, and Nancy Thoennes. 1998. Prevalence, Incidence, and Consequences of Violence against Women. U.S. Department of Justice. Research in Brief. November, 16pp.

———. 2000. Prevalence and Consequences of Male-to-Female and Female-to-Male Intimate Partner Violence as Measured by the National Violence Against Women Survey. *Violence Against Women* 6:142-161.

Tong, Rosemarie. 1984. *Women, Sex, and the Law.* Totawa, NJ: Rowman and Allanheld.

Virkkunen, M. 1975. Victim-Precipitated Pedophilia Offenses. *British Journal of Criminology* 15:175-180.

Visano, Livy A. 2002. A Critical Critique of the Cultures of Control: A Case study of Cyber Rape. Pp. 51-72 in *Sexual Violence*, edited by J. F. Hodgson and D. S. Kelley. Westport, CT: Praeger.

Wallace, Harvey. 1995. A Prosecutor's Guide to Stalking. *Prosecutor.* February 29, Vol 26.

Walker, Lenore E. 1979. *The Battered Woman.* New York: Harper and Row.

Walsh, Anthony. 1987. The Sexual Stratification Hypothesis and Sexual Assault in Light of the Changing Conceptions of Race. *Criminology* 25:153-174.

Warchol, Greg. 1998. Workplace Violence, 1992-1996. Bureau of Justice Statistics. U.S. Department of Justice, July, 8pp.

Ward, S. K., K. Chapman, S. White, and K. Williams. 1991. Acquaintance Rape and the College Social Scene. *Family Relations* 40:65-71.

Wardell, Laurie, Dair L. Gillespie, and Ann Leffler. 1983. Science and Violence against Wives. Pp. 69-84 in *The Dark Side of Families*, edited by D. Finkelhor, R. J. Gelles, G. T. Hotaling, and M. A. Straus. Beverly Hills, CA: Sage.

Warr, Mark. 1984. Fear of Victimization: Why Are Women and the Elderly More Afraid? *Social Science Quarterly* 65:681-702.

Warshaw, Robin. 1988. *I Never Called It Rape.* New York: Harper and Row.

Websdale, Neil S. 1996. Predators: The Social Construction of "Stranger-Danger" in Washington State as a Form of Patriarchal Ideology. *Women & Criminal Justice* 7:43-68.

Whaley, Rachel Bridges. 2001. The Paradoxical Relationship between Gender Inequality and Rape. *Gender & Society* 15:531-555.

Whatley, Mark A. 1996. Victim Characteristics Influencing Attributions of Responsibility to Rape Victims: A Meta-Analysis. *Aggression and Violent Behavior* 1:81-96.

Whitley, Rob, and Martin Prince. 2005. Fear of Crime, Mobility and Mental Health in Inner-City London, UK. *Social Science and Medicine* 61:1678-1688.

Williams, Lynora. 1981. Violence against Women. *The Black Scholar* (January/ February):18-24.

Wolfgang, Marvin. 1958. *Patterns in Criminal Homicide.* Philadelphia: University of Pennsylvania Press.

Young, Vernetta D. 1986. Gender Expectations and Their Impact on Black Female Offenders and Victims. *Justice Quarterly* 3:305-328.

———. 1992. Fear of Victimization and Victimization Rates among Women: A Paradox? *Justice Quarterly* 9:419-442.

07 성적 피해
Sexual Victimization

강간의 생존자는 제도에 의해 용인된 형태의 정밀한 조사, 의심, 불신에 직면하게 된다. 이는 다른 형법 범죄에 관한 수사와 재판 과정에서는 실제로 알려져 있지 않은 방식으로 아주 예외적으로만 사용되었던 것이다. 오랜 시간 여성 고소인에게 공격적 교차검증을 부여했던 증거법칙과 사법 절차는 특히 성적으로 적극적인 여성, 심리상담이나 심리치료를 받았던 여성, 유색인종 여성이나 공공시설에 수용된 적이 있는 여성을 비롯해 사회의 주변 그룹에 속한 여성에게는 전형적이었다(데니크, 2002, 101).

:: 성적 피해의 정의

문제는 강간이라는 단어를 정의할 때 수반되는 한계에서 발생한다. 1770~1845년에 영국에서 강간은 사정이 수반된 남성 성기의 여성 성기로의 삽입으로 정의되었다(Clark, 1987, 8-9). 이것은 법정에서 입증하기가 상당히 어려웠다. 전통적인 관습법은 강간에 대해 다음과 같이 기술한다. "남성이 부인이 아닌 여성과 그녀의 의사에 반하거나 동의 없이 폭력이나 폭력의 고지에 의하여 성교하면 강간을 범하는 것이다"(Estrich, 1987, 8). 이처럼 역사적으로 강간은 남성의 성기에 의해 강제적으로 이루어지는 여성의 성기에 대한 성교, 성인 여성에 대하여 낯선 성인 남성에 의해 이루어지는 것이라고 보편적으로 정의되어 왔다. 사실상 강간은 (남녀노소를 불문하고) 다양한 사람 사이에서 발생할 수 있고, 예를 들어 구강이나 항문 성교, 이물체를 사용한 성폭력 등 많은 형태로 발생할 수 있다. 최근의 연구는 여성에 의한 여성 성폭력의 역학을 보고하고 있는데, 이는 이성 간의 강간과 유사하며 이전 혹은 현재의 배우자나 데이트 상대에 의해 가장 보편적으로 이루어진다고 한다(Girschick, 2002a, 2002b). 1970년대부터 많은 주에서 이와 같은 여러 심각한 성적 학대의 형태를 포

비교연구적 관점 다르푸르에서 발생한 강간과 사망

수단의 다르푸르 지역 마을과 농장에 살고 있는 아프리카인에 대한 집단학살은 2003년 2월에 시작되었다. 요컨대 집단학살이란 인종, 종교, 피부색이나 인종적 근원에 바탕을 두고 일군의 집단에 대해 그 집단을 파괴하려는 의도로 행해지는 학살이나 기타 다른 손상행위를 말한다. "아랍의 지배를 받는 수단 정부는 비아랍 아프리카 부족집단을 그들의 마을과 농장에서 파괴하고 축출하기 위해 지방에 있는 아랍 잔자위드(Janjaweed) 의용군에게 권한을 부여하여 다르푸르의 토지와 주민에 대한 통제력을 확보하고 확장시키는 데 그들의 군사력을 사용하고자 했다"(Hagan, Raymond-Richmond, and Parker, 2005, 531).

2003년부터 40만 명에 가까운 아프리카인이 국가가 지원하지만, 군사적으로 정당화될 수 없는 인종적으로 촉발된 공격으로 살해되었다. 헤이건(Hagan)과 그 동료들은 차드에 있는 난민수용소에 살고 있는 다르푸르 생존자 약 500명을 대상으로 한 대면면접조사를 통해 면밀한 분석을 수행했다. 그들의 분석은 "인종과 성별에 의한 권력과 통제의 위계가 다음과 같은 양상을 초래했다"고 결론을 내렸다.

- 저항하거나 그들의 마을과 농장을 지킬 수 없도록 하기 위해 여성보다 더 많은 남성이 살해되었다.
- 여성은 다음과 같은 이유로 강간당하거나 살해되었다.
  - 그들을 테러하기 위해
  - 자식을 갖지 못하도록 하기 위해
  - '가계가 남성 계통으로 계승된다고 이해되는 부계혈통 문화에서' 자손의 인종을 바꾸기 위해
  - 그들의 '검은색'을 없애기 위해
  - 강간 사실을 알리기 어렵도록 수치심을 주기 위해
  - 아프리카 수단의 국민을 혼란에 빠뜨리게 하기 위해

결론 "살인과 강간은 모두 테러의 수단이며, 200만 명 이상의 다르푸르 아프리카인이 고향에서 추방되었다. 오늘날 그들은 수단과 차드의 난민수용소에서 살아가거나 죽어가고 있다"(같은 책, 552).

SOURCE John Hagan, Wenona Rymond-Richmond, and Patricia Parker. 2005. The Criminology of Genocide: The Death and Rape of Dafur. *Criminology* 43:525-562.

함시키기 위해 강간이나 성적 행동에 대한 법적인 정의를 확장하려고 노력해 왔다.

입법과정 외에도 연구자들은 성적 학대의 정의를 변경하고 확장하기 위해 심혈을 기울였다. 러셀Russell(1984, 21)은 심지어 **성폭력**이라는 용어도 (특히 아동 성학대와 성적인 괴롭힘의 일부 예에서 나타나는) 성적 행동의 일부 형태가 폭력적이라기보다는 침해적이어서 아주 제한적이라고 믿었다. 러셀(1984)은 강간, 아동 성폭력 그리고 성적 괴롭힘이 모두 피해자에 대한 가해자의 권력 남용을 포함하기 때문에 성폭력보다 **성적 착취**라는 용어를 선호한다. 그 용어에서 권력은 본질상 경제적이거나 신체적이거나 혹은 지위에 관련된 것이다. 이와 유사하게 메데아Medea와 톰슨Thompson(1974, 12)은 강간을 "타인에 의하여 한 사람에게 강제된 성적 친밀감"이라고 정의한다.

성적 피해(혹은 강간)를 제한적으로 정의하는 것은 문제에 대한 이해를 낮출 뿐 아니라

성적 피해의 많은 사례를 간과하게 만든다. 성적 피해가 다양한 형태로 구성되고 여러 사람들 사이에서 발생하고 있다는 사실을 인정하는 것이 중요하다. **강간**이라는 용어는 아주 제한적인 정의와 연관되어 있기 때문에 앞에서 논의했던 다양한 형태의 성적 침해행위를 포함하기 위해 이 책에서는 **성적 피해**라는 용어를 사용할 것이다. 그러므로 성적 피해는 성기강간, 항문과 구강강간, 성적 괴롭힘, 강간미수, 이물체에 의한 성폭력을 포괄한다. 이 책의 목적에서 보면 **성적 피해**란 **어떤 강제된 혹은 강요된 성적 친밀감**으로 볼 수 있다.

:: 성적 피해의 정의와 관련된 역사적 쟁점

영어에서 **강간**이라는 단어처럼 강한 영향력을 가진 단어는 많지 않다. 역사적으로 아동은 강간의 의미에 대해서 교육받지 않았다. 그 의미를 알지 못하면서도 소녀는 강간이 자신을 제한하고 있다는 것과 두려운 그 어떤 것이라는 사실을 알도록 키워졌다. 소녀와 여성의 생활방식은 잠재적인 강간의 망령에 영향을 받고 있다. 그녀들은 스스로의 취약성이 어디에서 어떻게 살 것인지, 어디에서 언제 일하고 외출할 것인지 등의 선택을 제한한다는 점을 배운다. 그녀들은 남성이 공포의 대상이면서도 보호를 위해서는 의존해야 한다는 모순된 교훈을 배운다. 여성과 남성, 강간에 대한 피해와 보호 사이의 예민한 경계선은 마피아간의 피해와 보호에 비유된다. 마피아는 보호를 위해 의존하고 있는 바로 그런 사람들에게도 종종 두려움의 대상이 된다(Griffen, 1971). 이와 유사하게 여성은 남성에게 빈번히 피해를 당하는데도 남성을 자신들의 보호자로서 바라보도록 사회화된다. 자신이 알고 있는 남성은 정도正道를 벗어난 낯선 남성의 폭력으로부터 여성을 보호할 것이라고 가정된다(Stanko, 1992). 그러나 여성은 아는 남성에게 피해를 당할 확률이 더 높다.

고대 역사로 눈을 돌려보면, "눈에는 눈"이라는 형벌 체계로 잘 알려진 **탈리오법**lex talionis은 여성과 소녀를 남성의(아버지 혹은 남편의) 소유물로 보았다. '강간을 위한 강간'은 강간당한 딸을 둔 아버지가 강간범의 아내를 강간하는 것이 허용됨을 의미했다(Brownmiller, 1975). 남성이 여성을 강간함으로써 그녀에 대한 소유권을 주장하는 신부 납치는 항구적인 결혼관계의 초창기 형태였다(같은 책). 브라운밀러Brownmiller(같은 책)는 강간이 사회의 일부로 뿌리내리고 받아들여져 유대인법이 십계명에서 "강간하지 말라"를 포함하고 있지 않다고 지적한다(그런데도 의미심장하게도 십계명은 간통을 범하는 것에 대해 경고하고 있다).

역사를 통해서 볼 때, 강간법은 부유한 가정에서 처녀를 보호하는 데 목적을 두었다(같은 책). 18세기 후반에 강간은 가정에서 여성의 지위를 정당화하는 데 사용되었다(Clark, 1987). 법 체계는 강간을 사소한 것으로 여기는 것으로부터 여성이 집 밖에서 노동을 하거나 여행하는 것을 제한하려는 구실로 사용되는 것으로 바뀌었다. 18세기 영국에서 피해를 당한 여성이 재판을 받으려고 사법 체계의 개입을 희망한다면 그녀는 이중의 고통을 겪어야 했다(같은 책). 강간당하는 것 자체가 여성이 신뢰를 잃는 원인이 되었다. 강간을 고소하는 어떤 여성이라도 (비록 강압에 의한 것일지라도) 남편이 아닌 남성과 성행위를 했다는 것을 인정해야 했다. 여성을 강간함으로써 남성은 그녀에게 피해를 줄 뿐 아니라 피해자로서 그녀의 신뢰감을 빼앗았다. 결과적으로 (1) 여성이 강간미수의 희생자가 되는 데 그쳐 순결이 보존되었다는 사실을 입증했다든가(강간의 기수旣遂는 피해자의 잘못을 의미하므로 유죄를 받아내기가 훨씬 더 어려웠음), (2) 강간당한 여성의 남편이나 혹은 아버지가 그들의 재산적 가치의 손실을 청구하기 위해 법정에 가는 경우가 아니라면 유죄판결은 극히 드물었다(같은 책, 47). 불행하게도 일부 남성은 아직까지도 여성을 자신의 소유물로 생각하고 있다. 이것은 다음 장에서 더욱 자세하게 다룰 것이다.

1970년대 성적 피해가 사회문제로 처음 정의되기 시작했을 때 주안점은 낯선 남성에 의한 성인 강간에 두었다. 이것은 언론매체를 통해 강조되었거나, 불균형적으로 경찰에 신고된 강간이었기 때문이다. 1970년대 강간에 대해 거리낌없이 말하게 된 이후부터 아는 사람에 의한 강간이 낯선 사람에 의한 강간보다 수적으로 월등히 많다는 사실이 분명해졌다.

성적 피해는 강요에서 강제로 이어지는 연속선상에서 이루어진다. 강제는 억누르고 때리거나 칼로 찌르는 것과 같은 유형력을 행사하는 신체적 방법이다. 강요는 유형력을 행사하기 위한 심리적인 방법이다. 강요를 이용해 강간범은 다양한 위협으로 성적 친밀감을 달성할 수 있다. 예를 들어 남성은 소녀에게 성행위를 승낙하지 않는다면 그녀가 담배를 피운다는 사실을 부모에게 말하겠다고 위협할 수 있다. 남자친구는 여자친구에게 그녀가 자신과 성행위를 하지 않는다면 헤어지겠다고 말할 수 있다. 양아버지는 입양한 딸에게 성적 요구를 받아들이지 않는다면 물질적 지원을 하지 않겠다고 위협할 수 있다. 목사나 신부는 성적으로 순종적인 경우 특별한 총애를 약속할 수 있다. 이런 강요의 예들은 성적 피해를 가하려면 신체적 폭력이 반드시 필요한 것이 아니라는 사실을 보여준다.

:: 성적 피해에 관한 통계

성적 피해율을 결정하는 것은 여러 가지 이유에서 문제가 된다. 첫째, 성적 피해에 대한 통계를 수집하는 것이 어려웠다. 1973년까지 표준범죄통계보고(UCR)는 미국에서 대부분의 성적 피해 자료를 제공했다. 표준범죄통계보고 자료는 오직 경찰에 신고한 범죄만 포함하므로 일부 범죄에는 제한적이다. 이것은 지표범죄 중 성적 피해가 가장 적게 신고되기 때문에 특히 문제가 된다. 성적 피해로 인한 수치심과 친분 있는 사람으로부터의 성적 피해는 연구자나 경찰관에게 피해자가 자신의 피해 사실을 알리기 어렵게 한다. 많은 피해자나 생존자가 강간을 경찰관이나 심지어는 면접 조사자에게 알리지 않아 성적 피해에 대한 통계는 타당성이 별로 없다. 1973년에 전국 범죄피해 조사인 전국범죄조사(NCS)는 표준범죄통계보고가 전적으로 경찰에 신고한 범죄만을 다루기 때문에 내재되어 있는 문제점을 피하기 위해서 수행되었다. 전국범죄조사에 대한 가장 중요한 비판은 응답자가 공격받은 것에 "예"라고 대답하지 않는 한 강간(혹은 다른 종류의 성폭력)에 내해 질문하는 것이 어렵다는 사실이다(Eigenberg, 1990). 그러므로 전국범죄조사는 강제와 강요에 의한 성적 행위와 관련된 일련의 확장된 질문을 포함하도록 수정되어 1992년 수행되었고, 명칭도 전국범죄피해조사(NCVS)로 변경되었다.

성적 피해 통계의 두 번째 한계는 피해자와 가해자의 특성에 따라 일부 피해 사례가 불균형적으로 경찰에 신고된다는 것이다. 한 사회의 문화와 형사사법 체계가 '실제' 강간으로 보는 성적 피해, 즉 모르는 사람 사이에서, 피해자가 백인인 경우, 가해자가 흑인인 경우, 피해자가 '좋은 평판' 을 가지고 있는 경우 등등에서 발생하는 성적 피해는 불균형적으로 경찰에 신고된다. 지인知人강간은 입증하기가 어렵고 피해자가 일종의 책임감을 느끼기 쉬우므로 경찰에 신고되는 경우가 적다. "경찰을 관여하지 않게 하려는 압박, 상대적으로 폐쇄된 지역사회에서 혼자 곤란한 상황에 처할 수 있다는 공포, 그들의 이름이 비밀로 유지될 수 없다는 공포는 피해자가 지인강간을 신고하는 것을 방해한다" (Parrot, 1986, 2). 이와 유사하게 많은 매춘부가 성적 피해를 경험했음에도 불구하고 이런 피해는 심각하게 다루어지지 않기 때문에 경찰에 거의 신고되지 않는다. 한 연구는 아는 사람에게 당한 강간 피해자가 경찰에 신고하지 않으려 하고, 낯선 사람에 의한 강간 피해자에 비해 강간 사실을 타인에게 말하는 것을 미룬다는 사실을 발견했다(Sudderth, 1998). 성적 피해에서 특히 피해자가 아동일 경우에는 문제가 크다. 아동과 청소년은 전형적으로 그들의 권리를 잘 알지 못하며, 형사사법 당국에 대한 접근이 좀 더 제한적이다. 더욱이 그들은 강간범이 그들과 연관되어 있을 경우 신고할 때 성인에 비해 열악한 지위에 놓이게 된다.

또 다른 중대한 문제는 피해자나 범죄자가 강간 이전에 동의에 의한 성관계를 가졌던 지인강간에서 나타난다. 데이트나 부부강간의 피해자는 종종 그들의 경험을 강간 혹은 성적 피해로 정의하지 않는다. 심지어 그들이 그렇게 정의한다고 할지라도 경찰이나 법원이 그들의 경험을 강간으로 정의하지 않을 것이라고 믿기 때문에(간혹 정확하게도) 그들은 신고하지 않는다. 한 연구는 젊은 여성이나, 자신이 이전에 알던 남자에게 강간을 당한 여성은 성폭력을 강간으로 정의할 가능성이 가장 희박하다는 사실을 밝혀냈다(같은 책).

피해자와 범죄자의 특성이 경찰에 신고하는 데 영향을 주는 것과 마찬가지로, 성적 피해 자체의 특성도 강간 통계의 타당성에 영향을 미친다. 예를 들어 이물체를 수단으로 한 성적 피해 외에도 항문이나 구강 성폭력은 추가적인 수치심이 종종 이런 경험에 결합되기 때문에 경찰에 신고할 가능성이 낮다. 또한 많은 강간 통계는 이런 것을 '진정한' 강간으로 '집계' 하지 않는다. 성적 피해의 통계가 정확하게 수집되기 어려운 또 다른 이유는 일부 피해자(특히 강간미수의 피해자) 사이에 그들의 피해가 경찰에 신고하기에 충분할 정도로 중요하지 않다고 믿는 경향이 있다는 것이다. 마지막으로 여러 번 피해를 당한 강간 피해자는 그들 스스로 자신의 피해를 강간으로 명명하지 못한다(Russell, 1984; Schwartz and Leggett, 1999; Sudderth, 1998). 그들은 그것이 혼란스럽고, 그동안 다른 사람들한테서 들어왔던 덤불이나 골목길에서의 낯선 사람과 이미지가 맞지 않기 때문에, 혹은 그들이 함께 외출한 남자가 강간범이라는 사실을 인정하기를 원치 않기 때문에, 아니면 자책하고 있기 때문에 그것을 강간이라고 간주하지 않는 듯하다(성적 피해 측정에 대한 검토를 위해서는 Belknap, Fisher, and Cullen, 1999 참조).

제6장에서 언급됐듯이 러셀(1984)의 샌프란시스코 연구는 무작위로 선정한 18세 이상의 여성 930명 중 44퍼센트가 인생의 어떤 지점에서 강제적 강간(남성 성기의 여성 성기로의 강제 삽입의 기수 혹은 미수로 정의된)의 희생자가 되어 왔다는 것과 24퍼센트가 강간기수를 경험했다는 것을 발견했다. 우리는 이 비율을 생애 **발생률**이라고 칭한다. 러셀(1984)의 연구에서는 백인(46%)과 흑인(44%) 여성이 유사한 수준의 강간 기수 혹은 미수 경험률을 보고했는데, 아메리카 인디언 여성은 표본에서 매우 적은 수를 차지했지만(따라서 조사 결과는 신중하게 해석되어야 함), 결과에서 높은 수치(55%)를 보고했다. 남아메리카계 여성의 30퍼센트와 아시아계 미국 여성의 17퍼센트가 강간기수 혹은 강간미수를 당했다고 보고했다(같은 책). 이와 유사하게 사우스캐롤라이나의 찰스턴 지역에서 수행된 한 연구는 53퍼센트의 여성이 그들의 일생에 최소한 한 번은 성폭력을 경험했다고 밝혔다(Murphy et al.,

1988). 와이엇Gail E. Wyatt과 그 동료들(1993)은 로스앤젤레스에서 백인 여성 122명과 흑인 여성 126명에게 동의하지 않는 합의가 없는(성학대) 성행위에 대해 심층면접을 실시했다(면접자는 동의하지 않은 성행위의 정의를 구강성교를 배제한 채 성기 혹은 항문 강간으로 한정했다). 와이엇과 그 동료들은(같은 책) 22퍼센트의 여성이 성인이었을 때 강간 혹은 강간기수를 경험했고, 인종과 민족적 차이점은 단지 흑인 여성이 그들의 성적 피해를 수년이 지날 때까지 누군가에게 털어놓는 것을 미루었을 가능성이 더 높다는 사실에서만 나타난다는 점을 발견했다(그러나 흑인 강간 생존자에 대한 최근 연구는 강간을 타인에게 알리는 것을 미룬다는 사실을 밝히지 못했다〔Neville and Pugh, 1997〕).

전국여성연구라고 부르는 한 연구는 미국의 4,000명이 넘는 여성을 대상으로 전국확률표본조사를 실시했다(전국피해자센터, 1992). 강간은 피해자의 질膣, 구강, 직장直腸을 관통하려고 강제력을 사용하거나 강제력을 사용하겠다고 위협하는 것으로 정의되었다. 연구자들은 1,200만 명의 미국 여성이(혹은 8명 중 한 명이) 그들 일생의 어떤 시점에서 강간 피해자가 되었다는 연구 결과를 내놓았다. 더욱이 최근 여성을 대상으로 한 폭력에 관한 전국적인 전화조사인 전국여성폭력조사(NVAW)가 1995년과 1996년에 이루어졌는데, 각각 8,000명의 여성과 남성을 표본으로 추출했다. 전국여성폭력조사 결과는 18퍼센트의 여성과 3퍼센트의 남성이 그들 일생의 어느 시점에서 강제된 구강, 항문, 혹은 질 성교행위로 정의된 강간기수 혹은 강간미수를 경험했다는 사실을 보고했다(Tjaden and Thoennes, 1998). 이것은 미국에서 6명 중 1명의 여성과 33명 중 1명의 남성이 아동일 때 혹은 성인일 때 강간기수와 강간미수를 당한 사실을 보고한 것으로 추정할 수 있다. 러셀(1984)과 유사하게 이 연구에서 아시아와 태평양 섬에 거주하는 여성은 가장 낮은 생애 강간 비율(7%)을 보인 반면, 아메리칸 인디언과 알래스카 원주민 여성은 가장 높은 비율(34%)을 나타냈다. 그리고 백인 여성의 18퍼센트와 흑인 여성의 19퍼센트, 혼혈 여성의 24퍼센트가 강간을 경험한 것으로 나타났다(Tjaden and Thoennes, 1998).

한편 **사건발생률**incidence rate은 일정 기간, 특히 면접이나 조사 이전 1년이라는 기간 이내의 비율로 측정된다. 전국범죄조사(NCS)/전국범죄피해조사(NCVS)와 표준범죄통계보고(UCR)의 통계는 사건발생률이다. 러셀(1984)은 강간과 강간미수를 모두 전통적인 방법(남성 성기-여성 성기)으로 측정한 1974년 자신의 조사를 통해 밝혀진 사건발생률을 같은 해의 UCR과 NCS의 사건발생률과 대조했다. 러셀(같은 책)은 자신의 조사로 밝혀진 사건발생률(전년도 3%)이 UCR보다 13배, NCS보다 7배 더 높다고 밝혔다.[1] UCR과 달리 NCS의 기법이 경찰에 신고되지 않은 강간까지 잡아낸다고 하더라도, NCS의 질문서 양식은 이런 강간 측정법의 타당성에 의문을 제기하는 문제점으로 가득 차 있다(Eigenberg, 1990). NCS의 면접자는 응답자에게 그들이 강간당했거나 성적으로 피해를 당했는지 여부를 절대 직접적으로 묻지 않는다. 이런 정보는 응답자가 공격을 당했는지 여부를 질문받을 때 자발적으로 나오는 것으로 본다. NCS 자료는 강간 빈도수에서 실제 발생 경향의 근사치를 보이는 반면에 UCR의 통계는 강간사건에 대한 경찰기구의 단속을 더 잘 반영한다(Jensen and Karpos, 1993). 이미 언급했듯이 NCS의 수정 형태인 NCVS는 강간을 측정할 때 본래의 형식에서 나타나는 일부 문제점에 역점을 두고 다루었다(Bachman and Taylor, 1994). 그러나 이처럼 새로 개선된 측정방식이라 할지라도 강간을 정의하는 데 아직 많은 문제점을 내포하고 있다(Belknap, Fisher, and Cullen, 1999; Koss, 1996). 아베이Antonia Abbey와 그 동료들은 (2001) 성폭력 연구를 집중적으로 재검토하는 작업을 수행했는데, 미국 여성의 최소한 25퍼센트가 청소년기 혹은 성인기에 성폭력을 당했고 18퍼센트는 강간을 당했다는 조심스러운 추산을 내놓았다. 더욱이 최소한 미국 남성의 20퍼센트가 성폭력을 범했고, 5퍼센트가 강간을 범했다고 보고하고 있다(같은 책, 1).

캐나다 토론토 소재 여성병원에 있는 성폭력센터에서 발표된 1,162명의 여성 성폭력 피해자에 대한 상세한 연구는 강간에 대한 표본을 기술하는 데 일부 유용한 자료를 제공한다(Stermac, Du Mont, and Dunn, 1998). 생존자는 평균 27세로서 14～87세에 이르는 분포를 가지고 있다. 피해자-가해자 관계에 대하여 언급하면 31퍼센트가 낯선 사람에 의한 것이고, 15퍼센트가 남편 혹은 남자친구에 의한 것이고, 14퍼센트가 알게 된 지 24시간이 채 되지 않은 사람에 의한 것이고, 40퍼센트는 알게 된 지 24시간이 넘는 사람에 의한 것이다(같은 책). 가해자 수(사건당)는 1명에서 6명에 이르며 낯선 사람에 의한 강간 피해자인 경우 가해자 수가 가장 많았다고 보고했다. 피해자-가해자 관계는 성폭력이 발생한 장소와 관계가 있다. 낯선 사람에 의한 폭력은 야외나 자동차 안에서 저질러지기 쉬우며, 남편이나 남자친구에 의한 강간은 피해자 집에서 저질러지기 쉬우며, 이런 지인강간의 두 가지 유형은 가해자의 집에서도 저질러지기 쉽다(같은 책). 성폭력 생존자의 82퍼센트는 남성 성기-여성 성기 간의 성교이며, 17퍼센트는 음경에 대한 구강성교이고, 11퍼센트는 항문 강간이고, 6퍼센트는 질에 대한 구강성교이고, 2퍼센트는 이물체에 의한 강간이다. 또한 피해자-범죄자 관계는 폭력의 유형과도 관계가 있다. 낯선 강간범은 지인 강간범 혹은 남편이나 남자친구 강간범에 비해 음경 구강성교와 남성 성기-여성 성기 성교를 강제할 가능성이 높다(질 구강성교, 항문, 이물체를 사용한 성폭력의 경우 다양한 피해자-가해자 관계에서 차이점이 없었다). 낯선 강간범이 무기를 사용할 가능성이 더 크긴 하지만(23%), 남편이나 남자친구 강간범의 17퍼센트도 무기를 사용한다(알게 된 지 24시간이 채 안 되는 면식범의 10%가 그렇고, 24시간이 넘는 면식범의 15%가 그렇다)(같은 책).

다양한 연구가 평생 동안의 강간발생률과 일정 기간의 강간발생률에 대한 꽤 다양한 추정치를 제시하고 있다. 이것은 다양한 측정법(항문과 구강강간을 포함하는지 여부), 표본추출계획(전화 인터뷰, 서술조사, 대면면접조사인지 여부), 설문문항 구성에 기인하는 듯하다. 러셀(1984)의 연구계획이 종종 이상적이라고 여겨지는데도 불구하고, 강간을 남성 성기-여성 성기로 제한해서 정의했다는 점과 수감 중이거나 정신요양원 입원자 등 고도의 위험을 가진 여성을 표본에서 배제했다는 점 때문에 그녀의 연구는 제한적일 수밖에 없다. 이 연구에서 명확해진 사실은 강간이 심각한 사회적 · 법적 문제라는 점과 그것이 범행과 피해의 양 측면에서 성별에 따라 큰 차이가 있다는 점이다.

:: 누가 피해자인가

전통적으로 진정한 강간은 늦은 밤 골목길에서 혼자 있는 젊은 백인 여성에게 발생하는 것으로 인식되는 경향이 있어 왔다. 범죄자는 종종 미친 성도착자, 통상 흑인으로 간주된다. 제6장에서 이 같은 고정관념에 대해 언급했다. 이런 잘못된 묘사는 주로 대중매체에 의해 영속화된다. 그러나 연구 결과는 연령, 인종, 계급에 상관없이 모든 여성이 위험을 안고 있다고 기술한다. 누구나 피해자가 될 수 있다는 것이다.

여성은 남성에 비해 성폭력 피해자가 될 가능성이 훨씬 높다. 1973~82년 10년이라는 기간을 포괄하는 전국범죄조사의 통계는 762명의 여성이 강간이나 강간미수의 피해자가 되었다고 보고했다(다른 성적 피해에 대한 정보는 수집되지 않았다). 같은 기간에 36명의 남성만이 강간이나 강간미수의 피해자가 되었다. 성별 권력의 불평등(제6장 참조)과 여성과 소녀를 보는 사회적 관점 때문에 여성이 남성에 비해 성적으로 피해를 겪을 가능성이 더욱 높다는 것은 놀랄 만한 일이 아니다.

또한 연구는 일반 시민 중 누가 주로 강간 위험에 처하는지에 관해 몇 가지 공통점을 지적했다. 그러나 성적 피해에 대한 공식 통계는 낯선 사람에 대한 폭력을 과도하게 대표하고 있다는 점을 기억하는 것이 중요하다(왜냐하면 그것은 더 많이 보고되기 때문이다). 대부분의 성적 피해는 지인관계에서 발생한다. 통계는 강간이 16~24세 여성에게 발생하는 경향이 있다는 것을 제시해 준다(Amir, 1971; Belknap, 1987; Russell, 1984; Skogan, 1976). 흑인 여성은 백인 여성보다 강간의 위험이 더 높은 것처럼 보인다(Amir, 1971; Costin, 1992; Schram, 1978; Skogan, 1976). 러셀(1984)은 백인 여성이 지인강간의 위험이 더 높은 데 반해, 흑인 여성은 낯선 사람에 의한 강간의 위험이 더 높다는 사실을 발견했다. 여성과 소녀는 심지어 낯선 사람에 의한 강간일 때도 그들 자신의 집에서 강간당하는 위험이 매우 높았다(Belknap, 1987; Sanders, 1980; Schram, 1978). 낯선 사람에 의한 강간에 초점을 맞추고 있는 연구는 강간이 밤과 여름철에 발생할 가능성이 높다는 사실을 발견했다(Amir, 1971; Belknap, 1987; Sanders, 1980).

:: 누가 가해자인가

유죄판결을 받은 성범죄자에 대한 그로스Groth(1979)의 연구 결과는 강간범을 단순히 과도하게 성행위를 하는 사람으로 묘사하는 것에 대해 경고한다. 사실 그의 연구에서 강간범 중 3분의 1은 강간할 당시에 아내와의 성생활에 적극적이었다. 이와 유사하게 많은 근친상간 피해자의 어머니는 범죄자와의 성생활이 매우 활발했기 때문에 남편이 딸을 대상으로 성학대를 했다는 사실을 알고 큰 충격을 받는다(Russell, 1986). 성적 피해는 근본적으로 '지배할 필요성' 에 해당하는 권력적 문제다. 그로스(1979, 13)는 강간을 "기본적으로 성적이지 않은 욕구에 봉사하는 성적인 행동"이라고 정의한다. 따라서 지배가 목적이고, 성은 지배를 달성하기 위한 수단이다.

강간범의 유형을 분류하기 위한 그로스(1979)의 시도는 그가 유죄판결을 받은 강간범에 초점을 맞추고 있기 때문에 어느 정도 제한적이다. 낮은 비율의 강간범만이 유죄판결을 받기 때문에 유죄판결을 받은 강간범이 모든 강간범을 대표한다고 보기 어렵다. 그럼에도 그의 세 가지 유형을 검토해 볼 필요가 있다. **격정강간**anger rapes은 신체적인 잔인성으로 특징지어지고, 이 경우 성행위는 종종 격정과 화를 표현하기 위해 사용된다. 또한 피해자를 지배하기 위해 과도한 물리력이 사용된다. 두 번째 유형인 **권력강간**power rapes은 피해자에게 해를 가하려 하기보다는 피해자를 성적으로 소유하기 위한 강간범으로 특징지어진다(같은 책, 25). 목표는 성적인 정복이고, 이런 목표 달성에 필요한 양만큼의 물리력이 사용된다. 마지막 유형인 **가학성 변태성욕적 강간**sadistic rapes은 공격성 그 자체가 성애화되는 것으로 성적인 것과 공격성을 융합한다(같은 책, 44). 이런 강간범 유형은 피해자의 고통에서 성적인 만족감을 찾아낸다. 그로스(같은 책, 58)의 연구는 전체 사건의 약 55퍼센트가 권력강간, 40퍼센트가 격정강간, 5퍼센트가 가학성 변태성욕적 강간이었다는 사실을 발견했다. 그는 격정강간이 권력강간에 비해 보강증거를 얻기 쉽다는 것과 가학성 변태성욕적 강간이 강제력에 대한 증거를 더 얻기 쉬우며, 양자 모두 유죄선고율을 높인다는 가정 아래 그의 표본이 유죄선고를 받은 강간범에 국한하지 않았다면 권력강간이 더 많고 격정강간과 변태성욕적 강간범은 상대적으로 더 적었을 것이라고 주장한다.

유죄판결을 받은 강간범의 그들 자신과 피해자들에 대한 인식을 연구한 또 다른 결과는 대부분의 남성이 자신의 행동에 죄의식이나 수치심을 갖고 있지 않다는 사실을 발견했다(Scully, 1988). 더욱이 공감능력의 부족은 그들의 자아통제력, 또는 자아통제력의 결여에 영향을 미친다. 스컬리Scully(같은 책, 211)는 두 집단의 강간범을 확인했는데, 일부 집단은 여성을 무력한 상태로 두어야 할 대항자로 보고 있다. 또 다른 집단은 여성을 성적인 상품으로 보는 문화적 관점을 채택하여 피해자를 무의미한 객체로 생각한다.

범죄 통계는 흑인 남성 성범죄자가 많다는 사실을 보여주는데도 불구하고, 통(1984, 166)은 이것은 흑인 범죄자가 형사사법제도에 의해 더 많이 보고되고 심각하게 다루어지기 때문이라고 주장한다. 대부분의 강간은 같은 인종 내에서(백인에 대한 백인의, 흑인에 대한 흑인의, 기타 등등) 발생한다는 사실에도 불구하고, 미국의 사법제도는 흑인 남성의 백인 여성 강간을 다른 유형의 강간에 비해 가혹하게 다루는 등 노예제도에서 현대에 이어지는 유산을 따르고 있다(Wriggins, 1983, 116). 리긴스Wriggins(같은 책)는 이에 대해 가부장적인 가치관(백인 여성과 흑인 남성을 동시에 통제하는)의 결과라고 주장한다. 더욱이 리긴스는 백인에 대한 흑인의 강간에 초점을 맞추는 많은 결과를 지적했는데, 그것은 다음과 같다. (1) 흑인 여성의 성적 피해 경험을 모두 인정하지 않는다. (2) 백인 여성의 성적 피해 경험 중 상당수(백인 남성에 의해 저질러진 것)를 인정하지 않는다. (3) 강간을 주로 흑인이 백인에게 가하는 것, 낯선 사람이 가하는 것으로 규정한다. 백인을 상대로 한 흑인의 강간에 초점을 맞추는 것은 흑인 남성을 차별하고, 흑인 여성 이외의 유색인종 여성 피해자를 무시하는 결과를 낳았다. 리긴스(같은 책, 117)는 다음과 같이 말한다. "가해자의 인종이 무엇인가에 관계없이 강간은 고통스럽고 불명예스러운 것이다……."

성폭력 피해자와 마찬가지로 성폭력 가해자는 모든 인종과 민족, 경제적 계급에서 배출된다. 그들은 의사, 변호사, 목사, 신부, 교수, 정치가와 다른 모든 직업을 포괄한다. 따라서 누구나 강간 피해자가 될 수 있는 것처럼 누구나 강간범이 될 수 있다. 그런데 왜 우리는 비정상적이고, 흑인이고 변태성욕자와 같은 강간범에 대한 일반적 이미지를 갖고 있는가? 먼저 대중매체가 종종 그렇게 묘사한다. 두 번째는 어떤 남성이 이상하고 위협적인가에 대해 강한 인종적 암시를 갖고 낯선 남성, 특히 이상한 남성에게 주의하도록 사회화되었다. 세 번째는 앞서 논의한 공정한 세상에 대한 가정과 유사하게, 자신의 주위환경에 통제감을 느끼는 것은 또 다른 시도가 될 것이다. 우리는 누군가를 그의 외모로 강간범인지 아닌지 판별할 수 있다고 여기면서 안도한다. 그러나 불행하게도 실제로는 그렇지 않다. 더욱이 인종차별과 기타 다른 잘못된 고정관념을 견지한다면 우리는 강간을 무시하는 문화를 조장할 뿐 아니라 인종차별적 문화를 조장하게 된다.

:: 피해자-가해자 관계

조사 결과는 낯선 사람에 의한 강간인지 지인강간인지에 따라 성적 피해 비율이 다르다고 보고한다. 이것은 연구가 어떻게 수행되었느냐의 차이에 따른 결과다. 예를 들면 경찰의 표준범죄통계보고(UCR) 자료를 사용한 책 『강제적 강간』에 나와 있는 전통적 연구에서는 경찰에 보고된 강간의 42퍼센트가 낯선 사람에 의해 행해진 반면(Amir, 1971), 전국범죄조사(NCS)에서는 단독범행의 50퍼센트와 집단범행(갱)의 58퍼센트에 이르는 기수, 미수의 강간이 낯선 사람에 의해 저질러졌다(Belknap, 1987). 러셀(1984, 59)의 여성에 대한 무작위 연구는 강간기수, 강간미수의 오직 16퍼센트만 낯선 사람에 의해 저질러졌다는 사실을 보고했다.

러셀(같은 책)의 연구는 자료수집 방법 (UCR처럼 경찰에 신고된 사건에 의존하지 않는 과정) 때문에, 그리고 (NCS와 달리) 응답자가 직접적으로 강간을 당했는지 여부에 응답하는 무작위 표본을 사용했기 때문에 지인강간이 높은 비율을 차지한다는 점은 의심할 여지가 없다.

어떤 성적 피해 상황에서든 피해자는 그것을 경찰이나 심지어 면접자에게 보고하기 어렵다. 이는 가해자와 피해자가 이미 알고 있는 경우 특히 그렇다. 먼저 피해자는 친구 혹은 애인이 자신에게 성적 피해를 주었다는 사실을 인정하는 데 수치심을 느끼기 쉽다. 둘째, 그녀는 가해자가 자신이 (특히 경찰에게, 또한 면접자나 친구에게) 신고한 사실을 알았을 때 보복할까 봐 두려워할 수 있다. 마지막으로, 지인강간 피해자는 그 상황을 강간 혹은 성적 피해라고 정의하지 않을 수 있다. "많은 지인강간의 피해자는 그들이 강제적으로 성교를 당했다고 느끼지만, 자신이 강간을 당했다는 것을 부인한다. 이런 용어의 차이는 우리의 사회화 과정이나 문화적 기준에서 발생하는데, 그것은 강간이 오직 외부인이 덤불에서 튀어나왔을 경우에만 발생한다는 통상적 관념으로 이어진다" (Parrot, 1986, 4).

[표 7-1] 문항이 달라졌을 때 강간사건에서 나타나는 피해자-가해자 관계의 변화: NCS 대 NCVS 결과 비교

피해자-가해자 관계	NCS(전국범죄조사)[1] 1973~1991	NCVS(전국범죄피해조사)[2] 1992~2000
낯선 사람	46.8	14.8
아는 사람[3]	53.2	85.2
친밀한 파트너	4.6	10.7
다른 가족 구성원	2.9	3.6
평소 잘 알고 지내는 사람	18.6	40.2
그럭저럭 알고 지내는 사람	17.8	24.0
얼굴 정도만 아는 사람	9.3	6.7

1) NCS 문항은 응답자가 공격을 당했다고 보고하지 않으면, 직접적으로 성적 강요나 폭행에 대해 묻지 않았다.
2) NCVS 문항은 응답자가 성적 강요나 폭행을 경험했는지 항상 물어본다.
3) 알고 지내는 사람은 친밀한 파트너, 다른 가족 구성원, 평소 잘 알고 지내는 사람, 그럭저럭 알고 지내는 사람, 얼굴 정도만 아는 사람 등 다섯 가지 범주로 나누었다.

SOURCE Eric P. Baumer, Richard B. Felson, and Steven F. Messner, 2003. Changes in Police Notification for Rape, 1873-2000. *Criminology* 41:841-872.

좀 더 최근의 연구는 NCS와 NCVS를 비교함으로써 피해자-가해자 관계를 검증했다. 즉 전국조사는 누군가로부터 공격을 받았는지 여부에 대해 그렇다고 답변한 경우에만 누군가로부터 강간을 당했는지 물었을 때의 비율과 누군가로부터 강간을 당했는지를 직접적으로 물었을 때의 비율을 비교한다.

〔표 7-1〕은 강간에 대한 질문이 구체화되었을 경우 피해자-가해자 관계에 중요한 차이가 있다는 점을 보여준다. 낯선 사람에 의한 강간과 덜 폭력적인 강간(상해, 폭력, 무기의 수준에 의해 측정되는)은 강간에 대한 질문이 모든 사람에게 질문되었을 때 면접자에게 더 많이 보고된다(Baumer, Felson, and Messner, 2003). 질문의 변화에 따라 전국조사에서 보고된 전체 강간범죄 중 낯선 사람에 의한 강간 비율은 NCS에서 47퍼센트였던 것이 NCVS에서 15퍼센트가 되어 3분의 2가 감소했다. 새로운 문항을 사용함으로써 친밀한 파트너와 잘 아는 지인에 의한 강간 비율이 2배로 늘어났다. 〔표 7-1〕에 예시된 것처럼 새롭게 설계된 조사에서 좀 더 자세히 캐묻는 문항이 피해자-가해자 관계라는 측면에서 볼 때 NCS로부터 꽤 다른 사건의 발생률을 가진 표본을 만들어냈다는 점은 분명하다.

지인강간의 한 가지 형태는 직장동료에 의한 것이다. 슬프게도 미국의 여군은 동료 군인이 그들을 성적으로 폭행했다는 점을 다음과 같이 진술한다.

《덴버포스트Denver Post》는 적어도 37명의 여군이 이라크와 쿠웨이트, 그 밖의 국가에서 전시근무에서 돌아온 이후에 민간 강간위기센터에 성적인 트라우마 상담과 다른 지원을 요청했음을 알게 되었다. 군인에서 사무직으로 전직하는 여성은 열악한 의료치료, 상담 부족, 군 관료에 의한 불완전한 형사사건 수사 등을 보고했다. 일부는 그들이 폭행사건을 신고한 이후 처벌의 위협을 당했다고 말했다(Moffeit and Herdy, 2005).

:: 성학대를 일으키는 원인

강간 신화

강간의 기본적인 원인에 대한 인식은 주로 신화를 둘러싼 것이었다. 첫 번째는 **피해자는 진정한 피해자가 아니라는 신화**인데, 이는 대부분의 강간 피해자가 강간과 다른 성적 피해를 유발했다는 점을 내포하고 있다. 상당수의 사람이 여성이 강간피해를 유발하거나 일으켰다고 믿는다(예를 들어 Lee et al, 2005). 피해자 비난은 외부자가 강간 피해자와 가해자를 어떻게 보느냐에 영향을 미칠 뿐 아니라 가해자가 스스로를 어떻게 생각하느냐와 그들의 성학대나 착취 행동을 변명하거나 정당화하는 데도 영향을 미친다. 게다가 피해자를 비난하는 문화는 성적 피해 생존자가 그들의 피해를 강간이나 다른 성적 피해로 명명할 가능성을 제한한다. 일부 피해자는 데이트를 원했던 스스로를 비난하는 데 사로잡혀 전체 사건을 자신의 실수로 간주하기도 한다. 만약 순수한 포옹이나 키스 등 로맨틱한 교류가 공격 이전에 발생했다면 피해자는 종종 자신이 "안 돼"라고 말하기에 너무 멀리 갔다고 느끼고, 결국 그 남자의 성적 욕망을 부추겨 강간사건을 유발했다고 느낀다(Glavin, 1986, 3). 데이트 파트너와 원치 않은 성적 경험을 한 대학원 여학생에 대한 최근의 집중적 연구는 그들의 동의가 부족했다는 점을 분명하게 반복적으로 지적했을 때, 그리고 가해자가 무력으로 위협하거나 실제 무력을 사용했을 때 자신의 경험을 성학대나 성폭력으로 명명할 가능성이 더 높다는 점을 발견했다(Harned, 2005). 과도한 압력 그리고/혹은 조작을 통해 강요된 성관계를 한 여성은 이것이 성학대였는지 아닌지에 따라 양분된다. 이 연구에 따르면 술이나 약물이 여성을 무력하게 만드는 데 주요한 역할을 했을 뿐 아니라(의식을 잃거나 무의식 상태이거나 극히 취해 있는 상태로 만듦으로써) 이런 강간 피해자의 대부분은 그 명정 상태가 그들이 (법적인 관점에서) 동의할 능력을 감소시킨다고 보지 않고 자신에게 피해 책임이 있는 것으로 본다(예를 들어 자기비난)(같은 책).

이것은 두 번째 신화로 우리를 이끈다. 즉 **술이나 약물이 성폭력이나 강간을 일으킨다는**

것이다. 술이나 약물이 종종 성학대 사건에 존재하거나 사용된다는 것은 의심할 여지가 없다. 술 소비와 강간에 대한 연구들을 집중적으로 검토한 연구에서는 성폭력 사건의 거의 절반에서(34~74%의 범위 내에서) 가해자가 술을 마셨다는 점을 보여준다. 유사하게 이 사건의 거의 절반에서(30~70%의 범위 내에서) 피해자도 술을 마셨다(Abbey et al., 2001). 대부분의 사건에서 피해자와 학대자의 음주는 동시에 발생한다(같은 책). 술과 약물이 잠재적인 피해자를 성적 피해의 위험에 처하게 하는 역할을 한다는 것에 대한 검토는 필요하지만 이것이 술과 약물이 강간을 유발한다고 결론짓는 것은 아니다. 그리스 학생에 관한 한 연구에서 여성과 남성은 모두 상대편의 음주가 상대를 더욱 섹시하게 만들었다고 보고했다(Alva, 1998). 대학생에 대한 또 다른 연구는 음주 소비가 아니라 단지 술은 그 존재만으로 성관계의 기폭제로 작용한다는 점을 발견했다(Corcoran and Thomas, 1991). 결론적으로 사회 내에서 약물과 술의 소비와 심지어 그 존재 자체가 법적으로는 그렇지 않더라도 많은 개인에게 성관계(강간)에 대한 자유로운 권리, 누구의 동의도 필요로 하지 않는 자격을 받은 것으로 잘못 이해하고 있다.

술과 약물은 그것을 사용한 여성과 소녀의 저항능력을 감소시켜(그리고 일반인, 경찰, 배심원, 판사, 다른 공무원에 의한 피해자 비난) 피해에 더욱 취약하도록 만들어 성별화된 역할을 공고히 한다. 그러나 NCVS 자료를 사용한 한 연구는 남성의 음주는 강간 시도가 성공될 가능성을 감소시키고, 피해자의 상해 가능성을 증가시킨다는 점을 발견했다(Martin and Bachman, 1998). 명정 상태에 있는 여성이 물리력 없이 강간당했을 때 명정 상태에 있었던 것으로 인해 트라우마가 없으며, 그것을 강간이라고 부르는 것은 단지 나쁜 데이트 상대와 성관계를 한 것에 대한 죄책감을 극복하기 위한 방법의 하나라는 가정이 있다(Roiphe, 1993). 그러나 이러한 가정을 검증한 연구는 그것이 잘못되었음을 밝혀냈다. 마취로 인해 동의할 능력도 없이 강간을 당한 여성은 신체적 강제력을 통해 강간당한 여성과 마찬가지로 강간의 결과로 유발된 정서적 상처를 호소한다(Schwartz and Leggett, 1999).

음주 혹은 약물 복용은 성학대의 변명이 되지 않는다. 우리 대부분은 취했거나 약물을 복용했다고 해서 애완동물을 발로 차거나 친구와 가족 구성원을 때리지 않을 것이다. 또한 인종적으로 모멸 섞인 말을 하거나 기타 등등의 일을 하지 않을 것이며, 그것은 우리가 멀쩡한 정신일 때 그런 일을 하지 않는 것과 같다. 음주나 약물이 강간을 유발하지는 않는다. 그것은 강간범이 잠재적인 피해자를 항거할 수 없도록 만드는 계획이거나 강간범 자신이 피해자에 대한 성학대 행동을 변명하기 위해 사용하는 것이다. 피해자를 비난하는 신화에 대한 토론에서 하니드Harned(2005)의 연구를 돌이켜 언급하면, 강간범이 피해자를 무력하게 하려고 술이나 약물을 사용했을 때 그들은 성행위(강간)를 하려고 강제력을 사용하거나 강제력을 사용하겠다고 위협할 필요가 줄어들며, 이 경우 피해자는 강간을 자신의 잘못으로 여길 가능성이 높아진다.

세 번째 신화는 피해자가 진정 결백하고 성적 피해를 당할 이유가 없는 (드문) 사건에 적용된다. 즉 **강간범이 아프다는 신화**다. 전형적인 강간범은 종종 미치고, 성적으로 굶주려 있고, 혹은 정신병자처럼 묘사되어 왔다. 그러나 실증적인 조사는 이런 믿음을 확인해 주지 않았고, 강간범은 비강간범에 비해 정신적인 질병을 갖고 있을 가능성이 더 높다고 할 수 없다(Bart and O'Brien, 1985; Russell, 1984; Scully, 1990). 강간한 적이 없는 남성뿐 아니라 강간 사실을 시인하는 남성과의 면접조사는 강간범이 아닌 많은 남성이 얼마나 (1) 그들을 흥분하게 만든 여성을 비난하고, (2) 성행위와 폭력을 연계하고, (3) 그들이 괴롭히려고 하는 대상으로 인식한 여성에게 폭력적으로 되기를 원한다고 말하는지를 보여주고 있다 (Beneke, 1982).

마지막 신화인 **강간은 가해자와 피해자 간의 잘못된 의사소통**이라는 것은 가해자는 피해자가 성관계를 원치 않았다는 점을 알지 못했다는 믿음에 의해 지지받아 왔다. 이것은 사건의 일부분을 설명해 줄 수 있을지는 몰라도 방대한 대부분의 사건을 설명해 주지는 못한다. 예컨대 여성은 단순히 "나는 당신에게 흥미가 있을 수도 있다"거나 또는 "나는 당신에게 흥미가 있다"라는 정도의 의미로 어떤 행동을 하는 것이지 "나는 어떤 조건에서도 당신과 성관계를 할 것이다"를 의미하지 않는 경우가 있을 수 있다. 반면에 가해자는 여성이 그에게 매력을 느꼈다는 것을 암시한 신호를 읽었기 때문에 그녀와의 성행위를 강제할 수 있는 승인을 얻었다고 믿을 수도 있다. 데이트강간 이후 피해자는 자신이 "안 돼"라고 말한 사실을 인지하고 강간범과 성관계를 원하지 않았는데도 그가 물리적으로 강제했을 경우라도, 그녀는 아직까지도 그 행동을 강간이라고 규정하지 않는다. 공포, 충격, 혼란, 죄의식, 불신, 불명예와 통제의 상실은 지인강간의 피해자에게 일어나는 보편적 반응의 일부다. 많은 여성은 그들이 데이트 상대자나 남자친구에게 당했을 경우 죄의식을 극복하기 위한 방편으로 종종 자신이 강간당했다는 사실을 인정하지 않는다.

이런 의사소통의 장애와 연관된 남녀의 차이뿐 아니라 데이트강간의 발생에서 의사소통 장애의 역할에 역점을 두고 다루어야 하는데도 불구하고, 의사소통의 장애를 데이트, 결혼, 다른 지인강간을 설명하는 데 사용하지 않은 것은 중요한 문제다. 명백하게 많은 데이트 강간범은 피해자가 동의하지 않았는데도 피해자의 중요한 의사소통을 무시하고 강간을 계속 진행한다. 그런데 동의에 대한 인식은 모든 강간사건 재판에서 다루기 어려운 문제로, 이것은 특히 피해자가 강간범을 저녁식사에 초대하여 그에게 식대를 내게 하고, 그녀의 아파트에 초대하고, 입맞춤하는 것을 허락하고, 그 밖의 행위를 했다면 데이트강간만큼 동의의 문제가 더 복잡하고 중요해지는 경우는 없을 것이다. 1980년대의 연구들은 성적인 의사소통에서 남성과 여성의 차이가 존재한다는 것(Weiner, 1983, 147)과 남성은 여성에 비해 다양한 행동과 구어적 의사소통을 성적인 것으로 해석하기가 쉽다고 주장했다(Abbey, 1987; Miller and Marshall, 1987; Muehlenhard, 1989). 그러나 더욱 최근에 이루어진 한 연구는 남성과 여성이 성적 흥미와 동의, 성적 거부와 비동의, 성적 강제의 징표라고 말하는 것에서 남녀 간에 중요한 차이점이 없다는 것을 말해 주고 있다(McCaw and Senn, 1998).

> 검증된 모든 유형을 통틀어 남성과 여성이 사용하는 신호에 두드러진 유사점이 있다. …… 남성 참가자는 여성의 성관계에 대한 관심을 과대평가하지 않는다. …… 남성은 여성의 거부를 형식뿐인 거절로 여겨 포기하지 않거나 거절 자체를 인식하지 않는다. …… 마지막으로 최근의 연구 결과는 많은 남성은 어떤 행동을 여성이 성적 강요로 받아들이는지에 대해 잘 알고 있으며, 이것을 깨닫지 못하거나 깨달을 수 없는 상태에서 성적 강요를 하는 남성은 거의 없다(같은 책, 621-622).

이와 유사하게 성적으로 공격적인 남자 대학생과 그렇지 않은 남자 대학생에 관한 또 다른 연구는 심층적인 질적 자료(폐쇄형 질문을 하는 양적인 조사자료와 달리)가 이 두 집단의 남자 대학생 사이에 심오한 차이가 있음을 알려준다는 사실을 발견했다(Yescavage, 1999). 더욱 구체적인 내용으로 들어가 보면, 성적으로 공격적인 남성은 여성이 강간당하는 데 대해 피해자의 책임을 더 비난하고, 성적으로 공격적인 남성의 진술에는 강제된 성행위가 여성이 어떤 성적 행동을 불러일으킨 결과라는 점이 내포되어 있다(같은 책, 809). 더욱이 성적으로 공격적인 남성의 진술은 물리력이 해를 끼치기 위해 사용된다는 점을 이런 남성이 알고 있다는 사실을 보여준다. 따라서 이 연구는 대학생 강간은 피해자가 덜 저항했기 때문이라기보다 남학생들이 그럴 만한 권한을 부여받았다고 생각하는 데서 발생한다고 결론지었다. 이와 유사하게 17～43세에 이르는 114명의 남성에 대한 조사는 **남성이 권한을 부여받았다**는 일반적인 생각과 여성에 대해 **성적으로** 권한을 부여받았다는 특별한 생각이 '강간과 관련된 태도와 행동'의 강력한 예측요인이라는 사실을 밝혀냈다(Hill and Fischer, 2001, 45).

강간 신화의 역할과 성적 피해의 다른 원인

이제까지 우리는 강간 신화를 입증했다. 그러면 강간의 원인은 무엇일까? 일정 정도는 강간 신화가 강간을 유발한다. 강간 신화가 개인이 강간을 하고 피해자를 비난하기 위한 변명으로 받아들여질 때, 강간문화는 그곳에 자리 잡게 된다. 더욱이 필자는 일찍이 의사소통 장애는 강간의 아주 낮은 비율만을 합당하게 설명해 준다고 언급했다. 그러나 가해자가 자신이 성적으로 학대적인 면이 있거나 공격적이지 않다고 믿는 사건에서는 강간을 부추기는 분위기의 역할을 검증할 필요가 있다. 예를 들면 사교모임 회원이나 운동선수가 그들의 동료들로 인해 파티에서 술 취한 여성이 그와 성관계를 원한다고 믿게 되었을 때 우리는 그 사람에게만 책임이 있다고 여길 것이 아니라 단체(직장, 대학, 운동단체, 기숙사, 사교단체 등등)에 책임이 있다고 생각해야 한다. 더욱 구체적으로 보면, 예를 들어 17세 젊은 남성이 고등학교에서 종합대학 또는 단과대학 팀에 운동선수로 충원되었을 때, 그 충원 기간 중 파티에 초대되어 그곳에서 다른 선수들이 술에 취하고 약물에 중독된 여성과 성관계를 하고 "이것이 우리가 이곳에서 하는 방법이다"라고 알려줬다면 우리는 그 팀이나 대학에게 책임이 있는지 스스로에게 물어볼 필요가 있다. 이런 사례에서 그 젊은 선수는 술에 취한 여성과의 성관계는 강간이 아니고 다만 기대된 행동이었다는 생각을 가질 수 있다. 우리는 사교모임에 가입한 젊은 남성에게 같은 유추를 해볼 수 있다. 대학에 입학한 어린 학생이 첫 번째 파티에 참석했는데 거기에서 협잡꾼 같은 한 친구가 너무 술이 취해 동의할 능력이 없는 여성과 성관계를 하고, 그에게 똑같이 하기를 기대하는 경우다. 이상적인 사회에서는 자유롭게 동의할 능력이 없는 누군가와의 성관계는 비윤리적일 뿐 아니라 불법이라는 사실을 누구나 잘 알고 있다. 그러나 종종 사람들이 법과 도덕을 잘 인식하지 못한다고 가정했을 때 어떤 단체가 인종차별주의, 반反셈족 정서, 반이민자 정서 같은 풍조를 조장했을 경우 책임을 져야 하는 것과 마찬가지로 그 단체는 강간 풍조를 조장한 데 책임을 져야 한다.

반여성 풍조, 여성에게 폭력을 우선시하는 풍조 등이 강간 풍조를 키우고 있다. 따라서 우리가 강간 신화나 강간범을 처벌할 의지가 부족한 제도에 지나치게 집착할 경우 강간은 관행화될 수밖에 없다. 남성 중심의 문화가 강간 신화를 배양한다는 사실은 무엇인가? 1996년 저속한 영화 50편에 대한 연구는 영화가 성과 강간에 대한 가부장적인 관점을 제공하고, 강간범은 대부분 아동과 약자를 수탈하는 가학적 변태성욕자이고, 정신이 이상하고, 하류층 출신이라는 신화를 조장한다는 사실을 발견했다(Bufkin and Eschholz, 2000, 1317). 이 연구에서 성행위 장면의 17퍼센트가 강간과 연관되어 있고, 오직 두 가지의 행위

장면만 동성 간 성행위, 즉 성인 남자가 10대 소년을 강간하는 장면을 묘사했다(같은 책). 따라서 이런 영화는 강간범은 병적이고 가난하다는 고정관념뿐 아니라 동성 간 성행위를 비정상적인 것으로 보는 고정관념도 조장하고 있다. 사이버강간(강간의 문화적 접합은 웹 검색엔진을 사용함으로써 이루어졌음)에 대한 광범위한 연구는 남성에 대한 강간은 없고, 노골적인 폭력과 지배를 묘사하고 있으며, 3분의 1이 집단강간이라는 사실을 발견했다(Visano, 2002). 그래픽 강간 장면은 피해자는 처벌받아 마땅하다는 것을 암시하는 '매춘부' '암캐' '음탕한 여자' 라는 낙인을 종종 포함한다. 강간 장면은 명백하게도 강간과 색정적인 권력을 연계하고 있으며, 성적 쾌락을 위해서 여성과 소녀를 강등시키고 대상화하고 있다(같은 책). 이런 잘못된 관념 이외에도 장면은 인종차별주의로 가득 차 있다. 아시아계 여성과 소녀에 이어 흑인이 폭력의 거대한 표적이 되었으며, 인종차별적 묘사가 인종적 모멸감을 가진 용어와 유해한 고정관념으로 가득 찬 인종차별적 자막으로 보강되었다. 이런 사이버강간은 우리가 얼마나 그것에 접근하기 쉬운가를 이해할 때 특히 곤혹스럽다(같은 책).

남성 중심의 반여성/소녀 성향 매체의 중요한 원천은 텔레비전 뮤직비디오다. 그것은 여성과 소녀의 신체에 부정적인 인상을 고양시키며(Tiggenmann and Slater, 2004) 비유적이거나 노골적인 성행위 장면 중 3분의 1이 공격적인 성행위를 묘사한다. 남성이 피가학적 변태성욕자로 등장하지 않는다 할지라도 여성은 전형적으로 성의 수용자(전수자가 아닌)이며 남성보다 더욱 공격적인 성행위를 즐기는 것으로 묘사된다(Sommers-Flanagan, Sommers-Flanagan, and Davis, 1993). 《뉴욕 매거진The New York Magazine》의 어떤 사설은 MTV를 '데이트강간 채널' 이라고 규정한다(Christgau, 2003). 마지막으로 비디오게임은 수백만 명의 사람, 대부분 소년에 의해 행해지며, 이런 게임 또한 폭력을 조장한다. 더욱 나쁜 것은 그랜드 세프트 오토Grand Theft Auto라는 게임인데, 이것은 이용자가 성노동자에게 가상살인과 강간을 범하도록 조장한다.

:: 아동 성학대 피해(CSA)

성학대 중 가장 곤혹스러운 측면 중 하나는 아동이 피해자인 중죄로, 이것은 피해가 근친상간일 경우 대부분 은폐되는 것으로 나타났다. 아동 성학대는 특히 근친상간의 경우 한때는 거의 발생하지 않는 것으로 생각되었다. 아동 성학대가 1800년대에는 사회복지기관에 신고되기는 했지만, 1980년대 초반까지는 사회문제로 명명되지 않았다(Gordon and O'keefe,

1984). 《사이콜로지 투데이Psychology Today》에 게재된 1987년 한 논문은 4,000만 명(거의 6분의 1)의 미국인이 어린 시절에 성적으로 피해를 받은 것 같다고 주장했다(Kohn, 1987, 54). "아동-성인 간 성행위가 널리 유행하는 오락거리였다고 지적하지 않은 섹슈얼리티에 대한 연구, 보고 혹은 조사는 거의 없었다" (Rush, 1985, 5).

소년은 유행병처럼 퍼진 아동 성학대의 위험에 직면하기는 했지만, 이런 학대는 여전히 성에 따라 차이가 있다. 이런 연구들을 검토한 한 연구는 소녀가 전체 사건의 대략 70퍼센트를 구성하고 있으며(Finkelhor and Baron, 1986), 더욱 최근의 한 논문에서는 소녀가 소년에 비해 피해자가 될 가능성이 2.5~3배 높다는 점을 제시하며(Putnam, 2003), 또 다른 연구는 소녀가 아동 성학대의 85퍼센트를 차지하고 있다는 것을 발견했다(Heger et al., 2002). 소녀에 대한 성학대 가해자의 95퍼센트와 소년에 대한 성학대 가해자의 80퍼센트가 남성이다(Finkelhor and Baron, 1986; Russell, 1984). 요컨대 아동 성학대의 피해자는 대부분 소녀이고, 학대자는 남성인 경향이 있다.

전국 여성 연구는 강간사건의 대부분이 아동기와 청소년기에 발생한다는 사실을 발견했다. 강제력을 사용한 전체 강간의 29퍼센트는 피해자가 11세 미만일 때 발생했고, 또 다른 32퍼센트는 11~17세에서 발생했다(전국피해자센터, 1992, 3). 이와 유사하게 전국여성폭력조사는 강간당한 여성들 중 22퍼센트가 12세 미만이었을 때 첫 번째 강간을 당했다고 보고했으며, 32퍼센트는 12~17세, 29퍼센트는 18~24세, 17퍼센트가 25세 이상에서 첫 번째 강간을 당했다고 보고한다(Tjaden and Thoennes, 1998). 와이엇과 그 동료들(1993)은 로스앤젤레스에 거주하는 248명의 성인 여성을 상대로 아동기의 성학대에 관한 심층면접조사를 실시했는데, 신체적 접촉이 없는 성학대(예를 들어 노출, 아동 앞에서의 자위, 혹은 아동에게 성행위를 할 것을 제안하는 등)는 신체적 접촉이 있는 아동 성학대(예를 들어 외설스러운 성행위나 강간기수 혹은 강간미수)와 결합되어 있고, 거의 3분의 2(62%)에 해당되는 여성이 그런 경험을 보고했다. 와이엇과 그 동료들(같은 책)은 성학대를 오직 신체적 접촉이 있는 아동 성학대에 한정했는데, 여성 중 거의 절반(45%)이 아동기에 그런 경험이 있다고 말했다. 이런 사건의 3분의 1에서 아동은 누구에게도 이 사실을 말하지 않았고, 밝혀지지 않은 사건의 70퍼센트는 신체적 접촉이 있는 성학대 사건이었다(같은 책). 러셀(1984)은 근친상간의 경우 여성의 12퍼센트가 그들이 14세 미만일 때 가족 구성원에게 성학대를 경험했다고 말하고 있으며, 16퍼센트가 그들이 18세 미만일 때 그런 피해를 당했다고 보고했다. 범죄자는 아버지나 삼촌일 가능성이 높았다. 이들 범죄는 우리가 알고 있듯이 사람을 황폐화시키며 심리적이고, 또한 신체적인 결과를 가져오는 범죄 중에서 극히 높은 비율이다.

아동 성학대의 발생에 대한 실증적 조사연구를 재검토한 연구는 다음과 같이 말하고 있다.

> 다양한 북미의 연구에서 추출된 아동 성학대 발생 비율은 상당한 차이가 있다. 보고된 비율은 여성은 6~62퍼센트, 남성은 3~31퍼센트의 범위에 걸쳐 있다. 심지어 가장 낮은 비율이라 하더라도 아동 성학대가 보편적이지 않다는 것과는 거리가 멀다는 것을 지적하고 있을 뿐 아니라 높은 비율은 아동 성학대가 널리 퍼져 있는 문제라는 점을 지적하고 있는 것이다(Peters, Wyatt, and Finkelhor, 1986, 19).

앞서 언급했듯이 아동 성학대는 1980년대까지 사회문제로 인식되지 않았다. 그 이전에 그것은 드물게 발생하는 하나의 금기사항으로 여겨졌다. 성인 여성이 성학대에 대해 말하는 것이 극히 어려웠던 것처럼 이것은 아동도 마찬가지였다. 아동의 힘은 그들의 작은 신체적 키 말고도 증가되는 심리적 · 정서적 · 재정적 의존성에 의해 더욱 축소되었다. 이런 조건을 가정한다면, 아동 성학대 범죄가 광범위하게 발생함에도 불구하고 잘 드러나지 않고 남아 있다는 것이 그리 놀랄 만한 일이 아니다. 대부분 아동 성학대 피해자는 그들이 성인이 될 때까지 그 사실을 말하지 않는다. 심지어는 성인이 되어서도, 많은 사람은 비밀로 하거나 심지어는 기억을 눌러버린다. 러시Rush(1983)는 아동들이 왜 성학대 피해 경험을 비밀로 하는지에 대해 다음과 같은 많은 이유를 제시했다. 그들은 수치심을 느낀다, 그들은 보호막이 없다, 그들은 자신들이 얘기가 꾸며낸 것으로 여겨질까 봐 두려워한다, 그들은 잊기를 원한다, 혹은 그들은 자신의 피해 경험에 대해 비난받을 수도 있다. 또 다른 이유는 그들은 그것을 기억하지 못한다는 것인데, 그 기억을 눌러버리는 것이다. 예를 들면 아동 성학대 증거를 제공하는 의료적 처리를 받은 지 17년이 지난 문서를 통해 증명된 성학대(주요 학대와 관련하여 10개월에서 12년에 걸쳐 분포된) 경험자 136명의 여성을 면담한 연구는 상당수의 아동 성학대 생존자가 그 일을 기억하지 않고 있다는(기억을 누르고 있음) 것을 주장하면서, 3분의 1 이상이 입원치료를 받은 적이 있는 아동 성학대를 말하지 않고 있다는 사실을 발견했다(Williams, Siegel, and Pomeroy, 2000). 이 연구는 여성이(소녀였을 때) 병원치료를 받았던 주요 피해 이외에도 많은 수의 추가적인 아동 성학대가 발생했다는 것을 보고한다(같은 책). 그러므로 우리는 성인에게 그들의 아동기 성학대 경험에 대해 회고적으로 물었을 경우, 수치심과 공포뿐 아니라 개인이 글자 그대로 기억을 묻어버렸기 때문에 보고되지 않은 상당한 사건이 있을 것으로 추측할 수 있다.

정신의학자이자 정신분석학의 선구자 프로이트Sigmund Freud는 아동 성학대를 덮어 가려

버린 데 대해 부분적으로 비난받아야 한다. 그는 아동기에 성학대를 경험한 사실을 말하고, 종종 아버지를 가해자로 지명하는 여성의 수가 많다는 것에 놀랐다. 프로이트는 그의 환자들을 신뢰했지만 다른 심리학자는 그의 얘기를 믿지 않았다. 그로 인해 그는 그의 이론을 재구성했고 오이디푸스 콤플렉스를 제안했는데, 그것은 아동이 그 부모에 대해 생래적으로 성적 매력을 느낀다는 이론이었다(Rush, 1980, 84).

아동이 유혹받기를 원한다는 것은 일반적인 것이 아니며 아동은 섹슈얼리티와 성적 감성을 이해하지 못하지만, 아동의 행동이 때로는 성적인 것을 포함한다는 점은 명백하다. 이것은 종종 자연스러운 호기심이고, 그들 스스로 혹은 그들 동료의 몸에 대해 탐험함으로써 관습적으로 행해진다(예를 들면 의사놀이).

성학대를 당한 적이 있는 아동과 함께 일한 사람들은 이런 아동에게는 성적 행동이 증가하고, 종종 곤혹스러운 성적 행동을 한다는 사실을 지적하고 있다. 이것은 그들이 성적 행동이 적절하다고 배워왔다는 것을 가정하면 놀랄 만한 일이 아니다. 이런 성적 행동은 다시 아동을 피해자가 되게 할 위험에 놓이게 한다. 그 혹은 그녀가 아동과 성적 경계선을 넘지 않는다는 점을 확신시키는 것은 어른의 책임이다. 불행하게도 아동 피해자는 자신에게 저질러진 범행에 대해 종종 죄의식을 느낀다.

앞서 논의된 다른 피해 경험과 유사하게 아동 성학대는 모든 인종과 민족, 지역, 소득계층에서 발생하고 있으며 그 빈도는 놀랄 정도다. 아동 성학대는 들춰지지 않는 범죄이기 때문에 그 양상이나 실제 통계수치를 말하는 것이 어렵다. 그러나 조사자는 다음과 같은 일정 경향을 밝혀냈다. 학대자는 보통 남성이고, 아동과 잘 알고 있는 사람이며, 학대는 종종 한 번의 에피소드에 그치지 않고, 학대자는 강제력을 사용하지 않는다(Gomes-Schwartz, Horowitz, and Cardearelli, 1990; Kohn, 1987). 현존하는 아동 성학대 연구에 대한 포괄적인 검토는 다음과 같은 결론을 내린다. (1) 소녀가 소년에 비해 2.5~3배 피해자가 되기 쉽다. (2) 아동 성학대의 위험은 아동의 연령이 높아지면서 더 증가한다. (3) 아동의 의존성, 제도적 보호와 의사소통 문제를 증가시키는 신체적 무능력(예를 들면 시각장애, 청각장애, 정신지체)은 아동 성학대의 위험을 증가시킨다. (4) 부모의 한쪽 혹은 양쪽을 잃은 경우 소녀에 대한 양아버지의 아동 성학대의 위험은 특히 증가한다(Putnam, 2003). 그러나 이 포괄적인 검토는 계급 혹은 인종과 민족이 아동 성학대에 대한 위험 요소가 된다는 점을 발견하지 못했다(같은 책).

왜 어떤 사람은 아동을 성적으로 학대하는 걸까? 성인 여성에 대한 학대와 성적 피해의 동기와 마찬가지로, 아동에 대한 성학대는 권력과 불평등과 매우 밀접한 관계가 있다. 아동은 특히 다음과 같은 위험에 처해 있다. 애정에 대한 그들의 순수함과 자연스러운 포용성으로 인해 학대자를 더 맹목적으로 숭배할 가능성이 높다(Crewdson, 1988, 63). 그로스(1979, 154)는 아동 성학대 범죄자가 그들의 피해자를 통제하기 위해 권력과 분노를 보여주려는 무기로 성을 어떻게 사용했는가를 논의한다. 이들 범죄자는 성적 행동을 강제하기 위해 아동의 상대적인 무력감을 이용한다(같은 책). 부모에게 학대받으며 경제적 · 정서적으로 의존하고 있는 아동은 극히 무력하고 취약한 처지에 놓여 있다.

> 아버지와 딸 사이의 근친상간은 가장 빈번하게 보고되는 유형일 뿐 아니라 여성의 성적 피해 유형을 대표한다. 아버지와 딸, 성인 남성과 여자 아이 사이의 관계는 상상할 수 있는 가장 불평등한 관계 중 하나다. 근친상간이 여성이 주로 무기력한 관계에서 발생하는 것은 우연이 아니다. 실제적인 성적 만남은 야수적이거나 부드럽거나, 고통스럽거나 즐거울 수 있다. 그러나 그것은 불가피하게 아동에게 항상 파괴적이다. 아버지는 사실상 딸에게 무상으로 주어져야 하는 애정과 관심의 대가로 그녀의 육체를 지불하라고 강요한다(Herman, 1981, 4).

사회는 여성과 소녀 사이의 구별(여성은 어려 보이기 위해 사진을 찍고, 소녀는 육감적으로 보이려고 사진을 찍음)을 불분명하게 하는 광고, 대중매체와 외설을 통해 아동 성학대를 조장한다고 비난받아 왔다(Bass, 1983). 아동 변태성욕자가 피해자를 사진 촬영하고, 다른 아동 변태성욕자와 사진을 교환하는 것은 그리 색다른 일이 아니다. 《플레이보이》는 "엄마"라고 말하는 인형의 목소리를 "파티 할래, 오빠?"로 바꾼 인형공장 조립 라인의 음란한 노동자를 소재로 한 만화를 출판했다(Crewdson, 1988, 249). 이 같은 오락의 형태는 아동이 성인과 성행위를 할 때 그렇게 하고 싶어 하며, 폭력을 당하거나, 학대당하거나, 착취당하거나, 강간당하지 않는다는 신화를 영속시킨다. 사실상 아동은 성인과의 성행위에서 뭔가를 결정할 수 있는 위치에 놓여 있지 않다.

성인 여성을 강간하는 남성과 유사하게, 아동 성학대자는 전체 인구에서 구별해 내기 어렵다(같은 책, 55). 사실상 아동 성학대자는 더러운 늙은이라는 신화를 반박하는 증거로, 한 연구는 아동 성학대자의 71퍼센트가 35세 이하라는 사실을 보고했다(Groth, 1979). 아동 성학대자 사이에서 (그들에게만 배타적으로 나타나는 것은 아니지만) 우세한 것으로 보이는 특징은 자기애自己愛적 습성이다. 학대자는 스스로를 보잘것없다거나 무력하다고 느낄 수 있지만 그들은 중요하고 우수하다는 인상을 묘사하기 위해 애쓴다. 그들은 종종 그들의 외모, 능력, 지성에 대한 생각을 부풀려왔다(같은 책, 61). 그리고 자기애적인 사람은 규칙과 법규는 다른 사람에게만 의미가 있다고 믿고 있고 이런 이유로 체포라는 결과에 관심을 덜 가지고 있기 때문에 아동 성학대와 관련된 금기를 더 잘 극복할 수 있다(같은 책, 64). 이런 관점에서 보면 아동 성학대자는 주로 그 자신의 건강과 만족에 초점을 맞추고 있으며, 그 자신을 법 위에 존재하는 것으로 본다.

아동 성학대자와 관련하여 더욱 곤혹스러운 점은 성인-아동 간의 성행위를 건강하고 자연스러운 것으로 조장하려고 하는 일부 움직임이다. 1962년 설립되어 수천 명의 회원을 자랑하는 르네 귀용Rene Guyon 클럽을 비롯한 많은 사교단체가 아동과의 성행위를 합법화할 것을 주장한다(같은 책, 97). 그들의 슬로건은 "여덟 살이 되기 전에 성행위 경험을 하라, 그렇지 않으면 너무 늦다"이다. 아동 성학대는 1900년대 초반에서 1970년대 사이에 4배로 늘어났다(Russell, 1986, 82). 이 같은 증가에 대해 다섯 가지 설명이 제기되었는데 (1) 아동 외설과 아동에 성적 특색을 부여하는 것의 증가, (2) 모든 성행위는 괜찮다는 식의 사고와 관련된 성의 혁명, (3) (여성에게 대응할 수 없는 남성이 소녀에게 경도되는) 성적 평등에 대한 반발, (4) 피해자가 성장하여 가해자가 되는, 제대로 치료받지 않은 아동 성학대의 순환구조, (5) 특히 소녀가 근친상간의 위험에 처하도록 만드는 양부모의 증가(Russell, 1986)가 그것이다.

아동 성학대의 성인 생존자에 대한 한 연구는 아동이 그들의 피해 경험을 뒤늦게 밝히는 주된 이유가 주로 학대와 관련된 마음의 상처가 매우 클 뿐 아니라 "어른에 대한 순종의 중요성에 대한 믿음, 인간에 대한 불신, 사회적 거부에 대한 두려움과 형사사법제도에 대한 두려움"에 기인한다는 것을 발견했다(Somer and Szwarcberg, 2001, 332). 조사 결과는 아동 성학대에 대한 최초의 반응은 불안, 낙담, 화, 공포와 적대감, 부적절한 성적 행동을 포함하고 있다는 것을 보여주었다(Browne and Finkelhor, 1986). 아동 성학대의 피해자 일부는 상당히 움츠러들고 있는 데 반해 많은 피해자가 매우 성적으로 반응한다. 그들은 자신의 가장 중요한 자산이 타인에게 성적으로 봉사하는 것이라는 사실을 배우게 된다. 아동 성학대의 직접적인 영향에 대한 또 다른 연구는 매우 심각한 피해부터 명백하게 영향을 받지 않은 아동에 이르기까지 영향의 범위가 상당히 광범위하다는 사실을 발견했다(Conte and Schuerman, 1987). 오랜 기간에 걸쳐 대부분의 성인과 아동은 심리적으로는 어린 시절 성적 피해의 기억을 극복하고 생존하고 있지만, 그 결과는 극히 고통스러울 수 있다.

아동 성학대의 피해자가 학대를 받는 동안과 그 직후에 경험하는 마음의 상처와 위험 이외에도 그들은 장기간의 후유증을 경험하기도 한다. 아동 성학대의 성인 생존자는 낙담,

자아파괴, 불안, 소외감, 치욕, 남성에 대한 부정적인 감정, 공포와 불신을 호소한다(Browne and Finkelhor, 1986; Murphy et al., 1988; Russell, 1984). 아동 성학대의 성인 생존자가 보이는 행동은 약물과 알코올 남용, 성기능 장애가 포함된다(Browne and Finkelhor, 1986). 관련 연구들은 성학대를 당한 아동이 다시 강간 피해자가 되는 비율이 극히 높다는 것을 보여준다(Browne and Finkelhor, 1986; Kimerling et al., 2002; Murphy, 1991; Murphy et al., 1988; Russell, 1986; Tjaden and Thoennes, 1998). 그리고 다른 연구는 이런 현상이 13세 이전에 성학대를 받은 사람보다 청소년기에 성학대를 받은 사람에게 더욱 높게 나타난다는 사실을 발견했다(Siegel and Williams, 2003). 재피해는 자기 스스로에 대한 낮은 자부심과 높은 약물의존성과 관계가 있다. 낮은 자부심과 약물의존성은 성학대를 겪는 것과도 관계가 있다. 즉 강간범은 종종 취약해 보이는 피해자를 골라잡는데, 취약하다는 것은 종종 성적 피해의 후유증이기도 하다.

요약해 보면 아동 성학대는 누구에게나 일어날 수 있고, 그 후유증은 파괴적이다.

> 아동 성학대는 모든 인종, 경제적 계층과 민족에 분포되어 있다. 심지어 어린아이도 성학대 피해자다. 태어난 지 석 달된 유아가 목에 발생한 성병으로 인해 병원에서 치료받은 일이 있다. 성학대 아동은 다른 아동에 비해 조숙하지도, 예쁘거나 혹은 성적 호기심을 갖지도 않는다. 그들은 성에 대해 묻지 않는다. 그들은 성을 원하지 않는다. 여성에 대한 강간처럼 아동에 대한 강간과 성추행은 가장 기본적으로 폭력과 권력, 지배에 따른 행동이라고 할 수 있다(Bass, 1983, 24).

아동 성학대 빈도와 발생률은 생각 외로 높다. 권력은 성폭력과 성추행의 다른 형태에서 그랬던 것처럼 엄청난 역할을 수행한다.

:: 데이트강간

데이트강간은 낭만적이거나 데이트 관계에 있는 사람에 의해 강제되거나, 강요된 성적 친밀감이지만 배우자로서 함께 살아온 사람에 의한 성적 피해는 포함하지 않는다. 일부 연구는 여성은 그들이 누군가와 오래 데이트를 할수록 데이트강간의 위험이 높아지는 경향이 있다는 것을 보여주었다(Henton et al., 1983; Muehlenhard and Linton, 1987). 그러나 데이트강간은 데이트를 하는 초기, 심지어는 첫 번째 데이트에서도 발생할 수 있다. 대학 캠퍼스의 경우 강간은 캠퍼스에서 가장 빈번하게 발생하는 심각한 범죄라는 사실에 역점을 두고 다룰 필요가 있다(Adams and Abarbanel, 1988).

데이트강간은 최근에 일어난 현상이 아니며, 단지 최근에 공개적으로 알려진 것에 불과하다. 클라크Clark(1987)는 1770~1845년에 영국에서 발생한 성폭력을 추적하여 구애 기간에 발생한 강간은 특별하지 않다는 사실을 발견했다. 그녀는 남성이 왜 데이트하던 여성을 강간하는지 검토했고, 그것은 여성이 그들을 거부했기 때문이 아니라 여성이 그들을 원하거나 거부할 권리가 있다는 사실을 인정하길 거부했기 때문이고, 그들이 여성의 신체에 대해 권리를 가진다고 믿었기 때문이라는 점을 발견했다(같은 책, 85). 구애 기간 중 강간당한 여성 중 일부는 오직 남편하고만 성행위를 해야 한다는 통념 때문에 강간범과 결혼해야 한다는 부담을 가졌다. 불행하게도 최근의 조사도 남자친구나 약혼자에게 강간당한 여성 중 일부는 강제적으로 이루어진 일이라도 이미 성행위를 가졌기 때문에 가해자와 결혼해야 하는 의무감을 느꼈다는 사실을 발견했다(Russell, 1982, 1984).

1957년 카닌Kanin은 대학 1학년생의 62퍼센트가 대학생활을 시작하기 이전 12개월 동안 공격적인 성적 친밀감을 경험했음을 토로했다고 주장하면서 잘 알려진 사회학 잡지에 논문을 발표했다. 그럼에도 데이트강간은 코스Marry P. Koss의 《MS》 잡지와 연계해 이루어진 연구가 1980년대 초반에 발표되기 전까지는 공개적으로 인정되지 않은 상태였다. 그 연구에서 그녀는 지인강간/데이트강간을 측정하기 위해 성경험 조사지를 개발했다(Barrett, 1982). 이 연구에서 여대생의 70~80퍼센트가 남자가 그녀들이 바라던 성적 친밀감의 정도를 잘못 이해한 적이 있거나 성적 공격성을 사용한 적이 있다고 밝혔다(Koss and Oros, 1982; Muehlenhard and Linton, 1987). 더욱이 여성의 15퍼센트와 남성의 7퍼센트는 여성의 의지에 반해 행해진 성행위와 관련되어 있거나 일상적으로 정의된 강간을 당한 적이 있는 것으로 나타났다. 최근 미국의 32개 대학 6,000명이 넘는 학생을 대상으로 한 광범위한 규모의 연구에서 여성의 12퍼센트가 강간미수를 경험했고, 다른 15퍼센트가 강간기수를 경험했다. 여성의 6.5퍼센트는 지난 12개월 동안 강간기수를 경험한 것으로 조사되었다. 대략 남성의 3퍼센트가 강간미수를 범했다고 보고되었으며, 4퍼센트가 강간기수를 범했다는 사실을 시인했다(Koss, Gidycz, and Wisniewski, 1987). 이 주제에 대한 최근의 개괄적 검토연구는 여대생의 지인강간 피해 경험이 15~25퍼센트 사이에서 발생한다고 본다(Rubenzahl and Corcoran, 1998). 슈워츠Schwartz와 데키세러디Dekeseredy(1997)는 캐나다에 있는 대학에서 거의 2,000명의 여성과 1,000명이 넘는 남성을 대상으로 코스가 만든 성경험 조사지의 일부 수정판을 사용해 유사한 수준의 성적 피해 경험을 보고했다. 더욱 구체적으로 사건 발생 수준에 대해 살펴보면, 거의 28퍼센트의 여성이 지난 1년 동안 성폭력을 당했다고 보고했고, 11퍼센트의 남성이 지난 1년 동안 여성 데이트 상대에게 성폭력을 가했다고 보고했다. 평생의 경험률에 대해 언급하자면, 여성의 45퍼센트가 고등학교 졸업 이후 성폭력 피해를 경험했고, 20퍼센트의 남성이 고등학교 졸업 이후 적어도 한 번의 성폭력을 범했다고 한다(같은 책, 15).

대략 여대생 중 4분의 3이 성적 피해(성적 괴롭힘을 포함해)를 경험했다는 것은 명백하다. 대체로 4명 중 한 명은 14세 이후 강간기수 혹은 강간미수를 경험했다. 이런 강간의 84퍼센트는 지인강간이고 "강간의 57퍼센트는 데이트 도중에 발생했다"(Warshaw, 1988, 11). '대부분의 지인강간 피해자는 15~24세이고, 평균은 18세이기 때문에' 대학생들은 특히 취약한 상태다(Glavin, 1986). 사실 여대생은 학년이 올라갈수록 지인강간의 피해자가 될 가능성이 낮다. 여자 신입생이 가장 위험하고, 고학년은 위험에서 어느 정도 벗어난다(Parrot, 1986). 전체 사회의 문화는 데이트와 지인강간의 높은 비율에 책임이 있다고 비난받아 왔다.

미국 문화에서 데이트는 종종 여성이 위험에 처하는 조건을 조성해 왔다. 예를 들면 데이트 상대가 그녀를 자동차에 태우러 집까지 오고 다시 집까지 차로 바래다주게 되어 있다면 여성은 남성에게 일정 부분 의존적일 수밖에 없다. 또한 남성(과 여성)에 의해 채택된 암묵적 가정이 존재한다. 남성이 저녁식사, 영화 등의 비용을 지급하면 여성은 그에게 성행위를 빚지게 된다. 그녀가 그와 술을 마시거나 약물을 복용하게 되면 여성은 성행위를 하기 싫다고 말할 권리를 포기하는 것이다. 그녀가 합의 하에 성적 친밀감의 한 수준에 도달하게 되면 이를 계속해야 하고, 그녀가 누군가와 한 번 성적 관계를 맺게 되면 장래에 그런 관계를 거부할 권리를 갖지 못한다.

권력의 성별 차이에 부정적인 영향을 주는 데이트 관행 이외에도 남성성과 여성성에 대한 많은 근본적인 믿음이 존재한다. 여성은 수동적이고, 약하고, 의존적이고 남성과의 성적 만남은 통제되어야 한다고 세뇌된다. 그들은 남성에게 매력적으로 보여야 할 뿐 아니라 성적으로 보이면 안 되는 이중의 구속에 처해 있다. 한편 남성은 공격적이고 강하고 독립적이고 여성(혹은 다른 남성)을 잘 다루어야 한다고 세뇌된다. 데이트강간을 둘러싼 최근의 인식에도 불구하고 많은 사람은 아직 여성이 남성과의 성행위를 거부할 때 실제로 그것이 거부를 의미하는 것이 아니라는 믿음을 가지고 있다.

약물과 술을 경험한 적이 있고, 속이 들여다보이는 옷을 입고, 성적으로 자유분방하다는 평판을 듣는, 혹은 강간 이전에 강간범과 가깝게 지내왔던 여성은 "아니요"라고 말할 정당한 권리를 가진 정당한 강간 피해자로 보일 가능성이 낮다. 남성과 여성의 사회화의 차이는 동일한 행동에 대해 다른 해석을 낳을 수 있다. 남성은 여성이 친근감 혹은 일종의 흥미를 가지고 하는 어떤 행동을 '성행위를 원한다'는 의미로 해석한다. 그런 행동은 여성이 남성의 아파트를 방문하거나 파티에서 집으로 차를 태워주는 행위를 받아들이는 것을 포함한다(Spencer, 1987).

또한 조사연구는 캠퍼스(그리고 다른 곳에서라도)에서 이루어지는 성폭력을 제대로 이해하고 방지하기 위해서는 남성 동료집단의 역할을 이해할 필요가 있다는 것을 지적하고 있다. 특히 슈워츠와 데키세러디(1997)는 캐나다 대학생을 대상으로 한 연구에서 남성다움이 협소하고 전통적으로 정의되는, 그룹의 비밀과 충성심의 정도가 높고 여성이 성적으로 대상화되는 남성끼리의 우정이나 동료 그룹에 속함으로써 어떻게 남성 동료의 지지가 데이트강간의 강력한 전조가 될 수 있는가를 기술했다. 그들은 명료하게 남성지배적이고 가부장적 사회인 북미에서 강간 신화와 외설로 가득 찬 남성의 사회화가 어떻게 소년과 남성을 강간에 이르도록 준비시키는지 보여준다. 한 가지 일화는 실력 있는 스포츠팀과 사교 그룹에 속한 남성은 여성과 소녀를 강간하거나 학대할 권한이 있다는 생각을 하게 된다는 것을 확실하게 지적한다. 예를 들면 베니딕트Benedict(1998, 93)는 남성다움은 남자 운동선수에게는 직업적으로 필요한 것이고, 이것이 그 남자 운동선수에게 성행위 대상을 제공하려고 하는 팀원과 결합되었을 경우 그 선수는 여성과 소녀를 성적 대상으로 보게 되고, 이에 따라 사회적으로 책임감 없는 행동과 형사적으로 성폭력이 되는 행위 간의 간격을 좁히게 된다. 사교 그룹에서의 강간에 대한 묘사는 여성과 소녀에 대한 성적 접근을 당연하게 주어진 것으로 보는 구성원의 동질감을 보여준다(Sanday, 1990, 1996 참조).

캠퍼스에서 남학생 사교 그룹fraterity에 속해 있는 학생과 그렇지 않은 학생을 비교하는 연구는 다음과 같은 지적을 했다. (1) 사교 그룹 소속 남성은 다른 사람, 즉 아무 단체에도 소속되어 있지 않은 남성과 여성, 사교 그룹에 속해 있는 여성보다도 술을 많이 마신다. (2) 사교 그룹 소속 여성은 아무 단체에도 소속되어 있지 않은 여성보다 술을 많이 마신다. (3) 아무 단체에도 소속되어 있지 않은 남성과 사교 그룹 소속 여성은 비슷한 수준의 술을 소비한다(Alva, 1998; Wechsler, Kuh, and Davenport, 1996). 500명 정도의 미국 남자 대학생을 대상으로 한 보린저Boeringer(1996)의 연구는 사교 그룹 회원이 비회원에 비해 성교하기 위해 마취제나 언어적 강제를 사용할 가능성이 상당히 높으나, 신체적 폭력을 사용할 가능성은 낮다는 사실을 발견했다. 남자 운동선수는 일반 남성에 비해 강제적이거나 공격적인 성적 행동을 더 많이 하지는 않지만 강간할 경향은 훨씬 높다고 보고된다. 다른 연구에서 보린저(같은 책)는 남자 운동선수, 그 다음은 남성 사교 그룹의 회원, 마지막으로 통제 집단인 남학생(사교그룹 회원이나 운동선수가 아닌)의 순으로 강간 신화를 강력하게 고수하고 있음을 보고했다.

1군에 속해 있는 대학(미국의 대학스포츠팀은 4개의 Division으로 나누어져 있으며, Division 1에는 우리가 익히 들어온 미국 대학들이 대개 여기에 속해 있다-역자 주)들의 법무실the judicial affairs에 대한 다른 연구는 대학 캠퍼스에서 여학생의 성적 피해 경험이나 친밀한 파트너에 의한 학대 신고에서 남자 운동선수가 눈에 띄게 많다는 것을 발견했다(Crosset et el., 1996). 슈워츠와 노그래디Nogrady(1996, 148)의 중서부 대학들에 대한 연구는 "여성 피해에 대해 남성 동료의 지원이 존재한다는 점을 밝혀주는 강력한 증거가 있다. 그리고 그것은 광범위한 술 사용과 연관되어 있으며, 사교 그룹의 남성이 이런 요인 측면에서 다른 사람과 다르다는 증거는 없다"라고 밝혔다. 코스Koss와 클리블랜드Cleveland(1996)는 다양한 상황에 놓여 있는 남자 대학생(즉 운동선수 대 비운동선수, 사교그룹 회원 대 일반 학생)에 대한 연구에서 추출된 여러 발견점의 일부를 요약하면서 이런 연구가 갖는 방법론적이고 인식론적인 문제점에 주의하면서 해석해야 하고, 환경이나 문화가 여성의 피해 경험에 대한 사교 그룹의 회원과 운동선수의 경향성이나 태도에 어떤 영향을 미치는지를 다루는 연구가 필요하다는 점을 강조한다.

흑인과 백인의 사교 그룹을 비교한 한 연구는 공격성, 술, 약물 사용과 연관되어 있는 제도적인 인종차별주의를 발견했다. 흑인 사교 모임은 그들만의 모임장소를 가지고 있지 않았고, 따라서 백인 사교 그룹에 비해 자신을 더 많이 감시하는 안전요원을 고용해야 하는 무도장을 임차해야 한다(Black, Belknap, and Ginsburg, 2005). 이처럼 감시의 부족으로 인해 흑인 사교 그룹에 비해 백인 사교 그룹에서 강간(그리고 약물이나 술)이 일반적으로 더 많기는 하지만, 흑인 사교 그룹이 경찰이나 대학의 제재를 받을 가능성이 더욱 크다는 사실도 발견하게 된다(같은 책). 흑인 사교 그룹과 달리 백인 사교 그룹은 여성 무시하기, 무시한 여성을 강간의 위험에 빠뜨리기 등의 시합을 한다. 예를 들면 어떤 사교 그룹은 누가 가장 뚱뚱한 소녀와 잘 수 있는지 보여주려고 '게걸스러운' 행동을 한다. 이 연구에서 흑인 여성 중 한 명은 흑인 여성과 성행위를 할 것이 포함되어 있는 시합 목록 때문에 한 백인 사교 그룹에서 강간당한 것으로 보고되었다(같은 책).

따라서 대학 캠퍼스에서 데이트강간은 특히 집단강간 형식인 경우 사교 그룹이나 다른 캠퍼스 파티와 같은 환경과 관련이 있다(Boswell and Spade, 1996; Ehrhart and Sandler,

1985; Martin and Hummer, 1989; Sanday, 1990, 1996). 이런 연구는 일반적으로 강한 여성 혐오증과 여성을 하찮게 여기는 환경에서 여성이 강간당할 위험이 더욱 높다는 것을 지적한다. 대부분의 남학생이 집단강간을 하는 것은 아니지만 그렇게 하는 사람들에게는 응징을 하는 것이 중요하다. 캠퍼스 집단강간은 여러 가지 형태를 띨 수 있다. 그러나 통상적인 형태가 있다. 집단강간은 술(종종 약물도)이 무료로 제공되고, 음악은 시끄럽고, 여성이 쉽게 통제되고 격리되는 그런 파티가 진행되는 동안 발생하는 경향이 있다. 집단강간은 종종 다른 사람에게 목격되거나 사진 찍히거나, 아니면 참가하기로 결심했거나 실행에 나서는 것을 거절한 다수의 목격자가 모인 가운데 발생하는 경우 특히 더 치욕스럽다(Warshaw, 1988, 102). 그런 집단강간의 대부분 피해자는 다른 대학으로 옮기거나 자퇴한다.

집단강간은 강간범들 사이의 유대감을 보여주는데, 참여자들은 그들의 동료 앞에서 행동으로 옮겨야 할 필요성을 느낀다. 집단강간의 선동자는 방관자에게 참가하도록 압력을 가한다(Groth, 1979). 이런 압력은 사교 그룹의 회원인 경우 특히 분명하게 드러난다. 또한 남자 운동선수의 비정상적으로 높은 성폭력 비율은 다른 운동선수들과 함께 거주하고 함께 운동하는 강한 유대감에 기인해 왔다(Eskenazi, 1990). 고도의 특권의식(종종 남자 운동선수의 특징이 되는)과 집단의식이 남자 운동선수의 강간하기 쉬운 행동에 영향을 미치는 것 같다. 이런 방관자(사교 그룹의 회원, 친구, 기타 무엇이든지 간에)들은 보통 참여하거나 아니면 적어도 구경하기로 결심하게 되지만, 피해를 중단시켜야 할 의무감을 느끼는 경우가 아주 드물다는 사실 또한 곤혹스러운 일이다.

데이트 강간범은 자주 피해자의 통제력을 최소화시키는 환경을 창출하려고 의도적으로 노력한다. 두 가지 요소가 종종 지인강간과 연관되어 있는데 (1) 피해에 앞선 술과 약물의 소비, (2) 시끄러운 음악을 연주하는 것이다(Parrot, 1986, 10). 캠퍼스 강간에 대한 한 연구는 거의 모든 캠퍼스 집단강간은 술과 약물에 관련되어 있고, 그들이 확인한 사교 그룹의 집단강간은 모두 남성의 자제심을 감소시키고, 위협적인 상황을 구별하거나 성적 피해에 저항할 수 있는 여성의 능력을 약화시키는 술이나 약물에 관련되었다는 사실을 밝혀냈다(Ehrhart and Sandler, 1985).

시끄러운 음악을 연주하는 것은 피해자가 반항하는 소리를 감추고, 무력감을 증가시키기 위해 지인강간에서 사용된다(Parrot, 1986, 10). 술과 약물의 사용, 시끄러운 음악 연주는 여성이 성적 피해에 저항할 능력을 현저히 무력화시키기 위해 사용된다. 많은 데이트 강간범은 실제로 그들의 장점을 극대화하고 피해자의 저항을 제한하려고 미리 상황을 설계한다(Warshaw, 1988, 87). 이런 남성들이 친구를 만난다거나 무엇인가를 가져와야 한다는 구실로 그들 자신이나 혹은 친구의 아파트에 데이트 상대자를 데리고 가는 것은 그리 이상한 일이 아니다. 피해자는 피해가 계획되었고, 종종 아파트를 비워준 친구와 공모했다는 사실을 뒤늦게 깨닫는다. 더욱 심각한 것은 한 연구에서 강간을 범한 남성의 84퍼센트가 그들의 행동은 결코 강간이 아니라고 말했다는 것이다(같은 책, 90).

최근 강간의 중요한 형태는 **약물에 의해 촉진된 성폭력**(DFSA, drug-facilitated sexual assault)으로 분류되었다(McGregor et al., 2003). 전형적인 시나리오는 아무것도 의심하지 않는 여성의 음료수에 무력함과 기억상실을 가져오는 약물을 타는 형식으로 성폭력을 계획한다는 것이다.

> 가해자는 성폭력을 하기 전에 피해자가 약물 효과에 굴복하기를 기다린다. 의식을 다시 찾은 후에 피해자는 마신 술의 양과 일치하지 않게 취했다는 기분이 들 것이고, 사건에 대한 단편적인 기억이 떠오를 것이며, 누군가가 자신과 성행위를 했다는 생각을 하게 될 것이다. 이런 모든 것은 피해자에게 자신이 성폭력을 당하지 않았나 의심하게 한다(같은 책, 72).

가장 일반적인 데이트강간 약물은 로힙놀(rohypnol, roofies)과 감마 히드록시부티레이트(GHB, gamma hydroxyl-butyrate)다. 1993~99년 응급실에 보고된 성폭력 사건을 추적한 한 캐나다 연구는 다음과 같은 사실을 발견했다. (1) 약물 성폭력 의심 사건의 비율이 6년 전에 비해 2배로 증가했다(10%에서 23%로). (2) 약물 성폭력 사건은 응급실에 후송되는 것이 지연된다. (3) 약물 성폭력 사건은 경찰에 신고되기가 쉽지 않다. (4) 약물 성폭력 사건은 상해의 수준이 낮다(같은 책). 응급실에 늦게 알려지는 것은 생존자의 무기력한 상태에 기인한다. 문제는 많은 데이트강간에서 사용되는 약물 약효가 12시간 안에 소멸한다는 것이고, 따라서 응급실 후송의 지연은 여성에게 그들이 약물을 투여받았는지 여부를 검사하는 것과 그것을 형사재판에서 입증하는 것을 어렵게 만든다. 경찰에 신고할 가능성이 감소되는 것은 생존자의 전례 없는 공포에 기인한다. 2003년 MTV에 방영된 토론으로 돌아가보면, 22세 여성이 술을 마신 뒤 강간을 당했는데 MTV의 「리얼 월드Real World」라는 프로그램이 방영될 때 집에서 의식을 잃었다. 또 다른 여성은 한 남자가 약물을 탄 음료수를 주며 "(정신을 잃은 생존자에 대해 언급하며) 난 단지 한 대 쳤을 뿐이야"라고 말하는 것을 들었다고 한다(NBC SanDiego, 2003).

데이트강간을 더 잘 이해하기 위해서는 여성뿐 아니라 남성을 연구하는 것이 중요하다. 남자 대학생에 대한 한 연구는 절반 이상이 혀의 접촉이 있는 입맞춤을 강제하는 것이 어느 정도 정당화된다고 생각하고, 5분의 1이 넘는 남자 대학생은 여성의 의사에 반하여 여성의 성기를 만지는 것이 어느 정도 정당화된다고 생각한다는 것을 발견했다(Muehlenhard, Friedman, and Thomas, 1985). 미국과 캐나다의 한 연구에서는 남자 대학생의 35퍼센트가 만약 그들이 강간을 저지르고도 아무 문제가 없다는 것을 알았다면 강간을 범했을 것이라고 응답했다(Malamuth, 1981). 더구나 남자 대학생에 대한 또 다른 연구에 따르면 15퍼센트가 최소한 한 번 강제적 성교를 했고, 28퍼센트는 최소한 한 번 직접적인 완력을 사용했고, 39퍼센트만 강제적 성행위의 관련성을 부인했다. 여성이 "안 돼" "그만해"라고 말할 때 일부 남성은 듣지 않는다는 앞서 주장한 것과 일치되게 남자 대학생 중 3분의 1이 넘는 수가 여성의 항의를 무시한다고 얘기했다(Rapaport and Burkhart, 1984). 이 문제에 관한 가장 최근의 연구는 100명의 남자 대학생을 포함했는데, 그 연구에서는 코스의 성경험 조사지를 이용했고 평균 연령은 23.5세였다(Rubenzahl and Corcoran, 1998). 이 연구는 계속적인 논쟁과 압력으로 여성을 압도하여 원치 않는 성행위를 하는 것을 포함하는 더욱 포괄적인 성적 피해의 정의를 사용해서 남자 대학생의 24퍼센트가 최소한 한 가지 유형의 지인강간을 한 것으로 답변했다고 지적한다. 성행위를 하고 싶어 하지 않는 여성을 위협하거나 혹은 실제로 완력을 사용해 성행위를 갖는 것처럼 더욱 전통적인 지인강간의 정의에 한정했을 때, 이 같은 남자 대학생의 10퍼센트가 그런 강간 행동을 한 것으로 보고했다(같은 책).

최근의 자료는 데이트강간이 젊은 여성의 삶에 어느 정도 영향을 미치는가를 보여주었다. 이 연구의 대부분은 대학 캠퍼스에서 수행되었다. 드물게 데이트강간 연구가 고등학교에서 수행된 반면, 더 나이든 여성이나 대학에 다니지 않는 젊은 여성에 대한 연구는 수행된 적이 없다. 미래의 조사는 이런 계급적 · 제도적 편견을 다루어야만 한다. 또 사교그룹의 강간과 스타 남자 운동선수에 의한 강간에 대한 연구는 일부 사교 그룹의 구성원과 스타 운동선수는 그들의 사교 그룹이나 팀이 그것이 자발적이든가, 협박에 의한 것이든가, 혹은 강제적이든지 간에 그들이 원하는 여성이면 누구든지 간에 성행위를 하도록 허용한다는 점을 인식하고 있다는 사실을 지적한다. 미래의 연구는 이런 특권인식과 그것이 어떻게 조장되었는지에 역점을 두고 다루어야 한다.

:: 부부강간

나는 많은 사람으로부터 부부강간은 낯선 사람에 의한 강간만큼 나쁠 수는 없다는 말을 들어왔다. 그러나 내가 보기에는 부부강간이 더 나쁘다. 내가 믿었고 내 인생 일부분을 공유하고 있던 사람이 그런 방법으로 폭력을 사용하고 마음의 상처를 입힌다는 사실을 알게 된 것은 충격 그 자체였다(버턴, 1999, 1084).

많은 사람은 남편이 그들의 아내와 언제, 어떻게, 얼마나 자주 성행위를 하는가에 대한 결정권을 수행한다고 믿기 때문에 아직 부부강간이란 용어 자체가 모순적이라고 본다. 그러나 이런 믿음에 고착되어 있는 사람들은 사랑받아야 할 사람의 의사에 반하여 일상적으로 성행위를 했을 때의 결과뿐 아니라 많은 부부강간의 극단적 야만성에 대해 알지 못한다. 불행하게도 부부강간을 단순히 성에 관한 마찰이나 불쾌감으로 보고 특별히 심각한 부부 간의 다툼으로 보지 않는 대중매체로 인해 부부강간에 대한 강력한 고정관념이 생겨났다(Finkelhor and Yllo, 1985, 13). 부부강간은 사소한 갈등으로 축소되거나 남편과 아내 사이의 관계에 대해 아주 성애적으로 낭만화된다(예를 들면 「바람과 함께 사라지다」 「가시나무새」 같은 영화에서). 버겐Bergen(1996, 13)은 '부부강간'을 "상대적으로 지속 시간이 짧고 신체적 물리력이 덜 사용되는 것에서부터 몇 시간이나 지속되는 가학적이고 고통스러운 사건까지 광범위하다"는 점을 제시함으로써 가장 잘 요약하고 있다. 버겐(1996)은 부부강간의 세 가지 이유를 확인했다. (1) 남편은 아내와 어떤(심지어는 폭력적으로) 조건에서도 성행위를 할 수 있다고 생각한다. (2) 남편이 아내나 다른 누군가의 행동에 대해 아내를 벌하기 위해 강간을 사용한다. (3) 남편이 아내에 대한 권리를 주장하고 통제하려고 강간을 한다.

아직 알아내야 할 것이 많지만 1980년대의 연구들은 부부강간을 둘러싼 쟁점에 대해 처음으로 다루었다. 대부분의 조사연구는 부부강간을 관습법상의 결혼과 때때로 법적으로 결혼한 것은 아니더라도 배우자로서 동거하는 사람을 포함하여 결혼관계에서의 강간으로 정의한다. 또한 전 배우자에 의한 강간도 전형적으로 부부강간이라는 개념에 포함된다. 강간은 혼인관계에서 놀랄 만한 빈도로 발생한다(Finkelhor and Yllo, 1983, 1985; Russell, 1982, 1984; Shields and Hanneke, 1983). 러셀(1984, 62)은 무작위 표본을 통해 기혼 여성의 12퍼센트가 남편에 의한 성폭력을 경험했다는 것을 발견했다. 지난 1년 동안 발생한 부부간의 성적 공격을 검증하는 연구는 부부문제 상담을 구하는 결혼한 부부집단과 그런 상담을 구하지 않는 부부집단의 표본을 비교했다(Meyer, Vivian, and O'Leary, 1998). 이 연구는 상담받지 않은 집단의 여성 중 거의 0.5퍼센트가 그 전년도에 성적 공격을 경험한 반면, 상담받은 집단의 여성 중 5퍼센트가 그 전년도에 물리력을 통한 위협을 받거나 혹은 실제로 강제된 성행위를 경험했다는 것을 발견했다. 그러나 남편의 성적 강요(아내에게 성행위를 하도록 압력을 가하는)에 대해 살펴보면, 상담받은 집단에서 3분의 1(36%)이 넘는 여성이 성적 강요를 당했다고 말하고 있으며, 상담받지 않은 집단에서 거의 4분의 1(23%)의 여성이 전년도에 성적 강요를 당했다고 말하고 있다. 조사 결과는 남성이 성적이지는 않으나 신체적으로 공격적인 부부와, 남성이 성적으로 공격적인 부부 사이의 중요한 중첩적인 특성을 지속적으로 보고한다. 즉 성적이지 않은 방법으로 아내를 심하게 학대하는 남성은 성적으로도 피해를 가하기도 쉽다는 것이다(Campbell and Soeken, 1999; Finkelhor and Yllo, 1983, 1985; Meyer, Vivian, and O'Leary, 1998; Russell, 1982, 1984).

연구자들은 부부강간에 대한 두 가지 유형을 제시하고 있다. 핀켈호Finkelhor와 일로Yllo, (1985)가 제시한 첫 번째 유형은 부부강간을 **폭력강간**battering rapes, **비폭력강간**nonbattering rapes, **강박적 강간**obsessive rapes으로 구분한다. 폭력강간에서 성폭력은 언어적·신체적 폭력과 함께 발생하거나 학대의 일부분으로 발생한다. 비폭력강간은 약간의 신체적 폭력이 있기는 하지만, 대부분 성적 갈등의 결과로 강간이 발생한다. 강박적 강간은 기괴한 성적 강박을 포함하고 있는데, 이는 대개 상당한 양의 음란물을 보는 남성에 의해 행해진다(Finkelhor and Yllo, 1983, 123-125).

부부강간의 두 번째 유형은 러셀(1982)에 의한 것인데, 이는 핀켈호와 일로의 유형이 너무 제한적이고 포괄적이지 않다는 생각에서 만들어졌다. 러셀은 핀켈호와 일로의 유형 구분이 다소 덜 심각한 형태의 아내강간을 무시한다는 데 관심을 기울였다. 사실 러셀(같은 책, 145)은 신체적으로 아내를 학대하는 많은 남성이 성적으로도 아내를 학대하기는 하지만, 많은 아내가 극단적이고 반복된 형태의 신체적 학대 없이 단지 남편에 의해 강간만 당했다고 믿는다. 그러므로 러셀(같은 책, 133-143)은 아내강간과 관련해 다음과 같이 남편을 유형화한다.

1. 아내와의 동의에 의한 성행위보다 강간을 더 좋아하는 남편
2. 아내와의 강간과 동의에 의한 성행위 모두를 즐기는데, 그것이 어떻게 다른지에 대해 무관심한 남편
3. 아내와의 동의에 의한 성행위를 더 좋아하지만 아내가 성적인 모험을 거절했을 때 강간하는 남편
4. 아내를 강간하고 싶어 하지만, 이런 욕망을 행동으로 옮기지 않는 남편
5. 아내를 강간하고자 하는 어떤 욕망도 갖지 않은 남편

친밀한 사람에 의한 강간은 밝혀내기가 어렵다. 피해자는 가해자가 남편, 남자친구 혹은 친척이라면 그것은 강간이 될 수 없다고 믿으면서 그들이 경험한 것을 재규정한다. 부부강

[제시 7-1] 바실레의 어쩔 수 없는 동의에 의한 원치 않는 부부 간 성관계/강간의 다섯 가지 유형

1. **처음에는 원치 않았으나 나중에는 원하게 되었다** 여성이 처음에는 성관계를 원치 않았으나 결국에는 그것을 즐기게 된다.
2. **그것은 내 의무다** 여성은 성관계를 원했기 때문이 아니라 그것을 결혼의 의무라고 믿기 때문에 성관계를 갖는다.
3. **논쟁을 피하기 위한 더 쉬운 방법이다** 여성은 파트너의 언어적이거나 비언어적인 행동을 더는 참을 수 없고, 성관계가 그런 상황을 벗어나는 가장 쉬운 방식이어서 성관계를 한다.
4. **내가 하지 않는다면 어떤 일이 벌어질지 모른다** 여성은 자신이 성관계를 거부할 경우 나타날 부정적 결과가 두려워서 이를 허락한다.
5. **내가 하지 않는다면, 어떤 일이 벌어질지 알고 있다** 여성은 경험을 통해 자신이 순종하지 않는다면, 강간을 당하고/당하거나 다른 심각한 형태의 폭력을 경험할 수 있다는 것을 알고 있다.

간의 피해자는 남편에게 성적으로 학대당했다는 점을 축소하거나 잊어버리려고 한다(Basile, 1999; Bergen, 1995, 1996; Kelly, 1988). 사실 대부분 여성이 남편과 경험했던 강요된 성관계가 실제로 강간이었다는 점을 인식하는 시점은 몇 년이 지나 그때 상황을 되돌아봤을 때다(Basile, 1999; Kelly, 1988; Sheiner, 1987). 가장 폭력적인 강간의 일부는 결혼관계 내에서 발생하는 강간이며, 부부강간의 일부는 성격상 매우 강제적인 반면에 그 자체 행위는 폭력적이지 않다는 사실을 이해하는 것은 부부강간에 대한 논의에서 중요하다. 전자에 관해 한 연구는 남편에게 성폭행을 당한 여성은 파트너에 의해 살해당할 위험이 가장 높다는 점을 발견했다(Campbell and Soeken, 1999). 전국범죄피해조사 자료를 사용한 부부강간에 대한 조사연구는 다른 지인강간이나 낯선 사람에 의한 강간보다 부부강간이 좀 더 빈번한 성폭력일 뿐 아니라 부부강간의 생존자가 의료, 경찰 혹은 기관의 도움을 찾을 가능성이 더 낮다는 점을 보고한다(Bergen, 1996; Mahoney, 1999). 많은 부부강간이 물리력을 사용했다기보다는 좀 더 강제적이라는 후자에 관하여 한 연구는 [제시 7-1]에서처럼 여성이 그녀의 남편과 원치 않은 성행위에 응하게 되는 다섯 가지 유형을 발견했다(Basile, 1999). 다섯 가지 유형에 대한 동의는 덜 심각한 것부터(난 그렇게 느끼지 않지만, 아마도 그럴 수 있어) 좀 더 심각한 형태(나는 이것을 '자발적'으로 하지 않았지만, 그는 나를 제 것으로 만들려고/강간하려고 했어)가 있다. 여러 연구에서 많은 여성은 그들이 부부강간에 저항하려고 했을 때 더 큰 상해를 입게 되었고, 그래서 저항하지 않는 것은 강간이 수반하는 상해의 수준을 최소화하기 위한 학습된 메커니즘이었다(Basile, 1999; Bergen, 1995, 1996). 이런 연구들은 덜 폭력적이지만 좀 더 강제적인 부부강간은 여성이 나편의 성적 요구에 반응하지 않았을 때 발행할 수 있는 강간과 성 불평등에 대한, 인지되거나 실제적인 결과의 가능성을 나타낸다. 이런 동일한 행동은 데이트 관계에서의 남성과 여성에 의해 경험하게 될 가능성도 높다.

미국에서 부부강간이 불법이 되기 전에 이미 많은 다른 국가에서는 불법적인 것으로 규정했다(X, 1999). 1970년대 중반 미시간의 한 용감한 판사 바움Victor Baum은 그 당시 미국의 어느 지역에서도 부부강간이 불법이 아니었지만 하트웰Judy Hartwell이 그녀를 강간하고자 하는 남편한테서 자신을 방어할 권리를 가져야 한다는 점을 배심원에게 설득함으로써 법적 전례를 깨고 유죄평결을 내리도록 했다. 하트웰은 그녀의 남편을 살해한 죄로 기소되었다. 상당한 저항에도 불구하고 미국은 1978년 5개 주에서만 부부강간을 범죄라고 규정했으나, 1990년 50개 주가 모두 부부강간을 범죄화하게 되었다(같은 책).

:: 성희롱

- 한 여성이 건설현장을 걷고 있는데, 노동자 중 한 명이 그녀에게 휘파람을 분다.
- 한 학생이 논문에 대해 토론하기 위해 교수를 찾아갔고, 교수가 그녀에게 데이트 신청을 한다.
- 한 여성의 상사가 그녀가 예쁜 다리를 갖고 있다고 말한다.
- 한 여성이 다니고 있는 교회의 목사가 자신이 그렇게 할 수 없다는 사실을 알고 있지만, 그녀에 대해 성적 판타지를 갖고 있다고 고백한다.

이런 것은 모두 성희롱의 예다. 성희롱은 전형적으로 직장이나 거리 등에서만 발생하는 것으로 간주된다. 그러나 성희롱은 대학교 강의실, 병원, 사회적 모임 등을 포함해 어디에서든 일어날 수 있다. 블라우스 안을 내려다보는 젊은 간부, 옆자리에 앉아서 추잡한 말을 하는 불쾌한 술주정뱅이, 휘파람을 불고 야유하는 건설노동자 등을 포함해 어떤 형태든지 성희롱은 점차적으로 피해자의 자존감과 프라이버시를 침해할 수 있다(Medea and Thompson, 1974, 50). 여성과 소녀의 다른 피해에 대한 논의와 유사하게, 권력은 성희롱에서 매우 중요한 역할을 한다. 성희롱에 포함된 원치 않는 침해적 · 모욕적 행동은 여성과 소녀를 통제하고, 분노하게 하고, 굴욕감을 느끼게 하는 결과를 가져온다.

대부분의 성희롱에 대한 연구는 직장에서 발생하는 성희롱에 초점을 맞추어왔다. 사실 스탄코Stanko(1985, 60)는 "성희롱을 작업 상황에서 발생하는 여러 가지 형태의 원치 않은 성적 관심"으로 규정한다. 즉 시각적(곁눈질) 혹은 언어적(성적인 지분거림, 농담, 말, 질문) 행동, 원치 않는 성적 제안이나 데이트에 대한 압력, 원치 않는 접촉이나 잡기, 협조하지 않을 경우 복수하겠다는 암시적 위협을 수반한 원치 않는 압력 등이다. 직장 내 성희롱에 관한 가장 포괄적인 연구는 우정사업본부와 공무원에 관한 하원의 조사위원회가 발주하고 실적보호위원회가 수행한 것이었다. 1981년 보고서는 무작위로 뽑힌 연방정부 내 근로자 2만 명이 작성한 설문결과를 포함하고 있다. 그들은 전체 남성 근로자의 15퍼센트와 전체 여성 근로자의 42퍼센트가 직장에서 성희롱 경험을 보고했다는 점을 밝혀냈다. 대만에서 1,000명의 근로자를 대상으로 수행한 한 연구는 여성의 36퍼센트와 남성의 13퍼센트가 직장에서 성희롱의 경험을 보고했다는 점을 발견했다(Luo, 1996). 성희롱은 전형적으로 원치 않는 성적 농담이나 말의 형태로 발생하고, 그 다음이 고의적인 신체 접촉, 데이트 요구와 압력의 순이었다. 성희롱의 대부분은 반대 성性의 동료 직원에 의해 행해지는데, 피해자는 괴롭힘을 그 사람이 둔감한 탓으로 돌린다(같은 책).

성희롱은 다섯 가지 수준의 연속선상에 존재하는 것으로 보인다. (1) **성차별적 괴롭힘**gender harassment은 반드시 그 자체가 성적인 것이 아니라도 여성을 비하하는 성차별주의적인 말을 포함한다. (2) **유혹적인 행동**seductive behavior은 피해자에게 개인적이고 성적인 생활에 대해 이야기할 것을 요구하거나 성적인 유혹을 포함한다. (3) **성적인 뇌물**sexual bribery은 보상을 약속하면서 성관계를 요구하는 것을 포함한다. (4) 성적인 강제는 성적인 요구에 순응하지 않으면 응징하겠다면서 누군가를 위협하는 것을 포함한다. (5) **성폭력**sexual assaults, 상스러운 성적 속임수, 외설스러운 노출 등은 가장 마지막의 심각한 수준을 구성한다(Till, 1980). 좀 더 자세히 보면, 성적 뇌물의 한 예는 교수가 학생에게 데이트를 하면 성적에 도움을 줄 수 있다는 점을 내보이면서 데이트를 신청하는 경우다. 반면에 성적인 강제는 교수가 학생에게 자기와 사귀지 않는다면 그 수업에서 낙제점을 주겠다고 말하는 것이다. 그래서 제시된 이런 다섯 가지 수준은 가장 사소한 것부터 가장 심각한 성희롱까지 포함하고 있다. 성희롱은 종종 그 상황을 염려하지 않거나 심지어 염려할 때조차도 다른 사람의 관심으로 인해 우쭐함을 느끼기도 하는 피해자를 혼란스럽게 만든다.

법적으로 성희롱은 잠재적으로 두 가지 방식으로 발생할 수 있다고 확인되었다. 첫째, **대가성 성희롱**은 성적 호의에 대해 교육 훈련이나 작업 상황의 유지나 성과를 받는 것을 의미한다. 즉 피해자는 성적 요구에 순응할 경우 성적, 직무, 승진, 다른 교육적이거나 직업적인 제안을 약속받는다. 두 번째 방식의 성희롱은 법적으로 **적대적인 환경**hostile environment을 조성하는 성희롱이라고 부른다. 이런 유형의 성희롱은 어떤 개인의 직무나 교육환경을 위협적이거나 공격적인 것으로 만드는 행동, '장식' 등을 포함한다.

미국의 군대에서 전투 상황에 있는 여성 300명 이상과 남성 1,000명 이상을 대상으로 한 연구는 성희롱의 원인을 예시하고 있다(Rosen and Martin, 1998). 이 연구는 남성 장교의 성희롱에 대한 허용도는 그들 스스로가 보고한 여성에 대한 적대성의 수준, 부정적인 남성성(탐욕, 오만, 이기심, 냉소, 잘난 척 등 남성에게 좀 더 우세하지만 양성 모두에게 사회적으로 바람직하지 않은 것으로 믿어지는 특성으로 측정된), 여성을 동등한 존재로 용인하는 정도, 인종과 관련된다는 점을 발견했다. 성희롱에 대한 허용도가 높은 남성은 여성에 대한 높은 수준의 적대성과 남성우월주의, 여성을 동등한 존재로 용인하는 수준이 낮다는 것을 보고했다(같은 책). 흑인 남성 군인은 백인 남성 군인보다 성희롱에 대한 허용도가 유의미하게 낮고, 흑인 여성 군인은 백인 여성 군인보다 성희롱에 대한 허용도가 낮다.

성희롱에 포함된 강제는 아무리 과장해도 지나치지 않다. 거리에서 성희롱을 피하기 위해 목적지에 이르는 좀 덜 편리한 길을 가기로 선택할 수 있는 것과 마찬가지로, 여학생과 여성 근로자는 성희롱을 참는 것을 거부할 경우 수업에서 형편없는 점수를 받거나 직장에서 승진하지 못할지도 모른다는 두려움을 느낀다. 그런 여성은 그들의 자존감을 희생해서라도 자리를 지키고자 한다는 점이 제시되었다(Farley, 1978). 여성이 비공식적이거나 대학과 직장의 정책과 법을 통해 그들을 괴롭히는 사람에게 항거하자고 결정하는 일이 증가하고 있다. 1991년 토머스Clarence Thomas의 임명에 관한 미국 상원 비준청문회는 그 당시 어떤 것보다도 성희롱에 대한 인식을 진보시키는 데 도움을 주었다. 토머스는 이전의 고용인이었던 아니타 힐Anita Hill을 성적으로 괴롭힌 죄로 고용기회평등센터에 기소되어 있었다. 토머스가 자신의 죄를 인정했지만, 사람들은 힐의 정직함에 감동받았고, 많은 성희롱의 피해자와 생존자는 그들의 이야기를 말하겠다고 자원했다.

많은 사람은 성희롱을 해가 없는 것이거나 심지어는 재미있게 해주는 것이라고 생각한다. 성희롱은 품위를 떨어뜨리는 효과(피해자가 스스로를 '싸구려'로 느끼게 하거나 '고깃덩어리'의 일부분이나 '성적 대상'의 일부분으로 느끼게 하는 것)를 갖는 것 이외에도 여성을 통제하는 방식이기도 하다. 거리에서의 성희롱에 대한 한 논문은 "성희롱이 주는 메시지는 네가 남자의 자아통제력을 잃게 만들 만큼 충분히 매력적인 것이라는 게 아니라 공공영역은 남자에게 속한 것이며, 너는 그의 규칙을 따르거나 네가 있어야 할 곳을 기억하는 한에서만 그의 허락을 받고 거기에 있을 수 있다는 것이다"라고 주장한다(Benard and Schlaffer, 1997, 396). 성희롱의 이면에 있는 위협이 과소평가되어선 안 된다. 피해자는 종종 괴롭히는 사람이 그녀를 폄하하거나 통제하기 위해 무엇을 시도하는지 잘 모른다. 그녀가 경고를 하면서 괴롭히는 사람에게 대항한다면 그녀는 결국 신체적인 성폭행을 당할 수도 있지 않을까? 성희롱의 심각성은 한 연구에서 여성 5명 중의 1명이 직장에서 그들이 알고 있는 남성에게 성폭력(즉 강간)을 당했다고 보고한 점에서 알 수 있다(Schneider, 1991). 한 연구는 거리에서 성적으로 괴롭히는 사람에게 왜 그들이 그런 행동을 하는가 물어보았다(Benard and Schlaffer, 1997). 이런 남성의 대부분은 그들의 행동을 감추면서, 지루해서 혹은 그것을 했을 때 다른 남성과 동지애를 느끼기 때문이라고 주장한다. 대부분은 그런 행동에 어떤 생각을 부여하지는 않지만, 약 15퍼센트가 의도적으로 피해자에게 창피함을 주거나 화나게 하기 위해서였다고 주장했다.

만약 여성과 소녀가 직장과 학교에서 성희롱에 저항한다면 직업을 잃거나 승진을 하지 못하고, 성적을 잘 받지 못할지도 모른다는 두려움은 그들의 목적을 이루거나 경력을 쌓는 것을 방해한다. 또한 성희롱에 대한 위협은 여성이 임금이 높은, 전통적으로 남성이 가졌던 직업을 추구하거나 유지하지 못하도록 한다. 2005년 영화 「북쪽 나라」는 1980년 미네소타에서 여성 광부에 대한 성희롱의 실화와 그들의 법정투쟁을 추적하고 있다. 전통적으로 여성적인 직무를 하는 여성은 종종 직무의 일부로서 성적으로 괴롭힘을 당한다(MacKinnon, 1979). 밍크Mink(2000)는 성적으로 괴롭혔다는 이유로 빌 클린턴 대통령을 고소했던 존스Paula Jones와 같은 명백한 성희롱 사례를 기술한다. 밍크는 또한 대학원에서 그녀 자신이 당했던 성희롱 사건을 기술했다. 다른 연구자들보다 더 자세하게 그녀는 어떻게 일부 페미니스트들조차도 자신과 존스와 다른 피해자 사이에 거리를 두고 있는지, 어떻게 매체와 많은 민주당원 지지자가 존스를 "헤픈 여자trailer trash"로 고집스럽게 기술하고 있는지, 그리고 계층주의자와 성차별론자들이 그녀의 행동을 "남자 돈 우려먹기"로 기술하고 있는지를 보여주고 있다.

명확하게 성희롱은 그것이 파괴적인 효과를 가질 때 해가 된다. 황금시간대 텔레비전 쇼프로그램에 대한 한 연구는 텔레비전에서 성희롱은 매우 가시적이면서도 비가시적이기도 하다고 보고했다. 즉 쇼의 84퍼센트가 적어도 한 건의 성희롱을 보여주고 있지만 이런 상황은 우스꽝스럽고 해가 없는 것으로, 피해자가 끝내기 쉬운 것으로 제시된다(Grauerholz and King, 1997). 성희롱의 수준을 측정하기 위해 일부 연구가 대학에서 수행되었다. 대학캠퍼스에서 성희롱 연구를 검토한 한 연구는 대학 캠퍼스에서 성희롱 가해자의 대부분은 교수이며, 대학생과 대학원생 여성 중 거의 3분의 1이 교육과정에서 교수진에게 성희롱을 당했다고 보고했다(Belknap and Erez, 1997). 1989년과 1993년 미국의 북동부 주립대학들에서 3학년 여학생을 대상으로 한 비교연구에서 성희롱 사건이 4년 동안 25퍼센트에서 20퍼센트로 감소했다는 사실을 발견했다(McCormack, 1995). 비율이 감소했다 할지라도, 여전히 이런 여성 5명 중 1명은 대학 시절 성희롱을 경험한다. 또한 학부 교수진과 일부 대학 직원이 가해자로 규명되기는 했지만, 가장 일반적인 가해자는 동료 학생이었다(같은 책).

최근의 한 연구는 직장 내 성희롱(WSH, workplace sexual harrassment)을 권력의 성별화된 표현으로 보는 광범위하고 주의 깊은 분석을 실시했다(Uggen and Blackstone, 2004). 이 연구는 표본에 남성을 포함하고 있고 직무 기간의 성희롱 경험과 고등학교 이후의 성희롱에 대한 경험을 구분하고 있다는 점에서 독특하다. 성인 여성이 대부분 성희롱의 대상이지만, 청소년들의 높은 직장 내 성희롱 경험 비율과 명확한 직장 내 성희롱의 신드롬은 연령과 성별을 불문하고 발생한다. 이런 결과는 직장에서의 성희롱이 남성과 여성 모두와 연령 집단 내에서 권력과 남성성에서 기인하고, 성희롱이 일반적인 사회현상의 하나라는 사실을 보여준다(같은 책, 88). 마지막으로 취약한 여성과 남성은 직장 내 성희롱의 대상이 되기에 가장 쉽다(같은 책). 이 연구의 양적 자료에서는 직장 내 성희롱 가해자의 성별을 구분하지 않았지만, 질적 자료는 남성과 여성의 직장 내 성희롱은 모두 남성에 의한 것이라는 점을 지적한다(Christopher Uggen과의 개인적 편지, 2005. 10. 14). 파트타임으로 일하는 고등학교 학생에 대한 연구는 소녀의 3분의 2와 소년의 3분의 1이 직장에서 성희롱을 당했다고 보고했다(Fineran, 2002). 성희롱에서 약 5분의 1은 상관(감독자)에 의해 행해졌고, 5분의 1은 직장 내 다른 사람에 의해 행해졌고, 5분의 3은 직장 동료에 의해 행해졌다. 피해경험에서 성별 차이를 비교하는 다른 조사연구와 일관되게, 이 연구에서 소녀는 직장 내 성희롱을 보고했던 소년보다 더 높은 수준의 위협과 두려움을 보고했다(같은 책).

성희롱은 직장, 거리, 교실, 도서실, 많은 다른 장소에서 발생하는 문제다. 성희롱은 종교적 영역에서도 발생한다(Majka, 1991; Whitson, 1997). 직장이나 교육기관에 포괄되지 않은 또 다른 장소에서도 성희롱이 발생할 수 있다. 흑인 감리교 여성에 대한 초점집단focus group 연구는 그들이 남성지배적인 교회의 환경에서 상당한 수준의 성희롱을 보고하고 있지만, 교회공동체나 지도자가 자신을 비난할지도 모른다는 두려움 때문에 성희롱에 대한 피해를 이야기하는 데 주저하거나 말하지 않는다는 것을 밝혀냈다(Whitson, 1997).

요약해 보면 성희롱은 곁눈질과 같은 '가벼운' 것이거나 신체적 성폭력과 같은 극단적인 것일 수도 있다. 성희롱은 여성의 가치를 떨어뜨린다. 그것은 위협을 제기하고, 그래서 여성에 대한 통제 기제로서 작용한다. 그것은 여성이 경제적으로 어떤 경력을 추구하지 못하도록 제한할 수도 있고, 그들의 직업과 임금, 승진 기회를 잃게 만들 수도 있다. 성희롱은 여성과 소녀가 걷는 것이 안전하다고 느낄 때나 느끼는 곳에서, 그들이 비공식적으로 그것을 이야기할 수 있는 사회적 공동체가 있을 때만 말할 수 있다. 간단히 말해 성희롱은 다양한 환경에서 다양한 여성에게 발생한다.

:: 성적 피해와 형사사법제도

형사사법제도가 강간 생존자의 통제 밖에 있고, 고통스럽게 하고, 자존심을 상하게 한다는 인식을 극복하기 위한 개혁 노력이 여러 분야에서 발전되어 왔다. 1970년대 이후로 여성주의자는 저항, 확증, 기소 시 배우자 제외에 관한 법적인 요구사항을 폐지시키고, 강간 생존자가 법정에서 심문받는 방식을 제한하기 위한 법 개혁 노력을 추구해 왔다. 이런 법률의 변화는 강간 생존자를 가장 고통스러운 심문에서 보호해 주고 궁극적으로는 가해자를 기소하는 것이 가치없다는 사회적 인식을 변화시켰다. 그러나 연구들은 법 집행자들이 새로운 법을 실행할 때, 그들의 재량권을 사용하기 때문에 법률 변화의 효과가 제한적이라는 점을 보여준다(콘래디와 버거, 2000. 351-352).

불행하게도 성학대 피해자가 가해자를 알고 있고, 가해자와 가까운 관계를 유지하고 있고, 그들과/혹은 가해자가 술을 마셨거나 약물을 사용한 경우 상당한 피해자 비난이 여전히 존재하고 있다. 그래서 일부 피해자가 스스로를 비난하고 성학대를 비밀로 간직하려고 하는 것은 그리 놀라운 일이 아니다. 대부분의 성폭력은 피해자를 도와줄 목격자가 없고, 대개 피해자는 피해를 비밀로 간직하기가 '쉽다'. 불행하게도 목격자가 없다는 사실은 그들이 그 사건을 신고하기로 결정한다고 하더라도 피해자가 진정한 피해자로 보일 기회마저 빼앗아간다. 피해자는 누구에게도 말하지 않을 수 있고, 가까운 친구나 친척에게만 말할 수 있고, 경찰에 신고할 수 있고, 강간위기센터에 알릴 수도 있다. 강간위기센터는 피해자에게 다양한 서비스를 제공함으로써 도움을 주고 있는 것으로 밝혀졌다. 정서적인 지지 이외에도 피해자가 도움을 받겠다고 선택한다면 센터는 피해자가 병원, 경찰, 법정에 갈 때 자원봉사자를 동반하도록 하는 서비스를 제공해 준다.

폭력을 공식적으로 신고하는 피해자는 형사사법제도의 다양한 행위자뿐 아니라 의사, 상담사, 가족, 친구를 포함한 다양한 사람의 반응을 다룰 수 있어야만 한다. 그들의 피해를 공개하는 것은 종종 생존자가 강간과 관련된 신화뿐 아니라 다양한 사람의 관점과 신념을 다루도록 요구한다. 만약 강간 피해자를 돕는 지역사회 서비스가 없거나 지역사회가 성차별주의와 강간을 조장하는 신념에 가치를 두고 있다면 "피해자들의 욕구는 의심할 여지없이 중요한 문제로 다루어지지 않을 것이다"(Koss and Harvey, 1991, 95).

성학대 피해자는 한 번은 가해자에 의해, 다른 한 번은 형사사법제도에 의해 피해를 입는 등 종종 이중피해자로 언급된다. 그러나 경찰뿐 아니라 판사와 배심원 역시 성적 피해에 무심하고 적대적이라고 보고된다. 종종 가족 구성원이나 친구조차도 강간 피해자에게 적대적으로 반응한다. 이것은 특히 여성과 소녀가 알고 있는 사람에게 강간을 당했을 때 그렇다(Sudderth, 1998). 피해자에게 무심하게 반응해서 피해를 심각하게 다루지 못하는 의사, 간호사, 치료사, 행정 관료에 대한 보고도 있다. (1880~1980년) 100년간의 의학 색인을 분석한 한 연구는 1960년대 이전의 색인에서 "많은 여성과 소녀가 남성을 성폭력으로 잘못 기소하는 경우가 많은데, 만약 성급한 결론을 내린다면 죄 없는 남성을 죽음으로 내몬 것에 대해 책임을 져야 한다. 따라서 강간 피해자를 거짓말쟁이로 간주하거나 검사할 때 매우 세심하게 해야 한다"는 이야기가 반복적으로 나온다는 점을 발견했다(Mills, 1982, 53). 다행히도 밀스Mills(1982)는 그 이후 의사와 병원에서 개선된 사항이 있었음을 보고한다. 제2기 여성운동의 물결과 함께 1960년대와 70년대는 특히 초점을 피해자 비난에서 다른 곳으로 전환하고, 피해자가 안전하게 느끼고 좀 더 편안하게 강간사건을 경찰에 신고하도록 형사사법제도의 환경을 개선하는 데 초점을 맞춘 강간 개혁이 법제화되는 중요한 단계다(Clay-Warner and Burt, 2005). 불행하게도 "범행의 심각성에도 불구하고 성폭력 사건의 법적 처리에 대해서는 상대적으로 잘 알려져 있지 않다"(Du Mont and Myhr, 2000, 1110).

경찰

성적 피해는 수치심, 가해자에 의한 보복의 두려움, 다른 사람에게(때로는 자신에게조차도) 그들이 가해자에게 폭력을 요구하지 않았거나 폭력을 당할 만하지 않다는 점을 확신시켜야 할 필요성 때문에 피해자가 그 피해를 공개적으로 알리기 어렵다. 대부분의 피해자가 가장 먼저 접하는 형사사법기관은 경찰이다. 경찰은 첫 번째 접촉점일 뿐 아니라 피해자가 사건을 처리하려면 경찰에 의존해야 하기 때문에 중요한 기능을 한다. 대부분의 여성이 거짓말을 한다는 전제 때문에 강간 피해자는 강간사건을 고소할 때 다른 피해자와는 달리 자신이 동의하지 않았음을 증명해야만 한다(Spencer, 1987, 56). 미국 · 캐나다 · 영국에서 강간사건의 처리과정에 대한 형사법 연구를 철저하게 재검토한 연구에서 소수의 성범죄자가 체포되고 고소되며, 더 적은 수가 성범죄자로 기소되고 유죄판결을 받는다고 결론을 내렸다. 경찰의 처리과정에 대한 연구는 신고된 성폭력 사건의 거의 절반에서 4분의 3이 사법체계를 통해 걸러진다는 사실을 발견했다(Du Mont and Myhr, 2000, 1111).

강간 피해자에 대한 경찰의 반응에 관한 연구의 대부분은 1980년대에 이루어졌다. 이런 연구들 중 일부는 사건이 경찰이나 검사가 여성이 실수했거나 동의에 의한 성관계를 감추려고 했다고 결론을 내렸기 때문에 기각되는 죄 없음unfounding 처리 관행에 초점을 맞추고 있다. 한 연구는 경찰이 피해자의 도덕성이나 행위(71%), 피해자의 협조 부족(20%), (관할권 밖에서 발생한 강간사건 등) 기술적 이유(9%)를 문제삼았기 때문에 강간사건을 죄 없음으로 처리했다는 점을 보여주었다. 차를 얻어탄 여성, 혼외정사를 한 여성, 남성 없이 혼자 바에 갔던 여성, 거리낌없이 피고인의 아파트에 갔던 여성 등 일반인의 관념에서 벗어난 여성과 연루된 성폭력 사건은 체포로 결론날 가능성이 더 낮다(같은 책). 2,000여 명 이상의 경찰을 대상으로 한 연구는 경찰공무원이 강간 피해자에 대해 전반적으로 세심한 주의를 기울이는 반면에 가해자와 예전에 성관계를 가졌던 여성 등 어떤 기준에 부합되는 피해자 혹은 그들의 외모나 행동으로 보아 강간을 '유발했을 것 같은' 피해자를 의심한다(LeDoux and Hazelwood, 1985, 219). 더욱이 경찰공무원의 일부는 "교양 있는 여성은 강간당하지 않는다" "대부분의 강간 고소사건은 무죄 처리된다" 등의 진술문에 심적으로 강하게 동의한다. 경찰이 무죄로 처리하기로 결정한 강간사건은 절대 (UCR 같은) 경찰의 피해자 통계에 잡히지 않는다. 좀 더 최근의 캐나다 연구는 강간사건의 8퍼센트는 경찰에 의해 무죄 처리되고, 절반이 체포나 기소된다고 보고했다(나머지 사건 중 27%는 미제로 남고, 6%는 여성이 고소를 취하했고, 5%는 다소 다른 방식으로 해결했다)(Du Mont and Myhr, 2000).

논의했던 것처럼 성폭력 사건에서 법 개혁 목표 중 하나는 피해자의 경찰신고율을 높이는 것이었다(그리고 법정까지 가는 것이었다). 경찰에 신고된 강간사건의 비율은 학대의 형태와 시기의 중요성을 말해준다. 러셀(1984)은 강간미수나 강간기수 사건의 8퍼센트가 경찰에 신고된다는 사실을 밝혔고, 전국피해자센터(1992)의 자료는 강간의 16퍼센트가 경찰에 신고된다는 사실을 보여주었다. 예상했던 것처럼 낯선 사람에 의한 강간은 지인강간보다 신고될 가능성이 더 높다(같은 책). 다른 연구는 평균적으로 아동 성학대 사건의 5퍼센트(Russell, 1984), 데이트강간의 5퍼센트만 경찰에 신고된다는 점을 보여주고 있다(Warshaw, 1988). 미국 여성의 86퍼센트가 미디어가 자신의 이름을 밝힌다면 경찰에 강간사건을 신고하지 않을 것이라고 응답했다(전국피해자센터, 1992).

1973~90년 UCR과 NCVS 자료분석 결과에 따르면 강간 피해자의 경찰신고율이 개혁 이후 소폭 증가했음을 보여주고 있다(Bachman and Paternoster, 1994). 그러나 워너Clay-Warner와 버트Burt(2005)는 법 개혁이 강간 피해자의 경찰신고율을 급속하게 변화시킬 것 같지 않고, 이는 사회변동의 지표일 뿐이며 강간 개혁은 지속적인 자료를 갖고 수년에 걸쳐

연구될 필요가 있다고 지적한다. 강간신고율의 변화를 검토하기 위해 이 장의 앞부분에서 언급했던 전국여성폭력조사(NVAW)에서 824건의 강간미수와 강간기수 사건에 대한 정보를 이용한 연구자들은 초기 개혁(1975~89년)과 최근 개혁(1990년~현재)을 검토하여 전국피해자센터에 보고했다. 이 연구는 최근 개혁기(1990~96년)에 발생한 강간사건이 1978년 이전에 발생한 강간사건보다 경찰에 신고될 가능성(88%)이 더 높지만, 중강간범죄(낯선 사람에 의한 것이나 무기를 갖고 있는 경우나 신체적 상해를 입은)의 피해를 입은 여성은 여전히 단순 강간피해를 입은 여성에 비해 경찰에 강간사건을 신고할 가능성이 높고, 그 차이는 꽤 안정적인 경향을 유지하고 있다는 사실을 발견했다(Clay-Warner and Burt, 2005). 또한 이 연구는 약물이나 알코올을 남용한 피해자는 경찰에 신고할 가능성이 낮다는 점도 밝혀냈다(같은 책).

이 장의 앞부분에서 언급했던 NCS와 NCVS를 검토했던 연구는 또한 경찰에 강간사건을 신고하는 비율이 시기에 따라 어떻게 달라지는가를 살펴보기 위한 분석을 실시했는데, 다음과 같다. (1) 경찰에 강간범죄를 신고하는 비율은 1970년대 이후로 계속 증가하고 있는데, 이는 대개 제삼자에 의한 신고와 피해자가 지인강간을 보고할 가능성이 높아졌기 때문이다. (2) 특히 증가율은 남편이나 전남편에게 강간을 당한 여성의 경우에 높게 나타났다. (3) 1990년대 강간 피해자가 경찰에게 신고하는 수가 더욱 늘어났다. (4) 지인강간은 1970년대와 1980년대에는 경찰에 신고될 가능성이 낮았다. (5) 피해자와 가해자 관계는 1990년대는 경찰에 강간을 신고할 가능성에 영향을 미치지 않았다(Baumer, Felson, and Messner, 2003). 연구자들은 낯선 사람에게 강간을 당한 여성보다 지인강간을 당한 여성(예를 들어 대개 잘 알고 있는 사람이나 단지 얼굴만 아는 사람)이 경찰에 신고할 가능성이 더 이상 유의미하게 낮지 않다고 결론을 내렸다(같은 책, 858).

독자는 아마도 클레이 워너와 버트(2005)의 연구와 바우머Baumer와 그 동료들이 수행한 연구의 차이에 주목할 것이다. 이것은 자료 출처의 차이 때문일 가능성이 있다. 바우머, 펠슨Felson과 메스너Messner(같은 책)는 강간에 대한 법적 규정을 이용한 NCVS 자료를 이용했고, 클레이 워너와 버트(2005)의 분석은 NVAW의 자료에 바탕을 두고 있는데, 이 조사는 강간에 대해 좀 더 광범위한 정의를 하고 있어서 좀 더 많은 지인강간을 포함한다.

마지막으로 병원에서 치료 중인 강간 피해자 186명에 대한 캐나다의 연구는 여성의 연령, 인종, 결혼지위, 고용지위, 정신건강 상태, 음주 여부는 그들이 강간사건을 경찰에 신고할 것인가와는 무관하다는 점을 발견했다(Du Mont, Miller, and Myhr, 2003). 강도 높은 물리력과 상해의 수준은 경찰에 강간사건을 보고할 가능성을 더 높인다(같은 책). 이 연구는 "'진짜 피해자'에 대한 신화화된 이미지를 닮지 않은 여성도 그 이미지와 일치하는 여성만큼 경찰에 성폭력을 신고한다. …… 전통적으로 경찰의 보호를 구하는 데 주저하는 것처럼 보이는 여성과 경찰의 편견에 정면으로 맞설 것 같은 여성은 점차적으로 배상을 위해 법 실행 당국에 의존할 권리를 부여받았다고 느끼는 것 같다"고 결론지었다(같은 책, 477). 그래서 저자는 순결과 책임이라는 전통적 개념이 레즈비언, 성노동 종사자, 정신이상 여성, 저임금 여성, 자동차편승 여행자, 종종 나이트클럽에 가거나 술을 먹는 사람을 포함한 '경험 있는 피해자'와 '잘못 행동한 피해자'가 효과적으로 진정한 피해자 지위를 주장하거나 성취할 자격을 박탈하는지 아닌지를 검증하기 위해 그들의 연구를 시작했다. 그들은 모든 유형의 여성과 소녀가 경찰에 신고하는 것에 대해 예전에 비해 더 많은 자신감을 느끼고 있지만, 이런 여성이 어떻게 경찰에게 대우받는지는 명확하지 않다고 결론을 내렸다. 다음 부분에서는 어떻게 법정에서 대우받는지를 논의할 것이다.

동일한 자료를 사용한 다른 연구는 피해자와 경찰의 의사결정에 영향을 미치는 증거 요인 간의 관계를 탐구했다(Du Mont and Myhr, 2000). 피해자 변수의 경우 나이든 여성과 신체적으로 저항할 수 없거나 저항하지 않은 여성은 사건이 기소될 가능성이 낮다. 그러나 놀랍게도 피해자-가해자 관계는 고소와는 무관하다. 즉 경찰은 낯선 사람에 의한 성폭력을 사건화하는 것과 마찬가지로 여성이 현재나 이전의 파트너에게 성적으로 폭행을 당한 사건과 피해자와 가해자가 안 지 24시간 이상 된 사건도 사건화한다. 증거에 관해서는 삽입이나 법리학적 증거물(예를 들어 병원의 강간사건 검사도구)은 사건의 기소와는 관련이 없다(같은 책, 1123). 그러나 목격자에 의한 피해자 진술의 확증은 기소 가능성을 6배 정도 높여준다. 노스캐롤라이나의 9개 사법관할구역에 대한 최근의 연구는 강간위기센터와 법실행기관 간에 유의미한 상호작용이 있었던 반면에 모든 9개 관할구역은 계속해서 합의 여부와 피해자의 행동에 초점을 맞추었고, 신체적 증거를 가진 사건만 기소되었다는 점을 발견했다(Lord and Rassel, 2002). 이외에도 많은 부서에서는 피해자를 조사할 때 거짓말 탐지기를 사용하는데(일부에서 가해자보다 피해자에게 먼저 거짓말 탐지기 조사를 실시함), 이는 다른 범죄사건에서 찾아보기 힘든 상황이다(같은 책).

많은 사람이 상당수의 경찰이 (1) 강간 피해자에게 무심하며, (2) 처리과정에서 인종차별주의적이라는 인식을 가지고 있다는 것을 볼 때 유색인종 여성과 소녀는 강간을 신고하지 못하도록 하는 지역사회의 압력을 느끼게 되고, 특히 그들의 가해자가 유색인종일 때 더욱 그렇다는 점은 별로 놀랄 만한 사실이 아니다. 이런 문제를 검토한 몇몇 연구 중 하나는 흑인 강간 생존 여성에 대한 면접과 조사를 실시했다(Neville and Pugh, 1997). 흑인 여성이 경찰에 강간피해를 신고하는 데 장애가 되는 요인 중 하나가 그녀들에게 적대적이고 불공평한 경찰 때문이라는 가설을 이 연구에 참여한 여성들이 지지한다고 보고했다(같은 책). 이와 유사하게 흑인 성폭력 생존자에 대한 한 연구는 그들이 모두 형사사법제도를 개인으로서, 좀 더 광범위한 인종적 사회의 구성원으로서 자신들에게 적대적이라고 인식하고 있다는 점을 보고했다. 일부 연구가 미래의 성적 피해를 경찰에 신고할 것이라는 사실을 인정한다 하더라도 그것은 도움을 받을 수 있다고 느끼기 때문이 아니라 기록에 무엇인가를 남겨두기 위해 신고할 것이라는 점은 명확하다(Washington, 2001, 1279). 여성은 위기개입 서비스가 경찰처럼 적대적이거나 인종차별주의적이라고 믿지 않지만, "서비스 직원이 다양하지 못하다는 것은 결국 문화적 차이에 대한 민감성의 부족으로 해석될 수 있다"(같은 책).

요컨대 강간사건 신고에 대한 연구들은 강간 개혁과 문화적 변화가 여성과 소녀가 그들의 성학대 피해 경험을 경찰에 공식적으로 신고할 가능성에 일부 중요한 변화를 일으켰다는 점을 보여준다. 그리고 여전히 피해자가 술을 마시지 않은 상태에서 낯선 사람에 의해 이루어진 강간 등 전형적인 강간의 피해자가 경찰에 신고할 가능성이 더 높아 보이기는 하지만, 그들은 전체 강간사건에서 낮은 비율을 차지하고 있다. 뉴질랜드에서 이루어진 최근의 연구는 강간 생존자가 경찰을 보호적이고, 지지적이고, 믿을 만하다고 인식할 때 경찰에 그들의 경험을 신고한다는 사실을 보여준다(Jordan, 2001). 여성 중 3분의 1이 경찰의 감정이입이 부족하다는 인식을 언급했는데, 경찰은 그들을 비판하고, 그들을 믿지 않았으며, 그들의 강간피해를 중요하게 여기지 않았다면서 경찰에 대한 경험을 부정적으로 평가했다. 일부 여성은 최초의 경찰 신고에서 접하게 된 그런 비참한 경험으로 인해 고소를 취하했다고 보고했다. 마지막으로 이 연구는 강간 생존자는 최초의 진술에서 그들의 사건을 대하는 경찰의 전문적인 헌신이 부족해 강간범의 기소가 이루어지지 않았다고 생각했을 때, 경찰에 대해 당혹감을 느꼈다는 점을 발견했다. 간단히 말해 이런 여성은 신뢰를 받고, 인정받기를 원하며 경찰이 적극적으로 그들의 강간범을 기소하기를 원한다(같은 책).

공판 절차, 도대체 누가 재판을 받는 것인가

고소인의 성폭력 사건이 경찰에 의해 진행되어 피의자가 규명되고 고소된다고 가정할 때 고소인이 '진정한 피해자' 인지, 그 사건에 검찰이 시간을 투자할 가치(종종 피해자의 바람이나 욕구는 고려되지 않은 채)가 있는지 아닌지를 결정하는 것은 이제 검찰의 차례다. 상당수 경찰처럼 많은 검사는 '믿을 만한' 여성 피해자를 평가할 때 성별 고정관념에 의존한다(Stanko, 1982). 그래서 검사가 사건과 무관한 피해자의 특성에 의존하고 강간 신화를 받아들이는 경우 가해자에 대한 불기소라는 결과를 낳을 수 있다. 간단히 말해 많은 검사와 판사도 상당수 경찰관이 강간에 대해 갖고 있는 편협한 태도를 똑같이 갖고 있는 것으로 비난받고 있다(LaFree, 1989).

강간사건의 35퍼센트 미만이 유죄로 마무리되고(Estrich, 1987, 17), 나머지는 각하되거나 무죄방면된다. 러셀(1984)의 연구에서는 670건의 강간미수와 강간기수 사건 중에서 단지 2퍼센트만 체포되고 1퍼센트가 유죄로 끝난다. 라프리LaFree(1989)는 경찰에 신고된 강간사건의 37퍼센트가 체포되고, 12퍼센트가 유죄협상을 낳고, 6퍼센트가 재판으로 가고, 5퍼센트 미만이 구금형에 처해진다는 점을 발견했다. 디트로이트에서 수행된 1,000건의 강간사건에 내한 최근의 연구는 그 사건 중 18퍼센트가 고소가 각하되고, 34퍼센트가 유죄판결로 끝나고, 피의자 중 3분의 2가 징역형을 받고, 유죄판결을 받은 강간범의 평균적인 수형 기간은 167개월이었다(Spohn and Spears, 1996). 또 다른 연구는 검사가 강간사건에 대해 죄 없음 결론을 내린 사건(강간이 일어나지 않았다고 판단하는 것)을 분석한 후 경찰에 신고한 강간 피해자가 중폭행, 강도, 절도 사건의 피해자만큼이나 그들의 사건이 법정까지 가기를 원했다는 사실을 발견했다. 그러나 강간 피해자는 검사에 의해 중폭행, 강도, 절도범죄의 피해자보다 거짓말을 하는 것으로 인식될 가능성이 더 높다. "강간 피해자는 재판과정의 혹독함이 자신에게 더욱 심하게 나타난다는 사실에도 불구하고 그들은 공판과정의 혹독함을 기꺼이 경험한다"(Williams, 1981, 32).

이와 유사하게 판사에 대한 연구는 그들이 진짜 혹은 진정한 강간 피해자라고 믿는 사람에 대한 인식에 근거해 결정을 내리고, '위험을 추구하는' 여성, 즉 자동차에 무임편승을 하거나, 밤에 혼자 걷거나, 바에 혼자 가거나, 알코올이나 약물을 사용하는 여성은 그들의 사건이 유죄로 결정될 가능성이 적어지는데, 이는 특히 범죄자가 흑인이고, 피해자가 백인일 때 더욱 그렇다(Spohn and Spears, 1996). 좀 더 최근의 캐나다 연구는 유죄판결률이 17퍼센트인데, 검사나 판사가 사건의 16퍼센트를 취하하고, 4퍼센트를 기각하고, 5퍼센트를 무죄방면한다는 점을 발견했다(Du Mont and Myhr, 2000). 유죄판결이 난 사건 중 4분의 3이 피고인이 유죄협상을 한 사건이었다. 다른 캐나다 연구는 경찰에 신고된 강간사건 중 3분의 1이 기소되었고, 11퍼센트가 유죄판결이 났다고 보고했다(McGregor et al. 2002). 피고인은 사건의 7퍼센트만 구형량과 똑같은 선고형을 받았고, 경찰에 신고된 후 유죄판결이 난 강간사건의 나머지 4퍼센트는 구형량보다 훨씬 더 낮은 선고형을 받았다. 경찰에 신고된 강간사건의 9퍼센트만 징역형을 받았다(같은 책).

검사가 성적 피해를 둘러싼 역동성에 대해 잘 알지 못하는 것은 강간범으로부터 보호를 받고자 하는 피해자에게 부정적으로 영향을 미친다. 검사의 성폭력 사건 선별과정에 대한 한 연구는 검사가 강간사건을 결정하는 데 피해자에 대한 불신이 매우 중요한 역할을 한다는 점을 발견했다(Frohmann, 1991). 이것은 피해자 설명의 불일치나 피해자의 설명과 경찰 보고 간의 불일치를 찾아내고, 피해자가 허위신고를 한 숨은 동기(예를 들어 그녀가 다른 남성과 합의에 따른 성행위로부터 성병을 얻게 되었다는 점을 남자친구에게 말하기를 원치 않기 때문)를 갖고 있는지 아닌지를 결정함으로써 행해진다. 이런 결정은 대부분 불완전하거나 잘못된 경찰 보고나 피해자의 범죄자와의 관계에 바탕을 두고 있다. 한 사람의 체포와 유죄판결 등을 시간 순서대로 기록한 형사고소장 'Rap' sheet은 집이 없고, 불법 활동에 관여했고, 혹은 흑인이나 라틴 지역사회에 살고 있는 강간 피해자를 주로 문제삼고, 부유한 도시의 '백인' 지역 출신의 여성 피해자는 문제 삼지 않는다. 피해자의 행동에 대한 정형화와 피해자의 개인생활에 대한 지식도 검사의 강간사건에 대한 거부 결정에 영향을 미친다. 검사가 '전형적인' 강간 행동이라고 생각하는 것은 부정확한 것일 수 있지만, 그것은 여전히 종종 피해자의 신뢰성에 대한 검사의 인식에 영향을 미친다. 이런 정형화가 근거하고 있는 가정에 도전할 수 없다면, 많은 강간사건은 죄가 없음을 이유로 해서 절대 기소되지 않을 것이다.

플로리다 주 마이애미에서 1997건의 성학대 사건을 분석한 프로만 Frohmann(1991)이 최근에 수행한 연구는 검사가 강간사건으로 기소할지 여부의 결정을 위해 여전히 피해자의 성격, 평판, 사건발생 시간 등 여러 가지 가정을 사용하지만 상당수의 강간사건이 정당한 이유(예를 들어 피해자가 소송을 원치 않음)로 기각된다는 점을 발견했다(Spohn, Beichner, and Davis-Frenzel, 2001). 하지만 여전히 검사가 피해자의 도덕적 특성과 행동에 대한 고정관념에 초점을 맞추고 이것이 피해자의 진실성에 대한 검사의 평가에 영향을 미치며 이로 인해 성학대 사건의 절반 이상이 기소되지 않는다. 그래서 에스트리치 Estrich(1987)의 '진정한 강간'은 여전히 검사가 고소된 강간사건을 기소할 것인가를 결정하는 데 영향을 미친다.

일단 검사가 강간사건을 법원으로 가져가겠다고 결정했을 때, 에스트리치(같은 책, 18-19)는 강간 고소사건이 유죄판결을 낳을 것인지 아닌지 결정하는 데 영향을 미치는 세 가지 요인을 규명했다. (1) 피해자-가해자 관계, (2) 피고인이 사용한 물리력의 정도와 피해자의 저항 수준, (3) 증거의 질(즉 피해자 증언의 개연성과 그녀의 설명이 확인될 수 있는지 등). 첫째, 성폭력 사건에서 **피해자와 가해자의 관계**에 대한 연구는 낯선 사람에 의한 강간보다는 피해자가 가해자를 아는 경우 유죄판결 가능성이 더 낮다는 사실을 지속적으로 발견했다(Estrich, 1987; Russell, 1984; Williams, 1981). 지인강간에서 가해자가 누구인지를 규명할 가능성이 더 높다는 사실에도 불구하고 낯선 사람에 의한 강간은 형사법 체계(그리고 대부분의 일반인)에 의해 좀 더 심각한 것으로 다루어지고 유죄판결을 받을 가능성이 더 높다. 유사하게 음주, 약물남용, 혼외정사 등 피해자의 생활방식에 대한 증거는 평결에 영향을 미친다(LaFree, Reskin, and Visher, 1985).

사실 강간재판이 종종 가해자의 의무, 책임, 개인적 특성보다 피해자의 그것에 더욱 관심을 갖는 것처럼 보인다. 아이러니하게, 한 연구는 피고인의 범죄기록은 유죄 가능성에 영향을 미치지 않는 반면에 피해자의 범죄기록은 가해자가 유죄판결을 받을 것인지 아닌지에 유의미한 영향을 미친다는 점을 발견했다(Williams, 1981). 좀 더 최근의 연구 결과에 따르면 피해자-가해자 관계는 유죄평결의 가능성에 영향을 미치지 않는다(Du Mont and Myhr, 2000). 캐나다의 강간법과 법원사건에 대한 한 분석은 생존자가 자신이 동의하지 않았음을 보여주기 위해 어떻게 "심하게 저항" 했는가를 보여주어야만 한다는 점을 강조했다(Sheehy, 2001). 법원에서 여성의 적극적인 저항은 종종 축소되거나 무시되고, 판사는 어떤 '심한 적극적인 저항' 이 없었기 때문에 범죄로 볼 수 없다는 판결을 계속해서 내리고 있다(같은 책, 99). 이 연구는 현재의 캐나다법에 따르면 남성이 여성을 강간했을 때, 그들이 술이나 약물을 "복용했다면" 이런 여성은 심한 저항을 할 수 없기 때문에 남성의 유죄책임을 면제해 준다고 결론 내렸다.

미국에서 1970년대 강간법 개혁은 법의 가장 나쁜 측면의 일부와 증거 기준(특히 강간사건의 목격자가 없는 경우 피해자가 증거를 보여줘야 하는)을 없애는 데 초점을 맞추었다(Bernat, 2002). 더욱이 강간법 개혁은 동의, 물리력, 의도와 같은 문제를 제기하는 데 초점이 맞추어졌다. 불행하게도 최근의 검토에서도 피해자의 특성과 같은 법외적인 요인이 경찰, 판사, 배심원의 결정에 영향을 미치는 것이 확인되었다(같은 책). 게다가 주법이 사건을 부적절하게 처리했을 때 피해자에게 배상하도록 하기 위해 만들었던 1994년 여성폭력방지법(VAWA)은 2000년 미국 대법원에 의해 무효판결을 받았다(Bernat, 2002, 97). 이것은 1994년 2명의 남학생에게 강간당한 사건을 신고했던 버지니아 폴리테크닉 연구소의 한 여학생의 진저리나는 사건을 포함하고 있다. 증거 부족으로 한 명의 남학생에 대한 고소는 취하되었고, 다른 한 명은 성폭력 범죄가 발견되었지만 대학의 청문회에서 두 학기 동안 정학처분을 받았고, 그의 죄목은 성폭력에서 학대적인 언어를 사용한 것으로 낮아졌다. 또한 그는 피해자에게 고지하지 않고 대학에 재입학했다(같은 책). 피해 여성은 1994년 VAWA를 통해 연방소송을 했으나, 의회는 VAWA를 실행하기 위한 헌법적인 권위가 부족하다고 주장함으로써 VAWA를 무효화하는 식으로 반응했다. 이런 무효화는 지방법원과 이후 대법원에서 재확인되었다(Bernat, 2002, 95-96). 캐나다에서 강간법 개혁은 양성평등 지지자와 입법가들이 강간사건을 처리하는 데 있어 여성의 존엄성을 고려하고자 시도했으나 캐나다 대법원의 전략은 강간 고소자를 비난하고, 여성의 진실성이 부족하다고 가정하고, 그들이 사실을 속인 채 허위진술하고, 자신의 명성을 보호하기 위해 남성을 비방하는 경향이 있다고 가정하며, 여성의 성적 · 감정적 성향은 남성의 권리에 끊임없는 위협을 제기한다는 관점을 강화하는 판단을 내리는 것이었다(Denike, 2002, 115).

연구들은 **범죄자의 공격과 피해자의 저항** 수준이 실제로 강간이 발생했는가에 대한 사람의 인식에 어떤 영향을 미치는가를 다루고 있다. 예견했던 것처럼 모두 강간죄의 유죄판단에 영향을 미친다. 범죄자에 의해 사용된 물리력의 정도가 클수록, 그 행동이 강간으로 판명될 가능성이 높다(Burt and Albin, 1981; Goodchilds and Zellman, 1984). 또 여성이 적극적으로 저항하면 할수록 그녀는 정당한 피해자로 간주될 가능성이 더 높다(Deitz, Littman, and Bentley, 1984; Gilmartin-Zena, 1988). 법원의 강간사건에 대한 최근의 캐나다 연구는 피해자의 저항 수준이 아니라 강간 가해자에 의해 사용된 물리적 유형력의 수준이 유죄판결 가능성에 영향을 미쳤다는 사실을 발견했다(Du Mont and Myhr, 2000).

강간사건에서 **증거의 질**에 관해 윌리엄스Williams(1981)는 목격자와 (찢어진 옷과 정액 등) 물리적 증거는 유죄의 가능성에 정적인 영향을 미친다는 점을 발견했다. 이와 비슷하게 경험적 연구에 대한 검토 논문에서는 의료적 증거와 목격자에 의한 증언은 성적 피해 사건에서 유죄판결 가능성을 높인다는 점을 발견했다(Estrich, 1987, 17). 캐나다의 한 연구는 병원에 신고한 강간 피해자의 절반 정도가 성기상해의 증거가 있다는 점을 발견했다(McGregor et al., 2002). 이 연구는 기대했던 것처럼 의료 검사를 통해 밝혀진 상해가 심할수록 고소와 유죄판결의 가능성이 높아진다는 점을 발견했다. 이 연구에서 여성이 의료진이 행하는 DNA나 정액추출 검사에 기꺼이 응할 경우 경찰이 입건할 가능성을 높인다. 그러나 이런 증거는 유죄판결을 끌어내는 데 단지 가끔만 중요성을 가진다(같은 책). 동시에 일부 사건에서 판사가 강간상담센터나 다른 치료센터가 갖고 있는 피해자의 기록을 보고하도록 요구하는데, 이는 상담을 받았으며 동시에 재판하기를 원하는 여성에게 냉담한 효과를 준다(Denike, 2002).

아동 성학대 피해자의 상황도 적절한 형사사법 체계의 반응이 부족한 경향이 있다. 결정적인 의학적 증거가 존재하는 경우에도 아동이 너무 어려 증언하기가 어렵다는 점이 문제 중 하나다. 아동이 증언한다면, 그녀 혹은 그는 피고 측 변호인과의 마찰과 피해자 비난을 면할 수가 없다. 마지막으로 아동학대 가해자 수가 많음에도 불구하고 최소한 한 명 정도만이 배심원단과 마주하게 된다는 점도 문제이다(Crewdson, 1988).

피해를 외부에 알리는 과정은 성적으로 폭행을 당한 피해자에게는 고통스러운 과정이다. 수치심과 우울증 이외에도 가해자를 처벌하는 데 도움을 줄 것으로 생각되었던 사람에 대해 피해자는 좌절과 분노를 경험할 가능성이 높다. 피해자는 만약 강간범이 처벌받을 가능성이 낮아지거나 기소하지 못하게 된다면, 그녀의 피해가 부정된다는 느낌을 경험하게 된다. 신고하지 않은 피해자는 강간범이 자유롭게 다른 피해자를 폭행하도록 놓아두었다는 죄책감을 느낄 수 있다. 다른 한편으로 형사사법제도를 통해 그 사건을 해결하기로 결정하는 것은 반드시 정당하다는 느낌sense of vindications을 낳는 것은 아니다. 앞에서 언급했던 것처럼 성적 피해를 경험했던 많은 여성은 경찰, 변호사, 판사, 배심원 등이 어떻게 자신에게 반응하는가에 두려움을 느낀다. 강간으로 기소된 사건을 재판 전에 합의하도록 하는 것은 "강간법의 효과를 손상"시킬 수 있으며, "거의 사법적 검토 대상이 되지 않는다"(Hubbard, 1999, 1260).

콘래디Konradi(1996)의 재판을 준비하는 강간 생존자에 대한 연구는 이런 여성이 강간범의 유죄를 밝혀내려고 노력하는 과정에서 그들이 어떻게 피해자 비난과 성차별주의적 고정관념에 맞서야 하는가에 대해 얼마나 걱정하고 있는가를 잘 보여준다. 그녀는 이런 생존자가 증인석에 서는 것을 준비하기 위해 여섯 가지 종류의 준비를 한다는 점을 발견했다. 첫째, 그들은 존경스럽고, 보수적이며, 비성적非性的인 이미지를 보여주기 위해 옷과 화장 등을 고치는 **외모 만들기 작업**을 했다. 둘째, 그들은 너무 감정적이 되어 울거나 사건의 흐름을 잘못 기억할 수 있다는 두려움으로 재판 전에 지지자들 앞에서 강간사건을 반복적으로 이야기하는 **리허설** 전략을 사용한다. 셋째, 생존자는 올바른 법정 태도를 익히기 위한 노력으로 **감정연습**을 한다. 즉 공손하고, 침착하고, 법정 권위에 순종하고 화내거나 괴로워하지 않는 연습을 한다. 네 번째, 생존자는 **팀구성** 작업을 하거나 재판 동안에 이용할 수 있는 적절한 지지 체계를 동원한다(이것은 부모 등에게 참석하지 말라고 부탁하는 것일 수도 있다). 다섯째, 생존자는 강간관련법, 재판과정, 법정에서 잠재적으로 발생할 수 있는 일에 관해 스스로를 교육시키기 위해 **역할 탐구**를 수행한다. 마지막으로, 생존자는 법 전문가나 법원에 그들의 사건을 지지해 주기를 바라는 문서를 보냄으로써 **사건 고양시키기**case enhancement 방법을 사용한다(같은 책). 이 연구에서, 재판과정에 가장 중요한 사람이었던 생존자는 법 전문가에게 사건에 대해 최소한으로 들을 수 있었으며, 검사가 그들의 사건에 시간과 노력을 투자하지 않았다는 점을 느꼈다는 것이 밝혀졌다. 결론적으로 많은 여성이 성차별주의와 피해자 비난 경향이 있는 법원제도에 대해 인식하고 있지만, 대부분의 법 실무가는 그렇지 않다는 점을 분명하게 알 수 있다.

콘래디와 버거Burger(2000)는 강간 생존자가 강간범의 양형재판에 참여하는 네 가지 종류의 동기를 구분하고 있다. (1) 강간범의 양형에 영향을 미치기 위해, (2) (피고인이 제시하는 것과 반대되는 자신의 경험을 이야기하기 위한 것을 포함해서) 형사절차 과정에 참여하기 위해, (3) 강간범과의 권력 불균형을 줄이기 위해, (4) 강간으로 인한 감정적인 부분을 해소하기 위해(예를 들어 자기의심과 분노 같은 감정을 제거하거나 깨끗이 정리하기 위해). 이런 생존자가 검사, 판사, 피해자 지지자에 의해 양형에 관해 글이나 말을 통해 자신을 표현하도록 격려받았을 때, 그들은 그렇게 할 가능성이 좀 더 높다. 반대로 법 실무가에게 실망했을 때, 피해자는 그렇게 하도록 덜 동기화되고 덜 힘을 얻게 된다(같은 책).

형사사법제도를 향한 피해자의 욕구에 대한 최근 연구는 "피해자의 바람과 욕구는 종종 법 절차의 요구와 완전히 반대되는 것이다"라는 점을 지적하고 있다(Herman, 2005, 574). 실제로 피해자와 그들이 사랑하는 사람들은 법률과정에서 뿐만 아니라 그들의 지역사회로부터도 정당성을 구하고자 한다. 즉 가해자의 사과와 가해자의 책임 인정(같은 책)을 얻고자 한다. 형사사법의 네 가지 기본 목적(응보, 억제, 무력화, 사회복귀) 중 피해자와 그들이 사랑하는 사람들에 의해 일반적으로 지지되는 목표는 무력화다. 그러나 대부분의 피해자는 강간범에게 구치소나 교도소 수감보다는 지속적인 지역사회 감시나 금지명령을 내리는 것을 더 선호한다(같은 책).

성희롱 사건의 소송은 1970년대 중반까지 없었다. 성희롱 피해를 둘러싼 법을 검토한 한 연구는 (시민권리법 VII장을 통해) 작업장에서의 성희롱과 (시민권리법 IX장을 통해) 교육현장에서의 성희롱은 불법이지만, 이런 환경 이외에서 발생하는 성희롱에 대한 고소는 거의 법적으로 불가능하다(Belknap and Erez, 1997)고 보고했다. "성희롱은 원치 않은 성적 언어나 제안이 이것을 받아들이는 사람을 불쾌하게 만들 수 있는 많은 다양한 맥락에서 발생하지만, 성희롱 피해자가 활용할 수 있는 법적 자원은 별로 없는 것처럼 보인다" (같은 책, 154).

Summary 이 장에서는 강간이란 용어가 전통적으로 정의되는 방식에 내재해 있는 한계에 대해 설명했다. 성적 피해를 완전하게 이해하고 측정하기 위해서는 사람들이 낯선 성인 간의 강요된 성기삽입 이외의 다양한 방식으로 성적 피해를 당하고 있다는 점을 인정할 필요가 있다. 미국의 성적 피해율, 특히 지인 간의 성적 피해는 생각보다 훨씬 높다. 성인 여성이 낯선 사람에게 강간을 당할 가능성이 증가하고 있다는 인식은 1970년대에 일어났다. 다음으로 성인 여성에 대한 지인강간이 폭로되었다. 마지막으로 1980년대 초반 아동의 성학대, 특히 근친상간은 전국적으로 유행하지 않았지만 하나의 사회문제로 규정되었다. 데이트강간과 부부강간에 대한 인식은 하나의 사회문제로서 아동 성학대가 규명된 이후 인식되었다.

8개의 지표범죄 중 강간사건은 신고될 가능성이 가장 낮다. 성적 피해와 관련된 굴욕감 이외에도 피해자는 가해자의 보복 혹은 형사사법 체계의 지지 부족을 두려워할 수도 있고, 그 폭행에 대해 스스로를 비난할 수도 있다. 그래서 미디어와 연구자들의 관심 증가에도 불구하고 다양한 이유로 성적 피해는 여전히 비가시적인 범죄로 남아 있다.

성적 피해율의 결정은 다음과 같은 요소에 의해 방해를 받는다. (1) 강간은 피해자가 경찰에 신고할 가능성이 가장 낮은 범죄 중 하나다. (2) 피해자와 가해자에 대한 고정관념적 특성(그들이 낯선 사람인지, 그녀가 나쁜 평판을 갖고 있는지 등)이 종종 강간이 진짜인지 아닌지를 결정하는 데 잘못 사용되기도 한다. (3) 성적 피해의 특성(즉 항문이나 구강강간이나 남편에 의한 강간에 대한 굴욕감의 증가)은 피해자가 신고하는 것을 방해한다. (4) 강간미수의 피해자는 자신이 실제로 강간당하지 않았기 때문에 그들의 피해가 신고할 만큼 중요하지 않다고 인식한다.

NCS 자료수집 방법은 UCR보다 미국에서 발생한 강간의 정도를 좀 더 정확하게 평가하지만, NCS와 UCR 모두 적절하게 성적 피해의 빈도를 평가할 수 없는데, 이는 질문방법과 UCR의 경우 자료수집 방법 때문이다. (특히 UCR은 경찰에 신고된 강간사건에 근거하므로 이것은 전반적인 강간의 분포에 대해 편향된 수치를 보여준다.) 개선된 자료수집 방법은 미국 여성이 특히 그들의 가족이나 가까운 친구, 그리고 데이트 상대에 의해 성적으로 피해를 당할 가능성이 높다는 점을 보여준다.

1980년대 이후에야 아동 성학대가 하나의 사회문제로 규정되었다. 상대적으로 짧은 기간에 우리는 여자 아이의 62퍼센트와 남자 아이의 31퍼센트라는 많은 수의 성학대가 발생하고 있다는 사실을 인식하게 되었다(Peters, Wyatt, and Finkelhor, 1986). 아동 성학대는 성인 여성의 성학대가 여전히 비가시적인 채로 남아 있는 것과 똑같은 이유로 비가시적인 채로 남아 있다. 그러나 대부분의 경우 아동은 물리적으로 성학대에 저항하고 그들의 피해를 신고할 수 있는 성인 여성에 비해 힘이 더 없다.

최근 집을 떠난 젊은 여성은 성학대의 고위험 집단이다. 데이트강간은 최근 하나의 사회문제로 규정되었다. 또한 조사연구는 대학 캠퍼스에서 집단강간을 조명하고 있는데, 거기서 피해자와 강간범은 폭행 이전부터 서로 알고 있었다. 이것은 남학생 사교 그룹이나 기숙사 친구, 남자 운동선수에게서 나타난다. 이런 강간은 종종 계획된 것이었고, 술이나 마약을 사용했고, 피해자의 신경을 분산시키기 위해 음악을 크게 틀어놓는다.

성희롱은 성학대의 일종이다. 그것은 본질상 성적이고 피해자를 폄하함으로써 괴롭히는 사람에게 힘을 주는 행동이다. 이런 행동의 발생은 종종 직장과 관련이 있지만 좀 더 최근에는 학교, 직장, 사회적 집단, 거리 등 어디에서든 발생하는 것으로 인식되고 있다. 성희롱은 여성이 위협받고 그들의 삶을 형성하는 데 영향을 미친다.

불행하게도 성적 피해를 경험한 많은 사람이 형사사법제도와의 접촉에 의해 더 큰 피해를 입었다. 경찰과 법원은 종종 성적으로 피해를 당했다고 주장하는 여성과 아동을 의심한다는 점이 밝혀졌다. 주로 자주 발생하고 피해자가 가해자를 가장 잘 확인해 줄 수 있는 사건, 즉 지인강간에서 형사사법 당국에 대한 불신과 냉소가 가장 많이 나타난다. 경찰공무원, 판사, 변호사는 필수적으로 성적 피해의 실제에 대해 교육을 받아야 한다. 이런 교육은 시민에게도 필요한데, 이는 그들이 배심원의 역할을 하기도 하고, 그들이 강간의 경향성이 짙은 행동을 중지시킬 수 있도록 하기 위해, 혹은 그들이 아는 누군가가 성적 피해를 경험했을 때 지지할 수 있도록 하기 위해 필요하다. 강간 인식 교육은 어떤 장소가 여성과 소녀에게 가장 위험한지를 알려주고 남성에게 무엇이 강간을 구성하고 있으며, 그것이 왜 불법적이며 비도덕적인지를 교육함으로써 성적 피해를 감소시킬 수 있다.

Notes

1 러셀(1984)은 서로 다른 표집방법과 조사기법에 기초하고 있는 UCR과 NCS 자료와 자신의 자료를 비교하기 위해 추정방법extrapolate을 사용했다. 예를 들어 러셀의 자료는 18세 이상을 대상으로 했으나 NCS는 12세 이상, UCR은 모든 연령을 다 포함하고 있다.

참고문헌

Abbey, Antonia. 1987. Misperceptions of Friendly Behavior as Sexual Interest. *Psychology of Women Quarterly* 11:173-194.

Abbey, Antonia, Tina Zawacki, Philip O. Buck, A. Monique Clinton, and Pam McAuslan. 2001. Alcohol and Sexual Assault: National Institute on Alcohol Abuse and Alcoholism(NIAAA). *Alcohol Health and Research World* 25(1). http://www.athealth.com/Practitioner/ceduc/alc_assault.html

Adams, Antonia, and G. Abarbanel. 1988. *Sexual Assault on Campus: What Colleges Can Do.* Santa Monica, CA: Rape Treatment Center.

Alva, S. A. 1998. Self-Reported Alcohol Use of College Fraternity and Sorority Members. *Journal of College Student Development* 39:3-10.

Amir, Manachem. 1971. *Patterns in Forcible Rape.* Chicago: University of Chicago Press.

Bachman, Ronet, and Raymond Paternoster. 1994. A Contemporary Look at the Effects of Rape Law Reform: How Far Have We Really Come? *The Journal of Criminal Law and Criminology* 84:554-574.

Barrett, Karen. 1982. Date Rape: A Campus Epidemic? *Ms. Magazine* (September):49-51, 130.

Bart, Pauline B., and Patricia H. O'Brien. 1985. *Stopping Rape: Successful Survival Strategies.* New York: Pergamon Press.

Basile, Kathleen C. 1999. Rape by Acquiescence: The Ways in Which Women "Give in" to Unwanted Sex with Their Husbands. *Violence Against Women* 5(9):1017-1035.

Bass, Ellen. 1983. Introduction: In the Truth Itself, There Is Healing. Pp. 23-61 in *I Never Told Anyone*, edited by E. Bass and L. Thornton. New York: Harper and Row.

Baumer, Eric P., Richard B. Felson, and Steven F. Messner. 2003. Changes in Police Notification for Rape, 1973-2000. *Criminology* 41:841-872.

Belknap, Joanne. 1987. Routine Activity Theory and the Risk of Rape: Analyzing Ten Years of National Crime Survey Data. *Criminal Justice Policy Review* 2:337-356.

Belknap, Joanne, and Edna Erez. 1997. Redefining Sexual Harassment. *Justice Professional* 10:143-159.

Belknap, Joanne, Bonnie Fisher, and Francis Cullen. 1999. The Development of a Comprehensive Measure of the Sexual Victimization of College Women. *Violence Against Women* 5:185-214.

Benard, Cheryl, and Edith Schlaffer. 1997. "The Man in the Street": Why He Harasses. Pp. 395-398 in *Feminist Frontiers IV*, edited by L. Richardson and V. Taylor. New York: McGraw Hill.

Benedict, Jeffrey R. 1998. *Athletes and Acquaintance Rape.* Thousand Oaks, CA: Sage.

Beneke, Timothy. 1982. *Men on Rape: What They Have to Say about Sexual Violence.* New York: St. Martin' Press.

Bergen, Raquel Kennedy. 1995. Surviving Wife Rape. *Violence Against Women* 1:117-138.

———. 1996. *Wife Rape.* Thousand Oaks, CA: Sage.

Bernat, Frances P. 2002. Rape Law Reform. 85-99. Pp. 51-72 in *Sexual Violence*, edited by J. F. Hodgson and D. S. Kelley. Westport, CT: Praeger.

Black, Tyra, Joanne Belknap, and Jennifer Ginsburg. 2005. Racism, Sexism and Aggression: A Study of Black and White Fraternities. Pp. 363-392 in *African American Fraternities and Sororities: The Legacy and the Vision*, edited by Tamara L. Brown, Gregory S. Parks, and Clarenda M. Phillips. Lexington: The University Press of Kentucky.

Boeringer, Scot B. 1996. Influences of Fraternity Membership, Athletics, and Male Living Arrangements on Sexual Aggression. *Violence Against Women* 2:134-147.

Boswell, A. Ayres, and Joan Z. Spade. 1996. Fraternities and Collegiate Rape Culture. *Gender and Society* 10:133-147.

Browne, Angela, and David Finkelhor. 1986. Impact of Child Sexual Abuse: A Review of the Research. *Psychological Bulletin* 99:66-77.

Brownmiller, Susan. 1975. *Against Our Will: Men, Women and Rape.* New York: Simon and Schuster.

Bufkin, Jana, and Sarah Eschholz. 2000. Images of Sex and Rape: A Content Analysis of Popular Film.

Violence Against Women 6:1317-1344.

Burt, Martha R., and R. S. Albin. 1981. Rape Myths, Rape Definitions, and Probability of Conviction. *Journal of Applied Social Psychology* 11:212-230.

Burton, Davie. 1999. My Struggle. *Violence Against Women* 5(9):1084-1085.

Campbell, Jacquelyn C., and Karen L. Soeken. 1999. Forced Sex and Intimate Partner Violence. *Violence Against Women* 5(9):1017-1035.

Christgau, Robert. 2003. Rock Out: Why MTV had to Destroy Rock and Roll in order to Save It. *New York Magazine* (April 7). http://newyorkmetro.com/nymetro/news/anniversary/35th/n_8586/

Clark, Anne. 1987. *Women's Silence, Men' Violence: Sexual Assault in England*, 1770-1845. London: Pandora Press.

Clay-Warner, Jody, and Callie Harbin Burt. 2005. Rape Reporting After Reforms: Have Times Really Changed? *Violence Against Women* 11:150-176.

Conte, John R., and John R. Schuerman. 1987. The Effects of Sexual Abuse of Children. *Journal of Interpersonal Violence* 2:380-390.

Corcoran, K. J., and L. R. Thomas. 1991. The Influence of Observed Alcohol Consumption of Perceptions of Initiation of Sexual Activity in a College Dating Situation. *Journal of Applied Social Psychology* 21:500-507.

Costin, Charisse T. M. 1992. The Influence of Race in Urban Homeless Females' Fear of Crime. *Justice Quarterly* 9:721-730.

Crewdson, John. 1988. *By Silence Betrayed: Sexual Abuse of Children in America*. Boston: Little, Brown.

Crosset, Todd W., James Ptacek, Mark A. McDonald, and Jeffrey R. Benedict. 1996. Male Student-Athletes and Violence against Women. *Violence Against Women* 2:163-179.

Deitz, Sheila R., Madeleine Littman, and Brenda J. Bentley. 1984. Attribution of Responsibility for Rape: The Influence of Observer Empathy, Victim Resistance, and Victim Attractiveness. *Sex Roles* 10:261-280.

Denike, Margaret A. 2002. Myths of Woman and the Rights of Man. Pp. 101-134 in *Sexual Violence*, edited by J. F. Hodgson and D. S. Kelley. Westport, CT: Praeger.

Du Mont, Janice, Karen-Lee Miller, and Terri L. Myhr. 2003. The Role of "Real Rape" and "Real Victim" Stereotypes in the Police Reporting Practices of Sexually Assaulted Women. *Violence Against Women* 9:466-486.

Du Mont, Janice, and Terri L. Myhr 2000. So Few Convictions: The Role of Client-Related Characteristics in the Legal Processing of Sexual Assaults. *Violence Against Women* 6:1109-1136.

Ehrhart, Julie K., and Bernice R. Sandler. 1985. *Campus Gang Rape: Party Games?* Washington, DC: Association of American Colleges.

Eigenberg, Helen M. 1990. The National Crime Survey and Rape: The Case of the Missing Question. *Justice Quarterly* 7:655-672.

Eskenazi, Gerald. 1990. The Male Athlete and Sexual Assault. *New York Times*, June 30, p. 27.

Estrich, Susan. 1987. *Real Rape*. Cambridge, MA: Harvard University Press.

Farley, L. 1978. *Sexual Shakedown: The Sexual Harassment of Women on the Job*. New York: Warner.

Fineran, Susan. 2002. Adolescents at Work: Gender Issues and Sexual Harassment. *Violence Against Women* 8:953-967.

Finkelhor, David, and Larry Baron. 1986. High Risk Children. Pp. 60-88 in *A Sourcebook on Child Sexual Abuse*, edited by D. Finkelhor. Beverly Hills, CA: Sage.

Finkelhor, David, and Kersti Yllo. 1983. Rape in Marriage: A Sociological View. Pp. 119-131 in *The Dark Side of Families: Current Family Violence Research*, edited by D. Finkelhor, R. J. Gelles, G. T. Hotaling, and M. A. Straus. Beverly Hills, CA: Sage.

———. 1985. License to Rape: *Sexual Abuse of Wives*. New York: Free Press.

Forward, Susan, and Craig Buck. 1978. *Betrayal of Innocence: Incest and Its Devastation*. Middlesex, England: Penguin Books.

Frohmann, Lisa. 1991. Discrediting Victims' Allegations

of Sexual Assault: Prosecutorial Accounts of Case Rejection. *Social Problems* 38: 213-226.

Gilmartin-Zena, Pat. 1988. Gender Differences in Students' Attitudes toward Rape. *Sociological Focus* 21:279-292.

Girshick, Lori B. 2002a. No Sugar, No Spice: Reflections on Research on Woman-to-Woman Sexual Violence. *Violence Against Women* 8:1500-1520.

———. 2002b. *Woman-to-Woman Sexual Violence.* Boston: Northeastern University Press.

Glavin, A. P. 1986. *Acquaintance Rape: The Silent Epidemic.* Massachusetts Institute of Technology, Campus Police Department, March.

Gomes-Schwartz, Beverly, Jonathan M. Horowitz, and Albert P. Cardearelli. 1990. *Child Sexual Abuse: The Initial Effects.* Newbury Park, CA: Sage.

Goodchilds, Jacqueline D., and Gail L. Zellman. 1984. Sexual Signaling and Sexual Aggression in Adolescent Relationships. Pp. 233-243 in *Pornography and Sexual Aggression*, edited by N. M. Malamuth and E. Donnerstein. Orlando, FL: Academic Press.

Gordon, Linda, and Paul O'Keefe. 1984. Incest as a Form of Family Violence: Evidence from Historical Case Records. *Journal of Marriage and Family* 46:27-34.

Grauerholz, Elizabeth, and Amy King. 1997. Prime Time Sexual Harassment. *Violence Against Women* 3:129-148.

Griffen, Susan. 1971. Rape: The All-American Crime. *Ramparts* (September): 26-35.

Groth, A. Nicholas. 1979. *Men Who Rape: The Psychology of the Offender.* New York: Plenum Press.

Harned, Melanie S. 2005. Understanding Women's Labeling of Unwanted Sexual Experiences with Dating Partners: A Qualitative Analysis. *Violence Against Women* 11:374-413.

Heger, Astrid, Lynne Ticson, Oralia Velásquez, and Rápale Bernier. 2002. Children Referred for Possible Sexual Abuse. *Child Abuse and Neglect* 26:645-659.

Henton, J., R. Cate, J. Koval, S. Lloyd, and S. Christopher. 1983. Romance and Violence in Dating Relationships. *Journal of Family Issues* 4:467-482.

Herman, Judith L. 1981. *Father-Daughter Incest.* Cambridge, MA: Harvard University Press.

Herman, Judith Lewis. 2005. Justice from the Victim's Perspective. *Violence Against Women* 11:571-602.

Hill, Melanie S., and Ann R. Fischer. 2001. Does Entitlement Mediate the Link between Masculinity and Rape-Related Variables? *Journal of Counseling Psychology* 48:39-50.

Hubbard, William H. J. 1999. Civil Settlement during Rape Prosecutions. *The University of Chicago Law Review* 66:1231-1260.

Jensen, Gary F., and Mary Altani Karpos 1993. Managing Rape: Exploratory Research on the Behavior of Rape Statistics. *Criminology* 31:363-386.

Jordan, Jan. 2001. Worlds Apart? Women, Rape and the Police Reporting Process. *British Journal of Criminology* 41:679-706.

Kanin, Eugene J. 1957. Male Aggression in Dating-Courtship Relations. *American Journal of Sociology* 63:197-204.

Kelly, Liz. 1988. How Women Define Their Experiences of Violence. Pp. 114-132 in *Feminist Perspectives on Wife Abuse*, edited by K. Yllo and M. Bograd. Newbury Park, CA: Sage.

Kimerling, Rachel, Alessandra Rellini, Vanessa Kelly, Patricia Judson, and Lee Learman. 2002. Gender Differences in Victim and Crime Characteristics of Sexual Assaults. *Journal of Interpersonal Violence* 17:526-532.

Kohn, Alfie. 1987. Shattered Innocence. *Psychology Today* (February): 54-58.

Konradi, Amanda. 1996. Understanding Rape Survivors' Preparations for Court. *Violence Against Women* 2:25-62.

Konradi, Amanda, and Tina Burger. 2000. Having the Last Word: An Examination of Rape Survivors' Participation in Sentencing. *Violence Against Women* 6:351-395.

Koss, Mary P. 1996. The Measurement of Rape Victimization in Crime Surveys. *Criminal Justice and Behavior* 23:5-69.

Koss, Mary P., and Hobart H. Cleveland III. 1996. Athletic Participation, Fraternity Membership, and Date Rape. *Violence Against Women* 2:180-1990.

Koss, Mary P., C. A. Gidycz, and N. Wisniewski. 1987. The Scope of Rape: Incidence and Prevalence of Sexual Aggression and Victimization in a National Sample of Higher Education Students. *Journal of Consulting and Clinical Psychology* 55:162-170.

Koss, Mary P., and Mary R. Harvey. 1991. *The Rape Victim: Clinical and Community Interventions*, 2nd ed. Newbury Park, CA: Sage.

Koss, Mary P., and C. J. Oros 1982. Sexual Experiences Survey: A Research Instrument Investigating Sexual Aggression and Victimization. *Journal of Consulting and Clinical Psychology* 50:455-457.

LaFree, Gary D. 1989. *Rape and Criminal Justice: The Social Construction of Sexual Assault.* Belmont, CA: Wadsworth.

LaFree, Gary D., Barbara F. Reskin, and Christy A. Visher. 1985. Jurors' Responses to Victim' Behavior and Legal Issues in Sexual Assault Trials. *Social Problems* 32:389-407.

LeDoux, J. C., and R. R. Hazelwood. 1985. Police Attitudes and Beliefs toward Rape. *Journal of Police Science and Administration* 13:211-220.

Lee, Joohee, Elizabeth C. Pomeroy, Seo-Koo Yoo, and Kurt T. Rheinboldt. 2005. Attitudes toward Rape: A Comparison between Asian and Caucasian College Students. *Violence Against Women* 11:177-196.

Lord, Vivian B., and Gary Rassel. 2002. Law Enforcement Responses to Sexual Assault. Pp. 155-172 in *Sexual Violence*, edited by J. F. Hodgson and D. S. Kelley. Westport, CT: Praeger.

Luo, Tsun-Yin 1996. Sexual Harassment in the Chinese Workplace. *Violence Against Women* 2:284-301.

MacKinnon, Catherine A. 1979. *Sexual Harassment of Working Women.* New Haven, CT: Yale University Press.

Mahoney, Patricia. 1999. High Rape Chronicity and Low Rates of Help-Seeking among Wife Rape Survivors in a Nonclinical Sample. *Violence Against Women* 5(9): 993-1016.

Majka, L. 1991. Sexual Harassment in the Church. *Society* (May/June): 14-21.

Malamuth, Neil M. 1981. Rape Proclivity among Males. *Journal of Social Issues* 37:138-157.

Martin, P. Y., and R. Hummer. 1989. Fraternities and Rape on Campus. *Gender and Society* 3:457-473.

Martin, Susan E., and Ronet Bachman. 1998. The Contribution of Alcohol to the Likelihood of Completion and Severity of Injury in Rape Incidents. *Violence Against Women* 4:694-712.

McCaw, Jodee M., and Charlene Y. Senn. 1998. Perception of Cues in Conflictual Dating Situations. *Violence Against Women* 4:609-624.

McCormack, Arlene Smith. 1995. Revisiting Sexual Harassment of Undergraduate Women. *Violence Against Women* 1:254-265.

McGregor, Margaret J., Madalena Lipowska, Seema Shah, Janice Du Mont, and Terri L. Myhr. 2002. Sexual Assault Forensic Medical Examination: Is Evidence Related to Successful Prosecution? *Annals of Emergency Medicine* 39:639-647.

McGregor, Margaret J., Madalena Lipowska, Seema Shah, Janice Du Mont, and Christine De Siato. 2003. An Exploratory Analysis of Suspected Drug-Facilitated Sexual Assault Seen in a Hospital Emergency Department. *Women & Health* 37:71-80.

Medea, Andra, and Kathleen Thompson. 1974. *Against Rape.* New York: Farrar, Straus and Giroux.

Meyer, Shannon-Lee, Dina Vivian, and K. Daneil' Leary. 1998. Men' Sexual Aggression in Marriage. *Violence Against Women* 4:415-435.

Miller, Beverly, and Jon C. Marshall. 1987. Coercive Sex on the University Campus. *Journal of College Student Personnel* 28:38-47.

Mills, Elizabeth A. 1982. One Hundred Years of Fear: Rape and the Medical Profession. Pp. 29-62 in *Judge, Lawyer, Victim, Thief*, edited by N. H. Rafter and E. A. Stanko. Stoughton, MA: Northeastern University Press.

Mink, Gwendolyn. 2000. *Hostile Enviornment: The Political Betrayal of Sexually Harassed Women.*

Ithaca, NY: Cornell University Press.
Moffeit, Miles, and Amy Herdy. 2005. Female GIs Report Rapes in Iraq War. *Denver Post*, January 25. http://www.commondreams.org/headlines04/0125-08.htm.
Muehlenhard, Charlene L. 1989. Misinterpreted Dating Behaviors and Risk of Rape. Pp. 241-256 in *Violence and Dating Relationships*, edited by M. A. Pirog-Good and J. E. Stets. New York: Praeger.
Muehlenhard, Charlene L., D. E. Friedman, and C. M. Thomas. 1985. Is Date Rape Justifiable? The Effects of Dating Activity, Who Initiated, Who Paid, and Men's Attitudes toward Women. *Psychology of Women Quarterly* 9:297-310.
Muehlenhard, Charlene L., and M. A. Linton. 1987. Date Rape and Sexual Aggression in Dating Situations: Incidence and Risk Factors. *Journal of Counseling Psychology* 34:186-196.
Murphy, John E. 1991. An Investigation of Child Sexual Abuse and Consequent Victimization: Some Implications of Telephone Surveys. Pp. 79-88 in *Abused and Battered: Social and Legal Responses to Family Violence*, edited by D. D. Knudsen and J. L. Miller. New York: Aldine De Gruyter.
Murphy, Shane M., Dean G. Kilpatrick, Angelynne Amick-McMullan, Lois J. Veronen, Janet Paduhovich, Connie L. Best, Lorenz A. Veilleponteaux, and Benjamin E. Saunders. 1988. Current Psychological Functioning of Child Sexual Assault Survivors. *Journal of Interpersonal Violence* 3:55-79.
National Victim Center. 1992. *Rape in America.* Arlington, VA, 18pp.
NBC San Diego. 2003. Woman Says She Was Raped in "Real World" House: Victim Blacks Out After Being Given Drink. http://www.nbcsandiego.com/entertainment/2665151/detail.html.
Neville, Helen A., and Aalece O. Pugh. 1997. General and Culture-Specific Factors Influencing African American Women's Reporting Patterns and Perceived Social Support following Sexual Assault. *Violence Against Women* 3:361-381.
Parrot, Andrea. 1986. *Acquaintance Rape and Sexual Assault Prevention Training Manual.* Department of Human Services Studies. Ithaca, NY: Cornell University.
Peters, Stefanie D., Gail E. Wyatt, and David Finkelhor. 1986. Prevalence. Pp. 15-59 in *Sourcebook on Child Sexual Abuse*, edited by D. Finkelhor. Beverly Hills, CA: Sage.
Putnam, Frank W. 2003. Ten-Year Research Update Review: Child Sexual Abuse. *Journal of the American Academy of Child and Adolescent Psychiatry* 42:269-278.
Rapaport, K., and B. R. Burkhart. 1984. Personality and Attitudinal Characteristics of Sexually Coercive Males. *Journal of Abnormal Psychology* 93: 216-221.
Roiphe, Katie. 1993. *The Morning After.* Boston: Little, Brown.
Rosen, Leora N., and Lee Martin. 1998. Predictors of Tolerance of Sexual Harassment among Male U.S. Army Soldiers. *Violence Against Women* 4:491-504.
Rubenzahl, Samuel A., and Kevin J. Corcoran. 1998. The Prevalence and Characteristics of Male Perpetrators of Acquaintance Rape. *Violence Against Women* 4:713-725.
Rush, Florence. 1980. *The Best Kept Secret: Sexual Child Abuse of Children.* New York: McGraw-Hill.
——. 1983. Foreword. Pp. 13-14 in I Never Told Anyone, edited by E. Bass and L. Thornton. New York: Harper and Row.
Russell, Diana E. H. 1982. *Rape in Marriage.* New York: Collier Books.
———. 1984. *Sexual Exploitation: Rape, Child Sexual Abuse, and Workplace Harassment.* Beverly Hills, CA: Sage.
———. 1986. *The Secret Trauma: Incest in the Lives of Girls and Women.* New York: Basic Books.
Sanday, Peggy Reeves. 1990. *Fraternity Gang Rape: Sex, Brotherhood, and Privilege on Campus.* New York: New York University Press.
———. 1996. *A Woman Scorned: Acquaintance Rape on Trial.* New York: Doubleday Press.
Sanders, William B. 1980. *Rape and Woman's Identity.* Beverly Hills, CA: Sage.

Schneider, Beth E. 1991. Put Up and Shut Up: Workplace Sexual Assault. *Gender and Society* 5:533-548.

Schram, Donna D. 1978. Rape. Pp. 53-80 in *The Victimization of Women*, edited by J. R. Chapman and M. Gates. Beverly Hills, CA: Sage.

Schwartz, Martin D., and Walter S. DeKeseredy. 1997. *Sexual Assault on the College Campus.* Thousand Oaks: Sage.

Schwartz, Martin D., and Molly S. Leggett. 1999. Bad Dates or Emotional Trauma? The Aftermath of Campus Sexual Assault. *Violence Against Women* 5:251-271.

Schwartz, Martin D., and Carol A. Nogrady. 1996. Fraternity Membership, Rape Myths, and Sexual Aggression on a College Campus. *Violence Against Women* 2:148-162.

Scully, Diana. 1988. Convicted Rapists' Perceptions of Self and Victim: Role Taking and Emotions. *Gender and Society* 2:200-213.

——. 1990. *Understanding Sexual Violence.* Boston: Unwin Hyman.

Sheehy, Elizabeth. 2001. From Women's Duty to Resist. *Canadian Woman Studies.* 20:98-104.

Sheiner, Marcy. 1987. Battered Women: Scenes from a Shelter. *Mother Jones* (November):15-19, 43-44.

Shields, Nancy M., and Christine R. Hanneke. 1983. Battered Wives' Reactions to Marital Rape. Pp. 132-148 in *The Dark Side of Families: Current Family Violence Research*, edited by D. Finkelhor, R. J. Gelles, G. T. Hotaling, and M. A. Straus. Beverly Hills, CA: Sage.

Siegel, Jane A., and Linda A. Williams. 2003. Risk Factors for Sexual Victimization of Women. *Violence Against Women* 9:902-930.

Skogan, Wesley G. 1976. The Victims of Crime: Some National Survey Findings. In *Criminal Behavior in Social Systems*, edited by A. L.Guenther. Chicago: Rand-McNally.

Somer, Eli, and Sharona Szwarcberg. 2001. Variables in Delayed Disclosure of Child Sexual Abuse. *American Journal of Orthopsychiatry* 71:332-341.

Sommers-Flanagan, Rita, John Sommers-Flanagan, and B. Davis. 1993. What's Happening on Music Television? A Gender Role Content Analysis. *Sex Roles* 28:745-753.

Spencer, Cassie C. 1987. Sexual Assault: The Second Victimization. Pp. 54-73 in *Women, Courts, and Equality*, edited by L. L. Crites and W. L. Hepperle. Newbury Park, CA: Sage.

Spohn, Cassia, Dawn Beichner, and Erika Davis-Frenzel. 2001. Prosecutorial Justifications for Sexual Assault Case Rejection. *Social Problems* 48:206-235.

Spohn, Cassia, and Jeffrey Spears. 1996. The Effect of Offender and Victim Characteristics on Sexual Assault Case Processing Decisions. *Justice Quarterly* 13:649-680.

Stanko, Elizabeth A. 1982. Would You Believe This Woman? Prosecutorial Screening for "Credible" Witnesses and a Problem of Justice. Pp. 63-82 in *Judge, Lawyer, Victim, Thief*, edited by N. H. Rafter and E. A. Stanko. Stoughton, MA: Northeastern University Press.

——. 1985. *Intimate Intrusions: Women's Experience of Male Violence.* London: Routledge and Kegan Paul.

——. 1992. The Case of Fearful Women: Gender, Personal Safety and Fear of Crime. *Women & Criminal Justice* 4:117-135.

Stermac, Lana, Janice Du Mont, and Sheila Dunn. 1998. Violence in Known-Assailant Sexual Assaults. *Journal of Interpersonal Violence* 13:398-412.

Sudderth, Lori K. 1998. "It'll Come Right Back at Me": The Interactional Context of Discussing Rape with Others. *Violence Against Women* 4:559-571.

Tiggenmann, M., and A. Slater. 2004. Thin Ideals in Music Television: A Source of Social Comparison and Body Dissatisfaction. *International Journal of Eating Disorders* 35:48-58.

Till, F. J. 1980. *Sexual Harassment: A Report on the Sexual Harassment of Students.* Report of the National Advisory Council on Women's Educational Programs. Washington, DC.

Tjaden, Patricia, and Nancy Thoennes. 1998. *Prevalence, Incidence, and Consequences of Violence against Women.* U.S. Department of

Justice. Research in Brief. November, 16pp.
Tong, Rosemarie. 1984. *Women, Sex, and the Law.* Totowa, NJ: Rowman and Allanheld.
Uggen, Christopher, and Amy Blackstone. 2004. Sexual Harassment as a Gendered Expression of Power. *American Sociological Review* 69:64-92.
Visano, Livy A. 2002. A Critical Critique of the Cultures of Control: A Case study of Cyber Rape. Pp. 51-72 in *Sexual Violence*, edited by J. F. Hodgson and D. S. Kelley. Westport, CT: Praeger.
Warshaw, Robin. 1988. *I Never Called It Rape.* New York: Harper and Row.
Washington, Patricia A. 2001. Disclosure Patterns of Black Female Sexual Assault Survivors. *Violence Against Women* 7:1254-1283.
Wechsler, H., G. Kuh, and A. E. Davenport. 1996. Fraternities, Sororities, and Binge Drinking. *NASPA Journal* 33:260-279.
Weiner, Robin D. 1983. Shifting the Communication Burden: A Meaningful Consent Standard in Rape. *Harvard Women' Law Journal* 6:145-161.
Whitson, Marian. 1997. Sexism and Sexual Harassment: Concerns of African-American Women of the Christian Methodist Episcopal Church. *Violence Against Women* 3:382-400.
Williams, Kirk R. 1981. Few Convictions in Rape Cases. *Journal of Criminal Justice* 9:29-40.
Williams, Linda M., Jane A. Siegel, and Judith J. Pomeroy. 2000. Validity of Women's Self-Reports of Documented Child Sexual Abuse. Pp. 211-226 in *The Science of Self-Report*, edited by Arthur A. Stone, Javlan S. Turkkan, Christine A. Bachrach, Jared B. Jobe, Howard S. Kurtzman, and Virginia S. Cain. Mahwah, NJ: Lawrence Erlbaum.
Wriggins, Jennifer. 1983. Rape, Racism, and the Law. *Harvard Women' Law Journal* 6:103-141.
Wyatt, Gail Elizabeth, Michael D. Newcomb, and Monika H. Riederle. 1993. *Sexual Abuse and Consensual Sex.* Newbury Park, CA: Sage.
X, Laura. 1999. Accomplishing the Impossible: An Advocate' Notes from the Successful Campaign to Make Marital and Date Rape a Crime in All 50 States and Other Countries. *Violence Against Women* 5(9):1064-1081.
Yescavage, Karen. 1999. Teaching Women a Lesson: Sexually Aggressive and Sexually Nonaggressive Men' Perceptions of Acquaintance and Date Rape. *Violence Against Women* 5:796-812.

08 친밀한 파트너 학대와 스토킹
Intimate Partner Abuse and Stalking

아내는 남편과 같이 살 때보다 헤어져 있을 때 남편에게 살해당할 가능성이 훨씬 높다. 이것은 "네가 나를 떠난다면……"으로 시작되는 위협을 심각하게 받아들여야 한다는 것을 의미한다. 떠나는 것을 두려워하기 때문에 학대하는 남편 옆에 머무르는 여성은 떠나는 것이 치명적 폭행의 위험성을 더욱 증가시키거나 악화시킬 수 있다는 점을 두려워할 수도 있다. 남편의 수없는 구타의 희생자였던 시카고의 한 여성은 왜 남편을 떠나지 않느냐고 묻는 친구에게 "그가 우리 모두를 죽일 것이고, 그가 나를 죽이려고 계획하기 때문에 그럴 수 없다"고 말했다(윌슨과 댈리, 1993, 9-10).

:: 친밀한 파트너 학대와 스토킹의 정의

친밀한 파트너 학대(IPA)

현재 혹은 이전의 여성 파트너를 학대하는 남성과 관련된 현상을 무엇이라고 지칭할 것인가는 쉬운 문제가 아니다. 그것을 **가정폭력**domestic violence이라고 정의하는 것은 아동학대, '노인' 학대,[1] 형제 간 학대를 여성구타에서 분리시켜야 하는 문제를 낳는다. 그 현상을 **배우자학대**spouse abuse로 정의한다면 여성이 피해자이고, 남성의 약 95퍼센트가 가해자라는 사실을 은폐하게 된다(Berk et al. 1983; Browne, 1987; Dobash et al., 1992). 이런 현상을 **아내학대**wife abuse나 **아내구타**wife battering로 정의하는 것은 많은 커플이 데이트 중이거나 동거 중이거나 (사실혼의 상태에 있더라도) 결혼하지 않았으며, 전처의 경우 때로는 전남편에 의한 학대 가능성이 높다는 사실을 무시할 수 있다. 최근에 동성 파트너 간의 학대까지 포함해서 대부분의 폭력이 데이트 중이거나 헤어진 후에 발생한다는 점을 인식시키기 위해 **친밀한 파트너 학대**intimate partner abuse(이하 IPA)라는 용어는 현재나 이전에 친밀한 관계임에도

비교연구적 관점 인도에서 이루어지는 친밀한 파트너 학대

인도에서 가정폭력은 1983년 처음 형법 위반행위로 공식 기록되었다. 그러나 휴마 아메드 고시(Huma Ahmed Ghosh, 2004)는 법이 친밀한 파트너 학대(IPA)에 대응하기 위해 필수적인 반면에 가부장제를 강화하려는 법의 관점에서 볼 때는 충분하지 않다고 주장한다. 다음은 아메드 고시(2004)가 인도의 IPA에 대해 묘사한 역사적 · 정치적 사실의 일부다.

- 1980년대 이후 다양한 배경과 직업, IPA에 다양한 인식을 가진 여성이 여성학대에 맞서기 위해 함께 뭉쳤다. "변호사, 학자, 비정부조직(NGOs), 정부기관, 다양한 여성 그룹이 위기의 중대성을 파악하고 가정폭력을 좀 더 잘 이해하려는 노력의 일환으로 뭉쳤다"(같은 책, 95).
- 인도에서 남성은 사적 영역(집)과 공적 영역(사회) 모두에서 특권을 갖고 있고, 이런 특권적 지위는 IPA의 원인일 뿐 아니라 가정폭력법을 변화시키기 위한 여성의 조직화된 시도를 방해한다.
- 인도 정부보고서와 법제도는 가족 가치나 전통이라는 형태로 가부장제의 맥락에서 가정폭력을 논의한다.
- 1980년 뉴델리와 봄베이에서 결성된 변호사모임은 법 교육, 가난한 여성을 위한 무료법률상담, 법 개혁 그리고 경찰, 변호사, 판사에 대한 교육의 문제를 다루기 위한 NGO로 여성 법률가들이 만들었다.
- 2000년 변호사모임은 가정폭력의 법적 정의를 학대까지 확대하고 피해자에 아내 이외에도 나이 든 부모나 여자 아이, 가정 내에서 폭력을 경험한 여자 가정부를 포함하기 위해 여성에 대한 가정폭력법 초안을 만들었다. 이 초안은 1993년 여성에 대한 폭력 근절을 위한 UN 선언과 맥을 같이한다.
- 인도에서의 2002년 가정폭력보호법은 남성 특권과 통제를 반영하고 있다(같은 책, 95). 그것은 가정폭력 피해자에 보호받아야만 하는 아내 이외에 다른 사람을 포함시켜야 한다는 변호사모임과 UN의 정의를 무시한다. IPA의 역동성에 대해 알려진 것과는 반대로 법은 가해자와 **피해자 모두에게 상담을 요구하고 그들이 함께 상담을 받아야 한다**는 조항을 명기할 것을 요구했다.
- 변호사모임은 그들의 초안에 가해진 변화에 매우 당황했고, 여성운동은 이 법 전체를 거부하기 위해 다시 적극적으로 움직이기 시작했다.

SOURCE Huma Ahmed-Ghosh, 2004, Chattels of Society: Domestic Violence in India. *Violence Against Women* 10:94-118.

한쪽 혹은 양쪽이 모두 다른 한쪽에 폭력적인 경우를 정의하기 위해 사용된다. 이런 명칭이 많은 부분에서 호소력이 있더라도, 그것은 심각하고 널리 퍼져 있는 피해 형태의 성별화된 특성을 인식할 수 없도록 만들지만, 이 장에서는 이런 정의를 최상의 용어라고 생각해 사용하고자 한다. 이 장에서 설명하겠지만, 현재 혹은 과거 배우자에 의한 학대의 대다수는 그 자체로는 **폭력적**이지 않다. 그래서 친밀한 파트너 학대라는 용어를 **친밀한 파트너 폭력**보다 선호한다.

IPA를 눈에 띄지 않게 만드는 요인은 피해자 스스로가 자신을 피해자나 피학대자로 규정하고 싶어 하지 않는다는 점이다(Walker, 1979). 그들은 학대가 일 년에 단지 한두 번 정도만 일어나기 때문에 자신은 피해자가 아니라고 생각할 수도 있다. 제6장에서 본 것처럼 여성이 일단 한 번 학대를 당하게 되면, 그녀는 항상 그럴 가능성이 있다는 점을 알게 되고,

폭력의 위협이 관계를 이끌어가게 된다. 게다가 조사연구를 통해 대부분의 피학대 여성이 자신에게 발생한 폭력이나 상해의 정도를 과소평가한다는 사실을 발견할 수 있었다(Browne, 1987, 15).

피학대 여성이 피해를 축소하는 경향은 학대자가 폭력의 빈도나 심각성을 축소시키는 경향 때문에 악화된다(Goodrum, Umberson, and Anderson, 2001; Heckert and Gondolf, 2000). 학대자에 대한 연구는 그들이 유죄판결 시 변명이나 정당화를 사용한다는 사실을 발견했다(Dutton, 1988; Ptacek, 1988). 학대자는 책임을 부정하기 위해 변명을 늘어놓는다(Ptacek, 1988). 변명은 폭력에 대한 상황적 특성과 관련된다(Dutton, 1988). 학대자의 변명은 술에 취해서, 좌절해서, 통제력을 상실해서 등을 포함한다. 친밀한 파트너 학대자가 상사에게 화가 났을 때 통제력을 잃지 않는다는 점은 분명하다. 다른 한편으로 **정당화**는 잘못을 부정하기 위해 사용되며(Ptacek, 1988), 피해자에 대한 특성을 포함하는 경향이 있다(Dutton, 1988). IPA를 위한 정당화는 피해자가 요리를 못하거나 성적으로 고분고분하지 않거나 학대자를 공경하지 않거나 정숙하지 않거나 "입 다물어"라고 했을 때 말을 듣지 않았기 때문에 학대가 일어났다고 오히려 피해자를 비난한다(Ptacek, 1988). 분명하게 말하지만 이런 변명과 정당화의 어떤 것도 학대를 정당화할 수 없다. 학대자는 일반적으로 변명보다는 정당화를 더 사용하는 경향이 있다. 즉 학대자는 폭력을 설명하기 위해 상황을 제시하기보다는 그들을 폭력적으로 '만드는' 피해자를 비난하는 경향이 있다(Dutton, 1988).

통Tong(1984)은 IPA의 네 가지 유형을 규명했다. 동일한 학대적 관계 내에서도 하나 이상의 IPA 유형이 발생하는 것이 일반적이다. 첫 번째 유형은 **신체적 학대**인데 이는 손바닥으로 때리기, 치기, 불로 지지기, 발로 차기, 총으로 쏘기, 찌르기, 혹은 다른 형태의 비성적인 신체적 폭력을 포함한다. 이것이 전통적으로 발견되는 IPA이다. 두 번째 유형인 **성적 학대**는 가슴이나 음부 구타, 구강, 항문, 혹은 성기 강간 등 폭력에 성적 속성이 있을 때 발생한다. 부부강간은 제7장에서 자세하게 논의되었다.

IPA의 세 번째 유형은 **심리적 학대**인데, 이는 종종 경시되기는 하지만 잠재적으로 매우 해롭다. 많은 피학대 여성이 심리적 학대를 가장 해가 큰 학대 유형으로 보고한다. 이런 학대는 범죄자가 피해자를 위협하거나 멸시하거나 불신할 때 존재한다. 마지막 유형은 **애완동물과 재산의 파손**이다. 학대자가 여성의 재산(사소하게는 옷부터 자동차, 심지어는 집까지 모든 것)을 파괴하거나 여성이 키우는 애완동물을 학대하고 죽이는 것은 일반적이다. 한 연구는 피신처를 찾는 피학대 여성의 절반이 학대자가 자신의 애완동물에 해를 입히겠다고 협박하거나 실제로 해를 입혔다고 보고했다(Flynn, 2000). 사랑하는 동물이나 소중히 여기는

재산을 없애는 행동의 이면에는 피해자와 그들 자녀의 목숨을 잔인하게 빼앗겠다는 메시지가 들어 있다.[2]

IPA의 네 가지 유형 사이에는 공통점이 세 가지 있다. 그들은 모두 피해자에게 해를 끼치고, 모두 지배와 통제의 표현이며, 친밀한 관계에서 발생한다(Tong, 1984, 126). 그럼에도 무엇을 IPA로 부를지에 대해서는 완전한 합의가 이루어지지 않고 있다. 연구자들은 심리적 학대를 경험한 여성을 IPA의 피해자나 생존자로 부를 수 있는지에 대해 의견을 통일하지 못하고 있다. '단' 한 번 맞은 여성을 학대받았다고 해야 하는지 아닌지에 대해서도 합의가 없다. 일부 연구자의 IPA에 대한 정의는 IPA가 관계 내에서 지속적이고 체계적으로 발생할 경우를 말한다. 대부분 경우 폭력과 폭력에 대한 위협은 지속적이고, 상이한 유형의 폭력이 IPA 관계 내에서 동시에 작동하는 것으로 보인다. 즉 IPA 피해자는 신체적으로, 성적으로, 심리적으로 학대받을 뿐 아니라 재산이나 애완동물의 파괴를 경험하는 것이 대부분이다.

피프사Piipsa가 수행한 대규모의 핀란드 연구(2002)는 친밀한 관계에서 나타날 수 있는 IPA의 네 가지 유형을 밝혀냈다. 첫째, **단기간의 폭력**은 폭력이 몇 년 전에 시작된 사례를 포함한다(이런 유형의 대부분은 상대적으로 젊은 부부 혹은 신혼부부이고, 일부 커플은 20년 이상 함께 산 이후에 학대가 시작되기도 했다). 둘째, **파트너 테러리즘**은 폭력이 지속되고, 여러 해 동안 폭력이 관계의 일부분이 된 사례를 포함한다. 이런 유형은 대부분 가장 주변적이고 의존적인 여성(실업, 어린아이를 데리고 있는 등) 중에 공통적으로 나타난다. 세 번째 유형은 **정신적 고통**인데, 남성이 과거에 학대를 했으나 조사 시점부터 적어도 과거 7년 동안에 학대가 없었던 경우다. 이것은 전형적으로 다소 심각한 학대(칼, 성적 폭력, 상해 등)를 포함한다. IPA의 마지막 유형은 **과거의 에피소드**로 그다지 폭력적이지 않고, 상해가 없고, 심리적인 해가 없고, 과거 7년 전에 일어났던 학대를 포함한다(Piipsa, 2002).

스토킹

더글러스Douglas와 더튼Dutton(2001, 519)은 스토킹을 합리적인 관점에 기초해서 볼 때 그 혹은 그녀의 안전에 불안감을 일으키는 위협적인 방식으로, 반복적으로 쫓아다니거나 연락하거나 접촉하는 것으로 규정하고 있다. 전화걸기, 이메일, 편지보내기, 선물주기 등 스토킹 행위를 측정하기 위한 공통적 측정치의 대부분은 모든 사회적 맥락에서 학대적이거나 그리 위협적인 것은 아니다(Roberts, 2005). 이런 행동은 그들이 원치 않은 것이고, 장기간의 지속적인 형태를 띠고 있으며, 특히 결과적으로 피해자가 두려움이나 스트레스로 고통을 받고 있어 좀 더 불행하게 되었을 때 문제가 된다(같은 책, 90). 또 스토커는 대상자에게 두려움을 주는 방식으로 다른 개인을 지속적으로 쫓아다니고(Mustaine and Tewksbury, 1999, 44), 강박적으로 쫓아다니는 행동을 하는 사람으로 묘사된다(Meloy, 1996).

폭력을 일으키는 데이트 스토킹 사례의 위험 요인을 규명하기 위해 영국에서 이전의 데이트 상대자에게 스토킹을 당했던 여자 대학생을 대상으로 연구가 수행되었다(Roberts, 2005). 첫째, 헤어진 후 스토킹을 일으키는 데이트 관계는 그들이 같이 있을 때 학대하거나 지나친 질투를 보였다. 이런 남자친구의 거의 절반이 그들의 파트너에게 신체적 학대를 가하고, 5분의 1 이상이 성적으로 폭력적이고, 절반 이상이 과도하게 질투심이 많고, 3분의 2 이상이 파트너의 행동을 감시하고, 약 3분의 1이 관계가 지속되는 동안 약물을 남용했다(같은 책). 둘째, 스토킹 관계 이후에 폭력이 지배적으로 나타난다. 220명의 스토킹 피해자 중 3분의 1이 스토킹의 일부로 폭력을 경험했다. 폭력적인 스토커가 되는 데이트 파트너는 비폭력적인 스토커가 되는 이전의 데이트 파트너보다 데이트 중일 때 더 위협적이고, 지나친 질투심을 보이고, 약물을 남용했다. 인종과 관련해서는 폭력의 가능성에 차이가 없다. 다른 연구뿐 아니라 이 연구에서 스토커의 위협은 종종 폭력을 야기하는 만큼 가볍게 취급해서는 안 된다는 점을 발견했다(Brewster, 2000; Meloy, 2002; Roberts, 2005). 스토킹의 피해자가 가지는 공통점이 이전의 친밀한 파트너였다는 점을 이해한다면(Douglas and Dutton, 2001, 519), 왜 똑같은 장에서 이 두 가지의 피해를 함께 다루는가를 이해할 수 있을 것이다.

:: 사회문제로서 IPA와 스토킹의 역사적 규명

여성에 대한 비성적인 신체적 학대는 1970년대까지 사회문제로 규명되지 않았다는 사실을 제6장에서 언급했다. 그러나 1970년대 이전에도 IPA 문제에 대해 관심을 불러일으키려는 시도가 있었다. 아내에 대한 남성의 신체적 학대는 수백년 동안 기록되어 왔고, 때로는 용인되거나 심지어 기대되는 행위로 그려져 왔다(Martin, 1976). 1600년대와 1700년대 아내구타를 범죄화하는 몇몇 법이 있기는 했지만, 공식적인 기소는 10년에 1~2건 정도였다(Pleck, 1989). 1776년 아비게일 스미스 애덤스Abigail Smith Adams는 남편인 존 애덤스John Adams에게 결혼관계에서 가지는 남성의 권력을 제한함으로써 여성의 자유를 허용해줄 것을 요구하는 편지를 썼다(Dobash and Dobash, 1979, 4). 그러나 이 호소는 완전히 무시되었다.

19세기 말 여성의 투표권을 위한 투쟁 기간에 자유주의 여성주의자 스탠턴Elizabeth Cady

Stanton과 앤서니Susan B. Anthony는 피학대 여성이 처한 곤경에 대해 일반인의 관심을 끌어모으기 위해 상당한 시간을 할애했다(Pleck, 1983). 그러나 그들의 노력은 보수주의적 여성주의자 스톤Lucy Stone과 남편 블랙웰Henry Blackwell의 노력만큼 효과적이지는 않았다. 스탠턴과 앤서니와는 달리 스톤과 블랙웰은 이혼을 필수불가결한 해결책이 아니라고 주장했다. 대신 그들은 투표권과 보호법제를 주장했다. 아내학대가 제기된 두 번째 시점은 20세기 초 영국과 미국의 여성 참정권 확장론자들이 행한 강연의 일부분으로 시작되었다(Dobash and Dobash, 1979). 아내구타는 대부분 역사에서 법적으로 용인될 만한 것이었고, 1920년대까지만 해도 모든 주에서 비합법적인 것으로 제정되지 않았다(Robbins, 1999, 208).

아내폭력 문제를 제기한 가장 최근의 성공적 운동은 조그만 영국 마을에서 1971년 시작되었다(같은 책). 500명이 넘는 여성과 아이, 한 마리의 소가 아이를 위한 무료 우유 제공의 감소와 식료품값 상승에 반대하면서 행진을 했다. 이 행진을 통해서 그들이 목표로 삼은 문제에 관해서는 성공을 거두지 못한 것으로 생각되지만, 이로 인해 행진하는 여성 간에 유대감이 형성되었다는 점에서 하나의 성공을 거두었고, 역사적인 사건이라고 할 수 있다. 이런 연대감을 바탕으로 지역 여성을 위한 모임인 치스윅 여성원조협회Chiswick's Women's Aid가 만들어졌다. 여성원조협회에서 토론회를 개최하면서 여성은 그들이 남편에게서 경험했던 체계적인 폭력을 드러내고 논의하기 시작했다. IPA와 그것의 빈도는 우연찮게 드러나게 되었고, 이에 따라 치스윅 여성원조협회의 초점이 여성학대의 문제로 옮겨졌다(같은 책).

미국에서 여성주의자는 영국의 여성주의자가 세워놓은 전례를 따랐다. 치스윅 여성원조협회의 창시자인 피제이Erin Pizzey가 영어로 출간한 『조용히 소리 질러라, 그렇지 않으면 이웃이 들을 것이다 Scream Quietly or the Neighbors Will Hear』(1974)와 마틴Del Martin이 미국에서 출간한 『매 맞는 아내들 Battered Wives』(1976)의 출판으로 IPA에 대한 일반인의 지식이 증가하기 시작했다. 1970년대 중반 이후 피학대 여성을 위한 쉼터가 미국, 영국, 캐나다, 많은 유럽 국가와 다른 국가에서 만들어지기 시작했다. 이런 초기 쉼터는 여성주의자들에 의한 매우 기본적인 풀뿌리에 바탕을 둔 지역사회의 기반 노력이었다. 쉼터는 종종 개인 소유의 집이었는데, 그들은 피학대 여성을 위한 피난처를 제공하는 일에 자발적으로 참여했다. 그런 임시변통의 쉼터는 몇몇 시골마을에서 여전히 운영되고 있다. 그래서 아직까지도 피학대 여성을 위한 운동에서 첫 번째 단계는 각 지역사회 내에 여성 응급쉼터를 세우는 것이다. 1975년 이후로 이 운동은 응급쉼터 이외에 법제화, 정부 정책과 프로그램, 연구와 대중적 정보라는 세 가지 영역에서 실질적인 발전을 이루어냈다(Tierney, 1983, 208). 그러나 오늘날에도 IPA는 상당수 눈에 띄지 않은 채로 남아 있고, 쉼터도 재정이 열악하고 과밀하여 많은 수의 여성과 아이가 쉼터에서 내쫓기고 있다.

1980년대 이후로 데이트 관계에서 발생하는 성적 · 심리적 · 신체적 폭력과 학대인 일명 **데이트폭력**이라는 널리 퍼져 있는 현상을 다루는 문헌이 나오기 시작했다. 경찰에 신고된 결혼 전, 결혼 기간 중, 이전 배우자와의 관계에서 IPA를 비교한 한 연구는 결혼하지 않은 쌍이 결혼한 쌍보다 훨씬 자주 신체적 폭력에 의지하며 무기를 사용한다고 보고한다(Erez, 1986). 혼전관계는 결혼 기간이나 이혼 후 관계보다 폭력 비율이 더 높은 반면에 후자의 관계는 더 심한 폭행과 상해를 낳았다(Erez, 1986; Mahoney, 1991). 실제로 최근 조사연구는 동성 간 피학대 여성을 포함한 피학대 여성들에게 가장 위험하고 치명적인 시기 중 하나가 폭력적인 관계를 떠나는 시점이라는 것을 보여주고 있다(Campbell, 1992; Ellis, 1987; Ellis and DeKeseredy 1989; Hardesty, 2002; Mahoney, 1991; Pagelow, 1993; Sev'er, 1997; Wilson and Daly, 1993). 데이트 폭력률에 관한 연구는 대학생의 5분의 1에서 3분의 1이 비성적이고 신체적인 데이트 폭력을 경험한다는 사실을 제시했다(Bogal-Allbritten and Allbritten, 1985; Cate et al., 1982; Knutson and Mehm 1986; Lane and Gwartney-Gibbs, 1985; Makepeace, 1981, 1986; Matthews, 1984; Stets and Pirog-Good, 1987).

데이비스Davies, 라이언Lyon, 몬티 카타니아Monti-Catania(1998)와 카누하Kanuha(1996)는 활동가와 연구자가 만들어낸 피학대 여성에 대한 사회적이고 대중적인 이미지를 묘사하고 있다. 그들은 이 사람들을 '순수한 피해자'라고 부르는데 그들은 (1) 자기방어가 아닌 이상 폭력적이지 않으며, (2) 정서적 학대의 문제로 헤어져 있는 동안 심한 신체적 폭력을 경험했고, (3) 누군가가 개입하지 않는다면 시간이 지날수록 폭력의 정도와 빈도가 높아지는 형태를 띠는 학대로 고통을 받고 있고, (4) 학대로 인해 두려움에 차 있는 여성이다(Davies, Lyon, and Monti-Catania, 1998, 15). 이런 이미지가 일반인의 지지를 얻어내고 많은 피학대 여성을 정확하게 묘사하는 데 유용하기는 하지만, 모든 피학대 여성을 분류하는 데는 실패했다. 이런 '순수한 피해자'의 이미지에 맞지 않는 여성은 경찰이나 일부 변호사에게 무시당한다(Davis, Lyon, and Monti-Catania, 1998; Kanuha, 1996).

하나의 사회적 문제로서 **스토킹**은 학계와 형법 역사상 좀 더 최근에 관심을 둔 영역이다. 이 책에서 제시된 대부분의 범죄나 피해처럼 스토킹은 항상 발생했지만, 그것은 1980년대와 1990년대 레이건 대통령이나 조디 포스터Jody Foster의 스토커, 코미디언 데이비드 레터맨David Letterman의 스토커, 레베카 섀퍼Rebecca Schaeffer의 스토커나 살인자 등 유명인의 사건이 발생하고 나서야 사회적으로 큰 관심을 받았다. 연구자와 일반인은 유명인이 아닌 사람도 스토킹의 위험이 있고, 스토킹의 대다수가 친밀한 파트너 관계에서 이루어지고 종종 이미 다른 형태의 피해와 학대에 노출되었던 사람들에게 가해진다는 점을 인식하고 있다. 실제로 IPA에 대한 한 연구는 90퍼센트 이상이 적어도 일정 수준의 스토킹을 경험하고 있는 것으로 보고하였다(Melton, 2004).

:: IPA와 스토킹 빈도

IPA의 성별화된 특성은 뜨겁게 논의되었고, 연구가 참여자를 어떻게 선정하고 IPA를 규정하기 위해 사용한 질문이 무엇이냐에 따라 명확하게 다르게 나타난다. 상당한 양의 연구들이 IPA 상황의 거의 95퍼센트에서 남성이 여성을 학대하고 있음을 보여준다(Berk et al., 1983; Browne, 1987, 8; Dobash et al., 1992 참조). 미국에서 NCVS 자료를 사용한 한 연구는 1998년 IPA의 약 85퍼센트가 여성 피해자였다는 점을 보고했다(Rennison and Welchants, 2000). 도바시Dobash와 도바시Dobash(1988, 69)는 모든 폭력범죄의 25퍼센트가 아내폭력이라고 주장하고 있으며, UCR에 따르면 여성이 경험한 폭력의 20퍼센트와 남성이 경험한 폭력의 2퍼센트가 IPA이다(Burch and Gallup, 2004 참조). 앞장에서 논의했던 전국여성폭력조사(NVAW)는 미국에서 전화조사를 통해 8,000명의 여성과 8,000명의 남성을 면접했는데, 여성의 22퍼센트와 남성의 7퍼센트가 피해자로서 IPA를 경험했다고 보고했다(Tjaden and Thoennes, 1998a, 2000). 최근 캐나다의 전국적인 연구는 결혼했거나 사실혼 관계에 있던 여성의 29퍼센트가 적어도 한 번의 IPA를 경험했다는 점을 밝혀냈다(Johnson, 1995). 주목할 만한 것은 여성의 15퍼센트가 현재의 파트너가 그들을 학대한다고 보고했으며, 이전에 결혼했거나 혹은 동거관계에 있었을 때의 경험을 물어봤을 때는 여성의 45퍼센트가 IPA를 보고했다는 점이다(같은 책). 다른 연구자들은 모든 여성의 절반 정도가 남편이나 남자친구에 의한 IPA 피해자일 수 있다고 본다(Mills and McNamar, 1981; Slote and Cuthbert, 1997; Walker, 1979; Yoshihama, 1999).

학대의 정도와 빈도는 IPA가 발생하는 상황에 따라 다르기는 하지만, 대개 결혼 초기에 시작되거나(Dobash and Dobash, 1979, 124) 심지어는 구애 기간이나 데이트 단계에서도 시작된다(Dobash and Dobash, 1979, 84; Erez, 1986; Flynn, 1990; Makepeace, 1981; Pirog-Good and Stets, 1989; Schwartz and DeKeseredy, 1997; Stets and Pirog-Good, 1987). 실제로 NCVS 자료를 사용한 최근 정부 보고에서는 16~24세의 여성과 소녀가 미국에서 가장

높은 IPA율을 경험한 것으로 보고했다(Rennison and Welchans, 2000). 4,000명의 매사추세츠 고등학교 학생에 대한 집중적인 연구에서는 여학생 5명 중 1명이 데이트 파트너에게 신체적 혹은 성적으로 학대받았으며, 이런 학대는 약물사용이나 건강하지 못한 체중감조 행동(예를 들어 구토, 설사), 성적으로 위험한 행동, 임신, 자살을 시도하고 싶다는 생각이나 시도의 위험성을 높인다고 보고했다(Silverman et al., 2001).

IPA의 발생 정도와 관련된 통계치의 범위가 보여주는 것처럼 그 정도를 결정하는 것은 어려운 일이다. IPA의 발생 정도를 결정하는 데 내재되어 있는 문제는 피학대 여성 집단과의 비교를 위해 연구자가 학대받지 않은 여성 통제집단을 발견하고자 하는 노력이 좌절되었다는 점에서 잘 나타난다. 그들은 종종 통제집단 내에서도 피학대 여성을 발견한다(Browne, 1987, 5).

IPA에 대해 종종 제기되는 질문 중 하나는 "여성에 의해 학대받는 남성은 어떠한가" 다. 일부 연구는 친밀한 관계 내에 있는 남성과 여성이 서로 폭력적이거나 꽤 비슷한 정도의 폭력을 가하는 것으로 본다(Steinmetz, 1977/1978; Straus, 1990, 1991; Straus and Gelles, 1986; Straus, Gelles, and Steinmetz, 1980). 그러나 IPA에서 가해와 피해에 대한 여성과 남성의 비율은 사용된 표본과 측정도구에 따라 달라진다는 점이 대부분 연구에서 보고되고 있다(Belknap and Melton, 2005 참조). 손으로 때리기 등 전형적으로 좀 더 사소한 수준의 폭력에서는 성별 간의 유사성이 발견되고, 찌르기 등 좀 더 심각한 IPA 수준의 폭력에서는 피해자와 가해자 간의 성차가 크게 나타난다.

여성과 남성이 서로 폭력적이라는 조사 결과를 비판하는 대다수 논의는 IPA를 측정하기에는 불완전하고 부적절한 검사로 비판받고 있는 측정도구인 갈등전략척도(CTS, Conflict Tactic Scale)를 둘러싼 것이다(Berk et al., 1983; DeKeseredy, 1995; Dobash and Dobash, 1988; Kurz, 1993; Schwartz, 1987; Stark and Flitcraft, 1983; Yllo, 1988). 특히 CTS는 행동에 초점을 맞추고, 행동이 발생하는 사회적 맥락의 결과인 피해자의 가해자에 대한 행동의 의미를 무시함으로써 IPA의 복잡성을 과도하게 단순화시킨다(Dasgupta, 2001; DeKeseredy and Schwartz, 1998; Ferraro and Johnson, 1983; Smith, 1994; Yoshihama, 1999). 예를 들어 CTS는 250파운드의 남성이 100파운드의 여성을 벽 쪽으로 밀치는 것과 여성이 남성을 밀어젖히는 것의 차이를 구별해 내지 못한다. 여론조사에서 응답자는 여성이 때린 사람인지 맞은 사람인지에 상관없이 IPA 여성을 비난하는 경향이 있다(Greenblat, 1983). 마지막으로 드케세레디DeKeseredy(1995, 162)는 CTS가 '숨 막히게 누르기, 누르기, 성폭력, 스토킹, 할퀴기' 등 많은 상해행위를 무시하고 있으며, "학대 경험을 밝혀내기 위한 추가적인 정보를 제공하지 못한다" 라고 비판한다.

그래서 연구자와 비연구자 모두가 IPA에 여성도 똑같이 책임이 있다고 비난하는 경향이 있다. 학대관계에 있는 여성과 남성을 모두 면접한 한 연구는 여성과 비교해 볼 때, 남성은 (1) 그들이 친밀한 여성 파트너에게 사용한 폭력의 형태와 수, (2) 얼마나 자주 이런 폭력의 형태를 사용했는가, (3) 학대가 상해를 가져올 가능성, (4) 여성이나 피해자가 받은 상해의 형태와 수를 과소평가한다는 것을 발견했다(Dobash et al., 1998). 부부강간과 침해에 대한 연구는 남편의 아내에 대한 성적 침해와 강제 사용에 대해 같은 쌍 내에서 여성과 남성의 견해 간 상관관계가 낮아 남편보다는 아내의 성적 침해와 아내강간 보고율이 더 높다는 점을 보여준다(Meyer, Vivian, and O'Leary, 1998). 이것은 우리가 결혼관계에서 강간에 대해 여성에게 질문했는지 혹은 남성에게 질문했는지에 따라 부부강간 비율이 매우 달라지며, 남성은 그들이 저지른 부부강간에 대해 거짓말을 하거나 적게 보고하는 경향이 강하다는 점을 보여준다. 미군 커플 94쌍의 IPA를 측정하기 위해 CTS를 사용한 연구는 군인 커플이 그렇지 않은 경우보다 폭력 발생 가능성이 높을 뿐 아니라 아내가 남편을 가해자로 보고하는 것보다 남편이 아내에 대한 자신의 학대를 보고할 가능성이 더 높다는 것을 발견했다(Bohannon, Dosser, and Lindley, 1995).

또 다른 중요한 점은 남편이 아내에게 가하는 폭력은 아내가 남편에게 가하는 폭력과 비교할 수 없다는 점이다. IPA는 여성의 자존감을 상하게 하는 반면에 남성의 자존감은 아내의 폭력에 영향을 받지 않는 것 같다(Mills, 1984). 대학생에 대한 한 연구는 친밀한 파트너에게 학대를 받으면, 여성이 남성보다 관계의 중단, 공식적인 통제나 비공식적인 통제를 찾을 가능성이 더 높다는 것을 보여준다(Miller and Simpson, 1991). 고등학생 간의 데이트 IPA에 대한 한 연구는 남자친구에게 학대를 경험한 소녀는 그 결과로 두려움이나 감정적 손상을 보고했다. 그러나 여자친구에게 폭력을 당했다고 보고한 소년은 그것을 처음에는 재미있다고 생각했다가 나중에는 화가 난다고 보고했다(O'Keefe and Treister, 1998). 다른 연구는 여성에게 가해지는 이성 간의 IPA는 남성에게 가해지는 IPA보다 더 두려움을 유발한다는 점을 입증해 보였다(Hamberger and Guse, 2002; Johnson and Bunge, 2001; Melton and Belknap, 2003; Morse, 1995; O'Keefe and Treister, 1998).

소득이 낮은 171명의 흑인 청소년의 데이트 공격에 관한 연구는 소녀가 소년보다 질식시키기, 강요된 성교의 시도, 감정적 손상 피해를 보고할 가능성이 더 높고, 물건 던지기나 위협하기, 파트너 때리기 등 가해행동을 보고할 가능성이 더 높다는 점을 발견했다(West and Rose, 2000). 소년은 소녀보다 강요된 성교의 시도, 파트너가 열등하다고 느끼도록 만드는 것, 그녀의 품격을 떨어뜨렸다고 보고할 가능성이 더 높다(같은 책). 그리고 여성은 대개 자기방어, 복수, 남성이 유발한 폭력을 부추긴 상황에서 벗어나려고 폭력을 사용한다(Barnett, Lee, and Thelen, 1997; Hamberger and Guse, 2002; Hamberger et al., 1997; Molidor and Tolman, 1998; Saunders, 1988; Schwartz, 1987). 다른 한편으로 남성은 전형적으로 파트너를 통제하기 위해 친밀한 여성에게 폭력을 가한다(Barnett, Lee, and Thelen, 1997; Edleson et al, 1991; Hamberger et al., 1997). 여성은 남성보다 IPA 사건에서 심각한 해를 입을 가능성이 유의미하게 더 높다(Berk et al., 1983; Holtzworth-Munroe, Smutzler, and Bates, 1997; Loving, 1980; Molidor and Tolman, 1998; Oppenlander, 1982; Stets and Straus, 1990). 마지막으로 남성은 심각한 폭력과 두려움에 대한 수준이 낮을 뿐 아니라 더 많은 경제적 자원을 갖고 있어 쉼터의 필요성이 적다(Straus, 1991).

스토킹에 대한 조사가 상대적으로 새로운 것이긴 하지만 지금까지의 조사연구는 스토킹에도 성별 간에 큰 차이가 있음을 지적한다. 미국에서 트야덴Tjaden과 토네스Thoennes(1998b)가 각 8,000명의 여성과 남성을 대상으로 전화면접을 통해 수행한 전국여성폭력조사(NVAW)는 여성의 8퍼센트와 남성의 2퍼센트가 두려움의 수준이 높은 스토킹을 보고했다는 사실을 발견했다. 넓은 의미의 스토킹 규정을 사용하여 스토킹에 대한 두려움을 포함했을 때, 12퍼센트의 여성과 4퍼센트의 남성이 스토킹 피해를 보고했다고 밝혔다. 종합해 보면 미국에서 6퍼센트의 여성과 1.5퍼센트의 남성이 스토킹 피해를 경험했다고 볼 수 있다. 강간에 대한 연구와 유사하게 아메리칸 원주민과 알래스칸 원주민은 높은 수준의 스토킹 피해를 보고했고(남성의 5%, 여성의 17%), 그 다음이 혼혈인종(남성의 4%, 여성의 11%), 백인(남성의 2%, 여성의 8%), 흑인(남성의 2%, 여성의 7%), 그리고 아시아인과 태평양 군도(남성의 2%, 여성의 5%) 순이었다(같은 책, 5).

스토킹 조사에서 보고된 성차는 피해율보다 가해율에서 더 높게 나타난다. 좀 더 구체적으로 NVAW 조사에서는 스토킹 피해자의 78퍼센트가 여성(그래서 22%는 남성)이고, 스토커의 87퍼센트(피해자에 따르면)가 남성이다(그래서 스토커의 13%는 여성이다)(Tjaden and Thoennes, 1998b). 이것을 성에 따라 세분화하면 여성 피해자에 의해 지명된 스토커의 94퍼센트, 남성 피해자에 의해 지명된 스토커의 60퍼센트가 남성이다(같은 책, 5). 그들은 스토킹의 정의를 현재나 이전의 친밀한 배우자에 한정해, 여성이 스토킹 피해를 보고할 가능성이 남성보다 8배나 더 높다는 사실을 발견했다(Tjaden and Thoennes, 2000). 트야덴과 토네스(1998, 6)는 게이 남성이 이성애 남성보다 스토킹 당할 가능성이 더 높다는 증거를 발견했다. 이것은 동성애 혐오자나 증오범죄 스토커에 의한 게이 남성의 스토킹, 성적 이끌림 때문에 남성을 스토킹하는 남성, 갱이나 라이벌의 관계에서 스토킹을 당하는 남성과 같은 세 가지 요인 때문이라고 주장한다. 1978~95년에 발간된 스토킹에 대한 10개의 연구를 검토한 연구에서는 이렇게 강박적으로 쫓아다니는 사람의 4분의 3이 남성이고, 정신병력을 가졌고, 이성애관계에서 실패한 경력을 가진 30대 남성이고, 다른 범죄보다 훨씬 더 지능적이라는 점을 보고했다(Meloy, 1996). 이런 스토커의 절반이 폭력을 사용해 피해자를 위협하기는 했지만, 실제적인 폭력의 빈도는 3~36퍼센트의 범위에 있고, 살인을 불러온 경우는 2퍼센트 미만이다. 멜로이Meloy(같은 책, 147)는 피해자에 대한 그들의 강박증은 자신을 피해자와 연결짓는 자기애적인 판타지에 의한 장애 때문에 일어난다고 주장했다. 그런 장애는 대개 수치심에 대한 방어기제로, 분노를 만들어내는 만성적인 거절로 인해 일어난다. 다른 한편으로 스토커에 대한 좀 더 최근 연구 중 일부는 그들이 질투심 때문에, 피해자를 자신의 소유로 생각하기 때문에, 그들이 그렇게 할 수 있기 때문에, 즉 어떤 사람도 자신이 여성의 자율성과 종종 안전을 침해하는 것을 막을 수 없기 때문에 현재나 이전의 여자친구나 아내를 스토킹한다고 주장한다.

:: 워커의 폭력순환이론

심리학자 워커Lenore E. Walker(1979)는 시간에 따른 IPA의 유형을 기술하기 위해 '폭력순환이론'을 발전시키는 데 큰 공헌을 했다. 워커는 IPA의 지속적인 순환 과정을 세 단계로 구분했다. 첫 번째 단계는 **긴장형성 단계**tension-building stage다. 이것은 일종의 폭풍 전야의 고요함과 같다. 피해자는 압박감이 늘어가면서 폭력의 분출이 불가피하다는 것을 느낀다. 사소한 IPA 사건은 이런 단계에서 발생할 수도 있는데(예를 들어 잡아 흔들기, 손바닥으로 때리기), 피해자가 가장 두려움을 느끼는 것은 학대적 폭력이다. 그녀는 그가 좋아하는 음식을 만든다든가 아이를 조용히 시키는 등 과거에 했던 어떤 것을 함으로써 배우자를 가라앉히려고 노력하기도 한다.

워커가 제시한 IPA의 두 번째 단계는 **심각한 학대 단계**이다. 이 단계에서는 심각한 학대가 실제로 발생하며 대개 순환과정의 세 단계 중 가장 짧다. 경찰이 알게 된다면(워커의 표본 10%만 이에 해당됨) 그것은 대개 이런 단계에서다. 그러나 경찰이 도착할 때 대개 세 번째 단계로 이동한 상태다.

세 번째 단계에서 학대자는 친절하고, 죄를 깊이 뉘우치는 사랑스러운 행동을 보여준다.

"그는 그녀에게 용서를 구하고, 절대로 그런 짓을 다시 하지 않겠다고 약속한다"(같은 책, 65). 대개 남자와 여자 모두 이런 폭력이 일종의 실수이며, 다시 발생하지 않을 것이라고 믿고 싶어 한다. 학대가 처음 시작되었을 때, 그들은 이것을 쉽게 믿는다. 학대자의 사과와 변화에 대한 의지가 매우 진실해 보였기 때문이다. 그는 여성에게 아낌없이 선물을 해주고, 술을 끊고, 그가 그녀를 사랑하고, 학대가 다시 발생하지 않을 것이라는 점을 확인시켜 주려고 여러 가지 일을 한다. "이 단계에서 여성은 사랑이 얼마나 아름다운지와 같은 자신의 원래 꿈꾸었던 일의 일부를 얻게 되는 시기다. …… 서로 사랑하는 두 사람은 그들 앞에 놓인 어려움을 이겨내야 한다는 전통적인 관념에 지배를 받게 된다"(같은 책, 67-68). 이 단계는 대개 두 번째 단계보다는 길지만 첫 번째 단계보다는 짧다. IPA 관계의 초기에 학대를 그만두겠다는 학대자의 약속이 여성을 취약하게 만들기 때문에 여성은 혼동스러워하고, 당황하고, 우울해하고, 재확신을 필요로 하는 상태에 있게 된다(Browne, 1987, 62-63).

세 번째 단계가 끝나면서 첫 번째 단계가 다시 시작되고 순환과정은 반복된다. 다른 연구자들은 시간이 지나면서 폭력의 빈도, 심각성, 상해의 정도가 증가하고 이로 인해 좀 더 공식적인 사회기관의 도움을 필요로 하게 된다는 점을 지적하고 있다(Dobash and Dobash, 1979, 179). "연속적인 폭력으로 인해 여성은 더 적은 희망, 더 낮은 자존감, 더 많은 두려움 상태로 방치된다"(같은 책, 140). 좀 더 최근의 연구에서 워커(1983a, 44)는 IPA 관계에서 세 단계의 길이는 시간이 지나면서 조금씩 달라진다는 점을 발견했다. IPA 관계가 진행되면서 긴장형성 시간(첫 번째 단계)은 더욱 길어지고 분명해지며 사랑과 회개의 시간(세 번째 단계)은 줄어든다. 학대자는 시간이 지나면서 폭력을 사과할 가능성이 낮아지고, 피해자가 자신을 폭력적으로 '만들었다'고 비난할 가능성이 높아진다(같은 책, 117-123). 일단 학대자가 피해자에 대해 권력을 갖게 되면, 그녀를 계속 그 상태로 머물게 하기 위해 사과해야 할 필요를 덜 느끼게 된다. 그래서 희망(그가 변할 수 있다는 믿음)은 두려움(그녀가 떠난다면, 그가 그녀와 자녀를 죽이거나 심한 해를 가할 수 있다는)으로 대체되고, 이는 관계를 지속하는 동기로 작용하게 된다.

워커의 순환과정이 일부 피학대 여성의 경험에 딱 들어맞는 것처럼 보이지만, 그것은 집중적으로 연구되지 않았으며, 이것이 모든 피학대 여성과 학대자의 행동, 반응, 경험과 일치하지 않는다는 것이 명확하다는 점을 지적하는 것이 중요하다.

:: 학대와 스토킹의 원인

많은 남성은 그들이 여성에게 화가 나서, 혹은 그들이 원하지 않을 때 관계가 중단될 수도 있다는 점이 걱정되기 때문에 여성을 때리거나 학대하거나 스토킹하는 것이 아니다. 그렇다면 왜 일부 남성은 그와 같은 방식으로 행동할까? IPA에 대한 대부분 연구자는 가족구조에 초점을 맞춘다. 예를 들어 구드Goode(1971)는 가족을 하나의 권력 체계로 보고, 권력이 불균형하게 분포돼 있다고 보는 것이 중요하다는 점을 강조한다. 그는 남성인 것, 연장자인 것, 자산 · 돈 · 상속에 대한 통제권을 갖는 것 등의 특성이 가족 체계 내에서 아버지나 남편의 권력을 높여준다고 지적한다. 또한 가족 구성원 간의 싸움은 사회적으로 좀 더 용인할 만한 것으로 여기기 때문에 다른 사회적 상황보다 가족 내 폭력에 대한 억제 요소가 덜 존재한다(Sebastian, 1983). 다른 가족 구성원에 대한 일부 구성원의 의존은 그들이 학대를 인내하도록 요구한다. 이것은 특히 아동′畇育 경우 분명하게 나타난다.

사회역사적 맥락 내에서 여성에 대힌 IPA와 가족구조를 평가할 필요가 있다. 문화 · 경제 · 정치적 환경에서 성차는 가족에 고유한 영향을 미친다(Bograd, 1988; Breines and Gordon, 1983; Dobash and Dobash, 1979; O'Neill, 1998; Stark and Flitcraft, 1983; Yllo, 1983, 1988). 정치적 맥락과는 무관하게 가족 불평등에 초점을 맞추는 것은 고약한 남편에게 지배당하는 피학대 여성의 이미지를 만들어낸다. 이는 (복지와 아동보호 같은) 여성의 종속과 가부장적 종속을 조장하는 불평등한 정부 정책과 같은 문제에 초점을 맞추지 못하도록 만든다(Stark and Flitcraft, 1983, 336). 보그라드Bograd(1988, 14)는 "사회적 수준에서의 지배는 개인적 수준에서 아내학대를 조장하고 유지하는 가장 중요한 요인이다"라고 주장한다. 가족은 한 사회 내에서의 사회적 · 정치적 · 경제적 구조와 독립적으로 분석될 수 없다. 이런 외부적 요인은 결혼관계 내에서 권력 차이와 여성의 종속을 강화하는 데 기여한다.

이 책의 앞에서 논의된 성차에 대한 고정관념은 남성은 공격적이고, 여성은 수동적이라는 일부 기대와 관련이 있고, 이는 IPA에 영향을 미친다. 공격이 여러 가지 목적을 갖는 반면에 "공격자의 목표 중 하나는 대상자에게 해를 입히는 것이다"(Berkowitz, 1983, 179). 남성의 폭력적이고 공격적 행동을 전형적인 것으로 여김으로써 이는 큰 문제가 되지 않는다(Stanko, 1985). 또 성차별주의와 폭력을 문화의 불가피한 부분의 하나로 보는 경향이 있다(Klein, 1981). 그래서 남성폭력은 이상한 행동이라기보다 좀 더 적합한 행동으로 인식된다(Bograd, 1988, 17). 남성은 여성을 지배하도록 사회화되고, 남성폭력은 조장될 뿐 아니라 종종 찬양되기도 한다. 이것은 축구, 하키, 권투 등 남성 운동경기뿐 아니라 「트루 라이즈」 「리설 웨폰」 「람보」 「터미네이터」와 같은 영화, 아널드 슈워제네거와 실베스터 스탤론의 영화, 제임스 본드 영화를 포함하는 미디어에서도 나타난다. 스토킹은 「메리에겐 뭔가 특별한 것이 있다」와 같은 영화에서 고무되거나 축소되기도 한다. 여성학대는 지역사회에서 고립된 사건으로 혹은 용인될 수 있는 행위 원칙에 반해 발생하지 않는다. 그것은 다소 당연하게 여겨지는 하나의 제도다(Dobash and Dobash, 1981, 565). 남성폭력은 일반적으로 매체와 문화에 의해 용인될 뿐 아니라 여성에 대한 남성폭력은 종종 용인되고 고무되기까지 한다. 일부 남성뿐 아니라 여성도 어떤 상황에서는 IPA가 정당화될 수 있다고 믿는다(Haj-Yahia, 1998).

학대자는 어떤 이익을 얻을 수 있을까? 폭력 혹은 폭력에 대한 위협이 학대자에게 강력한 권력감과 지배감을 낳는다는 사실은 명확하다. 학대자가 항상 통제에 대한 욕구를 의식하고 있지 않더라도, IPA는 전형적으로 남성에게 부여된 권리에 따른 결과다. 즉 학대자는 그들이 통제해야만 하는 대상에 대해 통제력을 갖지 못하게 되었을 때 화가 나고 학대가 정당화된다고 느낀다(Schechter, 1982, 219 참조). 학대자는 그들의 행위가 정당하다는 생각을 갖고 있다. 즉 그들의 피해자가 혼날 '필요'가 있거나 '가르쳐야 한다'고 생각한다. 학대자는 종종 피해자를 재산으로 보거나 훈육해야 할 필요가 있는 아이로 본다. 이런 남성은 대개 피해자가 보여주는 자율성의 지표에 위협을 느낀다. 심지어는 여성이 그들의 가족이나 다른 여자친구와 시간을 보낼 때도 위협을 느낀다. 그리고 학대자는 피해자가 임신 중이거나 자녀에게 관심을 쏟을 때도 질투심을 느끼면서 폭력을 가하는 것은 드문 일이 아니다(예를 들어 Burch and Gallup, 2004). 실제로 친밀한 파트너 학대자를 위한 개입 프로그램에 참여하고 있는 남성에 대한 연구는 7명 중 1명이 아내나 여자친구가 임신 중이었을 때 폭력을 통해 학대했다고 보고했으며, 그렇게 한 남성은 좀 더 높은 수준의 성적 질투심을 보고할 가능성이 높다(같은 책). 그리고 폭력의 심각성과 빈도는 여성이 임신했을 때 2배 정도 높다(같은 책).

굴카시안Goolkasian(1986)은 IPA가 지속적으로 존재하는 데 두 가지 이유가 있다고 주장한다. 첫째, "폭력은 통제를 위한 가장 효과적인 수단이다"(같은 책, 2). 그래서 남성은 여성에 대한 통제력을 얻고 유지하기 위해 폭력을 사용한다. 둘째, "남성은 그들이 그렇게 할 수 있기 때문에, 즉 대부분 경우 어느 누구도 학대자에게 그만둬야 한다고 말하지 않기 때문에 그렇게 한다(같은 책)." 피해자와 자녀가 학대자에게 그의 행동이 용인될 수 없다는 점을 지속적으로 이야기하더라도 학대자는 종종 다른 많은 사람으로부터 자신이 성의 왕이며, 자기 여자를 자신이 원하는 방식대로 다룰 수 있다는 메시지를 받는다. 이런 메시지는 종종 미디어, 친구, 가족이나 형사사법제도에서도 엿볼 수 있다.

:: 학대자와 스토커는 누구인가

누가 학대자인가? 학대자는 실업자, 알코올 중독자, 낮은 계층이라는 고정관념은 정확하지 않다. IPA 학대자와 피해자는 다양한 배경과 경험에서 나온다. 1970년대 연구는 학대자가 정신이상자거나 심리적 장애를 갖고 있다는 신화를 거부하려고 노력했다(Gelles, 1980, 876). 많은 연구자가 IPA는 모든 사회경제적 수준과 교육 수준에서 발생한다는 점을 지적한다(Brisson, 1981; Flynn, 1977; Goolkasian, 1986; Holtzworth-Monroe, Smutzler, and Bates, 1997). 그러나 일부 연구는 직업이 있는 학대자에게는 체포가 억제 요인으로 작동하지만, 실업 상태 학대자의 경우 이후의 폭력 가능성을 증가시킨다는 점을 보여준다(Pate and Hamilton, 1992; Sherman et al., 1992). 이는 체포로 인해 잃을 것(예를 들어 직업)이 좀 더 많은 직장이 있는 학대자에게 영향을 미칠 수 있기 때문이라고 할 수 있다.

학대자가 될 수 있는 가장 큰 위험 요인은 남성이 되는 것이다. 세르비아의 벨그레이드시 Belgrade에서의 1990년대 초반 여성과 아동을 위한 핫라인 전화에 대한 연구에서는 전화를 건 94퍼센트가 남성 가족 구성원에게 학대를 받았다는 사실이 나타났다(Mrsevic and Hughes, 1997). 3년 동안 핫라인에 접수된 770건의 전화 중 학대자의 83퍼센트가 남편(65%), 이전 남편(13%), 남자친구(5%)였다. 또한 학대가해자의 2퍼센트는 피해자의 아버지였고, 8퍼센트는 피해자의 아들이었다(같은 책). 연구는 IPA의 위험성이 높아지는 것은 단지 남성이 되는 것뿐 아니라 남성성으로서 사회화되는 것이라는 점을 보여준다. 좀 더 구체적으로 보면, 적어도 백인 남성의 경우 여성성 척도에서 더 높은 점수를 받은 남성은 더 낮은 점수를 받은 사람보다 자신의 여자친구를 학대할 가능성이 더 낮다(Boye-Beaman, Leonard, and Senchak, 1993).

학대자가 어떤 배경에서든 나올 수 있는 반면에 피학대 여성에 의한 학대자의 묘사는 그들이 모두 어떤 특성을 공유하고 있음을 보여준다(Walker, 1983a). 이런 연구가 어떤 '피해자가 되기 쉬운' 여성(혹은 IPA의 피해자가 될 가능성이 높은 여성 유형)이 있다는 사실을 보여주지는 못했지만 '폭력적이 되기 쉬운' 학대자의 성향은 규명하고 있는데, 여기에는 여성에 대한 전통적인 관념의 고수, 소유욕, 알코올 남용 등이 포함되어 있다. 제6장에서 강조했던 것처럼, 피해자의 어떤 행위도 학대자의 폭력적인 행위를 정당화시킬 수는 없다. 그러나 학대자가 어떻게 그들 자신의 행동을 인식하고 있는지를 검토하는 것은 여전히 유용하다. 현존하는 연구는 그들의 친밀한 파트너를 살해한 남성을 포함해서 친밀한 파트너 학대자가 될 가능성이 높은 사람으로 질투심이 몹시 강한 사람을 지적하고 있다(Barnett, Martinez, and Bluestein, 1995; Brisson, 1981; Browne, 1987; Dobash and Dobash, 1979; Molidor and Tolman, 1998; O'Keefe and Treister, 1998; Piipsa, 2002; Straus, Gelles, and Steinmetz, 1980; Walker, 1979, 1983a). 이것은 학대자가 그들의 아내나 여자친구를 자신의 '소유물'로 생각하고, 폭력적인 행동을 '정당화'하는 신념과 관련이 있다(Dobash et al., 2004). 또한 이것은 이전의 친밀한 파트너였던 스토커에게도 적용되는데, 그들은 종종 관계가 지속되고 있을 때도 과도한 질투심을 보인다(Langhinrichsen-Rohling et al., 2000; Roberts, 2002, 2005; Silva et al., 2000).

알코올 남용의 경우, 대부분 연구자는 폭력이 약물남용으로 발생하지는 않지만 약물의 사용과 남용이 폭력적인 행동을 제어하지 못한다는 점에는 동의한다. 술을 마셨을 때 아내를 때리는 대부분의 남성은 술에 취하지 않았을 때도 아내를 때린다. IPA에 대한 한 연구는 "폭력행위 시 알코올은 모든 술 취한 사람이 아내를 때리거나, 모든 아내구타가 술 취한 사람을 포함하고 있다는 고정관념에도 불구하고 아내학대를 위한 필요조건 혹은 충분조건은 아니다"라는 점을 보여주고 있다(Kantor and Straus, 1987, 224). 캐나다와 미국에서 전국여성폭력조사 자료에 대한 분석 결과는 두 표본과 나라 모두에서 학대 시 상해의 위험성은 남성이 알코올을 마셨을 때 높아진다는 점을 발견했다(Thompson, Saltzman, and Johnson, 2003).

통제는 IPA에 대한 논의에서 반복적으로 제기되는 개념이다. 아이러니하게 일반인과 형법 체계도 종종 IPA를 통제력의 상실로 보는 반면에 전형적으로는 그 반대가 사실이다. 즉 학대자는 대개 사람을 통제하고 있으며, IPA의 주요한 측면은 피해자를 통제하고자 하는 욕구와 그 실행이다. 학대자는 피해자를 통제하기 위해 위협을 가하고, 그 위협이 효과가 없으면 종종 폭력에 의존하게 된다(Fleury, Sullivan, and Bybee, 2000). 피프사Piipsa(2002)는 남성 학대자의 통제력이 그들의 친밀한 여성 파트너를 제한하고 부인하는 많은 방식을 규명하고 있다. 예를 들어 그들은 여성이 생활하는 공간을 제한하고, 그들의 이름을 함부로 부르고, 모욕을 주고, 혹은(예를 들어 친구나 친지들을 만나지 못하도록 하는 것 등) 사회적으로 그들을 통제한다. 실제로 학대자가 사용하는 많은 통제전략은 (전에 논의한) 통Tong(1984)의 심리적 학대의 범주에 해당하는 것이다.

IPA가 학대자들이 통제력을 상실한 결과라는 믿음은 논쟁이 되고 있다. 사실 학대자가 그들의 폭력행동을 중단하도록 돕기 위한 단체는 학대자에게 IPA가 하나의 선택이며, 때리지 않는 다른 선택을 할 수도 있다는 점을 가르치는 데 집중하고 있다. 다른 단체에서는 학대자의 (가해자가 일격을 가하는) 목표물과 IPA가 발생하는 장소(폭행이 공공장소에서 발생했는지, 집에서 발생했는지)를 통해 IPA를 평가한다면, 실제로 통제가 가능할 수 있다는 점을 지적한다. 예를 들어 학대자는 그날 상사가 했던 행동이나 말에 화가 났기 때문에 자신의 친밀한 파트너를 학대했다고 변명하지만, 그의 폭력대상은 상사가 아니라 아내나 여자친구였다. 그래서 만약 그것이 단지 통제력을 상실해서 발생한 문제라면, 어떻게 그는 자신을 분노하게 만든 상사를 때리지 않을 만큼의 통제력을 갖게 되었을까? 또한 학대자는 종종 배, 가슴, 허리 등 다른 사람들에게 가장 덜 보이는 신체 부분에 국한해서 일격을 가할 만큼 통제력을 발휘한다. 또한 부부강간은 피해가 가시적이지 않기 때문에 학대자에게 효과적인 수단으로 간주되는데, 피해자는 너무 부끄러워서 친구나 가족, 특히 형사사법기관에 보고하지 않을 가능성이 높다. 대부분의 학대자가 공공장소에서 학대적인 행동을 자제한다는 사실도 학대자가 폭력적인 행동을 결정하는 데 어느 정도 통제력이 있음을 보여준다.

다수의 연구자는 왜 남성이 학대하는가를 설명하기 위한 시도에서 폭력의 세대 간 전달에 초점을 맞춘다(Dutton and Painter, 1981; Fagan, Stewart, and Hansen, 1983). 이런 이론은 폭력을 목격한 어린이는 폭력이 갈등을 해결하기 위한 용인된 방법이라는 점을 배운다고 주장한다(Dutton and Painter, 1981, 142). 폭력의 세대 간 전달이론은 IPA를 가족 내에서 한 세대에서 다음 세대로 전수되는 학습된 행동으로 본다. 이 이론을 적용하는 데 경험적 학습 내용이 남성과 여성에게 각기 다르다는 점을 인정하는 것이 중요하다. 여성과 남성 모두 신체적 갈등이 가족이나 대인 간 갈등에 대한 정당화된 반응이라는 점을 배울 수 있는 반면에 남성은 억압자가 되는 점을 배우고, 여성은 피해자가 되는 법을 배운다. 한 연구는 부모에게 학대를 받은 성인 남성 피해자나 아버지가 어머니를 학대하는 것을 본 성인 남성은 폭력을 가족갈등에 대한 적절한 반응으로 보고, 자신의 아내나 여자친구를 학대한다는 점을 발견했다(Fagan, Stewart, and Hansen, 1983).

그러나 폭력의 세대 간 전달이론은 비판도 받고 있다. 예를 들어 폭력적인 가정에서 사는 것이 성인 피해자가 폭력을 자신의 가정에서 용인하지 않도록 할 수도 있다는 점이다(Levendosky, Lynch, and Graham-Bermann, 2000). IPA가 발생했던 가정의 성인 피해자가 모두 똑같이 행동하지 않을 수도 있다. 부모 간 폭력을 목격한 것이 남자아이가 학대자로

자랄 가능성을 높이기는 하지만, 아내 학대자의 대다수는 부모 간 폭력을 경험하지 않았던 사람이다(Dutton, 1988, 47). 폭력의 세대 간 전달이론을 검증한 연구는 단지 성인 학대자만을 검토하여 아동기 폭력이 비폭력적인 성인에게 미치는 영향을 살펴보지 않음으로써 임상적인 오류를 범했다는 점을 지적한다(Breines and Gordon, 1983). 이것에 대한 한 예외는 배우자 간 폭력이 있는 집에서 성장한 사람(여성과 남성)은 가해자가 아니라 피해자가 될 위험성이 높다는 점을 발견한 연구다(Cappell and Heiner, 1990, 135). 결론적으로 폭력적인 상황에서 성장할 경우 폭력을 용인한다는 관련성이 있기는 하지만, 이후 폭력적인 행동에 미치는 전반적인 영향력은 불확실하다.

이제 "누가 학대자인가"라는 질문으로 돌아가보자. 다시 한 번 이런 행동이 성별에 따라 큰 차이가 있다는 점은 명확하다. 위에서 주장한 것처럼 NVAW의 결과는 여성이 스토킹 피해자의 78퍼센트를 차지하고, 남성이 스토킹 가해자의 87퍼센트를 차지하고 있다는 점을 지적하고 있다. 이전 연구와 유사하게 NVAW의 결과는 대부분 스토킹 피해자가 스토커를 알고 있었다는 점을 확인해 주고 있다. 즉 여성 스토킹 피해자의 23퍼센트와 남성 스토킹 피해자의 36퍼센트만 모르는 사람에게 스토킹을 당했다(같은 책, 5). **스토킹에서 성차가 나타나는 다른 중요한 방식은 여성이 남성보다 현재나 이전의 친밀한 파트너에게 스토킹을 당할 가능성이 더 높다는 점이다.**

> 여성 스토킹 피해자의 38퍼센트가 현재나 이전의 남편에 의해, 10퍼센트가 현재나 이전의 동거남성에 의해, 14퍼센트가 현재나 이전의 데이트 상대, 남자친구에게 스토킹을 당했다. 전체적으로 남성 피해자의 30퍼센트에 비교해 볼 때 여성 피해자의 59퍼센트가 친밀한 파트너에게 스토킹을 당한다(Tjaden and Thoennes, 1998b, 6).

친밀한 파트너 학대의 맥락에서 스토킹은 여성이 관계를 떠난 데 따른 결과이고, 그래서 스토킹은 여성이 학대적인 혹은 잠재적으로 학대적인 남성 파트너나 남자친구를 떠날 때 시작된다는 것은 널리 알려진 생각이다. NVAW 연구는 현 남편이나 전 남편에게 스토킹을 당한 여성이 경험한 스토킹의 43퍼센트가 관계가 끝난 이후에 발생한 것이고, 21퍼센트는 관계가 끝나기 전에 발생했으며, 36퍼센트는 관계가 끝나기 전과 후에 모두 발생했다고 보고한다. 그래서 일반적인 생각과는 달리 여성은 종종 그 관계가 지속되고 있는 상태에서도 친밀한 파트너에게 스토킹을 당한다(같은 책).

IPA와 스토킹이 이성 간의 관계뿐 아니라 동성 간의 관계에서도 발생할 수 있고, 발생하고 있다는 점을 기억할 필요가 있다(예를 들어 Robinson, 2002). 남성 동성애자 IPA보다는 여성 동성애자 IPA에 대한 연구가 더 많지만, 연구들은 학대가 밝혀질 경우 동성애자로 알려지는 것에 대한 위협, 레즈비언, 게이, 양성애자, 성전환자 등 사회에서 나쁜 명성을 얻게 되는 것에 대한 걱정이나 아이를 가진 사람의 경우에는 자녀 양육권에 대한 위협 등의 부담이 추가되는 것을 제외하고 역동적인 경향은 비슷하다는 것을 보여준다(Allen and Leventhal, 1999; Banks, 2003; Giorgio, 2002; Gorshick, 2002; Perilla et al., 2003; Potoczniak et al., 2003; Renzetti,1992; Russo, 2003 참조).

스토커가 되는 동기와 위험 요인은 IPA와 상당히 중첩되어 스토킹이 이전의 친밀한 파트너 간에 가장 흔하게 발생한다는 것은 놀랄 일이 아니다. 한 연구는 이전의 친밀한 파트너 스토커와 일부의 친밀한 파트너 학대자 간에 공통적으로 발생하는 다음과 같은 특성을 규명하고 있다. 감정적 발산, 애착 역기능, 원초적 방어, 약한 자아, 질투, 분노, 약물남용, 초기 아동기의 트라우마, 실제나 예견된 거부에 대한 격한 반응이 그것이다(Douglas and Dutton, 2001).

:: 학대적 관계를 떠나는 것에 대한 제약 요인

매 맞는 여성은 교육적 · 직업적 기회와 관련된 도피 통로를 거의 갖고 있지 않아 그 상황을 벗어나기 힘들고, 주위 사람들은 관계를 떠나는 것을 계획하는 데 비판적이고, 양육 책임은 도피를 방해하고, 학대적인 상황은 낮은 자존감과 부정적인 감정, 특히 불안감과 우울증을 만들어낸다(포르테 외, 1996, 69).

IPA에 관한 많은 글이나 일반인뿐 아니라 법제도의 반응도 왜 여성이 IPA 관계에 머무는가에 초점을 맞추고 있다. 이런 반응은 '그녀가 정말로 학대받는 것이 싫다면 떠났을 텐데'라는 의미를 내포하고 있어서 피해자 비난의 경향이 있다. IPA는 복잡한 현상이며, 왜 어떤 여성은 IPA 관계 내에 머무르거나 되돌아오는지를 이해하는 것이 중요하다.

첫째, 우리는 무엇 때문에 그가 때리는가보다는 왜 그녀가 머무는가에 초점을 맞추는지를 물어봐야 한다. 왜 학대받는 여성이 머무르고 있는지에 초점을 맞추는 것은 그런 여성을 일탈자로 낙인찍는 결과를 낳는다(Loseke and Cahill, 1984). 아마도 "왜 그 남성은 폭력적인가" "왜 여성은 그렇게 쉽게 피해를 당하는가" "왜 폭력적인 남성이 머무르도록 허용하고 있는가" "왜 가해자가 아닌 피해자가 떠날 것을 기대해야만 하는가"와 같은 문제를 제기하는 것이 좀 더 효과적일 수 있다(Hoff, 1990).

둘째, 많은 여성이 IPA 관계를 떠나고 있다는 사실을 거의 인정하지 않고 관계를 떠나지 않는 여성에게만 주의를 기울이는 경향이 있다. 많은 여성이 IPA 관계를 떠났으며, 심지어는 최초의 폭력적인 일이 일어난 후에 그렇게 하기도 한다. 그러나 수치심과 다른 사람에게 피해를 이야기하지 않으려는 경향으로 피해자는 스스로가 이전에 학대받은 여성이라는 사실을 밝히지 않는다. 사실 한 카운티의 변호사 사무실과 연계된 상담소와 접촉을 하고 있는 매 맞는 여성 251명 중 70퍼센트가 학대적인 파트너를 떠나기로 결정을 내린다(Strube and Barbour, 1984). 그럼에도 많은 여성이 일정 기간 혹은 무한정 머무른다. 그래서 이런 여성이 직면하게 되는 수많은 장애물을 이해하고, 학대받는 여성이 떠났을 때 어떤 일이 발생할지를 묻는 것이 중요하다. 이런 질문에 답을 얻고자 시도한 한 연구는 학대적인 파트너를 떠난 여성을 2년 동안 추적한 결과 그들 중 3분의 1이 이 기간에 학대자한테서 다시 학대를 받았다는 점을 발견했다(Fleury, Sullivan, and Bybee, 2000). 더욱이 여성이 떠난 후에도 계속해서 학대했던 친밀한 파트너 학대자는 관계가 지속되는 동안 더 많은 위협과 폭력을 사용하고 더 많은 질투와 성적 의심을 했던 사람이다(같은 책). 그래서 학대적인 관계를 떠나는 것이 반드시 학대를 중단시키는 것이 아니라는 사실을 기억할 필요가 있다. 실제로 그것은 치명적인 수준을 포함해 학대를 더욱 증가시킬 수도 있다.

셋째, 일부 여성은 떠나려고 시도했을 때 너무 큰 한계 상황에 직면해서 IPA 관계에 머무른다. 이전 부분에서 특히 결혼과 가족제도 내에서 여성에 대한 남성의 폭력을 유지하는 집합적인 수준의 정치적 · 사회적 실재에 대해 고려하는 것이 얼마나 중요한지 논의했다. 여성의 자율성을 제약하는 힘은 정치적 · 사회적 구조와 같은 집합적인 수준뿐 아니라 개인적인 경제적 · 심리적 수준에서도 작동한다.

심리적으로 학대적인 데이트 관계에 있는 흑인 여자 대학생에 대한 한 연구는 그들이 관계를 떠나는 네 단계를 발견했다(Few and Bell-Scott, 2002). 첫째 단계는 관계를 평가하고, 그후 학대적인 파트너를 떠나고, 사회적 연결망을 재구축하고, 마지막으로 자기권한 부여감을 얻게 된다(같은 책). 또 다른 연구는 학대적인 친밀한 파트너로부터 저항적 행동을 취하고 그런 환경에서 벗어나 해방된 21명의 흑인 여성을 검토하고 해방의 세 단계를 보고했다(Taylor, 2002), 첫 번째, 대부분 여성이 '참을 수 없는 마지막 한도' 라고 부르는, 인생을 변화시키는 중요한 시기인 **계기가 되는 시점**defining moments이 온다. 일부 여성에게 그것은 다른 매 맞는 여성의 이야기를 듣게 되거나 다른 사람을 때리는 학대자의 폭력을 목격하게 될 때다. 두 번째 단계는 떠나거나, 감정적 · 신체적으로 학대적 파트너와 거리를 두는 전략이다(같은 책, 88). 일부에게는 다른 도시로 떠나는 것을 의미하고, 다른 여성에게는 쉼터로 가는 것을 포함한다. 마지막 단계인 전진은 이전의 파트너와의 격리를 지속적으로 유지하는 것과 관련됐고, 전형적으로 친구와 가족 사이에 지지망을 구축하는 것을 포함한다(같은 책).

경제적 제약

종종 여성이 그녀를 학대하는 남성을 떠날 수 없는 이유로 경제적으로 자립이 불가능하다는 것을 말한다. 이것은 여성이 자녀가 있을 때 특히 문제가 된다. 학대자가 가구 내 모든 돈을 통제하고 여성에게 모든 지출을 증명해야 하는 정도의 작은 돈만 허용하는 경우가 일반적이다. 또한 많은 여성이 자신과 자녀가 살아가는 데 필요한 기술이나 환경적 조건을 갖고 있지 못하다. 일부 연구는 실업 상태의 여성이 고용 상태의 여성보다 IPA 관계를 떠날 가능성이 더 낮다는 점을 보여주고 있다(Gelles, 1976; Strube and Barbour, 1984). 반면에 다른 연구는 학대받는 여성의 고용지위에 따라 그들이 떠나거나 머무를 가능성에 차이가 없다고 보고한다(Herbert, Silver, and Allard, 1991). 시카고 저소득층 지역 여성에 대한 연구에서 (친밀한 파트너) "남성 폭력을 경험한 여성이 현재 고용 상태에 있을 가능성은 남성 폭력을 경험하지 않은 여성과 비슷하지만, 과거에 그들은 고용 상태에 있지 않고 건강문제로 고통을 받고 높은 수준의 복지 수혜를 받았을 가능성이 더 높다" (Lloyd and Taluc, 1999).

이 연구는 또한 노동력에서 학대받는 여성 역할의 복잡성을 지적한다. "고용된 여성은 학대관계에 들어가거나 참거나 머무를 가능성이 낮다. 그리고 그들은 파트너가 일해서 가구소득에 기여하도록 강요하기 때문에 일을 할 수도 있다" (같은 책, 386). 미국에서 베트남 이민 여성에 대한 연구는 여성의 경제 활동 참여가 그들이 경험하는 IPA와 무관하다는 점을 보고한다. 그러나 "경제적인 어려움은 여성이 이후의 폭력을 피하기 위해 학대적인 관계를 떠나지 못하도록 한다" (Bui and Morash, 1999, 789). 세르비아 벨그레이드시의 여성 핫라인 전화에 대한 연구는 "피해자가 살 만한 곳이 없고 사유화와 세르비아에 대한 경제적 제재, 난민의 유입으로 상황이 더욱 악화되었는데, 이로 인해 가해자와 함께 살도록 강요당한다는 사실을 발견했다. 대부분 난민이 개인 가정에 거주하고, 결과적으로 난민 여성과 집주인 노릇을 하는 여성에 대한 폭력의 증가를 낳았다" (Mrsevic and Hughes, 1997, 101). 더욱이 그 연구는 핫라인에 걸려온 전화의 6퍼센트를 경제적 폭력으로 분류하고 있는데, 거기에는 재산 파손, 여성의 임금과 자산에 대한 통제, 여성이 가족을 위해 음식을 살 수 없게 만드는 수준으로 '생활비' 를 제한하는 것 등이 포함된다.

피학대 여성이 '각계각층' 출신이라고 하더라도, 최근의 연구는 가난한 여성이 IPA의 위험성이 유의미하게 높고(Browne, Salomon, and Bassuk, 1999; Craven, 1996; Forte et al., 1996; Kaplan, 1997; Pearson, Thoennes, and Girswold, 1999), 학대자를 떠나는 것이 여성의 소득을 감소시킨다는 점을 지적하고 있다(Herbert, Silver, and Ellard, 1991). 매사추세츠의 우스터에서 극빈자 생활을 하는 여성에 대한 종단적인 연구는 지난 12개월 동안 남성 파트너에게 신체적인 폭력을 경험한 여성은 그 다음해에 고용 상태를 유지할 가능성이 낮다는 사실을 보고한다(Browne, Salomon, and Bassuk, 1999). 정신건강은 그들이 직업을 유지할 가능성과 (예측된 방향으로) 관련된다. 그러나 직업 훈련, 직업소개 서비스, 이전의 고용 경력은 그들이 향후 직업을 가질 가능성을 높인다. 저자들은 최근의 IPA가 이후의 고용 상태에 미치는 유의미한 영향은 지금 미국에서 인기 있는 '일을 통한 복지혜택(the work-to-welfare)' 이라는 측면에서 보면 문제가 된다고 결론을 내렸다(같은 책). 피학대 여성의 경제적 어려움을 제기하는 데 관련된 문제는 자녀 양육에 관한 것이다. 미국의 개인 책임과 고용기회조정법(PRWORA, Personal Responsibility and Work Opportunity Reconciliation)이라고 부르는 1996년의 입법은 피학대 여성이 자녀 양육을 신청하면서 현재나 이전의 친밀한 파트너 학대자가 임금 압류 통고라는 방법을 통해 자신과 자녀에게 폭력을 재개할 수 있다는 사실을 두려워하는 경우를 위해 자녀 양육 신청을 하는 별도의 과정을 허용하는 조항을 포함하고 있다(Pearson, Thoennes, and Girswold, 1999). 이에 대한 한 연구는 아주 위험한 상황에 처해 있는 것처럼 보이는 여성 중 소수의 여성만 신청을 했고, 이중 3분의 2가 신청을 거부당했다는 점을 발견했다(같은 책).

많은 학대자는 질투심과 소유욕이 너무 강해서, 여성이 혼외관계를 시작할지도 모른다는 두려움 때문에 아내나 여자친구가 집 밖에서 일하는 것을 원하지 않는다. 그러나 피해자를 집 안에만 가두어놓는 학대자는 종종 혼외정사를 했다는 죄목으로 피해자를 고소하기도 한다. 일부 전문가는 피학대 여성이 쉼터에 대한 접근과 적절한 경찰과 법원의 보호를 필요로 할 뿐 아니라 학대자로부터 자유롭기 위해서는 기술을 습득하고, 재정적 자원을 획득할 필요가 있다고 믿는다(Tong, 1984).

사회적 제약

여성은 여러 가지 문화적인 이유 때문에 IPA 관계에 종속되기도 한다. 첫째, 사람들은 피해자가 그럴 만한 이유가 있어 IPA가 일어나는 것이지, 그렇지 않다면 일어나지 않을 거라고 믿는다(이것은 제6장에서 논의했던 러너의 공정한 세상 가설과 일치한다). 둘째, 결혼에 대한 태도는 여성이 IPA 관계를 떠날 수 있는 능력에 부정적인 영향을 미친다. 피학대 여성은 종종 그들의 친척, 이웃, 친구 등이 IPA를 부인한다고 주장하는데, 그것을 받아들이더라도 그녀에게 다소간의 책임이 있으며 결혼생활을 위해 좀 더 성실해야 한다는 생각을 피해자에게 넌지시 비춘다고 한다. 이것은 사제, 목사, 랍비 등 종교적 지도자에게 의존하는 대다수 여성에게도 나타난다. 일부 성직자는 결혼생활은 어떤 희생을 치르더라도 지켜야 하는 것으로 생각하지만, 그렇게 하는 것은 여성과 자녀에게 위험한 일일 수 있다. 자녀는 어머니의 피해를 목격할 뿐 아니라(정서적 아동학대의 한 형태인) 그들 자신도 신체적으로 학대를 당할 수 있다(Bowker, Arbitell, and McFerron, 1988; Jaffe et al., 1986; Jaffe, Wolfe, and Wilson, 1990; Walker, 1989). 미국의 학대받는 아시안 인디언 이민자 여성에 대한 한 연구는 여성이 개인의 자유와 자율성을 희생하는 것을 포함하는 '좋은' 아내와 어머니의 '이상형'에 대해 아동기에 사회화되는 것이 그들을 위험에 처하게 만들며, 심지어 경제적으로 독립했을 때도 그렇다는 점을 발견했다(Dasgupta and Warrier, 1996, 238). 더욱이 그들은 이혼으로 가족에게 불명예를 안겨주게 될까 봐 두려워하는데, 인도에서는 그들 가족의 명성에 책임감을 느낀다. 이와 유사하게 웨스트뱅크와 가자지구에서 온 팔레스타인 여성에 대한 연구는 가부장제 이데올로기를 고수하고 있는 여성이 좀 더 쉽게 학대자의 '이해'를 지지하고, 그들의 학대적 행위에 대해 단지 그들만을 비난하지 않을 가능성이 높다(Haj-Yahia, 1998)는 것을 발견했다.

학대받는 여성은 종종 어떤 도피처도 없다는 느낌을 보고한다(Browne, 1987; Forte et al., 1996; Jones, 1994 참조). 그들은 IPA 관계를 떠나기 위해 모든 자원을 소진했을 수도 있다. 많은 IPA 생존자가 자신의 친척, 학대자의 친척, 경찰, (이혼, 격리, 보호명령 등을 통해서) 법원의 도움을 얻기 위해 노력했던 것에 대해 토로한다. 학대자는 이런 피해자를 계속 위협하고 때로는 자녀까지도 위협한다(Pagelow, 1993 참조). 학대받는 여성에 대한 한 연구는 다음과 같이 보고했다.

> 피학대 여성의 대부분이 다양한 경로를 통해 도움을 요청한다. 대부분 신체적 보호를 위해 경찰에게 도움을 요청한다. 3분의 2 정도는 어떤 시점에서 결혼문제 상담가나 성직자에게 상담을 받는다. 그러나 소수 여성만이 남편이 상담에 협조한다고 보고했다. 절반 이상이 변호사에게 자문을 받고, 거의 절반이 그 문제의 해결책으로 이혼에 의존한다. 그러나 이혼이 항상 성공적인 해결책은 아니라는 점이 밝혀졌다. 경우에 따라 학대자는 폭행하기 위해 전처를 계속 찾아다니거나 아이들을 방문했을 때 폭행을 행사하기도 한다(Flynn, 1977, 18).

사실 일부 연구는 학대자의 폭력이 피해자가 학대적 관계를 떠나려고 시도했을 때 급격하게 늘어난다는 점을 보여준다(Campbell, 1992; Ellis, 1987; Ellis and DeKeseredy, 1989; Mahoney, 1991; Pagelow, 1993; Sev'er, 1997; Wilson and Daly, 1993). 우리는 일부 피학대 여성이 왜 그런 관계에 머물러 있는지에 대한 질문 대신에 "당신이 떠났을 때 무슨 일이 발생했는가? 당신은 어떤 도움을 받을 수 있었는가?"를 질문해야 한다(Mahoney, 1991).

최근 IPA 문제를 제기했던 사회학적 연구의 특수한 분야는 **환경재해**에 대한 사회적 경험이다. 특히 이 분야의 연구는 홍수, 지진 등을 경험한 지역사회를 사회학적으로 검토할 뿐 아니라 어떻게 지역사회들이 이런 자연재해를 준비하는지를 검토한다. 재해의 맥락에서 IPA 연구는 친밀한 파트너에 대한 학대가 자연재해의 시기에 증가했고, 특히 피학대 여성과 그들 자녀의 거주가 더욱 문제가 된다는 점을 지적한다(Enarson, 1999; Fothergill, 1999). 매일 두려움과 위협을 느끼고 살아가면서 피학대 여성은 이미 재해 이전부터 정서적인 위기 상태에 놓여 있다. 재해에 대한 대비나 피난을 시도하면서 재해지역에서 그들의 삶을 안정시키는 것이나 자원복구에 접근하는 것은 불가능한 일일 수 있다(Enarson, 1999, 748). 만약 그들이 두 번째 피난을 필요로 하는 쉼터에서 살고 있다면(첫 번째는 학대자가 있는 집에서 피난하는 것임), '쉼터에서 살고 있는 여성보다 집에 있는 학대자가 구호기금을 더욱 용이하게 이용할 수 있어서' 여성의 안전과 안녕은 더욱 위협받게 될 것이다(같은 책, 749). 이런 문제는 특히 가난하거나 신체적 장애를 가진 피학대 여성에게 심각하게 발생한다(Fothergill, 1999).

역사적인 연구가 IPA가 여러 세기에 걸쳐 발생했다는 사실을 보여주는 반면에, 비교문화적 연구는 IPA가 여러 문화에 걸쳐 전 세계적으로 일어나고 있음을 지적한다. 친밀한 파트너 간의 학대에 관한 연구에서 최근의 경향은 미국에 이민 온 여성의 IPA 문제에 초점을 맞추고 있는데, 이 연구의 대다수는 아시아 이민 여성에 초점을 맞추고 있다. 이민 여성의 독특한 경험에 관해 부이Bui와 모라시Morash는 다음과 같이 언급한다.

> 한편으로 이민 여성은 본국의 법규범과 사회구조가 스며든 전통적인 문화와 경험을 지닌 채 미국에 온다. 다른 한편으로 새로운 생활에 대한 정착과 적응의 결과로서 어느 정도는 미국의 문화를 내면화하고, 그들과 그 가족은 종종 사회적 지위의 재배치와 변화로 인해 스트레스를 경험한다(1999, 770).

미국에서 베트남 이민 여성에 대한 연구는 "계급, 문화, 성, 이민자로서의 지위가 남편에 의한 폭력 경험에 영향을 미친다"라는 사실을 보고한다(같은 책, 769). 남부 아시아 이민 여성에 대한 한 연구는 부부강간, 재생산 권리의 통제를 통한 성적 통제(출산을 허용하지 않고 지속적으로 임신시키거나 여성이 낙태하기 쉬운 시점에 여성을 학대함으로써 아이를 가질 권리를 거부하는 것), 다른 관계를 과시하는 성적 학대(예를 들어 내가 원할 때, 원하는 방식으로 성관계를 갖지 않는다면 애인을 만들겠다고 협박), 다른 사람에 의한 성적 학대(예를 들어 시동생에 의한 강간)에 노출될 위험성이 크다고 보고한 바 있다(Abraham, 1999).

심리적 제약

많은 심리학자가 IPA 관계에 머무르는 이유에 대해 다양한 설명을 제시한다. 피해자 스스로가 때로는 학대와 착취의 심리적 효과를 '세뇌'로 표현하기도 한다(Finkelhor, 1983, 20). 피해자가 되기 쉽거나 학대받기 쉬운 여성을 기술하기 위한 노력은 피해자를 비난하는 것이고 성과가 없는 것으로 증명되었다. 연구자는 어떤 유형의 여성이 학대받는지를 보여줄 수 없다(Walker, 1983a). 이것은 어떤 여성이든 피학대 여성이 될 수 있다는 말인데, 이는 공평한 세상이 존재한다는 것을 믿고 싶어 하는 사람들의 사고와 상반되는 놀라운 사실이다.

워커(1979)는 학대받는 여성의 행동을 설명하기 위해 학습된 무기력이라고 부르는 사회학습이론을 사용한다. 그녀는 윤리적으로 문제가 되는, 어떤 대안도 차단된 동물에 대한 연구에 바탕을 두고 있다. 이런 실험에서 동물은 무작위로 예측 불가능하게 통제할 수 없는 고통과 상해를 경험하게 된다. 학습된 무기력은 반복된 실패를 통해 그들이 자신의 운명을 통제할 수 없다는 것을 학습한 사람을 특징짓는 개념이다. 환경을 통제할 수 없기 때문에 그들은 어떤 노력도 하지 않는다. 그러므로 외부자가 보기에 가능한 도피처로 보이는 것에 직면했을 때조차 학습된 무기력을 가진 사람이나 동물은 이런 대안을 도피처로 인식하지 못한다. 이후의 연구에서 워커(1983a)는 이런 학습된 무기력이 생의 초기나 후기에 일어날 수 있다고 주장했다. 예를 들어 그것이 가족갈등을 해결하기 위한 전략으로 IPA를 목격하거나 학대적인 가정에서 양육된 것의 결과일 수 있거나, IPA 관계에서 벗어나지 못하는 가운데 학습된 무기력이 나중에 발생할 수도 있다. "그래서 학습된 무기력은 피학대 여성의 삶에서 발전될 가능성이 어느 시기에서든 동일하다"(같은 책, 35).

워커(1979, 1983a)의 학습된 무기력이론은 일부 여성학자에게 비판을 받아왔다(Dobash and Dobash, 1988; Gondolf and Fisher, 1988; Wardell, Gillespie, and Leffler, 1983). 이런 비판은 학습된 무기력 접근이 너무 강력해서 피학대 여성이 IPA 관계를 떠날 수 없다고 잘못

가정하도록 만든다는 점을 제시한다. 피학대 여성이 갖는 대안이 부족하다는 인식은 종종 잘못된 자아 이미지 때문이 아니라 그녀가 친구, 가족, 경찰, 법원에 여러 번 도움을 요청하고 난 뒤에도 여전히 위협적인 상황에 처한 후 갖게 된 매우 합리적인 반응일 수 있다(Wardell, Gillespie, and Leffler, 1983). 사회학습이론은 가능한 대안을 무시하는 피학대 여성에게 초점을 맞춘다. 그런 대안이 존재하더라도 높은 불안감과 테러 상황에 놓인 사람은 그것을 보지 못하게 되고, 이웃이 두세 번 주거침입절도 피해를 당해도 집을 계속 지킨다든가 대학에 더 이상 일자리가 없어도 박사학위를 취득하는 것처럼 다른 사람에게 비논리적으로 보이는 결정을 내린다.

학습된 무기력이론은 피해자의 반응을 '비합리적인' 것으로 낙인찍어 사람들의 관심을 학대에서 피해자로 전환시킨다(같은 책, 76). 이것은 학대자의 행위와 여성의 대안 부족보다는 피해자가 무엇을 잘못했는지에 초점을 맞추는 것이다. 이런 이유로 피학대 여성에게 어떤 도움도 주지 않는 경찰과 판사가 학습된 무기력에 빠진 사람일 수 있다는 점이 놀림조로 제시되었다(Gondolf and Fisher, 1988). 명확하게 많은 양의 연구가 학대받는 여성이 형사사법제도에 의존하거나 손을 내밀었다가 그에 따른 반응의 부족과 피해자보다 학대자에게 더 많은 지지를 보여주는 반응으로 인해 좌절하게 되는 방식을 보여준다(예를 들어 Browne, 1987; Cahn, 1992; Erez and Belknap, 1998; Jones, 1994; Rosewater, 1988).

IPA 관계를 떠나는 것을 주저하거나 떠나지 못하는 여성을 설명하기 위한 다른 심리학적 이론은 **트라우마적 유대**다. 더튼Dutton과 페인터Painter(1981, 146-147)는 이것을 한 사람이 지속적으로 다른 사람을 괴롭히거나 때리거나 위협하거나 학대하거나 두려움에 떨게 하는 두 사람 사이에 형성되는 강한 정서적 유대의 발전과 그 과정으로 정의한다. 이런 접근은 인질로 잡힌 피해자, 부모에게 학대받은 어린이, 악의에 찬 소수 집단의 구성원이 왜 종종 그들의 공격자와 유대를 갖고 있는가를 설명한다. 이런 맥락에서 본다면, 피학대 여성과 학대자 간의 관계는 하나의 독립적인 현상이라기보다 트라우마적 유대의 한 예다(같은 책, 146). 다양한 트라우마적 유대의 공통적 특성은 권력 불균형과 지속적인 학대다. 관계가 계속 폭력적으로 되어가면서 권력 불균형이 커지는 것이 일반적이다. 폭력이 계속 진행되면서 폭력적인 사람은 좀 더 힘이 세어진다는 것을 느끼고, 피해자는 점점 더 약해진다는 것을 느낀다. 폭력이 지속적으로 슬픔, 사랑, 애정의 표현에 스며들어 있다는 워커의 과정을 검토한다면 학대의 지속적인 특성은 IPA에서 잘 예시될 수 있다(같은 책, 150).

무엇이 IPA를 일으키는지에 대한 다양한 이론적 · 역사적 시각을 추적하면서 IPA에 대한 대처는 다양한 맥락에서 일어나야만 한다는 점이 명확해졌다. 이것은 적절한 이혼법, 피학대 여성과 그 자녀가 학대자를 떠나 새로이 시작하는 것을 도울 수 있는 서비스의 이용 가능성, 적절한 법제, 형사사법 체계에 의한 적절한 반응 등을 포함하고 있어야 한다. 게다가 제7장에서 주장한 것과 같이 성폭력과 성 불평등은 서로를 강화시키는데, IPA와 성 불평등 역시 그렇다. 남성과 여성이 평등해지면서 우리는 여성이 IPA 관계를 떠나기 위해 경제적 · 심리적 · 사회적 자원을 좀 더 갖게 되기를 기대한다.

:: 지속적 위협

일단 폭력이 시작되면 앞부분에서 제시한 모든 제약 요인(경제적 · 사회적 · 심리적)은 모두 대부분 피학대 여성이 갖게 되는 지속적인 위협과 공포에 영향을 받는다. 학대자가 폭행하겠다고 위협하거나 실제로 폭력을 가하면, 학대자와 피학대자 모두 학대자가 그녀에게 해를 미칠 가능성에 대해 인식하게 된다. 한 연구는 거의 모든 피학대 여성이 학대자가 완전히 '통제력을 상실'할 수 있고, 때리는 동안 자신을 죽일 수도 있다는 공포감을 보고했다는 점을 밝히고 있다(Star et al., 1979). 이전에 제시했던 경제적 · 사회적 · 심리적 제한점과 같은 다른 부정적인 조건이 피해자에게 모두 존재하지 않더라도, 그런 위험은 여전히 존재한다. 예를 들어 한 여성이 남편에게 구타당하고 그를 떠나기로 결심한다면, 그녀는 여러 가지 면에서 그렇게 하는 것이 좋다는 확신을 가질 수 있다. 그녀는 좋은 직업을 가질 수 있고 남편이나 자신의 가족, 친구들의 도움을 받을 수 있고, 앞서 제시했던 심리학적 신드롬을 갖지 않을 수도 있다. 부모와 친구들이 그와 헤어지는 것을 돕지 않더라도, 그녀는 피학대 여성을 위한 쉼터에 찾아갈 수도 있다. 그러나 그는 여전히 위험에 대한 위협을 경고하면서 괴롭힐 수 있다. 그는 그녀가 다시 돌아오지 않는다면 그녀와 자녀, 그녀의 부모를 죽이겠다고 말할 수도 있다. 그녀는 그가 폭력을 휘두를 가능성이 있고, 위협하면서 쫓아다닐 수도 있다고 믿을 만한 여러 가지 이유를 가졌을 수도 있다. 그가 위협을 실행에 옮길 수 있다는 점을 그녀가 확신하지 않을 때도 사랑하는 사람들을 파괴할 위험성이 너무 크게 생각되어 하나의 도박처럼 인식하게 된다.

그녀가 쉼터나 호텔 혹은 친구나 친척 집으로 숨는다면, 그가 일터에서 기다릴 수도 있기 때문에 직업을 포기해야 할 수도 있다. 학대자를 떠나는 여성에게 학대자가 직장이나 친구, 가족, 동료, 개인탐정을 통해 새로운 거주지를 추적해 갑자기 나타나는 경우가 흔하다. 피해자가 학대자를 피해 그녀의 가족과 함께 머무를 때, 그는 종종 자신과 다시 한 번 시작하라고 조언하도록 그녀 가족 중 일부에게 위협과 압력을 행사할 수도 있다. 피해자가 법원의 금지명령이나 보호명령을 통해 남편이 그녀의 재산에 접근하지 못하도록 하는 조치를 받았을 때조차 그는 아이를 방문할 권리를 갖게 되고, 그를 피하는 것은 거의 불가능해진다(McCann, 1985; Walker, 1989). 많은 피학대 여성 생존자는 새로운 도시로 옮기거나 이사를 해야 하고 폭력에서 자유로워지기 위해 이름을 바꿔야만 한다. 그럴 경우 여성은 가족이나 친구를 잃게 되고, 이외에도 종종 학대자의 목표인 그들의 재산을 잃게 된다.

학대자가 피해자를 죽이겠다는 위협은 단지 쓸데없는 위협이 아니라는 증거가 있다. 일부 학대자는 결국에는 학대한 여성을 죽인다. 사실 피학대 여성이 경험한 최악의 폭력은 대다수가 남편과 별거하거나 이혼한 후에 발생한다(Campbell, 1992; Ellis, 1987; Ellis and DeKeseredy, 1989; Erez, 1986; Mahoney, 1991; Pagelow, 1993; Sev'er, 1997; Wilson and Daly, 1993). 이는 결혼하지 않은 피학대 여성에게 가장 위험할 수 있는데, 이들 여성 중 학대자에게 살해당하는 비율이 1976～87년에 지속적으로 증가 추세를 보이고 있다(Browne and Williams, 1993).

자녀를 가진 다양한 배경 출신의 이혼한 여성에 대한 연구는 친밀한 파트너 학대(IPA)가 대부분 여성이 이혼신청을 할 때 발생하고, 그들이 떠난 후 재산협상을 위한 노력에서 중요하고 위협적인 역할을 한다는 것을 밝혀냈다(Kurz, 1996). 이것은 빈곤선 위에 있는 이혼 여성에게 제일 중요한 문제인 자녀 양육을 위한 협상에서 가장 분명하게 나타난다. 다양한 계층과 인종 · 민족 출신의 여성 30퍼센트가 자녀 양육을 위한 협상을 하는 것이 두렵다고 보고했는데, 그들이 결혼 기간 중 심각하고 빈번한 폭력을 경험했으면 했을수록 자녀 양육을 위한 협상에서 더욱 두려움을 느끼는 것으로 나타났다(같은 책).

마지막으로 영국에서 최근 수행한 살인에 관한 연구는 다른 사람을 살해한 남성과 친밀한 파트너를 살해한 남성을 비교하고 있다(Dobash et al., 2004). 친밀한 파트너를 살해한 남성은 전반적으로 다른 사람을 살해한 남성에 비해 좀 더 관습적이며 평범하고, 이들은 자신이 살해한 여성뿐 아니라 이전에 관계를 맺었던 여성도 학대했다.

:: IPA와 스토킹, 형사사법 체계

IPA 여성에 대한 지역사회와 형사사법제도의 반응에 대한 역사적인 설명은 남성이 아내를 때린 것보다는 아내를 지배하지 못한 것에 대해 처벌을 받을 가능성이 더 높다는 점을 보여준다. 15세기 지역사회가 가족 내 권위를 규제하는 방식을 보여주는 다음과 같은 묘사가 있다.

> 만약 남자가 여성의 일을 하고 있다고 생각되고, 여자에게 잡혀 살고, 아내가 부정한 짓을 하고, 아내에게 구타를 당한다고 생각되면 그런 남성은 의례적인 비난의 대상이 될 수 있다. 즉 가부장적인 권위와 지배에 역행한다고 생각한다. 권위를 유지하는 데 실패해 지역사회에서 놀림을 당하는 것 이외에도 제멋대로이고 남편을 좌지우지하는 아내를 갖고 있다고 생각되는 남성은 그 여성을 공개적으로 조소하거나 수치심을 주고 신체적 처벌을 가함으로써 지배를 획득하거나 유지할 수 있다(Dobash and Dobash, 1981, 566).

현재나 이전의 친밀한 파트너에게 학대받은 여성에 관련된 일반인의 신념이나 법에 도전하려면, 우리는 아내(여성)가 남편(남성)에게 속한다는 주장에도 도전해야 한다. 그런 도전이 법전에 나타나기 시작한 것은 19세기 중반이 지나서다. 그후 지난 30년 동안 IPA는 점차 명확한 범죄로 인식되었다(Olson and Stalans, 2001, 1164).

피학대 여성에 대한 일반인과 제도의 반응은 왜 여성이 머무는가에만 일관되게 초점을 맞추고 있으며, 피학대 여성을 종종 "비협조적"이거나 "다루기 어려운" 사람으로 보기도 한다. 이는 우리를 학습된 무기력에 대한 이전의 토론으로 되돌아가게 한다. 피학대 여성이 학습된 무기력을 갖고 있는가, 아니면 체포와 기소를 요구하는 피학대 여성을 보호하는 데 실패한 제도가 그것을 갖고 있는가(Gondolf and Fischer, 1988)? 연구는 피학대 여성이 비협조적이라기보다는 피해자를 지원하는 데 실패한 제도로 인해 심각하게 좌절할 가능성이 높다는 사실을 보여준다(Browne, 1987; Erez and Belknap, 1998; Jones, 1994). 예를 들어 모든 피학대 여성이 학대자가 체포될 때 혼란에 빠지며, 심지어 그들이 경찰을 공격하기도 한다는 인식이 널리 받아들여지고 있지만, 상당수의 연구는 역사적으로 볼 때 피학대 여성이 체포를 원할 때조차도 경찰이 체포하지 않으려 한다는 사실을 보여준다(Bowker, 1982; Brown, 1984; Buzawa and Austin, 1993; Dolon, Hendricks, and Meagher, 1986; Ferraro, 1989b; Oppenlander, 1982; Pagelow, 1981; Websdale, 1995; Websdale and Johnson, 1997; Zoomer, 1989). 일부 연구는 피해자의 상해 정도는 경찰이 학대자를 체포할 가능성에 영향을 주지 않는다는 사실을 발견했다(Berk and Loseke, 1981; Eigenberg, Scarborough, and Kappeler, 1996; Hatty, 1989; Smith and Klein, 1984; Worden and Pollitz, 1984). 더욱이 무기를 소지하거나 사용했을 때 경찰이 친밀한 파트너 학대자를 체포할 가능성이 높다고 하지만 역사적으로 볼 때 무기가 있을 때조차 체포의 확률은 꽤 낮게 나타난다(Bachman and Coker, 1995; Buzawa and Austin, 1993; Eigenberg, Scarborough, and Kappeler, 1996).

마지막으로 최근 연구는 스토킹이 IPA의 맥락에서 발생했을 때 변호사, 경찰, 법조인이 스토킹에 대해 묻고, 심각하게 반응할 필요에 대해 언급하고 있다. 학대자에게 스토킹을 당했다고 보고한 IPA 생존자 21명 중 3분의 2가 경찰이나 법원이 스토킹을 무시하거나 스토킹에 대해 어떤 것도 할 수 없었다는 것을 포함해 경찰과 법원에 대한 불만의 경험을 토로했다(Melton, 2004). 동시에 다른 연구는 많은 법조인(검사, 판사, 국선변호인)이 IPA 피해자를 지지하는 사람에 대해 갖고 있는 무시와 경멸을 보고한다(Hartman and Belknap, 2003).

경찰

IPA는 경찰에 신고되는 가장 흔한 폭력범죄다(Ventura and Davis, 2005, 255). 1960년대 이전에는 IPA에 관한 경찰 훈련이 드물었고, 일부 부서에서만 경찰이 이런 신고전화에 어떻게 대응할 것인지에 대한 정책을 갖고 있었다. 1960년대 **중재** 훈련과 정책이 많은 부서에서 실시되었다. 중재 훈련과 정책은 경찰공무원이 IPA를 단지 공중질서를 어기는 것 정도로 취급하고, 당사자의 흥분을 가라앉히도록 하는 것이었다. 중재라는 반응은 피해자, 가해자, 자녀, 목격자, 경찰 등 관련 당사자에게 심각한 범죄가 발생하지 않았다는 메시지를 전달한다. 여기서 학대자의 폭력은 처벌받지 않으며, 때로는 경찰이 어떤 일이 일어났는지 알기 때문에 제재를 하기도 한다. 하지만 여전히 가해자를 억제하거나 처벌하는 데는 실패하고 있다.

중재가 IPA를 억제하지 못한다는 증거는 반복적인 신고전화의 대다수가 이미 중재가 적용되었던 관계로부터 걸려온다는 사실에서 명확하게 드러난다. 그리고 연구 결과는 중재가 일시적인 해결책조차 되지 못한다는 것을 보여준다. 한 연구는 경찰이 현장을 떠나면, 거의 가정폭력 피해자 중 4분의 1이 여전히 고통 상태에 남아 있게 된다는 것을 발견했다(같은 책, 455). 동시에 전국범죄피해조사(NCVS) 자료 분석의 결과에 따르면, 경찰에 신고한 피학대 여성의 37퍼센트는 사건이 발생하는 것을 막기 위해 그렇게 했다고 한다(Langan and Innes, 1986). 또한 경찰은 피해자의 요구에 맞추기보다는 가해자에게 더 큰 관심을 두는 경향이 있다는 연구 결과가 나오고 있다(Oppenlander, 1982). 간단히 이야기해서 IPA에 대한 경찰의 반응은 다른 폭력과 달리 공식적 · 비공식적으로 체포회피전략을 구사해 왔다

(Bell and Bell, 1991; Dobash and Dobash, 1979; Erez, 1986; Finesmith, 1983; Gondolf and Fisher, 1988; Hanmer, Radford, and Stanko, 1989; Oppenlander, 1982; Rowe, 1985; Schechter, 1982; Stanko, 1985; Tong, 1984; Zorza, 1992).

네 가지 요인이 여성학대 신고전화에 대한 경찰의 전통적인 불개입 반응(중재 포함)을 변화시키는 데 도움을 주었다. 첫 번째, 중재는 불개입만큼이나 비효과적이다(Finesmith, 1983; Gee, 1983; Rowe, 1985; Stanko, 1985; Tong, 1984), 두 번째, 여성주의 운동은 최초의 학대여성쉼터와 강간위기센터의 운용을 포함해 여성에 대한 남성폭력으로부터 운동의 계기를 마련했고 조직화되었다. 이것은 세 번째 요인, 즉 경찰 부서를 겨냥한 법원 사례와 관련이 있다. 세 번째, 피학대 여성은 종종 집단소송 사건에서 학대자를 체포하는 데 실패해 피해자를 위험하고 생명을 위협하는 상황에 놓아둔 것에 대한 책임을 물어 경찰 부서를 상대로 법원에 소송을 제기하기 시작했다(Eppler, 1986 참조). 이런 여성은 낯선 사람에게 폭행을 당한 사람과 비교해 경찰에게 평등하게 대우받지 못했다는 점을 주장해 수정헌법 14조를 적용하도록 했고, 소송 결과는 성공적이었다. 아마도 이중 가장 유명한 사건은 1984년 서먼Thurman 대 토링턴Torrington 시의 사례인데, 트레이시 서먼Tracey Thurman은 경찰에 여러 번 신고전화를 했고, 그녀는 제한명령을 받아냈지만 경찰의 보호를 얻어내는 데 비효과적이었다. 서먼이 마지막으로 구타를 당하는 동안 경찰이 신고에 반응해 출동하는 데 오랜 시간이 걸렸고, 학대자가 그녀를 폭행할 때 잠시 동안 지켜보았다. 이 일로 서먼은 심각한 영구적인 신체 상해로 고통을 받았다. 서먼은 경찰 부서를 상대로 한 소송에서 이겼을 뿐 아니라 소송 이후 코네티컷 주정부가 IPA에 대한 반응을 검토하기 위해 주 정부 내에 특별위원회를 구성하도록 하는 결과를 얻어냈다(Davies, Lyon, and Monti-Catania, 1998).

IPA에 대한 경찰의 반응을 변화시키는 데 영향을 미친 네 번째 요인은 학대자를 체포하는 것과 관련된 조사연구 결과였다. 셔먼Sherman과 버크Berk(1984)는 미네소타 주의 미니애폴리스에서 이와 관련된 첫 번째 연구를 실시했는데, 거기서 범죄자는 세 가지 선택에 따라 무작위로 할당되었다. 첫째는 체포, 둘째는 중재, 셋째는 범죄자가 집을 떠나도록 하는 명령이다. 이 연구는 체포된 학대자가 다시 범죄를 저지를 가능성이 가장 적다는 것을 발견했고, 체포가 비생산적이라고 여길 만한 적당하고 명확한 이유가 없다면 체포해야 한다고 주장했다.

셔먼과 버크(같은 책)의 '미니애폴리스 실험'은 반복적으로 이루어졌고, 그들의 결과는 1980년대 확증되었다(Berk and Newton, 1985; Jaffe et al., 1986). 이런 네 가지 요인(중재의 비효과성, 남성 폭력을 둘러싼 여성운동, 피학대 여성의 경찰 부서에 대한 소송 성공, 체포가 학대자를 억제한다는 연구 결과)은 대부분 미국 도시에서 체포우선정책(예방적 혹은 강제적 체포)이 채택되는 결과를 가져왔다. 그러나 1990년대 이후로 미니애폴리스 실험을 반복한 연구들은(최초 연구자 셔먼과 버크에 의해 수행된 것을 포함), 체포되었거나 체포되지 않은 학대자 간에 상습폭력에서 어떤 차이도 없다는 결론을 내렸다(Dunford, 1992; Dunford, Huizinga, and Elliott, 1990; Hirschel and Hutchison, 1992; Hirschel, Hutchison, and Dean, 1991, 1992; Pate and Hamilton, 1992; Sherman et al., 1992).

체포우선정책 실시 이전에 친밀한 파트너 폭행자와 다른 폭행자를 체포할 가능성을 비교한 한 연구가 경찰이 일반 폭행자를 체포할 가능성(17%)이 유의미하게 더 높다는 점을 발견한 것은 주목할 만하다(Eigenberg, Scarborough, and Kappeler, 1996). 그리고 좀 더 최근에 체포우선정책이 실행된 이후에 관한 연구는 아내가 아닌 사람을 폭행한 사람이 아내 폭행자보다 체포 가능성이 여전히 높다는 것을 밝혀냈다(Avakame and Fyfe, 2001). 또한 이 연구는 피해자가 백인이고 부자이고 나이가 많고 교외에 살고 있는 여성일 때 경찰이 학대자를 체포할 가능성이 더 높다는 것을 발견했다(같은 책). 체포우선정책 이전에 한 도시에 대한 연구는 IPA 범죄자의 개인적 특성과는 상관없이(예를 들어 인종이나 이전의 폭력 여부 등) 그들이 절차에 따라 경찰이 공정한 방식으로 행동한다고 느낀다면 재범을 저지를 가능성이 낮은 것으로 나타났다(심지어 그들이 용의자를 체포했을 때도 그렇다)(Paternoster and Bachman, 1997).

체포우선정책을 폐지하려는 일부의 노력은 여러 가지 이유로 여성운동론자를 어려움에 빠뜨린다. 첫째, 단지 학대자를 체포하는 것이 학대를 멈추게 하지 않기 때문에 체포하지 않는다면, 그들을 체포하지 않는 그 자체를 정당화할 수 없다. 강도범이 체포된 이후에도 강도질을 계속했을 때 우리는 단념하면서 "그들을 체포까지 하면서 괴롭히지 말았어야 했어"라고 이야기하지 않는다(강도에 대한 비유는 조르자Zorza[1992]가 만들었다). 둘째, 학대자를 체포할 경우 학대자가 처리과정에서 적어도 몇 시간 유치장에서 시간을 보내게 되기 때문에 피학대 여성과 자녀에게 도망갈 기회를 준다. 이런 가정에서 볼 때, 오리건 연구가 체포우선정책을 실시하는 것이 가정 내 살인(그들의 배우자를 죽이는 여성 혹은 남성)을 유의미하게 감소시켰다는 점을 발견했다는 사실은 그리 놀랄 만한 일이 아니다(Jolin, 1983). 이 연구는 두 가지 중요한 쟁점을 지적한다. (1) 체포의 효과를 측정하는 방법은 여러 가지다. (2) 체포우선정책이 피학대 여성의 삶을 구해 줄 뿐 아니라 자기방어를 위해 학대자를 죽일 수밖에 없는 상황으로 내몰린 여성 수를 줄여줄 수 있다는 것이다(흥미롭게도 졸린Jolin의 연구는 체포우선정책을 평가하는 정책 연구자의 주목을 받지 못했다). 미국의 전국 자료를 사용한 최근의 한 연구는 1976년 약 3,000명의 친밀한 파트너 살인자가 있었고, 1998년까지 지속적으로 감소하여 약 1,830명의 살인자가 있었다고 보고한다(Rennison and Welchans, 2000). 그래서 이런 자료는 쉼터의 발전과 체포우선정책의 실행이 여성과 남성의 생명을 구한다는 점을 지적한다. 네 번째 관심 영역은 체포우선정책을 평가하는 연구는 경찰이 종종 정책에 응하지 않았다는 사실을 발견했다. 체포우선정책을 시행하고 있는 사법관할구역 내에서조차도 경찰공무원은 여전히 학대자를 체포하지 않는 경향이 있다(Balos and Trotzky, 1988; Ferraro, 1989b; Lawrenz, Lembo, and Schade, 1988).

이는 모든 여성운동론자가 체포우선정책을 지지한다는 것을 의미하지 않는다. 첫째, 이런 정책은 차별적으로 실시된다는 우려가 있다. 즉 유색인종의 학대자와 가난한 지역 출신의 학대자는 부자인 백인 학대자에 비해 체포될 가능성이 높다(Edwards, 1989; Hoff, 1990; Miller, 1989, 2005; Stanko, 1989; Stark, 2004). 그러나 한 연구는 체포우선정책에도 불구하고 경찰은 정책에 따르는 정도가 낮고, 피해자가 흑인이 아닐 때(36%)에 비해 흑인일 때(26%) 친밀한 파트너 학대자를 덜 체포하는 경향이 있다는 것을 발견했다(Robinson and Chandek, 2000). 둘째, 경찰이 학대자에게 저항하거나 반격하는 일부의 피해자를 체포한다는 증거가 상당히 많다(Dasgupta, 2001, 2002, 2003; Hirschel and Buzawa, 2002; Jones and Belknap, 1999; Martin, 1997; Melton and Belknap, 2003; Miller, 2001, 2005; Perilla et al., 2003; Stanko, 1989; Stark, 2004). 그래서 체포우선정책은 전에는 거의 알려지지 않았고, 고의적인 것은 아니지만 가정폭력으로 남성 파트너 대신에 여성 피해자를 체포하거나 혹은 가해자와 피해자를 모두 체포하는 관행을 낳았다. 이것을 쌍방체포dual arrests라고 부른다. 말할 필요도 없이 피해자가 범죄자로 체포되는 것은 큰 상처를 남긴다(Miller, 2005). 한 연구는 쌍방체포는 이를 자신이 근무하고 있는 경찰 부서의 바람직한 목표로 인식하는 경우, 그리고 양 당사자가 모두 부상을 입었을 때 발생할 가능성이 높다는 것을 발견했다(Finn et al., 2004). 피해자가 쌍방체포의 한 당사자로 체포되었을 때, 그녀는 학대자를 기소하는 데 관심을 덜 갖게 된다는 점은 별로 놀랄 만한 일이 아니다(Bui, 2001), 일부 부서에서는 쌍방체포에서 벗어나기 위해 일차적인 공격자 룰을 채택하는데, 이는 대부분의 IPA 신고전화에서 한 쌍 중 오직 한 사람만을 체포하도록 관리하는 것이다. 불행하게도 심각한 위협을 받거나 폭행을 당할 때 힘의 균형을 맞추기 위해 종종 부엌칼과 같은 무기를 사용한 여성이 최초의 공격자로 체포되고, 학대한 남성은 오히려 풀려난다.

셋째, 학대자를 체포하는 것은 피해자에 대한 이후의 폭력을 증가시킬 수 있다는 우려가 있다. 그러나 체포우선정책을 평가하는 많은 연구에서 나온 자료를 재분석한 결과에서는 친밀한 파트너 학대자를 체포하는 것이 어느 정도 미래의 공격 수준을 낮춘다는 결론을 제시하고 있다(Maxwell, Garner, and Fagan, 2001). 체포우선정책에 대한 마지막이자 가장 우려되는 문제점은 그들이 이미 무력감을 느끼고 있는 피해자와는 완전히 분리된 의사결정을 내린다는 것이다(Hoff, 1990; Mills, 1999, 2003; Rowe, 1985; Stanko, 1989). 특히 피해자가 그들의 학대자가 체포되기를 원하지 않을 경우 그 요구가 받아들여져야만 하는가?

허셸Hirschel과 허치슨Hutchison(2003)은 이런 두 가지 우려를 제기한다. 체포는 이후의 학대를 증가시키는가, 피해자의 요청이 경찰이 학대자를 체포해야만 하는지 아닌지를 결정할 때 영향을 주는가? 그리고 그들이 얼마나 중복되어 나타나는가를 검토했다. 419명의 IPA 여성 생존자에 대한 연구에서 30퍼센트는 학대자가 체포되기를 원했다. 나머지는 경찰이 단지 그를 격리시켜 주기를 원하거나(41%), 그에게 경고하기를 원하거나(12%), 그를 떠나 그녀가 혼자 있도록 해주기를 원하거나(6%), 그녀가 홀로 남겨져 있기를 바라고(4%), 일부는 체포 이외의 다른 대응(7%)을 원했다(같은 책). 흑인(백인과 반대되는 것으로서)이고, 가난하며, 지난 6개월 동안 더 자주 맞았고, 이번 사건에서 더 심각하게 맞았으며, 학대자가 이전에 체포기록을 갖고 있었다면 피해자는 그들이 체포되기를 원할 가능성이 더 높다. 더욱이 학대자가 체포되기를 바라는 피해자는 체포되기를 원하지 않는 피해자보다 체포 이후에 학대자에게 재피해를 입을 가능성이 더 높다. 마지막으로 학대자가 체포당한 피해자는 체포당하지 않은 피해자에 비해 재피해를 당할 가능성이 더 높지 않다(같은 책).

체포우선정책에 대한 이 같은 여성주의자의 비판이 반드시 정책의 철회를 요구하는 것은 아니다. 오히려 그들은 정책이 공정하게 실행되어야 하고, 그렇게 하지 못한 경찰관은 처벌을 받거나 어떤 방식에서든 책임을 져야 한다는 것을 제안한다. 우리는 체포가 일부 학대자를 더욱 폭력적으로 만들 수도 있다는 가능성에 근거해 체포우선정책을 철회해야 한다는 논리에 의문을 제기해야만 한다. 대신에 경찰 부서와 형사법 체계의 나머지 부분은 피학대 여성과 자녀를 가장 위험하고 치명적일 것 같은 학대자로부터 보호하는 데 더 많은 책임을 져야만 한다.

보호명령이나 접근금지명령stay-away order으로 알려진 금지명령은 다른 사람에게 위협이 되는 것으로 간주되는 사람에게 그들을 접촉하지 못하도록 하고 대개 일정 거리만큼 떨어져 있어야 한다고 명령하는 것이다(Sorenson and Shen, 2005, 912). 이는 IPA를 감소시키고, 기소 이외의 대안을 제공하기 위해 발전되었다(Grau, Fagan, and Wexler, 1985, 15). 그리고 이런 명령의 대다수는 IPA를 위한 것이고, 전형적으로 남성으로부터 여성을 보호하기 위한 것이다(Sorenson and Shen, 2005). 이런 명령은 잠재적으로 IPA와 스토킹 피해자를 위한 부가적인 보호를 제공하지만, 문제가 전혀 없는 것은 아니다. 첫째, 제한명령을 부과하는 것은 전형적으로 피해자에게 부담이 된다. 이것은 학대자가 이동수단을 남겨두지 않고 피해자를 떠나거나, 피해자가 그런 명령을 얻으려고 노력하면서 가해자에게 붙잡힐지도 모른다는 두려움이 그 명령을 얻어내고자 하는 욕구를 압도하는 많은 IPA 상황에서는 비현실적이다. 또한 경찰이 피학대 여성과 스토킹을 당한 여성에게 제한명령을 얻어내기 위해 노력하도록 고무시키지만, 그런 명령을 얻어내려고 많은 노력을 했던 피학대 여성과 스토킹을 당한 여성이 그것을 사용하지 못하도록 하거나 좌절하게 만드는 것과 같이 경찰이 그것을 실행하는 것을 꺼려하고 있다는 상당한 증거가 있다(Erez and Belknap, 1998; Logan, Shannon, and Walker, 2005; Pagelow, 1993; Rigakos, 1997; Tong, 1984).

한 연구는 최초에 제한/금지명령을 원했던 여성의 40퍼센트가 그 과정의 첫 번째 단계를 넘어서서 더 나아가지 않았다는 점을 발견했다(Fernandez, Iwamoto, and Muscat, 1997). 그 과정은 길고 다소 복잡한 것으로 묘사된다. 그래서 최초에 보호명령을 원했던 여성 10명 중 약 3명 정도만 그 과정이 지속되기를 바라고, 그것을 언어내게 된다. 이 연구는 좀 더 경제적으로 의존적인 여성이 그런 명령을 얻어내는 데 필요한 신청과정을 완료할 가능성이 더 낮다는 점을 발견했다. 이외에도 여성이 심하게 학대받으면 받을수록 명령을 얻어낼 가능성은 낮아지는데, 이는 학대로 인해 그녀가 그 신청과정을 완료하는 것을 두려워하는 상태에 있다는 점을 보여준다(같은 책). 조사연구는 여성이 이제 그만 떠날 때가 되었다고 결정했을 때 금지명령을 원한다는 것을 보여주는데(Fischer and Rose, 1995), 이것은 일부 여성에게 관계를 떠날 준비가 완료된 시점일 수 있다. 보호/금지명령에 대한 연구는 부가적인 통찰력을 제공해 준다. 한 연구는 보호명령을 얻어낸 여성 중 5분의 1 이상이 그들의 친밀한 파트너에게 성폭행을 당한 적이 있다고 연구자에게 보고했다는 점을 발견했다(Logan, Shannon, and Walker, 2005).

이런 명령이 경찰의 반응능력을 높일 수 있고 일부 여성에게 학대적인 관계를 떠나서 좀 더 정서적으로 안정되고 경제적인 독립을 하도록 힘을 키워주기도 하지만, 일부 여성의 경우 그런 명령을 받은 것에 대한 복수로 학대자의 폭력 위험성이 높아질 수도 있다(Chaudhuri and Daly, 1992). 이런 명령은 덜 심각한 IPA 관계에서 경제적으로 독립적인 여성에게는 좀 더 유용한 것으로 밝혀졌지만, 오랜 기간 학대를 받은 좀 더 폭력적인 관계에서는 유용하지 않은 것으로 밝혀졌다(Chaudhuri and Daly, 1992; Grau, Fagan, and Wexler, 1985). 다른 연구는 도시와 비교해 볼 때, 농촌 여성이 보호명령을 얻어낼 때 직면하게 되는 부가적인 문제점을 제기하고 있다(Logan, Shannon, and Walker, 2005). 보호명령을 받았지만 학대자에게 공동 육아권이나 자녀 방문권이 주어진 여성이 직면한 문제는 어떻게 일부 학대자가 계속해서 보호명령을 받은 여성을 스토킹하고, 괴롭히고, 학대하는지에 대한 예를 보여준다(예를 들어 Kernic et al., 2005; Rosen and O'Sullivan, 2005).

일부 형사사법기관 공무원과 피해자 지원자가 제한명령을 얻어낸 후 그것을 포기한 여성의 좌절에 대해 보고하고 있지만, 포드Ford(1991)는 제한명령이 피학대 여성이 그들의 학대자와의 관계에서 더 많은 힘을 얻고, 학대를 그만두게 할 수 있는 중요한 교섭도구라는 점을 발견했다. 피학대 여성이 학대자가 명령을 위반했다고 신고했을 때, 금지명령을 실행하지 않은 경찰은 그들의 직무를 이행하지 않았을 뿐 아니라 이런 여성을 침해할 권리가 있다는 학대자의 믿음을 강화시켜 주고 그렇게 함으로써 이들 여성을 좀 더 큰, 심지어는 치명적인 폭력의 위험에 처하도록 만든다.

이 절은 IPA에 대한 경찰 활동을 둘러싼 일련의 문제를 조명하고 있다. 경찰은 역사적으로 그들이 그렇게 하도록 기대되지 않았기 때문에 이런 학대자를 체포하는 것에 저항감을 가진다. 체포우선정책 실행 이후로 많은 경찰이 이런 범죄에 대한 그들의 자율성이 사라진 것에 분개했다. 그러나 경찰공무원은 일반 국민과 비교해 볼 때, 그들 스스로가 IPA에 관련될 가능성이 과도하게 높다(Neidig, Russell, and Seng, 1992). 더욱이 그들 스스로가 자신의 아내를 학대하는 경찰관은 IPA 신고전화에 반응할 때, 반反피해자적인 태도를 견지하는 경향이 있다(Stith, 1990). 그래서 IPA에 대한 경찰 활동 문제의 일부는 경찰관 자신의 IPA 범행과 관련이 있다. 체포우선정책의 실행과 IPA에서 발생된 피해에 대한 인식이 고양되면서 더 많은 경찰이 IPA의 배후에 있는 역동성을 이해하고, 좀 더 강력하게 반응할 것이라는 약간의 희망이 있다.

그래서 경찰 반응에 대한 긍정적인 결과를 제시하는 연구에 주목할 필요가 있다. 친밀한 남성 파트너에게 학대받은 임신중인 300명의 남미 여성에 대한 한 연구에서는 경찰의 힘을 빌린 23퍼센트 중 거의 4분의 3이 경찰 개입에 대해 다소 혹은 매우 효과적이라고 평가했고, 경찰의 힘을 빌린 여성은 이용하지 않은 여성에 비해 좀 덜 심각한 학대를 보고했다(Wiist and McFarlane, 1998). 다른 최근의 연구는 경찰을 만난 IPA 피해 여성의 80퍼센트가 경찰과의 경험을 좋게 평가했다(Apsler, Cummins, and Carl, 2003). 여성은 학대자를 체포하고 금지명령을 얻어내는 데(이것이 그들이 바라는 조치였을 때) 도움을 준 경찰의 노력에 대부분 만족스러워한다. 그러나 그들이 상담을 얻어내는 데 보여준 경찰의 무능력에는 불만족을 표시했다. 경찰 만족도에 가장 낮은 평가를 매긴 여성은 학대자가 체포되기를 원했지만 체포되지 않은 여성이다. 학대자가 체포되기를 원하지 않았지만 체포되었던 여성 대부분은 그들이 나중에도 다시 경찰을 부를 것이라고 보고했다(같은 책). 다른 연구는 IPA 여성 피해자가 전형적으로 경찰에 대한 경험을 중간과 다소 만족 사이로 평가한다는 점을 발견했다(Fleury, 2002). 피해자가 경찰이 호의적이라고 느꼈을 때, 그들은 경찰의 반응에 좀 더 만족스러워하고 경찰 중 1명이 여자였을 때 더 높은 만족도를 보고한다(같은 책).

우리가 알 수 있는 것은 체포우선정책을 정책의 집행 정도와 정책차별적인 방식으로 실행(예를 들어 인종과 계급, 섹슈얼리티 등에 근거해)되고 있는가라는 측면에서 좀 더 많은 검토를 해야 한다는 점이다. 그리고 범죄자를 체포하는 대신에 저항하던 피해자를 체포하는 것은 더 심한 피해를 낳고, 이미 학대받은 여성을 소외시키고 범죄자에게 부가적인 방식으로 좀 더 권한을 증강시킨다. 마지막으로 피해자가 그들이 다른 사람에 비해 다시 피해를 당할 가능성이 높다는 점을 알고 있다는 것을 전제로 해서 피해자가 학대자를 체포하기를 원하는 경우에만 체포우선정책을 다시 시행하는 것이 좋은 출발점이라는 사실이 연구 결과에서 제시되었다.

법원

경찰과 유사하게 역사적으로 법조인(검사, 지방검사, 판사)은 피학대 여성의 곤경에 반응하는 데 실패했다. 초기 영국의 보통법은 남편이 그들의 엄지 두께보다 작은 회초리로 아내를 매질하는 것이 허용되는 '엄지손가락 법칙'을 만들었다. 1800년대 샌디에이고 카운티에서 여성 학대에 관한 연구는 백인 남성 검사, 판사, 배심원, 경찰이 양 극단, 즉 가혹함과 관대함에 반응하는 경향이 있다는 것을 발견했다(Parker, 1997, 294). 좀 더 구체적으로 아내가 살해되는 것과 같은 몇몇 경우에는 남성 학대자에게 심각한 조치가 취해졌다는 명백한 예가 있다. 그러나 남성의 재정적 부유함이나 사회적 명성을 손상시키기를 원치 않았기 때문에 좀 더 전형적인 반응은 관대함이었다. 현재의 처리과정과 유사하게 유색인종 남성은 가난한 남성만큼이나 가혹한 반응을 받을 가능성이 높았고, 나쁜 명성을 가진 여성은 대부분 법원이 시간을 투자할 가치가 없다고 여겼다. 1824년 미시시피 대법원은 이런 규칙을 지지했다. 1864년 노스캐롤라이나의 '커튼 규칙'을 통해 '진보'가 이루어졌다. 이 법은 집의 커튼을 넘어서서 남편의 폭력이 아내에게 영원한 상해를 입혔을 때, 아내에 대한 남편의 매질에 개입할 수 있다(Tong, 1984, 128). 법원은 역사적으로 볼 때 아내학대의 일부는 합법적인 것으로 정의했다. 더욱 최근 연구는 법조인(검사, 피고 측의 변호인, 판사)은 체포우선정책에 대한 경찰의 저항과 IPA 사건에 대한 경찰의 양면성을 무비판적으로 받아들이고 있음을 제시한다(Hartman and Belknap, 2003).

고소가 결정되고 온갖 어려움에도 불구하고 검사가 그 사건을 잘 해결해 나갈 것이라는 기대를 가지고 절차를 따르는 여성에게 가장 힘든 시기는 재판 전 단계다. 이 시기에 학대자가 그들은 다시 시작할 수 있고, 더 이상 폭력적이지 않겠다고 약속함으로써 소원해진 피해자에게 다시 사랑을 호소하려고 시도하는 것은 흔한 일이다. 이것이 효과적이지 않았을 때, 그는 그녀가 법원으로 간다면 그녀나 그녀의 사랑하는 사람들에게 무엇인가를 하겠다는 위협을 가할 가능성이 높다. 실제로 한 연구는 IPA 고소를 취하한 많은 여성이 고소를 취하한 주된 이유는 학대자가 지속적으로 쫓아다니며 두려움을 주었기 때문이라는 사실을 발견했다(Quarm and Schwartz, 1985). 소송을 제기한 IPA 생존자를 제대로 돕기 위해서는 그들의 관심과 경험을 이해하는 것이 중요하다. 학대자를 고소한 여성을 면접조사한 한 연구는 법원 체계로 인해 네 가지 장애가 가로막고 있다는 사실을 발견했다. (1) 혼란스러운 과정, (2) 좌절 과정, (3) 학대자에 대한 두려움과 법원이 학대자로부터 그들을 보호해 주지 않거나 보호해 줄 수 없다는 두려움, (4) 그들이 학대자의 투옥을 바라볼 때 느끼는 갈등(Bennett, Goodman, and Dutton, 1999)이 그것이다. 그러나 피학대 여성은 그 사건이 중죄 대신에 경죄로 기소되어 축소될 경우 불안감을 느끼면서 학대자에 대한 고소를 취하한다(Ptacek, 1999). 프타체크Ptacek(1999)는 판사와의 인터뷰에서 학대자들이 피해자가 경험했던 학대를 최소화하고 부인하는 방식과 유사한 태도를 판사의 태도에서도 발견했다. 또한 그는 판사가 종종 법을 부정확하게 적용하고 처리과정과 판결에서 피해자에게 편파적인 태도를 보인다는 점을 지적한다(같은 책).

경찰공무원이 사건에 대한 조치를 취하는 데 법원의 실패에 대해 불평하고 있음을 지적한 것은 중요한 사실이다. 경찰은 검사나 판사가 간단하게 그 사건을 기각한다면, 왜 자신이 피해자를 돕고 체포하려고 애써야 하는지 의문을 품는다. 유사하게, 학대받은 여성이 검사에게 원하는 것이 다양한 반면에 그들은 형사사법 과정에서 피해자-목격자로서 안전하고 효과적인 참여를 방해하는 요소에 직면하게 된 경험을 공통적으로 갖고 있다(Hart, 1993, 625). 피학대 여성은 종종 그들이 사건을 법원으로 가져간 경우, 검사가 그 사건을 불기소하기로 결정했을 때 좌절감을 느낀다. 혹은 경찰이 그 사건을 기소해서 법원에 이르렀을 때 판사가 어떤 조치도 취하지 않기로 결정하거나, 학대자를 무죄방면할 때 좌절감을 느낀다. 이 부분의 끝에서 정의될 강제기소정책no-drop policy을 시행하지 않았지만 체포우선정책을 시행하는 관할구역에 대한 한 연구는 사건 중 3분의 2가 대개 검사나 판사에 의해 기각되었다는 점을 발견했다(Hirschel and Hutchison, 2001). 취하사건과 가장 관련성이 높은 두 가지 요인은 피해자의 취하 의사 표시와 확증할 만한 상해의 부족 등 모두 법적인 특성과 관련된 것이다. 형사사법제도의 많은 구성원이 제기하는 하나의 불만은 좋은 정보를 얻는 데 드는 비용이다. 사진, 911 전화통화 테이프, 의료기록, 경찰 증거 등이 판결에 미치는 영향을 평가한 한 연구는 911 신고 테이프가 판결에 전혀 영향을 미치지 않았으며, 사진과 의료기록의 이용 가능성은 구금 일수를 며칠 더 늘리는 데 영향을 미쳤고, 경찰의 증거는 보호관찰 일수를 며칠 더 늘리는 데 영향을 미친다는 점을 발견했다(Belknap et al., 1999). 마지막으로 경찰공무원이 자신의 사건 노트를 제대로 검토하지 않거나, 검사에게 증언할 것을 제대로 준비하지 않은 것이 영향을 미친 것으로 추측되었다(같은 책). IPA 피해자의 상해를 찍은 디지털 사진에 관한 연구는 낮은 비용, 높은 질을 가진 이런 증거수집 기술이 강제기소정책을 실시하는 관할구역 내에서 친밀한 파트너 학대자가 유죄가 있음을 주장하여 기소되고, 더 엄한 양형을 받을 가능성을 증가시킨다는 점을 발견했다(Garcia, 2003, 579).

미네소타와 일리노이에서 실시된 1987년 연구는 그해에 체포된 학대자의 10퍼센트 미만이 중죄로 기소되었고, 판사는 보호명령을 어긴 남성에게 맨 처음에는 어떤 조치도 취하지 않았다는 점을 보고했다(Blodgett, 1987). 체포우선정책의 실행으로 법원까지 간 IPA 사건의 수가 급증했다. 체포우선정책을 실시한 관할구역을 대상으로 실시 이후를 살펴보면, 사건의 절반(51%)이 판사에 의해 기각되었고, 20분의 1(5%)이 죄가 없는 것으로 결정되었고, 44퍼센트가 유죄판결을 받았다(Belknap et al., 1999). 사건 결과를 예측할 수 있는 가장 중요한 변수는 검사와 얼마나 오랫동안 만났는가 하는 것인데, 이는 검사가 피해자와 보낸 시간이 기소에 중요한 영향을 미친다는 점을 지적해 준다. 피해자가 소환장을 발부받았는지는 사건 결과에 전혀 영향을 미치지 않더라도, 피해자의 증언은 유죄평결의 가능성을 높이고, 좀 더 무거운 양형을 가져온다(같은 책). 놀랍게도 교살이 포함되었을 때를 예외로 하면, 학대나 상해의 수준은 사건의 결과와 관계가 없고, 단지 보호관찰 일수가 며칠 더 늘어날 뿐이다. 톨레도에서 체포우선정책을 실시한 관할구역을 대상으로 실시 이후를 살펴본 다른 연구는 IPA 사건 중 4분의 1이 유죄판결을 받았고, 그 사건은 피고인이 남성인지 여성인지 관계없이 유죄판결을 받는다는 사실을 발견했다(Ventura and Davis, 2005). 법원으로 간 모든 사건 중 3분의 1은 평결을 받은(혹은 무죄방면) 이후 12개월 안에 재피해 결과를 낳았다. 이런 연구가 무죄방면 사건의 경우 피고인이 기소된 경우에 비해 중폭행 전력을 갖고 있을 가능성이 유의미하게 높다는 사실을 발견했다는 점은 매우 놀랍다. 저자들은 대부분의 피해자는 그들의 학대자를 법원에서 대면하기를 가장 무서워하는 사람이어서 사건 고소를 취하한다고 추측한다. 학대자가 기소되었을 때 그들은 12개월 내 재범을 저지를 가능성이 가장 낮다. 그러나 피고인이 재범할 가능성을 보여주는 좋은 예측치는 IPA의 전력, 연령, 피고인의 성별이었다. 젊고, IPA 전력이 길고, 남성인 피고인은 재범을 저지를 가능성이 높다(같은 책). 기소된 피고인 중에서 가장 관대한 형을 받은 사람은 재범할 가능성이 가장 높은데, 이는 학대자가 관대한 양형에 대해 그가 하고 싶은 대로 할 수 있는 권리를 준 것으로 해석할 수 있다는 사실을 보여준다(같은 책, 273).

다른 폭력 보호관찰사범과 IPA 보호관찰사범을 비교해 보면 IPA 보호관찰사범이 약물남용 문제를 인정하고, 교육 수준이 더 높고, 나이가 더 많고, 백인일 가능성이 높다는 점 이외에는 유사하다(Olson and Stalans, 2001). 법원이 부과한 제재의 측면에서 볼 때 IPA 보호관찰사범은 개입/처우나 벌금형을 받을 가능성이 높고, 중죄 대신에 경범죄로 기소될 가능성이 높고, 다른 폭력적인 보호관찰사범에 비해 더 짧은 양형을 받을 가능성이 높다. 보호관찰형을 위반할 가능성과 보호관찰 중 체포 가능성이라는 측면에서 두 집단 간에는 차이가 없다. IPA 범죄자가 계속해서 범죄를 저지를 가능성은 IPA 보호관찰사범이 다른 폭력적 보호관찰사범보다 최초의 피해자에게 재범할 가능성이 3배 정도 높다는 사실에서 분명하게 알 수 있다(같은 책, 1182). 가장 우려되는 사실은 IPA 보호관찰사범이 법원에서 개입/치료명령을 받은 경우 치료나 개입명령을 받지 않은 IPA 보호관찰사범보다 같은 피해자에게 재범을 저지를 가능성이 5배 높다는 점이다. 저자는 이것이 개입명령을 받은 범죄자가 가장 심각한 범죄를 저지른 것의 결과일 수 있으나, 집단상담이 다른 친밀한 파트너 학대자에게 친밀한 파트너 학대자를 노출시킴으로써 이런 학대자에게 그들의 학대를 정당화하고 학대하는 새로운 기술을 가르치기 때문일 수도 있다고 설명한다(같은 책, 1181).

IPA 범죄자에 대한 양형의 하나로서 보호관찰이 갖는 다른 혼란은 보호관찰이 국가의 적절한 제재라는 측면에서 일부 피해자의 기대보다 낮기는 하지만, 보호관찰이 일부 IPA 생존자를 돕는 데 기여할 수 있다는 점이다(Ames and Dunham, 2002). 예를 들어 보호관찰 양형은 학대자를 변화시키고 학대를 멈추게 할 것 같지 않은 반면에, 우리가 잘 알고 있다시피 재범의 위험성이 상대적으로 높은 이런 학대자를 감독하는 데는 상당한 역할을 한다.

경찰의 활동에서 체포우선정책의 실행과 마찬가지로, 일부 가정폭력법원은 1980년대와 1990년대에 강제기소정책을 실행하기 시작했다. 피해자가 기소를 취하하고 싶어 할 때도, 그리고 진술을 거부할 때도 검사에게 가정폭력사건 고소를 의무화한 것이다. 체포우선정책과 유사하게 강제기소정책은 학대자가 기소되기를 원치 않는 여성을 좌절하게 만들 가능성이 있다. 동시에 이것이 가정에서 발생하는, 잘 알고 있는 사람에 의한 성차별적인 폭력이 인정되지만, 무죄방면되는 현실에 어떤 메시지를 주고 있는가(Robbins, 1999)? IPA의 피고인에게 좀 더 일관성 있는 체포, 기소, 엄한 유죄판결을 요구하는 여성주의자의 지지에도 불구하고 심지어는 강제기소정책이 실시되는 곳에서조차 제재가 일반적으로 아주 약한 것이 현실이다(Ames and Dunham, 2002). 그러나 강제기소정책은 또한 가정폭력 범죄에 대한 고소를 유지하기 위한 유일하고 가장 효과적인 방법으로 묘사될 수 있다(Robbins, 1999, 217). 샌디에이고에서 친밀한 파트너에 의한 살인이 1985년 30건에서 강제기소정책이 실행된 이후인 1994년 7건으로 줄었다(같은 책).

어쨌든 많은 수의 연구가 체포우선정책과 강제기소정책을 강제적이고, 피해자에게 해를 입히고, 여성의 실망과 소외감을 가져오고, IPA에 대한 반응이 국가에 대한 과도한 의존성을 낳는 것으로 간주하고 있다(예를 들어 Dasgupta, 2003; Ford, 2003; McDermott and Garofalo, 2004; Mills, 1999, 2003). 예를 들어 포드(2003)는 한 여성에 대해 기술하고 있는데, 2명의 다른 IPA 학대자에게 학대를 받은 그녀는 두 사람 중 1명의 기소가 중단되자 그 학대자가 자신을 죽일 거라는 강한 두려움을 가졌다. 다른 여성주의자는 체포우선정책과 강제기소정책에 대한 비판의 일부가 그런 정책이 학대받는 여성의 삶에 미치는 긍정적인 영향을 인정하고 증명하고자 하는 노력 없이 너무 급하게 폐기하고자 하는 데 대해 우려를 표하고 있다(예를 들어 Flanakin and Walsh, 2005; Stark, 2003, 2004). 스타크Stark는 체포우선정책과 강제기소정책이 결점이 없는 것은 아니라는 점을 다음과 같이 지적한다.

> ……강제적 체포가 법 실행과정에서 편견을 감소시킨다는 몇몇 증거가 있다. 그것은 증거수집을 개선하고, 기소전략을 혁신시켰으며, 피해자의 전력이나 인종, 사회계급이 그들을 공격적인 것으로 판정하는 데 작용할 수 있는 전통적으로 피해자에게 보이는 혐오감을 극복할 수 있었고, 판결에서 이기거나 사건을 종결하는 실질적 효과와 함께 형사사법제도 내에서의 피해자 권한 증강에 가치를 부여하는 새로운 목소리가 힘을 얻게 되었다(2004, 1327).

가장 납득이 갈 만한 대안은 정책을 폐기하지 않고 체포우선정책과 강제기소정책에 약간의 재량권을 부여하는 것이다(Robbins, 1999). 즉 그런 정책은 일부 개별화된 정의를 허용할 필요가 있다(Corsilles, 1994). 문제는 경찰이 역사적으로, 때로는 여전히 피해자가 체포하기를 원하고 요구할 때도 체포하지 않는다는 점이다. 일부 검사는 법원에서 IPA 사건을 기소하는 데 대한 신념이 부족하다(Corsilles, 1994; Erez and Belknap, 1998 참조).

:: 여성이 자기방어를 위해 학대적 파트너를 죽일 때

여성이 자기방어를 위해 그들의 학대자를 죽이는 것보다 남성이 학대받는 여성을 죽일 가능성이 훨씬 더 높다(예를 들어 Browne and Williams, 1993; Gauthier and Bankston, 1997; Glass et al., 2004; Greenfeld and Snell, 1999, 그리고 이 책의 제3장 참조). 실제로 미국에서 여성 살인자의 40~50퍼센트는 친밀한 파트너 살인범이다(Glass et al., 2004). 교도소에 있는 여성에 대한 역사적 설명은 오늘날 자기방어를 위해 가해자를 죽인 피학대 여성과 유사한 시나리오를 갖는, 자기방어의 맥락에서 학대하는 남편에게 상해를 입히거나 죽인 여성의 예가 많다(예를 들어 Butler, 1997). 아이러니하게 꽤 최근까지도 학대 피해자를 심각하게 다루길 거부했던 동일한 법원 체계와 판사가 자기방어 혹은 수년간의 학대 이후 남편을 죽이는 여성에게 덜 관대했고(Crites, 1987, 45), 학대자를 죽이고 나서 기소를 피할 수 있었던 몇몇 여성은 정신병을 이유로 해서만 그렇게 될 수 있었다. 그러나 그런 자비는 여성이 종종 그들의 학대자를 죽이는 것 이외에는 다른 대안이 없다는 사실을 부정하는 것이다.

자기방어로 학대자를 죽인 많은 여성 생존자가 그 사건 이외에는 다른 대안이 없었음에도 종신형을 받는다. 사실 이것은 그들이 학대자를 죽였다는 것을 인정한 여성뿐 아니라 경찰에 신고한 여성에게도 공통된 결과다. 충격적인 상태에서 그들은 대부분 자기방어를 위해 그렇게 행동했다는 것이 경찰이나 법원에서도 분명해질 거라고 가정한다. 불행하게도 이것은 제4장에서 논의했던 것처럼 거의 그렇지가 않다. 학대받는 여성이 자신이나 아이들의 생명을 구하기 위해 살인했고, 그녀가 교도소에 있고 아이들이 대리가정이나 학대자의 친척에게 맡겨졌을 때, 이런 사례의 비통함은 더욱 중첩된다. 살인을 한 피학대 여성에 대한 대부분의 법원처리 사건은 항소 없이 유죄판결을 내린다(Gillespie, 1989).

우리가 알고 있는 것은 여성이 현재나 이전의 친밀한 남성 파트너에게 살해당할 위험이 남성이 현재나 이전의 친밀한 여성 파트너에게 살해당할 가능성보다 훨씬 더 높다는 것이다. 그리고 전자의 경우 오랜 기간 피해를 당한 후에 자기방어의 맥락에서 그렇게 할 가능성이 훨씬 더 높다는 사실에도 불구하고 형사사법제도는 역사적으로 남편을 죽인 여성보다는 아내를 죽인 남성을 덜 가혹하게 다루어왔다. 미국에서 얼마나 많은 여성이 자기방어를 위해 학대하는 남성 파트너를 죽인 죄로 교도소에서 종신형으로 복역했고, 현재 복역하고 있는지 현존하는 통계는 없다. 그러나 재판에서 발언하는 것이 허용되지 않았고, 변호사도 피해전력을 이야기하지 못하게 했던 여성에 대한 기록이 있다. 이 경우뿐 아니라, 그들의 학대자를 살해한 많은 다른 사례의 경우에도 그들은 재판에서 발언권을 거의 혹은 하나도 갖지 못한다. 변호사는 그들이 발언하기를 원한다는 사실에도 불구하고 자신의 이야기를 할 수 있도록 발언대에 세우지 않았다(Marcus, 1981, 1728). 이 같은 여성의 침묵은 터무니없는 가혹한 양형의 결과를 낳는다. 어느 특별한 사건에서 한 법학교수와 학생이 무임으로 엄청난 헌신을 통해 활동한 결과, 1998년 자기방어로 남편을 죽인 죄로 석방 당시 18년 동안 교도소에 있었던 흑인 여성 토머스Juanita Thomas가 석방될 수 있었다(Lyon, Hughes, and Thomas, 2001). 토머스는 배심원 전부가 백인이었던 재판, 중요한 증거를 숨기고 파손시켰던 검사, 무능한 국선변호인을 포함한 부정의로 가득 찬 재판에서 유죄판결을 받았었다(같은 책).

피학대 여성이 학대자를 죽일 가능성에 영향을 미치는 요인은 무엇인가? 이 장에서 이미 지적한 것처럼 IPA 피해자에게 가장 위험하고 치명적인 시간은 학대자를 떠날 때다. 학대자를 죽인 여성과 아직 죽이지 않은 여성을 비교한 연구에서는 두 집단 간에 몇 가지 차이점이 있음을 규명했다. 첫째, 살인을 한 피학대 여성이나 그 자녀는 학대자로부터 신체적·성적으로 학대를 더 많이 당했다(Browne, 1987; Ewing, 1987; Walker, 1989). 둘째, 학대자를 죽인 피학대 여성은 빈도, 심각성, 상해의 정도가 점점 더 증가하는 폭력과 관련된 즉각적인 위협감을 인지한다(Browne, 1987; Ewing, 1987; O'Keefe, 1997; Walker, 1989). 마지막으로 학대자를 죽인 피학대 여성은 죽음에 대한 위협과 무기(간혹 총)를 사용한 테러를 받았을 가능성이 훨씬 높다(Browne, 1987; Ewing, 1987). 이런 발견은 피학대 여성이 살인하도록 자극하는 요인은 피해자의 행위보다는 학대자의 행위와 더 큰 관련이 있다는 사실을 암시한다는 점을 지적할 필요가 있다. 예를 들어 브라운Browne(1987)의 연구에서 한 여성은 그녀의 남편에게 학대당했고, 그를 떠나버린 현재 애인한테 무슨 일이 일어났는지에 대해 알아내지 못한다면 그녀를 죽이겠다고 이야기했다. 이 여인은 남편의 다른 피해자가 어디로 떠났는지 알지 못했으나 그녀는 그의 위협을 사실로 믿었다. 그녀는 그의 총 하나를 찾아내어 자신을 방어할 준비를 했다. 그녀는 남편이 (그의 다른 총을 갖고) 그녀를 쏘았을 때조차 그를 쏘지 못했다. 그녀는 그가 자녀를 죽이려고 할 때까지 총을 쏘지 않았다. 학대자를 죽여 교도소에 수감된 여성과 다른 범죄를 저질러 교도소에 수감된 여성을 비교한 연구에서는 학대자를 죽인 여성이 성폭행을 경험했고, 더 자주 학대를 받았으며, 좀 더 심한 학대를 받았고, 더 많은 상해를 입었고, 위험의 수준이 훨씬 더 높았고, 관계 내에서 폭력이 오랫동안 지속되었다. 그러나 놀랍게도 그들은 (치명적인 사건 이전에) 그들의 파트너에 대한 더 적은 수준의 폭력을 보고했고, 교도소의 수감 기간이나 이전의 범죄기록이 있을 가능성이 더 낮았다(O'Keefe, 1997).

여성이 자기방어를 위해 학대자를 죽인 대다수 사건에서 여성의 합리성에 대해 문제를 제기하기는 어렵다. 그들은 대개 학대자를 떠나고 나서 형사사법제도와 접촉을 포함한 다른 대안이 소진된 이후에만 그렇게 한다. 1970년대에 시작된 학대받은 여성 신드롬(BWS)은 미국 법원에서 방어기제로 사용되기 시작했다. 이런 진단은 전형적으로 학대자를 죽인 여성을 위한 변호용으로 제시되었고, 여성이 BWS로 고통받고 있다는 점을 전문가가 진술하도록 요구되었다. BWS를 정의하기 이전에 학대자를 죽인 여성의 배후에 있는 역동성을 이해하는 것이 중요하다. 워커(1979)가 규명한 것처럼 BWS는 세 가지 요소를 갖는다. 워커의 폭력순환, 학습된 무기력, 외상후 스트레스 장애(PTSD)이다. 전자의 두 요소는 이 장의 앞부분에서 논의되었다. 미국의 베트남전쟁 참전 노병의 반응을 설명하기 위해 발전된 PTSD는 절대 생각지 못했던 심각한 외상이나 뜻밖의 반복적 학대에 대한 노출을 경험함으로써 어떤 심리적 징후가 나타나는 것이다. 이들 연구는 예측된 방식대로 피학대 여성이 PTSD로 진단받을 가능성은 학대의 심각성이나 학대의 유형뿐 아니라 다른 생애사건과 사회적 지지 체계의 이용 가능성과 관련이 있다는 점을 보여준다(Astin, Lawrence, and Foy, 1993; Kemp et al., 1995). 그러나 PTSD를 사용하는 것과 피학대 여성을 정신병으로 규명하는 것에는 몇 가지 우려할 점이 있다. 또한 우리는 BWS가 독특한 IPA 상황에 대한 여성 자신의 경험과 보고를 허용하지 않고, 전문가라고 부르는 다른 사람들에게 규정하도록 한다는 점에 주의해서 BWS에 접근해야만 한다(Davies, Lyon, and Monti-Catania, 1998).

전문가 증언은 IPA 배후에 있는 역동성에 대해 판사와 배심원을 교육하기 위해 1980년대 이후에 이용되었다(가정폭력에 대한 법무부장관 특별위원회, 1984, 41). BWS에 관한 입증은 여성이 실제로 학대를 받았다는 사실을 심리학적인 지표로 보여줌으로써 증거를 제공하는 데 사용되곤 했다. 일부 여성주의자는 여성이 학대자를 죽인 사건에서 전문가 증언을 사용하는 것을 지지하긴 하지만, 그 결과 피학대 여성이 특히 최근까지 그들 자신의 이야기를 할 기회를 갖지 못하게 된 점을 지적한다.

일부 학자는 현재 자기방어에 대한 법 해석이 주로 가부장적이고 학대받은 피해자가 경험하는 커다란 신체적 상해와 죽음의 위협을 이해하는 데 실패했기 때문에 BWS 변호가 필수적이라고 믿는다(Gillespie, 1989 참조). 그러나 방어기제로서 BWS를 사용하는 데 몇 가지 감수해야 할 것이 있다. 학대자를 죽인 여성을 돕기 위해 정신병이나 자기방어의 주장을 하게 되면 그것은 여성에 대한 고정관념적 이미지를 영속화한다. 페라로Ferraro(2003, 110)는 그것을 신드롬이라고 부름으로써 이런 여성을 병리적인 존재로 만든다는 점을 비판하고 "의심스러운 심리학적인 질병에 의존하지 않고 피학대 여성이 그들의 삶에 대해서 왜 그렇게 두려워하는가를 이해하는 것이 그렇게 어려운가?" 라는 질문을 제기한다. 이것을 신드롬, 심리적 장애나 질병으로 규정하는 것은 피학대 여성들이 폭력적인 상황에 처하게 되었을 때 사용하게 되는 생존을 위한 합리적이고 신중한 전략으로부터 관심을 다른 곳으로 전환시킨다(같은 책, 112).

BWS에서 신드롬의 가장 중요한 특징은 학습된 무기력인데, 이는 그것이 수동적이고 허약한 여성의 이미지를 영속화시킨다는 점에서 여성주의자에게 가장 심하게 비판받았다. 이런 관점을 채택하는 것은 그들의 반응이 유사한 상황에 있는 피해자와 비교해 볼 때 비교적 합리적이라고 하더라도 학대자를 죽인 여성을 비정상이라고 고정관념화시킨다(Sheehy, Reinberg, and Krichway, 1991). 더욱이 이런 여성이 보고하는 죄책감, 낮은 자아정체감, 자기비난, 우울증은 가족이나 경찰, 판사, 심리학자 등이 그녀에게 도움을 주는 데 실패한 결과일 수도 있다(Gondolf and Fisher, 1988). 학대받는 것과 형사사법제도에 의해 보호받지 못한 것에 대한 정당화될 수 있는 분노가 부분적으로는 왜 그녀가 학대자를 죽였는가를 설명할 수 있다. 정의상 이것을 학습된 무기력 모델에 적용할 수는 없다(Allard, 1991; Mahoney, 1991). 사실 흑인 여성은 판사와 배심원에게 분노를 보일 가능성도 높기 때문에 이들 여성에게 BWS가 적용되지 않을 가능성도 높다(Allard, 1991). 그리고 좀 더 최근의 연구는 자기방어를 위해 학대자를 죽인 흑인 여성에게는 BWS를 적용하려는 시도가 적다는 점을 지적하고 있다(Ferraro, 2003). BWS 방어기제의 또 다른 단점은 여성이 비정상적이고, 비합리적이고, 약하고, 정신병이 있고, 분노가 내재된 것으로 보였을 때 자녀에 대한 양육권을 잃을 위험이 커진다는 점이다(Stark, 1992). 1996년 미국 연방정부의 BWS에 대한 보고서는 BWS가 적절하지도 유용하지도 않다고 결론을 내리면서 BWS를 학대와 그들의 영향으로 대체할 것을 제안했다(Dutton, 1996; Ferraro, 2003). 불행하게도 이런 일은 일어나지 않았다(Ferraro, 2003).

유사한 방식으로 데이비스Jill Davies와 그 동료들Lyon and Monti-Cartania(1998)은 1970년대 일반의 지지, 동정, 변화를 얻어내기 위해 피학대 여성을 묘사하는 방식을 간략하게 제시했고, 페라로(2003)는 BWS가 이런 여성의 학대피해에 대한 정보를 얻고, 일반인과 형사법제도의 지지를 얻는 데 어떻게 사용되는가를 파헤쳤다. 두 경우 모두가 친밀한 파트너에게 학대받은 여성을 묘사하는 데 실패했다. 앞에서 이야기했던 것처럼 많은 여성은 1970년대 활동가들이 묘사하고 있는 순수한 피해자가 아니다. 자기방어를 위해 학대자를 죽인 피학대 여성의 대부분은 BWS에 의해 묘사되는 다소 제한적이고 틀에 박힌 이미지에 맞지 않는다(Ferraro, 2003). IPA에 대한 전문가 증언은 왜 일부 여성이 학대자 곁에 머무르게 되는

가와 대부분의 일반인(과 형사법 전문가)에 의해 명확하게 이해되지 않은 여러 가지 상황을 설명함으로써 BWS를 엄격하게 제기하지 않으면서도 피해자에게 유리한 배심원의 인식과 공정함을 얻어낼 수 있다(Dodge and Greene, 1991).

IPA에 대한 반응이 부족하다는 점을 제기하기 위해 많은 학자와 활동가는 이런 폭력문제에 대응하기 위해 좀 더 지역사회 지향적이고 종합적인 접근을 요구한다. 현재 경찰, 법원, 교정기관 등은 각각 갈등적인 목표를 갖고 있다. 경찰은 종종 그들이 열심히 기소한 위험한 사건을 판사가 무죄방면한다는 사실에 좌절한다. 판사는 때때로 학대자의 권리를 보호하기 위한 노력의 일환으로 제한/보호명령을 내리지 않고, 심지어 그런 명령을 내릴 때도 그것을 집행하지 않는다(McCann, 1985). 그러므로 IPA에 효과적으로 반응하기 위해 경찰, 사법부, 사회복지사가 협력해야 할 필요성이 있다(Gamache, Edleson, and Schock, 1988). 고소한 피학대 여성은 형사사법기관 종사자가 자신들을 중요하지 않은 가족문제를 법원까지 가져오는 '무가치한 피해자'로 간주하는 것처럼 보인다고 보고했다(Hart, 1993, 626).

:: IPA와 의료보건전문가

형사사법제도 내에서 보건전문가들이 직접적인 실무자는 아니더라도, 그들은 피해자와 중요한 상호작용을 한다. 여성의 건강은 IPA와 관련성을 갖고 있다(이에 대한 탁월한 개관은 Stark and Flitcraft, 1996 참조). 역사적으로 볼 때 의사, 사회복지사, 정신건강 전문가와 성직자 등이 전통적으로 받은 IPA에 대한 대응은 모든 희생에도 불구하고 가족을 유지해야 한다는 편견을 반영한다(Goolkasian, 1986, 3). 피학대 여성이 입은 심각한 상해 때문에 그들이 개인 의사나 응급 의료진에게 도움을 구하는 것은 일상적이다. 의료 분야가 IPA를 억제시킬 가능성이 높음에도 불구하고 이에 대한 반응은 '느리고 산발적'이었다(Kurz and Stark, 1988, 249). 의료보건 분야의 종사자, 즉 의사, 간호사, 사회복지사 등은 피학대 여성의 상해 원인을 묻지 않았고, 그들의 IPA에 대한 비가시성을 영속화시키고, 그들이 실제로 피해자가 아니라는 여성의 합리화에 기여했다(Campbell, 1991; Dobash and Dobash, 1979). 더욱이 정신건강 의사와 상담자는 종종 피학대 여성을 그들의 고객으로 진료한다. 이런 행위자들이 그런 행동을 폭력으로 명명하는 것이 중요하다.

의사, 특히 응급실 의사는 자신이 치료하는 여성이 IPA 피해자라는 점을 분명히 알 수 있지만, 그 상해의 원인을 밝힐 것 같지는 않다(Star et al., 1979). 간호학 저널에 실린 한 연구에서는 피학대 여성을 진료할 때 의사뿐 아니라 간호사도 민감성과 적절한 조치가 부족하다고 주장한다(Drake, 1982). 응급실 직원에 관한 한 연구는 피학대 여성에 대한 세 가지 반응을 발견했다. 11퍼센트는 긍정적으로 반응하는데, 그들은 의료적인 처치를 제공할 뿐 아니라 피학대 여성의 안전에 대해서도 걱정했다. 49퍼센트는 간단하고 일상적인 의료처치를 제공하고 우선성도 낮았다. 그리고 직원의 40퍼센트는 그 사례의 IPA 측면에는 반응을 보이지 않았다(Kurz, 1987). 이것은 의료전문가가 어떻게 피학대 여성에 대한 비가시성을 유지하는지 예시해 준다. 의학의 목적 중 하나가 예방이라면, 원인을 규명하는 데 실패한 것은 특히 더 문제가 된다. 경찰공무원이 IPA 신고전화에 전문적으로 행동해야만 하는 것처럼, 의료보건 전문가도 상해의 원인을 결정하고 미래의 상해예방을 위한 계획을 수립하는 데 전문적인 책임을 갖고 있다. 많은 법 실행 공무원과 비슷한 방식으로 반응한 많은 의료보건 전문가는 그녀에게 폭력을 행사한 학대자와 함께 병원을 떠났다가 동일한 학대자에게 상해를 입고 다시 병원에 오는 피해자에 대해 인내심을 잃는다. 의료보건 전문가가 피학대 여성에게 진저리를 내는 것은 그들의 상해를 무시하는 것에 대한 정당한 변명이 될 수 없다.

의료화medicalization는 출현하고 있는 사회문제에 대해 의료전문가가 그들의 전문가적 영역에 속하는 것으로 정의하는 것이다(Kurz, 1987). 의료전문가는 IPA를 의료화하는 것을 주저하고 종종 IPA에 반응하는 것을 그들의 적절한 역할과 거리가 먼 것으로 간주한다(같은 책). (이것은 IPA에 대한 적절한 반응을 '평화유지'로 보고 그것을 '진정한' 경찰 업무로 간주하지 않기 때문에 그 직무를 불유쾌하게 생각하는 경찰공무원과 유사하다.) 응급실 의사가 심각한 부상이나 상해가 존재할 때조차도 명확하게 IPA 피해자인 여성의 전력에 대해 자세하게 질문하는 것은 일상적인 일이 아니다. 이런 의사는 어떻게 학대가 발생했는가, 누가 그렇게 했는가 등 중요한 질문에는 대부분 문제를 제기하지 않고, 학대의 실재와 심각성을 최소화하려는 일부 피학대 여성의 노력을 강화시키기까지 한다(Warshaw, 1993). 응급실 의료진이 피학대 여성에게 얼마나 부정적인가에 대한 하나의 예는 자살을 시도한 피학대 여성은 학대받지 않은 여성보다 집으로 보내지거나 자살 시도 이후에 어떤 종류의 위탁도 받지 못할 가능성이 유의미하게 높다는 점이다(Kurz and Stark, 1988, 253). 좀 더 최근의 연구는 친밀한 파트너 학대, 특히 부부강간은 여성의 심각한 우울증을 증가시킨다고 한다(Campbell and Soeken, 1999; Campbell et al., 1997; Forte et al., 1996). 더욱이 한 연구는 학대에도 불구하고 자신의 복지에 강한 관심을 갖는 피학대 여성은 우울증을 더 잘 견딜 수 있다고 한다(Campbell et al., 1997, 288). 이것은 피학대 여성을 위한 자원과 지지의 가능성이 그들 스스로 복지에 관심을 가질 수 있는 능력을 증가시킨다는 점에서 중요한 결과다. 학대관계를 떠나는 것은 피해자에게 우울증의 끝이 아니다. 이는 IPA의 영향이 장기간 지속될 수 있음을 보여준다(Herbert, Silver, and Ellard, 1991). 여성쉼터에서 방금 나온 여성은 83퍼센트가 우울증을 경험했고, 10주 후에 이 비율은 절반으로 감소된다(Campbell, Sullivan, and Davidson, 1995). 중요하게 그들의 삶에서 사회적 지지 수준이 높다고 보고한 여성은 우울증을 보고할 가능성이 낮다. 이는 피학대 여성에 대한 적절한 제도적 반응의 중요성을 보여준다(같은 책). 피학대 여성이나 학대 남성이 자살을 시도하는 것은 흔한 일이다. 학대자와 피해자는 폭력이 그들 중 하나가 죽지 않는 한 끝나지 않을 것이라는 믿음을 가지고 있다.

요약해 보면 형사사법과 의료전문가는 IPA를 감추려고 할 뿐 아니라 이에 적절하게 반응하지 못함으로써 그것을 용인하기도 한다. 어떤 다른 현상이 IPA만큼 자주 발생하고 심각한 상해를 일으켰다면, 아마도 전국적인 분노와 피해자를 처우하고 원인을 통제하기 위한 노력을 불러일으켰을 것이다(Star et al., 1979).

Summary IPA를 둘러싼 신화와 문제의 대부분이 이 장에서 논의되었다. IPA는 많은 형태로 발생할 수 있고, 그 결과는 가히 파괴적이다. IPA의 원인을 탐구할 때 단지 학대자나 가족 체계를 검토하는 것만으로는 충분하지 않다. IPA는 사회역사적 맥락에서 보아야 할 필요가 있다. IPA는 개인에게 반응할 뿐 아니라 여성에게 좀 더 평등한 정치적 · 경제적 · 사회적 제도와 IPA에 좀 더 민감한 형사사법과 의료제도를 구축함으로써 억제될 수 있다. 현재의 상황은 피학대 여성이 학대관계를 안전하게 벗어나는 데 필요한 자원을 거의 제공하지 못하고 있다. 더욱이 문화는 남성폭력을 정상적인 것으로 받아들이게 하는 환경을 제공하고 있다. 성 평등과 남성폭력에 대한 논의가 좀 더 전 세계적으로 발생하고 널리 펴져야만 IPA가 용인될 수 없는 범죄로 간주될 것이다.

Notes

1 나는 '노인'에 인용 표시를 했는데, 이는 많은 노인문제 전문가가 특히 60대 노인을 '노인'이라고 일컫는 것을 모욕적인 것으로 생각하기 때문이다.

2 이 장 전체를 통해 나는 자녀들을 그녀/그들이라고 언급하고 있는데, 이는 구타자/학대자가 항상 학대받는 여성이 키우고 있는 자녀 중 하나 또는 모두의 아버지인 것은 아니기 때문이다.

Abraham, Margaret. 1999. Sexual Abuse in South Asian Immigrant Marriages. *Violence Against Women* 5:591-618.

Allard, Sharon A. 1991. Rethinking Battered Woman Syndrome: A Black Feminist Perspective. UCLA *Women's Law Journal* 1:191-207.

Allen, C., and B. Leventhal. 1999. History, Culture, and Identity: What Makes GLBT Battering Different. Pp. 73-82 in *Same-Sex Domestic Violence*, edited by B. Leventhal and S. E. Lundy. Thousand Oaks, CA: Sage.

Ames, Lynda J., and Katherine T. Dunham. 2002. Asymptotic Justice: Probation as a Criminal Justice Response to Intimate Partner Violence. *Violence Against Women* 8:6-34.

Apsler, Robert, Michele R. Cummins, and Steven Carl. 2003. Perceptions of the Police by Female Victims of Domestic Partner Violence. *Violence Against Women* 9:1318-1335.

Astin, Millie C., Kathy J. Lawrence, and David W. Foy. 1993. Posttraumatic Stress Disorder among Battered Women. *Violence and Victims* 8:17-29.

Attorney General's Task Force on Family Violence. 1984. Final Report, September, 157pp.

Avakame, Edem F., and James J. Fyfe. 2001. Differential Police Treatment of Male-on-Female Spousal Violence: Additional Evidence on the Leniency Thesis. *Violence Against Women* 7:22-45.

Bachman, Ronet, and Ann L. Coker. 1995. Police Involvement in Domestic Violence. *Violence and Victims* 10:98-106.

Balos, Beverly, and Katie Trotzky. 1988. Enforcement of the Domestic Abuse Act in Minnesota: A Preliminary Study. *Law and Inequality* 6:83-125.

Banks, M. E. 2003. Women with Visible and Invisible Disabilities: Multiple Intersections, Multiple Issues, Multiple Therapies-Part Preface. *Women & Therapy* 26:xxiii-xli.

Barnett, Ola W., Cheok Y. Lee, and Rose E. Thelen. 1997. Gender Differences in Attributions of Self-Defense and Control in Interpartner Aggression. *Violence Against Women* 3:462-481.

Barnett, Ola W., Tomas E. Martinez, and Brendon W. Bluestein. 1995. Jealousy and Romantic Attachment in Maritally Violent and Nonviolent Men. *Journal of Interpersonal Violence* 10:473-486.

Belknap, Joanne, Dee Graham, P. Gail Allen, Jennifer Hartman, Victoria Lippen, and Jennifer Sutherland. 1999. Predicting Court Outcomes in Intimate Partner Violence Cases: Preliminary Finding. *Domestic Violence Report*, 1999 5:1-10.

Belknap, Joanne, and Heather Melton. (2005). *Are Heterosexual Men Also Victims of Intimate Partner Abuse?* Harrisburg, PA: National Electronic Network on Violence Against Women, Pennsylvania Coalition Against Domestic Violence, 13 pp. http://www.vawnet.org/DomesticViolence/Research/VAWnetDocs/AR_MaleVictims.pdf.

Bell, Daniel J., and Sandra L. Bell. 1991. The Victim-Offender Relationship as a Determinant Factor in Police Dispositions of Family Violence Incidents. *Policing and Society* 1:225-234.

Bennett, Lauren, Lisa Goodman, and Mary Ann Dutton. 1999. Systemic Obstacles to the Criminal Prosecution of a Battering Partner. *Journal of Interpersonal Violence* 14:761-772.

Berk, Richard A., Sarah F. Berk, Donileen R. Loseke, and David Rauma. 1983. Combat and Other Family Violence Myths. Pp. 197-212 in *The Dark Side of Families: Current Family Violence Research*, edited by D. Finkelhor, R. J. Gelles, G. T. Hotaling, and M. A. Straus. Beverly Hills, CA: Sage.

Berk, Richard A., and Phyllis J. Newton. 1985. Does Arrest Really Deter Wife Battery? An Effort to Replicate the Findings of the Minneapolis Spouse Abuse Experiment. *American Sociological Review* 50:253-262.

Berk, Sarah F., and Donileen R. Loseke. 1981. "Handling" Family Violence: Situational Determinants of Police Arrest in Domestic Disturbance. *Law and Society* 15:317-346.

Berkowitz, Leonard. 1983. The Goals of Aggression. Pp. 166-181 in *The Dark Side of Families: Current Family Violence Research*, edited by D. Finkelhor, R. J. Gelles, G. T. Hotaling, and M. A. Straus. Beverly Hills, CA: Sage.

Bogal-Allbritten, Rosemarie, and William L. Allbritten. 1985. The Hidden Victims: Courtship Violence among College Students. *Journal of College Student Personnel* 26:201-204.

Bograd, Michele. 1988. Feminist Perspectives on Wife Abuse: An Introduction. Pp. 11-27 in *Feminist Perspectives on Wife Abuse*, edited by K. Yllo and M. Bograd. Newbury Park, CA: Sage.

Bohannon, Judy R., David A. Dosser, and S. Eugene Lindley. 1995. Using Couple Data to Determine Domestic Violence Rates. *Violence and Victims* 10:133-141.

Bowker, Lee H. 1982. Police Services to Battered Women. *Criminal Justice and Behavior* 9:476-494.

Bowker, Lee H., Michelle Arbitell, and J. Richard McFerron. 1988. On the Relationship between Wife Beating and Child Abuse. Pp. 158-174 in *Feminist Perspectives on Wife Abuse*, edited by K. Yllo and M. Bograd. Newbury Park, CA: Sage.

Boye-Beaman, Joni, Kenneth E. Leonard, and Marilyn Senchak. 1993. Male Premarital Aggression and Gender Identity among Black and White Newlywed Couples. *Journal of Marriage and the Family* 55:303-313.

Breines, Wini, and Linda Gordon. 1983. The New Scholarship on Family Violence. *Signs: Journal of Women in Culture and Society* 18:490-531.

Brewster, M. P. 2000. Stalking by Former Intimates: Verbal Threats and Other Predictors of Physical Violence. *Violence and Victims* 15:41-54.

Brisson, Norman J. 1981. Battering Husbands: A Survey of Abusive Men. *Victimology* 6:338-344.

Brown, Stephen E. 1984. Police Responses to Wife Beating. *Journal of Criminal Justice* 12:277-288.

Browne, Angela. 1987. *When Battered Women Kill.* New York: Free Press.

Browne, Angela, Amy Salomon, and Shari S. Bassuk. 1999. The Impact of Recent Partner Violence on Poor Women's Capacity to Maintain Work. *Violence Against Women* 5:393-426.

Browne, Angela, and Kirk R. Williams. 1993. Gender, Intimacy, and Lethal Violence: Trends from 1976 through 1987. *Gender and Society* 7:78-98.

Bui, Hoan N. 2001. Domestic Violence Victims' Behavior in Favor of Prosecution. *Women & Criminal Justice* 12:41-76.

Bui, Hoan N., and Merry Morash. 1999. Domestic Violence in the Vietnamese Immigrant Community. *Violence Against Women* 5:769-795.

Burch, Rebecca L., and Gordon G. Gallup. 2004. Pregnancy as a Stimulus for Domestic Violence. *Journal of Family Violence* 19:243-247.

Butler, Anne M. 1997. *Gendered Justice in the American West.* Urbana: University of Illinois Press.

Buzawa, Eve S., and Thomas Austin. 1993. Determining Police Response to Domestic Violence Victims. *American Behavioral Scientist* 36:610-623.

Cahn, N. R. 1992. Innovative Approaches to the Prosecution of Domestic Crimes. Pp. 161-180 in *The Changing Criminal Justice Response*, edited by E. S. Buzawa and C. G. Buzawa. Westport, CT: Auburn House.

Campbell, Jacquelyn C. 1991. Public-Health Conceptions of Family Abuse. Pp. 35-48 in *Abused and Battered*, edited by D. D. Knudsen and J. L. Miller. New York: Aldine De Gruyter.

———. 1992. If I Can't Have You, No One Can. Pp. 99-113 in *Femicide: The Politics of Woman Killing*, edited by Jill Radford and Diana E. Russell. New York: Twayne Publishers.

Campbell, Jacquelyn C., Joan Kub, Ruth Ann Belknap, and Thomas N. Templin. 1997. Predictors of Depression in Battered Women. *Violence Against Women* 3:271-293.

Campbell, Jacquelyn C., and Karen L. Soeken. 1999. Forced Sex and Intimate Partner Violence. *Violence Against Women* 5:1017-1035.

Campbell, Rebecca, Cris M. Sullivan, and William S. Davidson. 1995. Women Who Use Domestic Violence Shelters. *Psychology of Women Quarterly* 19:237-255.

Cappell, Charles, and R. Heiner. 1990. The Intergenerational Transmission of Family Violence. *Journal of Family Violence* 5:135-152.

Cate, Rodney M., June M. Henton, James Koval, F. Scott Christopher, and Sally Lloyd. 1982. Premarital Abuse: A Social Psychological

Perspective. *Journal of Family Issues* 3:79-90.

Chaudhuri, Molly, and Kathleen Daly. 1992. Do Restraining Orders Help? Battered Women's Experience with Male Violence and Legal Process. Pp. 227-252 in *Domestic Violence: The Changing Criminal Justice Response*, edited by Eve S. Buzawa and Carl G. Buzawa. Westport, CT: Auburn House.

Corsilles, Angela. 1994. No-Drop Policies in the Prosecution of Domestic Violence Cases: Guarantee to Action or Dangerous Solution? *Fordham Law Review* 63:853-881.

Craven, Diane. 1996. *Female Victims of Violent Crime*. Annapolis, MD: U.S. Department of Justice, Bureau of Justice Statistics.

Crites, Laura L. 1987. Wife Abuse: The Judicial Record. Pp. 38-53 in *Women, the Courts, and Equality*, edited by L. L. Crites and W. L. Hepperle. Newbury Park, CA: Sage.

Dasgupta, Shamita D. 2001. *Towards an Understanding of Women's Use of Nonlethal Violence in Intimate Heterosexual Relationships*. http://www.vawnet.org/DomesticViolence/Research/VAWnetDocs/AR_womviol.php

Dasgupta, Shamita Das. 2002. A Framework for Understanding Women's Use of Nonlethal Violence in Intimate Heterosexual Relationships. *Violence Against Women* 8:1364-1389.

———. 2003. *Safety and Justice for All: Examining the Relationship between the Women's Anti-Violence Movement and the Criminal Legal System*. New York: Ms. Foundation. http://www.ms.foundation.org/user-assets/PDF/program/safety_justice.pdf.

Dasgupta, Shamita Das, and Sujata Warrier. 1996. In the Footsteps of "Arundhati": Asian American Women's Experience of Domestic Violence in the U.S. *Violence Against Women* 2:238-259.

Davies, Jill, Eleanor Lyon, and Diane Monti-Catania. 1998. *Safety Planning with Battered Women*. Thousand Oaks, CA: Sage.

DeKeseredy, W., and M. Schwartz. 1998. *Measuring the Extent of Woman Abuse in Intimate Heterosexual Relationships: A Critique of the Conflict Tactics Scales*. http://www.vawnet.org/DomesticViolence/Research/VAWnetDocs/AR_ctscrit.php.

DeKeseredy, Walter S. 1995. Enhancing the Quality of Survey Data on Woman Abuse. *Violence Against Women* 1:139-157.

Dobash, R. Emerson, and Russell Dobash. 1979. *Violence against Wives*. New York: Free Press.

———. 1988. Research as Social Action: The Struggle for Battered Women. Pp. 51-74 in *Feminist Perspectives on Wife Abuse*, edited by K. Yllo and M. Bograd. Newbury Park, CA: Sage.

Dobash, R. Emerson, Russell P. Dobash, Kate Cavanagh, and Ruth Lewis. 2004. Not an Ordinary Killer-Just an Ordinary Guy: When Men Murder an Intimate Woman Partner. *Violence Against Women* 10:577-605.

Dobash, Russell P., and Rebecca E. Dobash. 1981. Community Response to Violence against Wives. *Social Problems* 28:563-581.

———. 1983. The Context-Specific Approach. Pp. 261-276 in *The Dark Side of Families: Current Family Violence Research*, edited by D. Finkelhor, R. J. Gelles, G. T. Hotaling, and M. A. Straus. Beverly Hills, CA: Sage.

Dobash, Russell P., R. Emerson Dobash, Kate Cavanagh, and Ruth Lewis. 1998. Separate and Intersecting Realities: A Comparison of Men's and Women's Accounts of Violence against Women. *Violence Against Women* 4:382-414.

Dobash, Russell P., R. Emerson Dobash, Margo Wilson, and Martin Daly. 1992. The Myth of Sexual Symmetry in Marital Violence. *Social Problems* 39:71-91.

Dodge, Mary, and Edith Greene. 1991. Juror and Expert Conceptions of Battered Women. *Violence & Victims* 6:271-282.

Dolon, Ronald, James Hendricks, and M. Steven Meagher. 1986. Police Practices and Attitudes toward Domestic Violence. *Journal of Police Science and Administration* 14:187-192.

Douglas, Kevin S., and Donald G. Dutton. 2001. Assessing the Link between Stalking and Domestic Violence. *Aggression and Violent*

Behavior 6:519-546.

Drake, Virginia K. 1982. Battered Women: A Health Care Problem in Disguise. *Image* 24:40-47.

Dunford, Franklyn W. 1992. The Measurement of Recidivism in Cases of Spouse Assault. *Journal of Criminal Law and Criminology* 83:120-136.

Dunford, Franklyn W., David Huizinga, and Delbert S. Elliott. 1990. The Role of Arrest in Domestic Assault: The Omaha Police Experiment. *Criminology* 28:183-206.

Dutton, Donald G. 1988. *The Domestic Assault of Women.* Boston: Allyn and Bacon.

Dutton, Donald G., and Susan L. Painter. 1981. Traumatic Bonding: The Development of Emotional Attachments in Battered Women and Other Relationships of Intermittent Abuse. *Victimology* 6:139-155.

Dutton, M. A. 1996. Impact of Evidence Concerning Battering and Its Effects in Criminal Trials Involving Battered Women. Section 1 in *The Validity and Use of Evidence Concerning Battering and Its Effects in Criminal Trials.* Washington, DC: DOJ, NIJ, USDHHS, and NIMH. http://www.ncjrs.org/pdffiles/batter.pdf.

Edleson, Jeffrey L., A. C. Eisikovits, E. Guttman, and M. Sela-Amit, 1991. Cognitive and Interpersonal Factors in Woman Abuse. *Journal of Family Violence* 6:167-182.

Edwards, Susan S. M. 1989. *Policing Domestic Violence: Women, the Law and the State.* London: Sage.

Eigenberg, Helen M., K. E. Scarborough, and Victor E. Kappeler. 1996. Contributory Factors Affecting Arrest in Domestic and Non-Domestic Assaults. *American Journal of Police* 15:27-54.

Ellis, Desmond. 1987. Post-Separation Woman Abuse. *International Journal of Sociology of the Family* 19:67-87.

Ellis, Desmond, and Walter D. DeKeseredy. 1989. Marital Status and Woman Abuse. *International Journal of Law and Psychiatry* 10:401-410.

Enarson, Elaine. 1999. Violence against Women in Disasters. *Violence Against Women* 5:742-768.

Eppler, Amy. 1986. Battered Women and the Equal Protection Clause: Will the Constitution Help Them When the Police Won't? *Yale Law Review* 95:788-809.

Erez, Edna. 1986. Intimacy, Violence, and the Police. *Human Relations* 39:265-281.

Erez, Edna, and Joanne Belknap. 1998. In Their Own Words: Battered Women's Assessment of Systemic Responses. *Violence and Victims* 13:3-20.

Ewing, Charles P. 1987. *Battered Women Who Kill.* Lexington, MA: Lexington Books.

Fagan, Jeffrey A., Douglas K. Stewart, and Karen V. Hansen. 1983. Violent Men or Violent Husbands? Background Factors and Situational Correlates. Pp. 49-68 in *The Dark Side of Families: Current Family Violence Research*, edited by D. Finkelhor, R. J. Gelles, G. T. Hotaling, and M. A. Straus. Beverly Hills, CA: Sage.

Fernandez, Marilyn, Kichi Iwamoto, and Bernadette Muscat. 1997. Dependency and Severity of Abuse. *Women & Criminal Justice* 9:39-63.

Ferraro, Kathleen J. 1989a. The Legal Response to Woman Battering in the United States. Pp. 155-184 in *Women, Policing, and Male Violence*, edited by J. Hanmer, J. Radford, and E. A. Stanko. London: Routledge.

———. 1989b. Policing Woman Battering. *Social Problems* 36:61-74.

———. 1993. Cops, Courts, and Woman Battering. Pp. 165-176 in *Violence against Women: The Bloody Footprints*, edited by P. B. Bart and E. G. Moran. Newbury Park, CA: Sage.

———. 2003. The Words Change, But the Melody Lingers: The Persistence of the Battered Woman Syndrome in Criminal Cases Involving Battered Women. *Violence Against Women* 9:110-129.

Ferraro, Kathleen J., and John M. Johnson. 1983. How Women Experience Battering. *Social Problems* 30:325-339.

Few, April L., and Patricia Bell-Scott. 2002. Grounding Our Feet and Hearts. Pp. 59-78 in *Violence in the Lives of Black Women*, edited by C. M. West. New York: Haworth Press.

Finesmith, Barbara K. 1983. Police Responses to Battered Women: A Critique and Proposals for

Reform. *Seton Hall Law Review* 14:74-109.
Finkelhor, David. 1983. Common Features of Family Abuse. Pp. 17-28 in *The Dark Side of Families: Current Family Violence Research*, edited by D. Finkelhor, R. J. Gelles, G. T. Hotaling, and M. A. Straus. Beverly Hills, CA: Sage.
Finn, Mary A., Brenda Sims Blackwell, Loretta J. Stalans, Sheila Studdard, and Laura Duggan. 2004. Dual Arrest Decisions in Domestic Violence Cases. *Crime & Delinquency* 50:565-589.
Fischer, Korla, and Mary Rose. 1995. When "Enough is Enough." *Crime and Delinquency* 41:414-429.
Flanakin, Nancy, and Christina Walsh. 2005. Letter to the Editor. *Violence Against Women* 11:822-827.
Fleury, Ruth E., Cris M. Sullivan, and Deborah I. Bybee. 2000. When Ending the Relationship Does Not End the Violence: Women's Experiences of Violence by Former Partners. *Violence Against Women* 6: 1363-1383.
Flynn, Clifton P. 1990. Sex Roles and Women's Response to Courtship Violence. *Journal of Family Violence* 5:83-94.
Flynn, Clifton P. 2000. Woman's Best Friend: Pet Abuse and the Role of Companion Animals in the Lives of Battered Women. *Violence Against Women* 6:162-177.
Flynn, John P. 1977. Recent Findings Related to Wife Abuse. *Social Casework* (January): 13-20.
Ford, David A. 1991. Prosecution as a Victim Power Resource: A Note on Empowering Women in Violent Conjugal Relationships. *Law and Society Review* 25:313-334.
——. 2003. Coercing Victim Participation in Domestic Violence Prosecutions. *Journal of Interpersonal Violence* 18:669-684.
Forte, James A., David D. Franks, Janett A. Forte, and Daniel Rigsby. 1996. Asymmetrical Role-Taking: Comparing Battered and Nonbattered Women. *Social Work* 41:59-73.
Fothergill, Alice. 1999. An Exploratory Study of Woman Battering in the Grand Forks Flood Disaster. *International Journal of Mass Emergencies and Disasters* 17:79-98.
Gamache, D. J., J. L. Edleson, and M. D. Schock. 1988. Coordinating Police, Judicial, and Social Service Response to Woman Battering. Pp. 193-209 in *Coping with Family Violence*, edited by G. T. Hotaling, D. Finkelhor, J. T. Kirkpatrick, and M. A. Straus. Beverly Hills, CA: Sage.
Garcia, Crystal A. 2003. Digital Photographic Evidence and the Adjudication of Domestic Violence Cases. *Journal of Criminal Justice* 31:579-587.
Gauthier, DeAnn K., and William B. Bankston. 1997. Gender Equality and the Sex Ratio of Intimate Killing. *Criminology* 35:577-600.
Gee, Pauline W. 1983. Ensuring Police Protection for Battered Women: The Scott v. Hart Suit. *Signs: Journal of Women in Culture and Society* 8:554-567.
Gelles, Richard J. 1976. Abused Wives: Why Do They Stay? *Journal of Marriage and the Family* (November): 659-668.
———. 1980. Violence in the Family: A Review of Research in the Seventies. *Journal of Marriage and the Family* (November): 873-885.
Gillespie, Cynthia K. 1989. *Justifiable Homicide: Battered Women, Self-Defense, and the Law.* Columbus: Ohio State University Press.
Giorgio, G. 2002. Speaking Silence: Definitional Dialogues in Abusive Lesbian Relationships. *Violence Against Women* 8:1233-1259.
Glass, Nancy, Jane Koziol-McLain, Jacquelyn Campbell, and Caorlyn Rebecca Block. 2004. Female-Perpetrated Femicide and Attempted Femicide. *Violence Against Women* 10:606-625.
Gondolf, Edward W., with Ellen R. Fisher. 1988. *Battered Women as Survivors.* New York: Lexington Books.
Goode, W. J. 1971. Force and Violence in the Family. *Journal of Marriage and the Family* (November): 624-636.
Goodrum, S., D. Umberson, and K. L. Anderson. (2001). The Batterer's View of the Self and Others in Domestic Violence. *Sociological Inquiry* 71(2):221-240.
Goolkasian, Gail A. 1986. *Confronting Domestic Violence: The Role of Criminal Court Judges.* National Institute in Justice/Research in Brief

(November):1-8.
Gorshick, Lori B. 2002. *Woman-to-Woman Sexual Violence*. Boston: Northeastern University Press.
Grau, Janice, Jeffrey Fagan, and Sandra Wexler. 1985. Restraining Orders for Battered Women: Issues of Access and Efficacy. Pp. 13-20 in *Criminal Justice Politics and Women: The Aftermath of Legally Mandated Change*, edited by C. Schweber and C. Feinman. New York: Haworth Press.
Greenblat, Cathy S. 1983. A Hit Is a Hit Is a Hit . . . Or Is It? Pp. 235-260 in *The Dark Side of Families: Current Family Violence Research*, edited by D. Finkelhor, R. J. Gelles, G. T. Hotaling, and M. A. Straus. Beverly Hills, CA: Sage.
Greenfeld, Lawrence A., and Tracy L. Snell. 1999. *Women Offenders*. Bureau of Justice Statistics: Special Report. U.S. Department of Justice, December, 14pp.
Haj-Yahia, Muhammad M. 1998. Beliefs about Wife Beating among Palestinian Women. *Violence Against Women* 4:533-558.
Hamberger, L. Kevin., and C. E. Guse. 2002. Men's and Women's Use of Intimate Partner Violence in Clinical Samples. *Violence Against Women* 8:1301-1331.
Hamberger, L. Kevin, Jeffrey M. Lohr, Dennis Bonge, and David F. Tolin. 1997. An Empirical Classification of Motivations for Domestic Violence. *Violence Against Women* 3:401-423.
Hanmer, Jalna, Jill Radford, and Elizabeth A. Stanko. 1989. Policing, Men's Violence: An Introduction. Pp. 1-12 in *Women, Policing, and Male Violence: International Perspectives*, edited by J. Hanmer, J. Radford, and E. A. Stanko. London: Routledge and Kegan Paul.
Hardesty, Jennifer L. 2002. Separation Assault in the Context of Postdivorce Parenting. *Violence Against Women* 8:597-625.
Hart, Barbara. 1993. Battered Women and the Criminal Justice System. *American Behavioral Scientist* 36:624-638.
Hartman, Jennifer L., and Joanne Belknap. 2003. Beyond the Gatekeepers: Court Professionals' Self-Reported Attitudes about and Experiences with Misdemeanor Domestic Violence Cases. *Criminal Justice & Behavior* 30:349-373.
Hatty, Suzanne E. 1989. Policing Male Violence in Australia. Pp. 70-89 in *Women, Policing, and Male Violence*, edited by J. Hanmer, J. Radford, and E. A. Stanko. London: Routledge.
Heckert, D. A., and E. W. Gondolf. 2000. Predictors of Underreporting of Male Violence by Batterer Program Participants and Their Partners. *Journal of Family Violence* 15(4):423-443.
Herbert, Tracy B., Roxane C. Silver, and John H. Ellard. 1991. Coping with an Abusive Relationship: How and Why Do Women Stay? *Journal of Marriage and the Family* 53:311-325.
Hirschel, David, and Eve Buzawa. 2002. Understanding the Context of Dual Arrest with Directions for Future Research. *Violence Against Women* 8:1449-1473.
Hirschel, J. David, and Ira W. Hutchison III. 1992. Female Spouse Abuse and the Police Response: The Charlotte, North Carolina, Experiment. *Journal of Criminal Law and Criminology* 83:73-119.
———. 2001. The Relative Effects of Offense, Offender, and Victim Variables on the Decision to Prosecute Domestic Violence Cases. *Violence Against Women* 7:46-59.
———. 2003. The Voices of Domestic Violence Victims. *Crime & Delinquency* 49:313-336.
Hirschel, J. David, Ira W. Hutchison III, and Charles W. Dean. 1991. The Charlotte Spouse Abuse Study. *Popular Government* (Summer): 11-16.
———. 1992. The Failure of Arrest to Deter Spouse Abuse. *Journal of Research in Crime and Delinquency* 29:7-33.
Hoff, Lee Ann. 1990. *Battered Women as Survivors*. London: Routledge and Kegan Paul.
Holtzworth-Munroe, Amy, Natalie Smutzler, and Leonard Bates. 1997. A Brief Review of the Research on Husband Violence. Part III. *Aggression and Violent Behavior* 2:285-307.
Jaffe, Peter G., David A. Wolfe, Anne Telford, and Gary Austin. 1986. The Impact of Police Charges in Incidents of Wife Abuse. *Journal of Family Violence* 1:37-49.

Jaffe, Peter G., David A. Wolfe, and Susan Kaye Wilson. 1990. *Children of Battered Women*. Newbury Park, CA: Sage.

Johnson, Holly. 1995. Risk Factors Associated with Non-Lethal Violence against Women by Marital Partners. Pp. 151-168 in *Trends, Risks, and Interventions in Lethal Violence*. National Institute of Justice: Research Report.

Johnson, Holly, and Valerie Pottie Bunge. 2001. Prevalence and Consequences of Spousal Assault in Canada. *Canadian Journal of Criminology* 43:27-45.

Jolin, Annette. 1983. Domestic Violence Legislation: An Impact Assessment. *Journal of Police Science and Administration* 11:451-456.

Jones, Ann. 1994. *Next Time She'll Be Dead Battering and How to Stop It*: Boston. Beacon Press.

Jones, Dana A., and Joanne Belknap. 1999. Police Responses to Battering in a Pro-Arrest Jurisdiction. *Justice Quarterly* 16:249-273.

Kantor, Glenda K., and Murray A. Straus. 1987. The "Drunken Bum" Theory of Wife Beating. *Social Problems* 3:213-230.

Kanuha, V. 1996. Domestic Violence, Racism, and the Battered Women's Movement in the United States. Pp. 34-50 in *Future Interventions with Battered Women and their Families*, edited by J. Edleson and Z. Eisikovits. Thousand Oaks, CA: Sage.

Kaplan, A. 1997. Domestic Violence and Welfare Reform. *Welfare Information Network: Issue Notes* 1:1-9.

Kemp, Anita, Bonnie L. Green, Christine Hovanitz, and Edna I. Rawlings. 1995. Incidence and Correlates of Postraumatic Stress Disorder in Battered Women. *Journal of Interpersonal Violence* 10:43-55.

Kernic, Mary A., Daphne J. Monary-Ernsdorff, Jennifer K. Koepsell, and Victoria L. Holt. 2005. Children in the Crossfire: Child Custody Determinations among Couples with a History of Intimate Partner Violence. *Violence Against Women* 11:991-1021.

Klein, Dorie. 1981. Violence against Women: Some Considerations Regarding Its Causes and Its Elimination. *Crime and Delinquency* 27:64-80.

Knutson, J. F., and J. G. Mehm. 1986. Transgenerational Patterns of Coercion in Families and Intimate Relationships. Pp. 67-90 in *Violence in Intimate Relationships*, edited by G. Russell. New York: PMA Publishing Corporation.

Kurz, Demie. 1987. Emergency Department Responses to Battered Women: Resistance to Medicalization. *Social Problems* 34:69-81.

——. 1993. Social Science Perspectives on Wife Abuse: Current Debates and Future Directions. Pp. 252-269 in *Violence against Women*, edited by P. B. Bart and E. G.Moran. Newbury Park, CA: Sage.

——. 1996. Separation, Divorce, and Woman Abuse. *Violence Against Women* 2:63-81.

Kurz, Demie, and Evan Stark. 1988. Not-So-Benign Neglect: The Medical Response to Battering. Pp. 249-268 in *Feminist Perspectives on Wife Abuse*, edited by K. Yllo and M. Bograd. Newbury Park, CA: Sage.

Lane, K. E., and P. A. Gwartney-Gibbs. 1985. Violence in the Context of Dating and Sex. *Journal of Family Issues* 6:45-59.

Langan, Patrick A., and Christopher A. Innes. 1986. *Preventing Domestic Violence against Women*. Bureau of Justice Statistics Special Report, August.

Langhinrichsen-Rohling, J., R. E. Palarea, J. Cohen, and M. L. Rohling. 2000. Breaking Up Is Hard to Do: Unwanted Pursuit Behaviors Following the Dissolution of a Romantic Relationship. *Violence and Victims* 15:73-90.

Lawrenz, Frances, James F. Lembo, and Thomas Schade. 1988. Time Series Analysis of the Effect of a Domestic Violence Directive on the Number of Arrests per Day. *Journal of Criminal Justice* 16:493-498.

Levendosky, Alytia A., Shannon M. Lynch, and Sandra A. Graham-Bermann. 2000. Mothers' Perceptions of the Impact of Woman Abuse on Their Parenting. *Violence Against Women* 6:247-271.

Lloyd, Susan, and Nina Taluc. 1999. The Effects of Male Violence on Female Employment. *Violence Against Women* 5:370-392.

Logan T. K., Lisa Shannon, and Robert Walker. 2005. Protective Orders in Rural and Urban Areas:

A Multiple Perspective Study. *Violence Against Women* 11:876-911.

Loseke, Donileen R., and Spencer E. Cahill. 1984. The Social Construction of Deviance: Experts on Battered Women. *Social Problems* 31:296-309.

Loving, N. 1980. *Responding to Spouse Abuse and Wife Beating: A Guide for Police.* Washington, DC: Police Executive Research Forum.

Lyon, Andrea D., Emily Hughes, and Juanita Thomas. 2001. The People v. Juanita Thomas: A Battered Woman's Journey to Freedom. *Women & Criminal Justice* 13:27-63.

Mahoney, Martha. 1991. Legal Images of Battered Women: Redefining the Issue of Separation. *Michigan Law Review* 90:2-94.

Makepeace, J. M. 1981. Courtship Violence among College Students. *Family Relations* 30:97-102.

———. 1986. Gender Differences in Courtship Violence Victimization. *Family Relations* 35:383-388.

Manning, Peter K. 1992. Screening Calls. Pp. 41-48 in *Domestic Violence: The Changing Criminal Justice Response*, edited by Eve S. Buzawa and Carl G. Buzawa. Westport, CT: Auburn House.

Marcus, M. L. 1981. Conjugal Violence: The Law of Force and the Force of the Law. *California Law Review* 69:1657-1733.

Martin, Del. 1976. *Battered Wives.* San Francisco: Glide.

Martin, Margaret E. 1997. Double Your Trouble: Dual Arrest in Family Violence. *Journal of Family Violence* 12:139-157.

Matthews, William J. 1984. Violence in College Couples. *College Student Journal* 18:150-158.

Maxwell, C. D., J. H. Garner, and J. A. Fagan. 2001. *The Effects of Arrest on Intimate Partner Violence: New Evidence from the Spouse Assault Replication Program.* Washington, DC: Department of Justice.

McCann, Kathryn. 1985. Battered Women and the Law: The Limits of Legislation. Pp. 71-96 in *Women-in- Law: Exploration in Law, Family and Sexuality*, edited by J. Brophy and C. Smart. London: Routledge and Kegan Paul.

McDermott, M. Joan, and James Garofalo. 2004. When Advocacy for Domestic Violence Victims Backfires: Types and Sources of Victim Disempowerment. *Violence Against Women* 10:1245-1266.

Meloy, J. Reid. 1996. Stalking (Obsessional Following): A Review of Some Preliminary Studies. *Aggression and Violent Behavior* 1:147-162.

Melton, Heather C. 2004. Stalking in the Context of Domestic Violence. *Women & Criminal Justice* 15:33-58.

Melton, Heather C., and Joanne Belknap. 2003. He Hits, She Hits: Assessing Gender Differences and Similarities in Officially Reported Intimate Partner Violence. *Criminal Justice and Behavior* 30(3):328-348.

Meyer, Shannon-Lee, Dina Vivian, and K. Daneil O'Leary. 1998. Men's Sexual Aggression in Marriage. *Violence Against Women* 4:415-435.

Miller, Susan L. 1989. Unintended Side Effects of Pro-Arrest Policies and Their Race and Class Implications for Battered Women: A Cautionary Note. *Criminal Justice Policy Review* 3:299-317.

———. 2001. The Paradox of Women Arrested for Domestic Violence. *Violence Against Women* 7:1339-1376.

———. 2005. *Victims as Offenders: The Paradox of Women's Violence in Relationships.* New Brunswick, NJ: Rutgers University Press.

Miller, Susan L., and Sally S. Simpson. 1991. Courtship Violence and Social Control: Does Gender Matter? *Law and Society Review* 25:335-365.

Mills, Billy G., and Mary L. McNamar. 1981. California's Response to Domestic Violence. *Santa Clara Law Review* 21:1-19.

Mills, Linda G. 1999. Killing Her Softly: Intimate Abuse and the Violence of State Intervention. *Harvard Law Review* 113:550-613.

———. 2003. *Insult to Injury: Rethinking Our Responses to Intimate Abuse.* Princeton, NJ: Princeton University Press.

Mills, Trudy. 1984. Victimization and Self-Esteem: On Equating Husband Abuse and Wife Abuse. *Victimology* 9:254-261.

Molidor, Christian, and Richard M. Tolman. 1998.

Gender and Contextual Factors in Adolescent Dating Violence. *Violence Against Women* 4:180-194.
Morse, B. J. 1995. Beyond the Conflict Tactics Scale: Assessing Gender Differences in Partner Violence. *Violence and Victims* 10(4):251-272.
Mrsevic, Zorica, and Donna M. Hughes. 1997. Violence against Women in Belgrade, Serbia. *Violence Against Women* 3:101-128.
Mustaine, Elizabeth, and Richard Tewksbury. 1999. A Routine Activity Theory Explanation for Women's Stalking. *Violence Against Women* 5:43-62.
Neidig, Peter H., Harold E. Russell, and Albert F. Seng. 1992. Interpersonal Aggression in Law Enforcement Families. *Police Studies* 15:30-38.
O'Keefe, Maura. 1997. Incarcerated Battered Women. *Journal of Family Violence* 12:1-19.
O'Keefe, Maura, and Laura Treister. 1998. Victims of Dating Violence among High School Students. *Violence Against Women* 4:195-223.
Olson, David E., and Loretta J. Stalans. 2001. Violent Offenders on Probation: Profile, Sentence, and Outcome Differences among Domestic Violence and Other Violent Probationers. *Violence Against Women* 7:1164-1185.
O'Neill, Damian. 1998. A Post-Structuralist Review of the Theoretical Literature Surrounding Wife Abuse. *Violence Against Women* 4:457-490.
Oppenlander, Nan. 1982. Coping or Copping Out. *Criminology* 20:449-465.
Pagelow, Mildred D. 1981. *Woman-Battering*. Beverly Hills: Sage.
———. 1993. Justice for Victims of Spouse Abuse in Divorce and Child Custody Cases. *Violence and Victims* 8:69-83.
Parker, Linda S. 1997. A "Brutal Case" or (Only a Family Jar)?: Violence against Women in San Diego County, 1880-1900. *Violence Against Women* 3:294-318.
Pate, Antony M., and Edwin E. Hamilton. 1992. Formal and Informal Deterrents to Domestic Violence: The Dade County Spouse Assault Experiment. *American Sociological Review* 57:691-697.
Paternoster, Raymond, and Ronet Bachman. 1997. Do Fair Procedures Matter? *Law & Society Review* 31:163-204.
Pearson, Jessica, Nancy Thoennes, and Esther Ann Girswold. 1999. Child Support and Domestic Violence. *Violence Against Women* 5:427-448.
Perilla, J. L., K. Frndak, D. Lillard, and C. East. 2003. A Working Analysis of Women's Use of Violence in the Context of Learning, Opportunity, and Choice. *Violence Against Women* 9:10-46.
Piipsa, Minna. 2002. Complexity of Patterns of Violence against Women in Heterosexual Partnerships. *Violence Against Women* 8:873-900.
Pirog-Good, Maureen A., and Jan E. Stets. 1989. The Help-Seeking Behavior of Physically and Sexually Abused College Students. Pp. 108-125 in *Violence And Dating Relationships*, edited by Maureen A. Pirog-Good and Jan E. Stets. New York: Praeger.
Pizzey, Erin. 1974. *Scream Quietly or the Neighbors WillHear*. Middlesex, England: Penguin.
Pleck, Elizabeth. 1983. Feminist Responses to "Crimes against Women", 1868-1896. *Signs: Journal of Women Culture and Society* 8:451-470.
———. 1989. Criminal Approaches to Family Violence, 1640-1980. Pp. 19-58 in *Family Violence*, edited by L. Ohlin and M. Tonry. Chicago: University of Chicago Press.
Potoczniak, M. J., J. E. Mourot, M. Crosbie-Burnett, and D. J. Potoczniak. 2003. Legal and Psychological Perspectiveson Same-Sex Domestic Violence: A Multisystemic Approach. *Journal of Family Psychology* 17:252-259.
Ptacek, James. 1988. Why Do Men Batter Their Wives? Pp. 133-75 in *Feminist Perspectives on Wife Abuse*, edited by K. Yllo and M. Bograd. Newbury Park, CA: Sage.
———. 1999. *Battered Women in the Courtroom*. Boston: Northeastern University Press.
Quarm, Daisy, and Martin D. Schwartz. 1985. Domestic Violence in Criminal Court: An Examination of New Legislation in Ohio. Pp. 29-46 in *Criminal Justice Politics and Women: The Aftermath of Legally Mandated Change*, edited by C. Schweber and C. Feinman. New York:

Haworth Press.

Rennison, Callie Marie, and SarahWelchans. 2000. *Intimate Partner Violence.* Bureau of Justice Statistics. Department of Justice. Special Report, May, 11pp.

Renzetti, Claire M. 1992. Violent Betrayal: Partner Abuse in Lesbian Relationships. Newbury Park, CA: Sage.

Rigakos, George S. 1997. Situational Determinants of Police Responses to Civil and Criminal Injunctions for Battered Women. *Violence Against Women* 3:204-216.

Robbins, Kalyani. 1999. No-Drop Prosecution of Domestic Violence. *Stanford Law Review* 52:205-233.

Roberts, Karl A. 2002. Stalking Following the Break-up of Romantic Relationships: Characteristics of Stalking Former Partners. *Journal of Forensic Sciences* 47:1070-1078.

———. 2005. Women's Experience of Violence during Stalking by Former Romantic Partners: Factors Predictive of Stalking Violence. *Violence Against Women* 11:89-114.

Robinson, Amanda L., and Meghan S. Chandek. 2000. Differential Police Response to Black Battered Women. *Women & Criminal Justice* 12:29-62.

Robinson, Amorie. 2002. There's a Stranger in This House. Pp. 125-132 in *Violence in the Lives of Black Women*, edited by C.M. West. New York: Haworth Press.

Rosen, Leora N., and Chris S. O'Sullivan. 2005. Outcomes of Custody and Visitation Petitions When Fathers Are Restrained by Protection Orders: The Case of the New York Family Courts. *Violence Against Women* 11:1054-1075.

Rosewater, Lynne B. 1988. Battered or Schizophrenic? Psychological Tests Can't Tell. Pp. 200-216 in *Feminist Perspectives on Wife Abuse*, edited by K. Yllo and M. Bograd. Newbury Park, CA: Sage.

Rowe, Kelly. 1985. The Limits of the Neighborhood Justice Center: Why Domestic Violence Cases Should Not Be Mediated. *Emory Law Journal* 34:855-910.

Russo, A. 2003. Intimate Betrayal: Domestic Violence in Lesbian Relationships. *Psychology of Women Quarterly* 27:86-88.

Schechter, Susan. 1982. *Women and Male Violence: The Visions and Struggles of the BatteredWomen's Movement. Boston*: South End Press.

Schwartz, Martin D. 1987. Gender and Injury in Spousal Assault. *Sociological Focus* 20:61-75.

Schwartz, Martin D., and Walter S. DeKeseredy. 1997. *Sexual Assault on the College Campus.* Thousand Oaks, CA: Sage.

Sebastian, Richard J. 1983. Social Psychological Determinants. Pp. 182-191 in *The Dark Side of Families: Current Family Violence Research*, edited by D. Finkelhor, R. J. Gelles, G. T. Hotaling, and M. A. Straus. Beverly Hills, CA: Sage.

Sev'er, Aysan. 1997. Recent or Imminent Separation and Intimate Violence against Women. *Violence Against Women* 3:566-589.

Sheehy, Lisa, Melissa Reinberg, and Deborah Krichway. 1991. *Commutation for Women Who Defended Themselves against Abusive Partners: An Advocacy Manual and Guide to Legal Issues.* Philidelphia: National Clearinghouse for the Defense of Battered Women.

Sherman, Lawrence W., and Richard A. Berk. 1984. The Specific Deterrent Effects of Arrest for Domestic Assault. *American Sociological Review* 49:261-272.

Sherman, Lawrence W., Janell D. Schmidt, Dennis P. Rogan, Douglas A. Smith, Patrick R. Gartin, Ellen G. Cohn, Dean J. Collins, and Anthony R. Bacich. 1992. The Variable Effects of Arrest on Criminal Careers: The Milwaukee Domestic Violence Experiment. *Journal of Criminal Law and Criminology* 83:137-169.

Silva, J. A., D. V. Derecho, G. B. Leong, and M. M. Ferrari. 2000. Stalking Behavior in Delusional Jealousy. *Journal of Forensic Sciences* 45:77-82.

Silverman, Jay G., Anita Raj, Lorelei A. Mucci, and Jeanne E. Hathaway. 2001. Dating Violence against Adolescent Girls and Associated Substance Use, Unhealthy Weight Control, Sexual Risk Behavior, Pregnancy, and Suicidality. *Journal of the American Medical Association* 286:572-579.

Slote, Kim, and Carrie Cuthbert. 1997. Women's Rights Network (WRN). *Violence Against Women* 3:76-80.

Smith, Douglas A., and Jody R. Klein. 1984. Police Control of Interpersonal Disputes. *Social Problems* 31:469-481.

Smith, Michael D. 1994. Enhancing the Quality of Survey Data on Violence against Women. *Gender & Society* 8:109-127.

Sorenson, Susan B., and Haikang Shen. 2005. Restraining Orders in California: A Look at Statewide Data. *Violence Against Women* 11:912-933.

Stanko, Elizabeth A. 1985. *Intimate Intrusions*. London: Routledge and Kegan Paul.

———. 1989. Missing the Mark? Policing Battering. Pp. 46-69 in *Women, Policing, and Male Violence: International Perspectives*, edited by J. Hanmer, J. Radford, and E. A. Stanko. London: Routledge and Kegan Paul.

Star, B., C. G. Clark, K. M. Goetz, and L. O'Malia. 1979. Psychological Aspects of Wife Battering. *Social Casework: The Journal of Contemporary Social Work* (October): 479-487.

Stark, Evan. 1992. Framing and Reframing Battered Women. Pp. 271-292 in *Domestic Violence: The Changing Criminal Justice Response*, edited by Eve S. Buzawa and Carl G. Buzawa. Westport, CT: Auburn House.

——. 2003. Race, Gender and Woman Battering. Pp. 171-197 in *Violent Crime: Assessing Race and Ethnic Differences*, edited by D. Hawkins. New York: Cambridge University Press.

——. 2004. Insults, Injury, and Injustice: Rethinking State Intervention in Domestic Violence Cases. *Violence Against Women* 10:1302-1330.

Stark, Evan, and Anne Flitcraft. 1983. Social Knowledge, Social Policy, and the Abuse of Women: The Case against Patriarchal Benevolence. Pp. 330-348 in *The Dark Side of Families: Current Family Violence Research*, edited by D. Finkelhor, R. J. Gelles, G. T. Hotaling, and M. A. Straus. Beverly Hills, CA: Sage.

——. 1996. *Women at Risk: Domestic Violence and Women's Health*. Thousand Oaks, CA: Sage.

Steinmetz, Suzanne. 1977/1978. The Battered Husband Syndrome. *Victimology* 2:499-509.

Stets, Jan E., and Maureen A. Pirog-Good. 1987. Violence in Dating Relationships. *Social Psychology Quarterly* 50:237-246.

Stets, Jan E., and Murray A. Straus. 1990. Gender Differences in Reporting Marital Violence and Its Medical and Psychological Consequences. Pp. 151-165 in *Physical Violence in American Families*, edited by M. A. Straus and R. J. Gelles. New Brunswick, NJ: Transaction Press.

Stith, Sandra M. 1990. Police Response to Domestic Violence. *Violence and Victims* 5:37-49.

Straus, Murray A. 1990. *Physical Violence in American Families*. New Brunswick, NJ: Transaction Publishers.

———. 1991. Physical Violence in American Families. Pp. 17-34 in *Abused and Battered*, edited by D. D. Knudsen and J. L. Miller. New York: Aldine De Gruyter.

Straus, Murray A., and Richard J. Gelles. 1986. Societal Change and Change in Family Violence from 1975 to 1985 as Revealed by Two Surveys. *Journal of Marriage and the Family* 48:465-479.

Straus, Murray A., Richard J. Gelles, and Suzanne Steinmetz. 1980. *Behind Closed Doors: Violence in the American Family*. New York: Anchor Books.

Strube, M. J., and L. S. Barbour. 1984. Factors Related to the Decision to Leave an Abusive Relationship. *Journal of Marriage and the Family* (November): 837-844.

Taylor, Janette Y. 2002. The Straw That Broke the Camel's Back. Pp. 79-94 in *Violence in the Lives of Black Women*, edited by C. M. West. New York: Haworth Press.

Tierney, Kathleen J. 1983. The Battered Women Movement and the Creation of the Wife Beating Problem. *Social Problems* 29:207-220.

Thompson, Martie P., Linda E. Saltzman, and Holly Johnson. 2003. A Comparison of Risk Factors for Intimate Partner Violence-Related Injury across Two National Surveys on Violence against Women. *Violence Against Women* 9:438-457.

Tjaden, Patricia, and Nancy Thoennes. 1998a. *Prevalence, Incidence, and Consequences of Violence against Women.* U.S. Department of Justice. Research in Brief. November, 16pp.

———. 1998b. *Stalking in America.* U.S. Department of Justice. Research in Brief. April, 20pp.

———. 2000. Prevalence and Consequences of Male-to-Female and Female-to-Male Partner Violence as Measured by the National Violence against Women Survey. *Violence Against Women* 6:142-161.

Tong, Rosemarie. 1984. *Women, Sex, and the Law.* Totowa, NJ: Rowman and Allanheld.

Ventura, Lois A., and Gabrielle Davis. 2005. Domestic Violence: Court Case Conviction and Recidivism. *Violence Against Women* 11:255-277.

Walker, Lenore E. 1979. *The Battered Woman.* New York: Harper and Row.

———. 1983a. The Battered Woman Syndrome Study. Pp. 31-49 in *The Dark Side of Families: Current Family Violence Research*, edited by D. Finkelhor, R. J. Gelles, G. T. Hotaling, and M. A. Straus. Beverly Hills, CA: Sage.

———. 1983b. Victimology and the Psychological Perspectives of Battered Women. *Victimology* 1-2:82-104.

———. 1989. *Terrifying Love: Why Battered Women Kill and How Society Responds.* New York: HarperPerennial.

Wardell, Laurie, Dair L. Gillespie, and Ann Leffler. 1983. Science and Violence against Wives, Pp. 69-84 in *The Dark Side of Families: Current Family Violence Research*, edited by D. Finkelhor, R. J. Gelles, G. T. Hotaling, and M. A. Straus. Beverly Hills, CA: Sage.

Warshaw, Carole. 1993. Limitations of the Medical Model in the Care of Battered Women. Pp. 134-146 in *Violence against Women: The Bloody Footprints*, edited by P. B. Bart and E. G. Moran. Newbury Park, CA: Sage.

Websdale, N. 1995. Rural Woman Abuse: The Voices of Kentucky Women. *Violence Against Women* 1:309-388.

Websdale, N., and B. Johnson. 1997. The Policing of Domestic Violence in Rural and Urban Areas: The Voices of Battered Women. *Policing and Society* 6:297-317.

West, Carolyn M., and Suzanna Rose. 2000. Dating Aggression among Low-Income African American Youth: An Examination of Gender Differences and Antagonistic Beliefs. *Violence Against Women* 6:470-494.

Wiist, William H., and Judith McFarlane. 1998. Utilization of Police by Abused Pregnant Hispanic Women. *Violence Against Women* 4:677-693.

Wilson, Margo, and Martin Daly. 1993. Spousal Homicide Risk and Estrangement. *Violence and Victims* 8:3-15.

Worden, Robert E., and Alissa A. Pollitz. 1984. Police Arrests in Domestic Disturbances: A Further Look. *Law and Society Review* 18:105-119.

Yllo, Kersti. 1983. Using a Feminist Approach in Quantitative Research: A Case Study. Pp. 277-288 in *The Dark Side of Families: Current Family Violence Research*, edited by D. Finkelhor, R. J. Gelles, G. T. Hotaling, and M. A. Straus. Beverly Hills, CA: Sage.

——. 1988. Political and Methodological Debates in Wife Abuse Research. Pp. 28-50 in *Feminist Perspectives on Wife Abuse*, edited by K. Yllo and M. Bograd. Newbury Park, CA: Sage.

——. 1999. Domestic Violence against Women of Japanese Descent in Los Angeles. *Violence Against Women* 5:869-897.

Yoshihama, Mieko. 1999. Domestic Violence against Women of Japanese Descent in Los Angeles: Two Methods of Estimating Prevalence. *Violence Against Women* 5:869-897.

Zoomer, Olga J. 1989. Policing Battered Women in the Netherlands. Pp. 125-154 in *Women, Policing, and Male Violence*, edited by J. Hanmer, J. Redford, and E. A. Stanko. London: Routledge.

Zorza, Joan. 1992. The Criminal Law of Misdemeanor Domestic Violence, 1970-1990. *Journal of Criminal Law and Criminology* 83:46-72.

P.a.r.t. IV

형사사법 분야에 종사하는 여성

Women Working in Criminal Legal System

09 교정계에 근무하는 여성

Women Working in Prisons and Jails

여성 범죄자와 범죄피해 여성은 오래전부터 있었지만 25년 전까지만 해도 형사사법 분야에 종사하는 여성은 소수에 불과했다(브리튼, 2000, 69).

제4부에서는 형사절차 분야에서 종사하는 여성에 대해 논의하려고 한다. 전통적으로 남성의 직업으로 여겨온 분야에서 여성의 취업을 제한하는 것은 지극히 일반적인 현상이며, 범죄자를 규율하는 일은 특히 남자들이 하는 직업으로 여겨졌다. 역사적으로도, 심지어 최근까지도 교도관, 경찰, 변호사, 판사, 배심원조차 본래 남성의 직업이라고 인식되어 왔다. 다음 세 개 장을 통해 어떻게 사법제도 내의 의사결정을 하는 지위에서 여성이 배제되어 왔으며, 이와 같은 여성에 대한 취업 제한이 "어떻게 이 직업을 가지고 일하고자 하는 여성에게 영향을 미쳤는가? 그리고 체포, 재판 및 판결, 구금에서 남성만이 어떻게 의사결정 지위에 있게 하는가? 오늘날 이와 같은 직업에서의 남성 위주는 사법 체계에 어떤 영향을 미치는가?"에 대해 한번쯤 생각해 볼 시간을 갖는다는 것은 가치 있는 일이다.

제5장에서 구치소 교도소 체계에 대해 논의할 때 '교정'이라는 단어를 피했는데, 그 이유는 처우를 통한 재소자의 행동 교정을 중요하게 여기거나 재소자를 재활한 증거가 적기 때문이었다. 이와 유사하게 재소자와 근무하는 사람을 설명하기 위해 이 책에서는 **교정공무원**correctional officer이란 용어를 사용하지 않겠다(짐머Zimmer와 일치하여[1986]). 미국 교도소와 구치소가 직원들에게 재소자의 사회복귀(재활)에 대한 교육을 시키지 않고 관련 전문가를 거의 채용하지도 않는다고 볼 때, 이들 직원을 '교정공무원'이라고 부르는 것은 어울리

지 않는 일이다. 그러므로 이 책에서는 **교정공무원**이란 용어 대신 **교정계 근무자**Prison and jail workers, **교도소 직원**prison officers, **간수**guards라는 용어를 사용한다.

형사절차 분야에서 근무하는 여성에 관한 세 개 장 중 첫 번째인 이번 장에서는 노동시장에서 유급노동 여성의 진출, 이에 대한 여성의 요구와 관련되는 사회적 · 법적 기대에 대한 개요와 함께 시작하겠다. 비록 이런 시작이 형사절차 분야에 근무하는 여성에게만 적용되는 것은 아니지만 나름대로 의미가 있을 것이다. 여성을 사회적 · 법적으로 동등한 유급노동력으로 인정하는 것에 대한 저항, 이것이 어떻게 유색 여성(그들이 직면하는 추가적 인종차별에서 기인하는)과 이런 직업에 의존하고 있는 가난한 백인 여성에게 특별히, 더욱 부정적으로 영향을 주는지를 이해할 수 있을 것이다. 성차별주의와 결합된 계급차별주의나 인종차별주의의 역할은 형사절차 분야에서 일하고자 하는 여성을 차별할 수 있는 뿌리 깊은 가능성을 내재하고 있다.

:: 가정 밖 여성의 일에 대한 성차별적 역사의 간략한 소개

여성이 형사절차 조직 내 직업에 진입하는 것을 논의하기에 앞서서 가정에서 여성 노동(자녀 양육)의 역할에 대한 평가절하가 팽배했던 역사, 아내와 어머니로서 요구되는 여성의 역할뿐 아니라 연약한 성으로서 여성의 역할이 어떻게 유급노동력에서 여성을 차별하곤 했는지를 이해할 필요가 있다(인종, 계급, 성역할 등과 일치되는 저임금 직원으로서는 제외하고). 여성의 취업 기회와 일반적인 직업 평등의 제한에 대해서는 다양한 변명이 있다. 이런 변명은 종종 보호규정(여성의 이익을 위한 여성 보호)의 부류에 들어 있다. 그리고 이런 온정주의적 태도는 육체적으로 힘들고 위험한 업무에서 여성을 보호할 수 있을지도 모른다. 그러나 이로 인해 여성은 종종 많은 기회를 제한받게 되며, 고액의 임금을 받을 수 있고 전문성 실현에 대한 꿈을 이룰 수 있는 그들의 능력은 제한받을 것이다. 제2기 여성운동의 결과인 1970년대까지 미 대법원은 성차별 사건을 심판대상으로 받아들이지 않았다. 미국에서 1970~80년대에 이루어진 여성의 법적 지위에 대한 변화는 1970년대 이전의 두 세기 동안에 있었던 것보다 더 많다(Hoff, 1991, 229).

앳킨스Atkins와 호게트Hogget(1984)는 법적 제도가 여성의 취업 기회 제한을 정당화해 온 세 가지 방법에 대해 논의한다. 첫 번째는 여성의 **'생물학적'** 한계에 대한 믿음이다. 이 견해는 여성이 감성적 · 지적 · 육체적으로 너무 약해 대부분 집 밖에서 이루어지고 종종 경제 면에서 상대적으로 우월한 직업을 지탱할 수 없다는 것이다.

모성은 앳킨스와 호게트(같은 책)가 여성의 근로를 제한하기 위해 사용해 온 정당화 근거의 두 번째에 해당한다. 이 변명은 영국의 1847년 하원 공장 법안에서 처음 제시되었다. 법안은 어머니가 집 밖에서 일하는 어린아이는 위험하다고 주장했다. 우리가 여성이 생래적으로 연약하다는 가정과 여성은 집에 머물러야만 한다(유아의 행복은 그들의 어머니가 집을 떠나지 않음에 달려 있기 때문에)는 생각을 결합시킨다면, 우리는 여성에 대한 어두운 사진에 직면하게 된다. 사회가 여성이 그렇게 하리라 믿기 때문에 여성은 집에서 머물러야 하는 덫에 갇혀 있었다. 1970년대 중반까지 임신한 여성 근로자는 자연스럽게 사라졌고(해고당했음) 종종 출산 후에도 복직되지 않았다. 그리고 대부분의 주에서 임신한 여성은 실업보험에서 제외되었다(Rhode, 1989).

결혼은 앳킨스와 호게트가 여성의 취업 기회를 제한하기 위해 사용했던 세 번째이자 마지막 변명 사유다. 이 변명 사유는 모든 여성은 결혼해야 하며, 남성의 직업은 공적인 영역 안에 존재해야 한다는 것이다. 블랙스톤William Blackstone의 18세기 아내와 관련된 법률에 대한 논문은 남편과 아내는 "법률상 하나의 존재"이며 "그 '하나'는 남편이다"라는 내용으로 성경을 기본으로 하고 있다(Rhode, 1989, 10). 19세기 초 영국에서는 특히 재산소유권에서 미혼 여성이 기혼 여성보다 더 많은 법적 권리를 가졌다(Fergus,1988). 이와 유사하게 미국에서도 남편의 지위와 상관없이 모든 여성은 수많은 직업에서 제한되어 있었다. 기혼 여성은 남편의 재산으로 비추어졌기에 미혼 여성보다 더욱 열악한 대우를 받았다(Kirp, Yudof, and Franks, 1986, 31). 사실 대부분의 19세기, 20세기 초 여성은 직업과 결혼 중에서 하나를 선택해야만 했고, 이것은 1920년까지 유급노동에 종사하는 여성 5명 중 4명이 미혼인 이유였다(Rhode, 1989, 13).

여성이 집 밖에서 노동하게 된 것을 건전한 사회의 해체 현상으로 바라보는 역사가 존재한다(여성이 자신의 가족을 부양하기 위해 자신의 전문 직업을 가지고 싶어 했어도). 제2장에서 언급했듯이 노동력에서의 여성 평등은 사회 전반에 걸쳐 부정적인 영향을 끼칠 것이라고 주장하는 노력은 비록 연구를 통해 이런 연관성이 확인되지는 않았지만, 집 밖에서의 여성 취업은 청소년(그들의 자녀) 비행과 관련 있다고 주장하는 일부 범죄학자의 노력에 의해 여전히 존재하고 있다(Vander Ven, 2003). 심지어 가족이 남편의 수입에 의존해 생계를 유지할 수 있는 상황임에도 여성이 가정 밖의 직업을 추구한다는 것을 이유로 그녀들에게 사회의 해체에 책임을 지라고 한다면 이는 불공평하다. 이는 직업이 오직 남성을 위한 것이고, 혹은 남성에게 더욱 중요하다는 내용을 담고 있다. 편모가정의 높은 비율을 감안한다면 이런 주장은 구시대적 발상이며 정의롭지 못하다.

여성은 반드시 결혼해서 자녀를 양육하고, 남성이 일할 수 있게 해야 한다는 믿음은 여성에 대한 명백한 차별이라는 결과를 초래한다. 남성이 결혼하고(자녀를 가지고) 직업을 가질 수 있다면, 여성은 왜 그럴 수 없는가? 게다가 부양가족 수는 업무할당의 기준이 되어서는 안 된다. 부양가족 수가 논리적인 기준일지라도 홀어머니의 수가 막대하게 증가하고 있음을 인정해야 한다. 남성 근로자도 부양가족의 수와 욕구에 따라 다양하다. 남성이 부양가족의 수에 근거하여 업무의 할당을 원하는지 의심스럽다.

미국 인구조사국 자료에 따르면 15세 이상 정규직 노동자인 여성과 남성의 평균소득의 비율은 1959년 대략 61대 100에서 2004년에 대략 76대 100으로 개선된 것으로 보고되고 있다(미국 인구조사국, 2005; Fronczek, 2005, 이 비율은 남성이 1달러를 버는 것을 기준으로 여성은 61센트와 76센트를 번다는 것을 의미한다). 그러므로 남녀 사이의 임금 차이가 지난 50년 동안 좁혀져 왔다고 하더라도 여성의 임금을 높여야 할 필요는 여전히 존재한다. 각 분야의 통계를 제시하고 있는 최근 연구도 변호사, 교수, 의사, 사회복지사 같은 전문 직종에서 여성 임금이 남성의 현재 임금보다 확실히 낮은 것으로 보고하고 있다(Gibelman, 2003).

:: 교정계에서 일하는 여성의 비율

이 책의 1996년판에서는 교도소 여성 직원의 비율이 11.5퍼센트라고 했다(미 연방교정국, 1993). 미국 사법통계국의 1996년 자료에 따르면 미국 교도소 내의 보안 관련 직원의 여성 비율은 주와 연방 기관 모두 합쳐 19퍼센트에 달하는데, 연방 기관에선 14퍼센트 그리고 주 기관에선 24퍼센트를 차지하고 있다(미국 사법통계국, 1997, 87). 2000년 4월 미국 교도소 여성 직원 비율은 27.4퍼센트(n=8,573)였다(미 연방교정국, 2000). 2003년에는 교도소 여성 직원 비율이 28.3퍼센트(n=9,663)였으며, 2005년 10월에는 27.6퍼센트(n=9,504)였다(미 연방교정국, 2005). 그러므로 교도소의 여성 직원은 1990년대 중반까지 대략 10명 중 1명꼴에서 오늘날 4명 중 1명꼴로 증가했다. 구치소에 근무하는 여성 직원의 비율은 이보다 더욱 높다. 2003년 정부가 운영하는 구치소 내 여성 직원 비율은 34퍼센트였고, 민간 구치소 내 여성 직원 비율은 40.8퍼센트였다(미국 사법통계국, 2005, 표 1.100과 표 1.105에서).

불행하게도 각 보고서에서는 기관별로 직원의 계층 또는 인종에 따라 성별로 구분하지 않고 있다. 그러므로 교정계에서 일하는 여성의 인종적 · 민족적 분석은 할 수 없다. 미국의 전국통계에서조차 여성 직원의 비율에 대해 남자 교도소와 여자 교도소를 구분하지 않고 있다. 이는 여자 교도소에서는 여성 직원 비율이 가장 높은(서부의 한 연구에서는 절반 정도) 반면에 초중구금 남자 교도소 내의 여성 직원 비율은 가장 낮기(서부의 동일 연구에서는 10% 정도) 때문에 구분하여 살펴보는 것이 중요하다(Hemmens et al., 2002).

:: 직장 내에서 인종차별과 성차별의 비교

인종적 평등을 증진시키기 위한 정치적 행동주의와 성 평등을 증진시키기 위한 행동주의 사이에서 비교와 분석이 종종 이루어진다. 어떤 사람은 여성이 소수 인구층이 아니므로 흑인과 다른 유색인종이 사용했던 특수한 법적 호소방법을 필요로 하지 않는다고 주장하면서 성차별을 인종차별과 비교하는 것에 반대한다. 그러나 여성이 수적으로 우월하다고 하더라도 여성은 불리한 처지의 집단이다. 남성을 정상으로 바라보고 여성을 종종 비정상으로 바라보는 제도 속에서 여성은 보수와 기회 면에서 제한을 받아왔다(Laws, 1975). 또한 인종과 성차별, 이를 경험하게 하는 다양한 방법, 그리고 이것이 유색 여성 사이에서 어떻게 교차하는지에 대해 인정하는 것이 중요하다. 이는 형사사법 직종으로 진입한 유색 여성을 독특한 지위로 보고, 유색 여성이 부가적인 차별을 경험하는 형사사법 분야에서 일하는 여성에 대한 논의에서 중요하다. 게다가 제11장에서도 설명하겠지만, 미국 내에서는 많은 유색 여성이 경찰과 교도소에 근무하고 있으며, 인종차별에 대항했던 가장 대표적인 지도자의 일부는 최초의 유색 여성 법조인이었다.

성차별과 인종차별의 비교는 복합적이다. 우리는 흑인 사형, 미국 인디언 몰살, 남미지역에 대한 군사적 점령은 모든 인종과 민족의 여성이 경험하는 신체적 학대, 차별, 문화적 오욕과 동일하지 않다는 사실을 인식해야 한다(King, 1988, 15). 그러나 소수 인종과 여성 모두 "속성을 이유로 차별을 경험하고 이런 차별을 영속시키는 사회적 가치를 습득해 왔다"(Rhode, 1987, 20-21). 차별받는 집단의 구성원은 보통 차별을 인식하고 좌절하지만 차별이 구성원의 자부심, 자신감, 자존심에 악영향을 미치고 있다는 점은 분명하다.

인종차별주의와 성차별주의의 중요한 차이점은 백인 여성이 종종 자신의 백인 아버지와 백인 남편으로부터 발생하는 이익, 특히 경제적 이익을 취하는 반면에 유색인종은 권력자(즉 백인 남성)와 사적 영역을 친밀하게 공유하지 않는다는 것이다. 더욱이 인종차별과 성차별은 동기가 서로 다르다. 여성에 대한 차별은 가부장적인 태도로 발생하지만, 인종차별은 지위를 하강시키고 권력을 박탈하려는 의도에서 발생한다(같은 책, 21).

비록 법률이 지속적인 적대심을 가지고 흑인을 차별한 반면, 여성은 허약하고 남성보다 더욱 고귀하기에 남성의 보호가 필요한 존재로 여겼으나 여성과 흑인에게 끼친 영향은 동일하다. "선택의 제한은 개인으로서의 흑인 혹은 여성을 향해 있다"(Kirp, Yudof, and Franks, 1986). 추측건대 여성을 제한하는 법률의 토대가 되는 가부장적 태도와 보호주의가 흑인과 다른 유색인종을 제한하는 법률보다 긍정적으로 비춰진다 할지라도, 가부장적 태도와 법률 모두 극도로 부정적인 결과를 초래한다. 가부장적인 성향을 지닌 법률 내에도 유용한 요소가 존재하기 때문에 여러 면에서 이런 법률에 대항하여 싸우는 것을 더욱 어렵게 한다. 유감스럽게도 이런 법률은 보통 여성의 권리(취업, 배심 의무 등)를 제한하는 데 간접적으로 기여하고, 여성은 남성보다 작고 약하다는 고정관념을 영속시키는 데 일조한다.

요약해서 말하자면, 전체 인구에서 여성이 차지하는 비율에도 불구하고 여성은 일부 입법과 정책에서 소수로 인식되어 왔다. 여성이 교육과 취업의 기회부터 스포츠 팀의 일원으로 경기할 수 있는 기회에 이르기까지 권리를 취득하려는 경우 '일탈적' 여성으로 인식되었다. 성차별을 와해시키는 내용을 갖고 있는 입법과 판례는 사회가 성적으로 중립적이지 않으며, 소년과 소녀는 각기 다른 사고방식과 권리와 기회에 대한 다른 접근방식으로 양육되고, 남성과 여성은 각기 다른 경험을 가지고 있음을 인정하고 있다.

미국에서 성차별에 대한 최초의 성공사례 중 하나인 프런티에로Frontiero 대 리처드슨Richardson(1973) 사건에서 성 범주를 인종 범주와 비교했다는 것은 놀랄 만한 일이 아니다. 한 집단의 구성원을 차별하기 위해 집단의 능력과는 무관한 근거가 역사적으로 사용되어 온 가운데 이 사례는 성을 인종과 비슷하게 '문제가 있는 부류suspect class'로 간주했다(Hoff, 1991; Lucie, 1988)는 것을 보여준다. 프런티에로의 결정은 공군 여성 장교는 남성 장교가 갖고 있는 권리 등을 갖지 못한다는 제한을 없앴다. 낙인찍힌 지위 여러 개를 동시에 지니고 있는 것은 누적적cumulative 효과 이상의 효과를 만들어 낸다.

성과 인종에서 모두 열등한 지위를 차지한다는 것은 '이중의 주변성' '이중의 위험' '중첩성'으로 표현되고 있다. 가난한 유색 여성은 성, 인종, 계층을 기본으로 한 '삼중의 위험'을 경험한다(King, 1988). 인종차별주의 혹은 성차별주의의 영향에 대한 고찰은 사회의 어떤 사람들은 인종차별과 성차별을 함께 경험하고 있다는 사실을 인정하는 데 실패했다. 예를 들어 지금까지 흑인 미혼 여성 근로자의 임금은 1900년대 처음 10년간 백인 미혼 여성이 받았던 최저임금보다 여전히 낮다(Meyerowitz, 1988). 시민권리운동의 지도자이자 주요 창시자인 흑인 여성은 대부분 인정받지 못했고 세상에 널리 알려지지도 않았다(Barnett, 1993).

흑인이고 여성인 '중첩적 경험'은 "인종차별주의와 성차별주의의 총합보다 크다"(Crenshaw, 1989, 140). 흑인 여성운동과 백인 여성운동 사이의 긴장관계에 대한 역사에 대해서는 앞에서 논의했다. 최근에는 많은 백인 여성 페미니스트가 성차별주의뿐 아니라 인종차별주의에 대해 인정하고 언급하려는 시도를 증가시켜 왔다. 전통적으로 수많은 흑인 여성은 인종차별주의를 성차별주의보다 더욱 의미 있는 종속의 근거로 바라보았지만 1970년대 중반 이후 흑인과 백인 여성은 여성주의 운동과 반인종차별 운동의 목표를 결합하는 방식으로 더욱 통합되어 가고 있다(Lewis, 1977).

아프리카계 미국인의 경제적 지위 향상을 분석한 한 연구는 여성 가구주(대부분이 흑인 여성)를 위해 취업이 필요할 뿐 아니라, 흑인 남성과 결혼한 여성(그들의 가족)에게도 직장이 제공되어야 한다고 주장한다. 왜냐하면 흑인 남성들은 인종차별과 사회적 차별을 겪고 있기 때문이다(Geschwender and Carroll-Seguin, 1990). 자신의 가족을 위한 흑인 여성의 경제적 기여는 상대적으로 백인 여성의 기여에 비해 크다. 게다가 흑인 남성의 수입이 감소되는 경우 흑인 기혼 여성의 유급고용에 대한 압박감은 백인 기혼 여성보다 크다. 흑인이 이용할 수 있는 교육 · 경제 기회의 부족과 결부된 최근의 실질소득 감소는 1960년대와 1970년대 사이에 획득했던 그들의 중산층 지위의 유지를 더욱 불안하게 했을 뿐 아니라 빈곤 상태의 흑인 비율을 증가시켜 왔다(같은 책).

결론적으로 여성의 취업 기회를 위한 페미니스트의 시도에도 불구하고 여성의 직업은 최저임금이어야 한다는 직업에 대한 완강한 성차별적 집착은 여전히 존재한다. 이는 유색 여성과 그들의 가족에게 가혹한 영향을 끼쳤다.

:: 돌봄의 역할: 형사사법 분야에서 성 고정관념적 업무로의 여성 진입

전문적 역할보다는 모성과 결부된 봉사적 역할을 수행하는 것은 형사사법 분야 내의 남성만의 직업에 진입한 여성한테서 뚜렷하게 보인다. 이들 '개척자' 여성은 남성 전용의 직업에서 대부분 여성적인 역할만을 수행했다. 예를 들어 전형적으로 '경찰 보모police matron'라고 부르는 최초의 여성 경찰관은 청소년과 '불법행위를 한 여성'에 관한 업무를 했고, 첫 번째 여성 교정계 근무자는 여성 범죄자를 관리했고, 첫 번째 여성 변호사와 판사는 청소넌 법원에서 근무하고 종종 남성 변호사와 결혼했다.

전문적 이미지가 부족해 보이는 보모란 용어는 여성에게 기대되는 양육과 보살핌의 의무와 의미를 같이한다. 이는 피터슨Petersen(1966)이 "보살필 의무와 보살핌에 관한 투쟁"이라고 언급한 육체적·감성적 보살핌에 대한 여성에게만 국한된 기대와 일치한다. 실제로 '보모'는 사회복지 서비스가 경찰서에 도입된 것으로 간주된다(Schulz, 1995, 17).

그중에서도 교도소에서 보모의 업무는 경찰에서의 보모 업무보다 먼저 시작되었으며, 경찰서와 교도소 보모는 모두 동일 집단에서 출현했다. 저명하고 중상류층 계급이고 집안이 좋고 사회적으로 유명한 본토 태생의 개혁가 가정 출신이었다(같은 책, 2). 예를 들어 경찰 내에서 여성의 활동은 "여성의 타고난 인정 많은 특성은 범죄를 예방하고, 여성과 청소년 사건을 다루고, 여성과 소녀의 심신을 보호하는 것 등 경찰 의무를 수행하는 데 남성보다 훨씬 낫다"라는 중산층의 성 고정관념을 도입한 것이다(Appier, 1998, 3).

의심할 여지없이 이런 개혁가의 성과뿐 아니라 '보모'는 여성이 경찰 업무와 교도소 업무를 유지할 수 있도록 하는 가장 위협적이지 않은 역할이라는 사실 때문에 이런 명목상의 여성은 남자 교도소 업무와 경찰 업무를 할 수 있었다. 폴록번Pollock-Byrne(1995, 97-98)은 "간수 혹은 교정계 직원이라는 말 대신 보모라는 부수적인 용어는 여성이 기회 확대를 요구하기 시작했던 1960년대까지 바뀌지 않았다"라고 했다.

형사사법 분야에서 근무한 최초의 여성은 백인이고 부유한 가정 출신의 사회개혁가였으며, 제도 내에서 그들의 업무는 무급인 경향이 있었다(Appier, 1998; Feinman, 1986; Martin and Jurik, 1996; Morris, 1987; Schulz, 1995). 경찰 업무로 진출한 여성과 교정계로 진출한 여성 사이엔 밀접한 관련이 있다. 그러나 여성 교도소 개혁가는 여성이 경찰 업무를 할 수 있는 가능성을 열었을 뿐 아니라 여성의 업무를 무급에서 유급, 전문적인 사무로 향상시켰다(Schulz, 1989). 1822년 여성이 최초로 구치소 보모로 고용되었고, 1832년 여성이 최초로 교도소 직원guard으로 고용되었다(Pollock-Byrne, 1995; Zupan, 1992). 이런 '최초'의 여성은 '전문가로서가 아닌 여성으로서 인정받았고' 여성으로서 당연히 가지는 능력 때문에 고용되었다(Morris, 1987, 139). 여성 재소자의 분리수용을 위해 19세기 후반과 20세기 초에 신설된 시설은 여성 재소자에게 더 많은 배려를 했을 뿐 아니라 여성이 범죄자와 함께 일할 수 있는 더 많은 기회를 부여하게 되었다(Zupan, 1992).

이는 교도소, 구치소, 청소년 시설에서 근무한 최초의 여성이 미친 지대한 영향력을 증명하는 데도 중요하다. 예를 들어 범죄학자이자 형벌학자인 데이비스Katharine Bement Davis(1860~1935)는 인종, 성별, 섹슈얼리티, 특히 동성애를 포함한 여성의 성에 대한 더 나은 이해를 돕기 위해 1800년대(그리고 1900년대 초반까지) 주목할 만한 시도를 했다(Deegan, 2003). 힐스Bedford Hills에서 뉴욕 주 여성개혁원장으로 근무한 데이비스(1901~14년)는 뉴욕 시 최초 여성 교정위원(1914~16년)이었고, 최초 뉴욕교정국 가석방위원회 위원장(1916~17년)이었다(같은 책). 1870년대 후반 혹은 1880년대 초반에 태어난 바너드Kate Barnard는 1903년 오클라호마 의회의 속기사로 근무했다. 그녀는 오클라호마 의회에서 근무하며 많은 정치인을 알게 되었고, 그녀의 힘찬 연설과 사회의 '소외층'을 원조하기 위한 남녀 단체에서의 영향력을 이유로 널리 알려졌다(Bryant, 1969). 바너드는 여성노동조합과 아동 노동과 학대 방지를 위한 단체를 조직했다(같은 책). 그녀는 1907년 여성에게 투표권이 없었음에도 오클라호마 자선단체와 캔자스와 오클라호마 교정단체의 대표로 선출된 최초의 여성이다(Holley and Brewster, 1998). 남성 성차별주의자가 모여 있는 정치적 세상에서 아동 노동과 학대에 대한 그녀의 반대가 대성공을 이룬 것 이외에도 그녀는 성인 남성과 여성 재소자의 관리에 대한 큰 성공을 거두었다(Bryant, 1969; Holley and Brewster, 1998).

음악에 재능이 있고 시카고 대학교 산스크리트어와 인도 유럽어학 박사학위자인 해리스Mary Belle Harris(1874~1957)는 버지니아, 앨더슨 지역의 연방 여성 교도소 초대 소장이었다(Rogers, 2000). 1914년 당시 NYC 교정위원이었던 데이비스가 블랙웰 아일랜드 노역소Blackwell Island Workhouse의 법정 내 피고석에 앉아 있던 그녀를 '발견한' 것을 기회로 해리스는 교도소에서 일하기 시작했다(같은 책).

> 1914년 7월 1일 두 사람은 블랙웰 섬으로 향하는 한 선박에 승선했는데, 이는 당시 39세였던 해리스의 교정계에서의 긴 여정의 첫발을 내디딘 짧은 여행이었다. 그 이후 해리스는 다음과 같은 직책을 두루 거치게 된다. 뉴저지 주 클린턴의 개혁위원회 대표, 미 육군 소년원과 구치소를 관할하는 부서의 과장, 웨스트버지니아 앨더슨의 연방 여성 교도소 소장, 펜실베이니아 가석방위원회 위원(같은 책, 8).

프리드먼Estelle B. Freedman(1996)의 워터스Miriam Van Waters(1887~1994)에 관한 전기는 박사학위를 가진 여성의 설득력 있는 이야기를 다루고 있다. 그녀는 '청소년 비행'에 대한 인식을 요구했던 최초의 사람들 중 한 명이었고, 여자 비행청소년을 위한 시설을 운영했으며, 청소년과 형사사법에 대한 책을 발간했다. 1932~57년 동안 짧은 공백을 제외하고 워터스는 매사추세츠 여성 감화원의 소장을 지냈다. 그녀는 70세에 은퇴했다. 들리는 바에 따르면 짧은 공백은 감화원 운영의 잘못을 이유로 해고당한 기간이라고 한다. 프리드먼(같은 책)은 워터스가 해고된 진짜 이유는 그녀가 레즈비언이고 시설 내에서 레즈비언 '소동'을 인정한 '일탈적 성성' 때문이라고 이야기한다. 워터스는 해고에 대해 성공적으로 투쟁을 벌였다. 그녀의 레즈비언 정체성이 널리 알려지는 것에 대한 그녀의 커다란 우려를 고려할 때(당시로서는 위험한 일) 해고에 대한 투쟁은 극히 용감한 것이었으나, 그녀가 감독해야 할 여성과 그녀 자신에 대한 인식의 부당함을 인식했기에 그렇게 했다(같은 책). 워터스는 1928~68년 뉴저지 여자 감화원의 장이었던 머헨Edna Mahan(1900~68)의 조언자 역할을 했다. 워터스와 머헨은 여성 재소자와 비행소녀의 사회복귀를 위해, 여성 범죄자 존중을 위해, 그리고 산모와 아이에게 충분한 보살핌과 좋은 가정을 제공하기 위해 쉼 없이 헌신했다(Freedman, 1996; Hawkes, 1998).

1948년 미시시피 출생인 무어Margaret Moore는 (1) 펜실베이니아 남자 교도소장, (2) 펜실베이니아 교정시설 부감독관(7개 교도소에서 대략 1만 명의 죄수를 감독하는), (3) 워싱턴 D.C.의 교정국 관리자였던 최초의 여성이다(Yates, 2002). 혼자 아이를 키우는 16세의 흑인 어머니 무어는 성차별주의 외에 중대한 차별에 직면했다. 현재 주목받는 작가 바버라 널리Barbara Neely를 통해 무어는 범죄자와 함께하는 업무를 소개받았는데, 그녀는 그 일에 열정과 헌신을 다하게 된다(같은 책). 그녀는 피츠버그 여성센터 관리감독으로서 업무를 수행했고, 교정계에서 "인종차별주의와 성차별주의에 대한 그녀의 의식"을 갈고 닦기 시작했다(같은 책, 14). 무어는 범죄자와 유색인종과 수많은 여성 교정직원을 위한 길을 성공적으로 열어주었다(같은 장에서).

흑인 여성의 교도소 근무 경험은 교도소 밖의 인종차별주의와 성차별주의를 그대로 반영하고 있었다. 브라운Brown 대 교육위원회the Board of Education(1954) 사건에 대한 최고법원의 판결 전에는 "인종차별은 관례적인 정책과 관행으로서 남부에서는 합법적으로, 북부에서는 실재하는 것"이었다(Feinman, 1986, 141). 대부분의 교도소장과 교도관은 백인이고, 흑인이 고용되었다면 이는 전형적으로 교도소 최악의 위치에 격리되어 수용된 흑인 죄수를 관리하기 위한 것이다. 1950년대 이후 교정시설에서 흑인 여성(남성) 고용은 현격하게 증가되어 왔다. 더 많은 교도소 밖의 직업이 백인 여성에게 주어지면서 더 많은 흑인 여성이 교도소 업무의 빈 공간으로 진입하게 되었다(Feinman, 1986).

도지L. Mara Dodge(2002, 242-243)의 일리노이 주 여자 교도소의 역사에 관한 영향력 있는 저서에서는 1960년대 드와이트 교도소에서 근무한 몇몇 여성이 일부 여성 재소자를 위한 환경의 열악함(1967년까지도 방에서 요강이 화장실을 대용)과 '상스럽고 숙녀답지 않은 행동'

에 대한 제재를 이상적인 치료가 아닌 혹독한 징벌로 전환한 것에 얼마나 낙담했는지를 묘사하고 있다. 도지(같은 책)는 방금 논의했던 진보적이고 인정 많은 초기 여성 소장과 달리 1962~72년 사이 드와이트 소장이었던 모리세이Morrisey를 지나치게 꼼꼼하고 엄격하고 불합리한 힘을 행사한 것으로 묘사하고, 그녀에게 우선적인 것은 치료가 아니라 안전과 보안이었다고 설명한다. 도지(같은 책, 245)에 따르면 '치료 목적에 대한 헌신의 결여'는 1960년대 미국 전역의 여자 교도소의 일관된 양상이었다. 모리세이는 동성애 가능성을 이유로 재소자 간의 우정을 면밀히 관찰해야 한다는 고정관념에 사로잡혀 있었다. 도지(같은 책, 256)는 1990년대 미국의 모든 여성 재소자는 "주로 남성 간수에게 감시를 당했다"라고 말한다.

마지막으로 여러 여성학자가 여성들의 삶herstories을 분석함으로써 여성 범죄자, 범죄 피해와 가해의 연관성, 그리고 여성의 범죄 피해에 대한 현대적 인식을 가능하게 해준 것은 매우 고무적이고 의미 있는 일이다. '선구자적인' 페미니스트 범죄학자를 모두 열거하고 설명하는 것이 불가능하기 때문에 세 사람만을 언급하겠다. 먼저 범죄학 여성 박사인 만Coramae Richey Mann과 영Vernetta Young은 현재 우리가 성별, 인종, 계급의 교차라고 부르는 것에 대한 이해를 강조하면서 성별, 인종, 계급과 범죄의 교차점에 대한 논의를 효과적으로 '활성화시켰다'(Adams-Fuller, 2003; Mars, 2001 참조). 두 여성 모두 흑인이다. 마지막으로 체스니린드Meda Chesney-Lind 박사는 1970년대 초 석사논문 자료를 수집할 당시 소녀 범죄자에 대한 강제적인 질 검사에 대해 상세히 보고했고, 페미니스트 범죄학의 형성에 지대한 영향을 미쳤다(Belknap, 2004 참조).

여기서 제시된 여성의 특정적인 모습 중 일부는 그들의 삶과 현저하게 일치한다. 특히 많은 여성이 자식이 없고 결혼하지 않았고, 범죄 혐의를 받고 있는 여성과 소녀의 권리를 향상시키려고 무한한 열정과 시간을 투자했다. 그리고 사회복귀의 효과에 대해 강한 확신을 고수하고 있었다.

:: 형사사법 분야 내 여성의 직무에 관한 법률과 법원 판결의 강력한 역할

입법부와 대법원의 판결은 사회 변화에 영향을 미치는 중요한 통로가 되었다. 경찰, 법원, 교정계 업무 내에서 이루어지는 모든 여성운동은 소송(여성에 의해 제기된)을 통해 실질적으로 존재해 오고 있다. 최초의 기회는 법원 판결의 결과였지 지배적 집단(부유한 백인 남성)에서 부여한 순수한 기회나 선의가 아니었다. 이는 현재의 몇몇 기회 상황에서도 마찬가지다. 그럼에도 법원은 "여성에 대한 사회적 시선과 그들을 위한 기회에 영향을 미치는 성별에 근거한 미묘한 분류에 대한 인식이 부족했다"(Bartlett, 1991, 372).

물론 법적인 변화는 필요하지만, 불행히도 그것이 항상 실제적인 변화를 가져오는 것은 아니다. 많은 시민이 자신의 법적 권리에 대해 무지하고, 차별을 자행하고 있는 기관들은 그들이 법을 위반하고 있다(혹은 법을 무시하고 있다)는 사실을 몰랐다. 그러나 일부 고용주들은 자신이 법을 위반하고 있다는 사실을 알 때조차도 법을 무시하는 간접적 · 직접적인 수많은 위반행위를 저질렀다. 예를 들어 교도소, 구치소, 경찰서에 성희롱을 금지하는 방침이 존재하더라도 여성 근무자는 성희롱을 참는 것이나 직장을 옮기는 것이 남성지배적인 경찰, 법원, 법원 조직을 상대로 싸우는 것보다 정서적 · 경제적으로 소모가 적을 것이라는 결정을 내리게 된다. 같은 맥락으로 자신이 차별받고 있다는 사실을 알고 있는 근무자는 현재의 직업을 유지하기 위해 혹은 미래의 직업에 대비한 좋은 경력을 유지하기 위해 '조직을 흔드는 것' 은 중요하지 않다고 결정을 내린다. 이것은 차별 혹은 희롱의 희생자가 시간소모적이고 경비소모적인 공판 진행 중에 그들 자신(그리고 그들의 가족)의 생계에 관한 어떤 수단을 가지고 있지 못한 경우에 더욱 그렇다. 이것은 법률 제정이 변화를 일으키는 데 필요하긴 하지만 충분한 것은 아니라는 것을 보여준다. 차멜러스Martha Chamallas(1999, 18)가 지적하듯이 대부분의 기관(정부 기관 혹은 개인 사업)은 "남성 중심의 편견이 내재되어 있는 관례와 정책을 따른다. 이렇게 '중립적인' 규칙을 따르고 젠더를 간과하는 것은 성에 따른 배제를 재생산하게 되고, 직업세계에서 계속해서 성이 고려될 것이라는 사실을 역설적으로 확인시키는 꼴이 된다". 다시 말해 "연방기관의 성 중립적 용어는 명백하게 남성의 권리를 보호하는 정도만큼 여성의 권리를 보호하지 못한다"(Thomas, 1991, 116).

페미니스트 법학자 차멜러스(1999)는 20세기 마지막 30년 동안의 페미니스트 법이론을 세 가지 단계로 나타냈다. 첫째, 차멜러스는 1970년대를 성별 기준으로 한 구분을 폐지하고 교육과 직업에서 평등한 기회를 획득하고 가족 내에서의 평등을 장려하는 것이 목표인 **평등의 단계**로 묘사한다. 다음으로 1980년대를 페미니스트 법학자와 운동가들이 자유주의적 페미니즘의 결점에 대해 답하려 했고, 어떻게 "남성지배적인 세상에 여성을 포함하는 것이 평등의 유일한 수단이 되지 않는지"에 대해 조명해 보고자 했던(같은 책, 47) **차이의 단계**라고 이름 붙였다. 단순히 여성을 남성지배적인 직업에 고용하는 것이 그들을 임금이나 대우 면에서 평등하게 대하겠다는 것을 의미하지는 않는다. 1980년대의 '차이' 시기는 임신차별 판결과 뒤이은 논쟁으로 발생했다. 마지막으로 1990년대를 모든 여성이 함께 이

전까지의 페미니스트 활동가와 학문의 결점을 수정하려고 시도했던 변화의 단계라고 불렀다. 구체적으로 이 단계의 목표는 중산층의 부유한 백인 여성이 그들의 성차별주의에만 중점을 두기보다는 모든 여성을 좀 더 포함하는 것이다.

명백하게 법적 강제는 교정계 취업에 대한 평등한 기회를 허락하는 주요 원동력이었다(Jurik, 1985). 경찰과 교도 업무로 진출하는 여성뿐 아니라 다른 직업으로 진출하는 여성과 관련된 중요한 법은 Title VII이다. 1964년 제정된 인권법의 1972년 개정안인 Title VII은 고용(지위, 보수, 해고, 고용 등)에서 개인의 성별, 인종, 종교, 출생지를 근거로 삼는 것이 불법이라는 내용을 담고 있다. 여성 고용을 거절하는 남자 교도소의 문제는 1972년까지 '문제시되거나 논쟁거리가 되지' 않았다(Zimmer, 1986, 1). Title VII은 교도소 내의 성별과 무관한 직무에 여성을 고용하는 중요한 계기가 되었다(Flynn, 1982; Jurik, 1985; Morton, 1981; Zimmer, 1989).

아이러니하게도 고용에서의 성차별에 대한 소송사건이 Title VII에 근거해 제소되어 왔음에도 불구하고, 성별은 전체 개정안을 무효화하려는 시도가 보이자 개정안이 통과되기 몇 분 전에야 차별되지 않아야 할 목록(인종, 종교, 출생지 뒤)에 추가되었다. 즉 반여성 감정은 인종적 평등을 부정하기 위해 사용되었다(Deitch, 1993). 사실 성별의 포함 내용이 국회에 알려졌을 당시 웃음바다를 이루었고 개정안에 '성별'을 포함하는 것에 대한 투표에서 남성 중 1명을 제외한 모두가 전체 법안에 반대표를 던졌다(같은 책).

Title VII은 1964년 설립된 연방기관인 고용평등추진위원회(EEOC)에 "Title VII 위반자를 연방법원에 기소할 수 있는 권한을 부여했다"(Zimmer, 1986, 4). 사실 대부분의 고용차별에 관한 소송은 이 개정에 따라 제기되어 오고 있다(Berger, 1980). 그러나 Title VII이 몇 가지 강제력을 지니고 효과를 발휘하기까지는 10년이란 세월이 걸렸다(Hoff, 1991, 234).

이런 긍정적인 영향에도 불구하고 Title VII은 다섯 가지 주요 한계점을 가지고 있다. 첫 번째 한계는 Title VII은 소송 제기에 비용이 많이 든다는 문제가 있다. 증거 발견을 위한 비용(고용인 차별 대우에 대한 증명)과 법률전문가의 수수료가 필요하다는 것은 대부분 근로자가 스스로의 능력으로 소송을 부담하는 것을 불가능하게 만들었다(Berger, 1980, 39). 비록 Title VII의 긍정적인 효과가 과소평가될 수는 없다 할지라도, 1980년대에 있었던 법무부와 대법원의 Title VII에 대한 재해석은 "1990년대에 걸쳐 소송에 더 많은 비용을 들게 하고 고용차별 사건에서 승소하기 어려워져 잠재적 원고에게 부정적인 영향을 미쳤다"(Martin, 1992, 285).

Title VII의 두 번째 한계는 법원에 제소된 몇몇 사건에 대해 Title VII의 의미가 없을 정도로 크게 확장된 선의bona fide의 취업자격(BFOQ, Bona Fide Occupational Qualification)의 적용이다. 개별 사례에 따라 결정을 내리는 BFOQ는 성별과 종교, 그 밖의 다른 요인에 의한 고용이 합리적이라고 여겨지는 예외에 대비하여 구성된 Title VII의 방어 부분이다(명백하게 인종은 BFOQ의 대상이 되지 않았다). 주로 BFOQ는 성차별 사건에서 이용된다. 이런 사건들에서 고용주는 특정 성만을 고용했다는 것은 인정하지만 이런 행위는 합리적인 것이었다고 주장한다. 성별에 대해 유일하게 합리적인 BFOQ는 정자 기증자와 유모다. 그러나 BFOQ는 교도소 목사, 교도소 간수, 국제석유관리 직원을 포함한 다양한 직업에 여성을 고용하는 것에 대해서는 다루지 않았다(Epstein, 1988).

Title VII이 인종과 성별문제의 분기점이라는 것에서 세 번째 한계가 존재하는데, 이것은 유색 여성의 고용에 대한 보호를 감소시키는 데 일조해 왔다. Title VII의 용어는 유색인종 집단이 고용차별에 도전할 수 있도록 하는 것은 여성 집단에게 허용하는 것과는 다르다고 표현하여 인종과 성별을 구분하고 있다. 본질적으로 Title VII의 입법적 역사는 유색 여성이 수익자가 되어서는 안 된다고 제안하고 있다(Blankenship, 1993). 예를 들어 드프라펜리드DeFraffenreid 대 제너럴 모터스General Motors(1976) 사건은 제너럴 모터스(GM)의 고용과 해고 관행을 이유로 5명의 흑인 여성 노동자에 의해 제기되었다. 법원은 백인 여성과 흑인 남성이 고용과 해고에서 차별을 받지 않았다는 이유로 GM의 편을 들어주었다. 그러므로 흑인 여성은 그들이 겪는 차별이 흑인 남성이나 백인 여성의 차별과 동시에 발생하는 경우에 한해서만 보호받을 수 있을 것이다(Crenshaw, 1898).

네 번째 한계는 Title VII이 **남성의** 성 평등에 치우쳐왔다는 점이다. 성차별에 관한 대법원의 처음 15년 동안 판결에서 가장 큰 아이러니는 법원에 호소해서 유리한 판결을 받아내는 데 남성이 여성보다 더욱 성공적이었다는 것이다(Rhode, 1987). 성차별을 인정한 대다수의 사건은 여성에게 유리한 법적 · 사회적 제도인 여러 사례를 뒤집었다(이들 사건에서 남성은 '역차별'의 희생자였다고 주장했다). "성차별에 관하여 대법원이 승리하는 기록들 중에서 '여성의 권리'에 관한 사건을 통해 지속적으로 나타나는 특징은 대부분의 승리자가 남성이고, 여성은 오직 남성의 희생이 없는 경우에만 승리했다는 점이다"(Berger, 1980, 19).

마지막 한계는 비록 EEOC와 소수자우대정책이 여성이 순찰 경찰관으로 고용되고 남성 재소자와 일할 수 있는 결과를 가져왔지만, 이들 제도가 이런 분야에서의 많은 수의 여성 고용을 보장하지는 않는다(Morton, 1981). 경찰과 교도 업무를 위해 여성을 고용하는 것은 여전히 일반적이지 않았다. 그리고 여성 경찰관과 교도소 간수는 '최후에 고용되고, 최초로 해고되는' 관행의 희생자로 전락해 버렸다. 아마도 남성 근로자의 고용 기간은 여성 근로자의 고용 기간보다 길었을 것이다. 그리하여 형사사법 집행기관에 여성이 발을 들여놓고 있지만 그들은 빈번하게 명목상의 지위만 여전히 재확인하고 있다.

요약하자면 Title VII 입법은 남성에게만 제한되었던 수많은 직업에 대한 여성의 진입 가능성과 그들의 업무조건 개선을 가져왔다. Title VII을 통해 법원은 수많은 사건을 접했다. 그러나 비록 법원이 성별에 근거한 차별이라는 사실을 인정한다고 하더라도, 법원에서 가장 성공적인 사례는 남성이었다. 더욱 단순하게 표현하자면 성차별은 여성이 차별받는 경우보다 남성이 차별받는 경우 위헌으로 간주되는 경향이 강하다. 불행히도 성차별의 대부분은 여성에 대한 차별이다. 그리고 이는 수정될 가망성이 없어 보인다. 또한 고용된 여성에 대한 성차별 문제를 도와주는 것을 제안하는 Title VII은 만들어지고 시행되었지만 유색여성의 경우에는 극소수에게만 적용되었다. 그러므로 Title VII은 반쪽의 성공이다. 이것은 경찰과 교정계에 과거 찾아보기 힘든 여성 고용을 가져왔지만, 종종 유색인종 여성을 차별에서 법적 보호를 받지 못하는 상황에 남겨둠으로써 유색 여성에 대한 차별을 양분시켜 왔다. 그리고 Title VII은 여성의 직업차별보다 남성의 직업상 차별에 대해 투쟁하기에 더 나은 방법이라는 것이 입증되었다. 그러나 여성이 형사사법 분야 내의 직업으로 진출하기 위한 장벽을 허무는 데 이 법의 효과가 과소평가되어선 안 된다. 불행히도 비록 입법이 여성의 기회 향상을 위해 여러 방면에서 도움을 주고 있다 하더라도, 여성의 평등 기회를 조장하는 명백한 지침을 제시하지는 못하고 있다. 즉 여성이 남성 범죄자와 근무하는 것을 지지하는 사람들이 경찰과 교도소에서의 여성 고용을 체계적으로 거부하기 위해 사용되었던 키와 몸무게에 대한 조건을 붕괴시키는 데 다소의 성공을 거두기는 했지만, 남성 범죄자와 근무하는 여성의 평등성을 가로막는 또 다른 장애는 여전히 존재한다.

:: Title VII 이후: 여성의 교정계 진출 역사와 명목상의 여성

형사사법 분야 내 직업에 대한 여성의 명목상 진출을 다루기 전에 **명목주의**tokenism 연구에 대해 간단히 살펴보는 것은 유용하다. 휴스Hughes(1944, 358)에 따르면 오직 백인 남성만(혹은 남성만, 혹은 백인만)을 고용하는 직업에서의 배제는 '정교화된 사회적 분리' 를 통해 이루어진다. 칸터Kanter(1977a, 968)는 명목을 "생득적 특징(성, 인종, 종교, 민족, 연령 등과 같은 주된 지위)이나 그 범주에 속하는 대다수 사람이 지니고 있다고 여겨지는 문화와 행위에 대한 특징" 으로 설명한다.

칸터(같은 책, 969) 역시 개인의 명목상 지위는 다음과 같은 상황에서 확실해진다고 논의한다. (1) 그녀 또는 그의 사회적 범주가 명백할 때(성별과 같은), (2) 그녀 혹은 그의 사회적 범주가 형사사법 분야 내 여성 진출처럼 새로운 영역일 때. 짐머(1988)는 칸터(1977b)가 명목주의를 지나치게 간략화한 것이라고 비평한다. 그녀는 여성지배적인 직업에 대한 남성 진출이 남성지배적인 직업에 대한 여성 진출과 동일하다는 견해에 대해 경고하고 있다. 명목주의 단독으로는 여성 '개척자'가 남성 직업으로 진입할 때 그들이 직면하는 문제를 설명할 수 없다. 예를 들어 짐머(1988)는 남자 교도소의 직원인 여성이 동료 남성 직원과 갈등에 직면한 것을 발견했다. 반면에 최근 여자 교도소에 고용된 남성은 여성 근무자나 상사와의 갈등이 존재하지 않는다고 보고되었다. 사실 여자 교도소 직원은 자신을 고용해 준 데 감사했다. 이는 전통적으로 여성 직업이 더 많은 남성을 고용함으로써 지위를 얻은 반면에 남성 직업은 더 많은 여성을 고용함으로써 지위를 잃었기 때문일 것이다(Yoder, 1991). 여성이 전통적으로 여성 직업에서 명목상의 남성을 배제하는 것보다 남성이 더욱 엄격하게 자신의 직업에서 명목상의 여성을 배제했다는 사실에 대한 증거는 많다(Epstein, 1988). 이런 점에 비추어볼 때 여성 경찰관이 남성 간호사보다 더 많이 성에 관한 고정관념에 직면하고, 더욱 적게 받아들여지고, 더 많은 성희롱을 경험하고, 훨씬 눈에 잘 띈다는 것을 느낀다는 사실이 남성 간호사와 여성 경찰관을 비교한 연구에서 발견되었다는 것은 놀라운 일이 아니다(Ott, 1989).

전통적으로 유색인종과 많은 여성에게 열려 있지 않던 직업에서 그들이 겪는 승진의 장벽을 상징화하는 '유리천장 효과glass-ceiling effect'는 이와 관련된 현상이다. 달리 말하자면 여성과 유색인종은 그 문 안에 발을 들여놓았지만, 그들은 여전히 경찰서장이나 교도소장(특히 남자 교도소에서)이 될 수 없고, 남성이 판사나 변호사가 되는 것보다 훨씬 적은 수가 판사나 변호사가 되고 있다. 반면에 간호, 초등교육, 도서관, 사회복지사업 등 전적으로 여성이 주류를 이루었던 직업에서의 남성에 대한 연구는 명목상의 여성과는 다르게 명목상의 남성이 직면하는 대부분의 선입견은 그 직업을 갖지 않은 사람들한테서 나온다는 것을 규명했다. 그리고 명목상의 여성이 흔히 겪는 '유리천장' 대신에 이 연구가 규명한 것은 여성지배적 직업에서 명목상 남성이 경험한 것은 '승진의 승강기'라는 것이었다. 명목상의 남성은 공평한 대우를 받았고, 종종 상대적으로 승진에서 특별대우를 받았다(Williams, 1992).

그리고 명목주의는 남성지배적 직업으로 진입한 여성의 경험을 이해하기 위해서 성차별주의와의 결합 속에서 분석되어야 한다. 남성지배적인 직업에서 여성이 차지하는 비율의 단순한 증가로는 충분치 않으며, 남성지배적인 직업 내에서 성별을 근거로 여성의 능력과 적절성을 판단하는 태도는 바뀌어야 한다. 분명히 이것은 쉽지 않은 일이다. 남성지배적인 직업에서 여성 수의 증가가 남성에게 여성의 능력을 확인시키는 데 도움을 주는 반면에 짐머(1988)는 증가되는 여성에 대한 반목이라는 역효과를 염려하면서 여성이 다수 진입하는 경우 그들은 더욱 차별당하고 위협당한다는 증거를 제시한다. 어떤 이유로든지 일부 남성은 예전엔 남성만이 할 수 있었던 직업을 여성이 충분히 해낼 수 있다는 것을 깨닫고서 두려움을 느끼고 있다. 형사사법 분야에서 일할 기회를 얻기 위해 법적으로 혹은 그 밖의 방법으로 단순하게 '허락' 받는 것이 이런 직업에서 여성을 위한 마지막 전투가 아니었음은 명백하다. 형사사법 분야에서 여성의 출현과 직업의 범위가 1970년대 극적으로 증가했더라도 여성은 크게는 남성 전문가들로부터, 작게는 그들의 고객들로부터 나온 심각한 방해에 직면해 왔다.

바우나흐Baunach와 래프터Rafter(1982)는 남성지배적인 형사사법제도 내의 직종에서 여성 전문가에게 존재하는 네 개의 문제에 대해 명확히 밝혔다. 이 문제 범위는 Title VII 이후 얼마 지나지 않아 고용된 여성에게 더 큰 영향을 미쳤지만, 여전히 오늘날 이런 형식의 수많은 실례가 존재한다. 첫 번째 문제는 여성 경찰관이나 교정직원이 폭력적인 남성(혹은 심지어 폭력 여성)을 다루는 것이나 여성 변호사가 고도로 압박이 심한 사건(폭력적인 남성에 관한 사건을 포함하여)을 다루는 일과 같은 '진짜' 업무에서 남성 동료나 상사가 그들을 대신할 때 여성이 '우대(차별대우)' 받는다고 여겨지는 것이다. 여성에 대한 성가신 기사도 정신과 온정주의가 백인 여성에게 어떤 방식으로 더욱 유용했는지에 대한 연구(제4장에서)와 비슷하게 성별, 인종 그리고 경찰 활동에 관한 연구는 흑인 여성 경관보다 백인 여성 경관에게 동료들과 상사가 우선적이고 보호적인 대우를 한다는 것을 밝혔다(Martin, 1990). 두 번째 문제는 명목상의 여성들은 자신의 행동이 전체 여성을 대표한다는 압박을 가진 채 종종 그들의 남성 동료들보다 더 높은 기대에 직면한다는 것이다. 예를 들어 여성 변호사와 판사는 "더 영리해야 하고, 더 열심히 일해야 하고, 그들이 하는 일에서 남성 동료보다 월등해야 한다" (Feinman, 1986, 126).

바우나흐와 래프터(1982)의 세 번째 문제는 '동료 그룹' 으로 진입하기 힘들다는 점으로 "네가 해내도 넌덜머리나고, 못해도 넌덜머리가 난다" 라는 남성 동료와의 관계에 대한 진퇴양난 상황을 제시하고 있다. 만약 여성이 남성 동료와 사교적이라면, 그녀는 그 남자들과 성관계를 가졌을 거라고 추측된다. 이것은 여성에게는 부정적인 평가의 결과를 초래하지만, 남성의 전문성을 평가할 때는 그렇지 않다. 반대로 남성 동료와 사교적이지 못한 여성은 직업 혹은 승진에 관한 중요한 정보를 얻지 못할 위험을 가질 뿐 아니라 "차갑다" "레즈비언이다" 라는 꼬리표를 달 위험을 가진다. 몇몇 남성 상관은 사람들이 성적으로 관계가 있다는 생각을 갖지 않도록 여성 부하직원과 일부러 적은 시간을 보낸다고 말했다. 바우나흐와 래프터(같은 책)에 의해 정의되었던 마지막 문제는 업무 역할에 대한 성적 고정관념이다. 예를 들어 교도소와 구치소의 여성 직원은 청소년이나 여성 재소자와 같이 일하는 업무로 제한되고 있다.

명목상 지위에 추가된 또 다른 부담과 하나 이상의 명목상 정체성을 가지고 있는 '새로운' 직장인에게 발생하는 효과를 인식하는 것 역시 중요하다. 좀 더 구체적으로 유색인종 여성, 이주 여성, 장애 여성, 레즈비언 등의 여성은 종종 여러 차별에 대해 투쟁하거나 더욱 확장된 차별과 싸워야 한다. 마틴Martin과 주리크Jurik(1996, 28)는 형사사법 분야 내의 직업으로 진입한 여성들이 인종과 계급이 성차별과 상호작용하는, 인종과 계급이 다른 사회시설과 현장(예를 들어 국가와 가족)에서의 지배와 상호작용하는 '진행 중인 사회적 산물' 로서의 성별과 어떤 방식으로 마주치게 되는지에 대해 논의한다. 그린Greene(1997)은 최초의 흑인 여성 법대 교수로서 1978년부터 직접 경험한 일을 통해 학생과 동료 교수한테서 똑같이 표출된 극도의 적개심에 대해 설명하고 있다. 그녀는 이렇게 이야기한다. "명목주의는 사전에 배제된 소수의 사람들을 사회제도 내에 참여하게 함으로써 인종차별주의와 성차별주의에 가면을 씌운다. 동시에 명목주의 제도는 다른 것으로의 진입에 대한 장애를 내포하고 있다. 그러므로 명목주의는 상징적 평등에 머물게 만든다" (같은 책, 89).

Title VII이 입안되기 전 1970년대까지 여성은 남성 재소자와 일하는 직원으로 고용되지 않았다. 그러나 '구금시설' 에서 여성 재소자를 위해 근무할 때도(제5장에서 설명됨) 그들은 "근처의 남자 교도소의 남자 교도소장에게 부속되었고 전형적으로 낮은 봉급을 받았다" (Maschke, 1996, 34). 그러나 남자 교도소에서 근무하는 것은 '교정계' 에서 일하길 열망하는 여성에게 네 가지 이유로 중요한 기회를 제공한다. (1) 더 나은 근무처와 교대조가 있다. (2) 더 많은 승진 기회가 있다. (3) 교도소에 일할 자리가 더 많다. (4) 남자 교도소 근무는 관리직으로 승진하기 위해 필수적이다(Zimmer, 1986). 처음의 세 가지 이유는 여자 교도소보다 남자 교도소가 더 많기 때문이다(보통은 한 개 주에 하나의 여자 교도소만 있다). 그리고 남자 교도소에 수용인원이 더 많기 때문에 각 직급이나 교대조, 직무할당에 더 유리한 점이 많다. 흥미롭게도 여성 시설의 소장은 전형적으로 남성이 맡아오고 있다.

∷ 재소자의 사생활과 안전: 남자 교도소 내 여성 직원에 대한 장애물

남자 교도소의 여성 고용을 제한하는 방법으로서의 재소자 사생활에 대한 논의는 조직적 장벽을 잘 보여준다. 이에 대한 논의는 별도로 다룰 필요가 있을 만큼 중요하다. 비록 몇 개의 입법이 남자 교도소의 여성 근무자에 대한 제한을 제거하는 데 영향력을 행사해 왔다고 하더라도, 그 밖의 다른 입법은 여성과 남성 직원의 다른 임명이 왜 BFOQ에 의해 고려되어야 하는지를 강조하는 수단이 되어왔다. 더 나은, 더 공평한 조건을 위한 재소자의 소송행태가 성별화되어 있다는 것에 대해 언급했던 제5장에서는 여성 재소자보다 남성 재소자의 재판제도 이용이 훨씬 수월하다고 설명했다. 심지어 여성 재소자가 남성 직원에게 성적 학대나 곁눈질을 받는 것이 남성 재소자가 여성 직원에게 받는 것보다 더 빈번함에도 불구하고 반대의 성을 가진 간수에 의한 재소자 감독과 관련하여 발생하는 소송에서 이는 사실이다(Maschke, 1996). 마스케Maschke(같은 책, 35)는 이성에 의한 사생활 감독에 대해 여성 재소자의 견해와는 다르게 남성에 의해 제기된 소송에 대한 판사의 진행 과정을 살펴볼 때 성별 차이의 심각성이 뿌리 깊다고 말한다. "비록 남성 재소자가 '여성의 주시'의 대상이 되는 데 익숙지 않다는 이유로 동성의 감독을 선호할지라도, 여성 재소자는 남성 교정 직원의 주시보다 더욱 심한 것도 겪고 있다." 성폭행이 그것이다.

여성 직원이 남성 재소자와 근무하는 것을 제한할 것을 지지하는 입법에서 두 가지 주요한 논점을 살펴보자. (1) 사생활에 대한 남성 재소자의 권리, (2) 교도소 안전에 미친 여성 직원의 영향 등이다. 재소자의 사생활 권리에 관한 논쟁에 대해 먼저 언급한 다음 간단하게 교도소 안전에 미친 여성 직원의 영향에 대해 논의하겠다.

시간이 흐르면서 BFOQ와 마찬가지로 남자 교도소에서 여성 직원을 제한하기 위해 남성 재소자의 권리가 우선되어 왔다(교도소 내 안전보다도)(Morton, 1981). 사실 이성의 직원이 샤워실과 화장실에서 재소자의 사생활 권리를 침해하는지에 대한 의문은 여성이 남자 교도소에 고용되기 시작하면서(여성이 주요 영역에 들어왔을 때) 제기되었다. 그후 입법에서 재소자 사생활에 대한 관심은 일반적으로 여성 재소자와 남성 직원보다는 남성 재소자와 여성 직원을 고려하여 일어났다(같은 책). 그리고 재소자의 사생활을 보호하기 위해 발전된 주 정부의 정책은 남성 재소자와 접촉이 가능한 근무지에서 여성 직원을 배제하는 결과를 낳았다(Zimmer, 1986, 9).

그러나 두 가지 논점이 여기서 의미가 있다. 첫째, 이성 직원으로부터의 재소자 사생활 보호권에 관한 1970년대와 1980년대의 법원 판례는 법원이 재소자와 직원의 성별이 무엇이든 간에 재소자의 사생활 권리보다 직원의 고용 권리 편을 들어주는 경향을 보여준다(Bernat and Zupan, 1989; Lawrence and Mahan, 1998; Martin and Jurik, 1996 참조). 둘째, 1993년 법원 판결은 남성 직원이 여성 재소자의 몸수색을 하는 것은 그들의 사생활 보호권을 침해하는 것이 아니라고 했지만(4차 개정), 남성에 의한 성폭력에서 생존한 여성 재소자의 비율이 높은 것을 감안할 때 이런 행동은 잔인하고 비정상적인 형벌로 여성 재소자의 자유를 침해하는 것에 해당한다(8차 개정). 이런 수색은 성폭력으로 인한 직접적 피해보다 정신 상태를 더욱 악화시킨다(Jordan v. Gardner, 1993).

어떤 정책적 결정도 성별이 다른 재소자의 사생활과 직원의 고용 간 균형문제에 대항하기 위해 만들어지지 않았다(Zimmer, 1986). 여성 직원의 남성 재소자에 대한 사생활 침해보다 남성 직원의 여성 재소자에 대한 사생활 침해의 가능성이 높다는 것이 역사적으로(또 최근의 자료에서도) 증명되고 있음에도 불구하고, 이 문제에 대한 초점의 대부분은 남자 교도소에서 근무하는 여성에게 맞춰졌다. 결국 남성 구금시설에서 근무하는 여성에 관한 연구는 이 직업이 종종 여성과 남성의 공평한 배치를 부정하는 방식으로 구조화되어 있어 여성 근무자의 불이익을 가져온다는 것을 밝히고 있다(Belknap, 1991; Zimmer, 1986).

재소자의 사생활 권리와 여성이 남자 교도소(가장 많은 직업, 교대, 승진의 기회가 존재하는 곳)에서 근무할 수 있는 권리의 균형에 대해 우리는 몇 가지 질문을 해야 한다. 첫째, 의사 혹은 간호사가 환자와 반대 성인 것과는 어떻게 다른가? 직업상 밀착된 상호작용을 할 수밖에 없는 것에 대한 직업적 적합성과 사생활 권리는 거의 의문시되지 않았다. 둘째, 남성이 여성의 샤워 장면, 탈의 등을 보는 것이 여성이 남성의 샤워 장면, 탈의를 보는 것보다 훨씬 사소한 것이고 양자가 진정으로 다른 것인가? 의사, 간호사, 혹은 교도소 직원은 직업적으로 사려 깊게 재소자와 환자를 다루어야 하고, 재소자/환자와 전문가와의 성적인 조화와는 무관해야 한다. 셋째, 구금되는 경우 일정한 권리와 교도소 직원의 성별을 선택할 수 있는 특권이 상실된다(명백하게 재소자는 어느 한쪽 성별의 직원이 부당하게 행동하는 경우 신중하게 살펴보고 강제력을 발휘할 수 있도록 고충처리제도를 이용한다). 남성 재소자의 사생활 권리로 인해 모든 논쟁이 발생했음에도 불구하고 많은 연구들은 남성 재소자 대다수가 여성 직원이 자신들의 권리를 침해했다고 응답하지 않았다는 것을 보고하고 있다(Kissel and Katsampes, 1980; Zimmer, 1986).

사생활 권리에 관해 재소자가 제기한 소송사건에 대한 마스케(1996, 37)의 조심스러운 법률적 분석은 법원 판결은 교도소 직원들이 정책적인 필요가 있었다는 것을 보여줄 수 있는 객관적 증거 없이 여성 직원을 차별할 수 있도록 허용하는 결과를 초래했다고 결론지었다. 그리고 여성 재소자와 여자 교도소보다 남성 재소자와 남자 교도소가 많다는 가정에서 이성에 의한 감독을 제한하는 것은 남성보다 여성에게 훨씬 큰 영향을 미쳤다(Maschke, 1996). 특히 여성 직원이 교정시설(이 장에서 나중에 논의될 것임)에 줄 수 있는 몇 가지 이익을 고려해 볼 때 '교정' 직업에 여성의 평등한 진입을 부정하는 것은 재소자 사생활의 이슈에 대한 해답은 아니라고 보인다. 불투명한 샤워문이나 부분적 벽(재소자의 머리와 발만 보이는)은 이성 재소자의 사생활과 직원 고용 간의 균형에 도움이 될 것이다(Zimmer, 1986).

남자 교도소에서 근무하는 여성의 안전에 관하여 비록 도사드Dothard 대 롤린슨Rawlinson(1977) 사건이 남자 교도소 직원의 자격 요건으로 최소한의 키와 몸무게를 제외시켰지만, 이와 더불어 적어도 몇몇 상황 아래에서 남자 교도소가 BFOQ의 예외 자격을 얻는 것을 지지하였다. 비록 이를 뒷받침할 만한 근거는 없지만, 심지어 한 명의 여성 직원이라도 교도소 안전을 위협할 수 있다는 이유로 이 같은 면제가 주어졌다(같은 책). 사실 남자 교도소에서 근무하는 남성과 여성에 관한 최근 연구에서는 여성 직원은 남성 직원이 생각하는 것보다 교도소가 위험한 곳이라는 생각을 덜 하고 있는 것으로 밝혀졌다(Lawrence and Mahan, 1998; Wright and Saylor, 1991). 그리고 미네소타 교정직원에 대한 연구는 여성 직원과 일할 때 남성 직원의 안전이 위험해진다고 생각하는 남성 직원(37%)이 여성 직원(16%)의 2배 이상이라는 점을 설명한다. 또한 직원과 재소자 간의 살인과 폭행에 대한 교도소 기록을 살펴보는 것 같은 연구는 남성 직원이 재소자에 의해 살해당하거나 폭행당하는 것보다 여성 직원이 그런 일을 더 많이 당하지 않는다는 것을 보여준다(Lawrence and Mahan, 1998). 여성이 '교정직원'이 되는 것을 반대하기 위한 그후의 판결에서 도사드 대 롤린슨 사건은 성공적으로 활용되지 못하고 있다. 그러나 "사생활에 관한 논점은 군더Gunther 대 아이오아Iowa 소송에서 다시 일어났고 풀리지 않은 채 남겨졌다". 남자 교도소는 반드시 여성 직원의 승진 권리가 남성 재소자의 사생활 권리에 의해 대체되지 않게 하기 위해 필요한 준비를 갖추어야 하지만 그 여성 직원은 결코 남성 재소자의 사생활과 직접 대면하는 장소에 배치되어서는 안 된다고 판결했다(Flowers, 1987).

> 결과적으로 이들 두 사건, '도사드 사건과 군더 사건'은 비록 여성이 근속 연수와 능력에 근거하여 여전히 승진의 사다리를 오를 능력이 있더라도, 그들은 교도소 조직 내에서 남성과의 평등권을 아직까지는 성취하지 못했다는 것을 보여준다. 대신에 Title VII의 성별 통합 조항은 남성과 여성 교정직원 사이에서 법적으로 허용된 '평등에 가까운' 제도를 의무

> 화했다. 이러한 상황은 교도소에서 경쟁하고 함께 일해야 하는 남성 교도관과의 관계뿐 아니라 급여는 똑같이 받지만 완전한 지위를 향유하지 못하고 있는 교정계 여성 자신에게도 치명적인 것이다. 이는 정책 통합을 효과적으로 이행하고 구성해야 하는 교도소 관리자에게도 적용된다(Flowers, 1987, 175).

시설의 보안과 재소자의 사생활 권리 외의 영역에서 교도소 직원의 성차별에 관한 소송은 개인의 고용, 해고, 승진 결정에서의 차별에 관심을 가져왔다. 이들 소송은 계속해서 남성에게 유리하고 여성에게 불리한 결정을 내렸다(Bernat and Zupan, 1989 참조). 앞으로 시설의 보안과 재소자의 사생활 권리가 여성을 범죄자와 근무하는 직업에서 배제하기 위해 오용되지 않기를 바란다. 플린Flynn(1982, 331)은 "만약 여성이 원한다면 잠재적으로 위험한 어떤 상황에서 일할 기회를 부여받을 권리가 제공되어야 할 뿐 아니라 그들의 근무 배치는 남성 동료의 배치와 조금도 달라서는 안 된다"라고 강조했다.

:: 교도소 직원의 직무 수행에 나타나는 성별 유사점과 차이점

여자 교도소 직원을 평가하고 그들을 남성 직원과 비교하기 위한 시도는 거의 없었던 반면에 대부분의 평가는 여성에게 호의적으로 묘사되었다. 그리고 여성 직원이 동료 직원의 강한 저항에 직면하고 있는 반면에 남성 재소자는 여성 직원을 지지한다(Zimmer, 1986). "남성 시설에서 여성 직원의 존재는 환경을 정상화시켜 왔고, 긴장을 풀어주었고, 재소자의 행동과 옷, 언어의 향상을 가져왔다" (Morris, 1987, 157).

설명에 도움이 되는 두 모델, **젠더 모델**gender model과 **직무 모델**job model은 직원이 자신의 업무를 어떻게 수행하는가에 왜 성별 차이가 존재하는지를 설명한다(Jurik and Halemba, 1984; Zimmer, 1986). **젠더 모델**에 따르면 교정직원의 직업상 활동에서 보이는 성별 차이점은 그들이 어떤 태도, 경험, 선호하는 상호작용 유형을 가지고 그 직업에 들어왔는지에 따라 형성된다(Zimmer, 1986, 12). 예를 들어 "젠더 모델은 여성이 그들의 작업환경에서 다른 사람과 갖는 관계에 대해 남성보다 더욱 큰 중요성을 두고 있다고 본다" (Jurik and Halemba, 1984, 554). 이와 달리 **직무 모델**에 따르면 직업과 기관의 조직적 구조가 직원의 성별 차이에 영향을 준다. 예를 들어 남성 동료들은 여성 교도관들이 남성 재소자를 관리할 수 없다는 점에서 (여성 교도관이 여성 재소자만을 관리하도록 제한된 경우에) 재소자를 효과적으로 관리할 능력이 없는 것이라고 믿는다. 교정계 직원 사이의 성차를 조장하는 데 어느 정도는 두 모델이 동시에 작동될 수 있을 것도 같다(Jurik, 1985, 376; Jurik and Halemba, 1984, 552; Zimmer, 1986, 13). 주리크와 할렘바Halemba(1984)의 연구는 여성 교도관의 성차에 영향을 미치는 것으로서 젠더 모델보다는 직무 모델을 지지했다. 벨크냅belkmap(1991)의 구치소 여성 직원에 관한 연구는 이들 여성 근무자가 직무, 젠더 모델 양자를 모두 지지한다고 보고했다. 그러나 이들 여성은 젠더 모델이 여성이 가진 삶의 경험, 기술, 여성으로서의 능력으로 인하여 남성과 다르게 업무를 수행하는지(예를 들어 무력을 덜 사용하는 것)에 대해 보다 설득력이 있다고 믿었다.

브리튼Britton(1997a, 802)은 여자 교도소와 남자 교도소에서 근무하는 남녀 직원에 대한 연구에서 "성에 따른 조직 논리" 혹은 조직 내에서 "명백하게, 또한 명백하지 않게 성적인" 정책과 관행의 내용을 보고한다. 브리튼(1997a)은 소위 성 중립적인 정책과 관행의 실행이 성차를 가져오는 두 가지 과정을 제시하고 있다. 첫째, 여성과 남성 직원을 위한 직원 훈련이 남성 신입직원만을 가정하고 만들어졌다. 둘째, 관리자와 남녀 직원 스스로가 '남녀 직원의 특성'에 관해 가진 생각은 성 중립적 정책들을 무력하게 만들었다. 이는 직원을 여러 부서로 배치할 때 가장 명확히 드러난다. 특히 남자(여성의 반대되는) 교도소의 여성 직원이 폭력적인 재소자를 다루는 (무)능력에 대한 인식은 매우 성별화되어 있어 배치에 영향을 준다(같은 책, 808). 그러므로 브리튼(같은 책, 812, 814)은 '조직 논리'는 상당히 성별화되어 있으며, 이에 대한 이해는 '남성적인' 조직 이론의 적용에 의해 촉진된다고 결론을 내렸다.

이 영역에 대한 최근의 연구는 두 개의 남자 중구금 교도소의 남녀 직원을 포함하고 있는데, 여성과 남성 직원은 재소자를 관리하고 감독하는 방법에 대해 성별로 다르게 바라본다(Frakas, 1999). 남성 직원은 전형적으로 여성 직원을 남성 직원보다 덜 권위적이고 덜 독단적이라고 묘사하고 '엄마'와 '사회복지사' 같은 단어를 사용해 너무 '부드럽고' '친근하고' '좋다'라고 묘사한다. 명백하게 여성 직원은 이런 성별 차이점을 '더욱 긍정적인 시선 안에서' 바라보았다. 여성은 여성 직원을 남성 직원보다 상대적으로 더욱 인간봉사적인 경향을 띠고 대인관계 기술을 적절하게 이끈다고 본다. 벨크냅(1991)과 유사하게 이 연구의 대상이었던 여성들은 재소자 관리에서의 성별 차이에 대한 더 나은 설명으로 직무 모델보다는 젠더 모델을 지지했다(Frakas, 1999). 프라카스Frakas(같은 책, 37)는 한 흑인 여성 직원의 말을 통해서 인종차별주의와 성차별주의의 교차점에 대해 논의하고 있다.

> 나는 내가 그 일을 할 수 있다는 것을 보여주어야 했다. 나는 흑인이자 여성이다. 이 두 가지가 나를 어렵게 만들었다. 내가 흑인이기 때문에 재소자에게 미안함을 가져야 한다. 내가 여성이기 때문에 나는 재소자를 두려워할 것이다. 처음으로 이 일을 시작했을 때 나는 같이 일한 남성한테서 거의 도움을 받지 못했다. 나는 도움을 청해야만 했다. 나는 결국 흑인 남성 직원과 한 조가 되었고, 그는 나에게 무엇을 해야 하는지 보여주었다.

또 다른 연구는 여성 직원들이 남성 직원보다 덜 공격적인 성향을 가지고 있으며, 여성 직원이 잠재적 폭력 상황을 누그러뜨리는 데 더 탁월하며(Belknap, 1991; Gates, 1976; Kissel and Katsampes, 1980), 남성 직원보다 더 봉사적이고 재활을 위한 역할을 더 지지하는 것으로 본다(Belknap, 1991; Griffin, 2002; Jurik, 1985; Jurik and Halemba, 1984; Kissel and Katsampes, 1980; Walters, 1992; Zimmer, 1986; Zupan, 1986). 한편 두 개의 연구는 남성 교정직원이 여성 교정직원보다 반항적인 재소자와 끈질기게 얘기하고 설득하는 경향이 있음을 보여주고 있다. 그러나 여성 직원은 남성 직원보다 재소자의 품행에 대한 문제를 더 많이 보고하는 경향이 있다(Frakas, 1999). 이는 재소자에 의해 '시험' 받는 것에 대한 여성 직원의 두려움과 재소자들로부터 존경심을 획득할 수 있는 검증에서 실패할지도 모른다는 여성 직원의 두려움에 기인한다(같은 책). 남성과 여성 직원은 다툼이 생겼을 때 다른 직원에게 지원을 요청할 가능성의 비율이 비슷하다고 보고한 연구도 있다(Frakas, 1999; Jenne and Kersting, 1996). 또 다른 연구에서 여성 직원이 지향orientation의 면에서는 더욱 재활적인 반면에 재활적/통제적 관점, 처벌의 강도, 강제력 사용에 대한 태도와 관련해서는 성별 차이가 존재하지 않았다(Griffin, 2002).

:: 여자 교도소 직원의 분류

칸터Rosabeth Moss Kanter(1977b)가 수행한 기업에서 일하는 명목상의 여성들에 대한 연구는 '여성 동료'는 익숙한 역할이 아니기 때문에 남성은 여성 동료를 익숙한 여성적 역할에 놓으려는 경향이 있다는 것을 밝혀냈다. 익숙한 여성 역할의 유형은 '엄마' '귀염둥이' '남자를 유혹하는 여자' '냉철한 여인'이다. '엄마'는 사무실에 있는 모든 사람의 감성적인 요구에 관심을 기울일 것이 기대된다. 그리고 '남자를 유혹하는 여자'는 여성에 대한 성적 고정관념에 수반되는 것이다. '귀염둥이'는 남성 동료를 지원하고 그들의 자아를 고양시키는 '치어리더' 다. 반면에 '냉철한 여인' 은 어떤 범주에도 맞지 않는 여성에게 적용되는 것으로, 위의 세 유형에 속하는 것을 거부하는 여성이다. 칸터(1977a)는 남성 동료와 상사, 사회에 의해 이런 성차별주의적 범주에 속하거나 속하도록 강요된 기업 조직 속의 명목상의 여성에 대해 설명한다. 이는 형사사법 분야에서 근무하는 여성에 대한 그 이후의 연구에도 유용한 설명이다.

짐머(1986)는 남자 교도소에서 근무하는 여성 교도관의 '적응전략' 이라고 이름 붙인 세 가지 역할을 규정해 왔다(이는 다음 장에서 보고하는 Martin[1979]의 역할과 비교된다). 이 적응전략은 제도적 역할을 하는 교도관institutional role officers, 수정된 역할을 하는 교도관modified role officers, 그리고 독창적 역할을 하는 교도관inventive role officers이다. **제도적 역할**은 규칙과 정책을 따르고 그들의 여성으로서 지위를 내세우지 않는 경향이 있는 사람이다(다음 장에서 설명하는 Martin[1979]의 POLICE-women과 비교된다). 그들은 남성 근무자와 같은 업무를 하길 기대하고 교도소에서 같이 일하는 모든 사람과 직업적 관계를 유지하고자 한다. 짐머(1986)의 **수성된 역할**은 스스로 자신을 남성만큼 업무수행 능력이 있는 존재로 보지 않고 재소자와 접촉이 없는 안전한 업무를 선호한다(다음 장에서 설명하는 Martin[1979]의 police-WOMEN과 유사하다). 그들은 자주 남성 직원들의 지원에 의존한다. 짐머(1986)의 여자 교도소 근무자를 위한 세 번째 역할은 **독창적 역할**이다. 이 역할을 수행하는 여성은 스스로를 **제도적** 역할과 **수정된** 역할의 근무자가 하는 것처럼 남성 직원보다 조금 부족하다고 보며, 남성 직원과 평등하다고 보지 않는다. 대신 그들은 여성 직원을 교도소 제도에 이로운 존재로 바라본다. 이런 여성은 그들의 육체적 약함은 그들의 대화능력과 재소자를 다루는 것에서 충분히 보상되는 것으로 생각한다. 그들은 재소자를 개별 인간으로 보는 것과 재소자에게 의존하는 것이 중요하다고 믿는다. 남성 직장동료는 극도의 적개심을 가지고 이들을 대하고 이들은 이런 적개심에 극도로 분개한다. 칸터(1997b)의 연구를 바탕으로 주리크(1988)는 여성 직원이 남성 재소자를 관리하는 일로 진입하는 것에 대해 연구했다. 그리고 그들이 경쟁적이고 부정적인 고정관념들끼리의 균형을 깸으로써 부정적인 고정관념을 설명할 수 있다는 사실을 발견했다. "무능한 귀염둥이와 남자를 유혹하는 여자의 역할로부터의 회피는 종종 여성 근무자를 냉철한 여인과 비슷한 세 번째 유형의 고정관념적 역할을 가지게 한다. 능력을 표출하기 위해 열심히 일하는 여성 근무자는 '출세주의자' '레즈비언' '차가움' 으로 묘사된다. 그들은 직장동료들로부터 고립되거나 신뢰의 대상이 되지 못한다"(같은 책, 295). 사실 여자 교도소 직원이 이런 억압에 맞서기 위해 발전시킨 몇몇 전략에는 유머의 강조, 전문성, 그룹으로 접근하기와 지원세력이 포함된다(Jurik, 1988).

:: 여성 직원에 대한 저항

형사사법 분야 직업으로의 여성 진출을 위한 법적 · 사회적 발전에도 불구하고, 여전히 수많은 여성이 거부와 저항에 직면해 있다. 그리고 이것은 그들의 남성 동료, 상급자, 관리자에 의해 가장 많이 발생한다. 더욱이 여성이 고위직으로 이동할 가능성은 거의 봉쇄되어 있다. 예측한 바와 같이 경찰, 교도소 업무, 법률에 관한 직업(법학교수, 법학도로서의 업무를 포함함)에서 유색인종 여성의 고용 경험에 대해 인종차별주의와 성차별주의의 영향은 그 둘을 합한 것 이상이다(Banks, 1997; Cho, 1997; Christopher et al., 1991; Dreifus, 1982; Felkenes and Schroedel, 1993; Greene, 1997; Martin, 1994; Moran, 1990-1991; Russell, 1997; Townsey, 1982). 즉 인종차별주의와 성차별주의의 결합은 차별의 2배 이상의 결과를 초래하는 것처럼 보인다.

초기에 여성의 진입에 대한 연구에 따르면 남자 교도소의 남성 직원은 그 업무를 '남성성'으로서 인식했다. 그래서 여성이 그 업무를 수행하는 것을 볼 때 혼란스러웠고 위협을 느꼈다. 결국 남성 동료의 혼란과 적개심은 이런 여성에게 직접적으로 표출되었다(Martin and Jurik, 1996; Zimmer, 1986). 남자 교도소에서 근무한 최초의 여성 중 일부에 대한 연구에 따르면 남성 직원들이 느끼는 이 남성성에 대한 혼란은 여성 직원의 직업생활을 더욱 어렵게 만들었다. 남성은 여성이 '그들의' 업무를 해낼 수 있다는 사실에 두려움을 느껴 유능한 여성 직원을 거부했다. 동시에 그들은 무능한 여성 직원이 '나은 여성'이지만 받아들이기 어려운 직원이라고 믿었다(Zimmer, 1986). 남성 동료의 평가 역시 여성을 교정직원의 업무에 '부적합'하다고 보았다(같은 책). 여자 교도소 직원 역시 그들의 남성 동료가 자주 자신들을 무시한다고 말하고(그녀들이 없는 것처럼 행동함), 그녀들을 최악의 부서에 배치하고, 남성 직원은 정기적으로 규칙을 위반해도 이에 대해 제재를 받지 않는 반면에 교도소 정책에 반하는 행동을 여성 직원이 했을 때는 문제를 삼았다(같은 책). 같은 연구에서 남성 직원은 다음 사항을 믿었다. (1) 여성은 육체적 · 정신적으로 약하기 때문에 교도소 안전을 와해시킨다. (2) 여성 직원은 남성 직원의 보호를 필요로 한다. (3) 여성 직원은 그 업무의 일부만 해낼 수 있다. (4) 여성 직원은 그녀들에게 '알맞은' 업무의 어떤 부분에만 배치시킨다는 것은 불공평하다(같은 책). 이런 상황에서 유일한 논리적 해결책은 교도소에서 여성이 일할 수 없게 하는 것이다(같은 책). 그리고 "남성다움이 필요한지 대해 의문을 갖기보다 대부분의 남성 직원은 남성다움 없이 여성들이 그 업무를 수행할 수 있을지에 대해 의문을 품는다"(같은 책, 57). 만약 여성이 그 업무를 수행할 수 있다면, 그녀의 '여성' 정체성은 의문시된다. 그리고 그녀를 비정상이나 레즈비언으로 본다. 명백하게 이런 고정관념은 진지하게 교정직원이 되고 싶은 여성에게 해가 된다(여성 직원 전체가 아닌 대부분). 그러므로 남성 재소자를 관리하는 업무를 처음 여성에게 열어주었던 공식적 정책은 여성들의 문화적 · 직업적 통합을 이들 업무에서 보증하지 않았다(예 Morris, 1987, 145).

교도소 직원에 관한 최근의 연구도 여성 동료에 대한 남성의 저항은 여성의 업무 수행을 방해한다는 것을 밝혔다(Frakas, 1999, 43).

> 자신들에게 맞는 접근방법을 모색하는 대신에 여성 직원은 그들의 남성 동료를 안심시키기 위해 억지로 더욱 엄격해지고, 재소자를 더욱 징벌적인 접근방법으로 대해야 한다고 생각한다. 또한 여성 직원은 실수나 거절의 두려움 때문에 재소자와 남성 동료의 논쟁 상황에 끼어들기를 꺼려한다.

교도소 여성 직원에 대한 인식에서 성별 차이를 평가한 최근의 연구는 남성 직원이 과거의 연구가 언급했던 것보다 더 많이 여성 동료를 받아들이고 있지만, 여성은 이런 남성에 의한 상당한 양의 성차별주의에 여전히 직면하고 있다(Lawrence and Mahan, 1998). 예를 들어 비록 대부분의 남성 직원이 여성도 남자 교도소의 직원으로 고용되어야 한다고 믿는다 하더라도 5분의 1은 그렇지 않다. 남성들은 여성이 다양한 업무 요구를 어느 정도 수행할 수 있다고 보는 반면 여성 직원들은 남성보다 훨씬 더 업무를 잘 수행할 수 있다고 스스로를 평가한다. 사고나 다른 긴급 상황과 같은 위험한 상황에서 동료를 구해 내고 재소자를 통제하기 위해 필요한 무력을 사용할 수 있는 여성의 능력에 대한 평가에서의 성별 차이가 가장 컸다. 그러므로 여성 직원의 능력과 업무 수행에 대한 남성 직원의 평가는 전반적으로 긍정적이었던 반면에 여성 직원의 완력 사용에 대한 평가는 상당히 예외적이었다(같은 책). 더 오랜 기간 교정 업무에 종사한 남성들이 남성 신참보다 여성 신참을 더 낮게 평가했다. 저자들은 다음과 같이 결론을 내린다. "일부 남성 직원들 사이에서 퍼져 있는 여성에 대한 저항은 남자 교도소에서 승진과 출세를 위한 기회를 추구하는 여성에게 장애물을 제공하는 듯하다" (같은 책, 63).

심지어 평등한 고용에 대한 여성의 권리를 지지하는 법률도 동료, 고객, 혹은 일반 대중에 의한 법률의 수용까지 보증하지는 못한다. 그리고 명목적 지위보다 더 많은 여성을 고용하는 것이 목적인 법령은 효과적이지 못했다. 형사사법 분야에 종사하는 여성을 향한 저항 중 가장 빈번하고 심각한 것은 직장에서 발생하는 성희롱이다(예를 들어 Bartol et al.,

1992; Cho, 1997; Gratch, 1995; Greene, 1997; Hagan and Kay, 1995; Jurik, 1985; Martin, 1980; McMahon, 1999; Morash and Haarr, 1995; Pierce, 1995; Pogrebin and Poole, 1997; Pollock-Byrne, 1986; Pollock-Byrne and Ramirez, 1995; Rosenberg et al., 1993; Sommerlad and Sanderson, 1998; Stohr et al., 1998). 예를 들어 캐나다 여성 직원에 관한 최근 연구는 지나친 성희롱, 공격적인 육체적 · 성적 공격의 유형을 보고했고, 이외에 여성은 성적 욕설, 비꼼, 공격적인 성적 언급, 그들의 성적 관심에 대한 소문, 성적 제안, 남성 동료에 의한 원치 않은 성적 접촉에 대해 보고했다(McMahon, 1999).

교도소와 구치소의 조직구조도 역시 수많은 방법으로 여성의 역할을 제한한다. 조직적인 장애물은 직업 훈련, 업무할당, 수행평가에서의 성별 차이(차별)를 포함하고 있다(Jurik, 1985). 여성들은 노련한 근무자들이 선호하는 체계, 육체적 조건, 안전성에 대한 고려, 그리고 재소자의 사생활 권리 면에서(Belknap, 1991; Flynn, 1982)의 편견뿐 아니라 대우와 업무할당에 대해서도 종종 성별 고정관념의 장애물에 직면하곤 한다(예를 들어 Belknap, 1991; Britton, 1997a; Flynn, 1982). 여성은 경찰, 교도소 같은 고도로 가부장적인 조직 내에서, 억압적인 제도 속에서 일하고 있다(Heidensohn, 1992, 26). 구치소에서 근무하는 여성에 관한 최근 캐다나 연구는 조직적이고 구조적인 성차별의 세 가지 주요 형태를 제시하고 있다. 여성 직원의 업무시간 제한, 여성 직원에게 차별적인 배치, 몇몇 업무로부터 여성의 직원 배제가 그것이다(McMahon, 1999).

남성 상급자와 동료의 여성 직원에 대한 부정적인 시각에도 불구하고, 최근 발간한 책은 남성 동료가 교도소/구치소 여성 교도관을 수용하는 정도가 개선되고 있다고 한다(예를 들어 Dowden and Tellier, 2004; Hemmens et al., 2002; Lawrence and Mahan, 1998). 명목상의 지위는 논쟁 중에 있다. 최근 연구는 여자 교도소에 고용된 여성 직원이 오직 남성 재소자만을 위한 시설에 의해 이루어진 연구에서 언급된 수위보다 낮은 수위의 성희롱을 보고하고 있음을 말해준다(Stohr et al., 1998). 그러므로 성희롱에 대한 교육과 정책의 증가로 더 많은 수의 여성이 전통적인 남성 직업에 고용되고, 여성의 근무환경이 덜 적대적이길 바란다.

같은 맥락에서 교도소의 보안 수준은 여성 근무자를 받아들이거나 반대하는 데 영향을 미친다. 보안 수준이 높은 교도소일수록(초중구금 시설이 가장 높음) 여성 직원에 대한 더 많은 반대가 남성 직원에 의해 표출된다(Lawrence and Mahan, 1998; Simpson and White, 1985). "더 나아가 교정직에서 일한 기간이 길수록 여성 교도관에 대한 그들의(남성이든 여성이든 간에) 태도는 덜 진보적이다"(같은 책, 291).

남성 동료의 적개심에 대한 경험을 고려해 볼 때 대부분의 연구가, 특히 Title VII이 통과된 이후의 초기 연구에서 교도소와 구치소 여성 직원이 같은 직종의 남성이 받는 것보다 높은 수준의 스트레스를 받는다고 제시한 것은 놀라운 일이 아니다(Van Voorhis et al., 1991; Wright and Saylor, 1991; Zupan, 1986). 스트레스가 이렇게 높은 것은 부분적으로 여성 교도관이 남성 동료나 상사에게 자신들이 직무 수행능력이 있고 필요한 사람이라는 것을 보여주어야 하는 지속적인 부담을 가지고 있기 때문이다(McMahon, 1999).

그러나 구치소와 교도소 근무자에 대한 좀 더 최근 연구는 여성들의 업무 스트레스와 직무 만족도가 개선되었고 남성 동료의 반대는 감소하고 있다고 지적한다. 최근 한 연구는 남자 구치소와 교도소 직원은 일반적으로 "교정계의 여성 진입에 관해 긍정적인 의견을 가지고 있었다"라고 보고했다(Hemmens et al., 2002, 6). 이 연구에서 비록 여성 동료에 대한 평가가 시설이 교도소인지 구치소인지를 기준으로 다르지는 않았지만, 응답자의 성별, 교도소의 보안 수준/여성 직원의 퍼센트, 응답자가 이전에 군복무를 했는지 여부는 여성 직원 평가에 지대한 영향을 미쳤다. 시설의 보안 수준이 높을수록 여성 직원의 비율이 낮으며, 여성 직원을 덜 우호적으로 평가한다. 여성은 여성을 좀 더 긍정적으로 평가하는 경향이 있고, 군복무를 마친 직원은 여성을 덜 긍정적으로 평가했다(Hemmer et al., 2002).

최근의 다른 연구에서는 여성뿐 아니라 남성 직원도 직업에 대해 비슷한 수준의 정서적 탈진과 비인간화에 대해 보고했지만, 직업과 관련된 개인적 성취감과 업무 달성도는 여성이 남성보다 더 높은 수준인 것으로 보고했다(Carlson, Anson, and Thomas, 2003). 남녀 모두를 위한 스트레스 훈련 프로그램은 직업상 탈진과 스트레스의 수준을 낮춰주었다(같은 책). 다른 연구에서 만족도는 직원의 성별보다 인종과 더욱 관련되어 있었으나 성별, 인종과 민족성 사이의 교차가 중요하다. 시설의 재소자 혹은 직원의 인종적 구성과는 무관하게 흑인 남녀 직원들 모두 일반적으로 그들의 백인 동료가 일에서 느끼는 것보다 만족도가 대체적으로 낮았다. 그리고 백인 여성 직원은 백인 남성이 느끼는 것보다 높은 직업 만족도를 갖는 것으로 보고했다(Britton, 1997b). 백인 여성의 높은 직업 만족도는 그들이 직장에서 경험한 관리감독에 대한 그들의 높은 평가와 관련되어 있다. 흑인 여성은 다른 모든 근무자와 비교해 직업만족도가 가장 낮은 것으로 보고했다. 그리고 흑인 남성과 여성, 라틴계 남성은 재소자의 인종과 민족과 무관하게 직업과 관련된 스트레스가 적고 재소자를 다루는 일에 대한 효율성이 큰 것으로 보고했다(같은 책). 마지막으로 이런 인종적 차이와 성별 차이는 시간에 따라 변하지는 않았다. 즉 근속연수에 따라 다르게 나타나지 않았다.

교도소나 구치소에서 근무하는 여성은 자신이나 다른 여성의 출세와 승진 가능성에 대해 대체로 비관적이다(Belknap, 1991; Chapman et al., 1980; Martin and Jurik, 1996; McMahon, 1999; Nallin, 1981). 남자 교도소와 구치소에서 근무하는 여성에 관한 캐나다 연구는 이런 시설에서의 성차별적인 경향은 여성 직원의 승진을 힘들게 만들어 그들의 이직률을 높인 것으로 보고한다(McMahon, 1999).

Summary

'시민권' 은 남성만의 특권으로 인식되어 여성을 일상적으로 배제했다. 그리고 여성이 포함되었을 때 그들은 '성적 존재' 로서 존재했다(Jones, 1990). 이 장은 형사사법 분야에서 근무하는 여성에 대해 이해하기 위한 서론으로서, 특히 교정계에서 근무하는 여성에 중점을 두었다. 여성 직원에 대한 저항은 남성 범죄자를 다루는 일에 종사하고자 하는 영역에서 가장 치열하다. 범죄자, 특히 남성 범죄자를 체포하고 제어하고 무력하게 만드는 일보다 남성성을 위협하는 일은 없을 것이다.

형사사법 분야에서 근무하고 그 분야에서 남성과 동등한 지위를 확보하기 위해 여성은 다양한 사회적 제재뿐 아니라 입법, 법원 판결과 투쟁해 왔다. 여성으로서의 지위, 그 지위와 결합하여 당연한 것으로 여겨지는 특징(예를 들어 약함, 정서적 예민함)이 교도소와 경찰 업무로 진입하려는 여성을 막고 있음에도 불구하고 최초로 이 분야에 진입할 수 있었던 것은 그들의 '모성' 이라는 천성과 강함 때문이다. 남성 직원들과 함께 일하는 것을 어렵게 만드는 장애물을 극복하기 위한 여성의 싸움은 아주 힘들었으며 느리게 진전되고 있다. 변화에 대한 저항은 여성을 남성 범죄자와 함께 일할 수 있도록 '해줌으로써' 단순하게 끝나지는 않을 것이다. 그리고 입법 활동과 평등을 위한 지역사회의 노력만으로 모든 차별이 제거될 것으로 가정한다는 것은 실수다(McLean, 1988, 3). 좀 더 최근의 연구는 교정계 직업에서 여성의 성장에 관해 어느 정도 진보가 있었다고 언급하지만, 여성 직원이 여전히 직면하고 있는 거대한 성차별주의, 유색인종 여성 직원이 부딪히게 되는 거대한 인종차별주의와 관련해서 볼 때 양성 평등이 어느 정도 성공했는지에 대해서는 연구 결과가 양분되고 있다.

Adams-Fuller, Terri Marie. 2003. Living Up to Her Convictions: A View into the Life of Vernetta D. Young. *Women & Criminal Justice* 15:19-32.

Appier, Janis. 1998. *Policing Women: The Sexual Politics of Law Enforcement in the LAPD.* Philadelphia: Temple University Press.

Atkins, Susan, and Brenda Hoggett. 1984. *Women and the Law.* New York: Basil Blackwell.

Banks, Taunya Lovell. 1997. Two Life Stories: Reflections of One Black Woman Law Professor. Pp. 96-100 in *Critical Race Feminism*, edited by A. K. Wing. New York: New York University Press.

Barnett, Bernice M. 1993. Invisible Southern Black Women Leaders in the Civil Rights Movement. *Gender and Society* 7:16-82.

Bartlett, Katherine T. 1991. Feminist Legal Methods. Pp. 370-403 in *Feminist Legal Theory: Readings in Law and Gender*, edited by K. T. Bartlett and R. Kennedy. Boulder, CO: Westview Press.

Bartol, Curt R., George T. Bergen, Julie Seager Volckens, and Kathleen M. Knoras. 1992. Women in Small-Town Policing: Job Performance and Stress. *Criminal Justice and Behavior* 19:240-259.

Baunach, Phyllis J., and Nicole H. Rafter. 1982. Sex-Role Operations: Strategies for Women Working in the Criminal Justice System. Pp. 341-358 in *Judge, Lawyer, Victim, Thief*, edited by N. H. Rafter and E. A. Stanko. Stoughton, MA: Northeastern University Press.

Belknap, Joanne. 1991. Women in Conflict: An Analysis of Women Correctional Officers. *Women & Criminal Justice* 2:89-115.

———. 2004. Meda Chesney-Lind: The Mother of Feminist Criminology. *Women & Criminal Justice* 15:1-23.

Berger, Margaret A. 1980. *Litigation on Behalf of Women: A Review for the Ford Foundation.* New York: Ford Foundation Publication.

Bernat, Frances P., and Linda Z. Zupan. 1989. Assessment of Personnel Processes Pertaining to Women in a Traditionally Male Dominated Occupation: Affirmative Action Policies and Practices in Prisons and Jails. *The Prison Journal* 9:64-72.

Blankenship, Kim M. 1993. Bringing Gender and Race In: U.S. Employment Discrimination Policy. *Gender and Society* 7:204-226.

Britton, Dana M. 1997a. Gendered Organizational Logic: Policy and Practice in Men's and Women's Prisons. *Gender and Society* 11:796-818.

———. 1997b. Perceptions of the Work Environment among Correctional Officers: Do Race and Sex Matter? *Criminology* 35:85-106.

———. 2000. Feminism in Criminology. *Annals of the American Academy of Political and Social Science* 571:57-76.

Bryant, Keith L. Jr. 1969. Kate Barnard, Organized Labor, and Social Justice in Oklahoma during the Progressive Era. *The Journal of Southern History* 35:145-164.

Carlson, Joseph R., Richard H. Anson, and George Thomas. 2003. Correctional Officer Burnout and Stress: Does Gender Matter. *Prison Journal* 83:277-288.

Chamallas, Martha. 1999. *Introduction to Feminist Legal Theory*. Gaithersburg, NY: Aspen Publishers.

Chapman, J. R., E. K. Minor, P. Ricker, T. L. Mills, and M. Bottum. 1980. *Women Employed in Corrections.* Washington, DC: Center for Women Policy Studies.

Cho, Sumi K. 1997. Converging Stereotypes in Racialized Sexual Harassment. Pp. 203-220 in *Critical Race Feminism*, edited by A. K. Wing. New York: New York University Press.

Christopher, W., J. A. Arguelles, R. Anderson, W. R. Barnes, L. F. Estrada, M. Kantor, R. M. Mosk, A. S. Ordin, J. B. Slaughter, and R. E. Tranquada. 1991. Report of the Independent Commission on the Los Angeles Police Department.

Crenshaw, Kimberle. 1989. Demarginalizing the Intersection of Race and Sex: A Black Feminist Critique of Anti-Discrimination Doctrine, Feminist Theory and Anti-Racist Politics. *University of Chicago Legal Forum* 14:139-167.

Deegan, Mary Jo. 2003. Katharine Bement Davis (1860-1935). *Women & Criminal Justice* 14:15-40.

DeFraffenreid v. General Motors, 413 F. Supp. (E. D. M. 1976).

Deitch, Cynthia. 1993. Gender, Race, and Class Politics and the Inclusion of Women in Title VII of the 1964 Civil Rights Act. *Gender and Society* 7:183-203.

Dodge, L. Mara. 2002. *"Whores and Thieves of the Worst Kind": A Study of Women, Crime, and Prisons*, 1835-2000. Dekalb: Northern Illinois University Press.

Dothard v. Rawlinson, 433 U.S. 321 (1977).

Dowden, Craig, and Claude Tellier. 2004. Predicting Work-Related Stress in Correctional Officers: A Meta-Analysis. *Journal of Criminal Justice* 32:31-47.

Dreifus, Claudia. 1982. Why Two Women Cops Were Convicted of Cowardice. Pp. 427-436 in The *Criminal Justice System and Women*, edited by B. R. Price and N. J. Sokoloff. New York: Clark Boardman.

Epstein, Cynthia F. 1988. *Deceptive Distinctions: Sex, Gender, and Social Order*. New Haven, CT: Yale University Press.

Feinman, Clarice. 1986. *Women in the Criminal Justice System*. New York: Praeger.

Felkenes, George T., and Jean Reith Schroedel. 1993. A Case Study of Minority Women in Policing. *Women & Criminal Justice* 4:65-90.

Fergus, T. D. 1988. Women and the Parliamentary Franchise in Great Britain. Pp. 80-101 in *The Legal Relevance of Gender*, edited by S. McLean and N. Burrows. Atlantic Highlands, NJ: Humanities International.

Flowers, Ronald Barri. 1987. *Women and Criminality: The Woman as Victim, Offender, and Practitioner*. Westport, CT: Greenwood Press.

Flynn, Edith E.. 1982. Women as Criminal Justice Professionals: A Challenge to Tradition. Pp. 305-340 in *Judge, Lawyer, Victim, Thief*, edited by N. H. Rafter and E. A. Stanko. Stoughton, MA: Northeastern University Press.

Frakas, Mary Ann. 1999. Inmate Supervisory Style: Does Gender Make a Difference? *Women & Criminal Justice* 10:25-45.

Freedman, Estelle B. 1996. *Maternal Justice: Miriam Van Waters and the Female Reform Tradition*. Chicago: University of Chicago Press.

Fronczek, Peter. 2005. *Income, Earnings and Poverty from the 2004 American Community Survey*. U.S. Department of Commerce, U.S. Census Bureau. http://www.census.gov/prod/2005pubs/acs-01.pdf.

Frontiero v. Richardson, 411 U.S. 677 (1973).

Gates, Margaret J. 1976. Occupational Segregation and the Law. Pp. 61-74 in *Women and the Workplace: The Implications of Occupational Segregation*, edited by M. Blaxall and B. Reagan. Chicago: University of Chicago Press.

Geschwender, James A., and Rita Carroll-Seguin. 1990. "Exploding the Myth of African-American Progress." Signs: Journal of Women in Culture and Society 15:285-299.

Gibelman, Margaret. 2003. So How Far Have We Come? Pestilent and Persistent Gender Gap in Pay. *Social Work* 48:22-32.

Gratch, Linda. 1995. Sexual Harassment among Police Officers. Pp. 55-77 in *Women, Law, and Social Control*, edited by A.V. Merlo and J.M. Pollock. Boston: Allyn and Bacon.

Greene, Linda S. 1997. Tokens, Role Models, and Pedagogical Politics: Lamentations of an African American. Pp. 88-95 in *Critical Race Feminism*, edited by A. K. Wing. New York: New York University Press.

Griffin, Marie L. 2002. The Influence of Professional Orientation on Detention Officers' Attitudes toward the Use of Force. *Criminal Justice & Behavior* 29:250-277.

Hagan, John, and Fiona Kay. 1995. *Gender in Practice: A Study of Lawyers' Lives*. New York: Oxford University Press.

Hawkes, Mary Q. 1998. Edna Mahan: Sustaining the Reformatory Tradition. *Women & Criminal Justice* 9:1-23.

Heidensohn, Frances. 1992. *Women in Control?: The Role of Women in Law Enforcement*. Oxford, England: Clarendon Press.

Hemmens, Craig, Mary K. Stohr, Mary Schoeler, and Bona Miller. 2002. One Step Up, Two Steps Back: The Progression of Perceptions of Women's Work in Prisons and Jails. *Journal of Criminal Justice* 523:1-17.

Hoff, Joan. 1991. *Law, Gender, and Injustice: A Legal History of U.S. Women.* New York: New York University Press.

Holley, Phillip D., and Dennis Brewster. 1998. A Brief History of Women in Oklahoma Corrections. *Journal of the Oklahoma Criminal Justice Research Consortium* 4:1-8.

Hughes, Everett C. 1944. Dilemmas and Contradictions of Status. *American Journal of Sociology* 50:353-359.

Jenne, Denise L., and Robert C. Kersting. 1996. Aggression and Women Correctional Officers in Male Prisons. *Prison Journal* 76:442-460.

Jones, Kathleen B. 1990. Citizenship in a Woman-Friendly Polity. *Signs: Journal of Women in Culture and Society* 15:781-812.

Jordan v. Gardner. 1986 F. 2d 1521 (U.S. App. 1993).

Jurik, Nancy C. 1985. An Officer and a Lady: Organizational Barriers to Women Working as Correctional Officers in Men's Prisons. *Social Problems* 32:375-388.

——. 1988. Striking a Balance: Female Correctional Officers, Gender Role Stereotypes, and Male Prisoners. *Sociological Inquiry* 58:291-304.

Jurik, Nancy C., and G. J. Halemba. 1984. Gender, Working Conditions and the Job Satisfaction of Women in a Non-Traditional Occupation: Female Correctional Officers in Men's Prisons. *Sociological Quarterly* 25:551-566.

Kanter, Rosabeth M. 1977a. *Men and Women of the Corporation.* New York: Basic Books.

—. 1977b. Some Effects of Proportions on Group Life: Skewed Sex Ratios and Responses to Token Women. *American Journal of Sociology* 82:965-990.

King, Deborah K. 1988. Multiple Jeopardy, Multiple Consciousness: The Context of a Black Feminist Ideology. *Signs: Journal of Women in Culture and Society* 14:12-72.

Kirp, David L., Mark G. Yudof, and Marlene S. Franks. 1986. *Gender Justice.* Chicago: University of Chicago Press.

Kissel, Peter J., and Paul L. Katsampes. 1980. The Impact of Women Corrections Officers on the Functioning of Institutions Housing Male Inmates. *Journal of Offender Counseling, Services and Rehabilitation* 4:213-231.

Lawrence, Richard, and Sue Mahan. 1998. Women Corrections Officers in Men Prisons. *Women & Criminal Justice* 9:23-62.

Laws, Judith L. 1975. The Psychology of Tokenism: An Analysis. *Sex Roles* 1:51-67.

Lewis, Diane. 1977. A Response to Inequality: Black Women, Racism, and Sexism. *Signs: Journal of Women in Culture and Society* 3:339-361.

Lucie, Patricia. 1988. Discrimination against Males in the USA. Pp. 216-243 in *The Legal Relevance of Gender,* edited by S. McLean and N. Burrows. Atlantic Highlands, NJ: Humanities International.

Mars, Joan Rosemary. 2001. Coramae Richey Mann on Women, Crime and the Color of American Justice. *Women & Criminal Justice* 13:1-26.

Martin, Susan E. 1980. *Breaking and Entering: Policewomen on Patrol.* Berkeley: University of California Press.

———. 1990. *On the Move: The Status of Women in Policing.* Washington, DC The Police Foundation.

———. 1992. The Changing Status of Women Officers. Pp. 281-305 in *The Changing Roles of Women in the Criminal Justice System,* 2nd ed., edited by I. L. Moyer. Prospect Heights, IL: Waveland Press.

———. 1994. "Outsider within" the Station House: The Impact of Race and Gender on Black Women Police. *Social Problems* 41:383-400.

Martin, Susan E., and Nancy C. Jurik. 1996. *Doing Justice, Doing Gender: Women in Law and Criminal Justice Occupations.* Thousand Oaks, CA: Sage.

Maschke, Karen J. 1996. Gender in the Prison Setting: The Privacy-Equal Employment Dilemma. *Women & Criminal Justice* 7(2):23-42.

McLean, Sheila A. M. 1988. The Legal Relevance of Gender: Some Aspects of Sex-Based Discrimination. Pp. 1-15 in *The Legal Relevance of Gender,* edited by S. McLean and N. Burrows. Atlantic Highlands, NJ: Humanities International.

McMahon, Maeve. 1999. *Women on Guard: Discrimination and Harassment in Corrections.* Toronto: University of Toronto Press.

Meyerowitz, Joanne J. 1988. *Women Adrift: Independent Wage Earners in Chicago,* 1880-1930. Chicago: University of Chicago Press.

Moran, Beverly I. 1990-1991. Quantum Leap: A Black Woman Uses Legal Education to Obtain Her Honorary White Pass. *Berkeley Women's Law Journal* 6:118-121.

Morash, Merry, and Robin N. Haarr. 1995. Gender, Workplace Problems, and Stress in Policing. *Justice Quarterly* 12:113-140.

Morris, Allison. 1987. *Women, Crime, and Criminal Justice.* Oxford, England: Basil Blackwell.

Morton, Joann B. 1981. Women in Correctional Employment: Where Are They Now and Where Are They Headed? Pp. 7-16 in *Women in Corrections,* edited by B. H. Olsson. College Park, MD: American Correctional Association.

Nallin, J. A. 1981. Female Correctional Administrators: Sugar and Spice Are Nice but a Backbone of Steel Is Essential. Pp. 17-26 in *Women in Corrections,* edited by B. H. Olsson. College Park, MD: American Correctional Association.

Ott, E. M. 1989. Effects of the Male-Female Ratio at Work: Policewomen and Male Nurses. *Psychology of Women Quarterly* 13:41-58.

Petersen, Hanne. 1996. *Home Knitted Law: Norms and Values in Gendered Rule-Making.* Aldershot, England: Dartmouth Publishing.

Pierce, Jennifer L. 1995. *Gender Trials.* Berkeley: University of California Press.

Pogrebin, Mark R., and Eric D. Poole. 1997. The Sexualized Work Environment: A Look at Women Jail Officers. *The Prison Journal* 77:41-57.

Pollock-Byrne, Joycelyn M. 1986. *Sex and Supervision: Guarding Male and Female Inmates.* New York: Greenwood.

———. 1995. Women in Corrections: Custody and the Caring Ethic. Pp. 97-116 in *Women, Law, and Social Control,* edited by A. V. Merlo and J. M. Pollock. Boston: Allyn and Bacon.

Pollock-Byrne, Joycelyn M., and Barbara Ramirez. 1995. Women in the Legal Profession. Pp. 79-95 in *Women, Law, and Social Control,* edited by A. V. Merlo and J. M. Pollock. Boston: Allyn and Bacon.

Rhode, Deborah L. 1987. Justice, Gender, and the Justices. Pp. 13-34 in *Women, the Courts, and Equality,* edited by L. L. Crites and W. L. Hepperle. Newbury Park, CA: Sage.

———. 1989. *Justice and Gender: Sex Discrimination and the Law.* Cambridge, MA: Harvard University Press.

Rogers, Joseph W. 2000. Mary Belle Harris: Warden and Rehabilitation Pioneer. *Women & Criminal Justice* 11:5-28.

Rosenberg, Janet, Harry Perstadt, and William R. Phillips. 1993. Now That We Are Here: Discrimination, Disparagement, and Harassment of Work and the Experience of Women Lawyers. *Gender and Society* 7:415-433.

Russell, Jennifer M. 1997. On Being a Gorilla in Your Midst, or The Life of One Black Woman in the Legal Academy. Pp. 110-112 in *Critical Race Feminism,* edited by A. K. Wing. New York: New York University Press.

Schulz, Dorothy M. 1989. The Police Matron Movement. *Police Studies* 12:115-124.

———. 1993. Policewomen in the 1950s. *Women & Criminal Justice* 4:5-30.

———. 1995. *From Social Worker to Crimefighter: Women in United States Municipal Policing.* Westport, CT: Praeger.

Simpson, Sally, and Mervin F. White. 1985. The Female Guard in the All-Male Prison. Pp. 276-300 in *The Changing Roles of Women in the Criminal Justice System,* edited by I. L. Moyer. Prospect Heights, IL: Waveland Press.

Sommerlad, Hilary, and Peter Sanderson. 1998. *Gender, Choice and Commitment: Women Solicitors in England and Wales and the Struggle for Equal Status.* Aldershot, England: Ashgate Publishing Company.

Stohr, Mary K., G. Larry Mays, Ann C. Beck, and Tammy Kelley. 1998. Sexual Harassment in Women's Jails. *Journal of Contemporary Criminal*

Justice 14:135-155.
Thomas, Claire S. 1991. *Sex Discrimination in a Nutshell.* St. Paul, MN: West.
Townsey, Roi D. 1982. Black Women in American Policing: An Advancement Display. *Journal of Criminal Justice* 10:455-468.
U.S. Bureau of Justice Statistics. 1997. *Sourcebook of Criminal Justice Statistics* 1996. Washington, DC: U.S. Government Printing Office.
—. 2005. *Sourcebook of Criminal Justice Statistics On-Line*, 31st ed. edition. http://www.albany.edu/sourcebook/tost_1.html#1_d.
U.S. Census Bureau. 2005. Current Population Survey, 1961-2005 Annual Social and Economic Supplements. Washington, DC: Government Publishing Office.
U.S. Federal Bureau of Prisons. 1993. Federal Bureau of Prisons Annual Statistical Report Calendar Year 1992. Washington, DC: Government Publishing Office.
—. 2000. Federal Bureau of Prisons Quick Facts, April 2000. Washington, DC: Government Publishing Office. http://www.bop.gov/fact0598.html.
—. 2005. Federal Bureau of Prisons Quick Facts, October 2005. Washington, DC: Government Publishing Office. http://www.gov.bop/news/quick.jsp#5.
Van Voorhis, Patricia, Francis T. Cullen, Bruce G. Link, and Nancy T. Wolfe. 1991. The Impact of Race and Gender on Correctional Officers' Orientation to the Integrated Environment. *Journal of Research in Crime and Delinquency* 28:472-500.
Vander Ven, Thomas. 2003. *Working Mothers and Juvenile Delinquency.* New York: LFB Scholarly Publishing.
Walters, S. 1992. Attitudinal and Demographic Differences between Male and Female Corrections Officers. *Journal of Offender Rehabilitation* 18:173-189.
Williams, Christine L. 1992. The Glass Escalator: Hidden Advantages for Men in the "Female" Professions. *Social Problems* 39:253-267.
Wright, Kevin N., and W. G. Saylor. 1991. Male and Female Employees' Perceptions of Prison Work: Is There a Difference? *Justice Quarterly* 8:505-524.
Yates, Heather M. 2002. Margaret Moore: African American Feminist Leader in Corrections. *Women & Criminal Justice* 13:9-26.
Yoder, Janice D. 1991. Rethinking Tokenism: Looking beyond Numbers. *Gender and Society* 5:178-192.
Zimmer, Lynn. 1986. *Women Guarding Men.* Chicago: University of Chicago Press.
———. 1987. How Women Re-Shape the Prison Guard Role. *Gender and Society* 1:415-431.
———. 1988. Tokenism and Women in the Workplace: The Limits of Gender-Neutral Theory. *Social Problems* 35:64-73.
———. 1989. Solving Women's Employment Problems in Corrections: Shifting the Burden to Administrators. *Women & Criminal Justice* 1:55-80.
Zupan, Linda Z. 1986. Gender-Related Differences in Correctional Officers' Perceptions and Attitudes. *Journal of Criminal Justice* 14:349-361.
———. 1992. The Progress of Women Correctional Officers in All-Male Prisons. Pp. 232-244 in *The Changing Roles of Women in the Criminal Justice System*, 2nd ed., edited by I. L. Moyer. Prospect Heights, IL: Waveland Press.

10 경찰 활동과 법 집행 분야에서 일하는 여성

Women Working in Policing and Law Enforcement

여성 경찰관의 주변화에 대해서는 이미 널리 알려진 사실이지만, 법 집행기관 내에서는 전반적으로 무시되는 경향이 있다(포그레빈, 도지, 채트먼, 2000, 312).

본 장에서는 경찰관 또는 순찰보안관patrol sheriffs으로 근무하는 여성에 관한 내용을 논의하기로 하겠다. 이 책에서는 여성 경찰관이란 의미의 용어로 policewoman과 policewomen을 사용하는 대신, 더 총체적인 의미를 나타내는 woman police officer 또는 women police officers를 선택해 사용하고자 한다. 이들 용어는 성별의 구분 없이 현직 경찰과 법 집행 공무원으로 동일한 직무를 수행하는 사람을 지칭하는 용어로 인식된다. 이들 용어를 사용하는 것이 많은 부서에서 직무할당과 직무기대에서 아직까지 존재하는 성차별주의와 많은 여성 경찰이 직업상 경험하는 성차별적 대우sexist treatment를 부정하는 것은 결코 아니다. 오히려 이는 언어의 힘과 (여성에게 붙어다니는) 꼬리표의 힘에 대한 인식의 결과이며, 여성과 남성이 경찰 활동policing과 법 집행law enforcement 분야에서 다른 책무를 맡고 따라서 서로 다른 직급이 부여되어야 한다는 뜻을 내포하지 않기 위한 노력을 반영한 것이다.

제9장에서는 다음 질문의 중요성을 논의했다. 어떤 차이가 우리의 사법제도 내에서 여성을 의사결정 직무에서 배제하도록 하는 걸까? 우리는 법 집행 직무 분야에서 여성에게 부여된 제한 요소를 알기 때문에 만약 여성이 법 집행기관이 설립될 때부터 공무원으로 재직 근무하도록 허용되었더라면 (그리고 그들의 지위가 계속 올라갔다면) 경찰이 파트너 학대, 스토킹, 성적 피해 경험 사건에 대해 훨씬 더 심각하게 받아들였을지 여부에 대해 의문을 제

기해 보는 것도 유익한 일이 될 것이다.

:: 경찰 활동에 종사한 여성의 역사

이전 장에서 언급한 것처럼 여성 교도관과 여성의 경찰 분야 진입과 관련해 의미심장한 유사점이 있다. 이 두 가지 역할은 여성의 고정관념적인 역할(사무원 역할이나 청소년과 여성 범죄자를 다루는 일을 하는 것 등) 중에서도 긴 역사를 지니고 있다. 이 두 가지 분야는 아직도 해당 분야에서 근무하는 전체 직원 중에서 여성이 낮은 비율을 차지한다(특히 행정 분야에 집중). 이 두 가지 직종은 남성의 강한 저항에도 불구하고 법정 투쟁을 통해 지금의 지위를 획득한 것이다. 그리고 여성도 이 두 가지 직무를 남성만큼 성공적으로 수행할 수 있음을 실질적 증거를 통해 보여주고 있다(Pollock-Byrne, 1986, 5). 여성 교도소 개혁가들은 공공기관 내에서 여성을 돌보는 역할을 하는 여성 전문가로서의 합법성을 확보했으며, 이는 "최초의 여성 경찰보모police matrons가 탄생하는 계기를 마련해 주었고, 여성 경찰관이 형사사법 분야에서도 그들의 합법성을 확립하도록 하는 데 일조했다"(Schulz, 1989, 117). 미국 내 경찰 분야에 여성이 진출한 것은 1800년대 말로, 이는 남성 경찰관이 관심이 없거나, 특히 매춘 등 대면이 어려운 여성과 소녀에 관련한 문제가 증가하면서 촉진되었다(Appier, 1998; Feinman, 1986).

기독교여성금주협회(WCTU, Women's Christian Temperance Union)의 집행임원 바니J. K. Barney는 20여 년 동안 뉴욕 시에 여성 경찰보모를 임용할 것을 주장했다. 그녀는 여성 경찰보모를 이상적인 중년의 기혼 여성으로 "깔끔한 정장차림이며, 훌륭한 인상과 타의 모범이 되는 매너를 구사하고, 깊은 신앙심을 가졌으며, 인간적인 면에서는 조용하고 온화하며 관찰력이 뛰어난" 유형으로 묘사했다(Segrave, 1995, 7). WCTU는 동시대의 여성 그룹 중 영향력이 가장 컸을 것으로 생각되는데, 1800년대 후반 마지막 25년 동안 미국 내 여성 경찰보모에 대한 요구 확대에 선봉적 역할을 담당했다(Schulz, 1995, 12). 뉴욕 주가 뉴욕 시 경찰서마다 2명의 여성 보모를 임용할 것을 허용하는 법안을 1888년 통과시켰지만, 뉴욕 주 정부가 이 직위에 대한 재원을 조달해 주지 않아서 실제적으로 여성은 고용되지 않았다. 다행스럽게도 그후 수년 동안 언론이 뉴욕 시에 여성 경찰보모의 필요성을 주장하는 기사를 게재함으로써 중요한 역할을 수행했다(Segrave, 1995). "1891년 10월 5일, 최초로 여성 경찰보모 4명이 뉴욕 시의 경찰서에서 근무를 시작했다. 다른 도시에서는 한참이 지난 후에야 여성을 고용했는데, 1899년 뉴욕 시는 61명의 여성 경찰보모를 고용했다"(같은 책, 10). 1905년 볼드윈Lola Baldwin이 남성 광부, 벌목꾼, 노동자로부터 여성과 소녀를 보호하기 위해 오리건 주 포틀랜드 시의 치안요원safety worker으로 고용되었다.

제1차 세계대전 기간에 영국 여성은 매춘부와 같은 여성을 통제하기 위해 자발적인 경찰 순찰police patrol 업무를 수행했다(Morris, 1987). 미국 내 여성 경찰의 초기 역사의 단계를 분류한 마틴Martin의 연구 위에 하이덴손Heidensohn은 영국과 미국 여성 경찰관의 역사적 단계에 대한 비교분석에 예비 단계로써 한 단계를 추가했다. 즉 준비 단계가 추가되었다. 하이덴손(1992, 41)은 여성의 경찰 활동 분야 진입의 1단계(미국 1840~1910년, 영국 1915년까지)를 **도덕적 개혁**moral reform과 **구조**rescue, **여성 경찰보모**의 시대로 규정했으며, 2단계(미국 1910~30년, 영국 1915~30년)는 전문가와 개척자 시대, 3단계(미국과 영국, 1930~45년)는 잠복기와 공황기로 구분하고 있다. 또한 하이덴손(1992)은 영국과 미국이 유례가 없는 수의 여성 경찰관을 고용한 시기인 1960년대 말에서 1970년대까지의 네 번째 단계를 팽창기로 정의했다(마틴Martin과 주리크Jurik[1996]도 이와 유사한 단계를 보고했다).

경찰 활동의 **도덕적 개혁과 구조, 여성 경찰보모 단계**에서는 초기의 여성 경찰관 대부분을 '경찰' 보다는 사회복지사로 인식했으며, 이들의 역할을 여성과 어린이를 돕는 것으로 한정했다. 실제로 1880~1930년 미국 내에서는 "많은 여성운동가가 노동자계층의 여성과 어린이에 대한 복지 요구의 인정과 요구를 충족시키기 위한 정부 프로그램과 기관의 설립을 위해 사회복지와 사회과학 분야에서 온 열정을 바쳐 일했다"(Appier, 1998, 13). 무엇보다도 소수의 흑인 여성 경찰관은 큰 차별을 받았다. 이들은 소수 그룹의 여성 중에서도 소수 인종 그룹이었다. 이들은 특히 흑인 여성과 청소년을 위해 고용되었는데, 백인 여성 경찰관과 공통된 특징을 공유했다. 이들은 일반적으로 일반 흑인 남성 또는 여성보다 더 높은 교육을 받았으며 사회적 지위가 있는 교사, 사회복지사, 목사의 부인이었다(Schulz, 2004a, 486). 그러나 이런 전형적인 타입의 역할은 "남성 경찰기관에 의해 그들에게 (흑인계 남성과 백인 여성 경찰) 강요된 것이 아니라 그들이 원한 것"이었음을 기억할 필요가 있다(같은 책).

미국은 1900년대 들어서면서 처음 20여 년은 고정된 성역할을 맡았음에도 불구하고 여성이 경찰관으로 진출하는 중요한 시기였다. 그러므로 여성에 대한 예비도입 단계(도덕적 개혁과 구조, 여성 경찰보모) 이후의 단계는 **전문가 단계**로 규정되었다(Heidensohn, 1992; Martin and Jurik, 1996). 1910~30년에 여성 경찰관은 대체로 경찰국 내에서 전문적 역할을 담당했는데, 이는 전통적으로 여성적인 일로 인정되던 분야였다(Garcia, 2003; Martin, 1980). 그러나 마틴과 주리크(1996, 49)는 미국 내에서 이 전문가 단계가 1910년 최초의 여

비교연구적 관점 브라질 상파울루 시의 여성 경찰서

1980년대 초반 브라질의 여성운동가들은 야당이었던 브라질 민주운동당(Partido do Movimento Democrático Brasileiro)을 도와 선거에서 압승을 거두고 상파울루를 포함하여 많은 주정부를 통제하도록 도움을 주었다(Santos, 2004). 새로 선출된 상파울루의 주지사, 프랑코 몬토로(Franco Montoro)는 1983년 여성문제에 관한 국가위원회(Conselho Estadual da Condição Feminina/State Council on the Feminine Condition)를 설립하고, 중산층 지식인 페미니스트를 주요 의원 자리에 앉혔다. 이 위원회 회원은 파트너 학대와 성피해에 관심을 가지고 1985년 여성에 대한 폭력범죄에 대응하도록 구성된 세계 최초의 여성 경찰서(DdM, Delegacia da Muher)를 시행하도록 지원했다(같은 책).

여성 경찰관 대부분이 (본의 아니게) 일반 경찰국에서 DdM으로 전임되었는데, 그들은 자신을 페미니스트로 정의하지 않았다. 이들은 페미니스트를 '남성에 대항하는' 특히 남성 경찰관에 대항하려는 사람으로 간주했다. 심지어는 DdM의 초대 서장이었던 로즈메리 코레아(Rosemary Corrêa)도 이 직위가 경찰 활동 분야의 경력에 해가 될 것으로 인식해서 자신의 임명을 달가워하지 않았다. 그녀는 여성에 대한 폭력을 사회복지사가 아닌 경찰이 규정해야 하는 '실제' 범죄로 간주하지 않았으며, 일반 경찰국이 여성 민원인을 차별하지 않는다고 믿었다(같은 책, 38). 그러나 DdM이 불필요하다고 여긴 그녀의 신념은 DdM이 개시된 첫날부터 500여 명의 여성이 고소(complaints)를 하기 위해 밀려들자 여지없이 무너졌다. 코레아는 DdM이 불필요하다는 자신의 생각을 바꾸었을 뿐 아니라 자신의 직무가 늘어나는 것을 실제로 체험했으며, DdM이 매우 중요하고 페미니즘을 '남성에 대항하기' 보다는 '여성의 권리를 위해 투쟁하는 운동'으로 이해하게 되었고, 자신을 공식적으로 페미니스트라고 규정하기에 이르렀다(같은 책).

코레아는 자기 밑에서 근무하는 여성 경찰이 자신과 같은 이유로(즉 그들은 자신의 새 직무가 진짜 경찰 활동이 아니며, 중요하지 않은 경찰 업무로 남성 폭력에 대한 여성 피해자에 대응하는 것으로 간주된다고 느꼈다) DdM에 근무하기를 꺼린다는 사실을 잘 알았으며, DdM에 근무하는 동안 훌륭한 서장으로 재직했다. 코레아와 마찬가지로 그녀가 감독한 많은 여성 경찰관이 남성의 폭력에 대한 여성 피해자, DdM의 필요성, 남성 경찰관과 비교했을 때 권력이 부족하다는 등 자신들의 관점을 바꾸는 계기가 되었다(어느 누구도 자신을 '페미니스트'로 규정하지 않았지만)(같은 책).

SOURCE Cecília M. Santos. 2004. En-Gendering the Police: Women's Police Stations and Feminism in São Paulo. Latin American Research Review 39:29-55.

성 경찰관이 임명된 이후 1972년 Title VII(1964년 제정된 인권법 제7장[Title VII of the Civil Rights Act of 1964]의 조항으로 인종, 피부색, 종교, 성별, 출신 국가에 근거한 고용차별을 금한다는 내용을 다루고 있음—역자 주)에 이르기까지 지속되었다고 주장한다. 그럼에도 1910~30년에 독특한 특징을 보인다. 1918~29년에 여성이 더 많은 도시에서 여성 경찰관으로 고용되었음에도 불구하고 "숫자로만 본다면 그들은 여전히 소수에 불과했다"(Segrave, 1995, 44). 1930년대 약 600여 명의 여성 경찰관이 미국 내 289개 지역사회에 고용된 것으로 보고되었다(같은 책, 85). 전반적으로 1920~40년대 경찰 활동 자체는 여성 경찰관의 고용 정도와 역할을 포함해 크게 변화하지 않았다(Schulz, 1993).

미국에서 'policewoman'이라는 직함을 달게 된 최초의 여성은 1910년 캘리포니아 주 로스앤젤레스의 웰스Alice Stebbines Wells였다(Feinman, 1986; Hale and Bennett, 1995; Segrave, 1995). 미국에서 경찰 활동 분야에 최초로 임명된 흑인 여성은 로빈슨Georgia Robinson으로, 1916년 로스앤젤레스 경찰국의 여성 경찰보모로 임명되었다가 1919년 동 경찰국의 여성 경찰관이 되었다(Schulz, 1995). 토론토에서는 1913년 2명의 여성 경찰관이 임명되었으며(Segrave, 1995), 1915년 영국 그랜탐Grantham에서는 체포권을 부여받은 최초의 여성이 나왔다(Heidensohn, 1992, 29). 여성 경찰관을 배출하기 위한 영국에서의 투쟁은 미국에 비해 훨씬 더 조직적인 로비 활동을 필요로 했으며, 최초의 여성 경찰관 고용을 성취하기까지 투쟁기간이 더 길었다. 그럼에도 이들 두 국가에서 이루어진 최초의 고용이 경찰 활동 분야에서 여성의 고용안정을 보장하지 않았다. 대신에 여성의 경찰계 진출은 초기 시기와 마찬가지로 불안정했다(같은 책).

하이덴손(같은 책, 54)이 수행한 여성 경찰 활동의 역사연구 3단계(잠복기와 공황기)에서 드러난 현상은 1930~45년에 발생한 여성 고용의 침체 시기로, 부분적으로는 대공황에 기인했으나 그것보다는 불안정한 상태로 시작된 여성의 경찰계 진입으로 인해 여성 고용 확장의 기반이 확고하게 만들어지지 못했기 때문이다. 이에 대한 증거는 1925년 로스앤젤레스 시의회가 LAPD 소속 여성 경찰을 민원 담당직으로 재분류할 것을 고려했던 사실에서 찾을 수 있다(Appier, 1998). 그러나 강력한 로비 활동으로 여성 경찰은 지속적으로 'policewomen'으로 분류되는 권리를 지켰다.

최초 여성 경찰에 대한 국제적 비교는 극히 어렵다. 특히 누가 여성 경찰관으로서 자격이 있는지 구분하는 것이 어려울 때가 있다. 전 세계적으로 초기에 경찰이 되려고 했던 여성 대부분은 미국과 유사하게 자원봉사자이거나 급여를 받는다고 하더라도 민간인 자격이었다. 따라서 정확한 시기를 기준으로 의미 있는 단계를 수립하는 것이 어렵다. 영국의 경우 영국 경찰국, 특히 런던 내 여성 경찰관을 위해 헌신한 여러 여성 그룹 간에 알력이 작용했다. 1918년 런던경찰국 여성 순찰대Metropolitan Police Women Patrols가 공표되었지만, 영국 다른 지역의 많은 여성 경찰관이 가지고 있었던 권한, 예를 들어 체포권이 주어지지 않아서 이들 조직에 속한 여성들에게 타격을 안겨주었다(Douglas, 1999, 72).

나타라잔Mangai Natarajan(1996, 2)은 전통적 사회일수록 경찰 활동에서 여성이 맡는 역할 범위가 더 좁으며, "여성을 경찰 내부에서 현직 경찰로 배치하려는 전체 사회와 형사사법의 의지는 해당 사회의 사회적 · 경제적 발전 단계와 문화적 저항이나 지원에 따라 다르다"고 지적했다. 인도에서 경찰 분야 여성 고용에 관한 한 위원회의 1961년 보고에 따르면, 이

[표 10-1] 각 국가가 여성을 경찰 역할에 포함한 시기

국가명	채택 연도
캐나다[a]	1913
중국[a]	1933
영국[c]	1915
독일[a]	1903
인도[b]	1939
일본[a]	1946
나이지리아[a]	1955
폴란드[a]	1925
스웨덴[a]	1949
미국[a]	1910

a Segrave(1995), **b** Natarajan(1996), (1995), **c** Heidensohn(1992)의 논문에 보고된 자료를 종합한 것임

국가에서는 미혼 여성일 경우로 제한하여 고용을 지원했다(Natarajan, 1996). 어쨌든 여성 경찰관으로 간주하는 분리 기준에 유념하면서 [표 10-1]은 여러 보고서를 정리하여 각 국가가 여성 경찰관을 경찰력에 포함시킨 시기를 규정 지으려는 노력의 일환이다(매우 고정관념적인 역할로 제한되기는 하지만).

미국 내 최초의 여성 경찰관 웰스는 봉사 활동보다는 경찰 업무를 통해 여성과 소녀를 더 많이 도울 수 있다고 믿은 사회복지사이자 신학자였다(Feinman, 1986). 경찰 활동 분야에 진출한 이유를 물으면 그녀는 여성이 고집 세거나 학대받은 어린이를 위로하고 선도하면서 여성과 어린이의 범죄피해 예방 등과 같이 경찰 활동의 일부 측면에서 남성보다 더 효과적으로 업무 수행을 할 수 있다고 답변했다(Appier, 1998). 언론이 웰스를 '여성답지 않은 unfeminine' '근육질의 muscular' 등의 단어를 가지고 부정적으로 특징화했지만, 일부 사람은 그녀를 지지했다(Feinman, 1986)(이는 래프터 Rafter와 스탠코 Stanko[1982]의 논문 제1장에서 논의된 '남성다운 활동적 여성' 이미지의 예로 쓰였다). 그녀가 1914년 국제경찰국장협회 International Association of Chiefs of Police에서 연설했을 때, 청중은 "순찰차를 불러라, 또 한 사람이 정신 나갔다"라고 소리치며 야유를 보내는 등 매우 무례한 행동을 했다(Segrave, 1995, 15). 그녀가 이런 소동 속에서 얼마나 오랫동안 그 직무를 수행했는지 알려져 있지 않지만 적어도 1934년까지 은퇴하지 않은 것은 분명하다. 최초의 '여성 경찰관'이 된 후 웰스는 미국과 캐나다 전역을 돌면서 힘겨운 순회연설을 했고, 많은 장소에서 여성 경찰관의 고용 관행에 변화를 가져오도록 사람들을 결집시키는 데 큰 영향력을 발휘했다(Appier, 1998).

미국 전역 대도시에서 여러 여성단체가 1910년을 전후로 이들 분야에서 직업을 가질 의

향이 있는 수많은 여성과 함께 '여성 경찰보모'와 '여성 경찰'의 고용을 주창한 것에 대한 중요한 증거가 있다. 이들 여성단체의 압력은 1910~70년 미국 내 경찰국에서 여성 임용에 중요한 영향을 미쳤다(Segrave, 1995, 24). 그러나 '1970년대 이전의 미국 내 대부분의 경찰관이 백인 남성'이었다는 점에 유념해야 한다(Martin and Jurik, 1996, 48).

웰스는 다른 여성 경찰과 더불어 국제여성경찰협회(IAP, International Association of Policewomen)를 결성하는 데 공헌했다. 이 협회는 1915년부터 1932년까지 존속했다. 불행히도 이 단체는 다른 여성단체처럼 개혁주의와 금주단체(예를 들어 기독교여성금주협회〔WCTU〕)와 함께 쇠락했다. 특히 IAP는 남성 경찰단체, 특히 국제경찰국장협회(IACP, International Association of Chiefs of Police)의 인정을 받는 데 필수적인 리더십 부족으로 그 쇠락을 막지 못했다(Schulz, 1995). 슐츠Schulz(같은 책, 55)는 IAP의 종말은 사회변동을 예측하지 못한 지도층의 무능력도 일부 작용했지만 "초기 여성 경찰관이 경찰에 진출하여 여성의 영역을 확장하려고 노력했음에도 이들이 남성과 여성의 서로 다른 역할에 대한 관점을 고수했기 때문에 인정받는 것에 실패했다"고 주장한다. 실제로 초기 여성 경찰의 이런 관점은 경찰을 고용할 때 극심한 성차별적인 접근을 양산하는 데 일조했다.

> 1917년 미국공무원인사위원회U.S. Civil Service Commission는 여성 경찰관에 대한 최저 기준을 고졸 학력과 개별 사회사업social casework에서 최소한 2년간의 실무 경험 또는 이와 동등한 기술 훈련과 비즈니스 경험으로 정했다. 이 기준은 IACP와 IAP에 의해 지지되었고, 점차로 대부분 영역에서 시행되었다. 남성 경찰은 훨씬 낮은 기준을 충족하면 되었는데, 남성 지원자에게는 1960년대까지 고등학교 졸업 이외의 다른 조건은 요구하지 않았다(Segrave, 1995, 28).

본질적으로 보육에 대한 여성의 타고난 감각과 이들을 보육과 상응하는 업무에 배치하는 적절성은 로스앤젤레스 시 여성국Los Angeles City Mothers' Bureau에 잘 나타난다. 이 기관은 LAPD의 지부로 1914년부터 1964년까지 존속했으며 범죄 예방과 '반항적인 어린이, 배우자 지원, 학대하는 남편, 알코올 중독, 이민과 시민권, 이웃분쟁, 간통, 실업, 입양' 등의 사안에 대한 조언과 지원을 담당하기 위해 여성 경찰관으로만 구성되었다(Appier, 1998, 73). 전후 기간인 1950~60년대 여성 경찰관 수는 증가했지만, 그들 역할의 다양성은 크게 증대되지 않았다(Schulz, 1993). 그러나 같은 기간에 여성 경찰관은 그들의 역할을 넓히기 위해 활발하게 움직였다. Title VII은 평등equality에 대한 여성 경찰관의 염원을 창출하지는 않았으며 이미 1950년대 시작된 변화에 대한 법적 지원을 제공한 것이었다(Schulz, 1993). 그럼에도 1968년 이전에는 '어떤 여성도 경찰 활동의 중추적 역할을 하는 순찰 업무patrol duty에 배정되지 않았으며' (Martin, 1980, 48), 1972년까지 여성 경찰관의 역할은 전형적으로 남성 경찰관을 보조하는 것에서 크게 벗어나지 못했다(Hale, 1992).

> 1968년 인디애나폴리스 경찰국이 블랭켄십Betty Blankenship과 코팔Elizabeth Coffal을 순찰 업무에 배치함으로써 두 여성은 유니폼을 입고, 허리에 총벨트를 차고, 순찰차를 운전하며, 남성 경찰관과 동등한 지위에서 경찰관 호출에 답변하는 최초의 여성 경찰관이 되었다. 두 여성은 결국 순찰대에서 떠나 전통적인 여성 경찰관 업무로 복귀했지만, 경찰 활동에서 여성 역할의 기본이었던 어머니 역할mothering 개념으로의 연결을 무너뜨리는 계기를 마련했다. 일단 이런 개념의 연결이 무너지자 다음 단계인 현대 여성 순찰시대의 개막을 위한 무대가 마련됐다(Schulz, 1995, 5).

그러므로 경찰 활동의 문화는 실질적으로는 19세기 말부터 1960년대에 이르기까지 여성에게는 거의 비슷한 역할로 한정되었다(Hale and Bennett, 1995). 실제로 1970년대까지 미국에서 여성 경찰관의 역사는 남성 경찰관의 주된 업무가 형벌과 체포권이 포함된 임무였던 반면, 여성 경찰의 주된 업무는 여성과 청소년의 구금과 지도 활동이었다(Garcia, 2003, 134). 경찰 분야로의 여성 진출은 힘겹게 성취된 것이며, 아직까지 완전히 극복되지 않았다. 경찰 활동과 교도소 업무, 이 두 분야에서 여성의 주요 역할은 해당 직무에 대해 충분히 '남성'적으로 보여야 한다는 점이다. 시그레이브Segrave는 최초 여성 경찰관이 업무 중 살해당한 사건이 발생한 것에 대해 다음과 같이 지적했다.

> 업무 중 사망사건이 발생한 최초의 여성 경찰관은 워싱턴 DC 경찰국 소속 24세의 코브Gail Cobb였다. 그녀는 1974년 9월 총을 소지한 탈주자를 추적하다가 치명상을 입었다. 일부에서는 이 사건이 여성의 경찰 활동 분야로의 진출을 막는 데 도움을 줄 것이고, 경험을 통한 일종의 시련이며, 여성도 직무를 올바르게 수행해야 한다고 제시했다. 두말할 필요도 없이 아무런 효과가 없었고, 여성에 대한 차별과 성희롱은 여전히 계속됐다(1995, 115).

∷ 경찰 활동에 종사하는 여성 비율

1971년 당시 미국 내에서 순찰 업무를 맡은 여성 경찰관은 7명뿐이었다(Gates, 1976). Title VII의 시행과 더불어 순찰 업무를 맡는 여성 경찰관 수가 폭발적으로 증가했다. 마틴(1990, xi)은 "인구 5만 명 이상의 자치도시 경찰국에 근무하는 여성 경찰관의 비율이 1978년 전체 경찰관의 4.2퍼센트에서 1986년 거의 9퍼센트로 증가했다"고 지적한다. 1998년 미국 내 경찰law enforcement personnel의 10.5퍼센트를 여성이 차지했다. 2000년 미국 대도시 경찰국의 전일제 정식 경찰요원의 16.3퍼센트를 여성이 차지하고 있으며, 전일제 정식 경찰요원 중 12.5퍼센트가 보안관으로, 10.6퍼센트는 지방경찰국에 근무하고 있다(미국 사법통계국U.S. Bureau of Justice Statistics[2005]). 또 다른 정부 보고는 2000년의 통계를 다음과 같이 언급하고 있다.

> 자치 대도시 경찰국에 근무하는 경찰관과 보안관의 14퍼센트가 여성이었으며, 카운티county(군 단위) 소속 경찰관(보안관)의 12퍼센트가 여성이었다. 주 단위기관에 근무하는 경찰관의 6퍼센트가 여성이었다. 1990~2000년에 여성 경찰관의 평균 비율은 보안관을 제외하고, 각 기관마다 증대되었다(Reaves and Hickman, 2004, v).

미국 지방경찰국의 경우 정식 경찰관의 6.5퍼센트가 백인 여성이며, 2.7퍼센트가 흑인 여성, 1.1퍼센트가 라틴계 여성이다. 미국 연방보안국의 경우 정식 보안관의 9.1퍼센트가 백인 여성, 2.3퍼센트가 흑인 여성, 0.8퍼센트가 라틴계 여성이다(미국 사법통계국, 2005). 캐나다의 경우 법 집행 분야에서 여성 비율이 1965년 0.6퍼센트에서 2002년 15.3퍼센트로 증가했다(캐나다 통계국Statistics Canada, 2002, Tougas et al., 2005 재인용).

도시지역에 근무하는 여성 경찰관의 고용과 관련한 정치적 요인을 평가한 연구에 따르면 예산 감소를 경험한 부서에서 여성 경찰관의 고용이 상당히 감소된 것으로 나타났다(Warner, Steel, and Lovrich, 1989). 그리고 경찰 활동 직위 수의 증가는 여성 고용의 증가를 이끌어내는 데 실패했다. 특히 시위원회에 관여하는 여성이 많을수록 더 많은 여성이 경찰국에 고용되었다. 더욱이 구두상 소수자우대 조치에 관한 약속은 고용된 여성 경찰의 비율과 관련이 없었지만 법원이 부가한 자발적 프로그램이 여성 경찰관의 숫자 증가에 효과적으로 작용했다(같은 책). 이런 결과는 경찰 활동 분야에서 여성의 비율을 증대시키기 위해서는 정치적 리더십과 공식적인 정책 분야에서 여성의 역할이 중요하다는 사실을 대변한다. 플로리다의 한 연구는 지방경찰의 여성 비율에 관한 지역 노동시장의 효과를 분석했다. 그리고 "지방의 경제적 조건을 볼 때 남성과 여성 사이의 동등함의 정도, 자격을 갖춘 여성 신청자 풀pool의 이용 가능성 등 그 어느 것도 개별적 부서 내 여성의 비율에 영향을 미치지 않았다" 고 그 결과를 보고했다(Poulos and Doerner, 1996, 19).

남부 캘리포니아의 법 집행 직원의 인종과 성별 구성에 관한 연구에 따르면 "누가 고용되는가" 와 관련하여 다양한 요소가 관계된다고 보고했다(Schroedel et al., 1996). 특히 흑인 여성과 남성 둘 다를 고용하는 데 유사한 요소가 반영된 반면, 백인 경찰관과 라틴계 여성 경찰관의 고용에서는 성별 차이가 존재했다. (1) 관할권 내 흑인 인구의 비율이 높을수록 흑인 여성과 남성 모두 경찰관으로 고용될 가능성이 증가하고, (2) 경찰국장이 유색인인 경우 흑인 여성과 남성 모두 경찰관으로 고용될 가능성이 높고, (3) 소수자우대정책affirmative action은 흑인 여성의 고용 가능성을 높이지만, 흑인 남성의 고용에는 별다른 영향을 미치지 않으며, (4) 라틴계 남성 인구 비율이 높을수록 라틴계 남성 경찰관의 고용 가능성은 증가하지만, 이는 라틴계 여성의 경찰국 고용에는 별다른 영향을 미치지 않으며, (5) 경찰국상이 유색인인 경우 라틴계 남성의 고용 가능성은 증가했지만, 라틴계 여성의 경우에는 그렇지 않으며, (6) 폭력범죄 비율이 높을수록 라틴계 남성이 고용될 가능성은 감소했으나, 이는 라틴계 여성의 고용과는 관계가 없으며, (7) 실업률이 높을수록 라틴계 여성의 고용 가능성이 증대된 반면, 라틴계 남성의 경우는 그렇지 않으며, (8) 소수자우대정책은 라틴계 여성의 고용 가능성을 높이지만, 라틴계 남성의 고용에는 별다른 영향을 미치지 않으며, (9) 백인 인구가 높을수록 백인 여성이 고용될 가능성은 증대되지만, 백인 남성의 경우 그렇지 않으며, (10) 경찰국장이 유색인인 경우, 백인 여성이 고용될 가능성은 감소했으나, 백인 남성의 경우 아무런 영향이 없으며, (11) 실업률이 높고 소수자우대정책이 많이 시행될수록 백인 남성의 비율이 감소한 반면, 백인 여성에 대해서는 아무런 영향이 없다. 결론적으로 다양한 인종적-성별 그룹의 고용 가능성에는 다양한 요소가 영향을 미치는 것으로 나타났다(같은 책).

경찰국장 데이비스Ed Davis가 LAPD는 더 이상 여성을 원하거나 필요치 않는다고 발표하고 나서 2년 후인 1973년에 25년 경력의 경찰 베테랑 블레이크Fanchon Blake와 그녀의 여성 동료들은 로스앤젤레스 시와 경찰국을 대상으로 성차별 소송을 제기했다(Blake v. City of Los Angeles; Felkenes, Peretz, and Schroedel, 1993). 데이비스는 LAPD를 재조직하면서 여성 경찰관의 고용을 중지시켰을 뿐 아니라 기존의 여성 경찰관마저 민원접수 담당이나 비서 역할로 좌천시켰다. 1979년 이루어진 항소법원에서 원고가 소송에서 이겼으며, 1981년 흑인 여성, 라틴계 남성은 물론 모든 인종의 여성에 대해 더 높은 비율을 요구하는 "상호

동의한 '합의각서Consent Decree'"에 서명이 이루어졌다(Felkenes, Peretz, and Schroedel, 1993, 34). 이 결정으로 여성 고용이 증가했지만 요구한 수치에는 이르지 못했으며, 이후에도 여성 경찰관이 경험한 일상적인 비우호적 행위는 완화되지 않았다.

나타라잔(2001, 212)은 여성이 경찰에 진입이 더딘 이유로 네 가지를 제시했다. 그녀는 경찰세계의 남성지배적인 경향을 지적하고, 이것이 (여성의) 완전한 통합에 영구적인 장벽으로 작용할 것이라고 규정했다. (1) 여성이 해당 직무를 수행할 수 없을 것으로 간주하는 남성 경찰관의 편견, (2) 여성이 경찰관이 될 수 없다는 사회적 태도, (3) 여성과 남성 고유의 신체적 조건 차이, (4) 경찰 활동 직무를 가족을 부양하는 개인적 목표와 양립시키는 여성의 부족이 그것이다. 경찰관이 될 여성의 권리와 능력을 주창하는 페미니스트는 강하고 육체적으로 능력 있는 여성이 많으며, 현재 경찰관으로서의 경력과 가족을 부양하는 것에 균형을 이루고 있는 여성이 많다고 주장하면서 마지막 두 가지 이유에 논쟁을 제기한다. 그리고 경찰관에 대한 열망과 능력은 생물학적인 것에 의해 결정되는 게 아니다. 처음 두 가지 이유가 경찰직을 원하는 여성의 비율(모집)이 낮고, 취업이 된 후에 차별을 경험함에도 불구하고 계속 그 직책을 유지하려는 여성의 비율이 낮은 것을 가장 잘 설명한다.

브라운Jennifer Brown(1997)은 유럽국가 내 여성 경찰관의 평가에 관한 연구에서 여성이 경찰에 통합되는 6단계 과정을 제시했다. 1단계는 **진입**으로, 경찰관으로 재직할 남성이 부족한 결과로 생성된다(예를 들어 유럽의 제1차 세계대전). 2단계는 **별도의 제한적 발전**separated restricted development으로 여성 경찰관을 여성이나 어린이와 관련된 사안만을 다루도록 제한을 두는 것이다. 이런 성차별적 제한sexist restriction은 3단계인 **통합**을 요구하는 입안으로 이어진다. 통합은 법안에 따라 이루어지는데, 남성 경찰관의 저항에 부딪히게 되고 여성 경찰관의 소송 제기를 불러일으킨다. 이런 소송은 4단계인 **도약**으로 이어지는데, 여성의 수가 증가하면서 남성 경찰관의 여성 경찰관에 대한 성희롱을 포함해 상당한 역공을 받는 단계다(같은 책). 남성 경찰관의 저항과 여성 경찰관에 대한 차별대우에 대한 연구물이 축적됨에 따라 5단계, **개혁**으로 나아가게 된다고 제시했다. 5단계에서는 외부인에 의한 감시와 더 투명한 불평처리 과정, 향상된 훈련과정이 증대된다. 마지막 6단계는 **전도**顚倒로 여성 경찰관의 숫자가 소수 그룹에서 좀 더 대등한 비율(25% 정도)로 증대된다. 브라운(같은 책)은 이 모델이 각국마다 여성 경찰관의 다양한 비율이 각 단계의 진전 정도에 따라 달라지는 것을 설명하는 데 도움이 될 것이라고 제시한다.

나타라잔(2001, 213)은 브라운의 6단계 모델이 서방국가에는 잘 적용될 수 있지만, 여성의 역할과 의무에 상당히 다른 기대를 갖는 전통적 사회에 대해서는 적용이 가능한지에 의

문을 제기했다. 여성 경찰관에 대한 장기적이고 전국적인 연구에서 나타라잔(2001)은 미국 뉴저지의 여성 경찰관에 대한 1988년 자료는 물론 인도 타밀나두Tamil Nadu의 경찰국을 대상으로 세 번의 시기(1988, 1994, 2000)에 수백 명의 여성 경찰관(여성으로만 구성된 경찰 단위, 성〔남성/여성〕이 통합되어 있는 단위, 경력 있는 여성 경찰관, 그리고 신규 임용 여성으로 분류)에 대한 자료를 확보했다. 남성 폭력에 의한 여성의 피해사건만을 주로 다루는 여성 경찰을 조사하기 위해 두 자료 모두 여성으로만 구성된 경찰 단위를 기준으로 하여 조사가 이루어졌다. 질문지에는 다음과 같이 응답자가 선호하는 여성 경찰관의 역할을 측정하는 항목으로 이루어졌다.

- 전통적 역할: 여성 경찰관의 직무는 남성 경찰관과 달라야 한다. 일반적으로 여성과 어린이와 관련되는 일로 그 업무를 제한한다.
- 수정된 역할: 여성도 남성과 유사한 업무를 처리해야 한다. 그러나 폭력 발생 가능성이 있는 분야는 제한한다.
- 통합적 역할: 여성과 남성은 동일한 경찰 활동 책무를 수행해야 한다.

나타라잔의 첫 번째 연구 결과 여성으로만 구성된 경찰 부서에서 일하는 여성 경찰들은 1994년의 조사보다 2000년의 조사에서 (남녀 경찰관이) 통합된 부서에서 근무하기를 더 원하는 것으로 나타났다. 연구자는 이를 여성으로만 구성된 경찰 부서에 근무하는 여성 경찰관의 각성에 따른 것일 수도 있지만, "여성으로만 구성된 경찰 부서에 근무한 여성 경찰이 업무 수행을 성공적으로 해냄으로써 통합된 부서에서도 근무할 수 있다는 자신감이 향상된 결과일 수 있다"고 추측했다(같은 책, 228). 둘째, 신규 임용 여성(젊은 세대)의 경우 경력 있는/연장자 여성 경찰관이나 여성으로만 구성된 경찰 부서에 근무하는 여성 경찰보다 통합적인 역할을 선호하는 것으로 나타났다. 셋째, 더 통합적인 경찰 활동 역할에 대한 인도 여성의 열망을 나타내는 이런 변화에도 불구하고 통합적인 역할에 대한 2002년 인도의 신규 임용자의 선호도(76%)는 1988년 뉴저지의 신규 임용자의 선호도(93%)보다 유의미하게 낮은 것으로 나타났다(같은 책). 나타라잔(같은 책, 229)은 브라운(1997)의 6단계 통합 모델이 서방의 민주국가에서 적용하는 데 제한이 없을 수도 있지만, 전통적 국가에서는 여성과 남성의 동등한 경찰 활동 역할의 통합이 서방국가보다 다소 더디게 진행되며 상황이 역전될 가능성이 더 높다고 결론지었다.

나타라잔(2001)은 인도의 타밀나두에서 여성만 근무하는 경찰 부서가 1990년대 초기부터 시행된 것으로 규정했으며, 배우자학대 사건을 다룬 그들의 노력을 높이 평가했다(Natarajan, 2005). 그 외 다른 자료로 1985년 브라질의 상파울루에서 시행된 여성 전용 경찰서가 있다(Hautzinger, 2002; Santos, 2004). 이에 관한 내용은 이 장의 앞부분에 제시된 '비교연구적 관점' 에 설명되어 있지만, 상파울루의 여성 전용 경찰 부서의 시행과 관련하여 단점을 분석하는 것이 유용하다는 생각이 들어 언급하기로 한다. 상파울루의 여성 전용 경찰 부서의 시행에는 두 가지 단점이 있다. 첫째, 해당 부서를 구축한 여성과 delegacias(여성 경찰관들), delegadas(해당 부서를 책임지는 경찰국장/행정부장), delegacias가 대응한 피해자 사이에 중요한 인종적이고 계층적인 차별이 존재했다(Hautzinger, 2002, 243).

> 그래서 가난한 흑인 여성들이 delegacia(여성 경찰관)이 처리해야 하는 일의 대부분을 차지했다. 피부색이 밝고, 더 높은 교육을 받은 여성이 경찰관으로 근무했으며, 대부분 백인이고 대학교육을 받은 여성이 delegadas 또는 행정 경찰장으로서 여성 전용 경찰서를 운영했다. delegacia도 사회의 축소판으로 계층과 피부색 조건에 따른 지위와 권력의 분배, 의존성이 반영되었다.

여성 전용 경찰을 만든 사람과 여성 경찰관 사이의 거리는 여성 경찰관에 대해 부적절한 기대를 양산했다(같은 책). 더욱이 이는 첫 번째 단점과도 연관되는 것으로 여성 전용 경찰서에 근무한 delegacias 대부분이 자신의 직무를 이 논문에서 부르는 '사내다운 일을 하는' 것이 요구된다고 규정했다. 즉 대부분이 자신의 직무를 남성 경찰관이 수행하는 것과 동일한 업무를 시행함으로써 성취감을 얻는 것으로 간주했다. 그러므로 여성 전용 경찰서 프로그램을 조직한 페미니스트들은 delegadas와 delegacias도 남성폭력에 희생된 여성 피해자 돕기를 원하는 페미니스트라고 가정하는 오류를 저질렀다(Hautzinger, 2002; Santos, 2004). 여성 경찰관이 자신을 경찰로서, 잠재적으로 폭력적이면서 다소 남성적인 근무자로 규정하는 것은 참여한 여성 피해자를 규정하는 면에서 복잡성을 드러낸다(Hautzinger, 2002, 246). 결론적으로 여성 전용 경찰서에 대한 아이디어는 획기적인 것이었으나 그 시행에서는 delegacias, delegadas와 그들이 봉사하는 대상인 고객의 삶과 경험에 대한 이해의 실패로 심각한 국면에 처하게 되었다.

1972년까지 여성은 보안 업무나 미 연방수사국Federal Bureau of Investigation의 요원으로 임용되지 않았으나 1993년 미국 보안수사부U.S. Secret Service 요원 중 거의 10퍼센트가 여성이었다(Segrave, 1995, 111-112). 슐츠Schulz(1995, 6)는 "소규모 경찰서를 제외하고 최고 직위에 오른 여성은 찾아보기 힘들다"라고 주장한다. 해링턴Penny E. Harrington은 1984~86년 오리건 주 포틀랜드 경찰국장으로 재직했다. "1994년 당시 오직 2명의 여성만 추가적으로 주요 도시 경찰국장으로 임용되었을 뿐이며 17,000여 개의 자치시 법 집행기관 중 100여 개 이하 직위만 여성에 의해 주도되었을 뿐이다"(같은 책, 6). 2004년 미국 내 200여 명의 여성 경찰국장과 30여 명의 보안관장이 재직했는데, 이는 전체 법 집행 분야 관리자급의 1퍼센트를 차지하는 것이었다(Schulz, 2004b). 경찰 활동 분야의 관리자급 직위의 여성에 관한 저서 두 권이 최근에 발간되었다. 한 권은 미국(같은 책), 다른 한 권은 영국(Silvestri, 2003)을 대상으로 했다. 이 두 저서는 다양한 방법으로 최고위직에 오른 여성과 그들이 직면해야 했던 장애물을 소개했으며, 경찰 활동의 변화를 위한 최고위직에 오른 여성의 잠재성에 대해 논의하고 있다.

:: 여성은 왜 경찰관이 되려고 하는가

여성이 경찰관이 되려는 이유를 조사한 연구에 따르면 남성이 경찰관이 되려는 이유와 유사하다. 기본적으로 여성과 남성은 사람들을 도와주고 싶어 하거나 자신이 속한 공동체에 공헌하기를 바란다(Schulz, 2004b). 여성 경찰국장에 관한 한 연구에 따르면 이들 중 대부분이 교직이나 간호, 기타 사람을 돕는 경력을 쌓은 후에 경찰 활동 분야에 입문했다고 한다. 그러나 급여와 수당 또는 (직업적) 흥미 또는 단순한 호기심에서 경찰 활동 분야를 선택한 여성도 있다(같은 책). 특히 여성이 많이 진입하는 봉사 관련 직업군helping professions은 법 집행이나 소방 분야의 직업만큼 급여가 많지 않다. 소수의 도시를 제외하고 경찰관과 소방관은 더 높은 급여를 받으며, 교사나 사회복지사보다 더 젊은 연령에 퇴직이 가능하다(같은 책, 18). 다음 장에서 법률 분야의 여성 진출에 관하여 논의할 때 이와 유사한 사항에 대해 언급하겠지만, 여성 경찰국장은 남편이 경찰국 내에서 근무하거나 근무했던 경우가 많다(Schulz, 2004b).

:: 업무 수행에서 나타나는 성 차이

여성의 순찰 업무를 둘러싼 주요 논쟁 중 하나는 여성이 그 업무를 감당할 수 있을 만큼 육체적으로 강한가에 초점이 맞춰졌다(Townsey, 1982a). 형사사법 분야의 업무 수행에서 성 차이를 분석하는 연구 대부분이 경찰 업무에 집중되어 있으며, 순찰 업무 분야에 많은 수의 여성이 고용되는 결과를 가져온 Title VII의 시행 직후를 대상으로 시행되었다. 대체로 이들 연구는 여성이 남성만큼 능력이 있다는 사실을 보고했다(Bartlett and Rosenblum, 1977; Bartol et al., 1992; Bloch and Anderson, 1974; Grennan, 1987; Sherman, 1975; Sichel et al., 1978). 이런 발견은 매우 인상적이다. 왜냐하면 여성 순찰대를 평가한 많은 연구들은 그 자체도 매우 성차별적인 접근을 하고 있기 때문이다. 즉 이들 연구는 남성적 기질은 가치가 있는 반면, 여성적 기질은 가치가 없는 것으로 폄하하는 성차별적 경향을 보였는데 사실상 이런 기질 대부분은 경찰 활동과 의미 있는 연관성이 없는 것이다(Morash and Greene, 1986). 즉 여성의 순찰 업무 평가에 관한 연구는 여성 경찰의 직무 여부를 판단하기 위해 먼저 남성 경찰관이 올바른 직무를 수행하고 있는지 조사했다. 사실 성차별적인 이런 전제조건에서도 직무 수행 평가를 제대로 측정한 것이다. 여성 경찰관을 받아들이게 되는 일련의 진전은 1990년 시행된 한 연구에서 다음과 같이 입증되었다.

> (여성과 남성 경찰관 사이의) 육체적 차이에 관한 강조는 여성 경찰관이 자신과 파트너를 방어할 수 있는 능력을 입증함으로써 감소했다. 또한 작은 키로 인한 단점 대부분을 극복할 수 있는 방어기술 코스도 개발되었고(법정소송을 피하기 위해 고안된), 경찰국별 정책도 경찰의 육체적 공격 활동을 억제했다(Martin, 1990, xiii).

여성 경찰관을 평가하는 연구자는 전반적으로 이들이 경찰 활동 역할에 긍정적인 영향을 미친다고 보고한다. 한 예로 여성 경찰관이 남성 경찰관보다 더 많은 시민의 지원을 받고 더 좋은 관계를 수립한다고 밝힌 연구도 있다(Bloch and Anderson, 1974; Felkenes and Trostle, 1990; Marshall, 1973; Sichel et al., 1978). 다른 연구자는 여성 경찰관이 남성 경찰관보다 잠재적 폭력 상황을 진정시키는 데 더 나은 기술을 발휘한다고 제시했다(Belknap and Shelley, 1993; Bell, 1982; Gates, 1976; Grennan, 1987). 여성 경찰관이 성폭력 피해자와 매 맞는 여성에 대한 공감, 경찰 활동에 대한 광범위하고 창조적인 시각 소유 등 '선한 경찰 활동'과 연관되는 기질을 가졌다고 지적한 연구도 있다(Feinman, 1986; Homant and Kennedy, 1985; Kennedy and Homant, 1983; Price, 1974).

지역사회 경찰 활동(C-O-P, Community-oriented policing)에 관한 연구는 경찰관과 그들이 근무하는 담당 구역 사이에 강한 연결의 중요성을 강조하며, 여러 가지 측면에서 C-O-P

구축을 위한 경찰과 시민관계가 초기 여성의 경찰 활동과 연관되고, 심지어 오늘날에도 여성 경찰관이 보여주고 있는 성별 차이와도 맥락을 같이한다(Miller, 1999). 더욱이 남성우위적 기관인 경찰 부서는 사회적 통제를 책임지고 있다(같은 책). 동시에 C-O-P는 심지어 C-O-P 프로그램을 진행하는 부서 내에서조차도 진짜 범죄와 맞서 싸우는 대신에 사회복지 활동을 한다는 부정적 비난을 받기도 한다(Garcia, 2005). 경찰 직권남용에 대한 시민 불만 연구에 따르면, 전체 불만 건수 중 경찰관을 대상으로 한 불만에서 남성 경찰관에 대한 것이 지나치게 많은 반면(88%의 남성으로 구성된 부서에 속한 경찰관에 대한 불만이 95%였음), 경찰권의 오용에 대한 고발을 포함해 시민 불만의 형태에서는 성차가 없었다(Lersch, 1998). 인디애나폴리스 경찰에 관한 이와 유사한 연구에서도, 시민에 대한 경찰의 육체적 또는 언어적 강제력 사용에서 성 차이는 발견되지 않았다(Paoline and Terrill, 2004). 유일한 성차는 여성 경찰관에 의해 사용된 완력의 수준은 용의자의 성별과 통계적으로 관련이 적은 반면, 남성 경찰관은 남성 용의자에게 더 높은 수준의 완력을 사용하는 경향이 있다는 것이다(같은 책, 114).

흑인 여성 경찰관에 대한 최근 연구에서는 어떻게 이들이 흑인 공동체 내에서 성장했으며, 어떻게 흑인 여성으로서의 경험을 가지고 소수 인종 그룹에 더 동정적인 관점을 보이는지, 경찰-소수 인종 대립에서 더 효과적으로 대응하는지 등에 대해 상세한 내용 분석이 시행되었다(Dodge and Pogrebin, 2001, 556). 정확히 말하면 이는 C-O-P 지침과 일치하지만, 경찰관은 C-O-P가 부서 내에서의 지원결여와 조롱대상이 되고 있음을 말해준다. 또한 C-O-P에 관여하는 경찰이 진짜 경찰인지 여부에 도전을 받는다고 한다(Garcia, 2005).

위에서 언급했듯이 Title VII의 시행은 미국 역사상 최초로 여성을 경찰 순찰 업무에 고용하는 결과를 가져왔다. 그러나 Title VII이 시행된 후에도 성차별은 어느 정도까지 남아있다. 여성 경찰관은 주변화되었을 뿐만 아니라 성을 이유로 급여차별과 승진 제한이 적용되었다. 예를 들어 경찰 활동 분야에서 승진과 진보는 직접적으로 순찰과 탐정, 조사 업무와 연관이 있다. 그러나 여성은 역사적으로 이들 업무에서 제외됐다. 또한 여성이 전반적으로 차지하는 비율이 낮았고(2000년 기준으로 약 14%), 경찰국 내에서 낮은 지위(경관)에 머물러 있어 비남성적 방법으로 경찰 활동 정책을 수립하는 데 어려움이 있었다. 더군다나 차별에 대항하여 기존 법을 이용하는 것은 위험할 수도 있다. 반대소송과 적대감(심지어 폭력까지 동원)의 반발이 기본권을 얻기 위해 소송을 벌이는 억압받는 (여성) 그룹과 개인을 향해 폭발하기 때문이다(Smart, 1989, 138).

프라이스Barbara R. Price(1989)가 지적했듯이 문제는 다음과 같다. 여성이 경찰 활동을 얼마나 변화시킬 수 있는가, 경찰 활동이 여성을 얼마나 변화시킬 수 있는가? 여성이 현상 유지의(남성처럼 경찰 활동을 이행하는) 주체가 되려고 투쟁하는 것이 그렇게 위험한가? 또는 여성이 실제로 남성과 다른 직무를 수행하는가? 만약 성차별과 성희롱이 없다면 여성은 직무를 다르게 수행했을 것인가? 슐츠(2004a)는 페미니스트 범죄학자들 사이의 논쟁을 다음과 같이 규정한다. 여성과 남성이 직무를 유사하게(예를 들어 여성이 남성의 경찰 활동 스타일에 순응하는 것) 수행하는 성 중립적 경찰 활동이 목표가 되어야 하는가? 아니면 여성과 남성이 직무를 다르게 수행하도록 성별화된 경찰 활동gendered-policing의 허용을 목표로 해야 하는가? 또는 짐머Zimmer(1986)의 연구에 등장하는, 자신이 남성보다 직무를 더 잘 수행한다고 믿는 여성 간수와 상응하도록 하는 목표를 세워서 남성이 여성 경찰관처럼 경찰 직무를 수행하는 것이 목표가 되어야 하는 것인가? 이런 논쟁은 어느 정도 놀림조의 발언이지만, 미래연구에서는 경찰 신규 지원자의 이상적인 경찰 역할의 수행이 성별화되어야 할 것인가에 대한 논의가 필요하다. 아마도 경찰 활동에 진입하는 지원자가 무엇을 기대하고 어떻게 직무를 수행할 것인지에 대해서 특히 여성이 경찰 활동에서 강제와 완력을 사용하고, 시민을 위로하고, 또는 적어도 그들이 최초로 순찰 업무를 시작할 때 원래 생각했던 것보다 더욱 남성처럼 직무 수행을 한다는 연구 결과들을 볼 때 앞으로 성 차이는 그리 크게 존재하지 않을 것이다(DeJong, 2004; Lersch, 1998; Paoline and Terrill, 2004).

최근의 한 연구는 감정노동emotional labor이 경찰 사이에서 성별화된 방식으로 수행되는 것에 대해 다루고 있다(Martin, 1999). 한편으로 경찰 직무 중 범죄에 대항할 때는 근육적인 면이 필요하지만, 다른 한편으로 정서적으로 매우 불안정한 상태에 있는 피해자와 증인에 대한 적절하고 적어도 온정적인 대응은 여성다움과 양육/엄마다움과 더욱 연관성이 있다. 마틴(같은 책)은 경찰관의 대민 업무에서 경찰의 성별과 시민의 성별에 따라서 그 대응에 차이가 있는지, 성역할 기대, 즉 성별에 따른 차이에 대해 설명하고 있다(예를 들어 남성 경찰관은 남성과 여성 시민과 어떻게 대화하는가와 여성 경찰관은 남성과 여성 시민과 어떻게 대화하는가). 또한 시민에 대한 경찰의 대응이 성별로 다르게 기대될 뿐 아니라 동료나 상사를 대하는 데 있어서도 분노를 터뜨리고, 공포심을 드러내며, 유머를 활용하는 데 있어서의 성차별적인 사회적 인식을 포함하여 대응 양상이 성별화되어 있다(같은 책). 요약하면 경찰은 다양한 환경(피해자와 범죄자를 포함하여)에 있는 사람과 대응해야 하며, 범죄를 통제하는 일(남성다움과 연관)과 커뮤니케이션 능력(여성다움과 연관)을 갖추어야 한다는 엄청난 주문을 받고 있다(같은 책).

이런 성별화된 노동에 대한 검증이 데종DeJong(2004)에 의해 시행되었는데, 경찰관 성별과 시민의 성별이 경찰관이 시민에게 편안함을 제공할 가능성과 관련이 있는지 분석하는 것이었다. 놀랍게도 위로의 역할을 하는 데 있어 경찰관의 태도와 행태는 성별화되지 않았다. 오히려 경찰관인 여성과 남성 모두 시민이 필요로 할 때(예를 들어 상해를 입었거나 우울증세, 피해 경험이 있을 때) 위로하는 역할을 수행한다. 그러나 대학생을 대상으로 한 연구에 따르면, 그들은 경찰이 적절하게 대응했느냐에 대해 성별화된 기대를 가지고 있었으며, 이것은 여성 경찰의 업무수행에 대한 부정적인 영향을 반영한다(Grant, 2000). 만약 그들이 피해자를 잘 다루면 그들이 원하든 그렇지 않든 간에 해당 업무를 수행하도록 요구받게 되고, 그런 역할을 하도록 기대된다. 적절한 대응에 대한 고정관념적 판단은 범죄의 유형에 따라 더욱 복잡해진다. 예를 들면 사형선고가 내려질 수도 있는 중범죄 상황에는 여성 경찰이 잘 대처할 수 없다는 인식은 실제 직무평가에 그대로 반영될 가능성이 높다(같은 책).

:: 여성 경찰관의 분류

이전 장에서 1970년대 기업에서 근무한 최초 여성이 직면했던 역할(예를 들어 착한 아이, 엄마, 남자를 유혹하는 여자, 냉철한 여인)에 대한 칸터Kanter의 분류를 살펴보았다. 경찰 분야의 여성이 남성 동료들로부터 강요받았던 유사한 역할에 대한 연구가 진행되었다. 교도소 내 직무에 대한 남성중심적 관점과 유사하게, 남성 경찰관의 경찰 업무에 대한 이해는 문화적으로 남성다움, 특히 육체적 힘과 공격의 중요성을 강조하는 데 초점을 맞추고 있다. 남성 동료와 감독관의 이런 관점은 남성의 여성 동료에 대한 관점과 일부의 경우 범죄에 맞서 대항하는 역할에 대한 여성 스스로의 관점 둘 다에 영향을 미치는 것으로 보인다.

여성 경찰관에 대한 연구는 칸터가 분류한 역할과 부분적으로 일치하는데, 여성 중 3분의 2가 자신을 여성 경찰관으로서가 아닌 '엄마와 여동생, 여성'으로 간주하고 표현하는 남성 경찰관에게 친밀감을 느낀다고 보고한 반면, 여성 중 3분의 1이 남성 경찰관에게서 별다른 지지를 느끼지 못한다고 밝혔다(Jacobs, 1987). 순찰 업무를 맡은 최초의 여성에 관한 연구도 **남성** 경찰관의 여성 경찰관에 대한 관점이 다음의 세 가지에 해당된다는 사실을 발견했다. 전통파와 현대파, 중도파가 그것이다(Martin, 1980). **전통파**는 여성 경찰관이 순찰 부서에 소속되어서는 안 되고, 소속되었다 하더라도 후배 동료로서 보호되고 대우받아야 한다고 믿었다. **현대파**는 여성 경찰관과 동등하게 근무할 의지를 갖고 있다. 마지막으로 **중도파**는 여성 경찰관에 지원적이지도 부정적이지도 않으면서 양가적인 태도를 보이는 사람들이다. 토큰 우먼token women(명목상의 지위에 오른 여성)에 대한 다른 연구 결과와 마찬가지로, 흑인 남성 동료가 백인 남성 동료보다 여성 경찰관을 더 동등하게 지원했다(같은 책).

헌트Jennifer Hunt(1984)는 젠더와 경찰 활동에 관한 참여 관찰연구에서 남성 동료가 여성 경찰관을 빈번하게 '시험' 한다고 보고했다(포르노물을 보여주거나 토플리스 바에 데리고 가는 등). 또한 헌트(같은 책)는 남성 경찰관이 여성 경찰관을 단순히 '여성 동성애자' 나 '매춘부' 로 이분하려는 경향을 보인다고 보고했다. 그녀는 여성 경찰관이 인정받기 위해 남성다움과 여성다움 두 요소를 결합시키려는 노력을 하면서 외줄타기를 하고 있다고 지적했다. 만약 한 여성이 '너무 여성적' 으로 행동한다면, 그녀는 경찰 직무에 적당하지 않다고 비난을 받는다. 그러나 여성이 '너무 남성적' 으로 행동한다면, 그녀 역시 여성답게 행동하지 않는다는 비난을 받는다(Garcia, 2003, 341). 헌트(1990)의 연구는 여성 경찰관의 출현을 달가워하지 않는 남성 경찰관이 이들을 '남자를 유혹하는 여자' '엄마' '레즈비언' 등 전형적인 범주에 속하게 함으로써 자신의 혼란스러움을 해결하려 한다고 보고했다. 또 다른 연구는 백인 남성 경찰관은 그들이 '귀염둥이' '엄마' '유혹녀' 등으로 깎아내린 백인 여성 경찰관을 '보호' 하고 있음을 발견했다. 그러나 흑인 여성은 같은 역할을 한 경우에 백인 여성이 받는 보호 혜택을 받지 못하고 있으며 오히려 '게으른' 사람으로 인식되었다(Martin, 1994, 391).

이 절에서 남성 경찰관과 감독자가 여성 경찰관을 범주화하는 방법에 대해 보고했는데, 일부 연구는 여성이 이런 상황에 어떻게 대처했는지에 관해 밝혔다. 이미 지적했듯이 일부 남성 경찰관이나 교도관은 여성도 자신들이 하고 있는 일을 잘 수행할 수 있다는 사실에 위협을 받았다. 그들은 직무에 대한 모든 것이 남성다움과 연결되어 있어서 여성이 그런 업무를 담당하는 것이 불가능하다고 믿었다. 따라서 순찰 업무에 대한 여성 경찰관의 초기 연구에서 이들이 경찰을 강조하거나(POLICEwomen), 여성을 강조하려는(policeWOMEN) 경향을 발견한 것은 그리 놀라운 일이 아니다(Martin, 1979). 마틴Susan E. Martin은 자신의 여성이라는 지위를 강조하지 않으면서 프로페셔널리즘, 적극성, 직업적 성취도와 부서 내 충성도 등을 통해 여성의 지위보다는 그들의 직무를 강조하는 여성을 경찰 여성(POLICEwomen)으로 분류했다. 반면 마틴(같은 책)의 여성 경찰(policeWOMEN)은 여성 정체성을 강조한 여성 경찰관으로서, 종종 귀속적 여성의 역할(예를 들어 '어린 소녀')을 묵묵히 해내고 '진짜' 경찰 업무에서 배제되는 여성 경찰관을 의미한다. 여성 경찰(policeWOMEN)이 무능력한 경관으로 비춰지는 반면, 경찰 여성(POLICEwomen)은 이상한 여성으로 간주됐다. 그러므로 남성 경찰관은 자신이 직무를 수행하지 못할 수도 있다는 사실과 여성이 자신의 직무를 제대로 수행할 수 있다는 사실로 인해 위협받는 듯했다. 짐머(1986)는 교도소와 구치소에서 근무하는 여성에 대한 대처전략 역할을 규정한 연구에서 자신의 **제도적 역할**과 마틴(1979)의 경찰여성(POLICEwomen) 역할, 그리고 자신의 **수정적 역할**을 마틴(같은 책)의 여성 경찰(policeWOMEN)의 역할과 비교했다(마틴[같은 책]은 두 가지 역할, 짐머[1986]는 세 가지 역할을 규정했다).

마틴(1994, 395)은 헌트(1984)와 유사하게 많은 여성 경찰관이 "그들이 자신의 여성성을 유지하면서 경찰관으로 성공하고, '그대로의 나'로서 개인적 인정을 받기 위해 그들에게 허용되는 정체성을 위해" 투쟁한다는 사실을 발견했다. 이런 노력 속에서 그들은 너무 남성적이거나 너무 여성적으로 행동함으로써 극단적 역할연기를 하는 다른 여성 경찰관을 비난하기도 한다(예를 들어 '매춘부' '남에게 의지하는 여자' '납작 엎드려서' 부서 내에서 승진하는 행위). 이들은 이처럼 너무 남성적이거나 너무 여성적인 여자 동료를 남성성과 여성성의 사이에서 절충해 온 경관까지 포함한 모든 여성 경찰관에게 악영향을 미치는 전형적 타입으로 확신한다.

이런 여성 경찰관 범주는 여성을 성별화시키는 다양한 방법과 관련해 중요하다(제1장 참조). 일부 여성(교도소 업무에 관여하는)에게 한 가지 대처법은 전통적 성역할에 대해 강한 연결성과 이미지를 유지하는 것이다(예를 들어 마틴의 policeWOMAN 역할). 사우스게이트Southgate(1981)는 영국에서 최초로 남성 경찰관과 동일한 경찰 업무를 맡도록 배치된 700여 명의 여성을 대상으로 설문조사를 실시했다. 설문조사에서 그는 이들의 역할을 다음 세 가지로 구분했다. **전통적 역할**은 여성의 전문화되고 여성에게 '적절한' 것으로 특징지어진 역할을 의미하며, 피해자나 범죄자로서의 소수자와 여성에 대응하는 업무 등 특정한 직무를 수행한다. **통합된 역할**은 여성이 남성 경찰관과 동등한 직무를 수행할 것으로 기대되는 역할이다. 마지막으로 **수정된 역할**은 전통적 역할과 통합된 역할 사이의 교차로 특징되는데, 여성에게 전통적 역할이지만 '남성/여성 간의 성 차이를 고려한' 더욱 다양한 범위의 책무가 주어진다(같은 책, 163). 남성 파트너와 동일한 경찰 활동을 배정받은 참가자 중 거의 반수(49%)가 수정된 역할을 선호했으며 3분의 1(36%)은 통합된 역할을 선호했고 단지 15퍼센트만 전문화된 또는 전통적 역할을 선호했다(Southgate, 1981). 물론 대부분 여성이 필리핀의 여성 경찰관에 대한 최근 연구(de Guzman and Frank, 2004)에서 밝힌 것처럼, 전형적 유형의 임무를 배정받았음을 유념할 필요가 있다.

도지Dodge와 포그레빈Pogrebin(2001)의 흑인 여성 경찰관에 대한 연구에 따르면, 여성 경찰관들은 대부분의 백인 남성 경찰관은 흑인 아동과 성인을 외계인으로 간주하고 그들과 거의 상호작용을 하지 않았다고 보고했다. 또 흑인 남성과 흑인 여성 경찰관을 합해도 그 수가 적고 영향력이 거의 없다고 생각하기 때문에 백인 경찰관이 시민과 대면할 때 인종차별적 언어를 사용하도록 허용하거나 심지어는 장려하는 것 같다고 응답했다. 연구 참여자는 동료 흑인 남성 경찰관으로부터 받은 지원의 수준에 대해 다양한 보고를 했다. 많은 사람이 자신들의 등장으로 흑인 남성 경찰관의 지위가 향상됐다고 믿었다. 그러나 참가자 중 일부는 흑인 남성 경찰관이 해당 부서 내에서 자신의 (인종차별적인) 불안정한 지위로 인해 비지원적이었다고 보고했다(같은 책). 마지막으로 흑인 여성 경찰관은 자신이 백인 여성에게 필요한 것보다, 다른 경찰관(대부분 남성 경찰관)의 보호를 받을 필요가 덜하다고 간주했다. 이들은 경찰 활동 직무를 수행하는 자신의 능력에 자부심을 가지고 있었다(Dodge and Pogrebin, 2001; Pogrebin, Dodge, and Chatman, 2000).

나타라잔(1996)의 인도 여성에 관한 최근 조사는 사우스게이트(1981)의 영국 조사와 유사한 결과를 보여주는데(순찰 업무가 새로운 것이었기 때문에), 상당한 비율의 여성이 남성이 도보순찰, 교통위반과 사고 감시, 자동차를 이용한 순찰, 흉기사용 상황, 남성 군중 등을 포함해 다양한 경찰 활동 중 경찰 활동 직무 수행에 더 잘 맞거나 유능하다고 보고했음을 알아냈다. 그러나 많은 여성 경찰관은 자신이 여성 용의자의 취조, 보고서 작성, 가정폭력 신고를 받고 출동하는 것, 청소년 범죄 등의 사건을 처리하는 데 남성보다 더 많은 능력을 발휘할 수 있다고 믿었다. 정확히 여성 경찰관이 볼 때 남성이나 여성이 더 잘하거나 더 못하는 것으로 생각되는 경찰 활동 사이의 경계는 상당히 성별화되어 있다. 나타라잔(1996, 9)은 사우스게이트(같은 책)의 범주에 근거해 여성에게 경찰국 내에서 어떤 역할과 스타일을 선호하는지 질문했다. 조사에 참가한 여성 경찰관 중 거의 반수(46%)가 전통적 역할을 선호했으며, 3분의 1(33%)이 통합된 역할, 4분의 1 정도(24%)가 수정된 역할을 선호하는 것으로 나타났다. 그러나 '소수의 여성만이 (경찰 활동으로) 지정된 업무의 대부분을 경험했을 뿐이며' 더 광범위한 경찰 활동 업무, 특히 순찰과 범죄예방 등 일선의 기능을 경험한 여성은 비전통적 역할을 가장 선호하는 것으로 나타났다.

:: 여성 경찰관에 대한 저항

순찰 업무를 맡은 최초 여성의 투쟁

순찰 업무를 맡은 여성 경찰관에 대한 연구들의 긍정적인 평가도 그들이 동료 경찰관이나 때때로 관리직으로부터 받는 상당한 적대감으로부터 이들을 보호해 주지는 못했다(Balkin,

1988; Belknap and shelley, 1993; Bloch and Anderson, 1974; Christopher et al., 1991; Gratch, 1995; Heidensohn, 1992; Jacobs, 1987; Marshall, 1973; Martin, 1983; Martin, 1980, 1990, 1994; Martin and Jurik, 1996; Pogrebin and Pool, 1997; Pope and Pope, 1986; Remmington, 1983; Rivlin, 1981; Segrave, 1995; Sherman, 1973; Timmins and Hainsworth, 1989; Wexler and Logan, 1983). 일부 남성 경찰관은 여성 전반에 대해 고정관념적 태도를 가지고 있으며 특히 여성 경찰관에 대해서도 마찬가지다. 예를 들어 초기 연구에 따르면 일부 남성 경찰관은 여성 경찰관이 감정적으로나 육체적으로 약하고, 무력을 더 많이 사용하며, 매월 월경주기 때마다 병가를 낸다고 믿고 있는 것으로 나타났다(Balkin, 1988; Koenig, 1978). 여성 교도관에 대한 연구와 유사하게 여성 경찰관에 대한 연구에서도 남성 동료는 경찰 직무를 남성적인 것으로 인식하고 있으며, 따라서 여성이 경찰 직무를 수행하는 것을 보게 되면 혼란스럽고 위협을 느끼는 것으로 나타났다(Balkin, 1988; Gross, 1984; Martin, 1980; Martin and Jurik, 1996; Sherman, 1973; Wexler and Logan, 1983). 마틴과 주리크(1996)의 보고에 따르면 경찰 활동의 위험성과 권력, 사회통제적인 측면은 매우 남성적인 직무다. 그러므로 여성의 같은 직급으로의 통합을 반대하는 남성은 여성이 경찰 직무를 수행할 수 있다는 사실을 확인한 순간, 경찰 업무를 수행함으로써 성취할 수 있는 '남성답다' 는 느낌의 '부가적 혜택' 을 여성이 빼앗아갈 것이라고 느꼈다(같은 책, 67). 이런 결과로 인해 여성 동료와 감독관을 향한 남성의 적대감이 드러나는 것이다(같은 책, 175).

헌트(1990)의 연구에 따르면 계속 경찰 업무를 수행하려는 여성 경찰관의 경우, 극단적인 여성성과 남성성 사이에서 균형을 맞출 필요가 있다. 최초로 경찰 순찰 업무를 맡은 로스앤젤레스 경찰국 소속의 한 여성(1969년 업무를 시작하여 20년 동안 재직한)의 자서전에는 여성 경찰관이 평소에는 여성적이고 섹시하게 행동하면서도 과격한 언어 사용, 범인 검거 상황에서 남성적인 행동을 보여줄 때 더 잘 인정받을 수 있다고 적혀 있다(Hays and Moloney, 1992)(그녀의 배지에는 Policewoman #1이라고 적혀 있는데, 이는 분명히 그녀를 '진짜' 경찰관policemen과 구분하기 위해서였을 것이다). 이 자서전의 주인공 헤이스Gayleen Hays 경찰관은 그녀가 어떻게 1972년 LAPD 소속 여성 경찰관으로서 「퍼즈Fuzz」라는 제목의 (성차별적 경찰 활동) 영화를 홍보하기 위해 미스 퍼즈Miss Fuzz 미인대회에 출전할 것을 요청받았는지 다음과 같이 묘사했다.

> 미인대회가 있던 날 20여 명의 여경이 경쟁을 벌이기 위해 나타났는데, 모두 짧은 핫팬츠와 고고 부츠를 신고 있었다. 미스 미국을 뽑는 대회와는 다른 미스 퍼즈 대회는 '재능' 경

쟁이 아니었고, 어느 누구도 우리가 똑똑한지 또는 좋은 성격을 소유했는지 등을 결정짓기 위한 질문을 하지 않았다(그러나 나는 그들이 사격술 심사를 해야 했다고 생각한다). 우리가 한 일이라고는 수영장을 따라 천천히 걸으면서 심판이 우리를 자세히 보도록 하는 것이었다. 그리고 그들이 최종 판단을 내렸다(같은 책, 22).

상관과 하급자, 시민의 여성 경찰에 대한 평가

여성 경찰관에 대한 한 연구에 따르면, 여성의 명목상 지위가 경찰 직무상 그들의 경험에 악영향을 미쳤음이 밝혀졌다(Belknap and Shelley, 1993). 예를 들어 10퍼센트 이하의 여성 경찰이 재직한 부서 출신의 여성은 자신이 '먼저 여성으로 그 다음에 경찰관'으로 간주되었다고 보고했다. 여성 경찰관의 수가 점차적으로 증가했지만 증가된 여성 경찰관 숫자와 이들이 순찰 업무에서 더 이상 '새롭지' 않다는 사실(시민과 동료가 그들의 경찰 활동에 대한 합법적 역할을 더 일반적으로 받아들였음)을 종합하면, 더 많은 연구에서 동료 남성 경찰관의 여성 경찰관에 대한 인정이 최근 수년 동안 향상된 이유를 알 수 있다(Martin, 1990; Pogrebin and Pool, 1997). 물론 이는 여성이 상당한 도전과 저항, 적대감에 직면하지 않았다는 사실을 나타내는 것이 아니라 그런 상황이 개선되고 있음을 나타내는 것이다. 심지어 여성 경찰관, 특히 흑인 여성 경찰관에게 경찰권을 부여하는 것에 항의하는 시민도 일부 있었다(Martin, 1994, 391). 여자 대학생이 여성 경찰관에 상당히 긍정적인 데 반해, 남자 대학생의 여성 경찰관에 대한 평가는 과거 수십 년에 걸쳐 개선되었음에도 아직까지 다소 부정적인 평가를 하고 있는 실정이다(Austin and Hummer, 1999, 18).

여성 경찰관의 직무 수행에 대한 공식적 평가를 분석할 때, 성차별은 모든 신입 지원자가 경찰관이 되기 위해 이수하는 경찰 양성 아카데미부터 시작된다는 증거가 있다(Harrington and Lonsway, 2004). 로스앤젤레스 경찰국의 1990~99년의 자료 분석에 따르면, 아카데미에서 해고됐거나 스스로 그만두기를 선택한 여성(19%)이 남성(9%)의 2배였다(같은 책). 다음 단계는 아카데미 과정을 성공적으로 수료한 졸업생이 정식 경찰관이 되기 전까지, 현장 훈련(OJT)을 책임지고 신입 경찰관의 업무 수행을 평가하는 실무 훈련 경찰관(FTO)과 근무하도록 배정되는 실무 훈련 과정에서다. 일부 남성 FTO가 자신의 권위를 이용해 여성 훈련생에게 복종하지 않으면 불리한 평가를 주겠다고 위협하면서 섹스를 강요하기도 했다(같은 책).

신입 경찰관에 대한 실무 훈련 내용을 평가한 한 연구에 따르면 FTO는 남성보다 여성에게 훨씬 엄격한 등급을 매긴 것으로 나타났다(Pelkey and DeGrange, 1996). 분명히 한 신입 경찰관에 대한 치우친 평가는 나중에 그(녀)의 경력에 심각한 함의를 가질 수 있다. 앞 장에서는 여성이 형사사법 관련 직무에서 명목적 지위를 차지하고 있거나 최초의 여성으로 여겨질 때 직면하게 되는 더 높은 기대와 시선에 대해 논의했다. 이것의 한 예가 신입 지원자와 FTO에 관한 최근 연구에서도 잘 나타나 있다. 신입 양성 아카데미에서 한 여성이 총기 훈련 중에 실수로 다른 신입자에게 총상을 입히는 사고가 발생했다(Lonsway and Welch, 2004). 당시 30여 명의 여성 신입 지원자 중 1명의 여성 지원자에 의한 총상사건은 법 집행 분야에서 전체 여성의 능력에 대한 회의론을 불러왔고, 이 회의론은 총상사건이 일어난 이후 적어도 1년 동안 지속되었다(같은 책, 73). 그 외 여성 경찰관에 대한 성차별과 성 정형화의 예가 초기 연구에 포함되어 있는데, 유능한 여성 경찰관이 유능한 남성 경찰관보다 훨씬 부정적으로 평가됐다고 밝혔다(Deaux and Taynor, 1973).

:: 젠더와 스트레스

남자 교도소에서 교도관으로 근무하는 여성에 관한 연구 결과와 비슷하게, 순찰 업무를 담당한 여성에 대한 초기 연구도 동종 업무에 종사하는 남성보다 훨씬 높은 스트레스 수준을 보이는 것으로 보고되었다(Martin, 1983; Rivlin, 1981; Wertsch, 1998; Wexler and Logan, 1983). 이런 스트레스는 대체로 경력이 있는 남성 동료와 상관의 적대감으로 인한 것이지만, 한편으로는 능력을 입증해야 한다는 끊임없는 압박감에 기인한 것이다(Martin, 1983; Rivlin, 1981; Timmins and Hainsworth, 1989; Wexler and Logan, 1983). 1990년대에 시행된 연구에 따르면, 여성 경찰관의 스트레스는 남성지배적인 조직에서 그들이 차지하는 명목상 지위와 연관된 압박감이 가장 크게 작용하고 있음을 나타낸다(Bartol et al., 1992; Wertsch, 1998). 이는 그들의 직무 만족도와 동기, 조직 몰입도가 감소되는 형태로 나타났다. 한 연구는 높은 스트레스 수준과 여성 경찰관의 경찰국에 대한 귀속력 약화가 보고됐음에도 불구하고 여전히 높은 수준의 직무 몰입도와 경찰 활동에 대한 강한 책임감을 보이는 것으로 보고됐음이 밝혀졌다(Wertsch, 1998). 여성 경찰관에 대한 호주의 한 연구는 여성의 업무 스트레스가 개인의 감정적 피로의 증가와 가족 결속력 감소와 같은 그들의 가족 환경에 어떤 파급효과를 갖는지 평가했다(Thompson, Kirk, and Brown, 2005). 특히 동료가 아닌 상관이 여성의 역할로 인한 스트레스 요인을 감소시키는 데 효과적이라는 사실이 밝혀졌다(같은 책).

수많은 연구에 따르면 여성 경찰관의 스트레스는 성희롱에 크게 기인한다(Bartol, et al., 1992; Brown, 1998; de Guzman and Frank, 2004; Gratch, 1995; Martin, 1980; McMahon, 1999; Morash and Haarr, 1995). 브라운Brown(1998)의 잉글랜드와 웨일스의 여성 경찰관에 관한 연구에 따르면 소수이지만 여전히 일상적인 공격적 발언, 중간 수준의 성희롱이나 여성 경찰관에 대한 실제적 성폭력이 남성 동료와 상관에 의해 발생한다고 지적했다. 브라운의 연구에 참여한 여성 70퍼센트가 직무상 성희롱을 당한 적이 있다고 보고했다(같은 책).

여성이 경찰 활동 분야에 진출한 이후로, 성차별주의에 더해 인종차별주의에 대한 부담까지 가중되었음이 입증됐다(Dreifus, 1982). 미국의 한 연구는 흑인 경찰관과 백인 경찰관을 비교하고 그들의 스트레스 수준, 직무 스트레스에 대한 대처방법을 분석했다(Haarr and Morash, 1999). 이 연구는 남성과 여성을 전체적으로 비교했을 때, 여성이 남성보다 약간 높은 스트레스 수준을 보였다고 보고했다. 그러나 백인 경찰만을 분석했을 때 스트레스 수준에서 보고된 성차는 없었다. 흑인 경찰관만을 분석했을 때 "흑인 여성 경찰관이 흑인 남성 경찰관보다 더 높은 스트레스 수준을 보이는 것"으로 보고됐다(같은 책, 318). 이 연구를 통해 경찰관이 스트레스에 대처하는 방법에서 상당한 인종적 차이를 발견했지만, 대처에서 나타난 유일한 성차는 여성이 남성보다 더 높은 수준의 현실도피(예를 들어 상관과 동료를 피하거나 처한 상황을 무시해 버리는 등) 성향을 보이는 것으로 보고되었다. 그러나 높은 수준의 직무 스트레스를 보고한 남성과 여성 모두 직무에 대처하기 위해 현실도피 방법을 이용하는 수준이 높은 것으로 보고됐다.

경찰 활동과 스트레스에 관한 종합적 분석연구가 미국 내 25개 경찰국의 경찰관 1,000명을 대상으로 실시되었다(Morash and Haarr, 1995). 기존 연구와는 달리 전반적으로 여성이 남성보다 더 높은 수준의 스트레스를 받고 있다는 사실이 보고되었지만 그 차이는 약소했으며, 일반적으로 남성 경찰관의 스트레스를 유발시키는 요인이 여성 경찰관의 스트레스도 유발하는 것으로 밝혀졌다. 특히 여성과 남성 경찰관 모두에게 가장 큰 스트레스 요인은 일일업무 운영에 대한 영향력이 결여된 느낌, 경찰 활동을 어떻게 완수할 것인지에 대한 고민이다(같은 책, 127). 그러나 경찰관의 스트레스에 대한 성별화된 예측지표도 있다. 예를 들어 성차별적 농담과 언어적 괴롭힘은 남성이 아닌 여성의 스트레스에 대한 예측지표다. "여성의 스트레스 증가는 그들을 향한 성별, 연령, 인종, 소수 인종 그룹에 대한 편견을 다루는 데 소비하는 시간과 에너지 등과 관계가 있다"(같은 책, 132). 반면에 동료에 의해 위험한 상황에 빠지도록 '조작'되고 조롱당하는 것은 남성만의 스트레스 예측지표이며, 이는 특히 라틴계 남성에게 심한 것으로 나타났다. 인종 내에 나타난 성별 차이의 비교에서 백인과 라틴계 내에서의 성 차이는 유의미하지 않았다. 그러나 흑인 여성이 흑인 남성보다 더 많은 스트레스를 받고 있는 것으로 보고되었다(Morash and Haarr, 1995).

젠더와 경찰 스트레스에 대한 또 다른 연구가 버몬트Vermont 주의 소규모 도시 경찰국을 대상으로 진행됐다(Bartol et al., 1992). 연구자는 잠재적 스트레스 요인을 4개 범주로 구분했다. **외부 스트레스 요인**은 법원과 그들의 사건과정에서 부딪히는 좌절감이었다. **조직적 스트레스 요인**은 부서 내 방침, 훌륭한 업무 수행에 대한 인정 결여, 불충분한 인력, 부적절한 퇴직 플랜 등이 포함되었다. **직무 관련 스트레스 요인**에는 일일 경찰 활동, **개인적 스트레스 요인**에는 가정생활이 포함됐다. 이 연구는 모라시Morash와 하르Haarr(1995)가 실행한 연구 결과와 비슷한데, 남성과 여성 경찰관의 스트레스 요인이 전체적으로 유사하다는 사실을 밝혀냈다. 특히 경찰관이 보고한 조직적이고 외부적이고 개인적인 스트레스 요인에는 성 차이가 존재하지 않았다. 그러나 모라시와 하르(1995)의 연구 결과처럼 성차로 인해 생성되는 스트레스 요인은 다음과 같다. (1) 여성 경찰관은 비극적인 상황에 빈번한 노출이 남성 동료보다 심한 스트레스가 된다고 보고했으며, (2) 여성 경찰관은 자신과 동료의 끊임없는 위험에 대한 노출에 남성보다 더 스트레스를 받는다고 보고했으며, (3) 여성 경찰관은 타인의 생명과 안전에 대한 책임감에서 오는 스트레스가 남성보다 심하다고 보고했으며, (4) 다른 연구와 일치하는데, 여성 경찰관은 자신과 동료에 대한 부서 내 소문에 남성보다 더 스트레스를 받는다고 보고했으며, (5) 여성 경찰관은 동료와의 관계, 부서의 규모, 적절한 훈련의 결여에 대해서는 남성보다 스트레스를 덜 받는다고 보고했다(Bartol et al., 1992).

캐나다 여성 경찰에 대한 대규모 연구는 직무에서 오는 두 가지 형태의 심리적 이탈감에 대한 개인적 차별 효과의 복잡성을 보고했다. 중요성 절감과 평가절하가 그것이다(Tougas et al., 2005). 이 연구는 개인적 차별을 경험할수록 더 많은 여성이 자신의 업무 가치에 관한 중요성을 감소시켰으며, 이는 전체 경찰 업무의 중요성을 평가절하하는 것으로 이어졌다(같은 책, 790). 또한 업무의 중요성에 회의적인 여성일수록 자존심 역시 점점 낮아졌다. 마지막으로 낮아지는 자존심은 높은 스트레스와 연관되었다(같은 책). 이 연구는 여성 경찰관을 대상으로 차별을 통해 여성을 고립시키는 데 얼마나 복잡한 방법이 이용되고 있으며, 법 집행기관에서 성차별이 허용되도록 함으로써 해당 부서는 물론 사회가 얼마나 많은 비용을 감당해야 하는지를 입증했다.

:: 여성 경찰이 겪는 인종차별과 성차별의 교차

마틴(1994, 2004)은 성차별과 인종차별의 상호작용과 흑인 여성 경찰관의 독특한 경험의 일부를 더 잘 이해하기 위한 시도로, 경찰관과 심층 인터뷰를 시행했다. 그녀는 백인 여성 경찰관이 흑인 여성 경찰관보다 더 많은 성차별을 보고했음에도, 흑인 여성 경찰관이 더욱 심각한 수준의 성차별에 대해 보고했다는 사실을 밝혀냈다. 더욱이 흑인 여성 경찰관 대부분이 성차별과 인종차별 모두 경험했음을 보고했는데 (1) 그들은 성차별보다 인종차별을 더 많이 경험했음을 보고했으며, (2) 흑인 남성 경찰관이 보고한 것보다 훨씬 높은 수준의 인종차별을 경험했다고 보고했다(같은 책).

이 연구는 또한 법원명령과 특히 부서 내 소수자우대정책이 흑인 여성 경찰관에게 불이익을 가져왔음을 밝혀냈다. 이 책의 제1장에서 논의한 차별과 유사하게도, 흑인 여성은 흑인 남성과 백인 여성에게 수혜된 결정과 승진에서 제외되었다. 실제로 여성 또는 흑인을 위해 배정된 소수의 승진 기회가 가능해졌을 때도 전자는 백인 여성을 위한 것이고, 후자는 흑인 남성을 위한 것이었다. 그러므로 일부 흑인 남성 경찰관은 그들이 직위를 위해 경쟁해야 했던 백인 여성 경찰관보다도 흑인 여성 경찰관에게 더 적대적인 경향을 보였다(같은 책). 마틴(1994, 396)은 이에 대해 다음과 같은 결론을 내렸다. "각 인종의 남성은 사회적 고립을 이용해 여성을 위협함으로써 여성의 직무 행태를 통제한다."

좀 더 최근의 연구에서는 대도시 경찰국에 근무하는 21명의 흑인 여성 경찰관과 심층 인터뷰를 시행했는데, 참가자는 중요한 성차별, 인종차별, 경찰 하위문화 배제, 그들의 고용과 승진에 관한 잘못된 가정을 보고했다(Pogrebin, Dodge, and Chatman, 2000). 인종과 성차별은 빈번하게 교차되었고, 젊은 백인 경찰관에 의한 인종차별은 장년의 백인 경찰관에 의한 인종차별보다 더 심해져 인종차별이 더욱 심각해지고 있음을 나타냈다. 부서 내 문화에서의 배제는 그들이 직무상 무엇을 달성했는지에 상관없이 절대로 동등하게 받아들여지지 않는다는 것을 의미할 뿐 아니라 위험한 상황에서 지원을 요청했을 때 그들을 지원하지 않는 것도 포함됐다(같은 책). 이들의 고용과 승진에 관해서도, 그들을 임용이 될 가치가 있어서가 아닌 단순히 인종이나 성별의 이유로 인해 고용되거나 승진됐을 것이라는 가정이 일반적이었다(같은 책).

마틴(1994)은 흑인 남성이 경찰국 내에서 차지하는 상징적 특성을 흑인 여성에게 더욱 큰 영향을 끼치는 하나의 조직적 구조로 규정했다. 예를 들면 백인 남성 경찰관은 백인에 대해 보호적이지만, 흑인 남성이나 여성 경찰관에 대해서는 그렇지 않다. 흑인 남성 경찰관이 일반적으로는 흑인 여성 경찰관에게 보호적이기는 하지만, 흑인 남성 경찰관이 아주 극소수였기 때문에 실제로 필요할 때는 보호받기가 어려웠다. 또한 흑인 남성 경찰관은 백인 남성 경찰관으로부터 여성 경찰관을 지원하지 말 것(또는 순찰 업무를 맡은 여성에 공동으로 저항할 것)을 종용하는 압박에 직면했다(같은 책, 392). 마틴(같은 책)의 연구는 성별(그리고 흔히 인종차별주의)에 관한 또 다른 형태의 조직적 영향을 발견했는데, 여성이(특히 흑인 여성) 경찰서 내 행정 업무자로 승진했을 경우에 우수하게 평가해 왔던 사무능력(전에 근무했던 남성 행정가와 비교하여)에 대한 가치가 실제로 갑자기 하락했다. 마틴(같은 책)은 관리직으로 진출한 이들 최초의 여성이 훨씬 나은 타이핑 능력이 있었으므로 서류작업을 더 신속하게 효과적으로 완수할 수 있음을 발견했다. 이런 행정 업무는 조직적으로 여성적인 것으로 재규정되었고, 따라서 덜 중요하고 덜 권위적인 업무로 인식되는 결과를 낳았다. 마지막으로 마틴(같은 책)은 여성 경찰이 인종을 넘어 성차별주의에 대항해 단결하기가 어렵다는 사실을 지적했다. 그녀는 이것이 백인 남성의 분리와 정복 전략의 효과일 뿐 아니라 많은 흑인 여성이 백인 여성 경찰관이 백인 남성 경찰관만큼 인종차별적이라는 사실을 인식하고 있기 때문이라고 지적한다(같은 책).

좀 더 미래지향적 내용을 언급하자면 미국 내 경찰 활동과 성별에 대한 검토 분석에서 연공서열의 원리, 문민화 정도, 전문화된 임무를 획득하기 위한 기준, 동등한 기회 방침의 고수 등 공식적 조직 정책의 변화가 여성이 행정 업무를 포함해 다양한 업무에 재직하도록 유도함으로써 이들의 경찰 활동 직무에서 더욱 개선된 통합의 결과를 가져온다고 보고했다(Martin, 1990).

법 집행 분야에 종사하는 레즈비언을 분석한 유일한 연구는 다소 놀라운 사실을 발견했다(Miller, Forest, and Jurik, 2004). 연구에 따르면 직장에서 다양한 정도의 '벽장 속에 갇혀 있거나' '(벽장 속에서) 나온' 여성이 있음을 보고했다. 일부는 아직도 벽장 속에 숨어 있는 상태였고, 다른 일부는 경찰 아카데미를 시작할 당시 (벽장 속에서) 나온 상태였다. 여성의 '레즈비언 선언'은 부서 내의 기류에 영향을 받는다. 성적 다양성을 인정하는 부서는 레즈비언과 게이 정체성을 존중하는 훈련과 구두나 서면 지지서를 시행했고, 이를 레즈비언과 상호작용하는 데 플러스가 되는 것으로 간주했다(같은 책). 더욱 중요한 사실은 유색인 레즈비언이 이미 여성으로서, 유색인종 여성으로서 상당한 편견의 시선을 받았기 때문에 (벽장 속에서) 나오기를 더욱 꺼린다는 것이다. 더욱이 (벽장 속에) 숨어 있는 것은 더 높은 직무 스트레스와 연관이 있었다(같은 책).

:: 여성을 위한 전진적 단계와 퇴보적 단계

적대감, 불충분한 훈련, 고립 등 여성 경찰관에 대한 직무상 성차별적 패턴은 최초의 여성 경찰 세대에게 가장 가시적이었는데(Title VII 이후), 이는 전반적으로 여성이 처한 상황이 개선되고 있음을 제시한다(Martin, 1994). 여성 경찰관의 여건 개선은 조직적 변화에 따른 결과일 뿐 아니라 여성 개인의 선호도와 능력, 정보 네트워크의 범위 확장에도 기인한다. 불행하게도 여성 경찰관을 위한 정보 네트워크가 향상되었음에도 그들은 다음과 같은 어려움을 토로했다.

> ……종종 성공에 필수적인 비공식적 네트워크에서 배제된다. 그들은 남성 동료보다 멘토를 가진 경우가 적었으며, 너무 우유부단하다거나 아니면 너무 위세를 부린다고 판단되는 감독관적 스타일을 채택하는 경향이 남성보다 심하다. 또한 이들은 여자가 감히 자신에게 무얼 하라고 명령한다는 사실에 분개하는 남성 부하직원에게 도전받기도 한다(Martin, 1990, xv).

특히 여성 경찰관 27명과의 인터뷰 결과에서 참가자 중 3분의 2(n=17)가 성차별을 보고했다(Gossett and Williams, 1998). 참가자 중 3분의 1은 성차별을 보고하지 않았다는 것은 놀랄 만한 일이다. 한 응답자는 여성 경찰관으로서 전혀 차별당하지 않았다면 그건 그녀가 꿈의 세계에 있는 것이라고 보고했다(같은 책, 62). 이 연구는 동료와 상관, 그리고 고위직에 의한 성차별 대부분이 감소하고 덜 심각해졌음을 나타낸다(같은 책). 한 가지 공통적 불만은 동등한 훈련을 거친 자신을 남성과 동등하게 받아들이거나 대우하지 않는다는 것이다. 동료에 의한 성차별적 발언이 여전히 일부 여성에 의해 보고되기도 했고, 일부는 임신으로 인해 차별을 받았음을 보고하기도 했다(같은 책). 실제 비율은 보고되지 않았지만, 시민으로부터의 성차별을 당했다는 응답자도 많았다. 기존의 연구들과는 다르게 성차별의 경험에 있어서는 여성 경찰관 사이의 인종적·민족적 차이는 없었다(같은 책).

그러나 교도소나 구치소에 근무하는 여성과 유사하게 경찰 활동에 종사하는 여성은 전반적으로 자신의 가능성에 대해, 또 다른 여성의 진출과 승진에 대해 비관적인 경향을 나타냈다(Harrington and Lonsway, 2004; Martin and Jurik, 1996; Poole and Pogrebin, 1988). 이는 흑인 여성(Dodge and Pogrebin, 2001; Harrington and Lonsway, 2004; Martin, 1994; Pogrbein, Dodge, and Chatman, 2000; Townsey, 1982b), 기타 유색인종 여성, 레즈비언

(Harrington and Lonsway, 2004)에게 특히 심각했다. 역설적이게도, 남성 경찰관은 여성 경찰관이 자신의 승진 기회와 임무보다 불공정한 혜택을 받고 있는 것으로 간주한다. 남성 경찰관들이 이렇게 생각하는 것은 이들이 소수자우대정책에 대해 부정적으로 생각하는 데 그 부분적인 이유가 있다(Weisheit, 1987). 차별금지에 관한 긍정적인 영향으로 경찰 활동 분야에서 여성의 고용과 승진을 이끌어냈음에도 불구하고 여성은 남성 동료보다 상당히 높은 (직원) 직무이동률과 더 짧은 경찰 활동 이력을 보이고 있다. 이는 '경찰 활동에 입문할 당시 경찰 업무에 대한 비현실적 관점과 자녀 양육의 책임이 있는 여성의 경우 특히 문제가 되는 순환교대 근무와 일정하지 않은 근무시간 등에' 기인한 것이기도 하다(Martin, 1990, xvi).

Summary 경찰 활동과 교도소 업무 영역에서 고정관념적인 성역할이 지난 30여 년에 걸쳐 개선되고 있지만, 아직까지 존재하고 있는 것이 확실하다. 그러나 Title VII 실시 이후 여성의 개척자적 이야기 중 일부는 귀중한 내용을 담고 있다. Title VII 실시 이후 여성 경찰관(Martin, 1980)과 여성 교도관(Zimmer, 1986)의 분류에서 본 바와 같이 우리는 눈부신 활약가들이 모두 페미니스트였다고 규정할 수는 없다. 실제로 그들이 페미니스트로 간주되지 않을 때 남성 동료와의 근무가 훨씬 용이했다. 여성이 (남성과) 동등한 근무를 하기 위해서는 법률 제정이 광범위한 범위로 이루어져야 한다. 하지만 그렇다 하더라도 그것이 모든 사람을 개방적이고 비성차별적으로 만들 거라고 보장을 할 수는 없다. 더욱 최근의 연구에서 관용이 증가하고 심지어 행정 부서와 남성 동료의 여성 경찰관에 대한 인정이 향상되었다고 해도 미국과 영국의 한 비교연구는 여성 경찰관의 다양하고 복잡한 경험을 이해하는 것이 중요하다는 사실을 강조한다(Heidensohn, 1992, 129).

보다 구체적으로 어떤 보고서는 성차별과 성희롱이 더 심각한 것으로 보고하고 있다. 그들의 경험이 어떠하든 간에 남성처럼 하려고 노력했음에도 여성이라는 이유만으로 그들의 역할과 지위가 의문을 받게 된다는 것이다(같은 책). 여성 경찰관은 여전히 다르게 취급당하는데, 이런 시각은 여성 경찰관이 종속되어 있고, 이러한 종속에 저항하는 것이 갈등을 만드는 어려운 직무 상황에서 여성적 역할을 하는 것을 어렵게 만든다(Garcia, 2003). 그리고 불행하게도 성희롱은 모든 여성 경찰관에게 빈번하게 발생하고 있다(Brown, 1998). 게다가 가장 최근의 연구는 흑인 여성 경찰관이 직무에서의 심각한 소외문제로 특별하고도 추가적인 스트레스에 직면해 있다는 것을 강조했다(Dodge and Pogrebin, 2001; Martin, 1994, 2004; Pogrebin, Dodge, and Chatman, 2000).

Appier, Janis. 1998. *Policing Women: The Sexual Politics of Law Enforcement in the LAPD.* Philadelphia: Temple University Press.

Austin, Thomas L., and Don Hummer. 1999. What Do College Students Think of Policewomen? *Women & Criminal Justice* 10:1-24.

Balkin, Joseph. 1988. Why Policemen Don't Like Policewomen. *Journal of Police Science and Administration* 16:29-38.

Bartlett, Harold W., and Arthur Rosenblum. 1977. *Policewoman Effectiveness.* Denver: Civil Service Commission and Denver Police Department.

Bartol, CurtR., George T. Bergen, Julie Seager Volckens, and Kathleen M. Knoras. 1992. Women in Small-Town Policing: Job Performance and Stress. *Criminal Justice and Behavior* 19: 240-259.

Belknap, Joanne, and Jill Kastens Shelley. 1993. The New Lone Ranger: Policewomen on Patrol. *American Journal of Police* 12:47-75.

Bell, Daniel. 1982. Policewomen: Myths and Reality. *Journal of Police Science and Administration* 10:112-120.

Bloch, Peter B., and Deborah Anderson. 1974. *Policewomen on Patrol.* Washington, DC: The Police Foundation.

Brown, Jennifer. 1997. European Policewomen. *International Journal of Sociology of Law* 25:1-19.

———. 1998. Aspects of Discriminatory Treatment of Women Police Officers Serving in Forces in England and Wales. *British Journal of Criminology* 38:265-283.

Christopher, W., J. A. Arguelles, R. Anderson, W. R. Barnes, L. F. Estrada, M. Kantor, R. M. Mosk, A. S. Ordin, J. B. Slaughter, and R. E. Tranquada. 1991. Report of the Independent Commission on the Los Angeles Police Department.

Deaux, K., and J. Taynor. 1973. Evaluation of Male and Female Ability: Bias Works Two Ways. *Psychological Reports* 32:261-262.

de Guzman, Melchor C. and James Frank. 2004. Policewomen and Their Problems: The Philippine Context. *Policing* 27:396-412.

DeJong, Christina. 2004. Gender Differences in Officer Attitude and Behavior. *Women & Criminal Justice* 15:1-32.

Dodge, Mary, and Mark Pogrebin. 2001. African-American Policewomen. *Policing* 24:550-562.

Douglas, R. M. 1999. *Feminist Freikorps: The British Voluntary Women Police, 1914-1940.* Westport, CT: Praeger.

Dreifus, Claudia. 1982. Why Two Women Cops Were Convicted of Cowardice. Pp. 427-436 in *The Criminal Justice System and Women,* edited by B. R. Price and N. J. Sokoloff. New York: Clark Boardman

Feinman, Clarice. 1986. *Women in the Criminal Justice System.* New York: Praeger.

Felkenes, George T., Paul Peretz, and Jean Reith Schroedel. 1993. An Analysis of the Mandatory Hiring of Females: The Los Angeles Police Department Experience. *Women & Criminal Justice* 4:31-64.

Felkenes, George T., and L. Trostle. 1990, July. *The Impact of Fanchon Blake v. City of Los Angeles.* The Claremont Graduate School.

Garcia, Vanessa. 2003. Difference in the Police Department: Women, Policing and Doing Gender. *Journal of Contemporary Criminal Justice* 19:330-344.

———. 2005. Constructing the Other within Police Culture. *Police Practice and Research* 6:65-80.

Gates, Margaret J. 1976. Occupational Segregation and the Law. Pp. 61-74 in *Women and the Workplace,* edited by M. Blaxall and B. Reagan. Chicago: University of Chicago Press.

Gossett, Jennifer Lynn, and Joyce E. Williams. 1998. Perceived Discrimination among Women in Law Enforcement. *Women & Criminal Justice* 10:53-74.

Grant, Diana R. 2000. Perceived Gender Differences in Policing. *Women & Criminal Justice* 12:53-74.

Gratch, Linda. 1995. Sexual Harassment among Police Officers. Pp. 55-77 in *Women, Law, and Social Control,* edited by A.V. Merlo and J. M. Pollock. Boston: Allyn and Bacon.

Grennan, Sean A. 1987. Findings on the Role of Officer Gender in Violent Encounters with Citizens. *Journal of Police Science and Administration* 15:78-85.

Gross, Sally. 1984. Women Becoming Cops: Developmental Issues and Solutions. *Police Chief* (January): 32-35.

Haarr, Robin N., and Merry Morash. 1999. Gender, Race, and Strategies of Coping with Occupational Stress in Policing. *Justice Quarterly* 16:303-336.

Hale, Donna C. 1992. Women in Policing. Pp. 125-142 in *What Works in Policing? Operations and Administrations Examined*, edited by G. W. Cordner and D. C. Hale. Cincinnati: Anderson.

Hale, Donna C., and C. Lee Bennett. 1995. Realities of Women in Policing: An Organizational Cultural Perspective. Pp. 41-54 in *Women, Law, and Social Control*, edited by A. V. Merlo and J. M. Pollock. Boston: Allyn and Bacon.

Harrington, Penny, and Kimberly A. Lonsway. 2004. Current Barriers and Future Promise for Women in Policing. Pp. 495-510 in *The Criminal Justice System and Women*, 3rd ed., edited by B. R. Price and N. J. Sokoloff. Boston: McGraw-Hill.

Hautzinger, Sarah. 2002. Criminalising Male Violence in Brazil's Women's Police Stations. *Journal of Gender Studies* 11:243-251.

Hays, Gayleen, with Kathleen Moloney. 1992. *Policewoman One: My Twenty Years on the LAPD.* New York: Villard Books.

Heidensohn, Frances. 1992. *Women in Control? The Role of Women in Law Enforcement.* Oxford: Clarendon Press.

Homant, Robert J., and Daniel B. Kennedy. 1985. Police Perceptions of Spouse Abuse: A Comparison of Male and Female Officers. *Journal of Criminal Justice* 13:29-47.

Hunt, Jennifer C. 1984. The Development of Rapport through the Negotiation of Gender in Field Work among Police. *Human Organization* 43:283-296.

——. 1990. The Logic of Sexism among Police. *Women & Criminal Justice* 1:3-30.

Jacobs, P. 1987. How Female Police Officers Cope with a Traditionally Male Position. *Social Science Review* 72:4-6.

Kennedy, Daniel B., and Robert J. Homant. 1983. Attitudes of Abused Women toward Male and Female Police Officers. *Criminal Justice and Behavior* 10:391-405.

Koenig, Esther J. 1978. An Overview of Attitudes toward Women in Law Enforcement. *Public Administration Review* 38:267-275.

Lersch, Kim Michelle. 1998. Exploring Gender Differences in Citizen Allegations of Misconduct. *Women & Criminal Justice* 9:69-80.

Lonsway, Kimberly A., and Susan Welch. 2004. Witnessing an Accidental Shooting at the Police Training Academy. *Women & Criminal Justice* 15:59-80.

Marshall, Patricia 1973. Policewomen on Patrol. *Manpower* (October): 15-20.

Martin, C. A. 1983. Women Police and Stress. *Police Chief* 50:106-109.

Martin, Susan E. 1979. Policewomen and Policewomen: Occupational Role Dilemmas and Choices of Female Officers. *Journal of Police Science and Administration* 7:314-323.

———. 1980. *Breaking and Entering: Policewomen on Patrol.* Berkeley: University of California Press.

———. 1989, May. *Women on the Move? A Report on the Status of Women in Policing.* Washington, DC: The Police Foundation.

———. 1990. *On the Move: The Status of Women in Policing.* Washington, DC: The Police Foundation.

———. 1994. "Outsider within" the Station House: The Impact of Race and Gender on Black Women Police. *Social Problems* 41:383-400.

———. 1999. Police Force or Police Service? Gender and Emotional Labor. *The Annals of the American Academy of Political and Social Sciences* 561:111-126

———. 2004. The Interactive Effects of Race and Sex on Women Police Officers. Pp. 527-541 in *The Criminal Justice System and Women*, 3rd ed., edited by B. R. Price and N. J. Sokoloff. Boston: McGraw-Hill.

Martin, Susan E., and Nancy C. Jurik. 1996. *Doing Justice, Doing Gender: Women in Law and Criminal Justice Occupations.* Thousand Oaks, CA: Sage.

McMahon, Maeve. 1999. *Women on Guard: Discrimination and Harassment in Corrections.*

Toronto: University of Toronto Press.

Miller, Susan L. 1999. *Gender and Community Policing*. Boston, MA: Northeastern University Press.

Miller, Susan L., Kay B. Forest, and Nancy C. Jurik. 2004. Lesbians in Policing. Pp. 511-526 in *The Criminal Justice System and Women*, 3rd ed., edited by B. R. Price and N. J. Sokoloff. Boston: McGraw-Hill.

Morash, Merry, and Jack R. Greene. 1986. Evaluating Women on Patrol: A Critique of Contemporary Wisdom. *Evaluation Review* 10:230-255.

Morash, Merry, and Robin N. Haarr. 1995. Gender, Workplace Problems, and Stress in Policing. *Justice Quarterly* 12:113-140.

Morris, Allison. 1987. *Women, Crime and Criminal Justice*. Oxford, England: Basil Blackwell.

Natarajan, Mangai. 1996. Towards Equality: Women Police in India. *Women & Criminal Justice* 8:1-18.

————. 2001. Women Police in a Traditional Society. *International Journal of Comparative Sociology* 42:211-233.

————. 2005. Women Police Stations as a Dispute Processing System. *Women & Criminal Justice* 16:87-106.

Officers for Justice et al. v. Civil Service Commission of the City and County of San Francisco, C-73-0657 RFP (N. D. Cal. 1975).

Paoline, Eugene A., III, and William Terrill. 2004. Women Police Officers and the Use of Coercion. *Women & Criminal Justice* 15:97-120.

Pelkey, William L., and Michele L. DeGrange. 1996. Gender Bias in Field Training Evaluation Programs: An Exploratory Analysis. *Women & Criminal Justice* 8:79-90.

Pogrebin, Mark, Mary Dodge, and Harold Chatman. 2000. Reflections of African American Women on their Careers in Urban Policing. *International Journal of the Sociology of Law* 28:311-326.

Pogrebin, Mark R., and Eric D. Poole. 1997. The Sexualized Work Environment: A Look at Women Jail Officers. *The Prison Journal* 77:41-57.

Pollock-Byrne, Joycelyn M. 1986. *Sex and Supervision: Guarding Male and Female Inmates*. New York: Greenwood.

Poole, Eric D., and Mark R. Pogrebin. 1988. Factors Affecting the Decision to Remain in Policing: A Study of Women Officers. *Journal of Police Science and Administration* 16:49-55.

Pope, K. E., and D. W. Pope. 1986. Attitudes of Male Police Officers toward Their Female Counterparts. *The Police Journal* 59:242-250.

Poulos, Tammy Meredith, and William G. Doerner. 1996. Women in Law Enforcement: The Distribution of Females in Florida Police Agencies. *Women & Criminal Justice* 8:19-33.

Price, Barbara R. 1974. A Study of Leadership Strength of Female Police Executives. *Journal of Police Science and Administration* 2:219-226.

——. 1989. Is Police Work Changing as a Result of Women's Contribution? A paper presented at The International Conference for Policewomen. The Netherlands, March 19-23, 1989. Published in the *Report of the International Conference for Policewomen*, 1989.

Rafter, Nicole H., and Elizabeth A. Stanko. 1982. Introduction. Pp. 1-28 in *Judge, Lawyer, Victim, Thief: Women, Gender Roles and Criminal Justice*, edited by N. H. Rafter and E. A. Stanko. Stoughton, MA: Northeastern University Press.

Reaves, Brian A., andMatthew J. Hickman. *Law Enforcement Management and Administrative Statics, 2000. Data for Individual State and Local Agencies with 100 or More Officers*. Department of Justice: U.S. Bureau of Justice Statistics. http://www.ojp.usdoj.gov/bjs/pub/pdf/lemas00.pdf.

Remmington, P. W. 1983. Women in Police: Integration or Separation? *Qualitative Sociology* 6:118-133.

Rivlin, G. 1981. The Last Bastion of Macho: Policewomen. *Update on Law-Related Education* 5:22-24, 65-67.

Santos, Cecília M. 2004. En-Gendering the Police: Women's Police Stations and Feminism in São Paulo. *Latin American Research Review* 39:29-55.

Schroedel, Jean Reith, Scott Frisch, Nancy Hallamore, Julie Peterson, and Nicole Vanderhost. 1996. The Joint Impact of Race and Gender on Police

Department Employment Practices. *Women & Criminal Justice* 8:59-77.

Schulz, Dorothy M. 1989. The Police Matron Movement: Paving the Way for Policewomen. *Police Studies* 12:115-124.

———. 1993. Policewomen in the 1950s: Paving the Way for Patrol. *Women & Criminal Justice* 4:5-30.

———. 1995. *From Social Worker to Crimefighter: Women in United States Municipal Policing.* Westport, CT: Praeger.

———. 2004a. Invisible No More: A Social History of Women in Policing. Pp. 483-494 in *The Criminal Justice System and Women,* 3rd ed., edited by B. R. Price and N. J. Sokoloff. Boston: McGraw-Hill.

———. 2004b. *Breaking the Brass Ceiling.* Westport, CT: Praeger.

Segrave, Kerry. 1995. *Policewomen: A History.* Jefferson, NC: McFarland and Company.

Sherman, Lewis J. 1973. A Psychological View of Women in Policing. *Journal of Police Science and Administration* 1:383-394.

———. 1975. Evaluation of Policewomen on Patrol in a Suburban Police Department. *Journal of Police Science and Administration* 3:434-438.

Sichel, Joyce, Lucy Friedman, Janet Quint, and Michael Smith. 1978. *Women on Patrol: A Pilot Study of Police Performance in New York City.* Washington, DC: National Institute of Law Enforcement and Criminal Justice.

Silvestri, Marisa. 2003. *Women in Charge: Policing, Gender and Leadership.* Cullompton, Devon: Willan Publishing.

Smart, Carol. 1989. *Feminism and the Power of Law.* London: Routledge and Kegan Paul.

Southgate, Peter. 1981. Women in the Police. *The Police Journal* 54:157-167.

Thompson, B. M., A. Kirk, and D. F. Brown. 2005. Work Based Support, Emotional Exhaustion, and Spillover of Work Stress to the Family Environment: A Study of Policewomen. *Stress & Health* 21:199-207.

Timmins, William M., and Brad E. Hainsworth. 1989. Attracting and Retaining Females in Law Enforcement. *International Journal of Offender Therapy and Comparative Criminology* 33:197-205.

Tougas, Francine, Ann M. Beaton, Natalie Rinfret, and Roxane de la Sablonniere. 2005. Policewomen Acting in Self-Defense: Can Psychological Disengagement Protect Self-Esteem from the Negative Outcomes of Relative Deprivation? *Journal of Personality and Social Psychology* 88:790-800.

Townsey, Roi D. 1982a. Female Patrol Officers: A Review of the Physical Capability Issue. Pp. 413-426 in *The Criminal Justice System and Women,* 3rd ed., edited by B. R. Price and N. J. Sokoloff. New York: Clark Boardman.

———. 1982b. Black Women in American Policing: An Advancement Display. *Journal of Criminal Justice* 10:455-468.

U.S. Bureau of Justice Statistics. 2005. *Sourcebook of Criminal Justice Statistics On-Line,* 31st ed. http://www.albany.edu/sourcebook/tost_1.html#1_d.

Warner, Rebecca L., Brent S. Steel, and Nicholas P. Lovrich. 1989. Conditions Associated with the Advent of Representative Bureaucracy. *Social Science Quarterly* 70:562-578.

Weisheit, Ralph A. 1987. Women in the State Police: Concerns of Male and Female Officers. *Journal of Police Science and Administration* 15:137-143.

Wertsch, Teresa L. 1998. Walking the Thin Blue Line: Policewomen and Tokenism Today. *Women & Criminal Justice* 9:52-61.

Wexler, Judi G., and D. D. Logan. 1983. Sources of Stress among Women Police Officers. *Journal of Police Science and Administration* 11:46-53.

Zimmer, Lynn E. 1986. *Women Guarding Men.* Chicago: University of Chicago Press.

11 법조계에서 일하는 여성

Women Working in the Courts

여기서 제기되는 문제는 단순히 법이 여성의 목소리를 반영하고 있는지 여부가 아니라, 법이 아직 반영되지 않은 여러 목소리를 허용하는지 여부다(번스, 1999, 13).

남성이 법에 대해 논쟁하고 입법하고 가르치고 해석했다. 입법과 법 정책과정에서 여성의 실질적 배제는 시간이 흐르면서 남성에게 속한 가치와 관점을 법에 통합시키도록 허용했다. 이와 같이 본질적으로 편파적인 관점은 더욱이 우리의 사법제도가 최초의 원칙과 가치와 함께 필연적으로 공평하고 공정하다는 전반적 가정에 의해 미묘하게 가려졌다(더럼, 1998, 217).

이 책은 소녀와 여성의 범죄행위에 관한 정보에 이어 범죄와 관련한 이론으로 시작했다. 이 장은 형사사법 분야에서 일하는 사람에 관한 부분의 마지막 장이다. 제9장에서 저자는 형사사법 분야에 종사하는 여성들에 관한 논의를 통해 독자가 질문해 봐야 할 것을 요청했다. "만약 여성이 주요한 정책 결정자였다면 정의justice가 어떻게 다르게 제공되었을 것인가?" 더햄Durham(1998, 223)은 여성이 초기에 사법 주도권을 잡았다면 사법 결정judicial decisions이 어떻게 달라졌을 것인가에 대해 다음과 같이 의문을 표시한다.

> 법이 성gender의 의미에 대해 미묘하고도 심오한 가정을 반영하고 있다는 사실을 확인하는 데는 큰 노력이 들지 않는다. 결혼에서 말하는 성역할이 남편이 아내를 강간하는 것이 법적으로 불가능하도록 하는 강간법령을 시행하기 위한 것이라고 주장한다면 무엇이라고 하겠는가? …… 청소년-지위비행에 대해 왜 소녀가 소년보다 훨씬 많은 구금을 경험하는가? 왜 민사소송의 배심원은 남성에 비해 여성의 생명이나 서비스의 손실로 인한 피해에 대해

소규모 비율만 보상하도록 하는가?

경찰관이나 교도관이 되기 위한 여성의 접근은 상당한 중복성을 보였다. 그러나 여성의 법조계 접근은 매우 상이하며, 형사사법 체계 내에서 여성에게 가장 명망 있는 직무인 변호사 또는 판사로의 이동을 분석하는 것은 유용하다고 하겠다. 그러나 변호사와 판사로서의 여성을 규정짓기 전에 미국 내 여성 배심원단의 역사를 이해하는 것이 중요하다. 따라서 이 장은 변호사와 판사 역할을 맡고 있는 여성 전문가에 대해 논의하기에 앞서, 여성 배심원단에 대한 저항에 관한 논의를 먼저 하기로 하겠다.

:: 여성 배심원단의 역사

여성이 배심원이 되는 것은 역사적으로 변화가 부족한 영역이며, 때로 차별을 지속적으로 경험하게 하는 분야이기도 한다. 많은 사람이 배심원의 의무를 귀찮거나 불편한 것으로 간주하지만, 이는 시민의 기본 권리다. 케르버Linda K. Kerber(1997, 834)는 '시민권citizenship의 의미'에 관한 논의에서 '시민citizen'을 대등하다는 의미로 규정한다. 이는 아리스토텔레스의 행동주의activism에 대한 정의와 그 궤를 같이한다. "시민이란 지배하고, 그 대가로 지배받는 자다." 배심원으로서의 의무jury duty와 징병제military draft의 배제는 사실 여성을 완전한 시민권full citizenship에서 제외한 것으로, 여성의 나약함과 남성에 대한 의존성의 전형을 제공하는 것이라고 논의되어 왔다(Eastwood, 1975; Lucie, 1988). 따라서 우리는 "언제 유익한 차별이 발생하는가?"라는 질문을 하도록 강요받고 있다(Lucie, 1988). 예를 들어 법원의 여성 군입대와 기타 일부 직종에 대한 제한 결정은 "생물학적 차이를 생물학이 운명처럼 되어버린 문화적 명령cultural imperatives으로 변형시켰다"(Rhode, 1990, 121). 배심원으로서의 의무는 중요한 서비스이며, 배심원 선정은 체계적으로 해당 국가의 구성원을 배제해서는 안 된다. 법laws 또는 **배심원 질문 절차**voir dire 방침이 여성을 배심원으로서의 의무에서 배제시키는 경우 "이는 여성의 사법적 절차에 참여할 권리와 배심원에 대한 고소인과 원고의 권리를 모두 제한하는 것이 된다"(Mahoney, 1987, 209).

케르버(1997, 835)는 "권리rights의 강조는 미국 사법 전통상 가장 진보적인 특징이며, 가장 널리 존중받는 미국법과 사회적 관행의 측면"이라고 주장한다(이는 현재 국가안보법Patriot Act[2001년 제정, 테러를 예방하기 위해 필요한 수단을 제공하여 미국을 강화시키기 위한

비교연구적 관점 국제형사재판소를 통해 정의와 권력에 변화를 일으키는 여성의 주장

- 국제형사재판소(ICC, International Criminal Court) 내 성 정의를 위한 여성 코커스(Women's Caucus for Gender Justice): 1997년 전 세계의 여성 옹호자와 행동주의자가 모여 이 조직을 설립하고, 국제형사재판소를 위한 연합체(Coalition for an International Criminal Court)에서 젠더에 대한 인식을 창조적으로 디자인하고 주류에 편입시키기 위해 함께 작업하기로 했다.
- 1998년 로마법령(1998 Rome Statute): 이 조약은 미래 국제형사재판소 설립을 위한 기초가 되었다. 로마법령은 "수많은 성범죄(sexual crimes), 성폭력(gender violence), 전쟁범죄(war crimes)와 인간성에 반하는 범죄에 대해 최초로 명백히 성문화한 법령이다"(Spees, 2003, 1234). 국제형사재판소의 관할권은 어떤 국가가 위법에 대해 "진실하게 조사하고/하거나 기소할 의도가 없거나 능력이 없을 때"의 소송을 다룬다.
- 국제형사재판소: 2003년 설립된 조직으로, 국제인권법을 향한 주요 단계다. ICC는 "대량학살, 전쟁범죄, 인간성에 반한 범죄와 궁극적으로 공격을 범한 개인을 기소하기 위해 설립된 세계 최초의 영구적 국제범죄 법원이다"(같은 책, 1234).
- 여성과 소녀에게 전형적이거나 혹은 그들에게만 해당되는 인권 위반 내용: 국제형사재판소 내 성 정의를 위한 여성 코커스로 인해 로마법령은 성범죄와 성폭력에 대한 기소를 강조한다(같은 책, 1238). 특히 인간성에 반하는 전쟁범죄로 다음과 같은 것을 포함한다.
    - 강간(rape)
    - 성적 노예(sexual slavery)
    - 강제 매춘
    - 강제 임신
    - 강제 단종(enforced sterilization)
    - 성폭력
- 법조계의 여성과 젠더 전문가: 로마법령은 법원이 여성에게 판사로 재직할 수 있도록 적절한 기준을 마련해야 하는 것뿐 아니라 여성에 대한 성과 폭력(violence) 전문가가 법조계에서 일익을 담당할 것을 요구한다.

결론 "국제형사재판소는 오랫동안 면책의 문화(culture of impunity)를 조장해 왔던 정치적 · 실제적 · 사법적 차이를 좁히는 데 목적을 둔 책임에 대한 국제적 틀의 중요한 구성 요소가 될 것이다. 로마법령이 민간인과 군인 간의 국제법 준수를 확실히 규정하고 대량학살과 전쟁범죄, 인간성에 반하는 범죄에 대한 미래 대응으로서 전쟁보다는 정의 추구를 격려하는 데 더욱 긍정적 효과를 내기를 기대한다"(같은 책, 1248).

SOURCE Pam Spees, 2003. Women's Advocacy in the Creation of the International Criminal Court: Changing the Landscapes of Justice and Power. *Signs: Journal of Women in Culture and Society* 28:1233-1254.

법—역자 주], 반이민법anti-immigration laws, 그리고 조지 부시가 대통령이 된 이후로 미국 내에서 제정된 기타 제한적 정책을 고려한다면 좀 역설적이다). 케르버(같은 책)는 배심원에 대해 다음과 같이 강력한 진술을 했다. "자유주의적 전통 속에서 권리와 의무obligations는 내재적으로 짝을 이룬다. 배심원단으로 재판에 참여하는 권리는 소환될 경우 배심원단이 되어야 하는

의무가 반영된 것이다." 그녀는 의무를 무시하는 것은 "시민권의 복잡한 의미 중 일부를 위장한 것"이라고 주장한다(같은 책, 836). 케르버는 시민권에 관한 논문에서 미국 정부가 인디언 살해자를 승인하고, 라틴계 사람을 멕시코로 추방하고, 아시아계 미국인을 캠프 내에 억류한 역사를 추적해 보면, 시민권은 동등하게 또는 중립적으로 주어지거나 획득되는 것이 아니라는 사실을 알 수 있다. 그러므로 그녀는 "포함되지 않은 시민권에 대한 꿈은 사람들이 항상 다양한 경로, 성gender, 인종race과 계층class 정체성 등을 통해 얻은 시민권에 대한 백일몽 지식 속에서 항상 긴장 상태에 놓여 있도록 만들었다"고 결론짓는다(같은 책, 846).

배심원의 의무는 권리를 획득하는 것이 얼마나 어려운 투쟁이었는지를 보여주는 훌륭한 예다. 적어도 일부 (재산을 소유한) 여성이 영국의 봉건사회에서 배심원이 될 수 있는 권한을 가졌지만(Sommerlad and Sanderson, 1998, 59), 이는 단기간 존속된 기회였다. 미국에서는 1957년 민권법(1957 Civil Rights Act)에서 여성이 연방법원 배심원단이 되는 것을 허용했지만, 주state 법원에 대해서는 아무 언급도 없었다(Mahoney, 1987, 210). 당시는 각 주에서 여성에 대한 **자동면제 조항**automatic exemptions을 일반적으로 규정하고 있었다. 이는 여성이 여자라는 이유로 배심원의 의무를 간단히 회피할 수 있음을 의미했다(한쪽 성에 국한된 법안의 예). 이런 자동면제 조항은 일부 사람에게는 여성으로서의 장점을 제공하는 것으로 간주될 수도 있지만, 다음 두 가지의 불행한 결과를 초래했다. (1) 배심원단의 대표성이 결여되었다(원고 측과 피고 측 모두에게 불공정할 수도 있다). (2) 여성이 자동면제 조항을 행사할 수 있는 주의 경우, 담당서기가 여성이 당연히 면제를 원할 것으로 가정하고 여성을 배심원으로서의 의무 이행에 대해 일상적으로, 고의적으로 소환하지 않게 되었다(Mahoney, 1987). 그러므로 배심원이 되고 싶거나 무관심하거나와 상관없이 여성은 자신에게 이런 기회가 있는지 인식하지 못하게 되었고, 배심원단은 거의 완전히 남성만으로 구성된다는 관행이 굳어졌다.

남성 배심원으로만 구성된 한 배심원단은 호이트Gwendolyn Hoyt에게 남편에 대한 2급 살인죄로 유죄판결을 내렸다. 그녀의 변호사는 이 판결에 불복해 미 연방대법원U.S. Supreme Court에 항소함으로써 호이트Hoyt 대 플로리다Florida(1961) 소송이 성립되었다. 호이트는 배심원에게 제대로 된 보호를 받지 못했으며 그들의 판결이 차별적이고 불공정했음을 주장하고 여성이 법원에서 배심원으로서의 의무 이행을 위해 등록할 것을 요구했다(Thomas, 1991). 그러나 미 연방대법원은 전자제품의 등장에도 불구하고 여성의 가사일이 시민의 의무보다 더 중요하다고 결정을 내렸다. 즉 여성이 있어야 할 곳은 가정이라는 사실이 그들에게 배심원으로서의 의무를 지지 않도록 하는 것을 정당화시켰다. "법원은 1만 명의 배심원 중 10명만 여성이었을 경우에도 여성들이 동등한 보호를 거부당하고 있다는 사실을 의심하지 않았다"(Mahoney, 1987, 211). 테일러Taylor 대 루이지애나Louisiana(1975) 소송에 이르러서야 여성이 단순히 자신의 성sex으로 인해 배심원단 의무에서 면제될 수 없게 되었다. 흥미롭게도 이는 납치와 강간으로 고발당한 한 남성 피고인에 관한 소송이었는데, 미 연방대법원은 남성만으로 구성된 배심원단이 평등한 보호를 받지 않고 있다고 결정했다. 그러므로 배심원단 선정에서 성차별주의sexism가 여성 피고인의 경우 문제가 있는 것으로 고려되지 않았지만(Hoyt v. Florida), 남성 피고인인 경우 받아들일 수 없는 문제로 간주되었다(Taylor v. Louisiana).

배심원 선정에서 또 다른 성차별적sexist 법적 기준은 **배심원 질문** 절차였다. 이 과정은 재판 전에 변호사가 잠재적 배심원에게 질문하는 관행이다. 그러므로 여성이 배심원 풀에 포함되었다고 하더라도, 배심원 질문 절차에서 변호사에 의한 전형적 가정과 질문으로 인해 실제 배심원단에서 쉽게 제외될 수 있었다. 이런 관행은 1983년 변호사 보브Carolyn Bobb가 배심원 의무를 요청했을 때, 기혼 여부와 배우자의 직업에 관한 질문에 답변할 것을 거부함으로써 처음으로 법적 도전을 받게 되었다. 이런 질문을 남성에게는 묻지 않지만, 배심원 풀의 여성에게는 일상적으로 하는 질문 내용이었다(Mahoney, 1987, 212). 질문에 대한 답변 거부로 그녀는 "법원을 모욕한 것으로 간주되었고 구류조치되었고 …… 구치소 1일 수감형을 판결받았다"(같은 책).

그러나 1단계(배심원으로서의 의무에 소환되는 것)와 2단계(배심원단이 되기 위한 배심원 질문 절차에서 선택되는 것)를 통과했다고 해서 성차별주의가 종료되었음을 의미하는 것은 아니다. 한 연구는 배심원단이 된 여성이 법률에 정통한 남성에게 경의를 표하거나 다른 배심원의 의견에 쉽게 설득당하는 경향이 있음을 발견했다(Constantini, Mallery, and Yapundich, 1983). 그러나 일반적 의견과 반대로, 여성 배심원은 자신이 심판하는 여성의 적이 되거나 엄격하게 대하지는 않았다(Mahoney, 1987).

더욱 최근의 연구는 배심원의 인식과 결정에서 상당한 성 차이가 있음을 입증하고 있다(Hahn and Clayton, 1996). "남성 배심원은 변호사가 공격적일 경우 피고가 유죄라고 간주하는 반면, 여성 배심원은 변호사가 공격적이거나 수동적일 때나 동등한 정도로 유죄라고 간주했다"(같은 책, 549). 더욱이 여성 배심원이 남성 배심원보다 더 증거를 고려하는 경향을 보인 반면, 남성 배심원은 변호사의 언변 스타일에 여성 배심원보다 더 큰 영향을 받았다(Hahn and Clayton, 1996). 또 다른 최근 연구에 따르면 배심원단의 성 균형gender balance의 장점이 추가로 밝혀졌다. 배심원단이 성 균형을 이룰수록 배심원단의 심사과정이 덜 적대적이고, 더욱 지원적이고, 더 철저하고, 더욱 만족스러운 것으로 보고되었다(Marder, 2002). 동시에 배심원단의 성별 구성은 평결을 도출할 배심원단의 능력에 영향을 미치지 않았다(같은 책).

:: 법학 교육과 훈련에 대한 여성 진입의 역사

변호사의 지위가 경찰관과 교도관의 지위보다 훨씬 높은데도 불구하고, 여성에게 이 분야로 진출하는 것은 경찰 활동 또는 '교정시설' 분야의 직종에 진출하는 것보다 훨씬 더 성공적이었다. 이는 아마도 남성 범죄자와 실제적인 육체적 접촉이 경찰 활동과 교도관 분야보다 적기 때문일 것이다. 남성 범죄자를 체포하고 관리 · 감시하는 일은 궁극적인 남성성에 해당하는 반면, 변호사 직종은 범죄자와 육체적 거리를 둔다. 어쨌든 여성은 이들을 법 분야law field에서 배제시키기 위한 활발한 노력들에도 불구하고 식민지시대 이후로 미국 내에서 변호사로 활동해 왔다. 여성의 경찰 활동 및 교도관 진출과 차별되는 것으로 법 분야 진출에 관한 또 다른 특징은 이들 여성의 결혼 여부에 훨씬 더 많은 비중을 둔다는 것이다. 이 장 전체를 통해 역사적으로, 심지어 오늘날까지 여성의 결혼 여부가 변호사가 되고 직무 파트너를 '구하는' 그들의 권리에 영향을 미친다는 사실을 입증하는 사례가 무수히 많다.

역사적으로 여성의 변호사업 진출을 제한시키기 위한 반대 이유objections에는 여성의 열등한 정신과 신체, 신중함의 결여, 직업 경력과 아내나 어머니 역할 사이에서 갈등한다는 내용이 포함됐다(Weisberg, 1982)(이것은 제1장에서 논의된 여성에 대한 이미지와 일치한다). 여성은 본래 직무를 수행할 능력이 없으며 그들에게 주어진 '자연적' 환경인 가정home에 가장 적합하다는 가정에 근거하여, 전통적으로 로스쿨에 입학하거나 변호사가 되는 것을 금지했다. 여성의 법 분야 진출을 막기 위한 노력의 일환으로 "변호사협회는 여성이 과중한 소송 업무를 다룰 육체적 힘이 부족하다고 주장했으며, 신문은 매력적인 여성이 불공평하게 배심원단을 동요시킬 수 있다고 고발했다" (Morello, 1986, xi). 사실 1971년까지 뉴욕에서 변호사 시험을 치른 여성과 남성은 여성이 '남성을 흥분시키고' 주의를 분산시킨다는 이유로, 분리된 공간에서 시험에 임해야했다(DeCrow, 1974).

미국에서 최초로 변호사가 된 여성은 1638년 '신세계'에 도착해 상당한 부동산을 축적한 사람이었다. 그녀는 개인적으로도 그렇고, 법원기록에도 '신사 마거릿 브렌트Gentleman

Margaret Brent'로 남아 있다(Morello, 1986). 브렌트는 상당히 성공적인 변호사였는데, 특히 토지거래와 관련해 명성이 높아 주지사에게 계속해서 고용되었다. 로스쿨 입학이 거부되고 주 변호사협회 가입이 거부되었던 식민지시대부터 1800년대 중반까지는 여성의 변호사 개업 활동에 대해 알려진 것이 거의 없다. 여성이 법정소송을 진행하는 극히 드문 경우에도 그들은 일반적으로 혼자였다(Bernat, 1992). 남성은 변호사 사무실의 사무원으로 일하거나 로스쿨에 다님으로써 법정 훈련을 받을 수 있었지만, 여성은 그들의 형제나 남편이 여동생 또는 아내와 함께 사무를 볼 것을 '허용'하지 않는다면, 이런 기회가 일반적으로 차단됐다. "법조계에 입문하는 사람을 감독하는 남성(판사, 변호사, 로스쿨 교수와 변호사협회 위원회)은 법학이 여성의 생물학적 특징인 '섬세함'과 반대되는 강력한 '남성적' 직업이라고 주장했다"(같은 책, 310-311). 그러므로 (결혼한 또는 미혼의) 여성에게 법학을 배울 기회를 제공한 것은 변호사 '형제, 아버지 또는 남편'이었다(Barteau, 1997, 53).

적어도 일부 여성은 경찰관 또는 남자 교도소의 교도관으로 종사할 수 있도록 허용받기 수세기 전에 변호사가 될 수 있었지만, 경찰 활동과 교도관 분야에 종사한 여성의 개척 이야기와 유사하게 여성 변호사의 가장 큰 저항자가 바로 남성 동료였다는 사실은 흥미롭다. 1800년대 미국 내 여성 변호사에 대한 평가서에는 다음과 같이 적혀 있다. "여성 변호사에 대한 이의 제기는 여성이 그들의 감정적이고 감상적인 본성으로 인해 본질적으로 변호사 업종에 맞지 않는다고 인식하고 있는 남성 변호사로부터 제기됐다"(Pollock-Byrne and Ramirez, 1995, 80). 최초의 여성 법학생 중 1명인 바칼루Lemma Barkaloo는 하버드와 컬럼비아 대학교의 로스쿨에서 입학을 거부당한 후에 미주리에 있는 로스쿨에 진학하려고 고향인 뉴욕을 떠났다. 당시 컬럼비아 대학교의 학부생(전부 남성) 중 한 사람의 일기에는 "여성을 변호사업에서 구해 주어야 한다" "여성의 권리를 위해 투쟁하는 여성이 얼마나 시끄럽고 불쾌하게 만드는지 모른다"라고 적고 있다(Barteau, 1997).

1800년대 기혼 여성은 직업 교육을 받을 수도 없고, 선출직에 재직할 수도 없으며, 계약을 체결할 수도 없고, 자신의 아이들에 대한 양육권도 없으며, 자신이 스스로 일해서 번 소득조차도 통제할 수가 없었다(Morello, 1986, 9). 당연히 당시에 법조계에 들어간 여성 회원은 "그들의 법정과 입법 분야에서의 전문성을 여성이 로스쿨에 입학하고 주와 연방 변호사협회에 가입할 권리를 획득하고, 주와 연방 법원에서 사건을 변호하도록 허용받는 데 이용했다"(Feinman, 1986, 104). 여성의 계약체결을 금지하는 법은 변호사가 되려는 그들의 진로도 막았다. 1870년도 미국 인구조사국U.S. Census에 따르면, 미국 전역에 5명의 여성 변호사가 있었다. 이들 중 1명이 브래드웰Myra Bradwell로, 그녀는 판사였던 남편에게 훈련을 받은 후 1869년 변호사 시험에 합격했다. 그러나 일리노이 주 변호사협회는 그녀가 기혼이라는 이유로 변호사 라이선스를 거부했다. 그녀는 법정에서 자신이 미국 시민이며, 결혼 여부는 문제가 되지 않는다고 주장했다. 불행히도 판사(모두 남성) 중 1명을 제외한 나머지가 반대표를 던졌고, 따라서 브래드웰Bradwell 대 일리노이Illinois(1873) 소송에서 기혼 여성의 변호사업 진출이 법적으로 금지되었다. 재판장 브래들리Bradley는 법정 의견에 동의하면서, 이는 기혼이나 미혼 여성에 대한 차별과는 관계가 없다고 주장했다. 그는 다음과 같이 적었다.

> 많은 여성이 결혼하지 않았으며, 따라서 결혼으로 인해 생기는 의무, 복잡한 일들과 무능력 중 어느 것에도 해당되지 않는다는 것은 사실이다. 그러나 이들은 일반 규정의 예외적 사항이다. 여성에게 주요한 운명과 임무는 아내와 어머니로서의 고귀하고 자애로운 임무를 충실히 이행하는 것이다. 이것은 창조주의 법이다. 그리고 시민사회의 규정은 일반 규약에 준거해야 하며, 예외적인 경우에 근거해서는 안 된다(Justice Bradley, Bradwell v. Illinois [1873] 소송에서).

불행히도 브래드웰의 경험은 포부를 가진 여성 변호사들이 대부분 주에서 법령을 개정하여 변호사 개업 조건에서 '남성' 이라는 단어를 삭제할 때까지 견뎌야 했던 과정과 유사하다(Barteau, 1997). 일리노이 주 대법원은 1985년에야 브래드웰 대 일리노이 소송을 뒤집었다.

다른 국가들에서 여성이 변호사가 되려는 염원과 관련한 역사적 내용도 유사한 흐름을 제시한다. 캐나다에서 여성의 법조 분야 진출에 관한 분석내용은 '1897년 (온타리오 지방) 법정변호사barrister로서 인정받은' 최초의 여성을 통해, 그들의 캐나다 법조계 진출 과정이 미국 여성의 경험과 유사했음을 알 수 있다(Hagan and Kay, 1995, 7). 영국의 경우 1873년 에든버러 대학교 의과대학의 여성 배제에 대한 성공적인 저항은 적어도 1880년대 여성의 로스쿨 입학을 위한 문을 열어주었다(Sommerlad and Sanderson, 1998, 60). 많은 여성이 결과적으로 법학 학위를 취득했지만, 변호사협회 가입에 대한 신청은 명확한 이유 없이 계속 거부됐다. 여성이 법정변호사와 사무변호사solicitor가 될 수 있도록 허용하는 법안이 1912년 제출되었고, 1914년과 1917년에 다시 제출되었으나 '영역 분리(여성은 가정, 남성은 사회생활을 담당하도록 영역이 나뉘어져 있다는 의미—역자 주)' 의 중요성을 언급하는 심각한 이의가 제기되면서 실패했다(같은 책, 60-68). 1919년 드디어 영국에서 여성의 법조계 진출을 가로막는 장애물이 제거되었다. 1922년 모리슨Carrie Morrison은 영국 변호사협회에 가입한 최초의 여성이 되었으며, 다음해에는 8명의 여성이 가입했다. 그러나 불행히도 이들 여성 변호사의 복장이 그들의 눈부신 학문적 성과보다 훨씬 중요한 것으로 간주되었다(Sommerlad and Sanderson, 1998). 또한 영국 내 법조계에서 최초의 여성은 대부분 엘리트층에 속해서 이들 대부분이 불행히도 남성지배적인 법조계에 도전하기보다는 기존의 법조계 체제를 유지하는 역할을 했다(같은 책, 81-82).

미국에서 변호사가 된 최초의 여성은 대부분 여성과 관련한 사안(참정권과 피임, 평등권)을 포함한 다양한 측면의 차별에 대항한 투쟁과 빈곤층, 미국 인디언, 흑인과 이민자를 위한 옹호에 헌신했다(Morello, 1986). 1800년대 말 단순히 여성이라는 이유로 연방법정에서 변호 활동의 허용에 대한 수많은 거부를 거친 후에 드디어 록우드Belva Lockwood가 미 연방법원에서 한 사건을 변호할 최초의 여성 변호사가 될 기회를 부여받았다(Barteau, 1997). 그는 체로키Cherokee 인디언 부족을 위해 미국 정부로부터 500만 달러 합의금을 이끌어냈다(Morello, 1986). 이는 록우드가 젊은 남성의 (주의를) 분산시킨다는 이유로 수많은 로스쿨에서 입학을 거부당했음을 고려할 때, 특히 주목할 만한 쾌거다. 록우드가 최종적으로 로스쿨에서 입학을 승인받자 전체 남성 급우는 만약 그녀가 법학 학위를 받는다면 졸업식을 보이콧할 것이라고 위협했다(Barteau, 1997).

다음 두 가지의 역사적 사건은 1830년대와 1840년대 여성과 덜 부유한 남성이 변호사 실무 훈련에 접근이 가능하게 된 것과 관련이 있다(Morello, 1986). 첫째, 미국 서부에 거주하는 백인 인구가 점점 증가하면서 변호사가 되는 여성도 늘어났다. 사실 여성에게 개방적인 최초의 로스쿨이 미국 서부에 있었다(Feinman, 1986). 백인이 미 서부로 이동하면서 유럽계 미국인 여성에게 상당한 자유가 주어졌다. 여성이 미 동북부 지역사회에서 멀어질수록 그들은 더 많은 독립성을 소유하게 되었다(Morello, 1986). 일류 변호사의 감소는 여성에게 문을 열어주었다. 여성의 변호사 실무 훈련에의 접근성을 증가시킨 두 번째 역사적 사건은 남북전쟁이었다. 남성이 전쟁터로 나가면서 여성은 공석인 사무직과 로스쿨 내 빈자리를 채울 기회를 갖게 되었다.

여성의 투표할 권리(참정권)와 법조계 진출 사이의 연계는 중요한데, 투표권과 여성의 평등성을 쟁취하기 위해서는 법에 대항할 필요가 있었기 때문이다. "여성의 법적 정체성legal identity과 시민권 지위를 획득하기 위한 노력의 역사는 기존 권력관계의 결정체로서 관습법common law과 이런 관계와 사회적 유대의 강화제로서의 법조계 사이의 상호 연결성을 드러낸다" (Sommerlad and Sanderson, 1998, 70). 미국에서 변호사협회와 변호사 업무를 실행할 수 있도록 라이선스를 취득한 최초의 여성은 맨스필드Arabelle Mansfield로, 그녀는 1869년 아이오와 주 변호사 시험에 합격했다(Feinman, 1986). 1879년 그녀는 아이오와 참정권협회 Iowan Suffrage Association를 설립했다. 훈련 기회를 제공하는 변호사와 결혼하지 않았다면 기혼 여성은 변호사가 되는 것이 특히 어려웠던 시기였다. 사실 1890년 6명의 여성 변호사 가운데 1명 이상이 변호사와 결혼했다(Weisberg, 1982). 법적으로는 변호사가 될 수 있도록 허용받은 기혼 여성도 여성이 결혼과 직업 둘 다를 성취할 수 있다고 믿지 않는 사회나 남편, 가족으로부터 제한을 받았다(Drachman, 1989). 남편과 가족 구성원이 변호사인 경우에 더해, 최초의 여성 변호사들이 공유했던 또 다른 특성은 부유한 가정 출신이라는 배경이었다(Weisberg, 1982). 1912～19년 영국에서 여성의 참정권을 위한 투쟁은 여성이 변호사가 되기 위한 투쟁과 밀접하게 연관되어 있다(Sommerlad and Sanderson, 1998).

최초의 흑인 여성 변호사는 위에서 논의한 이중적 소외에 갇혀 지낼 수밖에 없었다. 백인 페미니스트 행동주의자는 백인 여성의 권리에 초점을 맞추었으며, 흑인 남성 행동주의자들은 흑인 남성의 권리에 초점을 맞추었다. 따라서 흑인 여성 행동주의자는 자신들이 무시되고 있음을 느꼈고, 충성도loyalties도 인종race과 성gender 사이에서 분리될 것을 강요받았다(Morello, 1986). 심지어 전통적인 흑인 대학인 하워드Howard 대학도 여성의 로스쿨 입학을 거부했다. 1880년대 미국의 최초 흑인 여성 변호사인 레이Charlotte E. Ray는 지원서에 이름의 이니셜만 사용하는 조건으로 하워드 로스쿨의 입학을 허가받았다. 모렐로Morello(같은 책, 52)는 레이가 결코 변호사가 되지 못했다고 주장하지만, 바르토Barteau(1997)는 그녀가 컬럼비아 특별구District of Columbia의 최초 여성 변호사였다고 주장했다.

아이비리그Ivy League 로스쿨이 드디어 여성을 받아들이기 시작했다. 1872년 예일 로스쿨 Yale Law School 앞으로 보내진 한 통의 편지는 '못생긴 여성'은 남학생의 (주의를) 분산시키지 못할 것이기 때문에 입학이 허용되어야 할 것이라고 제안했다(같은 책). 하버드 로스쿨 Harvard Law School은 여성을 받아들인 마지막 로스쿨 중 하나로 1950년이 되어서야 여성에게 문을 열어주었다. 보다 최근의 연구에 따르면 펜실베이니아 대학 로스쿨의 여학생은 남학생보다 더 큰 소외감을 느끼고 더 낮은 성적을 받으며, 동료 남학생보다 명예나 수상 등에 더 적게 선정되는 것으로 밝혀졌다(Guinier et al., 1994). 여자 법대생에 대한 이 연구의 다른 주요 결과는 다음을 포함한다.

> 로스쿨 입학 당시 성적에서는 성차gender difference가 없었음에도 로스쿨 첫 번째 학년 말이 되자 "로스쿨 학급의 톱 10퍼센트 이내에 든 남학생 수가 여학생 수의 3배였다." 1학년 여학생은 기존질서와 그들의 법학 교육, 그들 자신에 대해 1학년 남학생보다 더욱 비판적이

지만, 3학년이 되면 같은 학년의 남학생과 1학년 여자 법대생보다 덜 비판적이 되었다. 1학년 여학생은 1학년 남학생보다 사회정의 사안에 더욱 헌신하는 경향을 보이지만, 3학년이 되면 기업법corporate law 분야로 관심을 돌리면서 정신건강에 관한 고민이 증가했다(같은 책, 3).

많은 여성 변호사가 로스쿨에서의 훈련은 "남성처럼 생각하고 행동하는 법을 배우는 것"을 의미했다고 보고했다(같은 책, 5).

200명의 흑인 여성 변호사를 대상으로 한 조사에 따르면, 참가자의 87퍼센트가 로스쿨 수업시간에 손을 든 그들을 계속해서 무시하는 교수들의 행위처럼 개인적으로 차별을 받았다고 보고했다(Simpson, 1996). 또한 90퍼센트가 동료 학생들로 조직된 스터디 그룹에서 배제된 적이 있다고 말했다(같은 책).

:: 여성 변호사

여성 변호사의 수

1890년 미국에는 135명의 여성 변호사가 있었는데, 이들 대부분은 그들의 형제나 아버지, 남편한테서 훈련을 받았다(Barteau, 1997). 1910년 미국 변호사의 1퍼센트가 여성이었다. 1930년이 되자 여성 변호사는 2.1퍼센트로 증가했다(Berkson, 1982~82). 그러나 1963년이 되어도 여전히 여성 변호사는 전체의 2.7퍼센트에 불과했으며, 1970년에도 겨우 2.8퍼센트였다. 1980년에는 여성이 전체 변호사의 13퍼센트를 차지했는데, 59,000여 명의 여성 변호사가 재직했다(같은 책). 1973~83년에 미국 내 흑인 여성 변호사 수는 446명에서 4,272명으로 증가했다(Simpson, 1996). 1990년대 중반 여성은 '신입 변호사의 거의 반수'를 차지했으며(Gorman, 2005, 710), 2001년 '처음으로 법대 입학생의 반수 이상이' 여성이었다(Schafran, 2004). 2003년 여성은 유명한 로스쿨 졸업생의 거의 50퍼센트에 육박하거나 몇몇 경우에는 50퍼센트를 넘었다(로스쿨에 따라 다름)(Noonan and Corcoran, 2004). 실제로 지난 30년간 미국과 캐나다에서 '법조계의 성별gender과 인종별racial 구성'이 '극적으로' 변화했다(Krakauer and Chen, 2003, 66).

20세기 초반 미국과 캐나다의 여성 변호사에 관한 역사적 연구에 따르면 두 국가에서는 (1) 변호사의 수가 20세기 초반에 거의 배가 되었으며, (2) 전체 인구에 대한 변호사의 비율이 1900~61년에 그대로 유지되었으며(캐나다의 경우 인구 1,000명당 0.7명, 미국의 경우 인구 1,000명당 1.25명) (3) 여성 변호사 대 남성 변호사의 비율은 감소했다(Hagan and Kay, 1995, 8). 이들 연구의 저자는 "소수의 여성 변호사를 추가하면 비율의 크기가 현저히 감소할 것"이라고 보고한다. 그럼에도 "20세기 대부분의 시기를 통해 양 국가의 여성은 작지만 지속적인 성취를 이룩했다. 가장 지대한 성취는 …… 1971년 이후였다"(같은 책). 여성 변호사의 증가가 주춤했던 시기는 영국 법조계에서 여성 진출이 허용되기까지의 초기였다(Sommerlad and Sanderson, 1998, 80). 1960년대와 70년대 캐나다와 미국의 여성 변호사에 관한 연구에서 헤이건Hagan과 케이Kay(1995, 10)는 동 기간에 여성 변호사의 수가 미국은 3퍼센트에서 14퍼센트로 증가했으며, 캐나다는 3퍼센트에서 15퍼센트로 증가했다고 보고한다. 영국에서도 1920년대 법조계에 진출한 여성이 2퍼센트 이하였는데 1940년대에는 3퍼센트, 1971년에는 10퍼센트, 1980년대 말이 되면서는 여성 변호사가 남성과 동등한 비율로 증가했다(Sommerlad and Sanderson, 1998, 89, and 106). "1911년 캐나다 전국에는 여성 변호사 7명만이 있었지만, 1986년에는 거의 1만여 명의 여성 변호사가 배출됐다"(Hagan and Kay, 1995, 11).

여자 법대생의 비율도 1970~80년에 8.5퍼센트에서 33.5퍼센트로 증가한 반면, 같은 기간 여성 변호사의 비율은 4.7퍼센트에서 12퍼센트로 증가하는 데 그쳤다(Epstein, 1983). 로스쿨 학생에 관하여 버넷Bernat(1992)은 미국 내 법대생의 반수가 여성이라고 지적했다. 그럼에도 로스쿨 교수나 로펌에서 여성의 대표성은 황량하기 그지없었다. 폴록번Pollock-Byrne과 라미레즈Ramirez(1995)는 미국 로스쿨 학장의 8퍼센트, 그리고 정교수의 16퍼센트만 여성임을 보고한다. 법조계의 다른 분야에서도 여성은 낮은 지위와 낮은 급여를 받는 직위에서 주류를 이루고 있다(같은 책). 여성 교수는 특히 페미니스트 법리학을 전공할 경우, 남성 교수보다 정교수직을 획득하는 데 어려움을 겪어야 했다(같은 책). 1998년에 출간된 한 저서에 따르면 여성이 변호사의 26퍼센트를, 미국 상위 251개 회사 내 파트너의 11퍼센트를 구성하고 있다고 보고했다(Epstein, 1998, 109). 최근의 보고서는 미 전국 로펌에서 여성이 파트너의 17퍼센트를, 동료직원의 48퍼센트를 구성하고 있다(유색인종의 경우 이들 회사 내 파트너와 동료직원의 4%와 15% 구성)(전국법조인협회[NALP, National Association for Legal Career Professionals], 2005a). 더욱이 미국 내 로펌 중 10분의 1 정도가 여성 파트너를 두지 않고 있으며, 41퍼센트는 유색인종 파트너를 두지 않고 있다는 사실이 보고되었다(같은 책). 여성(인종/민족에 관계없이)과 유색인종 남성의 대표성에 관하여 미국의 도시와 지방에서 상당한 편차가 있었음을 인지해야 한다(같은 책).

여성 변호사의 분류

경찰 활동과 교정 분야에 종사하는 여성에 관한 연구에 비해, 여성 변호사의 범주를 결정하기 위한 연구는 거의 이루어지지지 않았다. 한 가지 예외로 경찰 활동과 교도관 연구와 다소 상이한 접근이 피어스Pierce(1995)의 연구에서 이루어졌다. 피어스는 남성 변호사들을 '람보 소송자' 로 표현했다. 또한 그녀는 변호사에게 가능하거나 기대되는 역할의 성별화된 특징gendered nature을 '편법gamesmanship' 으로 묘사하면서 주의 깊게 분석했다.

> 나는 소송자에게 요구되는 편법의 두 가지 주요 요소를 다음과 같이 표현했다. 협박intimidation과 전략적 친근함strategic friendliness이 그것이다. 남성 변호사와 달리 여성은 감정적 노동에 대한 공격적 요소가 가진 이중적 구속력과 조우하게 된다 …… (연구에서) 여성 변호사는 "증인에게 너무 친절하다" "강제력이 충분치 못하다" "너무 숫기가 없다" "적극적이지 못하다" 등의 비난을 받았으며 동시에 '너무 적극적' 일 경우에는 경고를 받았다. 반면 남성은 '너무 공격적' 이며 증인에게 주의를 기울여 청취하지 않는다고 비난을 받기도 했지만, 대부분 그들의 무자비함ruthlessness에 대해 칭찬을 받았다. 이런 이중적 구속력은 편법의 적극적 요소일 뿐 아니라 덜 대립적(동등하게 속임수적) 형태인 전략적 친근함strategic friendliness으로 나타난다. 예를 들어 남성 변호사가 제도적 결과를 성취하기 위해 감언이설과 회유전략을 사용하면 그들은 동료의 지지와 격려를 받았다. 반면에 유사한 전술을 채택한 여성은 증인 또는 상대 변호사를 구워삶기 위해 '여성적 계략' 을 이용했다고 비난을 받았다(같은 책, 113).

여성 변호사의 경험을 분석한 또 다른 연구는 여성을 직업적 역할별로 두 개의 그룹으로 분류했다(Rosenberg, Perstadt, and Phillips, 1993). **페미니스트**는 여성주의적 입장에 강한 지지를 보였는데, 주로 여성 조직의 회원으로 활동했으며, 법조 체제 내에서 여성의 위치를 하나의 페미니스트 기저로 간주했다. 반면에 **경력주의자들**careerists은 여성의 기본적인 경제권 확보를 지지하면서 페미니스트 딱지가 붙는 것을 거부했다. 이들은 여성의 권리를 위해 무료 봉사 활동을 하거나, 페미니스트 후보자를 지원하거나 여성 변호사의 종속적 지위를 정치적으로 간주하려고 하지 않았다. 대신에 그들은 자신들의 법정능력을 신장하는 것이 여성 변호사의 지위를 향상시키는 최대 통로라고 믿었다. 뜻밖에도 경력주의자가 페미니스트보다 성희롱sexual harassment과 성비하 발언을 더 경험했다는 보고가 있다(같은 책).

여성 변호사의 경험

법조계에 종사하는 여성은 일반적으로 경찰 활동과 교정 분야에 종사하는 여성보다 그들의 대표성에 있어 더 나은 대우를 받았다. 그러나 변호사에 관한 연구는 아직도 법조계에서 불균형적으로 여성을 제한하고 남성에게는 보상을 주고 있음을 보여주고 있다.

법조계에서 젠더에 관한 논의를 시작하는 데는 다음 두 단계를 이용하는 것이 유용하다. 먼저 가장 높은 지위부터 가장 낮은 지위에 이르기까지 각 포지션의 등급을 이해할 필요가 있다. (1) 로펌, (2) 기업, (3) 연방정부, (4) 주정부, (5) 개업이 그것이다(Heinz and Lauman, 1982). 전반적으로 최근 미국의 대부분 통계는 2001년에 로스쿨을 졸업한 학생의 약 5분의 3(58%)이 로펌에 취직했다고 보고한다(NALP, 2005b). 다음 단계는 더 복잡하다. 즉 여성이 이 명예로운 지위를 택하는 비율이 낮은 것이 그들이 '원해서' 였는지 또는 그들이 '얻은' 것인지를 결정하는 것은 복잡하다. 예를 들어 여성은 자신이 원해서 로펌이 아닌 곳에서 더 많이 일하는가, 아니면 유명한 로펌과 높은 급여를 제공하는 회사에 고용되지 않았기 때문인가? 아니면 이 둘의 제도화된 조합이 존재하는가? 예를 들어 여성은 그들의 아이들 또는 장래에 가지고자 하는 자녀들에 대한 양육에 더 적극적으로 헌신하기를 원하지만, 로펌이나 회사들이 자녀 양육에 대해 별로 가치를 두지 않고 있다고 생각하기 때문에 로펌에 가기를 꺼려하는 것인가? 이것은 현재 연구로 결정짓기가 쉽지 않다. 경찰 활동을 연구한 학자 프라이스Barbara R. Price(1989)가 여성이 경찰 활동을 변화시킬 것인지, 경찰 활동이 여성을 변화시킬 것인지에 대해 질문한 것처럼 법조계의 여성이 법조계를 변화시킬 것이지, 법조계가 너무 정적이어서 여성이 성공하기 위해 '남성 모델'에 맞추어야 하는지에 관한 논의에 주의를 집중시키는 것이 유용하다고 하겠다. 만약 개인(여성과 남성)에게 부모 역할과 가족과 함께하는 데 충분한 시간을 보낼 수 있도록 허용하면서 또 귀중한 동료로 간주할 수 있다면, 법조계가 남성을 포함한 모든 사람에게 더 나은 직업이 될 것인가? 만약 여성과 남성이 법조계에서 함께 어울리도록 (취미생활이나 봉사 활동 등을 함께하는 것) 허용하면서 또한 이 직업에서 성공할 가능성이 있다면 더 나은 직업이 될 것인가?

여성에 대한 기회와 제한에 대한 평가에서 유색인종 여성 변호사가 직면했던 독특한 장애물을 인정할 필요가 있다. 미국과 캐나다 내 변호사에 대한 연구분석은 이들 유색인종 여성이 "로스쿨에서의 장벽, 법조계 진출 시 낮은 경력 만족도, 그들의 직업 활동과정에서의 더 많은 차별 등 여러 사안에 직면하게 된다고 보고했다"는 것을 보여주고 있다 (Krakauer and Chen, 2003, 67).

변호사의 결혼과 가족 지위에 대한 성별화된 의미

2000년대를 맞이했음에도 엘리트 경력(예를 들어 법조와 의료계)을 추구하는 여성은 "직업적 발전의 기회와 결혼하여 아이를 갖고, 근무시간을 조절하거나 '가족친화적' 프로그램을 이용하려는 개인적 결정"에 영향을 미치는 "가정을 이루고 생계를 꾸리는 것에 대한 성별화된 기대gendered expectations"에 부딪히게 된다(Coltrane, 2004, 596). 요약하면 법조계 경력에서 여성은 남성보다 아이를 갖는 결정 여부에 따라 크게 영향을 받으며(Epstein, 1998; Graham, 1986; Sommerlad and Sanderson, 1998), 로스쿨을 졸업하고 직업을 찾으려는 여성은 아이를 갖는 것과 관련한 미래계획에 대해 질문을 받으며, 그에 근거해 평가를 받는다(Hagan and Kay, 1995).

그러나 소머래드Sommerlad와 샌더슨Sanderson(1998, 3)은 법조계에서 '일에 헌신' 한다는 생각 자체가 '성별화된' 것이라고 주장한다. 이는 공적 영역과 사적 영역의 분리, 그에 따른 남성과 여성의 역할에 관한 당연시되는 관점에 근거한 것이다. 따라서 헌신에 관한 연구는…… 남성의 가정생활에 대한 헌신과 사적 영역에서 이루어지는 일에 대해 설명하는 자료를 거의 이용하지 않는다. 그래서 소머래드와 샌더슨(1998)은 직장 대 가정에 대한 여성의 헌신에 대한 분석(변호사 직업)에서 왜 여성의 일과 가정에 대한 헌신에 관해서는 질문하면서, **남성**에게는 가정에 대한 헌신에 관해 묻지 않는지 의문을 제기한다. 미시간 로스쿨을 졸업한 변호사에 관한 연구에 따르면 아버지의 1퍼센트와 어머니의 42퍼센트가 아이를 돌보기 위한 가족휴직을 신청했다(Noonan and Corcoran, 2004). 양육과 어머니 역할mothering, 아버지 역할fathering 사이의 차이에 관한 여러 가정을 고려할 때 결혼하지 않은 여성 변호사가 결혼하지 않은 남성 변호사보다 더 많은 것은 그리 놀라운 일이 아니다(Epstein, 1998; Noonan and Corcoran, 2004). 더욱이 여성 변호사들 가운데 아이가 있는 여성이 일과 개인생활에서 더 많은 갈등을 겪는 것으로 보고됐다(Wallace, 2001). 캐나다의 한 연구는 여성 변호사가 남성 동료보다 승진을 위해 자신의 경력을 가족/개인생활보다 위에 두어야 한다고 믿고 있는 것으로 나타났다(Catalyst, 2005). 로스쿨 졸업 후 첫 번째 연도에 유색인종 남성과 여성 변호사를 비교한 연구는 결혼이나 아이를 가지는 것에 대한 가능성에서 성차가 존재하지 않지만, 여성이 남성보다 더욱 결혼이 '이중적 직업'의 일부가 되는 경향을 보였다(Merritt and Reskin, 1992).

커닝엄Cunningham(2001, 997)은 회사에 가족휴직을 요청하는 변호사의 성별화된 특징을 효과적으로 입증한다. "그러므로 여성의 경우 이러지도 저러지도 못하는 이중적 상황이 분명하게 나타난다. 만약 그녀가 훌륭한 변호사라면 나쁜 엄마일 것이다. 그 반대도 성립한다

(그녀가 좋은 엄마라면 훌륭한 변호사가 아닐 것이다). 성공적인 변호사가 되기 위해서는 아이들을 희생시킬 수밖에 없는 것이 되고, 결국 이 두 가지 역할에 실패하는 것으로 비춰진다." 또한 커닝엄은 아버지가 되어 아이들과 더 많은 시간을 보내기를 선호하지만, 여성 변호사처럼 이런 요청이 그들이 근무하는 로펌에 충분히 헌신하지 않는 것으로 비춰지는 것을 이해하는 남성 변호사 세대가 증가하고 있다고 표현한다. 그는 크누스먼Kevin Knussman이 아내가 출산으로 인한 의료합병 증세로 고통받고 있을 때, 회사에 12주 육아휴직을 요청한 것을 예로 들었다. 사실 크누스먼은 1993년 가족의료휴직법(Family and Medical Leave Act, 가족 출산 · 입양 · 질병 · 노인 부양을 위해 12주간의 유급휴직 권리를 부여한 연방법안)에 근거한 성차별gender bias 소송에서 승소한 최초의 남성이 되었다(같은 책). 전국 언론은 크누스먼을 '포스터poster' 부모 또는 '대중의 영웅folk hero'으로 소개했는데(같은 책), 여성 직업인이 직장보다 가족을 우선시할 때는 결코 이런 찬사를 받지 못한다. 그러나 성공적 승소 이후에 크누스먼의 회사는 그에게 복귀하기 전에 "장기간 일보다 가족을 우선시하는 남자는 일종의 정신적 결함이 있는 것으로 생각할 수밖에 없다"는 형벌성 메시지와 함께 정신과 검사를 받을 것을 요구했다(같은 책, 968).

성차별적 이미지의 관리

여성 변호사에 대한 수용에 있어 중요한 것은 그들에 대해 기존에 인식되고 있는 공신력credibility인데, 이는 여성 원고와 피고에게도 영향을 미친다. "여성은 집단적으로 남성보다 믿지 못할 대상으로 인식되기 때문에 집단 공신력collective credibility이 부인된다"(Schafran, 2004, 459). 이와 관련해 케이와 헤이건(2003, 486)은 "현대 로펌의 근거는 선후배 변호사들 간에 존재하는 거래관계trading relationship에 기초하고 있으며" 이 관계에서 중요한 것은 자산과 기회의 공유에 대해 변호사들이 가지고 있는 신뢰의 수준이다. 캐나다, 온타리오 변호사들에 대한 한 종단적 연구에 따르면 여성 변호사의 사회 네트워크와 직업적 보상에 대한 접근 가능성의 부인은 회사의 그들에 대한 신뢰를 훼손하게 되어, 이런 불신과 배제는 "여성에게 회사를 떠나는 것을 고려하게 만든다"는 점을 발견했다.

또한 여성 변호사는 그들이 가장 효율적이기 위해 '여성적'으로 보일 것인가 아니면 '남성적'으로 보일 것인가로 고심하는 경향을 보인다(Blodgett, 1986; Sommerlad and Sanderson, 1998). 이는 마틴Martin의 연구 결과(여성이 여성 경찰관의 역할에서 여성성femininity을 강조하면서도 역할 수행에서는 여성성을 부인하기 위해 노력함)와 유사하다. 인문대학 학생을 대상으로 한 '모의' 배심원에 관한 한 연구에서, 변호사가 더 '공격적으로' 대응함으로써 배심원을 설득시켜 원하는 평결을 받아냈다고 하더라도, 여성 변호사의 경우에는 그들이 구사하는 방법이 공격적일 때 (배심원으로부터) 유죄평결을 획득하기가 더 어려운 양날의 칼이 됨을 발견했다(Hahn and Clayton, 1996).

미국 로펌의 고용관행에서 성별화된 특징의 평가에 관한 대규모 연구는 예상했던 대로 선정 기준에 전형적으로 남성적인 기질이 포함되는 경우 "여성은 소수만이 채용되며" 선정 기준에 여성적 특징을 강조하는 경우, "여성의 수가 증가한다"고 밝혔다(Gorman, 2005, 702). 이 연구는 또한 로펌의 결정권자는 자신과 같은 성gender의 후보자들을 선택하는 경향이 있음을 밝혔다. "여성 결정권자들은 남성 결정권자보다 공석을 여성으로 채우려는 경향을 보이지만, 고위직에 대한 여성의 몫이 성 균형gender balance을 증가시키기 때문에 신규 고용 때는 이런 효과가 사라진다"(같은 책).

변호사의 성별화된 지위

여성과 남성은 동일한 실무와 직위에 대한 접근에서 동등한 기회가 주어지지 않는다. 여성과 유색인종 변호사는 대부분 가장 명망이 낮은 변호사 직업으로 귀착된다(Epstein, 1998). 연구는 여성이 가족법 분야에 지나치게 많이 진출하는 반면에 기업법과 상법, 민사소송법 등 다른 법 분야에는 진출이 적은 경향을 보여준다(Hagan, 1990; Hagan and Kay, 1995; Martin and Jurik, 1996; Sommerlad and Sanderson, 1998). 법조계에서 성차별주의의 중요한 조직적 측면은 정부 법무 분야와 민간 변호사직의 구별이다. "간단히 말해 여성은 개별 로펌에 대한 진출이 적고, 정부와 기업 부문에 대한 진출은 과다하다. 이런 각 조직 계층 내에서 여성은 명망과 소득의 가장 낮은 자리에 집중되어 있다"(Martin and Jurik, 1996, 115). 200명 이상의 흑인 여성 변호사를 대상으로 한 연구에 따르면 약 50퍼센트가 정부 서비스 분야, 17퍼센트가 개별 로펌, 12퍼센트가 회사, 12퍼센트는 비법조계 행정직에 고용되어 있었다(Simpson, 1996). 여성 변호사 10분의 9가 로스쿨을 다닐 동안 생각했던 것과 다른 법조 업무에 종사하고 있다고 보고했다(같은 책).

피어스(1995, 1999)는 미국 내 대부분의 로펌에 존재하는 성차별을 규정했다. 미국 내 로펌의 변호사는 대부분 남성이며, 지원 부서의 대부분(예를 들어 법률 보조원, 법률 비서)은 여성이다. 로펌 내 업무는 상당히 성별화되어 있으며, 업무의 성별화된 특징은 회사 내 여성과 남성 급여액의 상당한 차이와 연관된다. 특히 여성 근무자는 주로 사무 업무를 담당하며 대부분의 감성적 업무, 특히 회사 내 '어머니 역할'을 담당하기도 한다(같은 책). 피어스(1999, 127)의 법률 보조원에 대한 연구는 변호사 대 법률 보조원의 성별화된 특징을 보여준다.

법률 종사자는 특별한 대우와 시중을 받으며 일하는 변호사를 지원하고 정서적 안정을 유지시켜 주는 기능을 담당한다. 변호사의 지위를 확신시켜 줌으로써 법률 보조원은 또한 로펌 내 성역할 관계gender relations를 재생산한다. 지원과 시중을 받는 변호사 대부분은 남성이며, 이런 정서적 서비스를 제공하는 법률 보조자 대다수는 여성이다.

반면에 남성은 기본적으로 법정 변호사로 초남성성hyper-masculinity을 행사하며, 피어스가 표현한 '람보 소송자' 라고 할 수 있다(1999). 이는 여성에게 감성적이고 육체적으로 돌보는 역할을 기대하는 가정과 일치한다(Petersen, 1996). 젠더는 "단순히 사회적 범주뿐 아니라 권력관계power relations의 지표signifier이기 때문에" 다른 측면에 대해서도 역할을 한다(Pierce, 1995, 9). 예를 들어 피어스(1995)의 연구는 남성이 여성보다 사무공간을 더 많이 차지하며, 법률 보조원으로 근무하는 (적은 수의) 남성이 승진할 기회를 더 많이 가지며, 남성 변호사로부터 더 많은 지원을 받는다. 남성 법률 보조원이 여성 법률 보조원보다 "여성화된 사회-정서적 요건에 저항하거나 무시할 수 있는 폭"이 더 많이 주어진다는 사실을 밝혔다.

여성 변호사가 원하는 것과 그들이 가진 것 사이의 구별에 대한 종합적 연구가 헐Hull과 넬슨Nelson(2000)에 의해 시카고 지역 변호사 800여 명을 대상으로 시행되었다. 연구자는 여성 변호사가 경력 초기 단계에서 소규모/중간 규모 회사로 진출하는 경우가 다소 낮고 정부, 공공이익법 분야와 법학 교육 분야에 있어서는 진출 과잉을 보이는데, 이런 젠더 차이gender gap는 경력이 쌓여감에 따라 더 증가하는 것을 알아냈다(같은 책). 특히 대규모 로펌에서 경력을 시작하는 여성과 남성 변호사 간에 성 차이는 없었다. 직업 선호도가 변호사로서 최초의 직무에 대한 강한 예측 지표로 작용했지만, "선호도에 대해 통제를 하더라도 성의 효과를 제거할 수는 없다"라고 밝혔다(같은 책, 244). 여성이 처음 직업을 구할 때 나타나는 성차는 변호사가 로스쿨을 졸업한 후 처음 직장을 구할 때의 성에 따른 편차gendered variations를 일부 설명하기는 했지만, 그렇다고 모든 것을 설명해 주지는 못했으며 이는 대체로 성차별주의에 기인한 것이다. 통계적 모델을 통해 여성은 회사 내에서 파트너로서 남성보다 덜 중요하다고 간주되었다(같은 책, 250). 그리고 일-가족 제약은 여성의 파트너십 기회를 감소시키는 반면, 남성의 경우에는 그렇지 않았다(같은 책). 연구 결과에 따르면 여성은 "일과 가족 사이의 갈등적 요구에 대해 더 나은 해결책을 제공하기" 때문에 로펌을 떠나 비록 덜 유명하지만 '내부 상담' 직의 좋은 급여조건을 갖춘 직업을 선택한다고 제시한다(같은 책, 252). 그러나 헐과 넬슨(2000)은 "회사가 어머니와 어린 자녀들에게 요구되는 근무 스케줄을 유연하게 조절해 줄 수 없기" 때문에 여성이 '로펌에 파트너로 근무하는 것에 낙담했는지' 또는 회사에서 파트너로 근무하다가 해고당했는지 여부에 대해 자신들의 연구 자료에만 의거해 결정할 수 없다고 기술했다.

남성 동료와 상관에 의한 대우

법조계에 관한 연구는 민사소송civil litigation이 성차별주의, 인종차별주의 등을 고려하지 않더라도 결코 정중하지 않음을 보여준다(Cortina et al., 2002; Pierce, 1995). 즉 일종의 전투 정신을 조장하는 것으로 나타난다(Cortina et al., 2002). 그러므로 이것이 성차별주의(그리고 다른 형태의 차별이나 공격적인 행동, 또 인종차별주의)와 배려 없는 행동 둘 다를 포함하는 방식으로 나타나는 것은 놀라운 일이 아니다.

여성 변호사의 성차별주의 경험에 관한 연구는 '점점 나아지고' 있지만, 인종차별주의, 계급차별주의, 반유대주의anti-Semitism, 동성애 혐오homophobia와 마찬가지로, 성차별주의가 법조계(다른 직업 분야와 사적 부문뿐 아니라)에 존재함을 보여준다. 사적 부문보다 공공 부문의 더 엄격한 고용, 해고, 승진 가이드라인을 고려할 때 성차별주의가 공공 부문보다 개별 로펌에서 더욱 일반적이라는 것은 당연하다(예를 들어 Katz, 1998; Rosenberg, Perstadt, and Phillips, 1993). 역사적으로 공공 부문에서 여성에게 열려 있던 유일한 직업이 변호사 직무였고 이들은 육아휴직, 자녀 양육, 유연한 스케줄 등과 관련한 사안을 맡는 경향이 있다(Katz, 1998). 특히 공공 부문의 법 관련 직업은 사적 부문의 변호사 직업만큼 급여가 높지 않으며(Beinish, 1998), 이런 소득의 차이는 시간이 흐르면서 상당한 간격으로 벌어진다(Hull and Nelson, 2000; Krakauer and Chen, 2003).

여성 변호사의 경험에 대한 몇몇 연구는 그녀들이 남성으로부터 상당한 양의 적개심에 노출되어 있음을 보여준다. 이는 대부분 남성 변호사, 고객, 판사, 기타 법무 직원들에 의해 표현된다(Rosenberg, Perstadt, and Phillips, 1993). 교도관이나 경찰 활동 분야에 종사하는 여성과 유사하게 동료나 감독관에 의한 성희롱이 많은 여성 변호사에게도 주요 사안이 되고 있다(Hagan and Kay, 1995; Pierce, 1995; Pollock-Byrne and Ramirez, 1995; Rosenberg, Perstadt, and Phillips, 1993; Sommerlad and Sanderson, 1998). 한 연구에 따르면 여성 변호사 4명 중 1명이 직업적 상황에서 성희롱을 당했다고 보고했으며, 이 비율은 개별 로펌과 자신의 분야에서 상징적 위치에 있는 여성의 경우 유의미하게 높은 수치를 보였다(Rosenberg, Perstadt, and Phillips, 1993). 성희롱은 성별화된 권력 차이를 유지하는 데 효과적이다. "남성과 여성 변호사 간의 경계를 높이는 (남성 변호사의) 또 다른 수단은 성희롱을 통한 것이다. 여성을 성적으로 간주하는 것이 양성 간의 차이를 과장할 수 있는 가장 명백한 방법일 것이다"(Pierce, 1995, 108). 한 연구는 스포츠를 하면서 나누는 대화나 농담이 남성 간의 결속을 다지는 한 방법이며, 백인 남성 변호사의 이런 대화나 농담 속의 성차별적이거나 인종차별적인 희롱은 전반적으로 여성과 유색인종과의 관계를 손상시키지만 연령과 지위에 상관없이 백인 남성 간의 결속과 동지애의 한 형태였다고 보고했다(Sommerlad and Sanderson, 1998, 147).

미시시피 주의 변호사에 관한 한 연구에서 변호사 중 3분의 2, 판사 중 5분의 3이 법정에서 여성 변호사에 대한 불공평함이 존재한다고 보고했다(Winkle and Wedeking, 2003). 남성 변호사의 6퍼센트가 법정에서 여성 변호사에 대한 편견이 널리 퍼져 있다고 생각한 반면에 여성 변호사의 44퍼센트가 그렇다고 생각했다. 이와 유사하게 남성 판사의 3퍼센트와 여성 판사 중 3분의 1 이상이 여성 변호사에 대한 불공평함이 법정에 만연해 있다고 생각했다(같은 책). 최근의 연구는 여성과 남성 변호사에 의한 연방소송이 진행되는 동안 상대방으로부터 받은 무례한 대우에 대해 조사하였는데 여성의 60퍼센트와 남성의 15퍼센트가 과거 5년 동안 연방소송에서 성과 관련된 무례한 행위가 있었다고 보고했으며, 여성의 8퍼센트와 남성의 1퍼센트 이하가 '연방소송에서 원하지 않은 성적 관심'을 경험했다고 보고했다(Cortina et al., 2002, 244). 더욱이 여성 변호사가 무례한 행위를 경험할 때, 해당 행위의 17퍼센트만 성과 관련되지 않은 반면(예를 들어 성적 관심, 성차별적인 언어), 남성이 경험한 무례행위의 67퍼센트가 성과 관련이 없었다(같은 책). 특히 대부분 여성 변호사가 자신들의 임신에 관해 경멸적인 언어를 들었다고 보고했다(같은 책). 말할 필요도 없이 남성과 여성 모두에게 대인관계에서의 무례함을 경험하는 것은 높은 스트레스를 유발시켰으며, 이는 낮은 직업만족도의 결과를 초래했고, 그들이 종사하는 연방 법조 분야에서 떠나는 것을 고려할 가능성을 높였다(같은 책, 252). 이 연구는 다음과 같이 결론을 내린다.

> 여성의 사회적이고 직업적인 진출은 남성 지배와 여성 종속의 현상 유지에 위협을 가하는 것이며, 통제를 유지하기 위한 한 수단으로서 여성에 대한 적개심을 유발한다. 그러므로 이런 사소해 보이는 무례한 행위가 여성을 직업사회의 주변에 지속적으로 머물러 있게 하는 것이다(같은 책, 256).

영국 법조계에 관한 연구는 일부 여성이 몇몇 회사에서 매력적인 여성을 '회사의 이미지를 과시'하려고 고위직에 앉힘으로써, 그들의 섹슈얼리티sexuality를 하나의 상품으로 간주했다고 응답했음을 밝혔다(Sommerlad and Sanderson, 1998, 176-177). 또한 남성 판사는 여성 변호사에 대해 성차별적 고정관념을 강화하는 것으로 알려져 있다. 1986년 7월, 미국 순회법원(U.S. Circuit Court) 판사인 시슬리크Arthur Ceislik는 한 강간 소송사건에 대한 공판 전 회합에서 여성 변호사 피어스Susan Tone Pierce에게 다음과 같이 말했다.

> 나는 젊은 여성의 경우를 먼저 듣겠습니다. 사람들은 내가 남성 우월주의자라고 말합니다. 나는 여성이 변호사가 되어야 한다고 생각하지 않습니다. 여성은 가족을 돌보는 가정에 속해 있어야 한다고 믿습니다. 여성은 이 자리에 속해 있지 않습니다. 당신은 결혼하셨습니까?(Blodgett, 1986, 48에서 인용)

일리노이 주의 변호사와 판사에 관한 연구는 남성과 여성 변호사, 판사의 일부가 법정에서 성gender 편견과 차별이 존재한다고 동의했지만, 기대한 것처럼 여성 변호사와 판사는 남성 변호사와 판사보다 법정에서 이런 성차별주의를 보고할 가능성이 더 높았다(Riger et al., 1995). 그러나 한 여성이 연구조사에서 다음과 같이 적은 것처럼 여자 법대생과 변호사, 판사 등을 위해 "상황이 더 나아지고 있다"는 낙관론이 있다. "지난 2년 동안 상황이 매우 향상되었다. 그전에 나는 판사와 변호사에게 (엉덩이를) 꼬집히고, 성적 접촉에 시달리고, 데이트하자는 말을 들었고, 무능하다고 해고당하기도 했으며, 성희롱을 당했다"(같은 책, 471).

소득, '파트너 되기'와 그 외 변호사에 대한 보상의 성별화된 특징

여성의 (그리고 유색인종 등 기타 억압받는 그룹의) 직위 승진의 가능성은 **유리천장**glass ceilings과 같은 용어를 통해 알 수 있다. 베이커Baker(2003, 694)는 유리천장을 "제3자에 의해 형성된 것으로, 여성(소수 그룹)이 소득 엘리트층에 진입하는 것을 막는 보이지 않는 장벽으로 표현한다. 대안적 표현으로 유리천장은 실제로는 고용에 관해 여자 법대생이 스스로 부과한 제한에서 초래되는 '풀칠된 바닥sticky floor'이라는 것이다." 그러므로 변호사(그 외 다른 분야의 직종)로서 여성의 승진 능력에 대한 분석은 해당 직급에서 여성의 이동성mobility을 살펴봄으로써 평가된다. 법학자 엡스타인Cynthia Fuchs Epstein(1998, 106)은 여성을 "그들의 재능과 훈련, 성취 등이 (법조) 분야의 고위직을 위해 경쟁할 수 있는 자격이 갖추어진 가장 새로운 그룹 중 하나이고, 가장 규모가 큰 그룹 중 하나로 규정한다". 그러나 그녀는 분야마다 올라갈 수 있는 상한선이 정해져 있기는 하지만, 법조 분야는 기존의 지배 그룹이 당연히 사회 내에서 그들의 위치를 공유하길 바라는 경쟁자를 배제하고, 분명하고 미묘한 수단을 동원하여 자신의 특권적 접근을 방어하려는 "부와 권력이 위치한 영역에서 가장 강력하고 뚫기 힘든 분야"라고 지적한다(같은 책).

심슨Simpson(1996, 180)의 흑인 여성 변호사에 대한 연구에 따르면, 18퍼센트가 직장에서 승진하려면 '조건에 맞추거나' '백인 남성이 되어야' 하는 것이 요구된다고 보고했다. 또한 법조계 직업에 대해 그들은 "인종(36%), 성(35%) 또는 이 두 가지의 조합(45%)이 자신이 근무하는 조직 내에서의 이동성을 제한한다고 느꼈다고 보고했으며, 거의 반수(49%)가 승진으로 이끄는 명성 높은 소송사건에 배정되지 않는다고 느꼈다"(같은 책). 심슨(같은 책)은 인종과 성에 따라 심각하게 제한되는 "법조계의 높은 지위, 강력하고 재정적 보상이 따르는 부문에서 실무를 담당하고자 하는" 흑인 여성 변호사의 선택이 인종과 성으로 인해 심각하게 제한되는 **플렉시글라스 천장**plexiglass ceiling(흑인 여성들의 직업(승진) 분야에서 차별을 설명하기 위한 개념으로 유리천장보다 더 깨뜨리기 어려운 장애물이 있다는 의미—역자 주)을 마주보고 있다고 결론지었다.

좀 더 긍정적으로 보자면 엡스타인(1998, 109)은 여성이 아직도 남성보다 저조한 비율이지만, 미국 상위 251개 회사 내 파트너의 11퍼센트를 구성함으로써 과거 어느 때보다 대기업 내 파트너 비율이 높다고 보고한다. 그러나 지난 1900년대 마지막 25년 동안 캐나다의 변호사 상향이동의 성별 추세에 관한 연구에 따르면, 남성과 여성 모두 같은 기간에 상향이동 과정에서 '천장' 효과와 '줄어드는 파트너십'을 경험했지만 그 영향이 여성에게는 훨씬 더 크게 부가되었다고 보고했다(Hagan and Kay, 1995).

또한 지난 20여 년간 미시간 대학 로스쿨 졸업생을 대상으로 한 최근 연구에 따르면 남성이 여성보다 파트너가 될 가능성이 더 높으며, 개별 로펌을 떠날 가능성이 여성보다 낮은 것으로 밝혀졌다(Noonan and Corcoran, 2004). 더욱이 파트너 사이에서, 심지어는 실무 경력과 기타 변수조건을 동일하게 해도 남성이 여성보다 소득이 높은 것으로 나타났다(같은 책). 또한 양육의 책임을 위해 노동시장을 일시적으로 떠났던 변호사는 파트너가 될 가능성이 낮았으며, 이들이 파트너가 된다고 하더라도 소득이 낮았다. 이런 연구 결과는 "여성 변호사가 다중적 유리천장에 직면해 있음을 간접적으로 입증하는 것이다"(같은 책, 130). 그러나 베이커(2003)의 분석은 '유리천장'보다는 '풀칠된 바닥'에 해당되는 증거를 더 많이 발견했다. 그는 여성 변호사와 유색인종 변호사, 장애가 있는 변호사가 엘리트 회사 직종의 상위 5분위(20%)를 획득하는 데 있어 차별적 대우를 받은 것이 아니라 이들 변호사들이 그 직을 선호하고(또는 선호하거나) 낮은 급여를 주는 회사에 몸을 낮춰서 취업하는 '풀칠된 바닥' 현상에 대한 증거가 더 많다고 주장했다(같은 책).

다른 한편 여성은 대규모회사의 기업 설립 분야에서 진전을 이루고 있으며(Hagan,

1990), 이들은 1970년대 월스트리트 기업에서의 '실제적 불가시성virtual invisibility' 으로부터 유의미한 수치로 자신들의 존재를 각인시켰다(Epstein, 1982). 이는 일부 성차별소송에 대한 기업 구성원의 두려움과 경험에서 기인한 것이다. 변호사의 소득에 대한 최근의 보고에 따르면 "남성과 동일한 직급에서 동일한 업무를 담당하는 여성은 이제 남성 급여의 90퍼센트 이상을 받고 있다"(Epstein, 1998, 110). 더구나 캐나다의 한 연구에서는 남성과 여성이 소득 증가를 경험했는데, 남성이 거의 연평균 4,400달러의 소득 인상을 올리는 데 비해 여성은 평균 약 3,000달러 소득 인상을 받는 것으로 보고됐다. 경력을 아우른 축적 효과가 상당하다(Hagan, 1990, 845). 이 연구는 비록 여성이 법조계 분야 진출에서 '상당한 성장'을 이룩하기는 했지만, 여전히 한쪽 성에 치우친 성별화된 분류가 법률 업무를 계층화하고 있다고 결론짓는다(같은 책, 849).

한 캐나다 연구에 따르면 여성과 남성 변호사가 전체적으로 같은 시간을 근무한 것으로 보고한다고 하더라도, 남성은 여성보다 많은 시간을 사건요록에 기록하고 그에 따라 비용을 청구한다. 남성은 여성과 같은 시간을 일하지만, 소득은 거의 2배 정도 높다(Hagan and Kay, 1995, 152). 그러나 다른 연구에 따르면 여성 변호사는 그들이 고용과정에서 남성보다 좋은 대우를 받았다면, 그것은 자신들이 더 나은 자격을 가지고 있기 때문이라고 믿었다. "여성 변호사는 일단 직무를 수행하게 되면 급여와 승진, 업무할당에서 그들이 젠더에 의거해 혜택을 받은 적이 있다고 응답한 경우는 거의 없었다(1.5~10.2%)" (Rosenberg, Perstadt, and Phillips, 1993, 422).

미국의 대규모회사에 근무하는 여성 변호사에 대한 조사연구는 여성의 급여와 보너스는 남성 변호사와 유사한 수준이지만, 최고 직무 배정과 소송 경험, 승진 기회가 남성보다 훨씬 적으며, 회사 경영진에 발탁될 가능성이 낮다고 보고했다(Epstein, 1998, 114). 여성 변호사는 여전히 남성 동료보다 파트너가 될 가능성이 낮은 것으로 나타났다(Epstein, 1998; Graham, 1986; Hagan and Kay, 1995; Hagan et al., 1991; Sommerlad and Sanderson, 1998). 사실 파트너십의 집약과 집중의 효과에 대한 연구는 여성 파트너의 감소가 남성 파트너의 감소보다 훨씬 많이 발생한다고 보고했다. 이는 특히 소규모 회사일수록 더 심각했다(Hagan et al., 1991). Title VII은 1984년 히숀Elizabeth Hishon이 애틀랜타의 한 유명한 로펌에 제기한 히숀Hishon 대 킹 앤 스팔딩King & Spalding 소송에 효과적이었다. 그녀는 이 회사에서 7년 동안 근무한 후에 파트너십을 거부당했다(Epstein, 1998). 법정은 로펌의 파트너십 결정은 공정해야 하며, Title VII을 적용해야 한다고 판결을 내렸다.

마지막으로 변호사의 승진과 급여, 기타 특전에 대한 논의는 멘토링의 역할을 생략하면

무의미하게 될 것이다. 법조계에서 성별화된 특징의 발전에 대한 연구에 따르면 법조계에서 여성의 성공이 적은 것은 선배 변호사에 의한 성별화된 특징의 멘토링 부족에 기인한다고 밝혔다. 즉 남성 변호사가 여성 변호사보다 많은 조언을 받는다(Hagan and Kay, 1995; Sommerlad and Sanderson, 1998). 심슨(1996)의 흑인 여성 변호사에 대한 연구에 따르면, 일부 여성이 멘토의 부족과 전문성을 개발할 소송사건의 부족, 즉 회사에서 파트너가 되는 데 필요한 무언가가 부족하다고 보고했다. 특히 한 연구는 남성의 멘토를 받은 여성 변호사가 여성의 멘토를 받은 여성보다 소득이 더 높았음에도 여성의 멘토를 받은 여성 변호사가 더 높은 "경력 만족도, 변호사 직업을 지속할 의향, 직업적 기대, 일에 대한 갈등이 감소했다" 고 보고했다(Wallace, 2001, 366).

변호사에 대한 처벌조치의 성별화된 특징

최근의 한 연구는 1999～2002년 버지니아 주에서 변호사가 포함된 325건의 징계사건을 평가했다(Payne, Time, and Raper, 2004). 특히 징계조치를 받은 변호사의 90퍼센트가 남성이었다. 고발당한 변호사의 경우 여성 변호사(11%)는 남성 변호사(22%)보다 '직무의 통합성 유지 실패' 로 고발되는 가능성이 낮았다(같은 책, 90). 남성 변호사는 여성 변호사보다 '사건에 대해 유죄평결을 받을' 가능성이 더 높았다(같은 책). 반면에 여성 변호사는 남성 변호사에 비해 항소에 실패해 처벌을 받거나 반대 당이나 위원회의 불공정성을 증명해 보이는 데 실패한 경우가 많은 것으로 나타났다(같은 책, 91). 고발된 변호사에게 주어진 징계에서 성차가 발견되지 않았지만, 여성(평균 808일)은 남성(평균 456일)보다 더 길게 직무정지를 받았다(같은 책).

:: 여성 판사

여성의 연방법원(federal judiciary) 진입은 매우 천천히 진행되었다. …… (그러나) 미국 사법부 내 여성이 노력한 결과, 법조계에서 진정한 변화가 이루어졌으며, 앞으로도 변화는 지속될 전망이다(파머, 2001, 95).

여성의 재판관직 진출

놀랄 것도 없이 여성의 법관 진출은 변호사가 되는 것보다 훨씬 느리게 진행됐다. 여성 변호사는 19번째 수정헌법(Nineteenth Amendment, 여성의 참정권)이 1920년 통과될 때까지 미국 내 대부분 주의 재판관직 선거권이 없었다(Cook, 1978; Flowers, 1987). 그러므로 여성 판사는 1920년 이전에는 존재하지 않았다(Flowers, 1987). 미국 내 최초 판사인 모리스 Esther Morris는 1870년 와이오밍 주의 사우스 패스 마이닝 캠프South Pass Mining Camp 내 평화를 위한 재판을 하도록 임명받았다(Berkson, 1981-1982). 50년 후인 1922년 플로렌스 앨런 Florence Allen이 최초의 주 연방법원 판사로 선출되었다(Abrahamson, 1998). 그러나 일단의 여성 판사는 그 다음 세기가 되어서야 여러 주에서 임용되었다(Epstein, 1983, 239). 그럼에도 최초 여성 판사는 형사법정을 주재하지 않았다(Feinman, 1985; Flowers, 1987). 예상대로 여성은 최초로 판사직에 선거 또는 임용되었을 때 특히 '가족법'과 관련한 이혼법정, 청소년 법정, 소규모 지방법정 등 정형화된 성역할과 일치하는 재판관직 수행을 요구받았다. 연방법원 판사로 임명된 최초의 여성은 매튜스Burnita Shelton Matthews로, 1949년 트루먼 대통령에게 임명되었다.

1971년 미국 내 주법원에 재직한 여성은 200여 명이고(Berkson, 1981-1982), 이중 19명만 지미 카터가 대통령으로 선출된 1976년 연방법원 판사직에 임명되었다. 카터 대통령이 "여성과 소수 인종 그룹의 구성원을 임명함으로써 판사직의 다양화를 위한 화합된 노력"을 결정할 때까지(Abrahamson, 1998, 197), 여성 판사는 연방정부 판사의 1퍼센트만을 차지했다(Epstein, 1983). 특히 1979년이 되어서야 모든 주가 적어도 1명의 여성이 사법계에서 봉직할 수 있도록 했다(같은 책).

실제로 카터 대통령은 4년 임기에 레이건과 부시 대통령의 임기를 합친 12년 기간보다 더 많은 여성을 연방 판사직에 임명했다(Abrahamson, 1998). 제102대 미국 대법원장으로 임명된 최초의 여성은 샌드라 데이 오코너Sandra Day O'Connor로 1981년 레이건 대통령에게 임명되었다. 그 당시 여성은 주정부와 연방정부 법원 판사의 5퍼센트를 차지했다(Morello, 1986). 특히 20세에 스탠퍼드 로스쿨을 (단 2년 만에) 수석으로 졸업했음에도 오코너는 졸업 후 법률 사무원이나 비서직을 제외하고는 직업을 구할 수가 없었다. 공화당원이면서 보수파였던 그녀는 보수주의자와 일치하지 않는 결정을 내리는 등 독립적인 투표권을 행사함으로써 많은 진보주의자와 보수주의자를 놀라게 했다. 오코너는 24년간 미 연방대법원장으로 재직한 후 2005년 퇴임했다.

1940년대 모틀리Constance Baker Motley는 컬럼비아 대학교 출신의 두 번째 흑인 여성으로 다수의 중요한 시민권 관련 소송사건에 활발히 참여했다. 그녀는 투르굿 마셜Thurgood Marshall과 함께 일했으며, 마틴 루터 킹 주니어Martin Luther King Jr.의 변호사로 재직하기도 했다. 모틀리는 정치가이자 판사로 재직했는데, 그녀의 전기를 요약하면 다음과 같다. "고등학교 시절 발생한 3건의 인종차별주의 사건이 시민 그룹에 활발하게 참여하게 된 계기가 되었을 것이다" (Alpha Kappa Alpha Sorority, 1968, 19). 최근 출간된 그녀에 관한 전기에는 중요한 역사적 시민권소송은 물론 모틀리의 개인적인 삶과 경력에서 겪은 인종차별주의와 성차별주의가 교차되는 내용도 포함되어 있다. 또한 현재 미국 내에 존재하는 인종차별주의, 계급차별주의, 성차별주의에 대해 자세하게 설명하고 있다(Motley, 1998). 1968년에 출간된 『사법부의 흑인 여성Negro Women in the Judiciary』은 10명의 초기 흑인 여성 판사(모틀리 포함)의 삶과 공적을 조명하고 있다(Alpha Kappa Alpha Sorority, 1968). 모틀리에 관해 쓰인 내용과 유사하게, 많은 흑인 여성 변호사가 경제적 어려움과 인종차별주의, 성차별주의를 경험했고, 사회정의와 평등을 실현시키기 위해 헌신했다. 또한 사법부의 최초 흑인 여성에 대한 출판물은 그들의 삶을 기리고, 인종차별주의자와 성차별주의자, 계급차별주의자에 도전하는 법조인의 지속적인 노력을 강조한다.

다음에 살펴볼 내용은 낙천적이고 긍정적인 방향으로 기술되었지만, 여성이 미국 전체 인구의 절반을 차지한다는 점을 고려한다면 다소 실망스럽다고 하겠다. 1991년 50개 주 중 25개 주만 각 고등법원에 1명의 여성을 임명했고, 그 여성이 해당 법원의 최초 판사였다. 21개 주는 고등법원에 아예 여성을 임명하지 않았다. 4개 주와 컬럼비아 특별구는 1명 이상의 여성을 미 연방대법원 판사로 임명했다. 1991년 미네소타 주는 고등법원 판사의 다수가 여성으로 구성된 최초의 주가 되었다. 이 고등법원의 판사 7석 중 4석에 여성이 임명되었다(Abrahamson, 1998, 196).

그러나 여전히 여성은 변호사 풀처럼 사법부 전체에서 차지하는 비율이 그다지 높지 않다. 에이브러햄슨Abrahamson(같은 책, 196-197)은 다양한 발행물을 근거로, 여성이 연방 지방법원 판사의 10퍼센트와 연방 순회법원 판사의 13퍼센트를 구성한다고 추정했다. "클린턴 행정부 말기(2001)에 연방 지방법원 판사의 14.5퍼센트, 순회법원 판사의 14.9퍼센트만이 여성이었다" (Palmer, 2001, 95). 명목주의tokenism를 가지고 주가 여성 1명을 대법원에 선정하면 '또 다른 여성이 선정될 기회가 실질적으로 감소하고', 이는 판사를 임명할 때(선거 대신에) 더욱 분명하게 드러났다(같은 책, 94). 그러므로 여성과 소수 인종 그룹 판사 수는 백인 남성 판사 수보다 훨씬 적다(Solberg and Bratton, 2005, 120). 연방 지방법원 판사(미국 대통령이 임명)에 관한 한 연구는 백인 여성과 유색인종은 법원이 (1) 대규모일 때, (2) 매우 동질적일 때 임명될 가능성이 높아진다고 결론지었다(같은 책). 이런 임명은 다른 그룹 또는 이해관계자의 대표성에 큰 변화 없이 다양화할 기회를 제공한다(같은 책, 119). 백인 여성 또는 유색인종을 규모가 큰 법원에 명목상 배치시키는 것도 법정의 (백인) 권력 기저에서 일어나는 작은 변화다.

여성 판사의 특성과 판사로서의 경험

법의 본질과 그 구조가 판례에 근거하고 있다는 점에서 볼 때 앵글로색슨법은 성차별적이고, 인종차별적이며, 계급차별적일 수밖에 없다(Berns, 1999). 다시 말하면 엘리트 백인 남성이 헌법Constitution과 이후 법률의 기초가 될 초기 법률의 설계자였으며, 역사적으로 로스쿨의 학생은 거의 배타적으로 부유한 백인 남성이었다. 결과적으로 얼마나 불공평한지와 상관없이 사법적 판례가 앵글로색슨 문화에 바탕을 둔 사법적 결정과정을 주도하기 때문에 판사가 된 백인 남성이나 모든 인종의 여성, 유색인종 남성이 현상 유지를 타파한다는 것은 결코 쉬운 일이 아니다.

카터 대통령이 임명한 판사의 성별 비교분석에 따르면 성별이 판사로서의 경력과 배우자라는 역할 사이의 갈등에 관한 판사의 대응을 구별짓는 데 중요한 역할을 하는 것은 아니지만, 강력한 배우자의 지원은 "여성이 직위를 추구하기 위한 결정에서 주요 전제조건"이다(남성의 경우는 그렇지 않다)(Martin, 1990). 또한 남성과 여성 판사가 자신들의 배우자 역할에 균형을 맞추기보다 '판결'과 부모 역할의 균형을 맞추는 것에 더 큰 갈등을 느낀다고 보고한 반면, 남성 판사는 부모 역할과 직업 사이의 균형을 맞추는 것에 여성 판사보다 갈등을 덜 느끼는 것으로 나타났다(같은 책). 또 다른 연구에 따르면 남성 판사(84%)는 여성 판사(64%)보다 결혼할 가능성이 더 높았다(Steffensmeier and Hebert, 1999, 1172). 게다가 다른 연구는 '미혼'인 여성 판사는 '특이하다고' 여겨지는 것은 물론 남성 판사의 성적 행위에 대한 요청을 포함한 성적 괴롭힘의 '적절한' 대상으로 간주된다고 보고했다(Schafran and Winkler, 1989).

또한 중요한 점은 백인 남성 엘리트층에 속하지 않는 엘리트가 전체 인구 중 제한된 부류하고만 접촉해 온 (백인 남성) 엘리트보다 법정에 들어서는 고객의 다양성을 이해할 가능성이 더 높다는 것이다. 여성 판사가 남성 판사보다 가사노동을 할 가능성이 더 높으며, 미연방대법원장 오코너가 식료품점에서 쇼핑카트를 밀고 다닌다는 사실은 그녀가 일반 시민과 자주 접촉할 수 있음을 의미한다(Morello, 1986). 또 다른 연구는 여성과 남성 판사의 비교분석을 실시했는데, 집안을 청소해 줄 누군가를 고용하는 데 있어서는 전반적으로 성 유사성gender similarities이 있음을 발견했다. 그러나 여성은 남성보다 '집안을 관리'하는 데 책임감을 느낄 가능성이 더 높았다(Martin, 1990). 여성과 남성 판사를 비교한 연구는 "여성 판사가 더 젊고, 더 진보적이고, 정치에는 관심이 덜하고, 덜 부유 …… 한 경향을 보이며, 이들은 남성보다 평균적으로 높은 수준의 학위와 학구적 재능을 소유하고 있음"을 밝혀냈다(Morello, 1986, 246).

별로 놀라운 것 없이 남성과 여성 판사의 비교분석 결과, 판사에게 법조계에서 '여성으로서나 남성으로서' 주요 문제를 묘사할 것을 요청받았을 때 성차가 있음을 발견했다(Martin, 1990). 여성이 가장 빈번하게 언급한 문제(81%)는 성차별이었으며, 남성이 가장 빈번하게 언급한 문제는 '직업적 도전이나 시간적 압박' 이었다(같은 책, 207). 이 연구에서 여성이 더 많은 부모 역할과 가사에 대한 의무와 스트레스를 보고했음을 고려할 때 '그들의 직업적 도전과 시간적 압박' 은 남성보다 훨씬 높을 가능성이 있다. 그럼에도 이들이 경험한 다른 형태의 성차별sex discrimination과 비교했을 때, 이 항목은 순위에 오르지 못했다. 특히 남성의 5분의 1 정도 되는 카터가 임명한 판사는 남성 판사의 주요 문제로 인종적 · 계급적 차별을 보고했다(Martin, 1990).

놀랍게도 호주의 판사에 관한 최근 연구는 최초로 사법부 판사로 임명된 이들 '개척자적' 여성이 여성 변호사보다 성차별주의와 차별적 상황에 덜 직면했다고 보고한다(Laster and Douglas, 1995). 래스터Laster와 더글러스Douglas(같은 책, 192)는 남성 동료들이 사법부에 여성의 진입을 수용한 것은 적어도 부분적으로 그들이 '외부의 보조에 의존할 수 없는' '직업의 주류에서' 발생한 판사의 고립에 기인한다고 보고한다. 그러므로 "조직적 문화는 상호원조와 관용의 가치를 중요하게 여긴다". 또한 남성 동료들이 사법부 내 여성의 진입을 비교적 평탄하게 수용한 것은 남성과 여성 모두에게 "여성적 자질이 이제 직무요건과 일치한다" 라는 최근의 믿음에 기인한다(같은 책, 184). 그러므로 저자들은 여성의 사법부 진출이 "법정에서 이미 일어나고 있는 중요한 패러다임을 변화시킨 원인이라기보다는 결과" 라고 결론짓는다(같은 책, 185). 즉 사법문화에서 '여성적feminine' 자질이 더욱 요구된다는 것이다. 마지막으로 이 연구는 여성과 남성 판사와의 인터뷰를 통해 그들이 유사하게 '심판하며' 같은 방법으로 증거를 평가하고 형량을 결정한다고 보고했다. 한 가지 성차는 여성이 대질적 접근법을 불편하게 여긴다는 것이다. 그러나 좀 더 면밀히 분석하면 이는 성차가 아니라 사법부 내 경험의 차이로 인한 경우가 더 많았다. 경험이 적은 남성이나 여성 판사 모두 대질적 접근법을 불편해하는 것으로 나타났다(Laster and Douglas, 1995).

:: 판사의 결정과정에서 나타나는 성차

요약하면 미국 사법부는 여성을 향해서 전체적 주관주의와 차별화를 적용하면서 객관성과 중립성을 공언해 왔다. 그러므로 여성이 사법부 내 동등한 대표성을 향하여 움직임에 따라 여성의 목소리는 잠재적으로 큰 의미가 있을 것이다(폭스, 밴 지켈, 2000, 263).

마지막으로 판사의 성별gender이 성희롱이나 성차별 경우를 제외하고 그들의 의사결정 과정에 영향을 미치는지 여부에 관한 연구 결과는 다소 유보적이라고 할 수 있다. 3만 건의 중범죄 소송사건에 대해 남성과 여성 판사를 비교분석한 연구에 따르면, 전반적으로 피고에 대한 판사의 유죄판결과 형량 결정에서 유일한 성차는 남성 판사보다 여성 판사가 피고인의 유죄를 찾아낼 가능성이 낮고, 여성 피고인에게 실형을 선고할 가능성이 더 높다(Gruhl, Spohn, and Welch, 1981). 아마도 여성 판사가 남성 판사보다 자신과 동성인 피고의 '편을 들지' 않는다는 인상을 주기 위한 압박감을 더 느끼기 때문일 것이다.

성에 따른 판사의 선고에 관한 최근 연구는 여성 판사가 남성 판사보다 특히 여성 피고인과 흑인 누범자를 더욱 혹독하고 엄격하게 다룬다고 지적한다. 한 연구는 지방법원에 여성 판사의 비율이 높을수록 여성과 남성 피고인의 형량 사이에 불균형이 덜하다는 사실을 발견했다(Schanzenbach, 2005). "지방법원의 여성 판사 비율이 높을수록 여성 범죄자가 받을 형량이 더 길어진다"(같은 책, 74). 1991~93년 펜실베이니아 주 판결에 관한 연구는 여성과 남성 판사 모두 피고의 전과기록과 죄질의 심각성에 상당히 영향을 받으며, 여성 판사는 남성 판사보다 피고를 투옥시킬 가능성이 10퍼센트 정도 높으며, 형량이 5개월 정도 더 긴 판결을 내린다(Steffensmeier and Hebert, 1999). 이 같은 투옥과 형량의 차이는 규범과 법에 덜 심각한 도전이 되는 재산범죄에 대해 남성 판사보다 더 엄격히 다루기 때문으로 밝혀졌다(같은 책, 1182). 이 연구에서 가장 놀라운 점은 여성 판사는 피고가 백인 여성일 경우 판결에서 성차가 없었지만 피고가 흑인 여성, 흑인 남성, 백인 남성이었을 때 더 엄격하게 다루었다. 그리고 여성 판사는 피고가 흑인 누범자일 때 남성 판사보다 특히 더욱 엄격했다(같은 책).

성별과 사법부 판결과정에 대한 최근의 연구는 여성 판사가 검사의 편을 들 가능성이 더 높은 것으로 보고했다. 반면에 남성 판사는 피고의 편을 들어줄 가능성이 더 높다(Fox and Van Sickel, 2000). 또한 이 연구는 남성과 여성 판사가 법정에서 다양한 사람에 대응하기 위해 남성적이고 여성적인 '목소리'를 모두 적용했음을 발견했다. 또한 소송을 진행할 때 남성적이고 여성적인 단어와 목소리 톤을 둘 다 사용했다. 이 연구는 기존의 연구에서 네 가지 사법적 스타일을 규정하고, 이들 스타일이 성별화된 것인지 여부를 결정했다. 두 가지는 남성적 스타일로 규정되었고(절차적이고 강권적 스타일), 나머지 두 가지는 '여성적' 스타일로 규정되었다(합의적이고 포괄적 스타일)(같은 책). '여성적' **포괄적 스타일**은 모든 관련인을 참여하게 하고 모든 사람의 말을 들으려고 하는 것을 특징으로 하는데, 남성 판사보다는 여성 판사가 이런 특징을 더 많이 보여준다(같은 책, 268). 포괄적 스타일은 판사가 모두의 정보를 통해 중간 지점을 찾으려고 하는 '여성적' 합의 스타일과 구분하기 어렵다. 이는 남성 판사에게서 더 잘 나타난다(같은 책). 또한 남성 판사는 '남성적' 강권 스타일을 적용할 가능성이 더 높았는데, 이는 판사가 관련자들로부터의 개입이 별로 없이 법정을 독재적으로 다루는 것이다. 일반적으로 사건을 신속하게 처리하고, 과장되거나 과소평가된 톤을 이용한다(같은 책, 268). 그러나 여성 판사는 '남성적' 절차 스타일을 적용할 가능성이 높은 것으로 나타났다. 이 스타일은 법과 과정에 대한 엄격한 고수로 특징되며, 종종 변호사가 제시한 옵션을 거부한다(같은 책).

그러나 1999~2001년 미 연방항소법원에서 판결이 난 Title VII과 관련된 성희롱과 성차별 사건 연구에 따르면 사건 중 4분의 3은 원고가 패소했는데, "여성 판사의 출현으로 원고가 승소할 확률이 확연하게 증가했다"(Peresie, 2005, 1768-1769). 판사의 연령, 이전 직장, 정치적 성향 등과 같은 요인을 통제한 상태에서 만약 이 소송의 판사가 여성이었다면 원고의 편을 들어줄 가능성이 성희롱의 경우 86퍼센트, 성차별의 경우 65퍼센트였다(같은 책, 1776). 더구나 연구 자료는 남성 판사가 여성 동료들에게 반대표를 행사하기보다는 그들과 함께 결정했음을 나타내며(같은 책, 1769), 적어도 1명의 여성 판사가 패널로 참여한 경우에 원고 편에 설 가능성이 높다(같은 책, 1778). 사실 "여성 판사와의 작업이 민주당에 의해 임명된 남성 판사보다 1.5배 효과가 있다"(같은 책, 1778). 그러므로 이 연구는 "여성 판사가 Title VII 성희롱과 성차별 소송사건에 대한 결과를 중요하게 여긴다"라고 결론지었다(같은 책, 1786).

사법 결정과정에서 성 차이에 관한 연구들은 성차별사건에 관한 여성 판사의 영향은 분명하고 일관된 경향이 있는 것으로 보고한다. "여성 판사는 사상과 관계없이 남성 판사보다 여성의 주장에 지원적이다"(Palmer, 2001, 89). 그러나 성별화된 차이에 대해 명확한 패턴이 발견된 것은 아니다(같은 책).

또 다른 연구는 47개 주에서 발생한 170여 건의 경찰 상해사건에서 재판부의 성별 구성의 영향력을 실험했다(McCall, 2005). 종속변수는 판사가 '진보적(경찰폭력에 의해 상해입은 자의 편이 되거나 폭력을 행사한 경찰을 해고하는 것에 찬성함)' 인가 또는 '보수적(과다한 폭력을 행사한 경찰관의 편이 됨)' 인가의 여부다. 성별 외에도 판사가 선출되었는지 또는 임명되었는지 여부에 대해 분석했다(같은 책). 선출 또는 임명과 상관없이 여성 판사가 남성 판사보다 진보적으로 투표할 가능성이 더 높았다. 또한 선출된 판사도 성에 관계없이 진보적으로 투표할 가능성이 더 높았다(같은 책).

:: 여성 법학교수

여성 법학교수에 대해 기술된 것이 거의 없지만 여성 교수들은 로스쿨 내에서 명목적 지위를 차지하고 있다. 실제 법학부 내 지위에 대한 장벽은 실무 분야보다 더욱 심했다(Martin and Jurik, 1996). 그러나 마틴과 주리크(같은 책, 122)의 다양한 연구와 자료의 검토는 1980년대 말까지 여성이 전체 법학부 교수진의 4분의 1을 차지했음을 보여준다. 불행하게 여성은 아직도 낮은 급여와 정년을 보장하지 않는 직종에 포진해 있다. 유색인종 여성이 유색인종 남성보다 대학에서 교수로 채용되고 해당 직위를 유지하는 데 더 심각한 장애물에 직면한다는 사실에 주목하여 메릿Merritt과 레스킨Reskin(1992)은 심층적 자료수집을 통해 이 현상을 분석했다. 이들은 여성 유색인종 법대 교수에게 주어지는 이중적 소외가 남성 유색인종 법대 교수에게 주어지는 것과 비교하여 '삼중 처벌triple penalty'로 부를 정도라고 밝혔다. 유색인종 남성과 비교할 때 유색인종 여성이 더 "낮은 직급의 교수직에 진출되고, 덜 유명한 학교에서 가르치고, 대체적으로 낮은 단계 코스를 가르친다"(같은 책, 2322). 이는 학력과 개인적 구속(특정한 지역에 머물러야 할 필요와 같은)의 차이에 대한 통제에도 불구하고 나타난 결과였다. "이런 결과는 특히 유명한 법학대학일수록 더 분명하게 나타난다. 만약 그들이 소수 인종 남성을 고용하는 것과 같은 조건에서 고용할 의도가 있다면 더 많은 소수인종 그룹의 여성을 고용할 가능성이 있음을 제시한다"(같은 책; 2356).

수많은 소외된 사람이 직면한 '노-윈no-win' 상황과 마찬가지로, 법학 분야에 대한 최근의 연구는 법조계 분야의 여성은 미혼인 경우 더욱 낙인찍힌다고 제시한다. 예를 들어 유색인종 여성과 남성 변호사를 비교한 연구에서, 유색인종 여성이 기혼인 경우 발전할 가능성이 더 높았다(유색인종 남성의 경우는 그렇지 않다). 법학대학에서 정년을 보장하는 교수직을 획득할 기회도 증가한다(Merritt and Reskin, 1992).

한 흑인 법학교수는 흑인 여성이 흑인 여자 법대생에게 역할 모델이 되기 위해서가 아니라 법학부에 중요한 공헌을 할 잠재성이 있기 때문에 고용돼야 할 필요성이 있다고 지적한다(Allen, 1997). 또 다른 흑인 여성 법학교수는 백인 남성 지배적인 사회에서 흑인 여성 교수의 경험이 어떻게 법학 수업과 법학부에 필요한 요소를 제공할 것인지를 지적한다(Banks, 1997). 그러나 또 다른 흑인 여성은 법학교수로서 첫발을 내딛는 순간 '명예로운 백인 통과증'을 획득한 충격을 이렇게 묘사한다.

> 로스쿨에서 나에게 거절당한 백인 학생이 (이들의 학내 지위가 강의시간에 흑인의 등장으로 위

협을 받게 되었음) 이제 아첨을 한다. 한때 나를 복사기 앞에 세워두고 여러 시간을 기다리게 만들었던 비서가 이제는 내가 복사를 하러 다니기에는 너무 중요한 사람이 되었다고 알려 준다. 부모님이 평생에 걸쳐 번 돈을 1년 내에 벌었던 로펌의 파트너가 칵테일 파티에 나를 초대하려고 찾아다닌다(Moran, 1990-1991, 119).

이 절에서는 여성이 몇 건의 사례이지만 대부분 심각하게 변호사 업계에서 차별받은 내용에 대해 논의했다. 여성 변호사에게 가해진 적개심과 차별의 범위와 심각성이 계속되고 있음을 고려할 때, 여성이 변호사 시험에 합격한 후에 실무를 수행하지 못하는 경우가 남성의 2배 이상임을 보고한 한 연구는 그리 놀랍지 않다(Hagan and Kay, 1995, 115). 로스쿨의 여학생에 대한 연구는 그들이 학급의 절반을 차지하지만, 매우 성차별적 환경에 직면하고 교육과정에서 불만족과 소외감을 느낀다고 보고한다(Martin and Jurik, 1996, 131). 유색인종 여자 법대생은 교육과정과 멘토링 과정에서 느끼는 성sex과 인종 양쪽 측면에서의 소외를 자주 보고했다(Guinier, 1997).

Summary 이 장에서는 법조계에서 일하는 여성을 살펴보았다. 여성의 변호사업 분야의 진출은 경찰 활동과 교정 분야, 법 집행 분야로의 진출과는 여러 측면에서 다르게 진행됐지만 유사점도 있다. 특별히 여성은 변호사, 법무 실무, 판사로 재직하거나 법학교수로 종사하기 위해 노력하는 과정에서 상당히 성차별적인 장애물에 직면했다. 그리고 이런 장애물은 여성 유색인종의 경우 훨씬 심각하게 작용했다. 여성의 법조계 진출 역사는 그들이 식민지시대에도 변호사가 될 수 있도록 실무 훈련을 받았다는 사실에 평가가 저하되기도 한다. 그러나 로스쿨 입학을 허용받기까지의 노력, 로스쿨을 졸업했거나 실무 훈련을 받은 여성이 실제로 변호사가 되기 위한 노력, 로펌에서 파트너로 인정받기까지의 노력, 여성 판사를 임명하고 선출할 수 있게 될 때까지의 노력, 법학대학원 교수로 임용되기까지의 역사가 과소평가되어선 안 된다. 여성의 결혼 여부는(여성이 실무 훈련을 받고 로스쿨에 입학 신청을 할 때) 다양한 법조계 직업(법학교수, 판사, 로펌 파트너)을 망라하여 매우 중요한 사안이었다. 법을 실행하고 가르치기 위해 여성이 겪어야 했던 투쟁에도 불구하고 이들은 성공적이며 성과 인종, 이민자 평등을 주창하기 위해 앞장서고 있다. 여성 판사의 (법조계에 끼치는) 영향은 분명하게 드러나지 않았다. 여성 판사가 성희롱과 성차별소송에서 남성 판사보다 원고의 편을 들어줄 가능성이 높다는 것이 보고되었지만, 재판과정에서 남성보다 엄격하거나 너그러운지 여부는 아직 확실하지 않다.

참고문헌

Abrahamson, Shirley S. 1998. Do Women Judges Really Make a Difference? The American Experience. Pp. 75-82 in *Women in Law*, edited by S. Shetreet. London: Kluwer Law International.

Allen, Anita L. 1997. On Being a Role Model. Pp. 81-87 in *Critical Race Feminism*, edited by A. K. Wing. New York: New York University Press.

Alpha Kappa Alpha Sorority. 1968. Negro Women in the Judiciary. *Heritage Series Number 1*, August, 1968, 24 pp., Chigaco: IL.

Baker, Joe G. 2003. Glass Ceilings or Sticky Floors?: A Model of High-Income Law Graduates. *Journal of Labor Research* 24:695-711.

Banks, Taunya Lovell. 1997. Two Life Stories: Reflections of One Black Woman Law Professor. Pp. 96-100 in *Critical Race Feminism*, edited by A. K. Wing. New York: New York University Press.

Barteau, Betty. 1997. Thirty Years of the Journey of Indiana Women Judges: 1964-1994. *Indiana Law Review* 30:43-202.

Beinish, Dorit. 1998. Are Women More Successful in the Public Service than in Private Practice? Pp. 99-104 in *Women in Law*, edited by S. Shetreet. London: Kluwer Law International.

Berkson, Larry. 1981-1982. Women on the Bench. *Judicature* 65:286-293.

Bernat, Frances P. 1992. Women in the Legal Profession. Pp. 307-322 in *The Changing Roles of Women in the Criminal Justice System*, 2nd edition, edited by I. L. Moyer. Prospect Heights, IL: Waveland Press.

Berns, Sandra. 1999. *To Speak as a Judge*. Aldershot, England: Ashgate Publishing.

Blodgett, Nancy. 1986. I Don't Think that Ladies Should Be Lawyers. *ABA Journal* (December 1): 48-53.

Bobb v. Municipal Court, 143 Cal. App. 3d 849, 192 Cal. Rptr. 260 (1983).

Bradwell v. Illinois, 83. U.S. (16 Wall.) 130 (1873).

Catalyst. 2005. *Beyond a Reasonable Doubt: Creating Better Opportunities*. http://www.catalystwomen.org/files/exe/Canadian%20Flex%20in%20Law%202.pdf.

Coltrane, Scott. 2004. Elite Careers and Family Commitment: It's (Still) about Gender? *Annals of the American Academy of Political and Social Science* 596:214-220.

Constantini, E. M., M. Mallery, and D. M. Yapundich. 1983. Gender and Jury Partiality: Are Women More Likely to Prejudge Guilt? *Judicature* 67:124.

Cook, Beverly B. 1978. Women Judges: The End of Tokenism. Pp. 84-105 in *Women in the Courts*, edited by W. L. Hepperle and L. L. Crites. Williamsburg, VA: National Center for State Courts.

Cortina, Lilia M., Kimberly A. Lonsway, Vicki J. Magley, Leslie V. Freeman, Linda L. Collinsworth, Mary Hunger, and Louise F. Fitzgerald. 2002. What's Gender Got to Do with It?: Incivility in the Federal Courts. *Law & Social Inquiry* 36:234-270.

Cunningham, Keith. 2001. Father Time: Flexible Work Arrangements and the Law Firm's Failure of the Family. *Stanford Law Review* 53:967-1008.

DeCrow, Karen. 1974. *Sexist Justice*. New York: Random House.

Dothard v. Rawlinson, 433 U.S. 321 (1977).

Drachman, Virginia G. 1989. My "Partner" in Law and Life: Marriage in the Lives of Women Lawyers in Late 19th and Early 20th Century America. *Law and Social Inquiry* 14:221-250.

Durham, Christine M. 1998. Thoughtful and Worldly Women: Women Judges and the Law. Pp. 217-234 in *Women in Law*, edited by S. Shetreet. London: Kluwer Law International.

Eastwood, M. 1975. Feminism and the Law. Pp. 325-334 in *Women: A Feminist Perspective*, edited by J. Freeman. Palo Alto, CA: Mayfield.

Epstein, Cynthia F. 1982. Women's Entry into Corporate Law Firms. Pp. 283-306 in *Women and the Law*, Vol. 2, edited by D. Kelly Weisberg. New York: Schenkman.

———. 1983. *Women in Law*. Garden City, New York: Anchor Books.

———. 1998. Reaching for the Top: "The Glass Ceiling" and Women in the Law. Pp. 105-130 in *Women in Law*, edited by S. Shetreet. London:

Kluwer Law International.
Feinman, Clarice. 1985. Women Lawyers and Judges in the Criminal Courts. Pp. 271-275 in *The Changing Roles of Women in the Criminal Justice System.* Prospect Heights, IL: Waveland Press.
———. 1986. *Women in the Criminal Justice System.* New York: Praeger.
Flowers, Ronald Barri. 1987. *Women and Criminality: The Woman as Victim, Offender, and Practitioner.* Westport, CT. Greenwood Press.
Fox, Richard, and Robert Van Sickel. 2000. Gender Dynamics and Judicial Behavior in Criminal Trial Courts. *The Justice System Journal* 21:261-280.
Gorman, Elizabeth H. 2005. Gender Stereotypes, Same-Gender Preferences, and Organizational Variation in the Hiring of Women: Evidence from Law Firms. *American Sociological Review* 70:702-728.
Graham, Deborah. 1986. It's Getting Better, Slowly. *ABA Journal* (December 1): 54-58.
Gruhl, John, Cassia Spohn, and Susan Welch. 1981. Women as Policymakers: The Case of Trial Judges. *American Journal of Political Science* 25:308-322.
Guinier, Lani, 1997. Of Gentlemen and Role Models. Pp. 73-80 in *Critical Race Feminism,* edited by A. K. Wing. New York: New York University Press.
Guinier, Lani, Michelle Fine, Jane Balin, Ann Bartow, and Deborah Lee Stachel. 1994. Becoming Gentlemen: Women's Experiences at One Ivy League Law School. *University of Pennsylvania Law Review* 143:1-110.
Hagan, John. 1990. The Gender Stratification of Income Inequality among Lawyers. *Social Forces* 68:835-855.
Hagan, John, and Fiona Kay. 1995. *Gender in Practice: A Study of Lawyers' Lives.* New York: Oxford University Press.
Hagan, John., Marjorie Zatz, Bruce Arnold, and Fiona Kay. 1991. Cultural, Capital, Gender, and the Structural Transformation of Legal Practice. *Law and Society Review* 25:239-262.
Hahn, Peter W., and Susan D. Clayton. 1996. The Effects of Attorney Presentation Style, Attorney Gender, and Juror Gender on Juror Decisions. *Law & Human Behavior* 20:533-555.
Heinz, John P., and Edward O. Lauman. 1982. *Chicago Lawyers.* New York: Russell Sage Foundation.
Hishon v. King and Spalding, 467 US 69, 73 (1984).
Hoyt v. Florida, 368 U.S. 57 (1961).
Hull, Kathleen E., and Robert L. Nelson. 2000. Assimilation, Choice, or Constraining? Testing Theories of Gender Differences in the Careers of Lawyers. *Social Forces* 79:229-264.
Katz, Deborah S. 1998. Perspectives on Women in Public-Sector Law. Pp. 75-82 in *Women in Law,* edited by S. Shetreet. London: Kluwer Law International.
Kay, Fiona M., and John Hagan. 2003. Building Trust: Social Capital, Distributive Justice, and Loyalty to the Firm. *Law and Social Inquiry* 28:483-519.
Kerber, Linda K. 1997. The Meanings of Citizenship. *Journal of American History* 84:833-854.
Krakauer, Lianne, and Charles P. Chen. 2003. Gender Barriers in the Legal Profession. *Journal of Employment Counseling* 40:65-79.
Laster, Kathy, and Roger Douglas. 1995. Feminized Justice: The Impact of Women Decision-Makers in the Lower Courts in Australia. *Justice Quarterly* 12:177-206.
Lucie, Patricia. 1988. Discrimination against Males in the USA. Pp. 216-243 in *The Legal Relevance of Gender,* edited by S. McLean and N. Burrows. Atlantic Highlands, NJ: Humanities International.
Mahoney, Anne R. 1987. Women Jurors: Sexism in Jury Selection. Pp. 208-224 in *Women, the Courts, and Equality,* edited by L. L. Crites and W. L. Hepperle. Newbury Park, CA: Sage.
Marder, Nancy S. 2002. Juries, Justice, and Multiculturalism. *Southern California Law Review* 75:659-726.
Martin, Elaine. 1990. Men and Women on the Bench: Vive La Difference? *Judicature* 73:204-208.
Martin, Susan E., and Nancy C. Jurik. 1996. *Doing Justice, Doing Gender: Women in Law and Criminal Justice Occupations.* Thousand Oaks,

CA: Sage.
McCall, Madhavi. 2005. Court Decision Making in Police Brutality Cases, 1990-2000. *American Politics Research* 33:56-80.
Merrit, Deoborah J., and Barbara F. Reskin. 1992. The Double Minority: Empirical Evidence of a Double Standard in Law School Hiring of Minority Women. *Southern California Law Review* 65:2299-2359.
Moran, Beverly I. 1990-1991. Quantum Leap: A Black Woman Uses Legal Education to Obtain Her Honorary White Pass. *Berkeley Women's Law Journal* 6:118-121.
Morello, Karen B. 1986. *The Invisible Bar: The Woman Lawyer in America, 1638 to the Present.* Boston: Beacon Press.
Morris, Allison. 1987. *Women, Crime and Criminal Justice.* Oxford, England: Basil Blackwell.
Motley, Constance Baker. 1998. *Equal Justice under Law.* New York: Farrar, Straus and Giroux.
NALP. 2005b. *Diversity & Demographics.* http://www.nalp.org/content/index.php?pid=143.
National Association for Legal Career Professionals (NALP). 2005a. *Women and Attorneys of Color at Law Firms*—2004. http://www.nalp.org/content/index.php?pid=253.
Noonan, Mary C., and Mary E. Corcoran. 2004. The Mommy Track and Partnership: Temporary Delay or Dead End? *Annals of the American Academy of Political and Social Science* 596:130-150.
Officers for Justice et al. v. Civil Service Commission of the City and County of San Francisco, C-73-0657 RFP (N.D.Cal. 1975).
Palmer, Barbara. 2001. Women in the American Judiciary. *Women & Politics* 23:89-99.
Payne, Brian K., Victoria Time, and Sarah Raper. 2004. Regulating Legal Misconduct in the Commonwealth of Virgina. *Women & Criminal Justice* 15:81-95.
Peresie, Jennifer L. 2005. Female Judges Matter. *Yale Law Journal* 114:1759-1790.
Pierce, Jennifer L. 1995. *Gender Trials.* Berkeley: University of California Press.
——. 1999. Emotional Labor among Paralegals. *Annals of the American Academy of Political and Social Science* 561:127-142.
Pollock-Byrne, Joycelyn M., and Barbara Ramirez. 1995. Women in the Legal Profession. Pp. 79-95 in *Women, Law, and Social Control*, edited by A.V. Merlo and J. M. Pollock. Boston: Allyn and Bacon.
Price, Barbara R. 1989. Is Police Work Changing as a Result of Women's Contribution? A paper presented at The International Conference for Policewomen. The Netherlands, March 19-23, 1989. Published in the *Report of the International Conference for Policewomen*, 1989.
Rhode, Deborah L. 1990. Gender Differences and Gender Disadvantage. Pp. 121-136 in *Women, Politics and the Constitution*, edited by N. B. Lynn. New York: Harrington Park Press.
Riger, Stephanie, Pennie Foster-Fishman, Julie Nelson, and Barbara Curran. 1995. Gender Bias in Courtroom Dynamics. *Law and Human Behavior* 19:465-480.
Rosenberg, Janet, Harry Perstadt, and William R. Phillips. 1993. Now That We Are Here: Discrimination, Disparagement, and Harassment of Work and the Experience of Women Lawyers. *Gender and Society* 7:415-433.
Schafran, Lynn Hecht. 2004. Overwhelming Evidence: Gender and Race Bias in the Courts. Pp. 457-472 in *The Criminal Justice System and Women*, 3rd edition, edited by B. R. Price and N. J. Sokoloff. Boston: McGraw-Hill.
Schafran, Lynn Hecht, and Norma Wikler. 1989. Integration of Women and Minority Judges into the American Judiciary. Pp. 43-56 in *The Judge's Book.* Chicago: American Bar Association.
Schanzenbach, Max. 2005. Racial and Sex Disparities in Prison Sentences. *Journal of Legal Studies* 34:57-92.
Simpson, Gwyned. 1996. The Plexiglass Ceiling: The Careers of Black Women Lawyers. *Career Development Quarterly* 45:173-188.
Solberg, Rorie L. Spill, and Kathleen A. Bratton. 2005. Diversifying the Federal Bench. *Justice System Journal* 26:119-133.

Sommerlad, Hilary, and Peter Sanderson. 1998. *Gender, Choice and Commitment: Women Solicitors in England and Wales and the Struggle for Equal Status.* Aldershot, England: Ashgate Publishing Company.

Steffensmeier, Darrell, and Chris Hebert. 1999. Women Policy Makers: Does the Judge's Gender Affect the Sentencing of Criminal Defendants? *Social Forces* 77:1163-1196.

Taylor v. Louisiana, 419 U.S. 522 (1975).

Thomas, Claire S. 1991. *Sex Discrimination in a Nutshell.* St. Paul, MN: West.

Wallace, Jean E. 2001. The Benefits of Mentoring for Female Lawyers. *Journal of Vocational Behavior* 58:366-391.

Warner, Rebecca L., Brent S. Steel, and Nicholas P. Lovrich. 1989. Conditions Associated with the Advent of Representative Bureaucracy. *Social Science Quarterly* 70:562-578.

Weisberg, D. Kelly. 1982. Barred from the Bar: Women and Legal Education in the U.S., 1870-1890. Pp. 231-258 in *Women and the Law*, Vol. 2, edited by D. Kelly Weisberg. New York: Schenkman.

Winkle, John W., and Justin Wedeking. 2003. Perceptions and Experiences of Gender Fairness in Mississippi Courts. *Judicature* 87:126-134.

P.a.r.t. V

결론

Conclusions

12 의미 있는 변화를 위하여
Effecting Change

성폭력 관련 프로그램은 강간 피해자를 상담하는 것 이상의 더 많은 일을 한다. 성폭력 프로그램은 지역 내에서 일어나는 성폭력에 대해 언급하고, 그것을 공공의 아젠다로 설정한다. 그리고 사회적 변화를 지속하기 위해 작동한다(오설리번, 2002, 191).

이 책은 범죄처리 절차 속에서 피해자와 가해자로서의 여성에 대해 서술했다. 또한 형사사법에 종사하는 여성의 경험에 대해서도 서술했다. 법이 여성을 어떻게 차별하는지, 특히 여성의 고용조건에 어떤 영향을 미치는지에 대해 논의했다. 앞의 장에서는 형사 절차 속에서 여성과 소녀의 드러나지 않았던 불공평한 지위에 대해 서술했다. 형사사법 활동을 직업으로 갖고 있는 여성이거나, 범죄자이거나 또는 피해자인 모든 경우를 포함해서 묘사했다. 이 장은 범죄학적 이론과 형사사법 체계 속의 여성에 대한 최근의 진전에 대해 요약하고 서술하고자 한다. 덧붙여 현실적인 문제를 풀 수 있는 대안을 제공하고자 한다.

:: 새로운 이론

제2장에서는 다양한 범죄학적 이론에 대한 논의와 함께 거의 모든 연구와 이론에서 어떻게 여성과 소녀가 성 고정관념적gender-stereotypical으로 다루어져 왔는지에 대해 논의했다. 1970년대 이후로 여성운동가는 여성 범죄자와 피해자의 존재를 수면 위로 올리는 연구를 해왔다(Morris and Gelsthorpe, 1991).

제2장에서 1970년대 후반 이후 많은 여성주의적 연구와 친여성주의적 연구가 범죄학 영역에 조심스럽게 추가됐다는 것을 보여주었으므로 이 장에서 이것을 되풀이하지는 않을 것이다. 그러나 최근 몇 년 동안 왜 범죄를 저지르는지를 이해하는 데 가장 의미 있는 공헌은 '경로pathways'와 '생애과정' 경험을 내용으로 하는 연구가 많아졌다는 점이다. 특히 여성주의자는 다양한 형태의 폭행(예를 들어 신체적, 성적)과 방임 등 어린 시절 외상 경험의 중요성을 확인하고 어떻게 이런 요인이 청소년의 범죄에 영향을 주는지에 대해 주목했다. 그리고 친밀한 파트너에게 폭행을 당할 위험에 노출되어 있는 여성이 범죄를 일으키게 되는 과정을 알아냈다(Browne, 1987; Lake, 1993; Richie, 1996). 또한 여성주의적 연구는 아동과 성인의 성적 · 신체적 학대 경험과 남성의 범죄 위험성의 단계를 이해하는 데도 유용한 방법이다(예를 들어 Belknap and Holsinger, 2006; Dembo et al., 1992; Dodge, Bates, and Pettit, 1990; Widom, 1989a, 1989b). 덧붙여 범죄 위험성을 이해하기 위해서는 심각한 가난, 계급차별, 인종차별을 이해하는 것이 중요하다(예를 들어 Arnold, 1990; Richie, 1996; Sommers and Baskin, 1994). 섹슈얼리티의 성적, '인종적' 특성과 남성성 · 여성성의 개념은 범죄행위를 이해하는 역할뿐 아니라 범죄행위에 대한 차별적인 형사 절차를 이해하는 데 필수적이다. 범죄의 인과관계에 대한 이런 새로운 접근은 범죄행위에 대한 성, 인종, 계급, 섹슈얼리티의 영향뿐 아니라 남성과 여성에게 모두 적용 가능하다. 그리고 여성주의적 접근은 범죄와 그에 대한 형사사법적 대응을 사회와 개인의 모습을 형성하는 중요한 사회구조 속에서 이해할 수 있도록 해준다.

:: 여성 범죄자 처우의 변화

십대 비행소녀와 성인 여성 범죄자가 직면하고 있는 문제에 대한 해결책은 이미 많이 권고되었으며, 일부 지역에서 시행되기도 했다. 먼저 여자 교도소에서는 자녀들과 지속적인 접촉을 할 수 있는 기회를 제공할 수 있는 교정 프로그램을 시행해야 한다(American Correctional Association, 1990; Baunach, 1992; Bloom, 1993; Bloom and Steinhart, 1993; Collins, 1997; Luke, 2002; McCarthy, 1980; McGowan and Blumenthal, 1981; Pollock, 1998; Sharp and Marcus-Mendoza, 2001; Stanton, 1980). 두 번째는 구금 중인 여성과 그들의 아이들을 위한 적합하고, 법적으로 충분한 근거를 가진 지속적인 자녀 양육과 함께 일시적 보호의 방안이 있어야 한다(Brodsky, 1975; Collins, 1997; McGowan and Blumenthal, 1981;

Sharp and Marcus-Mendoza, 2001). 예를 들면 영아나 어린 자녀들을 위한 보육시설이 교도소 내에 설립되어야 한다(American Correctional Association, 1990; Baunach, 1992; Bloom, 1993; Bloom and Steinhart, 1993; Haley, 1980; Knight, 1992; McCarthy, 1980; McGowan and Blumenthal, 1981; Schupak, 1986).

세 번째는 HIV 바이러스 보균자나 임신한 여성 등 특별한 상황에 처한 재소자에게 필요한 개선된 의료 서비스가 제공되어야 한다(Acoca, 1998; American Correctional Association, 1990; Anderson, 2003; Barry, 1991; Clark and Boudin, 1990; Collins, 1997; Daane, 2003; Greenfeld and Snell, 1999; Hankins et al., 1994; Knight, 1992; Lawson and Fawkes, 1993; McGowan and Blumenthal, 1981; McHugh, 1980; Ross and Fabiano, 1986; Schupak, 1986; Wooldredge and Maters, 1993; Zaitzow and West, 2003). 임신한 재소자를 지원하는 많은 활동가들은 임신 기간과 출산 이후 얼마간 구금생활을 해서는 안 된다고 권고한다(이런 제의는 네 번째 제안과 맥을 같이한다). 긍정적인 측면에서 보면 임신한 재소자를 위한 프로그램이나(Daane, 2003), HIV 보균자나 AIDS를 앓는 여성 범죄자를 위한 프로그램(Zaitzow and West, 2003), 그리고 약물중독에 걸린 재소자를 위한 프로그램 등 이미 개발되어 시행 중인 프로그램들도 있다(Kelley, 2003).

여성 범죄자를 지원하는 측에서 제시하는 네 번째 권고사항은 최상의 보안 시스템을 갖춘 교도소를 짓는 것을 그만두고 대안 거주시설alternative housing을 제공하라는 것이다. 특히 보살펴야 할 아이가 있는 비폭력적이고 위험성이 없는 여성 재소자 대다수를 위해 대안처를 제공하라고 권고한다(American Correctional Association, 1990; Baunach, 1992; Chesney-Lind, 1991; Collins, 1997; Immarigeon, 1987a, 1987b; Immarigeon and Chesney-Lind, 1992; Owen, 1998; Rafter, 1985; Richie, 1996; Von Cleve and Weis, 1993). 다섯 번째 권고사항은 약물과 알코올 치료 프로그램을 향상시키라는 것이고(American Correctional Association, 1990; Belknap, 2000; Greenfeld and Snell, 1999; McGowan and Blumenthal, 1981; Pollock, 1998), 여섯 번째는 구금 중인 여성이 이용할 수 있는 법적 서비스를 향상시키라는 것이다(Collins, 1997; McGowan and Blumenthal, 1981; Pendergrass, 1975). 그리고 일곱 번째 권고사항은 직업 관련 프로그램과 교육 관련 프로그램, 특히 전통적으로 남성이 교육 기회를 가졌던 분야에서의 이론적 · 실무적인 프로그램을 향상시켜야 한다는 것이다(American Correctional Association, 1990; Collins, 1997; Feinman, 1984; Knight, 1992; McGowan and Blumenthal, 1981; Ross and Fabiano, 1986; Stanton, 1980).

다음의 세 가지 권고사항은 여성이 구금되었을 때와 관련된 것이다. 여덟 번째 권고사항은 심리치료와 상담 시스템을 향상시키라는 것이다(Acoca, 1998; Haley, 1980; McGowan and Blumenthal, 1981; Pollock, 1998). 아홉 번째는 역량강화 프로그램(empowerment program)을 제공하라는 것이다(예를 들어 교도소 내의 자치적 운영participatory management이나 동료 상담peer counseling 등)(Baunach, 1992; Hardesty, Hardwick, and Thompson, 1993; Kendall, 1994; Pendergrass, 1975; Pollack, 1994; Pollock, 1998). 그리고 열 번째는 형기를 마치고 나서 구금되기 이전의 삶에 잘 적응하도록 사후 서비스post-release service를 제공하라는 것이다(American Correctional Association, 1990; Belknap, 2000; McGowan and Blumenthal, 1981; Richie, 2001). 그러나 구금 중인 여성에 대한 역량강화 프로그램에는 주의해야 할 점이 있다. 해나모팻Hannah-Moffat(2000)은 가두고 처벌하는 시스템 안에서 능력을 증진시킨다는 것의 모순을 지적한다. 그리고 그녀는 구금 중인 캐나다 여성이 '교정' 시스템을 다음과 같이 생각하고 있다는 것을 알아냈다. (1) 교정 시스템은 능력을 별로 향상시키지 못하는 '능력증진' 프로그램(예를 들어 분노 조절, 삶의 기술, 부모 역할, 약물남용 등)을 수행하기를 기대한다. (2) 만약 이에 따르지 않으면 처벌이 따른다고 말하고 있다. 또한 캐나다의 교정 서비스는 재소자가 "피해와 구조적인 장애에 상관없이" 자신의 행동에 책임감을 느끼기를 기대한다(같은 책, 525). 그러므로 당국은 여성운동가의 말을 비틀어 구금된 여성을 한층 더 처벌하고 능력을 빼앗아버렸다.

이런 권고의 대부분은 미국의 여자 교도소 몇 군데에서 과거에 시행된 적이 있다. 그러나 불행하게도 한정된 예산과 여성 재소자에 대한 인식 부족으로 인해 계속해서 기부금을 받거나 한 번 시행된 프로그램을 계속해 실행하는 데 어려움이 있다. 또한 이런 프로그램의 효과를 평가하고 분석하는 경우가 거의 없다. 예를 들어 아코카Acoca(1998, 56)의 말에 따르면 "구금된 여성을 위한 임신이나 낙태, 일반 성교육, 상담 등에 관한 지속적인 정책이 없다. 혹시 있다 하더라도 종합적이고 일관적이지 못하다"(같은 책). 그러므로 교도소 내 처우가 효과를 거두려면 질을 높이고, 이용 가능성을 높이고, 포괄적이고 치밀하게 계획된 프로그램이 되어야 한다.

멕시코에는 앞에서 제시된 여러 권고 사항이 여자 교도소에서 시행되고 있다. 피어슨Jennifer Pearson(1993)은 중앙 여자 교도소Centro Feminil를 연구하고 재소자에게 좀 더 긍정적이고 지지적인 환경에 대해 발표했다. 즉 아이들이 어머니와 함께 시설에서 살 수 있으며, 재소자와 교도관 사이에 존중하고 아끼는 마음이 있음을 느낄 수 있고, 재소자가 가족과 만나거나 의사소통을 하는 데 어려움이 없고, 재소자의 필요에 기반을 둔 인권이 강조되어야 한다.

> 내가 본 멕시코의 교도소 시스템은 재소자나 그들의 가족에게 약점보다는 강점으로 어필하는 것처럼 보였다. 투옥은 재소자의 자유를 빼앗는다. 그러나 가능한 최소의 자유만 박탈하려고 노력한다. 이것은 인간적일 뿐 아니라 비용(사회적 · 경제적) 면에서도 효과가 있다. 가족이 있어 자신의 이전 삶으로 돌아갈 수 있는 범죄자는 다시 구금될 가능성이 낮다. 이것은 다른 대안보다 비용이 훨씬 적게 든다(같은 책, 89-90).

덧붙여 캐나다의 여성운동가는 여성에 대한 양형과 구금에 변화를 가져오기 위한 일을 하고 있다. 1939년 밴쿠버에서는 캐나디안 엘리자베스 프라이 소사이어티Canadian Elizabeth Fry Society가 설립되었고, 1969년 이와 개념을 같이하는 엘리자베스 프라이 소사이어티 연합회(CAEFS, Canadian Association of Elizabeth Fry Society)가 설립되었으며, 1978년에는 비영리단체로 통합되었다. 오늘날 CAEFS는 캐나다 전역에 25개의 엘리자베스 프라이 소사이어티를 갖고 있으며, 범죄를 저지른 여성과 소녀에게 의미 있는 지지와 지원을 하고 양형sentencing, 처우treatment, 구금confinement의 변화를 위해 일한다. 또한 1989년 캐나다에서 만들어진 여성 재소자를 위한 연방 태스크 포스The Task Force on Federally Sentenced Women는 학계와 법조계의 전문가뿐 아니라 여성 모범수, 토착민, 다른 소수 인종의 여성까지 포함하고 있다(Shaw, 1993). 이들이 권고하는 사항에는 징역형을 받은 여성의 고향과 가까운 시설에 보내는 것이 포함되어 있다(캐나다 중심에 자리 잡은 킹스턴Kingston의 여자 교도소에 보내는 대신). 여성 토착민을 위한 치료시설과 석방전략 역시 포함돼 있다(같은 책).

많은 여성운동가가 교도소에서 여성 재소자가 그들의 아이들과 함께 무언가를 '할' 수 있는 일을 찾을 수 있도록 애쓰고 있다. '여성중심' 적 접근의 한 예는 전자감시장치(EM, electronic monitoring devices)를 사용하는 것이었다. 이것은 마사 스튜어트Martha Stewart가 석방된 후 발목에 '팔찌' 처럼 착용해서 유명해졌다. 지금까지 EM의 젠더화된 특성에 대한 연구는 단 한 건만 보고되었다. 양육할 아이가 있는 어머니는 아이와 함께 집에 있기 위해 EM을 착용하는 것을 "가치가 있다" 라고 느끼는 반면, 대부분 여성은 성차별적인 것으로 느낀다(Maidment, 2002). 이 연구는 EM을 하고 있는 여성이 남성보다 재산범죄로 유죄를 선고받는 경향이 높음을 발견했는데, 이것은 때로 생존 때문에 발생하기도 한다(예를 들어 복지적 의료보호 적용을 거절당한 한 어머니가 아이의 병원비를 내기 위해 수표를 훔치는 행위). 반면에 남성 범죄자는 "유흥비나 약물남용 등과 관련된 경우가 많다" (같은 책, 36). 또한 배우자가 있는 여성이 집에서 EM을 착용하는 경우에는 갈등을 경험하는 것으로 나타났다. 이것은 역할 변화 때문인데, 예를 들면 아이들을 차로 태워다주는 일이나 시장을 보고 은

행에 다니는 일 등을 이들의 남편이나 애인이 해야 했기 때문이다. 혼자 아이를 키우는 어머니의 경우에는 상황이 더 좋지 않다. 이런 중요한 심부름을 해줄 사람이 없기 때문이다. 가족 구성원은 EM을 착용하고 있는 사람이 여성인 경우보다 남성인 경우 더 많은 지지를 보내는 경향이 있다. 그래서 매일 아이들과 만날 수 있는 상황이 제공되지 않는다면 EM을 하고 있는 것이 여성에게 더욱 스트레스를 안겨주는 상황이 될 것이다. 전자감시장치를 부착하면 교도소에 수감되어 있는 것보다 더 큰 책임을 지고 있으면서도 한정된 자원과 다양한 제한이 있기 때문이다(같은 책).

혁신적인 여자 교도소 중 한 곳을 고르라면 미니애폴리스 근처 셰코피에 있는 미네소타 교정시설을 들 수 있다(Luke, 2002; Command, n.d.). 빗장이나 담장이 없고, 지역사회에 자리 잡고 있으며, 광범위한 부모 교육과 자녀 방문 프로그램을 제공하고 있다. 12세 미만의 아이는 함께 하룻밤을 지내는 것과 주말방문이 가능하며, 11세가 넘는 아이를 위한 프로그램은 역량강화 모델empowerment model에 바탕을 두고 있는데, 이에 따라 십대를 둔 부모와 십대 아이들을 위한 지지그룹 모임을 가질 수 있다(Luke, 2002).

여기까지 이 장은 성인 여성의 범죄행동에 초점을 맞췄다. 더욱 흥미로운 변화는 십대 비행소녀의 처우와 반응에서 찾아볼 수 있다. 형사사법 체계에 들어오는 소녀의 비율이 엄청난 속도로 늘고 있다. 특히 많은 소녀가 범죄자가 아닌 피해자이거나 자신이 당한 피해에 대응해 범죄자가 되는 것을 감안했을 때 이런 빠른 증가 속도는 참으로 놀랍다. 이런 상황에서 소년사법과 비행예방국Office of Juvenile Justice and Delinquency Prevention이 최근 들어 십대 비행소녀의 처우와 정책 평가에 대한 연구에 관심을 갖기 시작한 것은 아주 다행스러운 일이다.

1992년에는 1974년 제정된 소년사법과 비행예방법Juvenile Justice and Delinquency Prevention Act(1974년 지위비행자를 비시설화하기 위해 고안되었다)에 대한 개정이 있었다. 이 개정의 의미는 미국 의회가 현재의 프로그램은 십대 비행소녀의 욕구를 충족시키지 못한다고 하는 몇몇 전문가의 목소리에 귀를 기울이고 이해했다는 것이다. 이들 전문가는 소년을 위해 고안된 현재의 프로그램에 문제가 있음을 지적했으며, 심지어 이런 프로그램조차 소녀들은 받기가 어렵다는 것을 보여주는 데 성공했다. 그래서 1974년의 소년사법과 비행예방법을 1992년 개정함으로써 비행소녀의 '성 인지적 욕구gender-specific needs'를 알아내고 그 욕구를 충족시키는 것이 필요하다는 것을 천명하게 되었다. 입법과정에서 다음의 세 가지 조항이 만들어졌다. 즉 모든 주는 (1) 비행소녀를 위해 현재 시행 중인 서비스와 처우에 대한 평가를 해야 하고, (2) 청소년비행을 예방하고 치료할 수 있는 성 인지적 서비스를 위한 계획을

[제시 12-1] 건강하게 성장하기 위한 소녀의 욕구와 위험요소

• 욕구	신체적 안전과 건강한 신체 발달
위험요소	가난, 노숙, 폭력, 불충분한 건강관리, 영양 부족, 약물 남용
• 욕구	돌봐주는 성인으로부터 신뢰, 사랑, 존중을 받고자 하는 욕구와 건전한 정서 발달과 긍정적 인간관계를 맺고자 하는 욕구
위험요소	유기, 역기능적 가정, 원활하지 못한 의사소통
• 욕구	여성으로서 건강한 정체성을 발달시킬 수 있는 긍정적인 여성 역할 모델
위험요소	성차별주의적, 인종차별주의적, 동성애 혐오적 메시지, 지역사회의 지지 결여
• 욕구	건강한 성 발달을 위해 자신만의 속도로 성을 탐색하려는 욕구
위험요소	성적 폭력, 성 착취, 여성성에 대한 부정적 메시지
• 욕구	소속감, 자신감 있고, 가치 있다는 느낌
위험요소	가족 간의 유대감 결여, 부정적인 친구의 영향, 학업 실패, 낮은 자존감

SOURCE Cited verbatim from Greene, Peters, and Associates. 1998. *Guiding Principles for Promising Female Programming: An Inventory of Best Practices.* The Office of Juvenile Justice and Delinquency Prevention. Nashville, TN, p.8.

세워야 하며, (3) 소년사법 내에서 청소년이 그들의 정신적 · 육체적 · 정서적 능력뿐 아니라 그들의 성, 인종, 가정형편과 상관없이 공정한 처우를 보장받을 수 있도록 해야 한다 (Belknap, Dunn, and Holsinger, 1997). 미국의 모든 주는 1992년 개정된 소년사법의 세 가지 조항을 얼마나 잘 수행하느냐에 따라 연방정부의 지원금을 받았다. 이 사업의 대부분은 현재 진행과정 중에 있으며, 아직 어떤 결론을 내리기에는 이른 감이 있다.

또 다른 주목할 만한 것은 소년사법과 비행예방국이 미국 전역의 비행소녀를 위해 이용 가능한 유망한 프로그램을 찾아내려고 그린과 피터스, 어소시에이츠Greene & Peters, Associates(1998)에게 지원금을 준 것이다. 이 '효과적인 프로그램 목록'은 최고의 프로그램을 보여줄 뿐 아니라 비행소녀를 위해 좋은 프로그램의 요건을 제시하고 있다. 소녀가 건강하게 성장하는 데 꼭 필요한 도전과제를 더욱 잘 이해하기 위해 그린과 피터스, 어소시에이츠(1998, 8)는 소녀들에게 필요한 사항뿐 아니라 무엇이 이런 욕구를 방해하고 있는지, 소녀를 비행으로 빠지게 하는 위험 요인이 무엇인지도 제시했다([제시 12-1] 참조).

수감 중인 여성을 위한 프로그램이 종합적이어야 한다는 아코카의 지적과 유사하게 그린과 피터스, 어소시에이츠도 비행소녀를 위한 프로그램에 대해 같은 지적을 했다.

성 인지적 프로그램Gender-specific programming은 모든 소녀(형사사법 체계 속에 들어간 소녀들뿐

[제시 12-2] 비행소녀를 위한 유망한 프로그램의 요소와 특징

- **조직과 관리** 소녀가 긍정적인 인생을 선택할 수 있고, 의사소통을 원활하게 할 수 있고, 지속적으로 도움을 받을 수 있는 팀워크 환경을 제공한다.
- **직원의 소양** 카리스마 있고 신분이 확실한 직원으로 "청소년 시절 비행을 경험했거나" "언행이 일치하는" 사람(모든 직원이 여성일 필요는 없음)이어야 한다.
- **직원 교육** 십대 소녀의 발달 과정에 대한 성 인지적 훈련을 꼭 받아야 하고, 소녀의 위험성과 회복 가능성, 문화적으로 민감한 부분, 소녀의 욕구를 알 수 있는 능력에 대한 교육이 필요하다.
- **입소과정** 소녀들 각각의 욕구와 개인적인 배경과 프로그램에 참여하게 된 과정을 개별적으로 인식한다.
- **교육과정** 소녀가 전인적인 인간으로서 필요한 욕구, 즉 학문과 삶, 사회적 기술에 필요한 욕구를 다루어야 한다. 또한 여기에는 여성으로서의 경험과 인종적 경험에 대한 평가와 교육, 신체적 발달, 성적 행동, 기술이 포함된다.
- **기술 교육** 소녀의 능력을 개발하고 친사회적 기술을 채택하는 것을 돕는 설계(예를 들어 자기방어와 신체적 훈련, 자존감 훈련)를 한다.
- **긍정적 발달의 촉진** 소녀에게 성장은 인생의 과정이라는 것과 그들이 '궤도에서 이탈' 했을지라도 다시 돌아올 수 있다는 것을 가르칠 필요가 있다.
- **관계 형성** 효과적인 프로그램은 관계 형성을 위해 소녀의 욕구를 무시하지 않는다. 대신 프로그램은 관계의 결과로서의 선택(부정적이든 긍정적이든)에 초점을 맞추어 소녀의 행동에 관심을 가진다(1997, 49).
- **문화적으로 관련 있는 행동** 프로그램은 그들 스스로나 타인에 대해 내재화할지도 모르는 소녀에 대한 부정적인 고정관념에 대항하는 문화와 인종의 다양성의 가치가 반드시 존재해야 한다.
- **직업 기회** 소녀가 직업을 준비하고 탐색하는 것을 돕도록 프로그램을 작성한다.
- **의료 서비스** 효과적인 프로그램은 육체적 · 정신적 건강증진과 치료를 모두 포함한다.
- **레크리에이션 활동** 예술, 스포츠, 봉사 활동, 과외 활동을 포함한 다양한 레크리에이션 활동을 제공한다.
- **반응적인 서비스** 특히 소녀가 독특한 문화 또는 건강, 가족에 대한 요구를 할 때 프로그램은 다른 외부의 서비스와 지지에 접근하는 것이 필요하다.
- **멘토링** 소녀에게 '그들의 삶의 도전을 스스로 이겨낸' 유능한 여성과 상호작용하는 기회를 허용한다.
- **또래친구 활동** 또래와 긍정적으로 상호작용하고 관계를 형성할 수 있도록 도와준다.
- **완벽한 가족 개입** 소녀를 위한 긍정적인 가족 지지를 이끌어내고, 가정 방문이나 집단회합 등을 통해 치료계획에 부모를 개입시킨다.
- **지역사회 개입** 긍정적인 방법으로 그들의 지역사회에 소녀를 포함시켜 소녀 스스로가 자신을 지역사회에 공헌하는 구성원으로 여기도록 한다.
- **특별한 처우적 관심** 개인의 욕구를 기반으로 소녀는 약물남용, 출산 전 또는 출산 후 관리, 신생아 양육과 같은 특정한 문제에 대한 처우를 원할지도 모른다.
- **사회 재진입** 재범에 빠지지 않도록 도와주기 위해 소녀의 사회 재진입을 돕는 자원을 평가하고 개발한다.
- **평가** 소녀의 유형에 따른 최상의 프로그램을 제공하기 위해 다양한 접근을 평가하는 연구를 수행해야 한다.

SOURCE Greene, Peters, and Associates. 1998. *Guiding Principles for Promising Female Programming: An Inventory of Best Practices.* The Office of Juvenile Justice and Delinquency Prevention. Nashville, TN, pp.43-57.

아니라)가 긍정적인 여성성을 발달시킬 수 있도록 도와주기 위한 집중적인 노력을 보여준다. 또한 그것은 성 정체성을 확립하기 위한 결정적 시기인 청소년기의 소녀가 갖고 있는 발달을 위한 욕구를 반영하고 있다. 그리고 타고난 강점과 함께 긍정적인 정체성으로서의 '여성성femaleness' 을 기르고 강화한다(1998, 33).

그린과 피터슨, 어소시에이츠Green & Peters, Associates(1998, 36)는 또한 비행소녀에 대한 종합적인 처우를 위해 위험 요소인 가난, 인종, 저조한 학업성적, 십대 임신, 약물남용, 피해 경험, 신체적 · 정신적 건강문제, 비행집단 참여에 대해 논의해야 한다고 이야기한다. 〔제시 12-2〕는 그린과 피터슨, 어소시에이츠(1998)가 정의한 비행소녀에게 효과적인 프로그램을 위해 꼭 고려되어야 하는 요소를 보여주고 있다. 그중 하나는 가난하고 폭력범죄 비율이 높은 지역에 사는 흑인과 라틴계 미국인 지역사회에 산재해 있는 소년소녀 클럽(BGSA, Boys and Girls Clubs of America)의 활동에 대한 연구에서 보고되었다(Hirsch et al., 2000). 이 연구는 이런 조직이 소녀의 능력을 증진시키고 자존감을 향상시킴으로써 그들을 돕는다는 것을 알아냈다. 소녀들 중 많은 수가 이런 단체를 어른(직원이나 자원봉사자)이나 친구의 지지를 받을 수 있는 '가정' 으로 여긴다. BGSA는 단지 그들에게 양육받을 수 있는 장소를 제공하는 것만이 아니라 다른 사람을 도와줄 수 있는 장소, 특히 자신보다 어린 사람을 도와줄 수 있는 장소다. 또한 자신의 의견을 경청하는 사람이 존재하는 가치 있는 곳이기도 하다. 스포츠 프로그램이 주로 소년들에게만 제공되고 있다는 것은 바람직하지 않은 점이다(같은 책).

:: 남성 폭력에 대한 대응의 변화

여성과 소녀가 그들에 대한 성적 폭력, 스토킹, 친밀한 파트너 폭력을 야기하는 것이 아니다. 학대하는 남성이 폭력적 행동을 계속하지 않도록 하기 위해서는 남성과 소년의 사회화가 변화되어야 하며, 또한 폭력 가해자와 피해자에 대한 형사사법 체계의 반응도 변화해야 한다. 마지막으로 우리는 여성과 소녀가 피해를 당하지 않도록 역량을 길러주어야 한다.

성폭력 피해

1970년대와 1980년대에 모든 주에서 전통적인 강간법률을 무효화하거나 수정했으며,

법률적으로 강간이 성립하기 위해 필요한 증거에 대해 개혁을 단행했다(Spohn and Horney, 1992).

> 가장 큰 변화는 (1) 강간을 재정의하고 강간을 단일 범죄가 아니라 여러 조건에 의해 단계별로 나누어볼 수 있는 것으로 규정했으며, (2) 피해자가 가해자에게 신체적 저항을 해야 한다는 필요조건을 삭제하는 등 동의 기준을 변경했고, (3) 피해자 증언이 확실해야 한다는 요구사항을 삭제했고, (4) 피해자의 이전 성적 행동을 증거로 채택하는 데 제한을 두었다(같은 책, 21).

많은 주가 재판과정에서 피해자를 돕고, 성기 삽입 이외의 다른 형태도 포함시키기 위해 강간의 정의를 확대하고, 강간은 '열정에 의한' 범죄(매체나 강간 재판에서 공통적으로 그려져 왔듯)가 아니라 말 그대로 공격적 행동이라고 주장하기 위해 강간법률을 개정했다. 불행하게도 현재는 강간법률 개정이 실질적이기보다는 상징적인 의미를 가진다. 이것은 비록 강간법률 개정이 성폭력 피해자를 둘러싼 복잡한 이슈를 다루기 위해서는 필요하지만, 실제적으로 적용될 거라는 보증을 하지 못한다는 것을 말해 준다(Berger, Serles, and Neuman, 1998; Caringella-MacDonald, 1998; Horney and Spohn, 1991; Spohn and Horney, 1991, 1992, 1993). 그러므로 강간법률을 변화시키는 것으로 첫걸음은 떼었지만 이제는 피해자가 누구인지, 그리고 범죄자와의 관계, 피해자의 성과 관련된 과거 행적, 어떤 형태의 폭력인지에 상관없이 법률이 모든 강간 피해자를 보호할 수 있어야 한다.

강간법률 개정이 의미를 갖고 있지만, 어떤 주에서는 부부강간marital rape을 제외하는 등 법 개정에 여전히 중대한 단점이 있다는 사실을 주시해야 한다. 경찰에 보고된 강간에 대한 최근 결과는 다음과 같다. "최근 개혁기 동안(1990~1996년) 일어난 강간이 개정 이전(1975년 이전)에 일어난 것보다 유의미하게 더 많이 보고되는 경향이 있다"(Clay-Warner and Burt, 2005, 167). 그러나 불행하게도 전 시대를 가로질러 중강간과 '단순' 강간 사이의 격차는 여전히 변화하지 않고 있다. 중강간은 낯선 사람, 윤간, 무기 사용, 강간의 결과로 심각한 외상이 발생한 것을 말한다.

〔제시 12-3〕은 성적 피해를 막기 위해 지역사회 내에서 일어나야 할 변화를 요약해 놓았다(Koss and Harvey, 1991). 이 장에서 논의해야 할 사항 중 남은 것이 바로 이 주제다.

여성이 개정된 성폭력법에 의지할 수 없고, 또 남성이 강간하는 것을 막을 수 없다는 사실로 볼 때 여성과 소녀의 자기방어 능력을 증진시키는 것이 필요하다. 성폭력 피해에 대

[제시 12-3] 성폭력을 예방하기 위한 지역사회의 전략

- 성범죄를 촉진하고 묵인하는 사회적 믿음과 문화적 가치에 도전함
- 위험 요인, 위험 요인 회피, 자기방어에 대한 잠재적 피해자 교육을 실시함
- 성폭력 피해자의 개별적인 욕구를 초기에 적절하게 대처해서 성폭력으로 인한 감정적 · 신체적 외상을 줄임
- 가해자를 투옥시키고 치료(treatment)하여 성폭력의 재범을 예방함

SOURCE Mary P. Koss and Mary R. Harvey. 1991. *The Rape Victim: Clinical and Community Intervention*, 2nd ed. Newbury Park, CA: Sage, p.246.

한 연구는 여성이 잠재적으로 위협적인 상황에서 피하는 것과 가능할 때 신체적 반격을 하는 것에 확신을 가지는 것이 중요함을 지적한다. 비록 성적인 위협 상황이 때로 여성을 도망갈 수 없게 할 때가 많기는 하지만 말이다. 패럿Parrot(1986)은 성폭력을 피하기 위해 위험 신호를 감지하는 게 가능하다고 했다. 특히 여성은 어떤 상황이나 사람이 잠재적으로 위험하다고 느꼈을 때 자신의 '육감'을 믿어야 한다. 여성은 "싫어"라고 말할 수 있어야 한다. 또한 불편하면 상황을 벗어날 수 있어야 한다(Glavin, 1986; Parrot, 1986). 일부 여성은 원치 않는 관심에서 벗어나려고 할 때 "무례하다" "은혜를 모른다" 심지어 "새침을 떤다"라는 말을 들을까 봐 걱정한다. 그러나 남성의 무례한 행동은 빈번하게 성적 행동을 부르는 전주곡이 된다.

명백하게 우리 모두가 여성과 소녀는 존중받아야 하는 존재이고, 여성이 "싫어" 혹은 "그만해"라고 말할 때 이를 받아들여야 하며, 위험한 상황에 직면했을 때 죄의식이나 타인의 마음을 상하게 한다는 생각을 하지 않고 그 상황을 떠날 수 있어야 한다는 것에 대해 교육을 받아야 한다. 고등학생과 대학생 모두를 대상으로 한 연구에서 강간 신화를 깨는 데 학교에서 실시한 강간인식 프로그램(rape awareness program)이 효과적임을 보여준다(Fonow, Richardson, and Wemmerus, 1992; Proto-Campise, Belknap, and Wooldredge, 1998). 그러므로 이런 프로그램이 모든 학교에서 실시되어야 한다. 특히 성폭력 피해자가 자신의 피해 사실을 털어놓은 후 듣게 되는 여러 가지 우호적이거나 부정적인 반응을 볼 때 더욱 그렇다. 사랑하던 사람을 포함해 주위 사람으로부터 매우 부정적인 반응을 받은 강간 피해자는 다음과 같이 말한다. "어쩌면 침묵이 가장 적절한 반응이었을지도 모른다"(Sudderth, 1998, 572).

성폭력 피해에 대한 언어적 · 신체적 · 법적 저항은 모두 제지력이 있다. 성희롱에 대항하는 것이 그 문제에 대한 인식을 효과적으로 높일 수 있다. 애니타 힐Anita Hill과 클래런스 토마스Clarence Thomas 청문회가 열리기 3년 전에 한 흑인 여성이 "성희롱에 대항해 싸우는 선

두에 서 있었다". 이 저항이 성차별로서의 성희롱, 성희롱에 대항하는 Title VII 금지법, 성희롱과 관련해 고용자의 책임을 묻는 결과를 얻어냈다(Eason, 1988, 140).

한 연구에서 여자 대학생이 성희롱을 신고할 것인가 여부를 결정하게 되는 계기를 밝혔는데, (1) 성희롱의 심각도, (2) 거짓말이라고 비난받을지도 모른다는 두려움, (3) 신고의 효과에 대한 인식, (4) 신고과정 자체에 대한 두려움 등이다(Sullivan and Bybee, 1987). 이것은 대학과 다른 교육기관이 성희롱에 대한 정책과 환경을 개발하고 유지하는 것의 중요성, 피해 사실을 쉽게 신고할 수 있는 분위기, 적절한 처벌 등이 필요하다는 것을 암시하고 있다. 최근에 이루어진 또 다른 연구는 대학 내 성희롱 피해자의 대다수가 자신의 안전을 우려해 여전히 피해 사실을 학교에 알리지 않았다고 보고했다(Grauerholz, Stohl, and Gabin, 1999). 그래서 두 가지 특별한 네트워크가 구축되어야 한다. 하나는 성희롱 피해자가 안전하게 신고할 수 있는 환경이고, 또 하나는 이런 신고를 바탕으로 초기 신고를 받은 사람이 어떤 행동을 취할 수 있는 환경이다(같은 책).

대중매체나 재판과정, 일반 대중, 나아가 몇몇 여성운동단체에서 성희롱에 대해 법적으로 대응해 보려는 용기 있는 여성을 어떻게 외면했는지 잘 보여주는 연구가 있다. 이 연구는 성희롱 피해 여성, 특히 소외된 여성을 위한 성희롱 대처 방안을 제시하고 있다. (1) 성희롱 관련법의 강력한 시행, (2) '성희롱 때문에' 직장을 떠난 여성을 위한 복지, 식료품 지원, 실업보험정책의 개정, (3) 성희롱 피해로 인해 직장을 떠나 생활보조금을 받는 어머니를 위한 복지혜택 기간제한정책 개정, (4) Title VII을 "모든 노동인구"에게 보장할 것과 "복지제도 수혜자를 고용한 고용주의 엄격한 Title VII 수용의 요구" (Mink, 2000, 140).

성폭행을 제지하기 위한 가장 좋은 방법이 무엇인가를 알아내려는 연구는 피해자가 가만히 있지 않고 저항하는 것이 가장 좋은 방법일 수 있다는 것을 일관되게 보고한다. 반격한 피해자는 저항하지 않은 경우보다 강간이 '이루어지는(completed)' 경향이 적었다(Bart and O'Brien, 1985; Kleck and Sayles, 1990; Ullman and Knight, 1992). 가장 중요한 점은 폭행이 일어나는 즉시 대응하고, 저항할 수 있는 전략을 사용하는 것이다. 두 가지 전략을 동시에 사용할 때 가장 효과적인 것은 신체적 완력 사용과 소리지르기이고, 하나를 사용할 때 가장 효과적인 것은 달아나기다. 반면에 항변하기, 빌기 등은 부정적으로 작용해 강간 가능성을 높인다(Bart and O' Brien, 1985; Ullman and Knight, 1992). 가해자에게 저항하는 것이 더 많은 상해를 불러온다는 증거는 없다. 대부분의 강간 사례에서 저항이 상해를 불러오는 경우는 드물다(Bart and O'Brien, 1985; Kleck and Sayles, 1990; Ullman and Knight, 1992). 그리고 반격을 한 피해자는 강간을 당한 후에라도 심리적 손상을 적게 경험하는 경향을 보였다(Bart and O'Brien, 1985). 물론 모든 강간이 도망치기 쉬운 것은 아니라는 점을 기억해야 한다. 어떤 여성(또는 남성)은 저항하는 행동을 보임에도 불구하고 간단히 힘으로 제압당한다. 한편 저항하지 않았다고 강간당한 책임이 자신에게 있다고 책망해서는 안 된다. 그러나 대체로 신체적 저항은 성적 공격의 가장 강력한 방해물이다.

마지막으로 형사사법 체계는 성폭행을 멈추기 위해 피해자와 가해자 모두에게 더욱 민감해져야 한다. 제7장에서 공식적인 형사사법기관의 대응과 관련된 다양한 문제를 논의해봤다. 〔제시 12-3〕은 피해자가 성폭행 피해 사실을 신고할 가능성을 높이고 재판과정을 잘 이겨낼 수 있도록 하는 중요한 요소에 대해 말하고 있다. 아동 성폭행을 수사하는 과정에서는 앞으로 더 있을 폭력에서 아동을 보호해야 할 뿐 아니라 경찰의 질문에 대답하기 꺼리는 것을 이해하고 특별히 보살펴야 한다(Kirkwood and Mihaila, 1979).

비록 형사사법 체계에 대한 비판의 대부분은 경찰에 초점이 맞춰져 있지만, 법원도 피해자의 욕구와 가해자의 책임에 대해 충분히 고려해야 한다(Klein, 1981; Smart, 1989; Spohn and Horney, 1992). 최근 한 연구는 오스트레일리아의 회복적 사법 모델restorative justice model이 강간피해 생존자에게 전반적으로 긍정적인 평가를 받았음을 보여주고 있다(Curtis-Fawley an Daly, 2005). 선행연구는 강간피해 생존자가 전통적인 재판과정을 겪으면서 느꼈던 좌절 중 눈여겨봐야 할 것으로 피해자가 자신을 공격한 사람을 직접 대면해서 자신이 하고 싶은 말을 하고, 묻고 싶은 것을 물을 수 있는 기회가 없다는 점을 지적해 왔다(Konradi and Burger, 2000). 회복적 사법 모델은 피해자와 범죄자(자신의 잘못을 시인한)가 다른 사람들(판사, 상담가, 피해자의 대변인)이 합석한다는 전제 아래 직접 대면할 수 있도록 한다. 때로는 형식을 중시하는 전통적인 법정에서도 가능하지만, 그것은 가끔 있는 일이다. 오스트레일리아에서 강간 피해자를 지원하는 활동가들과 가진 인터뷰 결과를 보면 회복적 정의 모델이 피해자 측의 목소리를 더 낼 수 있게 하고 가해자에게 자신의 폭력행위에 더욱 책임감을 느끼게 한다는 점에서 긍정적 평가를 받고 있다(Curtis-Fawley and Daly, 2005).

아동 성폭행의 경우 법 개정은 다음 사항이 고려되었다. (1) 신속한 사건 처리, (2) 피해아동을 위해 대리인과 보호인 제공, (3) 아동이 형사 절차과정에 접촉하는 횟수 줄이기, (4) '아동 친화적인' 절차 마련, (5) 정황 증거가 아닌 전문가 증언을 이용한 사건 처리(Whitcomb, 1991).

결론적으로 보자면, 지금까지 성폭행에 대한 법률 개정과 법적 절차에서 상당한 진전이 있었다. 그러나 개정된 법이 실제로 집행되어야 하고 형사 절차상 피해자와 가해자에 대한 개별 전문가의 대응에 대해서도 평가와 향상이 있어야 한다. 지역사회에 강간긴급구호센터rape crisis centers와 피해 여성을 위한 쉼터를 제공하는 것이 폭행에 대한 경각심을 높이고 교육을 할 수 있는 동시에 피해자를 형사사법 체계 내에서 지원해 줄 수 있으며, 일상생활 속에서 도움을 줄 수 있는 방법이다(예를 들어 일, 자녀 보호, 교육 등)(O'Sullivan, 2002). 덴마크의 코펜하겐 성폭행피해자지원센터The Copenhagen Center for Victims of Sexual Assault는 범죄 사실이 경찰에 신고되었는지 여부에 상관없이 24시간 의료 서비스와 심리사회적 도움을 제공하고 있다. 피해자의 의료 서비스에 대한 요구는 신고를 할 것인지 여부와는 관계가 없다. 이 기관에서 시행된 연구에 따르면 모든 성폭행 피해자에게 24시간 지원 가능한 기관의 존재가 아주 중요하다(Schei et al., 2003).

친밀한 파트너의 폭력

1970년대 이후로 학대받는 여성을 위한 운동은 다양한 서비스, 정부기관agencies, 법, 지역사회기관 등의 넓은 영역을 통해 친밀한 파트너 폭력(IPA, intimate partner abuse)에 대한 대중의 각성을 증대시켜 왔다(Tierney, 1982; Davies, Lyon, and Monti-Calania, 1998). 쉼터나 이용 가능한 장소의 부족은 계속해서 문제점으로 지적돼 왔다. 그러나 상황은 점차 개선되고 있다. 예를 들어 1990년대 초반 이래로 친밀한 파트너 폭력 가해자에 대해 체포우선 모델pro-arrest policies을 적용하는 것을 반대해 왔음에도(Sherman, 1992), 최근의 연구는 이런 가해자에 대한 형사사법 체계의 적극적이고 예방적인 대응에 손을 들어주고 있다. 일부 학자는 파트너 폭력에 대한 체포우선정책을 철회하려는 시도는 효과성을 지나치게 좁게 보기 때문이라고 비판했다. 즉 체포와 재범에만 초점을 둔 효과성 측정이라는 것이다(Bowman, 1992; Frisch, 1992; Gondolf and Fisher, 1988; Lerman, 1992; Stanko, 1989). 이런 시각은 체포가 재범과는 상관없이 긍정적인 결과를 낳을 수 있고(피해자와 그 자녀가 도망칠 수 있는 기회), 학대가 수용될 수 없고 불법적인 행동이라는 것을 모든 관련된 사람(가해자, 피해자, 자녀들, 다른 목격자)에게 주지시킬 수 있는 기회가 될 수도 있음을 무시하는 것이다.

파트너 폭력에 대한 형사사법기관의 반응을 연구하면서 체포 결정에만 초점을 두게 되면 재판 단계의 결정을 간과하게 된다. 예를 들어 검사가 초기 심문을 통해 기소를 결정하면 그 가해자는 재범 경향이 낮아진다(Ford and Regoli, 1992). 덧붙여 체포가 몇몇 피해 여성에게 어떻게 작용하는지에 대한 두 가지 연구가 있다. 한 연구에서 파트너 폭행의 가해자는 체포로 인해 구금될 가능성이 높아질 뿐 아니라 자신이 폭행한 친밀한 파트너가 자신을 떠날 가능성도 증가시키는 것이라고 생각한다. 한편 피해 여성은 사법 당국과 그 외의 사람에게 폭행피해에 대해 호소할 수 있고, 그들의 힘을 행사할 수 있는 기회라고 생각한다(Dutton et al., 1992). 또 다른 연구에서(Ford, 1991b)는 피해 여성이 고소를 취하하는 것이 고소의 유용성을 부정하기 때문이 아니라는 것을 보여준다. 오히려 피해 여성이 가해자의 변화를 위해 기소를 위협으로 사용할 수도 있다(같은 책). 이런 관점에서 볼 때 고소를 취하하는 것이 몇몇 여성에게는 오히려 도움이 되는 것 같다.

체포우선정책은 가해자를 체포함으로써 어쩌면 보복으로 인한 폭력의 위험을 증가시킬 수 있다는 문제점을 갖고 있다. 그러나 이것에 대해 연구한 결과에 따르면 피해 여성 대부분은 가해자의 보복성 폭행 위험에 노출되어 있지 않다(Ford, 1991a; Jaffe et al., 1986; Maxwell, Garner, and Fagan, 2001). 더 큰 위험에 노출된 소수의 여성을 위해서는 경찰의 보호가 더욱 강화되어야 한다(Stark, 1993). 파트너 폭력의 가해자를 구금하는 것이 효과적인 억제책이라고 확신 있게 말하기에는 아직 충분한 연구가 이루어지지 않았다. 구금 이외에도 가해자에게 책임을 묻고, 피해자를 효과적으로 도울 수 있는 대안적 처벌이 있을 것이다(Tolman, 1996). 어쨌든 경찰과 법정에서 사건을 다룰 때 피해 여성의 의견이 반영되는 것은 매우 중요하다(Davies, Lyon, and Monti-Calania, 1998; Ferraro and Pope, 1993). 피해자가 상황과 위험을 가장 잘 알고 있기 때문에 체포나 기소를 반대할 수도 있다. 기소 결정을 하는 데 피해자의 내키지 않는 마음을 이해하는 것은 매우 중대한 일이다. 이런 이해는 법정에서 피해자의 협조 가능성과 적절한 처분의 가능성을 높여준다(Hart, 1993).

피해 여성이 살아가게 하는 데 효과적이고 의미 있는 지원을 하기 위해서는 형사사법 체계의 많은 중요한 부분과 다른 의료지원센터와 조력기관이 함께 협력해야 한다—경찰과 응급실 직원부터 사회복지사, 검사, 판사에 이르기까지 말이다(Belknap and McCall, 1994; Cahn, 1992; Gamache, Edleson, and Schock, 1998). 예를 들어 한 연구는 다음 사항을 발견했다. "가족 또는 친밀한 파트너 폭행의 피해자와 가해자를 위한 공공보건 지원"을 위한 가장 믿음직한 장소는 지역병원이다(Saltzman et al., 1997, 326). 지금까지 대부분의 형사사법 정책 시행은 경찰 단계의 변화에 초점이 맞춰져 왔다. 경찰기관에 더하여 법정은 여성을 폭행하는 것이 범죄이며, 가해자가 자신의 행동에 책임을 질 수 있도록 하는 정책과 목표를 갖고 있어야 한다. "그 이후에 법원은 경찰기관을 도울 수 있으며 폭력의 사슬을 끊을 수 있게 도와주고 가해자를 통제할 수 있다" (Cahn, 1992, 177).

현재 또는 이전에 친밀한 관계였던 파트너에게 폭행당하는 여성(그리고 소녀)을 보호하기 위한 법과 정책을 갖는 것만으로는 충분하지 않으며, 이것을 꼭 실행해야 한다(Ferraro, 1989; McCann, 1985). 페미니스트 운동은 마침내 여성 폭행을 법으로 금지하는 정책 개정을 이끌어내는 데 성공했을 뿐 아니라 이 문제에 대한 관심을 여성주의자와 여성옹호단체로부터 가족 내의 성 평등에 지금까지 침묵했던 언론, 정신건강 전문가, 학계까지 넓혀놓았다(Bush, 1993).

그러므로 폭행피해여성단체의 프로그램은 형사사법 전문가와 긴밀하게 연결되어야 하며, 이것이 여성 폭행에 대한 가장 효과적인 프로그램이 될 것이다(Kurz, 1992; Pence and Shepard, 1988). 체포우선정책이나 다른 공식적인 대응이 효과를 내기 위해서는 폭력 피해 여성에 대한 여성주의적 시각을 포함하는 체계적 접근이 필요하다(Kurz, 1992). 파트너 폭력 피해자에 대한 연구들은 피해 여성이 '도움을 청하기' 위해 '다양한 노력'을 하고, 특히 결혼한 여성은 이런 도움을 구하는 행동을 하는 경향이 가장 많다고 보고했다(Hutchison and Hirschel, 1998). 지역사회와 형사사법기관은 여성 피해자의 실태를 파악하고 그들의 욕구를 인식함으로써 피해자를 도와주는 최선봉에 서야 한다. 피해 여성은 자신이 도움을 요청한 기관이나 사람들이 보인 호의적이지 않은 반응에 대해 정말로 자주 호소한다. 그러나 덴버와 샌프란시스코, 미니애폴리스의 폭행피해여성모임과 형사사법 체계 간의 연계와 협력은 시스템의 변화를 위한 생산적인 모델을 제공했다(Kurz, 1992).

폭행 피해 여성에 대한 '가장 좋은 대처법'을 이해하는 데 중요한 자료는 최근 출판된 『폭행 피해 여성의 안전을 위한 계획Safety planning with Battered Women』(Davies, Lyon, and Monti-Calania, 1998)이다. 폭행당한 여성에게 어떻게 가장 효과적으로 대응할 것인지에 대한 정보 중 가장 중요한 두 가지 점은 그린과 피터슨, 어소시에이츠(1998)가 십대 비행소녀를 위한 '최상의 방법'이라고 주장한 것과 매우 동일하다. 특히 폭행 피해 여성은 **종합적 프로그램과 개별화된 프로그램**이 필요하다. 그리고 데이비스Davies와 라이언Lyon, 몬티 칼라니아Monti-Calania(1998, 3)는 폭행에 대한 대응이 지원기관과 폭력피해 여성 간의 파트너십을 공고히 하여 결과적으로 피해 여성이 자신에게 필요한 지원을 규정할 수 있는, 여성 스스로 규정한 그런 지원이 되어야 한다고 주장했다. 데이비스와 그 동료들(같은 책)은 피해 여성은 자신의 욕구에 대해 거의 상담하지 않으며, 그들이 원하는 것이 아니라 기관에서 제공하는 프로그램을 선택한다고 보고했다. 특정 프로그램이 자신에게 맞는지 여부와는 상관없이 이미 만들어져 제공되는 이용 가능한 프로그램 중에서 고를 것을 강요당한다는 것이다. 말할 필요도 없지만, 이런 상황은 때로 피해받은 여성을 형사사법 체계에서 멀어지게 만들고, 그들에게 미래에 쉼터나 경찰에 다시 가거나 도와줄 사람을 찾는 경향을 매우 낮추게 된다.

또 다른 중요한 공헌은 데이비스와 그 동료들이 『폭행피해 여성의 안전을 위한 계획』에서 주장한 것인데, 이것은 피해 여성의 삶에서 **삶이 초래하는**life-generated 위험과 **가해자가 초래하는**betterer-generated 위험에 대한 것으로 두 가지 모두 중요하게 다루어야 한다고 주장했다. 삶이 초래하는 위험은 자신을 폭행한 파트너를 떠나거나 신고하기로 결정을 내릴 때 고려해야 하는 환경적 · 사회적 위험(재정적 한계, 인종적 편견, 여성의 무력한 신분, 성적 태도-성폭행의 경우) 등을 말한다. 가해자가 초래하는 위험은 가해자가 피해자를 통제하려는 것과 관련이 있는데, 예를 들면 신체적 · 심리적 상처를 안겨주거나 피해자 자녀와 가족, 친구를 위협하는 것 등이다. 다시 한 번 데이비스 등(1998)은 그린과 피터슨, 어소시에이츠(1998)가 비행소녀에 대해 주장한 것과 유사하게, 학대받는 여성에 관해 다음과 같이 이야기하고 있다. "피해 여성의 삶은 때로 복잡하고, 위험의 양상이나 삶의 조건이 매우 다양하다(예를 들어 수입, 교육 수준, 인종, 자녀 유무, 학대 경험, 지원받은 경험). 그러므로 그들을 개별적으로 생각하고, 그들의 특별하고 다양한 욕구 하나하나에 응답하는 것이 필요하다." 데이비스, 라이언, 몬티 칼라니아(같은 책)와 카누하Kanuha(1996)는 인종차별을 강조한다. 유색인종의 피해 여성은 경찰이나 법정뿐 아니라 때때로 쉼터와 같은 피해자지원센터 내에서도 인종차별에 직면하게 된다. 빈턴Vinton(1998)은 친밀한 파트너 폭력의 피해자인 나이 많은 여성(60세 이상)의 특별한 요구에 관심을 두었다. 마지막으로 데이비스와 그 동료들(1998)은 여성이 폭행당하는 인간관계에 머물러 있으면서 직면하게 되는 위험은 만약 그들이 이런 인간관계를 떠났을 때 직면하게 되는 위험(예를 들어 폭행의 증가, 자녀 양육권의 박탈 등)과 매우 동일하다는 것을 효과적으로 보여준다. 따라서 가해자를 떠나지 못하는 피해 여성을 비난하는 것은 문제가 있다.

단지 여성이 가해자를 떠났는지 여부만을 가지고 파트너 폭력 피해자를 위한 프로그램이 성공적이었다거나 개별 피해 여성이 구출되었다고 평가하지 말아야 한다. 많은 지역사회 자금과 쉼터와 피해자지원센터를 위한 기금은 계속적인 지원을 위해 이런 효과 측정을 요구한다. 쉼터에 있는 사람을 포함해 많은 여성이 자신을 학대한 사람에게 돌아간다. 그들은 언젠가는 가해자를 떠날지도 모르지만 '영원히' 머무를지도 모른다. "어떤 여성은 가해자를 떠나지 않고도 결정적으로 중요한 변화를 맞이하기도 한다. 그런 관계에 머무르는 것은 피해 여성이 무기력해서가 아니고 법적 개입이 여성에게 효과가 없어서도 아니다"(Brown, 1997, 6). 브라운Brown(같은 책)은 피해 여성에게 효과적으로 대응하려면 현재 피해 여성이 처해 있는 '변화의 단계'에 특별히 집중해야 한다고 말했다. **숙고 전 단계**precontemplation phase는 여성이 폭행을 인식하지 못한 상태로 있거나, 변화에 아무런 욕망이 없는 상태를 말한다. 다음은 **숙고 단계**contemplation stage로, 변하고자 하는 의지가 생기는 단계다. 다음은 **준비 단계**preparation stage로, 피해 여성이 적극적으로 변화를 계획하는 단계다. 이것은 여성이 실제로 변화를 일으키는 **행동 단계**action stage로 이어진다. 마지막 단계는 **유지 단계**maintenance stage로, 변화가 견고해지고 다시 돌아가려는 유혹을 극복하는 단계다. 브라운(같은 책, 10)은 다음 단계로 가는 진행이 "직선상의 진행이 아니라 순환하는 것이다. 숙고 전 단계에서 숙고 단계, 행동 단계로 나아가다가 다시 나빠지게 되고, 그러면 앞으로 다시 나아가는 대신에 그 전의 단계로 되돌아가게 된다"라고 말한다. 그러나 이런 접근이 가정을 떠나지 못하는 여성을 아직 '자아실현'이 이루어지지 않았기 때문이라고 생각해 버리는 잘못된 가정에 빠지지 않도록 주의해야 한다. 이 책에서 반복적으로 이야기하듯이 많은 여성은 떠난다는 선택을 할 수가 없다. 왜냐하면 자신이나 자녀들에게 너무 위험하다고 생각하기 때문이다.

법원의 치료명령을 받았던 가해자에게 폭행을 당했던 피해 여성에 대한 연구가 있다(Gondolf, 1998). 이 연구에 따르면 이들 피해 여성은 가해자가 법원의 치료명령을 받지 않은 피해 여성보다 경제 수준이 과도할 정도로 낮은 가정의 출신이었으며, 또한 이들은 다른 폭행 생존자보다 높은 빈도로 주로 법원을 통해 도움을 청하는 것으로 나타났다. 곤돌프Gondolf(같은 책)는 이들 여성이 법원을 주로 이용하는 현상에 대해 다음과 같이 설명했다. (1) 피해 여성이 이런 처분을 충분하다고 생각할 수 있다. (2) 피해 여성은 치료를 통해 짧은 기간에 즉각적인 결과를 가져올 수 있는 방법을 찾는 것일 수도 있다. (3) 피해 여성은 가해자 때문에 생긴 고립감에 갇혀 또는 다른 서비스를 받아들일 준비가 안 돼서, 아니면 다른 서비스를 받는 것이 효과가 있을 것이라고 믿지 않아서일 수도 있다. "따라서 피해 여성은 자신을 보호하기 위해 가해자에게 떠나겠다고 위협하거나, 그들을 향해 공격적인 반응을 하는 등의 비공식적 방법을 통해 자신을 지켜야 한다고 느낄 수 있다"(같은 책, 673). 마지막으로 피해 여성은 가해자의 폭행이 지속되지 않을 것이라고 낙관적으로 생각할지도 모르지만(이것은 피해 여성이 법정과 법적 치료명령에 도움을 구하는 것에 대한 다른 이유일 수도 있음) 가해자가 법적 치료명령을 수료하는 경우는 절반밖에 되지 않는다.

회복적 사법(RJ, restorative justice)이 성폭행 사건을 처리하는 유용한 대안으로 여겨지는 것과 마찬가지로, 여성운동가도 RJ 모델을 친밀한 파트너 폭력 사례를 이해하는 데 매우 중요한 모델이라고 생각한다(Presser and Gaarder, 2000). 강간 피해자를 위한 안전하고 공식적인 절차(RJ) 내에서 가해자와 만나 자신의 피해 사실을 말로 표현할 수 있는 것의 중요성에 대해 앞의 섹션에서 논의한 바 있다. 이와 유사하게 친밀한 파트너 폭력의 피해자를 위해서도 이를 논의할 수 있다. 덧붙여 RJ 모델은 피해자를 그들의 지역사회에서 고립시키는 공식적인 법적 절차를 가능한 한 피하려고 한다. RJ는 폭력문제를 "피해자와 가해자, 정부에서 지역사회로 일반화시켜 파트너 폭력의 근절을 위한 더욱 실질적인 변화를 이끌어 내려고 한다"(같은 책, 188). 이와 유사하게 최근의 연구는 피해 여성의 독특하고 매우 다양한 욕구를 밝혀내기 위해 융통성 있고, 여성중심적이고, 쉽게 이용 가능한 기관과 정책의 필요성을 강조한다(Dasgupta, 2003; Goodman and Epstein, 2005; Mills, 2003).

여성 폭력의 반응에 대한 더욱 최근의 변화 중 하나는 반응이 점점 **세계화**globalized되어 가고 있다는 것이다. 말 그대로 전 세계의 지원집단은 여성 폭행의 문제와 빈도에 대한 인식을 높이는 것뿐 아니라 '최선의 대응'을 결정하기 위해서 함께 일한다(Edleson and Eisikovits, 1996; Heise, 1996; Roche, Biron, and Reilly, 1995; Slote and Cuthbert, 1997; Zabelina, 1995). 세계적인 시각으로 봤을 때 중요한 점은 여성 폭력(rape and IPA)을 **인권 침해**로 이해하기 시작한 것이다. 이러한 세계적 이슈가 미국의 경우에 적용된 사례가 있다. 미국에서는 1994년 처음 제정된 여성폭력방지법Violence against Women Act(성폭력, 강간, 스토킹, 폭행에 대한 연구와 프로그램을 함께)이 크게 공헌한 것은 "폭행피해를 당한 여성이 스스로 청원self-petitioning을 하거나 강제추방의 유예suspension of deportation를 통해 시민권permanent resident status을 얻을 수 있는 기회"를 가능하도록 한 것이다(Orloff and Kelly, 1995, 381). 비록 이것도 큰 진보이지만, 합법적 이민이 아닌 피해 여성은 여전히 폭행피해 사실과 함께 강제추방의 위험성 때문에 더 큰 어려움을 겪고 있다. 토론토 지역을 대상으로 영어를 사용하지 않는 이주 여성에 대한 남아시아인 지역사회의 반응에 대한 연구는 여성주의적 피해자 지원집단들이 가부장적 사회에 대한 그들의 비평을 자제함으로써 주정부의 예산을 탈 수 있었다는 것을 알아냈다(Agnew, 1998, 153). "결과적으로 영어를 하지 못하는 여성, 노동자 계급, 이민자 여성을 위한 사회적인 서비스에 안전하게 접근하는 것을 우선순위에 두고 있다. 그러나 도움을 받는 여성은 가정폭력의 근본 원인을 말하지 못하고 있으며, 비록 정치적으로나 사회적으로 어떤 변화가 일어난다고 해도 그 속도는 그리 빠르지 않을 것이다." 더 나아가 관련 정책은 폭행당한 경험이 있는 이주 여성의 독특한 욕구를 이해하고 나서 만들어지고 시행되어야 한다(Abraham, 2000; Bui, 2004). 그리고 "이민사회의 문화와 그 맥락을 고려함으로써 피해 여성에게 더 나은 서비스를 제공할 수 있다"는 것을 인식시켜야 한다(Raj and Silverman, 2002, 367). 또한 신체장애를 가진 여성이 파트너 폭력에 처해 있다면 그들의 경험과 상황에 대해서도 프로그램이나 정책이 마련되어야 한다(Gilson, Cramer, and DePoy, 2001).

제8장에서는 자기방어를 위해 가해자를 살해한 파트너 폭력의 피해자가 겪고 있는 재판

과정상의 문제점에 대해 다루었다. 현행 자기방어 법률은 피해 여성이 자신이나 자녀를 위해 사용한 폭력을 충분히 고려하지 않고 있다. 그리고 정신이상으로 무죄판결을 받는 것은 정상적으로 행동하는 피해자에게 아주 부정적인 영향을 미친다. 즉 직장을 찾는 일이나 아이의 양육권을 유지하기가 매우 어려워질 수 있다. 그러므로 자신을 학대한 파트너를 살해한 학대받은 여성을 옹호하는 몇몇 사람은 심리학적인 자기방어와 같이 '덫에 걸렸다' 는 방식의 변호를 해주기를 제안하고 있다(Ewing, 1987; Stark, 1992). 이런 항변 과정은 같은 상황에서 남성보다 여성에게 더 영향력 있게 이용될 것이다. 학대받은 여성은 사회적 · 심리적 요소가 결합된 덫에 빠질 수 있으며, 이것은 폭력 상황에서 벗어나는 것을 어렵게 만든다(제8장에서 논의했듯이).

마지막으로 파트너 폭력피해 여성을 위한 쉼터의 중요성은 아무리 강조해도 지나치지 않다. 쉼터는 학대받는 여성과 자녀들, 심지어 가해자의 삶까지도 보호한다. 다시 말해 쉼터의 증가는 남성과 여성 모두 파트너 살인의 감소와 상관이 있다(Browne, 1992; Steffensmeier, 1993; Walker, 1989). 또한 쉼터는 피해 여성과 자녀의 안전을 보장하고 살해 가능성을 감소시킬 뿐 아니라 여성이 폭행당하는 관계에서 벗어나서 스스로를 존중받을 만한 가치가 있는 사람으로 볼 수 있도록 지원한다(Ferraro and Johnson, 1983; Pence and Shepard, 1988). 쉼터에 대한 평가연구에서는 다음과 같은 결과가 나왔다. "시설 거주 여성은 그들에게 지지를 보내는 직원, 안전성, 다른 입소자와의 인간관계, 자녀 양육을 긍정적으로 평가했다. 반면에 그들이 걱정하는 부분은 바쁜 직원과 상담이 가능할 것인지, 어떤 입소자가 적합성을 갖고 있는지에 대한 것이다. 일반적으로 이들 여성은 쉼터를 자신의 생명을 구해 주는 자원으로 여기고 있다" (Tutty, Weaver, and Rothery, 1999, 898).

:: 형사사법 체계 내 여성 근무환경의 변화

제9장에서 제11장에 걸쳐 형사사법 관련 기관에서 근무하는 여성의 경험에 대해 논의했다. 여성운동의 결과로, 민권법 제7조와 소수자우대정책 덕분에 1970년대부터 전례가 없는 수의 여성이 법대에 입학했으며, 남자 교도소에 고용되었고, 경찰 순찰대원이 되었다. 예를 들어 여성 법학도의 비율은 1965년 4.2퍼센트에서 1991년 42.5퍼센트로 증가했고, 법조인 전체에서 여성이 차지하는 비율은 1950년 2.5퍼센트에서 1980년 8.1퍼센트, 1990년 22퍼센트, 1998년에는 27퍼센트로 증가했다(American Bar Association, 1992;

U.S. Census Bureau, 1999). 또한 그 어느 때보다 많은 수의 여성이 판사로 선출되거나 임명되었다. 반면에 여성 경찰관의 비율과 재소자(특별히 남성 재소자)와 가까운 환경에서 근무하는 여성은 의미 있는 증가 추세를 보이지 않았다. 그러나 여성 경찰이 경정, 총경, 경무관 그리고 (드물게 여자 교도소에서만) 보안과장, 교도소장으로 승진하는 것은 매우 중요한 발전이다.

그럼에도 여전히 개선해야 할 부분이 존재한다. 많은 법대가 여성문제에 대한 어떤 훈련이나 교과과정을 제공하고 있지 않다. 예를 들어 (자신을 학대한 가해자를 살해한 여성을 포함한) 파트너 폭력 피해자, 스토킹 피해자, 강간 피해자 그리고 고용과 해고, 승진 등에서 냉대를 당한 여성문제에 대한 교육이 거의 없다. 여성은 여전히 경찰서와 남자 교도소 근무자의 10퍼센트 정도를 차지하고 있다. 그리고 제9장부터 제11장까지에서 요약 제시되었던 연구에 따르면 비전통적이고 남성주도적인 직장에서 근무하는 여성은 여전히 몇몇 남성 동료와 상사로부터 받는 상당한 적의에 계속적으로 직면해 있다. 경찰관police officers과 교도관guards의 스트레스 수준을 성性에 따라 비교한 연구에서는 성차가 줄어들고 있음을 알 수 있다(여성의 스트레스 수준이 남성보다 높다는 증거는 명백하지 않다). 성차가 있다고 보고한 경우에 여성의 스트레스 증가는 그들의 상징적인 위치(Bartol et al., 1992; Wertsch, 1998), 업무 분담에서 받는 성차별(Britton, 1997), 그리고 남성 동료의 적대감과 괴롭힘(Morash and Haarr, 1995; Pogrebin and Poole, 1997) 등 때문인 것으로 나타났다. 비록 법조계에서 여성의 비율은 의미 있는 증가를 보였지만, 법률사무소의 공동 경영자로서의 여성은 실망스러울 만큼 낮게 나타나고 있다(Epstein, 1998; Hagan and Kay, 1995; Hagan et al., 1991; Sommerlad and Sanderson, 1998).

경찰기관에서 남성과 비교해서 여성의 이직률이 높은 원인은 여성에게 우호적이지 않은 업무환경 때문이다. 즉 경찰 업무와 가정에서의 책임(특히 아이를 혼자 기르고 교대근무를 하는 경우)을 병행해야 하는 어려움, 불충분한 출산휴가, TV와 경찰 인사 담당자에 의해 과장되게 묘사된 경찰 업무, '상징적인' 역할에서 오는 어려움이 복합적으로 작용하고 있다(Martin, 1989; Martin and Jurik, 1996). 이런 요소는 남자 교도소에서 일하는 여성에게도 적용될 수 있을 것이다(제11장에서 여성 변호사가 직면하고 있는 이와 비슷한 적의와 직업 방해를 거론했다). 따라서 남성 동료보다 더 열악한 여성의 근무환경 조건을 고려한 정책이 입안되고 집행되어야 한다. 이를 위해(Martin, 1990, xvii) '여성을 경찰 분야에 더 진입시킬 수 있는 정책'을 위한 많은 권고사항이 나왔다([제시 12-4] 참조).

그리고 명목주의tokenism의 영향력은 혹독하다. 여성이 상징적으로 고용되는 한, 즉 경찰

[제시 12-4] 경찰 내 여성의 통합을 촉진하기 위한 정책과 실행

- 경찰국은 정책기획과 수행을 위한 자문위원회 구성에서 유색인종과 여성을 참여시킬 수 있도록 자발적인 소수자우대정책 계획을 시행해야 한다.
- 성희롱을 근절하기 위한 명확한 정책이 채택되고 강력히 집행되어야 한다.
- 신입자를 교육할 때 신체적 능력과 자기방어, 언어, 비언어적 의사소통 능력, 성과 문화적 차이점 등을 교육해야 한다.
- 능력이 뛰어난 여성 경찰관은 여성이 가진 능력을 발휘할 수 있도록 교육기관에서 교육을 받을 수 있어야 한다.
- 수습 경찰관의 배치는 그들의 성공과 승진을 위해 필요한 업무에 모든 경찰관이 똑같은 기회를 갖도록 계속해서 모니터되어야 한다.
- 부서는 모든 경관이 비슷한 경로를 따라가도록 정기적으로 관리해야 한다(예를 들어 여성이 사무직에 더 많이 종사하지 않도록 한다).
- 부서는 여성이 승진할 수 있도록 개방된 시스템을 개발하고 유지해야 한다.
- 곧 승진할 예정에 있는 경관은 이미 승진한 사람에게 배울 수 있는 시간이 어느 정도 필요하다.
- 여성이 관리급 직원으로 승진하는 경우가 많이 늘어났기 때문에, 이를 잘 수행하기 위해서는 더 많은 책임감을 부여해야 한다.
- 부서는 여성 경관의 높은 탈진감과 이직률을 줄이기 위해 가정문제로 인한 스트레스를 줄일 수 있는 방안을 시행해야 한다.
- 부서는 임신한 여성 경찰관이 대민 업무가 아닌 부서에서 계속 근무할 수 있도록 해야 하며, 새로 태어난 아이에게 부모(남성 여성 모두) 역할을 할 수 있도록 육아휴직 기회를 제공해야 한다.
- 장비, 시설, 유니폼, 언어까지 부서 내에서 남성중심적인 모습을 모두 버려야 한다.
- 직무능력을 평가하고 측정할 때 측정도구가 여성에 관한 고정관념이나 편견을 반영하지 않는지 주기적으로 살펴봐야 한다.
- 경찰 내에서 여성의 지위에 대한 연구는 계속되어야 한다.

SOURCE Susan E. Martin, 1990. *On the Move: The Status of Women in Policing*. Washington, DC: The Police Foundation.

서나 교도소, 법률사무소 또는 변호사attorneys와 판사로 선출되거나 임명되어도 자신들의 직업에서 '다른 전문가와 똑같은' 전문가로서의 능력을 발휘하지 못하는 경향을 보여왔다. 여성의 명목적인 지위는 조직의 변화를 가져오는 데 한계로 작용한다(Belknap and Shelley, 1993). 또한 교육과정과 직업 현장에서 사회화가 매우 강력하게 작용하여 여성이 강간 피해자를 더 지지하는 등 직장 내에 긍정적인 면을 도입할 수 있다는 점을 인정받지 못하기도 한다(Spohn, 1990). 예를 들어 일부 여성들은 파트너 폭력이나 강간 피해자의 상황을 개선하고 싶어서 경관이나 판사, 변호사가 되는 것에 관심을 갖고 있을 것이다. 그러나 그들은 '교육과정' 또는 공식적이고 비공식적인 훈련기간에 오히려 피해자에게 책임을 지우는 메시지에 세뇌당할 것이다. 그러므로 우리는 여성이 형사사법 조직에 변화를 가져올 것인가, 아니면 이런 직장이 여성 채용 상황을 바꿔버릴 것인가를 심각히 물어봐야 한다. 이 질문에 대한 답은 여성이 상징적인 의미로 채용되어 왔던 시간만큼이나 어려운 것이다.

그러므로 형사사법(경찰, 교도소/감옥, 법정) 내의 관리들은 많은 여성을 적극적으로 채용해야 하며, 여성이 자신의 자리에서 계속 근무할 수 있도록 하고, 그들을 승진시키는 방안을 마련해야 한다. 사실 여성이 직장과 고용, 해고에 긍정적인 변화를 가져올지 그렇지 않을지에 대해 고려하지 않더라도 승진 결정은 단순하게 성性에 바탕을 두고 이루어져서는 안 된다.

Summary 이 책에서는 여성 피해자, 범죄자, 형사사법 체계 내에서 일하는 여성이 경험한 부당한 대우와 비가시성the invisibility에 대해 묘사한 연구 중 주목할 만한 것을 다루었다. 1970년대부터 법 개정, 고용 절차와 정책 면에서 중요한 진보가 있었다. 그럼에도 남성에게 폭행당한 여성 피해자, 여성 범죄자, 법률 전문가로서 일하는 여성은 계속적으로 고정관념과 차별로 인한 피해를 당하고 있다.

여성운동은 채용과정에서 진보적인 법 개정과 변화를 가져왔다. 그러나 더 많은 법과 정책의 개정이 여전히 필요하다. 그에 덧붙여 피해자나 가해자인 여성과 소녀에 대한 인식과 처우를 향상시키기 위한 정책은 성 평등과 정의의 관점에서 평가되어야 한다. 그러나 여성은 절대적 숫자와 승진에서 모두 중요한 진보를 이루었다. 물론 이것이 진정한 '평등' 상황까지 도달했다고 보기는 어렵지만 확실히 진보된 것임에 틀림없다. 이 책에서는 이와 관련된 더욱 최근의 연구를 다뤘다. 연구는 여성이 명목적인 존재로서 받는 스트레스와 남성 동료의 적대적인 태도로 인한 스트레스가 감소했음을 보여주고 있다. 그러므로 형사사법 체계 내에서 여성을 전문가로 받아들이는 경우가 증가 추세에 있으며, 단지 상징적인 의미만 가졌던 과거의 여성 직업인보다 현재의 여성은 원하기만 한다면 그 어느 때보다 더 많은 기회가 있다.

Abraham, Margaret. 2000. *Speaking the Unspeakable: Marital Violence among South Asian Immigrants in the United States.* New Brunswick, NJ: Rutgers University Press.

Acoca, Leslie. 1998. Defusing the Time Bomb: Understanding and Meeting the Growing Health Care Needs of Incarcerated Women in America. *Crime and Delinquency* 44(1):32-48.

Agnew, Vijay. 1998. Tensions in Providing Services to South Asian Victims of Wife Abuse in Toronto. *Violence Against Women* 4(2):153-179.

American Bar Association. 1992. *Legal Education and Professional Development and Education Continuum.* Chicago: Report of the Task Force on Law Schools and the Profession: Narrowing the Gender Gap.

American Correctional Association. 1990. *The Female Offender: What Does the Future Hold?* Arlington, VA: Kirby Lithographic Company.

Anderson, Tammy L. 2003. Issues in the Availability of Health Care for Women Prisoners. Pp. 49-60 in *The Incarcerated Woman,* edited by S. F. Sharp. Upper Saddle River, NJ: Prentice Hall.

Arnold, Regina. 1990. Processes of Victimization and Criminalization of Black Women. *Social Justice* 17:153-166.

Barry, Ellen M. 1991. Jail Litigation Concerning Women Prisoners. *The Prison Journal* 71:44-50.

Bart, Pauline B., and Patricia H. O'Brien. 1985. *Stopping Rape: Successful Survival Strategies.* New York: Pergamon Press.

Bartol, Curt R., George T. Bergen, Julie Seager Volckens, and Kathleen M. Knoras. 1992. Women in Small-Town Policing: Job Performance and Stress. *Criminal Justice and Behavior* 19(3):240-259.

Baunach, Phyllis Jo. 1992. Critical Problems of Women in Prison. Pp. 99-112 in *The Changing Roles of Women in the Criminal Justice System,* 2nd ed., edited by I. L. Moyers. Prospect Heights, IL: Waveland Press.

Belknap, Joanne. 2000. Programming and Health Care Responsibility for Incarcerated Women. Pp. 109-123 in *States of Confinement: Policing, Detention, and Prisons,* edited by Joy James. New York: St. Martin's Press.

Belknap, Joanne, Melissa Dunn, and Kristi Holsinger. 1997. *Moving toward Juvenile Justice and Youth-Serving Systems That Address the Distinct Experience of the Adolescent Female.* Gender Specific Services Work Group Report to the Governor. Office of Criminal Justice Services, Columbus, OH. February, 36pp.

Belknap, Joanne, and Kristi Holsinger. 2006. The Gendered Nature of Risk Factors for Delinquency. *Feminist Criminology* 1:48-71.

Belknap, Joanne, and K. Douglas McCall. 1994. Woman Battering and Police Referrals. *Journal of Criminal Justice* 22:223-236.

Belknap, Joanne, and Jill K. Shelley. 1993. The New Lone Ranger: Policewomen on Patrol. *American Journal of Police* 12:47-75.

Berger, Ronald J., Patricia Searles, and W. Lawrence Neuman. 1988. The Dimensions of Rape Law Reform Legislation. *Law and Society Review* 22:329-357.

Bloom, Barbara. 1993. Incarcerated Mothers and Their Children: Maintaining Family Ties. Pp. 60-68 in *Female Offenders: Meeting the Needs of a Neglected Population.* Laurel, MD: American Correctional Association.

Bloom, Barbara, and D. Steinhart. 1993. *Why Punish the Children?* San Francisco: National Council on Crime and Delinquency.

Bowman, Cynthia G. 1992. The Arrest Experiments: A Feminist Critique. *Journal of Criminal Law and Criminology* 83:201-209.

Britton, Dana M. 1997. Gendered Organizational Logic: Policy and Practice in Men's and Women's Prisons. *Gender and Society* 11(6):796-818.

Brodsky, Annette M. 1975. Planning for the Female Offender: Directions for the Future. Pp. 100-108 in *The Female Offender,* edited by A. M. Brodsky. Beverly Hills, CA: Sage.

Brown, Jody. 1997. Working toward Freedom from Violence: The Process of Change in Battered Women. *Violence Against Women* 3(1):5-26.

Browne, Angela. 1987. *When Battered Women Kill.*

New York: Free Press.
———. 1992. Violence against Women: Relevance for Medical Practitioners. *JAMA* 267:3184-3189.
Bui, Hoan H. 2004. *In the Adopted Land: Abused Immigrant Women and the Criminal Justice System*. Westport, CT: Greenwood.
Bush, Diane M. 1993. Women's Movements and State Policy Reform Aimed at Domestic Violence against Women. *Gender and Society* 6:587-608.
Cahn, Naomi R. 1992. Innovative Approaches to the Prosecution of Domestic Crimes. Pp. 161-180 in *Domestic Violence: The Changing Criminal Justice Response*, edited by E. S. Buzawa and C. G. Buzawa. Westport, CT: Auburn House.
Caringella-MacDonald, Susan. 1988. Marxist and Feminist Interpretations on the Aftermath of Rape Reforms. *Contemporary Crises* 12:125-144.
Chesney-Lind, Meda. 1991. Patriarchy, Prisons, and Jails: A Critical Look at Trends in Women's Incarceration. *Prison Journal* 71:51-67.
Clark, Judy, and Kathy Boudin. 1990. Community of Women Organize Themselves to Cope with the AIDS Crisis: A Case Study from Bedford Hills Correctional Facility. *Social Justice* 17:90-109.
Clay-Warner, Jody, and Callie Harbin Burt. 2005. Rape Reporting After Reforms: Have Times Really Changed? *Violence Against Women* 11:150-176.
Collins, Catherine Fisher. 1997. *The Imprisonment of African American Women*. Jefferson, NC: MacFarland & Co.
Command, Janice. n.d. *Women of Shakopee Prison*. http://www.dickshovel.com/shak.html.
Curtis-Fawley, Sarah, and Kathleen Daly. 2005. Gendered Violence and Restorative Justice: The Views of Victim Advocates. *Violence Against Women* 11:603-638.
Daane, DianeM. 2003. Pregnant Prisoners. Pp. 61-72 in *The Incarcerated Woman*, edited by S. F. Sharp. Upper Saddle River, NJ: Prentice Hall.
Dasgupta, Shamita Das. 2003. *Safety and Justice for All: Examining the Relationship between the Women's Anti-Violence Movement and the Criminal Legal System*. New York: Ms. Foundation. http://www.ms.foundation.org/user-assets/PDF/program/safety_justice.pdf.
Davies, Jill, Eleanor Lyon, and Diane Monti-Catania. 1998. *Safety Planning with Battered Women*. Thousand Oaks, CA: Sage.
Dembo, R., L. Williams, W. Wothke, J. Schmeidler, and C. H. Bronn. 1992. The Role of Family Factors, Physical Abuse, and Sexual Victimization Experiences in High-risk Youths' Alcohol and Other Drug Use and Delinquency: A Longitudinal Model. *Violence and Victims* 7(3):245-266
Dodge, Kenneth A., John E. Bates, and Gregory S. Pettit. 1990. Mechanisms in the Cycle of Violence. *Science* 250:1678-1683.
Dutton, Donald G., Stephen D. Hart, Les W. Kennedy, and Kirk R. Williams. 1992. Arrest and the Reduction of Repeat Wife Assault. Pp. 111-127 in *Domestic Violence: The Changing Criminal Justice Response*, edited by E. S. Buzawa and C. G. Buzawa. Westport, CT: Auburn House.
Eason, Yla. 1988. When the Boss Wants Sex. Pp. 139-147 in *Racism and Sexism*, edited by P. S. Rothenberg. New York: St. Martin's Press.
Edleson, Jeffrey L., and Zvi C. Eisikovits. 1996. Visions of Continued Change. Pp. 1-4 in *Future Interventions with Battered Women and Their Families*, edited by J. L. Edleson and Z. C. Eisikovits. Thousand Oaks, CA: Sage Publications.
Epstein, Cynthia F. 1982. Women's Entry into Corporate Law Firms. Pp. 283-306 in *Women and the Law*, Vol. 2, edited by D. Kelly Weisberg. New York: Schenkman.
———. 1998. Reaching for the Top: "The Glass Ceiling" and Women in the Law. Pp. 105-130 in *Women in Law*, edited by S. Shetreet. London: Kluwer Law International.
Ewing, Charles P. 1987. *Battered Women Who Kill*. Lexington, MA: Lexington Books.
Feinman, Clarice. 1984. A Historical Overview of the Treatment of Incarcerated Women: Myths and Realities of Rehabilitation. *The Prison Journal* 63:12-26.
Ferraro, Kathleen J. 1989. Policing Woman Battering. *Social Problems* 36:61-74.
Ferraro, Kathleen J., and John M. Johnson. 1983. How

Women Experience Battering: The Process of Victimization. *Social Problems* 30:325-339.

Ferraro, Kathleen J., and Lucille Pope. 1993. Irreconcilable Differences: Battered Women, Police, and the Law. Pp. 96-126 in *Legal Responses to Wife Assault*, edited by N. Zoe Hilton. Newbury Park, CA: Sage.

Fonow, Mary M., Laurel Richardson, and Virginia A. Wemmerus. 1992. Feminist Rape Education: Does It Work? *Gender and Society* 6:108-122.

Ford, David A. 1991a. Preventing and Provoking Wife Battery through Criminal Sanctioning: A Look at the Risks. Pp. 191-209 in *Abused and Battered: Social and Legal Responses to Family Violence*, edited by D. D. Knudsen and J. L. Miller. New York: Aldine De Gruyter.

——. 1991b. Prosecution as a Victim Power Resource: A Note on Empowering Women in Violent Conjugal Relationships. *Law and Society Review* 25:313-334.

Ford, David A., and Mary Jean Regoli. 1992. The Preventive Impacts of Policies for Prosecuting Wife Batterers. Pp. 181-207 in *Domestic Violence: The Changing Criminal Justice Response*, edited by E. S. Buzawa and C. G. Buzawa. Westport, CT: Auburn House.

Frisch, Lisa A. 1992. Research That Succeeds, Policies That Fail. *Journal of Criminal Law and Criminology* 83:209-217.

Gamache, D. J., J. L. Edleson, and M. D. Schock. 1988. Coordinated Police, Judicial, and Social Service Response to Woman Battering. Pp. 193-209 in *Coping with Family Violence*, edited by G. T. Hotaling, D. Finkelhor, J. T. Kirkpatrick, and M. A. Straus. Beverly Hills, CA: Sage.

Gilson, Stephen French, Elizabeth P. Cramer, and Elizabeth DePoy. 2001. Linking the Assessment of Self-Reported Functional Capacity with Abuse Experiences of Women with Disabilities. *Affilia* 16:220-235.

Glavin, Anne P. 1986. *Acquaintance Rape: The Silent Epidemic.* Massachusetts Institute of Technology: Campus Police Department.

Gondolf, Edward W. 1998. The Victims of Court-Ordered Batterers. *Violence and Victims* 4(6):659-676.

Gondolf, Edward W., with Ellen R. Fisher. 1988. *Battered Women as Survivors.* New York: Lexington Books.

Goodman, Lisa, and Deborah Epstein. 2005. Refocusing on Women: A New Direction for Policy and Research on Intimate Partner Violence. *Journal of Interpersonal Violence* 20:479-487.

Grauerholz, Gottfried, Cynthia Stohl, and Nancy Gabin. 1999. There's Safety in Numbers: Creating a Campus Advisers' Network to Help Complaints of Sexual Harassment and Complaint Receivers. *Violence Against Women* 5(8):950-977.

Greene, Peters, and Associates. 1998. *Guiding Principles for Promising Female Programming: An Inventory of Best Practices.* The Office of Juvenile Justice and Delinquency Prevention. Nashville, TN, 93pp.

Greenfeld, Lawrence A., and Tracy L. Snell. 1999. *Women Offenders.* Bureau of Justice Statistics: Special Report. U.S. Department of Justice, December, 14pp.

Hagan, John, and Fiona Kay. 1995. *Gender in Practice: A Study of Lawyers' Lives.* New York: Oxford University Press.

Hagan, John., Marjorie Zatz, Bruce Arnold, and Fiona Kay. 1991. Cultural, Capital, Gender, and the Structural Transformation of Legal Practice. *Law and Society Review* 25:239-262.

Haley, Kathleen. 1980. Mothers behind Bars. Pp. 339-354 in *Women, Crime and Justice*, edited by S. K. Datesman and F. R. Scarpitti. New York: Oxford Press.

Hankins, Catherine A., Sylvie Gendron, Margaret A. Handley, Christiane Richard, Marie Therese Lai Tung, and Michael O'Shaughnessy. 1994. HIV Infection among Women in Prison. *American Journal of Public Health* 84(10):1637-1640.

Hannah-Moffat, Kelly. 2000. Prisons that Empower: Neo-Liberal Governance in Canadian Women's Prisons. *British Journal of Criminology* 40:510-531.

Hardesty, Constance, Paula G. Hardwick, and Ruby J. Thompson. 1993. Self-Esteem and the Woman

Prisoner. Pp. 27-44 in *Women Prisoners: A Forgotten Population*, edited by B.R. Fletcher, L. D. Shaver, and D. G. Moon. Westport, CT: Praeger.

Hart, Barbara. 1993. Battered Women and the Criminal Justice System. *American Behavioral Scientist* 36: 624-638.

Heise, Lor L. 1996. Violence against Women: Global Organizing for Change. Pp. 7-33 in *Future Interventions with Battered Women and Their Families*, edited by J. L. Edleson and Z. C. Eisikovits. Thousand Oaks, CA: Sage Publications.

Hirsch, Barton J., Jennifer G. Roffman, Nancy L. Deutsh, Cathy A. Flynn, Tondra L. Loder, and Maria E. Pagano. 2000. Inner-City Youth Development Organizations: Strengthening Programs for Adolescent Girls. *Journal of Early Adolescence* 20:210-230.

Horney, Julie, and Cassia Spohn. 1991. Rape Law Reform and Instrumental Change in Six Urban Jurisdictions. *Law and Society Review* 25:117-153.

Hutchison, Ira W., and J. David Hirschel. 1998. Abused Women: Help-Seeking Strategies and Police Utilization. *Violence Against Women* 4(4):436-456.

Immarigeon, Russ, 1987a. Few Diversion Programs Are Offered Female Offenders. *Journal of the National Prison Project* 12:9-11.

——————. 1987b. Women in Prison. *Journal of the National Prison Project* 11:1-5.

Immarigeon, Russ, and Meda Chesney-Lind. 1992. *Women's Prisons: Overcrowded and Overused.* San Francisco: National Council on Crime and Delinquency.

Jaffe, Peter, D. A. Wolfe, A. Telford, and G. Austin. 1986. The Impact of Police Charges in Incidents of Wife Abuse. *Journal of Family Violence* 1:37-49.

Kanuha, Valli. 1996. Domestic Violence, Racism, and the Battered Women's Movement in the United States. Pp. 34-52 in *Future Interventions with Battered Women and Their Families*, edited by J. L. Edleson and Z. C. Eisikovits. Thousand Oaks, CA: Sage Publications.

Kelley, Margaret S. 2003. The State-ofthe-Art in Substance Abuse Programs for Women in Prison. Pp. 119-148 in *The Incarcerated Woman*, edited by S. F. Sharp. Upper Saddle River, NJ: Prentice Hall.

Kendall, Kathleen. 1994. Creating Real Choices: A Program Evaluation of Therapeutic Services at the Prison for Women. *Forum on Corrections Research* 6:19-21.

Kirkwood, Laurie J., and Marcelle E. Mihaila. 1979. Incest and the Legal System. *University of California-Davis Law Review* 12:673-699.

Kleck, Gary, and Susan Sayles. 1990. Rape and Resistance. *Social Problems* 37:149-162.

Klein, Dorie. 1981. Violence against Women: Some Considerations regarding Its Causes and Elimination. *Crime and Delinquency* (January): 64-80.

Knight, Barbara B. 1992. Women in Prison as Litigants: Prospects for Post Prison Futures. *Women & Criminal Justice* 4:91-116.

Konradi, Amanda, and Tina Burger. 2000. Having the Last Word: An Examination of Rape Survivors' Participation in Sentencing. *Violence Against Women* 6:351-395.

Koss, Mary P., and Mary R. Harvey. 1991. *The Rape Victim: Clinical and Community Interventions,* 2nd ed. Newbury Park, CA: Sage.

Kurz, Demie. 1992. Battering and the Criminal Justice System: A Feminist View. Pp. 21-40 in *Domestic Violence: The Changing Criminal Justice Response*, edited by E. S. Buzawa and C. G. Buzawa. Westport, CT: Auburn House.

Lake, E. S. 1993. An Exploration of the Violent Victim Experiences of Female Offenders. *Violence and Victims* 8(1):41-51.

Lawson, W. Travis, and Lena Sue Fawkes. 1993. HIV, AIDS, and the Female Offender. Pp. 43-48 in *Female Offenders*, edited by The American Correctional Association. Laurel, MD: American Correctional Association.

Lerman, Lisa G. 1992. The Decontextualization of Domestic Violence. *Journal of Criminal Law and Criminology* 83:217-240.

Luke, Katherine P. 2002. Mitigating the Ill Effects of Maternal Incarceration on Women in Prison and Their Children. *Child Welfare* 81:929-948.

Maidment, MaDonna R. 2002. Toward a "Woman-Centered" Approach to Community-Based Corrections: A Gendered Analysis of Electronic Monitoring (EM) in Eastern Canada. *Women & Criminal Justice* 13:47-68.

Martin, Susan E. 1989. Women on the Move? A Report on the Status of Women in Policing. *Police Foundation Reports* (May):1-7.

———. 1990. *On the Move: The Status of Women in Policing*. Washington, DC: The Police Foundation.

Martin, Susan E., and Nancy C. Jurik. 1996. *Doing Justice, Doing Gender: Women in Law and Criminal Justice Occupations*. Thousand Oaks, CA: Sage.

Maxwell, C. D., J. H. Garner, and J. A. Fagan. 2001. *The Effects of Arrest on Intimate Partner Violence: New Evidence from the Spouse Assault Replication Program*. Washington, DC: Department of Justice.

McCann, Kathryn. 1985. Battered Women and the Law: The Limits of the Legislation. Pp. 71-96 in *Women-in-Law: Explorations in Law, Family and Sexuality*, edited by J. Brophy and C. Smart. London: Routledge and Kegan Paul.

McCarthy, Belinda R. 1980. Inmate Mothers: The Problems of Separation and Reintegration. *Journal of Offender Counseling, Services and Rehabilitation* 4:199-212.

McGowan, Brenda G., and Karen L. Blumenthal. 1981. Imprisoned Women and Their Children. Pp. 392-408 in *Women and Crime in America*, edited by L. H. Bowker. New York: Macmillan.

McHugh, Gerald A. 1980. Protection of the Rights of Pregnant Women in Prisons and Detention Facilities. *New England Journal on Prison and Law* 6:231-263.

Mills, Linda G. 2003. Insult to Injury: *Rethinking Our Responses to Intimate Abuse*. Princeton, NJ: Princeton University Press.

Mink, Gwendolyn, 2000. *Hostile Environment: The Political Betrayal of Sexually Harassed Women*. Ithaca, NY: Cornell University Press.

Morash, Merry, and Robin N. Haarr. 1995. Gender, Workplace Problems, and Stress in Policing. *Justice Quarterly* 12(1):113-140.

Morris, Allison, and Loraine Gelsthorpe. 1991. Feminist Perspectives in Criminology: Transforming and Transgressing. *Women & Criminal Justice* 2:3-26.

National Victim Center. 1992, April 23. *Rape in America: A Report to the Nation*. Arlington, VA.

Orloff, Leslye E., and Nancy Kelly. 1995. A Look at the Violence against Women Act and Gender-Related Political Asylum. *Violence Against Women* 1(4):380-400.

O'Sullivan, Elizabethann. 2002. Assessing the Role of Sexual Assault Programs in Communities. Pp. 191-204 in *Sexual Violence*, edited by J. F. Hodgson and D. S. Kelley. Westport, CT: Praeger.

Owen, Barbara. 1998. *In the Mix: Struggle and Survival in a Women's Prison*. State University of New York Press.

Parrot, Andrea. 1986. *Acquaintance Rape and Sexual Assault Prevention Training Manual*. Department of Human Services Studies. Ithaca, NY: Cornell University.

Pearson, Jennifer M. 1993. Centro Feminil: A Women's Prison in Mexico. *Social Justice* 20:85-128.

Pence, Ellen, and Melanie Shepard. 1988. Integrating Feminist Theory and Practice: The Challenge of the Battered Women's Movement. Pp. 282-298 in *Feminist Perspectives on Wife Abuse*, edited by K. Yllo and M. Bograd. Newbury Park, CA: Sage.

Pendergrass, Virginia E. 1975. Innovative Programs for Women in Jail and Prison: Trick or Treatment. Pp. 67-76 in *The Female Offender*, etited by A. M. Brodsky. Beverly Hills, CA: Sage.

Pogrebin, Mark R., and Eric D. Poole. 1997. The Sexualized Work Environment: A Look at Women Jail Officers. *The Prison Journal* 77(1):41-57.

Pollack, Shoshana. 1994. Opening the Window in a Very Dark Day: A Program Evaluation of the Peer Support Team at the Kingston Prison for Women. *Forum on Corrections Research* 6:7-10.

Pollock, Joycelyn M. 1998. *Counseling Women in Prison*. Thousand Oaks, CA: Sage.

Presser, Lois, and Emily Gaarder. 2000. Can Restorative Justice Reduce Battering? *Social Justice* 27:175-195.

Proto-Campise, Laura, Joanne Belknap, and John Wooldredge. 1998. High School Students' Adherence to Rape Myths and the Effectiveness of High School Rape-Awareness Programs. *Violence Against Women* 4(3):308-328.

Rafter, Nicole H. 1985. *Partial Justice: Women in State Prisons, 1800-1935*. Boston: Northeastern University Press.

Raj, Anita, and Jay Silverman. 2002. Violence against Immigrant Women. *Violence Against Women* 8:367-398.

Richie, Beth E. 1996. *Compelled to Crime: The Gender Entrapment of Black Battered Women*. New York: Routledge.

———. 2001. Challenges Incarcerated Women Face as They Return to Their Communities. *Crime & Delinquency* 47:368-389.

Roche, Susan E., Katy Biron, and Niamh Reilly. 1995. Sixteen Days of Activism against Gender Violence. *Violence Against Women* 1(3):272-282.

Ross, Robert R., and Elizabeth A. Fabiano. 1986. *Female Offenders: Correctional Afterthoughts*. Jefferson, NC: McFarland.

Saltzman, Linda E., L. Rachid Salmi, Christine M. Branche, and Julie C. Bolen. 1997. Public Health Screening for Intimate Violence. *Violence Against Women* 3(3):319-331.

Schei, B., K. Sidenius, L. Lundvall, and G. L. Ottesen. 2003. Adult Victims of Sexual Assault: Acute Medical Response and Police Reporting among Women Consulting a Center for Victims of Sexual Assault. *Acta Obstetricia et Gynecologica Scandinavica* 82:750-755.

Schupak, Terri L. 1986. Comment: Women and Children First: An Examination of the Unique Needs of Women in Prison. *Golden Gate University Law Review* 16:455-474.

Sharp, Susan F., and Susan T. Marcus-Mendoza. 2001. It's a Family Affair: Incarcerated Women and Their Families. *Women & Criminal Justice* 12:21-49.

Shaw, Margaret. 1993. Reforming Federal Women's Imprisonment. Pp. 50-75 in *Conflict with the Law: Women and the Canadian Justice System*, edited by E. Edelberg and C. Currie. Vancouver, Canada: Press Gang Publishers.

Sherman, Lawrence W. 1992. *Policing Domestic Violence: Experiments and Dilemma*. New York: Free Press.

Slote, Kim, and Carrie Cuthbert. 1997. Women's Rights Network (WRN). *Violence Against Women* 3(1):76-80.

Smart, Carol. 1989. *Feminism and the Power of Law*. London: Routledge and Kegan Paul.

Sommerlad, Hilary, and Peter Sanderson. 1998. *Gender, Choice and Commitment: Women Solicitors in England and Wales and the Struggle for Equal Status*. Aldershot, England: Ashgate Publishing Company.

Sommers, Ira, and Deborah R. Baskin. 1994. Factors Related to Female Adolescent Initiation into Violent Street Crime. *Youth & Society* 25(4): 468-489.

Spohn, Cassia. 1990. Decision Making in Sexual Assault Cases: Do Black and Female Judges Make a Difference? *Women & Criminal Justice* 2:83-106.

Spohn, Cassia, and Julie Horney. 1991. The Law's the Law, But Fair Is Fair: Rape Shield Laws and Officials' Assessment of Sexual History Evidence. *Criminology* 29:137-161.

———. 1992. *Rape Law Reform: A Grassroots Revolution and Its Impact*. New York: Plenum Press.

———. 1993. Rape Law Reform and the Effect of Victim Characteristics on Case Processing. *Journal of Quantitative Criminology* 9:383-409.

Stanko, Elizabeth A. 1989. Missing the Mark? Policing Battering. Pp. 46-69 in *Women, Policing, and Male Violence: International Perspectives*, edited by J. Hanmer, J. Radford, and E. A. Stanko. London: Routledge and Kegan Paul.

Stanton, Ann M. 1980. *When Mothers Go to Jail*. Lexington, MA: Lexington Books.

Stark, Evan. 1992. Framing and Reframing Battered Women. Pp. 271-292 in *Domestic Violence: The Changing Criminal Justice Response*, edited by E. S. Buzawa and C. G. Buzawa. Westport, CT: Auburn House.

——. 1993. Mandatory Arrest of Batterers: A Reply to Its Critics. *American Behavioral Scientist* 36: 651-680.

Steffensmeier, Darrell. 1993. National Trends in Female Arrests, 1960-1990. *Journal of Quantitative Criminology* 9:411-441.

Sudderth, Lori K. 1998. It'll Come Right Back at Me: The Interactional Context of Discussing Rape with Others. *Violence and Victims* 4(5):572-594.

Sullivan, Mary, and Deborah I. Bybee. 1987. Female Students and Sexual Harassment: What Factors Predict Reporting Behavior? *Journal of the National Association for Women Deans, Administrators and Counselors* 50:11-16.

Tierney, Kathleen J. 1982. The Battered Women Movement and the Creation of the Wife Beating Problem. *Social Problems* 29:207-220.

Tolman, Richard M. 1996. Expanding Sanctions for Batterers: What Can We Do besides Jailing and Counseling Them? Pp. 170-185 in *Future Interventions with Battered Women and Their Families*, edited by J. L. Edleson and Z. C. Eisikovits. Thousand Oaks: Sage Publications.

Tutty, Leslie M., Gillian Weaver, and Michael A. Rothery. 1999. Residents' Views of the Efficacy of Shelter Services for Assaulted Women. *Violence and Victims* 5(8):898-925.

Ullman, Sarah E., and Raymond A. Knight. 1992. Fighting Back: Women's Resistance to Rape. *Journal of Interpersonal Violence* 7:31-43.

U.S. Census Bureau. 1999. *Statistical Abstract of the U.S. 1998*. Washington, DC: U.S. Government Printing Office.

Vinton, Linda. 1998. A Nationwide Survey of Domestic Violence Shelters' Programming for Older Women. *Violence and Victims* 4(5):559-571.

Von Cleve, Elizabeth, and Joseph G. Weis. 1993. Sentencing Alternatives for Female Offenders. Pp. 94-100 in *Female Offenders: Meeting Needs of a Neglected Population*, edited by the American Correctional Association, Laurel, MD.

Walker, Lenore E. 1989. *Terrifying Love: Why Battered Women Kill and How Society Responds.* New York: Harper Perennial.

Wertsch, Teresa L. 1998. Walking the Thin Blue Line: Policewomen and Tokenism Today. *Women & Criminal Justice* 9(3):52-61.

Whitcomb, Debra. 1991. Improving the Investigation and Prosecution of Child Sexual-Abuse Cases. Pp. 181-190 in *Abused and Battered: Social and Legal Responses to Family Violence*, edited by D. D.Knudsen and J. L. Miller. New York: Aldine de Gruyter.

Widom, Cathy S. 1989a. The Cycle of Violence. *Science* 244:160-166.

———. 1989b. Child Abuse, Neglect, and Adult Behavior: Research Design and Findings on Criminality, Violence, and Child Abuse. *American Journal of Orthopsychiatry* 59(3):355-367.

Wooldredge, John D., and Kimberly Masters. 1993. Confronting Problems Faced by Pregnant Inmates in State Prisons. *Crime and Delinquency* 39:195-203.

Zabelina, Tatiana. 1995. Syostri (Sisters): The Moscow Sexual Assault Recovery Center. *Violence Against Women* 1(3):266-271.

Zaitzow, Barbara H., and Angela D. West. 2003. Doing Time in the Shadow of Death: Women Prisoners and HIV/AIDS. Pp. 73-90 in *The Incarcerated Woman*, edited by S. F. Sharp. Upper Saddle River, NJ: Prentice Hall.

찾아보기

[ㄱ]

가부장제 14
가정폭력 362
가족의료휴직법 509
가학성 변태성욕적 강간 310
간수 426
갈등전략척도(CTS) 370
감독명령 179
감정노동 476
감화원 168, 210, 212, 248
강간기수 306, 320
강간미수 304, 309, 320
강간법률 541, 542
강간인식 프로그램 543
강등 의식 217
강박적 강간 334
강제기소정책 400
강제적 강간 306
강제추방의 유예 551
개인 책임과 고용기회조정법 (PRWORA) 384
개인적 스트레스 요인 485
격세유전 41
격정강간 310
경력주의자 506
경로 93, 534
경로이론 95
경찰 보모 431
경찰 성폭력 184
경찰 여성 478
경찰보모 461
계층차별주의 27
고용평등추진위원회(EEOC) 437
공신력 509
공정한 세상 가설 286
관점이론 23
교도소 직원 426
교정계 근무자 426
교정계 직원 432
교정공무원 425
교환적 체계 172
구조적 불이익 114
국제경찰국장협회(IACP) 466
국제여성경찰협회(IAP) 466
국친사상 168
권력강간 310
권력통제이론(PCT) 63
규격이론 78
급진인종이론 80
급진적 여성주의 18
급진적 여성주의자 18
급진주의 16
급진주의 이론 66
기독교여성금주협회(WCTU) 461
기사도주의 172, 177, 182, 185, 188, 192, 196
기사도주의 가설 173, 183, 187, 188
기사도주의(온정주의) 가설 171
긴장이론 47, 49
긴장/하위문화이론 40

[ㄴ]

나쁜 소녀 249
낙인이론 40, 55, 98
남근 선망 44
남녀 공용 교정시설 254
남성성 수행 138
남성적 강권 스타일 523
남성적 절차 스타일 523
노인 학대 273, 362

[ㄷ]

다중의식 27
대인범죄 124, 272
데이트강간 4, 271, 316, 329
데이트폭력 368
독창적 역할 449
동등 처우 가설 171, 173, 183, 185, 187

[ㄹ]

레즈비언과 법 19

[ㅁ]

마르크스주의 16
마르크스주의 여성주의 17
마르크스주의 여성주의자 17
마르크스주의 이론 66
마르크스주의/급진/비판이론 40
마미 25
매 맞는 여성 271
먼시법 169

메스암페타민 147
멘토링 516, 525
면폐증 8
명목주의 439, 553
뮌하우젠증후군 152
미 연방교정국 428
미국 사법통계국 428
미국 식약청(FDA) 8
미국 인구조사국 428
미니애폴리스 실험 393
민속학적 연구 143

[ㅂ]
바이스 퀸(Vice Queens) 130
바이스 킹(Vice Kings) 130
바터제도 172
반응성 23
반이민법 496
배심원 질문 498
배심원 질문 절차 495
배우자학대 362
배임 136
범죄 만들기 120
범죄 절차 3
범죄에 대한 일반이론(GTC) 60
범죄처리 절차 163
법여성학 14, 80
법적 정체성 502
변화의 단계 437
보호관찰 195
보호명령 396
부부강간 333, 334, 371, 379, 387, 409, 542
비판범죄학 67
비판법률연구(CLS) 68
비판이론 66
비판인종여성이론 70
비판인종이론(CRT) 68
비판적 인종여성주의(CRF) 80
비학대강간 334

[ㅅ]
사건발생률 307
사문서 위조 136
사악한 사파이어 25
사이버강간 319
사파이어 289
사회생물학 이론 72, 76
사회생물학자 76
사회생물학/진화이론 40
사회유대이론 58
사회주의 16
사회주의 여성주의자 18
사회주의적 여성주의 18
사회진화론 44
사회통제이론 40, 84
사회통제이론(SCT) 58
삼중 처벌 524
상점절도 133
생득적 특징 439
생래적 여성 범죄자 43
생리전증후군 24
생물학의 볼모 23
생물학적 결정론 41
생애과정 534
생애주기이론 84, 95
생애주기적 접근 40
선택성 가설 171
선택적 기사도주의 175
성 가변 모델 65
성 본질주의 28
성 불변 모델 65
성 불평등 281, 389
성 인지적 욕구 538
성 정체성 541
성 중립적 법률 164
성 중립적 양형법 170
성 중립적 법률 167
성 중립적(gender-neutral) 범죄 113
성 특화적 법률 164, 165, 170
성 특화적 양형법 168
성과 관련된(gender-related) 범죄 113
성녀/창녀 유형론 25
성녀/창녀 이분법 25
성녀/창녀의 이분법 42
성적 착취 302
성적 침략자 19
성적 피해 303
성적 학대 364
성차별적 대우 460
성차별주의 14, 431, 498
성폭력 302
성희롱(WSH) 271, 288, 336, 340
성-수렴성 115, 119, 120
성-안정성 114, 118, 120
성-이질성 115, 120
세대 간 전달이론 380
섹슈얼리티 20
섹스 범주 12
소년사법과 비행예방국 538, 539
소년사법과 비행예방법 538
소년사법과 비행예방법(JJDPA) 180
소년소녀 클럽(BGSA) 541
소변 검사 명령(UAs) 189
소수자우대법률 164
소수자우대정책 75, 438, 469, 486, 489, 552
소아기호증 287

수용 탱크 215
수정된 역할 449, 479
수정적 역할 479
숙고 단계 549
숙고 전 단계 549
스토킹 271, 365, 368
신범죄학 67
신범죄학자들 70
신생아 금단증세(NAS) 146
신생아 살해 150
신체적 학대 364
실무 훈련 경찰관(FTO) 482
실제적 불가시성 516
심리적 학대 364

[ㅇ]

아내학대 375, 378
아노미 이론 47
아동 성추행 190
아동 성학대 10, 320, 321
아동 성학대 피해(CSA) 319
아마존 여성 25, 289
악마 여성 24
악마적 여성 가설 171, 173, 183, 184, 185, 187
안전가정입양법 234
약물에 의해 촉진된 성폭력(DFSA) 331
약탈적 성폭력 범죄자 277
양성평등 216
양형 현실화 정책 170
엄지손가락 법칙 399
여성 경찰 478
여성자유/해방이론 40
여성적 포괄적 스타일 522
여성적 합의 스타일 523
여성주의 방법론 21
여성주의 이론 6, 16
여성주의적 경로이론 88
여성주의적 연구 534
여성폭력방지법 551
여성폭력방지법(VAWA) 5, 349
여성해방론 71, 79
영아살해 149, 151
예기적 특성 98
온정주의 172, 190
외부 스트레스 요인 485
외상후 스트레스 장애(PTSD) 241, 406
의무적 최고 형량 규정 170
의식적 학대 153
요감독 소년(PINS) 180
요부 25, 289
월경전증후군 43
위법 113
유리천장 440, 515
유리천장 효과 440
유사 가족 247, 248
인종차별적인 성희롱 289
인종차별주의 27, 431
일반긴장이론 50, 52

[ㅈ]

자동면제 조항 497
자산남용 136
자아통제이론 84
자유주의 16
자유주의적 여성주의 16
자유/해방가설 71
적응전략 449
전국범죄조사(NCS) 305, 307, 312
전국범죄피해조사(NCVS) 305, 307, 392
전국법조인협회(NALP) 505
전국여성폭력조사(NVAW) 307, 344, 369, 372
전염병법 166
전자감시장치(EM) 537
전통긴장이론 50, 52
전통적 역할 479
전통적 이론 40
전통적인 긴장이론 7
전통적인 실증주의 40
전형성 가설 171
접근금지명령 396
접촉 방문 233
정치적 온정주의 173
제도적 역할 449, 479
젠더 11, 12, 14
젠더의 올가미 93
젠더화한 조직체 13
조사한 전국범죄피해조사(NCVS) 274
조직적 스트레스 요인 485
좌파 이상주의자 68
좌파 현실주의자 68
죄수노동 213
준비 단계 550
중첩적 경험 431
중폭행 117
증오범죄 29
지역사회 경찰 활동(C-O-P) 474
지위범죄 113, 178, 182
지위비행 179
지인강간 305, 310, 313, 316, 327, 330, 335, 344, 348
직무 관련 스트레스 요인 485
진화심리이론 72

진화심리학자 76
집단강간 353
집단 괴롭힘 27

[ㅊ]
차별적 재량권 가설 171
차별접촉이론 40, 53
차이의 단계 436
체포우선 모델 546
체포우선정책 394, 395, 396, 398, 401, 546
체포회피전략 392
치명적 폭행 150, 151
치스윅 여성원조협회 367
친밀한 파트너 폭력 546
친밀한 파트너 학대(IPA) 362, 380, 390, 409

[ㅋ]
크랙 어머니 144, 146

[ㅌ]
타자화 292
탈리오법 303
토큰 우먼 478
통합된 역할 479
트라우마적 유대 388

[ㅍ]
파트너 살인 156
파트너 테러리즘 365
파트너 폭력 291, 293
팹 테스트 217
평가절하이론(VDT) 167
평등의 단계 436
포스트모더니즘 16
포스트모더니즘 여성주의 18
폭력강간 334
폭력범죄 23
폭력순환 406
폭력순환이론 373
폭력의 세대 간 전달 379
폭력의 세대 간 전달이론 380
폭력주기론 82
표준범죄통계보고(UCR) 115, 305, 307, 312
풀칠된 바닥(sticky floor) 514, 515
플렉시글라스 천장 515
피해자 촉발 24, 287
피해자지원센터 549

[ㅎ]
학대강간 334
학대받은 여성 신드롬(BWS) 406
학습된 무기력 387, 388, 391, 406
학습된 무기력이론 387, 388
해방가설 70
행동주의 16
현장 훈련(OJT) 482
현장의 여왕 143
형사 절차 3
형사법 체계 3
형사사법 3
화이트칼라 범죄 136
회고적 특성 98
회복적 사법 모델 545
회복적 사법(RJ) 550
흑인단속법 214

Title VII 437, 438, 453, 463, 466, 474, 516, 523, 544